21世纪法学研究生参考书系列

邱聪智◎著　姚志明◎校订

新订债法各论

（上）

中国人民大学出版社

作者简介

邱聪智，1946 年 9 月 19 日生于台湾省嘉义县。毕业于台湾大学，获法学学士、法学硕士、法学博士学位。辅仁大学教授兼法律学系主任、法律学研究所所长。曾在日本东京大学大学院、美国柏克莱加州大学从事研究工作。主要著作《公害法原理》、《民法概要》、《民法债编通则》、《债法各论》。

作者简介

[illegible]

王序

现行“民法”采民商合一制度，将经理人及代办商、居间、寄托、仓库、运送等纳入债编分则，致其条文多达四百十二条，约占全部“民法”三分之一。近年来经济发展迅速，交易活泼，产生了加盟店、融资租赁、签账卡、旅行等非典型契约。1994年1月11日公布施行的“消费者保护法”对邮购买卖、访问买卖、分期付款买卖设有特别规定。债法各论的内容日益扩增，规范着民事法上最重要、复杂的法律关系。

关于债法各论的教科书，在“大陆时期”有陈瑾昆、戴修瓒诸氏的著作，阐释基本概念，建立理论体系，迄今仍具参考价值。在台湾，有史尚宽先生的债法各论（1960年台一版），郑玉波先生的民法债编各论（1970年）。前者取材丰富，博大精深，后者体例严谨，见解精辟，文字优美，均属经典之作，支配着债法理论和实务的发展。多年来，法学界期待着一本新的教科书。邱聪智教授发表其研究成果，承先启后，具有四点特色：1. 有系统地整理判例学说，辅之以图解，以简驭繁，颇富创意。2. 将交易上重要非典型交易形态纳入传统契约类型，探讨其法律性质及解释上的疑义。3. 阐明民法总则、债编通则与债法各论的体系关联。4. 深入分析债编分则与特别法的适用关系。

邱聪智教授专心从事民法的教学研究，十余年如一日。台大法律学研究所的博士论文“从侵权行为归责原理之变动论危险责任之构成”，深具哲学基础。其后致力于开拓公害法的新领域。本书与数年前出版的债编通则，融会贯通，自成完整体系，合而读之，可以渐入民法堂奥，窥其精要。台湾民法的发展，厥赖年青学者能够推陈出新，加强方法论的自觉性，开展比较法的视野，促进理论与实务的交流，适应社会生活的需要。本书兼具上述特点，对于台湾民法的进步，将有重大的贡献。

王泽鉴

1994年9月4日

序于台大法律系研究室

新订版小序

债法构成之重心，基本上系由广义债各中某个债之类型之规定，融合债之通则中固有债总之规定而成。债总、债各云者，仅系学理概念及法典形式上之便宜区隔，非谓其彼此间为个别独立之规范。因此，体认并塑成其间之脉络涵结及体系整合，不仅为进窥债法堂奥之端绪，更是债法解释方法之基石。

民法债编之修正，于债各部分，有关原理性之调整，其波澜之壮阔，或有未如债之通则之领域，惟其增订及修正甚多，于债法制度之冲击，仍是极为广泛而深远。旅游、合会及人事保证之增订，租赁、承揽及出版之大幅修正，均是著例。法律修正，旨在体现制度之周妥完美，并契合社会发展。惟立法之际，或因思虑未尽周详、或因政治现实妥协，致其增修成果，仍多有未臻理想之处，有待未来法律解释阐明填补。有鉴于此，本书新订，爰多注心力，审慎省察辨明，以期对于新债法秩序之适切生成发展，略尽一己绵薄。

脱民法化，因为债法之发展趋势，惟其于各种之债之表征，似较债之通则显著。其结果不仅民事特别法上，契约类型时而可见，债法秩序领域上，无名契约类型更是到处充斥，不断推陈出新。如未趋近此等契约类群，难谓业已把握契约各论全貌。然而，历经修正后之债编各论，其篇幅业已增大。为考量教学需要，另一方面充分因应债法秩序发展，本书爰就原定出书构想，略作二项修正。一为以现行“民法”规定为范围，分为上、中、下三册，是为学生版；二为如实体认债法秩序整体，汇总研析重要之特别典型契约之债，及无名契约之债，分别为本书第四、五册，是为完整版。笔者深信，经此调整，应较原定构想，更能深入而契合理论上及实务上之需要。

新订版本书册，荷承高雄大学财经法律学系姚主任志明教授校订全书，协助编排，上册新订及早问世，志明棣居功厥伟，铭感之余，诸此申致由衷敬意及谢意。中正大学法研所研究生张棣正雄，高雄大学法律学系何中丹、李晓宜、雷丰绫、黄靖舒、郭建成、陈佩瑜、郑锦凤、颜碧志诸同学分任初校及二校；吴济行律师、辅仁大学法律学系毕业同学林圣钧先生及内子林美玉小姐担纲终校，均备极辛劳，并此志谢。

邱聪智

2002年9月1日

于辅大法律学系

自　序

本书主旨，固在论析债编各种之债。惟亦旁及整体债法之构成体系，及至各种之债以外债之类型。爰颜曰“债法各论”，期以表达笔者企图呈现债各全貌之本意。全书分三册五编卅二章；凡约百万言。体制上，仍循各种之债所定类型顺序，逐章说明。

基本上，本书仍不脱离传统教科书之窠臼，以法律之文义解释、体系阐明为重心。惟为体察立法意旨、印证实务发展、注意制度因革、以至审视法律政策之可能调整，本书于下列各点，乃尽力着墨，表现其与传统教科书不尽相同之面貌。此即：

（一）深切反省法律基本概念，用期正确把握同词复义，乃至相关用语之统一。必要时，假借图表帮助解析。

（二）审慎把握法律体系之整体构成，特别着重债各、债总、以至民总间，三位一体之分合关连及体系整合。方法上，尽量以图表呈现其形态，以助研习及了解。

（三）相关疑义之探讨，除尽个人所能，具体指明解释方法外，尤其注重立法理由之回顾体察，用期印证立法者原意，并以附注说明，以助允当结论之探索。

（四）加强法院实务演进之稽研及体系整理，于相关法律见解之臧否肯否，多数情形，均引据法院判解作为论证，构成附注之相当篇幅。

（五）纳入民法债编修正草案初稿，于有关章节对照说明，以期正确观察法律政策之未来走向。

恩师泽公教授，为笔者于台大研究所硕博士班多年之民法讲座。二十余年来，忝列门墙，承蒙传道授业，身教言教。非仅师恩如山；本书诸多见解，亦多为常年指导启示而得。如有可读之处，恩师所赐，既深且巨。本书付梓之际，复蒙鼓励训勉，并惠赐序文。经师人师，其斯之谓，岂于此言谢所能道其万一。

本书之成，必须特别感激辅仁大学法学院杨院长敦和教授、前辅仁大学法律系所主任黄教授宗乐先生二位师长。没有二位的提拔奖掖，这本书必然无从如此问世。此外，辅仁大学法律系所同仁的不断鼓励协助，亦是本书完成之重要支柱。内子林美玉小姐负责校勘编排，“国防管理学院”法律学系韩讲师毓杰、“司法院”第四厅黄科长宏全、辅仁大学法研所研究生刘小姐师婷、秘书林小姐秀菊，协助校对及搜集资料，均备极辛劳，一并于此志谢。

先父见背，倏将四分之一世纪。回想幼少时日，长年卧病的父亲，犹然点头，让身为长子的我，先后保送初中直升高中，昊昊亲恩，无以为报，谨愿以本书献给 先父在天之灵。

债法各论，至为艰深精微，其综错复杂，诚难窥测堂奥。本书所述，不过撮其大义要旨，焉敢侈言著述。惟多年讲稿，稍见一得之愚，公诸于世，当可虚心求教，针砭自我。深知疏误偏误，势必非少，谨祈师友贤达，多赐教诲，不胜感激。

邱聪智谨识

1994年9月1日

于辅仁大学法律学研究所

重要引例说明

一、本书引用法规，依“国”字用法，而略有省略。其引用方式尚可分述如下：

（一）正文直接叙述时，“国家”用法而省略百、十之文字。如：第三八二条　指第三百八十二条（项、款直接具明）

（二）正文以括弧引用时，未注明法典名称者，指“民法”而言。如：（第三四五条第一项），指（“民法”第三四五条第一项）。

（三）以图表附说时，依阿拉伯符号引用。如：416 Ⅰ ②指“民法”第四百十六条第一项第二款。

（四）法条之但书、前段、后段直接具明。

二、本书引用“民法”以外其他法规，除引述该法规名称外，余如前例所述。

三、本书引用判解之方式，原则上直接引述其释法机关及年度字号。

四、本书引用台湾债各教科书，原则上仅以作者姓氏简称之。主要事例如下：

史尚宽	“债法各论”	史著
梅仲协	“民法要义”	梅著
蔡章麟	“民法债编各论”	蔡著
戴修瓒	“民法债编各论”	戴著
陈瑾昆	“民法通义债编各论”	陈著
薛祀光	“民法债编各论”	薛著
郑玉波	“民法债编各论”	郑著

五、编目用法，原则采“章节一（一）1（1）①”之顺序。惟各种债之类型，内容参差极大，上述原则略有如下机动调整：

（一）于买卖、租赁等篇幅巨大之债之类型，节以下设有项之编目。

（二）遇简略说明时，一之次有时略去（一）、（二），而直接使用1.2. 之编目。

（三）目次亦采如上机动调整，故各章编目或呈现不同之内涵。

目　录

第一编　绪　论

第二编　财产性契约之债

第一编

绪　论

第一章

债法之构成

第一节 债法序说

一、序言

债者，特定人得请求特定人为给付之法律关系也。厘定此一法律关系之法律总体，是为债法。其表现于民法者，是为民法债编，亦债法之大本营也。

民法计有五编，即总则、债、物权、亲属及继承五者。兹五者中，在体例上，除民法总则为一般原则，理论上为其他四编之共通适用法则，尚不具独立之法律规范意义外；其余四编，彼此之间，相互独立，各别规定不同性质之法律制度，性质上为各别独立之法律规范。在此意义上，将民法债编称之为债法，似无不可。相对的，民法物权、亲属、继承三编，亦可称为物权法、亲属法及继承法也。

然而，就法律制度之完整而言，类此描述，似属以偏概全，尚未整合制度全貌。盖以债法中之相当部分，因与其他各编、特别是物权编得以共通适用，民法之立法（其他法律领域，亦系如此），特将此共通部分，移于法典各编之首，以独立编章规定，是为民法总则，此亦法典法国家（地区）之通例。[1] 换言之，在逻辑体系，民法总则固为独立典章，

1 德民法第一编、日本民法第一编，均题曰总则，堪称著例。

且为民法第一编，但在债法之构成上，则民法总则乃债法制度之一部分，非仅民法总则不具独立意义，欠缺民法总则之债法，亦系残疾不全，仅察见其枝干，未顾及其根本。换言之，在此意义上，民法总则及民法债编二者，均为债法之一部分。二者缺一，债法即无由形成。也因此，认识债法，必须有意识、进而注意二者之间所存在的类似生命体之有机结合关系。从而，其彼此间相关关系之整合工作，实属相当重要，即使在各别问题之研讨，乃至实际个案答案之探寻，亦不例外。兹为概念区别起见，特就民法债编，称为狭义债法；至于其结合民法总则者，乃称之广义债法。

例如契约，于债编开宗明义规定："当事人互相表示意思一致者，……契约即为成立。"（第一五三条第一项）。兹所谓当事人、意思表示云者，其涉及相关事项之答案，即均表征于民法总则。事实上，吾人探究契约之成立、乃至生效之相关问题，除"一致"之概念外，均非求诸民法总则不可。民法总则与民法债编结合，债法于焉完成，堪称民法基本常识，无庸多谈。兹为便于了解，爰归纳重心，并为之简表如下：

债法
- 法典形式：民法债编
- 制度实体：民法总则＋民法债编

法律领域	（广　义）　债　法		
	民法总则	民法债编（狭义债法）	
条　　文	1—152	153—756之9	
事　　例	法律行为	契约	买卖……保证

（附表之阿拉伯数字为法律条文，以下本书各表所附均同）

由上表对照观之，可知关于契约之成立要件，债编有附加规定，须结合民法总则及债编通则二者，以求了解；关于契约之生效要件，债编原则上未附加规定，了解上须回归民法总则，且仅回归民法总则以求了解，即为已足。

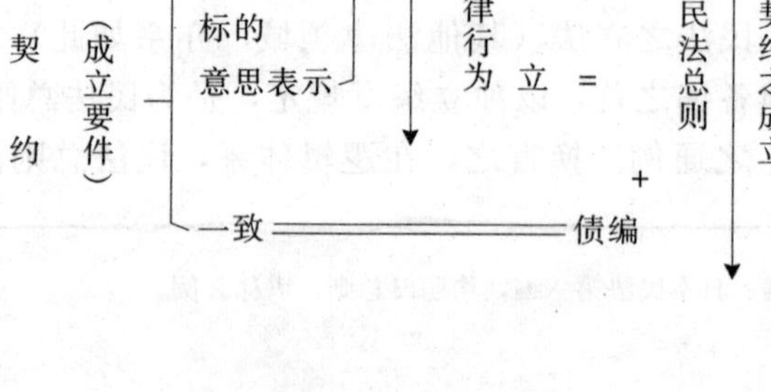

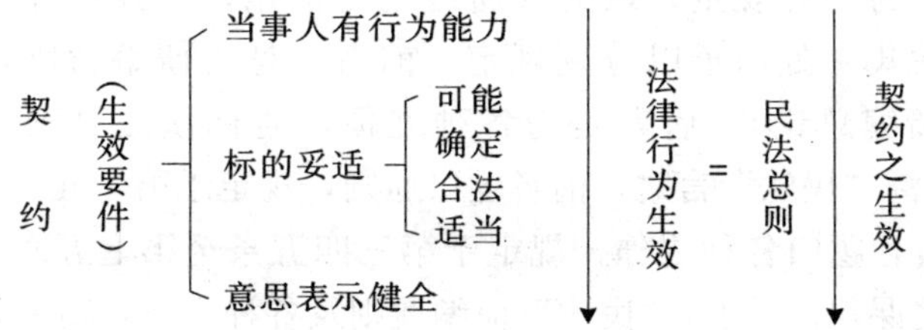

二、债法之内涵

财货创造活动的大量而快速增益提升，似为迄今为止人类文明活动之趋势，故19世纪以降，学者迭有“由身份到契约”、“由共同社会到利益社会”[2] 等类语词之描述。类似情形，于当代社会之发展，益见显著。近代以降之民法典，改由财产法、特别是债法列于亲属继承编章之前[3] 主要原因，实亦着眼于财货创造活动之活泼重要之故。

相对于物权、亲属、继承而言，债法为直接规范财货创造活动之法律规范。人类之财货创造活动，不仅种类繁多复杂，而且日新月异。相应于此，债法内容，自然篇幅巨大，类型繁夥。以台湾“民法”为例，一千二百二十五个条文中，债编法条凡六百有四条，几达全部“民法”条文之半数[4]；而且，如扣除“民法”总则条文，则超越半数甚多，即可充分证明。事实上，此亦主要文明国家（地区）民法典之共通趋势。[5]

民法债编所涉事项既然繁多，类型亦夥。则不同事项，类型之间，难免常有同异互呈之情形。立法上为避免重复，并力求体系之明晰一贯，在立法技术上，乃依大陆法系法典通例，就其间各个类型得以共同相通

2　由身份到契约，系英国法学家梅茵氏（H. Maine，1822～1888）之名言，语出“古代法”（Ancient Law，1861）一书；由共同社会到利益社会，系德国法学家狄尼士氏（F. Toennies）之名言，语出“共同社会与利益社会”（Gemieinschaft und Gesellschaft，1887）一书。

3　德国民法一改法国民法作风（将人事身份列于前面编章），将债编列于民法总则之次（第二编，亲属、继承分列第四、五编）；日本民法，则将物权列于民法总则之次。较为晚近之民法，亦大体采取此二立法例。

4　现行“民法”，虽因总则、债编、亲属、继承相继修正通过，致条文总数或各编条数、均略有变动。惟其形式上，仍维持一千二百二十五条次，文献上以此称之，乃属便宜说法，已非确实数目。

5　德国民法总数二千三百八十五条，债编六百十三条；日本民法总数一千零四十四条，债编三百廿八条（德日采民商分立，债编未若我“民法”包括商事类型，于法典所占比例较小）。

之部分，汇为一处规定，以为共通适用之依据；再分就各个类型之个别部分，聚集一处而予以分别规定。前者，是为债编通则，通称债法总论（或债编总论）；后者是为各种之债，通称债法分则（或债编各论）。[6] 以台湾“民法”言之，前者题曰通则，规定于第一五三条至第三四四条；后者，题曰各种之债，规定于第三四五条至第七五六条之九。在法学教育之课程设计上，“民法”债编通则及各种之债，则系分别独立。

三、债法之范围

在法典之形式上，债法即系民法债编，或属言之成理。惟就学问意义而言，吾人尚不能谓债法即等于民法债编，更不能认为，民法债编之外别无债法。

就债法之实质存在领域言之，则债法之范围，堪称相当广泛。债法既可存在于债编以外之民法其他各编，亦可存在于商事法，更可存在于其他民事特别法，甚而是法典之外。通称之无名契约（非典型契约），即是后者之最佳例证。研读债法，舍此等存在事实而不顾，仍难免偏废不全。因此，包括民法总则、狭义债法及其他法律领域所存在之债法，始构成债法之总体，似可称之最广义之债法。也因此，最广义之债法，其涵摄范围，似可表解如下：

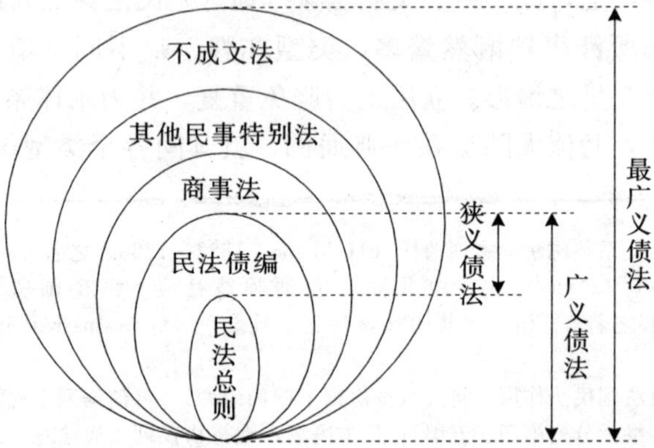

6　此即学者通称由抽象到具体之立法模式。台湾文献，请参照王泽鉴“民法总则”，自刊，2000年9月，第二〇页。

虽然，债法之涵摄范围相当广泛，而且具有日新月异之创化趋势，惟民法债编，或总括其共通法则（通则），或胪列其多数重要典型（各论），就整个制度构成言之，位居枢纽，且为其大本营，则属无可否认。因此，特别法上，或不成文法领域之表现，在制度原理上，乃系民法债编延伸，其制度构成之根据，主要仍在民法债编。换言之，在学问意义上，民法债编以外有关债法之规定，大体均系各个债之类型特色部分之表征，其间较少有关债之共通原则之规定。换言之，亦即该等规定，在债法学之意义上，系属于债各之部分。有关其具体面貌，拟于第二章（债各范围）另段说明。

第二节　债法学序说

一、债法学之课题

债法学云者，顾名思义，研究债法之学问也。

在构成形式上，债法既有债总、债各之区分，债法学亦因之而有债法总论、债法各论之区别。

法律学之课程设计上，债法总论不仅列为独立学科，通常情形，而且先于债法各论讲授。本书之研究领域为债法各论，有关债总之部分，笔者已有著述问世，本书除因问题处理而确须提及者外，尽量不再重复。

法律关系之存在形态，自其静态层面言，主要课题有三，即当事人、标的及效力之内容。自其动态层面言，主要课题亦有三，即发生、变更及消灭。债之关系亦然。债之通则一章，体例上即寓有充分表现此一形态之趋势。盖以债之标的、债之效力、多数债务人及债权人等节，即为静态层面之规定；至于债之发生、债之移转、债之消灭，则为动态层面之规定。

就以上各点，各种债之类型之规定，虽未如债之通则之层次分明。不过，吾人如分析各种债之类型之规定内容，再予以重新归纳，仍可发现，其间亦系债之发生、标的、效力、移转，乃至消灭等之相关规定。换言之，所谓债法各论，事实上亦在研究债之发生、标的、效力、移转或消灭。其与债编总论所不同者系为：债编总论，系从各种之债共通构成之部分着眼；债编各论，则分别就各种类型之债之个别特殊构成部分着眼而已。

债法之各项研究课题，无论从当事人、标的或效力之静态层面，或从发生、变更或消灭之动态层面观之，可说系依由共通到个别（或由抽象到具体），分别且体系规定于民法总则、债总及债各。面对如此体系形态之法典构造，研习债法学，应有下列三点基本认识：

1. 民法总则、债之通则及各种之债，均系有关债之静态或动态构成因素之规定，应依其因素之不同，重新汇整归纳，再予以体系整合。

2. 社会交易型态，系依债之类型区别，寻求问题之答案，应选定特定个别之债之类型，循各种之债、债之通则及民法总则之规定，进行各项异同之节选及组合。

3. 各种之债之内容，大致可认为系各该债之类型，例如买卖、保证等债之静态、动态因素之个性规定。

二、债法学之研究方法

债法学为法学领域之一环。其研究方法，自然与一般所称之法学研究方法，息息相关。

法学因其研究方法之不同，一般分之为理论法学与应用法学（或称实用法学）。

理论法学，因其研究对象之不同，尚有法史学、法社会学及比较法学之分。应用法学，因其目的之不同，则有立法学（或称法政策学）及法律解释学之区分。[7] 债法学之研究，因其侧重之不同，或亦可作类如上述之不同区分。

不过，传统所称之债法学，大体系指解释学之层面。换言之，一般所谓债法学，学问意义上乃系债法解释学之简称。不过，法律发展过程之回顾，不同国家立法异同之观察，乃至法律政策当否之臧否、修正是否必要等问题领域之探讨，对于法学之进步提升，相当重要。研习法律解释学，因事实需要，兼及法史学、比较法学，以至法政策学之连用，乃系常见之现象。债法学之研究，更难例外；本书亦然。然则，无论如

7 参照洪逊欣“法理学”，自刊，1984年，第九页、第十一页、第八十页；碧海纯一“现代法学の体系”，收于“现代法学の方法”，岩波书局，1966年，第三三六页。

何，其本质上为债法解释学，则属不可否认。尤其，际此民法债编全面检讨修正，且已相当成熟之现阶段，于相关部分，同时兼述法律修正成果，于促进法律进步，更具意义。

传统之债法解释学，亦如一般之法律解释学，在研究方法上，系就法条文字进行概念分析、就法律制度内容进行逻辑整合为主。不过，由于社会生活环境变动迅速，以判决补充法律漏洞、甚而创设法律制度之现象，日益显然。[8]研究法律，除法条文义、法律概念、制度上逻辑体系之探寻外，应同时及于判决之研究，始能把握法律之现实生命脉动，不仅是法学上之共识，亦是各科法律解释学之共通研究方法。债法学之表现，尤其显著而重要；本书自亦难以例外。

三、本书之研究范围

债各之存在领域，既不局限于债编各论所定之债之类型，则研究范围是否应以各种之债之规定为限，其疑问即难避免。

按民法其他各编、商事法、乃至其他特别法上之债之类型，于各该法学领域，就其制度内容，均有详细说明，学问研究上，恐非民法债编各论所宜越俎代庖。不过，提醒研习者，在体系认识上，还原其为债之类型，使其了解债编，特别是债总规定有其适用，应有必要。

至于非法典之债之类型，不仅类型繁多，而且随着社会生活之变迁而时有增益，列入民法债编各论，不仅取舍不易，缺漏亦多，篇幅之控制亦颇困难。故本书尚不因其类型而作深入叙论。惟其于债法之适用，特别其与债总之密切关系，亦有如前段所述，研习上自应注意。

不过，民法债编各论以外之债之类型，乃至非成文法之债之类型，数目繁夥，为期问题面貌更期明晰，略作汇整说明，对债法整体内涵之认识，不仅必要，亦有实益。其间，尤以契约形态之存在为多。为此，本书于篇章之末，特别另列其他典型契约、非典型契约之章节，期以助益相关问题之了解。此外，民法债编修正业已完成，除就增订之契约类

8　基本文献，请参照杨仁寿“法学方法论”，自刊，1986 年，第一七五页以下；黄茂荣“法学方法与现代民法”，台大法学丛书，1982 年，第三〇三页以下；黄建辉“法律漏洞·类推适用”，蔚理法律出版社，1988 年。

型，依法典顺序，列入本书相关部分说明外，并试辟债编修正综议一章，列于书末，以示债法爰衍潮流，并期可以承先启后。如是，因其时空迁异，本书纲目亦略有调整，爰予一并叙明。[9]

9 本书因债编修正，于方向上爰作如下修订。即：

（1）删除准典型契约一章（下册第二十八章），增列游旅、合会、人事保证三章，并依“法典”顺序分列于中册第十二章、下册第二十四章、下册第三十章，原定章节顺序因之略有调整。

（2）修正过度时期之准典型契约型态，已不复存在者，其名称不予继续使用。

第二章

债各总说

第一节　债各意义之说明

一、各种之债之意涵

学理上通称之债各，“法典”上称为“各种之债”，列为“民法”债编第二章；凡二十四节四一二条（第三四五条至第七五六条之九）。[1]各节名称及条文顺次如下页：

足见，依“法典”构成而言，所谓债各，即买卖、互易、交互计算、赠与、租赁、借贷、雇佣、承揽、旅游、出版、委任、经理人及代办商、居间、行纪、寄托、仓库、运送营业、承揽运送、合伙、隐名合伙、合会、指示证券、无记名证券、终身定期金、和解、保证及人事保证等债之类型之总称。由于借贷一节，又区分其类型为使用借贷（“民法”第四六四条至第四七三条）及消费借贷（第四七四条至第四八一条）二者。故一般以为，各种之债之类型为二十九种。[2]

1 “民法”债编修正，条文颇有增订，亦略有删除，此所称二十四节四一二条，已不符实际，充其量仅于说明民法初定时，有其象征意见。

2 参照郑著（上），第一一页（债编修正前为二十六种）。

各种之债（债法各论）
- 买卖（三四五条～三九七条）
- 互易（三九八条～三九九条）
- 交互计算（四〇〇条～四〇五条）
- 赠与（四〇六条～四二〇条）
- 租赁（四二一条～四六三条之一）
- 借贷（四六四条～四八一条）
- 雇佣（四八二条～四八九条）
- 承揽（四九〇条～五一四条）
- 旅游（五一四条之一～五一四条之十二）
- 出版（五一五条～五二七条）
- 委任（五二八条～五五二条）
- 经理人及代办商（五五三条～五六四条）
- 居间（五六五条～五七五条）
- 行纪（五七六条～五八八条）
- 寄托（五八九条～六一二条）
- 仓库（六一三条～六二一条）
- 运送营业（六二二条～六五九条）
- 承揽运送（六六〇条～六六六条）
- 合伙（六六七条～六九九条）
- 隐名合伙（七〇〇条～七〇九条）
- 合会（七〇九条之一～七〇九条之九）
- 指示证券（七一〇条～七一八条）
- 无记名证券（七一九条～七二八条）
- 终身定期金（七二九条～七三五条）
- 和解（七三六条～七三八条）
- 保证（七三九条～七五六条）
- 人事保证（七五六条之一～七五六条之九）

不过，各种之债之类型，即使于债编之表现，亦不以以上二十九者为限。盖以债之通则一章，亦规定颇多债之类型也。其中最明显者，即系无因管理（第一七二条至第一七八条）、不当得利（第一七九条至第一八三条）及侵权行为（第一八四条至第一九八条）三者。学问认识上，为示二者之区别，乃将“各种之债”规定之债之类型，称为形式意义之债各；至于兼括其他领域之债各总体，则称之为实质意义之债各。[3]

3 有关债总、债各之互涉关系，初步论介文献，请参照邱聪智“论我国民法债编构造上之非债总成分”（收于邱聪智“民法研究”（一），辅仁法学丛书，2000年二版一刷，第二十五页以下。）

二、各种之债之定位

(一)契约各论

债之发生之原因事实,即所谓之法律事实,或源于人之行为,或源于与人之行为无关之自然事件。人之行为得发生债之关系者,或为法律行为、或为违法行为、或为事实行为。法律行为因其成立形态之不同,又可分为单独行为、契约及共同行为(亦称合同行为)。

基此角度观察,则前述二十九种债之类型中,除指示证券及无记名证券为单独行为之债[4] 外,其余二十七种则为契约之债。换言之,民法债编所谓各种之债,究其内容,仅系由二十七种契约及二种单独行为所组成,并未包括所有债之类型。即法律行为所生债之类型,亦未全部兼括;退而言之,即令契约所生债之类型,仍未全部纳入。惟契约及单独行为均属法律行为之类型,称其为法律行为所生之各种之债,似乎尚无大误。

虽然,在现代社会,契约为最主要之债之发生原因,日常生活上,其适用亦最为广泛。然而,理论认识上,无论如何绝不能将契约与债之发生原因等置。因此,从债之发生事实之逻辑体系言,各种之债云者,不过各种契约之债之集合而已。由于契约所生之债,债之通则已就契约通则设有明文规定(第一五三条至第一六六条之一加上第二四六条至第二七〇条);因此,各种之债云者,其意义宁为契约各论而已。其抽象思考模式,殆有如下:

各种之债=形式意义之债各(V)法律行为之债之各论(V)契约各论(V)(买卖+互易+……+隐名合伙+终身定期金+和解+保证+人事保证)。

债之规定范围,仅及于契约或法律行为,立法上究非常态[5],理论构成上更不宜认为仅止于此。因此,如何从法典现行规定,重新归纳债各之完整体系面貌,本系甚为重要,惟其业已涉及实质意义债各之分析,

4 发行有价证券之行为,究为契约,或为单独行为,学理上意见未尽一致。晚近契约说之见解,似已日渐有力,如是,则各种之债似均可认为契约之债,实质上即等于各种契约之债!

5 德国民法之债各,包括契约、无因管理、不当得利及侵权行为四者;日本民法亦然(德国民法列后三者于债各第十一节、第二十四节、第二十五节,以与各种契约类型并列——第六六二条~第六七六条、第八一二条~第八五三条;日本民法列于债各第三章、第四章、第五章,以与契约并列——第六九七条~第七二四条;二者之体系构成,仍然略有不同)。

拟待次节相关部分，列表叙明之。

（二）契约类型之归纳

各种之债所列之二十九种契约，固均可归类为学理上所称之典型契约或有名契约。惟依其标的形态之异同，一般将其归纳为如下三大类型：

1. 财产性契约：买卖、互易、赠与、租赁、使用借贷、消费借贷、终身定期金是。此数者中，买卖为有偿契约之典型（第三四七条），赠与为无偿契约之典型（第四〇六条）。

2. 劳务性契约：雇佣、承揽、旅游、出版、委任、经理人、代办商、居间、行纪、寄托、仓库、运送、承揽运送。此数者中，委任为其典型（第五二九条）。

3. 信用契约：交互计算、保证、人事保证。[6]

以上所述三大类型，虽可归纳多数债之类型于其中，但仍有部分类型，诸如合伙、隐名合伙、合会、和解等类型，则在遗珠之列。再者，其相互归属间，亦具相对意义。盖以劳务性契约、信用契约之诸类型，亦莫不具有财产价值，不能谓绝无财产性契约之色彩；反之，劳务性契约之诸类型，人格信用之特色相当浓郁，称之信用契约，或无不可。因之，本段所称归纳，仅供参考之用，尚非严格意义之学理上区分。

第二节　债各之范围

一、实质意义之债各

按债之发生，或源于人之行为，或源于人之行为以外之自然事实。人之行为而发生债之关系者，又可分为事实行为、违法行为及法律行为。因法律行为而发生者，又有单独行为、契约及共同行为三者。在债法体系构成之分析上，此一现象，具有如下三重意义。即：

1. 债之发生之原因事实，种类繁夥，民法各种之债，仅举契约及二种单独行为以对，显然未能兼括全部。

6　参照郑著（上），第三页；学者陈瑾昆氏，于信用之债，采广泛意义，将合伙、隐名合伙、指示证券、无记名证券、终身定期金、和解均纳入于信用之债（陈著，第三一七页以下）。

2. 债之发生之原因事实，既然未全部纳入民法各种之债该章，研习债务，意识上应超越该章之外，重新归纳完整债务之类型，其范围尚不以民法为限，甚而须广及不成文法之领域。

3. 各种之债之外，既然另有债之类型，概念分析上，对形式意义债务及实质债务之区别，应有进一步之认识。

而实质意义之债务，因其是否存于民法债编，又可有狭义、广义之别。换言之，其存于民法债编者，为狭义之实质债务；其存于民法债编以外者，堪称广义之实质债务。

二、狭义之实质债务

“民法”债编为财产法之大本营，超越形式意义之债务，寻求债务全貌、亦即实质意义之债务，首须注意者，即为债之通则一节所表现之债务意义。如是，则无因管理、不当得利、侵权行为三者之有关规定（第一七二条至第一九八条）、乃至悬赏广告（第一六四条、第一六五条）、优等悬赏广告（第一六五条之一～第一六五条之四）之有关规定，实质上均为债务各种类型之规定，各该类型之上述条文，其地位犹如各种之债之买卖（第三四五条至第三九八条）、保证（第七三九条至第七五六条之九）。换言之，在“法典”构成上，无因管理、不当得利、侵权行为三者，或悬赏广告，优等悬赏广告二者，纯就逻辑体系言，理应移置于各种之债，现行“民法”规定于债之通则，逻辑一致性上，似有未当。[7]

按无因管理、不当得利、或侵权行为，于债之发生之原因事实，其形态固仍有不同[8]，但此三者，均属非法律行为所生之债，乃系事实。基此角度，则债法上之债务，似可描述为：各种之债仅规定法律行为之债务；非法律行为之债务，规定于债之通则内。如是，就民法债编而言，债务之构成，应重新表解如下：

7　契约不成立或无效者，时常伴随不当得利；侵权行为损害赔偿请求权与契约不履行损害赔偿请求权竞合之现象，亦属相当普遍。德日立法例，于逻辑一致性上固有其优点，但于契约法之研究，尚难兼顾不当得利及侵权行为，功能性之考虑，难免较为不足。因此，现行民法，师法瑞士债务法，将无因管理、不当得利、侵权行为三者，列于债编，逻辑一致性虽不无缺憾，但就机动适用债法体系而言，仍不能谓无优点。

8　从法律事实角度言之，一般以为：无因管理为混藏意思之事实行为，不当得利为自然事实（事件），侵权行为则为违法行为。三者各有不同，似甚明显。

- 债法各论
  - 法律行为之债（各种之债）
    - 买卖（三四五条～三九七条）
    - 互易（三九八条～三九九条）
    - 交互计算（四〇〇条～四〇五条）
    - 赠与（四〇六条～四二〇条）
    - 租赁（四二一条～四六三条之一）
    - 借贷（四六四条～四八一条）
    - 雇佣（四八二条～四八九条）
    - 承揽（四九〇条～五一四条）
    - 旅游（五一四条之一～五一四条之九）
    - 出版（五一五条～五二七条）
    - 委任（五二八条～五五二条）
    - 经理人及代办商（五五三条～五六四条）
    - 居间（五六五条～五七五条）
    - 行纪（五七六条～五八八条）
    - 寄托（五八九条～六一二条）
    - 仓库（六一三条～六二一条）
    - 运送营业（六二二条～六五九条）
    - 承揽运送（六六〇～六六六条）
    - 合伙（六六七条～六九九条）
    - 隐名合伙（七〇〇条～七〇九条）
    - 合会（七〇九条之一～七〇九条之十二）
    - 指示证券（七一〇条～七一八条）
    - 无记名证券（七一九条～七二八条）
    - 终身定期金（七二九条～七三五条）
    - 和解（七三六条～七三八条）
    - 保证（七三九条～七五六条）
    - 人事保证（七五六条之一～七五六条之九）
  - 非法律行为之债（债之通则）
    - 无因管理（一七二条～一七八条）
    - 不当得利（一七九条～一八三条）
    - 侵权行为（一八四条～一九八条）

再者，债之通则出现之债各，并非仅止于无因管理、不当得利及侵权行为三者。契约之债之类型，于债之通则，亦颇见规定。除悬赏广告、优等悬赏广告（第一六四条～第一六五条之四）之外[9]，尚有定金（第二四八条、第二四九条）、违约金（第二五〇条至第二五二条）、准违约金（第二五三条）、代物清偿（第三一九条）、新债清偿（第三二〇条条文）、

9 悬赏广告、优等悬赏广告二者，究为契约之债或单独行为之债，学理上固属见解分歧，理论上且以单独行为之债之见解，为较允当；惟民法列其于契约章节中，故通说解为契约之债，本文从之。

债务更新(第三二〇条除外规定[10])[11]、提存(第三二六条至第三三三条)均是。以上九者,既均属契约之债,学理上似可合称其为债总上之有名契约也。

由于各种之债之规定，并不限于债编，爰就债之通则所及之各种之债，特称其为狭义之实质债各，以示其与其他法律领域规定之债各，在概念上有所区别。从而，前述图表，似可调整如下：

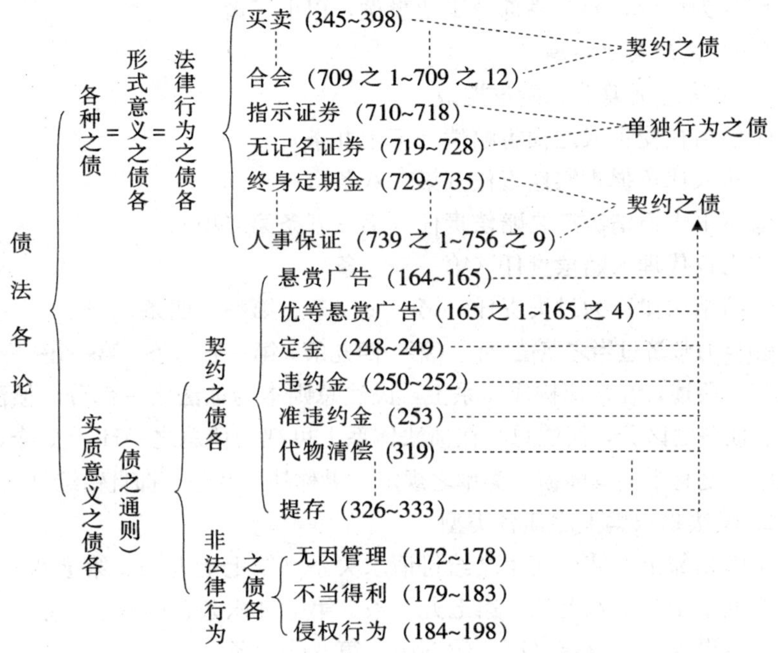

10 债务更新，实务上称为债之更改（主要依据为“最高法院”1952年台上字第一一〇五号判例、“最高法院”1974年第五次民事庭庭推总会会议决议）。惟以更改云者，有主观更改与客观更改，文义不尽明晰，故本文援用债务更新之名词。“民法”债编修正草案初稿，曾建议明定债务更新为债之消灭事由，因其学理上，尚具参考价值，爰录其文字如下：

第三四二条之一：“约定更改债之当事人或债之标的而负担新债务者，其旧债务消灭。

将附条件之债务变更其条件或变更为无条件之债务，或对于无条件之债务变更为附条件之债务者，视为更改债之标的。”

第三四二条之二：“更改债之当事人之契约，应由债权人、债务人及第三人共同订立。但更改债务人之契约，得仅由债权人与第三人为之。”

第三四二条之三：“更改契约因不法之原因或当事人所不知之事由而无效或经撤销者，旧债务不消灭。”

11 严格言之，代物清偿、新债清偿及债务更新三者，均系处分债权之行为（有如债权让与之为准处分行为），与一般所称契约之为负担行为者，尚有不同，本文列之于此，仅系便宜作法，并非肯定其系债之契约（惟其为学理上广义契约之事例，则可肯定）。

三、广义之实质债各

各种之债之类型，除债编外，尚散见于民法各编，乃至商事法或其他民事特别法。因其涉及领域至为广泛，乃称其为广义之实质债各。惟其范围甚为广泛，爰各举部分重要事例，以助了解。

（一）民法其他各编

1. 民法总则编上之债各类型

①姓名权受害人之损害赔偿（第十九条）。

②法人代负损害赔偿责任（第二八条）。

③董事未声请破产之赔偿责任（第三五条第二项）。

④无权代理人赔偿责任（第一一〇条）。

⑤缔结法律行为过失责任（第一一三条、第一一四条）。

⑥自力救济过当之赔偿责任（第一四九条、第一五〇条，第一五一条）。

如上所述，在法律构成体系上，民法总则本为债法之一部分。债法有债总、债各之区分，民法总则在债法体系上可视为债总之一环。[12] 如今，总则之中，复有个别具体债之类型之规定，堪称甚具特色，抑且错综复杂。

2. 民法物权编上之债各类型

①因相邻土地使用而生之给付请求关系（第七七九条、第七八三条、第七八五条至第七八九条、第七九二条、第七九六条、第八〇〇条）。

②拾得人之请求权（第八〇五条、第八〇七条）。

③添附受害人之不当得利请求权（第八一六条）。

④共有人因共有物分割而生之担保责任（第八二五条）。

⑤占有人之费用求偿权（第九五四条、第九五五条、第九五七条，第九五八条）。

⑥占有人之损害赔偿责任（第九五三条、第九五六条）。

3. 民法亲属编上之债各类型

①婚约解除之损害赔偿请求权（第九七七条）。

②婚约违反之损害赔偿请求权（第九七八条、第九七九条）。

---

12 理论上，总则以外其他各编，固均得适用总则。惟以亲属、继承，本于人伦秩序，民法总则之规定不能适用者颇多，物权亦因法定主义，民法总则亦非尽可适用。反之，债编则最能体现民法总则所揭橥之权利自由、法律行为自由及过失责任主义，亦即所谓私法自治三原则。因此，民总之规定，于债编之适用，堪称最为广泛而普遍。

③婚约破绽之赠与物返还请求权（第九七九条之一）。

④结婚无效或撤销之损害赔偿请求权（第九九九条）。

⑤夫妻间之财产补偿请求权（第一〇二七条、第一〇三八条）。

⑥离婚之损害赔偿请求权（第一〇五六条）。

⑦赡养费给付请求权（第一〇五七条）。

⑧终止收养之给与金请求权（第一〇八二条）。

4. 民法继承编上之债务类型

①继承回复请求权（第一一四六条）。

②继承人因遗产分割而生之担保责任（第一一六九条）。

③遗嘱（第一一八六条）。

④抛弃继承人之遗产管理义务（第一一七六条之一）。

⑤遗产管理人之报告义务（第一一八〇条）。

⑥遗产管理人之报酬请求权（第一一八三条）。

（二）商事法

台湾系采民商合一体例，民法之外，别无商法法典。兹之商事法，系学理上之一般用语，尚非法典名词。

学理上通称之商事法，范围相当广泛，兹仅以大学法律学系授课所称之商事法课程为范围，作为说明。依此，所谓商事法，一般系指公司法、票据法、保险法及海商法四者而言。

1. 公司法上之债务类型

①公司负责人因公司转投资或借贷违法所生之损害赔偿责任（第十三条至第十五条）。

②公司负责人因公司违法保证所生之损害赔偿责任（第十六条）。

③公司因其负责人执行业务违法所生之连带损害赔偿责任（第二三条第二项）。

④公司经理人之竞业禁止义务（第三二条）。

⑤经理人之损害赔偿责任（第三四条）。

⑥无限公司股东对公司之权利义务（第四二条以下）。

⑦无限公司股东之代表权（第五六条至第五九条）。

⑧无限公司股东连带清偿责任（第六〇条）。

⑨表见股东责任（第六二条）。

⑩股份有限公司之设立（第一二八条以下）。

⑪股份有限公司发起人之责任（第一三九条、第一五五条）。

⑫股份有限公司股东会之召集、表决、决议等（第一七〇条以下）。

⑬股份有限公司少数股东之股份收买请求权（第一八六条、第三一六条之二、第三一七条）。

⑭股份有限公司董事、监察人之选任、解任（第一九二条、第二一六条、第一九九条、第二二七条）。

⑮股份有限公司董事之竞业禁止义务（第二〇九条）。

⑯股份有限公司董事、监察人对公司之责任（第一九三条、第二二四条、第二二六条）。

⑰股份有限公司股利之分派（第二三二条以下）。

⑱股份有限公司公司债之募集（第二四六条以下）。

⑲股份有限公司合并契约（第三一七条之一）。

⑳股份有限公司清算之协定（第三四七条至第三五一条；以上条数，均指“公司法”而言）。

2. 票据法上之债各类型

①票据共同签名之连带责任（第五条）。

②票据义务人之利益偿还请求权（第二二条第四项）。

③票据发票（第二四条至第二九条、第一二〇条至第一二一条、第一二五条、第一二七条）。

④票据背书（第三〇条至第四一条、第一二四条、第一四四条）。

⑤汇票承兑（第四二条至第五二条）。

⑥汇票参加承兑（第五三条至第五五条）。

⑦票据保证（第五八条至第六一条、第一二四条、第一四四条）。

⑧追索权（第八五条至第一〇五条，第一二四条、第一四四条）。

⑨付款人付款违反规定之赔偿责任（第七一条、第一四〇条；以上条数，均指“票据法”而言）。

3. 海商法上之债各类型

①船舶共有人优先承买权（第十二条）。

②船长退出共有关系后之偿还请求权（第十五条）。

③船舶经理人（第十七条至第二〇条）。

④船舶所有人限制责任（第二一条至第二三条）。

⑤海上运送契约（第三八条以下）。

⑥船舶碰撞责任（第九四条以下）。

⑦救助或（及）捞救（第一〇二条以下）。

⑧共同海损（第一一〇条以下）。

⑨海上保险契约（第一二六条以下；以上条数，均指“海商法”而言）。

4. 保险法

①保险契约（第一条、第四三条以下）。

②保险经纪契约（第九条）。

③保险公证契约（第十条）。

④复保险契约（第三五条至第三八条）。

⑤再保险契约（第三九条至第四二条）。

⑥保险人代位权（第五三条）。

⑦参加保单红利之保险契约（第一四〇条）。

⑧保险监理人之监理（第一四九条之一至第一四九条之五）。

⑨保险公司负责人责任（第一五三条）。

⑩保险合作社理事之竞业禁止义务（第一五九条；以上条数，均指“保险法”而言）。

（三）其他民事特别法

其他民事特别法之范围，涉及甚广，兹仅举一、二例证说明之：

1. 仲裁法

①仲裁协议（第一条）。

②仲裁人选定（第九条）。

③仲裁和解（第四四条；以上条数，均指“仲裁法”而言）。

2. 证券交易法

①证券承销契约（第七一条至第八二条）。

②证券受托买卖契约（第八六条、第一五八条至第一六〇条）。

③使用集中交易市场契约（第一二九条至第一三七条）。

④上市契约（第一四一条至第一四九条）。

⑤上柜契约（第六二条、证券商营业处所买卖有价证券管理办法第九条至第十二条）。

⑥证券集中保管契约（第十八条第二项、证券集中保管事业管理规则第十四条、台湾证券集中保管股份有限公司业务操作办法第十条）。

⑦证券融资融券契约（第十八条第二项、证券金融事业管理规则第九条）。

⑧证券投资信托契约（第十八条第二项、证券投资信托基金管理办法第二条第四项、第五条、第二二条至第二五条）。

⑨证券投资顾问契约（第十八条第二项、证券投资顾问事业管理规则第十一条；以上未具名法条条文，均指“证券交易法”而言）。

3. 银行法

①收受存款契约（第五条之一）。

②授信契约（第六条之一）。

③支票存款契约（第六条）。

④发行金融债券（第十一条）。

⑤反面承诺及其相关赔偿责任（第三十条）。

⑥担任承兑契约（第三一条）。

⑦信托（投资）契约（第一〇四条至第一一五条；以上条数，均指“银行法”而言）。

4. 期货交易法

①期货契约（第三条第一款）。

②选择权契约（第三条第二款）。

③期货选择权契约（第三条第三款）。

④杠杆保证金契约（第三条第四款）。

⑤对作（第一〇八条）。

⑥期货交易受托契约（第六四条；以上未具名法条条数，均指“期货交易法”而言）。

5. 土地法

①超额土地之强制出卖（第二九条）。

②承佃耕地之照价收买（第三三条）。

③地政机关登记错误之损害赔偿责任（第六八条；以上条数均指“土地法”而言）。

6. “平均地权条例”

①耕地征收之承租人补偿请求权（第十一条）。

②土地重划，定限物权人及承租人之补偿请求权（第六三条至第六四条）。

③土地收回之建筑改良物补偿请求权（第七五条）。

④耕地变更使用之租约终止及补偿（第七六条、第七七条；以上条数，均指“平均地权条例”而言）。

7. 民用航空法

①航空器租赁（第十九条）。

②航空事故赔偿责任（第六七条至第七一条；以上条数系指“民用航空法”而言）。

8. 铁路法

①铁路运送契约（第四六条）。

②事实上铁路运送契约（第四九条）。

③铁路运送责任（第五一条、第五二条、第五四条、第五五条）。

④铁路运送侵权责任（第六二条；以上条数，均指“铁路法”而言）。

9. 信托法

信托契约（第一条、第二条）。

第三节 各种之债之规范意义

相对于广义之债各，各种之债似乎仅系其中一些重要类型之规定而已。不过，此等重要规定，在整个债法之规范意义上，则具有相当重要之地位，其最具特色者为如下二者。即：一般规定与例示规定是。

一、一般规定

在立法体例上，民事法之领域，尚有民商分立制度及民商合一制度之分。前者，民法之外，尚有商法法典，用以规范商事交易行为；后者，民法之外，别无商法法典，有关商事交易类型，亦并入民法中规定。前者，如德、法、日等国立法是[13]；后者，如瑞士、意大利立

13 兹以日本商法为例，归纳其法典编目如次图，以供参考：

- 商法（日本）
  - 总　则
    - 法例（1—3）
    - 商人（4—8）
    - 商业登记（9—15）
    - 商号（16—31）
    - 商业账簿（32—36）
    - 商业辅助人（37—45）
    - 代办商（46—51）
  - 商行为
    - 总则（501—523）
    - 买卖（524—528）
    - 交互计算（529—534）
    - 隐名合伙（535—542）
    - 居间营业（543—550）
    - 行纪营业（551—558）
    - 运送承揽营业（559—568）
    - 运送营业（569—592）
    - 寄托（593—628）
    - 保险（629—683）
- 公司
  - 总则（52—61）
  - 无限公司（62—145）
  - 两合公司（146—164）
  - 股份有限公司（165—456）
  - 外国公司（479—485之2）
  - 罚则（486—500）
- 海商
  - 船舶及船舶所有人（684—704）
  - ⋮　（705）⋮（814）
  - 保险（815—850）
  - 船舶债权人（842—851）

法是。[14]

基本上，台湾亦采民商合一制度，民法之外，别无商法。商事交易行为之重要类型，亦多并入“民法”各种之债之中规定，如交互计算（第四〇一条至第四〇六条）、经理人及代办商（第五五二条至第五六三条）、行纪（第五七六条至第五八八条）、仓库（第六一三条至第六二一条）、运送营业（第六二二条至第六五九条）及承揽运送（第六六〇条至第六六六条）均是。因此，从比较法学之角度言，研究台湾民法，于民商分立国家而言，除应参考其民法典及民法著述外，并应及于其商法典或商法之著述，始称周延。

不过，台湾采酌民商合一，并未彻底，诸多重要之商事交易行为类型及其相关事项，仍未纳入“民法典”内，而以独立单行法规存在，公司法、票据法、海商法、保险法为其最主要之四大法律领域，他如商业登记法、证券交易法、民用航空法、银行法、期货交易法亦是。虽然，类此民商合一，既未彻底，法律解释上，依民法总则及债之通则解释商事交易类型，难免常见削足适履现象[15]；不过，基本体制上，台湾既采民商合一，则商事法云者，乃属学理名词，前举各项法律，其更严密而确切之意义，应称之民事特别法。正因多数重要之商事交易行为，事实上系存于民法之外，而商事交易行为类型，堪称民事交易行为之特别类型。是以，台湾虽采民商合一制度，惟就债法各论之构成而言，仍然存有一般规定及特别规定之区分。在此角度上，民法各种之债，则具一般规定之性格。

就各种之债为一般规定之性格而言，其要点有以下三项：

1. 各种之债设有一般类型，同时为各种之债中商事交易类型之一般规定，例如：经理人、代办商、行纪、承揽运送之于委任；仓库之于寄托均是。

2. 各种之债中之一般类型，时常为商事交易行为之一般规定。其主

14 瑞士债务法，除民事一般类型外，尚包括运送、经理权之商业契约类型（各种契约第十六章、第十七章）、公司与合作社（第三编、第五五二条以下）、商业登记（第四编第九二七条以下）、有价证券（包括汇票、本票、支票等——第五编、第九六五条以下）。意大利民法，不仅于契约各论包括商事契约类型（运送、代理商、银行相关契约、保险——第四编第三章第八节、第十节、第十六节、第十七节、第二十节），且将公司、合作社、企业组织、智慧财产权保护、竞业禁止合并于劳动编（第五编）之内（第五编第五章、第十章），其民商合一堪称规模最大，亦最为复杂。

15 关于“民法”制定时，采取民商合一之立法政策之讨论，其古典文献代表，请参照胡长清“中国民法总论”，商务印书馆，1948年，第二五页～第二九页；史尚宽“民法总论”，自刊，1970年，第四九页～第五一页。

要事例如：

（1）船舶租赁（“船舶登记法”第三条第三款、第四条）、航空器租赁（“民用航空法”第十九条）等之于租赁是。

（2）公司债（“公司法”第二四六条以下）、票据贴现（“银行办理票据承兑保证及贴现业务办法”），证券融资融券（“证券金融事业管理规则”第九条）等之于消费借贷。

（3）汇票、本票、支票（“票据法”第一条至第四条）之于指示证券、无记名证券是。[16]

（4）公司董事、监察人（“公司法”第一九二条、第二一六条）与公司之关系之于委任。

（5）证券投资顾问契约（“证券投资顾问管理规则”第十一条）之于委任。

（6）证券集中保管（“证券集中保管事业管理规则”第十二条）之于寄托。

（7）支票存款契约（“银行法”第六条）之于消费寄托。

（8）仲裁和解（“仲裁法”第四四条）之于和解。[17]

3. 各种之债之商事交易行为类型，有时为民事特别法相关交易类型之一般规定。主要事例如：

（1）公司经理人（“公司法”第二九条以下）之于经理人。

（2）证券委托买卖契约（“证券交易法”第一五八条）、期货交易受托契约（“期货交易法”第六四条）之于行纪。

（3）海上运送契约（“海商法”第三八条以下）之于运送契约。

各种之债具有一般规定之性格，有时并不限于商事法领域。雇佣之于劳工法，即是著例。因此，学者尝谓，各种之债之研究，实为研究劳动法及商事法之基础。[18]

二、例示规定

债法，特别是契约法部分，堪称是民法四编中，体现私法自治、乃

16 指示证券系从票据债务人之角度分析，汇票、支票为常见类型；无记名证券从票据权利人之角度分析，支票系其常见类型。惟汇票、本票、支票亦均得为记名证券。

17 和解之特别类型，主要尚有法院和解（“民事诉讼法”第三七七条～第三八〇条），破产和解（“破产法”第六条以下）。惟此二者，非可归类于商事交易类型，本文乃未予列入。

18 参照郑著（上），第三页。

至法律行为自由原则最具彻底之领域。债编首条揭橥“契约自由原则”（第一五三条第一项），物权编首条强调“物权法定主义”（第七五七条），恰相对应。所谓契约自由原则，其基本诠释殆为：当事人尽可依其意思，自由创设法无明文之契约类型、订定契约内容，苟不违反强行规定或公序良俗，其契约均属有效。[19] 兹之所谓法之明文，既不以各种之债为限，亦不以民法为止，而是概括及于私法法律关系之所有公、私法律，亦即所谓实质民法之规定。[20] 在此角度内，即使是广义之债各，相对于所有实质之债之类型而言，亦不过仅系例示规定，各种之债之规定，更无论矣！

各种之债、乃至其他法律领域规定之债之类型，其性格为例示规定，从学理上区分契约组群为典型契约（有名契约）及非典型契约（无名契约）之惯例，可为印证。在此概念区分下，民法法典（包括各种之债——以下同）规定之各种债之类型，种类纵属繁夥，性质上仍非如物权、亲属、继承之为列举规定。[21] 事实上，存在于民法法典以外之债之类型，其繁夥恐亦不下于民法法典所出现之债之类型，其范围亦非仅止于契约之债而已。[22] 换言之，就债法之原理言，吾人似可于无名契约之上，再创设无名之债之概念，并赋与其相当之地位。

无名契约之存在形态，尚经常集合二种以上契约之内容而形成之，此即学理上通称之混合契约。[23] 制作物供给契约、旅店住宿契约、住院契

19 主要之判例依据如下：

“最高法院”1977年台再字第四二号判例：“按因私法上法律行为而成立之法律关系，非以民法（实质民法）有明文规定者为限，苟法律行为之内容，并不违反公序良俗或强行规定，即应赋予法律上之效力。”

20 广义，亦即实质之民法，概括及于所有规范到私人生活法律关系之公私法律，似为一般民法总则之共通论点；论其适用，则以债编为最普遍。盖以亲属、继承二者，民法之外，少有创设，物权云者，民法之外，另称之准物权，均未若债编之广阔而开放之故。是以，称实质民法云者，其绝大部分殆为实质债法也。

21 物权编于其首条（第七五七条），率先揭示物权法定主义，即“民法典”所定者外，别无物权存在，更无当事人意思创设之余地，固是著例。亲属编、继承编，虽未如物权编之明文禁止创设物权，惟其涉及人伦秩序，亲属编所定亲属种类，继承编所列继承人及继承类型之外，不得再有意思创设之运用，无宁为法律自明之理，而无待明文。

22 无名之债，得依契约以外之法律行为而成立，亦得依习惯、法理而成立（“民法”第一条）。不过，因习惯或法理而成立之债之类型，须经法院之确认，形式上常以判决或判例之面貌出现。较早时期，有关大佃契约之解释，可为佐证（司法院1942年院字第二二八七号、第二二九〇号、第二三九八号解释）。

23 有关混合契约之解释，请参照同上第二二八七号解释：“混合契约系由典型契约构成分子与其他构成分子混合而成之单一债权契约，若其契约系复数，而于数契约间具有结合关系者，则为契约之联立。大佃契约，为租赁契约与典权设定契约之联立，并非混合契约，故在法律所许范围内，应依当事人立约之本旨，使租赁权与典权同其存续时期，依法律之规定，其存续时期不能一致者，仍应分别办理。”

约均是著例。研习上，无名契约虽较不受重视，但其适用甚为广泛，或系事实；尤其是混合契约之适用，恐有特别关心之必要。盖以日常生活上，吾人从事交易行为时，涉及因素相当繁复，当事人成立之契约，符合二个以上有名契约之内容者，似是非常普遍。例如，午间前往餐厅购食牛肉面一碗，一般直觉上均以为系成立买卖契约，如有纠纷发生，通常亦适用买卖之规定。然而，如深入分析，则购食牛肉面之交易行为，尚非单纯为买卖行为，而是集合多种契约内容之混合契约，其内涵略可分析如下：

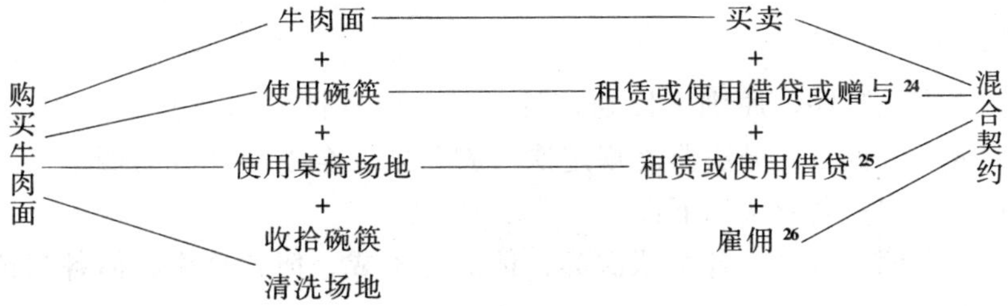

纯就法律逻辑分析言，小如购食牛肉面之日常生活琐事，既然已属混合契约。则较为重大交易之行为，纯属单一契约类型者不多，应系事实。不过，当事人厘定权利义务关系，大都注意其重要部分，法律亦无庸尽其琐细，此即购食牛肉面之所以多被认系买卖之故。有名契约之所以常有适用，主要原因当即在此。

无名契约、乃至民事特别法上之有名契约，如于各种之债无性质相同或相类之类型者，解释上固应依交易习惯或特别法之规定定之。反之，则应以各种之债为适用依据。其情形尚可区分如下：

（1）特别法之类型与各种之债之类型相同者，除特别法之规定外，适用各种之债之规定。[27]

24　一般之餐饮店碗筷并不计价，用毕收回者，是为使用借贷；如系免洗碗筷，用毕弃置或可由顾客（买受人）取走者，是为赠与；如为特制名贵碗筷，另行计价收费（用毕由餐饮店收回者），则此部分具有租赁之性质也。

25　一般之餐饮店，场地系无偿提供，故一般情形，性质上属于使用借贷；惟房间之使用，价格予以提高者，则提高之部分，性质上应归属于租赁。

26　收拾碗筷、清洗场地，形式上虽于价格无影响，但于经营上，则列入成本（价格）考虑之内，顾客未使用碗筷场地者，宜解为抛弃利益之享有，故此部分，在法律解释上，将其归属于雇佣，似较允当。

27　参照戴著，第二页～第三页；郑著（上），第二页。

（2）单纯无名契约及特别法之债之类型，与各种之债之类型相近者，除其特殊部分外，类推适用各种之债之规定。[28]

（3）混合契约，分别就其与民法相同或相近之部分，适用或类推适用各该性质之契约。例如，制作物供给契约，于材料提供部分适用买卖，于工作完成部分适用承揽是。[29]

第四节　本书之编章目次

本书之顺序，原则上以财产性契约、劳务性契约及其他契约之债，作为分类依据；并循法典之规定次序叙明之。全书预计分为四编三册三十章。各编章名依次如下：

第一编　绪论。各章依次为：债法之构成、债各总说、债各与债总之相互关系。

第二编　财产性契约之债。各章依次为：买卖、互易、交互计算、赠与、租赁、借贷。

以上二编，构成本书上册。

第三编　劳务性契约之债。各章依次为雇佣、承揽、旅游、出版、委任、经理人及代办商、居间、行纪、寄托、仓库、运送营业、承揽运送。

本编构成本书中册。

第四编　其他各种之债。各章依次为：合伙、隐名合伙、合会、指示证券、无记名证券、终身定期金、和解、保证、人事保证。

本编构成本书下册。[30]

28　例如上市证券买卖，除市场交易、要约交错部分（表见于“证券交易法”）外，适用“民法”买卖之规定；上市证券委托买卖，除禁止场外委托、禁止全权委托、禁止介入（表见于“证券交易法”）外，适用民法行纪之规定。

29　主要实务见解，请参照“最高法院”1970 年台上字第一五九〇号判例：“制作物供给契约，乃当事人双方约定，由一方以自己材料，为他方制作物品并供给他方，他方支付报酬之契约，俗称包工包料。其提供材料部分，性质为买卖，其制作物品部分，性质为承揽，故为混合契约，或称之买卖承揽。但当事人之意思，重在制作物财产权之取得者，则为买卖。”

30　特殊典型契约之债及非典型契约之债，拟于学生版完成后，另列编章著述之。因其构想与初版时尚有调整，爰予叙明。

第三章

债各与债总之相互关系

第一节　理论分析

债总云者，债之通则之学理称谓也。依笔者分析，实质意义之债总，并不包括债之通则之全部规定。论其与法典债总之间，关系有如次表：

本文所称债总或债之通则云者，除另有说明者外，乃指实质意义之债总而言。

一般以为，债各之于债总，系特别法与普通法之关系；债各规定与债总规定有不同之时，特别法优先于普通法之原则，即有适用。愚意则以为，二者应系相互结合之关系。特别法优先于普通法云者，尚无从为完全之说明；苟欲简单描述，称之个别法与一般法之关系，或较妥当。换言之，即债总系债法之一部分、债各亦系其中一部分；二者相互结合，债法于焉完成。吾人如舍债各而论债总，难免有只见其一，不见其二之流弊；反之亦然。

- 债之通则
  - 实质意义之债总
    - 债之标的（199～218 之 1）
    - 债之效力
      - 给付（220～227 之 2）
      - 迟延（229～241）
      - 保全（242～245）
    - 多数债务人及债权人（271～293）
    - 债之移转（294～306）
    - 债之消灭（307～344）
  - 实质意义之债各
    - 契约总论
      - 成立（153～166 之 1）
      - 效力（246～270）
    - 非法律行为之债
      - 无因管理（172～178）
      - 不当得利（179～183）
      - 侵权行为（184～198）

在此角度下，债各者，表见个别债之类型之制度特色；债总者，表见各种债之类型共通之原则。前者重在突出个性，后者偏于舍异从同。因此，债总与债各除结合关系外，有时亦出现相同事项，彼此规定不尽相同之情形。有此情形，在其适用顺序上，有时舍债总而就债各，形成类如特别法优先于普通法之关系。一般所以视债各为特别法，债总为普通法，原因或即在此。

然则，无论如何，债各与债总之关系，绝非如此单纯，甚至可说，并非以一般论点为其相互关系之主要内容。退而言之，即使于所谓特别法、普通法之部分，亦非一般所谓特别法优先于普通法之简单思维，即可完全说明。因此，如何基于权利保护——私法真谛之所在及法典构造之原意，重新厘清债总与债各间之关系，于研习债法而言，可说甚为重要。基此，管见以为，从相关法律领域之规定内容，加以较为严谨之对照分析，则债各（各种之债）之于债总（债之通则），其逻辑关系，应可分为四群。即：（一）确定性规定；（二）附加性规定；（三）修正性规定；（四）排斥性规定四者是。以下，即依此顺序，就债各及债总之有关规定，各举数例说明之。

第二节　事例举隅

一、确定性规定

所谓确定性规定，系指债各之规定，相对于债总上同一事项之规定，系在确定债总规定之具体内容者而言。换言之，亦即同一事项，债各、债总均有明文，惟债总规定本于一般法之地位，仅作共通之抽象定义，其具体内容则待诸债各为之确定之意。按债法规范，常由债各部分与债总部分互相结合，其间债总规定，常因共通适用之斟酌，偏于抽象定义之表现。因此，其在民法债编之逻辑结合关系上，债总为抽象性、概括性规定，债各则常为确定性、具体性规定。

确定性规定之大本营，可推“民法”第一九九条第一项：“债权人基于债之关系，得向债务人请求给付”之规定。盖以本条项不仅为债之标的之综合规定，同时为债之效力的基本规定。其间所使用之法律概念，如债权人、债之关系、债务人、给付，相对于债各而言，均属抽象而概括规定也。[1]正因第一九九条第一项所使用之法律概念，均属抽象，其具体适用，非还原于债各有关之确定性规定，几乎无法发生规范上的作用；债各与债总之间，常借此关系，相互结合而成为单一规范。于此情形，如解释债各为特别法，债总为普通法，而且特别法优先于普通法，当不无误解。兹就其间所涉基本法律概念，说明如次：

债权人，债之关系上得请求债务人为法定或约定行为之权利人；然而债之发生原因尚多，何人为债权人？尚须透过债各有关规定而判断之、确定之。因之，欲确定何人为债权人，单恃“民法”第一九九条第一项，尚难达成，而须配合债各之相关规定。举其要者，约可归纳如次表：

债之类型	债权人
契约：赠与	→受赠人（406）
契约：买卖	→财产权→买受人（345<348） →价　金→出卖人（345<367）
单独行为：指示证券	→领取人（710）
无因管理	→利益返还→本人（173Ⅱ） →费用求偿→管理人（176、177）
不当得利	→受害人（179）
侵权行为	→被害人（184）

债务人，乃债之关系上，应依法律规定或契约约定为一定行为之义务人。其判断及确定，亦有如上段之债权人，爰亦列表如下：

1　就具体债之类型（债各）言，下列名词当可对照如下：

债权人：出卖人（价金债权）、出租人（租金债权）、受赠人、受任人（报酬债权）、运送人（运费债权）。

债之关系：买卖、租赁、赠与、委任、运送。

债务人：买受人（价金债务）、承租人（租金债务），赠与人、委任人（报酬债务）、托运人（运费债务）。

给　付：支付价金、支付租金、（无偿）给与财产、支付报酬、支付运费。

债之类型	债务人
契约：赠与	→ 赠与人(406)
契约：买卖	→ 财产权 → 出卖人；→ 价金 → 买受人（345< 348、367）
单独行为：指示证券	→ 承担人（711）
无因管理	→ 利益返还 → 管理人（173Ⅱ）；→ 费用求偿 → 本人（176、177）
不当得利	→ 受益人（179）
侵权行为	→ 加害人（184）

给付，指债务人依债务本旨应为之一定行为：此之一定行为，其内容须从各种债之关系而定。因之，确定给付之内容，亦应结合债各、债总之相关规定定之。其情形约可表解如下：

债之类型	给付
契约：赠与	→ 赠与人无偿给与财产（406）
契约：买卖	→ 出卖人移转财产权；→ 买受人支付价金（345< 348、367）
单独行为：指示证券	→ 承担人给付金钱或有价证券或其他代替物（711Ⅰ）
无因管理	→ 管理人返还利益（173Ⅱ）；→ 本人偿还费用（176、177）
不当得利	→ 受益人返还利益（179）
侵权行为	→ 加害人赔偿损害（184Ⅰ）

由以上各点所述，可知“民法”第一九九条第一项，在债法体制上，无非在于宣示法律规范之抽象意义而已。一般情形，该规定本身，尚非完整而独立之规范体系，适用上必须还原于各种类型之债的相关规定，

始生具体制度的意义。[2] 其了解方式，约可依次表予以说明如下：

抽 象 意 义		债权人基于债的关系，得向债务人请求“给付”
具体适用	契约：赠与	受赠人基于赠与（契约），得向赠与人请求“给与财产权”（406+199Ⅰ）
	契约：买卖	买受人基于买卖（契约），得向出卖人请求“移转财产权”（345→348+199Ⅰ）
	契约：买卖	出卖人基于买卖（契约），得向买受人“请求支付价金”（345→367+199Ⅰ）
	单独行为：指示证券	指示证券持有人基于指示证券，得向承担人请求“给付金钱、有价证券或其他代替物”（710Ⅰ+199Ⅰ）
	无因管理	本人基于无因管理，得向无因管理人请求“返还利益”（173Ⅱ+199Ⅰ）
	无因管理	无因管理人基于无因管理，得向本人请求“偿还费用”（176、177+199Ⅰ）
	不当得利	受害人基于不当得利，得向受益人请求“返还利益”（179+199Ⅰ）
	侵权行为	被害人基于侵权行为，得向加害人请求“损害赔偿”（184Ⅰ+199Ⅰ）

由于债总有关规定，其规范意义常取抽象，具体适用内容留待债各补充者甚多。因此，确定性规范，在债各所占比例甚大，恐系事实。[3]

二、附加性规定

附加性规定、或可称为补充性规定，意指债各之规定，相对于债总同类事项之规定，系在补充债总所已规定之法则或法律命题，赋与当事人、特别是债权人以新的权利义务关系者而言。换言之，即同类事项，债各、债总均有明文，二者同时构成并存之复数法律制度，债各规定性

2 一般情形，债权人虽不能根据第一九九条第一项，作为请求给付之基础。但于无名契约（纯粹无名契约），因其于法典上并无具体规定，如又无相类契约类型可资类推适用者，即须根据第一九九条第一项，以为请求给付之基础。于此特殊情形，第一九九条第一项仍具独立规范之意义，惟其适用机会不多而已。

3 基本上，各种之债各节第一条，有关债之类型之定义规定，殆均属第一九九条之确定性规定。同理，第一七二条、第一七九条、第一八四条至第一九一条之三，规范作用上亦系确定性规定。

质上为法律制度之附加，对于债总所宣示之制度，不仅并未排斥，而且相互结合成为完整之债法规范，故与一般所称“特别法优先于普通法”之思考模式，亦有距离。

附加性规定之重要事例，可举以下二者说明：

（一）瑕疵担保责任

附加性规定，首推权利无缺担保责任及物的瑕疵担保责任为代表。兹即以物的瑕疵担保责任为例，说明其与债总相对制度之补充关系于次。

按债务人对其给付之履行，原则上仅于其可归责时，始负法律上之责任，是为所谓之债务不履行责任；有关于此，规定于“民法”第二二五条、第二二六条、第二二七条、第二三〇条以下甚明。因此，有关债务不履行之讲述上，吾人时常强调如下思考模式，即：债务不履行＝（可归责事由＋给付不能）或（可归责事由＋给付迟延）或（可归责事由＋不完全给付），而非单纯的债务未履行（给付不能或给付迟延或不完全给付）之事实。基此可知，债务人之给付如有瑕疵，则吾人尚不能遽而断定为不完全给付；从而，亦不能直接肯定债务人应负不履行之损害赔偿责任。就债总规范而言，必须债务人对于给付物瑕疵之发生，有可归责之事由时，始可纳入不完全给付之概念，责求债务人负债务不履行之责任。由于债务人仅就故意或过失之行为负其责任（第二二〇条第一项），故此之所谓是否可归责，原则上乃以债务人之过失为标准。[4] 亦即债务人给付之物有瑕疵，如债务人对于瑕疵之发生为有过失，才是不完全给付而应负债务不履行之损害赔偿责任；反之，债务人如无过失，则给付之物纵有瑕疵，亦无债务不履行责任可言。研习债总之时由于强调上开思考模式，往往会进一步形成如下观念。即：

给付有瑕疵
- 债务人有过失 → 不完全给付：债务人负不履行责任
- 债务人无过失 → 非不完全给付：债务人无责任

然而，贯彻上开观念，就债法之整体构成而言，则又不无误解。盖以给付之物如有瑕疵，纵债务人无过失，依债各买卖一节之规定，债务人仍应负相当程度之法律责任（第三五九条）；惟其程度较债务不履行责任为低，解释上亦不列为债务不履行之一环，故一般另称之物的瑕疵担

4 就归责原理而言，其思考模式，大体可以表征如下：
可归责事由≒过失≒轻过失≒抽象过失≒怠于善良管理人之注意

保责任，以别于债务不履行责任。

物之瑕疵担保责任的规定，并不排斥不完全给付的适用。换言之，亦即出卖人给付之物有瑕疵者，如出卖人有过失，买受人可依债总规定，主张出卖人负不完全给付之损害赔偿责任。二者不仅制度上并存；而且，瑕疵担保责任之规定，并不修正或排斥不完全给付之规定。也因此，如债务人就给付物瑕疵之发生有过失，其债权人仅依瑕疵担保责任之规定请求救济者，亦非法所不许。[5] 正因如此，故吾人称其为附加性或补充性规定。

兹为便于参考，特就以上说明，为之简表如下：

<table>
<tr><td rowspan="2">买卖标的物有瑕疵</td><td>债总：出卖人有过失：
不完全给付责任（227）</td><td rowspan="2">（1）出卖人（债务人）无过失者，
买受人仅得主张瑕疵担保责任。
（2）出卖人有过失者，买受人得就
二者之一选择行使(请求权竞合)。[6]</td></tr>
<tr><td>债各：出卖人无过失：
瑕疵担保责任（359）</td></tr>
</table>

（二）受领迟延

附加性规定之著例，尚可从债权人受领债权之义务规定见之。原来，债权为债权人权利，债权人苟有拒绝受领或不能受领者，固有受领迟延（或称债权人迟延）之制度，以为调整债权人、债务人间权利义务之规范依据（第二三四条以下）。惟就债总之制度设计而言，受领迟延不过系债权人之权利不行使而已，并非义务违反；受领迟延之效果，不过债权人权利保护程度及范围，为之降低或缩小而已，债权人并不因此而负债务不履行之损害赔偿，契约之对造亦不能据此解除契约。此观之“民法”第二三七条以下有关债务人责任减轻之规定，不言而喻。学者、实务之间，亦无异说。[7][8]

5　参照郑著（上），第三八页；史著，第四六页。

6　参照郑著（上），第三八页；史著，第四六页；梅著，第二五二页（均未说明其究为选择之债或请求权竞合）。

7　受领迟延，于债总意义上，仅系债务人责任减轻之规定，尚与给付迟延无关，似为台湾债法学者之一致看法，兹举数例于下，以供参考：

陈瑾昆“民法通义债编总论”，朝阳大学，1930年，第二二九页～第二三〇页；洪文澜“民法债编通则释义”，文光书局，1954年，第二五三页；郑玉波“民法债编总论”（初版），三民书局，1962年，第三〇八页；史尚宽“债法总论”，自刊，1954年，第四〇七页；孙森焱“新版民法债编总论”（下册），自刊，2000年，第五四五页。

8　实务之代表见解，请参照“最高法院”1940年上字第九六五号判例。其要旨如下：

“债权人有受领给付之权利，除法律有如‘民法’第三百六十七条、第五百十二条第二项等特别规定，契约有特别订定外，不负受领给付之义务。故债权人对于已提出之给付拒绝受领者，通常只负迟延责任，债务人不得强制其受领给付。”

然则，如就债法之全体构造而言，贯彻上述思考模式，亦不无重大误解。盖以债权人、债务人间互相协力之强调，在某些债之类型上，债各或另以明文，规定债权人以受领给付之义务。买卖一节内明定，买受人对于出卖人，有交付约定价金及受领标的物之义务（第三六七条），即系著例。买受人苟有违反受领标的物之义务者，不仅学者通说肯定买受人应负给付迟延之债务不履行责任[9]，实务上亦采相同立场。[10] 按买卖（契约）关系中，买受人对于买卖标的物，系居于向债务人请求给付之债权人地位，买受人之受领标的物，系权利而非义务，本属理所当然，法所必然。兹债各条文明定，买受人有受领买卖标的物之义务，即等于债权人有受领给付之义务。不过，相类事项，于债总并无明文；以是，法律逻辑关系上，难免发生拒绝受领或不能受领，究系权利不行使或义务违反之疑问。

就法律之规范内容而言，上述疑问，当可进而描述为：买受人拒绝受领或不能受领，究系受领迟延？亦或给付迟延？如系二者并存，是否应以债总规定为普通法，债各规定为特别法，并依特别法优先于普通法之法律适用原则，以为疑难解决之依据？管见以为，此时受领迟延、给付迟延，乃系二者同时并立，但二者并无特别法优先于普通法之适用。如进一步分析，则后者应解为前者之附加性或补充性规定为宜。从而，于买卖关系中，对于买卖标的物之受领，地位为债务人之出卖人，对上述二项规定，即有选择行使之权利。如谓特别法优先于普通法，无异强迫出卖人主张买受人债务不履行（给付迟延），对保护出卖人而言，尚非最为有利。兹为便于参考，亦为之表解如下：

买受人拒绝受领
- 债总：债权人拒绝受领权利
  - → 受领迟延（出卖人减轻责任：234~241）
- 债各：债权人违反受领义务
  - → 给付迟延（买受人负债务不履行责任：367，231~233）

（受领迟延、给付迟延）→ 出卖人选择行使（规范竞合）

9 参照陈著，第三五页；载著，第四四页；郑著（上），第六六页；史著，第五八页。

10 实务之代表见解，请参照“最高法院”1975 年台上字第二三六七号判例。其要旨如下：

“买受人对于出卖人有受领标的物之义务，为‘民法’第三百六十七条所明定，故出卖人已有给付之合法提出而买受人不履行其受领义务时，买受人非但陷于受领迟延，并陷于给付迟延，出卖人非不得依‘民法’第二百五十四条规定据以解除契约。”

附加性规定，旨在加强债权人之保护。民法债编系以债权人之保护为主旨。因此，相对于债总而言，债各为附加性规定者，所占比例亦大。

三、修正性规定

修正性规定，乃指债各之规定，相对于债总同类事项之规定，系在修正债总所已规定之法则或法律命题者而言。换言之，即同类事项，债各、债总均有明文，其间债各之规定，却修正债总制度之某些部分，以致债总所为规定，须与债各配合，并重新建构制度内容。由于此一情形，债各规定于修正债总规定之部分，债总规定排除适用；因此，意义上似为特别法与普通法之关系，并适用特别法优先于普通法之法律适用原则。

修正性规定，可举二者重要事例如下：

（一）权利存在担保责任

修正性规定之著例，首推买卖权利存在担保与契约标的不能之有关规定。按契约之标的，有（自始、客观）不能之情形者，其契约原则上无效（“民法”第二四六条第一项），一般债总教科书亦常如此描述。然而，吾人于债法理论上，如忽略债总、债各之相互关系，贯彻上述观念，其结果亦将导致重大错误。盖以债各买卖一节，就买卖之种类，区分为所有权买卖及其他权利之买卖二种；前者称为物之买卖，后者称为权利买卖。关于权利买卖，债各明定，债权或其他权利买卖，其出卖人应担保其权利确系存在（第三五〇条前段）。既然，出卖人应担保权利存在，其权利不存在者，出卖人应负债务不履行（给付不能）责任（第三五三条适用第二二六条），足见，于此情形，买卖契约并非无效。按权利买卖，权利本身即为买卖契约之标的，买卖之权利如自始根本不存在，即为买卖标的不能；有此情形，如谓契约有效，则上开权利存在担保之规定，显已修正“标的不能＝契约无效”之债总规定，不言而明。[11]

然而，权利存在担保，并非各种买卖均有适用；权利存在担保之规定，自亦不能完全推翻“标的不能＝买卖无效”之法则。亦即就买卖制度而言，不过部分类型为之修正而已。至其制度体系，则可归纳表解如下：

11　于此情形，认为买卖有效之学理，请参照梅著，第二五〇页；孙森焱前揭“新版民法债编总论”（下册），自刊，2000年，第五一一页。

买卖标的不能
- 物之买卖(所有权买卖)：出卖人不负权利存在担保责任：契约无效(246 Ⅰ 本文)
- 无体权利买卖(其他权利买卖)：出卖人负权利存在担保责任：契约有效(350 → 353 → 226)

由上表可知，关于标的不能之效力，仅依债总之规定，绝难理解问题之全貌，甚而发生重大误解。即就买卖观之，则必须综合“民法”第三四八条、第三五〇条、第三五三条、第二二六条，以及此等条文与第二四六条之有机结合，始可竟其功。再者，由于此一制度内容，于财产性之有偿契约准用之（第三四七条）。于是，标的不能于契约法上之制度内涵，殆可描述如下。即：所谓标的不能而契约无效者，其适用范围，主要在于所有权有关之财产上有偿契约、劳务性有偿契约，以及无偿契约；至于无体财产权之财产上契约，则尚无适用可言。兹为便于了解，亦为之表解如下，以供参考：

标的不能
- 契约无效
  - 物之买卖
  - 动产、不动产权利为基础之财产上有偿契约
  - 劳务性契约
  - 财产上无偿契约
  - → 适用标的不能
- 契约有效
  - 无体权利买卖（350）
  - 非以动产、不动产权利为基础之财产上有偿契约（347→350）
  - → 适用权利瑕疵担保 → 修正标的不能之规定 → 适用标的不能

（二）限额赔偿责任

修正性规定之著例，复可举债各有关限额赔偿之规定说明。原来，民法上有关损害赔偿之范围，设有一般规定，包括债权人所受损害及所失利益（第二一六条第一项）。所谓所受损害，指债权人既有财产，因损害事实之发生，以致减少之情形，或称积极损害；所失利益，则指债权人本应增加之利益，因损害事实之发生，以致不能取得之情形，或称消极损害。例如，甲将其所有价值新台币（下同）一百万元之A屋，以一百二十万元之价格出售于乙，未及交付及办理所有权移转登记，竟因丙之过失烧毁A屋。则甲因A屋烧毁所受的损害，即包括所受损害一百万元（房屋客观价格）及所失利益二十万元（契约履行可得之利益）；从而，丙之损害赔偿责任即为一百二十万元，亦即甲对丙可请求赔偿一百

二十万元。

限额赔偿，在民法上之主要事例，可推运送人责任；兹即依其规定，说明修正上述赔偿范围之情形。按“民法”第六三八条规定：“运送物有丧失、毁损或迟到者，其损害赔偿额，应依其应交付时目的地之价值计算之。运费及其他费用，因运送物之丧失、毁损，无须支付者，应由前项赔偿额中扣除之。运送物之丧失、毁损或迟到，系因运送人之故意或重大过失所致者，如有其他损害，托运人并得请求赔偿。”足见，运送人之赔偿额，原则上仅就所受损害（积极损害）负其责任；但运送人因故意或重大过失致生损害者，始就所失利益负赔偿责任。就前者而言，运送人责任之有关规定，固具排斥总则规定之色彩，就后者而言，则其规定尚与总则规定一致，故列之为修正性规定。爰为之图解于次，以供参考：

损害赔偿（范围）
- 一般债务人责任：完全赔偿=所受损害+所失利益（216）
- 运送人责任：限额赔偿
  - 故意或重大过失：所受损害+所失利益(638Ⅲ=216)
  - 轻过失或事变：所受损害（638Ⅰ）[12]

例如，住于台北之甲，有客观价值十万元之瓷器一批，以十二万元价格出售于居住高雄之乙，契约成立后，甲给付运费，委托丙货运公司运交于乙。途中丙货运公司司机，将车辆停放于休息站停车场休息时，为丁不慎撞翻，瓷器均告破损。于此情形，对运送人而言，系因第三人过失而生之损害，性质上属于事变，依第六三四条规定，运送人固应负赔偿责任，但就范围而言，则仅以物之客观价额为准，故甲如请求丙损害赔偿，将仅以十万元为限，超过部分之请求即无依据。[13]

四、排斥性规定

排斥性规定，系指债各之规定，相对于债总同类事项之规定，系发

12　限额赔偿，除于损害赔偿范围未贯彻完全赔偿原则外，于损害赔偿方法论上，亦有其特色，此即赔偿既有限额，方法上当系金钱赔偿，似无回复原状（第二一三条第一项本文）之适用。

13　民法上规定损害赔偿义务人应负价额赔偿责任者，并非即为金钱赔偿，更非即限额赔偿，故解释上宜以制度意旨作为论据。例如，第一九六条、第一九三条，虽均系一定金额之规定，但解释上仍应认为完全赔偿（第二一六条）及回复原状（第二一三条），均仍有其适用。

生前者排斥后者，亦即债各规定排斥债总规定之适用者而言。一般所称“特别法优先于普通法”之法律适用原则，于债法上，可说以此类规定为最显著。

严格言之，修正性规定，于修正部分，固已具有排斥规定之色彩，惟其所排斥或修正者，仅为某种债之制度之全部，而非该类型之债有关该制度之全部，其未修正部分，仍还原而适用债总规定。故本文予以区分，以示本段所述，系指制度上较近于全面排斥之意义。

排斥性规定，亦可举以下二例说明之。

（一）赠与人责任

排斥性规定，主要表现于债各规定系减缓债务人责任之情形。其代表事例，首推赠与人责任。

按债务人应就其故意或（轻）过失之行为负责，斯即一般通称的（轻）过失责任主义，业已如前所述。惟此原则，于赠与之债，则尚无适用。盖以“民法”第四一〇条明定，赠与人仅就其故意或重大过失之行为，对于受赠人负给付不能之责任。兹之赠与人系赠与之债之债务人，受赠人系债权人。因之，还原于债总之相类规定，其结果即等于赠与之债务人仅就故意或重大过失之行为负给付不能之债务不履行责任。就二者之相对规定而言，第四一〇条规定，显与第二二〇条第一项所宣示之过失责任主义有别，而在适用法则上，二者之相互关系，宜解为后者优先于前者；第四〇九条之赠与人不负给付迟延责任、第四一一条之赠与人仅就故意负不完全给付责任，其情形亦然。换言之，亦即赠与人有不履行情事者，应解为赠与人仅依上述债各相关规定定之，在适用上与第二二〇条规定尚无直接关连。

赠与人责任规定之排斥债总规定，尚非仅止于责任标准本身；即责任范围上，情形亦然。原来，就债务人债务不履行之法律上效果而言，其给付仍为可能者，债权人除声请强制执行外，尚得请求（迟延之）损害赔偿：其给付为不可能者，债权人则可请求（替代之）损害赔偿。前者适用于给付迟延及可补正的不完全给付，迟延利息乃金钱之债之法定最低损害赔偿额；后者，适用于给付不能及不能补正的不完全给付，赔偿范围包括所受损害（物之价额）及所失利益（可预期取得之利益）。以上所述，乃归纳债总第二二六条、第二二七条、以及第二二九条～第二三三条之结果所得。其思考模式，则可表解如下：

一般之债	类　　型	效　　力
债务不履行	给付不能	替代赔偿（226）〈所受损害 + 所失利益〉（216）
	不完全给付：不能补正	（类推适用）→ 替代赔偿（226）
	不完全给付：能补正	（类推适用）→ 强制执行+迟延赔偿
	给付迟延	强制执行+迟延赔偿（227+231–233）

然则，此一规定，于赠与之债亦无适用。盖以赠与人不履行赠与时，受赠人仅得请求交付赠与物（给付不能）或其价额（给付迟延），不得请求利息或其他不履行之损害赔偿（第四〇九条），其效力与一般之债务不履行，几乎截然不同，且适用上与前述之第二二六条等，亦无直接关连。其法律制度体系及法律依据，则可为之表解如次：

赠　与	类型	效　　力
赠与不履行	给付不能	交付价金（物之价额＝所受损害）（409Ⅰ后）
	不完全给付	瑕疵给付：无请求权（指对瑕疵给付本身而言） 加害给付：损害赔偿（以故意或违反保证为限）
	给付迟延	交付赠与物（强制执行）（409Ⅰ前）

责任原理，依债总所示，其责任标准为（抽象轻）过失责任，其责任范围为完全赔偿。赠与之债，于此二者，均与债总截然不同，对于债总规定之排斥，堪称深而且巨。

（二）不当得利之利益返还

给付不能，因是否可归责于债务人而异其法律效果。所称可归责事由云者，原则上指过失而言。换言之，给付不能之法律效果，原则上系以债务人有无过失为断，第二二五条第一项规定：“因不可归责于债务人之事由，致给付不能者，债务人免为给付。”第二二六条第一项规定：“因可归责于债务人之事由，致给付不能者，债权人得请求损害赔偿。”其简单图次，略有如下：

给付不能 { 债务人无过失——免为给付（225Ⅰ）
债务人有过失——损害赔偿（226Ⅰ） }

上述条项，系债总之规定。按理，无论契约所生之债、无因管理所生之债、不当得利所生之债、乃至侵权行为所生之债，应均有适用。惟其于不当得利之债，实情是否如此，则待商榷。

于不当得利之债，债务人通常为受领人，负有返还利益之责任（第一七九条）。于此，受领人返还利益之行为，即为债之通则所称之给付；利益苟有不能返还者，即系给付不能。是以，不当得利之受领人，不能返还利益者，是否适用上述给付不能之法则，堪称饶富兴趣。“民法”第一八一条但书规定：“（不当得利受领）……依其利益之性质或其他情形不能返还者，应偿还其价额。”换言之，不当得利之受领人，就其受领之利益，对于受害人，负有担保返还之责任，苟有不能返还者，并不因其未有过失而免为给付；惟其所应返还者，系利益之原形或（其换算所得之）价额，亦不因其于不能返还为有过失而负损害赔偿责任。足见，于不当得利之债，因第一八一条但书之存在，给付不能之一般规定，乃被排除而不适用。谓其为排除规定，应无疑义。侵权行为之损害赔偿，请求回复原状而不能实现者，得请求金钱赔偿（第二一三条至第二一五条），亦有神似之处。[14]

第三节　小　　结

综上所述，可知债总与债各之相互关系，绝非单纯为特别法与普通法之关系，且无宁以个别法与共通法之结合关系为多。因此，研习债法，就二者间关系之如何结合，自应分门别类，因其性质而个别分析了解。大体上，债总规定之概念，系采抽象意义者，其相对之债各规定，常为确定性规定；债各规定系在强化债权人之权利保护者，常属附加性规定；债各规定系在宣示特殊法规目的或法律政策，特别是减缓债务人责任者，

14　正因不当得利、侵权行为之规定，均具有排除给付不能制度内容之意旨。因此，学理上所称之债务不履行，于给付不能，似乎仅于法律行为之债（特别是契约之债）及无因管理有其适用，殊值注意。

则常为修正性规定或排斥性规定。后者，其仅部分排除债总规定者，为修正性规定；其制度全面，具有排除债总规定之意义者，则为排斥性规定。

惟有关于此，台湾文献尚乏深入讨论，所谓确定性、附加性、修正性、排斥性四个名词，不仅相当流动，彼此界线（特别是后二者）颇具相对意义，于分析债总债各之相互关系，仍有未尽周延之处[15]，其学术意义之严谨明晰，仍待债法学者研讨批判，并期待更为严谨之分析方法，早日出现。

15 债各与债总之间，有时或系并存选择关系。例如，“民法”第三四五条第二项之于“民法”第一五三条第二项，二者各指不同之买卖成立形态，适用于不同之交易情形，尚非本段所称四类规定所能兼括，即是著例。

第二编

财产性契约之债

第四章

买　　卖

债之标的，亦即债务人之行为，在于给与财产者，通称财产性契约。依各种之债规定，其类型有：买卖、互易、交互计算、赠与、租赁及借贷六者。爰依序构成本编之章节。

买卖为日常生活最普遍之交易行为类型，亦各种契约制度设计之典型，各种之债爰列为第一节，以为各种契约之首。

“民法”本节之规定内容，依序为买卖之成立（第三四五条至第三四七条）、买卖之效力（第三四八条至第三七八条）、买回（第三七九条至第三八三条）及特种买卖（第三八四条至第三九七条）四者。惟买回云者，性质上亦得列为特种买卖，爰因其性质，一同并入特种买卖叙述。再者，论述买卖，理应一并斟酌及于买卖之定义、性质及种类。而此三者，得与买卖成立，并为总说。基上考虑，本章乃分为如下三节。即依序为：买卖总说、买卖之效力、特种买卖是。

第一节　买卖总说

总说部分，区分为如下五项，即买卖之定义说明、买卖之成立、买卖之性质、买卖之种类及规定要点五者说明。

第一项　买卖之定义说明

“民法”第三四五条第一项规定：“称买卖者，谓当事人约定一方移转财产权于他方，他方支付价金之契约。[1]”移转财产权之一方，通称之出卖人；支付价金之一方，通称之买受人。以是，买卖之意义，当可析述如下：

一、买卖为一种契约

买卖为契约之一种，法条规定甚明，债编通则有关契约成立（第一五三条至第一六六条之一）、契约效力（第二四五条之一至第二七〇条）之规定，于买卖当然有其适用，甚至可说，于买卖之适用为最普遍，亦最广泛。

契约为最主要之债之发生原因，契约生效，当事人间发生债之关系，债编通则中有关实质债总条项（第一九九条至第二四五条加上第二七一条至第三四四条）之规定，于买卖自有适用。

契约为法律行为之一种，亦系最主要之法律行为，在此角度上，买卖亦隶属于法律行为之范畴。因此，民法总则有关法律行为成立（包括当事人）、生效（包括行为能力、代理、条件期限）等规定，于买卖亦当然有其适用。

正因买卖，最终为法律行为之概念所统摄。因此，广义之买卖法，应该包括如下：

买卖法：
民法总则（1～152）
＋
实质意义之债总（199～245＋271～344）
＋
契约总论（153～166之1＋245之1～270）
买　　卖（345～397）

以上思考模式，当为各种契约类型所同，以次各章介绍，乃予从略，以免重复。

二、买卖为出卖人移转财产权之契约

买卖为财产权与金钱交换之契约。出卖人移转财产权为买卖要素之

1　立法例上，从契约成立之角度，规定买卖之定义者，似为少数立场。主要事例有法国民法（第一五八二条第一项）及意大利民法（第一四七〇条）。其他主要国家民法，则大都采买受人及出卖人权利义务之规定，间接推知买卖之定义，如德国民法第四三三条，瑞士债务法第一八四条、日本民法第五五五条、韩国民法第五六三条，均可归纳于此制度模式。

一。法律构成上，须进一步分析者，厥为“财产权”及“移转”二个概念。

（一）财产权

财产权者，具有经济利益而得为交易标的之法益。其范围包括物权[2]、准物权[3]、债权[4]、无体财产权[5]、社员权[6]、电话使用权[7]，以及占有等。

1. 经济利益

相对于经济利益言，买卖之标的须具有财产价值。因之，一般以为，非财产权（如人格权、身份权）不得作为买卖之标的，“民法”第一九九条第二项规定，于买卖尚无适用。不过，人体之一部分与人身分离，对于身体之完整、健康之维护，如无影响，在法律价值判断上，亦不违背强行规定、善良风俗者，仍得因其具有财产价值而成为买卖之标的，例如，输血或器官移植而支付价金者是。

---

2 物权，原则上，独立为买卖之标的，间亦须随同其主权利而为买卖之标的者。其情形殆如下表：

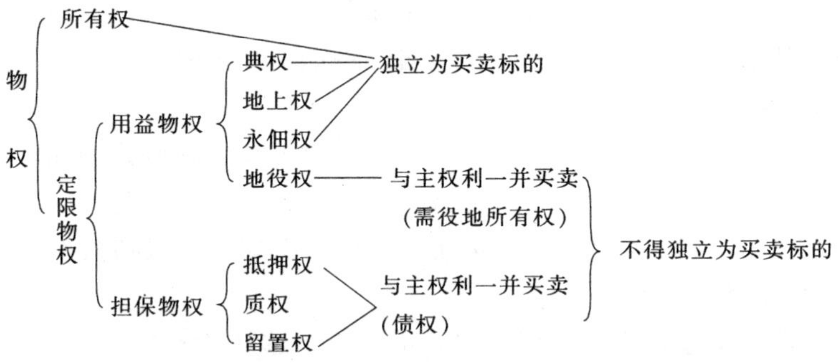

3 准物权之种类，主要有矿业权（“矿业法”第四二条）、渔业权（“渔业法”第十五条），入渔权（“渔业法”第十六条）、水权（“水利法”第十五条、第二七条）等。

4 得为买卖标的之债权，一般尚分之如下：

债权
- 一般债权（“民法”第二九四条）
- （债权）证券债权（指示证券、无记名证券、票据、公司股票、政府债券、公司债券、存托凭证、受益凭证等）

5 无体财产权之种类，主要有著作权（“著作权法”第三六条）、专利权（“专利法”第七条）、商标专用权（“商标法”第二八条）等。

6 社员权而为买卖标的者，其著例为公司股票（“公司法”第一六四条）。

7 参照郑著（上），第七页。

营业上秘密、营业上之顾客信用等，尚非于此所称财产权之范围。因之一般以为，苟有以之为有偿移转之标的者，性质上为无名契约，惟得准用买卖之规定（准买卖）。[8] 不过，营业本身，则得为买卖之标的。

能源，虽亦具有经济利益、财产价值，惟其不以占有为前提，又非传统所称无体财产权之概念所能兼括，故一般以为，能源之有偿供给，性质上为无名契约，但得准用买卖之规定（准买卖）。[9] 不过，电话使用权既得为买卖之标的，商标、专利等亦得为买卖之标的，能源供给反而视为准买卖，是否妥当，似值商榷。

货币，虽亦具有经济利益，且为财产权之标的。不过，买卖所称之财产权，系指金钱以外之财产权。因此，货币之兑换，并非买卖，而系无名契约，惟其交易类型，与买卖仍属相类，一般以为亦系准买卖类型之一，得准用买卖之规定。

2. 得为交易之标的

财产权，不问属于买受人已否，亦不问系现已存在，抑或将来之财产或权利，均得为买卖之标的，其因而成立之买卖契约，亦均有效。[10] 换言之，在法律上，财产权，原则上均得为买卖之标的。其不得为买卖之标的者，无宁为例外；主要情形，略有如下：

（1）基于公益，由法律禁止买卖者。例如：烟毒或未经许可之药品或毒性化学物质之禁止贩卖是。[11]

（2）法律上禁止让与之权利，一般所称之专属性权利。例如，终身定期金之基本权，其买卖原则上无效（第七三四条）是。此外，不得单独让与之权利，亦不得单独成为买卖之标的。例如，担保物权不得单独成为买卖标的是。

违章建筑房屋，不能办理物权登记（包括移转所有权之登记），出卖人无从使买受人取得所有权，如经成立买卖，移转所有权登记，为

8 参照陈著第五页；郑著（上），第七页。

9 能源供给契约，解释为准买卖，似为学理通说（史著第五页，郑著（上）第八页）。惟以无体财产权、债权既得成立买卖，何以能源供给反须解释为准买卖，令人费解，立场似欠一贯，解释其为买卖，或较妥当。

10 参照郑著（上），第七页；史著第四页。意大利民法采附条件说，买卖于物实现时成立（意大利民法第一四七二条第一项，第二项）。

11 参照最高法院1931年上字第二〇二号判例："贩卖烟土，则其债权债务之关系，自无从发生。"（同旨最高法院1931年上字第二三六号判例、1961台上字第六九一号判例）

不动产所有权出卖人之给付，此种不能办理移转登记之状态，于买卖关系成立之前即已存在，理论上应系标的不能，买卖无效（第二四六条第一项本文）。不过，违章建筑得为买卖标的，其买卖有效，学理上似无异论，实务亦持肯定见解。[12] 因此，违章建筑之出卖人不得请求买受人归还建筑物。[13] 至于何以有效？解释上宜认为：违章建筑，本质上并非不能办理所有权移转登记，法令上禁止违章建筑办理物权登记，就私权之享有及行使而言，亦非尽当，此项禁令应于技术上求得克服之道后解除，当事人所以买卖违章建筑，意在取得所有权，应认为买卖时双方业已预期禁令终将解除，并愿于解除禁令后办理所有权移转登记；换言之，亦即认为，不能给付（办理所有权移转登记）之情形可以除去，而当事人于订约时预期于不能之情形除去后为给付，根据“民法”第二四六条第一项但书之规定，解释其为有效。[14] 此种法律解释方法，或较特殊，惟兼顾法律逻辑及生活实情，似亦有其不得不尔之处。

（二）移转

移转云者，让与或受让之谓也。从义务履行层面言，乃出卖人使买受人取得权利之行为；从权利实现言，乃买受人继受出卖人权利之事实。

财产权移转之态样，固以移转之继受为常态，惟创设之继受，亦时有之。前者，例如出卖人将其房地所有权移转登记于买受人是；后者，例如出卖人为买受人在自己土地上设定地上权是。

至于财产权移转之方式，尚因财产权之形态而有不同。一般情形，约可区分如下：

12　主要判例依据为“最高法院”1957年台上字第六八九号：“被上诉人出卖系争房屋于上诉人，当时纵曾告知该房屋系属违章建筑，未能办理所有权登记情事，亦仅危险负担移转与上诉人后，‘政府’机关命令拆除时，不负担保责任而已，至其他瑕疵担保责任，仍不因此而免除。”（同旨“最高法院”1963年台上字第六八一号判决、1965年台上字第八〇七号判决）。

13　主要判例依据为“最高法院”1959年台上字第一八一二号：“违章建筑物虽为地政机关所不许登记，但非不得以之为交易之标的，原建筑人出卖该建筑物时，依一般法则，既仍负有交付其物于买受人之义务，则其事后以有不能登记之弱点可乘，又随时随意主张所有权为其原始取得，诉请确认，势将无以确保交易之安全，故本院最近见解，认此种情形，即属所谓无即受确认判决之法律上利益，应予驳回。”

14　有关违章建筑不能办理移转登记之批判，参照黄茂荣“民事法判解评释”（增订版），植根法学丛书，1985年，第三〇二页以下。

1. 无体财产权、债权：因让与合意（广义契约[15]）而移转。[16]
2. 占有：除让与合意外，须经交付（移转占有）始告移转。
3. 物权、准物权 { 动产：除让与合意外，须经交付始告移转（第七六一条）。
不动产：除让与合意外，须订立书面，并经登记，始告移转（第七六〇条、第七五八条）。 }

三、买卖为买受人支付价金之契约

买受人支付价金，亦系买卖要素之一。于契约缔结上，如当事人双方于其他要素均未经表示意思者，则于要素一致时，买卖即可成立。因之，"民法"第三四五条第二项定有："当事人就标的物及其价金互相同意时，买卖契约即为成立"之明文。

法律构成上，须进一步分析者，是为"价金"及"支付"二个概念。

（一）价金

在债之关系上，价金乃移转财产权之对价；在给付关系上，则价金为移转财产权之对待给付。反之，亦然。

价金之标的物须为金钱，亦即货币。价金不得以代替物充之，否则即系互易。价金亦不得为劳务，如为劳务，则属雇佣或承揽。价金通常为现金，但以本票或支票为代付手段者，仍属买卖，只是交付票据之行为，似又发生新债清偿（第三二〇条本文）之事实而已。[17]

价金，通常固指法定通用货币，惟其为自由货币，亦无不可。后者系发生债总所称相对特种货币之债，得适用"民法"第二〇一条之规定。换言之，价金之债，为相对特种货币之债即可，非必限于严格之金额货币之债。

本来，依民法规定，价金亦可为外国货币之债，约定价金以外币给付，不仅买卖并不因之无效，而且尚得按给付时给付地之市价，折算本

15 严格言之，物权契约，系指民法所定物权移转之契约；如是，无体财产权、准物权之移转合意，仅系准物权契约而已。学理上或称，准物权行为，准处分行为，亦系基此体认而来。

16 法律规定，让与之对外生效或对抗，须履行一定程序者，从其规定。例如，专利权之移转，非经申请变更名义，不得对抗第三人（"专利法"第十五条），商标专用权之移转，于核准注册前，不得对抗第三人（"商标法"第二八条第一项），债权让与，非经通知债务人，对债务人不生效力（"民法"第二九七条第一项）均是。

17 以票据作为支付货款之手段者，通常情形，其货款债权尚不因交付票据而当然消灭，故以新债清偿称之。

国通用货币给付（第二〇二条）。惟以目前台湾，外币禁止流通，外国货币原则上不得充为支付手段。因此，除国际贸易外，不得约定支付外币；其约定支付外币者，宜解为应按给付时给付地之市价，折算新台币给付。[18] 但不宜解为其约定无效或买卖为之无效。[19]

价金既不得以金钱以外之财产为标的，则约定交付特定货币或绝对特种货币之债者，则其契约性质已非买卖，而系互易。[20]

（二）支付

支付者，金钱之移转占有，亦即金钱之交付之意。换言之，支付与一般通称之交付，本无重大不同，只是法律上为示区别，特别将金钱之交付，另称之支付而已。

支付，既系交付之特殊用语，解释其范围，自亦应适用“民法”物权编有关交付之规定（第七六一条），亦即其范围，包括现实支付及观念支付；于观念支付，亦相应包含简易支付、占有改定及指示支付。例如，以债权额作为买价，买受债务人之标的物，其买卖有效，债权人得依简易支付之方法，以为价金支付之手段。

第二项 买卖之成立

一、法律构成

买卖一节，固有关于买卖成立之规定，惟此仅系买卖成立有别于其他契约类型或法律行为类型之部分，并未兼括买卖成立要件之全部。民法于此，因兼顾各种法律事实，大体采取“由抽象到具体”、“由一般到特殊”之分合模式，以致个别制度之内涵，常须回溯不同章节，并经筛选择取。于此意义上，买卖一节有关买卖成立之规定，仅系其最具体、最特殊之部分，其较抽象部分，则与其他制度类型合为共通部分，另行规定于其他章节。此之其他章节，一为债编通则中之契约总论，另一为民法总则。

18 折算给付之标准，请参照邱聪智“新订民法债编通则”（上册）（新订一版一刷），辅仁法学丛书，2000年，第三二四页。

19 同上第三二三页注六。

20 参照郑著（上），第九页；薛著，第二页。于此文献，仅谓其非为买卖，未进一步说明其究属何种契约类型。

就法律事实层面而言，买卖为契约类型之一，契约为法律行为类型之一。相对于此，契约虽较买卖抽象而一般，但较诸法律行为则属具体而特殊；换言之，三者相较，其具体抽象顺序应为：买卖、契约而法律行为。事实上，在现行民法之法律构成体系上，有关二者之规范依据，则相应为债各、债总及民总。于此角度，所称买卖之成立，自须相应而分别观察债各、债总及民总之相关规定而总合之。

基此角度观之，买卖之成立，可说系一部分规定于债各买卖之部分（核心条文为第三四五条第一项），一部分规定于债总债之发生中契约之部分（核心条文为第一五三条第一项），又有一部分表现于民法总则；其中，债各买卖部分之规定，属其最为具体之部分。事实上，“民法”第三四五条第一项规定：“称买卖者，谓当事人约定一方移转财产权于他方，他方支付价金之契约。”其所谓当事人，系表现于民法总则；所谓约定，即债总所称之意思表示一致；债各本条之移转财产权，支付价金等语，则构成民总所谓之标的。二者之相互关系，约可详细如次表：

买卖（成立）
- 当事人 ---------- 民法总则（人：6 以下）
- 标的〈移转财产权／支付价金〉债各（买卖：345 Ⅰ）
- 意思表示一致 ---------- 债总（买卖：契约：153 Ⅰ）

以上所述，于其他债之类型，均可为同一解释，买卖乃其典型。为免重复，以下各章之叙述，均予从略。

二、问题重点

买卖为契约之典型，有关契约成立之一般规定，有其适用，乃属当然。因此，“民法”第一五三条第一项规定：“当事人互相表示意思一致者，无论其为明示或默示，契约即为成立。”于买卖有其适用，学说及实务上，均无二致。

不过，契约之订定，法律因交易类型区分之需要，对客观内容设有最低事项之要求，当事人因其意愿之侧重，对于客观内容之评骘，喜好各有不同。此之内容，通称其为契约之因素。从而，在现实交易上，契约涉及之因素，不仅繁多复杂，而且因人而异。买卖之情形，亦不例外。

学理上依其因素于制度设计之重要与否，区分其为要素、常素及偶素。

在理论上，买卖亦有如其他契约，所谓意思表示一致，应指要素、常素及偶素，均属一致，买卖始能成立。然而，在现实交易上，因素（特别是偶素）至多且杂，如欲一一经过严正之意思表示，并责求巨细靡遗而合致，则契约之成立，势必费时旷日，令人不胜其烦，交易自由、经济发展亦将大打折扣。如何因应交易之实情及需要，求其缓和，不仅为立法定制所必要，更系契约法基本而重要之问题。

“民法”第一五三条第二项规定：“当事人对于必要之点，意思一致，而对于非必要之点，未经表示意思者，推定其契约为成立，关于该非必要之点，当事人意思不一致时，法院应依其事件之性质定之。”揆其用意，即在于缓和意思表示内容（因素）一致之范围，以助交易自由之实现、经济利益之创造。盖以在本条项规定之下，意思表示如经必要之点一致，买卖即可成立，殊不必预设所有因素，并经一一敲定后，买卖始告成立。

再者，相应于此，“民法”第三四五条第二项规定：“当事人就标的物及其价金互相同意时，买卖契约即为成立。”解释“民法”本条项，一般以为，标的物与价金为买卖契约之两大要素，当事人既已就此二者同意，则买卖契约即为成立：而且此一规定，应优先于“民法”第一五三条而适用。[21] 然而，愚见以为，“民法”此二条项规定，均在减缓意思表示合致之严格要求，而且二者系分别适用于不同之契约订立形态，其间系分工并存关系，当无优先适用与否之问题。惟其进一步讨论，业已涉及买卖成立形态之类型问题，爰并入后段说明。

三、买卖之成立形态

从体系观察法律相关规定，尊重当事人意愿，并斟酌社会生活需要，分析买卖之成立，则其形态尚可分为如下四大类型：

（一）必要之点一致之态样

买卖双方，除移转财产权及价金之要素外，于常素及偶素亦经纳入意思表示内容者，例如，对于买卖之瑕疵担保责任、履行期、履行地、

21 参照郑著（上），第二一页。黄茂荣教授持反对说，认为第三四五条文句，亦应修正为买卖契约推定成立，以符前后一贯（黄茂荣“买卖法”（增订版），植根法学丛书，1989年，第一二四页）。

买卖费用等，亦经表示意思者，经表示之常素及偶素，均构成买卖之必要之点，均应一致，买卖始能成立。

（二）要素一致之态样

买卖双方，除要素外，均未表示意思者，买卖得因标的物（或其他财产权）[22] 及价金之一致而成立，“民法”第三四五条第二项之适用范围，系指此一态样而言，非谓只要标的物及价金一致，即不问当事人表示之其他因素是否一致，强使买卖成立。因此，“民法”第一五三条第二项与第三四五条第二项之间，不生孰者优先适用之法律竞合问题。

在法律制度上，标的物与价金一致，其买卖即为成立之著例，可推集中交易市场进行交易之上市股票买卖或期货买卖为代表[23]，斯二者且均可列为要约交错而成立契约之典例。[24]

（三）标的物一致、价金拟制一致之态样

标的物及价金，既均系买卖之要素，二者非经表示意思而一致，理论上买卖本应无从成立。惟固守此一原则，对于交易之活泼顺遂，有时不无窒碍。有鉴于此，“民法”第三四六条第一项规定：“价金虽未具体约定，而依情形可得而定者，视为定有价金。”例如，买卖标的物有市价，当事人约定依市价者，即属依其情形可得而定。实务以为，就有市价之标的物成立买卖者，得视为默示约定依市价。[25] 其论点堪称进步，值得肯定。市价，常因时间、地点之不同而有差异，民法为杜争议，于同上条第二项规定：“价金约定依市价者，视为标的物清偿时清偿地之市价，但契约另有订定者，不在此限。”换言之，除当事人约明有关时地之市价外，应以清偿时、清偿地之市价，作为给付标准。解释清偿地，应依第三一四条规定定之；解释清偿时，实务采交货主义，亦即以交货时

22 “民法”第三四五条第二项，既使用标的物之字眼，解释其文义，则其适用范围似仅以有体物买卖为限。惟于有体物以外无体权利之买卖，殊无否认其有第三四五条第二项适用之必要，乃于此特别以括弧标明“或其他财产权”字眼，以期兼括。

23 上市证券及期货之买卖，双方当事人通常均仅指定一定种类、数量之标的物及一定数额之价格，而为买卖，此外之因素，则少有考虑，事实上亦无考虑可能，故列其为要素一致，买卖即为成立之典型。

24 参照邱聪智“证券买卖之法律关系”，辅仁学志第二六期，1994年，第二〇八页以下。

25 参照“最高法院”1966年台上字第一六四五号判例：“两造就买卖之标的已互相同意，至于价金，‘政府’对公产有一定价额，则依‘民法’第三百四十六条第一项，应属依其情形可得而定，即视为定有价金，故纵认本件两造就价金未具体约定，亦应认就价金已互相同意，依同法第三百四十五条第二项，本件买卖契约即为成立。”

价格为准。[26] 惟交货定在何时，有时不易确定，采此论点，易使买卖当事人陷于不安定而生之损害，解释上似采契约成立时（应交货时）之市价，较为妥当。[27]

（四）标的物（授权指定）及价金均拟制一致之态样

"民法"第一五三条第二项及第三四五条第二项规定，使买卖成立之严格要求，大为减缓，固系事实。然而，相对于现代交易之迅速频繁，以上二者，有时尚难因应。为肆应社会生活需要，认许"标的物之一致，授权买卖他方指定，价金则拟制一致"之买卖成立态样，似是无可避免。例如，甲早上临出门时，电请乙超级市场检送应时水果若干，于午后六时送至甲家，乙当即应允，匆忙间双方均未确定水果之种类、数量乃至价格。晚间六时，乙检送葡萄二斤、杨桃四颗、苹果六只至甲家，如谓其间买卖尚未成立，对于吾人生活，势将造成极度不便。

为解决此一难题，比较法上，已有明文肯定之立法。[28] 解释台湾民法，亦宜采肯定，至其依据则为诚实信用原则之规定（第一四八条第二项）。亦即于此情形，应解释为：

1. 有关价金之一致及其给付标准，适用第三四六条之规定；

2. 有关标的物之一致，依诚信原则，认为授权出卖人指定，而出卖人于依诚信原则所为之指定，则可视为标的物一致。例如，甲一家数口而已，乙竟检送葡萄百斤，杨桃百颗，则其买卖不能视为成立！

四、适用范围

买卖为有效契约之典型，买卖之规定，于有偿契约原则上可得准用（第三四七条）。因此，以上四项买卖成立态样，于其他有偿契约之适用情形如何，应有一并观察之必要。

---

26 参照大理院十四年统字一九四七号解释："折价了事，应有双方合意，如就折价办法已有合意，仅就折价标准不能成立合意，应以原约交货时之市价计算。"（同旨司法院 1944 年院字第二七〇九号解释）

27 依"民法"第三一五条规定，未定有清偿期者，债权人得随时请求清偿。此之所谓随时，于契约之债，应指自契约成立时起而言，此亦法律得支付价金及交货之时。再者，买卖当事人所得预料或确定者，系订约时之价金，解释以订约为准，亦符当事人意思。愚见因之采契约成立时说，以期更为符合交易安全及权利保护原则。

28 美国统一商法典（uniform Commercial Code——简称 U. C. C.）第二节买卖（sales）第一款第三条于此有较为琐细之规定（U. C. C. § 2—103）。

（一）之态样，为债总（契约总论）之规定，于各种契约均有适用，有偿契约自亦当然，尚不生准用买卖规定之问题。

（二）、（三）之态样，固为买卖之规定而生之态样。惟于前者而言，任何契约之成立，要素均应一致，乃契约制度之一般原理；于后者而言，价金之拟制一致，尚不损及法律行为标的之确定。其有关规定，于其他有偿契约得以准用，应可肯定。[29]

（四）之态样，系为促进交易迅速频繁而生，民法尚无明文，买卖之外，宜否适用，商榷之处仍多。愚见以为，较为保守之看法，似较妥当。[30]

第三项　买卖之性质

买卖之性质者，旨在分析其于契约分类上之归属（其他各种契约类型亦同），有关于此，不仅债总文献多有相关叙述，台湾债各著述亦有相当成果，故本项所述，除其确具特色者外，仅择其要旨为之（以下各章，于此部分，亦采相同立场）。基此，则买卖之性质，约可析述如下：

一、买卖为诺成、不要式契约

因当事人约定而成立，无待交付标的物，亦无庸一定方式，就契约成立而言，其性质上为诺成契约[31]，亦为不要式契约。不过，因“民法”债编修正第一六六条之一增订，不动买卖契约须经公证或登记始生效力，如兼及生效要件而言，则不动产买卖难谓非为要式契约（生效要件型之要式契约）。从而，实务强调其为不要式契约之论点[32]，自

29 实务见解，曾执“民法”第三四五条规定，或谓未就标的物及价金互相同意者，其买卖即不成立（最高法院1933年上字第四五九号判例），或谓当事人已就标的物及价金互相同意者，其买卖即为成立（最高法院1933年上字第九一四号判例），系就一般情形而言，似难据此否认其他形态之存在。

30 以租赁而言，虽其亦为有偿之财产性契约，但因其于承租人方面，表现相当浓厚之人格性，“民法”第三四五条第二项规定［本文（二）之形态］，解释上已难准用，则本文（三）、（四）之形态无准用余地，更为显然。

31 参照最高法院1931年上字第二二〇二号判例：“买卖契约为诺成契约，经当事人就标的物及其价金互相同意，买卖契约即为成立。”

32 参照最高法院1929年上字第二九五六号判例：“买卖之债权契约并非要式行为，除第一百六十六条情形外，自无须以订立书据为其要件，苟有其他证据方法，足以证明确有买卖事实，则因买卖所发生之债务关系，即不容借口无书据而任意否认。”（同旨最高法院1930年上字第三三五号、1931年上字第一二〇七号、第一八三四号判例）。

有酌予调整之必要。[33]

二、买卖为双务契约

买卖成立，出卖人负移转财产权之债务，买受人负支付价金之债务。此二债务，法律评价上互为对价，故买卖之性质上为双务契约。

三、买卖为有偿契约

在买卖关系上，出卖人移转财产权之给付，与买受人支付价金之给付，二者互为对待。一方之给付，即为他方之对待给付，故其性质上为有偿契约。

在民法之制度设计上，买卖不仅为有偿契约而已，更为有偿契约之典型，“民法”第三四七条规定：“本节规定，于买卖契约以外之有偿契约准用之。但为其契约性质所不许者，不在此限。”即系其注脚。

买卖一节中，表征有偿契约之规定者，主要为瑕疵担保责任，所谓准用买卖规定，主要亦指准用瑕疵担保责任之相关规定而言。有偿契约得准用于买卖者，以财产性契约为常见，例如代物清偿是。[34]至于劳务有偿契约，则因性质不同，一般尚难准用买卖之规定。

四、买卖为负担行为

买卖契约成立生效，除同时完成处分行为者外，当事人间之权利义务，并不因之发生变动。惟买卖关系成立，出卖人负有移转财产权之义务，同时取得请求支付价金之权利；反之，买受人负有支付价金之义务，同时取得请求移转财产权之权利，故买卖属于债权契约，亦属负担行为。

所谓同时完成处分行为，主要事例有二。即：

（一）无体财产权、债权之买卖，其权利之让与，亦因合意而完成，除当事人有特别保留外，权利之移转与买卖同时完成。

33　解释为第一六六条之一，易启争议，恐难否定。愚言以为，为配合同条第二项增订意旨，避免契约不成立却可生效之困境，宜将公证书作成解为生效要件。惟公证者，较一般方式为严，吾人爰称之严格之生效要式契约。

34　参照“最高法院”1961台上字一四六〇号判决：“代物清偿乃有偿契约，依‘民法’第三百四十七条，自应准用关于出卖人责任之规定，以资救济。”

（二）现实买卖，其标的物与价金即时而同时对交（银货两讫），如其标的为动产者，权利之移转与买卖亦系同时完成。[35]

不过，以上二者之权利移转，并非买卖契约发生之效果，而系其同时伴随处分行为（物权契约）或准处分行为（准物权契约）之故，概念上尚不影响买卖为负担行为之性质。

买卖为负担行为，于以下各点具有意义，且为学理及实务所强调：

（一）出卖未来之权利，于法有效，其最成熟之交易类型，可推期货买卖。[36]

（二）就第三人之物或权利成立买卖，尚非无权处分，于法有效[37]，如出卖人其后不能移转权利于买受人，应负债务不履行（给付不能）之责任。

（三）就同一财产权成立复数买卖，亦即所谓双重买卖或多重买卖，各个买卖契约均属有效，惟出卖人对于不能取得权利之买受人，应负债务不履行（给付不能）之责任。[38]

（四）射幸行为[39] 不能尽以买空卖空视之[40]，如经法律严密规范，并经取得允许者，于法仍属有效，例如购买彩券、签订保险契约，于期货交易所从事选择权买卖[41]，以及于集中交易市场进行证券买卖之当日

35 有关现实买卖之法律性质为何？学理上颇为分歧，台湾学者，直认其为单纯物权说者，颇为有力（戴著第十页、薛著第三页）；通说系采债权行为、物权行为并存说（史著第七页、郑著（上）第十五页、蔡著（上）第四十页），当较允当，愚意从之。

36 参照“期货交易法”第三条第一项第一款：“期货契约：指当事人约定，于未来特定期间，依特定价格及数量等交易条件买卖约定标的物，或于到期前或到期时结算差价之契约。”

37 参照大理院三年上字第四五号判例：“他人所有物之买卖，在债权法上仍属有效。”（同旨“最高法院”1969年台上字第三一四一号判决）。

38 参照最高法院1941上字第一二五三号判例：“物之出卖人固有使买受人取得该物所有权之义务，惟买卖契约成立后，出卖人为二重买卖，并已将该物之所有权移转于后之买受人者，移转该物所有权于原买受人之义务即属不能给付，原买受人对于出卖人仅得请求赔偿损害，不得请求为移转该物所有权之行为。”（同旨“最高法院”1970年台上字第一五三四号判例）。

39 就射幸契约而为一般之规定者，首推法国民法第一一〇四条、第一九六四条以下（包括赌博、终身定期金）。

40 买空卖空，于法无效，早期实务，曾以判例多所强调。代表性判例，请参照大理院三年上字第六四六号：“凡以买空卖空为标的之契约，无效”（同旨大理院八年上字第七八三号判例、最高法院1933年上字第三二一三号判决）。

41 参照“期货交易法”第三条第一项第二款：“选择权契约，指当事人约定，选择权买方支付权利金，取得购入或售出之权利，得于特定期间内，依特定价格及数量等交易条件买卖约定标的物；选择权卖方于买方要求履约时，有依约履行义务；或双方同意于到期前或到期时结算差价之契约。”

冲销[42]，均是著例。

各种之债所定债之类型，性质上均为负担行为。本段于负担行为之论述，于其他契约之债之类型，原则上均得为同一之解释。为免重复，以次各章所述，有关于此，除因情形特殊，再行说明者外，原则上均尽量从略，并此叙明。

第四项　买卖之种类

一、类型归纳

买卖之种类，不仅民法区分多数类型，各有不同规定；特别法上，亦有诸多特殊形态之明文，故学理上，常因法典规定及交易习惯，区分其为诸多类型。根据学者研究，诸多种类之间，当可归纳如次表[43]：

买卖
- （一）
  - 一般买卖：（第三四五条）
  - 特种买卖
    - 买回（第三七九条）
    - 试验买卖（第三八四条）
    - 货样买卖（第三八八条）
    - 分期付价买卖（第三八九条）
    - 拍卖（第三九一条）
- （二）
  - 自由买卖
  - 竞争买卖
    - [拍卖]
    - 标卖
- （三）
  - 特定物买卖
  - 种类买卖
- （四）
  - 公卖
  - 私卖
- （五）
  - 即时买卖：（现实买卖）
  - 非即时买卖
    - [一般买卖]
      - 定期买卖（期货交易）
      - 不定期买卖
    - 预约买卖
    - 信用买卖
      - 赊欠买卖
      - [分期付价买卖]
- （六）
  - 一时的买卖
  - 继续的买卖：（继续性供给契约）
- （七）
  - 民法上的买卖
  - 特别法上的买卖：
    - 邮购买卖、访问买卖（消费者保护法）
    - 附条件买卖（动产担保交易法）
    - 证券买卖（证券交易法）
    - 期货交易（期货交易法）

（[　]：表示重复出现）

42 证券交易上所称之当日冲销（即同日进行证券买入及卖出，不现货交付证券、支付价金，仅形式上结算款券数额，并于相互抵销后支付差额之交易形态）。其是否违反现货交割之强制规定（“证券交易法”第四三条第一项），在台湾一直是个争议问题。惟目前“政府”业已适度开放，自不宜再以买空卖空，系违反强行规定无效解释之。

43 本表系参照郑著（上），第十八页图表，并略为修正补充而成。

二、重点说明

以上所列各种类型，一般买卖、自由买卖、一时的买卖，适用买卖之一般规定。特种买卖及继续的买卖，本章另有专段析述。为避免重复，本段仅择其余部分，予以简要说明。

（一）竞争买卖

竞争买卖者，多数人参与竞价，而由出价最高者为买受人之买卖。因其参与竞价之公开与否，又可分为拍卖及标卖。

拍卖，民法已有规定，因此有关二者之详细说明及比较，留待特种买卖节中，与拍卖一并叙述。

（二）公卖

买卖，一般情形，不经公权力之介入。其经公权力介入者，乃特称之为公卖；一般之买卖，则相对称之为私卖。

公卖，以强制执行法所定之拍卖及标卖为典型。

公卖，除有特别规定，适用民法买卖之相关规定。所谓特别规定，于以下三者，最具特色：

1. 买受人就物之瑕疵无担保无请求权（“强制执行法”第六九条、第一一三条）。

2. 实务见解以为，就第三人之物而为买受者，其拍定人不得主张善意受让。[44]

3. 公卖之物权移转，因拍定而生效力，纵其为不动产，亦无庸登记（第七五九条）。

（三）非即时买卖

买卖之当事人，于买卖成立时，未即时履行其债务之全部者，是为非即时买卖。反之，出卖人及买受人于买卖成立时，即时履行债务，亦即即时完成标的物与价金之对交者，是为即时买卖，前述之现实买卖，即指此而言（从买受人立场言，堪称现金买卖；从出卖人立场言，堪称

44 参照最高法院1941年上字第二二〇三号判例：“强制执行中拍卖之不动产为第三人所有者，其拍卖为无效，所有权人于执行终结后，亦得提起回复所有权之诉请求返还，法院判令返还时，原发管业证书当然失其效力，法院自得命其缴销，业经司法院院字第五七八号解释在案。至强制执行法第九十八条规定拍卖之不动产，买受人自领得执行法院所给权利移转证书之日起，取得该不动产所有权，系指拍卖之不动产本得为强制执行之标的物者而言，若不动产属于第三人所有而不应为强制执行之标的物者，即应依上开解释办理。”（同旨司法院1936年院字第一三七〇号解释）。

现物买卖)。

在交易上,除日常生活上之零细买卖,常为即时买卖外,一般情形,大都属非即时买卖。[45] 因此,非即时买卖始是买卖之交易常态。

非即时买卖,一般区分之为如下:

- 一般买卖
  - 定期买卖:财产权之移转及价金之交付,均定有一定期限之买卖。
  - 不定期买卖:财产权之移转或价金之交付(二者中之一者),未定有一定期限之买卖。
- 预约买卖:买受人于买卖成立时同时交付价金,出卖人之移转财产权在后之买卖,又称前金买卖或先付买卖。预约买卖系买卖而非预约,故与买卖预约不同。
- 信用买卖:出卖人先移转财产权,买受人支付价金在后之买卖,是为信用买卖。赊货或分期付价买卖为其著例。

(四)特别法上之买卖

民事特别法规定之买卖,主要事例有:

1. 强制执行法规定之拍卖(包括标卖)。
2. 动产担保交易法规定之附条件买卖。[46]
3. 证券交易法规定之上市有价证券买卖。[47]
4. 期货交易法规定之期货交易。[48]
5. 消费者保护法规定之邮购买卖、访问买卖。

第五项 规定要点

在法典形式上,各种之债买卖一节,尚分四款,即通则、效力、买回及特种买卖是。其中之买回,性质上亦为特种买卖类型之一,本书因之列入特种买卖说明。

通则所规定之要点有二,即:买卖之成立、买卖之典型意义二者。

45 上市证券、上柜证券之买卖,由于法令规定,其交割或给付,应以现款现货为之,性质上为即时买卖("证券交易法"第四三条第一项、"证券商营业处所买卖有价证券管理办法"第六条),堪称特例。

46 附条件买卖之持性主要为:①标的物所有权之移转附停止条件("动产担保交易法"第二六条),此即通称之所有权保留;②买卖契约应以书面为之(同法第五条),并记载一定事项(同法第二七条);③所有权保留之效力,须经登记始得对抗第三人(同法第五条);④买受人不履行时,出卖人有取回权及再出卖权(同法第二七条、第二八条)。

47 上市有价证券买卖之特性,请参照同注 24 文献。

48 期货买卖之特性,主要为:①期货契约(商品)之标准化及定型化;②由期货交易所设置集中交易市场集中买卖;③买卖方式采公开议价方式;④给付方式原则为差价结算(冲销)方法;⑤结算机构担保履行义务。

效力所规定之要点有六，即：移转财产权义务、支付价金义务、受领标的物义务、瑕疵担保责任、利害承担及费用负担六者。

特种买卖规定之要点有五，即：买回、试验买卖、货样买卖、分期付价买卖及拍卖五者。

兹依法条顺序，为之归纳如次表：

- （买卖）规定要点
  - 通则
    - 买卖之成立（345～346）
    - 其他有偿契约之准用（347）
  - 效力
    - 出卖人移转财产权义务（348）
    - 出卖人瑕疵担保责任（349～366）
    - 买受人支付价金义务（367～372）
    - 买受人受领标的物义务（367）
    - 利害承受负担（373～377）
    - 费用负担（378）
  - 特种买卖
    - 买回（379～383）
    - 试验买卖（384～387）
    - 货样买卖（388）
    - 分期付价买卖（389～390）
    - 拍卖（391～397）

× × × ×

综上所述，足见本节所述事项，尚称复杂。爰归纳其重点如次表，以供参考：

- 买卖之总说
  - 定义说明
    - 契约
    - 出卖人移转财产权之契约
      - 财产权
      - 移转
    - 买受人支付价金之契约
      - 价金
      - 支付
  - 成立
    - 法律构成
    - 问题重点
    - 成立形态
      - 必要之点一致（153Ⅱ）
      - 要素一致（345Ⅱ）
      - 标的物一致，价金拟制一致（346Ⅰ）
      - 标的物，价金均拟制一致（148Ⅱ）
    - 适用范围
  - 性质
    - 诺成、不要式契约
    - 双务契约
    - 有价契约（典型）
    - 负担行为（债权契约）
  - 种类
    - 类型归纳
    - 重点说明
      - 竞争买卖
      - 公卖
      - 非即时买卖
      - 特别法上买卖
  - 规定要点
    - 通则（345～347）
    - 效力（348～378）
    - 买回（379～383）
    - 特种买卖（384～397）

第二节 买卖之效力

第一项 序 说

一、买卖效力之体系构成

买卖为契约类型之一，契约为债之发生原因之一。因此，债之通则有关债之效力之规定（第二二〇条至第二四五条）、有关契约效力之规定（第二四五条之一至第二七〇条），于买卖均有适用，逻辑性质上亦是买卖效力之一部分。换言之，亦即买卖一节有关效力之规定，再加上上述二者，始构成买卖效力之全部面貌。至其相关效力之内容，则债总之部分，以债务不履行责任为中心；契约总论，为契约共通效力之规定；债各买卖之部分，则以瑕疵担保责任为中心。故其构成体系，约可表解如下：

买卖（效力）
- 债务不履行责任……债之通则（220～245）
- 契约之共通效力……债之通则（245之1～270）
- 瑕疵担保责任……买卖（349～366）

以上三者，就债权人言，均属权利保护层面之问题。因此，其彼此间，原则上为附加规定。换言之，给付不能之替代赔偿（第二二六条）与契约解除（第二五九条至第二六二条）之间，系权利并存关系，不完全给付之损害赔偿请求权（第二二七条）。[49] 与瑕疵担保责任所生之请求权（主要条文第三五三条、第三五九条、第三六〇条、第三六四条）之间，亦系请求权竞合关系，尚不生特别法优先于普通法之问题。

本段所述，为各种之债所一体适用。为免重复，以次各章不再赘述。

二、债各买卖之规定内容

债总及契约总论关于效力之规定，于买卖虽有适用，惟因其为共通

49 不完全给付之规范是否为“民法”第二二七条，于债编修正前学理上有争议，惟债编修正后本条已明定为不完全给付之规范基础。

效力之规定，抽象有余，具体不足，固所难免。例如，构成买卖效力中心之给付，其具体内容为何，债总及契约总论，均未之见。债各一节，既系各种债之类型个别特质之规定，则于效力之部分，如何确定买卖给付义务之具体内容，成为债各买卖一款规定重心之一。由于买卖为双务契约，此之给付义务确定，自亦得分从出卖人及买受人两方面而为个别观察。

基上角度，再依法条次序观之，各种之债买卖一款有关效力之规定，其重点约可归纳如下表，并依序分项叙明之。

（债各）买卖（效力）
- 对出卖人之效力
  - 移转财产权义务（348）
  - 瑕疵担保责任（349～366）
- 对买受人之效力
  - 支付价金义务（367～372）
  - 受领标的物义务（367）
- 对买卖双方之效力
  - 利害承担（373～377）
  - 费用负担（378）

第二项　买卖对于出卖人之效力

买卖对于出卖人之效力，于债各之规定，其主要事项有二：一为出卖人之移转财产权义务，另一为出卖人之瑕疵担保责任。兹分述如下：

一、移转财产权之义务

（一）概说

移转财产权云者，使买受人在法律上及事实上取得身为特定财产权主体之行为也。

买卖为出卖人移转财产权之契约，出卖人移转财产权之行为，即系债之通则所称之债务人给付。从而移转财产权云者，实即买卖法上给付之具体规定。

不过，关于出卖人之移转财产权义务，买卖系采类型化之制度设计，因其究为物之买卖或权利买卖而异其内容。二者之区别标准，在于买卖之标的，究为所有权或其他权利（包括利益—以下同）而定。买卖之标的在于移转所有权者，称为物之买卖；买卖之标的，在于移转（所有权以外）其他权利者，是为权利买卖。[50] 其思考模式，殆有如下：

买卖
- 所有权买卖：物之买卖（348 Ⅰ）
- 所有权以外其他权利买卖：权利买卖（348 Ⅱ）

"民法"第三四八条规定："物之出卖人，负交付其物于买受人，并使其取得该物所有权之义务。权利之出卖人，负使买受人取得其权利之义务。如因其权利而得占有一定之物者，并负交付其物之义务。"足见，出卖人之移转财产权义务，其具体内容，尚因其为物之买卖或权利买卖而异。

（二）物之买卖

于物之买卖，出卖人之移转财产权（给付）义务，其具体内涵尚可区分为二：一为交付标的物，另一为移转所有权。兹分述如下：

1. 交付标的物

（1）物之意义

"民法"第三四八条第一项所称"物之出卖人"之物，包括动产所有权及不动产所有权。换言之，从交付之标的物而言，堪称系指动产或不动产。

严格言之，民法同条所称，"物"之用语，概念内含，似非一致。其情形似可描述如下：

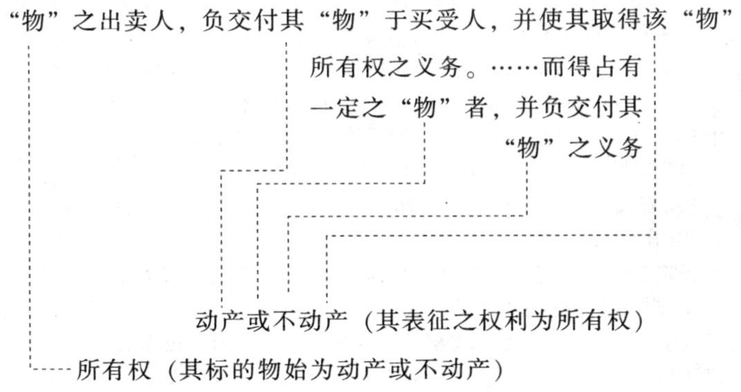

50　以物指称所有权，权利指称所有权以外之权利，除民法本条外，主要条文尚有"民法"第二一八条之一第一项。

以上语言使用，虽有不尽一致之憾，惟此为法律用语之有限性所难以避免。幸而，民法其他各编之用语，亦有相类情形，了解上尚非无可接受。[51][52]

(2) 交付之意义

本条所称交付，占有移转之谓也。

交付之方法如何，民法债编并无明文，解释上依“民法”第七六一条之规定定之（此之解释方法，非仅买卖之本条如此，买卖一节及其他章节之交付，原则上亦作同一解释）。换言之，亦即此之交付，依物权编上述条文定之，其范围略有如下：

- 交付
  - 现实交付（761Ⅰ本文）
  - 观念交付
    - 简易交付（761 Ⅰ但书）
    - 占有改定（761Ⅱ）
    - 指示交付（761Ⅲ）

惟兹之指示交付，是否出卖人单方为指示即可，抑或出卖人之指示，应经买受人同意始可，解释上不无疑义。实务上固采单纯指示，认为出卖人为请求权之让与指示，即算履行交付义务[53]，学理通说亦韪之。[54]惟此于买受人权益之保护显有不周。愚意以为，少数见解无宁较符公平原则及权利保护之意旨，或较可采。[55]

51 “民法”买卖一节各条所称之物除第三四八条第一句之物系指所有权外，其余殆均指有体物而言，其主要事例如下：354～365，372是。

- 所有权：218之Ⅱ前（第一项首句所称之物，指所有权而言）
- （354首句所称之物指所有权，或指有体物学理上尚有分歧）
- 有体物：218之Ⅱ后（第一项后段所称之物，指有体物）

52 民法买卖本节以外，相类情形亦多，兹亦举一列说明：

- 物权
  - 所有权＋定限物权：762、763
  - 定限物权：426

53 参照最高法院1943年上字第五四五五号判例：“民法第三百四十八条所谓交付其物于买受人，即移转其物之占有于买受人之谓。占有之移转，依民法第九百四十六条第二项准用第七百六十一条之规定，如买卖标的物由第三人占有时，出卖人得以对于第三人之返还请求权让与买受人以代交付。故除有出卖人之交付义务，在第三人返还前仍不消灭之特约外，出卖人让与其返还请求权于买受人时，其交付义务即为已经履行，买受人不得以未受第三人返还为拒绝交付价金之理由。”

（同旨最高法院1943年上字第五六〇五号、1951年台上字第一二〇〇号、1952年台上字第一五六四号、1958年台上字第五一一号判例）

54 参照郑著（上），第二六页；史著，第一〇页。

55 参照黄茂荣前揭“买卖法”，第二四二页以下。

2. 移转所有权

移转所有权为物之出卖人之最主要义务。物之出卖人，不能移转所有权者，即系给付不能；移转所有权迟延者，即系给付迟延。

移转所有权之方法，依物权编之规定定之。因之，其为动产所有权之买卖者，于交付标的物时，所有权随同移转；于不动产所有权之买卖，则须订立书面，并经登记，其所有权始行移转（第七六〇条、第七五八条）。足见，物之出卖人之义务，分为交物、移权二者，仅于其标的物为不动产，始有意义；若其标的物为动产者，则交物而所有权同时移转，概念上并无突显交物之必要。

至于不动产所有权之买卖，物之出卖人移转财产权之义务，概念上固可区分为交物及移权二者，而且二者均构成债之通则所称之给付；惟在制度构成上，宜统合观察，非谓二者为截然独立之个别存在。因之，如出卖人履行交物义务而不能移权者，固不能谓系一部给付不能；同理，出卖人如仅移权而不能履行交物义务者，除可认为买受人默认出卖人无庸履行交付义务（如买受现有人占有之土地或房屋）之情形外，宜解为，买受人仍得主张依全部给付不能，请求救济。[56]例如，甲出售A地于乙，办理移转登记中甲又出售A地于丙，随即交付于丙，嗣乙办妥所有权移转登记。此时，丙得对甲主张给付不能，固无疑义。理论上，并应认为，乙亦得抛弃所有权对甲主张给付不能；否则，于乙囿于现实，根本不敢向丙主张所有物返还请求权之案例，恐将发生薄于权利保护，但厚于违反义务之双重买卖出卖人之不公平情形。[57]

（三）权利之买卖

权利之出卖人，其移转财产权义务之具体内容，尚因其权利之享有与占有关连之有无而不同。其权利之享有与占有无关者，出卖人仅负移转该项权利于买受人之义务。反之，则其出卖人之义务，与物之出卖人相符，除移转权利外，尚须履行交物之义务，前段有关物之出卖人义务之说明，均有适用；其不同者，于此为移转所有权以外之其他权利，于前段则移转者为所有权耳。

权利之种类尚多，兹因其占有关连之有无，归纳其移转权利方法于下表：

56 同上注第二四一页。

57 同上注文献第二七二页－第二七三页。

- 权利之移转
  - 债权
    - 单纯债权
      - 一般债权——让与合意（294）
      - 租赁权——交付（425）
    - 附有不动产担保物权——不动产担保物权部分，须成立书面、并经登记（760、758）
    - 附有动产担保物权——交付（761）
  - 有价证券[58]
    - 记名证券：背书＋交付（628、716）[59]
    - 无记名证券：交付（719）
  - 定限物权
    - 用益物权（不动产）：交付＋书面、登记
    - 担保物权（连同债权买卖，其方式如上述债权部分）
  - 准物权：依各该特别法之规定之
  - 无体财产权：声请注册或换发证书[60]

二、瑕疵担保责任

瑕疵担保责任为债各买卖规定之重心，涉及条文既多[61]，制度构成更称琐细芜杂。爰依法条顺序，汇整其制度要点，并依序说明如下：

- 瑕疵担保责任
  - 概说（定义，类型及法理基础）
  - 权利瑕疵担保责任（成立要件、效力内容）
  - 物之瑕疵担保责任（成立要件、效力内容）
  - 瑕疵担保责任与责任原理（适用范围、责任竞合、商品责任）

（一）概说

1. 瑕疵担保责任之定义说明

瑕疵担保责任者，出卖人就买卖标的之权利或其标的物本身之瑕疵，

58 有价证券本身，本系动产，一般而言，买卖有价证券，其重心非在有价证券本身，而系在于其所表彰之权利（通常为债权）。法律因之将其与债权买卖一并规定（“民法”第三五〇条），一般文献之说明亦然，本书从之。

59 上市证券经集中保管者，其买卖之交割（移转），采账簿划拨方式，无须交付，是为特例（“证券交易法”第四三条第二项）。

60 无体财产权之转让，其生效无庸交付，此处所指须申请注册或撰发证书，依相关法律规定（“商标法”第二八条第一项、“专利法”第十五条），仅生得否对抗第三人之效力而已，非谓未经履行抗争程序，不生效力。

61 买卖一节，有关效力之规定，条文总数为三一条（348～378），其中瑕疵担保责任规定，计有 19 条，比率达 60%以上。谓债各之买卖，系以瑕疵担保责任为中心，似可肯定。若此，从法典关系上了解买卖法之构成形式，大致可以表解如下：

- 买卖法
  - 要件
    - 成立要件：当事人、标的（6～70）
    - 生效要件（71～118）
  - 效果
    - 债务不履行责任：（220～267）
    - 瑕疵担保责任：买卖（349～366）

所应负之法定责任。瑕疵者，即一般所称之缺点，于买卖法上，则指出卖人所为之给付，亦即其交付之标的物、移转之权利，未尽符合债之本旨者而言。依债之通则揭橥之责任原理，债务人给付如有瑕疵，仅于有过失时，始构成不完全给付，应负债务不履行责任，若债务人无过失时，则尚无（债务不履行）责任之可言。以此思考模式，适用于买卖，则负移转财产权债务之出卖人，其如上给付纵有瑕疵，亦无（债务不履行）责任之可言。

然而，相对于出卖人，负有支付价金债务之买受人，对于其给付，债法上却要求其负担保责任，并于债之通则揭示其原理。[62]买卖系双务有偿契约，移转财产权与支付价金二者，系相互对待而报偿，如买受人就价金给付负担保责任；反之，出卖人仅于瑕疵有过失时，始负责任，显然有违等价交换之正义理念，亦非买卖制度设计之本意。因此，出卖人对其给付之瑕疵，无论有无过失，均应负担法定责任。无过失而应负责，无异担保完全给付，担保之对象为给付瑕疵，瑕疵担保责任之用语，于焉形成。换言之，于买卖契约上，不仅买受人对其给付支付价金负担保责任，出卖人对于给付（移转财产权）之瑕疵，亦负担保责任。[63]惟因买受人之担保责任，于债之通则业已体现无遗，且无宁为金钱给付之共通特征，各种之债不复重现[64]；反之，出卖人之瑕疵担保责任，尚非各种契约均有适用，债之通则无从规定，法典构成上，乃不得不求之于债各。足见，从给付瑕疵而言，出卖人之责任，在概念上尚可区分为如下二者：

给付瑕疵（出卖人）
- 有过失：不完全给付→债务不履行责任（规定于债之通则：227）
- 无过失：给付有瑕疵→瑕疵担保责任（规定于买卖：349～366）

2. 瑕疵担保责任构成上之特色

诚然，出卖人之给付有瑕疵者，不论有无过失，均应负担法定责任。

62　学理上或以为，修正前之“民法”第二二七条，即是金钱债务担保责任之规定，惟其语义不尽明确，致解释上引生无限争议而已。比较法上，则德国民法第二七九条，堪为注脚。

63　出卖人之给付如有瑕疵，固应负担保责任，但出卖人是否因而负有为“完全给付”之义务，通说似采否定。从而，“债务人仅负给付义务，但不负完全给付义务”之思考模式，尚不因瑕疵担保责任之规定而变动。

64　参照最高法院 1931 年上字第二三三号判例：“金钱债务不容有不能之观念，即有不可抗力等危险，亦应由其负担，决不能借口损失及人欠未收以冀减免责任。”（同旨最高法院 1933 年上字第二一八〇号、1942 上字第二七二六号判例）。

惟出卖人为无过失者，其情节显较轻微。因此，相对于不完全给付之债务不履行责任，瑕疵担保责任具有以下二大特色：

（1）瑕疵担保责任之责任较低

瑕疵担保责任与不完全给付责任之最大不同，一般以为，后者系违反义务之责任，而瑕疵担保责任，尚无违反义务可言。[65]因此，瑕疵担保责任之责任，乃较不履行责任为低。具体而言，主要有二：

①不完全给付之重心为损害赔偿（第二二七条），瑕疵担保责任之特色为减少价金（第三五九条）；

②不完全给付为当然责任，瑕疵担保责任以买受人不知瑕疵或非因重大过失而不知为前提（第三五一条本文、第三五五条）。换言之，亦即买受人知悉瑕疵或因重大过失不知瑕疵而为买卖者，出卖人原则上不负瑕疵担保责任。

（2）瑕疵担保责任得以特约排除适用

瑕疵担保责任，性质上并非强行规定，原则上买卖双方得以特约限制或免除出卖人之瑕疵担保责任；而且，此项特约，除出卖人明知有瑕疵而故意不为告知者外，其特约均属有效（第三六六条）。故通说以为，瑕疵担保责任，仅系买卖常素而非要素。兹之所谓故意不为告知，一般以为，系指出卖人明知瑕疵，并认知买受人之不知，竟故为沉默之情形。

瑕疵担保责任，非惟得以特约限制（减轻）或免除。其以特约加重者，亦属当然有效，盖以其有利于买受人（债权人）权利之保护也。

3. 瑕疵担保责任之类型

（1）二大类型

瑕疵担保责任，亦以出卖人给付义务内涵之不同而区分为二。按出卖人给付义务，概念上尚分为移转权利及交付标的物二者；相对于此，瑕疵担保责任，亦因之分为权利瑕疵担保责任及物之瑕疵担保责任二者。

权利瑕疵，系指出卖人移转之权利不符债之本旨而言；物之瑕疵，则指出卖人交付之标的物不符债之本旨而言。前者之权利，显然包括所有权及其他权利；后者之物，非指所有权，而系意指动产或不动产之标的物（亦即有体物）而言。足见，权利瑕疵担保责任、物之瑕疵担保责任云者，并不与权利买卖、物之买卖相应，法学认识上，更不宜望文生义，相互印证。因此，“民法”第三四九条至第三六六条关于瑕疵担保责

65 参照郑著（上），第三〇页～第三一页；黄茂荣前揭“买卖法”，第三五四页下。

任之规定，各该条文所称之物或权利，除第三五四条第一项第一句之“物之出卖人”一词，解释上容有讨论外，亦均应将物之一语解为标的物（动产或不动产），将权利解为一切私权（所有权或其他权利）[66]，始较允当。

如是，于权利瑕疵担保责任，固可认为，不问有体物或无体物之买卖，均有适用。但于物之瑕疵担保责任，则惟于有体物之买卖有其适用；如买卖之标的为债权、或其他无体之权利者，因权利之移转，并无交付标的物之行为，自无适用物之瑕疵担保责任之可言。

（2）多元构成

瑕疵担保责任，或因买卖标的之不同，或因当事人意思之有无，而异其法律效果。以是，瑕疵担保责任之类型区分，乃形成多元并立之复杂形态。

就权利瑕疵担保责任言，类型构成上，尚可区分为权利存在担保责任及权利无缺担保责任。前者意指出卖人应担保权利存在，纵使买卖标的之权利自始不存在，出卖人仍应负法定责任而言；后者意指出卖人应担保权利完整无缺，若有权利欠缺不全情事，出卖人仍应负法定责任而言。权利瑕疵担保责任，所以有此类型区分之必要，在于前者仅于无体物之买卖有其适用，而后者则不问有体物、无体物之买卖，均有适用。

就物之瑕疵担保责任言，类型构成上，尚可区分为价值瑕疵担保、效用瑕疵担保及品质瑕疵担保三者。依“民法”第三五四条规定，出卖人应负之物之瑕疵担保责任，其内涵依次为：

①价值瑕疵担保责任：应担保其物无灭失或减少价值之瑕疵（同条第一项本文前段）。

②效用瑕疵担保责任：应担保其物无灭失或减少其通常效用或契约预定效用之瑕疵（同条项本文后段）。

③品质瑕疵担保责任：应担保其物具有出卖人所保证之品质（同上条第二项）。

66　主要条文如第三四九条、第三五一条、第三五四条、第三五六条、第三五九条、第三六〇条、第三六六条。换言之，除特例之外，买卖一节各条之物或权利用语，与一般用法，或无不同。其模式略如下表：

法律用语
- 物：有体物｛动产 ＋ 不动产｝
- 权利：一切私权｛所有权 ＋ 其他权利｝

物之瑕疵担保责任所以有类型区分，其着眼点主要有二：一为当事人意思有无之斟酌，另一为法律效果之不同。就当事人意思而言，价值瑕疵担保责任，堪称与当事人意思无关，品质瑕疵担保系以当事人意思为适用依据，效用瑕疵担保，则居二者中间。就法律效果而言，前二者系以减少价金为重心（第三五九条），品质瑕疵担保则以损害赔偿为特点（第三六〇条）。

综本段所述，足见瑕疵担保责任之类型构成，相当复杂。爰综合归纳如次表，以助了解。

- 瑕疵担保责任
  - 权利瑕疵担保责任
    - 权利无缺担保责任：有体物、无体物买卖均适用 —— 损害赔偿（353）
    - 权利存在担保责任：仅于无体物买卖有其适用 —— 损害赔偿（353）
  - 物之瑕疵担保责任
    - 价值瑕疵担保责任 —— 减少价金（359）
    - 效用瑕疵担保责任 —— 减少价金（359）
    - 品质瑕疵担保责任 —— 损害赔偿（360）
    - 仅于有体物买卖有其适用

4. 瑕疵担保责任之法理基础

瑕疵担保责任所根据之法理基础为何？学理见解相当分歧。归纳言之，主要有如下五者。即：

（1）默示担保契约说。

（2）权利供与义务之不履行说。

（3）瑕疵告知义务之不履行说。

（4）保护买受人期待之特殊责任说。

（5）维持有偿契约之交易安全说。

以上五者，于说明瑕疵担保责任之理论根据，虽仁智互见，各有得失[67]，惟比较上以维持有偿契约之交易安全说，较为中肯持平，故为通说所采。[68]本书亦赞认之。

（二）权利瑕疵担保责任

1. 权利瑕疵担保责任之成立要件

权利瑕疵担保责任之成立要件，并未因其为权利存在或无缺担保责任而有不同，叙述上乃采共通说明之方式。基此，则权利瑕疵担保责任

67 有关瑕疵担保责任基础之论介，请参照郑著（上），第三〇页～第三一页。

68 参照郑著（上），第三一页；蔡著（上），第四四页。

之成立，其要件有三，即：瑕疵须于买卖成立时存在、买受人善意、权利之瑕疵并未除去三者是。兹分述如下：

（1）权利之瑕疵，须于买卖成立时或其以前即已存在

权利瑕疵担保责任所称之瑕疵，须于买卖之时或其以前，即告存在。如权利之瑕疵于买卖成立后发生者，乃系嗣后不能或给付瑕疵之问题，应以出卖人过失之有无而定其应否负担债务不履行责任，尚与权利瑕疵担保责任无关。

兹之权利瑕疵，抽象上固指与债之本旨不符之缺点而言，其较具体内涵，则为第三人主张权利或权利根本不存在，或权利已消灭之事实。“民法”第三四九条规定：“出卖人应担保第三人就买卖之标的物，对于买受人不得主张任何权利。”系指前者而言。第三五〇条规定：“债权或其他权利之出卖人，应担保其权利确系存在。有价证券之出卖人，并应担保其证券未因公示催告而宣告无效。”系指后二者而言。

第三人主张之权利，通说以为，凡使买受人取得之权利不能完整实现之权利均是，包括所有权或其他权利，其主要事例有：

①物之买卖，出卖人移转之所有权，第三人享有典权、地上权、永佃权、抵押权[69]、留置权等定限物权或其他支配性权利是。租赁权具有物权性（第四二五条、第四二六条），一般以为亦有适用。

②支配性权利之买卖，于同一标的物上，第三人享有如上所述之权利。

③债权之买卖，该债权业已设定权利质权或成立准租赁[70]，或该债权之债务人拥有同时履行抗辩权、抵销权、撤销权、解除权或终止权者是。

不过，买卖标的物为第三人所有者，无论其系发生于买卖成立时（或其以前），抑或成立于买卖成立之后，于债之原理上，均系嗣后不能之范畴，应依给付不能定出卖人之法律责任。因此，第三人主张权利云者，如认包括所有权，则权利瑕疵担保责任与给付不能之间，其关系如

69 抵押权是否为第三四九条之权利，学理上或采否定，盖以抵押权而未行使者，尚无碍于标的物之交付及权利之移转也。惟权利之上而有抵押权登记者，不仅将来因第三人行使抵押权，而有受强制执行之虞，于执行前之交易价值亦有潜在贬值之情形，故解释上宜从通说而采肯定。

70 以权利租与他方使用收益，而收受报偿（租金）者，是为准租赁，法律关系上准用租赁之规定（463之1）。

何，实值玩味。[71]

权利不存在者，指权利未曾有效成立而言。例如，出卖之著作权，根本未曾完成著作物；或出卖之债权，自始即因当事人为无行为能力人或违背善良风俗，其原因法律行为无效，债之关系未告发生均是。权利已消灭者，则指权利虽曾有效成立，但于买卖成立时业已消灭者而言。例如，出卖之专利权，嗣经撤销者（“专利法”第六三条），或出卖之债权，业经清偿者是。不过，“民法”第三五〇条所称权利，意义究何所指，或有如下四种立场可资斟酌。即

①所有权以外之其他权利。

②债权或其他无体之（支配性）财产权。

③债权或其他请求性之权利。

④债权或其他无体之（支配性或请求性）财产权。

由于“民法”第三五〇条，系就债权与其他权利并举。债权，在标的上为无体之权利，在作用上为请求权，为符权利保护意旨，以免买卖动辄因权利不存在而无效，解释上宜在体系构成上力求兼括。因此，愚意以为，第④为较可采。[72] 如是，则“民法”第三五〇条所称权利，亦有其特殊意义，有待吾人注意。

有价证券之买卖，因“民法”第三五〇条之规定，其出卖人所应担保者，除证券所表彰之权利，如股东权（股票）或付款请求权（如债券、支票、本票、汇票）必须存在外，更应担保其证券未经宣告无效。换言之，出卖人出售之股票或债券，系经伪造者，其所表彰之权利并不存在，出卖人固应依同条上段负权利存在之瑕疵担保责任[73]；即使出卖人出售之有价证券为真正，惟该有价证券，经依民事诉讼法所定之公示催告程序（“民事诉讼法”第五三九条）宣告证券为无效者，因买受人无法依该证券主张权利，其结果与上述之权利不存在同属无从实现权利，出卖人仍

71 出售第三人之物，于给付关系上，一般归于自始主观不能之概念，再依自始主观不能并非标的不能之思考模式，将其纳入给付不能处理。如是，则权利瑕疵担保与给付不能，于此似有重叠之处。不过，给付不能而应负债务不履行责任者，以债务人可归责（原则上为过失）为要件，第三四九条之规定，于出卖人责任乃有加重，对保护买受人利益言，或有补充意义。

72 学者中或强调法律之文义及体系要求，认为其他权利应满足债权之属性者，始有适用，其立场或为此处所指之③说（详请参照黄茂荣前揭“买卖法”，第二七六页）。

73 证券之伪变造，尚可适用物之瑕疵担保责任。例如，若其为政府债券、公司股票、公司债券，买受人尚有请求出卖人另行交付同种类之真实股票。

应依同条后段负权利存在之瑕疵担保责任。足见，“民法”第三五〇条前后段所定责任，其适用之对象案例类型，彼此各有不同，非谓出卖人负有双重之担保责任。[74]

(2) 须买受人不知瑕疵存在

买受人于买卖成立时，知悉瑕疵存在者，例如，购买车子，明知车灯业已毁损；购买土地，查阅登记簿已知有地上权登记而犹购买即是。因其非属不测损害，法无保护必要，故出卖人无庸负担权利瑕疵担保责任（第三五一条本文）。盖有此情形，应认为买受人抛弃其对于出卖人之担保责任也。[75]法律用语上，就法律评价事实不知其情事者，通称善意；反之，知悉其情事者，通称恶意。以是，有关于此，文献上或称之须买受人为善意。买受人之不知瑕疵，虽系权利瑕疵担保责任之成立要件。不过，法律构成上，则采买受人恶意者，出卖人不负担保责任，亦即所谓免责要件之规定方式。解释上宜认为，买卖标的之权利有瑕疵者，出卖人即应负担权利瑕疵担保责任，惟于出卖人能举证证明买受人知悉瑕疵存在，出卖人始能免于责任，实务上亦踵此立场。[76]既然，出卖人举证证明买受人知悉瑕疵存在，始能免责，法律构成上，无异等于瑕疵存在，推定担保责任成立，出卖人之举证证明云者，乃证据法则上通称之反证责任。因此，有关权利瑕疵担保责任之要件，似以称之“买受人非为恶意”、或“买受人不知瑕疵存在”之用语，较为允当。

不过，买受人知悉买卖标的之权利有瑕疵者，如出卖人仍愿负担保责任者，不仅有助于交易活动之促进，于当事人权利义务之保护，亦无偏失重轻可言。因此，于此情形，如买卖契约另有约定出卖人负权利瑕疵担保责任者，则从其约定而由出卖人负责（第三五一条但书）。而且，此之约定，于出售第三人所有之物之买卖，解释上似应从宽，认为明示或默示，均有其适用。例如，甲以其A地出售于乙，

74 有价证券（权利存在担保）{ 证券伪（变）造（证券权利不存在）：350前段；证券经公示催告无效：350后段 }

75 参照“民法”第三五一条立法理由：“于订立买卖契约之时，买受人已明知其权利有瑕疵者，则应认为抛弃对于出卖人之追夺担保权，如契约别无订定，出卖人即不负瑕疵担保之责。”

76 参照“最高法院”1976年台上字第一一九号判例：“权利之出卖人，应担保该权利无瑕疵，如出卖人主张买受人于契约成立时知权利有瑕疵，出卖人可不负担保之责时，应由出卖人就买受人之知情负举证责任。”

未经办妥所有权移转登记，乙即转售于丙，嗣甲拒绝履行，宜解释为，乙因默示约定担保，依第三五一条但书，对丙负权利瑕疵担保责任。

（3）须权利之瑕疵并未补正（除去）

权利瑕疵担保责任，系在担保出卖人给付之完全。同理，只要出卖人于买受人行使权利时为完全之给付者，出卖人即无瑕疵担保责任之可言。因此，通说以为，权利之瑕疵，虽已于买卖成立时存在，惟其后业已补正，亦即除去瑕疵之存在者，权利瑕疵担保责任亦告解消。此条文虽无明文，解释上宜认为当然。

兹之所谓瑕疵除去，一般以为，其情形有如下二者，即：

①出卖人自己除去瑕疵。例如，物之买卖成立时，标的物上虽设有地上权，但买卖成立后，出卖人已另以买卖，或因赠与、继承而取得地上权，并因混同而消灭地上权是（第七六三条第一项）。

②买受人依法律规定取得权利而除去瑕疵。例如，买卖标的物之动产或不动产，虽为第三人所有，但买受人因善意受让（第八〇一条、第八八六条、第九四八条）或信赖登记（“土地法”第四三条）或取得时效（第七六八条至第七七二条）而自行原始取得该动产或不动产之所有权者，出卖人对于买受人而言，已无权利瑕疵可言，自亦不负权利瑕疵担保责任！（至于，出卖人对第三人负有侵权行为或不当得利之债务，乃系另一法律问题，与瑕疵担保责任尚无关系。）

权利瑕疵之补正，原则上并无一定时间之限制。不过，权利之保护，宜尊重当事人之意愿，如其债权人（买受人）于得为主张时出而主张，其出卖人仍未能补正者，应认出卖人即应负担瑕疵担保责任，如其以诉讼主张者，则以事实审言词辩论终结前为最后补正期限。换言之，如出卖人于事实审言词辩论终结前犹未能除去瑕疵者，其瑕疵担保责任即再无免除之可言。

在债权之实现上，债务人之支付能力，堪称最为重要，其债务人欠缺支付能力者，债权之实现，势将困难重重。因此，于债权之买卖，出卖人对于其债务人之支付能力，应否负担保责任，法律上宜有明确规定。有关于此，各国（地区）法律政策容有不同，台湾民法，则采如下模式（第三五二条）：

①原则上出卖人对于债务人之支付能力不负担保责任（同上条前段本文）。

②当事人于买卖契约约定[77]，出卖人应对债务人之支付能力负担保责任者，从其约定（同上段除外规定）。其同时约明系担保何时之债务人能力者，亦从其约定。[78]

③于②之情形，如契约上未约明究系担保债务人何时之支付能力者，推定系担保债权移转时债务人之支付能力（同上条后段）。因此，债权之买卖契约成立时，其债权尚不移转者[79]，如于移转债权之前，债务人之支付能力有减弱或丧失者，出卖人仍应负担保责任。不过，有关担保之时际，民法系采推定模式，如当事人能证明非属债权移转时者（例如，仅就买卖契约成立时之支付能力为担保，或甚而就清偿期届至时之支付能力为担保），即得推翻上述推定，以经反证证明之时际，作为适用标准。

出卖人对于债务人之支付能力不负担保责任者，其后债务人苟有债务不履行情事，出卖人自无法律上责任可言。同理，如出卖人系就债权移转时之支付能力为担保者，其债务人于债权移转之后，始发生支付能力减弱或丧失者，出卖人亦无责任可言。反之，如出卖人因契约另有订定而应负担保责任者，如债务人不履行债务者，出卖人应负损害赔偿责任。[80] 故一般以为，此之担保与保证（第七三九条以下），其用语、性质及法律效果，均有不同。

2. 权利瑕疵担保责任之效力内容

"民法"第三五三条规定："出卖人不履行第三四八条至第三五一条

77 此之契约，解释上不限于负担行为层面之买卖契约，即于处分行为层面之债权让与合意（广义契约）约定担保者，亦无不可。主要判例依据，参照"最高法院"1954年台上字第一二二号："讼争甘薯之给付请求权，既经上诉人合意受让于前，复由让与之被上诉人通知债务人某某于后，即生移转之效力，是上诉人提起请求给付此项甘薯之诉，仅得对于该债务人为之，纵令该债务人因无支付能力延不履行，而依'民法'第三百五十二条之规定，除其让与契约另有订定外，被上诉人仍不负担保责任。"

78 参照"民法"第三五二条立法理由："本法则以买卖当事人有契约订定者为限，使出卖人负担保之责。然则出卖人对于买受人担保债务之支付能力，应担保债权移转时之支付能力乎，抑应担保债务履行时之支付能力乎，仍须依其特约而定。其特约担保债务履行时之支付能力者，自当依其特约。"

79 例如，附停止条件或附始期之债权买卖，乃至仅就债权让与附停止条件或附始期之债权买卖即是。

80 参照最高法院1943年上字第五八三九号判例："债权之出卖人就债务之支付能力，有民法第三百五十二条所称之担保责任时，惟于债务人无支付能力之际，应赔偿买受人之损害，不负代为履行之责任。则无此项担保责任时，买受人不得请求出卖人履行债务，尤不待言。"

所定之义务者，买受人得依关于债务不履行之规定，行使其权利。”足见，权利瑕疵担保责任之效力内容，与债务不履行尚无不同[81]，民法所以为此规定，殆以为其情形无异于债务不履行也。[82] 其于债法学上，具有如下意义：

(1) 给付义务有无适用

移转财产权，为出卖人之给付，苟有不履行其义务者，出卖人仅于有过失时，始负债务不履行责任（第二二〇条、第二二六条、第二三一条）。如谓“民法”本条规定，包括第三四八条之移转财产权义务在内，则出卖人对于给付义务，将负无过失责任；而此规定，于有偿契约亦有准用（“民法”第三四七条）。如是，则债之通则所建立之过失责任，势非推翻不可。本条规范意旨，当无如此重大创意。解释“民法”本条，宜认为条文中所称“第三四八条”云者，系“第三四九条”之笔误，给付义务本身之违反，尚不在适用范围之列。[83]

(2) 支付能力与担保责任

债权之出卖人对于债务人之支付能力，原则上不负担保责任，“民法”第三五三条，因之未包括第三五二条在内。不过，如买受人与出卖人约定，出卖人对其债务人之支付能力负担保责任者（第三五二条但书），解释上仍应认为有“民法”第三五三条之适用，实务上亦持肯定见解，惜未说明是否适用“民法”第三五三条。[84]

(3) 债务不履行与权利无缺担保责任

本条所称“债务不履行”，意义为何，民法本身无直接明文，实务亦乏详尽说明。于债之通则之体例，所谓债务不履行，于契约之债，通常系指可归责给付不能、可归责给付迟延、不完全给付及不为给付四者之一。惟此解释，是否尽符本条意旨，或不无疑问。其答案且因其为权利无缺担保责任或权利存在担保责任而有不同。

81 权利瑕疵担保责任，虽效力上适用债务不履行责任、但性质仍有不同，法律评价上亦非同一。因之，如出卖人同时成立瑕疵担保责任及债务不履行责任者，仍以解释为请求权竞合为宜（学理上或采选择权说——参照郑著（上），第三八页）。

82 参照“民法”第三五三条立法理由：“出卖人如不履行此种义务（按即担保无瑕疵之义务），则与债务人不履行债务无异，此时买受人即得依照债务不履行之规定，行使其权利。所谓行使关于债务不履行所生之权利者，即契约解除权、违约金请求权、损害赔偿请求权等是也。”

83 同旨请参照郑著（上），第三六页。

84 同注80，所引判例。

权利无缺担保责任，以出卖人已为给付为前提，适用上与不为给付无关，或可肯定。此之给付，原则系指未迟延之情形而言（如其给付有迟延者，迟延部分依给付迟延处理）。因此，买受人依瑕疵担保责任行使权利，亦不直接与给付迟延有关。换言之，本条所称得依债务不履行规定行使权利者，意义上当指给付不能或不完全给付二者之一而言。至于究系给付不能或不完全给付，则视情况而定。一般情形，其抉择标准略有如下：

①权利之全部或一部被追夺时，依可归责之给付不能之相关规定行使权利。

②权利受第三人权利之限制时，依不完全给付行使权利。

③出卖人既应负债务不履行责任，买受人得行使同时履行抗辩权。

至于权利如何行使，其间尚称复杂，爰为之表解如次，以供参考：

所谓第三人不得主张权利，解释上应以客观情事定之，无庸第三人出面主张。因此，纵第三人尚未出面主张，苟客观上有其情事，买受人即得依上表行使其权利，亦得依“民法”第三六八条拒绝支付相当之价金。

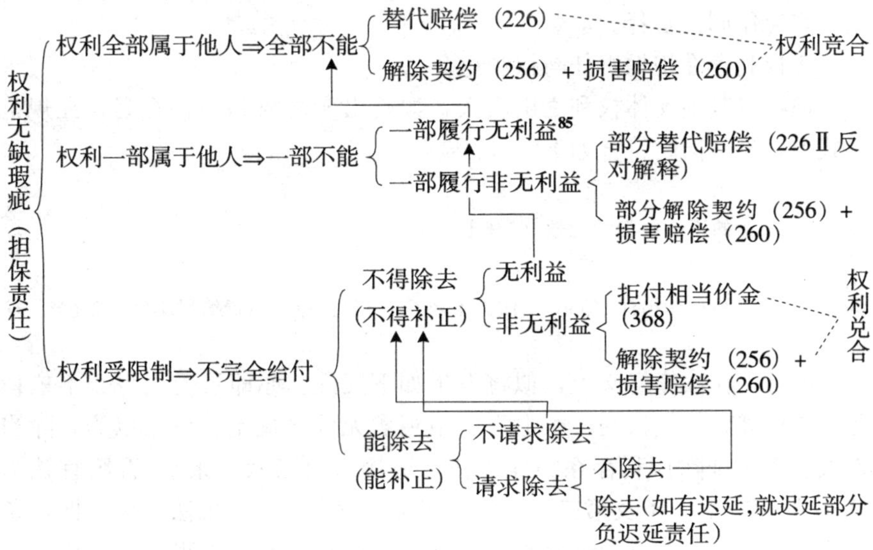

85　买卖为契约之债，所谓一部履行于债权人无利益云者，解释上宜采目的论扩张方法，包括“民法”第二五五条为其适用范围。换言之，于法定或约定期限利益行为，如有部分瑕疵未能除去，致买受人目的不能达成者，即有适用全部给付不能请求救济之权利。

(4) 债务不履行与权利存在担保责任

出卖人对于买卖标的之权利存在，负瑕疵担保责任者，买受人得依“债务不履行”之规定行使权利。兹之“债务不履行”云者，系指可归责之给付不能而言。盖以买卖标的之权利，于买卖成立时并不存在，法律规范意义上，是为标的不能（自始不能），是其转依债务不履行行使权利，即是依给付不能行使权利而言。亦即形式上虽为自始不能，但因民法本条规定，在规范意义上乃转化而适用给付不能（嗣后不能）之有关规定。如是，则其间尚有以下二项问题，颇值探讨：

①权利存在担保责任与契约效力

债权或其他无体权利之出卖人，负有权利存在担保责任，其买受人得依关于债务不履行之规定行使权利，固为法所明定。惟此所谓依债务不履行行使权利云者，究仅系效力上得适用给付不能之规定，契约仍属无效，抑系契约因而有效，买受人应依给付不能主张权利，学理上容有争议。通说偏于后者[86]，当较可采。在此见解上，“民法”第三五〇条无宁为第二四六条第一项本文之特别规定；从而，“标的不能等于契约无效”之原则，于债权或其他无体权利之买卖，尚无适用。有价证券之买卖，亦应作同一解释。

②权利存在担保责任与权利竞合

债权或其他无体权利之出卖人，如其出卖之权利不存在者，在规范形式上，显然同时符合如下二者：

债权买卖：债权不存在
- 标的不能：契约无效（246 Ⅰ本文）
- 权利存在担保（350）：债务不履行（353）→可归责给付不能（226）

（两者之间：权利竞合）

如是，在法律意义上，似将发生如下疑问。亦即买受人得否不依债务不履行规定行使权利，而主张适用买卖无效之规定。愚意以为，除当事人以特约排除权利存在担保责任之适用（第三六六条），否则宜认为“民法”第三五〇条及第三五三条之规定，意义上为“民法”第二四六条之特别法，买受人只能依债务不履行行使权利，不得主张买卖无效。不过，买受人于买卖成立后，抛弃“民法”第三五三条权利之行使者，尚

86 参照梅著，第二五〇页；郑著（上），第三七页；史著，第十七页；黄茂荣前揭“买卖法”，第二七七页；孙森焱前揭“新版民法债编总论”（下册），第五一一页。

不违反公序良俗，于法仍无不可。

至于权利如何行使，其答案较为单纯，其情形有如上表之全部不能，请参照之。

（三）物之瑕疵担保责任

1. 概述

物之瑕疵担保责任云者，指出卖人就出卖标的物本身之瑕疵，应负担保责任者而言。此之担保责任效力内涵，民法于各种之债，另有相当具体细致之规定，原则上不适用债务不履行。在此角度上，堪称固有意义之瑕疵担保责任。

物之瑕疵担保责任，于有体物买卖均有适用，解释“民法”第三五四条至第三六六条各条所称之物，其意义为标的物上之动产或不动产，而非权利类型上之所有权，应予肯定。即“民法”第三五四条所称“物之出卖人”云云，此之所谓“物”者，亦应作同一解释。[87]

“民法”第三五四条规定：“物之出卖人，对于买受人，应担保其物……无灭失或减少其价值之瑕疵，亦无灭失或减少其通常效用或契约预定效用之瑕疵。……出卖人并应担保其物……具有其所保证之品质。”学者因其规定，就物之瑕疵担保责任，区分为价值瑕疵担保、效用瑕疵担保及品质瑕疵担保。通说以为，前二者因法律规定而当然负担，后者则须经出卖人为明确而清楚之表示。[88]

2. 物之瑕疵担保责任之成立要件

物之瑕疵担保责任之成立，其情形有如权利瑕疵担保责任，亦即尚不因其类型之不同而异其成立要件，故本段亦采共通说明之方式叙述之。基此，则其成立要件有四，即：物之瑕疵之存在、物之瑕疵于危险移转时存在、买受人善意并无重大过失，以及买受人须对受领物为检查通知四者是。兹分述如下：

（1）物之瑕疵之存在

物之瑕疵，因类型区分较细，爰亦列为要件之一说明之。一般以为，所谓物之瑕疵，系指存在于物之缺点而言；物质上欠缺及法律上欠缺，均属之。实务以为，凡依通常交易观念，或依当事人之决定，认为物应

87 反对说请参照郑著（上），第四一页。教授以为：既称物之出卖人，当指所有权之出卖人而言；权利之出卖人，如有物之交付者，解释上准用物之瑕疵担保责任之规定（同说参照陈著第二二页）。

88 参照史著，第二五页；黄茂荣前揭“买卖法”，第二九二页～第二九五页。

具备之价值、效用或品质而不具备者，即为物有瑕疵。……若出卖之特定物所含数量缺少，足使物之价值、效用或品质有欠缺者，亦属物之瑕疵。[89] 此一论点，于何为价值瑕疵？何为效用瑕疵？何为品质瑕疵，则仍欠具体说明。兹补述之。

①价值瑕疵之担保

物之价值，学理上原有交换价值及使用价值之分。使用价值云者，民法于买卖一节称为效用，性质上为效用瑕疵之问题。是以，此之所谓价值瑕疵，意指交换价值之瑕疵而言，不可不辨。例如，货物包装欠佳，交易上为之贬值即是。

交换价值与使用价值（效用），虽为不同概念，惟一般情形，二者经常相伴而生。例如，鱼肉果蔬腐坏，其效用减失，价值亦为之减少是。于此情形，宜认为乃二者并存之共通瑕疵，买受人得主张分别或共通适用。

价值灭失或减少，意义自有不同。其区别标准，则以交易上价值是否全然丧失为断。其未全然丧失者为减少。例如，鱼肉果蔬鲜度减低，价值陡降是。其已全然丧失者，则为灭失。例如，鱼肉瓜果生鲜于外，腐败其中即是。

②效用瑕疵之担保

效用瑕疵之担保，又分为通常效用瑕疵之担保及预定效用瑕疵之担保。前者为法定当然之担保，后者则以当事人约定为必要。

通常效用，指一般交易观念上应有之效用。例如，耕牛之能挽犁、建地之能建筑、电视之荧幕清晰、真空器之密不通气均是。反之，耕牛不挽犁、建地遭禁建、电视荧幕模糊、真空器漏气，均是通常效用瑕疵，出卖人应负瑕疵担保责任。

预定效用，指该物在一般交易观念上未必有此效用，惟当事人以契约预定其效用者而言，故亦称契约预定效用。例如，飞机时行千里，固为通常效用，但其速度未必超音，若当事人约明购买超音速飞机，则速度超音即属契约预定效用，苟该飞机仅时行千里，即为契约预定效用瑕疵，出卖人应负瑕疵担保责任。此之预定，通常固为明示，但解释上不

89 参照“最高法院”1984 年台上字第一一七三号判例：“所谓物之瑕疵系指存在于物之缺点而言。凡依通常交易观念，或依当事人之决定，认为物应具备之价值、效用或品质而不具备者，即为物有瑕疵，且不以物质上应具备者为限。若出卖之特定物所含数量少，足使物之价值，效用或品质有欠缺者，亦属之。”

以明示为限，即为默示亦无不可。

效用是否瑕疵，通常固以客观情事定之，惟当事人另有主观之契约目的者，应优先斟酌。例如，买卖之轮船，丧失航行能力，通常固为瑕疵，但买受人苟系供拆船之用而购买，则失航即无瑕疵可言。是为所谓之瑕疵相对性。

③品质瑕疵之担保

品质瑕疵之担保，仅于出卖人有保证者，始有适用。兹之保证，一般以为，须经出卖人特约担保其交付之标的物具有一定之品质，且经买受人同意为要件。其与契约预定效用担保不同者，在于此须以特约方式为之[90]，且有明确清楚之意思表示；反之，预定效用瑕疵担保，纵非明示，尚无不可。惟就现代社会交易上迅速安全之要求言之，兹之保证，是否限于明示，而且复须买卖双方合致，不无斟酌余地。鉴于默示担保责任理论之发展，以及现代社会交易之需要。管见以为，品质保证，既不以明示为限，更无庸以意思表示合致为要件。因之，如出卖人对其出售标的物宣示担保一定之品质，乃至交易习惯责求出卖人保证品质者，均应认为有品质保证瑕疵担保责任之适用。

品质云者，系就物之属性而言；其用益价值之层面，则为效用，二者似有体用互存之关系。因此，品质保证瑕疵与契约预定效用瑕疵，或有重复并存之情形；此种并存情形，且随着默示担保理论之发展而逐渐扩大，故论著或谓契约预定效用瑕疵之规定，应予删除。[91]

瑕疵相对性，尚表现于瑕疵有无之认定上。缘以人间事物，完美无瑕，事实上并不易求：交易行为，如欲穷尽吹毛求疵，交易之和谐圆满，不仅不易企求，甚而有碍交易之迅速安全，故瑕疵之有无，应以交易通念定之，不宜紧扣概念，而务求其琐细。故“民法”第三五四条第一项但书规定，价值或效用之减少程度无关重要者，不得视为瑕疵。例如，购买房屋，其储藏室墙壁之颜色略显褪色，或购买车辆，如车后箱偶见细微刮痕，即属不得视为瑕疵。非关重要，不得视为瑕疵，虽仅规定于价值及效用瑕疵担保之部分，惟解释其适用范围，宜认为于品质瑕疵担保亦有适用。

90　参照郑著（上），第五七页；陈著，第二四页。
91　参照许志勇“物之瑕疵担保之实研究”，辅仁大学硕士论文，1993年，第一五页。

物有瑕疵，出卖人原则上固应负瑕疵担保责任，但法律有排除规定者，依其规定，例如“强制执行法”第六九条规定，拍卖之买受人就物之瑕疵无担保请求权即是。[92]

（2）须物之瑕疵于危险移转时存在

物之瑕疵于危险移转时已存在者，出卖人始负瑕疵担保责任，若其瑕疵于危险移转后始告出现，则与出卖人无关，出卖人并无瑕疵担保责任之可言。惟危险移转时，如有瑕疵存在，则该瑕疵究系于买卖真的成立时即已存在，或买卖契约成立后始告发生，均非所问。[93] 反之，如其瑕疵于危险移转时业已除去者，则瑕疵既已补正，出卖人自再无瑕疵担保责任之可言。[94] 同理，如瑕疵于危险移转后，买受人行使权利之前除去者，亦应作同一解释。

于兹成为问题者，即危险移转前已有瑕疵时，买受人得否不待瑕疵除去，于危险移转前主张瑕疵担保责任。通说以为，此不仅与条文所称危险移转时有瑕疵之规定不合，亦且剥夺出卖人除去瑕疵之机会，而采否定看法。实务见解亦然。[95] 惟以瑕疵既已存在，而其情形又已无从除去者，如谓买受人于危险移转前不得主张瑕疵担保责任，不无坐令损害扩大之虞，故晚近学说，颇有以为，于确定不能除去之情形，应例外允许买受人于危险移转前行使瑕疵担保责任。[96] 实务见解，亦有

92 “强制执行法”第六九条规定：“拍卖物买受人就物之瑕疵无担保请求权。”（本条规定于动产，不动产之法院拍卖，亦有适用——并请参照同法第一一三条。）

93 参照最高法院1940年上字第八二六号判例：“民法第三百五十四条第一项规定，物之出卖人对于买受人，应担保其物依第三百七十三条之规定危险移转于买受人时，无灭失或减少其价值之瑕疵，亦无灭失或减少其通常效用或契约预定效用之瑕疵。是依第三百七十三条之规定，危险移转于买受人之时，有第三百五十四条第一项所称之瑕疵者，虽在契约成立时此项瑕疵尚未存在，出卖人对于买受人，亦应负担保之责。”

94 参照郑著（上），第四四页；史著，第二六页。

95 参照“最高法院”1988年台上字第一二六〇号判决：“查‘民法’第三百五十四条第一项规定，物之出卖人对于买受人，应担保其物依第三百七十三条之规定，危险移转于买受人时，无灭失或减少其价值之瑕疵，亦无灭失或减少其通常效用或契约预定效用之瑕疵。是依同法第三百七十三条规定，危险移转于买受人时，有上述瑕疵者，出卖人对于买受人，始应负担保之责。易言之，标的物之危险如未移转于买受人时，买受人即无主张出卖人应负物之瑕疵担保责任之可言。”

96 参照郑著（上），第六一页注十二；史著，第二七页；詹森林“危险负担移转前，出卖人物之瑕疵担保责任及买受人拒绝受领标的物之权利”，台大法学论丛第二二卷第一期，1993年，第四三八页。

踸此立场者。[97]

依“民法”第三五四条第一项规定，对于此一责任负担时点，系称之“依第三七三条之规定危险移转于买受人时”。所谓第三七三条规定危险移转云者，原则上系指买卖标的物交付于买受人之时。盖以“民法”同条本文明定，买卖标的物之危险，自交付时起由买受人负担故也。换言之，出卖人应否负物之瑕疵担保责任，原则上以物之交付为断，如其交付时有瑕疵者，即不问该瑕疵系何时发生，出卖人即应负物之瑕疵担保责任；反之，如交付时并无瑕疵者，亦不问交付前是否曾有瑕疵存在，出卖人均无瑕疵担保责任之可言。

不过，危险之移转与标的物之交付，并非绝对以交付（于买受人）为准。其当事人有特约时，固得依其特约（第三七三条但书），或法律另有规定者，亦应依其规定另定之。“民法”本条之适用标准，系以危险移转决定瑕疵担保责任之有无，故解释其适用，尚不以交付为限，其情形约有如下三者：

①当事人就危险移转之时点，约定于交付前或交付后者，以其约定为准。

②代送买卖，自出卖人交付其标的物于为运送之人或承揽运送人之时危险移转（第三七四条），瑕疵担保责任之适用标准，亦以此时点定之。[98]

③在不动产买卖，如交付前已移转登记者，究以登记为危险移转时点，抑或以交付为移转时点，学理上容有争议，依各该立场定其适用标准。其采登记说者，登记后之瑕疵即不在瑕疵担保责任之范围；反之，亦即采交付说者，则登记后交付前发生瑕疵者，出卖人仍应负瑕疵担保责任。比较上，似以前说较为可采。[99]

（3）须买受人善意并无重大过失

兹之善意，与一般用语雷同，意指买受人不知物有瑕疵而为买受而言。因之，买受人于契约成立时，明知买卖之标的物有瑕疵仍为买受者，

97 参照“最高法院”1962 台上字第九三一号判决：“物之出卖人对于买受人所负瑕疵担保之责任，固以其物依‘民法’第三百七十三条之规定，危险移转于买受人时，有瑕疵存在为要件，但在危险移转前，买受人已发觉其物有瑕疵，倘出卖人并无不负担保责任之特约，则其确定的拒绝担保，尚难谓买受人不得对之解除契约。”

98 参照黄茂荣前揭“买卖法”，第二九二页。

99 参照郑著（上），第四三页～第四四页。

出卖人即不负瑕疵担保责任（第三五五条第一项）。是以，瑕疵纵在买卖成立之时业已存在，如买受人不知其瑕疵存在，当无“民法”本条项之适用（惟出卖人是否负瑕疵担保责任，仍须视买受人有无重大过失为断——同条第二项）。

买受人是否明知买卖标的物有瑕疵，系以买卖成立时为准。换言之，此标的物之瑕疵于买卖之时业已存在，而买受人于买卖成立时，知其瑕疵仍为买受者，出卖人始因之不负瑕疵担保责任。如买卖成立后买受人始知其瑕疵，或瑕疵系发生于买卖成立之后者，则无本条项不负瑕疵担保之适用。

买卖成立时，买卖标的物已有瑕疵，买受人虽然善意（不知瑕疵），出卖人仍不当然负担瑕疵担保责任。盖以“民法”同条第二项本文规定，买受人于买卖成立时，如因重大过失而不知标的物之瑕疵者，出卖人原则上亦不负瑕疵担保责任。例如，买受违章建筑之房屋，不知其不能办理移转登记，又疏未查询是否可以办理移转登记，即属因重大过失而不知物有（价值）瑕疵，出卖人自无瑕疵担保责任可言。

不过，买受人于买卖成立时，因重大过失而不知买卖标的物有瑕疵者，其效果仍与明知瑕疵而仍买受之情形，略有不同。盖以买受人如明知标的物有瑕疵而仍买受，则出卖人即使故意不告知瑕疵或保证标的物无瑕疵，于法仍不负瑕疵担保责任；反之，如买受人系重大过失而不知者，如出卖人保证其无瑕疵或故意不告知瑕疵者，则出卖人仍应负瑕疵担保责任（第三五五条第二项但书）。

（4）须买受人就受领物为检查通知

“民法”第三五六条规定：“买受人应按物之性质，依通常程序，从速检查其所受领之物。如发现有应由出卖人负担保责任之瑕疵时，应即通知出卖人。买受人怠于为前项之通知者，除依通常之检查不能发见之瑕疵外，视为承认其所受领之物。不能即知之瑕疵，至日后发现者，应即通知出卖人，怠于为通知者，视为承认其所受领之物。”是为买受人之检查通知义务，违反此一义务，买受人丧失瑕疵担保所生之权利，堪称瑕疵担保之程序要件；从而，前述三者则属实质要件。兹就检查、通知二者分别说明如下：

①检查

检查应于标的物受领后为之，盖尚未受领，本无从检查也。所谓受领，指出卖人将其物置于买受人得为检查状态之下为已足，至买受人是否以受领清偿之意思而受领，或是否为现实受领，均属不问。[100] 所有权移转与否，亦非所问。例如，将车辆已送至买受人之商店，将建筑材料已堆卸于买受人之建筑基地，即可谓为受领。房屋已移转占有，纵尚未办理所有权移转登记，仍属此之受领，以其足供买受人就现物为检查也；反之若所有权虽已为移转登记，但房屋尚未移转占有者，则不属于此之受领。

在检查方法上，只要按物之性质，依通常程序为之，即为已足，例如食品之尝味、衣服之试穿、机械之试转、车船之试行等均是。因之，无论如何，均不必依特殊程序，例如罐头不必经过化验，大量货品，无须全部检验，仅须就同一性质者抽查其一部即为已足。至检查之时间，法条虽称曰从速检查，乃不可迟缓之意。意义上应以交易通念上认为相当者为准。

买受人怠于前项检查者，除其瑕疵系通常检查所不能发现之瑕疵或出卖人故意不告知瑕疵之情形外，出卖人不负瑕疵担保责任（同上条第二项、第三五七条）。

②通知

买受人除检查外，尚有通知义务。亦即买受人就标的物为检查后，如发现有应由出卖人负担保责任之瑕疵时，应即通知出卖人。此之通知，意指将物有瑕疵之事实通知于出卖人而言，有否行使瑕疵担保请求权之意思，在所不问，其法律性质上为观念通知，准用法律行为之规定。[101] 通知之方法，或以口头或以书面，均无不可，惟必须具体指明瑕疵之情形，不得仅笼统指摘物品“欠佳”或“有瑕疵”。除异地买卖外，亦无庸以相当之方法证明。

通知须于检查发现瑕疵后即时发出，即时与否，亦以交易通念定之。怠于为此项通知时，原则上视为承认其所受领之物，亦即纵有瑕疵亦不得对出卖人主张瑕疵担保责任！惟此原则尚有下列例外：

（一）依通常之检查不能发现之瑕疵，虽怠于检查或因其检查未发现瑕疵，亦不能视为承认所受领之物。例如，食品掺入防腐剂是否过重，非经过化验不可，购买后未经送请化验，日后发现因防腐剂过重而健康受害，则仍得向出卖人行使瑕疵担保所生权利，出卖人不得以怠于通知

100　反对说以为，“民法”本条所称受领，应有受领（履行债务及行使债权）意思，始足当之（参照黄茂荣前揭第三一五页）。

101　参照郑著（上），第四八页（梅著，第二四六页，认为系意思通知）。

对抗之。

（二）出卖人故意不告知瑕疵于买受者，纵买受人未为检查，或检查发现后怠于通知，仍不适用不负瑕疵担保责任之规定（第三五七条）。

至于不能即知之瑕疵，至日后发现者，则仍应于发现后即时通知出卖人，怠于为通知者，亦视为承认其受领之物。所谓不能即知之瑕疵，指受领时依通常程序无法即行查知之情形而言。例如，房屋表面上无任何瑕疵，但墙垣中钢筋短少，不能即时查知发现，或大批货品抽查其一部，其未检查之大部分，日后发现其有瑕疵均是。遇有此等情形，虽于受领后未即时通知，但日后发现时始为通知，仍无不可。不过，亦须于发现后，即时通知，否则仍视为买受人已承认其受领之物，买受人不得主张瑕疵担保所生权利。日后发现有无时间上之限制，民法固无明文规定，惟观之“民法”第三六五条规定，宜解为应自通知后六个月不行使或物之交付后五年为限；盖六个月或五年者，乃行使瑕疵担保所生权利之除斥期间故也。[102] 惟出卖人若故意不告知瑕疵者，则不受六个月期间之限制（第三六五条）。

综本段以上所述，足见物之瑕疵担保是否成立，涉及事项极为复杂、琐细，不仅“法定”、“约定”参差其间，而且“原则、例外”、“例外、再例外”之情形，杂然并陈，非经仔细推敲，有时颇易陷于迷惑。此亦何以瑕疵担保责任，不规定之于债之通则，待于债各始依个别类型而为详尽规定之原因之一。

3. 物之瑕疵担保责任之效力内容

物之瑕疵担保责任之效力内容，尚称复杂。原则上并不适用债务不履行之规定，相对于债务不履行而言，堪称具有独立规范之意义。兹依次说明如下：

（1）共通效力

“民法”第三五九条规定：“买卖因物有瑕疵，而出卖人依……规定，应负瑕疵担保责任者，买受人得解除契约，或请求减少价金。但依其情形，解除契约显失公平者，买受人仅得请求减少价金。”足见，物有瑕疵，不问系价值瑕疵、效用瑕疵、或品质瑕疵，其出卖人均得请求减少价金或解除契约。故减价请求权及解约权二者，被认为系物之瑕疵担保责任之共通效力。不过，严格言之，物之瑕疵担保之当然效力，仅有减

102 参照郑著（上），第四九页；史著，第三二页；戴著，第三四页；黄茂荣前揭“买卖法”，第三五二页。

价请求权而已；盖以解约（解除买卖）权之发生，尚须以其解除并非显失公平为要件也。例如，买受之新车，驾驶月余后，经检验发现其中前轮系装用旧胎，即不得解除买卖，盖以使用旧胎，于车辆之价值、效用，乃至品质，一般情形并无多大妨碍也。

①减价请求权

买卖之标的物有瑕疵者，买受人得请求减少相当之价金，是为减价请求权。此项权利之性质如何，或认为系请求权[103]，或认为系形成权[104]，解释上以后者为较可采。

如解释减价请求权为形成权，则其行使应以意思表示为之，性质上为有相对人之单独行为，价格之减少，因买受人行使而当然生效，无待出卖人置喙。换言之，亦即关于形成权共通性质及其行使方法或效果，于减价请求权均有其适用。不过，如出卖人关于其减少数额之多寡有争议者，则得诉请法院确定之。一般以为，其计算标准如下：

$$\text{减价金额}=\text{约定价金}\times\left(1-\frac{\text{瑕疵物之价额}^{105}}{\text{无瑕疵之物之价额}}\right)$$

②契约解除权

买卖之标的物有瑕疵，如解除契约非显失公平者，买受人得解除（买卖）契约。此之解除，法律性质上亦为形成权；有关其行使及消灭，除债各另有规定外，适用债之通则之规定。[106] 解除既为形成权，如不行使，于买卖双方之法律关系不易确定，为杜争议，“民法”第三六一条规定：“买受人主张物有瑕疵者，出卖人得定相当期限，催告买受人于其期限内，是否解除契约。买受人于其期限内，不解除契约者，丧失其解除权。”盖以瑕疵担保所生之解除权，民法明定其行使期间为交付后六个月，解释上尚无“民法”第二五七条之适用，故特规定本条补充，俾尽早确定出卖人与买受人之法律关系。此之“催告”、“相当期限”云者，应与“民法”第二五四条之相应名词，为同一之解释。

103　参照梅著，第二五三页；薛著，第十四页。

104　参照郑著（上），第五三页；史著，第三五页；黄茂荣前揭“买卖法”，第三二八页。

105　引自黄茂荣前揭“买卖法”，第三四一页（同旨参照史著，第三七页）。

106　一般言之，物之瑕疵担保之解除权，于民法债编通则之适用情形如下表：

解除
- 得适用
  - 行使：（258）
  - 效力：（259、261）
  - 消灭：（262）
- 不得适用
  - 成立：（254～256）
  - 效力：（260：损害赔偿）
  - 消灭：（257与361重复，为365条所排除）

解除之行使，债各明定客体分离适用原则。亦即，于数物之买卖，如瑕疵之物与他物分离，致当事人之任何一方因而显受损害者，得解除全部契约外，通常情形，买受人仅得就有瑕疵之物为解除[107]；若其以总价金将数物同时卖出者，买受人并得请求减少与瑕疵物相当之价额。换言之，亦即有后者之情形，买受人得为部分解除或部分减价，但仍不得为全部之解除（第三六三条）。

有关于此，“民法”同条之立法理由，举有事例说明，兹录之以供参考。

“按为买卖标的物之数物中，如仅一物有瑕疵者，买受人仅得就有瑕疵之物解除契约，其数宗买卖之标的物，系以总价金买受者，并得请求减少与瑕疵物相当之价额。例如买卖米五十石，价金五百元，面粉一百袋，价金五百元，如发见面粉有瑕疵，买受人即得对面粉部分解除契约，而单为米之买受。若米与面粉，系以总价金一千元购入者，则仅得减少面粉相当之价额，不必全部解除契约也。依此情形，当事人之任何一方如因有瑕疵之物，与他物分离而显受损害者，得解除全部契约。例如买古对联一副，其一联有瑕疵，而仅余一联，亦即无悬挂之价值，则应许其解约是也。”

买卖契约因物有瑕疵而解除者，如有瑕疵之物为主物者，则解除之效力及于从物；但从物有瑕疵者，买受人仅得就从物之部分为解除（第三六二条）。称“主物”、“从物”者，依“民法”第六八条第一项之规定定之。至于解除之效果，于契约溯及自始无效[108]、回复原状，民法债之通则之规定（第二五九条）固有适用；惟损害赔偿（第二六〇条），通说认为尚不适用。[109]盖以解除契约之损害赔偿，法律性质上为债务人（此处为出卖人）债务不履行（损害赔偿）责任之延长，成立要件上以出卖人有过失为前提；瑕疵担保尚非债务不履行，亦不以出卖人有过失为成立要件，谓其解除尚不适用“民法”第二六〇条损害赔偿之规定，应属可采。

（2）特殊效力

买卖之标的物有瑕疵者，除上述二者外，于特殊情形，尚可分别发生

107 参照最高法院1930年上字第一二二三号判例：“买卖之标的物有瑕疵者，买主固得请求解除契约，然其性质可分离者，究不能以一部之瑕疵而解除全部契约。”

108 参照最高法院1934年上字第三九六八号判例：“契约经解除者，溯及订约时失其效力，与自始未订契约同。”（同旨“最高法院”1951年台上字第一〇二〇号、1962年台上字第二八二九号判例）。

109 参照史著，第三八页；许志勇前揭“物之瑕疵担保之研究”，第一八八页。

“另行交付请求权”及“损害赔偿请求权”，故一般称之特殊效力。前者出现于种类物之买卖，后者出现于“品质保证瑕疵”之情事。兹分述如下：

①另行交付请求权

种类之债，亦即买卖之物，仅指定种类者，如其物有瑕疵，则买受人除解除契约或请求减价外，并得即时请求另行交付无瑕疵之物（“民法”第三六四条第一项），通称之另行交付请求权，法律上性质为请求权，盖此请求，尚不因买受人主张直接发生权利义务变动也。[110]至其标的物应为同种类之物。例如，购买白米五斤，如发霉生虫，买受人得请求交付完好之白米五斤是。此之“即时”，解释上亦应以交易通念定之。[111]

另行交付之物，旨在代替原来之给付，故出卖人对之仍负担保责任（同条第二项）。换言之，即另行交付之物如有瑕疵，买受人仍有减价、解约或请求另行交付之权利。

买受人有另行交付请求权，出卖人得否定相当期限催告买受人行使，并有“民法”第三六一条瑕疵担保责任之适用，法无明文。固然，其间之权利性质不尽一致，惟为尽早确定法律关系，解释上似以得类推适用“民法”第三六一条之见解为妥。

②损害赔偿

买卖之物缺少出卖人所保证之品质或出卖人故意不告知瑕疵者，买受人除解除契约或请求减少价金外，尚得请求不履行之损害赔偿（第三六〇条）。前之保证品质，意指第三五四条第二项保证而言。所谓不履行之损害赔偿，意指不完全给付之损害赔偿而言，解释上应适用不完全给付之规定。[112]因之，兹之损害赔偿，不仅有补正（修复）问题（第二一三条），遇有加害给付，买受人亦得请求其他损害之赔偿。换言之，如出卖人故意不告知瑕疵，或缺少保证之品质者，瑕疵担保责任之效果，规范评价上与债务不履行尚无不同。[113]至其适用范围，并不限于特定物买卖，

110 反对说（形成权说）请参照黄茂荣前揭“买卖法”，第三二八页。

111 参照梅著，第二五五页～第二五六页。

112 参照史著，第四〇页；王泽鉴，“物之瑕疵担保责任，不完全给付与同时履时抗辩权”，收于“民法学说与判例研究”（六），第一三四页～第一三五页。

113 参照郑著（上），第五五页；“民法”本条立法理由，亦有相类意旨。兹录之于下，以供参考：“出卖人就标的物之品质，特约担保者，视为因此所生之一切结果，皆有担保之意，故使买受人得请求不履行之损害赔偿，以代契约之解除，或代减少价金之请求。出卖人明知有瑕疵而故意不告知买受人者，亦使买受人得请求不履行之损害赔偿，以代契约之解除，或减少价金之请求，以保护买受人之利益。”

即种类之债亦有适用。从而，就标的物之角度观之，瑕疵担保责任之效力内容，殆可表解如下：

- 瑕疵担保责任
  - 特定物之债
    - 非品质保证瑕疵
      - 减价（359）
      - 解约（359）
    - 有品质保证瑕疵（故意不告知瑕疵）
      - 减价（359）
      - 解约（359）
      - 损害赔偿（360）
  - 种类之债
    - 非品质保证瑕疵
      - 减价（359）
      - 解约（359）
      - 另行交付（364）
    - 品质保证瑕疵（故意不告知瑕疵）
      - 减价（359）
      - 解约（359）
      - 另行交付（364）
      - 损害赔偿（360）

（3）多项权利之相互关系

物之瑕疵而出卖人负担保责任者，买受人得主张之权利，通常固有数者，则此数者间之关系究属如何？诚有探讨必要。

减价请求权与解除契约权同时存在者，二者间宜解为类如选择之债之关系，类推有关选择之债之规定（第二〇八条至第二一二条）。[114] 至其选择权人，则为买受人。[115]

减价请求权与另行交付请求权同时存在，或减价请求权，另行交付请求权与契约解除权三者同时存在者，其彼此间亦应作同一解释。

至于不履行损害赔偿请求权（第三六〇条）与上述三者中之一者、或二者、或三者并存者，则宜解为损害赔偿请求权与其间系属请求权竞合，依请求权竞合相关理论求其答案。兹为便于了解，特为之表解如下：

114　参照郑著（上），第五三页；黄茂荣前揭“买卖法”，第三二九页。

115　参照“最高法院”1968年台上字第二一六号判决：“买卖当事人（意指买受人），因买卖标的物有瑕疵，固可就解除契约或减少价金二种权利任意选择一种行使，惟法院并无为其选择行使之权。”

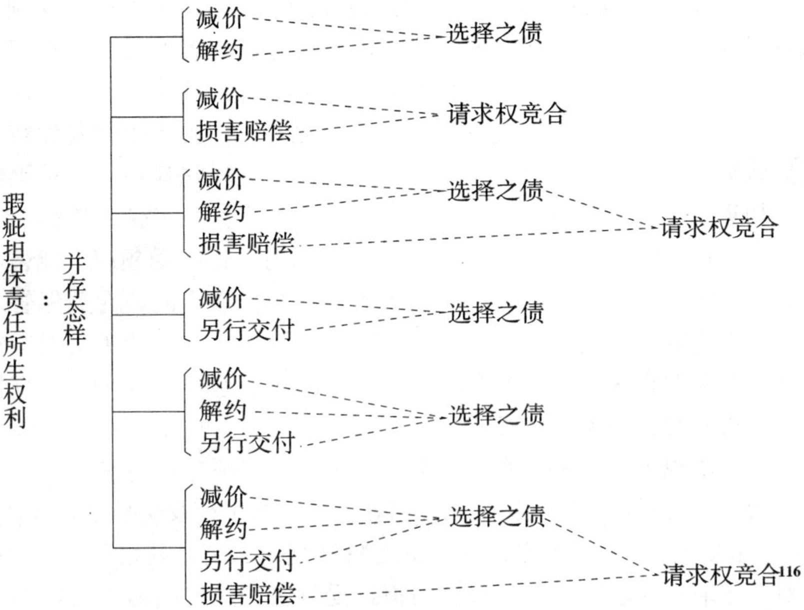

由上表所述，可知物之瑕疵担保，如无损害赔偿（“民法”第三六〇条）之适用，则各项权利间为选择关系，须经选择权人之买受人选定后，始能确定其究为何项权利（未经选择前，抽象并存，一经选择，单独存在，未经选择之权利，视为自始未存在）。如有损害赔偿之适用者，则损害赔偿请求权与上述三者之被选择行使之权利，应属类似请求权竞合之关系。买受人于选择上述三者之一，仍未能弥补其所损害者，尚得请求损害赔偿。

（4）其他权利之有无

物有瑕疵，买受人得主张之权利，各种之债买卖一节之明确规定，一般以为有如上四项权利。惟就债之相关规定或原理言之，是否尚有其他权利可资行使，不无讨论余地。此之其他权利，主要有三，即①拒绝受领权，②同时履行抗辩权，③修复（补正）请求权三项是。兹分述如下：

①拒绝受领权

“民法”第三五八条第一项规定：“买受人对于由他地送到之物，主张有瑕疵，不愿受领者，如出卖人于受领地无代理人，买受人有暂为保

116　反对说，请参照史著，第四〇页；黄茂荣同上注文献（黄教授认为四者均属选择之债）。

管之责。”既称“不愿受领，有暂为保管之责”，则其得以拒绝受领，应属可以肯定；至少亦可解为异地买卖，如物有瑕疵者，买受人有拒绝受领权。愚意则以为，本条项所以突出异地买卖者，系在创设暂为保管之责，非谓仅异地买卖有拒绝受领权。换言之，亦即关于拒绝受领权，不问异地买卖与否，亦不问其为何种瑕疵担保，复不问其是否为种类物或特定物买卖，均有适用。不过，如其瑕疵尚非重大，买受人依第三五九条规定，仅有减价请求权而无解约权者，则尚无拒绝受领权。此外，因本条项规定而买受人有暂为保管之责者，其与出卖人间，有关保管之关系，非买卖效力之范围所及，理论上亦不宜解为买受人依买卖而应负之义务，解释上宜认为买受人与出卖人，于此情形系成立（法定）寄托关系，除买卖之特别规定（第三五八条第二项）外，适用寄托（第五八九条以下）之规定，并因“民法”第五八九条第二项当然有其适用，而解释其为有偿寄托，以维护买受人及出卖人利益之平衡及交易之安全。[117]

“民法”第三五八条第二项以下之特别规定云者，其情形为：“买受人对由异地送到之物主张有瑕疵而拒绝受领者，应依相当方法证明其瑕疵之存在，不为证明者，推定于受领时为无瑕疵。送到之物易于败坏者，买受人经依相当方法之证明，得照市价变卖之。如为出卖人之利益，有必要时，并有变卖之义务。买受人依前项规定为变卖者，应即通知出卖人，如怠于通知，应负损害赔偿责任。”依此，则尚有如下要点值得吾人注意：

异地买卖之物，买受人主张有瑕疵而暂为保管者，应依相当方法证明瑕疵存在，否则推定于受领时无瑕疵；以免瑕疵是否发生于受领之前，难以举证而生争议。[118] 其未为证明者，既已推定受领无瑕疵，买受人之拒绝受领即不复存在。惟既称推定，则买受人纵未证明瑕疵存在，如有确实反证，仍可推翻推定之效力。

变卖，系权利也是义务，其对象惟限于易于败坏之物，如蔬果鱼鲜即是，程序上仅须依相当方法证明即为已足，无须如本条修正前之须取

117 参照黄茂荣前揭“买卖法”，第五二〇页（此之法定寄托，究属有偿或无偿，黄教授尚未正面指明）。

118 “民法”第三五八条立法理由：“使买受人负证明瑕疵之责，买受人如不即依相当方法证明其瑕疵之存在时，推定于受领时为无瑕疵，盖以防流弊也。至他地送到之物，有容易败坏之虞而不适于保管者，应予买受人以变卖之权，得经物之所在地官署、商会、或公证人之许可，变卖其物，有必要时并使买受人负变卖之义务。”

得政府机关或同业公会等之证明。[119] 相当云者，应依个案客观认定之，例如蔬果鱼鲜，买受人无冷藏设备或其冷藏保鲜需费过巨者，即得认为属于相当方法之证明。

变卖及其相关事务之处理，宜认为系法定寄托效力之延伸，法律上尚不因而发生其他法律关系。变卖，宜依市价为之，所以兼顾双方利益也[120]；至于变卖之所得，其利益归属于出卖人，买受人负有转付义务，并得请求偿还变卖所支出之费用。买受人对于变卖与否及如何变卖，应负善良管理人注意。

怠于通知应负之损害赔偿，仅以怠于通知所生者为限，盖以通知者，性质上为从属义务故也。

②同时履行抗辩权

物有瑕疵，买受人是否有同时履行抗辩权，一般以为，债务人（出卖人）无为完全给付之义务，是买受人当无同时履行抗辩权[121]，早期实务亦持相类看法。[122] 惟晚近见解，略有修正，认为一般情形，买受人固无同时履行抗辩权，惟在种类之物之买卖或出卖人因物之瑕疵而应负不履行损害赔偿责任（第三六四条、第三六〇条）者，其买受人有同时履行抗辩权，比较上自以后说为可采。[123] 然而，物有瑕疵，而买受人得解除契约者，买受人于解除契约后，得请求返还已为之给付，法律上似无庸强要买受人先为给付，再于解除后为返还，增加双方当事人之繁琐。故愚意以为，除瑕疵尚非重大，买受人仅有减价请求权或买受人行使减价请求权者，不宜认其有同时履行抗辩权外；其余情形，宜解释为买受人有同时履行抗辩权。

119 “民法”债编修正第三五八条修正理由：“易于败坏之物，若须经物之所在地之有关机关之许可，始得变卖，恐在时间上难以济急，为便捷计，爰将‘经物之所在官署、商会、或公证人之许可’修正为‘经依相当方法之证明’，仅须由买受人经依相当方法证明物之易于腐败，即可变卖。”

120 同上修正理由：“为兼顾出卖人双方权益，变卖宜依市价为之，爰修正第三项。”

121 参照史著，第四五页；黄茂荣前揭“买卖法”，第四六四页～第四六五页。

122 参照“最高法院”1970年台上字第二八八二号判决：“买卖标的物因有瑕疵，买受人固得主张瑕疵担保权，但无履行请求权，故不得为同时履行之抗辩。”

123 参照“最高法院”1988年第七次民事庭会议决议其意旨略为：“出卖人应负物之瑕疵担保责任，依‘民法’第三百六十条规定请求不履行之损害赔偿；或依同法第三百六十四条规定请求另行交无瑕疵之物，则在出卖人为各该给付之前，买受人非不得行使同时履行抗辩权。”

③修补请求权

物有瑕疵，买受人得否主张修补请求权，一般固持否定看法，其立论似亦甚为坚强。主要理由有二：即①瑕疵担保责任，“民法”规定最为具体详尽者，首推买卖（第三四九条至第三六六条）及承揽（第四九二条至第五〇一条），在法律效果之规定上，买卖未规定修补请求权，而承揽有之（第四九三条），依“明示其一、排除其他”之法律解释原则，足见立法者明显有意排除买受人之瑕疵修补请求权；②修补请求权，即一般所称之“补正请求权”，此乃不完全给付之制度内容，须以债务不履行为前提，如于买卖之瑕疵担保责任，肯定修补请求权，势必混淆债务不履行与瑕疵担保责任之区隔。[124]

愚意则以为：①承揽之瑕疵担保责任，所以规定修补请求权，系因其为承揽瑕疵担保责任之第一顺位权利，在买卖则其非重要之权利，固未明定，以承揽有明文而买卖无之，系立法者有意排除，似非绝对坚强。②不完全给付之有修补请求权，仅系权利内容之一，其于债务不履行上更具意义者，无宁为损害赔偿（对于固有利益受损害之赔偿）；换言之，于不完全给付上，补正系针对瑕疵，损害赔偿始在彰明债务不履行层面之意义。从而，以肯定论点，足以混淆债务不履行及瑕疵担保责任之区隔，似亦不尽坚强。而且，物有瑕疵，采取减价、解约二个途径，对买卖双方并非尽为有利。因此，权衡双方利益及公平，并斟酌瑕疵担保责任理论之发展，个人宁采肯定看法。

（四）瑕疵担保责任之存在体态

瑕疵担保责任，虽亦为法定责任，但民法于其存续期间，或另有明文规定，或未为之特别规定，是其间之存续期限各为如何？实有探讨之必要。此外，瑕疵担保责任之有无及内容，尚得因当事人约定而变动，此之变动情形，亦有了解之必要。以下爰就权利存续期间及责任特约二者，分别说明之。

1. 权利存续期间

（1）权利瑕疵担保责任

权利瑕疵担保责任，民法仅称买受人得依关于债务不履行之规定行使权利，此外，并无权利存续期间之相关规定，解释上自应依债务不履行之规定定之。

124 参照史著，第四五页～第四六页；黄茂荣前揭“买卖法”，第三五七页、第三六〇页。

债务不履行本身，亦无权利存续期间之直接规定，惟其发生之原定给付请求权、补正请求权，乃至损害赔偿请求权，从权利作用之角度言之，性质上均为请求权，解释上应有民法总则消灭时效之适用。通常情形，适用消灭时效为十五年之规定（第一二五条）：权利瑕疵担保责任发生之上述三项请求权，亦应为同一解释。

（2）物之瑕疵担保责任

关于物之瑕疵担保责任，“民法”于第三六五条规定：“买受人因物有瑕疵，而得解除契约或请求减少价金者，其解除权或请求权，于买受人依第三百五十六条规定为通知后六个月间不行使或自物之交付时起经过五年而消灭。”依此规定，再参酌瑕疵担保责任相关事项，其尚待讨论者有如下数点：

①期间之性质

此之六个月或五年期间之性质，究竟如何？因学者对于解约权或减价权之解释立场而异，亦即如解释其为请求权者，则六个月为短期消灭时效，解释其为形成权者，则六个月为除斥期间。此在解约权，性质上为形成权，六个月或五年为除斥期间，固无争论，但减价请求权，则立场尚属分歧。本书于减价请求权，认系形成权，自亦肯定六个月或五年云者系除斥期间。实务上则称为无时效性质之“法定期间”[125]。揆其用意，似较偏于除斥期间之论点。

民法债编修正，将此之六个月之起算点，改为自通知起算，较修正前之自交付起算，更具权利保护意义。至其依通常之检查不能发现之瑕疵，则自标的物交付后五年未发现或发现而未于满五年之前通知者，买受人仍丧失因瑕疵担保所生之请求权等权利。[126]

物之瑕疵担保衍生之权利存续期间为六个月者，于出卖人故意不告知瑕疵者，不适用之（同条第二项）。盖以于此情形，出卖人不值保护之

125 参照最高法院1933年上字第七一六号判例：“契约解除权为形成权之一种，‘民法’第三百六十五条第一项所定六个月之解除权存续期间，自属无时效性质之法定期间。”

126 “民法”债编修正第一六五条修正理由：“由于现代科技发达，有许多建筑物，土地上之工作物或工业产品之瑕疵，不易于短期间内发现。原条文规定因物之瑕疵而生之契约解除权或减少价金请求权，于物之交付后六个月间，不行使而消灭，似嫌过短，且无法与第三百五十六条之规定配合。为更周密保障买受人权益，本条解除权或请求权发生消灭效果之期间之起算点，宜由买受人依第三百五十六条规定为通知时起算六个月，始为允当。又为使权利状态早日安定，爰参考瑞士债务法第二百十九条第三项，增列，解除权或请求权自物之交付时经过五年不行使而消灭。”

故也。惟民法本条项，仅称六个月期间不适用，至其存续期间为多久，则无明文。

按权利之存续期间，特别是形成权，不宜解释其为永续存在，本条项之情形，尤为其然。参酌“民法总则施行法”第十七条、“债编施行法”第四条规定，足认形成权之最长存续期间，亦不超过十五年[127]，本条项或应作同一解释。[128]“民法”本条修正理由，认为适用同条第一项之五年期间，或待商榷。[129] 再者，买受人主张出卖标的物有瑕疵者，出卖人得定相当期限催告买受人行使权利，如买受人于所定期限内不行使者，丧失其解约权，“民法”第三六一条系仅就解约权而为明定，于减价请求权，似不宜解释为得类推适用。[130]

②期间之当否

物之瑕疵担保责任衍生之解约权、减价请求权，不问瑕疵发现是否须经特殊程序之检查始能发现、或检查是否需费过巨，乃至技术上是否无从检查，均以六个月为存续期间，恐失之机械。有关于此，通说及实务，固乏深入探讨，惟须经特殊程序检查，或穷经济上、技术上能力之检查仍难发现之瑕疵，责由买受人负担，在商品广泛利用深奥科技之现代社会，似乎难符交易需要。[131] 此外，出卖人故意不告知瑕疵者，其担保

127 “债编施行法”第四条规定，消灭时效请求权之行使期间（同“施行法”第二条），于民法债编所定无时效性质之法定期间，得以准用。

“民法总则施行法”第十七条规定，民法总则施行前，依民法总则规定之撤销权，其除斥期间业已完成者，准用请求权时效消灭，尚有一年犹豫行使期间（同“施行法”第十六条）。

由以上二者规定，足认消灭时效与除斥期间，于行使期限，尚有相通之处，以台湾民法为例，消灭时效之期间，其最长者既为十五年，则解释上形成权之存续期间，最长亦不宜逾十五年。

128 参照郑著（上），第五四页；史著，第四四页。

129 “民法”债编修正第三六五条修正理由：“出卖人故意背于交易之诚实及信用，而不告知物之瑕疵时，买受人应受保护，其解除权或请求权不受于前项关于通知后六个月期间之限制。惟如自物交付时起经过五年而未行使，仍为消灭。爰修正第二项。”

130 “民法”第三六一条所以规定，解除权得经催告后，因买受人不行使而消灭，旨在从速除去不确定状态（同条立法理由）。减价请求权之行使，尚不直接消灭买卖双方之权利义务关系，于交易秩序及第三人利益之影响，非若解约之重大。鉴于减价请求权存续期间，仅有六月，已属甚短，如再课买受人，以类如解约失权之条款，于买受人恐有过苛，爰不肯定“民法”第三六一条规定，于减价请求权亦得类推适用。

131 修正建议意见，或以为应延长存续期间，或以为应自发现瑕疵起算（参照“司法行政部”“民法债编修正意见汇编”，1976 年，第一七五页～第一七六页；许志勇前揭“物之瑕疵担保之研究”，第一〇九页～第一一〇页、第二三〇页～第二三一页）。

责任存续期间为五年，是否妥适，前段已有说明，兹不重复。

③适用范围

除解约及减价外，于特殊情形，因物之瑕疵之担保而衍生之权利，尚有另行交付请求权及损害赔偿请求权等。“民法”于第三六五条，仅就减价请求权及解约权而为规定。是以，解释上难免发生其他二者之权利是否适用之疑义。

另行交付请求权，仅于种类之债有其存在，意旨上系在补充减价请求权及解约权之不足，故论其存续期间，宜与后二者为同一之解释。换言之，亦即另行交付请求权，虽其法律性质上为请求权，但解释上仍有六个月或五年期间之适用，而且，此之六个月或五年云者，应斟酌规范意旨，解释其为权利存续预定期间，而非短期消灭时效。亦其性质恰如除斥期间。因此，不仅无时效中断及不完成之适用，届期权利当然消灭，非仅请求权消灭或减弱而已。[132]

因物之瑕疵担保责任而生之损害赔偿请求权，性质上为债务不履行之损害赔偿，其权利存续期间，宜与一般之债务不履行作同一解释。[133] 亦即“民法”第三六五条第一项尚无适用，而适用十五年消灭时效之相关规定。出卖人故意不告知瑕疵而生之解约权，减价请求权，乃至另行交付请求权，亦应作相同解释。

此外，本书如前所述之拒绝受领权、同时履行抗辩权及修补请求权有无权利存续期间之适用，亦值考虑。管见以为：前者，须于受领给付时即时主张，无权利存续六个月期间之可言；至于同时履行抗辩权、修补请求权，解释上应类推适用六个月或五年期间之规定，并因权利之性质，解释其为权利存续预定期间。

2. 责任特约

瑕疵担保责任，其因特约而变动者[134]，其要点约可分述如下：

(1) 责任发生之特约

瑕疵担保责任，得因特约而发生，法典已有明定，物之品质瑕疵担保责任，即是主要著例（第三五四条第二项），并且因而发生债务不履行

132 参照黄茂荣前揭“买卖法”第三五二页。（黄教授认为另行交付请求权，亦属形成权，六个月为除斥期间）

133 参照史著，第四三页（反对说，请参照黄茂荣同上注文献）。

134 参照最高法院 1940 年上字第八二六号判例：“民法上关于出卖人应负物之瑕疵担保责任之规定，系为补充当事人之意思表示而设，除当事人有免除担保责任之特约外，出卖人当然有此责任，不得谓当事人未订有出卖人应负担保责任之特约，出卖人即无此种责任。”

损害赔偿之特殊效力（第三六〇条），业已如上所述。

权利瑕疵担保责任，得因特约而发生，法典上亦有其例。出卖人对其债务人支付能力之担保责任，得因特约而负担之（第三五二条），当系其例。有此约定者，推定出卖人就债权移转时之债务人支付能力负担保责任（同上第二项）。所谓债权移转时，指债权让与合意（广义契约）成立之时而言。既称推定，如买卖当事人之间另有约定者，当事人一方自得以反证推翻之。一般情形，债权让与合意，与买卖合意系同时成立，外国立法或有规定，推定担保买卖成立时之债务人支付能力。[135] 惟二者之间，尚不尽一致，亦即当事人就债权让与时点，另有约定者，让与合意之成立与买卖合意即可不一致（通常系在买卖成立之后）。不过，无论如何，除当事人有特约外，原则上债权让与后，出卖人之债务支付能力纵有减少，出卖人仍不负瑕疵担保责任。[136]

权利存在担保责任，并非所有买卖均属当然存在，得否因特约而及于有体物之买卖，因事涉“标的不能＝契约无效”之法律原则，如采肯定，或恐有违“民法”第二四六条第一项本文之规范意旨，而民法该条项通说又解释其为强行规定，解释上或以否定说为较坚强。惟本于交易迅速安全之债法指导原理，契约解释宜采有效原则，民法本条项之“标的不能＝契约无效”，于此角度上，无宁为不得已之法律手段，予以限缩解释，并无不当；再者，解释类此特约有效，对公序良俗，交易秩序，乃至当事人利益之权衡，并无不当。个人意见，宁以肯定说为较允当。

（2）责任减免之特约

以特约限制瑕疵担保责任，除出卖人故意不告知瑕疵者，其限制特约无效外，原则上其限制责任之约定为有效（第三六六条）。[137] 此之限制，解释上包括减轻及免除二者，均有适用。

瑕疵担保责任，买受人得请求之权利，或有数种并存，解释上，约定限制买受人某种权利之行使者，亦无不可。例如，约定物有瑕疵，买受人仅得减少价金，或权利有瑕疵，买受人不得解除契约者，仍应解释其约定有效；不过，如出卖人故意不告知瑕疵者，则其约定亦在排除适

135 参照日本民法第五六九条第一项规定：“债权之出卖人就债务人之支付能力，负担保责任者，推定其担保契约成立时之支付能力。”

136 参照郑著（上），第三九页。

137 参照“民法”第三六六条立法理由。其意旨略为：“瑕疵担保之义务，因买受人之利益而设，故有免除义务或加以限制之特约，当然有效。若出卖人故意不告知物之瑕疵，则违交易上之诚实及信用，虽有免除或限制特约，仍应认为无效。”

用之列。

(3) 加重责任之特约

加重责任之特约，民法以之与限制责任之特约规定于同一条文，解释上亦应采同一立场；不过，出卖人故意不告知瑕疵，其特约无效之适用机会，似较狭隘。

加重责任之特约，较为常见者，约有如下：

①买受人于买卖成立时，虽知悉权利瑕疵，而出卖人以契约约定负担保责任者，其约定有效（第三五一条但书）。例如买卖之标的物上有地上权，买受人知悉，而出卖人约定愿除去该地上权者，其约定有效，出卖人仍应负（权利）瑕疵担保责任。

②买受人于买卖契约成立时，保证其标的物无瑕疵，虽买受人因重大过失而不知有瑕疵，出卖人仍应负（物之）瑕疵担保责任（第三五五条第二项本文）。

③买卖双方当事人于物之瑕疵担保责任期限，以契约延长者，一般以为，其约定为有效。[138]

(五) 瑕疵担保与债务不履行

出卖人之给付有瑕疵，依各种之债买卖之规定，应负担保责任；如其于瑕疵之发生，有可归责事由者，依债编通则之规定，应负债务不履行责任。二者相互对照，难免发生以下二项疑义：一为瑕疵担保责任之规定，是否带动民事责任原理之修正；其次为瑕疵担保责任与债务不履行责任，二者之互涉关系为何？此外，民法规定之瑕疵担保责任，于历经数十年来社会生活方式丕变之洗炼后，是否仍然尽符现代社会交易之需要？如其答案尚非完全可以肯定，则其间如何调整？乃至调整之趋势、成果如何？亦有深入研究之必要。此即学理通称之商品责任论之问题。

基上考虑，爰归纳其课题为三。即：瑕疵担保责任与责任原理、担保与不履行之责任竞合、商品责任与瑕疵担保三者，并依序说明如下：

1. 瑕疵担保责任与责任原理

按民事责任原理，一般通称过失责任，亦即债务人无过失者，原则上为无责任，“民法”第二二〇条第一项所称，债务人应就其故意或过失之行为负其责任云者，事实上寓有，债务人仅就故意或过失之行为负其责任之意旨。既然，瑕疵担保责任，法律原理上为无过失责任，则二者

138 参照郑著（上），第五八页。

相互对照，法理上难免要发生民事责任原理究为过失责任？抑为无过失责任之疑义。

有关于此疑义，愚意仍以为过失责任原则，尚无修正之必要。盖以瑕疵担保责任，仅于债务人（出卖人）为给付之情形，始有其适用，于民事责任原理上，更为重要之债务不履行类型，诸如给付不能、给付迟延等，并无适用。换言之，于后二者仍维持过失责任主义；而且，即使在给付有瑕疵方面，瑕疵担保责任仍与不履行之不完全给付，其责任内涵仍属有别。因此，瑕疵担保责任，在责任原理上，仅系不完全给付之补充，适用上与给付迟延、给付不能等尚无关连，不宜认其对民事责任原理有所修正。

不过，瑕疵担保责任，于不完全给付责任，既有补充，则有关责任原理之体系架构，因之略有调整，恐难避免。其情形约如下表：

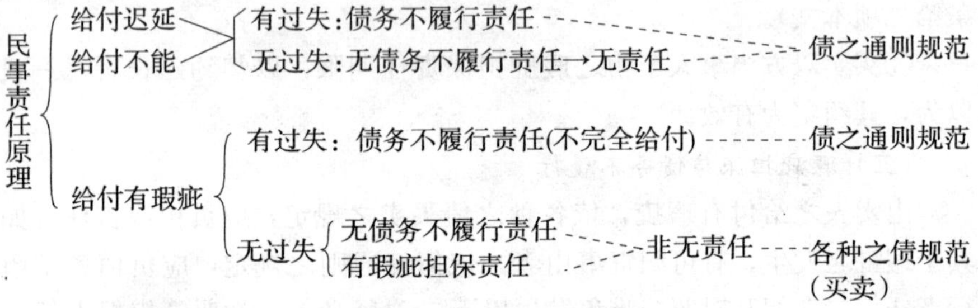

2. 担保与不履行之责任竞合

瑕疵担保责任之法律效果，有时虽与债务不履行相同，尤其是权利瑕疵担保责任，两者效力更是混然不分。不过，在制度构成上，斯二者之法律基础不同，成立要件互异，法律上为两种个别独立之制度。是以，因瑕疵担保责任发生之权利与债务不履行发生之权利，如有同时存在之情形，宜解释为权利竞合，如均为请求权者，则宜解释为依请求权竞合论处理之。[139] 不过，在权利瑕疵，二者之法律效果雷同，竞合之实益较

139 参照吴秉睿“物之瑕疵担保责任之研究”，政大硕士论文，1992 年，第一六二页。实务上亦认此时责任得以并立，但未叙明是否为请求权竞合（参照“最高法院”1988 年度第七次民事庭会议决议。其意旨略为：“出卖人就其交付之买卖标的物有应负担保责任之瑕疵，而其瑕疵系于契约成立后始发生，且因可归责于出卖人之事由所致者，则出卖人除负物之瑕疵担保责任外，同时构成不完全给付之债务不履行责任。……买受人得类推适用‘民法’第二百二十六条第二项规定请求损害赔偿；或类推适用给付迟延之法则，请求补正或赔偿损害，并有‘民法’第二百六十四条规定之适用。……又种类之债在特定时，即存有瑕疵者，出卖人除应负物之瑕疵担保责任外，并应负不完全给付之债务不履行责任。”）

不明显；反之，物之瑕疵担保责任，二者之法律效果尚有殊异，则其竞合，适用上即颇有实益。例如，甲出售于乙之A车刹车系统有瑕疵，乙使用数日后发现，当即对甲主张减价，惟乙嗣后发觉甲同时是刹车系统制造厂，其于刹车之设计及制造，均有过失，再依不完全给付请求甲损害赔偿，于法并无不可；乙之发现甲有过失，即使系在六个月之后，其基于债务不履行所生之损害赔偿请求权，仍然可以行使（损害赔偿之范围，为扣除减价后之余额）。

请求权竞合，于物之品质瑕疵担保责任或出卖人故意不告知之情形，其法律效果与债务不履行亦颇见重叠，请求权竞合之适用，或亦较乏实益。惟其竞合情形，仍属复杂，恐系实情。兹举品质瑕疵担保责任为例，尝试为之表解如下，以期有助思考：

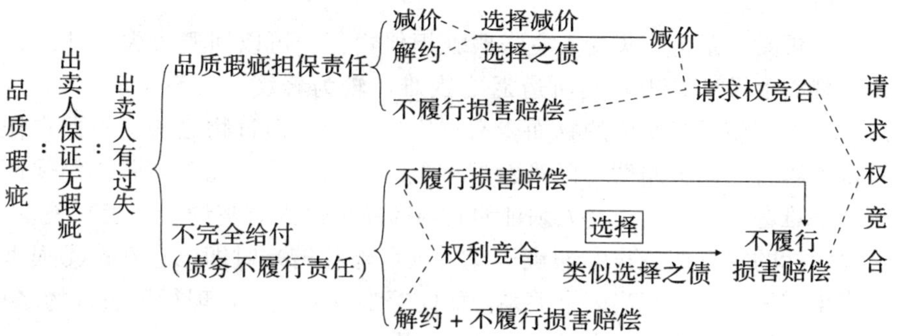

换言之，如出卖人保证品质无瑕疵，但其交付之标的物有瑕疵，系出卖人于买卖生效后（交付前），因过失致其标的物发生瑕疵者，出卖人即应同时负担品质瑕疵担保责任及债务不履行责任。依权利竞合之相关理论，买受人得重复行使之权利组合，主要者略有如下：

（1）买受人主张减价后，得依品质保证请求不履行损害赔偿，亦得依不完全给付行使权利。不过，买受人依品质保证请求不履行损害赔偿而获偿者，因其债权业已实现，实际上，已无债务不履行而生之权利可资行使（但其实现前，理论上二者仍以请求权竞合之态样并存）；反之亦同。

（2）买受人主张解约者，其情形亦如上述。

（3）买受人依品质保证请求不履行损害赔偿而获偿者，其债务不履行之权利，亦告消灭（理论上，于其实现前，二者仍以请求权竞合之态样并存）。

（4）买受人行使债务不履行之损害赔偿请求权等而获偿者，其情形有如上述（3）。

不过，契约不履行之成立，有关债务人过失，系由法律推定，债权人无庸证明。换言之，债务人之给付如有瑕疵，法律即推定为不完全给付（瑕疵给付）。以买卖言之，买受人即得主张不完全给付，惟于出卖人以反证证明于瑕疵之发生无过失者，始可免除不完全给付之责任。遇此情形，买受人尚可转依瑕疵担保责任主张权利（买受人亦得因避免出卖人反证而先行主张瑕疵担保责任）。既然，买受人得先行主张不完全给付之损害赔偿请求权。因此，尽管权利竞合（包括请求权竞合）之态样尚多，不过，其实际上之适用，恐不多见。

3. 商品责任与瑕疵担保

（1）缘起

于买卖关系上，买受人主张瑕疵担保责任，可以回避过失责任之适用，现实上及理论上，其所遭遇之困难，较为轻缓，或系事实。不过，如买受人因使用买卖标的物而受有损害者，如欲透过物之瑕疵担保责任请求不履行之损害赔偿，仍然困难重重。盖以买受人此项主张，仍须遭遇如下难题，即：①买受人须证明其与商品提供人有契约（买卖）关系；②买卖标的物有瑕疵；③瑕疵于交付（危险移转）时即已存在；④损害之发生与瑕疵间有相当因果关系。而此等难题之克服，现行民法（物之）瑕疵担保责任之规定，尚难提供可行答案。

事实上，类此困难，非仅台湾民法如此，德日英美各国，情形亦然。晚近各国民法学上，为此另有商品责任理论产生，蔚为民法学上重大课题之一，并获致重大之突破性成果。台湾商品责任理论，起步虽属较晚，制度整体之成果亦较不卓著。不过，随着“消费者保护法”之制定实施，及“民法”债编之修正完成，迈入新里程之商品责任理论，其对于瑕疵担保责任理论、乃至整体民事责任原理之影响如何？是否存有尚待克服之难题？乃至瑕疵担保责任或契约不履行是否仍有存在空间，均值吾人注意。

就瑕疵担保责任而言，商品责任影响所及，厥为物之瑕疵担保责任。故以下所称瑕疵担保，原则上系指物之瑕疵担保而言，合先叙明。

（2）商品责任与物之瑕疵担保责任

①问题背景

商品责任者，意指商品之提供人，对于其消费者因使用商品所致损害，应负赔偿责任者而言。文献上或称之“商品制作人责任”[140]。鉴于其适用范围，尚不限于制作人，故比较上似以商品责任之称法为妥。

在法律救济理论上，消费者因使用商品所致损害而请求赔偿者，其可能之主要请求权基础有三，即瑕疵担保、契约不履行与侵权行为三者是。消费者保护法所订定之商品责任类型（“消保法”第七条～第九条），以及“民法”债编所增列之商品责任类型（第一九一条之一）在规范性质上，虽均系属于侵权行为法之范畴，惟其规定，于契约责任究竟有何影响，实值注意。

②商品责任与契约关系

原来，商品使用人，如依瑕疵担保责任主张权利，其首须克服者，即为使用人须证明商品提供人［包括设计、生产、制造、经销（包括大盘商，中盘商）及零售商等］与使用人之间有契约关系；否则，仅能依侵权行为主张权利。此之契约关系，通常为买卖关系，如商品使用人主张债务不履行者，情形亦然。

依传统看法，契约关系仅存在于买卖双方当事人，其非买受人而使用商品者，与出卖人固无契约关系，即商品提供人，如未与买受人订立买卖；亦无契约可言。但坚守此一看法，商品使用人因商品瑕疵，依瑕疵担保责任或契约不履行请求损害赔偿，范围将相当狭隘。

为解决此一看法，学理上之契约效力及于第三人之理论，乃告迅速发展，外国实务且已相当成熟。基此理论，虽非契约当事人之特定第三人，如使用商品，因其瑕疵而受有损害者，得准于当事人之地位，请求损害赔偿。[141] 此之特定第三人，应否为较严格之限制，学理上容有争论；惟同居亲属，作客亲朋得为此之特定第三人，似为学理通说所肯认。[142]

至对于非出售商品之商品提供人，如何使其负担契约不履行责任？或主张其应为出卖人提供之商品负责，或主张其因参与商品提供之流程，

140　商品责任，台湾文献通称“商品制作人责任”，间亦称之“‘商品制造人责任’或‘产品责任’。早期基本文献，请参照王祖宠‘商品制造者责任论’，法学丛刊第六〇期、第六一期、第六二期，1970年、1971年；王泽鉴‘商品制作人责任’”（收于教授著“民法学说与判例研究”（一），1971年，第三五页以下）。

141　参照美国侵权行为新编第二版（Restatement of the Law of Torts，Second，1956）第四〇二条之一（§402A）第二项；统一商法第二章第三一八条（U. C. C. Section 2，§318）。

142　参照王泽鉴前揭“商品制作人责任”，第三六七页；同氏“商品制造人责任与消费者保护”，正中书局，1979年，第三八页以下；王祖宠前揭“商品制造者责任论”（下），法学丛刊第六二期，第十七页。

应准于契约当事人之地位负责，或主张不必固持契约理念，因其为商品提供形成整体而对消费者负损害赔偿责任。[143] 台湾“消费者保护法”（以下简称“消保法”），采后一见解，规定商品设计人、生产人、制造人或经销人，因其提供商品之危险致生损害于消费者或第三人，对该等受害人应负连带损害赔偿责任（“消保法”第七条第三项、第八条第一项），惟瑕疵担保责任与契约不履行并无相应条文，基于连系责任法定原则，解释上似难肯定。

(3) 商品责任与品质保证

买受人依瑕疵担保责任，对出卖人得主张不履行损害赔偿者，以出卖人须负品质瑕疵担保责任者为限。依民法规定及传统看法，品质瑕疵担保责任，系以买受人明确表示保证商品品质者为要件。足见，于瑕疵担保责任，纵使克服上述之契约关系理论，如未能突破品质瑕疵担保限于明示保证之窠臼，仍属半途而废，难以有效发挥规范功能。

为突破此一窠臼，学理上因之强调默示担保理论，并获得相当支持。在此见解下，出卖人除有特别约定排除外，因其默示而应负品质保证瑕疵担保责任。[144] 惟就台湾民法而言，类此论点，似乎有违“民法”第三五四条第二项规范意旨，故实务上正面予以肯定者，尚不多见。

针对此一难题，“消费者保护法”，则有重大突破，明文规定商品提供人应“确保其商品或服务，无安全或卫生上之危险”，（“消保法”第七条第一项）惟此本系基于侵权行为而为设计，得否援为法定品质担保之论据，个人固持肯定见解，惟学理上恐难免争议。

按民法规定之瑕疵担保责任，具有任意法之色彩，原则上得因当事人特约而免除，实务上亦表明其系补充当事人意思表示之意旨。[145] 因此，默示担保理论，即使采取，仍因此一特性而有排除适用之可能，以致功能大打折扣。反之，“消费者保护法”第七条第一项，系属强制规定，约定排除适用者，应属无效。本条立法意旨，恐亦本于侵权行为之设计，惟个人以为于品质瑕疵担保责任，亦可适用，似可认为“强行之默示担

143 参照朱柏松“商品制造人侵权行为责任论学说”，法学丛刊第一三六期，1989年，第五九页～第六一页；邱聪智“科技发展与危险责任法制”，收于同氏“民法研究”（一），辅仁法学丛书，2000年二版一刷，第二九三页以下。

144 有关默示担保责任（ImpliedWarranty）理论之基本文献，请参照王祖宠前揭“商品制造者责任论”（中），法学丛刊第六一期，第二六页～第二九页。美国法之条文依据，请参照同上统一商法第二章，第三一四条（U. C. C. Section 2 §314）。

145 同注134。

保责任”。

(4) 商品责任与瑕疵之举证

交付时存有瑕疵为瑕疵担保责任之成立要件，商品使用人因使用商品而受有损害，如欲依瑕疵担保责任对出卖人请求损害赔偿，必须举证证明商品有瑕疵，而且其瑕疵于交付时（危险移转时）即已存在。惟现代社会之商品事故，诸多情形，常属原因不明，无从举证瑕疵存在，坚守商品使用人证明瑕疵，无异间接否认消费者之救济权利。为解决此一困难，因商品事故而推定瑕疵存在之理论，为之应运而生，自无意外。

然而，商品于交付买受人后，现实上系由买受人或使用人保管，推定交付时即有瑕疵，对商品提供人无宁为较严苛。为缓和此一偏向，以济双方地位之衡平，理论上逐渐形成限制模式，仅以商品使用人依通常方法使用或消费商品，而受有损害者，始推定交付时瑕疵存在；反之，如其使用或消费商品有非通常或异常情事者，则尚不推定瑕疵存在。美国侵权行为新编第四〇二条之一，相关注解，即明显表明此意旨。[146]“民法”债编修正第一九一条之一，亦采相类立场，惟其以欠缺称之，概念范围似较瑕疵更广。

“消费者保护法”第七条第一项规定，提供商品之企业经营者，应确保其提供之商品或服务，无安全或卫生上之危险，不仅回避瑕疵字眼，亦无瑕疵推定之文句。惟对照同条第一项、第三项观之，企业经营者如违反确保安全之义务者，法律上即应对商品使用人之损害负赔偿责任（同条第一项）。规范意义上似可解为，不问有无瑕疵，商品提供人亦应负责。此等规定，宜认为于瑕疵担保责任，亦应有其适用。

(5) 商品责任与因果关系举证

损害与违反义务之事实间，有相当因果关系存在，为损害赔偿之债之成立要件，依瑕疵担保责任请求不履行之损害赔偿，亦无例外。换言之，买受人依瑕疵担保责任对出卖人请求不履行之损害赔偿者，须证明损害与瑕疵间有相当因果关系。

然而，如上所述，现代社会由于广泛使用科技，商品事故往往因涉及深奥科技而难以证明，坚持传统因果关系举证，其结果亦无异否定商品使用人之法律上救济。为突破此一困境，于商品事故，推定交付时瑕

146 Restatement of the Law, Second, Torts 2nd. (student edition), American Law lstitute Publishers, 1965, Pamphlet2, p. p. 349－350. ［美国侵权行为新编第二版第四〇二条之一注解（c)］。

疵存在，而且推定损害与瑕疵间有（相当）因果关系，逐渐成为学理之主张，先进国家并已蔚为通说，且为实务所酌采。[147]

于商品责任，应酌采因果关系推定理论，固为台湾学者所肯定[148]，“民法”第一九一条之一所定商品责任，业有体现，惟“消费者保护法”相关规定，似处于不明状态，学理上颇见争议，愚见则愿持肯定意见，并认为被害人如依瑕疵担保责任或契约不履行行使权利，亦应有其适用。

(6) 契约法上商品责任之意义

从契约责任制度体察商品责任，个人以为，具有如下意义：

①商品责任对于民事责任原理之修正，不仅在于瑕疵担保责任，而且同时及于契约不履行（不完全给付）及侵权行为法等领域。

②通称之商品责任，其适用领域系指商品瑕疵致损害于使用人或第三人固有利益受害之部分；至于单纯瑕疵部分，尚非商品责任之规范对象，解释上仍应适用民法上之瑕疵担保责任。从而，商品纵有瑕疵，如其未致买受人或其他使用人固有利益受害者，即无商品责任之适用；于此情形，相关理论亦无调整必要。换言之，如果商品并未致生损害于固有利益，其买受人欲请求救济者，只能依瑕疵担保主张权利，并无商品责任（第一九一条之一、“消保法”第七条～第九条）之适用；而且，以上所述瑕疵推定，因果关系推定等理论，亦无适用。即使出卖人须约定品质担保或默示担保责任者亦然。

③商品瑕疵，对买受商品之人造成固有利益损害赔偿者，契约不履行（不完全给付）之规定有其适用；此时，买受人除对出卖人请求损害赔偿外，尚得基于拟制契约关系，对其前手之商品制造人主张权利。此外，推定交付时瑕疵、推定瑕疵与损害间有因果关系仍然有其适用。即使出卖人或其他商品制造人能证明无过失者，买受人仍得本于法定品质担保之机制，请求出卖人或其他商品制造人负赔偿责任。

归纳以上所述，从契约法角度，分析商品责任之适用，其情形颇有如下：

---

147 学理之成果首推日本制造物责任法要纲试案第五条、第六条（简介文献请参照邱聪智“从侵权行为归责原理之变动论危险责任之构成”，台大博士论文，1982年，第二二八页～第二二九页）；外国实务之发展，请参照刘春堂“德国商品制作人责任判决”，收于同教授“民商法论集”（一），辅仁法学丛书，1985年，第一三五页以下；朱柏松“德国商品制作人责任论”法学丛刊第一四一期～第一四三期，1991年，第四二页以下第二五页以下，第六七页以下。

148 参照王祖宠前揭“商品制造者责任论”（上），第一〇八页。

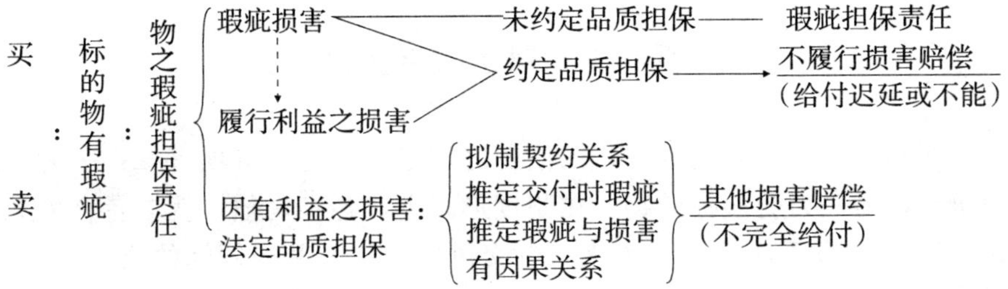

④由于“消费者保护法”之施行及“民法”债编第一九一条之一之增订，商品责任适用消费者保护法之规定，对受害人更为有利。以上说明，于固有利益损害部分，恐怕只是学理上意义的成分为多。换言之，从瑕疵担保责任与商品责任之互涉关系而言，并无所谓商品责任，仍应回归民法而严格适用瑕疵担保责任之规定；反之，于固有利益损害（加害给付）部分，则以适用“消费者保护法”或“民法”第一九一条之一等规定为宜。这也就是说，学理上所谓商品责任，在其历史发展过程上，虽然曾分别驻足游移契约法及侵权行为法之间；但就台湾法制发展结果，商品责任实质上已与契约法分道扬镳，并纳入侵权行为法之领域而继续发展，恐系不可否认之实情。因其涉及关系尚称复杂，爰试予归纳如下附表，以供参考：

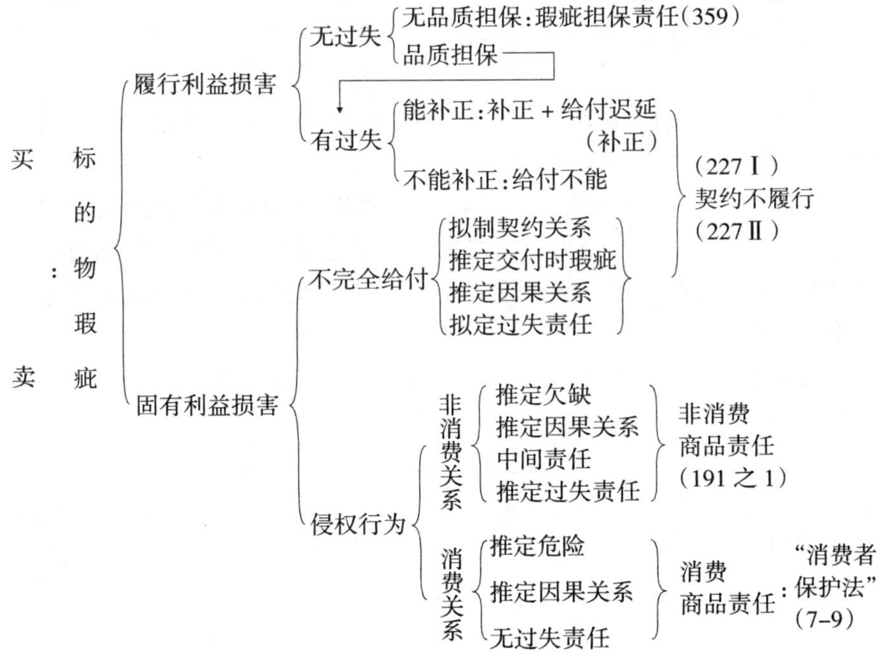

第三项　买卖对于买受人之效力

买卖对于买受人之效力，依债各之规定，其主要事项有二：一为支付价金，另一为受领标的物。在制度形式上，各种之债，就二者合为规定，称曰："买受人对于出卖人，有交付约定价金及受领标的物之义务"（第三六七条）。兹分述如下：

一、支付价金

何为"支付价金"，买卖之定义说明已有叙述（本书第64～65页），兹不重复。于支付价金方面，其重要事项有如下表，并依序说明如下：

支付价金：
- 价金之支付期所
- 价金之数额及计算
- 价金之支付方法
- 价金支付拒绝权

1. 价金之支付期所

"民法"第三六九条规定："买卖标的物与其价金之支付，除法律另有规定或契约另有订定，或另有习惯外，应同时为之。"盖以双务契约，当事人双方有同时履行抗辩权，规定同时为之，旨在彰显双务契约之本质也。

价金与标的物同时交付，既为原则，则于当事人未约定价金交付时期，而就标的物之交付定有时期者，亦推定其为价金支付之时期（第三七〇条）。不过，于相反情形，亦即就价金定有支付时期，但于标的物交付时期未订定者，则不得为相同之推定，而应解释为买受人得随时请求出卖人交付标的物（第三一五条），以免剥夺买受人之期限利益，实务亦持相同看法。[149]

买卖之价金与标的物，不同时交付者，是为例外。其情形有如下三者：

149　参照"最高法院"1980年台上字第三四四八号判决："本件买卖契约就上诉人应付之价款固有分期给付之约定，然就上诉人应履行办理诉争房地所有权移转登记之义务，既未有约定应于上诉人交付某期价款之后为之，依民法第三百四十八条之规定，被上诉人于契约成立时即负有移转……之义务。甲自不得主张同时履行抗辩拒绝交付土地，否则应负迟延责任。"

①契约另有订定：即买卖成立时，买卖双方就价金之支付时期，另有约定者，依其约定。例如，信用买卖之先交货后付钱、预约买卖之先付钱后交货即是。

②法律另规定：即法律就买卖价金之支付时期另有明文规定者而言。例如，拍卖之价金，应于成立时或公告所定之时支付是（第三九六条）。

③另有（交易）习惯：即交易习惯上，于价金之支付时期，另有依循而言。例如，订阅报纸，习惯上于订阅满一个月始付报费是。

以上三者，其优先适用顺序，依次为契约、法律规定、及习惯。所谓同时交付，事实上系指无以上三者之一者，始有适用。是以同时交付原则，性质上为任意规定，亦为补充性原则。

至于价金支付之处所，“民法”第三七一条规定：“标的物与价金应同时交付者，其价金应于标的物之交付处所交付之。”立法意旨，在于节省劳费。[150] 至于，非为同时交付者，价金之交付处所，适用债之清偿处所之一般规定，亦即依“民法”第三一四条定之。

价金之交付，于买卖定义及价金拒绝给付权之相关规定，法律用语特别定明为支付，以示与标的物交付之区别（第三六九条至第三七二条），于此则又称之交付，似乎前后不一，容易启人疑惑。

2. 价金之数额及计算

价金之数额为何？原则上本于契约自由，由当事人具体约明之。其未具体约定者，依其可得而定情形定之。例如，约定由第三人指定价金，或约定依市价。前者，原则上应听从第三人之指定[151]；后者，原则上依标的物清偿时清偿地之市价定之。此外，于当事人未言及价金或授权出卖人指定标的物而成立买卖之情形（本书第69～71页参照），解释上应以订约时出卖人住所地之价格定之。

复数标的物同时出卖之情形，价金之计算，或为总额计算，或按件计算，或按物之重量计算，原则上亦本契约自由原则，任由当事人订定。不过，依重量计算者，是否除去包皮，相差甚大，为避争议，民法第三七二条特别明定，除契约另有约定或另有习惯者外，价金依物之重量计

150　参照“民法”第三七一条立法理由。其意旨略为：“应于买卖标的物之交付时支付价金者，应使其于标的物交付处所支付价金，以节劳力。此本条所由设也。”

151　参照郑著（上），第六二页。

算者，应除去其包皮之重量，此即通称之净货原则。[152]

3. 价金之支付方法

价金之支付，原则上系以通用货币（现金）为之。其以票据为支付手段者，原则上为新债清偿，并得视其情形（如约定交付支票，货款视为业已清偿），解释其为债务更新（第三二〇条）。如交付之支票不获兑现，依各该法律规定（包括票据上追索权）定其救济方法。

金钱之支付，有无瑕疵担保责任？一般以为，金钱之权利归属，本乎占有，占有之所在，即为所有之所在，原则上不发生权利瑕疵担保责任。至于物之瑕疵担保责任，现实上亦不易发生；不过，理论上仍得类推适用出卖人之物之瑕疵担保责任。[153]

4. 价金支付拒绝权

买受人本于双务契约，于出卖人未移转财产权或其权利有瑕疵者，原则上有同时履行抗辩权或不安抗辩权，债之通则，已有明确规定（第二六四条，第二六五条、第三五三条）。惟若权利是否有瑕疵，或第三人是否主张权利尚不明确，如一味责求买受人支付价金，恐亦有失公平。为此，“民法”特于第三六八条第一项本文规定：“买受人有正当理由，恐第三人主张权利，致失其因买卖契约所得权利之全部或一部者，得拒绝支付价金之全部或一部。”是为买受人特殊之价金支付拒绝权。其成立须以有正当理由恐买受人之财产权丧失者为限；其拒绝支付之范围，则应与权利之丧失相对称，即权利可能全部丧失或一部丧失于买受人全部无利益者，固得拒绝其价金之全部；其一部丧失，于买受人仍有利益者，仅得拒绝其价格相等部分之价金支付。不过，尚不以出卖之标的物未交付为权利发生要件。换言之，亦即买卖标的物纵经交付，如有上述情形，买受人仍有价金支付拒绝权。[154]

价金支付拒绝权，系为保护买受人免于因支付价金而受有损害。因之，如出卖人提出相当担保，买受人价金支付拒绝权即告消灭，不得再行主张（同条项但书）。担保云者，不问人保（保证）或物保（担保物

152 参照“民法”第三七二条立法理由。其意旨略为：“谨按价金之交付，应依标的物之重量计算者，其包皮之重量，应除去之，方合于真实之事理。”

153 货币之权利属于占有人，通称为“占有之所在、所有之所在”，解释上尚不认有权利瑕疵担保之问题。

154 参照“最高法院”1970 年台上字第四三六八号判例：“民法第三百六十八条所定厂买受人有正当理由，恐第三人主张权利，致失其因买卖契约所得权利之全部或一部者，得拒绝支付价金之全部或一部”，并不以出卖物业已交付，而排除其适用。

权），均无不可。而且，出卖人如不提出相当担保，亦得请求买受人提存价金（同条第二项），以确保出卖人价金请求权之实现。至于提供担保与请求提存价金，一般以为，系类似选择之债之关系，由出卖人择一行使之。

价金提存请求权为出卖人之权利，如出卖人请求提存，买受人竟不提存者，即不得对出卖人拒绝支付价金。

价金虽经提存，出卖人仍须于买受人丧失权利之虞之正当理由涤除，亦即拒绝支付之权利消灭后，始得向提存所领取该价金。至于提存费用及提存期间所生利息，宜解释为由出卖人负担及承受。[155]

价金支付拒绝权，法律性质上，亦为延期抗辩权。理论上，价金支付拒绝权与同时履行抗辩权或不安抗辩权，或可同时存在（似可称之抗辩权竞合）。不过，出卖人如未给付，买受人主张后二者之一，无宁更为便捷优厚。因之，在现实上，价金支付拒绝权之行使，应以适用于出卖人已提出给付之情形为多。亦即其现实适用，殆如次表：

出卖人：	移转财产权：（348）	给付：（199）	未为给付：同时履行抗辩权（264、265）
			已为给付：价金支付拒绝权（368）（但有丧失之虞）

二、受领标的物

1. 背景叙述

受领标的物，为买受人主要权利，如买受人有届期拒绝受领或不能受领情事者，本系权利不行使，依债之通则之规定，充其量仅构成受领迟延，其债权之保护程度为之减弱而已（第二三四条以下）。

不过，买受人如不受领标的物，不仅其本身之债权无从实现，出卖人仍因之受债之约束。如是，对于实现债权，促进交易之迅速安全，不无妨碍。有鉴于此，“民法”爰于第三六七条明定：“买受人对于出卖人，

155 请求提存，系为保护出卖人利益（价金债权人利益）而设（参照“民法”第三六八条立法理由），其情形与清偿提存相类，故有关提存费用及提存期间之孳息，解释上宜类推适用清偿提存相关规定（第三二八条、第三三三条），由出卖人负担及享有。

有……受领标的物之义务。”从而受领标的物之于买受人，既系权利之行使，亦系义务之履行。

2. 受领标的物义务之成立要件

受领标的物义务之成立，须符合下列三项要件，即：（1）买卖之标的物需要受领；（2）出卖人已为合法之提出；（3）当事人间无排除适用之特约。

（1）买卖之标的物需要受领

出卖人之给付，通常固须经由买受人受领。例如，货物之点收、不动产所有权移转登记之接受是。有时则无须买受人之受领。例如，债权买卖，于债权让与契约成立时，债权同时移转于买受人，无待受领行为之存在。后者，出卖人之给付完成与否，既无待受领行为，解释上，其买受人自无受领标的物之义务可言。

（2）须出卖人已为合法之提出

受领迟延，乃以债务人业已为合法提出给付为要件。此在违反受领标的物义务之情形，亦应为同一解释。

通常情形，所谓合法提出，系指依债务本旨而提出给付者而言（第二三五条，第三〇九条）。盖以出卖人提出之给付，若不符债之本旨，买受人有拒绝受领之权，自无受领标的物之义务可言。[156] 不过，由他地送到之物，买受人主张有瑕疵而拒绝受领者，于法有暂为保管义务、证明瑕疵存在义务及变卖权义务（第三五八条），凡此于物之瑕疵担保责任已有说明，兹不重复（本书第128、129页）。

（3）买卖双方无排除适用之特约

买受人受领标的物义务，文义上虽不无强行规定之色彩，惟一般以为，买卖双方当事人以特约排除其适用者，其约定有效。是其义务之成立，以未经特约排除适用者为限。[157]

3. 违反受领标的物义务之法律效果

受领标的物，既为买受人之权利，亦为买受人之义务。苟有违反（例如拒绝受领），不仅构成权利之不行使，同时亦为义（债）务之不

156 参照最高法院1943年上字第四三二八号判例：“债务人非依债务本旨实行提出给付者，不生提出之效力，为‘民法’第二百三十五条所明定。物之交付义务人所提出交付之物与契约订定之内容不符者，不得谓为依债务本旨之提出，自不生提出之效力，债权人拒绝受领，即不负迟延责任。”（同旨“最高法院”1959年台上字第二七一号判例）

157 参照郑著（上），第六八页。

履行。通说以为，前者发生受领迟延之效果，后者发生给付迟延之效果。[158]

（1）受领迟延

买受人违反标的物受领义务而生之受领迟延，其法律上效果，与一般之受领迟延，尚无不同，解释上应适用债之通则之有关规定（第二三七条以下）。

（2）给付迟延

买受人因违反标的物受领义务而生之给付迟延，其法律上效果，一般以为，除强制执行解释上尚非法之所许外[159]，出卖人得请求因未及时受领所生之迟延赔偿（第二三一条、第二三二条），亦得解除契约（第二五四条），并请求迟延赔偿（第二六〇条）。

买受人违反受领标的物义务者，解释上出卖人既无请求强制执行权，则出卖人纵欲给付，法律上并无使其完成给付之途径。其情形与给付不能，尚无不同。盖以给付不能，并不以客观不能为限，只要社会通念上无从借诸法院强制实现给付者，不问其原因源自客观或主观，即属给付不能。[160] 是以，买受人违反受领标的物义务者，于债务不履行层面，解释其发生给付不能似较符实情，且出卖人得径行解约，并请求替代赔偿（第二五六条、第二二六条），对出卖人亦较有实益。

至于受领迟延与债务不履行之间，宜解为规范竞合。一般情形，出卖人得重复主张之。其较为具体之情形，略有如下：

①出卖人主张受领迟延后，尚得依债务不履行请求买受人损害赔偿。

②出卖人主张受领迟延后，尚得依债务不履行解除买卖契约。

③出卖人依债务不履行请求损害赔偿后，尚得依受领迟延主张减轻责任。

④出卖人依债务不履行解除契约后，不得再主张受领迟延，但解除契约前之时段，出卖人仍得援用受领迟延，主张减轻责任。

综上所述，足见买卖对于出卖人及买受人之效力，涉及事项相当复

158 参照“最高法院”1975 年台上字第二三六七号判例：“买受人对于出卖人有受领标的物之义务，为‘民法’第三百六十七条所明定，故出卖人已有给付之合法提出而买受人不履行其受领义务时，买受人非但陷于受领迟延，并陷于给付迟延，出卖人非不得依‘民法’第二百五十四条规定据以解除契约。”

159 参照郑著（上），第六八页～第六九页。

160 参照邱聪智“新订民法债编通则（下）”，2001 年 2 月新订一版一刷，第四二二页～第四三三页。

杂，爰归纳其重点如下表，以期有助思考：

- 买卖（效力）
  - 出卖人义务
    - 移转财产权
      - 物之买卖
        - 交付标的物(348 Ⅰ)
        - 移转所有权(348 Ⅰ)
      - 权利买卖
        - 有体物买卖
          - 交付标的物(348 Ⅱ)
          - 使取得权利(348 Ⅱ)
        - 无体权利买卖：使取得权利(348 Ⅱ)
    - 瑕疵担保责任
      - 权利瑕疵担保责任
        - 权利无缺担保责任(349) → 债务不履行(353)
        - 权利存在担保责任(350) → 债务不履行(353)
      - 物之瑕疵担保责任(354)
        - 价值瑕疵担保责任 → 减价、解约(359) → 选择之债、请求权竞合
        - 效用瑕疵担保责任 → 减价、解约(359) → 选择之债、请求权竞合
        - 品质瑕疵担保责任－不履行损害赔偿(360) - - → 请求权竞合
        - - - 商品责任(消费者保护法)
  - 买受人义务
    - 支付价金
      - 价金支付期所(369~371)
      - 价金支付数额及计算(372)
      - 价金支付方法
      - 价金支付拒绝权(358)
    - 受领标的物
      - 受领迟延(234 以下)
      - 给付迟延(367→230~233)

第四项　买卖对于买卖双方之效力

依各种之债买卖一节之规定，买卖对于双方之效力，其事项有二：一为买卖之利益承受及危险负担，另一为买卖费用之负担。前者为债之通则双务契约危险负担（第二六六条）之补充规定，后者为债之通则（债之消灭）有关清偿费用（第三一八条）之特别规定。尤其前者，虽称补充规定，但其对于债之通则危险负担之构成，仍有相当调整；甚至可说，危险负担之制度构成，须结合债各之上述规定，始告完整。

一、利益承受及危险负担

“民法”第三七三条本文规定：“买卖标的物之利益及危险，自交付时起，均由买受人承受负担。”正因民法本条，就利益承受及危险负担，一并规定，故本段就二者合为观察。惟为叙述方便，以下仍分别说明。

（一）体系问题之厘清

“民法”第三七三条之文字，直接称为买卖标的物云云，文义上足认

其适用范围及于所有之买卖，并非仅限于物之买卖（所有权买卖）。惟以“民法”第三七七条规定，以权利为买卖之标的，如出卖人因其权利而得占有一定之物者，准用前四条（即第三七三条至第三七六条）之规定。按以权利为买卖之标的者，意义上即为“民法”第三四八条第二项所指之权利买卖；反之，“民法”第三七四条至第三七六条，本系有关危险负担之规定。彼此对照观之，则“民法”第三七三条至第三七六条有关利益承受及危险负担，其适用范围仅限于物之买卖；至于权利买卖，依“民法”第三七七条规定，仅于涉及占有（有体权利买卖）时，准用物之买卖（亦即第三七三条至第三七六条）之规定。准用者，法定类推适用之意，虽其实际结果，或无不同，但在法律解释论上，其尚非直接适用，乃体系解释所不得不肯定之解释。[161] 惟权利买卖，如出卖人取得权利而得占有一定之物者，有关利益之承受、危险之负担，其制度内容，与物之出卖，似无殊异，民法立法者，亦肯定此一论点。[162] 然则民法于此，不采取一体适用之制度模式，特别另立准用条文，不仅画蛇添足，徒然浪费，抑且易滋疑义，“民法”第三七八条是否有存在必要，实值商榷。正因如此，故以下说明，尚不另列权利买卖之目次。

不过，“民法”第三七八条既有准用规定，则以下三项，即有附带说明之必要：

1. 利益承受及危险负担之制度构成，涉及因素尚多，“民法”第三七三条至第三七八条规定，原则上仅在确定二者之时点，非谓所有制度内容，均在此等条文之内。从而，论及利益承受及危险负担问题，尚须注意其与相关规定之关系（例如，前者与“民法”第九四〇条以下占有规定之关系；后者与“民法”第二二五条、第二二六条、第二二〇条之关系）。

2. 权利买卖，买受人取得权利，并非均得占有一定之物（标的物），例如无体财产权之买卖，自权利让与合意生效即行同时移转，并无得为占有之物。解释上，其利益承受及危险负担，系以权利移转时点为准，尚不准用上述各条规定（无体财产权，既于让与合意时即行移转，事实上，恐无利益承受概念之存在空间，危险负担之存在可能性，亦属相当

161 无体权利之买卖，因让与合意，权利即行移转（无待交付或登记），利益及危险，归有权利人享有负担。故解释上，“民法”第三七三条之规定尚无适用。

162 参照“民法”第三七七条立法理由。其意旨略为：“若以权利为买卖之标的，本无有体物可以交付，自难适用物的交付之规定。然权利之出卖人，因其权利而得占有一定之物者，（例如地上权之买卖）其负交付其物之义务，与物的出卖必须交付其物者无异，故准用关于物的交付责任之规定。”

有限）。[163]

3.“民法”第三七四条及第三七五条，均仅就危险负担而为规定，解释上势将发生利益承受有无类推适用之疑义。按“明示其一，排除其他”，系法律解释原则之一，而且利益承受与危险负担之规范意义及功能，并不雷同，法律上并不强其完全同一，解释上似以否定论点为当。[164]

（二）利益承受之时点

利益承受之时点为交付。换言之，即买卖之标的物，不问其权利是否移转，只要一经交付，其利益即归由买受人享有，是为所谓交付主义。[165] 例如，甲于1994年12月30日出售A屋于乙，同时交屋，乙于1995年1月1日将A屋出租于丙，其租金即归由乙享有，甲亦不得对丙主张不当得利即是。[166] 同理，买卖标的物之土地一经交付，买受人亦得对无权占有人诉请拆除房屋。但征收补偿金，系本乎所有权，非源于使用利益，一般以为，尚非承受利益之标的，买受人不得依民法本条主张承受；实务立场亦然。[167]

兹之交付，一般与“民法”第三四八条之交付作同一解释。亦即不仅现实交付属之，即观念交付中之简易交付、占有改定，乃至指示交付，

163 解释上，附停止条件或附始期之买卖，于买卖成立后生效前，或亦存有利益承受或危险负担探讨之实益（采成立说或生效说，结论容有不同）。

164 托运人或提单持有人，于受货人受运送到达之通知或受货人请求交付已运送到达之货物以前，对运送物仍有处分权（第六四四条），足见，其利益之享有，尚不因交付运送而告移转，堪为肯定论点之佐证。

165 参照最高法院1944年上字第六〇四号判例：“不动产买卖契约成立后，其收益权属于何方，依民法第三百七十三条规定，应以标的物已否交付为断。所有权虽已移转，而标的物未交付者，买受人仍无收益权。所有权虽未移转，而标的物已交付者，买受人亦有收益权。”

166 参照“最高法院”1957年上字第六四号判例：“系争房屋于两造订立买卖契约之前，既由被上诉人本于租赁关系而占有，则依‘民法’第九百四十六条准用同法第七百六十一条第一项但书之规定，被上诉人就系争房屋自买卖契约成立之日起，即已接受上诉人之交付，依同法第三百七十三条，该屋之利益由此当然归属被上诉人。乃上诉人犹谓原有租赁关系并未消灭，基于出租人地位请求被上诉人支付租金，显非正当。”

167 参照“最高法院”1991年第四次民事庭会议决议。其意旨略为：“买受人向出卖人买受之某笔土地，在未办理所有权移转登记前，经政府依法征收，其地价补偿金由出卖人领取完毕，纵该土地早已交付，惟‘民法’第三百七十三条所指之利益，系指物之收益而言，并不包括买卖标的物灭失或被征收之代替利益（损害赔偿或补偿费）在内，且买受人自始并未取得所有权，而出卖人在办毕所有权移转登记前，仍为土地所有人，在权利归属上，其补偿费本应归由出卖人取得，故出卖人本于土地所有人之地位领取地价补偿金，尚不成立不当得利。买受人只能依‘民法’第二百二十五条第二项之法理行使代偿请求权，请求出卖人交付其所受领之地价补偿金。”

均包括在内。实务上亦持肯定见解。[168] [169]

利益承受之时点，固采交付主义为其原则，惟此原则，仅具意思补充功能，于规范性质上仍属任意规定，得由买卖双方以契约另定之（第三七三条但书），亦即买卖契约另定利益承受之时点，不问其约定为提前或延后，于法均属有效。例如，出售母鸡，当事人约定买卖成立后交付前所生之鸡蛋，归于买受人者，固从其约定；反之，如约定交付后一定时日所生之鸡蛋，仍归于出卖人者，亦应从其约定。

动产买卖，交付与移权系同时完成，利益承受之时点，或无疑义；惟于不动产买卖，现实上先行交付标的物，而后再行办理权利移转或设定登记者，亦颇常见。例如，出售房屋，先行交屋，其后再办理所有权移转登记即是。于此情形，其利益承受之时点，究应以移权为准，抑或以交付为准，学理上容有争议。一般以为，权利既已移转，买卖之目的已达，除当事人另有特约外，宜解释为自移权时起，买受人即得以所有人资格行使权利，承受利益当然包含于其中，其见解似较允当。[170] 实务则持相反立场。[171] 民法立法政策曾有尝试调整[172]，惜未完成立法。

利益承受时点，以交付为界定方法，应以买卖生效为前提。如其买卖为无效或经撤销、解除者，买受人承受之利益，解释上为受领给付物之一部分，应依回复原状之例负返还责任（第一一三条、第一一四条第二项、第二五九条）。

（三）危险负担之时点

基本规定上，买卖之危险负担时点，亦一如利益承受，同时表征于“民法”第三七三条。不过，由于民法于其危险负担时点，另有规定，而且危险负担涉及之事项，亦较繁琐。爰分项叙述如下：

---

168 占有改定之例，同注 166。

169 指示交付之例，参照“最高法院”1955 年台上字第八二八号判例：“买卖标的物之利益及危险，自交付时起，由买受人负担，固为‘民法’第三百七十三条所明定。但该条所谓交付，并非以现实交付为限，亦可准照同法第九百四十六条第二项、第七百六十一条第三项规定，让与返还请求权以代交付。”

170 参照梅著，第二四八页；郑著（上），第七二页；戴著，第二〇页；史著（上），第六二页；蔡著（上），第四三页。

171 同注 165 判例。

172 参照“民法”债编修正草案初稿第三七三条。其文字修正如下：“买卖标的物之利益及危险，自交付时起，均由买受人承受负担。但标的物为不动产，于交付前已为所有权之移转登记者，其利益及危险，自登记时起，均由买受人承受负担。前项规定，于契约另有订定时，不适用之。”

1. 危险负担之意义

危险负担之意义为何，债之通则相关文献，已多有说明，兹不重复，但仅从买卖之角度说明之，以期补充。

危险负担，仅于给付不能始有适用，而且限于不可归责于双方当事人之事由，以致给付不能之情形为限。金钱之债，理论上无给付不能，自亦无危险负担适用之可言。足见，于买卖，危险负担之适用，仅于出卖人移转财产权之给付义务有之；而且，通常情形，系适用于有体物之买卖。基此，则买卖法上所称之危险负担，殆可限缩定义如下：

“因不可归责于出卖人及买受人之事由，致出卖人移转财产权不能者，出卖人免为移转财产权，买受人免为支付价金，是为买卖之危险负担。”

出卖人给付不能，通常情形，其财产权业已灭失，买受人免为支付价金，等于出卖人丧失价金利益，故学理上或称之：

“因不可归责于出卖人及买受人之事由，致出卖人移转财产权不能者，价金利益之危险，由出卖人负担。”

例如，甲将A车出售于乙，未届交车期限，A车因地震引起火灾烧毁，甲免为交付A车，乙免支付价金即是。

2. 危险负担与交付

危险负担云者，基本意义既系指价金利益之危险，由出卖人负担，则“民法”第三七三条所称，买卖标的物之危险，自交付时起由买受人负担，实寓有缩短出卖人危险负担期限，并提前转嫁买受人负担之意义。缘以移转财产权云者，于有体物买卖，其内涵包括交物及移权，二者有一给付不能，原则上即是给付不能，如无“民法”第三七三条本文规定，出卖人之危险负担，势非延至移转财产权完成之时不可。当然，民法该条所以有此规定，亦有坚强理论依据，盖以标的物既经交付，纵有尚不发生移权情事者，亦因标的物业已移由买受人管领支配，其利益亦转由买受人承受，则基于损害防止可能考虑及损益兼顾原则，使价金利益之危险，由出卖人负担转为买受人负担，诚属较为公平允妥，至少亦可避免无益之争论。[173]

173 参照“民法”第三七三条立法理由。其意旨略为：“谨按买卖之标的物，于其交付前，因天灾及其他不可抗力而灭失毁损者，损失应归何人负担，古来学说聚讼，各国立法例亦不一致，此所谓危险担保之问题是也。本法明定买卖之标的物，除契约另有订定外，其利益及危险，应自交付时起，均使买受人承受负担，所以杜无益之争论也。”

在买卖法上，交付标的物而未移权者，系发生于不动产买卖上。盖以动产买卖，交付与移权既属同时完成，采取交付主义或移权主义，结果均无不同也。足见，采取交付主义，于不动产买卖，特具意义，当可肯定。兹举其例以为说明：甲出售A屋于乙，言明1994年5月31日交屋，6月1日开始办理移转登记；不料，5月20日晚间，A屋为不名之火烧毁。因A屋尚未交付，价金利益之危险由债务人负担，甲固免为A屋之给付（交屋及移权），但乙亦免为支付价金，甲不得请求乙支付价金，乙已支付价金者，并得请求返还（第二二五条、第二六六条）。

甲出售A屋于乙，甲于1994年5月31日交屋，约定6月1日开始办理移转登记：A屋于6月1日清晨为不明之火烧毁。虽然甲尚未履行移转A屋所有权之给付义务，A屋烧毁后，甲亦无从履行，法律价值判断上，甲仍是不可归责之给付不能，免为移转A屋所有权于乙之义务。但A屋业已交付于乙，价金利益之危险转由买受人负担，“民法”第二六六条已无适用余地，乙不得免为支付价金。从而，甲仍得请求乙支付价金，乙对已支付之价金，亦不得请求返还。

综上所述，解释上应认为，“民法”第三七三条所称“危险自交付时起，由买受人负担”云者，于危险负担之理论构成上，实寓有如下意义，即：“买卖标的物一经交付，‘民法’第二六六条即被排除适用。”

此外，尚须附带说明者，即危险负担所称之交付，其概念涵摄范围，原则上与上述利益承受所述之交付，同其意义，亦即包括现实交付及观念交付之各个形态，兹不重复说明。

3. 交付主义之例外

(1) 契约约定

危险负担之适用界限为物之交付，规范意义上，亦系任意规定之补充原则，得因买卖双方之约定而异动，其情形恰如利益承受之说明，兹亦不再重复。

(2) 法律规定

危险负担适用时点，尚得因法律之规定而不贯彻交付主义。此之法律特别规定，适用于代送买卖之情形。所谓代送买卖，系指买卖成立后，买受人请求出卖人，将买卖标的物送交清偿地以外处所之买卖。例如，甲出售A车于乙，约定甲应将A车送至乙家（赴偿债务），A车交付前一日，乙通知甲将A车送往丙家，甲依通知送至丙家，即是代送买卖。

出卖人仅负向清偿地交付标的物之义务，并无向清偿地以外处所交付标的物之义务。而且，代送买卖，系因买受人偶然情事而增加出卖人危险之虞，为免出卖人徒增劳费及危险，民法特别明定，于代送买卖之情形，只要买受人将买卖标的物交付于为运送之人或承揽运送人[174]之时，标的物之危险即由出卖人转为买受人负担（第三七四条）。例如于前例，如甲将A车委托丁货运公司承运，且将A车交付于丁货运公司，纵A车于运送途中遭窃，或甚而是丁货运公司驾驶不慎致A车撞毁，“民法”第二六六条已无适用，甲仍得对乙请求价金。

于此所谓运送人或承揽运送人，依运送（第六二二条）或承揽运送（第六六〇条）之规定定之。不过，本条适用上之主观范围，是否仅以狭义之运送人或承揽运送人为限，或者以本条规范重心为代送买卖，只要有交付运送之事实，即为已足，至于执行运送事实之人为谁，则非所问。解释上容有疑义，惟比较上似以后说为当。如是，则于代送买卖，只要出卖人已执行运送（开始交付）之事实，即有危险负担移转于买受人之适用。

危险负担时点之提前，惟于代送买卖有其适用。至若送交买卖，亦即于买卖成立时，双方约定，出卖人应将标的物送交买受人住所地以外处所之买卖，则尚无适用。换言之，亦即于送交买卖，解释上仍应适用“民法”第三七三条之交付主义。

（3）相关责任之规定

代送买卖，买受人关于标的物之运送方法，有时或有特别指示，有此情形，如出卖人无紧急原因，应依其指示运送之，违反者，对于买受人因此所受之损害，应负赔偿责任（第三七六条）。例如，买受人指示以火车交运，出卖人无紧急原因，却以汽车运送，结果遭车祸而货物毁损，即应负赔偿责任是。

买卖标的物之危险负担，因约定或法律规定，于交付前即移转由买受人负担者，则出卖人继续占有标的物而为之支出，究应如何负担，若法无明文，解释上难免分歧。为此，“民法”第三七五条明定：“标的物之危险，于交付前已应由买受人负担者，出卖人于危险移转后，标的物之交付前，所支出之必要费用，买受人应依关于委任之规定，负偿还责任；前项情形，出卖人所支出之费用，如非必要者，买受人应依关于无因管理之规定，负偿还责任。”以杜争议。

---

174 “民法”债编修正第三七四条修正理由：“运送承揽人云者，民法尚无他例，其意义究何所指，颇滋疑义。民法债编修正草案初稿，建议就其用语修正为‘运送之人或承揽运送人’，意义上较为明晰，自较允妥。”

本条所称必要费用，指管理上不可或缺之费用。例如，门窗毁损之修复是。适用委任之结果，得请求给付自支付时起之利息（第五四六条第一项）。至于所称非必要费用，一般以为系指有益费用而言，适用无因管理之结果，求偿权之范围，尚因其是否为合意管理而异（第一七六条，第一七七条）。

（4）危险负担与移转权利

不动产买卖，交付与移权之公示方法，尚不一致。采取交付主义，亦将发生类如利益承受之相同问题，此即于权利先行移转，而交付在后之情形，其危险负担是否跟随移转之争议。

有关于此，实务上贯彻交付主义，认为价金利益之危险，尚不移转于买受人负担，亦即出卖人仍应负担危险[175]；学理见解尚见分歧。[176]按于危险负担移转时点，旨在缩短出卖人之危险负担时限；而且，权利既经移转，本诸天灾归所有人负担之原理，比较上似以权利移转说较为可采。立法政策有意采取，似值肯定。[177]兹为便于了解，特举一例说明如下：

甲出售A屋于乙，1994年5月1日办妥所有权移转登记，双方约定同年5月31日交付A屋；不料，A屋于5月2日为不知名之人纵火烧毁。

依实务见解及交付说，此时所有权虽已移转，但未交付，价金利益之危险，仍应由出卖人负担，故甲不能请求乙支付价金（已付价金，乙得请求返还）。

采权利移转说者以为，此时权利既已移转，不问有无交付，价金利益之危险转由买受人乙负担，“民法”第二六六条已不适用，甲得请求乙支付价金（已付价金，乙不得请求返还）。

危险负担于双重买卖有无适用，学理上亦有争议。比较上似有偏于

175 参照“最高法院”1958年台上字第一六五五号判例：“‘民法’第三百七十三条所称之危险负担，除契约另有订定外，概自标的物交付时起，移转于买受人，至买受人已否取得物之所有权，在所不问。”（同旨最高法院1942年上字第一〇四〇号判例）。

176 采天灾归所有人负担（即权利移转说）之文献，同注170；贯彻交付主义之文献，请参照薛著，第二〇页；黄茂荣，前揭“买卖法”，第五四五页～第五四六页。

177 同注172。至其修正理由，则有如下：“在先移转所有权而后交付时，是否亦自交付时起始由买受人承受利益及负担危险，学者间见解不同。为免疑义，爰参照德国民法第四百四十六条第二项之规定，增设但书，规定在标的物为不动产，于交付前已为所有权之移转登记者，其利益及危险，自登记时起，均由买受人承受负担。”

权利移转说之倾向。[178] 惟以双重买卖，出卖人于其后之给付不能发生前，对于先后不同之买受人，已违反给付义务在先，在债务不履行之法律评价上，为可归责于债务人之事由以致给付不能。因而，其后是否仍有不可归责于债务人之事由，以致给付不能之适用，诚有疑问。盖以业已债务不履行在先，是否得因事后之给付不能而涤除不履行责任，颇滋疑义。愚意以为，双重买卖，若出卖人对部分买受人交物或移权者，宜解释为尚无危险负担移转于买受人之适用。[179] 兹举一例说明于下：

甲将其所有A屋，于1994年3月1日出售于乙，同年3月15日又出售于丙。同年4月1日，甲将A屋交付于乙，但甲暗中协同丙办理A屋所有权移转登记，4月30日A屋所有权经办妥所有权移转登记于丙。不料，A屋竟于5月1日为不知名之人纵火烧毁。甲分别请求乙、丙支付尾款，乙丙反而分别请求甲返还各自已付之价金。

甲就A屋为双重买卖，甲与乙，丙先后成立二个买卖，于法均属有效，甲对乙或丙，均负有交付A屋及办理A屋所有权移转登记之义务。在债之法律关系上，交屋及移权，均构成甲给付义务之内容。二者有一给付不能，即应视为全部不能，原则上不得依一部不能之法理作为处理问题之依据。

兹甲交屋于乙，对丙即无法履行交屋义务，理论上宜认为对丙就交屋成立给付不能，此之给付不能为可归责于甲，丙得对甲依债务不履行之例，主张给付不能之损害赔偿，亦得解除契约并请求损害赔偿。

嗣甲办理所有权移转登记于丙，乙无从取得A屋所有权，对乙而言，甲亦成立给付不能，此之给付不能亦系可归责于甲，乙对甲亦有如上所述之权利。

至于其后A屋为不知名者所烧毁，并不能否定甲原有之债务不履行责任。换言之，甲尚不能依危险负担之例对乙、丙主张免于债务不履行责任之适用。亦即危险负担只是形式上之烟幕，实际上则为债务不履行之问题。

于债务不履行，债务人固应负损害赔偿责任，但在债权人解除契约之前，其债之关系仍属存在，如债权人不解除契约而请求损害赔偿责任，

178 相关说明，请参照郑著（上），第七六页注十七。同说，并请参照史著，第六三页。

179 于买卖法上，交物、移权二者，既可认为为相互独立之给付义务，二者有一不履行，即得构成全部不能，则于双重买卖，解释出卖人对买受人，均构成可归责之给付不能，理论上当较危险负担论点为妥。

债权人仍应依债之关系履行对待给付。本例之买受人乙、丙，既未主张解除契约，则理论上甲得请求乙、丙支付价金。不过，其法律依据系原来之买卖关系，尚与危险负担无关。反之，乙丙既未解除契约，仍应本于买受人之义务，支付价金，自无请求返还已付价金之理，但其法律依据亦与危险负担之是否移转无关，实务认为由乙负担危险，似有误解。[180] 至于乙丙得因甲债务不履行，对甲之价金支付请求主张同时履行抗辩或抵销，乃至甲得基于所有权人地位，对纵火之人依侵权行为请求损害赔偿，亦与危险负担及其是否移转无关，并予叙明。

二、费用之负担

有关买卖费用之负担，各种之债亦采任意规定，同时明定补充原则之模式。其要点如下：

（一）原则

“民法”第三七八条规定：“买卖费用之负担，除法律另有规定或契约另有订定，或另有习惯外，依左列之规定。”此之左列规定，即系补充适用原则，其条项依次为：

1. 买卖契约之费用，由当事人双方平均负担（同条第一款）。

所谓买卖契约费用，指成立买卖契约之费用，如证书作成费用、标的物估价费、公证费、契税、土地增值税及见证费等均是。

2. 移转权利之费用、运送标的物至清偿地之费用，及交付之费用，由出卖人负担（同条第二款）。盖以以上费用，均属履行债务（完成给付行为）之必要支出也。

3. 受领标的物之费用、登记费用及送交清偿地以外处所之费用，由买受人负担（同条第三款）。盖以此等费用，或为买受人实现债权所需，或已超出出卖人本来之义务范围也。

（二）例外

费用负担，如当事人另有约定、或法律另有规定，或另有习惯者，则依约定、法定或习惯，上述原则即无适用。至于三者间之优先顺序，则以约定为最优先，次为法定，再次为习惯；三者皆无时，始适用本条之原则。

---

180 实务以为，于双重买卖，其危险由受领交付之买受人负担，其根据为1982年3月“司法院”司法业务研究会第一期法律问题结论。

所谓法律另有规定，如“民法”第三一七条但书规定，买受人因变更住所或其他行为，致增加清偿费用者，其增加之费用，由买受人负担即是[181]；此外，“民法”第三八一条第二项，规定买回之费用由买回人负担，亦是著例。

第三节　特种买卖

买卖之成立或效力，具有特殊情形者，是为特种买卖。

各种之债所定之特种买卖，计有试验买卖、货样买卖、分期付价买卖及拍卖四种。不过，各种之债列为独立章节之买回（第三七九条至第三八三条），性质上亦系特种买卖之形态，学理上常并于特种买卖内说明，本书采之。

不过，为因应现代社会交易之需要，特种买卖尚不以民法所定者为限，有时甚至以无名契约之方式表征之。本书因斟酌现代社会交易情况，增列继续性供给契约及特别法上之特种买卖，以为简要说明。至其顺序则依次如下表：

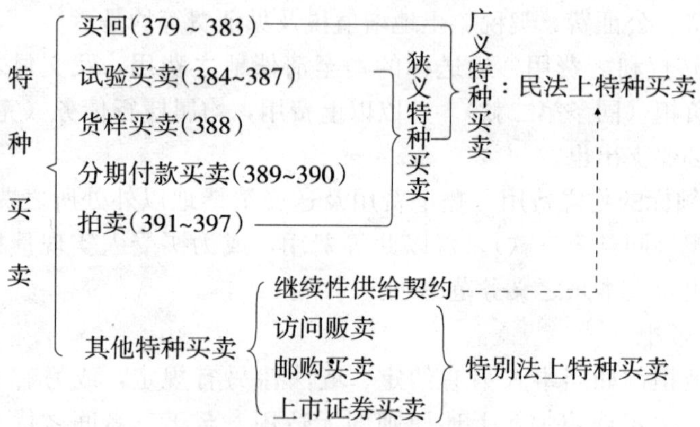

181　学理上或持反对见解，认其应后于民法本条而适用，尚非属本条之特别规定（参照郑著（上），第七八页～第七九页）。

第一项　买　回

买回，民法予以独立规定（各种之债第一节第三款），与买卖之成立、效力并列。其制度内容，尚称复杂。爰分为买回总说、及买回之效力二项，并依序说明之。

一、买回总说

总说部分，分别说明买回之意义、成立生效及性质三者。

1. 买回之意义

何谓买回，立法例及学理见解颇不一致，严密定义较为困难。兹以台湾民法规定为依据，予以析述如下：

按台湾“民法”第三七九条第一项规定：“出卖人于买卖契约保留买回之权利者，得返还其所受领之价金，而买回其标的物。”此之价金，尚得由当事人以特约定之（同条第二项），故一般以为，其性质上为再买卖契约。[182] 基此，则买回殆可定义为：

“称买回者，出卖人以将来买回其所出卖之标的物为目的，于买卖契约中保留买回权利之再买卖契约。”

买回之重要事项，约可说明如下：

（1）买回为再买卖契约

买回，买卖双方当事人，就买卖标的物再为买卖之契约，只不过其出卖人、买受人为之互相对换而已。此项买卖系基于原买卖契约而保留于原出卖人，原出卖人为再买卖后，标的物重回原出卖人怀抱，故以买回称之。

保留买回权之再买卖契约，不仅买卖之当事人及标的，受有相当限制，其生效亦待将来买回人（原出卖人）之行使买回权。凡此，均与一般所称之买卖，颇有不同。学理上解释为特种买卖，良有以也。至其当事人方面之特性，约如下表：

买卖｛出卖人——买回人（买回之买受人）；买受人——买回之相对人（出卖人）｝买回

182　参照郑著（上），第七九页～第八〇页、第八三页；戴著，第五二页；史著，第七二页；黄茂荣前揭“买卖法”，第六〇九页。

（2）买回为出卖人将来得买回其所出卖标的物之契约

买卖双方于买卖契约，约定出卖人得买回其出卖标的物者，于买卖双方均属有利。盖从出卖人言，既可融通资金，他日亦有回赎可能：反之，从买受人言，既可避免流押或流质契约（第八七三条第二项、第八九三条第二项）之适用，亦得于确切担保之余，享有完全之管领支配权利。

买回对象为原出卖之标的物，文义上似以有体物为限，惟一般以为，解释“民法”第三七九条，似不必限于如此狭隘，无体物买卖亦有适用，故权利买卖亦得为买回之适用对象。实务亦持相同看法。[183]

至于所谓将来，系指买卖成立后之一定期限而言，法律上虽未强制最短时限，惟解释上不得于买卖契约成立，亦即约定买回之同时主张买回，则应肯定。

（3）买回为出卖人于买卖契约中保留买回权之契约

民法所定保留买回权之再买卖契约，于条文中明白规定，以于买卖契约中保留者为限。从而，买卖双方于契约成立后，再行约定保留买回权者，即非此所称之买回。不过，此种约定，尚不违反强行规定或公序良俗，宜认为仍属有效。此种情形，亦属再买卖形态之一，解释上得类推适用买回之规定，似可称之准买回。实务上则持较为宽缓论点，认为买回之适用，无须以于买卖契约约定为限，纵买卖成立后再行约定，亦无不可。[184]

至于买回何时成立？何时生效？乃至再买卖契约何时成立？其答案业已涉及买回性质之核心，另段说明之。

2. 买回之成立生效

（1）买回成立生效之特点

买回，于买卖双方当事人为买回之约定时，即已成立；但其生效，须经出卖人行使买回权始可。同理，从再买卖契约之角度，亦应作同一解释。由于买卖双方当事人于买卖契约有买回之约定者，出卖人即取得买回权，买回权行使之结果，再买卖契约生效，买回人（原出卖人）与

183 参照最高法院1939年上字第九九六号判例：“永佃权，在民法上有得为抵押权标的物之明文，而无得为典权标的物之规定，永佃权人就其永佃权设定典权自属无效·惟当事人之真意，系在基于买卖契约让与永佃权，而其买卖契约订明出卖人得返还其受领之价金，买回永佃权者，虽误用出典之名称，亦应认为出卖人于买卖契约保留买回之权利。”

184 参照最高法院1933年上字第一一六五号判决：“买回虽为买卖契约之从契约，然并非有不可分离之关系，故如足以表示其保留买回之权利者，无论于买卖契约内为之，或各别为之，均无不可。”

相对人（原买受人），就同一标的物发生主客易位之买卖关系，故买回权性质上为形成权，有关其权利之行使方法及其效果，除本于买回权之特性者外，得依形成权之通例说明之。既然，买回之生效，须经出卖人以意思表示，发动买回权。因此，解释买回之性质，一般以为，买回系以出卖人之买回意思表示为停止条件之再买卖契约。

买回生效者，再买卖契约同时生效，即于不动产物权之买回，亦应作同一解释。[185] 惟此所谓生效，仅为债权效力而已。至于物权效力，尚不直接发生。不过，如将买回约定记载于物权移转契约书（第七六〇条），并为预告登记者，通说以为其买回权之保留，得发生物权效力。[186] 共有物应有部分之买回，亦应作同一解释。[187]

（2）买回权行使之特例

“民法”第三七九条第一项明定，出卖人保留买回权者，得返还所受领之价金而买回标的物。足见，出卖人欲行使买回权者，仅保留买回权犹有未足，而须返还价金。因之，一般以为，从买回权行使之角度言之，买卖权之行使，法律性质上属于要物行为[188]，尚非单纯之意思表示即得生效，不过，原买卖之费用及买回费用，除“民法”第三八一条第一项规定之部分外，尚无庸于行使买回权时一并给付。

（3）买回权之行使期限

“民法”第三八〇条规定：“买卖之期限，不得超过五年。如约定之期限较长者，缩短为五年。”一般以为，此之五年为权利存续期间，买回权届此期限时，即告消灭。实务上亦持相同立场。[189]

185 买卖而附有买回约款者，当事人间应无轻率之疑虑，解释上宜依“民法”债编第一六六条之一修正理由，采目的论限缩而认为该条规定，于买回尚无适用。

186 参照郑著（上），第八五页。

187 共有物应有部分之买卖，其效力如何，台湾“民法”未见明文。日本民法则明定，不动产共有人中出卖其应有部分，而保留买回权者，如嗣后分割共有物或有拍卖情事者，应通知出卖人（买回权人），未为通知者，其分割或拍卖无效，出卖人知悉或经受通知者，得即行主张买回（日本民法第五八四条）。其立法意旨，颇值参照。

188 参照“最高法院”1954 年台上字第三〇〇九号判决：“称买回者，係指出卖人于买卖契约保留买回之权利，得返还其所受领之价金而买回其标的物之契约，此观‘民法’第三百七十九条第一项之规定至明，是买回人未返还所受领之价金，尚难谓买卖契约所附之停止条件已经成就，而生买回之效力。”（同旨“最高法院”1990 年台上字第二二三一号判例）

189 参照最高法院 1941 年上字第六〇六号判例：“民法第三八〇条所谓约定之期限，系指买回权之存续期限而言。即买回权仅得于约定之期限内行使之，一逾此项期限，买回权即归消灭，此与民法第九百十二条所谓典权约定期限。为回赎权停止行使之期限者不同。”（同旨最高法院 1942 年上字第二九三九号判例）

买回权之行使期限，虽不得因约定而延长，但得因约定而缩短。不过，无论如何，此之五年，系权利终期之规定。因之，如当事人约定买卖成立后届满四年，始得开始行使买回权者，其约定固非无效，但出卖人得行使买回权之时限，仅为一年，非谓得行使买回时起算为五年。也因此，如出卖人于届满四年后之行使买回权，自买卖成立时起算已逾五年者，仍因买回权逾五年消灭而不得主张买回。至于，如约定届满五年后始得行使买回权者，宜解为买受人根本无买回权，其买回约定（再买卖契约）无效。[190] 惟买回系从契约，尚不宜进而认为买卖契约亦因之无效。

3. 买回之性质

买回之性质如何？因立法例之不同，学者见解颇为分歧。主要立场，则有附解除条件之买卖说、解除权保留说、再买卖说及折衷说等。

附解除条件买卖说者以为：买回系买卖所附之解除条件，亦即由出卖人与买受人系订立买卖契约，并以买回约款为解除条件。如出卖人于买回期限内行使买回权，解除条件成就，买卖契约因之消灭，出卖人得依回复原状（或不当得利）之规定，请求买受人返还买卖标的物。法国民法采之。[191]

解除权保留说者以为：买回权之保留，性质上系约定解除权之保留，有此约定者，出卖人得以返还价金解除买卖，依回复原状（第二五九条）之规定，请求买受人返还买卖标的物。日本民法采之[192]，台湾债法学者宗此看法者亦颇不少。[193]

再买卖契约说者以为：买回权之保留，系于原买卖契约成立再买卖契约，但其生效，须经出卖人行使买回权，故买回实为以出卖人之买回意思表示为停止条件之再买卖契约说。从而，出卖人为买回之意思表示者，其条件成就，再买卖契约生效；反之，条件不成就，再买卖亦不生效力。台湾学者通说采之。[194]

190 参照最高法院1944年上字第一五七九号判例："民法第三百八十条及民法债编施行法第二十二条所定买回之期限。不得因当事人间有特殊关系，而认其相反之特约为有效。"

191 参照神户大学外国法研究会"佛兰西民法"（五），有斐阁，1956年（复刊），第八二页。条文依据为法国民法第一六五九条至第一六七三条。

192 参照日本民法第五七九条本文："不动产之出卖人，于买卖契约约定买回权者，得返还其受领之价金及契约费用而解除买卖。"（按日本买回之标的物，以不动产买卖为限）

193 参照陈著，第三九页；蔡著，第六三页。

194 同注182。

折衷说者以为：解释台湾民法买回之规定，不能采单一之立场。盖以“民法”第三七九条第一项既称返还价金买回标的物，解释上应认系买卖之解除；反之，其价金系另行约定者（同条第二项），解释上又应认为系属再买卖。[195]

以上各说，或均有言之成理之处，但比较上，似以再买卖说者较为可采。[196]

买回之权利，性质上为财产权，得为让与及继承之标的物，故买回权行使之主体，并不以原出卖人为限，出卖人之继承人及受让人，亦得行使。至其让与方法，解释上适用债权让与之规定。[197] 此外，买回权人之债权人，亦得代位行使买回权；不过，买回为要物行为，债权人欲代位行使买回权，仍须返还价金。

二、买回之效力

买回之效力，得分为买回人义务、相对人义务及买回与买卖之关系三项说明之。

（一）买回人之义务

买回人（原买卖契约之出卖人或其继承人或受让人）之义务主要有二：一为价金之返还，另一为费用之负担与偿还。兹分述如下：

1. 价金之返还

买回人在买回契约上居于买受人之地位，自有支付价金义务。民法于此用“返还”字眼，以示与一般买卖区别。价金之数额，原则上与原买卖契约之价金同，但当事人另有特约者，从其特约（第三七九条第二项）。例如原买卖契约价金为五百元，则买回之价金原则上自亦为五百元。但如约定多于五百元或少于五百元，均无不可。不过，如其价额过高者，得依诚信原则主张酌减，但尚下直接援用法定最高利率限制之例（第二〇五条）。

返还价金时，是否加算利息？针对于此，“民法”第三七九条第三项

195 参照薛著，第二三页。

196 民法立法原意，似偏厚于解除权保留说，殊值注意。其意旨略为：“谨按关于买回之性质，学说不一，各国立法例亦不同。德国旧民法认买回为新买卖，新民法认为权利之保留，法、日民法则认为买卖契约之解除。本法采德国新民法之法例，亦认买回为保留买卖契约解除权之特约。”（民法买回一款立法理由说明）。

197 参照史著第七六页。

规定："原价金之利息，与买受人就标的物所得之利益，视为互相抵销。"显然系以法定抵销之立法而否定之，故其结论为买回人无庸返还价金之利息。不过，相对人亦无庸返还标的物之利益（例如孳息），庶免计算之困难，而使法律关系，易于完结也。至于买回人就价金曾取得利息与否、取得多寡、乃至相对人就标的物曾取得利益否，与价金之利息是否相当，均在所不问。

2. 费用之负担与偿还

买回之费用，依"民法"第三八一条第二项规定，由买回人负担。盖买回系为买回人之利益而为之制度设计也。此外，买受人为改良标的物所支出之费用及其他有益费用，而增加价值者，以现在之增价额为限，买回人应偿还之（第三八二条）。例如，标的物为房屋一栋，买受人为之更新装潢，其价值原为五十万元，而买回时该装潢现值为二十万元，买回人应偿还该二十万元。至若必要费用，尚不在偿还之列。"民法"第三八一条第一项规定："买卖费用由买受人支出者，买回人应与买回价金连同偿还之。"例如，受领标的物之费用、登记之费用及买卖契约费用之半数，依法（第三七八条第三款）系由买受人支出者，于买回时买回人应偿还之（若该等费用，如特约由原出卖人支出者，则无偿还之问题）。此项费用之偿还，应连同买卖价金，故亦为行使买回权之要件。如未连同提出，买回尚不生效。

（二）买回相对人之义务

买回相对人（原买卖契约之买受人或其继承人）之义务亦有二：一为交还标的物之义务，另一为不能交还时之损害赔偿义务。兹分述于下：

1. 交付标的物及其附属物之义务

"民法"第三八三条第一项规定："买受人对于买回人负交付标的物及其附属物之义务。"所谓标的物，系指原买卖契约之标的物而言；所谓附属物者，一般以为，应与"民法"总则第六八条所称之"从物"为同一之解释。虽然，法条仅称交付标的物；解释上则应包含移转财产权之义务在内。从物不论是否为买受人原所受领者，抑或其后为买受人所新添置者，均应返还之。不过，依"民法"第三八二条规定，买回人应偿还改良及其他有益费用。从而，买受人添置从物之支出，属于有益费用之一，应由买回人偿还之。也因此，从物返还与有益费用偿还二者间，亦认为有同时履行抗辩权之适用。

2. 损害赔偿义务

"民法"第三八三条第二项规定："买受人因可归责于自己之事由，

致不能交付标的物，或标的物显有变更者，应赔偿因此所生之损害。”所谓不能，应与给付不能之不能作同一解释。不能交付标的物云者，解释上亦包括不能移转财产权之义务在内；例如，买受人将标的物转卖于第三人而无法收回，或因买受人之过失致标的物灭失均是。所谓标的物显有变更，例如买受人将标的物加以改良，致变更其种类是。盖有此情形，于债之履行上，即属于给付不能，如为可归责于买受人之事由所致者，买受人应负损害赔偿责任，乃给付不能之通例（第二二六条），“民法”本条于此再予规定，寓有杜减解释上争议之意旨。

买受人之给付不能，发生于出卖人行使买回权之后，以上开解释固无问题，如其不能交还标的物，系发生于出卖人行使买回权之前，是否有其适用，或不无疑义。通常情形，买回权，乃至再买卖契约，于（原）买卖契约成立时即已存在，因之，若有给付不能之情形者，买受人仍应依本条项负损害赔偿责任。

至于损害赔偿之范围，于债务不履行，实务及通说，系采履行利益之损害赔偿说。于本条项情形，似亦应作同一之解释。

（三）买回之效力与买卖

买回为特种买卖类型之一，基本上仍为买卖，有关买卖之效力，除买回一款之规定外，原则上适用买卖之规定。兹简介其重点于下：

1. 同时履行抗辩权

买回为要物行为，买受人行使买回权，须支付价金始克生效。基此角度观之，买回人似有先行给付价金之义务，其对出卖人不得主张同时履行抗辩权；反之，买受人对买回人则得行使同时履行抗辩权。不过，买受人如有难于返还标的物之虞者，买回人仍得行使“民法”第二六五条之不安抗辩权。

2. 瑕疵担保责任

买回之标的物为原买卖之标的物，故一般以为，买回人（原出卖人）对再出卖人（原买受人）不得主张瑕疵担保责任。[198]不过，如标的物之相关瑕疵，系发生于买回人交付于原买受人后所发生者，是否仍无瑕疵担保之适用，不无商榷余地，解释上宜采肯定。

3. 利益承受与危险负担

买回权行使、再买卖契约生效，其发生占有与所有分离之现象，与

198 参照郑著（上），第八九页。

一般买卖之情形并无多异，解释上宜认为“民法”第三七三条以下，乃至债之通则第二六六条等有关利益承受及危险负担之规定，于买回亦有适用。

4. 买卖费用之负担

买回权行使之相关费用，“民法”第三八一条、第三八二条另有规定，宜解为买卖费用之规定（第三七八条），于买回尚不适用。

第二项 试验买卖

一、试验买卖之意义

试验买卖者，以买受人承认标的物为停止条件，而订立之买卖契约也。

试验买卖之成立及效力内容，与一般买卖，尚无不同。其所以为特种买卖类型之一者，系其生效设有停止条件之故。此之停止条件，为买受人之承认。承认属主观任意条件，在此角度上，堪称民法“任意条件非为条件”之原则之特例。基此，则试验买卖之定义，殆可分述如下：

1. 试验买卖为附停止条件之买卖

试验买卖附有停止条件，须条件成就，买卖始行生效（第九九条）。

2. 试验买卖，以买受人承认标的物为停止条件之买卖

试验买卖所附之停止条件，为买受人，“承认标的物”。承认云者，买受人对标的物为，“满意”之观念通知也。试验为达成满意之手段，民法称之试验买卖，盖取手段上之意义也。买受人满意与否，任其自由，如不满意，亦无须说明理由，故此之条件，性质上为纯粹之任意条件。足见，试验买卖虽称之试验，但并非非经试验不可，如买受人不经试验，即径认为满意，或是认为不满意，均无不可。

3. 试验买卖之范围，不以物之买卖为限

试验买卖，“民法”相关规定，均称曰试验标的物（第三八四条至第三八六条）。学者或谓其适用范围原则上为物之买卖，充其量亦仅能及于有体权利之买卖；至于无体财产权之买卖，一般以为因其并无得为占有之标的物，尚无试验买卖之适用。惟此论点，是否尽符现代社会交易之需要，不无可议。

二、试验买卖之生效

(一) 试验

试验为促使买受人满意之手段，计算上为买受人之利益，故民法规定，试验买卖一经成立，其出卖人有容许买受人试验之义务（第三八五条）。容许试验既为出卖人之义务，则买受人得因试验之必要请求出卖人交付标的物，出卖人不得拒绝，违反者，买受人得诉请强制执行，并请求损害赔偿（第一〇〇条），但不宜依“民法”第一〇一条规定拟制条件成就。通说以为，买受人于此情形得解除契约[199]，惟此时买卖尚未生效，是否确有解除实益，或值推敲。

试验之方法，过程及范围如何？依当事人约定定之；无约定者，则依其个别情形客观定之（例如，汽车仅须试驶相当路途；捷运系统则须经反复试驶数月）。虽然，试验为买受人之权利，并非义务，买受人得不经试验而拒绝承认，但标的物如无瑕疵，买受人却不经试验径行拒绝承认，仍有可能构成权利滥用，或违背诚信原则（第一四八条）。

至于试验费用之负担，亦依当事人约定定之，当事人未约定者，解释上应由买受人负担，盖试验系为买受人利益而为之制度设计也。

(二) 试验买卖之承认

1. 承认之意义

承认之性质，通说认为系观念通知，其表示无须一定方式，亦无须以明示为之。在法律事实之分类上为有相对人之准法律行为，准用法律行为之规定。

沉默并非意思表示，亦非观念通知，原则上不生法律效果[200]，惟在试验买卖，其效力是否发生，不宜久悬不决，民法因之设有拟制承认之规定，堪称沉默不生法律效果之重要例外。

2. 承认之拟制

承认之拟制，民法采取视为承认之模式，其情形有二，即：

199 参照郑著（上），第九四页；史著，第八三页。

200 参照最高法院 1940 年上字第七六二号判例：“所谓默示之意思表示，系指表意人之举动或其他情事，足以间接推知其效果意思者而言，若单纯之沉默，则除有特别情事，依社会观念可认为一定意思者外，不得谓为默示之意思表示。”（同旨最高法院 1932 年上字第一五九八号判例）

（1）标的物因试验已交付于买受人，而买受人不交还其物，或于约定期限或出卖人所定之相当期限，不为拒绝之表示（第三八七条第一项）。

此之交付，指为试验而移转占有之意，须买受人处于随时得为试验之状态，解释上似不包含占有改定及指示交付之移转占有形态。称买受人不交还其物者，应指经出卖人请求返还而不返还者而言。所定期限不相当者，依晚近实务见解，似得解为因期限之延至相当期限而发生拟制承认之效果。[201][202] 兹所称出卖人所定期限，通常情形，固指出卖人于试验前即已指定期限者，但原无约定或指定，而于试验后为指定，亦无不可。“民法”本条所以为此拟制，盖以标的物既已交付于买受人，通常情形，买受人不承认者，应交还其物或如期为拒绝之表示，若买受人不为于此，足以使人信赖其为承认，法律予以拟制承认，乃信赖原则之运用，不足为奇。再者，拟制方式系采“视为”之模式，买受人不得以反证推翻。

因承认而交付标的物，如于试验期间因不可归责于双方当事人之事由，以致给付不能者，有无“民法”第三七三条危险负担移转之适用，或不无疑义。愚意以为，此之交付，尚非因履行债务之行为，解释上似不宜因其有交付之事实，即认为危险负担移转，故“民法”第二六六条仍有适用，不过，如其为不动产买卖，于承认或视为承认后，移转所有权登记完毕前，因不可归责于双方当事人之事由，以致给付不能者，应解释为其危险负担业已移转，应适用“民法”第三七三条之规定。换言之，亦即于前者，出卖人不得请求价金（已收者买受人仍得请求返还）；于后者，则其结论恰属相反。利益承受，亦应作同一解释。

（2）买受人已支付价金之全部或一部，或就标的物为非试验所必要之行为（第三八七条第二项）。

支付价金之一部或全部，性质上为履行债务之行为，解释上以买卖生效为前提：标的物为非试验所必要之行为，性质上当属行使权利之行

201 参照“最高法院”1985年第一次民庭会议决议：“债权人催告定有期限而不相当（过短）时，若自催告后经过相当期间，债务人仍不履行者，基于诚实信用原则，应认亦已发生该条所定契约解除权。”（“最高法院”1949年台上字第三五号判例采反对立场，认为所定期限不相当者，不生效力）。

202 实务系针对催告而为解释。此处为承认。惟催告为意思通知；此之承认，一般认系观念通知。二者均属准法律行为，有其相通之处，故亦为相类之解释（性质上应属类推适用）。

为，解释上亦以买卖生效为前提。买受人有此行为，亦足以解释其已承认买卖标的物，故法律亦拟制其已承认。

3. 承认之效力

就法律行为（买卖）生效之角度言，兹之承认，亦为使法律行为发生确定效力之补助行为。承认者，法律规范意义上为停止条件之成就。依民法规定，停止条件成就者，除当事人另有约定外，其条件成就时发生效力（第九九条第一项），亦即并无溯及自始生效之效力。惟试验买卖之承认似不宜为同一解释。

其实，试验买卖之生效，须经买受人承认，买受人承认与否为其自由，基此角度观之，应解释为买受人有承认权。此之承认权，足以发生权利变动，性质上为形成权。按形成权发生作用，原则上有溯及效力。因此，解释本条承认之效力，应类推适用“民法”第一一五条规定，认其具有溯及既往之效力，尚不因“民法”第三八四条之有停止条件而受影响。次段所述之“拒绝承认”，亦应作同一解释。

三、试验买卖之拒绝

（一）拒绝之意义

买受人不承认试验买卖之标的物者，是为拒绝。拒绝，意义上为停止条件之确定不成就，买卖因之确定无效。无效为自始无效，解释上应认为溯及于买卖成立时，即属无效。

拒绝之性质，通说认为亦属观念通知，亦为有相对人之准法律行为，解释上亦如承认之准用法律行为之有关规定。

沉默，原则上不发生法律上之效果，在试验买卖，亦有适用，并非所有沉默之情形，均得视为承认。为使其停止条件尽早确定不成就，俾当事人权益得有明确保护，民法于此乃有拟制拒绝之制度。

（二）拒绝之拟制

拒绝承认，民法系采，视为拒绝之模式，其情形有二，即：

1. 标的物经试验而未交付者，买受人于约定期限内未就标的物为承认之表示（第三八六条前段）。

此之交付，意义同前。所谓未为承认表示。例如，依试验买卖出售工作机具，约定由买受人到出卖人工厂试车，于试车后三天内为承认与否之表示，买受人于试车后悄然离去，三天内未为任何之表示即是，于此情形，法律上即视为买受人拒绝承认，试验买卖因之无效。盖以试验买卖标的物既未交付于买受人，而买受人有此情事者，足以信赖其已乏承认之意思也。

2. 标的物经试验而未交付，买受人于出卖人约定相当期限内未为承认之表示（同上条后段）。

此之相当期限及其适用，应与前段视为拒绝承认之规定作同一解释。解释其适用范围，应包括试验未约定期限，或试验虽约定期限，而承认未约定期限之情形。至其拟制之理由，与前段同，不予赘述。

在试验未经交付之情形，于买卖当事人双方之间，虽无法律意义之交付，惟买受人于试验之时，事实上仍须占有标的物。于此过程，如发生因不可归责于双方当事人之事由以致给付不能者，其间仍无危险负担移转之问题；盖以承认前纵经交付，有相类情形，危险负担移转既不适用，则举重以明轻，于此更无适用余地！

四、试验买卖之周边问题

（一）试验买卖与瑕疵担保责任

在理论上言，试验买卖之瑕疵担保责任，无论其为权利瑕疵担保责任或物之瑕疵担保责任，亦无论其成立要件或效力内容，原则上均适用一般买卖之相关规定。不过，由于买卖标的物于买卖生效前，业经买受人试验满意后，始行承认，买受人既经试验而承认，通常情形，对标的物业有相当了解。是以，买受人不知买卖标的物瑕疵，或非有重大过失而不知者，情形较少。换言之，买受人于承认后，得主张瑕疵担保而生之请求权，相对的，势将减少。因此，其适用范围，较一般买卖狭隘，似可肯定。

本来，在瑕疵担保责任，买受人不知有瑕疵，或因有重大过失而不知瑕疵之事项，为出卖人免于瑕疵担保责任之免责要件，解释上应由出卖人举证。试验买卖，买受人先经试验，并经满意后始行承认，故通说以为，其举证责任应予转换，亦即，买受人于承认（包括视为承认）后，仍主张瑕疵担保责任，对其未知瑕疵，或未知瑕疵非有重大过失，应负举证责任。惟以试验买卖之试验，系买受人权利，而且其查验能力相当有限，法律上不宜责求买受人以过高之试验。愚意以为，解释上应认为，依其试验，通常所能发现之瑕疵，有关上述之举证始为之转换；如非属通常试验所能查知之瑕疵，则其举证责任尚不转换。

（二）试验买卖与其他有偿契约

以承认为停止条件之契约，交易上不限于买卖，解释上应因其尚不违反强行规定或公序良俗，而认为有效，并因“民法”第三四七条而准用试验买卖之规定。其交易上常见者有试验互易、试验租赁、试验雇佣、乃至试验承揽等。

试验买卖，系先成立买卖而后试验承认，意义上为先买后试。因此，如当事人约定先试验而后成立买卖者，尚非此所称之试验买卖；亦即先试后买者，并非试验买卖。不过，此种约定，亦无违反强行规定或违背善良风俗，解释上仍属有效。惟因其买卖尚不成立，故一般称之试验买卖预约。除预约部分外，类推适用试验买卖之规定。

日常生活上，当事人约定买受人保留退货或掉换权者，亦偶见之。此二种交易形态，形式上与试验买卖有几许相似，但实则迥然不同。盖前二者均仍为一般买卖，惟二者中之前者为买方保留解除之权利，其性质上为保留解除权之一般买卖；二者中之后者，仅买受人于买卖标的物有变更权，性质上为任意之债之形态。

就保留调货之买卖而言，买受人于一定期间内，得请求调换标的物。调换与否，乃至调换何物，由当事人约定，当事人未约定者，得调换同等价格之物。买受人调换价格较高之物者，须补贴差额；调换价格较低之物，则不得请求找还差额。

就保留退货之买卖而言，买受人于一定期间内，得任意退货而解除买卖，请求返还已付价金。不过，未退货前发生不可归责于双方之返还不能者，买受人无从解约，自亦不得请求退款，其危险应等于由买受人负担，与试验买卖恰属相反。

第三项　货样买卖

一、货样买卖之意义

依货样而定标的物之买卖，是为货样买卖，民法法定用语称曰：“按照货样约定买卖”。所以列为特种买卖，以其买卖之标的物应一如货样之故。货而有样者，通常为种类之物，且数量繁多。不过，交易上尚不着眼于其标的物必须限于数量繁多之种类物。

所谓货样，意指实物之样品，其通常情形固为货物本身，但图样或模型，如能显示标的物之种类及品质者，仍得认系货样，并得依图型成立货样买卖。通常，货样之提出者固为出卖人，但由买受人提出者亦无不可。

货样买卖之特点，在于依货样而定买卖标的物之种类及品质。符合货样与否，既非停止条件，亦非解除条件，故非为附有条件之买卖。惟其既以货样而定买卖品质，则此内涵，须构成买卖契约之因素（因约定而成为必要之点）。因此，于买卖磋商及订约过程中，如提示或交付货样者，通常固推定为货样买卖，但其于买卖契约成立前，仅提示货样作为要约之引诱者，尚不当然成为货样买卖。

至于货样买卖适用对象之范围，解释上是否以有体物之买卖为限，不无疑义。无体财产权，虽无有形标的物存在，惟其得以图样表示货样，解释上似非不可作为货样买卖之对象。

二、货样买卖之效力

依货样而定买卖之标的物，固为货样买卖之因素，但货样本身之符合与否，尚非买卖之因素，对于买卖是否成立生效，尚无影响。不过，如有此情形，买受人势将信赖其买得之标的物，将与货样相同，亦即货与样合，始堪称货样也。因之，"民法"第三八八条规定："按照货样约定买卖者，视为出卖人担保其交付之标的物，与货样有同一之品质。"足见，货与样不合者，尚不直接影响买卖本身之成立生效与否，只是出卖人因之负品质瑕疵担保之责任，而且其责任内容为标的物应与货样有同一之品质。

"民法"本条所称"担保同一品质"，意义上应与同法第三五四条第二项之"担保所保证之品质"，作同一解释。亦即于货样买卖，出卖人当然有品质瑕疵担保责任，其标准则为货样之品质。换言之，货样之效果，即等于"民法"第三五四条第二项之（明示）保证。从而，如出卖人交付之标的物，于品质劣于货样者，法律评价上即为品质瑕疵，出卖人并即应负品质瑕疵保证责任，买受人得请求债务不履行之损害赔偿；反之，交付之标的物，其品质优于货样者，应无品质瑕疵可言，买受人亦不得主张瑕疵担保责任。[203] 其法律效果之体系，殆可表解如下：

203 一般文献以为，交付之标的与货样品质不一时，即属具有瑕疵，惟交付货物品质如优于货样，其情形有利于买受人，于交易秩序亦无妨碍，解释上应无瑕疵之可言。

换言之，货样买卖之特殊者，仅在出卖人之瑕疵担保责任，而且特别注重于货样代替品质保证之部分。因此，不仅货样买卖之成立，与一般买卖尚无殊异，货样买卖之效力（包括瑕疵担保责任部分），除上列者外，亦与一般买卖无异。是以，有关瑕疵（品质劣于货样）于危险移转于买受人存在、买受人善意并无重大过失、买受人履践检查通知义务等成立要件，乃至权利存续期间相关规定，于货样买卖，亦均有其适用。[204]

货样买卖交付之标的物，民法虽仅规定为同一品质，但既依货样决定，解释上当然包括种类应属相同。盖种类不一，即无复同一品质之可言。因之，如出卖人交付之货物，与货样之种类不同者，应认为未为给付，尚有不履行之问题。同理，买受人因种类不同或品质不同而请求履行或另行交付者，其另行交付之物仍须与货样为同种类之物。从而，如出卖人交付者非为同种类之物，而买受人同意者，已系“代物清偿”（第三一九条），非原货物买卖之履行或另行交付。

货样买卖之买受人，因物之瑕疵担保责任而生之请求权，既与品质保证同，则其不行使不履行之损害赔偿请求权，而主张减价或解约，自无不可。惟有关于此，瑕疵担保责任之效力内容，已有说明（本书第120页以下），兹不重复。

204 参照“最高法院”1983年台上字第九四二号判决：“按货样买卖，视为出卖人担保其交付之标的物与货样有同一之品质，应适用‘民法’第三百八十八条，第三百五十四条第二项及其他有关瑕疵担保之规定。如标的物不具备货样之品质时，买受人得拒绝受领。于危险移转后，买受人并得依‘民法’第三百五十九条，第三百六十条之规定，行使其权利。”

第四项　分期付价买卖

一、分期付价买卖之意义

分期付价买卖，基本上为信用买卖；惟因价款之支付，附有分期之约款，顾名思义，爰称之分期付价买卖（消费者保护法称为分期付款买卖）。民法为保护买受人免于分期付价约款之不公平待遇，于其效力设有特别规定，乃列为特种买卖形态之一。因之，除别有规定外，一般买卖（第三四五条至第三七八条）之规定，自亦有其适用。不过，消费者保护法规定，企业经营者与消费者之分期付价买卖契约，应以书面为之（“消保法”第廿一条第一项），足见，大部分分期付价买卖事实上已属要式契约[205]，并有消费者保护法相关规定之适用。[206]

消费者保护法关于分期付款买卖之规定，与民法此处所定分期付价买卖之关系，固可视为本法之特别法。惟以该法于此，一方面规定应订立书面，但并未强制要求非为要式契约，分期付款买卖不为成立，且因其分期付价约款内容与民法规定者不尽一致，解释上民法分期付价买卖仍有相当广泛之存在空间。爰依民法规定，析其内容如下。

所谓分期付价约款，系将买卖价金分为若干部分，于一定期间分不同期数而逐次（通常为分月或分年）支付之意。至于价金分为若干期？每期金额若干？由当事人任意订定。[207]不过，标的物交付后之付款，至少需有二期以上。如价金之支付，虽有二期以上，但标的物交付后仅余一期者，尚非分期付价买卖。[208]

205 分期付价买卖，其表征为附条件买卖者，亦为要式契约（“动产担保交易法”第五条）。

206 依消费者保护法规定，分期付款买卖之重要制度内容有如下三者：

1. 契约书应载明头期款、总价款与现全交易价格之差额及利率（同法21 Ⅰ）。
2. 未载明头期款及价格差额者，仅须支付现金交易价格，而无须支付差额（同上条三项）。
3. 未载明利息者，利率按同年百分之五计算（同上条二项）。

207 消费者保护法上所称分期付款，系指消费者须支付头期款，余款分期支付之交易形态（同法第二条第十款）。基此，未先付头期款，非属分期付款买卖，其意义似较狭隘，本书爰未采为定义依据。

208 参照郑著（上），第一〇一页；史著，第九一页。

分期付价买卖，寓有刺激消费，促进生产，进而繁荣社会之功能，日常生活适用颇广。不仅日用物品，如电视机，电冰箱，机车，汽车等之买卖，即不动产买卖，亦颇常见。权利买卖是否适用，学说上固有争论，解释上当无否定之理。

分期付价买卖为信用买卖方式之一，出卖人先行给付，但未现实收到价金，其债权之实现，不免冒有风险。出卖人为避免此一风险，于分期付价买卖，往往同时附加保障价金债权实现之条款，买受人迫于情势，亦莫下忍痛接受，形成极不公平之现象。

分期付价买卖附有保障价金债权实现约款，乃其最大特色，如何限制出卖人利用约款，苛待买受人，则成为分期付价买卖法律规定之重心，亦其成为特种买卖之由来。正因其规范意旨，在于限制分期付价买卖约款之效力，意义上亦可称之分期付价买卖约款之限制。

二、分期付价买卖约款之限制

（一）制度现状

依现行民法规定，分期付价买卖约款之限制事项有二。一为期限利率约款；另一为解约扣价约款。兹说明于下：

1. 期限利益约款

期限利益约款者，指买卖双方约定，买受人分期给付之价款，如有给付迟延者，买受人丧失期限利益，出卖人即得请求尚未支付之全部价金之（分期付价买卖）约款。通常情形，于分期付价买卖，出卖人为保护其利益，会要求买受人同意："如有一期迟延，出卖人即得请求全部价金"之约款，而买受人亦常忍痛接受之。

惟此情形，于买受人言，难免过苛，为济其平，并兼顾买受人利益之保护，"民法"第三八九条规定："分期付价之买卖，如约定买受人有迟延时，出卖人得即请求支付全部价金者，除买受人迟付之价额，已达全部价金五分之一外，出卖人仍不得请求支付全部价金。"

分期付价买卖之买受人，通常为一般消费者，经济能力较弱，如有迟延给付，即丧失期限利益，实属苛酷。民法爰修正契约自由原则，规定较为严格之要件，须买受人迟延给付之金额已达全部价金五分之一者，其期限利益始告丧失。买受人迟付之金额达全部价金五分之一，为期限利益丧失之要件。因之，纵买受人有连续多期给付迟延，但其金额合计未达全部价金五分之一者，其期限利益仍不因约定丧失而丧失。不过，多期给付迟延，其金额未达五分之一，而不丧失期限利益者，如其后再有给付迟延，而其总额并计达五分之一者，即有本条项适用。[209]

买受人期限利益丧失之明文，性质上为强行规定，违反者，出卖人得请求全部价金，惟其买卖之效力不受影响。因此，出卖人不仅得请求迟延给付之价金，亦得依给付迟延之例解除契约，并得主张买受人丧失期限利益而请求全部价金。不过，此之其金额已达全部价金五分之一，系法定最低要件，如当事人约定较为宽缓时，尚无违反规定可言，应适用其约定。例如，当事人约明："连续迟付五期，迟付金额须达全部价金四分之一，出卖人始得请求全部价金者"，其约定为有效，出卖人尚不得依"民法"第三八九条请求买受人支付全部价金。

2. 解约扣价约款

解约扣价约款者，指买卖双方约定，出卖人于解除（买卖）契约时，得扣留其所受领价金之约款。因出卖人根据此一约款而扣留价款者，买受人丧失价金返还请求权，故文献上或称失权约款。通常情形，于分期付价买卖，出卖人常要求，如出卖人行使解除权，得同时扣取买受人交付之价金，买受人亦常忍痛接受。不过，买卖既经解除，买受人负有返还标的物之义务（第二五九条），乃竟因此约定丧失已付价金之返还请求权，实失公平。"民法"第二五九条规定，配合契约自由原则，反而成为出卖人压抑买受人之工具，此岂契约自由之真谛，更非"民法"第二五九条之本意，解约扣价约款宜有限制，宁为契约自由真谛之实现，亦法律公平理念之阐扬。

"民法"第三九〇条规定："分期付价之买卖，如约定出卖人于解除契约时，得扣留其所受领价金者，其扣留之数额，不得超过标的物使用之代价，及标的物受有损害时之赔偿额。"

足见，解约扣价约款，民法系采限制其效力范围之模式，使其扣款范围不得超过标的物使用之代价及标的物受有损害时之赔偿额。换言之，解约扣价之数额，以标的物使用之代价及其受有损害之赔偿额为法定最

209 参照修正前"民法"第三八九条立法理由。意旨略为："谨按分期付价之买卖，原为买受人之利益而设，故虽当事人间订有付价迟延，即得请求支付全部价金之特约，然非具备特定之要件，出卖人即不得行使请求支付全部价金之权利。要件为何，即须买受人迟延两期之给付，且迟延之两期须系连续，而其迟付之价额，须已达总价金五分之一是也，三者缺一，出卖人仍不得请求支付价金全部。法律设此限制，盖为保护买受人之利益，而显分期付价买卖之效用也。"

高额度，缩减至最高额度，非谓代价约定无效，解约之效力，更不受影响。至于当事人约定之范围，低于标的物使用之代价及标的物受损之赔偿额者，依其约定。

本条所称解除契约，解释上包括法定解除权及约定解除权。换言之，不仅买受人债务不履行（通常为分期价款给付迟延）而生之解除权有其适用，即因双方约定之解除事由发生而解约者，亦有适用。不过，解除权之主体，应以出卖人为限，如系买受人解除契约（例如，出卖人给付之标的物有瑕疵而买受人解除契约）者，尚不适用民法本条规定。

标的物使用之代价，一般情形为相当于租金之价额，无租金以为衡量者，依客观情形酌定之，物之使用通常发生之折损，应认为已包含于此概念之内，不得再行请求。损害则指通常使用耗损以外之损害，其赔偿范围亦有全部赔偿（第二一六条）之适用。

解约扣价金额超过本条所定最高数额者，宜解释为其超过部分无效。[210] 解约扣价约款，性质上为买受人回复原状请求权之预先抛弃，超额部分则为预先抛弃无效。换言之，即于超过部分有回复原状请求权存在。从而，买受人就超过部分之价款，仍得依“民法”第二五九条请求返还。[211]

（二）相关问题之说明

就“民法典”本身规定言之，上述条文具有限制或修正私法自治（契约自由）原则之意义，学理上且常作为民法社会化重要表征之一。相对于德、日民法典而言，堪称相当进步。不过，如就整个分期付价买卖约款而言，仅此二个条文，于买受人之保护，是否业已完足，不无可议。

按分期付价买卖之约款，于实际买卖案例，可能洋洋洒洒，除以上二者外，其较为常见者尚有：分期给付利息混入约款，保证金免息

210 参照“法务部”1982年律字第二六八号函：“查‘民法’第三百八十九条规定之分期付价买卖，系属强行规定，违此之约定，其超过部分为无效。”台湾省“政府”订颁之“台湾省政府实施用人费率事业机构眷舍房地处理要点”第十四点，似有违“民法”第三百八十九条之强行规定。

211 实务亦认为得请求归还，惜未说明其立论依据参照“司法行政部”1974年台函民决字第七八六七号函。其意旨略为：“若出卖人扣留之数额超过‘民法’第三百九十条规定之限制时，买受人就其超过之部分，仍得请求归还，不影响分期付款价买卖之效力，亦非不许出卖人解除契约收回出卖之标的物。”

兼违约金约款、违约解约约款、所有权保留约款等。以上约款对买受人利益之盘剥，常有甚于上述二者，本于契约自由原则，均难认为无效，如无类如以上之社会化立法，于买受人之保护，诚有不足，似难否认。尤其，当多种约款并予运用时，此种缺失，尤其显然。此在其他国家民法，或因特别立法，或因一般契约条款控制制度之圆熟，类此缺陷或可相当弥补，反观台湾，不仅此方面之法制建设，尚待努力，法院实务又较保守，仅恃上述二个条文，显有不足，恐系事实。民法债编修正，对于上述约款之社会化立法，均置之不问，却对失权约款反而作不利于买受人之修正。[212] 是否尽当，不无疑问。分期付价买卖约款，如其系透过定型化契约方式者，消费者保护法之规定当可发挥相当规范功能。盖以该法规定，企业经营者在定型化契约中所用之条款，应本平等互惠之原则，违反之者，推定其对消费者显失公平，如其同时违反诚信原则者，条款之约定无效（同法第十一条第一项、第十二条第一项、第二项第一款）。惟何为违反平等互惠原则，概念既不明晰，而且动辄无效，恐亦非为合理允当之利益保护方式。比较上，似以“民法”第三八九条，第三九〇条之法律效果调整模式，为更妥适。“消费者保护法”规定：企业经营者与消费者成立之分期付价买卖契约书面，应记载总价款与现金交易之差额，其利率不问有无记载，不得逾现金交易价格周年利率百分之五（未记载利率者，而实有利率者，即为前述所称之利息混入约款），违反者，消费者对现金价格以外之价款，不负给付义务（同法第二一条第二项至第四项）。类此规定，对于制度之不足，不仅具有补强之意义，而其回避无效制度、运用效果调整方式，于利益保护之积极功能，更值肯定。惟其范围仅及于利息混入约款，仍不无美中不足之感。

除消费者保护法外，法律解释上，则以下二项理论之发展，似属相当重要：

（1）运用诚实信用原则（第一四八条第二项），调整约款之效力。

（2）于所有权保留约款，通说固认为以付清价款为移转所有权之停

212 参照“民法”债编修正第三八九条：“分期付价之买卖，如约定买受人有迟延时，出卖人得即请求支付全部价金者，除买受人迟付之价额已达全部价金五分之一外，出卖人仍不得请求支付全部价金。”

止条件[213] 惟愚见以为，纵依动产担保交易法附条件买卖之规定完成公示方法（登记——“动产担保交易法”第五条），仍宜解释其仅生担保物权之效力，而非所有权仍留存于出卖人。[214] 换言之，所有权保留云者，仅系法律概念，出卖人因该约款取得者仅为担保物权。至于所有权，在解释上宜认为，如为动产，仍于支付标的物时移转于买受人，如为不动产，则买受人仍有请求办理所有权移转登记之权利，并因办妥登记而取得所有权。

三、分期付价买卖之适用范围

1. 分期付价买卖与租赁买卖

租赁买卖者，以租赁之形式而为之分期付价买卖也，学理上或称之隐藏性分期付价买卖。例如，甲以租赁之名义，出租卡车一辆于乙，月付租金新台币三万元，届满三年，于最后一期租金付清，卡车所有权归于甲，甲丧失卡车返还请求权即是。

以上契约，名义虽为租赁，月付虽名为租金，惟此仅是形式，解释当事人效果意思之真意，实为移转财产权，其成立之契约实为买卖。多数情形，租赁买卖，乃出卖人故意回避买卖之适用而为设计。所称租金，实为分期给付之价款，租金亦仅是概念之借用，故实质上仍为分期付价买卖，并非租赁与买卖之混合契约。解释上自应适用分期付价买卖之规定，并因而适用买卖之一般规定。至其间之所有权保留约款或其他约款之适用，则应与前段作同一解释。

2. 分期付价买卖与附条件买卖

附条件买卖，规定于动产担保交易法，其立法定义为：“称附条件买卖者，谓买受人先占有动产之标的物，约定至支付一部或全部价金，或完成特定条件时，始取得标的物所有权之交易”是附条件买卖，如其价金支付采分期付款方式者，则与附近有权保留约款之分期付价买卖相当，解释上有分期付价买卖之适用。反之，如其价金支付非属分期付价方式者，则与分期付价买卖尚无关系。二者之区别，殆可表解如下：

213 参照刘春堂“动产所有权之移转与保留所有权条款”，收于同氏“民商法论集”（一），第二八〇页以下。

214 解释此种担保物权，一般以为系特别质权，因其制度形式上与物权法定主义，不尽配称，故为通说所不采。

事项＼制度	分期付价买卖	附条件买卖
规范性质	社会（消费者保护）立法	经济（融资保护）立法
规范目的	买受人（消费者）保护	融资（债权）担保
制度内容		
1. 标的物	不动产、动产及至权利均可	动产
2. 成立方式	不要式行为	要式（书面）行为并应经登记
3. 价金支付方式	分期付价	不限于分期付价
4. 所有权保留	无对抗善意第三人之效力	得对抗善意第三人
5. 与善意受让之关系	第三人得主张善意受让	第三人不得主张善意受让
6. 买受人之债权人执行	出卖人不得提起异议之诉	出卖人得提起异议之诉
7. 出卖人取回权之范围	依约定定之	法律有特别规定[215]
8. 买受人处分、毁损标的物	无特别刑法	有特别刑法之规定[216]

第五项　拍　卖

民法所定之特种买卖，拍卖似是最具特色，规定事项亦较复杂。爰分为总说及效力二项说明：

一、拍卖总说

总说部分，分别说明拍卖之意义、种类、主体及成立四者。

（一）拍卖之意义

拍卖者，由多数应买人出价，而出卖人择其出价最高者，并与之订

215 “动产担保交易法”第二十八条：“标的物所有权移转于买受人前，买受人有左列情形之一，致妨害出卖人之权益者，出卖人得取回占有标的物。
一、不依约定偿还价款者。
二、不依约定完成特定条件者。
三、将标的物出卖、出质或为其他处分者。
出卖人取回占有前项标的物，其价值显有减少者，得向买受人请求损害赔偿。”

216 “动产担保交易法”第三八条、第三九条。其法律文字如下：
第三八条：“动产担保交易之债务人，意图不法之利益，将标的物迁移、出卖、出质、移转、抵押或为其他处分，致生损害于债权人者，处三年以下有期徒刑、拘役或科或并科六千元以下之罚金。”
第三九条：“动产担保交易之债务人或第三人，故意使标的物减少或毁损，致生损害于债权人者，处二年以下有期徒刑、拘役或科或并科四千元以下之罚金。”

立买卖之竞争买卖。其要点殆可析述如下：

1. 拍卖为竞争买卖

竞争买卖者，多数人就同一之标的物，同时竞相争买之买卖形态。故竞争者，竞争价格之意，称之竞价买卖或更传神。多数人竞争价格者，应买之人丧失个别自由议价机会，至少亦是减少自由议价空间，一般爰因此特性，将竞争买卖作为与自由买卖之相对概念。

拍卖，虽为竞争买卖，但竞争买卖则不一定为拍卖。例如，证券集中交易市场之证券买卖（另段说明——本书第226页以下参照），其买卖之成立方法，虽亦为竞争买卖，但尚非为民法所称拍卖之形态。

2. 拍卖为由多数应买人出价之竞争买卖

拍卖须有多数应买人出价，固无争论，惟其执行方式，是否须公开为之，学理上或有争议，其答案则以拍卖究采广义或狭义而有不同。通说因采狭义，乃认为应买人之应买系公开为之，应买人间彼此相互知悉价格者，始属拍卖；否则，即非民法所称之拍卖。

民法本身于拍卖之竞价，是否限于公开为之，并无直接规定，惟“民法”第三九一条于买卖成立（拍定）之方式，明定：“拍卖，因拍卖人拍卖或依其他惯用之方法，为卖定之表示而成立”，拍板为公开方式，其他惯用方法似应以公开者为限。然而，法律解释上，是否非如此狭隘不可？再者，以拍定方式作为应买方法，认为非公开不可，其法律解释是否尽当，亦不无可议。鉴于强制执行法所称之拍卖（同法第四五条、第七〇条、第七五条、第一一三条）并不限于应买须以公开为之（同法第八五条）；而且，实际执行上，于不动产拍卖，无宁以非公开应买之标卖方式为多。换言之，依“强制执行法”第八五条规定，非公开应买之标卖，亦系拍卖方式之一。基此，则从广义言之，拍卖殆可包括标卖之概念。情形殆如下表：

拍卖（广义）
- 公开竞价应买：(狭义)拍卖
- 非公开竞价应买：标卖

正因狭义而言，拍卖与标卖截然不同，而通常所见之拍卖，大多属于公开应买方式。因此，通说从狭义立场诠释拍卖，诚非无据。至于狭义拍卖与标卖之区别，则有如下：

“拍卖与标卖，虽皆为使竞买人各自提出条件，择其最有利者而出卖之方法，惟拍卖时各应买人均得知悉他人之条件，而有再行提出条件之机会；标卖时各投标人均不知悉他人之条件，而无再行提出条件之机会，此其不同之点。拍卖之表示为要约之引诱，而非要约，'民法'第三九一条以下，定有明文，而标卖之表示，究为要约之引诱抑为要约，法律上既无明文规定，自应解释为依标卖人之意思定之。依普通情形而论，标卖人无以之为要约之意思，应解为要约之引诱。且投标非见他人之条件而为之，虽有出卖较高之投标，而其他之投标亦不失其拘束力。故开标后，标卖人或不与全体投标人订约，或竟与出价较低之投标人订约，均无不可，但标卖之表示明示与出价最高之投标人订约者，除别有保留外，则应视为要约，出价最高之投标即为承诺，买卖契约因之成立，标卖人自负有出卖人之义务。"[217]

3. 拍卖为选择与出价最高之应买人成立买卖之竞争买卖。

拍卖系由出卖人选择与出价最高之人成立买卖。至于导致最高价之方法，常见者有二。一为由应买人竞相出价，至无人再出价时，以最后所出之价格为最高价；另一为由拍定人先行出价，无人应买时依次减价，直到有人愿买时，即以该价为最高价。二者中又以前者为普遍，解释民法规定，宜认为二者均为拍卖方法，甚至应认为二者可以合并运用。学者或认为，前者始为民法拍卖所定之方法，其见解似嫌狭隘。[218] 有出价最高之人，拍卖并不当然成立，出卖人仍保有选择是否出卖之权。再者，比之选择出卖与否，解释上应为承诺与否之问题，尚与选择权之概念无关。

不过，以上所述，系偏于狭义拍卖，至于标卖，如出卖人未表明与出价最高之人订约，而法律亦未规定者，一般以为，出卖人得与出价较低之人成立买卖。"民法"第三九三条使用"拍归出价最高之应买人"之字眼，此于标卖尚不当然适用。通说于拍卖采狭义观点，基此观之，似有坚强依据。

（二）拍卖之种类

拍卖之类型区分，或着眼于执行人（拍卖人）之显著不同，或着眼于拍卖原因之殊异。其情形略有如下：

---

217 最高法院1943年永上字第三七八号判例（同旨最高法院1944年永上字第五三一号判例）。

218 参照郑著（上），第一一〇页；史著，第九四页（史教授亦同时认为，拍卖、标卖二者，均属广义拍卖之形态）。

拍卖
- 拍卖人
  - 法院：公的拍卖
  - 私人：私的拍卖
- 拍卖原因
  - 法律规定：法定拍卖
  - 私人意思：意定拍卖

1. 公的拍卖与私的拍卖

公的拍卖，指法院依强制执行法所定程序而为之拍卖（“强制执行法”第四五条、第七五条），亦称强制拍卖。盖以法院因执行名义人（通常情形为债权人），依强制执行名义（同法第四条）而声请强制执行时，即应依同法所定程序进行。此种拍卖，公权力为之介入，且强制行之，故称公的拍卖或强制拍卖。

私的拍卖，指私人基于其个人意思而为之拍卖，亦称任意拍卖，“民法”第三九一条以下之拍卖，即着眼于此而为之规定。公的拍卖，虽有公权力介入，且由法院为执行拍卖程序；惟其出卖人，实务人仍采债务人为出卖人之见解。[219]

公的拍卖，无论在拍卖人及拍卖之效力方面，虽均与私的拍卖有极大差异[220]；不过解释上仍得认为，除强制执行法有特别规定，民法有关拍卖及一般买卖之规定，仍均有其适用。只是，强制执行法之有关特别规定尚多，民法规定之适用，尚多限制而已。

2. 法定拍卖及意定拍卖

法定拍卖，出于法律规定之拍卖；反之，出于当事人意思之拍卖，则为意定拍卖。意定拍卖，由出卖人意思自由决定，无待法律规定；反之，法定拍卖则须法律明文，以民法为例，其常见者有：

①提存拍卖（三三一条）。

②行纪人对委托物之拍卖（五八五条第一项）。

③仓库营业人对寄托物之拍卖（六二一条）。

④运送人对运送物或旅客行李之拍卖（第六五〇条第三项、第六五六条）。

---

219 参照司法院1945年院解字第三〇三七号解释：“法院依债权人之声请拍卖债务人之土地时，其土地之移转虽非出于债务人之意思，仍应认债务人为出卖人，其土地增值税自应向债务人征收。”（同旨“最高法院”1958年台上字第一五二号、1960年台抗字第八三号判例）。

220 二者之最显著不同在于：公的拍卖，出卖人虽为债务人，但实施拍卖之人为法院；此为私的拍卖所无。此外，私的拍卖，出卖人有瑕疵担保责任；公的拍卖，其出卖人无瑕疵担保责任。

⑤担保物之拍卖（第八七三条第一项、第八八三条、第八九二条、第八九三条、第九三六条第二项）。

法定拍卖，仅系拍卖原因法定而已，在实行程序上，并不当然与公的拍卖结合。盖以法定拍卖者，除抵押权实行，并经由公的拍卖不可外，原则上仍适用私的拍卖，即民法所定拍卖之规定。[221]

（三）拍卖之主体

拍卖之主体，有如一般买卖，其一方为出卖人，另一方为买受人。有关当事人之能力资格，亦恰如一般买卖，本无特别之处。

不过，拍卖有时为法定拍卖，有时为强制拍卖，其出卖人并非尽为出于任意。于此情形，非设有执行拍卖之人，现实上难以完成拍卖程序，以是发生出卖人与拍卖人分离之现象。此外，在私的拍卖，出卖人委托他人为拍卖人者，亦所在多有。如是则拍卖之主体，除出卖人、买受人外，尚涉及拍卖人之问题。拍卖人，不问出于出卖人委托，亦或因法律规定而生，严格言之，均非拍卖（买卖）之当事人。不过，因其现实执行拍卖事务，致与拍卖发生密切关连而已。

拍卖人如系由出卖人自行委托，而未同时授与代理权者，尚属不多。其与出卖人之关系，应为授与代理权之委托，亦即于出卖人与拍卖人间系成立民法上之委任（第五二八条以下），而拍卖人又为出卖人之代理人（第一〇三条）。

法定拍卖、强制拍卖，出卖人与拍卖人间并无委任之意思表示。惟如前所述，有关其性质既采债务人为出卖人说，则拍卖与出卖人间，亦应解释为具有代理权之委任关系。所不同者，惟前述者为委任契约、意定代理，而于法定拍卖、强制拍卖，则为法定委任，法定代理尔。[222]

（四）拍卖之成立

公的拍卖，其买卖如何成立，强制执行法上另有规定，解释上仅于

221 参照“最高法院”1958年台上字第一五二号判例：“法院之拍卖，解释上为买卖之一种。”（同旨“最高法院”1960年台抗字第八三号、1975年台上字第二二〇〇号、1991年台抗字第一四三号判例。其中说明最具具体性者，首推如下函示。即“司法院”1991年秘台厅（一）字第〇一七五号函：“按拍卖之买受人，如不按时支付价金者，拍卖人得解除契约，将其物再行拍卖。再行拍卖所得之利益，如少于原拍卖之价金及费用者，原买受人应负赔偿其差额之责任。‘民法’第三百九十七条定有明文。此项规定于强制执行程序之拍卖，亦有适用。”）

222 强制执行法上之拍卖，其拍卖人与出卖人间之法律关系如何？其答案涉及拍卖之法律性质及出卖人究为何人？后者，见解尚称分歧。本书于此所述，系从实务立场，并斟酌劳务给付之民法立法政策（“民法”第五二九条）而来，并此叙明。

未规定者，始有民法之适用。本书旨在探讨民法制度内容，故以下所述，原则仅以民法规定，亦即私的拍卖为限。一般买卖，通常系依要约、承诺合致之方法而成立。拍卖，则于要约之前，尚有要约引诱之阶段存在，此亦其所以成为特种买卖之主要原因。至其要约引诱、要约、承诺之阶段，其表征依序而为拍卖之表示、应买之表示及卖定之表示。爰依此顺序，说明如下：

1. 拍卖表示（要约引诱）

“民法”第三九四条规定：“拍卖人对于应买人所出最高之价，认为不足者，得不为卖定之表示，而撤回其物。”既然，拍卖人对于应买人所出之最高价额，得不为卖定之表示，其意义即等于拍卖之表示，法律上并无拘束力，应买人并无承诺适格可言，是拍卖表示仅为要约引诱，乃为通说所肯认，实务上亦持相同立场。[223] 虽然，“民法”第三九四条规定本身，是否为要约引诱，并非甚为明确，解释拍卖表示，为性质上不受拘束之要约（第一五四条第一项但书），理论上亦非绝不可通。不过，鉴于卖定表示而成立买卖之规定（第三九一条），解释上仍以通说及实务见解为当。至于民法本条所称“撤回其物”云者，系撤回其物之拍卖表示，使要约引诱失其存在。因此，纵有人出价再高表示愿买，拍卖人仍得置之不理，且无缔约过失责任之可言。

拍卖表示为要约引诱，即使于采渐次减价之方式，乃至标卖之方式，亦应有其适用。盖以于此等情形，如拍卖人认为应买表示之最高价额不足者，仍得不为卖定之表示也。不过，拍卖表示为要约引诱，乃系原则，如拍卖人于拍卖时明示出卖于出价最高之人，而其出价业已超过底价者，则无论其为狭义拍卖或标卖，此时拍卖之表示，应解为系要约，“民法”第三九四条则无适用。

2. 应买表示（要约）

于拍卖，应买人出价为买入之表示者，是为应买之表示。通常情形，应买之表示须表明一定金额，并且高于先前之应买金额。如是，应买即系拍卖之要约，应买人因之成为要约人。按要约人应受要约之拘束（第一五四条第一项），其相对人（拍卖人）取得承诺适格，得以承诺而使买卖成立。此在拍卖，亦有适用。

拍卖，一般情形，为对话之意思表示。对话要约，依债之通则之规

223 同注 217 所引判例。

定，非立时承诺，要约即失其拘束力（第一五六条）。此一规定，如适用于拍卖，则拍卖人待高价而拍定之预设，即无由达成；是上述规定，解释上尚无适用。“民法”第三九五条规定：“应买人所为应买之表示，自有出价较高之应买或拍卖物经撤回时，失其拘束力。”盖以拍卖系以应买人竞争高价为手段，拍卖人惟与出价最高之人成立买卖，则应买于有出价较高者出现时，宜使其丧失拘束力，以便尽早确定其间法律关系；此外，拍卖人撤回其物之拍卖者，无异于要约之拒绝（第一五五条），自亦应使应买人之应买丧失拘束力。至于应买之表示，通常情形为对话意思表示，似无撤回应买之余地。

拍卖之出卖人，有时非出于自己所愿；拍卖之拍卖人，有时非为出卖人。于是，出卖人或拍卖人得否为应买人，不无深究必要。通常，在任意之私的拍卖，不问出卖人自己执行拍卖或委托拍卖人拍卖，出卖人自为应买人本无实益，故一般以为不得自为应买人，现实上纵有此行为，亦不成立拍卖。至于公的拍卖或法定拍卖，则通说采肯定。盖以于此情形，以债务人或物之所有人或权利人为出卖人，不无拟制意义，致不得不有出卖人亦得为买受人之例外解释；但实务采否定立场。[224]

至于在拍卖人非为出卖人者，“民法”第三九二条规定：“拍卖人对于其所经营之拍卖，不得应买，亦不得使他人为其应买。”以期保护委托之出卖人，并维拍卖之公正。其代理他人为应买者，亦应作同一解释。至其适用范围，并不以出卖人委托者为限，即因法律规定（公的拍卖或法定拍卖），而为拍卖人者，亦有适用。

法律性质上，第三九二条似为禁止规定；违反者，多数见解以为拍卖无效，实务上似亦采此相同看法。[225] 惟“民法”本条，系以保护为委托之出卖人利益为主旨，解释其为无效，恐较机械，学理上或主张其拍卖不生效力，得因委托出卖之人（出卖人）之承认而生效，其说或较可采。[226]

224 参照“司法院”1991 司法业务研究会研究意见，其意旨略为：“强制执行拍卖，应解释为买卖之一种，即以债务人为出卖人，拍定人为买受人（‘最高法院’1958 年台上字第一五二号、1960 年台抗字第八三号判例参照）。本件债务人甲为土地之出卖人，自不得以应买受人之身分参与投标，其投标无效。”

225 参照司法院 1943 年院字第二五六八号解释：“民法第三百九十二条之规定，于强制执行法上之拍卖亦适用之，强制执行法第六十一条、第八十三条之执行推事、书记官及执达员，即为民法第三百九十二条所称之拍卖人，如自行应买或使他人为其应买，则主张拍卖无效有法律上之利益者，自得以诉主张其无效。”

226 参照史著，第九七页。

3. 卖定表示（承诺）

同法第三九一条规定："拍卖，因拍卖人拍板或依其他惯用之方法，为卖定之表示而成立"。既然，拍卖须待卖定表示始告成立，是卖定表示为拍卖成立上之承诺，殆无疑义。拍板有一定之形式，其他惯用方法，亦应作同一解释（如按铃或敲钟），通说因认拍卖为要式行为。如是，则要式亦为拍卖与一般买卖不同之重要表征矣！

拍卖，得拍归于出价最高之人，且不问出卖人自己执行拍卖，亦或委由他人拍卖，均应作同一解释。不过，在私的拍卖，如其系出卖人委托拍卖人拍卖者，纵拍卖人认为价格已足，而出卖人认为不足者，于拍定之前，委托之出卖人仍有反对之权。从而，如委托之出卖人为反对之表示者，拍卖人应不为卖定之表示而撤回其物。违反者，出卖人得终止委托拍卖，并请求拍卖人损害赔偿；不过，拍卖仍属有效，出卖人仍对应买人负出卖人之义务。

二、拍卖之效力

拍卖亦为买卖形态之一，有关买卖效力之规定，除民法特种买卖有关拍卖部分或其他法律有特别规定外，于拍卖亦有适用。

例如，交付标的物及移转财产权义务、支付价金义务、瑕疵担保责任、危险负担移转时点，乃至买受人受领权的物义务等，原则上均有适用是。于此所述者，则为拍卖有别于一般买卖之特殊效力。基此，则拍卖效力，尚可分为如下数项说明：

（一）出卖人义务方面

于私的拍卖，出卖人给付（移转财产权等）义务与瑕疵担保责任，与一般买卖并无不同。

公的拍卖，标的物系由法院点交，权利移转证书亦由法院发给。权利之移转，于动产拍卖，应解释为自点交时取得所有权，此与民法之一般买卖无异；于不动产买卖，则自法院发给权利移转证书时取得不动产所有权（"强制执行法"第九八条），无待登记。至于瑕疵担保责任，强制执行法明定，拍卖物之买受人就物之瑕疵无担保请求权（同法第六九条、第一一三条）；换言之，亦即出卖人不负物之瑕疵担保责任。至于权利瑕疵，强制执行法尚无排除规定，解释上回归民法，亦即出卖人仍应负权利瑕疵担保责任。由于不动产之强制拍卖，买受人不受善意受让之保护，如第三人之物遭受拍卖者，其拍卖无效，第三人得提起回复所有权之诉[227]，出卖人应负权利瑕疵担保责任，理论上或更具意义(实际上，为债务人之出卖人往往已无资力，买受人因之而获得赔偿者，可能为数甚少)。

（二）买受人义务

买受人之义务，于拍卖上之特色有二。一为价金支付义务，二为给付迟延责任。兹分述于下：

1. 价金支付之特例

在拍卖，买受人之支付价金义务，“民法”于第三九六条另有如下规定，此即：“拍卖之买受人，应于拍卖成立时或于拍卖公告内所定之时，以现金支付买价”是。相对于一般买卖，其特点有二，即：

（1）价金支付之方法：一般买卖非必限于现金支付，还期票据亦无不可；拍卖之价金支付则限于现金。

（2）价金支付之时期：一般买卖，原则上价金支付与标的物交付同时为之（第三六九条）；拍卖则应于拍卖成立时或其公告所定时间支付价金，至其是否与标的物交付同时，则非法所要求。但公的拍卖，法律另有规定者，从其规定（例如“强制执行法”第六八条是——回复价金支付与标的物交付同时原则）。

2. 给付迟延责任之特例

（1）制度内容

价金支付为金钱之债，性质上无给付不能，故拍卖买受人之价金不履行，原则上只有给付迟延而无给付不能。[228] 不过，金钱债务之债务人负有担保履行责任，一有迟延，即属可归责而成立债务不履行，理论上并无“民法”第二三〇条之适用。此于拍卖之应买人，亦无例外。

依债编通则之规定，拍卖之买受人给付价金迟延者，出卖人固得请求给付，亦得于定期催告后解除契约。惟此于拍卖之出卖人而言，恐有缓不济急，或不胜其烦之累，民法爰因之设有即时解约，再行拍卖等权利。其内容为：

“拍卖之买受人，如不按时支付价金者，拍卖人得解除契约，将其物

227 参照司法院1931年院字第五七八号解释：“强制执行中拍卖之不动产为第三人所有者，其拍卖为无效，所有权人于执行终结后，亦得提起回复所有权之诉，请求返还。”（同旨司法院1935年院字第一三七〇号解释；最高法院1941年上字第二二〇三号判例、1980年台再字第一二二号判决）。

228 参照最高法院1931年上字第二三三号判例：“金钱债务不容有不能之观念，即有不可抗力等危险，亦应由其负担，决不能借口损失及人欠未收，以冀减负责任。”（同旨最高法院1933年上字第三一八〇号、1942年上字第二七三六号判例）

再行拍卖。再行拍卖所得之价金，如少于原拍卖之价金及再行拍卖之费用者，原买受人应负赔偿其差额之责任。”（第三九七条）相对于债编通则，民法本条规定，虽然具有如下特色：

①即时解约权

此之所谓解除契约，指解除买卖之意。所谓即时解除云者，意即无需定相当期限催告，更无庸待买受人履行，只要买受人有不按如上所述时点支付价金，拍卖人即得解除买卖，并得将同一标的物再行拍卖。

②解除权人之扩大

依债编通则规定，解除权人，须为契约当事人之另一方，非契约当事人并无解除权。换言之，依债编通则规定，拍卖之买受人有价金支付迟延者，解除权人应为出卖人；至于拍卖人，如系受托执行拍卖者，则尚非买卖当事人，本无解除权可言。惟坚守此一原则，于出卖人保护反有不周，“民法”本条特明定拍卖人有解除权，俾便尽速采取补救措施，维护出卖人利益。不过，“民法”本条之创设，系为补充“民法”债编通则之不足而设，非谓当然排除相关规定，解释上应认为出卖人之解除买卖权，既得依“民法”本条主张即时解除，亦得依“民法”第二五四条规定而为解除；至于，买受人之解除权，则依债之通则之规定，不因“民法”本条规定而受影响。

③不履行赔偿范围之扩大

按解除契约而请求损害赔偿者（第二六〇条），依学者通说及实务见解，系采“履行利益说”，债权人所得请求者，限于债务人不履行本身而生之损害。至于解除契约后，债权人再行与他人订约而生之差价利益之损失，尚非履行利益概念所能涵盖，不在损害赔偿范围之内，债权人自亦不得请求差价损失之赔偿。是以，“民法”第三九七条第二项规定，买受人对于再行拍卖所生之差价损失及再拍卖费用，应负赔偿责任，显然具有扩大不履行赔偿范围之用意。[229]

229 “民法”债编第三九七条修正理由：“一、第一项未修正。二、第二项所谓“所得之利益”，概念尚欠明了，有指再拍卖所得之价金扣除再行拍卖之费用后实际所得者，有谓再行拍卖所得之价金扣除原拍卖及再行拍卖之费用后实际所得者，解说不一，易滋疑义。如依原规定之计算结果，则两次拍卖费用均由原买受人负担，亦甚不公平，盖无论拍卖次数如何，第一次之拍卖费用当由出卖人负担，始合乎情理。为示公平并避免疑义，爰将“利益”修正为“价金”，“费用”修正为“再行拍卖之费用”，以期公平而明确。例如原拍卖之价金为新台币（以下同）一百万元，原拍卖之费用为十万元，再行拍卖之价金为八十万元，再行拍卖之费用为五万元，则原买受人应负赔偿之差额为一百万元加五万元减八十万元等于二十五万元。”

契约解除后再行与他人订约所生之差价损害。解释上为契约消灭所生之损害。是以，“民法”第三九七条第二项之规定，显已超越履行利益赔偿主义，并且具有契约利益赔偿主义之意义。例如，原拍卖之价金为一百万元，原拍卖费用为十万元，再拍卖价金为八十万元，再行拍卖费用为五万元，则原买受人应负赔偿之差额为一百万元加五万元减八十万元，即等于二十五万元。[230]

(2) 特例之定位

“民法”第三九七条之规定，为债务不履行特例之规定，固可肯定。惟此之特例，与债务不履行责任一般规定之关系，究竟如何？解释上仍有深入探讨之必要。

按债务不履行责任之规定，旨在保证债权人，“民法”本条之规定意旨亦同，而且可说系着重于债权人（出卖人）利益保护之补充强化。二者相互关系，应解释为附加规定，并无特别法优先于普通法之法律适用原则之适用。亦即第三九七条之规范功能，系债务不履行责任之补强，非谓债务不履行责任已为适用。因此，出卖人仍得依债务不履行责任之一般规定请求给付，亦或于催告履行后再行解除买卖（于此情形，得参照“民法”本条，认为催告所定期限无相当与否之问题）。也因此，出卖人未解除买卖者，亦得请求迟延赔偿。

有关买受人义务之上述规定，如价金支付时期、即时解约权、解除权人扩大，乃至赔偿范围之扩大等（第三九六条、第三九七条），解释上于标卖亦应有其适用。惟如固持狭义之拍卖观点，亦即认为民法之拍卖，概念上并不涵摄标卖者，则宜认为上述规定，于标卖得类推适用之。

第六项　其他特种买卖

伴随着经济发展及交易形态之更新，特种买卖，非民法所规定之以上五者所可尽括，已是事实。则民法买卖一节以外之特种买卖，不能视若无睹。爰特辟本项，题曰：其他特种买卖。本书以阐述各种之债之制度内容为主，限于篇幅及能力，乃选择其应用较为普遍重要之继续性供给契约、访问买卖、邮购买卖及上市证券买卖数者为对象，并仅分别简要介绍其各自之特色。

230 引自同上修正理由。

一、继续性供给契约

1. 继续性供给契约之意义

继续性供给契约者，当事人约定，一方于一定或不定期限内，继续供给一定种类之物品或物质于他方，他方支付一定之价金之契约。供给物品（质）之一方，实即买卖之出卖人；支付价金之另一方，则为买卖之买受人。因此，继续性供给契约，除继续性给付之特性外，与一般买卖并无多异，解释其为特种买卖形态之一，实值肯定。

继续性供给契约之特征，在于买卖标的物之分次不断给付。此之多数给付，仅因方便而分次按时给付，时间上虽有区隔，但概念上为单一之总括给付所涵盖，故性质上仍为一个契约之给付，并非多数契约之集合。由于，出卖人供给之物品或物质，多为日常可代替之生活用品，例如，牛乳、报纸、餐点、自来水、煤气、电力等均是，故性质上为种类买卖之特殊形态。由于能源供给契约，台湾解释其为准买卖（参照本书第 49 页），因此，严格区别，继续性供给契约尚有买卖与准买卖二者，其区分标准有如下表：

继续性供给契约 {
- 物品：种类物供给契约：买卖：（种类）买卖
- 物质：能源供给契约：准买卖：准（种类）买卖

继续性供给契约之分次不断给付，是否亦应同时表现于价金支付，管理上固有争论。采肯定说者以为，买受人之价金支付，亦须分次给付，表现与出卖人各个财产给付对峙之状态，始为继续性供给契约。如先支付全部价金，而后由出卖人分次供给标的物，固非继续性供给契约；即先分次供给标的物，最后由买受人一次支付全部价金者，情形亦然。惟解释继续性供给契约，是否必须如此严格，不无讨论余地。例如，订阅报纸一年，先行支付全部报费，或约定满一年后收款，是否即无继续性契约之适用，不无商榷。

继续性供给契约实即继续性买卖，性质上固可归类于继续性契约概念之内，但其非即为继续性契约，甚为明显，二者不可混用，自亦当然。然而，其供给者非为财产权之移转者，纵有继续供给之情形，亦非此所称之继续性供给契约。

2. 继续性供给契约之效力

继续性供给契约，虽因继续性供给之特性，被列为特种买卖；惟就买卖之成立而言，继续性供给尚不影响买卖成立之制度内容，解释上应适用有关一般买卖成立之规定。即使在买卖之效力方面，除后段所述者外，有关一般买卖之效力（包括债编通则）之相关规定，于继续性供给契约，亦均有其适用。

3. 继续性供给契约之特色

相对于一般买卖，继续性供给契约之特色，主要有如下数项：

（1）同时履行抗辩权之特殊态样

继续性供给契约，标的物（乃至价金）之供给有继续状态，其同时履行抗辩，应与继续性契约作同一解释，尚不单纯适用“民法”第二六四条、第二六五条规定。

（2）债权让与之禁止

继续性供给契约既为继续性契约形态之一，其债之关系于财产给付方面具有人格性，其债权应解释为因债之性质而不得让与（非经债务人承认不生效力——第二九四条第一项第一款）。

（3）契约之终止

继续性供给契约既有人格性，信赖关系相当重要，契约当事人彼此苟失信赖，勉强法律关系持续，于双方并无实益。因此，于继续性供给契约，应本于继续性契约之原理，承认当事人得随时终止契约，即其间有债务不履行情事者，亦应作同一解释。不过，如其事由之发生，尚未为继续性供给之部分履行者，则仍有解除契约之适用。

（4）情事变更原则之适用

继续性供给契约，具有长期性之状态，于法律关系成立后，发生不可预料或不可抗力事故，以致须调整原定法律效果之情形，较易出现。因此，情事变更原则之适用（第二二七条之二、“民事诉讼法”第三九七条），自较一般买卖普遍。[231]

二、访问买卖、邮购买卖

（一）访问买卖、邮购买卖之意义

访问买卖者，指企业经营者，未经邀约而在消费者之住居所或其他场所从事销售，而发生之买卖行为（“消保法”第二条第九款）。邮购买

231 有关继续性供给契约之基本文献，请参照盛钰“继续性债之关系”，台大硕士论文，1987 年。

卖者，指企业经营者，以邮寄或其他递送方式，而为商品买卖之交易形态（同上法条第八款）。二者之方法，虽然不同。惟在买卖成立过程，买受人本非主动，其所以应买，系在出卖人突然出现劝诱，买受人本身常未经深思熟虑，则为斯二者之共同特征。

访问买卖、邮购买卖，在欠缺特别规定之情形，解释上适用一般买卖之规定，本属无可否认。惟此对于买受人之保护，极为不周。如何抑制出卖人借此损及买受人利益，乃成为消费者保护上重要课题之一环。事实上，访问买卖、邮购买卖所以成为特种买卖，亦系本于此一理念而来。

（二）访问买卖、邮购买卖效力之特例

访问买卖、邮购买卖之特例，系本于消费者保护法而来。台湾立法亦法。基此，则二者之共通特例，约有如下数项：

1. 企业经营者之具体情事告知义务

企业经营者为邮购买卖或访问买卖时，应将其买卖之条件、出卖人之姓名、名称、负责人、事务所或住居所告知买受之消费者（“消保法”第十八条）。

2. 消费者之任意拒买权及解除权

邮购或访问买卖之消费者，对所收受之商品不愿买受时，得于收受商品后七日内退回商品或以书面通知企业经营者解除买卖契约，无须说明理由及负担任何费用或价款（“消保法”第十九条第一项）。

3. 不利消费者约定之无效

邮购买卖或访问买卖之约定，有下列情事之一者，其约定无效：

(1) 违反买受人七日内得任意拒买或解约者（同法第十九条第二项）。

(2) 契约解除回复原状之约定，对消费者而言，较“民法”第二五九条规定为不利于消费者（同上条第三项）。

4. 企业经营者之物品取回义务

未经消费者要约而对之邮寄或投递之商品，消费者不负保管义务。

前项物品之寄送人，经消费者定相当期限通知取回而逾期未取回或无法通知者，视为抛弃其寄投之商品。虽未经通知，但在寄送后逾一个月未经消费者表示承诺，而仍不取回其商品者，亦视为抛弃其寄投之商品。（同法第二十条第一项、第二项）。

5. 消费者之求偿权

访问买卖、邮寄买卖之消费者，对于企业经营者得请求偿还因寄送物所受之损害，并请求因处理寄送物所支出之必要费用（同上条第三项）。

三、上市证券买卖

（一）证券买卖之意义

证券买卖者，以有价证券为标的物而成立之买卖也。严格言之，一般证券之买卖，与其他财产权之买卖相较，尚无特殊之处，本无特种买卖之意义。不过，上市有价证券之买卖，因证券交易法规之规定，呈现许多民法所无之特性，谓非特种买卖，诚难令人信服。本文因之于本段特列上市证券之买卖，以为说明。

基此，上市证券买卖者，殆可诠释为：证券商利用证券交易所开设之有价证券集中交易市场，从事上市有价证券（通常为上市公司发行之股票）买卖之契约。

（二）上市证券买卖之特色

较之一般买卖，上市证券买卖之特色，尚属复杂。归纳言之，则可分就买卖成立及买卖效力二项说明。

1. 买卖成立上之特色

上市证券买卖，表现于成立上之特色，主要有如下四点：

（1）当事人资格之限制

买卖上市有价证券，限于证券商（“证券交易法”第一五一条）；至于投资人，仅能委托证券商为买进或卖出股票[232]，不得自为出卖人或买受人。

（2）竞争买卖

上市有价证券之买卖，采竞争买卖方式，证券交易法规通常称之竞价买卖（“证券交易法”第六条）。

（3）要约交错

上市有价证券之买卖，通常采电脑撮合，价格符合竞价形成之买卖价格时即自动成交（成立买卖），无待承诺之成立及通知。

（4）交易场所之限制

上市有价证券之买卖，原则上限于在售中交易市场进行，场外交易，

---

232 此项委托买卖关系，性质上为民法上之行纪关系（“民法”第五七六条以下）。相类文句，参照“证券交易法”第二〇条第四项：“委托证券经纪商以行纪名义买人或卖出之人，视为……取得人或出卖人。”

原则上为法所禁止（“证券交易法”第一五〇条）。

2. 买卖效力上之特色

上市证券买卖，表现于效力上之特色，主要亦有如下四点：

（1）现实买卖

上市有价证券买卖之交割（券款之交付及支付），原则上应以现款、现货为之，既不得为预约买卖，亦不得进行信用买卖（“证券交易法”第四三条第一项）。

（2）第三人担保给付

上市有价证券买卖，当事人一方之券款交割，发生不履行（原则上为给付迟延）者，由证券交易所担保给付（“证券交易法”第一五三条）。由于交易所并非证券买卖当事人，爰称之第三人担保给付。交易所所以为此担保，系为维持市场秩序，保护投资人而设。有此担保，对债权人已无遭受不履行损害之虞，故除非交易所丧失担保能力，否则，现实上，债权人尚难对违反交割义务人主张给付迟延之不履行责任。[233]

（3）契约解除之不适用

上市证券买卖，既由证券交易所担保给付，买受人尚难主张给付迟延，则依同一法理，应解释为契约解除权尚无适用。[234]

（4）不当买卖行为之禁止

证券交易市场极其敏感，资讯之强者常可利用不当买卖行为获取不正当暴利。如此，不但严重损及一般投资人权益，于证券市场本身之公正安定，亦有重大不良影响。因此，不当买卖行为之禁止，亦为上市证券买卖重要特色之一。操纵市场股价行为之禁止、短线交易之归入权强制行使、内线交易之禁绝，均其著例（“证券交易法”第一五六条、第一五七条、第一五七条之一）。由于证券交易市场发生此种不当行为，其行为人或应对善意投资人负损害赔偿[235]，或应将利益归入上市公司，故一般以为，此等不当买卖行为禁止条款，亦寓有保护投资人之积极意义。[236]

233 参照邱聪智前揭“证券买卖之法律关系”，第二一六页。

234 同上注文献。

235 善意投资人请求损害赔偿时，视为买受人或出卖人，俾使主张债务（契约）不履行责任（“证券交易法”第二〇条第四项、第一五五条第四项、第一五七条之一第五项后段）。

236 此等禁止条款，虽系强行（禁止）规定，但其目的是在取缔处罚不当行为之人，同时给予投资人较为有利之保护，故对于违反此等行为之交易行为，尚不宜解释为违反禁止规定而无效（“民法”第七一条本文）。

第五章

互　易

互易，即通称之以物易物，系人类社会最原始的经济行为或交易型态。在历史发展过程上，互易不仅比买卖为早，在较原始时期，其交易上之地位，还比买卖更为重要。古罗马法时代，买卖虽已出现，但其地位仅为互易型式之一，恐系法制史上之实情。[1]

不过，随着人类交易行为之频发，货币之出现及大量使用，买卖逐渐成为最为重要之交易形态，互易不仅退居次要，而且沦为准用买卖之交易制度。特别是演进及于现代社会，货币支付高度发达，互易几乎仅是聊备一格之交易制度，以与买卖相较，即使以巨人侏儒比拟，亦非妥当写照。著述上厚于买卖而薄于互易，诚非无因。本书自亦难以例外。

兹依民法规定内容，就互易之制度内容，依如下附表次序分述之：

- 互易
  - 总说
    - 意义
    - 种类
    - 成立
  - 效力
    - 移转财产权（398）
    - 支付补足金（399）

第一节　互易总说

总说部分，分别说明互易之意义、种类及成立。

1　参照蓝瀛芳“谈互易”，法学丛刊第一三四期，1989年，第二四页。

一、互易之意义

民法于互易，虽未如买卖之有直接立法定义。惟民法第三九八条规定："当事人双方约定互相移转金钱以外之财产权者，准用关于买卖之规定。"兹所称互相移转金钱以外之财产权，即通称之以物易物。是以，称互易者，即可定义为：当事人双方约定互相移转金钱以外财产权之契约。并得为之析述如下：

1. 互易为移转金钱以外之财产权之契约

移转金钱以外之财产权者，为互易之标的。此之财产权，宜与"民法"第三四五条所称之财产权作同一之解释（为叙述方便，以下简称移转财产权）。因此，不但物权、准物权、无体财产权、乃至债权或能量，均属比所称之财产权；惟金钱除外。从而，金钱之兑换，尚不成立互易。不过，所谓金钱，系指仍充作通用货币者而言；非通用之货币，交易上与一般商品无异，自得作为互易之标的。

财产权，并不包括劳务，是以，劳务之互换，与互易无关，解释上应成立雇佣关系（第四八二条以下）。

2. 互易为互相移转金钱以外之财产权

移转金钱以外之财产权，固为互易之标的，惟其要素，则须当事人双方互相移转金钱以外之财产权。因之，如仅一方移转金钱以外之财产权，而他方所移转者非为金钱以外之财产权者，则无成立互易可言。

互相移转金钱以外之财产权，须于契约成立时约定，亦即其债之关系生效时，即以互相移转金钱以外之财产权为内容。如原非约定互相移转金钱以外之财产权，嗣后再约定移转金钱以外之财产权以为给付者，则非为互易。

例如，甲乙约定由甲支付乙新台币伍拾万元，向乙购买 A 车，嗣后甲无钱支付，约定以甲之 B 车偿还者，则甲乙之间关系成立代物清偿，而非互易。

不过，移转之财产权，其属性不必相同，亦即只要约定互相移转者为金钱以外之财产权，即为已足，至其财产权之性质，则无相同或相类之必要。因此，不仅车辆所有权换土地使用权，得成立互易，即使债权与物权互相移转之约定，亦得成立互易。

二、互易之种类

民法规定之互易，尚有一般互易与附补足金之互易二种形态。其事例殆如下表：

- 互易
  - 一般互易（398）
    - 单纯互易：车子一辆与名画一幅互易（不注重物之价值是否对待）
    - 价值互易：轿车一辆（价值百万元）与套房一间（价值百万元）互易（注重价值之同等）
  - 附补足金互易（399）：除移转财产权外，当事人一方并支付金钱之互易〔甲以机车（价值五万元）与乙之电视机（价值四万五千元）互易，乙并以五千元补足其差额是〕

三、互易之成立

互易因当事人之意思表示一致而成立，无须一定方式，亦无庸现实履行，法律性质上为诺成、不要式契约。惟不动产互易效力之发生，须由公证人作成公证书或经登记（第一六六条之一），性质上似亦有如不动产买卖为生效要件之要式契约。

互易之互相移转财产权，为当事人之给付、彼此之间，债务互为对价，给付互有报偿，故互易为双务契约、有偿契约。

移转金钱以外之财产权，何种情形得解释为互易，实务上有时甚感困扰。其间，较具争议者有如下二者：

1. 合建契约

地主与建商订立合建契约，约明建筑公司出资建屋、地主提供土地，房屋建妥后，双方各分若干层，地主同时按比例将土地所有权（通常为共有持分方式）移转于建商分得之房屋。此一契约，是否为互易契约？

有关于此，实务曾多有讨论。通说以为应依契约内容而定，至其一般判断标准为：

（1）约定地主与建商，就各分得房屋，以各自名义领取建造执照者，性质上为承揽契约。

（2）约定建商承建房屋，以其所得报酬，充作取得土地（或其持分）

之价款者，为买卖与承揽之混合契约。

(3) 约定俟房屋建妥后，始将分归地主之房屋与分归建筑公司之基地互相移转所有权，且地主未以自己名义领取建造执照者，为互易契约。[2]

2. 转换公司债

公司为募集资金而发行可以转换为公司股票之公司债券者，一般称之可转换公司债。其债权人取得公司债券后，符合一定条件者，得以债换股，请求发行公司换给股票，债权人因而成为股东。此种得以债换股之公司债应募，性质上究属买卖，抑或互易，学理上固有争议，惟解释其为附条件之互易契约者[3]，亦颇有力。愚意以为，如采此说，则称之以债权人行使转换权（选择权）为停止条件之互易说，似更贴切。[4]

第二节　互易之效力

互易之效力，为说明上方便，爰分为移转财产权及支付补足金二项。

一、移转财产权

互易之移转财产权，与买卖之移转财产权，性质上应无不同，故民法规定准用买卖之规定，良有以也。事实上，"民法"第三九八条所谓准

2 参照"司法院"1983 年厅民一字第〇一一九号函："土地所有权人提供土地由建筑商出资合作建屋，其契约之性质如何，应依契约内容而定，不能一概而论。如契约当事人于订约时言明，须俟房屋建竣后，始将应分归地主之房屋与分归建筑商之基地，互易所有权者，固属互易契约。惟如契约内言明，建筑商向地主承揽完成一定之工作，而将地主应给与之报酬，充作买受分归建筑商之房屋部分基地之价款，则系属买卖与承揽之混合契约，至若契约订明各就分得房屋以自己名义领取建造执照，就地主分得部分而言，认该房屋之原始所有人为地主，地主与建筑商就此部分之关系为承揽契约。本件土地所有权人提供土地由建筑商出资合作建屋，约定各就分得房屋以自己名议领取建造执照，其契约性质，系属承揽。"（同旨"司法院"1982 年业务研究会第一期法律问题研究意见）。

3 同注一文献，第二八页～第二九页。

4 通说以为，购买转换公司债系一买卖行为，而买受人有转换权（附有条件），并不另行成立互易关系（基本文献请参照赖源河："转换公司债之研究"，收于氏著"公司法问题研究（一）"，政大法学丛书，1982 年，第二四八页以下）。

用关于买卖之规定云者，主要系指移转财产权，亦即出卖人义务及责任等相关规定之准用。一般以为，准用范围，包括移转财产权（给付）义务、标的物受领义务、瑕疵担保责任、利益承受与危险负担移转时点，乃至费用负担等，均在其内。[5] 不过，有关于此，于买卖契约，其义务主体，仅存于当事人一方，多数情形，且为出卖人之义务；反之，于互易，则此等义务或责任，恒同时存在于当事人双方。是以，称之互负财产权移转义务、互负受领标的物义务、互负瑕疵担保责任，似较妥切。即使在利益承受与危险负担移转时点上，亦系存在于互易当事人双方，非若买卖之仅存于出卖人。

互易可说系与买卖性质为最接近之有偿契约，纵无“民法”第三九八条规定，本亦得依“民法”第三四七条准用买卖之规定。不过，“民法”第三九八条既已另有明文，解释上应认第三九八条系特别规定。从而，以上相关义务或责任之法源，应直接依据第三九八条，与第三四七条尚无关系。

二、支付补足金

“民法”第三九九条规定：“当事人之一方，约定移转前条所定之财产权，并应交付金钱者，其金钱部分，准用关于买卖价金之规定。”按一般互易本无支付金钱之问题，惟于附补足金互易，民法另定其补足金之支付，准用关于买卖价金之规定。本条规定之结果，虽亦准用买卖，但与前条之准用，其对象范围，各有不同，概念上不宜混淆。兹为便于区别，特为之表解如下：

互易
- 一般互易：转移财产权
- 附补足金互易
  - 移转财产权
  - 支付补足金—准用买卖(399)（支付价金部分：买受人义务）

（一般互易之转移财产权与附补足金互易之移转财产权）准用买卖(398)（移转财产权部分：主要为出卖人义务、责任）

5　参照“最高法院”1977年台上字第一七五二号判例：“互易准用关于买卖之规定，土地所有权之移转为绝卖者，其增值税向出卖人征收之，‘民法’第三百九十八条及‘土地法’第一百八十二条分别定有明文，又土地因买卖而移转，买受人逾期不申请登记，经查明令其申请者，其应征收之土地增值税应由买受人代为缴纳，复为‘实施都市平均地权条例’第四十四条所明定，两造间既系互易土地所有权，如无土地增值税应由上诉人负担之特约，上诉人于代缴后，请求被上诉人附加法定迟延利息返还，殊难谓为无据。”

补足金互易之补足金，为补贴财产权差价之金钱，性质上与价金之支付无异，故“民法”明定准用买卖价金之规定，以杜争议。准用之范围，解释上包括价金之支付时期、支付处所，乃至拒绝支付权等。理论上，亦应认不宜援用第三四七条作为规范依据。

附补足金互易，是否尽为互易，尚有争议。一般以为：既称补足金，解释上应以其金钱之给付居于从属地位者，始足当之；因之，若金钱给付与财产权相等者，应定性为买卖与互易之混合契约；若金钱给付为主要，财产权移转仅居从属者，则应定性为买卖。[6] 从而，于后二者之补助金支付，解释上应均属买卖之适用，尚非仅为准用而已。

6 参照郑著（上），第一二六页；史著，第一〇二页。

第六章

交互计算

契约，为最重要之利益交换体制。一般所称契约，系于当事人间创设实体之利益请求权（给付请求权），并以为交换。例如买卖，于买受人、出卖人间创设移转财产权（利益）请求权、支付价金（利益）请求权，并以为互换，即是典型。互易、赠与、委任、行纪、以至和解、保证等民法上契约类型，乃至其他法律上之契约类型，除交互计算外，殆莫不均是。

交互计算，为便利债权债务结算手段之契约，本身并不实质发生利益交换，相对于其他契约，有其独特性质。民法规定于商品契约范畴之内，系便宜作法，非谓基本身亦有如买卖、互易、赠与、租赁等之有财产权之创设或交换，堪称形式意义之契约。兹以民法规定为主，分为总说、效力及终止三项说明之。

此外，尚须附带一言者，即交互计算之形式意义，不仅表现于制度内涵，于法律规定内容亦然。盖以交互计算特色所在之交互计算不可分性、交互计算担保功能，交互计算差额债权存在体态，均诉诸解释而得其答案，民法本身则未见片言只字也。

第一节 交互计算总说

一、交互计算之意义

“民法”第四〇〇条规定：“称交互计算者，谓当事人约定，以其相互间之交易所生之债权债务为定期计算，互相抵销，而仅支付其差额之契约。”基此，交互计算之意义，殆可分述如下：

1. 交互计算为独立有名契约

交互计算，虽仅为便利债权债务之结算，以省清偿劳费，灵活资金运用[1]；惟民法既明定为各种之债类型之一，解释上自应认为系独立有名契约。

2. 交互计算为约定定期计算相互交易所生债权债务之契约交互计算之核心意义，为计算债权债务；其对象为当事人相互间交易所生之债权债务。

理论上，交互计算契约之当事人，法律并无限制，亦即其为自然人、法人、商人、非商人、本国人、外国人，均无不可。民法亦着眼于此，而设计为一般契约，非若其他国家立法，因考虑其主体常为商人，乃将交互计算定性为商事契约之形态。[2]不过，一个人与他人有长期交易关系而非为商人者，事实上恐甚少也。因此，交互计算虽不采商事契约之设计模式，但其实际适用以商人为多，恐系事实。是以，为交互计算标的之债权债务关系，遂具有如下特色：

（1）金钱之债

为交互计算之债权债务，民法规定形式，似无限制。惟现代交易形态，恒以金钱作为支付工具，非金钱之债而为定期计算者，纵非无有，亦系凤毛麟角。故通说以为，得列入交互计算之债权债务，以金钱之债为宜。此从“民法”第四〇〇条后段使用支付差额，而不称之交付，亦可佐证。

不过，如当事人之交易，其遂以约定为支付之标的物非为金钱者，特殊情形，亦非无成立交互计算之可能。例如，甲长期交付茶叶于乙，约定以稻米计价支付（性质上应属互易），乙长期交付甘薯于甲，亦约定以稻米计价支付，甲乙间亦得以稻米之债权债务定算计算而成立交互计算契约。不过，现实上，其适用可能甚为少见。

（2）交易所生之债

1　参照“民法”第四〇〇条立法理由。其意旨略为：“谨按当事人双方相互间，约定因交易而生之债权债务，为定期计算，互相抵销，专就其相差额而为支付者，此种契约，是为交互计算。盖以信用发达之社会，如使尽以现金交易，反多不便，故以交互计算代其效用，俾节省清偿之手续，而灵活资金之运用。”

2　参照德国商法第三五五条以下；日本商法第五二九条以下。

得为交互计算标的之债权债务，须本于交易所生。所谓交易，一般系指契约而言；换言之，从债之发生原因观之，为交互计算标的之债权债务，须基于契约关系而生。其因无因管理、不当得利或侵权行为所生之债权债务，尚不在交互计算之适用范围。

所谓交易而生之债权债务，解释上应限于给付本身，债务不履行而生之损害赔偿，除利息（第四〇四条）外，并无交互计算之适用。至于交易之种类如何，则法无限制，当事人间之交易法律关系，亦不必求其同一。例如，一方为买卖，另一方为消费借贷；一方为运送，另一方为租赁，均无不可。甚至，同一当事人间之法律关系，亦不必求其同一。例如，部分为买卖，部分为消费借贷，亦无不可。

（3）相互间所生之债

为交互计算之债权债务，须存于当事人相互间。亦即当事人间，本有不同之长期交易行为，而其相对之债权或债务给付种类相同者，交互计算始有意义。例如，甲为茶叶商，乙为杂货商，甲时常出售茶叶于乙，甲对乙有价金债权，但甲亦经常向乙购买稻米，甲对乙有价金债务。从而甲乙约定，其彼此间之茶叶价款及稻米价款，每三月结算一次，则甲乙间除原来的二个不同之买卖关系外。尚因定期计算之约定而成立交互计算契约。足见，事实上，交互计算之两个当事人，通常情形常互有继续多笔交易关系。盖于此情形，定期计算，彼此始有实益也。至于交易仅存于当事人一方，亦即仅当事人一方有债权债务关系者，虽亦可定期结算总额。惟此仅系交易方便之权宜行为，于当事人间尚不发生独立之法律关系，更不发生类如后述之相互不可分、相互担保，乃至相互抵销（交互计算之特性）之效力，意义上应无成立交互计算可言。[3]

（4）一定期间所生之债

交互计算既须定期计算，则列入计算之债权债务，须于一定期间内所生之者为限。期间之长短，原则上由当事人任意订定，当事人未特别订定者，原则上为六个月（第四〇二条）。此之六个月，自交互计算成立之日起算，其期限另有约定者，亦应作同一解释。因之，不仅交互计算契约成立前之债权债务，不在交互计算范围之内，期间届满后所生之债权债务，亦不在该期计算项目之内。至于，交互计算契约消灭后所生之债权债务，无交互计算之适用，则属理所当然。

3 参照陈著，第三一九页（反对说请参照史著，第一〇二页）。

兹根据以上所述，爰举一例，并附表说明如下：

事例：甲供给面包于乙，乙供给面粉于甲，双方约定每三个月会账一次（结算价金债权、债务一次）

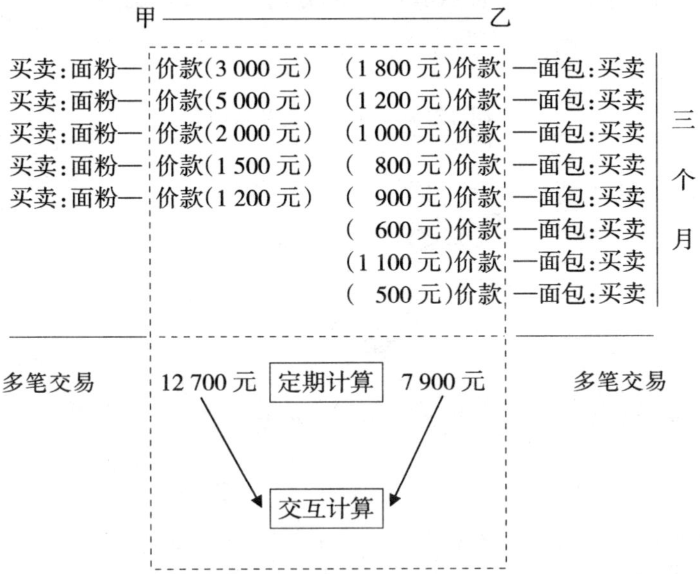

①甲乙间原来各自互有多笔面粉、面包之买卖。

②甲对乙有卖出面包之价金债权，亦有多笔买入面粉之价金债务。

③乙对甲有买入面包之价金债务，亦有多笔卖出面粉之价金债权。

部分为交互计算契约之效力范围（仅及于各自互为对立之多笔价金债权债务）。

④甲或乙（或甲与乙）定期计算价金债权债务，无庸逐笔清偿，故称之为节省清偿劳费，灵活资金运用。从而，交互计算契约，具有延期清偿之功能，恐系事实。

3. 交互计算为相互抵销，并仅支付差额之契约

交互计算之作用，并非仅在定期计算，其更具积极者，为债权总额之抵销及差额之支付。换言之，当事人仅约定定期计算，而不约定互相抵销支付差额者，尚非此所称之交互计算契约。在此角度上，交互计算具有抵销契约之性质，实值肯定。不过，约定定期计算后相互抵销者，纵未约明支付差额，则无碍于交互计算之成立。盖以既经约定抵销，其当事人间之债权债务总额已不存在，当事人仅就差额负支付义务，解释上已足包括支付差额之概念也。在此所谓支付差额，不以现实支付为必

要，如其约定差额债权债务，记入下期交互计算项目者，解释上亦属此所称之支付。

综上所述，足见交互计算之概念，虽属不易了解，惟其系结合定期计算、交互抵销二者，并各取其中之部分语词而成，恐系事实。其情形殆如下表：

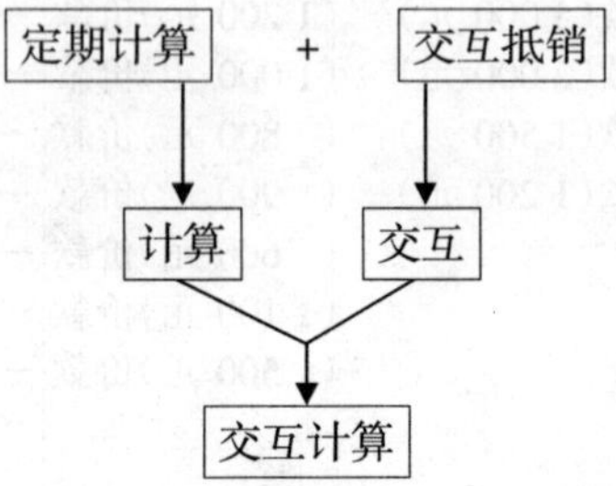

兹为便于参考，爰就上表略为引申说明如下：

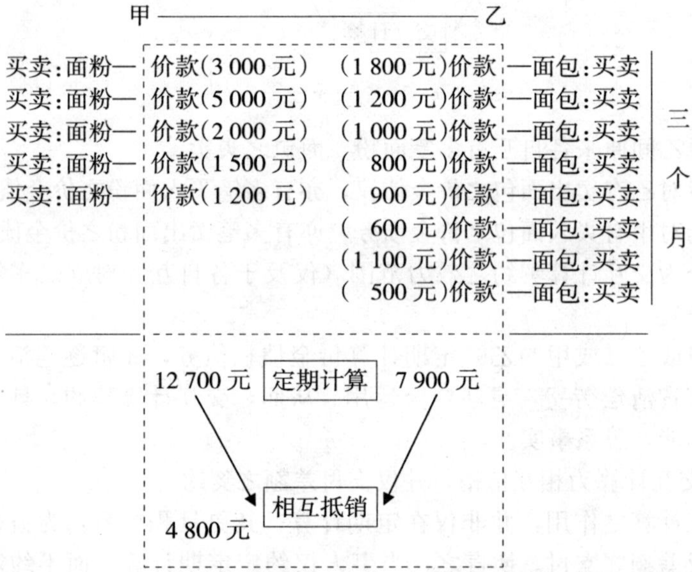

①、②、③、④如前（第 241 页）表

⑤12 700 元、7 900 元互为抵销，差额债权（债务）为 4 800 元。

⑥甲支付 4 800 元于乙（或记入次期交互计算之债权债务项目）。

二、交互计算之成立及性质

1. 契约上之性质

交互计算因当事人约定而成立，无庸一定方式，亦无须给付标的物，性质上为不要式契约及诺成契约。

交互计算于契约当事人间，无实质利益之交换。一般所称之单务、双务契约，无偿、有偿契约之分类，于说明交互计算契约，似无实益。

交互计算契约，既须定期计算，期间内又常有多数之交易关系，记入契约中之债权债务，亦常属多笔。如是，交互计算具有继续性给付之关系，相当明显。而且，通常情形，交互计算契约，系采概括形式，既不限定期间，更不以一次之定期计算为限。例如，当事人订立交互计算契约，约定每三个月计算一次，其交互计算契约为未定期，理论上定期计算可以循环多次是。因此，交互计算，性质上为继续性契约，应可肯定。

2. 功能上之性质

综上定义之分析，可知当事人成立交互计算契约者，其适用交互计算之债务，得延期清偿；债权则须延期行使，并且于计算时当然发生抵销之作用。因此，交互计算之此类功能，究应如何描述，学理上尝有多种学说出现。语其要者，计有混合契约说、相互的消费借贷说、相互委任说、相互的信用开始契约说、延期清偿说、抵销预约说、抵销契约说等，不一而足。诚然，此等学说均能说明交互计算之部分功能上特质，但常仅是部分真理。既然，民法列为独立契约类型，解释其为独立有名契约即为已足，殊不必再归属其为上述学说之任何一者。

不过，就规范功能而言，交互计算，本是债权债务计算方法之特殊约定手段。交互计算之成立，必须另有债之关系（如消费借贷、买卖、租赁等）存在，而且须彼此间互有债之关系存在。在此角度上，交互计算效力之发生，须配合其他实质之法律关系，交互计算本身则不发生实质法律关系。至于交互计算所发生如上所述延期清偿、相互抵销、支付差额之效力，系将另外债之发生原因所生之债权债务（实质法律关系）以定期计算之方式，加以套装之结果，性质上仅具形式契约之意义。故学理上因其此一特性，特称之外套契约。[4] 在民法各种之债之规定，外套

4 参照郑著（上），第一二一页，史著，第一〇五页，蔡著（上），第七一页。

契约、形式契约，仅此一者，故亦颇具独特意义。

第二节 交互计算之效力

交互计算之效力，主要有三：一为定期计算之权义；次为互相抵销效果之发生；三为债务人之差额债务支付义务。前者，原则为双方当事人所均有；次者为法律上当然发生；后者则可能发生于当事人任何一方。有关于此，如何从当事人之角度进行分析，有相当的困难。因此，以下采事项分类方式，作为说明之依据。如是，交互计算之效力，殆可表解如下：

交互计算（效力）
- 定期计算权义
- 相互抵销效果
- 支付差额义务

学理上或再将上述三者分类，认前者为消极效力，后二者为积极效力。交互计算结算前之债权，了解上亦有积极消极之分（本书第179页参照），采取如上区分，恐易滋生混淆，应予注意。

一、定期计算权义

交互计算之债务，发生延期清偿之作用，其债权须延期行使。因此，定期计算，既为当事人之义务，同时亦系其权利。至于计算执行者究竟为谁，得约定由双方为之，或由一方为之。其约定由第三人为之者，亦无不可；未约定者，解释上双方均得为之。约定由第三人为之者，如该第三人不为定期计算者，由双方当事人为之；约定由一方为之而不为定期计算者，解释上移属他方为之。

定期计算之执行，常经如下步骤，即项目之记入、项目之除去及计算之实行三者。兹分述如下：

（一）项目之记入

1. 形式上之效力

交互计算为继续性契约，但于交互计算契约成立时，当事人间互为交易所生之债权，仅系抽象可能之存在，性质上为将来可能发生之债权债务，内容上尚属一片空白，须时间之经过始逐步充实实现。因此，交互计算成立后，其列入交互计算债权债务现实实现者，定期计算义务人，应依双方约定方法（通常为账簿记载方式），逐步记入，以供届期时之计算总额。此种经记入交互计算之债权，得称之“项目债权”。记入，通常固采有形方式，但未经正式为有形记载者，亦应认为已有记入。换言之，只要当事人间有交互计算契约，其后得列入交互计算契约对象之债权债务发生，法律上即当然成为项目债权。要之，得供届期计算之对象，非必以形式记载为项目债权成立之要件。

2. 实质上效力

交互计算虽仅为外套契约、形式契约。不过，列入交互计算对象之债权债务，一经成为项目债权债务者，其间仍有相当之实质作用，并非仅为外套、形式而已。此之实质作用，尚可分为两个层面：一为消极层面之意义，学理上称之交互计算之不可分性[5]，其重心为债权（债务）停止作用；另一为积极层面之意义，学理上或称交互计算之担保功能，其重心则为相互之债权债务发生互为担保之功能。其情形殆如下表，并分述如下：

交互计算：项目债权 {
- 债权停止作用：交互计算之不可分性：消极效力
- 债权相互担保：交互计算之担保功能：积极效力

（1）交互计算不可分性

交互计算之不可分性云者，意指于交互计算契约，一经成为项目债权者，其各该债权债务，于届期计算前停止发生作用，其债权人固不得就各该债权单独行使、处分，债务人不得单独履行，第三人亦不得扣押之意。盖以于此情形，等于各该项目之债权债务不可分割、命运共同，故称交互计算之不可分性。例如于前表，设若于三个月未满之某一时点，其前三笔面粉价款及前五笔面包价款业已成为项目债权。则此八笔债权债务间为不可分，甲不得让与五笔中之任一笔面包价款债权于第三人，乙亦不得请求甲支付三笔面粉价款债权之任何一笔。

交互计算不可分性之具体内容，则可分述如下：

①各笔项目债权既均停止作用，则不问成立时间先后，其消灭时效均不进行，此系因其不得行使之故也（第一二八条）。

②各笔项目债权之债权，既均不得行使，其债权人请求履行时，债

5 参照郑著（上），第一三三页。

务人得拒绝给付，不生给付迟延之问题。

③各笔项目债权之债务人，本不得履行，如竟而履行，债权人得拒绝受领，不生受领迟延之问题；如债权人不为拒绝而受领，仍不生清偿之效力。债权人之受领，应属于无法律上原因而受利益，致债务人受有损害，彼此间成立不当得利，与交互计算尚属无关。学者或谓，得将受领之债权记入项目债权，作为增额处理。[6] 惟此项目非因相互交易而生，而且列为增额，易使法律关系趋于复杂，其说是否允当，不无商榷。

④各笔项目债权而有让与者，其效力如何？学说上尚属分歧，或谓此之不可让与性，系基于交互计算契约而生，应依"民法"第二九四条第二项规定，解释为不得对抗善意第三人，其让与仍为有效，仅让与人对相对人负契约不履行责任而已。或谓此之不得让与，系基于交互计算之法律上特性而生，其让与应属无效。比较上应以后说为可采。[7]

⑤各笔项目债权而予以设质者，应与让与作同一解释。

⑥各笔项目债权，不得相互抵销，亦不得与交互计算范围以外之债权债务相抵销。违反者，其抵销亦应解释为不生效力。[8]

⑦交互计算当事人任何一方之债权人，就记入交互计算中之债权为查封者，其效力究属如何？解释上亦有争论。或谓其查封于法仍属有效，仅当事人得提起异议而已。或谓其查封，应属于法无效。按项目债权，不仅停止发生作用，而且彼此相互担保，且供为计算后抵销之用，参照"破产法"第一一三条第一项："破产债权人于破产宣告时，对于破产人负有债务者，无论给付种类，是否相同，得不依破产程序而为抵销。"之规定，解释上应以后说为当。[9] 不过，对于计算后所生之差额债权，则宜解释为得为查封。[10]

交互计算之不可分性，固使各项目债权债务一时停止作用，惟各该项目债权债务本身之独立性，仍未丧失。其具体内容主要如下：

①各项目债权人担保，无论保证（第七三九条以下）或担保物权（抵押权、质权、留置权），均不受项目记入之影响。

②各项目债权附有利息者，仍继续生息，并得记入项目债权内，其

6 参照郑著（上），第一三三页。

7 反对说请参照前注文献第一三四页。

8 参照郑著（上），第一三四页；戴著，第七九页。

9 参照郑著（上），第一三四页；史著，第一〇六页（二者均未说明查封之效力，究属如何，且其有关查封之字眼，则称之扣押）。

10 参照史著，第一〇六页。

原未附有利息者，亦得约定自记入时起，附加利息（第四〇四条第一项）。

③各该项目债权之对价债权，仍得依法行使。例如，前二表（本书第175页、第176页）之面粉给付请求权或面包给付请求权，不受交互计算契约影响，甲、乙各得依法请求他方履行。

④各项目债权之原因行为，如前二表之面粉或面包买卖，如有解除权原因发生者，其解除权人仍得解除契约。

⑤债权存否确认之诉，与债权停止作用无关，其当事人得依法行使。[11]

（2）交互计算之担保功能

交互计算之首要功能，非为定期计算，而在相互抵销。换言之，亦即定期计算仅系手段，相互抵销始是目的。此亦交互计算所以尝被解释为抵销契约之故，既然，交互计算涵盖抵销，而抵销具有担保功能，则交互计算具有担保功能，自难否认。惟有关于此，债之通则于抵销之相关叙述，业已多有说明，于此不予赘述。[12]

（二）项目之除去

项目债权债务一旦成立，原则上即不得除去，但于下列情形，则例外可以除去：

1. 当事人双方同意除去

双方同意除去项目债权者，本于意思自由原则，应予尊重，而且此类同意除去之行为，尚不违反公序良俗或强行规定，解释上应属有效。

2. 债权消灭

原因债权之契约，经拒绝承认、撤销或解除而无效者，因当事人于该项价款之债权债务并不存在，自应从项目债权债务中除去。对待给付有不可归责于债务人之事由以致给付不能者，亦应作同一解释。至于原因债权之契约无效者，本不得为项目债权，应予涂销项目之记载（形式上亦为项目之除去）。

此外，对于项目债权之让与、设质，采取有效说者，则让与、设质二者，亦为项目除去之事由！

3. 证券之债务人不为清偿

“民法”第四〇一条规定：“汇票、本票、支票及其他流通证券，记

11　参照郑著（上），第一三七页；史著，第一〇五页～第一〇六页。

12　参照孙森焱前揭“新版民法债编总论（下册）”，第一〇九二页。

入交互计算者，如证券之债务人不为清偿时，当事人得将该记入之项目除去之。”所谓汇票、本票、支票及其他流通证券，记入交互计算者，系指将取得该证券之对价债务，记入交互计算，而非谓证券本身记入交互计算。例如，甲乙之间有交互计算契约，其纳入交互计算之债权债务，并非交易标的同一，亦不限于同类型之原因法律关系，其间，甲曾以一万元向乙购买支票一纸，甲乙间因有交互计算契约，甲无庸现实支付，而将一万元计入项目债权，即为此所指之将汇票、本票记入交互计算。

甲取得汇票，尚须请求发票人承兑，而后始得请求付款，其经承兑者，并须请求付款。如甲于取得汇票后，向发票人请求承兑或请求付款而遭拒绝者，于前者甲无汇款请求权利，于后者甲虽有追索权，惟于甲乙之交互计算契约实质关系已有影响，为免争议，甲得将该项目债权除去。

本条之适用，尚有如下数点，值资注意：

（1）项目除去，为持票人之权利，持票人不除去者，于法尚无不可。

（2）项目除去，其法律效果仅发生于交互计算关系，持票人本于票据之权利，仍得依票据关系行使，不受除去之影响。

（3）其他流通证券，性质上应如同汇票、本票、支票，为债权之财产有价证券，例如，指示证券（第七一〇条）、公司债券（“公司法”第二四六条以下）。其为记名式或无记名式，均非所问。指名证券[13]，不具流通性，是否为此所称之流通证券，不无疑义，解释上似以肯定为宜。至于股票为社员证券，虽非不可流通，但通说以为尚不包括在内。[14]

（4）证券之债务人，不以第三人为限，纵为债务人亦无不可。本票或其他自付证券，均其适例。

（三）计算之实施

交互计算通常约有一定期间，期间届满，当事人双方有执行计算之义务。其约定由双方会同为之或仅由一方单独为之者，从其约定。有关计算之实施，其要点略有如下：

1. 计算之时期

计算时期为何，依当事人约定，其约定为每周、每月、每季或每年计算者，均无不可。如无约定，则每六个月计算一次（第四〇二条）。

13 指名证券云者，禁止背书转让，亦即欠缺流通性之有价证券，其详待于无记名证券（第七一九条以下）一节说明之。

14 参照郑著（上），第一三六页。

2. 计算之方法

计算方法，事实上或属相当单纯，相对之债权债务，各自统计其总额即可。不过，除其计算之实施系由双方会同者外，应将计算书据送达他方，并经他方承认。至于承认之性质，于差额债权之确定该段说明之。

计算书之记载事项为何？法无定式，但须足以表明交互计算各项目债权之内容。一般而言，交互计算该定期内之各该项目债权之发生原因、日期、数额，均应记载；如各项债权中有利息、担保或其他从权利者，亦应一并记载。

3. 计算错误之补正

列入计算书中之债权债务，如有无效、失效或其他事由而消灭，或其数额有误、或应记载而漏未记载、或非为交互计算范围内之债权债务者，当事人得请求除去或更正。流通证券对价债权债务之记载除去者，亦应作同一解释。不过，此项补正，于当事人法律关系之确定，颇有阻碍，“民法”爰于第四〇五条规定：“记入交互计算之项目，自计算后，经过一年，不得请求除去或改正。”此之请求应解释为形成权，因一方为请求之意思表示而生效；至于一年期间，性质上为除斥期间。[15] 逾期者，请求补正（除去或更正）之权利消灭。[16] 计算书经承认后而有补正情事者，其差额债权亦随之更正，其当事人应依更正后之差额债权，行使债权或履行债务。如于更正前业已履行者，应视情形而定当事人之关系。亦即，如有不足，应就不足部分再行清偿；如有受领超额者，超额部分应依不当得利返还。至于差额债权记入次期定期计算之项目者，因其并未现实清偿，仅更正差额债权之数额，即为已足。

二、相互抵销

1. 抵销效力之发生

交互计算，具有抵销契约之性质，双方当事人列入项目之债权债务，于算出总额后，即以之相互抵销。此所称相互抵销，为总额算出后当然发生，无庸当事人另有意思表示，性质上有如法定抵销。因此，纵当事人计算完成时，仅写明相互交易而列入计算之各自债权债务总额，例如

15 参照郑著（上），第一三七页。

16 学者或谓，此之除去，系指意思表示瑕疵之撤销权而言（参照梅著，第二六三页；戴著，第八一页）。惟此见解，恐失狭隘，不无商榷余地。

本书第 176 页附表，仅各自写明12 700元、7 900元，但未进一步表明差额债权者，仍应认为其间之抵销效力业已发生，差额债权债务为4 800元，亦已存在。从而，当事人一方，其为债权人者，固仅得请求清偿4 800元，其为债务人者，亦仅需履行4 800元。

抵销效力，既因计算完成而当然发生。因之，从抵销之角度言，交互计算之性质，理论上似可解释为：以计算完成为停止条件之抵销契约说。不过，所谓抵销完成，于须经当事人双方确认或他方承认者，应解释为确认或承认时，始是计算完成。

2. 抵销之对象

交互计算契约，发展至计算完成之阶段，于债权债务上，产生两种不同之体态，一为计算前各自多数存在之个别项目债权（以下简称个别债权），一为统计完成后相互抵减完毕之总额债权。例如，本书第 241 页附表上个别交易而生之面包价款、面粉价款，均属个别债权；其计算后之12 700元、7 900元，是为总额债权。是以，所谓抵销，其对象究为个别债权，抑或总额债权，理论上不无深究之必要。前者通称个别抵销，后者是为总额抵销。

有关于此，台湾学者意见尚不一致，认系总额抵销者，固为通说[17]，但主张个别抵销者，亦颇有人在。[18] 比较上仍以通说为当。盖以个别抵销者，则各笔之间如何抵销，恐将手续繁琐不堪，事实上亦恐多有疑义。不过，个别债权之独立性质，仍应保留，不因总额抵销而抹煞其个别存在意义。换言之，个别债权之特性，仍存在于总额债权上；总额抵销之结果，仅其数额扣除，但个别债权之原有性质，仍保留而存在于差额债权上。换言之，如其原为利息债权者，抵销后仍属利息债权；如其个别债权有担保者，仍存于差额债权上。因此，解释上称之：个别债权集合之总额抵销，或更贴切。

三、支付差额义务

交互计算之定期计算，于相互抵销后，如有余额者，是为差额债权。其债权人得就差额债权行使权利，债务人则负有履行义务。其理论上值

17 参照郑著（上），第一三七页；戴著，第八二页；蔡著（上），第七二页；史著，第一〇七页。

18 参照薛著，第四〇页。

得探讨者，主要有如下二者。即：

1. 差额债权之确定

差额债权之算出，或由双方合算，或由当事人为之。此项算出之余额，理论上须经承认，始告确定。[19] 其系双方会算者，当事人于会算结果出现时同时承认即可，不必另有承认之表示。反之，其非经会算者，则须另经他方承认。

承认，性质上为何？学理上尚有争论，或谓系法律行为，或谓系观念通知[20]，比较上以法律行为说为当[21]。并应解释为有相对人之单独行为。至于承认之方法无限制，既无庸一定方式，明示或默示，均无不可。例如，相对人于接到计算书后，依差额而支付差额债权，即得解释为默示承认。[22]

承认有无溯及效力，颇滋疑义，解释上宜采否定，亦即尚无"民法"第一一五条之适用。又承认之效力范围，究谨生确定之效力，抑或具有创设力（更改之效力），学理上亦有争论，比较上以前说（确定效力说）为可采。[23]

差额债权一经确定，交互计算不可分性为之消失，当事人即得请求清偿（性质上为不定期之债——"民法"第三一五条），其消灭时效亦开始进行（第一二八条前段），其让与、设质或扣押，自亦均得行使。惟当事人如约定差额债权得记入次期交互计算之定期计算，并经记入者，则成为另一定期计算之项目债权，自又有不可分性之适用！

2. 差额债权之性质

差额债权性质上究为旧债权之残余？抑或为新债权之创设，学理上亦有争论。采确定说者认为，差额债权原则上为旧债权之残余；采创设说者，则认差额债权为新债权之发生；采综合效力说者，认为差额债权，同时为旧债权之残余，并为新债权之发生。比较上以确定说，亦即差额

19 参照郑著（上），第一三七页；梅著，第二六三页（反对说认为差额债权，经一年未请求除去，始告确定，或称法定承认制——史著，第一一〇页、第一一一页注二）。

20 同注18。

21 参照郑著（上），第一三八页；戴著，第八一页；史著，第一一〇页～第一一一页注一。

22 梅著，第二六三页，认为当事人对计算书沉默者，推定为承认。

23 有关于此，台湾见解，尚属分歧。其立场不同略有如下：

（1）确定力说：戴著，第八一页；薛著，第四〇页。

（2）创设力说：梅著，第二六三页。

（3）综合效力：郑著（上），第一三八页～第一三九页；史著，第一〇九页。

债权为旧债权残余之论点，较为可采。不过，由于旧债权于定期计算前，时效停止进行，差额债权确定后，成为权利行使、债务履行之实体，与新生债权有异曲同工之妙，堪称具有新债权色彩之旧债权之残余。差额债权既为旧债权之残余，则旧债权之从属权利，如利息、担保或违约金约定，继续有效。例如，本书第176页附表之第一笔面包债务有保证人保证，第一笔面粉债务价款有质权担保，最后一笔面粉债务之迟延支付有违约金约定者，于差额债权，继续有效。不过，其范围不得超过原来个别旧债权之约定范围。例如于该例，差额债权为4 800元，第一笔面包债务为1 800元，保证人保证责任之范围，仅以1 800元为范围，超过部分不在保证范围之列。同理，第一笔面粉债务之质权担保范围，亦以3 000元为限；至于违约金之数额，仍依当事人于旧项目债权之约定定之。反之，原约定担保范围或违约金之约定，超过4 800元者，则以4 800元为最高限额。至于担保竞合之问题，于多数担保人间，应依保证连带之法理（第七四八条），其详待叙述保证连带时说明之。

至于利息之计算，原则上依当事人约定之利率，当事人就差额债权未约定利息或未约定利率者，依法定利率定之。其旧项目债权原无利息约定，亦得依上述利率计算标准，请求自计算时起支付利息（第四〇四条第二项）。

以上所述，系采总额说之结论。如依个别抵销说，则旧项目债权之担保或其他从属权义，是否存在？乃至范围如何？则依该项目债权是否业经抵销及其抵销余额而定。惟此不仅程序上不胜其烦，适用上抑且疑义丛生，个别抵销说之难以采取，此当系主要理由。

差额债权中，或有部分为利息。如是，从旧债权残余之观点言之，得请求支付利息之规定，似有复利之实质，故一般以为，“民法”第四〇四条第二项，性质上可能即为复利禁止之例外（第二〇七条）规定。[24] 反之，如采新价权说，则该条项规定当属迟延利息，与复利尚无关系！

由于差额债权之消灭时效，自计算确定时起算，并且为独立之权利实体，既得单独行使，亦得单独起诉。乍观之，似非旧债权残余说所能说明，此亦新债权说之主要理由。惟实情是否如此，则又不尽然。盖就前者而言，交互计算有不可分性，其消灭时效须待计算确定，不可分性消灭，始得进行，此为交互计算制度之当然结论，与差额债权究为旧债

24 参照郑著（上），第一三九页；史著，第一一〇页～第一一一页；戴著，第八三页。

权或新债权无关，事实上亦无重新起算之问题。至于后者，亦为交互计算旨在谋求简便灵活之必然结论，以无庸强调其非为新生债权不可。因此，愚意以为，解释差额债权，采旧债权残余说，似为已足，充其量仅系此一旧债权具有新债权之某些色彩而已。

第三节 交互计算之消灭

交互计算为继续性契约，消灭上有其特色，本书因之列为独立章节说明。此之特色，主要有三，即终止、破产及公司重整三者。

一、交互计算之终止

“民法”第四〇三条规定：“当事人之一方，得随时终止交互计算契约，而为计算。但契约另有订定者，不在此限。”换言之，交互计算除因当事人于契约订定不得随时终止者外，任何当事人一方，均得随时终止交互计算契约。此盖交互计算本即具有相互信赖之作用，人格性相当浓郁，如当事人间业已失其信赖关系，强其继续，与法律上并无意义，对当事人利益亦有妨碍，故法律明定当事人双方得随时终止交互计算契约。

终止权为形成权，因一方之意思表示而生效，为有相对人之单独行为。交互计算一经终止者，其契约即为消灭，并进入计算程序。至于终止权行使及其效力，依“民法”第二六三条之规定定之（此为终止之通则，于其他终止亦有适用，本书以下叙及终止者，原则上不予重复）。

二、破产

交互计算当事人之一方，受破产宣告者，交互计算契约亦告消灭，并因此进入计算程序。此在台湾民法或破产法，固无直接明文。但“破产法”第一〇〇条规定：“附期限之破产债权未到期者，于破产宣告时，视为已到期。”交互计算之项日债权的停止作用，须待所定期限届满始得计算抵销，而后支付差额，性质上亦为附有期限之未到期破产债权，解释上应有破产法上述规定之适用，亦即交互计算应因之消灭，进入计算程序。

此项效力，因法律规定而当然终了，学理上或称当然终止，惟此用语，容易使人误为终止，本书爰不援用。

计算完成后之差额债权，如为破产人所有者，归入破产财团（“破产法”第八二条第一项第二款），若为破产人之对方所有者，为破产债权（“破产法”第九八条本文），其权利义务，依破产法之规定定之。

三、公司重整

“公司法”第二九六条第二项规定，破产法破产债权节之规定，于公司重整债权准用之。基此，交互计算之当事人一方有公司重整情事者，交互计算之项目如经计算，其差额债权有成为重整债权可能（“公司法”同上条第一项），解释上应准用“破产法”第一〇〇条规定，使交互计算契约消灭，以便尽早确定交互计算当事人间法律关系之不确定状态，并利公司重整程序之进行。

除以上三者外，交互计算尚得因当事人所定契约存续期间之届满而消灭。亦即交互计算契约本身定有期间者，因期间届满而消灭。不过，此之契约期间届满，与定期计算期间届满，意义截然不同。后者，仅生定期计算之问题，原则上与契约消灭并无关系。盖以一个交互计算契约，通常情形，均包含多数定期计算，一个定期计算期间届满，不过为下一个定期计算之开端，并无契约消灭之问题。

* * *

综上所述，足证交互计算制度之构成，诸多情形，常非交互计算一节之规定所可尽括；甚至可说，其重要内容及特色，多未表征于法典本身。为便于把握，爰为之归纳其要点如下表，以供参考：

- 交互计算
  - 总说
    - 意义(400)
      - 独立有名契约
      - 定期计算相互交易所生债权债务之契约
      - 相互抵销、支付差额之契约
    - 成立及性质
      - 契约上性质
      - 功能上性质(外套契约)
  - 效力
    - 定期计算权义
      - 项目记入
        - 形式上效力:项目债权
        - 实质上效力
          - 消极：不可分性
          - 积极：担保功能
      - 项目除去
        - 当事人同意
        - 债权消灭
        - 证券债务不获清偿(401)
      - 计算之实施
        - 计算时期(402)
        - 计算方法
        - 错误补正(405)
    - 相互抵销
      - 抵销效力之发生(类似法定抵销)
      - 抵销之对象(总额抵销说)
    - 支付差额义务
      - 差额债权之确定(承认)
      - 差额债权之性质(旧债权残余说 404)
  - 消灭
    - 终止(403)
    - 破产(“破产法”100)
    - 公司重整(“公司法”296 Ⅱ)

第七章

赠　与

赠与为与买卖相对之契约典型，所不同者，买卖为有偿，赠与为无偿。兹依各种之债规定，分为如下三节说明。即

赠与——赠与总说
　　　　赠与之效力
　　　　特种赠与

第一节　赠与总说

总说部分，分就赠与之意义、种类、成立及性质三项说明：

一、赠与之意义

修正前“民法”第四〇六条规定：“赠与，因当事人一方以自己之财产，为无偿给予于他方之意思表示，经他方允受而生效力。”严格言之，并未直接从契约成立之层面，就赠与为定义性规定，此次民法债编正，爰依一般体例，就同条修正为：“称赠与者，谓当事人约定，一方以自己之财产无偿给与他方，他方允受之契约。”

债编修正，所以就民法原来规定文字，略为调整。主要理由在于，修正前本条文字使用“而生效”之字眼，容易使人产生其究为成立要件

或生效要件之疑义。[1] 此外，修正前本条文字有“给与他方之意思表示，经他方允受”之用语，足以使人误解为赠与需先由赠与人主动要约，受赠人需被动允受，其疑义亦得因此一修正而除去。兹析其要点如下：

1. 赠与为赠与人无偿给与财产于他方之契约

给与财产，为赠与之内容，性质与买卖相类；无偿，则为特点，情形恰与买卖相对。因之，给与财产而非为无偿者，固非赠与；给与劳务而为无偿者，亦与赠与无关，均不适用赠与之规定。兹分就财产、给与及无偿三者说明之。

（1）财产

此之财产，与“民法”第三四五条第一项之财产权，宜作同一解释，仅后者系从权利本身着眼，民法本条则从权利之标的物着眼而已。其范围包括动产及不动产所有权、准物权、定限物权、无体财产权、债权及股票等。[2] 从而，买卖意义上有关财产权之说明，绝大多数情形，于此亦可援用（本书第 49 页以下）。

依条文文义，作为赠与之财产，须为赠与人自己所有。惟所谓赠与人自己所有，系指给与行为履行时之状态，非谓赠与契约成立时，赠与物即需为赠与人所有。实务亦以为，赠与之标的物，不以于赠与契约成立时已属于赠与人者为限，即将来可取得之财产，亦不妨成立赠与[3]；其情形恰与买卖相同。因之，于赠与之定义说明，是否必须保留“自己之”财产之字眼，不无斟酌余地。

（2）给与

债务人之行为，同时而有财产之交付或移转者，是为给与。给与之结果，势必发生给与人减少财产，受领给与人财产增加之现象。因此，于赠与契约解释给与，一般以为，乃系赠与人方面减少财产，而直接使受赠人方面增加财产之行为。至其态样，主要有：

1　参照“民法”债编修正第四〇六条修正理由：“现行条文‘经他方允受而生效力’一语，易使人产生究为赠与之成立要件抑生效要件之疑义，为免争议，爰仿各种之债各节首揭条文例如第三百四十五条、第五百二十八条等之体例，作文字上之修正。”

2　占有得为买卖标的，得否为赠与标的，不无可议。盖以占有之利益，给与他人无偿者，系成立使用借贷（第四六四条），而非赠与。又金钱兑换非为买卖（准买卖），于赠与无此问题。是为二者在标的物之主要不同所在。

3　参照最高法院 1937 年渝上字第一二四一号判例：“民法第四百零六条所谓自己之财产，不以现在属于自己之财产为限，将来可属自己之财产，亦包含在内。”

①物权之让与、设定、抛弃。兹之物权标的物[4]，且包括金钱，与买卖仍略有不同。

②准物权、无体财产权之让与。

③债权之让与、债务之承担、免除、为第三人清偿。

④股票或其他有价证券之让与。

以上财产权之让与，就赠与人而言，亦负有移转财产权之义务；给与财产，意义上殆与移转财产权相埒。惟因民法于赠与，特别着眼于授受当事人间财产增减之现象，乃不称之移转财产权而改用给与之字眼。既然，其实质上有移转财产权之内容，则买卖有关移转财产权之说明（本书第 52 页），亦有援用余地。

民法于买卖，因给与对象之财产（权），究为所有权与否，尚有物之买卖与权利买卖类型之分，其效力亦不尽相同。至于赠与，则尚无类此下位概念之分，亦无不同制度设计，应予注意。

（3）无偿

无偿者，无对价报偿而给与财产是也。一般情形，赠与系只见赠与人一方为给付，其受赠人并不给付。不过，受赠人如为非属对价之给付者，仍不失为赠与形态之一，惟因形态特殊，一般将其归于特种赠与而已，附负担之赠与（第四一二条），即是要例。

2. 赠与为受赠人允受之契约

赠与须经他方允受，始得成立。允受者，同意接受赠与之意思也。因之，赠与人固有赠与之意思表示，而他方未为允受之意思表示者，赠与仍不成立。盖以恩惠不得强制，以保颜面自尊，况者拿人手软，日后恐有困扰麻烦，赠与之成立，是不可待受赠人斟酌同意与否。例如，免除债务本为单独行为（第三四三条），但以赠与之意思而免除债务者，解释上仍须经受赠人同意允受赠与，其免除始告成立生效。

允受亦为意思表示，明示、默示均无不可。例如，就友人赠送之蛋糕，予以食用者，即属默示允受，其赠与因之成立。

二、赠与之种类

依赠与一节之规定，赠与之种类，尚有一般赠与及特种赠与之区分。

4 参照陈著，第六四页；郑著（上），第一四六页；戴著，第八六页。

特种赠与，因其特种形态，尚分附负担赠与（第四一二条至第四一四条）及定期给付之赠与（第四一五条）二者。深入言之，则其范围尚可及于法未规定之附条件或期限赠与、死因赠与、现实赠与、混合赠与。是以，民法上一般赠与与特种赠与之分，其主要区别标准为给与财产是否纯为无偿，是者则为一般赠与，亦称单纯赠与，反之，则为特种赠与。至于公证有无、履行道德义务与否，乃至财产登记须否、均非为成立特种赠与与否之标准。

民法于一般赠与、特种赠与，原则上并于一章，混为规定，未若买卖之独立分款。解释上宜认为，除特种赠与条文外，其余为一般赠与，后者于特种赠与，原则上亦有适用。

三、赠与之成立及性质

1. 赠与之成立

赠与如何成立，民法亦未直接规定，惟“民法”第四〇六条规定体例既与买卖（第三四五条）雷同，解释上自亦有如买卖，认为赠与因当事人双方无偿与受财产之意思表示一致而成立。此之一致，无须一定方式，亦无须经契约成立时现实交付，故赠与为不要式契约，亦为诺成契约（不要物契约）。不过，不动产物权之赠与，亦因“民法”第一六六条之一之增订，宜解释其为生效要件之要式契约。

2. 赠与之性质

无偿给与财产，为赠与之特性，故赠与成立，原则上仅赠与人负给付义务，受赠人无庸给付，故赠与为单务契约，亦为无偿契约。

债之通则，特别是债务不履行及契约效力部分，原则上似为有偿契约之债之通则，无偿契约是否尽可适用，不无疑问。再者，瑕疵担保责任，亦惟于有偿契约有其准用（第三四七条）。基此角度，则无偿契约之债之典范，似不能不另有依据。一般以为，此之依据，即为赠与，盖以赠与效力之相关规定，恰好为无偿契约特例之表征也。此其条文虽未如买卖之设有如上明文，但解释上宁为肯定。是赠与为无偿契约之典型，于其他无偿契约，原则有其准用，其论据应系相当坚强。

赠与为单务无偿契约，其表现于债各之特色为债务人（赠与人）义务及责任之减轻。盖以赠与人仅负义务，而无报偿，其给付本身并无对价利益，其义务及责任应予从轻酌定，始符事物公平之理也。从而，相对地，受赠人之债权，其效力强度亦较一般（特别是有价契约所生债权）

为弱也。至其重点有三：一为给付义务之削弱，次为债务不履行责任之减轻，三为忘恩背义之赠与撤销。凡此三者，较诸债之通则及买卖所表征之内容，均有不同。爰先为之表解如下，以求醒目：

赠与(特色)
- 给付义务之削弱：移权前之任意撤销(408)
- 不履行责任之减轻
  - 责任标准之降低(410)
  - 责任范围之减免(409)
  - 瑕疵担保责任之缺如(411)
- 忘恩背义之赠与撤销
  - 发生原因(416Ⅰ、417Ⅰ)
  - 主体(416Ⅰ、417)
  - 行使(419Ⅰ)
  - 效力(419Ⅱ)
  - 消灭(416Ⅱ、417但)
  - 穷困抗辩(418)

第二节　赠与之效力

一、概说

赠与为单务契约，仅赠与人一方有给付义务（债务），相对的，亦即仅受赠人一方有请求给付之债权。因此，以下有关赠与效力，乃从赠与人义务给与责任之角度说明之，此亦法律规定之内容。

赠与效力之规定内容，旨在表征赠与有别于其他类型之债之特色。故其要点，亦有如上表所列。兹依序分述于下：

二、给付义务之削弱

依修正“民法”债编之规定，给付义务之削弱，其规定内容有二：一为登记前效力之犹豫（第四〇七条）；另一为交付前之任意撤销（第四〇八条）。“民法”债编修正，登记前效力犹豫依据之“民法”第四〇七条为之删除，债之效力是否因登记而受影响之问题，于赠与已无强调之必要，此与债之一般原理，已无不同。于此角度，“民法”第四〇七条之删除，不仅环绕于该条长期所生之疑义为之廓清[5]赠与人给付义务之削弱，亦为之单纯得多。[6]兹即修正从规定内容，就移权前之任意撤销，析述于下：

1. 适用对象

“民法”第四〇八条规定：“赠与物之权利未移转前，赠与人得撤销其赠与。其一部已移转者，得就其未移转之部分撤销之；前项规定，于经公证之赠与，或为履行道德上之义务而为赠与者，不适用之。”足见，未经公证之赠与、或非履行道德上义务之赠与，赠与人在权利移转以前，无庸任何理由，均得撤销赠与，故通称其为任意撤销。但业经公证之赠与、履行道德上给付之赠与，乃至无体财产赠与，于赠与生效后，不得任意撤销。

于移转权利前得撤销之赠与，于未经撤销前，与一般债权仍无不同，受赠人仍有请求权[7]，但其效力相当薄弱，与通称之自然债务，颇为相似。

权利移转，于动产赠与，应指交付而言，且其所称交付，应与买卖各条所称之交付，作同一解释，而且概念上，应包括金钱之支付，比较上似较买卖所称之交付为广。于不动产赠与，则指移转权利登记而言，故已交付而未辩妥权利移转登记前，仍得撤销赠与。[8]赠与而为定限物权设定者，亦应有其适用，并以权利设定作为撤销与否界限，是其意义当较一般所称权利移转为广。

兹之撤销，其意义、性质及效力，应与民法总则所称之撤销作同一解释。因之，撤销权为形成权，撤销为有相对人之单独行为，因撤销权人（赠与人）之意思表示而使赠与行为溯及既往自始无效（第四一九条）。惟民法系称撤销意思表示，于此则称撤销赠与，用语不尽一致。是

5 有关修正前登记效力犹豫规定所生疑义，详请参照本书修正前第二七七页～第二八五页。

6 严格言之，不动产赠与，如未经公证，仍存有未经登记不生效力之问题，惟此乃系“民法”第一六六条之一增订所致，不仅与赠与第四〇七条存否无关，且为（债权）契约之共通课题，本书爰不重复析述。

7 反对说，请参照戴著，第九一页。

8 参照“民法”债编修正第四〇八条修正理由：一、赠与契约于具备成立要件时，即生效力。惟赠与为无偿行为，应许赠与人于赠于物之权利未移转前有任意撤销赠与之权。现行条文规定以赠与物未交付前，赠与人始得行使撤销权，适用范围太过狭隘，爰将第一项“交付”修正为“权利移转”，以期周延。二、立有字据之赠与，间有因一时情感因素而欠于考虑时，如不许赠与人任意撤销，有失事理之平。为避免争议并求慎重，明定凡经过公证之赠与，始不适用前项撤销之规定，爰修正第二项。

以撤销之对象，是否尽属相当，不无疑义。按法律行为之标的、当事人，尚无撤销可言，非为撤销对象，民法总则所以称之撤销意思表示，原因在此，此于赠与亦应无例外。民法本节所以称之赠与撤销，乃着眼其规定于赠与一节，适用上仅限于赠与之故，非谓用语不同，意义即有不同，吾人实不必因词害义，强解其有不同。不过，“民法”第四一九条规定，撤销赠与从之利益调整，依不当得利规定请求返还，尚不生物权返还效果，亦即物权意思表示尚不在撤销之列。民法本节其他条文规定之撤销，亦应为同一解释。如是，则民法总则之撤销，与本节赠与撤销，其对象尚有广狭之分。民法总则之撤销，不问债权、物权之意思表示，均为撤销对象；反之，民法本节之赠与撤销对象，依现行赠与相关规定解释，似仅及于债之意思表示，至于物权移转之意思表示，似不与焉。[9] 再者，于民法本条情形，因赠与标的物多未交付，受赠人获有利益之情形，尚不多见，“民法”第四一九条第二项之适用，于任意撤销恐属相当有限。[10]

2. 适用对象之排除

依“民法”第四〇八条第二项规定，经公证之赠与、履行道德上义务之赠与，其赠与人无任意撤销权。

经公证之赠与者，赠与人载明赠与意思表示于特定书面，并经依法公证之谓也。依民法本条修正理由所述，赠与而有此种情形者，赠与人对于赠与与否，原则上均已作过深思熟虑，对受赠人亦给予明确允诺，故法律规定不许其任意撤销。[11] 修正前本条规定，立有字据之赠与不得撤销，其规定已无适用，故以前学理所谓“字据所用辞句为何？受赠人姓名有无记载？字据是否经公证？均非所问，只要足以表明向受赠人为赠与之表示即可。而且，字据之作成，不以赠与契约成立时所立者为限，均得任意撤销”，此类见解，已无复适用余地。[12]

9 此项撤销权，于权利移转前均得为之，解释上不因除斥期间届至而消灭（亦无消灭时效之适用）。

10 如赠与物交付前，受赠人承受利益者，应属部分交付，不在撤销对象，是以，民法第四一九条第二项属于任意撤销。

11 参照郑著（上），第一五二页；史著，第一一八页。

12 参照“民法”债编修正第四〇八条修正理由：一、赠与契约于具备成立要件时，即生效力。惟赠与为无偿行为，应许赠与人于赠与物之权利未移转前有任意撤销赠与之权。现行条文规定以赠与物未交付前，赠与人始得行使撤销权，适用范围太过狭隘，爰将第一项“交付”修正为“权利移转”，以期周延。二、立有字据之赠与，间有因一时情感因素而欠于考虑时，如不许赠与人任意撤销，有失事理之平。为避免争议并求慎重，明定凡经过公证之赠与，始不适用前项撤销之规定，爰修正第二项。

赠与之目的，在于履行道德上义务者，是为履行道德上义务之赠与。例如，对于未经认领之非婚生子女赠与生活费用、礼俗上往来之相互赠与均是。盖以既有道德上义务，受赠人宜有厚重保护，自不应任由赠与人于交付前为赠与之撤销。

3. 适用之体态

动产因交付而移转权利，未经交付，权利亦未移转，其赠与固得撤销，一经交付，权利随之移转，赠与业已履行，自无撤销可言；不动产未经交付，亦未移转登记者，固得任意撤销，其登记前先行交付者，亦得任意撤销之；至于权利已经移转，纵未交付，则应认为受赠人已取得赠与之财产权，无撤销之可言。[13] 从而，其关系殆如下表：

赠与
- 第四〇七条：不动产赠与：移转登记前得任意撤销（既已登记，不得撤销）
- 第四〇八条：动产赠与：交付前得任意撤销（既已交付，权利移转）

三、不履行责任之减轻

赠与人债务不履行责任之减轻，其事项有二。一为责任标准之降低，另一为责任范围之减免。此外，并附述瑕疵担保责任缺如之事项。

（一）责任标准之降低

1. 赠与人责任标准

债务人应就其故意或过失之行为负其责任，“民法”第二二〇条第二项定有明文。兹之过失，原则上指抽象轻过失而言，亦即债务人于给付不能、给付迟延等，如有抽象轻过失（即未尽善良管理人注意）者，依法即应负债务不履行责任。此为债之一般责任标准，于契约之债，当然有其适用，甚至可说以契约之债之适用为主。

“民法”第四一〇条规定：“赠与人仅就其故意或重大过失，对于受赠人负给付不能之责任。”赠与人为赠与之债务人，即仅就重大过失负其责任，则因具体过失或抽象过失所致之给付不能，赠与人尚非“民法”第二二六条所称之可归责事由，从而不构成债务不履行责任。受赠人不能请求损害赔偿，（亦不能依“民法”第四〇九条规定，请求交付赠与物之价额）。足见，参照债之责任原理相关规定，“民法”第四一〇条具有

13 参照郑著（上），第一五六页～第一五七页。

降低责任标准之意义，性质上应属“民法”第二二〇条之特别规定。

“民法”第四〇九条规定，赠与人就赠与给付迟延者，受赠人得（亦仅得）请求交付赠与物，但不得请求迟延利息或其他不履行之损害赔偿。依“民法”本条第一项前段规定，足见于赠与之给付迟延，不问可否归责于债务人，债权人均得请求原定给付（交付赠与物），斯与有无债务不履行无关；反之，“民法”本条第二项规定，不得请求迟延利息或其他不履行之损害赔偿，则赠与给付迟延纵属可归责，受赠人并无请求迟延赔偿之权利。换言之，赠与人于给付迟延并无迟延责任，纵使其于迟延有故意或重大过失者，情形亦然。

赠与人于给付人瑕疵有重大过失者，是否构成不完全给付，解释上亦有疑义。“民法”第四一一条规定：“赠与之物或权利有瑕疵者，赠与人不负担保责任。但赠与人故意不告知瑕疵，或保证其无瑕疵者，对于受赠人因瑕疵所生之损害，负赔偿责任。”由此条文，显然可以解释为：赠与人仅于故意不告知瑕疵之情形下，始就加害给付负责；其赠与人于瑕疵之不告知仅有重大过失，尚不负赔偿责任；至就瑕疵本身，不问有无故意过失，于法均无责任可言。是以，赠与人仅于故意之情形，始就不完全给付负其责任，且仅以加害给付之部分为责任范围。[14]

2. 第四一〇条之适用范围

给付不能，惟于当事人未履行给付者有其适用。若其业已履行，当无给付不能适用之可言。

在无体财产权之赠与，赠与因当事人意思表示一致而成立生效，其财产权同时移转。因之，除当事人附停止条件或始期者外，尚无本条之适用。

动产赠与，一经交付，同时移权，“民法”第四〇九条、第四一〇条之规定，无其适用，理应肯定。因此，“民法”第四一〇条之适用标的，主要当以不动产赠与而未移转权利登记或动产赠与而未交付之情形为主。不过，不动产登记于移转权利前、动产赠与于交付前，赠与人原则上得撤销赠与，解释上此项撤销权尚不因是否可归责于赠与人事由（故意或

14 于责任原理言，“民法”本条对过失责任主义亦有重大修正，其内空殆有如下：

- 不完全给付（赠与）
  - 瑕疵给付：无责任（411本文）
  - 加害给付
    - 轻过失：无责任（411本文）
    - 重大过失：无责任（411本文）
    - 故意：有责任（411但）

重大过失）所致之给付不能而受影响。赠与人既有撤销权，于受赠人请求交付赠与物时，其竟不撤销赠与者，恐不多见。至于，赠与人尚无任意撤销权者，则为业经公证之赠与、履行道德上义务之赠与二者。是以，“民法”第四一〇条之适用范围，主要为此二类赠与，应堪肯定。

（二）责任范围之减免

1. 部分类型之免责

赠与人因故意或重大过失而给付迟延或给付瑕疵者，不负债务不履行责任；因重大过失而有加害给付者，亦无债务不履行责任。凡此，均属责任之免除，前段已有叙述，不再重复。

至于不为给付，于赠与当亦无成立债务不履行之可言。盖以赠与人既得于交付前任意撤销赠与。于可归责之给付迟延，仍不负债务不履行责任，则其于届期前预示拒绝给付（不为给付）者，于法应无成立责任之可言。[15]

2. 责任范围之缩减

“民法”第四〇九条规定：“赠与人就前条第二项所定之赠与给付迟延时，受赠人得请求交付赠与物；其因可归责于自己之事由致给付不能时，受赠人得请求赔偿赠与物之价额。前项情形，受赠人不得请求迟延利息或其他不履行之损害赔偿。”其于债务不履行责任之缩减关系，主要可分述如下：

（1）适用之债务不履行类型

赠与人有不为给付或瑕疵给付情事者，不负债务不履行责任，亦无瑕疵担保责任，故此二者，解释上与“民法”第四〇九条无关，应可肯定。加害给付之适用，依“民法”第四一一条规定，理论上亦与“民法”第四〇九条无关。

赠与人有给付迟延，并无债务不履行责任。是以严格言之，如从债务不履行角度言，“民法”第四〇九条应仅于给付不能之类型，有其不履行责任之规范意义，其所称可归责事由之标准，则为赠与人之故意或重大过失。盖与“民法”第四〇九条虽有给付迟延请求交付赠与物之文句，惟云者，规范意义上属于给付（第一九九条第一项）交付赠与物尚非债

15　民法债编修正，虽已删除不为给付之债务不履行类型，惟于契约法上，仍以肯定其存在，爰相对买卖，于此叙明之。

民法债编修正，虽已删除不为给付之债务不履行类型，惟就契约之债而言，不宜否认不为给付类型之存在，故本书仍予保留。

务不履行责任之给付内容。从而，“民法”第四〇九条之适用类型，虽同时及于给付不能与给付迟延，但其表征之规范意义尚有不同。其情形殆可表解如下：

适用类型（409）
- 给付不能：债务不履行规定（409 I 后 >226）
- 给付迟延：原定给付规定（409 I 前 =199）

如是，则“民法”第四〇九条所称不履行，于给付迟延当指赠与人单纯给付迟延之事实（不问有无故意或重大过失）：于给付不能，则限于指赠与人因故意或重大过失而给付不能之情事。民法债编修正，于“民法”第四〇九条所作文字修正，于厘清相关概念疑义，颇具积极意义当可肯定。[16]

至于加害给付，构成上虽与“民法”第四〇九条无关，但根据“民法”第四一一条规定，仍有成立余地（其范围更见缩小）。故本书亦列其为赠与债务不履行类型之一，并于相关部分说明之。

（2）适用之赠与类型

一般以为，依“民法”第四〇九条文义，对照“民法”第四〇八条规定研析之，受赠人得因赠与人给付迟延或给付不能，而请求交付赠与物或其价额者，须以业经公证之动产赠与或履行道德上义务之动产赠与为限。不过，理论上，其适用范围是否必须如此狭隘，不无讨论余地。其间，值得一提者有二，即：

①业经公证之不动产赠与，赠与人不得撤销，解释上自有第四〇九条之适用。

②于未经公证，亦非履行道德上义务之动产赠与，如赠与人未撤销赠与者，解释上应认为受赠人仍有交付赠与物或其价金之请求标。不过，赠与人对其请求，得主张撤销赠与而免为给付。

赠与人因故意或违反保证而为加害给付所生之不履行责任，依“民法”第四一一条规定，其受赠人得请求损害赔偿者。此之损害赔偿请求，得适用之赠与类型，解释上尚不以上述二者为限，而是各种类型之赠与，

16 “民法”债编修正第四〇九条第一项修正理由：“原条文语意不明，从文字上观之，赠与人不履行赠与时，受赠人得选择请求交付赠与物或请求赠与物之价金，初不问赠与标的物之履行是否可能？亦不问赠与人之意思如何，如此解释，颇为不当。为避免误解及减轻赠与人之责任，爰予修正。明定赠与人因给付迟延时，受赠人得请求交付赠与物。赠与人因可归责于自己之事由致给付不能时，受赠人始可请求赔偿其价额。又赠与不同于买卖，并无‘价金’可言，爰将‘价金’修正为‘价额’”。

均有适用。

（3）责任缩减之程度

①给付不能

赠与人因可归责于自己之事由（故意或重大过失）[17]，以致给付不能时，受赠人仅得请求赠与人支付赠与物之价额，但不得请求不履行之损害赔偿（替代赔偿）。修正前文字于支付标的，称之价金，惟赠与为无偿契约，当事人双方授受关系上，并无价金之问题。民法本条，所称价金，揆其意义，应指物之（客观）价额而言，债编修正因其意义，于此部分修正为价额，当较明确。[18]

②给付迟延

赠与人给付迟延者，受赠人仅得请求交付赠与物，即使此之给付迟延为可归责于赠与人（故意或重大过失），受赠人仍不得请求迟延利息或其他迟延赔偿。[19]

于兹成为问题者，即赠与人给付迟延者，受赠人得否请求价额，通说采否定见解，以免赋与受赠人选择权而加重赠与人负担[20]；换言之，民法本条于给付迟延部分，性质仅为请求原定给付之重复规定而已。所以如此，旨在避免解释上混淆，俾更显示赠与债务不履行责任减轻之整体面貌。

③加害给付

赠与人有不完全给付情事者，惟于加害给付部分有债务不履行责任，故标题上直接使用加害给付，而不称不完全给付。

依债之一般原理，债务人有过失而发生加害给付情事者，于法即成立债务不履行，对债权人负损害赔偿责任。但于赠与，赠与人仅于因故意不告知瑕疵或保证无瑕疵而致之加害给付，始对受赠人负损害赔偿责任，至于赠与人于瑕疵之发生有过失或甚至有重大过失者，仍不因之而负损害赔偿责任。是其责任标准亦属降低不少。

17　对照第四〇九条及第四一〇条规定，依本体系解释，则第四〇九条第一项后段之可归责事由，应以故意或重大过失为限。

18　同注16之修正理由后段。

19　参照“民法”债编修正第四〇九条修正理由：“原条文但书‘利息’究何所指？易滋疑义。学者通说认为应指‘迟延利息’而言。为明确计，爰仿德国民法第五二二条，将‘利息’二字修正为‘迟延利息’，以符实际。而所谓‘其他不履行之损害赔偿’，依上文可知系指迟延利息及价额以外之损害而言。”

20　参照郑著（上），第一五四页。

赠与人因故意不告知瑕疵，而对受赠人应负担损害赔偿责任者，其赔偿对象为何？赔偿范围如何？“民法”第四一一条但书仅泛称“对于受赠人因瑕疵所生之损害负赔偿之义务”，至于赔偿对象及范围如何，尚无直接明确答案。兹尝试从学理上为之解释如下：

㈠赔偿对象

按加害给付之赔偿对象，原则上有二：一为履行利益之赔偿，另一为债权人固有利益受害之赔偿。

赠与人就瑕疵本身不负债务不履行责任，所谓受赠人因瑕疵所生损害之赔偿，不包括瑕疵本身所致之损害（例如价值或效用之降低），当可肯定。

赠与人因瑕疵受有履行利益之损害（例如交易上之贬值），是否在赔偿范围之列，解释上应持否定。盖以赠与人因故意致给付迟延或给付不能者，依“民法”第四〇九条规定，受赠人仅得请求交付赠与物或其价额，不得请求不履行之损害赔偿。亦即赠与人未为给付，受赠人受有履行利益之损害者，既不得请求赔偿，则其业已给付之加害给付，于履行利益之损害，本诸“民法”第四〇九条、第四一〇条及第四一一条构成之法律体系，解释上亦应采同一立场，认为受赠人尚无履行利益之赔偿请求权。从而，“民法”第四一一条但书之损害赔偿，其适用对象，惟限于受赠人固有利益受害之赔偿。当可肯定。如是，则“民法”第四一一条但书之损害赔偿，意义上殆等于学理上所称“其他损害之赔偿”[21]。例如，甲明知其公鸡隐有瘟疾，竟仍赠送于乙，且不告知乙实情，致乙受赠后，瘟疾传染乙所有之数十只母鸡，则乙因数十只母鸡染病所受之损害，得请求甲赔偿，但瘟疾公鸡不值一文或不能食用而受之价值效用减损，则不在赔偿范围。[22]

㈡赔偿范围

赠与人因故意不告知瑕疵而负加害给付赔偿责任者，其赔偿范围如何？“民法”第四一一条虽未明定，但亦未如第四〇九条之有排除明文，解释上宜依“民法”第二一六条规定定其赔偿范围，如受赠人与有过失

21　参照郑著（上），第一五五页；反对说认为限于信赖利益（消极利益），始负赔偿责任（史著，第一二二页）。

22　一般以为，“民法”第四〇九条至第四一一条，性质上均为任意规定。因之，如当时人就赠与人之责任标准有提高之约定，或于责任范围有扩大约定，乃至于瑕疵担保责任有加重特约者，均从其约定。

者，亦有过失相抵之适用（第二一七条）。由于此种情形，赠与人往往亦同时成立侵权行为，受赠人于受有非财物损害时，自得依第二二七条之一规定或援用请求权竞合理论，请求非财产上损害赔偿。

综上所述，足见赠与人债务不履行之减免，范围甚大。基本要点则为：给付不能、给付迟延、瑕疵给付，均无不履行损害赔偿责任；至于加害给付，则惟于赠与人故意不告知瑕疵或违反无瑕疵保证者，始有适用。是以"民法"第四〇九条、第四一一条，解释上亦均为债务不履行一般原理之特别规定。不过，于加害给付之情形，受赠人之固有利益受有损害，其赔偿之适用标准是否仅限于故意之情形，抑或应扩及于重大过失而不知瑕疵之情形，立法政策上不无讨论余地。因其涉及事项，颇称复杂，爰为之归纳如下附表，以资参考：

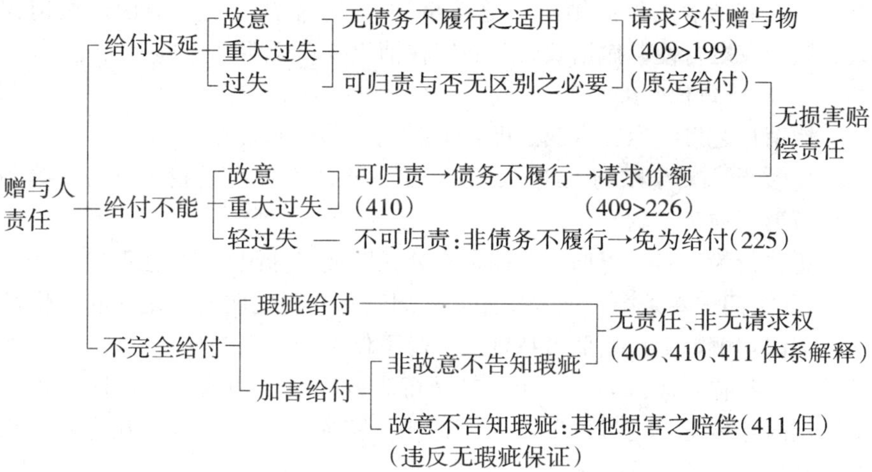

（三）瑕疵担保责任之缺如

瑕疵担保责任，与债务不履行责任，本为不同问题领域，为免概念混淆，宜尽量避免并同叙述。不过，赠与人瑕疵担保责任之规定，相当简要，为求叙述方便，本书并入债务不履行责任部分说明。此乃权宜作法，非概念之间混沌不清。为免误解，合先叙明。

依"民法"第四一一条本文规定，赠与人对于受赠人，无论是物之瑕疵或权利瑕疵，均不负瑕疵担保责任，民法买卖有关瑕疵担保责任，无论是责任成立要件、或其法律效果，于此均无适用，故以瑕疵担保责任缺如称之。即赠与人于瑕疵之造成有重大过失，或因重大过失不知有瑕疵者，情形亦然。

赠与人保证其赠与之财产无瑕疵者，对于瑕疵本身，仍不负担保责任。不过，如受赠人之固有利益因瑕疵而生损害者，赠与人应负赔偿责任，堪称瑕疵担保责任缺如之少有例外。其损害赔偿对象及范围，同前段有关故意不告知瑕疵部分之说明，请参照之。

本条项所称保证，以有明显表示为限，应与“民法”第三五四条第二项之品质保证作同一解释。至于受赠人，应基于契约保护第三人效力之理论，解释包括及于与受赠人共同生活而使用赠与财产之亲属。

四、忘恩背义之赠与撤销

忘恩背义之赠与撤销者，因受赠人对赠与人有法定忘恩背义行为时，赠与人或其继承人得撤销赠与之情事。[23] 兹分撤销权发生原因、撤销权人、撤销权之行使、撤销效力及撤销权消灭五项说明之。

（一）撤销权发生之原因

撤销权之发生原因有四。即：

1. 受赠人对于赠与人或其最近亲属，有故意侵害之犯罪行为（第四一六条第一项第一款）

犯罪行为云者，以刑事法律定有处罚明文者为限（“刑法”第一条），“民法”第四一六条第一项爰使用“依刑法有处罚之明文”之文句。惟其所称刑法，解释上包括刑事特别法，尚不仅限于“刑法典”，本书乃斟酌其本意，改称犯罪行为之文句。犯罪行为或因过失而成立，民法本条款既明定故意侵害，则过失犯罪尚无适用。犯罪以事实是否存在为断，只要有其事实存在，即为已足，至其是否提起公诉，有否宣告有罪判决，尚非所问。犯罪行为之范围，解释上不限于直接侵害个人法益之罪行，即侵害“国家利益”或社会法益之罪，例如妨害选举、诬告、伪证、伪造文书等，因其间接或同时侵害个人法益之罪，亦有适用。

虽有故意侵害，但有正当防卫、紧急避难等违法阻却事由而不成立犯罪者，因其尚未成立犯罪，并无撤销权可言，但受赠人为无责任能力人，而有故意侵害之犯罪构成行为者，例如十岁之受赠人施暴于赠与人者，解释上仍以适用为宜。

最近亲属，依本条规定包括配偶、直系血亲、三亲等内旁系血亲或

23 或谓民法赠与于此称为撤销，语意上系撤回之误，宜改称其为撤回（参照梅著，第二六五页）。

二亲等内姻亲，惟直系血亲尚不包括自然血缘之非婚生子女。“民法”债编修正，于最近亲属采具体列举规定[24]，并明定增列配偶于本条项，于杜免争议，颇具意义。[25] 例如，甲乙两人为姐妹，相依为命，共同奉养父亲A，甲赠与机车于其外甥丙，嗣后丙伤害乙，因乙为甲之二亲等旁系血亲，甲得对丙之赠与行使撤销权。

2. 受赠人对于赠与人不履行扶养义务（第四一六条第一项第二款）

扶养义务，是否包括约定扶养义务，解释宜采肯定。[26] 换言之，本条款所称扶养义务，不问法定（第一一一四条以下）、约定而生者，均有适用。

不履行云者，指受赠人有履行扶养资力而未为扶养者而言，如受赠人履行扶养义务，而竟不能维持生活者，一般以为，原则上应无适用（第一一一八条）。

3. 受赠人因故意不法行为，致赠与人死亡（第四一七条本文前段）

受赠人因故意不法行为，致赠与人死亡者，解释上得包括于前述犯罪行为概念之内，惟因其撤销权主体不同，民法乃另从不同角度而为规定。基此，则本款撤销权之发生，限于对赠与人为之，且发生死亡之结果者为限。盖赠与人未死亡者或非向赠与人为之者，赠与人依前述犯罪行为条款，已有撤销之权，赠与人之继承人尚不发生撤销权之可言。因之，于以下二种情形，赠与人之继承人似亦无撤销赠与之权利：

（1）受赠人因故意不法侵害赠与人之配偶或最近亲属，赠与人忧伤过度致死或愤而自杀者。

（2）受赠人故意不法侵害赠与人，赠与人因其他原因致死者。不过，赠与人因受受赠人不法侵害，气愤不过而自杀，或因而忧愤过度死亡者，仍应解释为有本条项之适用，其继承人取得撤销权。

4. 受赠人因故意不法行为，妨碍赠与人撤销赠与（同上条本文后段）

受赠人妨碍赠与人撤销赠与者，赠与人事实上不能撤销赠与，故民法亦明文许其继承人撤销赠与，惟亦须以受赠人以故意不法行为而为妨

24 参照“民法”债编修正第四一六条修正理由：“现行规定‘最近亲属’范围不明，爰参照‘刑事诉讼法’第二百三十四条第四项所定告诉人之范围，将‘最近亲属’修正为‘直系血亲、三亲等内旁系血亲或二亲等内姻亲’以期明确。”

25 参照同上条修正理由：“赠与人与其配偶之关系不亚于赠与人与其最近亲属之关系，甚至更为密切。惟配偶是否为亲属，解释上有争论。为杜争议，本条第一项第一款以增列‘配偶’为宜，爰予修正。”

26 参照郑著（上），第一五八页；史著，第一二五页。

碍者为限。例如，受赠人监禁赠与人是。至于继承人之取得撤销权，尚不以受赠人死亡为要件。

（二）撤销权之主体

撤销权之主体，或为赠与人，或为赠与人之继承人。要之，撤销权发生原因为上述之1、2者，其撤销权主体为赠与人；其原因为3、4者，其撤销权主体为赠与人之继承人。至其尚可探讨者有如下二者：

1. 继承人之范围

继承人之取得撤销权，于上述3之情形，以赠与人（被继承人）死亡为要件，意义上指实际享有继承权之人，此固无疑问。但4之情形，被继承人或已死亡，或尚生存。其已死亡者，作同上解释，固无问题；赠与人尚生存者，则指“民法”第一一三八条所定之法定最优先顺序继承人而言。继承人有数人者，应解释为任一继承人均得单独行使，尚无共同行使或撤销不可分之适用。

2. 撤销权之取得

继承人因上述3、4取得撤销权者，系基于其为继承人之地位而来，性质上为其继承人之固有权，与继受取得无关。

被继承人未行使撤销权而死亡者，继承人是否继承撤销权，解释上应作否定，盖撤销权具有专属性（第一一四八条但书），不宜作为继承标的之权利。

3. 撤销权之竞合

赠与之撤销权，于特殊情形，得同时发生于赠与人及赠与人之继承人。于此情形，宜认为赠与人或赠与人之继承人均得行使，并以先行使者发生撤销之效力（未行使之撤销权同时消灭）。

（三）撤销权之行使

“民法”第四一九条第一项规定：“赠与之撤销，应向受赠人以意思表示为之。”缘以撤销权为形成权，其撤销原则上均以意思表示为之，本条项规定，旨在限定相对人为受赠人，以免解释争议，纵未规定，其结论亦属相同（第一一六条）。惟“民法”本条项既已另有规定，则有关赠与撤销权之行使，应援本条项以为依据，不宜迂回适用民法第一一六条。“民法”第四〇八条之任意撤销，亦应作相同解释。

忘恩背义行为，原则为自然人对自然人之行为。因之，一般以为，其赠与人或受赠人或双方为法人者，原则上尚无撤销权发生或行使之可言。至其适用对象，通常为赠与业已履行完毕者；不过，以下特例，亦有适用实益：

(1) 业经公证或履行道德义务之动产赠与，其标的物尚未交付受赠人者。

(2) 业经公证之不动产赠与，其赠与标的物业经交付，但未移转权利者。

至于 (1)、(2) 而未交付之情形，理论上虽亦可认为赠与人或其继承人有忘恩背义之撤销权。不过，有此情形，赠与人原有任意撤销权，无待乎此之撤销权之发生与适用，故其实益不大（理论上，仍宜认为，此时二种撤销权竞合，宜类推适用选择之债定其行使方法及效果——"民法"第二〇八条如下）。

（四）撤销之效力

撤销权一经行使，赠与溯及自始无效，此与一般所称之撤销，固尚无不同。但"民法"第四一九条第二项规定："赠与撤销后，赠与人得依关于不当得利之规定，请求返还赠与物。"既称依不当得利请求返还，自应解释为仅生债权之效力。换言之，民法本节所规定之赠与撤销，仅生撤销债权行为（契约）之效果，至于物权行为尚不在撤销之列。足见，则此撤销之对象及效力，与意思表示瑕疵之撤销，尚有不同，恐难否认。盖于后者，通说以为，物权行为亦为撤销对象，撤销具有物权之效力也。

以上所述，系忠实"法典"之解释，惟就立法政策观之，类此立法是否允当，不无可议。其间可得而言者有如下三点：

1. 赠与撤销，何以必须限于债权效力？徒生法律上概念之不一致，并滋生解释上之困惑。改采物权效力说，给予赠与人或其继承人行使物权返还请求权，岂不更为允妥。

2. 赠与人与受赠人间之债权性利益给付，因撤销赠与者，解释上当然有不当得利之适用，无待法律另为明文规定。

3. 因撤销而生之赠与当事人间利益返还，类型上属于给付不当得利，理论体系上宜适用回复原状（第二五九条、第一一三条、第一一四条第二项），强其适用不当得利，恐失公平，事实上亦难依"民法"第一八二条定其返还范围。[27]

以上三点疑义，如删除"民法"第四一九条第二项规定，当可涤除，此次"民法"研议修正，未能论及此一问题，不无美中不足。

27 关于给付不当得利适用回复原状之论析，请参照拙著"新订民法债编通则（上）"，2000年新订一版一刷，第一三四页以下。

（五）撤销权之消灭

撤销权为形成权，具有破坏现有法律秩序安定之负面功能，不宜使之长存。民法因之设有多项消灭事由。兹分述如下：

1. 消灭事由

（1）除斥期间之届满

赠与人之撤销权，自赠与人知悉有撤销原因时起，一年内不行使而消灭；赠与人继承人之撤销权，自继承人知悉有撤销原因时起，六个月内不行使而消灭（第四一六条第二项前段、第四一七条但书）。此之一年、六个月为除斥期间，自届满时起撤销权即行消灭，民法立法理由，称之消灭时效[28]，似有误解。

除斥期间，自知悉时起算，未若其他撤销之有自行为时起算不得逾X年之规定，其结果仍不无长期存续之可能，其相类规定是否毫无讨论余地，不无可议。

（2）赠与人宥恕

赠与人有忘恩行为，受赠人对之而为宥恕者，赠与人之撤销权消灭（第四一六条第二项后段）。宥恕者原谅受赠人行为而不予追究之意也，性质上为感情表示，为准用法律行为形态之一，其成立、生效准用法律行为（特别是意思表示）之有关规定。

赠与撤销权并得因抛弃而消灭，抛弃须有抛弃意思，亦即须明知有撤销权而仍表示不行使撤销权者始可。至于宥恕，不必知有撤销权存在，亦不必有抛弃撤销权之意思，故与撤销权抛弃之概念，仍有不同。

（3）受赠人死亡

赠与之撤销权，因受赠人死亡而消灭（第四二〇条）。盖以忘恩背义既仅在受赠人，而撤销权人于受赠人死亡之前，仍不对之行使撤销权，为防无益之争，民法爰规定不得对其继承人主张撤销。[29]不过，若赠与人尚未履行者，得类推适用“民法”第一九八条规定，拒绝履行。

2. 适用范围

以上三种赠与撤销权消灭原因，解释上仅于忘恩背义行为而生者，

---

28 参照“民法”第四一七条立法理由：“谨按受赠人因故意不法之行为，致赠与人于死，或故意妨害其赠与之撤销者，此时赠与人既经死亡，已不能行使撤销权，或虽未死亡，而因受赠人妨害其赠与之撤销，致事实上不能行使撤销权，自应使赠与之继承人行使之，以期贯彻撤销赠与之意思。但其撤销权，不应永久存在，故设消灭时效，俾得从速确定。”

29 参照“民法”第四二〇条立法理由：“谨按受赠人死亡，为撤销权消灭之当然理由。本条明为规定，盖以防无益之争论也。”

亦即"民法"第四一六条、第四一七条所定之撤销权，始有适用。至于"民法"第四〇八条、第四一二条乃至民法或其他法律所规定之撤销权，则尚不在适用之列。

赠与之撤销，涉及赠与之消灭，严格言之，并非单纯为赠与效力之问题。本书列于本节说明，虽旨在突显其效力层面之意义，但亦寓有权宜作法之意味。

（六）附带说明（穷困抗辩）

"民法"第四一八条规定："赠与人于赠与约定后，其经济状况显有变更，如因赠与致其生计有重大之影响，或妨碍其扶养义务之履行者，得拒绝赠与之履行。"是为赠与人特殊之拒绝履行权。因其以赠与人无力履行为前提，故一般称之穷困抗辩。赠与之穷困抗辩，其成立要件殆可分述如下：

（1）须赠与标的物尚未交付

拒绝履行，性质为抗辩权，须受赠人请求履行，始得行使。因之，赠与人如已交付标的物，赠与人已无援用抗辩权可言。不过，于不动产赠与，如采取类如实务立场，则其已交付而未移权者，仍不无拒绝履行实益。

拒绝履行权之适用对象，理论上固及于未立有字据，亦非履行道德上义务之赠与。不过，此类赠与于交付前得随时撤销，适用拒绝履行较乏实益，故适用上以立有字据赠与及履行道德上义务之赠与为主，恐难否认。

（2）须赠与约定后，赠与人之经济状况显有变更

赠与约定，意指赠与生效而言，其虽有赠与约定而未生效者，尚无适用余地。

经济状况变更，须发生于赠与生效之后，且为经济状况不良之变更，如其于赠与前经济状况业已困窘者，固不能援用本条作为拒绝履行之依据，如其后经济状况好转者，赠与履行无虞影响生计，亦无本条拒绝履行权发生之可言。

变更之情形，须相当显著。例如，赠与人最近亲属车祸住院、或赠与人病魔缠身，医疗费用负担极重是。其变更尚非显著，或非为经济况状之变更（例如远走他乡，不易履行赠与是），均不在本条拒绝履行适用范围之内。

由于民法本条抗辩权之发生，以法律关系发生后，为契约斟酌基础

之情事显有变更为要件，故一般认系情事变更原则之具体表征。[30]

变更之发生，法无限制，其系赠与人自致或其他情事所致，在所不问；惟实务以为，如赠与人是出于恶意者，则无拒绝履行权。[31]

（3）须赠与人履行，对其生计或扶养义务之履行有重大影响或妨碍。

对赠与人生计有重大影响，指食衣住行育乐等生活关系发生重大不圆满情事而言。重大不圆满虽不必至于贫乏难以自存，但至少亦须发生重大困难。例如，音乐家如履行赠与，无以租用乐器演奏。虽其衣食无虞，仍不能谓非生计有重大影响。

妨害扶养义务之履行，包括法定扶养义务及约定扶养义务。所谓妨害云者，只要因其履行赠与，有碍扶养之圆满履行，即为已足，至于生计是否受有影响，在所不问。

拒绝履行，既为抗辩权，理论上须经主张（援用），始生效力，至其行使方法无论于审判外或审判上，均无不可。只是，审判上援用者，须于事实审言词辩论终结前为之。拒绝履行权，为延期抗辩权形态之一种，性质上有如“民法”第三五八条之价金支付拒绝权，而非消灭时效抗辩权，仅生延期给付效力，并无减却效力可言。[32] 赠与人行使此一权利，赠与契约仍然存在，故赠与人日后一旦经济状况好转，受赠人仍得请求履行。

第三节　特种赠与

特种赠与，民法赠与一节规定者有二。即附负担赠与及定期给付赠与。惟日常生活上，尚不以此二者为限，本节斟酌其情，爰另列其他特种赠与，以为简单叙述。其顺序有如下表：

特种赠与
- 附负担赠与(412~414)
- 定期给付赠与(415)
- 其他特种赠与

30　参照郑著（上），第一六二页；史著，第一二八页。

31　参照“最高法院”1952年台上字第四号判例：“赠与人于赠与约定后，其经济状况之变更，除具有恶意之特别情形外，并不问其原因如何，即与其变更之为自致或他致无关，观诸‘民法’第四百十八条之立法意旨自明。”

32　参照郑著（上），第一六四页；史著，第一二八页。

特种赠与，基本上亦为赠与契约，除有特别规定者外，仍适用前述（一般）赠与之规定。以下所述，原则上仅以特别规定之部分为范围。

一、附负担赠与

（一）附负担赠与之意义

附负担赠与者，受赠人负一定给付之赠与。此之一定给付，评价上与赠与之给付是否相当，在所不问，学理上乃以负担称之。此之负担，系附随赠与而生，故称“附负担赠与”[33]。

一般赠与，受赠人不负任何给付义务，纯属无偿契约、单务契约；反之，附负担赠与，受赠人负有一定给付义务，其情形颇为特殊，故民法列为特种赠与，借以厘清因负担所生之权利义务变动。至其特点，则有如下：

（1）负担之性质

负担为附款形态之一，性质上为赠与契约之一种，负担之内容有违反公序良俗或强行规定者，赠与契约无效（第七一条、第一一一条），非仅负担约定无效。例如，赠与房屋一栋，同时约定受赠人陪宿一年，其赠与无效是。

（2）负担之内容

负担之内容，须为受赠人之一定行为（给付），但不以有财产价格者为限，不作为亦无不可（第一九九条第二项、第三项）。例如：赠与留学奖学金于教职员，约定学成回校服务三年；赠与土地，约定为赠与人不定期祭扫祖茔均是。婚约之聘金，实务以为，亦系附负担之赠与。[34]

负担之给付，如有财产价格者，不必与赠与标的物之价格相当。惟负担之给付若高于赠与物之价格者，其超过部分，受赠人无履行责任（第四一三条）。是以，负担并非对价，故一般以为，附负担赠与

33　有关附负担赠与之实务上解释，请参照最高法院1943年上字第二五七五号判例：“所谓附有负担之赠与，系指赠与契约附有约款，使受赠人负担应为一定给付之债务者而言。”

34　参照“最高法院”1958年台上字第一四六九号判例：“婚约之聘金，系负有负担之赠与。上诉人既不愿履行婚约，则依‘民法’第四百十二条第一项、第四百十九条第二项，被上诉人自得撤销赠与，请求返还原赠与财物，纵解除婚约之过失责任系在被上诉人，亦仅生赔偿之问题，不能为拒绝返还之论据。”

仍属无偿契约、单务契约，仅其负担与对价，有神似相当之处，故有时发生类如双务契约、有偿契约之效力（第四一三条、第四一四条）。[35]

（3）负担之受益人

负担之受益人，通常固为赠与人本人，但不以此为限，纵为其他特定第三人者固无不可，即系属于公众亦无不可。前者如赠与黄金百两，约定受赠人服侍赠与人年迈双亲三年是。后者如赠与双溪庭园一座，约定受赠人应对外开放十年是。

（4）负担与其他附款

法律行为之附款，除负担外，尚有条件及期限。赠与，亦可负条件或期限，惟负担有一定给付内容，条件期限则否；反之，条件期限有限制法律行为效力本身之作用，负担则否。故负担与另二种附款，意义上显有不同。

（二）附负担赠与之效力

附负担赠与之效力，主要内容有二。即负担之履行与瑕疵担保责任。前者，表现为受赠人之义务，后者则表现赠与人之责任，彼此似具相对意义。兹分述于下：

1. 受赠人负担之履行

"民法"第四一三条规定："附有负担之赠与，其赠与不足偿其负担者，受赠人仅于赠与之价值限度内，有履行其负担之责任。"是为受赠人之负担履行义务内容。爰析其要点如下：

（1）负担履行义务之成立

负担既为赠与契约之一部，亦为赠与上相关给付内容之态样。就受赠人而言，性质上亦是债之通则所称之给付（第一九九条第一项）。换言之，负担履行义务随附负担赠与之成立生效而同时发生。受赠人于法即有履行负担之给付义务，并就履行负担之给付为强制担保，故"民法"本条以履行负担责任称之。不过，负担仅系约款，其重心仍在赠与，赠与之价值不宜低于负担之价值，果有其情，亦不宜责求受赠人就超过赠与给付价值之部分负履行责任，此"民法"第四一三条之所由来，为斟

35 实务以为，附负担赠与得准用双务契约之规定。主要依据为"法务部"1980年法律字第五三二三号函："附负担之赠与，系指赠与人约为赠与时，得为自己、第三人或公益计而附加约款，使受赠人负担某种行为或不作为之义务者而言。'负担'与'对价'相当，有时得准用双务契约之规定。"

酌赠与本质之当然结论，并保护受赠人利益。[36] 与受赠人履行责任相对者，斯为负担履行请求权。此项请求权原则上为赠与人，惟当事人约定由第三人为负担之受益人者，依其约定；从而，如约定该第三人有直接请求权者，该第三人即有直接请求受赠人履行负担之权利。至于约定以公众为负担之受益人，赠与人仍有请求受赠人履行负担之权利，赠与人死亡者，主管机关或检察官得请求受赠人履行之（第四一二条第二项）。按履行负担为私法上权利义务关系，债编修正前本条文字，于主管机关部分称之"由主管机关以命令强制之"，恐有行政干预私权之虞，"民法"债编修正，为之修正为"主管机关得请求受赠人履行负担"，不仅符合行政谦抑原则，于杜解争议[37] 之外，并得借诸私权体系确定实现，诚具积极意义。

（2）负担履行义务之请求

附负担赠与，仍为赠与，且以赠与人之履行赠与为制度重心。是以，于附负担赠与，赠与人有先为给付义务，故"民法"爰于第四一二条第一项规定："赠与附有负担者，如赠与人已为给付而受赠人不履行其负担时，赠与人得请求受赠人履行其负担，或撤销赠与。"借以确定请求受赠人履行负担义务之法律要件。[38]

请求受赠人履行负担之给付义务，既以赠与人已为给付为要件，则在赠与人交付赠与物前，尚不得任意撤销或请求受赠人履行，此固无疑义；对于受赠人请求交付赠与物时，亦不得主张同时履行抗辩权。再者，条文所称受赠人不履行负担云者，于请求受赠人履行部分，仅以受赠人尚未给付之事实为已足，殊不必问其可否归责。至于归责与否，解释上

36 参照"民法"第四一三条立法理由："谨按附有负担之赠与，受赠人所应受之利益，其价值不足偿其所负担之义务者，（例如甲以房屋租与乙居住，不收租金，而令乙担任工作，以资抵偿，实则租金抵值洋二十元，而所任之工作极繁，须有值洋五十元之报酬。）此时应使受赠人仅于赠与之价值限度内，有履行其负担之责任，（如前例受赠人得仅工作至二十元之价额是。）以保护受赠人之利益。"

37 参照"民法"债编修正第四一二条修正理由："为配合'民法'总则之修正，爰将第二项内'官署'一词，修正为'机关'。又主管机关得'命'受赠人履行其负担之'命'字究指何意义？学者间意见不一，有主张系指行政命令者，有主张仅系私法上之请求权者。鉴于民法乃以私法自治为最高原则，赠与属私权之范围，似不宜由行政机关过于干预，且参照德国民法第五百二十五条第二项规定，爰将'命'字修正为'请求'，以期明确。"

38 本条所称请求，意义与第一九九条所称请求相同，若义务人不履行者，应经起诉（诉求），并于取得执行名义后声请强制执行。即同条第二项之主管机关或检察官之请求，亦应作同一解释。

依债之通则相关规定（主要为第二二〇条）定之。

赠与人已为给付，而受赠人不履行负担者，赠与人除得请求履行负担外，并得撤销赠与。盖以附负担赠与，与双务契约颇有几分神似，双务契约之债务人有不履行情事者，他方既得解除契约，则于附负担赠与亦不能无相类制度，故有撤销赠与制度以为相对。此之撤销，其意义、性质、行使及效力，与前述忘恩背义之撤销同（本书第 284、285 页以下），兹不复赘。

“民法”第四一二条第一项所称之不履行，于赠与人撤销赠与之部分，应解为债务不履行，亦即可归责于受赠人之事由而致之给付迟延、给付不能或不完全给付者为限，若为不可归责于受赠人之事由所致者，赠与人尚无撤销赠与之权。可归责与否，解释上亦以债之通则相关规定定之，尚不适用“民法”第四〇九条、第四一〇条之规定。至于行使撤销权，是否应依双务契约法理，先行定期催告（第二五四条），解释上固有争论，实务则持肯定论点。[39]

请求履行负担与撤销赠与之关系，有如请求履行给付与解除契约，二者之间为权利竞合。而且，于负担范围内，赠与人得否请求不履行之损害赔偿，解释上不无疑义。[40]

2. 赠与人之瑕疵担保责任

附负担赠与，受赠人既负一定给付义务，则在负担范围内，赠与人之给付，仍处于受有报偿（对待利益）之状态，其情形与有偿契约尚无重大不同，自应令赠与人于负担限度内负担保责任，以求法理之平。故附负担赠与，其赠与人亦有瑕疵担保责任。

有偿契约之瑕疵担保责任。民法将其制度典型规定于买卖契约，所谓赠与人负瑕疵担保责任，解释上自应准照买卖之规定。故“民法”第四一四条规定：“附有负担之赠与，其赠与之物或权利如有瑕疵，赠与人于受赠人负担之限度内，负与出卖人同一之担保责任。”

于兹有待说明之要点，尚有如下二者：

39 参照“法务部”1980 年法律字第五三二三号函：“负担之不履行，须因可归责于受赠人之事由，始可撤销。否则，不得撤销（‘民法’第二百二十五条参照）；受赠人之负担履行迟延时，依双务契约之法理，债权人似应先行定期催告其履行，如逾期不为履行，始可撤销赠与。”但有反对说。

40 附负担赠与之受赠人不履行负担者，赠与人既仅得请求履行负担或撤销赠与。由于此之撤销赠与，赠与人仅得依不当得利请求返还赠与物（第四一九条第二项）。因之，依体系解释，应认赠与人尚无不履行之损害赔偿请求权。

（1）负与出卖人同一之担保责任，其意义殆等于适用买卖瑕疵担保责任之规定。因此不仅民法本条所称物之瑕疵或权利瑕疵，不论其意义、类型，均适用买卖之规定，即瑕疵担保责任之成立要件，乃至瑕疵担保责任之效力，均适用买卖之规定定之。换言之，亦即规范意义上，系直接适用买卖规定，非“民法”第三四七条之为准用而已。

（2）受赠人负担限度者，意指担保责任之责任范围，原则上仅以受赠人负担之给付义务之价值为其最高限度之意。于此，所谓给付义务之价值，解释上，或可以其实际价值为准，或可以负担给付与赠与给付二者价值之比例定之，为期简明确定，比较上似以前说为可采。[41] 换言之，即受赠人因赠与物或其权利有瑕疵，依买卖瑕疵担保责任规定，行使不履行损害赔偿请求权（第三五三条、第三六〇条），或减偿请求权（第三五九条），或另行交付请求权（第三六四条）者，其得请求之价额不得逾负担给付之价值。不过，加害给付而致受赠人固有利益受有损害者，关于其他损害赔偿请求权，解释上似应不受负担限度之约束。[42]

二、定期给付赠与

定期给付赠与，或简称为定期赠与，意指赠与人于一定期间负继续为无偿给与财产之赠与而言，故学理上或称“定期回环赠与”。例如，甲与乙约定，由甲按月于每月月底无偿给与乙新台币一千元，即属定期给付赠与。

定期给付赠与，于当事人双方约定期间，赠与人有继续给付义务，非若一般赠与之赠与人，一次无偿给与财产即告履行完毕。民法斟酌其情，亦列为特种赠与类型，以期确定因继续供给特性所生之法律关系。兹述其要点如下：

1. 定期给付赠与之赠与期间，原则上由当事人约定，是为有期赠与；其未约定给付期间者，亦无不可，仅其性质上为不定期之定期赠与（或称无期赠与）而已。

2. 定期给付赠与之每期给付期间，解释上亦由当事人约定。但当事

41 参照史著，第一三五页。

42 附负担赠与，赠与人如有债务不履行情事者，解释上宜认为，于受赠人附负担之限度内，应负债务不履行之损害赔偿责任，俾符“民法”第四一三条之规定，并期双方当事人利益之均衡。

人未约明定期给付期间者，例如，仅约定于十年内定期无偿给予五千元，而未指明按年按月或按季者，宜解为欠缺契约要素，赠与尚不成立。

3. 定期给付赠与，除赠与人有反对之意思表示外，因赠与人或受赠人之死亡而消灭，民法于此虽仅就有期赠与而为规定（第四一五条），但无期赠与亦应作同一解释。盖以定期给付赠与，性质上为继续性契约，具有人格信赖关系[43]，故民法有此规定。至若受赠人死亡，赠与人表示仍愿对受赠人之继承人继续给付，法律尊重其意思表示，使之继续有效。

4. 定期给付赠与，以人格信赖关系为基础，其债权具有专属性，为性质上不得转让，受赠人以定期给付赠与债权转让者，其转让不生效力（第二九四条第一项第一款）。

5. 定期给付赠与，仍得附负担；其有此情形者，附负担赠与之规定，亦有适用。若定期给付赠与所定给付期限，以赠与人或受赠人或其他第三人生存期间为准者，同时具有终身定期金契约之性质（第七二九条），终身定期金契约之有关规定，亦有适用。

6. 定期给付赠与既为继续性契约，解释上应有情事变更原则之适用，惟当事人双方得否随时终止，似有疑义。

三、其他特种赠与

其他特种赠与，其较为常见者有：附条件或附期限赠与、死因赠与、现实赠与、混合赠与四者。至于捐助[44]、遗赠[45]，虽与赠与概念相近，但非为赠与，亦与特种赠与无关，尚不另予个别说明。

（一）附条件（或期限）赠与

赠与得附条件，亦得附期限。有些情形者，是为附条件赠与，附期限赠与。

附条件赠与，因其所附条件之不同，得分为附停止条件赠与、或附解除条件赠与。前者，如考上大学法律学系，赠与世界一周旅游费用是；

43 参照“民法”第四一三条立法理由：“以定期给付为标的物之赠与，大抵皆为专属于当事人一身之法律关系。若当事人间无特别之意思表示，应随赠与人或受赠人死亡而失其效力，不得移转于继承人也。”

44 捐助，亦系无偿给与财产之行为，此为其与赠与相类之处。惟捐助通常为单独行为，且以公益为目的，是二者亦有显著不同。

45 遗赠，亦系以无偿给与财产为内容。惟遗赠系单独行为、要式行为（须以遗嘱为之），且其生效以赠与人死亡为停止条件，故其赠与亦有重大差异。

后者，如赠与轿车，但未考上大学法律学系，则予收回是。

附期限增与，亦得因其所附期限性质之不同，分为附始期赠与、或附终期赠与。

附条件赠与或附期限赠与，其赠与效力受所附条件或期限之限制，与一般赠与颇有差异，故被列为特种赠与。至其限制内容如何，依民法条件及期限之相关规定定之（第九九条以下）。此外，则适用一般赠与之规定。

（二）死因赠与

死因赠与者，因赠与人死亡而生效之赠与也。

死因赠与，其赠与固因意思表示一致而成立，但其生效，须待赠与人死亡。其情形与一般赠与颇有不同。故学理上亦列于特种赠与说明。

死因赠与，意义上等于“以赠与人死亡，斯时受赠人仍尚生存为停止条件”之赠与。性质上为附停止条件赠与之一种，因其具有特色，乃另段说明之。死因赠与，民法并无明文，解释上则予肯定。至其效力，解释上采如下原则：

1. 准用遗赠之规定

死因赠与与遗赠之性质，不尽相同，固是事实。[46] 惟其均因赠与人死亡而生效，则为相似。解释上自得基此相似之性质，以死因赠与准用遗赠之规定，其主要事项有遗赠效力、遗嘱执行及受赠人仍尚生存（第一二〇一条）等规定。

2. 适用赠与之规定

死因赠与，亦为赠与之一种，于其停止条件成就生效后，解释上应认为，除性质所不许者外，适用赠与之规定。所谓性质所不许者，事实上并不多见，勉强言之，忘恩背义行为之撤销，在死因赠与，其条件未成就，尚无撤销可言。于此情形，解释上应准用遗嘱撤回规定（第一二一九条），得由赠与人随时撤回死因赠与。

3. 适用条件不成就之规定。

46 死因赠与与遗赠之异同，略有如下：

（一）相同点：

（1）二者均为无偿给与财产之无偿行为。

（2）二者均以赠与人死亡时（受赠人尚生存）为停止条件。

（二）相异点：

（1）死因赠与为契约；遗赠为单独行为。

（2）死因赠与为不要式契约；遗赠为要式契约。

在死因赠与，受赠人因不法侵害赠与人致死者，法律评价上，符合“因条件成就而受利益之人，以不正当行为促其条件成就者，视为条件不成就”之规定（第一〇一条第二项），应解释为，有此情形，死因赠与无效（条件不成就），无待乎继承人之撤销（第四一七条）。

（三）现实赠与

现实赠与者，一般以为，指赠与人以赠与物现实交付于受赠人，亦即赠与成立同时履行给付之赠与也。

现实赠与之性质为何？其解释上遭遇之困难，恰如现实买卖，其答案亦是。本书认其系债权行为、物权行为并存，性质上亦为赠与之一种[47]，故列于特种买卖说明之。

动产现实赠与，契约成立同时履行，任意撤销之规定尚无适用。惟不动产赠与，因“民法”第一六六条之一规定，非经公证或办妥移转登记不生效力，而办理移转登记须经一定时日，事实上无从与赠与成立同时履行，故理论上现实赠与于不动产赠与尚无适用可能，盖其纵属先行交付不动产，仍因“民法”第一六六条之一规定而不生效力。纵使业经公证之不动产赠与，交付本身未非既等于履行，理论上亦无现实赠与之适用。从而，现实赠与，于不动产赠与之适用，仍应受“民法”第一六六条之一之约制。

（四）混合赠与

混合赠与者，约定使受赠人为部分对待给付之赠与也，俗称之半买半送，即其著例。基于契约自由原则，仍应承认其效力。混合赠与所约定之对待给付，通常固以金钱为多，但金钱以外之物、乃至劳务亦无不可。

混合赠与之性质为何？学理上颇有争论。采分离说者有之，采单一说者亦有之，单一说则又有混合契约说及单纯赠与说之分。其情形殆如下表：

- 混合赠与
  - 分离说（契约联立说）
    - 无偿部分 → 赠与
    - 对待给付部分
      - 金钱 → 买卖
      - 其他财产权 → 互易
      - 劳务 → 雇佣
  - 单一说
    - 混合契约说（赠与与买卖、互易或雇佣混合）
    - 单纯赠与说（特种赠与）

47 参照郑著（上），第一七一页。

以上诸说，或均言之成理，愚见则趄特种赠与说，以期法律关系及法律适用之单纯明确。[48] 如是，则混合赠与，原则上仍适用一般赠与之规定，但于对价给付部分，类推适用附负担赠与之规定（第四一二条第一项、第四一三条、第四一四条），尚不适用买卖、互易或雇佣等规定。

48　同上注文献。

第八章 租赁

租赁，日常生活相当普遍，涉及事项尚称繁杂，不仅民法本身规定颇具篇幅，民事特别法亦多有涉及，堪称民法上甚为重要之契约类型。爰归纳为如下五节说明之。其顺序殆如下表：

租赁
- 租赁总说
- 租赁之效力
- 租赁之变更
- 租赁之消灭
- 特种租赁

第一节 租赁总说

租赁总说，分为如下事项说明：

租赁(总说)
- 概说
- 租赁之意义
- 租赁之种类
- 租赁之成立及性质
- 租赁之特性

一、概说

租赁与买卖、赠与，同为财产契约之类型，买卖之有关规定，理论上于租赁，亦有适用（第三四七条本文）。不过，租赁以物之使用收益为权利内容，非若买卖、互易、赠与等以移转权利为内容。以物之使用收益为内容，须占有标的物，而且表现继续性契约之形态。是以，租赁虽亦属财产契约，但其权利特性，与买卖容有重大殊异，以买卖了解租赁，常会失之毫厘，差之千里。基此角度观之，租赁之准用于买卖者，无宁以第三四七条但书，亦即性质不许者为多。

再者，债编通则之规定，理论上固不分一时性契约或继续性契约，均得一体适用。惟就制度内容而言，事实上颇有偏厚于一时性契约之倾向，以致债之通则之规定，于继续性契约之适用，常须修正，甚至出现无从适用之窘境，形成债总为一时性（财产）契约债总之实质。租赁既为继续性契约，则论及其于债之通则之相关规定，常非调整不可。本书有鉴于此，除于相关部分说明时，予以特别明白提示外，并于本节特辟租赁之特性一项，以为重点式之归纳说明。

至于租赁面临现代社会交易需要而作之理论调整，如商品责任、定型化契约条款等问题，则或应于债之通则探讨，或已于买卖一章叙述。为免重复，除因其表现于租赁，尚有特色，于各该问题领域分别说明外，其讨论于本章予以从略。

二、租赁之意义

“民法”第四二一条第一项规定：“称租赁者，谓当事人约定，一方以物租与他方使用收益，他方支付租金之契约。”其以物租与他人使用收益者，是为出租人；支付租金者，是为承租人。租赁之定义，尚可分项析述如下：

1. 租赁为出租人以物租与承租人使用收益之契约

租赁之当事人为出租人、承租人。出租人，以物租与他方使用收益而取得租金。承租人恰好反之，支付租金而取得物之使用收益。[1]其为自

1 参照“民法”第四二一条立法理由：“谨按租赁者。当事人约定一方以物租与他方使用（例如房屋），或收益（例如田地），他方支付租金之契约也。其当事人有二：曰出租人，即以物供他方之使用或收益，而收取租金者也。曰承租人，即支付租金以使用他人之物或就他人之物而为收益者也。”

然人、法人、本国人、外国人，均无不可。不过，承租人方面，其资格于交易上视为重要，表现极为浓郁之人格性色彩，应予注意。

租赁之标的物为，包括动产、不动产；至于其为主物、从物、消费物、非消费物、特定物、种类物，均非所问[2]，即将来可得之物，亦无不可。[3] 无体财产权之约定一方使用收益，他方支付租金者，于法虽亦有效成立契约，但非为租赁。为示与民法上租赁区别，通称之权利租赁。权利租赁，其型态与租赁相近，民法债编修正，明定其准用租赁之规定（第四六三条之一），一般以准租赁称之。[4]

租赁之内容，在于使用收益。称使用者，指不毁损物体本身及不变更物之性质，但依物之用法，加以利用者而言。例如，以舟车供航行驾驶、以书籍供阅览是。称收益者，指收取标的物之天然孳息或法定孳息之行为也。例如，耕作而收取农获，转租而收取租金是。使用收益，有一于此，即为已足，二者综合，亦无不可；亦即不问使用，抑或收益，民法并不再有区分，均属成立租赁。不过，其以使用为租赁内容者，如约定禁止收益，则承租人即不得为收益。

租者，收受报偿而以物供使用收益之谓；与者，交付之意也。故“民法”第四二一条所谓租与云者，为收受报偿，交付自己占有之物供他人使用收益之谓也。此之报偿，即通称之租金。

2. 租赁为承租人支付租金之契约

租金为使用收益租赁物之报偿，通常固以金钱充之，但不以金钱为限，其为租赁物之孳息充之者，并无不可（第四二一条第二项）。即孳息以外之实物，充为租金，亦为法之所许。[5] 是以，“民法”第四二一条所称租金，与“民法”第三四七条所称价金，固均有金钱之意味，但后者仅限于金钱，前者则非金钱亦称租金。概念内涵，尚有不同，颇值注意。

2 消费物之成立租赁，事实上极为有限，须非以消费之方法（如租充摆设）而为租赁，始克成立。

3 参照“最高法院”1975年台上字第四二四号判例：“租赁契约，系以当事人约定，一方以物租与他方使用收益，他方支付租金而成立，并不以出租人对于租赁物有所有权为要件。”（同旨“最高法院”1944年上字第八三号、1959年台上字第一二五八号、1961年台上字第二八四号判例。）

4 “民法”债编修正第四六三条之一：“本节规定，于权利之租赁准用之。”

5 参照“司法院大法官会议”1955年释字第四四号：“契约当事人双方约定以白米给付房租，核与‘民法’第四百二十一条第二项尚无抵触，除其他法令别有禁止之规定外，自非法所不许。”（同旨“最高法院”1957台上字第五一九号判例。）

是以，物品交换使用，实务认为亦属成立租赁。[6]

租金虽不一定为金钱，但须为财产，如以劳务作为使用收益标的物之报偿者，其契约性质如何，见解虽颇分歧，但不成立租赁，则系事实。[7]

租金为租赁之要素，是物之使用收益之契约，其未约定租金者，尚不成立租赁。[8] 而且，除因其情形，可认当事人如知租赁无效，即欲成立使用借贷者，得转换为使用借贷者（第一一二条）外，其契约为无效。按租赁为诺成契约，因约定而生效，使用借贷以物之交付为成立要件（第四六四条），是通常情形，未约定租金之租赁而转换为使用借贷者，尚不多见。

三、租赁之种类

（一）一般租赁、特种租赁

租赁，因标的物之为动产或不动产，而有动产租赁与不动产租赁之分。此外，民事特别法，对于特殊标的之租赁，常有特别规定，形成特种形态之租赁。其重要类型区别，约可表解如下：

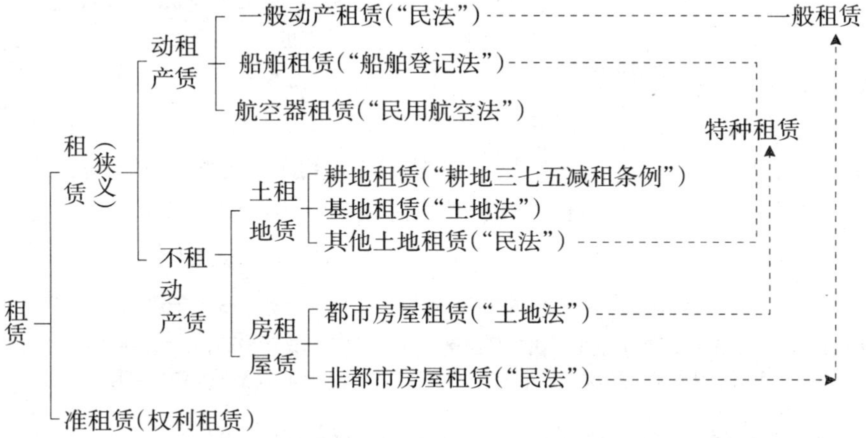

6　参照“法务部”1980年法律字第六六九六号函：“关于土地之约定交互使用，并非无偿，不能认为使用供贷；既不为土地所有权之移转，亦不能认为互易，其性质应属互为租赁。”（同旨“法务部”1980年法律字第六六九六号函；“司法院”1986年厅民一字第一四〇五号函。）

7　有关学理见解之介绍，请参照郑著（上），第一七八页。

8　参照“最高法院”1967年台上字第六七二号判决：“租金为租赁契约之重要条件，出租人固有将此条件通知优先承租权人之义务，如优先承租人未表示依此条件承租时，出租人尚不负与优先承租权人订立租约之义务，双方之租赁关系，尤无从认已合法成立。”

特种租赁，性质上亦为租赁契约之形态，除该个别特别法之规定外，民法之规定，仍有适用。上述所列之特别法，仅在标示其特别部分之法源，非谓其适用仅以各该特别法为限。

（二）定期租赁、不定期租赁

租赁，因其是否定有存续期间，尚可分为定期租赁与不定期租赁。

定期租赁与不定期租赁，无论在租赁之成立、效力内容，乃至消灭等层面，均有不同内容。其详待于各该处说明之，兹不赘述。

四、租赁之成立及性质

（一）租赁之成立

1. 约定租赁

租赁因当事人之意思表示（一方以物租与他方使用收益之意思表示，他方支付租金之意思表示）一致，即告成立。无待交付标的物，原则上亦无庸一定之方式，故一般以为，租赁为诺成契约[9]，亦为不要式契约。[10]

租赁为不要式契约，乃是原则。其法律有特别规定为要式契约者，从其约定，例如，期限一年以上之定期不动产租赁（第四二二条），耕地租赁契约（“耕地三七五减租条例”——以下简称“减租条例”——第六条）是。

不过，租赁之承租人具有人格性，亦即承租人之资格，在交易上认为重要（第八八条第二项）。是以，在租赁成立过程上，出租人出租意愿之表示，通常为要约引诱；承租人承租意愿之表示，为要约；出租人租定之表示，始为承诺。其情形与买卖、互易、赠与尚有不同，颇值注意。[11]

9 参照最高法院1930年上字第三四三号判例：“使用租赁为诺成契约，一造约明以某物租与相对人使用，其相对人约明支付租金，即生效力。”（同旨最高法院1944年上字第六三七号判例。）

10 参照最高法院1948年上字第六七六二号判例：“租赁契约在法律上并无必须订立字据之规定，自不容上诉人以未经订立字据，主张未与被上诉人发生租赁关系，不负给付租谷之义务。”（同旨“最高法院”1951年台上字第三〇四号判例。）

11 由于租赁具有人格性，以是租赁之成立，其表现与劳务契约相近，而与财产性契约颇有不同，但亦与劳务契约，不尽相同。其要点有如下二者：

（1）承租人之人格须经斟酌同意，“民法”第三四五条第二项之规定尚无准用（第三四七条但书）。

（2）劳务契约之人格性，于契约双方当事人均属有之，租赁人格性，则仅表征于承租人，至出租人方面，尚无人格性，“民法”第三四六条之规定，尚非不可准用（第三四七条本文）。

2. 法定形态之租赁

租赁是否得因法律规定而成立，理论上尚有争议。不过，以下二种情形，其租赁关系之成立，具有法定形态之意味。本书爰以法定形态之租赁称之。

(1) 法定更新

租赁期限届满后，承租人仍为租赁物之使用收益，而出租人不即表示反对之意思者，视为不定期限继续契约（“民法”第四五一条），是为通称之租赁法定更新。盖于此情形，当事人或无继续成立租赁契约之意思，亦未为租赁之表示，但法律视为（拟制）租赁继续存在也。

法定更新，涉及租赁之客体变更，其详待论及租赁变更时叙述之（本书第307页以下）。

(2) 租赁物所有权让与

出租人于交付租赁标的物后，让与其所有权与第三人者，依实务见解，该第三人（受让人）与承租人间，于受让时当然发生租赁关系，无待另立租赁契约[12]，亦不问受让人与承租人有无继续租赁关系之意思表示，解释上亦有法定租赁性质；租用基地建筑房屋，承租人房屋所有权移转时，其房屋所有人亦与基地所有人发生租赁关系（相关条文第四二五条、第四二六条之一）。

租赁物所有权让与，为租赁物权化课题之重心，涉及事项尚称复杂，其详拟待论述租赁物权化时并叙之。

(3) 房屋与土地分开出售

房屋与土地同属于一人所有，其后土地与房屋分别出售者，视为土地所有人默示同意房屋买受人继续使用土地，早期实务以为，其彼此间成立租赁契约，即其土地所有人视为出租人，房屋买受人视为承租人。[13]“民法”债编修正肯定实务见解，于第四二五条之一第一项规定：“土地及其土地上之房屋同属一人所有，而仅将土地或仅将房屋所有权让与他人，或将土地

12 参照最高法院1934年上字第三〇九二号判例：“出租于租赁物交付后，将其所有权让与第三人时，其租赁契约既对于受让人继续存在，则在承租人与受让人间，自无须另立租赁契约，于受让之时当然发生租赁关系。”

13 参照“最高法院”1984年第五次民事庭会议决议：“土地与房屋同属一人，而将土地及房屋分开同时或先后出卖时，依本院四十八年台上字第一四五七号判例，应推断土地承买人默许房屋承买人继续使用土地，参照该判例之原判决全部裁判意旨，系认为使用土地之房屋所有人对土地所有人应支付相当之代价，则其法律关系之性质，当属租赁。”（同旨“司法院”1986年厅民一字第一四〇五号函）

及房屋同时或先后让与相异之人时，土地受让人或房屋受让人与让与人间，或房屋受让人与土地受让人间，推定在房屋得使用期间内，有租赁关系。其期限不受第四百四十九条第一项规定之限制。”至其租金数额，原则上由当事人协议定之，其不能协议商定者，得请求法院定之（同条第二项）。

（二）租赁之性质

租赁为诺成契约，不要式契约，前段已有说明，不再重复。此外，其法律上性质，尚可分为如下要点说明之：

1. 租赁为双务契约，有偿契约

租赁，出租人负有交付租赁物，并使承租人为使用收益之债务，承租人负有支付租金之债务。斯二项给付互为对价，是租赁为双务契约，亦为有偿契约，甚为显然。有关双务契约之规定（第二六四条～第二六六条），乃至买卖（特别是瑕疵担保责任）之规定，原则上得为适用或准用（第三四七条），似可肯定。不过，租赁为继续性契约，其适用时，常基于继续性契约之特性而多所调整，恐亦事实。

2. 租赁为继续性契约

租赁，不问是否定有期间，通常须经相当期限之经过，始符当事人意愿，租赁之表现为继续性契约，宁为当然。有关继续性契约之特性，诸如人格性、债权不得让与、契约终止之适用等，均有其重要事例。[14]

3. 租赁为负担行为

租赁为债之契约，出租人负有使承租人使用收益租赁物之义务，承租人负有支付租金之义务，性质上为负担行为，与其他债之契约，尚无殊异。不过，租赁内容为使用，须占有标的物，与一般债之契约，则有不同。因之，基于负担行为描述租赁，尚须分为如下二个角度说明。

（1）一般负担行为之特性

租赁为负担行为，租赁物不以出租人自己所有者为限，故他人之物之租赁，亦属有效[15]，仅出租人是否负担债务不履行责任而已，此与买卖

14 代表性判例，参照“最高法院”1962年台上字第二八二九号判例：“解除契约，系指当事人一方，行使……解除权，使契约自始归于消灭之一方的意思表示而言。租赁一经合法成立，除有终止之原因外，不能以解除之意思表示，使之消灭。”

15 参照最高法院1934年上字第二一〇七号判例：“租赁本属债之关系，于前之租赁继续有效中另就同一标的与第三人订立租约者，在法律上并非无效。”

“最高法院”1961年台上字第二八四号判例：“租赁非如消费借贷，系移转物之所有权于相对人之契约，不过使承租人就其物而为使用收益。故出租人对其物有所有权或其他权利与否，全非租赁之成立要件，至于耕地承领人于承领后将承领耕地出租，亦仅构成由政府收回耕地没入地价之原因，并非使当事人间之租约当然无效。”

尚无不同。至于出租人、承租人与所有人间之法律关系，依债之一般原理处理之。[16]

租赁成立后，承租人取得物之所有权或其他内容相类之用益物权者，租赁关系因混同而消灭。是以，承租人原则上不得于自己之物成立租赁，但有下列二种例外：

①承租人将土地设定典权于他人，嗣因使用土地之必要，向典权人承租该地者，租赁仍属有效。

②承租人将租赁物转租于他人，嗣因使用需要，向次承租人租回部分使用者，亦应例外认其为其效。

租赁之负担性，亦可从二重租赁之效力表现之。出租人于租赁成立生效，但未交付租赁物于承租人之前，再行出租并交付于他人者，其租赁仍属有效，原承租人除对出租人请求不履行损害赔偿外，对次承租人无对抗效力。[17]

（2）租赁负担行为之物权行为意味

租赁，于交付租赁物于承租人后，除负担行为所表征之特性外，尚表现类如物权行为之特性。其间尚可分为二个概念说明：

①租赁物权化

所谓租赁物权化，即租赁权于一定条件下，具有对抗特定第三人之效力。

②租赁处分性

所谓租赁处分性，即租赁权为长期存在者，对承租人言，事实上已与所有权人之地位，并无多异。于此情形，所有权云者，只是空有虚幻之概念，故宜认为，长期租赁，具有处分行为之性质。[18]

订立租赁，其不交付承租人使用收益者，宁非特例，故租赁负担行为有某种程度之物权性质，恐系事实，此亦租赁负担行为特性之重心。

16 参照“最高法院”1951年台上字第四九九号判例：“租赁契约成立后，依‘民法’第四百二十三条之规定出租人，固负交付租赁物于承租人之义务，惟此仅为出租人与承租人间债之关系，出租人违反此项义务，而将租赁物租与他人，并经交付时，则其交付租赁物之义务，即已不能履行，承租人对于出租人，只能依‘民法’第二百二十六条第一项请求赔偿损害，不得再行请求交付租赁物。”

17 参照最高法院1935年上字第三六九四号判例：“租赁为债权契约，无对抗一般人之效力，承租人之权利，如因出租人重复出租受有损害，亦只可依法声请法院撤销或请求损害赔偿，无就出租人与他人所立之租赁契约请求确认无效之余地。”

18 参照郑著（上），第一七九页、第二〇二页。

不过，有关于此，业已触及租赁效力内容本身，详待租赁效力时说明之（本书第244页以下）。

五、租赁之特性

相对于一般债之特性，租赁有其与彼不同之特性。此等特性，于探讨租赁效力内容、租赁变更消灭，乃至特别法之规范原理，均有密切关系。故本节归纳其要旨于下，以便对于租赁特性有整体轮廓之了解，并有助于解释相关问题之思考。

（一）租赁特性之内涵

本此角度，租赁特性之内涵，要者有三：即租赁人格性、租赁物权化与租赁社会化三者是。兹分述如下：

1. 租赁人格性

租赁物交付承租人后，承租人有相当期间之占有及使用收益，其人格之良窳，对于租赁物之保管是否尽责，届期是否返还租赁物，均有重大关系。租赁之具有人格性，不仅本诸继续性关系之要求而来，更源自租赁本身之特性。其要点略有如下：

（1）租赁成立上，承租人之资格交易上视为重要，是否成立租赁，出租人对承租人之人格属性有斟酌之权，承租人资格亦为租赁要素内涵之一。因此，在租赁成立阶段上，出租人之出租表示，纵使定明租赁物具体范围、租金数额，乃至写明男女老少不拘，性质上仍只是要约引诱，并无要约拘束力之存在。相对于此，承租人承租之表示，始为要约，而出租人租定之表示，则为承诺，租赁于焉而告成立。

（2）租赁债权具有人格性，出租人不得任意变更，故租赁权让与、转租及转借之禁止，成为租赁效力上之重要课题。

2. 租赁物权化

租赁为债权行为，租赁权为债权，尚无异论，固是事实。但租赁于租赁物交付后，其债权内容具有物权之性质，学理上乃有租赁物权化之说。语其要点亦有如下二者：

（1）租赁权为“民法”第一八四条第一项前段所称之权利，得依该项前段请求损害赔偿，非若一般债权仅受同项后段之保护。况者，关于占有适法权利之规定（第九四三条），台湾学者多解释其为保护他人之法律，故租赁物交付后而侵害租赁权之情形（亦即侵害物权化之租赁权），依台湾多数见解，当可适用第一八四条第二项之过失推定责任。

（2）租赁权具有对抗力，租赁物权之转让或设定负担，尚不影响承租人之租赁权，其主要条文依据为“民法”第四二五条，第四二六条。

3. 租赁社会化

租赁为债之契约，本诸契约自由原则，有关租赁契约之内容，原则上任由当事人约定，“民法”租赁一节，亦大体本于契约自由原则而为规定，以期充分体现私法自治之民法基本指道理念。不过，在租赁之现实交易上，由于出租人恒为经济强者，承租人恒为经济弱者，于日常生活上常见之重要租赁类型，极易出现出租人借契约自由压抑承租人之案例。如何本于社会法原理，借契约正义抑止契约自由之滥用，以保护出租人利益，实现出租人与承租人于租赁上之实质平等，乃成为租赁法上重要课题之一。此既为现代各国（地区）民法之共通趋势，台湾亦不例外，“民法”债编修正，斟酌纳入社会化条文，即是著例。[19] 学理上，应可视为契约自由原则修正之个别问题领域之一。

租赁社会化，在台湾之体现，相当具体而成熟，似是相关问题领域中颇见贯彻之部分[20]，主要内容有租金限制、担保（特别是押租金）限制、租约终止之限制，乃至承租人优先承买权之赋与等。惟其大多分散于不同之民事特别立法，单从民法观之，尚非极为显著，以致常为习者忽略而已。

租赁社会化，于租赁而言，亦属甚为重要之课题，惟本书以阐述民法制度内容为止。因之，有关社会化之内容，除民法债编增订之部分外，待于特种租赁时一并附带说明，而且限于篇幅，亦仅及其要旨而已。

（二）租赁特性之相互关系

以上三种租赁特性，其规范意旨不尽相同，表征形态亦有互殊。故描述上，尚有如下三点，应予注意：

1. 租赁本身，基于其契约目的，当然具有人格斟酌之因素，故以人格性称之。至于物权意味、承租人利益保护，尚非租赁之当然属性，故以物权化、社会化称之。前者，彰显其当然属性，后二者阐明其发展趋向，尚有不容混淆之考虑。

2. 租赁人格性、物权化，乃至社会化，均系表征于承租人层面，亦

19 “民法”债编修正，加入甚多社会化条文之增订，堪称最佳例证（例如，第四二六条之二、第四五七条之一、第四五八条、第四六〇条之一、第四六一条之一）。

20 相关领域，最著者为利息社会化（第二〇五条～第二〇七条）及雇佣社会化（已蜕化为劳工立法）二者。

即观察承租人之权利内容而得。至于保护对象，则前者侧重于出租人利益之保护，后二者则侧重于承租人利益之保护。

3. 租赁人格性、物权化、社会化三者互相抵触者，解释上以人格性为优先考虑，亦即其优先保护次序，应依次为人格性、物权化、社会化。于特种租赁，其承租人违反人格性要求（转租）者、出租人仍得终止租约、甚而原定租约为之无效（“土地法”第一〇〇条第三款、第一〇三条第三款、第一一三条第六款、“耕地三七五减租条例”第十六条），即是佐证。

第二节　租赁之效力

第一项　概　说

租赁之效力，相当复杂，了解上亦可分从租赁对出租人之效力，及租赁对承租人之效力，两大角度说明。前者表征出租人权利义务之内容；后者，表征承租人权利义务之内容。因其内容尚称复杂，爰先归纳其要点于下：

- 租赁（效力）
  - 出租人权利义务
    - 义务
      - 租赁物交付用益义务（423）
      - 租赁物修缮义务（429、430）
      - 租赁物瑕疵担保责任（424、436、437）
      - 租赁物费用负担义务（427、428、431）
    - 权利
      - 租金支付请求权（439–442）
      - 租赁债务担保物权（444–448）
  - 承租人权利义务
    - 义务
      - 租金支付义务（439–442）
      - 租赁物保管义务（432–434）
      - 租赁债务担保义务（444–448）
    - 权利
      - 租赁权物权化（425、426、426 之 1）
      - 地上权登记请求权（422 之 1）
      - 优先承买权（426 之 2、461 之 1）

归纳上表所列事项，则其间可得概括说明者，尚有下列五项：

1. 出租人之租金相关权利，与承租人之租金相关义务部分，二者重复，叙述上拟于承租人义务部分说明之，以期突显租金支付债务之特性，并显法条规定之原意。

2. 债务不履行责任，于上列表中，似不尽明确，盖其表现于各该义务之相关部分，租赁一节中并未汇于一处而为规定之故也。详言之，就出租人而言，其违反租赁物交付用益义务者，固然构成债务不履行（通常情形为不完全给付）；违反修缮义务者，亦作同一解释（通常情形，亦构成不完全给付）。反之，就承租人言，则违反租金支付义务，为债务不履行（通常为给付迟延）；违反租赁物保管义务，亦应作同一解释（通常为不完全给付）。

3. 危险负担部分，租赁规定未见明确，理论上难免发生买卖相关规定（第三七三条）有无准用之疑义，至其答案则为否定。盖以租赁非以移转权利为目的，故危险负担之界定，“民法”第三七三条尚无适用余地。换言之，有关租赁之危险负担，原则上直接适用“民法”第二六六条之规定，惟其相关问题上亦有特性。此之特性表现于租赁消灭上，故有关租赁之危险负担，并于租赁消灭项中说明。

4. 在租赁效力方面，其为买卖效力所无者，主要有三。即：租赁物修缮义务、租赁债务担保物权及租赁物权化三者。其间尤以租赁物权化最具特色。

5. 前述之租赁人格性、租赁社会化，固有与租赁效力有关，但前者主要表征于租赁（主体之）变更、后者则主要表现于特别法上。

第二项 租赁对于出租人之效力

租赁对于出租人之效力，拟依租赁物交付使用收益、租赁物修缮、租赁物瑕疵担保及租赁物费用负担之顺序说明。

一、租赁物交付使用收益

（一）义务范围

“民法”第四二三条规定：“出租人应以合于所约定使用、收益之租赁物，交付承租人，并应于租赁关系存续中保持其合于约定使用、收益之状态。”是为出租人之交付租赁物，并维持合于用益状态之义务。承租人使用收益租赁物，为租赁之特征所在，其目的之实现，有赖出租人交付租货物，并随时保持租赁物之合于用益。因此，出租人之此一义务，即为出租人之给付义务，且为最主要之给付。至其形态，则可表解如下：

给付（出租人）{ 交付租赁物
保持租赁物合于用益状态

换言之，出租人之给付，非仅为交付租赁物，并应保持租赁物合于用益状态。租赁为继续性给付之法律关系，后者实为其最主要表征。二者有一者未符合租赁本质之要求者，即构成债务不履行，惟其形态略有不同。盖以未为交付者，其可能构成之债务不履行态样为给付迟延或给付不能；未能保持合于用益状态者，其可能构成之债务不履行态样，则为不完全给付。其与承租人交付租金间，并有同时履行抗辩关系存在。兹分述其内容如下：

（二）交付租赁物

本于租赁之目的，出租人交付之标的物，须合于当事人约定之使用收益目的，未符合使用收益目的者，其交付不符合债之本旨，尚非属一般所称之给付，出租人得拒绝受领，并得依债务不履行（给付迟延）之例，请求损害赔偿，其已受领者，得依给付不能或不完全给付请求损害赔偿。例如，约定给付蛋鸡而交付肉鸡，约定交付店面而给付住宅是；反之，亦然。

交付者，移转占有也，概念内涵，应与买卖所称之交付作同一解释。民法本条所以强调约定（目的），盖以使用收益之内容，千差万别，非注意当事人授受之目的，难以符合彼此缔约之意愿，亦无从实现期望之故，非若买卖等之单纯为移转财产权即可。

（三）保持用益状态

租赁存续中，承租人继续用益租赁物。因此，出租人交付之标的物，不仅须符合当事人约定之使用收益目的，于租赁存续期间，并应一直保持其合于使用收益之状态，出租人之租赁物修缮义务，理论上系本此义务而延伸者。是出租人仅容忍或不妨碍承租人使用收益，尚难谓已达符合债之本旨之给付义务。第三人有妨害承租人使用收益者，出租人亦负有为承租人排除之义务。[21] 租赁物交付承租人后，承租人亦得本于占有请

21 因承租人转租或转借，而次承租人嗣后不返还租赁物者，出租人尚无为承租人排除妨害之义务。相类意旨之判决，请参照“最高法院”1958 年台上字第一八一五号判例：“出租人有以合于所约定使用收益之租赁物交付承租人之义务，苟租赁物为第三人不法占有时，并应向第三人行使其返还请求权以备交付，其怠于行使此项权利者，承租人因保全自己债权得代位行使之，此观‘民法’第四百二十三条及第二百四十二条之规定自明。”

求排除侵害（第九六二条）[22]，保持租赁物之用益状态。

二、租赁物之修缮

出租人于租赁存续中，既负有保持租赁物，使其符合使用收益状态之义务，则租赁物有瑕疵或毁损者，出租人负修缮义务，宁为当然结论。惟民法于此，尚不採强行规定之模式，得由当事人约定或依交易习惯排除，亦即契约另有订定或另有习惯者，依约定或习惯定之。此之契约约定，尚不限于租约本身订定，其约定由出租人与承租人共同或按比例分担者，乃至约定无庸修缮，均亦无不可。足见，租赁物修缮之规定，任意法之色彩甚浓，适用顺序依序为约定、习惯、而后始为法律规定。兹述其要点如下：

（一）修缮义务之意义

修缮义务，属性上为保持租赁物符合用益状态之具体手段之一，同时亦为出租人之权利，盖以其同时亦属维护租赁物价值效用之手段也。因此，承租人对于出租人之修缮行为本身，不仅不能拒绝，对于因修缮而为之必要行为，情形亦然。例如，修缮房屋，须进入承租人闺房或移动其卧榻者，承租人即不得拒绝（第四二九条第二项）。

（二）修缮义务之成立

修缮义务之成立要件有三，即：（1）修缮之必要、（2）修缮之可能、（3）修缮必要之原因系非可归责于承租人而发生三者是。兹分述如下：

1. 修缮之必要

修缮必要者，指租赁物有瑕疵或毁损[23]，如不修缮，即不能达圆满使用者而言。例如，租用房屋而屋顶漏水、租用冷气机而机器失冷均是。惟无论如何，须其瑕疵或毁损，达于如不修缮，即不符合租赁之约定用益状态始可，故有瑕疵或毁损，但不妨碍使用收益者，尚不能谓有修缮

22　参照“最高法院”1955年台北字第一八八号判例：租赁物交付后，承租人于租赁关系存续中，有继续占有其物而为使用收益之权利。故其占有被侵夺时，承租人自得对于无权占有之他人，行使其占有物返还请求权，此就“民法”第四百二十三条、第九百四十一条及第九百六十二条等规定观之甚明。

23　修缮必要，一般举租赁物发生毁损以对。实务上之代表性文献，请参照最高法院1941年渝上字第三四五号判例。惟租赁物有瑕疵，如不予修缮不能达圆满状态者，解释上亦有修缮义务之适用。盖以此种情形，适用瑕疵担保责任，减少租金或终止租约（准用买卖规定），于租赁双方当事人均非尽为有利。

必要。例如，租用汽车，汽车美容稍告失色，或租用房子，门窗油漆略有脱落即是。惟是否符合用益状态，仍须视当事人用益目的，依社会一般通念而客观酌定。例如，租用名贵服饰橱窗，如其门窗油漆褪色或剥落者，则不能认其无修缮必要。

2. 修缮之可能

租赁物有瑕疵或毁损，如已违于不能租赁者，自不能强求出租人修缮，事实上亦无强求可能，故修缮义务之成立，应以仍有可能修缮者为要件。修缮是否可能，应依社会一般通念定之，但不以物理上或技术上不能修缮为限，其修缮需费过巨，效果显然不足弥补修缮费用者，亦应解释为修缮不能（经济上不能）。其修缮工作，无异于重大改造或新造者，亦应作同一解释。[24]

修缮不能，出租人无修缮义务，法律评价上，为租赁物灭失（给付不能）之问题，因其可否归责，分别适用"民法"第四三五条或债务不履行之规定，其全部不能使用收益者，租赁关系消灭。[25]

3. 修缮之原因，非因可归责于承租人之事由所致

租赁物之瑕疵或毁损，或因可归责于出租人之事由而致，或因不可归责于出租人及承租人之事由而致，或因可归责于承租人而致。其因前二者而发生，出租人有修缮义务，固无疑义。其因后者而发生者，出租人有无修缮义务，则学理上尚在争论，或采肯定说[26]，或采否定说。[27]比较上以否定说为妥。盖以瑕疵或损害之发生，如承租人为可归责者，则承租人违反善良管理人注意义务，本身应负债务不履行责任，出租人既可终止租约，亦得请求损害赔偿，如谓承租人仍有修缮请求权，法律评价上，难免轻重失据。不过，修缮为出租人保持其租赁物之价值及效用之必要手段，虽无义务，但仍应解释为承租人不得拒绝出租人之修缮行为（第四二九条第二项）。

24 参照郑著（上），第一九〇页；史著，第一五八页～第一五九页。

25 参照最高法院1941年渝上字第三四五号判例："租赁物因不可归责于双方当事人之事由而毁损，致全部不能为约定之使用收益者，当事人间之法律关系，因其租赁物是否尚能修缮而异。其租赁物已不能修缮者，依民法第二百二十五条第一项、第二百六十六条第一项之规定，出租人免其以该物租与承租人使用收益之义务，承租人亦免其支付租金之义务，租赁关系即当然从此消减。"

26 参照陈著，第八八页；戴著，第一〇五页；蔡著，第八八页。

27 参照郑著（上），第九一页；史著，第一五八页；薛著，第五五页；龙显铭"民法上租赁之研究"，1946年，第五五页。

（三）修缮义务之不履行

修缮义务成立，出租人有修缮义务，固为当然，但其范围，仅以租赁物为限，如承租人于租赁物以外有所增设，增设物之瑕疵或毁损，即不在修缮义务范围内，出租人无为修缮之可言。[28] 修缮义务，解释上亦为出租人给付义务之一环。苟有拒绝修缮者，出租人构成债务不履行。不过，有关其义务内容，租赁一节，于此另有特别规定。爰分项叙述如下：

1. 租赁物交付前之不修缮

租赁物交付前，出租人有拒绝修缮者，解释上适用给付迟延之规定。因其性质上为未定期债务，承租人得随时请求修缮，故出租人拒不修缮者，承租人得依给付迟延之例请求损害赔偿（第二二七条），并得于定相当期限催告后，解除契约，请求损害赔偿（第二五四条、第二六〇条）。此外，承租人复得主张同时履行抗辩权，拒绝支付租金。

2. 租赁物交付后之不修缮

租赁物交付后，出租人有不修缮者，发生如下之效力：

（1）承租人之催告、通知

租赁关系存续中，租赁物如有修缮必要，而应由出租人负担者，承租人得定相当期限，催告出租人修缮（第四三〇条前段），是为承租人之催告权。不过，相对的，承租人亦有通知出租人之义务（第四三七条）。因之，催告亦属承租人之义务，盖以承租人如未催告，尚无终止租约成自行修缮之权利也。[29] 催告为意思通知，性质上为准法律行为，准用法律行为之有关规定。

（2）承租人终止租约或自行修缮

出租人于承租人所定期限内不为修缮者，承租人得终止租约，或自行修缮（第四三〇条后段）。二者为权利竞合，类似选择之债之法律关系，由承租人择一行使。承租人终止租约者，尚得请求不履行之损害赔

28 参照“最高法院”1974年台上字第九九号之判例：“出租人之租赁义务，在使承租人就租赁物能为约定之使用收益，如承租人就租赁以外有所增设时，该增设物即不在出租人租赁义务范围。”

29 参照最高法院1941年渝上字第三四五号之判例：“租赁物因不可归责于双方当事人之事由而毁损，致全部不能为约定之使用收益者，其租赁物尚能租赁者，依‘民法’第二百二十五条第一项、第二百六十六条第一项之规定，在修缮完毕以前，出租人免其以该物租与承租人使用收益之义务，承租人亦免其支付租金之义务，惟其租赁关系，依‘民法’第四百三十条之规定并不当然消灭，须承租人定相当期限催告负担修缮义务之出租人修缮，而出租人于其期限内不为修缮者，承租人始得终止契约。”

偿（第二六三条准用第二六〇条）。

承租人自行修缮者，得请求出租人偿还修缮费用或于租金中扣除之。扣除，即从租金中扣减预先垫付之费用，为当然扣减，尚无须经抵销之意思表示。二者如何行使，承租人亦有自由选择之权。[30]

（3）请求租金减少

出租人拒绝修缮前，承租人陷于不能圆满使用收益，其因而所生损失，承租人得请求损害赔偿（第二二七条），并得类推适用租赁物一部灭失请求减少租金之规定（第四三五条第一项），其全部不能使用者，并得于修缮前免付租金。[31]

（4）同时履行抗辩权

出租人未履行修缮义务者，法律评价上等于债务不履行（不完全给付），故承租人得援用同时履行抗辩权，拒绝支付租金。不过，租金先到期而未支付者，如其后出租人有修缮义务，其出租人仍得对承租人行使同时履行抗辩权。[32]

3. 特约违反之效力

修缮义务因契约约定而由承租人负担者，如承租人未为修缮者，理论上亦成立债务不履行，以上所述各点亦有适用（性质上应属类推适用），仅其主体互换而已。惟实务以为，出租人无终止租约之权利。[33]

三、瑕疵担保责任

租赁为有偿契约，瑕疵担保责任适用之有无，与其是否为继续性契约无关。因此，买卖有关瑕疵担保责任之规定，于租赁亦准用之（第三四七条本文）。基此，则出租人之瑕疵担保责任，亦可分为物之瑕疵担保

30 参照“民法”第四三〇条立法理由。其意旨如下：“谨按租赁关系存续中，租赁物如有修缮之必要，其修缮之费用，应由出租人负担者，即既无使承租人负担修缮费用之特约，亦无使承租人负担修缮费用之习惯是也。此际承租人得定相当期限，催告出租人修缮，如出租人逾期不为租赁，则承租人或为终止契约，或自行修缮而请求出租人偿还其费用，或将其费用于租金中扣除之，承租人有自由选择之权，借以保护其利益。”

31 同注 29。

32 参照郑著（上），第一九二页；史著，第二六〇页；龙显铭前揭“民法上租赁之研究”，第七四页。

33 参照司法院 1945 年院字第二八八六号解释：“租赁物之修缮依契约或习惯应由承租人负担费用之一部者，承租人如拒绝支付，出租人自可提起给付之诉，并于有执行名义后声请强制执行，不得以此为理由终止契约。”

责任与权利瑕疵担保责任说明之。

（一）权利瑕疵担保责任

关于出租人之权利瑕疵担保责任，原则上准用买卖之规定（第三四七条本文、第三四九条～第三五三条），但比较上尚有如下之不同：

1. 通说以为，瑕疵发生于租赁物交付之前者，出租人即应负权利瑕疵担保责任，无须像买卖之权利瑕疵担保责任，其瑕疵须于买卖成立时存在[34]；学理上，甚或以为，出租人于租赁关系存续中，均应负权利瑕疵担保责任。[35] 不过，租赁成立后，租赁物如有权利瑕疵，而可归责于出租人者，出租人应负不履行责任，此时二者之关系，应解释为有如买卖之权利竞合（本书第 107 页）。

2. 无体财产权之租赁（权利租赁），虽非为租赁，惟租赁之权利瑕疵担保责任，既准用买卖之规定，而权利租赁又准用租赁之规定（第四六三条之一），故租赁之权利瑕疵担保责任解释上，仍得准用买卖之有关规定。[36]

3. 第三人就租赁物主张权利者，除出租人已知者外，承租人应即通知出租人，承租人怠于为此项通知，致出租人不能及时救济者，应赔偿出租人因怠于通知所受之损害（第四三七条）。是通知义务为附随义务，仅就怠于通知所生损害负责，出租人不能执此主张不履行之损害赔偿或终止租约。又通知之法律性质为观念通知，准用法律行为之规定（准法律行为类型之一）。

4. 承租人因第三人就租赁物主张权利，致租赁物之一部或全部不能为约定之使用收益者，承租人得请求减少租金，如全部不能为约定之使用收益者，得终止租约（第四三六条），减租与买卖之减价请求相当，性质上亦属形成权。是以，“民法”第四三六条之规定，其情形与“民法”第三五九条，殆属相埒。惟因租赁为继续性契约，承租人之对待给付为租金，故以减租称之。

5. 租赁为继续性契约，出租人应负权利瑕疵担保责任时，其法律上

34　参照郑著（上），第一九三页；史著，第一六一页。

35　参照梅著，第二七一页。

36　权利租赁亦为有偿契约，有关权利存在担保责任，解释上得直接准用买卖之有关规定。

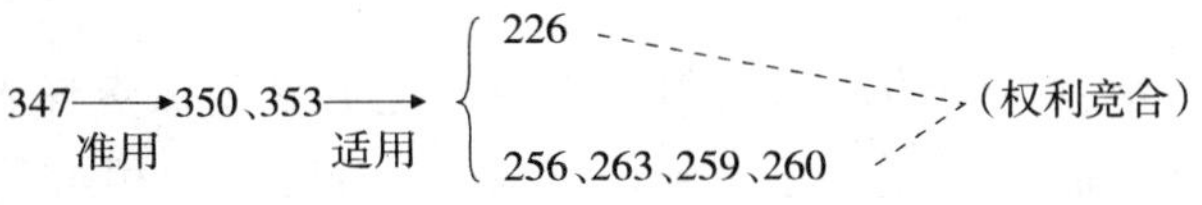

效果，应本诸继续性契约之特色，于买卖为解除之部分，承租人系行使终止权（第二六三条），而非解除权。

（二）物之瑕疵担保责任

基本上，出租人应负之物之瑕疵担保责任，原则上亦准用买卖之规定（第三四七条、第三五四条～第三六六条）。不过，比较上，于以下二点，仍有特色：

1. 住居租赁之特别终止权

于买卖，买受人知物有瑕疵者，出卖人不负瑕疵担保责任，权利瑕疵担保责任，情形亦然（第三五五条第一项、第三五一条本文）。此等规定，于修缮亦有适用。换言之，承租人知悉租赁物有瑕疵而犹租赁者，出租人原则上亦不负瑕疵担保责任（但出租人仍有修缮义务）。不过，残垣破瓦，总比露宿街头完全的多，承租人为免餐风露宿，明知租赁房屋或其他供居住处所，残破不堪而仍勉强租用，暂以栖身者，在所难免，如于其安全健康有害，而法律上仍强求其长期忍受，岂非有背人性。有鉴于此，“民法”爰于第四二四条规定：“租赁物为房屋或其他供居住之处所者，如有瑕疵，危及承租人或其同居人之安全或健康时，承租人虽于订约已知其瑕疵，或已抛弃其终止契约之权利，仍得终止契约。”基此规定，分析其成立要件，可得如下：

（1）须租赁目的为供居住之用

租赁物为供居住之处所，如其目的非供住宿之用，尚无民法本条适用，故本段纲目以住居租赁称之，用以凸显当事人目的，以示特殊意义。因此，承担居住处所用以供堆置物品者，尚无适用。但办公室，如有居住之事实，解释上应有适用。其他处所，只要其类如建筑物而足供居住即可，如蒙古包或水上船舫即是。至其居住期间之长短如何，尚非所问。

（2）须其瑕疵足以危及人之安全或健康

明知瑕疵而犹承租，当以承租人或其同居人之安全或健康有危害之虞，始得对出租人主张担保责任为宜，以期双方权益之平衡。同居人，指共同生活之人，不以配偶或亲属为限，其事实上配偶或患难扶持而共同生活之人，解释上亦应有其适用。安全者，指生命、身体之安全，财产上之危害，尚不包括在内。有危害之虞，应以客观上确有危害者为判断标准，如屋梁腐朽，有倒塌之虞，或地下室通风极差，极易造成呼吸系统疾病即是。

2. 租赁为继续性契约，其出租人应负物之瑕疵担保责任者，其相应于减价或解约之部分（第三五九条），承租人系行使减租或终止权。再者，租赁物为代替物者，其例甚少，是另行交付请求权之准用（第三六四条），恐是非常有限。但住居租赁之特殊担保责任，尚无类推适用请求减租或请求另行交付之权利。盖以有此情形，出租人原无瑕疵担保责任，“民法”第四二四条性质上为例外之特别规定，出租人尚不因此而有类如出卖人之瑕疵担保责任。惟此所谓例外，须以承租人于订约时明知有瑕疵或竟而抛弃租约终止权者为要，如承租人于订约时不知有瑕疵或未抛弃租约终止权者，除当然仍有终止租约权利外[37]，尚有其他瑕疵担保请求权。

3. 权利之竞合

租赁物有瑕疵者，出租人负修缮义务，承租人得请求修缮。此项修缮请求权，与瑕疵担保责任而生之请求权并存，为买卖之规定所未见，解释上宜认为其彼此间亦为类似选择之债之法律关系。

四、租赁费用负担

（一）法律规定

出租人将租赁物租与承租人者，其物之权利仍为出租人所有，费用支出究应由谁负担，法律若无规定，解释上易启争议。有关于此，民法本身虽无概括规定，但就税捐、饲养费及有益费用，均分别有明文。兹分别叙述如下：

1. 税捐负担

“民法”第四二七条规定：“租赁物应纳之一切税捐，由出租人负担。”足见，税捐义务主体仍不因租赁而有所异动。

税捐，指以租赁物为课税对象而生之一切税捐，如地价税、土地增值税、建筑物改良税及房屋税等。无论“中央税”或地方税，均有适用。非以租赁物为对象而生之税赋，虽亦常由出租人负担，如租金所得税，但非本条所得适用。[38]

税捐，于“税捐稽征法”等规定，常由所有人负担，如出租人非为

37 参照“民法”第四二四条立法理由：“谨按房屋或其他供人居住之租赁物，如有瑕疵，足以危及承租人或其同居人之安全或健康者，承租人于订约时不知其瑕疵，而其后始知之者，自得随时终止租赁契约。然若承租人于订约时已知其有瑕疵，或已抛弃其终止契约之权利者，此时如须受其拘束，不许终止契约，则不特危及生命，抑且背于公秩良俗，故为保护承租人之利益计，仍得终止契约。”

38 参照“民法”第四二七条立法理由：“租赁物上应纳之诸项租税，均以租赁物为目的，而租赁物仍为出租人所有，故以契约无特别订定者为限，仍使出租人负其责，以期合于事理。”

所有人，对于承租人而言，仍应由出租人负担。例如，地价税、土地增值税，如土地所有人未负担，致租赁物遭法院强制执行者，出租人负有为承租人代所有人缴纳税捐之义务。税捐负担，亦为保持租赁物之使用收益状态所必要，出租人违反负担义务者，承租人得类推适用同法第四三〇条规定主张权利；承租人代为缴纳者，得于缴纳后请求偿还或自租金中扣除。换言之，民法本条之税捐负担，系指私法法律关系而言，至于其公法（租税法）之相关规定如何？则非所问。

税捐负担之规定，虽无当事人于契约另有约定者，排除适用之文句，但解释民法本条，一般仍认为系任意规定，其当事人有约定者，从其约定。实务上亦持相同见解。[39] 其约定由承租人负担，承租人竟不负担，而由出租人代缴者，出租人对承租人亦有不履行或无因管理请求权。[40]

2. 饲养费负担

租赁物为动物者，非妥为饲养，不仅生产力不易维持，甚而生命难继，从而承租人之目的亦难以实现。故“民法”第四二八条明定：“租赁物为动物者，其饲养费由承租人负担。”盖以动物既因租赁而由承租人占有使用，理论上自应由承租人负饲养之责也。

饲养费负担之规定，性质上亦得解释为任意规定。因此，当事人另有约定者，从其约定。不过，保持租赁物之生产力，为承租人管理义务内涵之一，如有约定饲养费用由出租人负担，解释上承租人仍有饲养义务，仅其费用得向出租人求偿耳，不得认为出租人负饲养义务。

3. 有益费用

承租人于租赁物，本无必要，但于租赁物施以增添或改良，以致租赁物价值增加者，其因而支出之费用，是为有益费用。例如，于租得庭园增设小桥飞瀑，于租得房屋装潢粉刷，致庭园或房屋价值增加，其增设小桥飞瀑或装潢粉刷之费用，即属有益费用。

有益费用如何负担，“民法”于第四三一条第一项规定：“承租人就租赁物，支出有益费用，因而增加该物之价值者，如出租人知其情事而不为反对之表示，于租赁关系终止时，应偿还其费用，但以其现存之增

39 参照司法院1924年院字第一一四一号解释：“民法第四二七条之规定，并非强行法规，自得由当事人另订相反之特约。但行政命令，不得与现行法律相抵触，倘有与该条相异之命令，自难认为有效。”（同旨“最高法院”1976年台上字第一一一九号判例）

40 出租人依债务不履行，向承租人主张权利者，解释上应比照修缮义务约定由承租人负担之例，认为出租人不得主张终止租约（实务文献，请参照注33）。

价额为限。”依此规定，可知有关有益费用，出租人原则上并不负担。盖于租赁物施添改良，其结果并不当然增加租赁物之交易价值，更不一定符合出租人期望，甚而增加出租人无谓麻烦。例如，小桥飞瀑，出租人触景伤情，不忍目睹，岂可容承租人任意增设，并责由出租人负担。因此，出租人对有益费用而应负担者，宁为特例。其要件如下：

（1）须其支出增加租赁物之价值

于租赁物为增添或改良，必有支出，固事所难免，但其结果，不一定增加租赁物价值。如其未增加物之价值，出租人并无所获，其费用又本非必要，自不宜责由出租人负担。

增值之有无，应以租赁关系终止时为计算标准，盖租赁期间，租赁物既由承租人使用收益，增加利益仍归承租人享有故也。[41] 因此，如有益费用支出时，租赁物价值虽有增加，但于租赁关系终止时，增加价值已丧失者，即不请求出租人偿还有益费用。[42]

租赁关系终止云者，解释上宜采广义，意指租赁关系消灭终了而言。吾人尚不能以词害义，认为限于租赁经当事人行使终止权而终止者，始有适用。是以，其因租赁期限届满或其他事由而消灭者，亦有适用。

（2）须出租人知其情事而不为反对之表示

出租人须偿还有益费用者，以知悉承租人有支出而不为反对者为限，如出租人不知承租人有此支出，则其纵未反对，亦无偿还之义务。反之，其出租人同意，亦有本条适用。盖以消极不为反对既须负责，则其同意者，应予负担事更显然。不为反对表示，事属沉默。按沉默不生法律效果，此乃例外规定之一，实务上似有直认其为默示之倾向。[43]

---

41 参照最高法院 1929 年上字第一五六号判例：“租赁房屋由承租人出费修理后仍继续使用，虽其价格已因修理而增加，然所增加之利益仍归自己享受，则欲求偿有益费用尚非其时。

42 参照“民法”第四三一条立法理由：“谨按承租人就租赁物支出有益费用，因而增加其物之价值者，则本于不当得利之法则，出租人应负担偿还费用之义务。但其费用之偿还，须以租赁关系终止时现存之增价额为准，且须出租人曾知其支出有益费用之情事，而未为反对之表示者，始得请求偿还耳。故于租赁关系存续中，承租人虽确曾支出有益费用，而至租赁关系终止时已无增加增值者，即不得请求偿还。”

43 实务以不反对之表示，解为默示之承认，主要依据为司法院 1931 年院字第六三五号解释。其意旨如下：“商号对房东承租后，始设有码头顶项之权利，或由后之承租人继承前户而取得该权利者，苟非经房东明示或默示之承认，则该商号对于其后之租户，虽得主张此权利，究不得对抗房东，但如果因所设之码头顶项权利确可增加该房屋之价值者，苟房东知而不为反对表示，则于租赁关系终止时，应就其现存之增加价额偿还其费用于租户（参照民法第四百三十一条第一项）。

反对之表示，应属意思通知，须足以表明有反对支出有益费用之意思。[44] 至于是负担有费用之偿还，则由法律定其效果，出租人有无认知，尚非所问。至其性质为准法律行为，准用法律行为有关规定。

出租人因前述情形，而有偿还有益费用义务者，须待租赁关系终止时，始负偿还责任。换言之，有益费用之偿还义务，似可称为以租赁关系终止为停止条件之返还义务。其范围则以关系终止时之现有增加额度为限，逾此额度之部分，出租人无偿还义务。[45] 反之，支出费用小于增加额度者，则偿还义务仅以支出数额为限。[46] 有益费用偿还义务，性质上亦属任意规定，此条文虽无明定，解释上宜作肯定，实务亦持相同立场。[47]

按有益费用之支出，于承租人方面，其增添或改良，如已成为租赁物之成分者，而出租人依民法本条项应负偿还责任者，承租人固得请求出租人于现存增价范围内偿还。反之，如出租人无偿还义务者，则出租人且得请求承租人取回工作物，并回复租赁物原状。[48]

承租人因支出有益费用而请求出租人偿还者，为承租人之权利，如承租人不愿请求偿还费用，而愿取回其所增添之工作物者，亦无不可，是为承租人之工作物取回权；承租人请求偿还费用而不获实现者，亦同。[49] 不过，行使取回权者，应回复租赁物之原状（第四三一条第二项）。未为回复者，出租人得阻止取回，二者之间，宜解释为具有类似同时履

44 参照最高法院1933年上字第四九九号判例："因房屋之承租人就房屋支出有益费用，约定在一定期间内，出租人不得终止契约，增加租金者，如无特别意思表示，不得谓承租人之费用偿还请求权即因此约定而当然消灭。"

45 参照最高法院1943年上字第七三四号判例："民法第四百三十一条第一项但书所称现存之增价额，系指租赁关系终止时，现存增加之价额而言。"

46 参照最高法院1930年上字第六〇号判例："承租人就租赁物支出有益费用，因而增加该物之价值者，出租人虽应偿还其费用，但以现存之增价额为限。其现存之增价额，多于所支出之费用或与之相等者，固应偿还其费用之全部，若其现存之增价额，少于所支出之费用者，则只须偿还其现存之增价额。"（同旨司法院1930年院字第三二〇七号解释、最高法院1941年上字第一九三号判例）

47 参照最高法院1940年上字第一五四二号判例："民法第四百三十一条第一项之规定并非强制之规定，当事人间如有相反之特约，自应依其特约办理。"

48 参照最高法院1929年上字第二九五七号判例："于他人土地有建筑房屋之租赁权或其他之权利，在其权利存续间，房屋与基地固归属于各别之所有人，但其权利消灭时，房屋所有人既无使用基地之权，则除基地所有人自愿留买该房屋或法律上别有规定外，房屋所有人当然有回复原状，交还基地之义务。"

49 参照最高法院1932年上字第一六九二号判例："承租人就租赁物所增设之工作物，依民法第四百三十一条第二项之规定，承租人得取回之，出租人自不得于终止契约时，主张无偿留用。"

行抗辩之关系。至于承租人之费用偿还请求权与工作物取回权，解释上有选择之债之关系，即承租人选择行驶工作物取回权者，适用选择之债之规定（第二〇八条～第二一二条），不过，承租人请求偿还费用而不获实现者，仍得取回其工作物。

（二）体系问题之补充说明

1. 必要费用之负担

有关出租人之费用偿还义务，民法既仅就具体事项而为规定，则以上三者之例举，于体系上难免发生以下之法律漏洞，尚待解释阐明。此即修缮费、饲养费以外之一般必要费用，究应由谁负担之问题是。

必要费用，本指维护租赁物不可或缺之费用，除上述修缮费、饲养费外，其常见者会如保管费、清扫费、大楼管理费是。一般以为，保存租赁物之必要费用，本为出租人所应负担。事实上其利益亦归属于出租人所享有，解释上自应由出租人负担。例如，上述之保管费、大楼管理费是。但其支出之费用，为使用收益之必要者，则应由承租人负担，例如，租车旅行，因行驶之用而加油，即不得请求出租人负担。[50]

必要费用负担义务，解释上亦具任意法之色彩，其契约另有约定或另有习惯者，从其约定或习惯。

2. 费用偿还存续期间

费用负担义务，何时起算，须视费用项目而定。修缮费用，应自有必要修缮时起算，饲养费应自动物交付时起算，有益费用自租赁终止时起算。其他必要费用，则以有必要支出时起算。费用负担，除同时构成修缮义务，得依第四三〇条规定终止租约者外，一般情形，于出租人拒不负担者，承租人应先行代偿，而后再向出租人请求偿还，承租人尚不得以出租人不负担费用主张终止租约。盖以承租人于代偿后有偿还请求权，此之偿还请求权，且得自租金扣除。至于，有益费用偿还，系本于不当得利原理而来[51]，与租赁消灭后之租赁物返还义务、并无对价关系，承租人尚不得以有偿费用未偿还，而拒绝租赁物之返还。[52]

承租人之有益费用偿还请求权，自租赁关系消灭时起，二年间不行

50　参照郑著（上），第一九七页；史著，第一六七页。

51　参照“民法”第四三一条立法理由（同注 42 文献）。

52　参照最高法院 1944 年上字第二三二六号判例：“承租人所有民法第四百三十一条第一项之费用偿还请求权，与其在租赁关系终止后所负返还租赁物之义务，非有互为对价之关系，不得借口其支付之有益费用未受清偿，即拒绝租赁物之返还。”

使而消灭（第四五六条），前述之工作物取回权，亦应作同一解释（同上条）。二年时间，性质上为短期消灭时效，民法有关消灭时效之规定有其适用；盖以费用偿还请求权及工作物取回权，性质上均属请求权也。虽然，依“民法”第四五六条规范意旨，其适用范围，似仅限于有益费用偿还请求权；惟其他费用负担，如原应由出租人负担，而承租人代偿者，承租人亦有费用偿还请求权。此等费用偿还请求权，解释上亦应类推适用第四五六条规定，即期间有二年消灭时效之适用，惟其消灭时效之进行，解释上应自偿还时起算。

此外，尚须附带者，此之费用偿还请求权，亦应有迟延利息之适用，其利率则以周年百分之五计算（第二〇三条）。至其起算，于有益费用之偿还，自租赁消灭时起算；于其他费用，则自支出时起算。盖以费用偿还请求权为不定期债务，除有益费用之偿还自租赁关系消灭时起算外，其他费用之偿还，则自支出时起算。[53]

第三项　租赁对于承租人之效力

租赁对于承租人之效力，拟依租赁权取得、租金支付义务、租赁物保管、租金债务之担保及承租人之社会化权利五者说明之。

一、租赁权取得

（一）租赁权之意义

1. 租赁权之定义说明

租赁权者，租赁债权之简称也，意指承租人因租赁契约，对于出租人取得之债权。

租赁权，性质上为债权形态之一，本与一般债权无殊。惟租赁之目的，就承租人而言，旨在使用收益租赁物。承租人于占有租赁物后，开始取得使用收益租赁物之权利，此与定限物权中之用益物权内涵相同，

53　此之利息之有无？乃至其究为拟制利息或迟延利息？学理上容有探讨余地。盖以费用偿还请求权，一般以为，系不确定期限债务，须经承租人催告出租人履行后，始负迟延责任（第二二九条第二项）。惟以费用之支付，本为出租人之义务，于承租人代偿时，应为业已届期，并须开始支付迟延利息，始较妥当。本书从后说，故认自支出（代偿）时起计算迟延利息。

致形成类如物权而殊于债权之现象。此种现象，于一般债权尚属无之。因此，论及租赁权，因其情形及特性，而予概念区分，不仅必要，而且甚为重要。兹为便于了解，特为之表解如下：

租赁权（广义）
- 租赁物交付请求权：一般债权（交付前）
- 租赁物用益权：租赁权（狭义）
  租赁权物权化（交付后）

由上表可知，广义之租赁权概念，尚可分为租赁物交付请求权及租赁物用益权，后者即通称之狭义租赁权。以下所述租赁权，如未特别说明，殆指狭义而言。

租赁物交付请求权，因租赁契约而生，性质上与一般债权无异，有关债之通则债权性质及效力等相关规定，于此均有适用。租赁权则因交付而生，具有物权化倾向，不仅民法租赁本节另有特别规定，解释上亦须本于物权特性而作调整。兹为便于区别，爰附表说明于下，以供参考。

广义租赁权			
租赁成立	租赁物交付请求权 （一般债权）	交付	（狭义）租赁权 （租赁物用益权） （租赁权物权化）

2. 租赁权之用益范围

使用收益，为所有权重要权能之一（第七六五条），承租人之取得此项权能，系基于租赁契约，由所有人移转而来。因之，“民法”第四三八条第一项规定：“承租人应依约定方法，为租赁物之使用收益，无约定方法者，应以依租赁物之性质而定之方法为之。”例如，租赁房屋，约定居住，不能以之营业；租赁土地，约定堆放杂物，不能建屋居住是。至于未约定使用方法，而依租赁物性质决定者。例如，租用住宅，不能以之开设店铺；租用耕地，不能以之兴建工厂是。实务以为，其违反须有积极行为，若仅为消极之不使用，尚无违反可言。[54] 此外，租地建屋，约定

54 参照“最高法院”1975年台上字第一一二二号判例：“‘民法’第四百三十八条所谓违反约定使用方法，系指不依约定方法使用，并积极的为约定以外方法之使用者而言，如仅消极的不为使用，应不在违反约定使用方法之列。原审以上诉人不再经营瓦窑，已弃置不用（按租约所定使用方法为经营砖瓦窑之用），为违反约定使用方法，所持法律上之见解，不无违误。”

不得将基地转让、转租或转借，于建屋后将房屋租与他人者，实务亦以为，尚无违反约定使用方法可言。[55] 承租人违反约定或物之性质之使用方法，而为租赁物之使用收益，出租人得阻止之，经阻止而仍继续为之者，出租人得终止租约（第四三八条第二项）。[56] 此之阻止，为意思通知，只要足以表达反对之意思即可，其以行动为阻止者，亦无不可，但不得有强暴胁迫或妨害承租人之使用。盖以承租人有此情形，出租人经阻止后，得终止租约，其受有损害者，并得请求损害赔偿，当足以保护出租人之利益，何须强暴胁迫或为其他妨害。

（二）租赁权物权化

租赁物交付请求权，与一般债权无异，其权利内容与救济方法，亦与一般债权相同（债务不履行）。故有关其问题，不再赘述。

租赁权，究为债权？抑为物权？学理上固有争论[57]，早期实务亦曾有债权说之表达。[58] 惟租赁权为具有物权性质之债权，亦即所谓租赁权物权化，不仅为法律明定之制度[59]，且为通说、实务所肯认，已是事实。[60] 至其要点，主要有二，即：（1）租赁权侵害之排除力，（2）租赁权之对抗力。兹分述如下：

55 参照“司法院”1980年厅民一字第〇二六四号函：“乙将房屋借与丙使用，丙所使用者乃乙之房屋，并非直接使用基地，因此不能因丙使用乙之房屋，即认为乙有违约将基地转借他人使用。”

56 参照“最高法院”1970年台上字第四四二三号判例：“一般基地租赁，承租人欲建筑何种房屋，固非出租人所得过问，惟如双方当事人就租赁物之使用方法有所约定，而承租人违反约定之使用方法，经出租人阻止而仍继续为之者，依照‘土地法’第一百零三条第五款规定，并参照‘民法’第四百三十八条规定，出租人非不得终止租约，请求收回其土地。”

57 租赁权之学理上争论，主要立场有四，即：
①债权说：陈著，第九二页；蔡著，第九九页。
②形成权说：戴著，第一二〇页。
③物权化债权说：郑著（上），第二〇一页；史著，第一四一页。
④物权说：德日部分学者采此说。

58 参照最高法院1929年非字第九五号判例：“按民事法之条理，租赁契约仅于当事人间发生债权债务之关系，原则上固不能以之对抗第三人，故业主以所租物之所有权让与他人时，除新业主承认该契约上之债务外，租户仅得对于原业主请求履行或赔偿因不履行所受之损害，而不得对于新业主拒绝交物。”

59 参照“民法”第四二五条立法理由：“谨按出租人于租赁物交付后，将为租赁标的物之不动产所有权让与第三人时，其第三人依法律规定，当然让受出租人所有之权利，并承担其义务，使租赁契约仍旧存续，始能保护承租人之利益。”

60 参照最高法院1933年上字第三四三三号判例：“民法债编施行前所定之租赁契约，于施行后其效力虽依民法债编之规定，而出租人于施行前将租赁物之所有权让与第三人者，其让与时租赁契约既无民法第四百二十五条所定之效力，对于受让人即不继续存在。”

1. 租赁权侵害之排除力

租赁权受侵害者，承租人是否有排除侵害请求权，固有认为承租人仅得依占有行使排除侵害之权利（第九六二条），尚不得依租赁权行使此项权利者，惟通说持肯定看法。[61] 实务则依代位之例，肯定承租人行使此项权利。[62]

承租人因租赁权受侵害而生之损害，得否依“民法”第一八四条第一项请求损害赔偿，学理上立场固亦有如上之分歧，通说采肯定见解[63]，或较允当。

2. 租赁权之对抗力

所谓租赁对抗力，即承租人得以租赁权对抗租赁物所有权之受让人之意。租赁物所有权之让与，多数原因系本于买卖之履行而来，故法谚有“买卖不破租赁”之说。

权利之有对抗力，系支配权（特别是物权）之特征。租赁权有无对抗力，古代法制虽曾采否定看法，惟近代以降之民法，则已纷纷采肯定论点。[64] 台湾民法亦不例外。惟有具体制度内容，业已涉及租赁主体（出租人）之变更，其详待于租赁变更时详述（本书第 281 页）。

对抗力既为物权权能之特征，而租赁权有此权能，无宁为其他债权所无之特色。故租赁权之对抗力，乃为租赁物权化之最重要表征。

租赁物权化之内容，学理上之说明，尚常及于租赁权之处分性及永续性二者。[65] 惟此二者，于台湾民法之规定，前者与租赁人格性有背，一时尚难肯定。后者，则相关规定，不尽明显，实务之发展，仍属有限，故其进一步探讨，暂予从略。

二、租金支付义务

租金之支付，为承租人主要义务，意义等于“民法”第一九九条所称之给付。惟租金之标的，通常为金钱或其他代替物，承租人于租金有债务不履行者，通常为给付迟延，原则上尚无给付不能。不过，租赁为

61 参照郑著（上），第二〇二页；史著，第一四一页。

62 同注 21 所引判例。

63 参照陈著，第九二页；郑著（上），第二〇二页；史著，第一四一页。

64 主要立法例，如法国民法第一七四三条，奥国民法第一〇九五条，德国民法第五七一条第一项，日本民法第六五〇条，瑞士债务法第二六〇条均是。

65 参照郑著（上），第二〇二页～第二〇四页。

继续性契约，租金迟延给付，其法律效果与一般之给付迟延，尚有不同。兹分述其要点如下：

（一）租金支付方式及时期

1. 租金支付方式

租金之债务人为承租人，此固无疑问。惟于共同租赁之情形，究应如何适用多数主体之债之法律关系。学理上尚有争议。按租金通常既为金钱或其他代替物，其性质上多为可分，民法此又乏连带责任之规定，解释上应属可分债务，惟此于出租人保障颇为不周，故学理上有所谓租金债务不可分原则[66]，基此原则，则承租人均负全部租金之给付责任！

租金数额，原则上本于契约自由原则，任由当事人约定[67]；不过，“土地法”、“平均地权条例”、“耕地三七五减租条例”等，对于房屋租赁、基地租赁、耕地租赁，分别设有租金数额限制规定，是为特例。

租金之支付方法，得一次全额给付，亦得分期给付，通常以分期给付为普遍。分期支付，应就各期而为全额支付，惟其耕地租赁之承租人不能按期支付应付租金之全部，而以一部支付者，出租人不得拒绝（第四五七条之一第二项）。先行全额支付者，具有预付之性质，惟承租人不得主张扣除中间利息。分期给付者，其各期租金请求权适用五年之短期消灭时效（第一二六条），以出租动产为营业者，则租金请求权有二年短期消灭时效之适用（第一二七条第三款）。

2. 租金之支付时期

“民法”第四三九条规定：“承租人应依约定日期，支付租金，无约定者依习惯，无约定亦无习惯者，应于租赁期满时支付之。如租金分期支付者，于每期届满时支付之，如租赁物之收益有季节者，于收益季节终了时支付之。”足见，租金究于何时支付，民法亦采契约自由原则，任由当事人约定，其全部先行支付（预付）者，除耕地租赁，民法有明文禁止者（第四五七条之一第一项）[68] 外，原则亦无不可。当事人于租金之支付时期未约定者，依习惯亦无习惯者，则採后付主义，其约定为预付

66 参照郑玉波“民法实用债之通例”，自刊，1969年，第二六五页；郑著（上），第二六五页；史著，第一八八页。

67 参照最高法院1928年上字第一一六五号判例：“租金之金额，除有特别规定，或当事人间有特约，或该处有特别习惯不得增减者外，应以当事人双方意思之合致定之。”

68 参照“民法”第四五七条之一第一项修正理由：为加强耕作地承租人之保护。爰参照‘耕地三七五减租条例’第十四条第一项增订第一项”。

者，除特种租赁有禁止者外[69]，于法亦属有效。[70] 所谓后付主义，其内容有三：

（1）租金一次支付者，应于租赁期满时支付；

（2）租金分期支付者，应于每期届满时支付；

（3）租赁物有收益季节者，于收益终了时支付。如租用鱼塭，其未约定何时付租者，于渔获收取时付租是。

（二）租金之迟付

租金迟付，性质上为给付迟延，出租人得请求支付，并可能构成终止租约之事由。惟房屋租赁之承租人常为经济上弱者，租金偶有迟付，在所难免。为体恤房屋租赁之承租人，乃于出租人终止租约方面，设有特别限制。租金迟付效果之基本规定，其内容为："承租人租金支付有迟延者，出租人得定相当期限，催告承租人支付租金，如承租人于其期限内不为支付，出租人得终止契约。"（第四四〇条第一项）盖以租赁为继续性契约，租赁期间，其承租人迟付租金者，出租人尚不得直接援用债之通则解除规定而解除契约，乃于本条各项明定其为契约终止事由。至于其间要点，约有如下数者：

1. 定期催告

租金迟付之终止租约，须经出租人定相当期限催告承租人支付，承租人不支付者，始有终止租约之权利。此之催告为意思通知，准用法律行为之相关规定[71]，并有主体不可分之适用。[72] 惟催告无庸一定方式，

69 特别法上，禁止预收租金者，主要如下：

（1）"土地法"第一一二条："耕地出租人不得预收地租，但因习惯以现金为耕地租用之担保者，其金额不得超过一年应缴租额四分之一。前项担保金之利息，应视为地租之一部，其利率应按当地一般利率计算之。"

（2）"耕地三七五减租条例"第一四条："出租人不得预收地租及收取押租。"

70 参照"民法"第四三九条立法理由。其意旨如下："谨按租金之支付日期，当事人有约定者，依约定，无约定者，依习惯，无约定亦无习惯者，应依法定之支付日期。本条特为明白规定，盖以防无益之争论也。"

71 参照"最高法院"1952 台上字第四九〇判例："'民法'第四百四十条第一项所谓支付租金之催告，属于意思通知之性质，其效力之发生，应准用同法关于意思表示之规定。如催告人非因自己之过失不知相对人之居所者，仅得准用同法第九十七条，依民事诉讼公示送达之规定，向该管法院声请以公示送达为催告之通告，始生催告效力。"（同旨"最高法院"1955 年台上字第一〇九八号，1965 年台上字第九五二号判例）

72 参照"最高法院"1959 年台上字第一三八二号判例："支付租金之催告，系意思通知之一种，其通知应向承租人为之，如承租人有数人者，应向承租人全体为之，否则对于未受催告之承租人，不发生催告之效力。"

即于诉状或诉讼上以言词表示，亦无不可。[73]

催告所定期限是否相当，依客观情事定之[74]，所定期限不相当者，早期实务虽认为催告不生效力[75]；惟依目前实务见解，认为得因期间之经过而补正，出租人之租约终止权，于期间届满时取得。催告应由出租人为之，与租赁物所有人无涉[76]，如催告支付之金额超过承租人应付金额者，仍于应付金额之范围内生催告之效力。[77]

出租人催告权之取得，于一般租赁，固于承租人有迟付之事实，即为已足，其迟付为一期或数期，为一部或全部，均非所问。不过，房屋租赁，须迟付租金之总额，合计达于二个月之租额者，出租人始取得催告权（第四四〇条第二项前段）。[78] 因此，即使承租人迟付数期，但其总额合计未达二个月之数额者，出租人仍无催告终止租约之权，更遑论租约之终止。例如，租金每月五万元，承租人每月迟付一万元，计有九月，其出租人仍无催告终止租约之权。迟付金额之累计，不受

73 参照“最高法院”1950年台上字第五五四号判例：“房屋出租人定期催告承租人支付租金之方式未有一定，亦非限于诉讼外为之，苟于诉讼上已有书状或言词，向他造表示意思者，即应认为已有催告。”

74 参照“最高法院”1960年台上字第一〇九四号判例：“出租人依‘民法’第四百四十条第一项所定催告承租人支付租金之期限，是否相当，应依一般观念为衡量之标准，不得仅据承租人个人之情事决之，出租人所定之期限在承租人个人虽嫌不足，但若以一般观念衡之，其期限尚非过短者，仍应认为相当。”

75 参照“最高法院”1956年台上字第二〇五号判例：“‘民法’第四百四十条第一项载，承租人租金支付有迟延者，出租人得定相当期限催告承租人支付，如承租人于其期限内不为支付者，出租人得终止契约。此项规定，于出租人依‘耕地三七五减租条例’第十七条第三款终止契约时亦适用之。上诉人就系争耕地对被上诉人之欠租两年，虽曾派员面催克速清缴，但所谓克速清缴一语，仍与未定相当期限之情形并无二致，故其催告，依法尚难谓为有效。”

76 参照“最高法院”1959年台上字第一二五八号判例：“租赁乃特定当事人间所缔之契约，出租人既不以所有人为限，则在租赁关系存续中，关于租赁上权利之行使，例如欠租之催告，终止之表示等项，概应由缔结契约之名义人行之，始能生效。”

77 参照“最高法院”1977年台上字第一二四号判例：“出租人限期催告承租人支付欠租，其催告租金额超过承租人应付之金额时，仅超过部分不发生效力，并非该催告全不发生效力。”

78 参照“民法”债编修正第四四〇条修正理由：“现行规定‘两期之租额’，其所谓‘期’，究系指计算租金之时间单位，抑系约定支付租金之时期，适用上易滋疑义，且依约定有以一周为一期者，有以一月为一期者，亦有以一季或一年为期者，其两期之租额，多寡悬殊。若一律以两期租额为准，亦显不公平，按房屋租赁，其租金通常按月支付，爰将‘两期’修正为‘二个月’。如约定支付期间非一个月，亦可换算。”

租金调整之影响[79]，惟其租金约定于每期开始时支付者，并应于迟延给付逾二个月时，出租人始得催告终止（第四四〇条第二项后段）。例如，租金每月五万元，约定于月初支付，承租人连欠二期，须俟该月期满；出租人始得催告终止租约，以免苛待承租人。[80] 其为基地租赁，亦即租用土地之目的为建筑房屋者，迟付租金之总额，须达二年之租额者，出租人始得催告终止（第四四〇条第三项），既与"土地法"相同规定一致[81]，亦与实务立场契合。[82]

2. 终止租约

定期催告后，出租人延期仍不支付租金者，出租人得终止租约。有关终止权之行使，适用"民法"第二六三条规定，其依诉状表明者，亦无不可，解释上自诉状缮本送达于承租人生效。[83] 终止生效前，租赁关系不受影响。[84]

---

79 参照"最高法院"1957年台上字第六五五号判例："'民法'第四百四十条第二项所谓迟付租金两期之总额，系指前后两期总额之合计而言，并非指末期总额之二倍。两造就系争房屋所定之租金，在四十二年既为每年新台币一千五百元，至四十三年始为每年二千元，则被上诉人欠缴四十三年以前租金三千八百元，即难谓非迟付租金两期之总额，其于上诉人所定之催告期限内仍不支付，自不能不负迟延履行之责。"（同旨"最高法院"1971年台上字第二八五号判例）

80 参照"民法"债编修正第四四〇条修正理由："租金每有预付者，则承租人于每期间始应支付租金而未支付者，即应负迟延责任。如约定以二个月以上之时期为一期，则承租人负迟延责任之同时，其迟付租金总额即已达二个月之租额，出租人即得终止契约，对承租人未免过苛，爰规定此际于迟付租金总额须达二个月之租额外，并应于其迟延二个月时，始得终止契约。"

81 参照同上注修正理由："租用建筑房屋之基地，承租人之迟付租金，应达如何之程度，出租人始得终止契约，现行法并无明文规定。为期周延，爰参照'土地法'第一百零三条第四款规定，增订本条第三项。"

82 参照司法院1947年院解字第三四八九号解释："出租人基于土地法第一百条第三款承租人欠租之事由收回房屋，应依民法第四百四十条第一项规定，对于支付租金迟延之承租人定相当期限催告其支付，承租人于其期限内不为支付者，其租赁契约始得终止。"（同旨最高法院1954年台上字第一一四三号判例）

83 参照最高法院1934年台上字第三八六七号判例："依民法第四百四十条得终止契约之出租人，于诉状表示其终止之意思者，依民法第二百六十三条、第二百五十八条第一项，第九十五条规定，自其诉状送达于承租人时，契约即为终止，并非自其所受胜诉判决确定之时，始生终止之效力。"

84 参照"最高法院"1953年台上字第一一八六号判例："不定期之房屋租赁，承租人积欠租金除担保金抵偿外达二个月以上时，依'土地法'第一百条第三款之规定，出租人固得收回房屋。惟该条款所谓因承租人积欠租金之事由收回房屋，应仍依民法第四百四十条第一项规定，对于支付租金迟延之承租人，定相当期限催告其支付，承租人于其期限内不为支付者，始得终止租赁契约。在租赁契约得为终止前，尚难谓出租人有收回房屋请求权存在。"

终止效力之发生，须以承租人于终止之意思表示时，仍有租金迟付之事实为要件。虽承租人原有租金迟付之事实，但在终止生效前补正（为租金之支付）者，出租人即无终止权可言，终止之效力亦不发生。[85] 同理，于房屋租赁、基地租赁，虽承租人积欠租金总额原已达两个月或两年之金额，但于出租人终止之意思表示生效前，业已支付迟付租金者，其终止亦属无效。[86]租金迟付，既为给付迟延，出租人自得请求迟延利息（第二三三条）。迟延利息非属原定给付，且同时具有损害赔偿之意义。故计算租金总额是否达于两个月金额，应不计算在内。

（三）租金之变动

租赁为继续性契约，租赁期间内，租赁物价值或有变动，或租赁物之使用收益范围或有增减。于此情形，如仍维持原定租金，于当事人一方或有不利。租金之支付。解释上有情事变更原则适用，应予肯定。[87] 民法于此，且有更为具体明确规定，其事例有二。一为不动产价值升降之租金调整，另一为用益范围变动之租金减少。二者之成立要件及法律效果，尚有不同。爰分述如下：

1. 不动产价值升降之租金调整

“民法”第四四二条规定：“租赁物为不动产者，因其价值之升降，当事人得声请法院增减其租金。但其租赁定有期限者，不在此限。”此之租金变动，通称租金调整声请权或租金增减请求权。论其要点，尚有如下：

（1）租金调整声请权之要件

租金调整声请权之成立要件有三。即：

85 参照“最高法院”1955年台上字第二三九号判例：“承租人租金支付有迟延者，出租人得定相当期限催告承租人支付租金，如承租人于其期限内不为支付者，出租人固得终止契约，惟承租人如于其终止租约之声明到达前，已为租金之支付者，出租人纵有声明，亦不生终止之效力。”（同旨“最高法院”1954年台上字第三二九号、1955年台上字第一三四五号、1947年台上安第一五〇八号、1963年台上字第一二八九号判例）。

86 参照“最高法院”1954年上字第一一四三号判例：“出租人基于‘土地法’第一百条第三款承租人欠租之事由，并依‘民法’第四百四十条第一项规定，对于支付租金迟延之承租人，定相当期限催告其支付，承租人于其期限内不为支付者，固得终止契约，惟承租人曾于出租人所定之期限内，依债务本旨提出支付之租金，而因出租人或其他有代为受领权限之人拒绝受领，致未能如期完成时，尚难谓与上开条项所定之情形相当。依‘民法’第二百十九条关于行使债权，应依诚实及信用方法之规定，出租人自不得执是为终止契约之理由。”

87 参照最高法院1947年上字第三四八九号判例：“租赁契约成立后因情事变更租金额增为若干者，同条第三款抵偿租金之担保金系契约成立时支付者，亦应依同一比例增加之。”

①须为不动产租赁

租金调整声请权，限于租赁物为不动产者，始有适用对象，故本段以不动产租赁称之。兹之不动产租赁云者，尚不限于所有权之租赁，即以占有不动产为权利基础之地上权租赁、永佃权租赁，亦有适用。[88]

动产租赁，并无租金调整声请权之适用，如其价值有升降者，仅得于符合情事变更原则之要件时，适用情事变更原则。惟此为另一问题，与租金调整声请权尚无关系。

②须租赁物之价值有升降

所谓租赁物价值有升降，指租赁物本身不动产之价值，于租约成立后有涨落者而言。[89] 此之涨落原因为何，尚非所问。例如，市况萧条、景气萎缩、需求减少而致不动产价值低落者，固有适用；反之，因景气繁荣，需求剧增而价值飙涨者，亦有适用。本身价值云者，应指交易价值而言，其公告现值或不动产所有人或出租人申报价值未调整者，尚不得据为拒绝适用之依据。此外，因出租人土地改良或增加设佣而价值涨升者，亦得声请调整租金。

③须租赁形态为不定期租赁

定期租赁，无民法本条声请调整租金之适用，民法本条但书规定甚明。[90] 反面解释，则其适用范围，仅以不定期租赁为限，当可肯定。所谓不定期租赁，系指租约未经约定期限者而言，其当事人约有期限，但其期限不确定者，亦即通称之不确定期限租赁（例如，租约载明租屋房屋倒塌或两岸统一之日止者即是），仍为定有期限之租赁，除适用情事变更

88 实务且以为，租金调整之规定，于地上权地租、永佃权佃租，亦应（类推）适用。其情形如下：

司法院 1933 年院字第九八六号解释："按地上权之地租与租赁契约之租金，固属不同，然就其（因使用土地而支付金钱为对价）之点言之，则二者实相类似，故关于民法第四百四十二条之规定，于地上权地租之增加，亦应类推适用。"

司法院 1941 年院字第二二六七号解释："民法第四百四十二条之规定，于永佃权佃租之增减，亦应类推适用。"（同旨最高法院 1944 年上字第四八九号、1944 年上字第四七〇判例。"

89 参照最高法院 1937 年沪上字第四号判例："民法第四百四十二条所谓价值之升降，系指租赁物本身之价值，于租赁契约成立后有升降者而言。"

90 参照"最高法院"1959 年台上字第一五三六号判例："当事人就不动产所订之租金，于租赁关系存续中，在租赁物价值之升降，固得声请法院增减其数额，惟此项声请，以租约未定期限者为限，倘定有期限则不在准许之列，此观'民法'第四百四十二条之规定自明。"（同旨司法院 1941 年院字第二六二四号解释，"最高法院"1954 年台上字第七〇二号判例）

原则者外，尚无本条租金调整声请权之适用。[91]

综上所述，足见有无租金调整声请权之适用，其涉及形态尚称复杂。爰为之归纳如下表，以供参考：

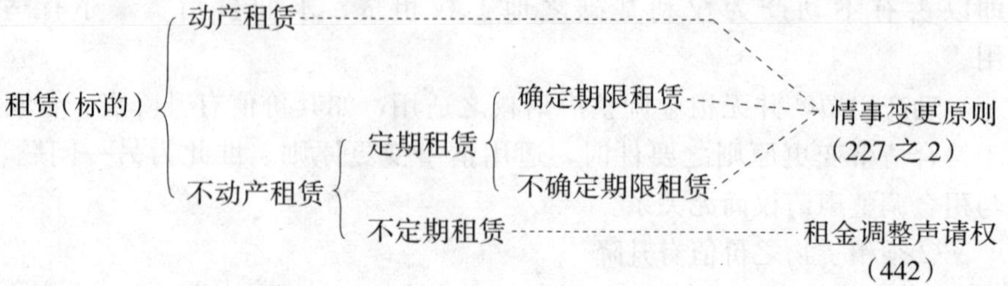

依民法规定，租金调整申请权之法定适用范围，虽以不定期之不动产租赁为限，惟此一规定之强行程度，尚非甚强。如当事人就其他类型之租赁，以契约约定，得依不动产价值升降或其他事由调整租金者，解释上仍属有效。[92] 因此，“民法”第四四二条之规定，解释上宜认为当事人无约定时之法定限制适用标准，尚不宜解释为其约定违反本条规定者无效。

特种租赁，亦有租金调整相关规定之适用。[93] 此外，特别法上有特别规定，从其规定。例如，“土地重划办法”第二一条第一项、第二项规定，承租土地重划，致增减其利用之价值者，出租人得请求租金数额之相当增减是。

（2）租金调整声请权之行使

租金之调整，无待他方当事人同意，性质上为具有形成权性质之权利，固可肯定。惟其非为单方意思表示即可生效之单纯私法上形成权，亦系事

91 参照“最高法院”1958 年台上字第六三五号判例：“租约既载明出租之房屋租至……为止，虽系以不确定之期间为终止契约之时期，亦不失为定有期限之租赁关系，自不在适用‘民法’第四百四十二条之规定声请增减其租金之列。”

92 参照“最高法院”1975 年上字第一五七九号判例：“不动产租赁契约就增减租金所为之约定，并不因‘民法’第四百四十二条已有得声请法院增减租金之规定而失其效力，或认于定期租赁不能有此约定，果有合于增减租金约定之情事发生时，当事人即直接依该约定方法增减租金，殊无待双方当事人之另行协议。”

93 参照司法院 1942 年院上字第二二七一号解释：“土地法第一百七十七条第一项所载，不及千分之三百七十五者，从其约定一语，不过宣示其约定之为有效，并非限制民法第四百四十二条适用，土地法施行法第五十二条第三项之规定，亦仅于其所约定情形排除民法第四百四十二条所定限制，俾定有期限之租赁，亦得请求增加租金，非谓耕地增加租金之原因，以该条项所定情形为限，耕地之出租人，自得于不超过耕地正产物收获总额千分三百七十五范围内，依民法第四百四十二条之规定，声请法院增加租金。”

实。从而，调整之金额如何，系由法院决定，尚与当事人主张无关。[94]

以上所述，仅指民法本条之租金调整声请而已。至于如前段所述，因约定而生之租金调整，除当事人同时约定须声请法院者外，解释上应认为系形成权，仅一方之意思表示即可生效，土地重划办法之租金增额或减额请求权，情形亦然。

（3）租金调整之效果

法院根据第四四二条规定，以判决调整租金之数额者，一般以为，应以土地繁荣程度、邻地租金情形、税额增减及承租人利用租赁物之经济价值与所得利益等，作为调整之依据。[95] 其为土地租赁者，公告现值仅为其中重要参考依据，尚非惟一标准。[96] 即使租金不敷缴纳税捐，亦非当然得以调整租金。[97]

租金调整，应有一定之期日以为适用标准。一般以为，是否调整及调整标准为何，固应以判决确定之日为准，但法院判决所定起算时点，则不以判决确定之日为限，亦不必限于起诉之日。如法院判决，将其起算日，依当事人声明，提前至起诉之前者，则其租金调整起算日，仍应

94　参照“最高法院”1958 年台上字第一一五二号判例：“租赁物为不动产者，因其价值之升降，当事人固得依‘民法’第四百四十二条声请法院增减其租金，但在未声请法院增减其租金以前，原约定之租金额，并不因不动产价值之升降，而失其拘束双方当事人之效力。”

95　参照最高法院 1931 年上字第二八三号判例：“租赁物为不动产者，其价值如有升涨，出租人依法本得为增租之请求，至所加租额之多寡，应以土地繁荣之程度及邻地租金之比较等情形为标准。（同旨最高法院 1929 年上字第二八一二号、1930 年上字第一三二号判例）
有关于此，“最高法院”1992 年台上字第三〇六二号判决，论述最见明晰，兹亦抄录于下，以供参考：“按租金为承租人使用、收益租赁物应支付之对价，故法院于依‘民法’第四百四十二条之规定，调整不动产租赁之租金时，除应斟酌不动产之价值、所处位置及其四周工商业繁荣情形，暨与邻地租金为比较外，更应注意承租人利用该租赁物之经济价值与所得之利益，与应调整之租金数额是否平衡。”

96　参照“司法院”1982 年“司法院”司法业务研讨会第一期研究意见：“‘平均地权条例’实施后，因有公告地价与申报地价之分（‘平均地权条例’第十六条参照）揆诸上述租赁物不动产之交易价值有升降时，当事人方得声请法院增减其租金原则，本题情形法院斟酌实情，如认‘公告现值’较符交易价值时，固非不可参酌‘以告现值’为准，‘土地法’第九十七条所定最高额限度范围内，为调整租金与命为给付之判决。（‘最高法院’1958 年度台上字第一八二七号判例参照）但仍不得据‘公告现值’为惟一根据，认：‘公告现值’即为租赁物不动产之交易价值，而为调整租金之判决。”（同旨“司法院”1984 年厅民一字第〇六七三号函）

97　参照“最高法院”1959 年第六次民刑庭总会会议决议：“未定租赁期限之不动产，如遇税额增加致所收租金不敷纳税时，如税额之增加与不动产价值之腾涨有关系者，可以请求增加租金。”

依判决所定之日为准。[98] 例如，当事人于1993年1月30日起诉，请求自1991年1月1日调整租金，法院判决自1992年7月1日起调整租金，该判决于1994年7月1日确定，其租金调整应溯自1992年7月1日起算。不过，此项溯及效力，尚须注意下列二件事项。其一为出租人于起诉前之1991年1月1日以前，已有调整租金之意思表示；其二为该等租金尚未清债。换言之，租金债务如已清偿，清偿部分之租金调整权即行消灭，当事人不得再行主张[99]；起诉前如未曾向相对人为调整租金之意思表示者，则法院判决所定之调整起算日，充其量只能溯及于起诉日（严格言之，应为诉状缮本送达他造翌日）起算。[100]

声请调整租金，仅以租金数额升降为限，其请求及法院判决，均不得变更租赁之种类。[101] 当事人一方为多数人者，应有必要共同诉讼之适用。[102]

2. 用益范围缩减之租金减少

租赁物之用益范围变动，承租人得否请求减少租金，须视其变动发生是否可归责于承租人之事由而定。兹分述如下：

（1）可归责于承租人之事由而生变动

98 参照“最高法院”1959年台上字第五二二号判例：“房屋或土地出租人，依‘民法’第四百四十二条提起请求增加租金之诉，如起诉前之租金并未按原约定租额付清，则法院准许增加之判决，得自出租人为调整租金之意思表示时起算。故起诉前未为此项意思表示者，即不得溯及请求调整。”（同旨“最高法院”1959年第一次民刑庭总会会议决议）

99 参照“司法院”1992年厅民18字第一八五七一号函：“按租赁物为不动产者，当事人未诉请法院判决增减其租金确定以前，原约定之租金额，并不因租赁不动产价值升降而失其拘束力，承租人若依原定租额提存，自难谓其非依债务之本旨而为给付（参照‘最高法院’四十七年台上字第一一五二号及六十年台上字第三八五号判例）。本题出租人乙虽于七十七年一月一日即向承租人甲为调整租金之意思表示，惟甲于乙请求调整租金之诉以前，乙将七十七年及七十八年两年之租金额按原约定租金予以依法提存，揆诸首开判例意旨，其提存应已生清偿效力，法院若准许其调升租金，自仅能就尚未清偿者即七十九年一月一日以后起算部分准许之。”

100 参照“最高法院”1984年第九次民事庭会议决议：“原告起诉请求增高租金，既未于起诉前向被告为增高租金之意思表示，其情形本院四十八年台上字第五二一号判例所示，尚属有间，法院如认其诉为有理由，即应判决宣示自原告起诉时起增高租金。”（同旨“司法院”1984年厅民一字第〇六七三号函）

101 参照“最高法院”1986年台上字第二一二六号判例：“租赁物为不动产者，因其价值之升降，当事人固得依民事法第四百四十二条规定，声请法院增减其租金。惟调整租金之诉，只能增减租金之数额，不得将原约定之租金种类变更。”

102 参照“司法院”1986年厅民一字第一六九五号函：“共同出租房屋之租金调整，本应由全体出租人共同诉请承租人调整租金，惟出租人之一人如兼具承租人身份，无法同时为原、被告，自应由承租人以外之出租人就全部租赁物请求调整租金。”

“民法”第四四一条规定：“承租人因自己之事由，致不能为租赁物全部或一部之使用收益者，不得免其支付租金之义务。”承租人既不得免付租金，自无请求减少租金之可言。例如，承租人因事远游，或因病住院而不能居住于承租之房屋，仍应照付租金即是。足见，此之所谓可归责云者，系指其事由发生于承租人一方者即为已足，不必进而论究承租人之不能使用收益，是否有故意过失为限。[103]

不能为租赁物之一部或全部之使用收益，而不得免付租金者，解释上应包括因可归责于债务人之事由（此之可归责为债务不履行之可归责，原则上须有故意或过失）而致租赁物毁损之情形。租赁物因可归责于债务人之事由，致租赁物一部灭失者，出租人得依债务不履行之例，请求承租人损害赔偿，并得终止租约；如出租人不终止租约，解释上应认为亦有本条之适用。至于租赁物全部灭失者，租赁关系消灭，解释上当无本条之适用。

（2）不可归责于承租人之事由而生变动

“民法”第四三五条第一项规定：“租赁关系存续中，因不可归责于承租人之事由，致租赁物之一部灭失者，承租人得按灭失之部分，请求减少租金。”盖以租赁物一部灭失者，于灭失部分，租赁关系消灭。如其为不可归责于承租人所致者，其租金应按比例缩减，故民法爰明定承租人有请求减少租金之权利。此之请求权，性质上为形成权，因承租人一方之意思表示而生效。[104] 其减少之范围，则按灭失之效用或价值定之；就未支付之租金，且有溯及效力。[105]

请求减少租金，民法虽仅就部分灭失而为规定，但其非部分灭失，而系毁损或其他事由而致不能使用收益者，解释上应可类推适用。盖以于毁损之事例，虽承租人有修缮请求权（第四三〇条），惟其权利，系为承租人而设，承租人苟不请求修缮，而请求减少租金，法律应无否定之必要。

再者，租赁物因不可归责于承租人致部分灭失者，如承租人尚有其他权利，如修缮请求权，则于法仍可选择行使。例如，于请求修缮而目

103 参照“民法”第四四一条立法理由：“谨按所谓承租人因自己之事由者，即承租人因疾病或其他自己一身上之事由，致不能为租赁物之全部或一部之使用收益是也。此种情形，承租人不得免支付租金之义务，盖以不能为使用收益之事由，既由承租人自己之所致，自不应使出租人受不当之损失也。”

104 参照陈著，第九六页。

105 参照史著，第一八六页（反对说陈著，第九六页）。

的达成后，仍得请求减少修缮期间之租金减少也。至于租赁物全部灭失者，租赁关系消灭，虽租金减少请求权失所附丽，惟灭失前之租金减少请求权，仍得行使。

三、租赁物之保管

（一）承租人之租赁物保管义务

1. 原则

（1）善良管理人注意义务

租赁系以使用收益权能为内涵之法律关系，物之权利本身，并未随同移转于承租人，承租人于租赁关系消灭时，负有返还租赁物之义务（第四五五条）。因此，租赁关系中，承租人有为出租人保管租赁物之义务。使用收益，为给予承租人利益，故“民法”规定：“承租人应以善良管理人之注意，保管租赁物。租赁物有生产力者，并应保持其生产力。”（第四三二条第一项）何为善良管理人注意？解释上依债之一般原理定之。不仅租赁物之保管应尽善良管理人注意，其生产力之保持亦然。实务以为，承租人变更占有状态[106]或将租赁物所有权让与他人[107]，均属违反善良管理人注意义务。

承租人于租赁物之保管或其生产力之维持，违反善良管理人之注意者，是为有过失，法律评价上即为可归责于承租人之事由。[108]故“民法”同条第二项本文规定，承租人于租赁物之保管或其生产力之维持，违反善良管理人注意，致租赁物毁损灭失者，负损害赔偿责任。此之损害赔

106 参照司法院1940年院字第二〇四九号解释：“承租人将其承租之耕地一部变更原状，占为已有者，出租人之所有权虽不因之而丧失，但既使承租人失其间接占有人之地位，土地所有权即已失其从来之圆满状态，不得谓承租人非违反民法第四百三十二条之规定，出租人自得依土地法第一百八十条第五款终止契约。”（同旨“最高法院”1952年台上字第二二三号判例）

107 参照最高法院1943年上字第二八三号判例：“上诉人某甲将其承租被上诉人之耕地让与所有权于他人，系变更被上诉人间接占有人之地位，使其土地所有权失其从来之圆满状态，不得谓非违反民法第四百三十二条之规定，被上诉人自得依土地法第一百八十条第五款，终止租用耕地契约。”

108 参照最高法院1929年上字第一〇七四号判例：“租赁存续中，租赁物不应由承租人负责之事由而灭失时，承租人不负损害赔偿责任。所谓应由承租人负责之事由，除法有特别规定或该地方有特别习惯或当事人间有特别约定，承租人于事变亦应负责外，以承租人之故意或过失为限。”

偿责任，性质上为债务不履行责任，就租赁契约之性质而言，纵不规定，依债之通则之规定解释，其结论亦同，故民法本条之规定，似仅具宣示意义，尚无异于债之一般原理可言。

不过，物之使用收益，有性质上当然之折损，于此部分不得责求承租人负损害赔偿责任，乃理所当然，故民法本条项但书规定，依约定之方法或依物之性质而定之方法为使用收益，致有变更或毁损者，不负损害赔偿责任。前者，如租用房屋用以经营超市，客人出入频繁，其地板自然磨损是；后者如租用汽车，轮胎因行驶而磨损是。

（2）承租人代负责任

租赁，于共同生活之范围内，出租人有容忍第三人使用收益之义务，是为通称之契约保护第三人之效力。于此情形，该等第三人与出租人虽无契约关系，但基于权利保护之一般原理于租赁物亦得使用收益。惟为使用收益之第三人，亦有以善良管理人注意、保管租赁物之义务。违反者，对于租赁物之毁损灭失，应依侵权行为规定对出租人负损害赔偿责任。由于此等第三人之使用收益租赁物，系基于承租人之允许而来，如其使用租赁物，因可归责而致其毁损灭失者，承租人宜一同负责，以免出租人遭受意外之损害。故“民法”第四三三条规定：“因承租人之同居人，或因承租人允许为租赁物之使用收益之第三人，应负责之事由，致租赁物毁损灭失者，承租人负损害赔偿责任。”

兹所谓同居人，指共同生活之人，以实际有无共同生活为断。配偶、未成年子女固无论矣！事实上夫妻、乃至同居情侣，亦有适用。所谓承租人允许用益之第三人，指伦理上容忍之使用人而言。例如：租赁房屋，如非同居亲属或友人来访而借宿一、二日；租用汽车，友人因急需或情谊而暂时借用均是。次承租人，虽亦为广义之第三人，惟“民法”第四四四条第二项另有规定，一般以为，尚非本条之所称第三人之概念范围。转让、转借之受让人、借用人，亦应与次承租人作同一解释。[109]

承租人因民法本条所负之责任，性质上为债务不履行责任，其与第三人应负之侵权责任，就出租人言，为人的请求权竞合，对承租人言，为不真正连带债务。其终局责任者，仍为致毁损灭失之第三人。承租人为赔偿后，得依让与请求权之例（第二一八条之一），于请求出租人让与损害赔偿请求权后，对第三人主张权利。

109　学者通说，认为转借之借用人，为民法本条所系允许使用之第三人。参照郑著（上），第二〇五页；史著，第一八一页。

2. 特例

承租人于租赁物之毁损灭失有轻过失者，依“民法”第四三二条规定负损害赔偿责任，此固一般债务不履行之共通原理，惟民法租赁于失火责任设有特例，仅于承租人因重大过失失火而致之毁损灭失者，始负赔偿责任（第四三四条）。换言之，于失火而致租赁物毁损灭失者，如承租人仅有轻过失者，对出租人尚无损害赔偿责任[110]；重大过失之存在，则须由出租人负举证责任。[111]

就法律规范之相互关系言之，本条堪称“民法”第四三二条及第二二〇条轻过失责任之特别规定。[112] 至其规范目的，则在特别体恤保护承租人。[113] 依特别法优先于普通法之法律适用原则，“民法”第二二〇条规定，于此排除适用，出租人不得援第二二〇条对承租人（债务人）主张损害赔偿。

在法律体系关系之适用上，民法本条之特例规定，尚有如下四点足资讨论：

（1）本条规定与侵权行为损害赔偿请求权之关系

承租人于失火有重大过失，租赁物毁损或灭失者，承租人应依民法本条负损害赔偿责任；如租赁物尚非出租人所有，承租人对物之所有人，依侵权行为之规定而负损害赔偿责任者，亦有本条重大过失之适用。[114] 如租

110 参照最高法院1933年上字第二五五八号判例：“民法第四百三十四条所谓重大过失，系指显然欠缺普通人应尽之注意而言。承租人之失火，纵因欠缺善良管理人之注意所致，而于普通人应尽之注意无欠缺者，不得谓有重大过失。”

111 参照最高法院1937年鄂上字第四六〇号判例：“上诉人承租被上诉人之房屋，因上诉人店内失火焚毁其一部，虽为不争之事实，然被上诉人请求上诉人赔偿其损害，尚须证明上诉人系因重大过失而失火。”

112 参照最高法院1941年上字第七二一号判例：“承租人应以善良管理人之注意保管租赁物，如违反此项义务，租赁物毁损灭失者，应负损害赔偿责任，固为民法第四百三十二条所明定；惟租赁物因承租人失火而毁损灭失者，同法第四百三十四条既已减轻承租人之注意义务，而以承租人有重大过失为其赔偿责任发生之要件，出租人即不得仍依承租人应如何保管租赁物之一般规定，向承租人为损害赔偿之请求。”（同旨“司法院”1985年厅民一字第三八七号函）。

113 参照“民法”第四三四条立法理由：“谨按租赁物因失火而致毁损灭失，其失火之情形，系出于承租人之重大过失所致者，承租人对于出租人应负损害赔偿之责任，法律特以承租人之重大过失为限，所以保护承租人也。”

114 参照“最高法院”1987年台上字第一九六〇号判例：“租赁物因承租人失火而毁损、灭失者，以承租人有重大过失为限，始对出租人负损害赔偿责任，‘民法’第四百三十四条定有明文。如出租人非租赁物所有人，而经所有人同意出租者，亦以承租人有重大过失为限，始对所有人负损害赔偿责任。”

赁物为出租人所有者，承租人对出租人，除本条责任外，尚有侵权行为损害赔偿责任。于此二者就出租人言，依请求权竞合之相关理论适用之。

反之，如承租人仅有轻过失者，依民法本条固无庸负责，惟是否应依侵权行为规定负损害赔偿责任，亦即出租人得否转依侵权行为规定请求承租人损害赔偿，不无可议。盖以“民法”第四三四条，为债务不履行责任之规定，其一般规定（普通法）为“民法”第二二〇条，本条规范意旨，究否当然及于“民法”第一八四条之侵权行为，理论上容有讨论余地也。有关于此，学者通说以为，“民法”第一八四条亦在“民法”第四三四条排除适用之效力范围。换言之，亦即于此情形，出租人转依侵权行为请求损害赔偿者，亦以承租人有重大过失为限，如承租人于失火仅有轻过失者，尚不成立侵权行为，自亦无据之请求损害赔偿之可言。至根据主要有二：一为“民法”第四三四条有其保护承租人之特殊规范目的，基于请求权相互作用理论、或请求权规范竞合理论，自应解为“民法”第一八四条、第二二〇条同在第四三四条排除适用之效力范围内。另一则为，从权利性质上之相互关系言，契约不履行为侵权行为之特殊形态，兹为契约不履行适用依据之“民法”第二二〇条，既经排除适用，则与第二二〇条有法条竞合关系，而且被定性为普通法之第一八四条，更应在排除适用范围之列。[115] 实务亦持相同立场。[116] 不过，解释论上，尚不强调本条之强行规定意义，如当事人间有提高承租人责任标准之约定者，其约定亦属有效。[117]

（2）同居人等失火责任之适用标准如何？

承租人之同居人或因承租人允许使用租赁物之第三人，有失火情形者，其责任标准为何？有关于此，民法并无减轻责任标准之明文，

115 参照陈著，第九九页；郑著（上），第二一七页；史著，第一八二页；龙显铭前揭“民法上租赁之研究”，第一〇六页至第一〇七页。

116 参照最高法院1933年上字第一三一一号判例：“租赁物因承租人失火而毁损灭失者，以承租人有重大过失为限，始对出租人负损害赔偿责任，民法第四百三十四条已有特别规定。承租人之失火仅为轻过失时，出租人自不得以侵权行为为理由，依民法第一百八十四条第一项之规定，请求损害赔偿。”（同旨“最高法院”1967年第三次民刑庭总会会议决议）

117 参照司法院1985年厅民一字第三八七号函：“‘民法’第四百三十四条通说认为系同法第四百三十二条承租人应以善良管理人之注意义务保管租赁物之特别规定，其立法原意系在贯彻保护承租人之本旨，减轻其赔偿责任。惟此规定虽为特别规定，但非强制规定，倘当事者，应负损害赔偿责任者，乃在加重承租人对火灾之注意义务，其约定并未违背强制或禁止规定，应无不可。”

一般以为，此等人与出租人无契约关系，“民法”第四三四条无其适用，解释上仍应回归民法第一八四条第一项前段，负抽象轻过失之损害赔偿责任。[118]

不过，租赁契约，于共同生活之必要范围内，其效力当然保护及于同居人，解释上承租人之同居人，似以类推适用“民法”第四三四条为较妥当。至于其他第三人，则非伦理生活上之必要情事，当以通说见解，亦即适用“民法”第一八四条第一项前段之观点为当。

（3）承租人代负失火责任之标准

承租人之同居人或其他经承租人允许使用收益租赁物之第三人，因失火而应负责任时，承租人于何种情形，应负损害赔偿责任，民法本身亦无特别减轻责任标准之明文。一般以为，第三人应负责任系本于其自己责任，承租人应如何负责，系承租人之事由，仍应以“民法”第四三四条规定为准。换言之，亦即承租人仅于同居人或其他第三人于失火有重大过失时，始有“民法”第四三四条之损害赔偿责任；反之，如同居人或其他第三人于失火有轻过失，彼等虽因依“民法”第一八四条规定应负损害赔偿责任，但承租人则无赔偿责任可言。按承租人之同居人，居于共同生活之需要，愚见既认为此等人惟于有重大过失时，始负失火责任，承租人自亦仅以同居人有重大过失，始负失火责任，其结论与上述通说不谋而合。惟非同居之第三人，其使用收益租赁物，于出租人而言，本非预料所及，法律勉强出租人忍受此等第三人使用，出租人负担已重，而此等人之得使用收益租赁物，系本乎承租人允许，非若同居人之使用收益带有强厚之伦理基础，如谓此等人有重大过失时，承租人始负损害赔偿责任，法律评价上恐有显失公平，愚意以为，于此情形，似应认为，第三人因过失成立侵权行为者，即应适用“民法”第四三三条，由承租人并负损害赔偿。

（4）损害赔偿消灭时效

承租人因违反保管义务，致租赁物毁损灭失者，出租人之损害赔偿请求权，依“民法”第四五六条第一项之规定，亦有二年短期消灭时效之适用。至其起算期间，因租赁物毁损或灭失而不同。盖以毁损者，租赁关系尚属存在，解释上应适用同条第二项前段，自出租人受租赁物返还时起算；如为灭失，租赁关系于灭失时消灭，解释上应适用同条项后

118 参照郑著（上），第二一七页；史著，第一八二页；龙显铭前揭“民法上租赁之研究”，第一〇七页。

段，自租赁关系终止时起算。（此之所称终止，殆采广义，意指租赁关系消灭而言，并不以行使终止权而致之租赁消灭为限）。

短期消灭时效适用对象之损害赔偿请求权，尚不以“民法”第四三二条规定所生者为限。承租人因“民法”第四三三条、第四三四条规定而负之损害赔偿责任，亦有适用。至于承租人之同居人或其他用益租赁之第三人，其致租赁物毁损或灭失而应负损害赔偿责任者，非因于契约关系，并无民法本条短期消灭时效之适用。通常情形，此等人士系因侵权行为而负损害赔偿责任。如是，解释上，其有关消灭时效，应适用“民法”第一九七条第一项。

（二）承租人保管租赁物之附随义务

承租人因保管租赁物而生之附随义务有二。一为通知义务，另一为容忍义务。

1. 通知义务

“民法”第四三七条第一项规定：“租赁关系存续中，租赁物如有修缮之必要，应由出租人负担者，或因防止危害有设备之必要，或第三人就租赁物主张权利者，承租人应即通知出租人。但为出租人所已知者，不在此限。”通知义务之成立，事由及效果，其要点尚有如下：

（1）通知义务之成立

通知义务之成立，严格言之，其事项有二。一为法定通知事由之发生，二为其事由非为出租人所知。前者，涉及通知义务之范围，下段叙明；后者，则已无通知必要故也，惟出租人知悉事由之事实，应由承租人举证。

（2）通知义务之事由

通知义务之法定事由有三。一为租赁物有修缮必要，二为防止危害设备之必要，三为第三人就租赁物主张权利。修缮必要，见“民法”第四二九条、第四三〇条修缮义务之说明，第三人就租赁物主张权利，见“民法”第四三六条权利瑕疵担保责任之说明。危害设备之必要者，旨在防止危害发生，俾承租人乃至一般人安全妥有保障，并免出租人之工作物所有人责任（第一九一条）、动物占有人责任（第一九〇条）之发生。

（3）违反通知义务之效果

通知义务既属附随义务，其违反尚不构成债务不履行。惟承租人就怠于通知，以致出租人不能及时救济而生之损害，应负赔偿责任（第四三七条第二项）。例如，租赁房屋之栏杆已不牢固，承租人知之而不通知出租人，不久栏杆掉落，打伤行人，致出租人负工作物所有人责任者，承租人对出租人应负赔偿之责任是。此项损害赔偿请求权，如其为租赁物之毁损或灭失所生者，解释上亦有二年短期消灭时效（第四五六条）之适用。

2. 容忍义务

于租赁关系上，出租人就租赁物为保存之必要行为者，承租人对该必要行为有容忍之义务（第四二九条）。盖以出租人为此行为，难免使承租人暂时不能使用收益，法律爰明定承租人容忍义务，以便租赁物尽善尽美，维持其合于用益之状态。不过此一部分，与出租人修缮义务有关，于彼已有说明（本书第232页），兹不重复。

四、租赁债务之担保

就承租人言，租赁债务之内容，主要有二，一为租金债务，另一为承租人违反保管义务所生之损害赔偿债务。此等债务或因法律规定而有法定担保物权、或因当事人约定而有意定担保物权。前者以特殊留置权为主，后者以押租金为常见。由于此二者，非为一般债务之担保所常见，爰分述于下，以表征租赁债务担保之特性。

（一）留置权

租赁债务发生之留置权，其要点殆有如下：

1. 留置权之成立

留置权之发生，惟于不动产租赁有之，且以留置于租赁物之物为标的，故“民法”第四四五条第一项本文规定：“不动产之出租人，就租赁契约所生之债权，对于承租人之物，置于该不动产者，有留置权。”

不动产出租人，语意上当然包括土地租赁及房屋租赁。土地租赁，不问是一般土地租赁、基地租赁或耕地租赁，均有适用；房屋以外之土地上工作物租物，如厂房租赁、庭园租赁，亦均有其适用。不过，动产租赁，尚不与焉。

留置权之标的物为置于租赁不动产之承租人之物。其非为承租人之物，而留置于租赁之不动产者，固非留置权效力所及；其为承租人之物，而未留置于租赁之不动产者，亦非留置权效力所及。至于此等物品，是否为出租人占有，在所不问[119]，惟须非属禁止扣押之物。盖以禁止扣押

119 参照最高法院1939年上字第六八七号判例：“民法第四百四十五条第一项所称之留置权，不以该留置物为不动产之出租人所占有，为其发生要件，此通观同条至第四百四十七条之规定，极为明显。”

之物，不为强制执行标的，借以维护承租人基本生活需要，自亦不宜作为留置权对象（同上条项但书）。例如承租人生活所必须之衣服、寝具、餐具（“强制执行法”第五三条），耕地承租人于耕作上所必要之农具、牲畜、肥料及生活必需之农产（“土地法”第一一八条）均是。

称物者，语意上本来包括动产及不动产，民法本条是否作同一解释，通说采否定论点，认为本条所称之物，以动产为限[120]，实务上亦采相同立场。[121] 惟就文义及体系而言，本条并无明显排除不动产之意义，就当事人双方利益之均衡及保护观之，排除不动产之适用，亦非有利。因之，解释其包括不动产，或更允当。[122] 不过，此一见解，似乎有违立法理由，颇值注意。[123]

2. 留置权之担保范围

留置权为担保物权，其担保范围，应以债务之范围为限。租赁债务发生之留置权，情形亦然，应以租赁债务为其担保范围；惟尚不以债务之发生，与该动产有牵连关系为限。故“民法”同条第二项规定：“前项情形，仅于已得请求之损害赔偿，及本期与以前未交之租金之限度内，得就留置物取偿。”因此，出租人与承租人因其他法律关系发生之债务，例如，贷与金钱、或售与货物之价金，均不在担保范围之内。

3. 留置权之效力内容

留置权之效力内容，主要为标的物之留置及标的物之取偿。出租人之留置权情形亦然。

（1）标的物之留置

留置权以占有标的物为前提，一般情形，丧失占有者，其留置权消灭（第九三八条），此于出租人之特殊留置权，亦有适用（第四四六条第

120 参照郑著（上），第二二〇页；戴著，第一一页；薛著，第五九页。

121 参照最高法院 1935 年上字第二三一六号判决：“不动产之出租人，就租赁契约所生之债权，对于承租人之物，置于该不动产者有留置权。所称承租人之物，当然认为指动产而言。”

122 参照陈著，第一〇五页；史著，第一九八页；龙显铭前揭“民法上租赁之研究”，第一六四页。

123 “民法”第四四五条立法理由，虽未直言以动产为限。惟在说明时，首先指明各国立法之法定担保物权标的，系指动产；所举事例，即为动产。谓其意指系限于动产，似较合乎立法原意。详情参照如下意旨：“各国立法例，有使出租人于承租人之租产上有法定质权者，有使其有先取特权者，有使其有留置权者，本法亦以不动产之出租人，就租赁契约所生之债权，对于承租人之物置于该不动产者，（例如因利用土地而附设于建筑物之动产）除禁止扣押之物外，均有留置权。”

一项前段）。为免出租人之留置权动辄丧失，民法于此，特别赋与出租人防止占有丧失之权利，以维留置权之存续。

诚然，承租人取去留置权标的物（法律文字原称留置物）者，留置权为之消灭，但承租人之取去留置物，系乘出租人之不知，或出租人曾提出异议者，除该物为执行业务所需，或其物适于通常生活关系，或留置之物足以担保租金之支付者外，留置权仍不消灭（同上条项但书、同上条第二项）。换言之，除有上述之除外情形者外，承租人纵取去留置物，出租人之留置权仍属存在，尚得依法主张追及并取偿。

出租人对承租人提出异议者，得不经声请法院之程序，径行阻止承租人取去留置物，如承租人离去租赁之不动产者，出租人并得占有留置物。此外，承租人乘出租人之不知或不顾出租人提出异议，而取去其物者，出租人得终止租约（第四五七条）。

（2）标的物之取偿

业已发生之损害而得请求之赔偿，或业已发生而拖欠未付之租金，出租人得就留置物取偿，业已如上所述，至于取偿方法如何？民法于此并未特别规定，解释上应适用留置权之有关规定（第九三九条）。盖以特殊留置权亦为留置权种类之一，民法于租赁一节，既无特别明文，自应回归适用一般留置权，尚非仅为准用或类推适用而已。[124] 不过，承租人如另有支付押租金者，于押租金担保范围内，因其已有相当担保，出租人应不得再就留置物取偿。

4. 留置权之消灭

留置权之消灭事由如下：

（1）留置物之取去

留置物经承租人取去者，留置权原则上消灭（第四四六条第一项）。取去者移至他处之意也，仅有取去之事实即为已足，殊不必问及承租人有无消灭留置权之意。

承租人取去留置物，系乘出租人之不知或出租人曾提出异议者，留置权并不消灭（同上条项但书）。此为留置权用丧失占有而消灭（第九三八条）之例外，亦其所以成为特殊留置权特性之一。不过，于此情形，出租人不一定占有留置物，而留置物又未置于不动产，理论上第三人尚可基于善意受让取得动产所有权或质权（第八〇一条、第八八六条、第

124 通说认为，此之留置权之行使，系准用（应系类推适用）一般留置权之规定（参照薛著第二七七页；郑著（上），第二二页）。

九四八条)，复可因法定事由而取得留置权（第九二八条、第九二九条)。如是，则其留置权或告消灭（他人取得所有权时)，或为第三人之质权或留置权所优先。

（2）担保之提出

承租人提出相当担保者，出租人之损害赔偿请求权及租金债权，足可确保无虞，自无庸再赋与其以留置权之余地，故“民法”第四四八条规定：“承租人得提出担保，以免出租人行使留置权，并得提出与各个留置物价值相当之担保，以消灭对于该物之留置权。”此之担保不问人保、物保，均无不可；相当与否，依客观价额酌定。

按留置权有不可分性，如欲提出担保消灭留置权，须其担保之价值，足以抵偿留置物之全部价值，始足当之（第九三七条)。民法于此，则得就各个留置物，分别提出相当担保，并分别消灭留置权，是为留置权不可分性之例外，亦其所以成为特殊留置权特性之一。

（3）留置物取偿

出租人就留置物取偿者，其债权于取偿范围内消灭，该留置物亦不复为承租人所有，留置权因之消灭，是亦当然解释也。

（二）押租金

押租金，于不动产租赁、特别是房屋租赁，应用相当普通。[125] 民法租赁一节虽无明文，但民事特别法有之（“土地法”第九八条、第九九条、第一一二条、“耕地三七五减租条例”第十四条)，交易习惯流行已久，且早于“民法（典)”而存在，法院判例亦予以肯定，视之为租赁重要课题之一，应不为过。兹分押租金之意义、成立、性质、效力内容及消灭四者，并逐项说明之。

1. 押租金之意义

押租金者，租赁关系存续中，以担保承租人之租赁债务为目的，由承租人交付于出租人之金钱或其他代替物，或简称押金或押租。语其要点，约有如下：

（1）押租金之交付时期

通常押租金，系于契约成立时支付，一般于押租金之定义，亦多称于租赁契约成立时交付。惟现实生活上，承租人于租赁成立后多时，亦即租赁关系存续相当时日，始因出租人要求而交付者，亦所在多有。类

125 押租金之用语，尚不尽一致，法典上通称担保金，或称押金。日常生活上，亦有采之押柜、押租、保证金或权利金者。故押租金仅为较为普遍之共通用语而已。

此情形，如不承认其亦为押租金，将徒增困扰。本书因而以为，纵非于契约成立时交付，如其交付之目的，亦为承租人租赁债务之担保，仍属押租金。

（2）押租金之标的物

押租金，通常固以金钱为标的物，但金钱以外之代替物，亦无不可[126]，非若价金之必为金钱。

非代替物，不得为押租金之标的物，固无疑义。特定物亦然。例如，将金钱固封，以为租赁债务担保，约定租赁关系消灭，如未积欠债务，原封不动而返还者，应认为系就交付之金钱成立动产质权[127]，而非为此所称押租金。

押租金之由承租人交付，乃是原则，亦系常情。不过，解释上尚不以此为限，如其系由第三人交付，而作为承租人租赁债务担保者，亦无不可。

（3）押租金之目的

押租金之目的，在于担保承租人之租赁债务。此之租赁债务，应与前段留置权担保对象作同一解释，即包括租金债务及承租人之不履行损害赔偿债务。既然，押租金之目的在于债务之担保，性质上应属担保物权，其交付押租金之行为，自属物权行为。

所谓租赁债务，系指租赁关系消灭前或消灭时所生者为限。至于租赁关系消灭后发生之债务，例如，租期届满后继续占有租赁物所生相当于租金之损害赔偿债务[128]，或租赁关系终止后，毁损或灭失租赁物所生之损害赔偿，一般以为，尚非押租金担保效力所及，出租人仅得依抵销之例（第三三四条以下）行使权利；至于承租人，如其上述行为，同时又符合故意侵权行为要件者，则承租人不得主张抵销（第三三九条）。[129]惟其认为担保不及于租赁关系消灭后所生债务之见解，是否允当，不无

---

126 民法相关用语，有时限于金钱，有时及于金钱以外之代替物，其情形略如下表：

X 金 { 限于金钱：违约金（250）、价金（345）、终身定期金（729）
金钱＋代替物：定金（248）、租金（421）、押租金

127 参照郑著（上），第二二三页；史著，第二〇三页。

128 租赁关系消灭，租金债权不复存在，原出租人得请求相当数额之损害金。主要实务见解，请参照最高法院 1934 年上字第三八六七号判例："承租人惟于租赁关系存续中负支付租金之义务，若租赁关系已经终止，承租人虽负返还租赁物之迟延责任，出租人亦仅得请求赔偿因此而生之损害，不得请求支付租金。"（同旨最高法院 1934 年上字第三〇七八号判例、1955 年台上字第一〇二九号判例）

129 参照郑著（上），第二二七页～第二二八页。

讨论余地。[130]

2. 押租金之成立

(1) 要物契约之解析

学理通说及实务见解，均一致认为押租金因交付而成立，并因而通称其为要物契约。[131] 惟称契约云者，如无特别约明，系指债之契约而言。然则，学理及实务，于此所称之要物契约，当指广义，亦即等于包括物权契约在内之广义契约概念。换言之，此称要物契约者，当指物权之要物契约，非债权意义上之狭义要物契约。此外，实务上，于押租金之移转，或称因交付而生效[132]，足以使人认为其成立不以交付为要件，用语恐非甚为周延，亦值注意。

再者，押租金是否尽以交付为成立要件，亦即是否尽为广义之要物契约，不无疑义。盖以押租金之交付，以担保租赁债务为目的，此固无疑义，但于当事人间，押租金之交付，有时并不单纯以债务担保为目的。而大都同时兼具租金交付之功能。如是，则其类型殆可区分如下表：

押租金
- 纯以担保债务为目的 …… 押金
- 并具租金支付之功能
  - 押金计息，息抵租金 …… 押租[133]
  - 押金抵付租金(租金预付) …… 押租[133]

学理或实务上，虽多认押金、押租二者为押租金之简称，此固亦事实。惟从租赁之交易形态观之，押金与押租意义，有时不尽相同，二者

130 学者史尚宽教授，认为押租金担保之标的，包括租赁关系消灭后，租赁物返还以前之损害赔偿债务，似较允当，详请参照史著，第二〇三页～第二〇四页。

131 实务立场之依据，主要有二。即：(1) 司法院 1931 年院字第一九〇九号解释；(2)“最高法院”1976 年台上字第一五六号判例。

132 参照“最高法院”1954 年台上字第一一四号判决：“‘民法’第四百二十五条所谓对于受让人继续存在之租赁契约，系指同法第四百二十一条第一项所定意义之契约而言。若因担保承租人之债务而授受押租金，则为另一契约，并不包含在租赁契约以内，此项押租契约之移转，应以交付押租金为其生效要件。”(同旨判决甚多，兹仅举一、二例参考：“最高法院”1962 年台上字第一二五一号、1970 年台再字第九三号判决。)

133 押租契约，于押金利息付租之类型，租赁消灭后，仍有押金返还之问题，至于租金预付形态之类型，租赁消灭时，押金已不存在，二者截然不同，相当显明。不过，于后者，如租赁物期限届满前，承租人因可归责事由而毁损、灭失租赁物情形者，其预付租金，仍生担保作用，故亦并存担保之性质，非单纯为租金之预付。

有其不容同置之处。纯为担保债务功能者，日常交易上通称押金；兼具租金支付功能者，日常交易上通称押租。押金，纯以担保债务为目的，基于物权行为之特性，解释其为（广义）要物契约，宁为当然结论。押租，既兼具租金支付之作用，租金债权因租赁契约生效而成立，租赁既非要物契约，租金请求权本于租赁契约而来，自无待乎交付。是以，于押租之情形，出租人得基于租赁契约请求押租（金）之交付，应为租赁契约理论之当然结论，后者无庸解释其为（狭义）要物契约，应无疑义，只不过，其担保债务功能，仍须押租（金）交付后，始告发生（广义要物契约）。[134] 因其牵扯债权、物权行为，关系尚称复杂。爰为之表解如下，以供参考：

押租金
- 押金＝押（租）金＝（广义）要物契约＝（物权）要物行为押租金
- 押租＝押租（金）
  - 物权行为层面（→（广义）要物契约）
  - 债权行为层面＝诺成契约＝非（债权）要物行为

综上所述，足见押租金尚有类型之分（二元三分）。押金者，重在押字，仅有物权行为之意义，故为广义要物契约（严格言之，称之要物行为，或较周延）；押租者，重在租字，尚无通称要物契约之可言。如是，环绕于“最高法院”1962年台上字第二八五八号判例之疑义，始可迎刃而解。[135] 再者，要物契约云者，通常系指狭义而言，为免疑义，仍以避免使用为当；即使于押金部分，因事实上不具（债之）契约之意义，称之要物行为即可，要物契约之名词，最好避而不用。

（2）从契约之肯定

押租金得基于广义契约之概念，称之为押租金契约，台湾文献及实务，均采此一立场，故以下亦以押租金契约，押（租）金契约、押租（金）契约称之。如是，三者之关系殆如下表：

134 实务以为，以押租金利息抵付租金之押租金利息，系消费借贷与租赁之联立，法律上仍不失要物契约之性质。其主要依据为“最高法院”1975年台上字第二四〇〇号判例：“所谓土地押租契约，一般指出租人将土地出租与承租人，承租人另借款与出租人，双方约定以借款利息抵付土地租金，俟租赁关系终了时互相返还土地借款之联立契约，其有关法律关系应分别适用民法租赁、借贷之规定。”

135 参照“最高法院”1962年台上字第二八五八号判例：“如为有押租金之租赁，……承租人尚未履行交付押租金者，得依原约请求。”（相类意旨司法院1935年院字第一二六六号解释）。

押租金契约 { 押（租）金契约
押租（金）契约[136]

押租金契约，虽独立于租赁契约之外，惟其存立，须以租赁契约存在为前提。亦即租赁契约不生效者，押租金契约原则不成立，租赁关系消灭者，押租金契约原则上亦随同消灭。故一般以为，押租金契约为从契约，即使在押租契约，于担保物权层面，亦应作同一解释；但实务主张，押金利息抵付租金之契约，系租赁与消费借贷联立，则从契约云者，或将没而不彰。

租赁契约与押租金契约，概念上虽属独立，关系且为主从。惟现实交易上，二者时常一并完成。于此情形，法律概念上，仍属二个契约同时并存，至其相互关系，则为契约联立[137]，尚与混合契约无关。

（3）押租金之数额

押租金之数额，原则上由当事人约定。不过，特种租赁，特别法上有限制或禁止之规定者，从其规定。例如，"土地法"第九九条第一项规定，租赁之担保金额（意指押租金），不得超过二个月房屋租金之总额，即是限制规定之著例，"耕地三七五减租条例"第十四条规定，出租人不得预收押租，即是禁止规定之著例。后者，即为禁止规定，押租金契约即因违反禁止规定而无效（第七一条本文），但租赁契约仍属有效。[138] 其出租人无押租金交付请求权，其已支付者，承租人得依回复原状请求返还（第一一三条）。[139] 至于押租金限制一定数额者，于押租金数额超过法定总额之部分，亦应作同一解释。[140]

押租金得否计息，应视押租金之目的而定，其情形略如下表：

---

136 综上分析，则实务所称（广义）押租金之法律性质，其立场殆可归纳如下：

押租金 { 押金契约（单纯供担保之用）：要物契约（1931 院 1909；1976 台上 156）
押租契约甲型（兼具押息抵租作用）：非要物契约（消费借贷、租赁联立：1975 台上 2400）
押租契约乙型（兼具租金预付之用）：非要物契约（1935 院 1266；1962 台上 2858）

137 参照最高法院 1944 年上字第六三七号判例："使用租赁为诺成契约，当事人约定一方以物租与他方使用，他方支付租金，即生效力，不以押金之交付为成立要件。"

138 参照司法院 1943 年院字第二五四九号判例："随有押租契约之租赁契约，依土地法第一百七十七条第二项之规定，耕地出租人不得收取押租，该契约关于押租之部，自属无效。至于其他部分仍为有效，应依民法第一百十一条之规定决之，倘依具体情事可认出租人有除去押租部分，亦可成立契约之意思者，其他部分仍为有效。"

139 由于契约无效，利益返还请求权之根据为回复原状，其思考模式，在台湾尚非普遍，故一般以为，于此情形，系根据不当得利请求返还。

140 依"土地法"第九九条第二项规定，承租人尚得以逾额之押金，抵付租金。

- 押租金
  - 押金
    - 法无特别规定：依当事人约定，当事人未约明者，不计利息。
    - 法有特别规定：押金计息，视为租金之一部（“土地法”第九八条第一项）。
  - 押租
    - 租金预付式：押金不计利息（期前终止，不得主张扣除间利息）。
    - 押金利息付租式：押金计息，视为租金之全部或一部。

3. 押租金担保作用上之法律性质

押租金具有担保功能，固无可疑，但承租人交付押租金于出租人后，押租金之所有权移转于出租人，此非现行民法规定之担保物权所能兼括，解释其为担保物权类型，是否有背物权法定主义（第七五七条），物权法上，曾颇见讨论。以是，从担保作用角度观之，押租金之法律性质，究竟如何，学理上难免议论纷纷。

归纳押租金法律性质之学说，主要有如下：

（1）附解除条件之消费寄托说

此说以为，承租人交付押租金于出租人者，其彼此间成立消费寄托关系（第六〇二条），惟租赁关系消灭后，出租人负有返还义务，亦即租赁消灭为寄托关系之解除条件。从而，押租金当可解为：以租赁关系消灭为解除条件之消费寄托；并简称其为附解除条件之消费寄托说。

（2）附停止条件之债权说

此说以为，承租人交付押租金于出租人者，承租人对出租人有返还请求权，此之请求权，性质上为债权。惟于租赁关系存续中，承租人尚不得行使，必待租赁关系消灭，承租人得行使返还请求权。从而，押租金当可解为：以租赁关系消灭为停止条件之债权，并简称其为：附停止条件之债权说。

（3）抵销预约说

此说以为，承租人支付押租金于出租人者，系预供出租人抵销未来可能发生之租金或损害赔偿债务，故性质上为抵销之预约。

（4）债权质说

此说以为，承租人支付押租金于出租人者，承租人对出租人有返还请求权，解释上承租人系以其请求权供作租金等债务担保之用，双方就此设定质权。由于此之请求权性质上为债权，故其法律上性质为债权质权。

（5）让与担保说

此说以为，承租人支付押租金于出租人者，其目的在于担保租金及损害赔偿债务，该等标的物之所有权于交付时移转所有权于出租人，待租赁关系灭，清结抵偿债务后以其余额返还于出租人，其法律上性质实属学理及实务上所称之让与担保；故称之让与担保说。让与者，所有权之移转，其经济上目的仅在担保，具有信托之意义，是以，学理上或称信托的所有权让与说。[141]

以上诸说，或均言之有据。不过，押租金旨在供担保租赁债务之用，即使在押租契约，情形亦然。附解除条件之消费寄托说、附停止条件之债权说、抵销预约说，均尚不能说明此一性质。债权质说，则恐有违当事人意思，盖于支付押租金，于授受当事人间，尚难谓有以返还请求权设质之意思也。而且，债权设质有其一定要件（第九〇四条），押租金之交付，尚难符合其成立要件，解释其为债权质说，亦属牵强，故比较上以让与担保说为可采，此亦为台湾通说[142]，当可赞同。惟实务认为以押租金利息抵付租金之押租契约，为租赁、借贷之契约联立，其见解颇为特殊，是否有当，不无可议。[143]

4. 押租金效力之内容

押租金之效力内容，主要为租金债务抵偿。有关系此，台湾著述多称抵充。不过，抵充系指债务人提出之给付，不足清偿全部债务时之清偿方法。押租金之用以充偿债务，不一定均属不足清偿之状态，故本文改以抵偿称之[144]，并同时析述其发生之抵充问题。

(1) 押租金之抵偿

押租金抵偿债务，或发生于租赁关系存续中，或发生于租赁关系消灭后。兹分述如下：

①租赁存续中之抵偿

租赁关系存续中，承租人有租赁债务者，押租金尚不发生当然抵偿之效果。盖以押租金须待租赁关系消灭，清结抵债租赁债务后，出租人

141 有关押租金性质之简要归纳说明，请参照郑著（上），第二二四页；吴启宾“押租金”，法学丛刊，第九三期，1979年，第七二页以下。

142 参照郑著（上），第二二四页；史著，第二〇二页；吴启宾前揭“论押租金”，第七四页。

143 消费借贷与租赁联立之见解，最主要症结，在于违背当事人意思。盖以于此情形，当事人本无借贷意思，却拟制其存在；当事人本意在提供债务担保者，实务反而拟制其不存在。凡此，与解释意思表示，应探求当事人真意之法律解释基本原则（第九八条），均有重大违背。此外，类此见解，使押租金契约丧失担保功能，却又不能脱离要物契约之控制，于交易迅速安全，亦属多有窒碍，恐难否认。

144 “法典”或部分学者，使用“扣抵”之用语，亦有称之“扣除”者，比较上似均优于抵充之字眼。

始负返还义务，其期限利益归属于出租人，如使其发生当然抵偿之效果，无异剥夺出租人之期限利益。是以，租赁关系存续中，承租人负有租赁债务者，出租人得循其他途径实现债权。因之，除法律有特别规定外[145]，承租人无主张抵偿权利之可言[146]；至于出租人，如愿意抛弃期限利益，固可主张以押租金抵偿租赁债务，惟此毕竟为出租人之权利，如其不顾抵偿，应无不可。不过，如承租人之租赁债务为数甚微，押租金数额尚大，出租人却不以之抵债，而主张终止租约，则为权利滥用，当为法所不许。[147]

抵偿，固须有清偿债务之意思，惟其效力之发生，并无待向债务人为意思表示，亦不以通知到达生效，性质上应属事实行为，与抵充之为有相对人之单独（法律）行为，尚属有间。

②租赁消灭后之抵偿

租赁关系消灭，倘承租人负有租赁债务，一般以为，押租金发生当然抵偿之作用，既不问当事人意思如何？亦无待乎意思表示，因租赁关系消灭，当然清结租赁债务，并以押租金清偿之。因之，其间既无庸如一般担保物权之尚待进行实行程序，亦无须如抵销、抵充之尚待意思表示到达生效。所以如此解释，在于力求法律关系之迅速明确厘清，且避免无谓劳费，于租赁双方当事人均属有利故也。

（2）押租金之抵充

押租金与租赁债务清结，原则上为抵偿关系，固无疑问。惟于押租金不足清偿租赁债务之全部时，亦发生清偿抵充之问题。于此情形，债编通则有关清偿抵充之规定，无论系指定权（第三二一条），或抵充次序（第三二二条、第三二三条），均得类推适用之。

押租金既为担保物权类型之一，出租人对于押租金有物权性优先受偿权，承租人之其他债权人之扣押，于租赁债务之范围内不生效力，乃理所当然。[148] 再者，押租金与租赁债务具有当然抵偿关系。因之，只要押

145 主要事例如“土地法”第九八条之规定即是（以现金供为担保——即押租金者，其现金利息视为租金之一部分，得以之抵偿部分租金）。

146 参照最高法院 1930 年上字第三四五号判例：“租铺时所交之按柜，系为担保欠租而设，并非以之按月抵租，故交付按柜仍须依约按月付租，不得以有按柜，遂谓并非欠租。”（同旨司法院 1936 年院字第一五七五号解释）。

147 参照郑著（上），第二二六页；史著，第二〇三页。

148 反对论者以为，承租人之债权人，不得声请扣押押租金（参照郑著（上），第二二六页）。

租金存在，则在押租金金额或价额范围内，出租人不得向保证人（包括连带保护人）请求代负履行责任，其观点应予肯定（非基于物保优先于人保之理论而导致结论）。

5．押租金之返还

有关押租金之返还，尚可分为如下数点说明：

（1）返还请求权之发生

押租金返还请求权何时发生，尚因承租人有无债务不履行情事而定。一般以为：租赁关系消灭时，承租人对出租人无租赁债务者，押租金返还请求权于租赁关系消灭时发生；反之，如承租人有租赁债务者，于租赁债务清偿完毕时或债务不履行责任涤除时发生。不过，于后者之情形，因押租金与租赁债务发生当然抵偿作用，故其区别实益尚属不大。[149]

（2）返还数额

一般情形，押租金不计利息。因之，如承租人无租赁债务存在者，出租人应原额返还（非为金钱之代替物，以同种类、同品质、同数量之物返还）；如承租人有租赁债务者，以抵偿后之余额返还（非为金钱之代替物，以余额换算与交付时同种类、同品质、同数量之物返还）。[150] 出租人返还迟延者，依给付迟延之规定，加付迟延利息或其他迟延赔偿（第二三〇条至第二三三条）。押租金因约定或法律规定而计付利息者，视其利息有无逐期抵付租金而异其法律效果。如其属于逐期抵付租金者，无利息返还之可言；反之，则其利息应连同押租金本身返还。

（3）押租金返还义务人

押租金返还义务人为出租人，此固无疑问。惟租赁关系存续中，租赁物所有权经让与者，则返还义务人究为原出租人，或为租赁物所有权受让人之（现）出租人，解释上尚有争论；惟其答案涉及租赁（主体）变更之相关问题，待论及租赁物所有权让与时，一并论述之(本书第407页以下)。

（4）押租金返还与租赁物返还

149 于以下二种情形，当然抵债尚不即时发生，返还请求权之发生时期并不当然发生于租赁消灭之时，其区别仍有实益。此即：

（1）出租人请求修复，承租人尚未完成修复者，无从以押租金抵偿。

（2）承租人交付之租金非为金钱，而且时价亦不明确，抵偿计算尚须时日者。

150 押租金非为金钱者，原则上折算为金钱，以价额抵偿后之差额，再计算为交付时之物品返还。但承租人于抵偿前，愿清偿租赁债务，取回原定押租金者，承租人应予同意。反之，折算金钱抵偿后，承租人却请求差额之金钱为返还者，亦应允许。盖于此情形，于双方当事人利益均无不利，本诸诚信原则，原则上应予准许。

租赁关系消灭，出租人有返还押租金义务，承租人有返还租赁物义务。彼此义务之履行，是否处于同时履行之关系，如非为同时履行关系，则何种有先为给付之义务，学理容有争论。[151] 解释上似应依如下具体情形而定：

①租赁关系消灭，承租人无租赁债务，或得当然抵偿之租赁债务为金钱或与租金相同之种类物之情形，宜解为上述二项义务，彼此具有同时履行之关系，得适用同时履行抗辩权之规定（第二六四条）而延期拒绝给付。

②租赁关系消灭，承租人之租赁债务为损害赔偿，而出租人请求修复原状者（第二一三条），押租金与租赁债务并不当然抵偿，于承租人履行修复原状义务之前，出租人得拒绝返还押租金，承租人自不得以返还租赁物义务为同时履行抗辩。不过，此种情形，适用不多。因之，原则上似可认为二者有同时履行抗辩之关系。

再者，押租金为广义契约之范围，解释上仍有契约自由原则（更确切言之，为法律行为自由原则）之适用。因之，如当事人于返还期限有约定者，从其约定。[152]

综上所述，足见押租金涉及事项，尚称复杂，而民法本身又无规定，爰归纳其要点如附表，以资参考：

- 押租金
  - 意义
    - 规范形式：交易习惯及特别法。
    - 交付时期：不限于契约成立时（以契约成立时交付为通常）
    - 标的物：金钱或其他代替物（以金钱为通常）
    - 目的：租金债务（租金及损害赔偿债务）之担保。
  - 成立
    - 要物契约之解析
      - 押金：物权要物行为（广义要物契约）
      - 押租：非要物契约（物权要物行为不明显）
    - 从契约之肯定：契约联立
  - 押租金之数额：契约自由（特别法有限制或禁止明文）
  - 法律上性质：让与担保（信托的所有权让与）
  - 效力内容
    - 押租金抵偿（事实行为或当然抵销）
    - 押租金抵充（类推适用通则抵充之规定）
  - 返还请求权发生：原则上为租赁关系及租赁债务消灭时
  - 返还数额：给付原额或余额
  - 返还义务人：出租人（租赁物所有权移转之特例）
  - 与租赁物返还之关系：原则上有同时履行抗辩之适用

151 肯定说，参照郑著（上），第二二七页；否定说参照史著（上），第二〇七页。

152 学者或以为，如当事人约定，因承租人之过失致租赁物灭失（包括失火）者没收押租金，其约定仍属有效（参照史著，第二〇七页）。

五、承租人之社会化权利

于民法上表征承租人之社会化权利，为“民法”债编修正所增列，其主要内容有二：一者为地上权登记请求权，另者为承租人优先承买权。

（一）地上权登记请求权

租用基地建筑房屋者，承租人于契约成立后，得请求出租人为地上权之登记（第四二二条之一）。基此，得请求地上权登记之租赁，仅以基地租赁为限，且其租赁目的在于建筑房屋，非为基地租赁之土地租赁或其他租赁，固不与焉，即为基地租赁而其目的非为建筑房屋者，亦无本条之适用。

登记请求权，于基地租赁成立后即告发生，无待时间之经过，亦无须一定期限，（即使“土地法”原成立后两个月内之限制，亦作同一解释）[153]；惟兹所构成立，应指有效成立而言，故仅成立而尚未生效之基地租赁，尚不适用。例如，待承认生效或附停止条件或附始期之基地租赁，仍待生效后，始得主张本条地上权登记之适用。

地上权登记请求权为私法上权利，其义务主体为出租人，民法本条之增订，较诸“土地法”第一〇二条所生声请机关登记之规定，于权利义务关系之厘清上，显然更具正本清源之作用，亦更能表达请求登记为地上权设定之法律上意义。[154] 依增此项登记请求权为承租人所享有，解释上应由承租人以出租人为义务人而请情登记，其租人拒不履行者，诉请法院为之，其情形有如一般债权之请求权，消灭时效则自租约有效成立之日起算。[155] 如是，则“土地法”第一〇二条所称，由出租人与承租人（共同）声请地政机关之规定，应不再适用，其据此所为之实务见解，亦应修正。[156] 盖以民法本条修订系针对土地法上述规定而作修正[157]，自应本于修

153 参照“最高法院”1978 年台上字第一〇一四号判例：“依‘土地法’第一百零二条规定，只须当事人双方订有租地建屋之租赁契约，承租人即有随时请求出租人就租用土地为地上权设定之权利。”

154 参照“最高法院”1952 年台上字第一一七号判例：“租用基地建筑房屋经向该管市县地政机关声请为地上权之登记，即不得谓非地上权之设定，此项登记依‘土地法’第一百零二条，既明定应由出租人与承租人共同为之，除有相反之约定外，实负与承租人同为声请登记之义务。”

155 参照“最高法院”1979 年台上字第一六二七号判例：“‘土地法’第一百零贰条所定请求协同办理地上权设定登记之请求权，有‘民法’第一百二十五条所定消灭时效之适用，其请求权时效应自基地租赁契约成立时起算。”

156 同注 155。

157 参照“民法”债编修正第四二二条之一修正理由：“租用基地建筑房屋者，承租人于契约成立后，得请求出租人为地上权之登记。”

正意旨直接适用之法律原则。换言之，于此情形，所谓旧特别法优先新普通法适用本法，尚无固持之理由。惟以地上权登记，本即应由权利人及义务人共同为之（“土地法”第五十一条后段）。因此，以上叙明，仅具概念厘清意义，现实运作上则增订与否尚无不同。[158]

按以建筑房屋为目的之基地租赁，仅为租赁之特殊形态，且为极为特殊之类型，地上权登记请求权原规定于土地法，就制度定性及定位而言，应较妥适。移于民法而作规定，是否符合逻辑体例，诚有疑问，对于其他租赁法制之整体形成，更有严重割裂之虞。立法（修正）理由为何？语焉未详，令人至感疑惑。

（二）承租人优先承买权

承租人优先承买权，于基地租赁及耕地租赁有之，原亦因其情属特殊，分散规定于“土地法”及“耕地三七五减租条例”（以下简称“耕租条例”）[159]，“民法”债编修正，亦如上述之地上权登记请求权，增订于民法本节。

1. 基地租赁

“民法”第四二六条之二规定：“租用基地建筑房屋，出租人出卖基地时，承租人有依同样条件优先承买之权。承租人出卖房屋时，基地所有人有依同样条件优先承买之权。前项情形，出卖人应将出卖条件以书面通知优先承买权人。优先承买权人于接到出卖通知后十日内未以书面表示承买者，视为放弃。出卖人未以书面通知优先购买权人而为所有权之移转登记者，不得对抗优先购买权人。”是为承租人优先承买权之规定，其要点殆有如下：

（1）优先承买权，系存于以建筑房屋为目的之基地租赁。其租用房屋，虽连同承租基地，尚无优先承买权之适用。[160] 其承租人代出租人斥资建屋，而租用房屋及基地者，亦无适用。[161]

158 增订前后之运作现实与法律依据之异同，略可表解如下，以供参考：

共同声请（承、出租人）/现实运作
- 增订前：“土地法”102
- 增订后：“民法”422之2＋“土地法”51后/规范依据

159 主要条文依据为“土地法”第一〇四条、第一〇七条、“耕租条例”第十五条。

160 参照司法院1947年院解字第三七六三号解释：“土地法第一〇二条至一〇五条均就租用基地建筑房屋之当事人间关系而为规定，其中第一〇四条系于此种当事人间规定承租人于出租人之基地出卖时有优先购买权，出租人于承租人房屋出卖时有优先购买权，若租用房屋及基地之承租人于出租人之基地或房屋出卖时，自不得援用同条之规定，主张优先购买权。”

161 参照“最高法院”1950台上第一三一三号判例：“承租人代出租人出资建筑房屋，既约明其房屋所有权仍属于出租人，即与单纯承租基地建筑房屋，其房屋所有权属于承租人之情形不同，自无‘土地法’第一〇四条第一项之适用。”

(2)优行承买权，于基地租赁之双方当事人均有之，承租人于基地出卖时，固有优先承买权；反之，为基地所有人之出租人，于承租人出卖房屋时，对房屋有优先承买权。

(3)承租人须已于基地上建有房屋始得对基地主张优先承买权。[162]

(4)优先承买权具有物权之效力，违反者，承租人或出租人，得主张出(承)租人与第三人所订买卖契约及所有权移转登记，对承(出)租人不生效力。足见，本条虽源自“土地法”第一〇四条规定[163]，但亦有相当创设效力。再者，早期见解以为基地租赁之优先承买权，仅具债权效力，其他所有权人或承租人违反其规定者，仅得对其相对人主张损害赔偿，不得对买卖之相等人主张无效[164]，于以房屋建筑为目的之本条，其见解应予变更。

2. 耕地租赁

“民法”第四六〇条之一第一项规定：“耕作地出租人出卖或出典耕作地时，承租人有依原条件优先承买或承典之权利。”至于承买或承典之程序，乃至优先承买权之性质，则准用前述基地租赁优先承买权之规定(同上条第二项)。基本上，民法本条增订，系源自“耕租条例”第十五

162 参照“最高法院”1976年台上字第五三〇号判例：“‘土地法’第一百零四条系规定租用基地建筑房屋之承租人，于出租人之基地出卖时，有优先承买权，其出租人于承租人之房屋出卖时，有优先购买权，旨在使基地上之房屋合归一人所有，以尽经济上之效用，并杜纷争，如基地承租人于基地上根本未为房屋之建筑者，当无该条规定之适用。”参照最高法院1942上字第二九五八号判例：“土地法第一百七十三条所定之优先承买权，系以出租人出卖耕地时得依同样条件请求承买为其内容，实属订立买卖契约之请求权，除已依土地法施行法第二十七条规定为预告登记外，惟于承租人与出租人间始得主张之。”(同旨司法院1947年院解字第三七七二号解释、最高法院1944年上字第五一六〇号判例)

163 参照“民法”债编订第四二六条之二修正理由：“租用基地建筑房屋，出租人出卖基地时，承租人有依同样条件优先承买之权。承租人出卖房屋时，基地报有人有依同样条件优先承买之权。前项情形，出卖应将出卖条件以书面通知优先承买权人。优先承买权人于通知达到后十日内未以书面表示承买者，视为放弃。出卖人未以书面通知优先承买权人而为所有权之移转登记者，不得对抗优先承买权人。”

164 参照“最高法院”1958年台上字第一五二号判例：“强制执行法上之拍卖应解释为买卖之一种，即以债务为出卖人，拍定人为买受人(执行法院即属代债务人出卖之人)，故执行拍卖基地时，关于‘土地法’第一百零四条之规定亦在适用之列。而该条所定承租人之优先承购权，仅为租赁双方之权利义务关系，如出租人违反此项义务，将其基地之所有权卖与他人，并已为土地权利变更登记时，承租人固仅能请求赔偿损害，不得遽指该项卖卖契约为无效。但如买受人尚未取得该不动产所有权时，承租人之优先承购权即不受其影响。”(同旨“最高法院”1979年台上字第三一四一号判例)

条之规定[165]，因之，本条项之优先权或承典权，二者均具有物权效力，承租人得主张该买卖契约及基于买卖契约而为之所有权移转登记，对承租人不生效力。[166]

耕地租赁承租人之优先承买权，解释上虽得因抛弃而消灭[167]，但其预为抛弃者，于法无效，出租人于买卖后，仍须依据本条规定通知承租人是否放弃。[168]

第三节 租赁之变更

租赁之变更，基本上可分为主体变更与客体变更两个层面性。惟制度上则以主体变更，更具意义及特色，本节叙述，爰以主体变更为主。

第一项 租赁之主体变更

租赁物不变更其同一性，而其当事人之承租人或出租人变动者，是为租赁之主体变更。由于租赁于承租人权利义务之内容，一方面具有人

165 参照“民法”债编修正第四六〇条之一修正理由：“耕作地出租人出卖或出典耕作地时，承租人有依同样条件优先承买或承典之权。第四百二十六条之二第二项及第三项之规定，于前项承买或承典准用之。”

166 参照“最高法院”1958 年台上字第一五一号判例：“耕地出卖时承租人有优先承买之权，出卖人应将买卖条件以书面通知承租人，如违反是项规定而与第三人订立契约者，其契约不得对抗承租人，为‘耕地三七五减租条例’第十五条第一、三项所明定。所谓不得对抗承租人者，即出租人（即出卖人）与承买人不得主张基于买卖而承租人之优先承买权为之消灭之意。故承租人如未接获出卖条件之书面通知，仍非不得请求确认其就耕地有优先承买权之存在。”（同旨“最高法院”1960 年台上字第二三八五号、1957 年台上字第一八六〇号判例）

167 参照“最高法院”1960 年台上字第二三八五号判例：“耕地出租人出卖耕地时，如不依‘耕地三七五减租条例’第十五条第一、二项所定出卖条件以书面通知承租人优先承买，而与第三人订立契约者，依同条第三项之规定，其契约不得对抗承租人。所谓不得以其契约对抗承租人，固系指该项以买卖为原因而成立之移转物权行为，对于承租人不生效力而言。惟优先承买权亦为权利之一种，原则上因抛弃而消灭，承租人就其优先承买权倘曾向出租人为抛弃之意思表示，自后即不得再行主张及行使。而依强制执行法所为之拍卖，仍属买卖性质，拍定人为买受人，执行法院仅代表债务人立于出卖人地位，故拍卖前承租人向出租人所为先买权之抛弃，于拍卖时仍有效力。”

168 参照“司法院大法官会议”释字第一二四号解释：“依‘耕地三七五减租条例’第十五条第一项之规定，承租人于耕地出卖或出典时，有优先承受之权。必须出租人将卖典条件以书面通知承租人后，始有表示承受或放弃承受之可言。此项规定自不因承租人事先有抛弃优先承受权之意思表示而排除其适用。”

格性，另一方面又呈现物权化，其主体变更之法律效果，与一般契约有异，债之通则有关债之移转之规定，于此尚难完全适用。因之，不仅租赁一节为此设有诸多明文，法律解释亦对债之一般原理多所调整，其情形且以不同面貌分别表现于出租人及承租人。有鉴于此，以下所述亦分别就出租人变更及承租人变更说明之。

一、出租人变更

出租人变更者，指租赁关系存续中，租赁不变更同一性，但出租人因特定事由而更易之情形。例如，甲将 A 屋出租于乙，嗣甲死亡，出租人由其配偶丙及独子丁共同继受是。

按租赁为契约类型，出租人经承租人同意，由第三人继受为出租人者，依契约自由原则，此固无不可。惟此为债之通则之共同问题，兹不复赘。再者，租金债权尚无人格性，亦无不可让与性，本诸权利自由原则，出租人得自由让与租金债权于第三人，此固亦无问题。惟此与出租人变更无关，而且债之移转已有详细规定（第二九四条以下），兹亦不予赘述。[169] 是以，本段所述，系指法定事由而致之出租人变更。其间，最具特色者为如下四者。即：

出租人变更
- 租赁物所有权让与
- 租赁物设定负担
- 基地房屋所有权让与
- 出租人死亡

兹依上表次序，述其重点如下：

（一）租赁物所有权让与

“民法”第四二五条第一项规定：“出租人于租赁物交付后，承租人占有中，纵将其所有权让与第三人，其租赁契约，对于受让人，仍继续存在。”由于租赁物所有权让与之原因行为，绝大多数均来自买卖；于此情形，租赁效力继续存在，买受人不得对抗承租人，故学理上有所谓

169 参照“最高法院”1950 年台上字第一五六七号判例：“上诉人受让讼争房屋，虽未为不动产所有权取得之登记，第查出租人原不限于所有权人，租赁又为债权之一种，按债权之让与，依‘民法’第二百九十七条第一项之规定，一经让与人或受让人通知债务人，对于债务人即生效力。是上诉人关于此项债权之受让，既经合法通知被上诉人，已生效力，究不能因上诉人取得讼争房屋所有权之未登记，而谓其对被上诉人为无出租人之权利。”（同旨“最高法院”1951 年台上字第一二三五号，1955 年台上字第一一〇一号判例）

"买卖不破租赁"之说。承租人之所以得以租赁权对抗第三人，主要系本条文而来，故民法本条文被列为租赁权物权化之主要法源依据。

民法本条，尚待说明者，主要有如下四者：

（1）何种情形发生租赁契约对受让人继续存在？

（2）租赁契约对受让人继续存在之意义，究何所指？

（3）其适用范围如何？

（4）押租金返还义务人是否随同变更？

1. 租赁契约继续存在之要件

依"民法"第四二五条规定，并参酌租赁契约之特性，所谓租赁契约继续存在，其要件为如下四项：

（1）须出租人将租赁物所有权让与第三人

所谓出租人将租赁物所有权让与第三人，其内涵有：一为出租人为租赁物之所有人；另一为出租人将自己之所有权让与第三人。

就前者而言，出租人苟无所有权，其让与租赁物所有权之行为，为无权处分，于法不生效力（第一一八条），本不生将其所有权让与第三人之问题。如其本即处于占有与所有分离状态，出租人并非所有人，则嗣后其所有人有让与所有权行为者，虽其受让人亦有租赁契约继续存在之适用，但非本条规范对象，亦不生出租人变更之问题。例如，出租人为典权人，只能让与典权于第三人，不能让与所有权于第三人是。于此情形，如出典人让与所有权于第三人，受让人并不承受出租人地位（出租人仍为典权人）；反之，如典权人让与典权于第三人者，典权受让人固亦承受出租人之地位，但其非受让所有权，解释上仅能类推适用"民法"第四二五条，亦非本条规范意旨之范围。至若典物出租者，则与本条无关。[170]

受让之人，须为第三人，如受让人为承租人者，因租赁权与所有权混同，租赁权消灭（类推适用第七六二条本文），同时出租人与承租人地位混同，租赁契约亦告消灭。不过，于此情形，如其租赁之继续存在，就承租人言，有法律上利益者，承租人得主张租赁权继续存在。例如，出租人于交付租赁物后，就租赁物设定抵押权于第三人者，承租人其后受让所有权，为排除抵押权之优先受偿，应认为其租赁权尚不消灭（同

170 参照"最高法院"1956 年台上字第八四一号判例："典权存续中，典权人将典物出租他人，某租赁之期限不得逾原典权之期限，既为'民法'第九百十五条第二项所明定，则典物经出典人回赎后，该他人与典权人所订之租约，对于出典人，自无援用同法第四百二十五条规定，主张继续存在之余地。"

上条但书)。惟无论租赁权是否消灭，理论上均与民法本条无关，应予注意。再者，租赁权消灭后，因承租人于该原因契约有债务不履行而其出租人解除所有权让与之原因契约者，一般以为，租赁权尚不回复；反之，非因承租人之债务不履行而解除契约者，则得回复。[171]

所谓让与所有权，应完成物权移转程序。例如，以法律行为让与者，须经登记是（“民法”第七五八条）。[172] 至其形态，主要固为继受取得，但原始取得亦非无有，其内容尚称复杂。爰归纳民法本条适用之所有权让与事由，于如下附表：

- 租赁物所有权让与
  - 继受取得
    - 买卖
    - 互易
    - 赠与
    - 合伙出卖
    - 公司出资
    - 捐助
    - 遗赠
    - ⋮
    - 强制执行之拍卖取得[173]
    - 破产之拍卖取得[174]
    - 抵押权实行之拍卖取得（抵押权设定在租赁之后）[175]
  - 原始取得
    - 因不动产所有人抛弃而取得
    - 信赖登记（登记人未占有租赁物）
    - 没收、没入

171　参照郑著（上），第二三七页。

172　参照“最高法院”1980台上字第七二〇号判例：“‘民法’第四百二十五条所定所有权让与不破租赁之原则，应以所有权移转业已生效为其要件。不动产所有权依法律行为移转者，非经登记，不生效力，原审既认定系争房屋未为保存登记，纵令属于郭某所有，于出租后赠与被上诉人，无从办理所有权移转登记，自难认被上诉人已取得系争房屋之所有权，应无‘民法’第四百二十五条规定之适用。”

173　参照司法院1936年院字一五八〇号：“租赁物拍卖时，依民法第四百二十五条规定，其租约对于受让人既仍继续存在，则承租人原交顶首之款，即系原约内容之一部，自亦应移转为对于受让人之债权，惟租约尚未因拍卖而终止，则出租人或其受让人，均不必遽行付还顶款，更不生优先与否问题。”（同旨“最高法院”1963年第二次民刑庭总会会议决议；“司法院”1984年厅民一字第〇五〇一号函，1992年厅民一字第〇五二七号函。）

174　参照司法院1938年院字第一八〇七号解释：“承租不动产所交之押租，依院字第一二六六号解释，系属租赁契约内容之一部，该不动产如因出租人之破产而被拍卖，在拍买人既得于买价内扣存押租，以俟租约终止时返还于承租人，则承租人自不发生加入破产程序而受清偿之问题。”

175　参照“最高法院”1971年台上字第四六一五号判例：“执行法院倘不依声请或依职权认为有除去影响抵押权之租赁关系之必要，而为有租赁关系存在之不动产拍卖，并于拍卖公告载明有租赁关系之事实，则该租赁关系非但未被除去，且已成为买卖（拍卖）契约内容之一部。无论应买人投标买得或由债权人承受，依继受取得之法理，其租赁关系对应买人或承受人当然继续存在。”（同旨司法院1939年院字第一八四三号解释）

综上所述，足见受让人之取得所有权，非以占有为前提者，原则上均有民法本条之适用。因此，原始取得之事由，如以占有为前提者，其租赁契约对于所有权取得人，尚不继续存在。例如，基于善意受让或取得时效而取得所有权者，本条尚无适用是。[176] 至其，非以占有为前提之原始取得，因基于特别法律政策，解释其不适用民法本条者，则有公用征收[177]，及敌伪产业之没收[178] 二者。

如是，所谓租赁权物权化，于以下三者概念上尚有澄清必要。此即：

①当事人所成立者，须为合法有效之租赁契约。[179]

②“民法”第四二五条所称受让人，殆采广义，尚不以继受取得之狭义受让行为为限。

③租赁权得对抗之所有权让与，并不以基于买卖而为者为限，所谓买卖不破租赁，仅表征其典型而已，非谓租赁权仅对抗因买卖而为之所有权移转而已。

不过，由于民法本条，并非仅就买卖而为规定。因此，不仅买卖以外继受取得之所有权在适用之列，即原始取得而有适用者，解释上亦为适用范围所及，非为准用，更非类推适用。

（2）须让与发生在租赁物交付之后

租赁物交付前，承租人对出租人尚无狭义租赁权；至其对出租人取得之租赁物交付请求权，性质上与一般契约所取得之债权，并无不同。出租人于此时段，将租赁物所有权让与他人者，承租人对受让人不得为任何主张，所谓买卖不破租赁，于此并无适用；甚而反可称之租赁不破买卖。[180] 至于承租人因此受有损害，得依债务不履行（可归责于债务

176 无主物先占、遗失物、漂流物、沉没品拾得、埋藏物发现，如其为承租人占有者，由承租人取得所有权，固无民法本条之适用；其由第三人占有而取得所有权者，因承租人未占有，结果亦无民法本条之适用。

177 参照郑著（上），第二三五页；史著，第二一〇页；薛著，第七五页。

178 参照司法院1947年院解字第三四二三号解释：“业经没收之敌伪产业，由拍卖机关标卖，拍定人因而取得所有权者，此种权利实为原始取得，既非基于原敌伪产业所有权之让与，自无民法第四百二十五条之适用，如原承租人向法院提起确认原租赁契约继续有效之诉，应认为无理而驳回之。”

179 参照“最高法院”1953年台上字第一一五八号判例：“讼争房屋上诉人果于台湾光复前向日人合法取得其所有权，则日产处理机关虽曾误认为日产予以接收，要难遽谓其就房屋有权出租，被上诉人即不得以其与日产处理机关所订租约，对于上诉人主张继续存在。”（同旨最高法院1953年台上字第一三〇五号判例。）

180 同注16、17。

人——出租人——之事由，以致给付不能），请求出租人损害赔偿（第二二六条第一项），或解除租约请求损害赔偿（第二五六条、第二六〇条）。

制度上所以有此区隔，盖以租赁物交付前，租赁物是否有租赁权存在并无公示作用，第三人尚难知悉；反之，租赁物交付后，承租人取得占有，公示方法已臻明显，公信力可以确定，赋与承租人以物权化（对抗力）之租赁权，于交易安全已无妨碍之虞。[181]

至于本条所称交付，得否与其他条文所称之交付作同一解释，比较上似以肯定为宜。

（3）须承租人继续占有租赁物

租赁物交付后，所以赋与承租人以对抗力之租赁权，旨在保护承租人之使用收益，强化其占有之功能。因之，如承租人于租赁物交付后，未继续占有利益，亦即有通称之中止占有情事者，不惟承租人之占有租赁物，无特别强调之必要，对于交易之第三人，亦因公示方法之丧失，而应着重交易安全之保护。是以，民法本条本于租赁权之规范意旨，于本次修正，特别标明"承租人占有中"之字眼。换言之，租赁物纵经交付，但其承租人中止占有者，则在中止占有状态中而为租赁物所有权让与者，尚无民法本条之适用，承租人不得对受让人主张租赁契约继续存在[182]，而仅得如上段租赁物未交付之相类情形，依债务不履行对出租人

181 参照司法院1946年院解字第三〇七三号解释："租赁物经出租人交付承租人后，即为承租人所占有，出租人如将其所有权让与第三人，第三人可就承租人之占有知有租赁契约之存在，不致因租赁契约于受让后继续存在而受不测之损害，民法第四百二十五条，系基于承租人受交付后必占有租赁物之普通情形而为规定。"

182 参照"民法"债编修正第四二五条修正理由："一、司法院三十五年院解字第三〇七三号解释要旨称：'租赁物经出租人交付承租人后，即为承租人所占有，出租人将其所有权让与第三人，第三人可就承租人之占有，知有租赁契约之存在，不致因租赁契约于受让后继续存在，而受不测之损害。民法第四百二十五条，系基于承租人受交付后，必占有租赁物之普通情形而为规定。若出租人于承租人中止租赁物之占有后，将其所有权让与第三人，则第三人无从知有租赁契约存在，绝无使其租赁契约对于受让人继续存在之理。'为期明确，爰于第一项增列'承租人占有中'等文字，使买卖不破租赁之规定，仅适用于出租人于租赁物交付后，承租人占有中之情形，以保障第三人之权益。二、本条第一项规定买卖不破租赁原则，具有债权物权化之效力，在长期或未定期限之租赁契约，其于当事人之权义关系影响甚巨，宜付公证，以求其权利义务内容合法明确，且可防免实务上常见之弊端，即债务人于受强制执行时，与第三人虚伪订立长期或不定期限之租赁契约，以妨碍债权人之强制执行（目前因有'土地法'第一百条及第一百零三条之规定，'民法'第四百五十条第二项于出租人几无适用之余地），俾杜争议而减诉源。故明定未经公证之不动产租赁契约，其期限逾五年或未定期限者，排除买卖不破租赁原则，而不适用第一项之规定，爰增订第二项。"

主张权利。早期实务即持相同立场。[183]

所谓中止占有，须有客观事实，足认承租人无复继续使用租赁物者始可。其因故一时离开租赁物者，尚不得遽认为中止占有。例如因战事远迁他乡走避[184]，或移民出国，是否返回居住意思不明，固得认为中止占有；反之，如出国游旅，或因病住院手术，虽一时离开租赁房屋，但非可解为承租人中止占有即是，亦即于后者之情形，仍应认为承租人占有中。承租人之享有租赁权，以租赁契约继续有效为前提，如其租赁契约本属无效（包括撤销、解除），或已属无效（例如终止），则承租人对原出租人已无租赁权存在，自无再对受让人主张租赁契约继续存在之理。[185] 学者或列租赁契约原属有效为要件之一，要非无据。

（4）不动产租赁原则上须经公证主张适用租赁权继续存在之不动产租赁，原则上须经公证，如为期限逾五年或为未定期限之不动产租赁，而未经公证者，承租人尚不得对受让人主张不动产租赁契约继续存在（第四二五条第二项），借以抑制假租赁之滋生。[186] 亦即于此情形，租赁关系消灭，承租人仅得依债务不履行请求出租人损害赔偿，而无本条第一项之适用。

183 同上解释："若出租人于承租人中止租赁物之占有后，将其所有权让与第三人，则第三人无从知有租赁契约之存在，绝无使其租赁契约对于受让人继续存在之理，同条之规定自应解为不能适用，出租人乙将其房屋所有权让与第三人，既在出租人甲中止其占有之后，则甲乙间之租赁契约纵未终止，对于受让人丙亦不继续存在。"

184 同上解释："租赁未定期限之房屋承租人甲，于战事发生后迁避他处，如可认其有不再使用房屋之意思，即为终止契约之默示意思表示，其意思表示以出租人乙可了解时发生效力，租赁契约既经终止，对于该房屋之受让人丙，即无继续存在之余地。"

185 同注182。

186 参照"民法"债编修正第四二五条修正理由："一、司法院三十五年院解字第三〇七三号解释要旨称'租赁物经出租人交付承租人后，即为承租人所占有，出租人将其所有权让与第三人，第三人可就承租人之占有，知有租赁契约之存在，不致因租赁契约于受让后继续存在，而受不测之损害。民法第四百二十五条，系基于承租人受交付后，必占有租赁物之普通情形而为规定。若出租人于承租人中止租赁物之占有后，将其所有权让与第三人，则第三人无从知有租赁契约存在，绝无使其租赁契约对于受让人继续存在之理。'为期明确，爰于第一项增列'承租人占有中'等文字，使买卖不破租赁之规定，仅适用于出租人于租赁物交付后，承租人占有中之情形，以保障第三人之权益。二、本条第一项规定买卖不破租赁原则，具有债权物权化之效力，在长期或未定期限之租赁契约，其于当事人之权义关系影响甚巨，宜付公证，以求其权利义务内容合法明确，且可防免实务上常见之弊端，即债务人于受强制执行时，与第三人虚伪订立长期或不定期限之租赁契约，以妨碍债权人之强制执行（日前因有土地法第一百条及第一百零三条之规定，民法第四百五十条第二项于出租人几无适用之余地），俾杜争议而减诉源。故明定未经分证之不动产租赁契约，其期限逾五年或未定期限者，排除买卖不破租赁原则，而不适用第一项之规定，爰增订第二项。"

2. 租赁契约继续存在之意义

何为租赁契约对于受让人继续存在？严格言之，语意尚非甚为明确。以是，学理见解亦不一致，或谓仅系租赁契约之效力，对受让人继续存在，租赁契约仍存在于原出租人与承租人间，从而，出租人变更之问题亦无发生可言。通说则以为，所谓租赁契约继续存在，系租赁契约本身转而存在于受让人与承租人之间，非仅契约效力对受让人存在而已，故为出租人变更之问题。[187] 实务亦违此立场。[188]

兹受让人既然承继出租人地位，则基于原租约所生权利义务，当然亦在承受范围之内。[189] 至其要点，则有如下：

（1）适用对象：动产租赁、不动产租赁，均有适用。非若多数国家民法，仅限于不动产租赁始有适用。[190]

（2）租赁期限：租赁期限之有无及长短，均一如原来租赁契约，但让与前已经过之期间，应予扣除（亦即仅计算剩余期间以为租期）。

（3）租金：租金数额及支付方法，亦一如原来租约，惟以下数点或略有变动：

①租金履行地可能变动，并有“民法”第三一七条（清偿费用）但书之适用。

②租金债权之移转，须经通知承租人始生效力，通知前对原出租人清偿者，于法仍生消灭租金债务之效力（第二九七条、第二九九条第一项）。

③租金有预付者，承租人仍得对受让人主张。[191] 换言之，于此情形，

187 参照梅著，第二七八页；郑著（上），第二三三页；史著，第二一一页（反对说：陈著，第一一〇页）。

188 除注12所引判例外，主要尚有，“最高法院”1952年台上字第一一〇〇号、1954年台上字第四五四号判例，最高法院1947年3月10日民刑庭总会会议决议。

189 参照最高法院1937年上字第三六五号判例：“出租人于租赁物交付后，将其所有权让与第三人时，依民法第四百二十五条之规定，其租赁契约既对于受让人继续存在，受让人即当然继承出租人行使或负担由租赁契约所生之权利或义务，原出租人不得更行终止契约，请求承租人返还租赁物（同旨“最高法院”1949年上字第一九五号、1955年台上字第三〇号判例）。

190 德、日立法，限于不动产租赁，始有适用（德国民法第五七一条第一项、日本民法第六五〇条）。

191 参照司法院1939年院字第一九〇九号解释：“民法第四百二十五条所谓对于受让人继续存在之租赁契约，系指民法第四百二十一条第一项所定意义之契约而言，惟承租人依租赁契约所为租金之预付，得以之对抗受让人，故租赁契约，如订明承租人得于押金已敷抵充租金之时期内，不再支付租金，而将押金视为预付之租金者，虽受让人未受押金之交付，亦得以之对抗受让人。”

原出租人已超收之租金，对于受让人为不当得利，由受让人向原出租人请求返还利益。让与前已生契约终止权，固随同移转，但已生之租金请求权、损害赔偿请求权，则不当然随同让与。[192]

④租赁物所有权移转后之修缮义务，由受让人负担。既然，租赁物所有权之受让人，因受让所有权之行为，同时与承租人当然发生租赁关系。因其尚非当然基于受让人及承租人之效果意思，似可称之“法定契约承担”。不过，一般以为，“民法”第四二五条，尚非强行规定，如当事人另有特约者，除特别法有规定外，其特约仍属有效。[193]

（4）让与之原因契约解除

让与之原因契约，通常情形为买卖，嗣经解除者，承租人与受让人间之租赁契约是否受影响，解释上亦颇见争议。早期实务见解，为租赁物所有权让与之原因契约经解除者，承租人对受让人不得主张租赁权[194]；晚近立场似有改变。[195] 由于，契约解除之回复原状，仅有债权效力，所有权尚不当然回复为原出租人之前，承租人对受让人之租赁权尚属存在，其法定租约关系亦未当然消灭。不过，如受让人于契约解除后，将租赁物所有权回复于原出租人者，则承租人对受让人之租赁权消灭，转而回复为原出租人（原所有人）。[196]

学者通说及实务立场，既认租赁物所有权让与，于承租人与新所有人之间成立（法定）租赁契约关系，则买卖契约解除后，因所有权回复

192 参照陈著，第一〇九页至第一一〇页；史著，第二一二页；最高法院1937年10月3日决议：“民法第四百二十五条所称之受让人，因同条之规定而受承租人之地位之移转，其受让前已届清偿期之租金请求权，固已成为独立之债权，并不随同出租人之地位移转于受让人。惟原出租人因支付租金迟延，业已发生或将来可发生之契约终止权，不能离出租人之地位而独立存在，亦无因出租人地位之移转而使之消灭或阻止其发生之理由。除已发生契约终止权，经原出租人于让与前抛弃者外，当然随同出租人之地位移转于受让人。”

193 参照陈著，第一〇九页；史著，第二〇六页。

194 参照“最高法院”1962年台上字第一一二五号判决：“契约经解除者，溯及订约时失其效力，与自始未订契约同。故因契约所生之债权债务关系，均溯及当初全归消灭，当事人应负依法律规定，回复原状义务，由他方所受领之给付物，亦应予以返还，此观‘民法’第二五九条第一款之规定自明，本件诉外人某某系争房屋之出租权，既系由于买卖契约而来，则于该买卖契约解除后，此项权利如亦应溯及当初全归消灭，则被上诉人能否依‘民法’第四二五条之规定，对上诉人主张有租赁权之存在，即不无研求之余地。”

195 参照“司法院”1983年司法业务研讨会第三期法律问题研究意见：“甲、乙间买卖契约解除后，乙将所有权移转登记于甲，依‘民法’第四二五条规定，租赁契约对甲仍继续有效，因此在租赁期间届满前，甲不得请求丙返还房屋。”

196 参照郑著（上），第二三六页。

等于再次让与，以是发生第二次之法定租赁承担。从而，于此情形，尽管租赁物所有人为同一人，出租人及承租人与出卖前完全相同，租赁契约之内容亦未经改变，但解释上似应认为原出租人与承租人，已系本于另一形式之租赁契约而行使权利、负担义务。

反之，如采仅租赁权对受让人继续存在，租赁主体并不变动之少数见解，则上述情形，只有租赁权移转之问题，尚无租赁契约发生消灭之复杂难题，解释上自属单纯得多。

3. 租赁契约继续存在之适用范围

租赁契约继续存在之适用范围，尚非限于继受取得之（狭义）受让，已如上述，兹不复赘。

租赁之出租人，并不限于所有人，其为典权人（第九一五条）、地上权人、承租人（第四四三条但书）者，亦所在多有。如其间出租人让与租赁物之典权，地上权或租赁权者，究应如何适用法律？解释上非无疑义。按“民法”第四二一条，于租赁之定义规定，就租赁之概念，包括上述各项以占有为基础之有体物权利租赁；反之，于“民法”第四二五条，却仅就所有权让与而为规定，其他有体物权利租赁之适用，则付诸阙如，不能谓无法律漏洞存在。此一漏洞之补充，非文义解释、体系解释或扩张解释所能补充，援用类推适用，不失为允当方法。因之，有关于此之结论，殆可描述为：“民法”第四二五条之适用对象，惟限于所有权，其范围包括原始取得；所有权以外之其他有体权利租赁，则类推适用“民法”第四二五条之规定，作为解释论上之依据。至于土地重划，则租赁关系继续存在于重划后分配之土地上。[197]

4. 租赁物权利移转与押租金返还

押租金之交付，通常固以所有权之租赁为普遍，惟所有权以外其他有体权利之租赁，并非绝对无之，故标题采概括角度，以权利移转为字眼。不过，无论如何，附有押租金之租赁，仍以所有权租赁为绝大部分，故以下叙述内容，乃以所有权租赁为主要对象。

附有押租金之租赁，出租人于租赁关系存续中，让与租赁物所有权

197　参照“最高法院”1971年第二次民庭总会会议决议：“按民法第四百二十五条所谓所有权不破租赁之原则，系指承租人于受租赁物之交付后，不论租赁物所有权移转于何人之手，原租赁契约对于受让人继续存在而言，显著眼于租赁随物移转之特性，然‘土地重划办法’（已废止）第二十条第一项既明定因重划重行分配于土地所有权人之土地，视为其原有之土地，则租赁惟有随出租人转移于新受分配之土地上。”

于第三人者，承租人于租赁关系消灭后，究应向原出租人请求返还押租金？抑或应向受让人（现出租人）请求返还押租金，解释上不无疑义，实务见解曾有游移。其颇值注意，可见一般。

（1）现出租人（受让人）返还主体说

此说以为、押租金为从契约，且为承租人租赁债务之担保，受让人于其受让租赁物所有权时，对于有无租赁权及押租金，负有调查义务，并请求原出租人转付押租金，其未为请求而犹受让租赁物所有权者，应自行承担危险；因之，解释上自应认为，押租金随同租赁契约移转于受让人（法定承担）。从而，不问出租人是否实际转付押租金于受让人，承租人均得于租赁关系消灭后，向现出租人请求返还。通说韪此见解[198]，早期实务亦采此说。[199]

（2）押租金实际占有人说

此说以为：押租金为要物契约，非经交付不能成立。因之，如原出租人于租赁物所有权让与时，实际转付押租金于现出租人，否则，押租金对现出租人并无存在可言。于前者之情形，承租人对现出租人固有押租金返还请求权，于后者则仅能对原出租人请求返还，尚与现出租人无关。[200] 目前实务见解，即偏厚此说。[201]

（3）债务并存承担说

198 参照史著（上），第二三〇页；史著，第二〇六页。

199 参见司法院1935年院字第一二六六号解释。（同旨司法院1936年院字第一四二一号、1939年院字第一八四三号解释；“最高法院”1960年台上字第三〇七号判例。）

200 参照司法院1939年院字第一九〇九号解释：“民法第四百二十五条所谓对于受让人继续存在之租赁契约，系指民法第四百二十一条第一项所定意义之契约而言，若因担保承租人之债务而授受押金，则为别一契约，并不包含在内。此项押金虽因所担保之债权业已移转，应随同移转于受让人，但押金契约为要物契约，以金钱之交付为其成立要件，押金权之移转亦须交付金钱始生效力，此与债权移转时，为其担保之动产质权，非移转物之占有不生效力者无异，出租人未将押金交付受让人时，受让人既未受押金权之移转，对于承租人自不负返还押金之义务。惟承租人依租赁契约所为租金之预付，得以对抗受让人，故租赁契约如订明承租人得于押金已敷抵充租金之时期内，不再支付租金，而将押金视为预付之租金者，虽受让人未受押金之交付，亦得以之对抗受让人。”

201 参照“最高法院”1976年台上字第一五六号判例：“民法第四百二十五条所谓对于受让人继续存在之租赁契约，系指民法第四百二十一条第一项所定意义之契约而言，若因担保承租人之债务而接受押租金，则为别一契约，并不包括在内，此项押租金契约为要物契约，以金钱之交付为其成立要件，押租金债权之移转，自亦须交付金钱，始生效力，出租人未将押租金交付受让人时，受让人即未受押租金债权之移转，对于承租人自不负返还押租金之义务。”（同旨“最高法院”1962年台上字第一四二八号判决、第二八五八号判例。）

此说以为：押租金为从契约，解释上当然随租赁契约移转于受让人，受让人负有押租金返还义务，固无疑义，既不问其是否知悉押租金存在，更不问其是否受领押租金之转付；至于原出租人，于押租金返还前，并不脱离返还义务之关系，与现出租人对承租人负连带返还责任。至其二者间之关系，则为并存之债务承担。[202] 于保护承租人而言，此说较为有利，惟其理论基础似较薄弱，是其美中不足之处。

（二）租赁物之物权设定

出租人于租赁物设定物权者，足以妨碍承租人之使用收益，自亦发生租赁权得否对抗之问题。民法为此，于第四二六条明定，有此情形者，准用租赁物所有权让与之规定，使租赁契约对该物权人继续存在，俾确保承租人之使用收益。兹亦对应上段叙述其要旨如下：

1. 租赁契约继续存在之要件

民法本条（准用“民法”第四二五条）之租赁契约继续存在，其要件殆有如下：

（1）出租人就租赁物设定物权

出租人就租赁物设定物权者，指出租人在租赁物上为第三人，设定定限物权者而言。其定限物权之种类如下表：

物权（426）＝定限物权
- 用益物权
  - 典权
  - 地上权
  - 永佃权
  - 地役权
- 担保物权
  - 抵押权
  - 动产质权
  - 动产抵押权

一般所称物权，当然包括所有权及定限物权，且以所有权为其典型内容，是以民法本条所称物权，其意义较为狭隘，严格言之，殆等于定限物权而已。盖以所有权云者，尚无设定制度，其移转所生之法律问题，并已明定于如上所述之“民法”第四二五条，其非本条所称物权所涵括，为体系解释之当然结论；至于留置权，本于法定事由而发生，非当事人所得设定，其非为本段所称物权之对象，为文义解释所当然，亦甚明显。

民法本条虽未如第四二五条之明定为第三人，但解释上应作肯定，

202　此为晚近日本之有力学说（引自郑著（上），第二三一页）。

亦即出租人之设定物权，原则上须为第三人而设定，如其系为承租人而设定者，基于混同法理，租赁权原则上消灭。[203] 不过，于以下二者，则不妨并存：

①担保物权不妨碍承租人之使用收益，得以租赁权并存，但租赁仍优先于担保物权而存在（抵押权之实行，不得排除租赁权）。

②基地租赁，承租人得请求设定地上权登记（“土地法”第一〇二条），则出租人主动为承租人设定地上权登记者，租赁权并不消灭，惟此尚非基于民法本条而来，亦值注意。

（2）须物权设定发生在租赁物交付之后。

（3）须承租人继续占有租赁物。

以上二者，为准用“民法”第四二五条之当然结论，其内容与第四二五条之相关部分雷同（本书第285页以下），兹不复赘。

（4）须其物权之设定，致妨碍承租人之使用收益

租赁权之内容，为租赁物之使用收益，如允许出租人设定物权，妨害承租人之使用收益，租赁之目的，无复实现，民法所以有本条之设，与买卖不破租赁，系本于同一法理，尚无特殊之处。

用益物权，足以妨碍承租人之使用收益，解释上固无疑义。即使担保物权，亦不例外。所不同者，担保物权之表现，较为缓和而已。盖就质权而言，质权以占有质物为要件，原则上足以妨碍承租人之使用收益，不言而明；至于抵押权，虽无庸占有，但抵押权之实行，一经查封抵押物者，其效力及于查封后由抵押物分离之天然孳息（第八六三条），斯时亦足以妨碍承租人之使用收益。因此，严格言之，抵押权亦不排除本条之适用。

（5）不动产租赁原则上须经公证，主张适用租赁权继续存在之不动产租赁，因准用第四二五条规定结果，如为期限逾五年或为未定期限之不动产租赁而未经公证者，其承租人亦不得主张租赁契约继续存在。

2. 租赁契约继续存在之意义

民法本条准用第四二五条，其结论当亦为租赁契约继续存在。惟此之租赁契约继续存在究应如何解释，学理见解尚不一致。或谓其物权之设定，于租赁期限届满前，不生效力[204]；或谓物权设定仍依法生效，但

203 参照最高法院1944年上字第六六〇二号判例：“承租人就租赁物受典权之设定时，如无特别情事，其租赁关系即因典权之设定而消灭。”

204 参照戴著，第一二三页。

准用所有权受让规定意旨，不得对抗承租人之租赁权[205]；或谓应视物权种类而定。[206] 立法意旨，似于对抗说[207]；但就说理清晰而言，则以后说为可采。因之，以下即依后说立场，分别析述其要点于下：

（1）典权、地上权：典权、地上权之设定有效，租赁权对典权人、地上权人继续存在，典权人、地上权人成为新出租人，发生出租人变更之情事。

（2）永佃权：永佃权不得出租（第八四五条第一项），永佃权人不得为出租人，设定永佃权，宜认为在租赁存续期间不生效力。

（3）地役权：地役权设定有效，租赁权对地役权人继续存在，而地役权亦属有效，不生出租人变更之问题，但地役权仅得于不妨碍承租人之使用范围内行使。

（4）抵押权：情形类如地役权。不过，抵押权之行使，不得妨碍承租人之使用收益（其中最主要者，为查封之效力不及于天然孳息）。

（5）质权：出租人除依指示交付方法，为第三人设定质权者外，质权之设定，在租赁存续期间不生效力。至于上述之以指示交付方式设质，其情形类如抵押权（其中最主要者，为质权人无收取质物孳息之权："民法"第八八九条例外）。

（三）基地房屋所有权让与

"民法"第四二六条之一规定："租用基地建筑房屋，承租人房屋所有权移转时，其基地租赁契约，对于房屋受让人仍继续存在。"俾保护房屋之受让人。缘以有时情形，如房屋受让人未能享有承租人地位，不仅房屋受让人权益保护不周，一般人亦将惮于受让房屋所有权，其结果亦恐有碍社会资源之利用，故早期实务见解以为，于此情形，应认为基地租赁出租人，于出租时即已同意租赁权随同房屋所有权移转。[208]"民法"债

205 参照陈著，第一一〇页；薛著，第七六页。

206 参照郑著（上），第二四一页；史著，第二一三页。

207 参照"民法"第四二六条立法理由。其意思如下："谨按出租人就租赁物上设定物权，例如在租赁之不动产上设定地上权，因地上权人于其土地上有建筑物或其他工作物之设置，致妨碍承租人之使用收益者，此种物权之设定，与以租赁物之所有权让与同，故准用前条所有权让与之规定，使租赁契约，对于权利取得人仍继续存在，以保护承租人之利益。"

208 参照"最高法院"1959台上字第二二七号判例："租地建屋之契约如无相反之特约，自可推定出租人于立约时，即已同意租赁权得随房屋而为移转，故承租人将房屋所有权让与第三人时，应认其对于基地出租人仍有租赁关系之存在，所谓相反之特约，系指禁止转让基地上所建房屋之特约而言。"（同旨1954台上字第四七九号判例，1963年台上字第二〇四七号判例。）

编修正，肯定判例所见，增订本条，于其实证地位之强化，诚具意义。[209]

不过，有关于此，范畴上仅系基地租赁之课题，法律逻辑体例上，究应规定于土地法，抑或提升于本法，原不无讨论空间，“民法”债编修正，将其纳入“民法”规定，于体例严谨而言，是否尽当，不无商榷余地。再者，实务见解以为，于此情形，当事人（即原出租人与承租人）间有禁止转让特约者，并无本条所定基地租赁契约继续存在之适用，民法本条增订之后，有关于此，确否继续适用，修正理由陈述未尽明确，亦不无美中不足。再者，民法本条所用所有权“移转”之字眼，“民法”第四二五条称之所有权“让与”，用语不一，恐亦易启疑义；如无特别考虑，用词应尽量求其一致。

民法本条之法律效果，系基地租赁契约对于房屋受让人继续存在。此之房屋受让人，应指房屋所有权受让人而言；至于继续存在之意义，当与第四二五条之规定雷同，爰不赘述。

（四）出租人死亡

出租人死亡者，租赁权对出租人之继承人存在，此固无问题（第一一四八条）。惟就租赁而言，应类推适用“民法”第四二五条，亦即于继承人与承租人间，发生法定租赁承担，继承人成为出租人。[210] 至其彼此间之权利义务关系内容，类如租赁物所有权让与，兹不复赘。

二、承租人变更

承租人为租赁人格性之根源，为保护出租人利益，承租人之变更，法律有相当限制，致表现风格与出租人变动迥异，二者之对照恰好相反。此即出租人变更，颇能体现契约自由、权利自由之理念，承租人变更则反之。本来，民法、特别是财产法，对于权利自由或契约自由有所限制者，多数情形系本诸社会化之要求，惟此则与社会化尚无密切关系。因此，尚不宜从社会化之角度，作为法律解释之根据。

承租人之变更者，指租赁关系存续中，不变更租赁之同一性，承租

209 参照“民法”债编修正第四二六条之一修正理由：“租用基地建筑房屋，承租人房屋所有权移转时，其基地租赁契约，对于房屋受让人，仍继续存在。”

210 就法律解释方法论言，于此结论之导出，究系依循体系解释或类推解释，容有讨论余地。盖以意定让与，既有出租人地位之承继，则法定发生之继承，逻辑上亦当然为出租人地位之继承。如是，体系解释，即为已足，似不必诉诸类推解释，原理上亦属言之成理。是以，本书称之类推解释，方法上颇为相对，应系事实。

人有更易之情事。一般言之，其主要事由有如下四者。即：租赁之继承、租赁权让与、租赁物转租及租赁物转借四者是。由于如上所述，承租人表现于租赁关系上，深具人格性，而此又为承租人变更限制之理论基础。以下相关问题之解释，因基于人格性之角度，致其结论与债编通则或买卖规定，多有不同，恐难避免。

（一）租赁之继承

1. 基本规定

租赁（包括租赁权及租赁契约本身），得否为承租人之继承人之继承标的，理论上或因人格性而不无疑虑，台湾民法则采肯定，于“民法”第四五二条规定：“承租人死亡者，租赁契约虽定有期限，其继承人仍得终止契约，但应依第四百五十条第三项之规定，先期通知。”虽然，民法本条项，仅就定期租赁而为规定，但解释上，不定期租赁亦有适用。盖以不定期租赁，依民法规定，本得随时终止租约（第四五〇条第二项本文），而定期租约则不得随时终止租约（同条第一项）。兹不得随时终止租约者，于承租人死亡时，其继承人既得终止租约，则本诸体系解释，其原得随时终止租约者，其继承人自亦得终止租约。

承租人死亡者，其继承人得终止租约，于特种租赁亦有适用。至于出租人，则无终止权可言。如承租人死亡而无继承人者，租赁关系当然消灭，无待终止。是以，“耕地三七五减租条例”虽明定，承租人死亡而无继承人时，出租人得终止契约（同条例第十七条），似属赘文。

2. 相关问题

关于出租人死亡之租赁继承，其易启疑义而尚待探讨之相关问题，主要有如下四者：

（1）继承人标的

承租人死亡者，租赁契约既不贯彻人格性而不当然消灭（租赁人格性之例外），承租人之租赁权，得由其继承人继承，此固无问题（第一一四八条）。不过，承租人究意仅继承租赁权，抑或连同租赁契约亦一并继承，理论上或不无疑问。惟以民法本条项既明定，继承人得终止租约云云，解释上应认租赁契约本身，亦在让与之列，其情形有如“民法”第四二五条。换言之，即承租人死亡者，其继承人与出租人当然发生租赁关系，其情形恰似同上条之法定租赁（法定契约承担），不仅无须另立租约，有关租赁契约相关内容，亦不变动，“民法”第四二五条之相关说明，于此亦有适用（理论上非为适用或类推适用，而系继承租赁契约之当然解释）。

（2）租赁主体之变动

继承人继承租赁关系，其客观内容及同一性尚不变动，固无问题。惟以承租人之继承人常为多数，如其为多数人者，则多数继承人对于遗产，系处于公同共有关系（第一一五一条），就租赁权而言，系公同共有债权（“最高法院”1985年台上字第四一二号判例），就租金而言，则为共同共有债务，除“民法”继承编有特别规定（如第一一五三条等）外，适用物权编准公同共有之有关规定（第八三一条）。

（3）继承人之意义

继承人云者，依“民法”继承编规定，系意指遗产继承人，其范围及顺序，依“民法”第一一三八条之规定定之。惟就现实社会生活及交易形态观之，使用租赁物之人，不一定为遗产继承人。以是，解释“民法”第四五二条第一项所称继承人，究应固守法律形式，以法定继承人为限，抑或应衡顾社会生活需要，包括共同生活之人、甚或以共同生活之人为限，理论上不无争议。

有关于此，台湾尚乏深入研讨，日本则有家团继承原则之理论。基此，则本条所称继承人，不以法定遗产继承人为限，即承租人生前共同生活而共同使用租赁物（特别是住宅租赁）之人，亦为此所称之继承人。[211] 此种见解，颇具参考价值，值得研究。[212]

法人无所谓继承人，法人为承租人者，如法人消灭，解释上应基于租赁人格性，认为租赁消灭。但法人合并者，则租赁关系仍在于合并后之存续法人。

（4）租赁之终止

承租人死亡，其继承人之终止租约，解释上，除应依“民法”第四五二条但书之规定而为先期通知（第四五二条但书）外，解释上适用“民法”债编通则之相关规定（第二六三条）。先期通知，为终止生效要件，究应如何定期？及所定期限不符法定要求者，其效力如何？亦依“民法”第四五二条但书定之。

承租人之终止权行使，原则上固应适用“民法”债编通则之规定，但于终止权行使不可分（第二六三条、第二五八条第二项）有无适用，颇感困扰。愚意以为，解释上宜采否定；否则，对于无意继续租赁关系之继承人，固属不公，有意继续维持租赁关系之继承人亦感困扰？法律

211 参照郑著（上），第二四二页。

212 反对说，参照史著，第二二二页（认为仍应由法定继承人继承）。

关系亦将陷于复杂。[213] 例如，承租人甲向乙租得A屋，甲已年迈，子女成家立业在外，甲与丙相互扶持而共同生活于A屋，嗣甲死亡，为免丙与甲之子女，因A屋租赁得否终止而纠缠不清，采取终止可分原则，似不失为明智解决途径。至基理论依据，则仍在租赁人格性；亦即因租赁人格性之考虑，债编通则有关终止行使不可分之规定，乃不适用。

（二）租赁权让与

租赁权让与所涉及之问题，尚称复杂。爰归纳其要点为如下四者，即：(1) 租赁让与性之有无；(2) 租赁权让与与租赁让与；(3) 租赁权让与禁止原则之例外；(4) 违反租赁权让与禁止原则之效力四者是，并依序说明如下：

1. 租赁权让与性之有无

租赁权让与者，承租人于租赁关系存续中，将租赁权让与第三人之谓也。租赁权得否让与，民法租赁一节，并无明文；惟租赁权为债权形态之一，解释上应依债权让与之法理，寻其答案。

租赁权得否让与？或以为租赁一节既未如转租之有禁止明文，则本诸债权让与自由原则，宜采具定。[214] 通说以为：租赁承租人方面，既具有人格性，依债权让与之相关规定，租赁权应解为系性质上不得让与之债权（第二九四条第一项第一款），租赁一节既无得以让与之明文，则除当事人有特约让与之明文外，宜依租赁人格性，解释其为不得让与。[215] 比较上当以通说为可采，实务亦同。[216]

2. 租赁权让与与租赁让与

租赁让与者，指承租人退出租赁关系，将承租人地位让与他人之谓也。按租赁权为租赁关系所生之债权，其让与仅为债权让与，并非契约地位之让与，承租人仍未变更；租赁让与者，契约地位之让与，后者为契约让与（契约承担）。二者之间，概念泾渭有别，本甚显然。

然则观之台湾文献，于此二者常混然不分，甚而将租赁让与，包含于租赁权让与概念之内，并列租赁权让与为承租人变更之事由，实务立

213 反对说，参照同上注文献（认为仍有继承行使上主观不可分之适用）。

214 参照史著，第一七二页。

215 参照陈著，第九二页；郑著（上），第二四四页；戴著，第一二五页；薛著，第六七页；蔡著，第一〇〇页；龙显铭前揭“民法上租赁之研究”，第一二三页。

216 参照最高法院1948年上字第六八八六号判例：“租赁关系之成立与存续，系基于当事人间之信任，故租赁权通常为不得让与之债权，如房屋之承租人未得出租人之同意，擅将租赁权让与第三人时，其情形有甚于全部转租，出租人自得终止租约。”

场亦然。[217] 诚然，让与租赁权者，通常情形，莫不将承租人地位一并让与，同时表征租赁契约让与（承租人变更）之形态。惟就法律概念而言，二者仍应严格区别。而且，现实上，仅让与租赁权，但保留承租人之地位者，仍非无之；理论上，亦非不容存在。只是，租赁权既不得让与，租赁自亦不得让与；租赁权让与，既经常同时伴随租赁让与，租赁让与似无特别强调之必要。是以，本文亦如通说，列租赁权让与于承租人变更一节说明。惟此仍系便宜作法，非谓管见亦同意租赁权让与即等于租赁让与或承租人变更。

租赁让与，其情形较租赁权让与为更重大，租赁权让与既有禁止必要，则本诸租赁人格性，依体系解释，租赁让与当然亦在禁止之列。有关租赁权让与禁止之解释，于租赁让与，亦有适用。

3. 租赁权让与禁止之例外

出租人与承租人于租赁契约，约定租赁权得让与者，有关其彼此间之租赁权让与，适用债编通则债权让与之规定，其最重者即为，须经通知出租人，始对出租人生效（第二九七条第一项本文）。虽原无特约，但其让与事后为出租人承认者，亦应作同一解释。承租人对于出租人负有租赁债务者，除有特别约定外，受让人尚不当然承担。

由于本书见解，认为租赁权让与，尚不当然发生租赁让与之效果。不过，当事人之契约意旨，如可解释为兼及租赁让与者，解释上宜采较为宽缓之态度，认其本身为租赁让与，非仅租赁权让与。虽然，租赁让与为契约承担，受让人同时而有债务承担之事实。不过，出租人既已事前同意承租人得转让，则其后为转让时，无庸再经出租人同意，故解释其对出租人生效，亦以类推适用“民法”第二九七条第一项本文，以经通知于出租人即为已足。

4. 违反租赁权让与禁止原则之效力

在肯定租赁权得自由让与之学说，租赁权让与适用债编通则债权让与之规定，无本段所称之问题。换言之，本段以下所述，系从通说及实务立场，亦即否定租赁权让与自由之见解，而作叙述。

出租人与承租人，未约定租赁权得为让与，而承租人为让与者，其效力究属如何？学理上有无效说及效力未定说之争议。通说偏厚无效说，

---

217 参照最高法院1947年1月18日决议：“房屋承租人经出租人之承诺，将租赁权让与他人时，依民法第四百二十五条之类推适用，合法之次承租人得主张与承租人所订租赁契约对于受让租赁权之他人，仍继续存在。”

盖以为租赁权禁止让与，乃强行规定，违反者自应解释其为无效，以符违反强行规定，法律行为无效之原则（第七一条）[218]，实务立场亦然。[219]少数说者以为；租赁权所以不得让与，系本诸人格性，其目的系为出租人利益之保护而设，苟出租人利益已足保护，而且更具保护实益者，实无庸认其无效；再则，如采效力未定说，不仅更具尊重出租人意愿之实质，于维护出租人利益，亦有实益。[220]按租赁权不得让与系本乎人格性，而非法律客观秩序之强制贯彻使然，观之民法于当事人利益维护之强行规定，原理上系采效力未定之制度模式[221]，无权处分（第一一八条）即是典型。无权处分之效果，既仅系效力未定，则本有处分权，仅因保护出租人利益而产生之租赁权让与禁止原则，其违反充其量亦系效力未定，而非无效，益见显然，此从违法转租仅构成出租人得终止租约，而非租约无效（第四四三条），亦可佐证。愚意爰以为，效力未定说为较允妥。[222]此亦所以，前段有让与事后经承认者，亦属有效见解之所由来。

效力未定之法律行为，须经承认，始生效力，而且一经承认，溯及自始生效等民法总则之有关规定（第一一五条至第一一七条），于租赁权让与，亦有适用；至于其间之催告、撤回、拒绝，视为拒绝等问题，则类推适用效力未定法律行为之有关规定。[223]

至于租赁权让与，其后因出租人拒绝（包括视为拒绝）者，其于出租人、承租人与受让人间之法律关系如何？约可归纳其要点如下：

（1）出租人与承租人之租赁契约不受影响，但出租人取得终止权（类推适用第四四三条），得终止租约；如出租人终止租约，得请求承租人及受让人返还租赁物。出租人主张终止租约或请求返还租赁物者，应视为拒绝承认租赁权让与行为。

（2）承租人为部分转让者，出租人得终止全部租约，请求承租人及受让人返还租赁物。

218　参照郑著（上），第二四五页。

219　参照"最高法院"1961年台上字第五三九号判例："违反禁止债权让与契约所为之让与，依'民法'第二百九十四条第一项第二款之规定固属无效，惟此项不得让与之特约，不得以之对抗善意第三人，为同法条第二项所明定，若第三人不知有此特约其让与应为有效。"

220　参照史尚宽前揭"债法总论"，第六八〇页。

221　主要事例，如"民法"第七九条、第一七〇条、第三八六条、第三八七条是。

222　参照前揭拙著"新订民法债编通则（下），"第五〇三页。

223　由于效力未定法律行为，于催告、撤回、拒绝，视为拒绝之效力，并未于"民法"总则为一般性规定。此之类推适用，系就相关规定，寻绎一般原理，而后类推适用一般原理，故其性质上为法律类推，而非狭义、亦即非为依据单一法条而为之法条类推。

（3）出租人于终止租约前，虽得请求受让人返还租赁物于原承租人，但不得请求返还于出租人自己。[224]

（4）出租人终止租约，请求受让人返还租赁物者，承租人就让与之原因契约，对受让人应负债务不履行责任（给付不能）。

（5）因受让人之事由，致租赁物毁损灭失者，承租人与受让人负同一损害赔偿责任（“民法”第四三三条）。此点，于经出租人同意转让者，亦应作同一解释，盖以出租人地位仍未变更也。

非仅为租赁权让与之租赁让与，除承租人变更（同时发生债务承租、受让人负支付租金义务等）外，应与租赁权让与作同一解释。[225]

（三）租赁物转租

租赁物转租，“民法”租赁一节设有相对禁止明文，惟其涉及事项亦较复杂。爰分为：（1）转租之意义、（2）转租之类型、（3）合法转租之效力、（4）违法转租之效力四者说明。

1. 转租之意义

租赁物转租者，承租人自任为出租人，就租赁物成立租赁关系，再行出租于第三人之谓。于此情形，承租人因与出租人之租赁关系仍然存在，且未有任何异动，但承租人因自认为出租人，与第三人成立租赁，将租赁物转交第三人使用收益，对出租人而言，有如承租人转换，故通称为租赁物转租。惟其间并无租赁权之转让，性质上与租赁权让与，截然不同。[226] 兹为避免混淆，爰就租赁让与、租赁权让与及租赁物转租，各举一例说明于下。并因叙述之便，于租赁物转租，以下简称转租。

---

224 参照郑著（上），第二四六页。

225 租赁让与，承租人已脱离承租人之地位。是以，租赁让与生效后，因受让人之事由，致租赁物毁损灭失者，承租人已无“民法”第四三三条之代负责任。此为其与单纯租赁权让与在效力上重大不同之一，值得注意。

226 租赁物转租与租赁权让与之不同，主要殆有如下：

（1）法律性质之异同：

转租为新的租赁契约之成立，属债之契约，为负担行为，且为租赁之一种，故必须有偿；租赁权让与，属于物权契约，为处分行为，其原因可为有偿，亦可为无偿。

（2）当事人地位异动之有无：

租赁物转租，转租人仍不脱离原租赁关系，但自己却变为新租赁契约之出租人，一人而兼有承租人与出租人之两种地位；租赁权让与，通说以为原承租人处于让与人之地位，让与后即脱离租赁关系（本书持反对立场）。

（3）租赁权取得态样之异同：

租赁物转租，次承租人之取得租赁权，乃转租人基于自己之租赁权而为次承租人创设之租赁权，其取得为创设取得；租赁权让与，系原承租人将原有租赁权让与受让人，受让人之租赁权取得为继受取得。

(1) 租赁让与：甲出租 A 屋于乙，乙脱离租赁关系，将承租人之地位让与丙

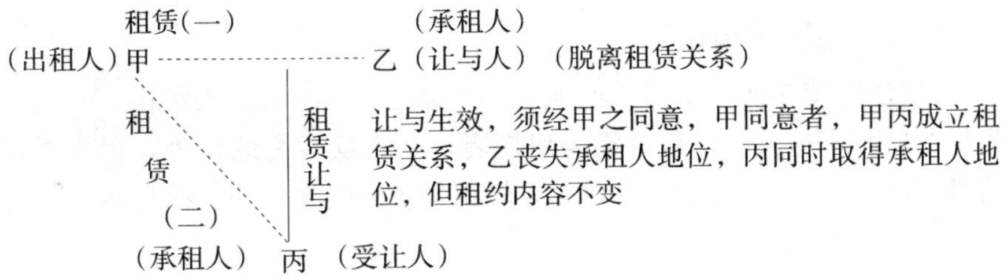

(2)租赁权让与:甲出租 A 屋于乙,乙将租赁权让与丙

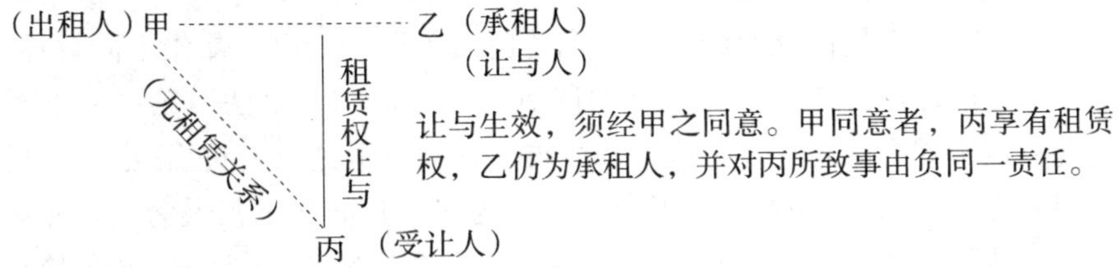

(3) 租赁物转租：甲出租 A 屋于乙，乙转租于丙

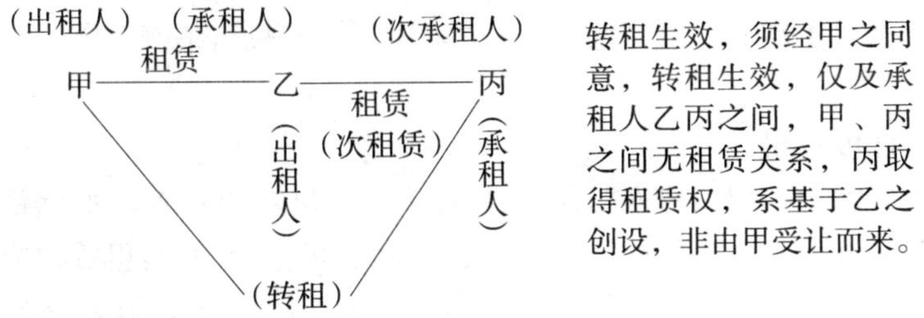

由上表可知，转租本无承租人变更，惟因承租人变为另一租赁关系之出租人（俗称转租人），故文献上亦从广义，便宜列入承租人变更章节说明。

2. 转租之类型

租赁于承租人层面，既具有人格性，转租原则上在禁止之列，自亦当然。惟民法于此，采取较为宽缓之政策，故转租之制度，乃有类型之分。其情形略有如下：

(1) 合法转租与违法转租

合乎法律规定之转租，称之合法转租。其情形有二。一为法所许可者，另一为经出租人同意者；反之，则为违法转租。

(2) 全部转租与一部转租

就租赁物全部转租者，是为全部转租；就租赁物之一部为转租者，

是为部分转租。部分转租，或为法律所例外许可，此为其区分实益之所在。

3. 转租禁止之例外

“民法”第四四三条第一项规定：“承租人非经出租人承诺，不得将租赁物转租于他人；但租赁物为房屋者，除有反对之约定外，承租人得将其一部分，转租于他人。”足见，转租禁止原则之例外，约有如下：

（1）出租人承诺

兹之承诺，学理上或解释为授与转租之授权行为。[227] 惟承租人得否转租，以经出租人同意即可，殊不必有积极之授权行为，是其见解似值商榷。按承诺，意指同意要约意思表示，民法于同一用语，却作不同解释，似有未尽严谨，比较上不如直称之同意为宜，以与“民法”第一一七条契合。至于同意无庸一定方式[228]，既得事前概括为之（允许），亦得事后个别为之（承认）。同意，固得向承租人为之，其向次承租人为之，亦无不可。转租，经出租人同意者，原则上固为合法转租，但法律另有禁止明文者，依其规定，耕地租赁明定，纵经出租人承诺（同意），仍不得转租，即是著例（“土地法”第一〇八条、“耕地三七五减租条例”第十六条第一项）。

（2）法定许可转租

租赁物为房屋者，如出租人与承租人无反对转租之约定者，则承租人转租其中一部分者，为法所特许，无违法转租之可言。[229] 所谓租赁物为房屋，即通称之房屋租赁；土地租赁（包括基地租赁），自然不在法律所许范围。不过，房屋之使用，经常必须连同基地部分转租而同时涉及基地使用者，应认为包括于房屋租赁概念之内，非法所不许。称部分者，解释上或可认为只要非全部转租，即无不可，但其已使承租人丧失原定经济目的者，应依诚信原则（第一四八条第二项、第二一九条），认为已非合法转租。例如，客厅、卧室均行转租，仅保留厨房，偶作炊事者，

227 参照郑著，第二四八页。

228 参照最高法院1943年上字第五八五九号判例：“承租人非经出租人承诺，固不得将承租之房屋全部转租于他人，但此项为承诺之意思表示，则不以订立书据为必要。其由出租人或经其授权之代理人口头承诺者，出租人即不得更依民法第四百四十三条之规定终止租约。”

229 房屋租赁，如当事人特约禁止转租者，仍不得为部分转租。主要依据为最高法院1931年上字第二一三号判例：“租赁物为房屋者，承租人固得将其一部分转租他人，但以无反对之约定为限。”

即可认非部分转租。此外，基地租赁，承租人于建筑房屋，而将房屋租与他人者，一般亦不以转租视之，而系仅于基地承租人与房屋承租人间，就基地本身成立借贷关系。[230] 不过，基于承租人之具有人格性，如将转借亦解释为同在禁止之列，则此论点，于结论似无多大影响。[231]

4. 合法转租之效力

合法转租之效力，殆可归纳如下数点：

（1）承租人与出租人间之租赁关系继续存在（第四四四条）；出租人应认许次租赁存在，既不得对次承租人主张无权占有，亦不得对承租人主张违约，当然说无终止租约之可言。

（2）次租赁虽为承租人所创设，但其权源本于原租赁关系，故次租赁之期限，不得超过原租赁期间，苟有超过，对原出租人亦无拘束力，租期届满原租赁关系消灭，次承租人如继续占有租赁物，即属无权占有，出租人固得本于其固有权源直接对次承租人诉请返还租赁物，但不得本于出租人请求返还。[232]

（3）原租赁与次租赁为两个个别独立之法律关系，不因其为法之所许而受影响，故次租赁之权利义务内容如何，除租期外，不受原租赁之影响。同理，出租人不得本于其与承租人之租赁关系，对次承租人为契约上之请求；反之，次承租人亦不得本于其与承租人之租赁关系，对原出租人为请求。[233] 不过，承租人如有怠于请求者，出租人或承租人得因其情形，对他方主张代位请求（第二四二条）。

230 参照“最高法院”1954年台上字第四七九号判例：“租地建筑房屋，除当事人间有禁止转让房屋之特约外，应推定出租人于立约时即已同意租赁权得随建筑物而移转于他人。”

231 学者中，对上述判例持赞同见解者，颇为常见。请参阅钱国成，前揭“民法判解研究”，第五一页。郑著（上），第二八三页。

232 参照“最高法院”1979年台上字第三六九一号判例：“按转租系转租人与次承租人成立新租赁关系，与租赁之让与不同。转租人与出租人间之租赁关系仍然存在，惟承租人与原出租人并无直接租赁关系之可言。本件被上诉人将系争房屋出租与共同被告王某等人，租赁期限固已届满，但王某等既将之转租，被上诉人不得依出租人之地位，对次承租人之上诉人请求返还租赁物。”

233 参照“最高法院”1969年台上字第一〇六八号判例：“‘民法’债编施行前所定之租赁契约，于施行后其效力依‘民法’债编之规定，‘民法’债编施行法第十三条第一项已有明定，则自台湾省光复时起，依我‘民法’第四百四十四条规定，承租人将租赁物转租于他人者，其与出租人间之租赁关系仍为继续，因次承租人应负责之事由，所生之损害，承租人负赔偿责任，即次承租人对出租人并不直接负担任何义务。上诉人只得请求承租人清偿租金，并向承租人定期催告给付租金，逾期后进而为终止租约之意思表示，其竟向次承租人之被上诉人请求清偿租金，并表示止约，显有未合。”

（4）因次承租人之事由，致租赁物毁损灭失者，承租人应与次承租人负同一损害赔偿责任（第四三三条）。[234]

5. 违法转租之效力

违法转租之效力，殆可归纳如下：

（1）违法转租，违反租赁人格性，出租人得终止租赁契约（第四四三条第二项），房屋全部转租，固应作同一解释[235]，即其一部转租，为当事人特约所禁止，承租人竟而转租者，亦作同一解释。[236] 足见违法转租，原则上构成终止租约事由，尚无使原租赁契约为之无效之效力。至于终止与否，为原出租人权利，原出租人自亦得不终止租约。

违法转租，仅构成终止租约事由，乃系原则，如法律规定，其原租约因而无效者，从其规定。[237] 例如，“耕地三七五减租条例”第十六条第二项之规定是。[238]

（2）转租契约，于承租人与次承租人间，基于负担行为之原理，原则上于法仍属有效。而且，纵使出租人终止其与与租人之租赁契约，请求承租人返还租赁物者，亦仅系承租人对次承租人负债务不履行（给付不能）责任之问题，次承租契约，亦不当然消灭。[239] 但法律另有规定者，从其规定。

（3）违法转租，于出租人终止原租约之前，原租赁契约仍属有效，出租人仍得对承租人请求支付租金；惟次承租对于承租人既亦有效，解释上，出租人不得对次承租人请求返还租赁物。反之，如出租人对承租

234 对出租人而言，为人的请求权竞合，于承租人与次承租人间，则为不真正连带债务，终局责任者为次承租人，故承租人赔偿后，得依让与请求权规定（第二二八条），请求出租人让与其对于次承租人之损害赔偿请求权。

235 参照“最高法院”1954年台上字第八六八号判例：“承租人非经出租人承诺，不得将租赁物转租于他人。如系租用耕地，则承租人纵经出租人承诺，仍不得将耕地全部或一部转租于他人。又承租人应自任耕作，并不得将耕地全部或一部转租于他人，承租人违反前项规定时，原定租约无效。此在‘民法’第四百四十三条第一项前段、‘土地法’第一百零八条、‘耕地三七五减租条例’第十六条分别设有规定，违反此项禁止规定所订定之转租契约当然无效，并基于无效之转租契约而占有租赁物，即非有正当权源。”

236 参照最高法院1931年上字第三二五三号判例：“民事法律所未规定者方依习惯，承租人未得出租人承诺，将租赁物全部转租于他人者，出租人得终止契约，法律既有明文规定，当事人自无主张应依相反习惯之余地。”

237 耕地租赁而有租赁权让与者，似亦应作同一解释。

238 “民法”债编修正，于第四五九条保留作为终止租约事由是否有其适用，不无疑义。

239 参照最高法院1931年台上字第一一九六号判例：“租赁物为房屋，承租人固得将其一部分转租于他人，但如有反对之约定而仍行转租者，出租人自得终止契约。”

人终止租约者，则得基于其固有权利对承租人、或次承租人、或同时对其二人请求返还租赁物。至于，在法律明定违法转租，其原定租约无效之特例，则无待终止，出租人即有请求返还租赁物之权利。[240]

（4）租赁契约与次租赁契约，为两个个别独立之法律关系，前段（3）之解释，于此亦有适用（代位权部分，或有疑义）。

（5）因次承租人之事由，致租赁物毁损灭失者，承租人与次承租人负同一损害赔偿责任（第四三三条）。[241]

（四）租赁物转借

承租人将租赁物借与他人使用者，是为租赁物转借。

租赁物转借，究为法所禁止，抑为法之所许，租赁一节，并无明文。学者或以为，转借既未如转租之有明文禁止，且承租人亦无中间渔利情事，应无禁止之理。[242] 实务持反对见解，认为本诸租赁人格性，应与转租作相类解释[243]；比较上当以实务立场为较允妥。其利用委托管理名义或委任耕作者，亦应解释为在禁止之列。

学者或以“民法”第四三三条规定，作为转借不受禁止之依据。惟民法该条，系指有此情形，承租人应负责任之规定，性质上为义务条款，将其转换作为权利条款之规定，认为承租人得任意允许第三人使用收益租赁物，不仅法律解释方法论任意扩张，而且恐有违租赁人格性之重要性质，于出租人利益之保护，亦极不公，似非坚强论据。

第二项　租赁之客体变更

租赁双方当事人间之权利义务内容，有所变动者，是为租赁之客体变更。租赁目的或租赁使用方法之改变、租期之延缩，乃至租金之增灭，均其著例。

租赁为契约，得因当事人约定，变更租赁关系之内容，此与一般契约同，无待多赘。于此所选者，乃租赁有别于其他契约类型之内容变更，基此角度而言，则租赁之客体变更，主要有二，一为租金之调整，二为

240　参照“最高法院”1992 年台再字第一五号判例：“注：本判例于九十年四月十七日经最高法院九十年第四次民事庭会议决议增列民法第四百二十六条之一。”

241　合法转租，承租人既须对次承租人应负责事由所生损害负责（第四四四条第二项），则举重明轻，本于体系解释，于违法转租，自亦有其适用，无庸非依“民法”第四三三条不可。

242　参照郑著（上），第二五一页；史著，第一八一页。

243　参照“司法行政部”民事司 1977 年台民司涵字第〇二八七号。

期限之延缩。

租金调整，于租赁契约言，亦系重要特色之一。惟此于承租人义务已有说明（本书第 252 页），不拟重复。本段因而仅以租期延缩为叙述对象。

一、租期犹豫

1. 租期之约定延缩

租赁期间，得依当事人特约延长或缩短，但法律有特别规定者，依其规定，“耕地三七五减租条例”规定，耕地租佃期间，不得少于六年（同条例第五条前段），即是著例。[244] 此外，定期租赁之变更为不定期租赁；或不定期租赁变更为定期租赁者，亦依契约自由原则而由当事人定之。

2. 拟制不定期租赁之成立

“民法”第四二二条规定：“不动产之租赁契约，其期限逾一年者，应以字据订立之，未以字据订立者，视为不定期限之租赁。换言之，于不动产租赁，纵定有期限，如有期限逾一年，而当事人间亦立有字据者，法律即拟制其为不定期租赁，不问当事人约定期限长久为何？谓其法律政策何以如此，答案为所以昭慎重，杜争议也。[245] 不过，本条规定，并不因之使不动产租赁成为要式契约[246]，应予注意。至其要点，约可分析如下：

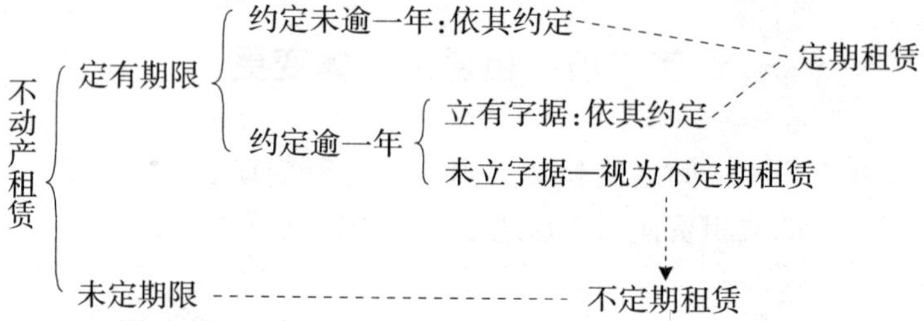

244 参照“最高法院”1953 年台上字第二〇一号判例：“‘耕地三七五减租条例’第五条所称之租约期间不得少于六年，为强制规定，凡原订租用耕地之期间短于六年，而在该条例施行后犹未届满者，即应予以延长至六年。”

245 参照“民法”第四二二条立法理由：“存续期间逾一年之不动产租赁契约，于当事人之利害极有关系，应使其订立字据，借防后日之争论。”

246 参照“最高法院”1951 年台上字第三〇四号判例：“租赁契约之成立，除不动产之租赁契约，其期限逾一年者，应以字据为之外，并无一定之方式。苟合于‘民法’第四百二十一条所谓当事人约定一方以物租与他方使用收益，他方支付租金之情形，即令未经订立书面，仍不得谓当事人间之租赁关系尚未成立。”

本条立法目的，原以“民法”第四五〇条，特别是同条第二项本文，遥相呼应，以便当事人双方得随时自由终止租约。[247]不过，不动产租赁，因特别法之规定，多数情形于不定期租赁，已几无自由终止之适用，甚至可说极难终止（详请参照特种租赁——本书第320页）。是以，民法本条之规范意旨，于目前现状，意义几已丧失殆尽，恐非立法当时所能预料者。

二、租赁更新

租赁更新者，指租赁期限届满，以原定租赁同一内容，延长其期限之情事也。租赁更新，或由当事人约定，或依法律规定。前者称为约定更新；后者则称法定更新。兹分述如下：

1. 约定更新

租赁期限届满，当事人约定延长租赁之期限者，是为租赁约定更新（第四四九条第二项）。其延长之期限及次数，由当事人订定。不过，由于民法规定，除租用基地建筑房屋者外，其租赁期限不得逾二十年；逾二十年者，缩短为二十年（同上条第一项）。更新之期限，解释上亦不得逾二十年[248]；至其次数，尚无限制。其原为定期租赁，约定更新为不定期租赁，亦非法所不许。反之亦然。

约定更新，应于何时为之，法无明文。按定有期限之租赁，于期限届满时租约消灭，是约定更新解释上应于租期届满前为之。至其于届满前何时为之，原则上应无限制。

2. 法定更新

租赁因符合法律所定要件而更新者，是为租赁法定更新。“民法”第四五一条规定：“租赁期限届满后，承租人仍为租赁物之使用收益，而出租人不即表示反对之意思者，视为以不定期限继续契约。”由于此之更新，当事人间并无约定，惟出租人不即表示反对之意思，其情形与默示相仿，故文献上亦通称默示更新。兹分就其要件及效果叙述如下：

（1）法定更新之要件

247 参照“民法”第四二二条立法理由：“存续期间逾一年之不动产租赁，其未立有字据者，则应视为不定期限之租赁，当事人自得随时终止契约。”

248 参照郑著（上），第一八四页；陈著，第一一一页；史著，第二一五页；戴著，第一〇四页；蔡著，第八六页。

租赁法定更新之要件有二。一为承租人须于租赁期限届满后，继续为租赁物之使用收益，另一为出租人对于承租人之继续使用收益租赁物，不即表示反对。因之，如承租人于租赁期限届满后，未再为租赁物之用益者，固无法定更新之可言；反之，如出租人为反对之表示者，租赁契约亦告消灭，无法定更新适用之余地。

民法本条所称承租人，意义上宜采广义，其为承租人本人继续用益租赁物者，固无疑问，即承租人之家属、受雇人，或其他社会伦理认许得由承租人允为用益租赁物之第三人，其继续用益租赁物者，亦属之。[249]

所谓不即表示反对之意思者，依一般交易观念，认为相当时期内，未为反对表示者而言。[250] 一般而言，出租人于租期届满后，未为任何表示而续收租金，或租期届满后一个月，始表示拒收租金者，均有不即表示反对之意思之适用。[251] 至若，出租人一方面反对续租，另一方面续收同租金数额之金钱者，其收受行为，宜解为迟延赔偿代价之收取，租赁尚不因之更新。[252]

此之反对表示，实务认为系意思表示（单独法律行为），适用“民

249 参照“最高法院”1971年台上字第二二四六号判例：“为租赁物之使用收益者，法律并未规定以承租人本人为限，故‘民法’第四百五十一条所指‘承租人仍为租赁物之使用收益’者，应包括承租人之家属、受雇人及经承租人允许之其他第三人，而为租赁物使用收益之情形在内。”

250 参照“最高法院”1954年台上字第三六七号判例：“‘民法’第四百五十一条所谓出租人不即表示反对之意思，系指依一般观念，出租人于租期届满后，相当时期内，能表示反对意思而不表示者而言，本件被上诉人表示反对续租之意思与租期届满之日相距仅有十日，在一般观念上，自难指为非于相当时期内表示反对之意思。”（同旨“最高法院”1953年台上字第一二二号判例。）

251 参照最高法院1944年上字第三七六三号判例：“上诉人如于期限届满后，仍为租赁物之使用收益，被上诉人并已收受其期限届满后之租金，则依民法第四百五十一条之规定，自应视为以不定期限继续契约，非被上诉人另有合法终止契约之意思表示，两造间之租赁关系，尚不得谓非存续。”“最高法院”1952年7月9日民事庭长会议决议：“出租人于租期届满后，经过一月始以拒绝收受此一月之租金，为反对续租之表示，不能认为即时表示反对之意思。”

252 参照“最高法院”1953年台上字第四九三号判例：“被上诉人对于系争房屋之租赁关系，既于租赁期限将届满时，以书面表示于期限届满后不再继续契约之意思，并因上诉人觅屋困难，限至四十一年三月底迁居，显与‘民法’第四百五十一条规定之情形有间，纵于其后有收受上诉人支付是年一月至三月之租金，亦属租赁关系消灭后，因租赁物迟延返还所生损害之性质，不容上诉人以不定期限继续契约为争执。”

法”总则有关意思表示之规定。[253] 其租赁物为共有者，应类推适用“民法”第二五八条第二项，由共有人全体为之。[254] 准此，则承租人为共同租赁者，亦应向承租人全体为之，惟反对表示，并非终止租约，解释其有行使不可分性，于出租人而言，恐属苛刻，是否允当，不无可议。类推适用“民法”第二五八条，不失为可行解释之道。

反对表示之意思，虽不限于明示，但单纯之沉默，尚不能认为系默示不即表示反对。[255] 此外，原租约约定期满续约者，亦不能解释为期满而当然发生法定更新之效果。[256]

虽然，民法本条之不即表示反对，系指租赁期限届满而言，惟反对表示，并不以限于租期届满后为之始可，租赁时预先约定，届期不再续约者，固可阻止法定更新之适用[257]，租期行将届满之前，预为表示不愿续租者，亦不失为此所称之反对表示。[258] 至于不即表示反对承租人继续用

253　参照最高法院 1948 年上字第八二八八号判例：“民法第四百五十一条所谓不即表示反对之意思，系指一般交易观念所认为相当之时期内，不表示反对之意思而言，此项意思表示亦不必以明示之方法为之。”（同旨“最高法院”1968 年台上字第三六四七号判例。）

254　参照“最高法院”1952 年台上字第七六七号判例：“‘民法’第四百五十一条之规定，乃出租人表示反对续租之意思，有阻却继续契约之效力，此与同法第二百六十三条所定当事人依法律之规定终止契约之情形，具有同一之法律理由，自应类推适用。故租赁物为数人所共有，表示此项意思时，应准用第二百五十八条第二项规定，由共有人全体为之。”（同旨“最高法院”1974 年台上字第二一三九号判例。）

255　参照“最高法院”1957 年台上字第一八二八号判例：“‘民法’第四百五十一条所谓出租人不即表示反对之意思，固不以明示之反对为限，但若仅于租期届满后未收取租金，即系一种单纯的沉默，尚难认为已有默示反对续租之意思。”（同旨“最高法院”1958 年台上字第一八二〇号判例。）

256　参照“最高法院”1952 年台上字第四三三号判例：“上诉人虽以原租赁契约载明‘满期再订’字样，实含有满期仍应继续租赁之意思为抗辩，第查此项约定仅属期满后得协商再订租赁契约，不能解为期满后，当然继续租赁。”

257　参照“最高法院”1966 年台上字第二七六号判例：“‘民法’第四百五十一条所定出租人于租期届满后须即表示反对之意思，始生阻止续租之效力。意在防止出租人于租期届满后，明知承租人就租赁物继续使用收益而无反对之表示，过后忽又主张租赁关系消灭，使承租人陷于窘境而设，并非含有必须于租期届满时，始得表示反对之意义存在。故于订约之际，订明期满后绝不续租，或续租应另订契约者，仍难谓不发生组止续约之效力。”

258　参照“最高法院”1953 年台上字第四一〇号判例：“租赁定有期限者，其租赁关系于期限届满时消灭，为‘民法’第四百五十条第一项所明定。同法第四百五十一条所谓视为不定期限继续契约者，须承租人于租期届满后，仍为租赁物之使用收益，而出租人不即表示反对之意思时，始有其适用。此种出租人之异议，通常固应于租期届满后，承租人仍为租赁物之使用收益时，即行表示之，惟出租人虑承租人取得此项默示更新之利益，而于租期行将届满之际，向之预为表示不愿继续契约者，仍不失为有反对意思之表示。”

益租赁物，是否以出租人知悉为前提，不仅各国立法尚有不同[259]，学理见解亦有分歧。通说以为；虽不以出租人知而不表反对为要件，但其因过失而不知表示反对者，亦有适用；至于非因过失而不知者，应许其于知悉时表示反对。[260] 实务立场亦偏向于此[261]，似较允当。

（2）法定更新之效力

租赁更新，除租赁期限重新起算外，租赁内容一如原租赁契约，此于法定更新亦然。[262] 不过，第三人所为之债权担保，有丧失之虞（第七五五条），适用上颇值注意。约定更新情形亦然。

法定更新，解释上虽仅于定期租赁始有适用，但其效力于租期定性上，却有转化，即租赁因法定更新者，于更新后双方当事人间，视为不定期租赁。视为虽属拟制，惟其不容推翻，故文献乃至法院实务，常径行以变更为不定期租赁称之。[263]

本来，法定更新，所以采取视为不定期租约之法律政策，旨在给予双方当事人随时终止租约之自由（第四五〇条第二项本文），寓有侧重出租人利益保护之用意。不过，如上所述，不定期租赁，于特种租赁不得随时终止租约，类此法律政策，反而极度不利于出租人，其为出租人者对此宜特别谨慎，实难否定。

综本项所述，足见租赁之变更，涉及事项颇为复杂，爰归纳其基本事项如下表，以供参考：

259 德、日民法，均明定须出租人明知承租人继续使用，而不即为反对表示者，始有法定更新之适用（详请参照德国民法第五六八条，日本民法第六一九条）。

260 参照郑著（上），第二五四页；史著，第二一六页；龙显铭前揭“民法上租赁之研究”，第二〇一页。

261 参照“最高法院”1953年台上字第一二二号判例：“‘民法’第四百五十一条所谓出租人不即表示反对之意思，系指依一般交易观念，出租人于可能表示意思时而不表示者而言，上诉人之办公处所与被上诉人之营业所既系设在同一街道，而上诉人之管理员复在系争房屋楼上居住，均为两造所不争执，则被上诉人于租赁期限届满后，仍为租赁物之使用，揆诸一般交易观念，上诉人显非不能即时表示反对之意思，乃竟沉默不言，迟至月余始表示异议，自难谓非与上开法条规定之事由相当。”

262 参照“最高法院”1975年台上字第一五七九号判例：“租赁契约依‘民法’第四百五十一条规定更新后，仅发生期限变更之效果，其余内容（如租金及其他条件）并非随同变更。”

263 参照“最高法院”1962年台上字第一二八八号判例：“原租赁契约并未另定租赁期限，纵系以金钱借贷契约之期限为其期限，于民国二十九年四月八日届满后，被上诉人既仍为租赁物之使用，上诉人亦续允以借款之利息抵付房租，而未为反对意思之表示，依‘民法’第四百五十一条之规定，即应变更为不定期限继续契约，自不受‘民法’第四百四十九条第一项所定，租赁契约之期限不得逾二十年之限制。”

- 租赁变更
  - 主体变更
    - 出租人变更
      - 租赁物所有权让与：买卖不破租赁（425）
      - 租赁物之物权设定：准用买卖不破租赁（426）
      - 基地房屋所有权移转：买卖不破租赁（426之1）
      - 出租人死亡：定租赁承担
    - 承租人变更
      - 租赁之继承：继承人得终止租赁（452）
      - 租赁权让与：出租人得终止租赁（类推443）
      - 租赁物转租：出租人得终止租赁（443）
      - 租赁物转借：出租人得终止租赁（“司法行政部”函释）
  - 客体变更
    - 租金调整：声请法院调整（442）
    - 租期犹豫
      - 约定延缩：不得逾二十年（449）
      - 拟制不定期租赁（442）
    - 租赁更新
      - 约定更新：不得逾二十年（449）
      - 法定更新：继续不定期租赁（451）

第四节　租赁之消灭

租赁为契约类型之一，有关债之消灭及契约消灭之一般规定，于租赁契约，原则有其适用。[264] 兹不重复。

不过，租赁为继续性契约，其消灭原因事由及效果，法律上有其特色。兹即基此角度，另辟本节以为说明。

一、租赁消灭之原因

租赁之特殊消灭原因，主要有三，即：租期届满、租约终止及租赁物灭失三者是。

（一）租赁期限届满

租赁定其期限者，其租赁关系于期限届满时消灭（第四五〇条第一项），但有如上所述租赁法定更新之适用者，尚不消灭（第四五一条）。

264　实务曾以为，解除于租赁尚无适用（“最高法院”1962年台上字第二八二九号判例）。惟租赁契约成立生效后，如尚未交付租赁物者，若有债务不履行情事，是否确无解除之适用，不无可议。实务论点，似尚有未尽周延之处。

所谓期限届满消灭，一般以为，届期当然消灭[265]，即使租赁存续期间，因不可抗力而不能用益租赁物者，其不能用益期间，亦不能主张扣除。[266] 租赁期限约定逾二十年者，除租用基地建筑房屋者，不受期限限制外[267]，因法律规定缩短为二十年，自亦应解释为，于二十年届满时消灭。[268]

所谓定有期限，解释上不问确定期限或不确定期限，均有适用。换言之，即使在不确定期限租赁，如其期间达二十年者，于法亦属消灭。[269] 至于未定期限租赁，解释上尚无不得逾二十年之适用。[270]

（二）租赁契约终止

租赁为继续性契约，得因当事人终止而消灭，宁为当然结论。惟民法租赁，于此规定，颇为琐细，爰就一般租赁，从当事人得主张终止之角度，为之归纳说明如下：

1. 双方当事人均有终止权之终止

于租赁，当事人双方均有终止权者，得分定期租赁及不定期租赁叙述之。

（1）定期租赁之终止

---

265 参照“民法”第四五〇条立法理由：“谨按租赁契约之定有期限者，其租赁关系于期限届满时消灭，此属当然之事。”（同旨最高法院1929年上字第五五号判例。）

266 参照司法院1946年院解上字第三一〇八号解释：“租赁定有期限者，承租人虽因战事疏散，致不能于期限内使用租赁物，不得将疏散期间于租赁期限内扣除。”（同旨司法院1948年院解字第四〇一一号解释，最高法院1948年上字第七九四三号判例。）

267 参照“民法”债编修正第四四九条修正理由：“一、第一项及第二项未修正。二、租用基地建筑房屋者，鉴于现代化建筑技术发达，房屋之使用期限一般超过二十年。如出租人与承租人于租赁契约满二十年时未达更新契约之合致，契约即行消灭，对承租人之保障欠周，且有碍社会经济利益，为祛除上开弊端，并配合第四百二十五条之一之增订，爰增订第三项，使租用基地建筑房屋者，不适用二十年租赁期限之规定。”

268 参照最高法院1940年上字第一七三一号判例：“租赁契约之期限不得逾二十年，其逾二十年者，缩短为二十年，民法第四百四十九条第一项定有明文。租赁契约订明年限不定，只许客辞主，不许主辞客者，纵可解为以租赁物存在之时期为其租赁期限，但其期限逾二十年者，应缩短为二十年。依民法第四百五十条第一项之规定，其租赁关系于二十年届满时消灭。”

269 参照最高法院1941年渝上字第三一一号判例：“土地之租赁契约以承租人自行建筑房屋而使用之为其目的者，非有相当之期限不能达其目的，故当事人虽未明定租赁之期限，依契约之目的探求当事人之真意，亦应解为定有租至房屋不堪使用时为止之期限，惟应受民法第四百四十九条第一项之限制而已。”（同旨“最高法院”1973年台上字第一六一八号判例。）

270 参照“最高法院”1976年台上字第二七二二号判例：“‘民法’第四百四十九条第一项之规定，不适用于不定期租赁，此观之该条项所定‘逾二十年者缩短为二十年’，可以了然。”

继续性契约，因人格信赖关系，当事人本得随时终止，惟民法租赁为保护双方当事人因租赁所生权利，于定期租赁之终止，缓和人格性之色彩，除有法定事由而个别明定当事人一方以终止权外，尚不赋与双方当事人以随时终止权。不过，本诸契约自由原则，如当事人特约双方当事人之一方或任一方有随时终止权者，则从其约定，一般称之解除权保留。[271] 于定期租赁，为解除权之保留者，其租约之终止，除应依“民法”第四五〇条第三项规定，定期通知外，适用终止有关之一般规定。有关于此之先期通知，拟于次段说明不定期租赁之终止时，一并叙述。

（2）不定期租赁之终止

①终止权之行使

不定期租赁，依民法之规定，除交易上有利于承租人之习惯者，从其习惯外，当事人任何一方，均得随时终止（第四五〇条第二项）。惟其行使终止权时，应依习惯先期通知（同上条第三项前段）；如其为不动产租赁，此项先期通知，民法设有相当详细之规定，其情形为：“不动产之租金，以星期、半个月或一个月定其支付之期限者，出租人应以历定星期、半个月或一个月之末日为契约终止期，并应至少于一星期、半个月或一个月前通知之。”（同上条第三项后段）

民法本条既称随时，文义上似可解为，租赁一经生效，即得即时终止，惟此毕竟与交易上之诚实信用原则有背，故一般以为，应经相当期限，始得终止租赁，俾承租人确实受有租赁实益。[272]

先期通知为任意终止之生效要件[273]，当事人主张终止租约，而未先期通知者，其终止不生效力。所称通知，无庸一定方式，亦无须以诉讼方式为之；惟终止租约之意思表示，得视为通知，于期限届至时，仍生终止租约之效力。[274]

---

271 参照“民法”第四五三条立法理由：“谨按当事人约定租赁之期限者，固应受期限之拘束，然若约定当事人之一方，得于期限届满前解除契约者，是即解约权之保留，法律亦所许可。”

272 参照最高法院1929年上字第一八五一号判例：“未定期限之租赁契约虽可随时声明终止，而自结约之日起，究应经相当期间，俾租户得受租赁之实益，始与交易上诚实信用不相违背。”（同旨最高法院1930年上字第二九五号判例。）

273 参照最高法院1930年上字第二五五八号判例：“未定存续期间之租赁契约，固可不论何时主张终止，但在主张之一造，应于相当期间前预行通知。”

274 参照最高法院1933年上字第八五六号判例：“民法第四百五十条第三项之通知，并无一定方式，亦非限于诉讼外为之，苟诉讼上已有书状或言词向他造表示终止租赁契约之意思，即应认为已有通知。”

②终止生效之时点

由于先期通知之规定，任意终止租约之生效时点，颇具特色。爰举例说明于下：

甲向乙租用A车，嗣又租用B地堆放杂物；约定每月十日，交付当月租金，但该二项租约，均未约定返还租赁物之期限。嗣甲于1994年4月1日，通知乙终止租约（设该项通知于4月5日到达），该等租约之生效时点如下：车辆为动产，其终止租赁，如无先期通知习惯，租约于4月5日终止，如依习惯需于一个月前通知，则为5月5日终止。

B地为不动产，而租金按月支付，其先期通知应于一个月前为之，并以月末为契约终止期。兹通知4月5日到达，一个月期间为5月5日，是租约终止之时点为5月31日（交易上另有习惯者，仍适用民法本条项规定），甲所定终止租约在5月31日以前者，以5月31日为终止日；约定终止租约时点在5月31日以后者，依其约定。

再者，不动产租赁之租金支付，非以星期、半个月或一个月定其支付期限者，所在多有。例如，每日或每三日付租一次，乃至旬日或每二十日付租一次，甚而每季、每半年、每年付租一次者，租赁终止时点如何？法无明文，究应如何解释？不无疑义。实务以为，民法本条项后段关于不动产租赁之先期通知之明文，性质上为列举规定，非一星期、半个月或一个月者，尚不类推适用[275]，惟其究应如何适用法律，实务并无明确答案。愚意以为，实务见解，不无可议，比较上或以如下见解为当。即：租金支付期限为一个月以下者，类推适用同条项但书，其为旬日付租者，终止须于旬日以前通知，其为双旬日付租者，需于双旬日以前通知，其余类推；其租金支付为逾一个月者，则类推适用一个月付租之方式，其终止仅须于一个月通知，无须为半年或一年；租金预付者，亦宜作同一解释，以免终止租约，久悬不定，但亦不至于解释为终止通知到达，即行终止。

③制度设计之乖离

诚然，不定期租赁，当事人双方得随时终止，“民法”第四五〇条第二项规定甚为明确；惟特种租赁中之房屋租赁、基地租赁、耕地租赁，

275 参照“最高法院”1978年台上字第二二九三号判例：“‘民法’第四百五十条第三项所定出租人之应以历定星期、半个月或一个月之末日为契约终止期，并应至少于一星期、半个月或一个月前通知，系列举之规定，非谓不动产之租金以一年或半年定期支付之期限者，亦得类推适用该条项之规定。”

民法其他条文（如第四五八条、第四五九条）及特别法（“土地法”等）之规定反是。现时实际社会交易，普遍而重要者，无宁以上述三者为大宗。是以，研习租赁不宜因“民法”第四五〇条第二项规定，直率肯定不定期租赁，均得随时终止，以免法律判断，为之阴沟里翻船。此与前述租赁客体变更，特别提示不要让租赁权轻易适用法定更新，堪称旨趣同一。

2. 仅出租人有终止权之终止

依民法租赁规定，于一般租赁仅出租人得终止租约者，主要事由殆有如下：

(1) 承租人违反约定方法或法律规定，为租赁物之使用收益者（第四三八条）。

(2) 承租人支付租金迟延，经催告而未依法律规定补正给付者（第四四〇条）。

(3) 承租人违法转租租赁物于第三人者（第四四三条）；租赁让与、租赁权让与，乃至转借，亦应作同一解释。

(4) 承租人乘出租人之不知或不顾出租人之异议，取去留置物者（第四四七条第二项）。

以上终止，无论定期租赁、不定期租赁，均有适用，而且均无庸先期通知[276]，因终止之意思表示到达而即时终止。

3. 仅承租人有终止权之终止

依民法租赁规定，于一般租赁（仅）承租人得终止租约者，主要事由殆有如下：

(1) 住宿租赁，租赁物有瑕疵而危及完全健康者（第四二四条）。

(2) 出租人有修缮义务及可能，经承租人催告而不履行者（第四三〇条）。

(3) 租赁物存余部分，不能达租赁之目的者（第四三五条第二项）。

(4) 第三人主张权利，致承租人不能使用收益租赁物者（第四三六条）。

(5) 承租人死亡，其继承人主张终止租约者（第四五二条第二项）。

以上终止，无论定期租赁及不定期租赁，均有其适用。而且，除(5)以外，亦均无庸先期通知。

276 参照“最高法院”1971年台上字第二二三号判例：“‘民法’第四百五十条第三项所定应先期通知终止租约，系指依同条第二项规定，对于未定期限之租赁，随时任意终止租约者而言，本件系以欠租为理由而终止租约，自无该条项之适用。”

（三）租赁物灭失

标的物灭失，法律评价上为给付不能，债之关系尚不当然消灭，甚至可说以不消灭说为通论。惟在租赁，为租赁标的之租赁物如已灭失，承租人不能继续使用收益租赁物，租赁目的无复实现可能，租赁契约继续存在，不仅无其意义，于当事人利益亦有窒碍，因之，民法虽无明文，但学理见解及实务立场，均明白肯定，租赁物灭失，不问是可归责于承租人（债务人）与否，除有特约外，租赁关系均告消灭。[277] 不过，此之消灭，无待终止而当然发生，早期判例，曾使用可为终止原因之字眼[278]，似有不尽严密之虞。

租赁物灭失，租赁关系消灭，不问其灭失事由是否可归责于承租人或出租人，均有适用；不过，出用人或承租人如为可归责者，对他方应负债务不履行（给付不能）责任（第二二六条）。如是，于租赁契约（租赁关系）与债务不履行责任之概念，尚可从租赁关系分离而独立存在。

租赁物灭失，租赁关系消灭，于部分灭失，如其非可归责于承租人之事由而发生者，亦有适用；只是，部分灭失后，租赁关系原则上仍存于余存之租赁物上（用益范围缩小），租金为之减低，致形式上表现为租赁变更而已。

此外，因不可归责于承租人之第三人行为，致租赁物灭失而租赁消灭者，承租人固得以租赁权受害，基于侵权行为对第三人请求损害赔偿（第一八四条第一项前段），但不得依“民法”第二二五条第二项对出租人主张代偿请求权。盖以此时已无租赁继续存在之可言；而且，出租人之损害赔偿请求权，系本于所有权等固有权利，性质上非为使用收益之代价也。

277 参照司法院1939年院字第一九五〇号解释：“租赁之房屋，因天灾或其他事变致全部灭失者，依民法第二百二十五条第一项、第二百六十六条第一项，出租人免其以该房屋租与承租人使用之义务，承租人亦免其支付租金之义务，租赁关系，当然从此消灭。惟当事人间订有出租人应重盖房屋租与承租人使用之特约者，从其特约，该地方有此特别习惯，可认当事人有作为契约内容之意思者，即为有此特约，至房屋之承租人对于房屋之基地，固得因使用房屋而使用之，若租赁关系，已因房屋灭失而消灭，即无独立使用之权，其在该地基搭盖棚屋居住者，究为侵权行为，抑为无因管理，应视具体事实定之，仅据原呈所称情形，尚难断定。”（同旨司法院1940年院字第一九九四号，1942年院字第二三三三号，1945年院解字第二九七九号解释；最高法院1930年上字第一〇六〇号、1941年上字第三四五号、1955年台上字第三八三号判例。）

278 参照最高法院1930年上字第一〇六〇号判例：“租赁标的物因天灾或意外事变灭失者，其租赁关系既无存续之可能，无论原契约有无存续期间，均可为终止之原因。”

二、租赁消灭之效果

代民法租赁规定，租赁消灭之效果，主要有四：一为租赁物返还，二为预收租金之返还、三为押租金之返还、四为耕地租赁之特例。后者于押租金部分已有说明（本书第 274 页以下），兹不重复。爰仅就前二者分别说明如下：

（一）租赁物返还

民法第四五五条规定：“承租人于租赁关系终止后，应返还租赁物。租赁物有生产力者，并应保持其生产状态，返还出租人”。此之租赁关系终止，意指租赁关系消灭而言，非谓仅经终止者为限[279]；但于租赁物灭失而租赁关系消灭之情形，尚不适用。有此情形，除租赁物灭失者外，出租人负有返还租赁物之义务，如租赁物有生产力者，并应保持其生产力而为返还。承租人未即时返还者，应负给付迟延之不履行责任[280]；其未保持生产力者，则应负不完全给付之不履行责任。

承租人返还租赁物，除自然耗损者外，评价上应为租赁物之原状，而非仅为现状。因此，承租人于租赁物上有改良、加工或添加者，除其得以适用有益费用偿还请求权或工作物取回权（第四三一条、第四五六条）外。对出租人负有回复原状之义务。[281] 此外，附属于租赁物上而无偿供给使用之附属物，亦应一并返还。[282]

279　参照最高法院 1944 年上字第三〇六一号判例：“被上诉人承租上诉人之铺屋既因火灾致全部灭失，其租赁关系即因之而消灭，该铺屋之基地显为租赁物之一部，然除别有订定外，被上诉人仅得因使用铺屋而使用之，本无独立使用之权。租赁关系因铺屋灭失而消灭后，被上诉人仍占有使用，如别无合法原因，即不能谓上诉人无返还请求权。”（同旨“最高法院”1963 年台上字第二二〇九号判例。）

280　参照“最高法院”1980 年台上字第四〇〇一号判例：“租赁定有期限者，其租赁关系于期限届满时消灭，‘民法’第四百五十条第一项定有明文，如无同法第四百五十一条所定视为以不定期限继续契约情事，依同法第四百五十五条规定，承租人应于租期届满时返还租赁物。否则，即应负给付迟延责任。”（同旨最高法院 1948 年上字第五九九四号判例）。

281　参照“民法”第四三一条立法理由。其意旨如下：“至承租人就租赁物上所增设之工作物，如无害于出租人之利益，应许承租人取回，但应回复租赁之原状，庶于双方保证，咸得其平。”（同旨最高法院 1929 年上字第二九五七号判例。）

282　参照“最高法院”1954 年台上字第一号判例：“承租人之农舍原由出租人无条件供给者，于‘耕地三七五减租条例’施行后，依该条例第十二条之规定，固仍应由承租人继续使用。然此项农舍使用权既系附属于耕地之租赁关系而发生，则耕地之租赁关系消灭时亦即随之丧失，承租人自应负返还其农舍于出租人之义务。”

出租人于租赁关系消灭后，请求返还租赁物者，其法律上依据，固为基于租赁契约而生之租赁物返还请求权[283]，惟承租人继续使用租赁物者，属无权占有，故出租人如为物权人者，并得本于物上请求权请求返还租赁物。[284]

（二）预收租金之返还

租金，为使用收益租赁物之代价，租赁关系消灭，如其出租人有预收租金者，除其为租赁期限届满而消灭者外，就预收部分应予返还，无宁为不当得利之当然结论。[285]

有关于此，"民法"第四五四条规定："租赁契约，依前二条之规定终止时，如终止后始到期之租金，出租人已预先受领者，应返还之。"论其文义，系仅以承租人之继承人终止租约及定期租赁之任意终止为对象。惟就租赁终止规定之体系而言，解释上尚不能限于此二类型。以是，其他终止类型，法律适用时，究应类推适用第四五四条？抑或以适用债编通则之不当得利为当？解释上难免争议。为求理论及适用之一贯，当以类推适用之立场为较妥当。不过，于其他类型，或因可归责于承租人，出租人得以之作为抵销之被动债权[286]，或因可归责于出租人，返还时应附加自受领时起之利息，一并返还。[287]

预收租金之返还，原则上无须加附利息。惟解释上应认为租赁消灭时，出租人即负返还义务，租金返还债务亦于其时届期，出租人迟未返还者，自租赁消灭翌日起，加计迟延利息（第二三三条）返还于承租人，承租人因迟延返还而受有利息以外之其他损害者，并得请求出租人赔偿损害（第二三一条）。

283 参照"最高法院"1955年台上字第一一〇一号判例："被上诉人向诉外人某甲买受系争房屋后，虽未完成其所有权移转登记，但其行使之租赁物返还请求权，系基于租赁关系即债之关系所发生，被上诉人既已向原出租人之某甲一并受让其权利，并将此项事由通知上诉人，则其对上诉人行使出租人之权利，自不因系争房屋之未完成所有权移转登记而受影响。"

284 参照"最高法院"1986年台上字第八〇一号判例："租约终止后，出租人除得本于租赁物返还请求权，请求返还租赁物外，倘出租人为租赁物之所有人时，并得本于所有权之作用，依无权占有之法律关系，请求返还租赁物。"

285 参照"民法"第四五四条立法理由："租赁契约因承租人死亡，由其继承人声明终止，或当事人一方，根据契约于期限届满前终止时，如终止后始到期之租金，出租人已预先受领者，是为不当得利。故应使出租人负返还之义务，以保护承租人之利益。"

286 实务以为，迟延返还租赁物，非属侵权行为，承租人得主张，以修缮费用偿还债权与迟延返还所生损害赔偿请求权，相互抵销（"最高法院"1957年台上字第一七八〇号判例）。

287 参照郑著（上），第二六三页；史著，第二二六页。

（三）耕地租赁消灭之特则

除以上规定外，依民法规定，耕地租赁之特则，尚有如下三者：

1. 孳息及费有偿还

耕作地之承租人，因租赁关系终止时未及收获之孳息，所支出之耕作费用，于孳息之价额内得请求偿还（第四六一条）。盖于此时，耕地之生产力既须维持（第四五五条），则须偿还孳息费用，始可避免不当得利故也。[288]

2. 特别改良费用之偿还

“民法”第四六一条之一规定：“耕作地承租人于保持耕作地之原有性质及效能外，得为增加耕作地生产力或耕作便利之改良。但应将改良事项及费用数额，以书面通知出租人。前项费用，承租人返还耕作地时，得请求出租人返还。但以其未失效能部分之价额为限。”盖以耕地之特别改良，可促进土地利用，增益土地生产，“民法”债编修正，爰参酌土地相关法律规定予以增订。[289] 惟其结果，恐亦难免杂乱逻辑体系，滋生普通法特别法混杂之疑义，是否有当，不无斟酌余地。

3. 附属物返还

耕地之承租人，于订约时受有附属物者（依规定须缮具清单、并经签名[290] 应于租赁关系终止时返还于出租人。如有不能返还者，应赔偿其依清单所定之价值，但应扣除其所生通常折耗（第四六三条），用维双方权益均衡。

288 参照“民法”第四六一条立法理由：“谨按与耕作地尚未分离之孳息，承租人不得收取，盖租赁关系终止时，承租人须依第四百五十五条，保持生产状态，返还于出租人。故有时出租人可取得孳息，而承租人转不能取得，此时出租人取得不当之得利，为法所不许，应使其就孳息之耕作费，偿还于承租人。但其偿还之价额，不得超过孳息之价额，以示公允，此本条所由设也。”

289 参照“民法”债编修正第四六一条之一条正理由：“一、本条新增。二、耕作地之特别改良，可促进土地之利用及生产之增加，爰参照‘土地法’第一百十九条、第一百二十条及‘耕地三七五减租条例’第十三条增订本条。”

290 第四六二条（耕作地附属物之范围及其补充）：Ⅰ. 耕作地之租赁，附有农具、牧畜或其他附属物者，当事人应于订约时，评定其价值，并缮具清单，由双方签名，各执一份。Ⅱ. 清单所载之附属物，如因可归责于承租人之事由而灭失者，由承租人负补中责任。Ⅲ. 附属物如因不可归责于承租人之事由而灭失者，由出租人负补充之责任。民法债编修正，将耕地租赁转租，列为终止相符事由（第四五八条第三款、第四五九条），是否有当？乃至如何适用法律，何不无疑义。

第五节　特种租赁

一、总说

（一）特种租赁之意义

为保护当事人利益、特别是承租人利益，民法或其他法律对于某些类型之租赁，设有特别规定，致表征与一般租赁不同之制度内容。为示区别，学理上乃以特种租赁称之。

特种租赁，原则上系以租赁标的物之不同而分别规定于不同之法律，形成不同的制度内容。举其要者有三。即：房屋租赁、基地租赁及耕地租赁。兹三者中，房屋租赁尚非当然为特种租赁，盖以非城市房屋之租赁，法律上尚无土地法及其他相关特别法之适用（“土地法”第九四条以下），解释上仍仅适用民法租赁之规定，自不宜列入特种租赁。惟为叙述方便，本书以下并不特别标明城市房屋租赁，而仅简称为房屋租赁，合先说明。

特种租赁，仅于法律（包括民法本身及特别法）有特别规定者，有其特殊制度内容，特别法未规定者，解释上仍适用民法之规定，盖其性质上仍属租赁契约故也。

（二）本节叙述范围

特种租赁之制度内容，相当部分表现于土地法等民事特别法，而且常同时及于多数特别法。此等多数法律间，且常形成特别法与普遍法之关系。例如，耕地租赁，其制度内容，重复出现于“耕地三七五减租条例”（以下简称“耕租条例”）、“土地法”及“民法”租赁一节。其间，“耕租条例”为“土地法”之特别法、“土地法”又为“民法”租赁之特别法。从而，在法律适用之先后顺序上，乃有“耕租条例”优先于“土地法”、“土地法”优先于“民法”租赁一节之说。基地租赁与房屋租赁，情形亦颇相似；所不同者，惟其特别法之根据不尽相同而已。此一情形，于“民法”债编修正者，原则仍应有其适用。兹为便于了解，特以耕地租赁为例，就其法律体系顺序，为之表解如下：

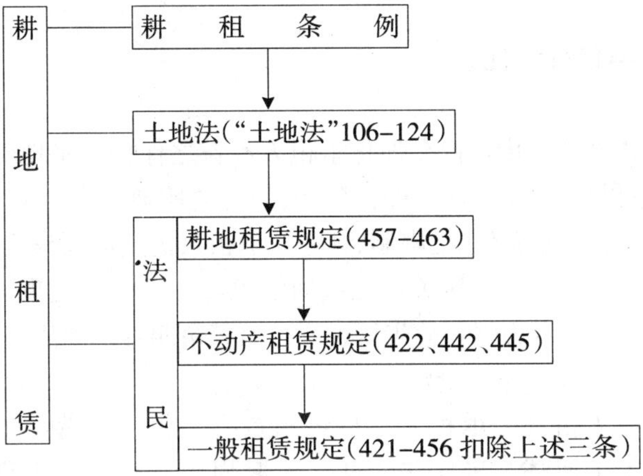

（→表示法律适用优先顺序）

虽然，一般所称特种租赁，系指房屋租赁、基地租赁及土地租赁三者。不过，“民法”债编修正，增订权利租赁条款，如其构想实现，则权利租赁，虽仍属准租赁，但已非无名契约，目之为特种租赁形态之一，当无不可。因之，本节亦列为叙述对象，特辟一段说明之。

（三）本节叙述方式

特种租赁，主要制度内容既表现于特别立法，基本上为民事特别法学之领域，为免轻重倒置、涉及繁琐，本节有关其具体制度，叙述上力求简要。不过，特种租赁之出现，主要系着眼于承租人利益之保护，并因而构成特种租赁之共通特色；此之特色，即为通称之租赁社会化。故本节归纳汇整，以特种租赁之社会描述之。此外，“民法”债编修正，于基地租赁、耕地租赁（特别是后者），颇有偏爱，增订亦多，致法律适用颇见紊乱，亦为之另辟独立目次说明。从而，本节叙述对象及纲目殆可归纳如下表：

- 特种租赁
  - 制度类型
    - （城市）房屋租赁
    - 基地租赁
    - 耕地租赁
    - （权利租赁？）
  - 制度内容（纲目）
    - 特种租赁之社会化
    - 民法修正与特种租赁
    - 权利租赁及其定位

二、特种租赁之社会化

特种租赁之社会化，旨在强化承租人利益之保护，实现契约之实质自由。归纳其间共同事项有四，即：（一）租金之限制减免、（二）押租金之限制禁止、（三）租约终止之限制、（四）承租人优先承买权之赋与四者是。此外，尚有与社会化无直接关系之共通特色，即人格性之贯彻。由于后者之效力，尚较前四者为强，故先行说明。至其余四者，则依序分述之。

（一）租赁人格性之贯彻

租赁具有人格性，承租人不得将租赁物转租、转借，亦不得让与租赁权，固已如上所述。惟民法于此，采取相当宽和之法律政策，违反转租（包括转借）之规定，仅构成租约终止事由，转租契约本身，尚不当然无效。

于特种租赁，租赁人格性，不仅仍有适用，于特殊情形，更较民法规定为严，此即违反转租规定者，转租行为无效，非仅构成租约终止事由而已，此之特殊情形即为耕地租赁。其重要规定如下：

1. 耕地转租

（1）“土地法”第一〇八条：“承租人纵经出租人承诺，仍不得将耕地全部或一部转租于他人。”

本条规定，虽未直接指明违反者无效，惟一般以为，民法本条为绝对之强行（禁止）规定，违反者其转租无效。[291] 其意旨则在于防杜转租渔利，避免租赁关系趋于复杂。[292] 惟实务为期兼顾现实生活需要，解释亦力求机动，认为出租人如向次承租人收取租金，则于出租人与次承租人间成立租赁关系[293]，至出租人与承租人间之租赁关系，应认为因终止而消灭。

291　参照“最高法院”1950年台上字第一一〇七号判例：“‘土地法’第一百零八条规定，承租人纵经出租人承诺，仍不能将耕地全部或一部转租于他人，是承租人与该他人订立之转租契约，显系违背禁止规定当然无效。”

292　参照“最高法院”1963年台上字第一一六号判例：“‘土地法’第一百零八条规定，承租人纵经出租人承诺，仍不得将耕地全部或一部转租于他人，旨在防杜承租人将承租耕地转租他人从中渔利，致加重次承租人之负担，并使租赁关系趋于复杂。

293　参照同上注判例：“苟出租人于转租情事发生后，径向次承租人收受租金，是该次承租人即变为新承租人，已无任何人从中渔利加重负担，及使租赁关系趋于复杂之可言，况出租人收回后如无自耕能力，要不能不出于继续出租他人之一途，准此似难谓出租人与次承租人间成立新的租赁关系，亦在‘土地法’第一百零八条规定禁止之列。”

（2）“耕租条例”第十六条第一、二项：“承租人应自任耕作，并不得将耕地全部或一部转租于他人。

承租人违反前项规定时，原订租约无效，得由出租人收回自行耕种或另行出租。”

“土地法”上开条文虽规定转租无效，但于原租约，原则仍属继续有效，仅构成出租人得对承租人终止租约之事由而已（“土地法”第一一四条第六款）。其情形（于原租约部分）有如民法转租之规定。反之，“耕租条例”本条第二项，明定原租约无效，其禁止转租政策之绝对贯彻，由此可见。由于，依现行法律构成体系，耕地租赁须优先适用耕租条例。从而，耕地租赁有转租情形者，不仅转租无效，原定租赁契约亦同时为之无效，原租赁关系于转租时消灭。“民法”债编修正，将耕地租赁转租，列为终止租约事由（第四五八条第三款、第四五九条），是否妥当？乃至如何适用法律，均不无疑义。

“民法”债编修正，就相应于此之第四五八条，于略作修正后，虽保留“耕地租赁转租出租人得终止契约”之原来立法构想。[294] 惟本条修正，仅在确定其适用范围于未定期（耕定）租赁，非谓有意调整上述特别法之立法政策。[295] 愚意爰以为，此一修正尚不影响特别法优先于普通法之法律适用原则。换言之，耕地租赁转租之效果，仍应适用“土地法”及“耕租条例”之规定。

2. 耕地转借

耕地转借之效力如何？法无明文，惟以“耕租条例”明定承租人应自任耕作，而且仅于服兵役致耕作劳力减少，其托人代耕者，始不视为转租（“耕租条例”同上条第三项），足证其贯彻自任耕作立法意旨，极为彻底，转借显然违反自任耕作之强制规定，解释上应类推适用转租之规定；从而，不仅转借无效，原订租约亦属无效。[296] 交换耕作、合伙经营

294 参照“民法”债编修正第四五九条修正理由：“现行规定是否仅适用于未定有期限之租赁，尚有疑义。为期明确，爰参照‘土地法’第一百十四条，修正本条为未定期限耕作地租赁终止契约之限制规定。”

295 参照同前注之修正理由：“现行规定是否仅适用于未定有期限之租赁，尚有疑义。为期明确，爰参照‘土地法’第一百十四条，修正本条为未定期限耕作地租赁终止契约之限制规定。”

296 参照郑著（上），第二七二页；杨与龄“耕地三七五减租条例实用（增订四版），自刊，1970年，第一四五页。

实务见解亦同，主要文献请参照，“最高法院”1962年台上字第三〇〇二号判决：“将系争土地之一部，借人筑舍饲鸭，即与转租情形无异。”

均应作同一解释。

3. 耕地租赁权转让

耕地租赁权之转让，是否亦在禁止之列，法无明文。解释论上尚见分歧，通说认为不在禁止之列。[297] 惟以，租赁既具有人格性，承租人又须自任耕作，转租既在禁止之列，转让更无允许之理，解释上宜认为与转租同在禁止之列为宜。[298] 其违反者，亦系转让无效（原因契约亦属无效），而且原订租约亦为之无效；惟其法律依据，为“民法”第二九四条第一项第一款及“民法”第七一条，尚非类推适用“耕租条例”或“土地法”规定而来，允宜注意。

以上规定，仅于耕地租赁，有其适用，至于基地租赁及房屋租赁，仍有如民法之一般租赁，发生出租人得为终止之效果，本书有关转租效果之说明，于此亦有适用。

（二）租金之限制减免

于一般租赁，租金之数额，由当事人自由订定，“民法”租赁一节，尚无特别限制。特种租赁，法律为保护承租人利益，于租金之数额，设有定额限制，遇有特殊情形，并有减免其范围，且于各种特种租赁，均属有之。兹分述如下：

1. 房屋租赁

房屋租赁之租金限制及减免，依“土地法”之规定，尚分为“政府房屋”及私人房屋二种。其情形如下：

（1）“政府房屋”之出租

城市地方，应由“政府”建筑相当数量之准备房屋，供人民承租自住之用。其租金，不得超过土地及其建筑物价额年息百分之八（同法第九四条）。

（2）私人房屋之出租

城市地方房屋之租金，以不超过土地及其建筑物申报总价额年息百分之十为限；约定房屋租金，超过前项规定者，该管县市“政府”得依前项所定标准强制减定之（同法第九七条）。

2. 基地租赁

基地租赁之租金限制及减免，亦规定于“土地法”。其内容为，基地之租金，按申报价额年息百分之十为限，约定基地租金，超过上述标准

297 参照郑著（上），第二七二页；史著，第二三一页。

298 参照杨与龄前揭“耕地三五七减租条例实用”，第一四五页。

者，该管县市政府得按上述标准强制减定之（“土地法”第一〇五条准用第九七条）。惟法院得斟酌公告地价、经济情况及邻地地价等实际情况调整之。[299]

3. 耕地租赁

耕地租赁之租金限制及减免，分别散见于“土地法”、“耕地三七五减租条例”，并有部分出现于“民法”，其情形较为复杂，兹分述于下：

（1）租金之限制

①民法

“民法”第四五七条之一规定：“耕作地之出租人不得预收租金。承租人不能按期支付应交租金之全部而以一部支付时，出租人不得拒绝收受。”民法增订本条，旨在并采“土地法”及“耕租条例”规定，以期保护承租人利益。[300] 惟就法律构成而言，无异画蛇添足，就法律适用而言，则徒生困扰，是否必要，值得商榷。

②“土地法”

“土地法”第一一〇条第一项规定，耕地租赁之地租，不得超过地价百分之八，约定地租或习惯地租超过地价百分之八者，应比照地价百分之八减定之，不及地价百分之八者，依其约定或习惯，无法定地价之地方，其地价以最近三年之平均地价为计算标准（同条第二项）。

耕地租赁之地租，其支付尚有如下三项特色：一为于有习惯者，得以农作代缴（同法第一一一条），出租人不得拒绝受领；其二为不得预收地租（同法第一一二条第一项本文），有此情形，出租人应于返还，但承

299　参照“最高法院”1979年台上字第三〇七一号判例：“地租金之数额，除以基地申报地价为基础外，尚须斟酌基地之位置，工商业繁荣之程度，承租人利用基地经济价值及所受利益等项，并与邻地租金相比较，以为决定，并非必达申报总地价年息百分之十最高额。”（同旨“最高法院”1958年台上字第一八二七号判例。）

300　参照“民法”债编增订第四五七条之一立法理由：“一、本条新增。二、为加强耕作地承租人之保护。爰参照‘耕地三七五减租条例’第十四条第一项增订第一项。三、耕作地之承租人不能按期支付全部租金者，许其得为一部之支付，而出租人不拒绝收受，以保障承租人之利益，爰参照‘土地法’第一百十三条增设第二项。‘民法’第四五七条第一项，其承租人就各期租金为一部支付者，出租人不得拒绝受领（第四五七条第二项）。于租期届满前，有左列情形之一时，出租人得终止契约：‘一、承租人死亡而无继承人或继承人无耕作能力者。二、承租人非因不可抗力不为耕作继续一年以上者。三、承租人将耕作地全部或一部转租于他人者。四、租金积欠达两年之总额者。五、耕作地依法编定或变更为非耕作地使用者’。”

租人自愿预付者，则为法所不禁[301]；其三为承租人之部分地租支付，出租人不得拒绝受领（同法第一一三条）。

③“耕租条例”

“耕租条例”第二条规定：“耕地地租租额，不得超过主要作物正产品全年收获总量千分之三百七十五；原约定地租超过千分之三百七十五者，减为千分之三百七十五；不及千分之三百七十五者，不得增加。前项所称主要作物，系指依当地农业习惯种植最为普遍之作物，或实际轮植之作物；所称正产品，系指农作物之主要产品而为种植之目的者。”

“耕租条例”于耕地地租之支付，尚设有如下补充规定。此即：

㈠地租之数额、种类、成色标准、缴付日期与地点及其他有关事项，应于租约内订明；其以实物缴付须由承租人运送者，应计程给费，由出租人负担之（“耕租条例”第七条）。

㈡承租人应按期缴付地租，出租人收受时，应以检定合格之量器或衡器为之（“耕租条例”第八条）。

㈢承租人于约定主要作物生长季节改种其他作物者，仍应以约定之主要作物缴租。但经出租人同意，得依当地当时市价折合现金或所种之其他作物缴付之（耕租条例第九条）。[302]

㈣出租人不得预收地租（“民法”第四五七条第一项耕租条例第十四条），惟承租人自愿预付者，仍为法所不禁。[303] 其承租人就各期租金为一部支付者，出租人不得拒绝受领（第四五七条第二项）。

④法律适用之说明

有关耕地地租之规定，“土地法”及“耕租条例”，颇见重复规定，

301 参照“最高法院”1963 年台上字第二二〇八号判例：“系争土地系属‘耕地三七五减租条例’第十四条第一项之情形，出租人固不得预向承租人收取地租，但承租人如愿预付地租于出租人，究为法所不禁。”

302 出租人为折付现金或他种作物缴付者，亦须经承租人同意。（参照“最高法院”1969 年台上字第一一六一号判例：“承租人于约定主要作物生长季节改种其他作物者，仍应以约定之主要作物缴租，但经出租人同意，得依当地当时市价，折合现金或所种之其他作物缴付之，‘耕地三七五减租条例’第九条定有明文。此项规定纯为便利佃农自由经营而设，……出租人亦须在承租人同意下，始得请求承租人以所种之其他作物付租，是为解释所当然。本件被上诉人于承租耕地内虽经改种一部分荔枝，但被上诉人仍愿按原约定之甘薯租额付租，而不愿以所种荔枝付租，依上说明，自非上诉人所得单独请求将原约定之甘薯租额，变更为以所种之其他作物缴租。”）

303 注 304 所引判例，实则为根据本条作成，惟依本条例规定者，承租人既得自愿预付租金，则土地法之同样规定，自得为相同解释，故移置于“土地法”部分说明之。

二者之间，“耕租条例”为特别法，解释上应优先于“土地法”规定而适用。[304]“土地法”规定则优先于“民法”而适用，原则上尚不因“民法”在后修正而优先适用“民法”。本节所以重复叙述，系着重于个别法律间不同制度内容之显露，非谓耕地租赁之地租标准及其支付，既可适用“耕租条例”，亦可适用“土地法”。

（2）租金之减免

耕地租赁之租金减免，主要根据有三。

①“民法”

“民法”第四五七条规定：“耕作地之承租人，因不可抗力，致其收益减少或全无者，得请求减少或免除租金；前项租金减免请求权，不得预先抛弃。”是为耕地租赁承租人之不可抗力减租权。

不可抗力，解释上宜采广义，包括自然灾害及事变。减免租金请求权，性质上宜解释为形成权。规范意旨上，系为强行（禁止）规定，不得预先抛弃，违反者其预先抛弃无效，承租人仍有租金减免请求权。

本条之适用对象，以耕地租赁为范围，经营造林不在适用之列。但，其出典人于典权设定后向典权人承租典物者，仍有适用。[305]

②“土地法”

“土地法”第一二三条规定：“遇有荒歉，‘直辖市’或县（市）‘政府’得按照当地当年收获实况为减租或免租之决定。但应经民意机关之同意。”本条规定之特色在于，“政府”应为减免租金之决定，无待承租人请求。承租人或出租人，对此决定认为有损权益者，得提起诉愿，以为救济。

③“耕租条例”

“耕租条例”，于耕地地租之减免，于同条例第十一条颇有具体之规定，条文内容如下：“耕地因灾害或其他不可抗力致农作物歉收时，承租人得请求‘乡（镇、市、区）公所耕地租佃委员会’查勘歉收成数，议定减租办法，‘乡（镇、市、区）公所耕地租佃委员会’应于三日内办理；必要时得报请‘直辖市’或县（市）‘政府耕地租佃委员会’复勘决定之。地方如普遍发生前项农作物歉收情事，‘乡（镇、市、区）公所耕

304 参照“最高法院”1967年台上字第六五〇号判例：“‘土地法’第一百十条第一项固规定地租不得超过地价百分之八，但系指‘耕地三七五减租条例’施行前之耕地地租而言。若施行后，既有该条例第二条之规定，自应优先于‘土地法’而适用。”

305 参照司法院1932年院字第七三七号解释：“出典人于出典后向典权人承租典物，乃另发生之租赁关系，应适用关于租赁之规定，其租赁物若为耕作地，果因不可抗力致其收益减少或全无，依民法第四百五十七条之规定，得请求减少或免除租金。”

地租佃委员会’应即勘定受灾地区歉收成数，报请‘直辖市’或县（市）‘政府耕地租佃委员会’议定减租办法。

耕地因灾歉致收获量不及三成时，应予免租。”

本条之规定之特色，在于承租人得请求“耕地租佃委员会”（以下简称“租委会”）拟定具体减租办法；而且，收获量不及三成时，即应免租，其标准具体明确。承租人或出租人对租委会所为决议不服者，得依法提起诉愿。[306]

综上三者，足认土地法之规定，为耕租条例之规定所兼含，解释上应适用“耕租条例”[307]。至于民法规定，尚有较“耕租条例”广泛之处，于以下二者，仍有适用余地。其中一为非自然灾变（狭义不可抗力）之不可抗力（事变）所致收益减少者，仍得依民法规定请求减免租金；二为承租人预先抛弃减租请求权者，仍得主张“耕租条例”第十一条之租金减免权利。

（三）押租金之限制禁止

押租金之数额如何？民法并无明文，解释上亦依契约自由原则，任由当事人约定定之。惟特种租赁，为保护承租人利益，亦本乎社会化理念，设有诸多限制乃至禁止押租金之规定；其范围亦广及房屋租赁、基地租赁及耕地租赁。兹分述于下：

1. 房屋租赁

(1) 押租金之限额

“土地法”第九九条规定，以现金为租赁之担保者，其担保之金额，不得超过二个月房屋租金之总额。已交付担保金超过前项之限度者，承租人得以超过之部分，抵付房租。此之担保金，即通称之押租金。语意上，“土地法”本条虽明定为现金；惟当事人如约定以实物充当担保金者，于承租人利益之保护及法律秩序之维持，并无任何窒碍，解释上应予肯定；而其折算之价额，亦有不得超过二个月房租总额之适用。

承租人交付之担保金，逾二个月总额之部分，得请求返还，亦得抵付

306 参照“行政法院”1955 年判字第七〇号判例：“各县耕地遇有水旱风虫灾害，县‘政府’依法派员勘查受灾情形，决定田赋灾歉减免成数，并议定地租减免成数，均系以行政官署职权办理行政范围以内之事件。人民对于其所定之灾歉成数与实际情形不符，致损害其权益时，自得向该管上级行政官署提起诉愿，以求救济。”

307 参照“最高法院”1956 年台上字第八九四号判例：“‘耕地三七五减租条例’第十一条之规定，为‘土地法’第一百二十三条之特别法，自应先于‘土地法’第一百二十三条之规定而适用之。”

房屋租金。此之抵付，一般以为属抵销之性质，不仅须经意思表示为之，而且有破产法上不得抵销之适用。[308] 一般情形，押租金并无当然抵偿租金之功能，房屋租赁之押租金，原则亦然。惟其有一特殊例外，此即出租人如以欠租为由而主张终止租约，则押租金即发生抵偿租金之功能，经以押租金抵偿后欠租达二个月以上，出租人始得终止租约（同法第一〇〇条第三款）。

（2）押租金利息之抵付租金

"土地法"第九八条规定，以现金为租赁之担保者，其现金利息，视为租金之一部，其利率之计算，应与租金所由算定之利率相等。土地法本条规定，至少具有如下两项意义：其一为，于房屋租赁，以现金充作押租金者，不问当事人有无约定，押租金当然计付租息，并充作租金之一部；如承租人支付之租金连同此计付之租金，其总和超过约定租金数额者，出租人得请求返还，承租人并得从租金中扣除之。其二为，上述押租金利率之计算，依租金与房价所定之比率计算之。换言之，如屋价为五百万元，租金每年五十万元，承租人另付押租金五十万元，则押租金利息为每年五万元，承租人得主张从租金扣除，仅付四十五万元租金即为已足。不过，视为租金一部，仅生从租金扣除或请求超额部分之返还，与租期是否延长，尚无关系。[309]

以实物为担保者，得否计算利息，并作为租金之一部？解释上宜作肯定而类推适用上述规定。至其计算方式，则先评定为价额后，再适用上述所定标准计算之。

2. 基地租赁

依"土地法"第一〇五条规定，基地租赁之押租金，准用"土地法"第九九条之规定，惟同法第一〇三条第四款规定，基地租赁之承租人积欠租金金额，除以担保金抵偿外，须达二年以上，出租人始得终止租约，非若房屋之为二月（同法第一〇〇条第三项）。因之，宜解释为，基地租

308　参照"最高法院"1952年台上字第一一三一号判例："房屋承租人以现金为租赁之担保者，其金额不得超过二个月之总额，超过其限度者，承租人得以超过之部分抵付房租，固为'土地法'第九九条所明定，惟出租人受破产宣告时，破产债权人在破产宣告后，对于破产财团所负之债务，不得为抵销，'破产法'第一一四条第一款既设有特别规定，则'土地法'第九九条关于承租人得以超过二个月租总额之担保金抵付房租之规定，其适用自应受'破产法'第一一四条第一款之限制。"

309　参照"最高法院"1976年台上字第二七一四号判例："上诉人所交被上诉人之三万元系押租金，而押租金之性质，乃担保租金之给付，如承租人有欠租情事，固可由出租人主张抵付租金，但不得谓出租人有收取押租金者，即可延长租期。"

赁之押租金，其金额或价额不得超过二年基地租金之总额，已交付之担保金超过上述限度者，承租人得以超过部分抵付租金。

至于此项押租金，得否计付利息，“土地法”第一〇五条无准用明文，按诸“明示其一，排除其他”之法律解释原则，自应解为第九八条尚无准用。换言之，承租人交付之押租金，除有特别约定外，尚不计付利息，自亦无抵偿租金之问题。至于押租金本身抵偿租金之功能，其情形有如房屋租赁之押租金，法有明定（“土地法”第一〇三条第四款除外规定），兹不复赘述。

3. 耕地租赁

耕地租赁，对于押租金，系采取禁止原则，且重复出现于“土地法”及“耕租条例”。兹分述如下：

（1）押租金之限制

①土地法

土地法对于耕地租赁之押租金收取，虽亦采禁止原则，惟其态度稍见缓和，于有习惯时，例外许可之，其规定内容为：因习惯以现金为耕地租用之担保者，其金额不得超过一年应缴租额四分之一；担保金之利息，应视为地租之一部，其利率应按当地一般利率计算之（“土地法”第一一二条第一项但书、第二项）。于此例外情形，其以实物供为押租金者、乃至押租金当然计息抵租之法律上效力，解释上同前段房屋租赁之说明（本书第322页），兹不重复。

②耕租条例

耕租条例于押租金，采完全禁止之法律政策，其出租人不得收取（耕租条例第十四条）。本条规定为上述土地法第一一二条之特别法，解释上应优先于“土地法”第一一二条之适用，故依目前法律体制，耕地租赁之出租人，不能收取押租金，违反者其收取押租金之行为无效，承租人得依回复原状请求返还（“民法”第七一条、第一一三条），亦得用以抵偿租金；但耕地租约本身之效力，不受影响。

此外，尚须附带一言者，即耕地租赁之特殊留置权（第四四五条）。按此之留置权，依民法规定，只要是留置于租赁物之物即可，并不再有标的物种类限制；再者，于耕地租赁，土地法规定，对于承租人耕作上必需之农具、牲畜、肥料及农产物，则不得行使留置权（“土地法”第一一八条）。此“耕租条例”虽无明文，解释上自应适用“土地法”之规定。

（四）租约终止之限制

1. 定期租赁

特种租赁，其定有期限者，仍于期限届满消灭，原则与一般租赁无殊，是所称租约终止之限制，除耕地租赁外，主要表现于不定期租赁。

定期特种租赁之法定更新，原则上适用民法之规定，惟于耕地租赁，有下述例外规定：

（1）“民法”第四五八条规定：“耕作地租赁于租期届满前，有下列情形之一时，出租人得终止契约：一、承租人死亡而无继承人或继承人无耕作能力者。二、承租人非因不可抗力不为耕作继续一年以上者。三、承租人将耕作地全部或一部转租于他人者。四、租金积欠达两年之总额者。五、耕作地依法编定或变更为非耕作地使用者。”

修正前民法本节，于定期耕地租赁之终止事由，并无明确规定，解释上易启争议。“民法”债编修正，为补其间漏洞，爰参酌土地法律相关决定，以民法本条明定定期耕地租赁之终止事由。[310] 惟此规定，与“土地法”及“耕租条例”相关法条，尚无多异，其结果亦难免画蛇添足，适用混淆之疑义。

（2）“土地法”

“土地法”第一〇九条规定，依定有期限之契约租用耕地者，于契约届满时，除出租人收回自耕外，如承租人继续耕作，视为不定期限继续契约。换言之，其出租人以收回自耕为由，得以反对表示阻却法定更新；否则，只要承租人继续耕作，不定期限继续租约即告成立，纵出租人即时表示反对，租赁法定更新仍属成立。

（3）“耕租条例”

耕租条例对于租期届满，租约消灭之限制，尚可分之为二。

即：

①出租人续约义务

“耕租条例”第二〇条规定：“耕地租约于租期届满时，除出租人依本条例收回自耕外，如承租人愿继续承租者，应续订租约。”是为出租人继续订约之义务。承租人继续订约之意思表示，具有形成权之作用，因其表示，

310　参照“民法”债编修正第四五八条修正理由：“现行规定适用于定期租赁抑未定期限之租赁，尚有疑义，‘司法院’院字第八五二号解释认为仅适用于未定期之租赁，惟耕作地之定期租赁，出租人得终止契约之条件如仅限于第四百四十条之欠租及第四百四十三条之转租二种情形，对出租人未免过苛，为兼顾出租人与承租人双方利益之平衡，爰参照‘平均地权条例’第七十六条、‘耕地三七五减租条例’第十七条、‘土地法’第一百十四条及‘土地法施行法’第二十七条等规定，增订第一款至第五款，规定得终止契约之情形，并修正本条如上，俾使其适用于定有期限之耕作地租赁。”

租约即继续存在[311]，并得诉请出租人完成本条例第六条之书面租约。

②出租人收回之限制

耕地租赁期满，有下列情事之一者，出租人不得收回自耕：

㈠出租不能自任耕作；

㈡出租人所有收益足以维持一家生活；

㈢出租人因收回耕地致承租人失其家庭生活依据（“耕租条例”第十九条第一项）。[312]

至于期限届满前，则仅于有下列事由之一者，始得终止租约。此即：

㈠承租人死亡而无继承人时。

㈡承租人放弃耕作权时。

㈢地租积欠达两年之总额时。

㈣非因不可抗力继续一年不为耕作时。

㈤经依法编定或变更为非耕地使用时（“耕租条例”第十七条第一项）。[313]

由上所述，可知“耕租条例”一旦成立，除承租人抛弃耕作[314]或耕地变成建筑用地（“平均地权条例”第七六条第一项）外，出租人很难终止租约。

于此成为问题者，出租人如不能维持其一家生活，而收回自耕又足使承租人失其家庭生活依据者，究应如何处理？此种情形依“减租条例”第一九条第四项规定，得申请乡镇（区）公所“耕地租佃委员会”予以调处俾资解决，惟其具体标准如何？法律规定本身，并不明确，实务曾创设一部收回、一部续租之判例[315]，不失为两全其美之办

311 参照“最高法院”1962 年台上字第一八五八号判例：“耕地租约于租期届满时，除出租人依本条例收回自耕外，如承租人愿继续承租者，应续订租约，‘耕地三七五减租条例’第二十条定有明文。故租约期满时，承租人如有请求续租之事实，纵为出租人所拒绝，租赁关系亦非因租期届满而当然消灭。”

312 出租人收益虽足以维持生活，但为扩大农场经营规模者，得给予承租人相当补偿，收回毗邻或邻近之出租耕地（“耕租条例”第十九条第二项、第三项，第十七条第二项）。

313 出租人以土地编定或其变更为非更地使用，而收回出租耕地者，亦应按同上注之条文，给予相当补偿（“耕租条例”第十七条第二项）。

314 参照“最高法院”1953 年台上字第一〇七五号判例：“‘耕地三七五减租条例’第十七条之规定，系指耕地租约在租佃期限未届满前，非有该条所定情形之一者，出租人不得终止契约而言，与承租人放弃耕作权不相牵涉，故承租人之放弃耕作权，仍得自由为之，不受该条规定之限制。”

315 参照“最高法院”1958 年台上字第七三二号判例：“耕地租约期满时，如出租人有自耕能力，且其所有收益不足维持一家生活者，依法固得主张收回自耕。但承租人倘因地被收回致家庭生活失所依据，亦非两全之道，故法院为兼顾业佃利益起见，酌情命为一部收回，一部续租之判决，仍非法所不许。”

法。不过，如一部续租，结果出租人不能生活者，解释上仍应许其终止租约，收回自耕，盖农地毕竟原为出租人所有，濒于临界案例，仍以优先保护出租人为当。

2. 不定期租赁

不定期租赁，依民法规定，租赁双方当事人得随时终止租约（第四五○条第二项本文）；惟于特种租赁，由于相关法律严格限制其终止，以致民法规定，几至名存实亡，研习上应予特别注意。兹分述于下：

（1）房屋租赁

土地法对于不定期房屋租赁之终止，设有如下之限制：

①出租人收回自住或重新建筑时。

②承租人违反“民法”第四百四十三条第一项之规定转租于他人时。

③承租人积欠租金额，除以担保金抵偿外，达二个月以上时。

④承租人以房屋供违反法令之使用时。

⑤承租人违反租赁契约时。

⑥承租人损坏出租人之房屋或附着财物，而不为相当之赔偿时（“土地法”第一○○条）。[316]

第一款所称自住，包括收回供自己营业之用[317]，但与他人共同经营事业者，不在适用之列[318]；不过，收回重新建筑，尚不限于自建，其供由他人重建者，亦无不可[319]；而且，只要有正当理由且有必要收回者，

316 “土地法”第一○○条规定，于定期租赁，并无适用之余地，请参照最高法院 1948 年上字第七七二九号判例：“土地法第一百条规定，实应解释为不包含定有期限之租赁契约在内。原审乃以两造所订定有期限之租赁契约，应与未定期限之租赁契约同受土地法第一百条规定之限制。不问其有无民法第四百五十一条规定之情形，不容以期限届满而主张租赁关系消灭，收回房屋，自嫌未合。”（同旨司法院 1948 年院解字第三八一○号解释。）

317 参照司法院 1947 年院解字第三四八九号解释：“收回出租之房屋，以供自己营业之用，亦属土地法第一百条第一款所谓收回自住。”（同旨“最高法院”1959 年台上字第八五三号判例。）

318 参照“最高法院”1953 年台上字第九八一号判例：“‘土地法’第一百条第一款所谓收回自住，依‘司法院’院解字第三四八九号解释，固属包含收回出租之房屋以供自己营业之使用者在内，惟此种收回自住，既仅以供出租人自己营业之使用为限，则收回以供出租人与他人共同经营事业之使用，即与仅供出租人自己营业之使用者有间，自难谓为亦在得收回自住之列。”

319 参照“最高法院”1981 年台上字第一四○一号判例：“‘土地法’第一百条第一款所谓出租人收回重新建筑，系以充分利用土地为目的，故只须租赁物在客观上有重建之必要者，出租人即得依该规定终止租约。至出租人收回房屋系由自己重新建筑，抑或与他人合建，甚至供由他人重建，均非所问。”

即为已足，无须房屋濒于倒塌。[320] 此外，出租人依本条第三款终止租约者，仍有先行催告义务。[321]

本条规定，性质上为强行规定，故纵使当事人以特约约定得随时终止租约者，其约定无效，亦即仍有本条之适用。[322] 此外，更有学者持相当优厚保护承租人之立场，认为纵于定期房屋租赁，亦有本条之准用。[323]

（2）基地租赁

土地法对于不定期基地租赁之终止，设有如下之限制：

①承租人以基地供违反法令之使用时。

②承租人转租基地于他人时。

③承租人积欠租金额，除以担保现金抵偿外，达二年以上时。

④承租人违反租赁契约时（“土地法”第一〇三条第二款至第五款）。

所谓以基地供违反法令之使用，不包括未申领执照而建筑房屋使用。[324] 所称转租，不以全部转租为限，一部转租即有适用[325]；不过，于建筑房屋后，将房屋出租或出售者，并无适用。[326] 此外，依实务见解，以上各项之终止事由，非仅于不定期租赁有其适用，即定期租赁，亦有

320 参照“最高法院”1975台上字第一三八七号判例：“‘土地法’第一百条第一款之收回重新建筑，不以房屋濒于倒塌为限，其因建造年久，使用逾龄，有碍都市发展，或与土地利用价值显不相当者，亦属之。”（同旨“最高法院”1971年台上字第三〇二七号判例。）

321 参照司法院1947年院解字第三四八九号解释：“出租人基于土地法第一百条第三款承租人欠租之事由收回之房屋，应依民法第四百四十条第一项规定，对于支付租金迟延之承租人定相当期限催告其支付，承租人于其期限内不为支付者，其租赁契约始得终止。”（同旨“最高法院”1953年台上字第一一八六号判例。）

322 参照“最高法院”1953年台上字第一〇二五号判例：“出租人得随时收回房屋之特约，现行法上尚无禁止规定，固不得谓有‘民法’第七十一条所举无效原因，惟本件既应适用土地法第一百条办理，参照‘司法院’院解字第二四七九号解释，出租人自不得本于此项特约收回房屋。”

323 参照史著第二四一页。

324 参照“最高法院”1952年台上字第九五号判例：“‘土地法’第一百零三条第二款，所谓承租人以基地供违反法令之使用时，系指以基地或基地上之房屋供违反法令之使用者而言。租用基地建筑房屋未依建筑法领得建筑执照，仅属私有建筑违反许可之规定，并非以基地或基地上房屋供违反法令之使用，自难认为与该条款所定之情形相符。”

325 参照‘最高法院’1963年台上字第六八〇号判例：“‘土地法’第一百零三条第三款所谓转租基地于他人，不以全部转租为限，即对于一部转租亦得就全部租赁关系予以终止。”

326 参照“最高法院”1959年台上字第二二七号判例：“租地建屋之契约如无相反之特约，自可推定出租人于立约时即已同意租赁权得随房屋而为移转，故承租人将房屋所有权让与第三人时，应认其对于基地出租人仍有租赁关系之存在。”

适用[327]所称违反租赁契约，包括有关基地使用方法之特约。[328]

（3）耕地租赁

不定期耕地租赁之终止，“民法”、“土地法”及“耕租条例”均有严格限制。其情形分别如下：

①“民法”

“民法”有关耕地租赁之终止事由，仅于下列事由许可之：

㈠出租人收回自己耕作（第四五九条前段）。

㈡承租人有定期租赁所列出租人得终止租约情事（第四五九条中段）。

㈢承租人未尽善良管理人之注意保管租赁物（第四五九条后段）。

㈣耕地租赁之附属物，固可归责于承租人之事由而灭失，承租人却不负补充责任（第四五九条后段）。

关于㈠出租人收回自己耕作之终止事由，修正前“民法”第四五八条规定：“耕作地之出租人，如收回自己耕作得终止契约。”并未限定其仅于不定期租赁始有适用，惟实务为权衡出租人双方利益，曾明白宣示，定期租赁并无适用[329]，“民法”债编，本此见解，爰就㈠之规定移于第四五九条，于第四五八条则明定为定期租赁之终止事由[330]，并于第四五九条规定为不定期租赁之终止事由[331]，以期适用上之泾渭分明。

虽然，纯就民法体例而言，此一，堪称诚具意义，惟就特种租赁整

327　参照司法院1948年院解字第四〇七五号解释：“土地法院第一百零三条第一款之规定，固仅于契约有期限者始适用之，若同条第二款至第五款之规定，则不问契约是否定有期限均有适用。”

328　参照“最高法院”1970年台上字第四四二三号判例：“一般基地租赁，承租人欲建筑何种房屋，固非出租人所得过问，惟如双方当事人就租赁物之使用方法有所约定，而承租人违反约定之使用方法，经出租人阻止而仍继续为之者，依照‘土地法’第一百零三条第五款规定，并参照‘民法’第四百三十八条规定，出租人非不得终止租约，请求收回其土地。”

329　参照司法院1933年院字第八五二号解释：“民法第四百五十八条之规定，于租赁订有期限者，不适用之。”（同旨最高法院1941年上字第三〇五号判例。）

330　参照“民法”债编修正第四五八条修正理由：“现行规定适用于定期租赁抑未定期限之租赁，尚有疑义，‘司法院’院字第八五二号解释认为仅适用于未定期之租赁，惟耕作地之定期租赁，出租人得终止契约之条件如仅限于第四百四十条之欠租及第四百四十三条之转租二种情形，对出租人未免过苛，为兼顾出租人与承租人双方利益之平衡，爰参照‘平均地权条例’第七十六条、‘耕地三七五减租条例’第十七条、‘土地法’第一百十四条及‘土地法施行法’第二十七条等规定，增订第一款至第五款，规定得终止契约之情形，并修正本条如上，俾使其适用于定有期限之耕作地租赁。”

331　参照“民法”债编修正第四五九条修正理由：“现行规定者是否仅适用于未定有期限之租赁，尚有疑义。为期明确，爰参照‘土地法’第一百十四条，修正本条为未定期限耕作地租赁终止契限制规定。”

体构成及运作而言，其亦难免体系割裂，适用混淆之争议。

②“土地法”

“土地法”对于不定期耕地租赁，规定仅于下列事由者，始得终止：

㊀承租人死亡而无继承人时。

㊁承租人放弃其耕作权利时。

㊂出租人收回自耕时。

㊃耕地依法变更其使用时。

㊄违反“民法”第四百三十二条及第四百六十二条第二项之规定时。

㊅违反（土地法）第一百零八条之规定时。

㊆地租积欠达二年之总额时（“土地法”第一一四条）。

其中，依㊂、㊄终止租约者，须于一年前，通知承租人（“土地法”第一一六条）。换言之，亦即须经通知满一年后，始得终止租约。此外，承租人放弃其耕作权利，应于三个月前向出租人以意思表示为之，非因不可抗力继续一年不为耕作者，视为放弃耕作权利（“土地法”第一一五条）。

虽然，土地法本条明定，上述各款所定事项，仅于不定期耕地租赁，有其适用，惟“土地法施行法”，却又规定，上述㊀、㊁、㊅、㊆各款事由，于定期租赁亦有准用（同“施行法”第二七条）。足见，其间相通部分颇多，亦足证耕地租赁契约，不问定期、不定期，非待耕租条例规定，其终止已属困难重重。

③“耕租条例”

“耕租条例”，于不定期耕地租赁之终止，未如“民法”、“土地法”之设有明文。惟以，定期耕地租赁之终止，业已极为严格，纵期限届满亦非当然可以终止租约；期限届满前，亦仅于特殊法定事由时，始得终止。则解释上，不定期耕地租赁，亦仅于有该等事由时，出租人始得终止租约。

耕地租赁，对于终止租约之限制，除事由外，于终止时期，亦有限制。其原则则为；终止事由发生，尚不能即时行使终止权，须于其收益季节后，次期作业开始前为之（第四六〇条、“耕租条例”第十八条）。

由于“耕租条例”，为“土地法”及“民法”之特别法，解释上“耕租条例”应优先适用。因此，在现行法律体制下，“土地法”及“民法”上述规定及修正，殆已无适用余地。[332]

332 参照“司法院大法官”会议释字第一二五号解释：“依‘耕地三七五减租条例’订立之租约，在租佃期限未届满前，得终止之情形，同条例第十七条已有规定，无‘土地法’第一百一十四条及‘民法’第四百三十八条有关终止租约规定之适用。”

（五）承租人优先承买权等

承租人优先承买权，原于土地租赁及耕地租赁有之，而各表征于土地法及耕租条例规定。惟因“民法”债编修正结果，优先承买权等特例之法条爰先后分别重复出现于“民法”、“土地法”及“耕租条例”。因其内容涉及租赁之效力，本书爰以民法规定为内容，将其纳入租赁效力一节说明。为免重复，以下爰仅摘录“土地法”及“耕租条例”相关规定以对。

1. 基地租赁

“土地法”第一〇四条规定：“基地出卖时，地上权人、典权人或承租人有依同样条件优先购买之权。房屋出卖时，基地所有权人有依同样条件优先购买之权。其顺序以登记之先后定之。前项优先购买权人，于接到出卖通知后十日内不表示者，其优先权视为放弃。出卖人未通知优先购买权人而与第三人订立买卖契约者，其契约不得对抗优先购买权人。”

2. 耕地租赁

耕地租赁之承租人，于符合法律规定者，有优先承买权，优先承租权及照价收买权请求权。兹分述于下：

（1）优先承买权

耕地租赁承租人之优先承买权，“土地法”及“耕租条例”，均有规定。

①土地法之规定

“土地法”第一〇七条规定，（耕地租赁之）出租人出卖或出典耕地时，承租人有依同样条件优先承买或承典之权，但承租人于接到出卖或出典之通知后十日内不表示优先承买者，视为放弃其权利。

②“耕租条例”之规定

“耕租条例”第十五条规定：“耕地出卖或出典时，承租人有优先承受之权，出租人应将卖、典条件以书面通知承租人，承租人在十五日内未以书面表示承受者，视为放弃。

出租人如因无人承受或承典而再行贬价出卖或出典时，仍应照前项规定办理。出租人违反前二项规定而与第三人订立契约者，其契约不得对抗承租人。”

（2）优先承租权

“土地法”第一一七条规定：“收回自耕之耕地再出租时，原承租人有优先承租之权；自收回自耕之日起未满一年而再出租时，原承租人得以原租用条件承租。”是为承租人之优先承租权。此项权利，解释上亦应认为有类似物权之效力，俾优厚保护承租人之立法本意。

（六）附带说明

严格言之，船舶租赁、航空器租赁、乃至权利租赁（准租赁），亦可归入特种租赁之范围，惟其与租赁社会化无关；而且，船舶租赁、航空器租赁之特殊规定，尚属不多。语其重点，在于此二者租赁，设有登记制度，如其租赁经有登记，于法乃得对抗第三人。[333] 此外，则大体适用民法租赁之规定。权利租赁，则基本上准用租赁之规定（463）。本书于此三者，爰不多述。

三、民法修正与特种租赁

“民法”债编修正，于基地租赁及耕地租赁，颇有增订，间亦或有删修。有关于此，固于前述相关部分具体叙明，惟为把握问题全貌爰予汇整归纳，并分别依基地租赁之增订、耕地租赁之增修及增修之评述三者说明。

（一）基地租赁之增订

“民法”债编修正就基地租赁，增订如下相关条文：

1. 请求地上权之登记

“租用基地建筑房屋者，承租人于契约成立后，得请求出租人为地上权之登记”（债编修正第四二二条之一）。[334]

2. 基地租赁对房屋受让人存在

租用基地建筑房屋，承租人房屋所有权移转时，其基地租赁契约，对于房屋受让人，仍继续存在。（债编修正第四二六条之一）。[335]

3. 承租人优先承买权

“租用基地建筑房屋，出租人出卖基地时，承租人有依同样条件优先承买之权。承租人出卖房屋地，基地所有人有依同样条件优先承买之权。前项情形，出卖人应将出卖条件以书面通知优先承买权人。优先承买权人于接到通知后十日内未以书面表示承买者，视为放弃。出卖人未以书面通知优先承买权人而为所有权之移转登记者，不得对抗优先承买权人。”（债编修正第四二六条之二）[336]

333 详请参照“船舶登记法”第三条、第四条；“民用航空法”第十九条。

334 本条修正系参酌“土地法”第一〇二条规定而来。

335 本条修正，系参酌“最高法院”1954年台上字第四七九号、1959年台上字第四七九号、1963年台上字第二〇四七号判例而来。

336 本条修正，系参酌“土地法”第一〇四条而来。

（二）耕地租赁之修正

“民法”债编修正，于耕地租赁之修正，或为条文增订，或为文字调整。兹分述于下：

1. 条文增订

（1）预收租金之禁止

耕作地之出租人不得预收租金。耕作地之承租人不能按期支付应交租金之全部者，得为一部之交付（债编修正第四五七条之一）。[337]

（2）承租人优先承买权

耕作地出租人出卖或出典耕作地时，承租人有依同样条件优先承买或承典之权。至其通知程序、视为放弃及优先承买权之效力内容，则准用基地租赁承租人优先承买权（债编修正第四二五条之一第二项第三项）之相关规定（债编修正第四六〇条之一）。[338]

（3）特别改良费用之偿还

耕作地承租人于保持耕作地之原有性质及效能外，对于耕作地生产力或耕作便利之改良，得自由为之。但应将改良事项及用费数额，以书面通知出租人；承租人返还耕作地时，得请求出租人返还。但以其未失效能部分之价额为限。（债编修正第四六一条之一）。[339]

2. 条文修正

（1）租约终止之限制

耕作地租赁，于租期届满前，非有下列情形之一者，出租人不得终止租约：

①承租人死亡而无继承人者。

②承租人放弃耕作权者。

③承租人非因不可抗力不为耕作继续一年以上者。

④地租积欠达两年之总额者。

⑤耕作地依法编定或变更为非耕作地使用者（债编修正第四五八条）。[340]

（2）未定期限之耕作地租赁，出租人除收回自耕外，仅于有前条各

337 本条增订，系分别参酌“耕租条例”第十四条及“土地法”第一一三条而来。

338 本条系参酌“土地法”第一〇七条而来。

339 本条增订系综合斟酌“土地法”第一一九条、第一二〇条及“耕租条例”第十三条，并经适当调整而成。

340 本条修正，系参酌“土地法”第一一四条、“耕租条例”第十七条而来。

款情形或承租人违反第四百三十二条或第四百六十二条第二项之规定时，得终止契约（债编修正第四五九条）。

（3）耕地租赁附属物之处置

耕作地出租人以农舍、牲畜、种子、肥料、农业生产用具或其他附属物供给承租人者，应于订约时评定其价值，并缮具清单，由双方签名，各执一份；清单所载之附属物，如因可归责于承租人之事由而灭失者，由承租人负补充之责任；附属物如因不可归责于承租人之事由而灭失者，由出租人负补充之责任；附属物之供给，约定支付报酬者，不得超过其价值年息百分之十，但农舍不得收取报酬（债编修正第四六二条）。[341]

（三）增修之评述

1. 特种租赁

“民法”债编于租赁所为之修正，相对于修正前“民法”，显然具有如下二项特色。其一为，特种租赁之制度内容，于民法上表现得更为丰富；其二为，租赁社会化之面貌，得以表征于民法上，使社会本位之民法基本理念，更为彰显。从此等角度而言，其增修尚见积极意义，似是事实。不过，观诸增修相关条文，大都是“土地法”及“耕租条例”之挪移于民法，其创设性，恐非甚强，似是事实。

诚然，依照债编修正前法律体制，特种租赁大都适用“土地法”及“耕租条例”，民法规定，甚少可以置喙。依目前完成之修正构想，则民法对于特种租赁，可以发挥相当积极功能，足以与“土地法”及“耕租条例”并驾齐驱，甚而有过之而无不及，似是事实。不过，就法学方法而言，其间亦难免制度割裂，适用标准不尽明确之瑕疵。

特种租赁所以规定于“土地法”或“耕租条例”，主要原因或为如下二者，其一为“土地法”制定施行较“民法”债编为晚，其二为特种租赁，不仅具有特殊性质，而且内容复杂，规定之于民法，尚有不尽适宜之处。虽然，采此制度模式，民法对于特种租赁之适用，相当有限；惟其有准据单纯明确之优点，于此问题诉诸特别法优先于普通法之法律适用原则，即为已足。然而，“民法”债编增修，于法学方法而言，显然出现如下四项疑义。即：（1）特殊类型问题，规定于民法，将使民法作为一般法之体制为之动摇，普通法特别法之界限亦将为之趋于混淆；（2）同为特殊类型之问题，部分保留于特别法，部分提升于民法，其选择标准为

341 本条修正，系参酌“土地法”第一二一条、“耕租条例”第十二条而来。

何？依据何在？显然缺乏客观准据；（3）于增修之处，究应适用后法废止前法，亦或适用特别法优先于普通法，理论上不无疑义，适用上亦多有窒碍，盖以如采特别法先于普通法，则民法修正，并无意义。反之，如采后法废止前法，则同属基地租赁，或耕地租赁，部分制度内容适用“民法”，部分制度内容适用“土地法”或“耕租条例”，不仅架构形式形成割裂，实际运用亦颇不便；（4）租赁社会化课题既多，制度内容更是丛杂琐细，部分提升于民法，即是制度割裂，即使上述难题均能克服，法律适用必须游移于普通法、特别法之间，亦非常态。是以，“民法”债编修正之构想，是否一定较修正前之制度模式为当，不无商榷余地。愚见以为，特别法与普通法之俨然区隔，仍有一定必要，以上所列特别事项，如有修正必要，仍以诉诸特别法为宜。类如民法本节关于特种租赁之修正，真有不知如何说明体系构成之疑，亦有不知如何适用法律之惑。得失利钝，但愿日后尚能印证。

2. 权利租赁（准租赁）

相类情形，亦表现于权利租赁之修正上。盖以各种债之类型，在法律规范之构成上，例示意义颇浓，多数典型契约，特别是财产性契约，一般情形，均有多数无名契约存在，可以亦必须类推适用典型契约。权利租赁，不仅类型尚多，其准用租赁之规定者，亦不尽相同。而且，部分权利租赁，特别法上或有明定，例如矿业权租赁、渔业权租赁等，于“矿业法”[342]、“渔业法”[343]，均另有明文；如是，此类权利租赁，并非当然可以全部准用租赁之规定。[344] 足见，关于权利租赁准用租赁一节，“民法”债编修正之规定（第四六三条之一），不能尽符权利租赁制度之需求，恐难否认。况者，无名契约，或特别法上相类之有名契约，得类推适用民法上之典型契约，为学理上之当然结论，何待明文？如谓租赁有其规定必要，则买卖或其他契约类型之无名契约，何能例外而无庸明文规定？退而言之，如谓准契约类型之法律明文有其必要，则亦以依一般条款之方式，规定于债之通则为宜，独厚租赁之法律政策，不仅画蛇添足，更将徒增法律体制完整构成及法律（解释）学方法论上之困扰，是否允妥，不无商榷余地。

342　矿业权租赁之主要依据为“矿业法”第八条第一项、第五二条至第五八条。

343　渔业权租赁之主要依据为“渔业法”第十五条、第廿三条、第廿四条。

344　依“渔业法”规定，渔业权原则上不得为租赁之标的（同法第廿三条、第廿四条，违者，其租赁应属无效（“民法”第七一条本文），解释上显无第四六三条之一之适用。

第九章

借　贷

借贷，拟分三节说明。其顺序依次为借贷总说、使用借贷及消费借贷。

第一节　借贷总说

一、借贷之意义及类型

借贷云者，乃以物贷与他人使用，亦即借用他人之物之契约。在借贷关系上。贷与物于他人者，是为贷与人；借用他人之物者，是为借用人。是以，借贷云者，乃贷与人以物货与借用人使用之契约，亦系借用人借用贷与人之物之契约。由于借贷概念之下，尚有使用借贷、消费借贷之分，故民法立法者，于借贷之标的，亦不具体说明，仅称：借贷为借用人与贷与人相互间之契约。[1]

借贷之对象，限于物。在此点上与租赁相同，而较买卖、互易、赠与之标的为狭隘。因此，在借贷契约意义上，亦发生权利借贷仅为无名契约，非民法上借贷之概念。不过，权利借贷如何适用法律，业已触及借贷类型之问题，其详待叙述借贷之具体个别类型时，再予说明。

1　参照"民法"借贷一节立法理由："谨按借贷者，借用人与贷与人相互间之契约也。有使用借贷、消费借贷之别，二者之性贷不同，故本节分款规定之。"

二、借贷之制度上特色

相对于其他类型之契约，借贷具有二大特色。其一为类型化之制度模式；其二为次类型要物契约。

1. 类型化之制度模式

在台湾地区民法形式上，借贷分为使用借贷（第四六四条至第四七三条）及消费借贷（第四七四条至第四八一条）二大类型。二者性质不同，制度各分畛域。立法体例上，因其特性，分别独立规定，不强其总括于单一之借贷概念之下，无宁为多数国家立法之通制。[2]

台湾地区民法，虽采瑞士债务法体例，设有统一之借贷概念，作为契约类型依据。[3] 此在比较法上，似为少数作法。即使如此，对于何为借贷？其共通适用法则如何？民法均付阙如，统一云者，仅具形式意义；借贷之后，即直接就使用借贷及消费借贷，分款独立规定。足见，形式上虽近于瑞士债务法，实际制度内容，则与多数国家立法，并无多异。由于，使用借贷、消费借贷二者，系独立并存之个别类型（民法上因编目关系，称之为款），爰以类型化称之。再者，由于类此制度形式，在我国民法上尚无雷同者，故列为其制度特色之一。

2. 要物契约及其游移

一般以为，使用借贷、消费借贷二者，均为要物契约。而借贷正好分为使用借贷及消费借贷二者。因之，法律文字上虽未就借贷而为规定，但归类上述二者，解释借贷为要物契约，理论上应无不可。

典型之要物契约，系以标的物之交付，作为契约之成立要件（更确切言，应系意思表示成立要素），因标的物之交付，意思表示始告成立，契约亦因而有成立可言。然则，修正前民法于使用借贷、消费借贷，就契约之成立，仍采“单纯意思表示一致，契约成立”之思考模式，其情

2 主要立法例，有德国、日本、韩国、意大利民法等。其架构模式如下：

民法
债编各论
（契约各论）
- 使用借贷：（德 398～606；日 593～600；意 1803～1812）
- 消费借贷：（德 607～610；日 587～792；意 1813～1822）

3 参照瑞士债务法第二编（各种契约）第九章借贷。其架构模式如下：

民法
各种契约
借贷
- 使用借贷：（306～311）
- 消费借贷：（312～318）

形与一般契约，尚无殊异；虽修正前民法，就使用借贷及消费借贷，分别明定因交付而生效力，不过使用借贷、消费借贷因约定而成立之疑义仍未消除，“民法”债编修正，为期明晰，并杜解释争议，就此法律用语之模式，爰予调整，于相关之“民法”第四六四条及第四七四条第一项，凸显要物契约之语意。借贷为要物契约，因交付标的物而告成立之规范意义，因之彰显。基此角度言之，“民法”债编修正于借贷部分，显然具有要物契约扶正之旨趣。

不过，固守借贷之要物性，于社会生活难免不便，“民法”债编爰依社会生活实情，增订借贷预约（465之1，475之1）及特殊形态之诺成消费借贷（474Ⅱ），于适应社会需要，固有其一定意义，惟较之借贷诺成化，仍有一段距离，则属不容讳言。

由于借贷契约，在制度形式上颇具特色，爰依其类型，归纳其要点如下表，以期有助了解：

- 借贷
  - 特色
    - 类型化制度模式
    - 要物契约（因交付成立：464、474Ⅰ）
  - 使用借贷
    - 概说
      - 意义：无偿货与财产（464）
      - 成立：要物契约（464）
      - 特殊类型：使用借贷预约（465之1）
    - 效力
      - 贷与人权利义务
        - 义务：容忍使用、瑕疵担保（466）
        - 权利：请求返还借用物权利（470）
      - 借用人权利义务
        - 权利：使用利益（467）
        - 义务：保管（468、469）、返还借用物（470、471）
    - 消灭：期限届满（470）、终止（472）
  - 消费借贷
    - 意义与性质
      - 意义：移转代替物所有权（474）
      - 性质：要物契约（474Ⅰ）
      - 特殊类型：诺成消费借贷（474Ⅱ）、消费借贷预约（475之1）
    - 制度之调整
      - 修正前民法之形式（475）
      - 解释论之发展
      - 民法修正之成果
    - 效力
      - 贷与人瑕疵担保责任（476）
      - 借用物返还义务（477～481）

第二节 使用借贷

使用借贷一节，拟分三项说明。其顺序依次为：使用借贷概说、使用借贷之效力及使用借贷消灭。

一、使用借贷概说

概说部分，依次说明使用借贷之意义、成立及法律上性质。

（一）使用借贷之意义

“民法”第四六四条规定：“称使用借贷者，谓当事人一方以物交付他方使用，而约定他方于无偿使用后返还其物之契约。”以物贷与他方者，是为贷与人；其使用者，是为借用人。因之，使用借贷，亦可称为，贷与人无偿贷与物供借用人使用，借用人于使用后返还其物之契约。其相关要旨如下：

1. 以物无偿贷与他方使用

以物无偿货与他方使用云者，为构成使用借贷契约之要素。兹分述相关重要内容于下：

（1）使用借贷之客体为物

称物云者，包括动产及不动产。其对象及范围，与租赁尚无不同，请参照租赁于此部分之有关说明（本书第 222 页）。使用借贷之客体既限于物。因之，以无体权利而供无偿使用者，尚不成立使用借贷，而系一种无名契约。[4] 惟其性质与使用借贷相近，得类推适用使用借贷之规定，仍可称之准使用借贷。

（2）使用借贷之内容为物之使用

使用云者，不损毁其物体或变更其性质，而依其物之用法，加以利用之谓。例如，房屋之供居住、车辆之供行驶、舟机之供航行均是。

使用借贷之契约内容，既如其名，自不得以之供收益，其当事人约定以物无偿货与他方收益者，亦不成立使用借贷。惟其尚不背强行规定或公序良俗，宜解释为无偿货与他方供收益之契约，仍属合法有效，仅其性质上为无名契约而已；并因其与使用借贷类似，解释上得类推适用使用借贷之规定。

（3）使用借贷之使用为无偿

无偿贷与，即借用人使用借用物，无须给付对价之报偿，此与赠与

4　参照“民法”使用借贷一款立法理由：“顾使用借贷之标的，物也非权利也，权利之使用借贷，为本法所不认，即有此事，仅能以无名契约论，许其准用本款规定而已，不得即以木款之契约论。”

之为无偿相同；惟赠与系移转财产权，使用借贷则不移转财产权，故二者亦咸然不同。

使用借贷须为无偿，故其使用为有偿，而得解释为对价者，即非使用借贷，而系租赁。例如，交换物品使用[5]、提供房屋为营业场所按期收取一定金额[6]，均是著例。不过，赠与既得有附负担之赠与，则解释上，使用借贷亦得附负担，如其为附负担之使用借贷者，解释上仍应适用借贷，而不适用租赁，受雇人或受任人（包括公务人员）不支领房屋津贴而配住宿舍，即是著例。[7]

2. 借用人于使用后返还借用物

借用人于借用物使用后，应即返还。返还之客体，应为原物；其原物不能返还者，即属给付不能，如可归责于借用人之事由所致，借用人应负担害赔偿责任（第二二六条）；借用人返还迟延者，亦应负给付迟延责任（第二三一条以下）。

（二）使用借贷之成立

1. 修正前之民法

使用借贷，因借用物之交付而生效力，修正前“民法”第四六五条定有明文，一般亦因之解释其为要物契约。惟对照修正前“民法”第四六四条规定，使用借贷为当事人约定而成立之契约，故解释使用借贷为诺成契约，因当事人约定而成立，亦非无坚强理由。换言之，亦即解释修正前台湾民法之使用借贷，在成立上仍为诺成契约，因当事人合意而成立。不过，在借用物交付之前，该契约尚不生效，其成立在法律上尚无强力意义，非若一般诺成契约，原则上契约一经成立，即告同时生效。

使用借贷，是否仍须保有某种程序之要物性，亦即是否仍须交付借用物，始得生效，立法政策上固有探讨必要，学理上持反对论点，主张应认许“诺成之使用借贷”者，颇有人在。[8] 衡以要物契约，交易上并无

5 参照“最高法院”1978 年台上字第二四八八号判例：“使用借贷必系无偿，有偿则非使用借贷。换耕田地，互有对价关系，自非无偿。”

6 参照“最高法院”1958 年台上字第一八八九号判例：“上诉人以其所有之房屋提供为被上诉人之营业场所，既仅按日收取一定之金额，而不负担合伙损益之分配，所谓出资之系争房屋又不属于合伙财产，仍由上诉人保有所有权，显与合伙契约之性质不相符合，实为一种租赁。”

7 参照“最高法院”1990 年台上字第二一七九号判例：“房租津贴为受雇人或受任人报酬之一部，其获准配住房屋者，亦同，故获准配住房屋者，当然不得再支领房屋津贴，自不得以不支领之房租津贴，认系受配住房屋之对价，而谓与雇用人或委任人间发生租赁关系。”

8 参照郑著（上），第三〇二页；史著，第二四七页。

坚强支持之必要；而且，移转财产权之赠与，尚不坚持要物性，则使用借贷当无采取要物契约之坚强理由。因此，肯定诺成使用借贷之立场，于法理上诚非无据。

2. 民法修正之成果

虽然，使用借贷之诺成化，为法律之发展趋势，亦为学理上多所主张；惟民法债编修正者，则反其道而行，将使用借贷调整为典型要物契约。

其间可得而言者有三：

(1) 使用借贷定义之调整

债编修正，于使用借贷定义之民法第四六四条文字，修正为："称使用借贷者，谓当事人一方以物交付他方无偿使用，而约定他方于使用后返还其物之契约。"

此一修正工作，使使用借贷须经交付标的物，始克成立，使用借贷亦因而成为典型要物契约。此从如下修正理由，可获充分佐证："……民法规定之使用借贷，通说认系要物契约，于当事人合意外，更须交付借用物始能成立。惟依现行法本条（按即第四百六十四条）及次条（第四百六十五条）合并观察，易使人误认为使用借贷为诺成契约，而以物之交付为其生效要件，为免疑义，爰修正如上。"[9]

(2) 删除交付生效之规定

债编修正，既依上述修正，将使用借贷定位为典型要物契约，则因交付生效之"民法"第四六五条，已无复存在必要，债编修正爰予删除。[10]

(3) 使用借贷预约之任意撤销

使用借贷，既调整为典型要物契约，为适应交易上需要，承认使用借贷预约，实难避免，而且，对于使用借贷预约之效力，应否坚持，立法政策上应有确定必要。有鉴于此，"民法"债编增订第四六五条之一："使用借贷预约成立后，预约贷与人得撤销其约定。但预约借用人已请求履行预约而预约贷与人未即时撤销者，不在此限。"基此，不仅足征民法肯定使用借贷预约有其效力，而且具有某程度之不可撤销性。

虽然，本条非直接为要物契约之规定，惟其与要物契约之采行与否息息相关，恐系不可否认。盖以如非调整使用借贷为典型要物契约，则

9 参照"民法"债编修正第四六四条修正理由。

10 参照"民法"债编修正第四六五条修正理由："本条之规定，易使人误为借用物之交付，为使用借贷之生效要件。为配合前条之修正，爰将本条删除。"

本条增订之必要性，将大为减弱，此从修正理由之说明，亦可获得充分佐证。[11]

然则，将使用借贷调整为典型要物契约，其立场是否允当，不无商榷余地。舍要物契约逐渐淡化之法律发展趋势不谈，即从“民法”债编修正之相类修正，亦可发现其立法政策，不尽一贯。缘以，“民法”债编修正，对于无偿契约要物性之淡化，似有相当体认。不仅于不动产赠与删除“民法”第四〇七条，使其脱离要物契约之藩篱，并于消费借贷之要物性，亦作较大幅程度之退让（债编修正第四七四条第二项、第四七五条之一），则何以独薄于使用借贷，诚属令人费解。

（三）使用借贷之性质

使用借贷之法律上性质，略有如下：

1. 单务契约

使用借贷，因贷与人交付标的物，始告生效。在此之前，无所谓法律上之权利义务存在。使用借贷生效后，仅借用人负返还义务，贷与人仅有容忍使用之义务，尚无积极作为义务；而容忍义务，非借用人返还借用物之代价，故一般以为，使用借贷系单务契约。

2. 无偿契约

使用借贷，为无偿贷与使用，性质上为无偿契约，乃学理及实务之共通立场。[12] 因之，贷与人对于借用人，原则上不负瑕疵担保责任。惟如使用借贷附有负担者，则为有偿契约，解释上应类推适用附负担赠与之规定，贷与人应于借用人负担之限度内，负与出卖人同一之担保责任（第四一四条）。

3. 不要式契约

使用借贷为不要式契约，无庸一定方式。

4. 要物契约

使用借贷，因“民法”债编修正而成为典型要物契约，业已如上所述。至“民法”第四六四条所称交付，解释上与买卖、赠与、租赁各节所称之交付，尚无不同，即不只现实交付有其适用，观念交付之各个型

---

11 参照“民法”债编修正第四六五条之一修正理由，其意旨如下：“预约为约定负担订立本约之义务之契约。通常在要式或要物契约始有其存在价值。使用借贷为要物契约，常先有预约之订立，惟其亦为无偿契约，故于预约成立后，预约贷与人如不欲受预约之拘束，法律应许其撤销预约，始为合理。

12 同注5判例。

态，亦均包括在内。[13]

5. 债权契约

使用借贷，虽经交付标的物而成立，惟其性质上仍为债权契约，借用物之所有权，尚不因交付而有任何异动。正因其为债权契约，故贷与人于借用物纵无所有权，亦不影响使用借贷之成立生效。[14]

二、使用借贷之效力

使用借贷之效力，一般分从贷与人之权利义务与借用人之权利义务，以为说明。本书因之。

（一）贷与人之权利义务

1. 贷与人之义务

（1）容忍使用之义务

使用借贷之目的，在于贷与借用物于借用人。是以，使用借贷存续期间，贷与人对借用人，负有容忍借用人使用之义务。不过，容忍云者，解释上仅限于不妨害借用人之使用，尚不必如出租人之须积极维持标的物合于用益状态。

既然，容忍使用为贷与人之义务，贷与人如有违反，仍应成立债务不履行。只是，使用借贷为无偿契约，解释上应类推适用赠与之规定，贷与人就妨害使用有故意或重大过失，始符可归责事由之要件（第四一〇条）。在责任范围上，亦应类推适用“民法”第四〇九条（赠与）之规定，借用人只能请求不能使用本身所失之价额，至于不履行之损害赔偿，仍属不能请求。

（2）瑕疵担保责任

使用借贷之贷与人，原则上不负瑕疵担保责任。惟贷与人故意不告知瑕疵以致借用人受损害者，应负赔偿责任（第四六六条），是为例外，此之损害赔偿责任，解释上宜如赠与第四一一条之规定，仅以借用人固

13 参照“最高法院”1971年上字第二四〇一号判例：“使用借贷，固因借用物之交付而生效力，但交付之方法，不以现实交付为限。贷与人将其出租于他人之物出借时，得将对该他人之返还请求权，让与于借用人，由借用人直接向该他人请求返还，以代现实之交付。”

14 参照“最高法院”1961年台抗字第一六六号判例：“使用借贷，乃债权契约非物权契约，贷与人对借用物纵无所有权，亦可本于贷与人地位请求借用人返还，亦即使用借贷之成立与所有权之有无，并无牵连关系，不生‘民事诉讼法’第一百八十二条所定中止诉讼程序之问题。”

有利益之受害为对象，至于不履行利益之损害，尚不在赔偿之列。

此外，贷与人保证其贷与物无瑕疵者，贷与人应否负瑕疵担保责任，民法本身尚无明文，对照“民法”第四一一条规定，本诸体系解释（明示其一，排除其他），似以否定为当。惟以贷与人既已保证其交付之贷与物为无瑕疵，如该物仍有瑕疵，贷与人当已有背诚信原则[15]，法律解释论上，似又以类推适用赠与第四一一条之规定为妥。二者相较，愚见认为，后说较属可采。再者，借用人因借用物瑕疵受害之损害赔偿请求权，自借贷关系终止时起算，六个月间不行使而消灭（第四七三条第一项后段、第二项后段），实用上应予注意。此之六个月为短期消灭时效，“民法”总则有关消灭时效之规定，有其适用。

2. 贷与人之权利

使用借贷为无偿契约，故在借贷关系存续中，贷与人尚无契约上权利之可言。但借贷关系消灭后，贷与人有请求返还借用物之权利，此即一般通称之借用物返还请求权。[16]

借用物返还请求权相对者，即为借用人之借用物返还义务。由于相关问题，民法使用借贷一款，系就返还义务角度而为规定。因此，有关借用返还请求权之具体内容，拟并于借用物返还义务说明之。

（二）借用人之权利义务

1. 借用人之权利

借用人之权利，在于对借用物之使用。就使用利益之内容而言，与承租人或无重大不同；不过，就其效力之作用而言，则此使用权者，仅具债权性，并无物权化之意义。借用物所有权移转者，其受让人不惟不承受使用借贷契约，而且得主张借用人与受让人间无使用借贷关系，请求返还借用物。[17]

15 参照“民法”第四一一条立法理由其意旨如下：“谨按赠与专因受赠人之利益而为之，故应减轻赠与人之责任。关于现物或权利之赠与，赠与人通常不负瑕疵担保之责任，须以赠与人对于受赠人故意隐蔽瑕疵，或曾经保证其无瑕疵者为限，因此所生之损害，始负赔偿之责，盖因其行为有反于诚实及信用故也。”

16 参照“最高法院”1958年台上字第一〇一号判例：“物之所有人本于所有权之效用，对于无权占有其所有物请求返还所有物，与物之贷与人基于使用借贷关系，对于借用其物者请求返还借用物之诉，两者之法律关系亦即诉讼标的并非同一，不得谓为同一之诉。”

17 参照“最高法院”1970年台上字第二四九〇号判例：“使用借贷，非如租赁之有‘民法’第四百二十五条之规定。纵令上诉人之前手将房屋及空地，概括允许被上诉人等使用，被上诉人等要不得以上诉人之前手，与其订有使用借贷契约，主张对现在之房地所有人即上诉人有使用该房地之权利。”

借用人使用借用物，应依约定方法为之；无约定方法者，应以依借用物之性质而定之方法使用之（第四六七条第一项）。例如，借用车子，约定仅供展示之用，借用人不得供驾驶驰骋之用；借用票券，约定供质押借款之用，借用人不得供直接兑现之用，是为约定方法之使用。依物之性质而定使用方法者，例如，借用客车，不得以之运货；借用乳牛，不得以之耕作是。借用人如有违反上述义务，贷与人得终止使用借贷契约（第四七二条第二款）。其因而致借用物毁损灭失者，借用人并应负损害赔偿责任。贷与人之此项损害赔偿请求权，解释上亦有“民法”第四七三条短期消灭时效之适用（自受借用物返还时起算，因六个月内不行使而消灭）。

2. 借用人之义务

借用人之义务，主要有三。即保管义务、自己使用义务、借用物返还义务三者是。兹分述如下：

(1) 保管义务

①借用人责任标准

使用借贷，系使借用人获得借用物之使用利益，借用物之所有权，仍为贷与人所有。借用物交付借用人后，借用人成为物之占有人，对于借用物负有为贷与人保管之义务，无宁为当然结论。不过，此之保管，系基于使用借贷而来，贷与人与借用人间并不另行成立寄托关系（第五八九条）。

使用借贷为无偿契约，主要系就贷与人而言；至于借用人，则无偿而获利益（纯获利益），其地位犹较出租人为优厚。因之，“民法”第四六八条第一项规定，借用人应以善良管理人之注意，保管借用物。借用人违反善良管理人之保管义务，以致借用物毁损、灭失者，除其系依约定之方法或依物之性质而定之方法使用借用物，致有变更或毁损者外，借用人应负损害赔偿责任（同上条第二项）；借用人并得终止契约（第四七二条第三款）。此之损害赔偿责任，为债务不履行责任。其为毁损者，概念上属于不完全给付；其为灭失者，概念上为给付不能。惟此项损害赔偿请求权，解释上亦有自借用物返还时起算，因六个月不行使而消灭之适用（第四七三条）。

②保管费用之负担

使用借贷之使用利益，既归借用人所有，则保管借用物之费用，原则上应由借用人负担，以符法理之平。故“民法”第四六九条第一项规定：“借用物之通常保管费用，由借用人负担。借用物为动物者，其饲养费亦同。”所谓通常保管费用，意义上与必要费用相近，作用上仅在指示借用人负担必要费用即可，非谓通常保管费用以外之费用，借用人绝不负担。因之，如借用人对于借用物自动予以特别呵护，除其成为有益费用，或可请求贷与人负担外，其特别保管费用，原则上仍由借用人负担。

至于有益费用，究应如何负担，修正前“民法”无明文。学理上或以为，应适用无因管理之规定请求返还，（实务见解亦同[18]）或持反论论点，认为不得请求返还者。[19]“民法”债编修正于第四六九条第二项增“借用人就借用物支出有益费用，因而增加该物之价值，准用第四百三十一条第一项之规定”亦即准用租赁上有益费用偿还之条文，自属有助争议之解决。[20]基此，如贷与人知其情事而不反对者，于使用借贷关系终止时，贷与人应以现存之增价额为限偿还借用人。

（2）自己使用义务

贷与人将借用物交付借用人使用，其情形略如出租人将租赁物交付承租人用益。租赁既具有人格性，则使用借贷自亦不能例外。“民法”第四六七条第二项规定：“借用人非经贷与人之同意，不得允许第三人使用借用物。”当系本此意旨而来。

所谓允许第三人使用，意义相当广泛，非仅包括使用权让与、借用物设定负担、借用物成立租赁，乃至好意的许可他人使用，均包括在内。不过，第三人如为占有辅助人或伦理上容认之同居人，尚非此之第三人。前者，如借用耕牛，由受雇人用以耕田是；后者，如借用冰箱，一家人共同使用是。

借用人违反前项规定者，其与第三人之法律关系，尚非无效，即使于使用权让与、借用物设定负担，解释上亦应仅系效力未定，得因贷与人之承认（事后同意）而生效力。不过，借用人有此行为，显然有背其

18 参照“最高法院”1970年台上字第一〇〇五号判决：“因上诉人之增加设施，所借用房屋之价值显然增加，在我民法使用借贷一节，虽无得为请求偿还或返还其价值之明文，然依据外国立法例，既不乏得依无因管理或不当得利之法则请求偿还返还之规定，则本于诚实信用之原则，似非不可将国外立法例，视为法理而适用。”

19 参照郑著（上），第三〇七页；薛著，第一三三页。

20 参照“民法”债编修正第四六九条修正理由：“一、第一项未修正。二、我民法就借用人支出有益之费用，于借贷关系终止时，并无得请求偿还之明文，致学者间意见纷纭，有主张得依不当得利或无因管理求偿还者，有认为不得请求偿还者。查外国立法例关于借用人就借用物支出之有益费用，大都明定由贷与人负责偿还（德国民法第六百零一条第二项、法国民法第一千八百九十条、瑞士债务法第三百零七条参考）。为明确计，爰仿外国立法例，增订本条第二项，以杜争议。三、原第二项移列为第三项。”

与贷与人间之信赖，贷与人得终止使用借贷契约（第四七二条第二款），实务上且为著有判例。[21]

同意与否，依贷与人之志愿自由为之，既无庸一定方式，亦不以明示为限。而且，不问贷与人同意与否，因第三人应负责之事由，致贷与人受有损害者（通常为借用物之毁损灭失），借用人应同负损害赔偿责任（类推适用第四四三条、第四四四条第二项）。至若借用人因此获有利益者，贷与人得否主张不当得利请求返还，学理上或持肯定[22]；惟此本系借用人牺牲使用权之代价，是否无法律上原因而受利益，不无可议，于贷与人是否因之受有损害，亦值商榷。比较上当以否定论点为宜。

再者，本条项规定，系为保护贷与人利益而设，故贷与人与借用人有特约者，应属事前同意，其特约有效[23]，借用人既得允许第三人使用借用物，贷与人亦无上述权利可言。不过，其使用范围及方法，均应以特约为限；违反者，仍有本条项之适用。

3. 借用物返还义务

（1）返还时期

使用借贷存续期间，借用人既得使用借用物，于法自无返还义务。是以，借用人之借用物返还义务，系发生于使用借贷关系消灭之后，其情形有如附停止条件，因使用借贷关系消灭或目的完成之时而条件成就。依“民法”第四七〇条规定，其返还时期之标准，须为下列三者之一：

①期限届满

使用借贷定有期限者，借用人应于契约所定期限届满时，返还借用物（同上条第一项前段）。所谓定有期限，解释上应如租赁，意义上包括确定期限及不确定期限。使用借贷所定期限，是否有一定限制，法无明文，得否类推适用租赁之规定，以二十年为最长期限（第四四九条），或有疑义。鉴于，有偿契约，既以明定以二十年为限，而且期满后，如使用借贷双方当事人，仍愿继续维持使用借贷关系者，本于契约自由原则，本得依契约更新之，解释其有期间限制，于双方当事人利益之维护，尚无阻窒偏颇，解释上当以肯定说为宜。至于法定更新（第四五一条），于

21 参照“最高法院”1960 年台上字第三八一号判决：“使用借贷为无偿契约，原属贷与人与使用人间之特定关系，除当事人另有特约外，自无移转其权利于第三人之可言。倘借用人未经贷与人同意，擅将借用物转让第三人使用者，贷与人自得终止契约。”

22 参照郑著（上），第三〇六页。

23 同注 21 判例。

贷与人利益，殊有抑制，使用借贷一款即未如租赁之有明文，解释上自不宜类推适用租赁之有关规定。

②使用目的完毕

未定期限之使用借贷，如其依借贷之目的，业已使用完毕者，借用人亦应返还借用物。例如，为准备考试而借用房屋，如考试已过，即为依借贷之目的使用完毕。因任职关系配住宿舍，如其调任他地或离职，即为使用目的完毕之常见案例。[24]

所谓使用目的完毕，民法明定包括得推定使用完毕之情形，故“民法”第四七〇条第一项后段规定，使用借贷未定期限者，应于依借贷之目的使用完毕时返还之；但经过相当时期，可推定借用人已使用完毕者，贷与人亦得为返还之请求。此称推定使用完毕，须斟酌工作物之种类品质、经过时期及其他一切客观情事而定，贷与人尚不得为任意主张。[25]

③贷与人请求

借贷未定期限，不能依借贷之目的，而定其期限者，贷与人得随时请求返还借用物（同上条第二项）。此之所称随时，解释上亦应依交易通念，业经相当期限始可，非谓借用同时，即得请求返还。

（2）返还客体

借用人应返还借用之原物，其自然增加之天然孳息，原则上亦应一并返还，但当事人就孳息之归属另有约定者，不妨从其约定。

（3）共同借贷之连带责任

民法第四七一条规定，数人共借一物者，对于贷与人连带负责。例如，甲乙向丙共借 A 车乘用，届期甲已不使用，并表示返还与丙，惟乙却拒不返还，嗣丙开车不小心，撞毁 A 车，则甲仍须与乙对丙负连带损害赔偿责任是。

本条所称数人共借一物，解释上宜采广义，只要有共同使用借贷契约之订立即为已足，借用人是否实际使用，则非所问。而且，所谓共借一物，亦无庸非基于同一借贷契约不可。例如，甲先贷与 A 车于乙无偿使用，嗣丙经乙同意，加入甲为共同借用人，解释上亦应有本条之适用。

24 参照“最高法院”1955 年台上字第八〇二号判例：“因任职关系获准配住系争房屋，固属使用借贷之性质，然其既经离职，依借贷之目的，当然应视为使用业已完毕，按诸‘民法’第四百七十条之规定，被上诉人自得据以请求交还系争房屋。”

25 参照最高法院 1928 年上字第六二六号判例：“借地造屋未定存续期间，法院应斟酌工作物之种类品及经过时期，并一切情形，定其应否即时拆让。”

按使用借贷之客体，不得为代替物，通常情形，其法律上性质为不可分。则共同借贷之借用人，对于借用物之返还义务，本应适用不可分债务之规定，虽其结论，因不可分债务准用连带债务之规定（第二九二条第一项），其结果或无重大不同，但解释"民法"第四七一条，似不宜认为，其借用物性质上不可分者，仍有适用。足见，民法本条所称连带负责，其适用对象，当以借用人违反返还义务所生之债务不履行损害赔偿责任，而贷与人请求金钱赔偿者为主。论其具体适用标准，殆如次表：

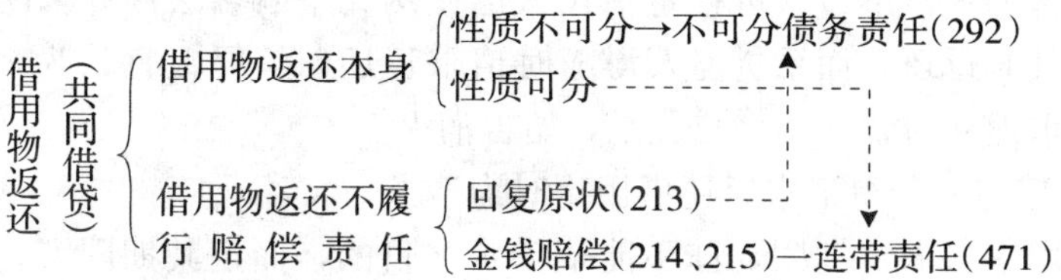

不过，实际案例上，使用借贷之借用物，性质为可分者，宁为极少；借用物返还不履行赔偿责任，其贷与人坚持回复原状者，情形恐亦不多。因之，从实际运用重心而言，则上表或可简化如下：

借用物返还（共同借贷）
- 借用物返还本身：不可分债务责任（292）
- 借用物返还不履行赔偿责任：连带赔偿责任（471）

（4）借用物返还与回复原状

借用人于使用后，仅须返还所借用之原物，即为已足，其使用而生之自然耗损，为使用借贷之当然内涵，借用人本无所谓回复使用前原状之义务。不过，借用人于借用物，如有施以劳力或施设，嗣借用人不请求偿还有益费用而取回者，则应回复借用物之原状（第四六九条第三项）。其情形与租赁相类，请参照承租人有益费用偿还请求权之相关规定（本书第241页以下），兹不重复。

有益费用偿还请求权与工作物取回权二者，解释上宜认为系立于选择之债之关系。而且，斯二者均有短期消灭时效之适用，亦即自借贷关系终止时起算，六个月间不行使而告消灭（适用消灭时效之有关规定）（第四七三条）。

三、使用借贷之消灭

使用借贷之特殊消灭事由，计有如下：

1. 期限届满

"民法"第四七〇条第一项本文前段规定，借用人应于契约所定期限届满时，返还借用物，解释上应认为期限届满，使用借贷关系消灭。如借用人未即时返还，即属给付迟延，无待借用人请求或催告。

2. 使用目的完毕

使用借贷，依其目的而使用完毕者，借用人应于使用完毕时返还借用物（同前条项本文后段），解释上应认为使用目的完毕时，使用借贷关系，即告消灭。不过，可推定借用人已使用完毕者，法律并未明定借用人应于其时返还，而系贷与人得随时请求返还，解释上宜认为，须待贷与人请求返还时，使用借贷关系，始告消灭。

3. 贷与人于得请求返还借用物时为请求

使用借贷未定期限，亦不能依借贷之目的，而定其期限者，贷与人得随时请求返还借用物（第四七〇条第二项），如其贷与人请求返还者，使用借贷关系亦告消灭。因之，本条项所称请求，性质上为形成权，因贷与人一方之意思表示而发生效力（消灭使用借贷关系），上述（同条第一项但书）所称之请求，亦应作同一解释。

4. 贷与人终止契约

贷与人还有下列事由者，得终止使用借贷契约；如其主张终止者，使用借贷契约即因而消灭。此之事由为：

（1）贷与人因不可预知之情事，自己需用借用物者。

（2）借用人违反约定或依物之性质而定之方法使用借用物，或未经贷与人同意，允许第三人使用者。

（3）因借用人怠于注意，致借用物毁损或有毁损之虞者。

（4）借用人死亡者（第四七二条）。

本条所举终止契约事由，不问定有期限或未定期限，解释上均有适用。[26] 其第一款所谓不可预知之情事云者，实务以为，意指在订立使用借贷契约以后所发生之情事，而非订立契约时所能预见者而言；而所谓自

26 参照"最高法院"1969年台上字第七八八号判例："贷与人因不可预知之情事自己需用借用物者，得终止契约，为'民法'第四百七十二条第一款所明定。本条之适用，不问使用借贷是否定有期限，均包括在内。所谓不可预知之情事，指在订立使用借贷契约以后所发生之情事，而非订立契约时所能预见者而言。而所谓自己需用借用物，只需贷与人有自己需用借用物之原因事实为已足，其是否因正当事由而有收回之必要，不必探究。被上诉人有自己需用系争土地以供建屋之事实，而为出借系争土地时所不能预知，在原判决既已详为阐明，则被上诉人所为终止借贷关系之意思表示，于法自非无据。"

己需用借用物，则只须贷与人有自己需用借用物之原因事实为已足，其是否因正当事由而有收回之必要，不必深究。[27] 例如，贷与房屋，因自己住用房屋突然失火，须收回自住即是。

借用人死亡云者，解释上当然包括死亡宣告（第九条），但仅长期失踪，尚非终止之事由；同理，贷与人死亡者，亦非终止事由，其贷与人之继承人，自不得主张终止。再者，既称得终止契约，则有此事由，尚非当然消灭，应属解释之当然结论，实务上曾有借用人死亡，使用借贷关系消灭之说法[28]，其见解当有可议。晚近判决，改变上述见解，维持非经终止，尚不消灭之论点，自较允当。[29]

5. 借用人抛弃使用利益

使用借贷之利益，在于借用人，借用人如欲抛弃使用利益者，使用借贷关系为之消灭，乃理所当然，亦契约自由原则之当然结论。有关于此，法律虽无明文，但解释上应亦肯定，故本书列为消灭事由之一。

第三节　消费借贷

消费借贷一节，拟分三项说明。其顺序依次为：消费借贷之意义及性质、消费借贷之成立生效、消费借贷之效力。

一、消费借贷之意义及性质

（一）消费借贷之意义

1. 消费借贷之由来

民法于借贷，所以有使用借贷与消费借贷之分，主要系着眼于物在使用上之特性本不同所致。缘以物一经使用，或有性质、价值尚不异动，

27　参照同上判例意旨。

28　参照“最高法院”1968年台上字第三六三号判决：“配住关系，系一种使用借贷，因借用人之离职或死亡而当然消灭。”

29　参照“最高法院”1980年台上字第四三九五号判决：“因任职关系配住宿舍，系属使用借贷之性质，而在使用借贷，借用人死亡者，贷与人虽得终止契约（见‘民法’第四百七十二条第四款），但使用借贷关系并不因借用人之死亡当然消灭。”

原貌仍属存在者；或有性质、价值均告重大变异，原貌完全尚失者。前者即一般通称之非消费物，后者则为消费物。非消费物，纵经使用，物之原貌、原性、原值仍属存在，原物返还，固毫无问题；反之，消费物一经使用，物之原貌、原性、原值，殆属丧失，原物返还，几无可能。日常交易上，苟有借用前者者，理论上、现实上，固均得请求返还借用物；苟有借用后者，其返还客体惟有求诸同种类、同数量、同品质之物。二者之间，既有如此重大差异，法律制度设计上，自难强其同一。

使用借贷为返还借用物之契约类型，业已如上所述，则其客体限于上述之非消费物。是以，其客体为消费物者，民法乃于制度设计上，因其消费之特性，称之消费借贷。消费物，一经使用，原物即告消失，交易上势须以相同种类之物代替。在此角度上，消费物经常伴有代替物之性质，民法一方面使用消费借贷之名词，但于客体上，相关条文均又以代替物名之，其原因当即在此。

既然，消费借贷之标的物，性质上为代替物，则债编通则有关种类之债之规定（第二〇〇条），于消费借贷自有适用。

2. 消费借贷之定义说明

"民法"第四七四条第一项规定："称消费借贷者，谓当事人一方移转金钱或其他代替物之所有权于他方，而约定他方以种类、品质、数量相同之物返还之契约。"移转代替物所有权之人为贷与人；返还同种类代替物之人为借用人。因之，消费借贷亦可称为：贷与人移转代替物所有权于借用人，借用人于应于返还时返还同种类代替物之借贷契约。其相关要旨，殆有如下：

（1）移转金钱或其他代替物之所有权

①代替物

消费借贷之客体为得消费之代替物。因此，不仅不代替物不得为其标的物，纵为代替物，如其为非消费物者，亦不成立消费借贷。前者，如借贷车辆，后者如借贷书籍，均属成立使用借贷，而非消费借贷。

代替物而非为消费物者，如约定以消费方式而借贷者，例如，借贷"最高法院"判例意旨一部，约定移转所有权，嗣另行返还他册"最高法院"判例意旨一部者，仍得成立消费借贷。反之，消费物之借贷，如约定不以消费方式为之者，仍不成立消费借贷。例如，借用金钱，约定供婚礼仪式展示之用者，结婚仪式后原物返还者，是为使用借贷而非消费借贷。是以，消费借贷之成立，于代替物、消费物，仍受当事人意愿之影响。

在法律文字设计上，民法本条特别突出金钱，以为例示。金钱虽为有价证券，但一经使用，其价值即告丧失（占有之所在，所有之所在；金钱因移转占有而移转所有权），在交易上，堪称典型之消费物。民法本条所称金钱，旨在表征其消费层面之意义，并非意在强调其为有价证券之形式。因之，解释民法本条，尚不得将其标的物限于金钱或其他（无记名）有价证券。换言之，金钱之为代替物，与柴米油盐之为代替物者，其体态尚有不同，所以突出金钱，旨在避免解释上之争议，并无限制其成立对象之意旨。是以，解释消费借贷之成立，应包括所有代替物，非谓以金钱相类之代替物，亦即非以有价证券为范围，更非以无记名证券为限。

②移转所有权

代替物之借贷，须约定移转所有权者，消费借贷始告成立。在此角度上，移转所有权为意思表示内容（要素）之一；亦其效果意思之所在。苟无此效果意思，则纵有交付之事实，即使其标的物为金钱，于接受当事人间，仍不成立消费借贷。[30] 换言之，于金钱之交付，尚不能如金钱寄托，推定因交付即属成立（第六〇三条第一项）。不过，法院实务上，有时拟制当事人之消费借贷效果意思，以押金利息抵租之押租契约，法院解释其为租赁、消费借贷联立，即是著例。[31]

虽然，消费借贷固以当事人有移转借用物所有权之意思为要件，但其借与作为何用？则与成立生效无关，非为效果意思之范围，当事人不得据之以为争执。[32] 金钱借贷，关于人之资格，理论上并无限制，惟公司法上，于公司作为贷与人者，有相当限制，规定公司之资金，除因公司间有业务往来或有短期融通资金之必要者外，不得贷与股东或任何他人（“公司法”第十五条第一项），违反者，应认为借贷无效，公司得随时请求返还。[33]

30 参照“最高法院”1992年台上字第二三七二号判决：“当事人主张有金钱借贷关系存在，须就其发生所须具备之特别要件即金钱之交付及借贷意思表示一致负举证之责任，若仅证明有金钱之交付，未证明借贷意思表示互相一致者，尚不能认有金钱借贷关系存在。”

31 参照“最高法院”1975年台上字第二四〇〇号判例：“所谓土地押租契约，一般指出租人将土地出租与承租人，承租人另借款与出租人，双方约定以借款利息抵付土地租金，俟租赁关系终了互相返还土地借款之联立契约，其有关法律关系应分别适用民法租赁、借贷之规定。”

32 参照最高法院1932年上字第一一四号判例：“借用人向贷与人所述借用金钱之缘由，是否属实，借用人就其所借得之金钱作何用途，均与消费借贷契约之成立无关。”

33 公司负责人违反借贷限制之规定者，应与借用人连带负返还责任，并应赔偿公司所受损害（“公司法”第十五条第二项）。

（2）以同种类、品质、数量之物返还

消费借贷之标的物为消费物，一经消费，原物即不存在，故法律规定，以同种类、数量、品质之物返还。在此角度上，消费借贷为种类之债，有"民法"第二〇〇条之适用，如其标的为金钱者，并有民法货币之债（第二〇一条、第二〇二条）之适用。

所谓同种类、品质、数量之物云者，系兼括用语，非谓消费借贷均得以同种类、品质、数量之物返还。盖以金钱云者，仅重数量（价额），并不注重种类、品质。严格言之，并非返还同种类、品质之物。其情形，殆可表解如下：

消费借贷（返还标的物）
- 金钱——————同价额之金钱
- 其他有价证券——同种类、同价额之有价证券
- 其他代替物———同种类、品质、数量之代替物

借用人返还义务何时发生？民法尚无特别明文，解释上应以消费借贷关系消灭，作为返还义务发生之时期。

（二）消费借贷之性质

消费借贷之法律上性质，殆可归纳如下：

1. 消费借贷为单务契约

消费借贷，须经交付标的物始告成立（第四七四条第一项）。其成立生效后，仅借用人负返还义务，贷与人则不负债务，故一般以为，消费借贷为单务契约。不过，如消费借贷附有负担者，借用人之负担，与贷与人交付借用物并移转其所有权之义务，具有类如对价之关系，故学理上于附负担之消费借贷，或称之准双务契约。

2. 消费借贷为无偿或有偿契约

消费借贷，未附有利息或其他负担者，借用人仅负返还同种类、品质、数量之物之义务，贷与人尚不因移转借用物所有权之给付而获有报偿性利益，其性质上自为无偿契约；反之，其约定贷与人获有报偿者，则为有偿契约。

消费借贷是否附负担，由当事人双方自由约定。是以，消费借贷为有偿或无偿，尚非法律所能直接确定。虽然，在罗马法上消费借贷为无偿契约，此亦法律制度设计之根据。惟就当今社会交易实情观之，其消费借贷而不计利息者，堪称少之又少，其通常为有偿契约，恐亦事实。

3. 消费借贷为不要式契约

消费借贷，不以方式为必要，故法律上性质为不要式契约[34]，乃可肯定。

4. 消费借贷原则为要物契约

依“民法”第四七四条第一项规定消费借贷为要物契约，应系无庸质疑，其理由有如使用借贷，兹不重复说明。[35]惟因负有债务而以之作为消费借贷标的者，因其约定而成立消费借贷（同上条第二项），是消费借贷，于特殊情形，得为诺成契约，似亦不宜否认。

5. 消费借贷为负担行为

消费借贷，虽于标的物有移转所有权之行为，惟此为契约效力要件，于消费借贷契约本身，仍应解释为债权契约，故亦属负担行为。

（三）消费借贷之类型

消费借贷之类型区分，可从以下不同角度叙述之：

1. 固有的消费借贷与转变的消费借贷

在交易过程上，当事人之效果意思，本为消费借贷者，成立消费借贷契约，是为固有的消费借贷；当事人之效果意思，非为消费借贷，而法律规定适用消费借贷者，是为转变的消费借贷，例如消费寄托即是（第六〇二条）。

消费寄托，仅效力上适用消费借贷，性质上仍为消费寄托而非借贷。[36]因

---

34 参照最高法院1938年上字第三二四〇号判例：“消费借贷契约之订立，法律上并无应以书面为之之规定，民法第三条第一项所谓依法律之规定，有使用文字之必要者，即不包含消费借贷契约之订立在内。”

35 参照“民法”债编修正第四七四条修正理由：“一、……民法规定之消费借贷，通说认系要物契约，于当事人合意外，更须交付金钱或其他代替物，以移转其所有权于他方，始能成立，惟依现行法本条及次条（第四百七十五条）合并观察，易使人误为消费借贷为诺成契约，而以物之交付为其生效要件。为免疑义，爰修正如上，并移列为第一项。二、消费借贷契约，固以当事人约定，一方移转金钱或其他代替物之所有权于他方，他方以种类、品质、数量相同之物返还，并因物之交付而成立为典型；惟当事人之一方对他方负金钱或其他代替物之给付义务而约定以之作为消费借贷之标的者，例如：积欠工资、价金、工程款等而以之作为消费借贷时，亦应成立消费借贷契约，否则，并令当事人反覆交付而后始能成立消费借贷，非仅不便，且与社会生活之实情不符。爰参考德国民法第六百零七条第二项、日本民法第五百八十八条规定，增订第二项。惟其标的，仍以金钱或其他代替物为限，俾与消费借贷之系以种类、品质、数量相同之物返还之性质相等。”

36 有关消费借贷与消费寄托之比较说明，请参照司法院1945年院解字第二八八五号解释：“存金钱于银行，约定金钱所有权移于银行，并由银行以种类品质数量相同之金钱返还者，当事人订约之目的不在金钱之使用，而在金钱价格之保管，诚为寄托之一种，而非消费借贷，惟依民法第六百零二条之规定，此项寄托自银行领金钱时起，适用关系消费借贷之规定。”

之，以下所称消费借贷，仅指固有的消费借贷，并不包括转变的消费借贷。

2. 一般消费借贷与特种消费借贷

依“民法”消费借贷一节规定成立之借贷，是为一般消费借贷；依特别法成立之消费借贷，是为特种消费借贷。一般以为公司债发行、票据贴现、票据资金透支，均为特别消费借贷之重要事例。

3. 金钱消费借贷与实物消费借贷

消费借贷之标的物为金钱者，是为金钱消费借贷；其标的物为金钱以外之代替物者，是为实物消费借贷。二者之区别实益，在于金钱借贷，法律设有给付变更之规定，具有法定任意之债之色彩（第四八〇条、第四八一条）。

4. 无偿的消费借贷与有偿的消费借贷

消费借贷，未附有利息或其他负担者，是为无偿之消费借贷；反之，则为有偿之消费借贷。二者区别之实益在于：无偿的消费借贷，其贷与人无瑕疵担保责任；有偿之消费借贷，则贷与人有瑕疵担保责任（第四七六条）。其所附负担为利息者，则尚有利息社会化（第二〇三条至第二〇七条）之适用。

二、制度之调整

本项拟分修正前“民法”之形式、解释论之发展、及“民法”修正之成果三者说明之。

（一）修正前民法之形式

1. 消费借贷之成立

就修正前“民法”规定而言，严格言之，消费借贷之成立，仍属诺成契约，因当事人之合意而告成立（修正前第四七四条）。其情形有如使作借贷（本书第491～492页），兹不重复。

2. 消费借贷之生效

依修正前“民法”规定，消费借贷虽因当事人合意而成立，但须待交付金钱或其他代替物于借用人，消费借贷始生效力（第四七五条），故本书则称之次类型要物契约。惟其情形与使用借贷相类，原则上不予重复，而仅叙其部分特点如下：

(1) 本条乃至修正后第四七四条所称交付，亦如其他法条所称之交付，意义上包括现实交付观念交付之各种形态。[37] 至于交付与否之证明，得以载明收到借款之借据充之。[38] 其借据未载明收讫借款者，仍须证明另有交付标的物之事实[39]；收执票据者，亦与后者作同一解释。[40]

（2）交付标的物，须基于消费借贷，亦即须有移转标的物所有权之效果意思，贷与人并因而负有移转所有权之义务。由于消费借贷之标的物为金钱或其他代替物，绝大多数情形，属于动产，其移转所有权及交付标的物之行为，大都同时完成，仍系事实。至于贷与人交付之标的物，并不限于贷与人自己亲自为之，其由第三人交付移权者，亦无不可；即其标的物非为贷与人所有者，亦无不可。

（3）交付之标的物，于金钱及实物间得为某种程度之调整

消费借贷之生效，须交付者为原约定之标的物。例如，约定为金钱借贷者，须交付金钱而成立金钱消费借贷，约定交付某种代替物者，须交付同种类代替物，而成立（该）代替物消费借贷是。反之，若约定金钱借贷而交付稻米，约定柴木借贷而交付金钱，乃至约定稻米借贷而交付高粱是。于此情形，得否成立借贷，或无疑义，理论上应认为仍成立消费借贷，并作如下之解释：

①交付之标的物，为金钱者，以该金钱购买之原定代替物数量，作为消费借贷之范围（视为贷与人授权借用人购买），借用人未购买者，以交付时交付地价格折算其代替物所得之数量，作为消费借贷之范围（类推适用第四八一条）。

②在金钱借贷，如交付之标的物为实物者，以其卖得价金作为消费借贷之范围，如借用人未出售而另行处理者，按交付时交付地之时价，

37 参照“最高法院”1972年台上字第二一七七号判例：“金钱借贷契约，固属要物契约，但如因买卖或其他原因，借用人以其对于贷与人所负之金钱债务，作为金钱借贷所应交付之金钱，而合意成立消费借贷，亦应解为已具要物性。”

38 参照“最高法院”1980年台上字第三五四六号判例：“金钱借贷，固属要物契约，应由贷与人就交付金钱之事实负举证之责，但若贷与人提出之借用证内，经载明所借款额，当日亲收足讫无讹者，要应解为贷与人就要物性之具备，已尽举证责任。”

39 参照“最高法院”1980年第廿七次民庭会议决议：“消费借贷契约为要物契约，因借用物之交付而生效力。甲提出借据（借用证），并未表明已收到借款，尚不足证明其交付借款之事实，如经乙争执，仍须就交付借款之事实负举证责任。”（同旨“最高法院”1966年台上字第九五二号、1968年台上字第二六七四号及1969年台上字第九九〇号判决。）

40 参照“最高法院”1984年第一次民事庭会议决议：“支票为无因证券，支票债权人就其取得支票之原因，固不负证明之责任，惟执票人子既主张系发票人丑向伊借款而签发交付，以为清偿方法，丑复抗辩为未收受借款，消费借贷并未成立，则就借款之已交付事实，即应由子负举证责任。”

折算金钱，成立消费借贷（第四八一条）。

③在实物借贷，交付之标的物为他种实物者，以该实物卖得价金或折算交付时交付地时价所得金额（类推适用第四八一条），以之购买或得购买之原定实物数量，作为消费借贷范围。

以上解释，系为保证借用人利益而设，如贷与人交付他种标的物，致借用人之出售、购买或折价之劳费，应由贷与人负担，其负担过巨者，借用人并得拒绝受领，以待贷与人交付原约定之标的物。

至于，当事人约定交付实物而折算金钱借贷，或约定交付金钱而折算某种实物借贷，乃至约定出售实物而以其所得金钱借贷，本乎契约自由原则，于法均得成立消费借贷，并因交付而生效力。其间，前者为金钱借贷，次者为实物借贷，后者则又为金钱借贷。[41]

（二）解释论上之发展

消费借贷之要物性，于现代社会之适用，不无窒碍，其情形有甚于使用借贷。盖以消费借贷、特别是金钱借贷，于现代社会交易活动上，极其普遍，多数情形，于标的物（金钱）交付以前，常有担保物权之设立或保证契约之成立。于此情形，虽可透过“为将来债权设定担保”之理论解决，惟此并非直截了当制度。是以，如何缓和、乃至回避消费借贷之要物性，学理上乃有消费借贷预约乃诺成消费借贷之理论出现。兹分述如下：

1. 消费借贷预约

消费借贷预约云者，以将来成立消费借贷本契约为标的之契约。预约，民法虽无明文，解释上，则本诸契约自由原则，肯定其成立生效；惟因法无明文，视之为无名契约耳。消费借贷预约，亦应作同一解释。

消费借贷预约，一如其他预约，性质上为不要式、诺成契约，因当事人合意而成立生效。预约之权利人，得请求义务人履行约诺，完成消费借贷契约之行为。一般以为，消费借贷契约行为，包括消费借贷之意思表示及标的物之交付。因之，消费借贷预约之当事人，理论上虽不能径行主张消费借贷契约上之权利，但得请求贷与人交付标的物而完成消费借贷行为，现实上有其实益，故学理上常认其为消费借贷要物性之缓冲。而且，如消费借贷双方当事人，于标的物交付前，可基于其同时为消费借贷预约当事人之地位，请求他方完成消费借贷契约生效之必要行

41 后者，比较法上颇见明文规定，如德国民法第六〇七条第二项、日本民法第五八八条是。

为，于诺成消费借贷完成立法之前，消费借贷预约不失为解释论上可行之方法。

消费借贷预约，修正前“民法”虽无明文，但比较法上有之。例如：日本民法明定，消费借贷预约，因当事人一方受破产宣告，而失其效力[42]；意大利民法规定，消费借贷预约之贷与人，于他方当事人财产状况显有返还困难，且不提出相当担保者，得拒绝预约债务之履行。[43] 凡此，似均可以之为法理，作为解释台湾地区民法之借镜。不过，学者或认为，于民法典上既规定消费借贷，如重复规定消费借贷预约，其立场不无自相矛盾。[44]

2. 诺成消费借贷

诺成消费借贷者，因当事人合意，其消费借贷即告成立生效之消费借贷。因其业已生效，故借用人得请求贷与人交付消费借贷标的物，并移转其所有权，贷与人苟不交付，即应负债务不履行责任。

诺成消费借贷，台湾地区民法虽无明文，惟瑞士、德国立法上已有其例。[45][46] 台湾学理或以为，得依据契约自由原则，以其为无名契约而承认其效力。[47]

诺成消费借贷成立，贷与人有交付移转义务，借用人有返还同种类借用物义务，惟贷与人有先行给付义务，借用人则待应返还时始负返还义务，惟此二者间并非对价关系，故诺成消费借贷，仍属单务契约。至于借用人之货与物交付请求权，尚无人格性，解释上与预约所生请求权之不能让与，异其效果。

诺成消费借贷，借用人丧失支付能力者，宜解释为贷与人得拒绝给付（瑞士债务法第三一六条、德民第六一〇条）[47]，非若日本民法之解释为（类推适用消费借贷预约）失其效力。

42 参照日本民法第五八九条。

43 参照意大利民法第一八二二条。

44 参照郑著（上），第三三八页。

45 参照瑞士债务法第三一二条：“贷与人因消费借贷，负有移转一定数额金钱或其他代替物之所有权；借用人负有返还同一品质、数量、种类之物之义务。”
德国民法第六一〇条：“约定交付消费借贷物者，有疑义时，于他方财产状态显形减少，致有难为给付之虞者，得撤回其约定。”（虽彼邦或解释为诺成消费借贷，或解释为消费借贷预约，惟揆其文义似以诺成消费借贷之论点为当，故本书列为诺成消费借贷之例。）

46 参照郑著（上），第三一五页、第三一九页；史著，第二六一页。

47 参照郑著（上），第三二〇页；史著，第二六二页。

（三）民法修正之成果

1. 修正重点

“民法”债编修正，于消费借贷之成立生效，着墨颇多。爰归纳其要点如下：

（1）消费借贷之典型要物契约化

由于次类型之要物契约，解释上易滋疑义，“民法”债编修正草案，爰建议修正消费借贷之制度模式，使其成为典型之要物契约，非经交付借贷标的物，消费借贷尚不成立。其法律文字如下：

“称消费借贷者，谓当事人一方移转金钱或其他代替物之所有权于他方，而约定他方以种类、品质、数量相同之物返还之契约。”（第四七四条第一项）

民法立法（修法）者，有意贯彻消费借贷要物性，可从如下修正理由，获得充分佐证。此即：“民法规定之消费借贷，通说认系要物契约，于当事人合意外，更须交付金钱或其他代替物，以移转其所有权于他方，始能成立。惟依现行法本条及次条（第四百七十五条）合并观察，易使人误为消费借贷为诺成契约，而以物之交付为其生效要件。为免疑义，爰修正如上并移列为第一项。

消费借贷契约，固以当事人约定，一方移转金钱或其他代替物之所有权于他方，他方以种类、品质、数量相同之物返还，并因物之交付而成立为典型。”[48]

（2）要物性之部分缓和

交易上，一方当事人对他方负有金钱或其他代替物给付义务，如约定以之作为消费借贷之标的，而不实际交付者，于当事人间亦成立消费借贷，不仅外国立法有之[49]，台湾地区实务亦持相同见解。[50] 为免解释争议，以符交易便利，并与社会生活实情相符，“民法”债编修正增订第四七四条第二项：“当事人之一方对他方负金钱或其他代替物之给付义务而约定以之作为借贷之标的者，亦成立消费借贷”[51]，消费借贷要物性之缓

48 参照“民法”债编修正第四七四条修正理由。

49 参照德国民法第六〇七条第二项，日本民法第五八八条第二项。

50 同注36判例。

51 参照同上同条项修正理由：“当事人之一方对他方负金钱或其他代替物之给付义务而约定以之作为消费借贷之标的者，例如，积欠工资、价金、工程款等而以作为消费借贷时，亦应成立消费借贷契约，否则，必令当事人反覆交付而后始能成立消费借贷，非仅不便，且与社会生活之实情不符。”

和，须给付义务人之给付标的物，为金钱或其他代替物为限；盖非为金钱或其他代替物，尚不符消费借贷之性质故也。不过，如当事人给付义务为金钱，而约定折算代替物以为消费借贷，解释上应认为仍有本条适用；反之，亦同。甚而，折算他种代替物以为消费借贷者，亦无不可。

（3）交付生效规定之删除

“民法”债编修正，既就消费借贷修正为典型要物契约，则现行“民法”因交付而生效力之规定（第四七五条），已失存在根据。故债编修正爰予删除，其理由与使用借贷所叙者同（本书第514页），兹不赘述。[52]

（4）消费借贷预约之承认

“民法”债编修正，对于消费借贷预约之肯定，其制度内涵亦有如使用借贷，而略作调整。其具体条文内容为：“消费借贷之预约，其约定之消费借贷有利息或其他报偿，当事人之一方于预约成立后，成为无支付能力者，预约贷与人得撤销其预约。消费借贷之预约，其约定之消费借贷为无报偿者，准用第四百六十五条之一之规定。”（第四七五条之一）

2. 修正构想之评述

由上段叙述可知，“民法”债编修正，于消费借贷之成立生效，虽属着墨不少，惟严格言之，除有偿消费借贷之预约，因限制其任意撤销，致要物性或有相当缓和外，其余部分修正，与使用借贷之修正，尚无重大不同。至于第四七四条第二项之增订，“最高法院”著有判例已二十余年，循诸法律解释以求解决，并无重大困难，其增订不具创设意义，或亦事实。

民法于使用借贷，调整为典型要物契约，流弊或属较小。盖以使用借贷之例，现实交易上尚非广泛普遍，即或有之，利益交换数额，多非巨大，回复为典型要物契约，或许尚堪忍受。反之，消费借贷，甚至业已成为极其重要之金融业务，列其为典型要物契约，诚属令人费解。

针对上述疑问，“民法”债编修正，或可以增订消费借贷预约以为回答。惟预约者，须当事人以预约为意思表示内容者，始克成立。若当事人效果意思在于消费借贷本约，而其后未交付标的物者，是否可转化为消费借贷预约，学理上仍有疑义。此从学者于论及修正前民法之不动产赠与，对于预约说颇有微言之情形，可见一斑。[53] 既然，“民法”债编修

52 参照“民法”债编修正第四七五条修正理由：“本条之规定，易使人误会金融或其他代替物之交付为消费借贷之生效要件。为配合前条之修正，爰将本条删除。”

53 参照王泽鉴前揭“不动产赠与与契约特别生效要件之补正义务”，第四三九页。

正，于消费借贷相关修正条文，未明定消费借贷因未经交付而不成立者，视为成立消费借贷预约，则其未能对此问题，正本清源，诚难否认。民法债编修正，于消费借贷之修正，在适应社会交易需要，维护交易安全各方面，较目前制度模式，似乎更见退化，恐系事实。近半世纪来，立法例及学理上多所强调之诺成消费借贷潮流，何以民法之立法者，独未之见，令人费解得很。

三、消费借贷之效力

消费借贷，亦应有其特殊消灭事由，如期限届满，或经贷与人请求返还者是（第四七八条）；惟此部分，与借用人返还义务结合，成为消费借贷内容之一，文献上通常将其纳入借用人返还义务一并说明，尚不独列消灭一节。本书因之。

消费借贷之效力，得分从贷与人瑕疵担保责任及借用人返还义务二者说明之。

（一）贷与人瑕疵担保责任

消费借贷之标的为代替物，而且，因交付标的而成立，故原则上无给付不能及给付迟延之问题。至其瑕疵担保责任，尚因其为有偿或无偿而异其内容，兹分述于下：

1. 有偿消费借贷

（1）基本规定

“民法”第四七六条第一项规定：“消费借贷，约定有利息或其他报偿者，如借用物有瑕疵时，贷与人应另易以无瑕疵之物。但借用人仍得请求损害赔偿。”盖以消费借贷，如为有偿，借用人地位之保护，应类如买受人。按消费借贷之标的物为代替物，性质上为种类之债，民法本条项明定贷与人应另易以无瑕疵之物，其情形恰似种类物买卖瑕疵担保之另行交付请求权（第三六四条），堪称前后呼应。

民法本条项，虽从义务人责任之角度，规定贷与人应另易以无瑕疵之物，惟解释上仍应尊重借用人意愿，须经借用人请求始得为之。因而，借用人如不请求另行交付无瑕疵物，而于应返还时返还相同瑕疵之物，或照有瑕疵原物之价值为返还者（同条第二项），解释上应予肯定，并认其彼此间之关系，为选择之债，至其选择权则在于借用人。

（2）其他瑕疵担保请求权

有偿消费借贷，性质上为有偿契约，解释上本得准用买卖之规定

(第三四七条本文)。但民法本条项，于其瑕疵担保责任，特别突出另行交付请求权而予以明定。以是，解释上究否仍得准用买卖瑕疵担保责任，或不无疑义。愚见以为，宜采肯定；而且买卖瑕疵担保责任之其他规定，亦有准用。于权利瑕疵之担保，借用人得依债务不履行行使权利（第三五三条）[54]；其为物之瑕疵者，借用人尚有减价请求权及终止消费借贷(特殊情形或尚有解除权)，如贷与人有品质保证者，尚有不履行损害赔偿请求权（第三五九条、第三六〇条)。其中，减价请求权之准用，尤具意义。盖以借用人得据以主张借贷物价值贬损，并据以减低利息或其他负担之支付也。

另行交付请求权，乃至准用买卖而生之瑕疵担保请求权，有无短期存续期间之适用，民法尚无明文。解释上宜准用买卖相关规定（第三六二条）及其相关解释定之。换言之，除品质保证之不履行损害赔偿请求权外，其他担保请求权，解释上仍有六个月存续期间之适用。

（3）借用人之损害赔偿请求权

民法本条项之损害赔偿，仅泛称借用人仍得请求损害赔偿。解释上难免发生如下疑问？即其究指不履行之损害赔偿？抑指因瑕疵致借用人固有利益而受损害之赔偿？抑或二者兼而有之。按债权人固有利益之损害赔偿，学理上另称其他损害之赔偿，民法本条项于此，既未明确指称其他损害赔偿云云，依文义解释，似应采取履行利益之损害赔偿。惟以本条项规定内容，系为瑕疵担保责任，对照同条第三项规定，吾人宁从体系解释，认以其他损害赔偿为其适用对象。

此外，贷与人于瑕疵之造成为可归责者，是否有不完全给付之适用，颇感疑惑。由于，贷与人于交付前尚无给付义务，于交付后原则上已无保管义务，所谓瑕疵之造成为可归责，颇难想像，理论上似以否定论点为当。

2. 无偿消费借贷

“民法”第四七六条第二项规定：“消费借贷为无报偿者，如借用物有瑕疵时，借用人得照有瑕疵原物之价值，返还贷与人。”盖以消费借贷如为无偿，法律上即不复责求贷与人负瑕疵担保责任，但其结果，借用人未能享有借用物之完全效用或价值，故法律明定，借用人得照瑕疵物之价值为返还。不过，借用人所受领者既为有瑕疵之物，解释上亦得以

54 反对说以为，消费借贷有权利瑕疵者，消费借贷不能成立，尚无权利瑕疵担保责任之问题。参照郑著（上)，第三二五页；史著，第二七〇页。

有瑕疵之物而为返还。[55] 二者，宜解释为处于选择之债之关系，由借用人择定之。至于，借用人愿以无瑕疵物或其价值为返还者，则法律亦无禁止之必要。

民法同条第三项规定，贷与人故意不告知其瑕疵者，借用人得请求损害赔偿，民法所以为此特别规定，以其违反诚信原则之故。[56] 惟贷与人就瑕疵本身亦不负责，本条所称损害赔偿，应与“民法”第四一一条作同一解释，以借用人固有利益所受损害为其适用对象；至其赔偿范围，仍适用完全赔偿原则（第二一六条），并得请求非财产损害赔偿（第二二七条之一），如其同时成立侵权行为者，借用人尚得依侵权行为请求非财产上损害赔偿（第一九五条）。前述有偿消费借贷之损害赔偿，解释上亦同。

消费借贷之贷与人保证其贷与物无瑕疵者，贷与人是否亦负本条项之损害赔偿责任，法无明文，参照“民法”第四一一条但书规定，其认为本条得类推适用该条项规定者，见解较为可采。

（二）借用人之返还义务

借用人之返还义务，因其为无偿消费借贷或有偿消费借贷而范围有所不同。于无偿消费借贷，借用人仅负返还同种类借用物（以下称标的物）之义务；于有偿消费借贷，则除标的物之返还外，尚有支付报偿之义务。二者中，前者，不论无偿或有偿消费借贷，均有适用；后者，仅于有偿消费借贷有其适用。兹以返还客体之角度，分述于下：

1. 返还标的物之义务

（1）返还之时期

借用人返还标的物之时期，因消费借贷是否定有期限而有不同。

①定期消费借贷

定期消费借贷，定有返还标的物期限之消费借贷也，解释上应包括确定期限及未确定期限二者。有此情形，消费借贷于期限届满时消灭，借用人应即返还同种类、品质、数量之物（第四七八条上段）；未即返还者，是为给付迟延，贷与人除请求返还标的物外，尚得请求迟延利息或其他损害赔偿（包括违约金）。一般以为，消费借贷定有期限者，其期限

55 参照“民法”第四七六条立法理由：“无利息或其他报偿之消费借贷，若其物含有瑕疵，借用人即可仍以有瑕疵之物返还，第与前物同一有瑕疵之物，得之綦难，故按有瑕疵物之价值返还，亦无不可。”

56 参照“民法”第四七六条立法理由：“贷与人知其物有瑕疵，故意不告知借用人，是有背于交易上之诚实及信用，故仍使其负担保责任。”

利益属于双方，贷与人固不得请求期前清偿，借用人除愿支付全期利息（或其他负担），或有类如“民法”第二〇四条之规定外，尚不得提前清偿。

所谓期限届满，解释上尚不以当事人约定为限，其因法律规定，视为届期者，亦有适用。例如，借用人受破产宣告是（“破产法”第一〇〇条）。

②未定期消费借贷

未定期限之消费借贷，其清偿期限与一般未定期债务相类，故“民法”第四七八条后段规定，消费借贷未定返还期限者，借用人得随时返还，贷与人亦得定一个月以上之相当期限，催告返还。此之随时，解释上无庸斟酌是否经过相当期间。此之返还，一般以为系终止借贷之意思表示。

所谓相当，至少为一个月，如为一个月以上，但交易实情上，尚不相当者，仍不生催告之效力。不过，实务见解于此，似持较为宽缓立场，认为只要有催告之事实，纵未定期，亦无不可，该催告仍得于届相当期限而发生使借用人负返还义务之效力。[57]

催告为意思通知，性质上为准法律行为，类推适用有关法律行为之规定，无庸一定方式，明示、默示均无不可。其经起诉者，诉状缮本之送达，亦得认为已为催告，因经过相当期限而生返还义务发生之效力。[58]

未定期消费借贷，因借用人返还而消灭，固无疑问；因贷与人催告返还者，自催告经一个月（以上）相当期限届至时消灭。消灭时效亦告开始进行，是以，借用人于催告返还之相当期限届满，而未即时返还者，即应负给付迟延责任。

（2）返还之标的

借用人返还义务之标的，如为金钱者，为同数额之金钱，如为其他代替物者，为相同种类、品质、数量之物。惟于下列情形，法律有特别规定：

57　参照“最高法院”1984年台上字第四一三号判例：“‘民法’第四百七十八条规定：消费借贷未定返还期限者，借用人得随时返还，贷与人亦得定一个月以上之相当期限催告返还。所谓贷与人得定一个月以上之相当期限催告返还，非谓贷与人之催告必须定有期限，只须贷与人有催告之事实，而催告后已逾一个月以上相当期限者，即认借用人有返还借用物之义务。”

58　参照“最高法院”1981年台上字第二〇一一号判例：“被上诉人既已对上诉人起诉，起诉状缮本又于六十八年八月九日送达上诉人，自可认被上诉人已对上诉人为催告，且截至第二审更审言词辩论之日止，为时逾一个月以上，纵本件借贷未定有返还期限，亦可认被上诉人之请求与‘民法’第四百七十八条规定相符。”

①借用物有瑕疵

无偿消费借贷，如贷与人交付之物有瑕疵者，得照有瑕疵原物之价值返还；至其所折算时地标准，则为返还时返还地之价值。

②借用人返还不能

借用人不能以种类、品质、数量相同之物返还者，当事人得依约定，以其物在返还时、返还地所应有之价值偿还之（第四七九条第一项）；当事人于返还时或返还地未约定者，以其物在订约时或订约地之价值偿还之（同条第二项）。所称价值者，折算为客观价额之意。愚见以为，当事人于返还时、返还地均有约定者，始适用第一项规定；其均未约定者，以订约时订约地价值为计算标准。当事人约定返还时，于返还地未约定者，则以返还时、订约地为计算标准；反之，则以订约时、返还地为计算标准。[59] 所称返还时返还地，应指实际返还之时地而言，至于其间价格之涨落如何？则非所问。[60]

本条第一项所称不能，一般以为，与给付不能之不能，作同一解释，须返还种类品质数量之物，在社会通念上已属不能者，始有适用。[61] 至于可归责与否，尚非所问。盖以种类之债，原则上无给付不能，而且债务人于其给付义务之履行，原则上应负担保责任故也。因此，本条适用机会，恐非甚多，因法令规定禁止黄金、外币买卖，为其著例。[62] 惟其适用结果，以金钱代替原定实物给付，意义上具有法定任意之债之性质。

③金钱之债之返还

59 参照“民法”第四七九条立法理由：“以该物在返还时及返还地及价值，偿还贷与人，然此仅限于约定返还时及返还地点者，方可适用。”

60 参照司法院1939年院字第一八七五号解释：“代替物之借贷，依民法第四百七十八条规定，本应由借用人返还该物种类、品质、数量相同之物，无论返还时物价如何高涨，其所涨之价既非利息，即不生利息过本之问题。至同法第四百七十九条，关于偿还物价之规定，系专为借用人在约定返还时，不能以物返还者而设，如因返还逾期，物价高涨，并非不能以物返还，即不得适用该条，即使折价偿还，亦应以实行返还时之物价为准。”

61 参照最高法院1943年上字第二一五〇号判例：“民法第四百七十九条第一项所谓不能以种类、品质、数量相同之物返还，系指依社会观念其返还种类、品质、数量相同之物已属不能者而言。若依社会观念其返还种类、品质、数量、相同之物，并非不能，自无同条项之适用。”（同旨“最高法院”1958年台上字第七九三号判例。）

62 参照司法院1941年院字第二一二八号解释：“自统制收兑金类以后，生金借贷之借用人，既不能以生金返还，依民法第四百七十九条之规定，应按返还时（即清偿期）国家银行公定之牌价，折合法币偿还之，返还时未约定者，应以订约时之价值偿还之。至典价为生金者，出典人回购典物，应按回购时国家银行公定之牌价，折合法币返还典价。”（同旨最高法院1941年1月14日决议。）

金钱借贷之返还，除契约另有订定外，应依下列之规定：

㈠以通用货币为借贷，如于返还时，已失其通用效力，应以返还时有通用效力之货币偿还之。

㈡金钱借贷，约定折合通用货币计算者，不问借用人所受领货币价格之增减，均应以返还时有通用效力之货币偿还之。

㈢金钱借贷，约定以特种货币为计算者，应以该特种货币，或按返还时返还地之市价，以通用货币偿还之（第四八〇条）。

本条各款所称返还时、返还地，以实际返还时地为准。货币折算标准时地，原则上依当事人约定，当事人未约定者，以订约时订约地价值折算给付（第四七九条）。

盖以“民法”第四八〇条第一款、第二款，均仅规定给付通用货币，至其折算标准时地，并无明文依循故也。实际上之折算，早期见解以为，以财政部所定兑价为给付标准。[63]

外币，禁止流通。因此，本条第三款之特种货币为外国货币者，其返还该特种货币之规定，暂无适用，应予注意。

④以货折钱消费借贷之返还

以货物或有价证券折算金钱而为借贷者，纵有反对之约定，仍应以该货物或有价证券按照交付时交付地之市价所应有之价值，为其借贷金额（第四八一条）[64]，返还时，自亦应以该金额为返还范围，货物于消费借贷期间之价格涨落如何，则非所问。于此所称有价证券，系“民法”债编修正所增订，旨在符合现代商业社会需要，其论点尚堪肯定。

（3）返还之处所

借用人返还借贷标的物之处所为何，民法消费借贷一款，未设明文，解释上应适用债编通则有关清偿地之规定（第三一四条），兹不赘述。

2. 报偿之支付

有偿消费借贷，借用人尚有支付报偿之义务。报偿之标的及数额为

63　参照司法院1940年院字第一九八二号解释：“金钱借贷约定以铜币为计算，而无必须返还铜币之特约者，如以法币折合铜币偿还，依民法第四百八十条第三款之规定，应按返还时财政部所定兑价计算，至其他以铜币定给付额，而未订明应以铜币为给付者，依同法第二百零二条之法意推之，债务人如以法币折合铜币给付，亦应按给付时财政部所定兑价计算。”

64　参照“民法”债编修正第四八一条修正理由：“商业发达后，有价证券常成为交易之标的，而‘货物’是否包括有价证券在内，易滋疑义，为明确计，爰仿瑞士债务法第三百十七条规定，增列‘有价证券’亦在本条适用之列，以符实际，并杜争议。”

何？原则上适用契约自由原则。惟其报偿如为金钱者，解释上有“民法”债编通则利息之债、特别是利息社会化之适用（第二〇三条至第二〇七条）。

报偿之支付时期，亦依当事人之约定而定。其情形为：利息或其他报偿，应于契约所定期限支付之，未定期限者，应于借贷关系终止时支付之。但其借贷期限逾一年者，应于每年终支付之（第四七七条）。是报偿支付，亦采后付主义原则，惟当事人未约定支付期限者，甚属少见。现实交易上，后付主义之适用，尚未普遍，恐系事实。

关 键 字

九画

十画

十一画

十二画

十三画

主要参考书目

以中文债各教科书及工具书为范围

一、债各相关教科书（以作者姓氏笔划为顺序）

史尚宽　债法各论　（自刊、1977年、五版）

梅仲协　民法要义　（自刊、1963年、修订八版）

黄茂荣　买卖法　（植根法学丛书、1989年、增订版）

蔡章麟　民法债编各论（上、下）（自刊、1959年）

戴修瓒　民法债编各论　（三民书局、1964年）

陈瑾昆　民法通义债编各论　（北平朝阳学院、1931年）

薛祀光　民法债编各论　（三民书局、1960年）

郑玉波　民法债编各论（上、下）（自刊、1970年）

钱国成　民法判解研究　（“司法行政部”、1957年）

龙显铭　现行法上租赁之研究　（商务印书馆、1946年）

杨与龄　耕地三七五减租条例实用（自刊、1970年、增订四版）

二、论文集

王泽鉴　“民法学说与判例研究”（一～七），台大法学丛书（1975年～1992年，陆续出刊）

刘春堂　“民商法论集”（一、二），辅大法学丛书（1985年、1991年）

郑玉波　“民商法问题研究”（一～四），台大法学丛书（1976年～1986年、陆续出刊）

三、工具书（外国法典）

台大法律学研究所　德国民法（1965年）

"司法行政部"　瑞士债务法（1978年）
"司法通讯社"　日本民商法规汇编（1975年）
风间鹤寿　イタリア民法（法律文化社，1974）
神户大学外国法研究会　独逸民法（1955）
神户大学外国法研究会　佛兰西民法（1956）
广岡光治　露西亚民法（严松堂，1929）

四、判释汇编

郭卫（编辑）　大理院解释例全文（台一版）（成文出版社、1972年）
郭卫（编辑）　大理院判决例全书（台一版）（成文出版社、1972年）
"最高法院"　"最高法院"判例要旨（上册）（1989年）
"最高法院"　"最高法院民刑事庭"会议决议暨全文汇编（上册）（1989年）
黄宗乐（监修）　"六法全书：民法"修订一版（保成文化出版事业公司、1993年）
钱国成（审定）　六法（判例·解释·决议）全集（1985年）
刘清景（主编）　"大法典系列（4）民法债各"（学知出版社，1995年）
戴森雄（编）　民事法裁判要旨广编（第二册）（自刊、1985年、修订再版）

五、其他（法律修正草案）

"司法行政部"　"民法债编"修正意见汇编（1976年）
"法务部"　"民法债编"各种之债修正草案初稿（1990年）

21世纪法学研究生参考书系列

邱聪智◎著 姚志明◎校订

新订债法各论

（中）

中国人民大学出版社

新订版小序

债法构成之重心，基本上系由广义债各中某个债之类型之规定，融合债之通则中固有债总之规定而成。债总、债各云者，仅系学理概念及法典形式上之便宜区隔，非谓其彼此间为个别独立之规范。因此，体认并塑成其间之脉络涵结及体系整合，不仅为进窥债法堂奥之端绪，更是债法解释方法之基石。

民法债编之修正，于债各部分，有关原理性之调整，其波澜之壮阔，或有未如债之通则之领域，惟其增订及修正甚多，于债法制度之冲击，仍是极为广泛而深远。旅游、合会及人事保证之增订，租赁、承揽及出版之大幅修正，均是著例。法律修正，旨在体现制度之周妥完美，并契合社会发展。惟立法之际，或因思虑未尽周详、或因政治现实妥协，致其增修成果，仍多有未臻理想之处，有待未来法律解释阐明填补。有鉴于此，本书新订，爰多注心力。审慎省察解明，以期对于新债法秩序之适切生成发展，略尽一己绵薄。

新订版本书中册，荷承高雄大学财经法律学系主任姚棣志明教授鼎力相助，不仅依新修债编内容校订全书，重新排版，于新订之旅游契约及修正幅度最大之出版契约，亦由志明棣完成初稿。本书中册之新订工作，可以提早问世，志明棣付出心血最多，居功至伟，铭感之余，谨此敬致由衷敬意与谢意。

书刊付梓，打印校排，极其琐细繁杂而吃重无比。辅仁大学法律学博士张棣钰光协助搜集资料及担任联系协调。中正大学财经法律学研究所研究生林盟翔同学担纲排版；高雄大学法律学系张雅雯、陈昊南二位同学负责打印全文；中正大学法律学研究所研究生张正雄、辅仁大学法律学系李文琪、林吟君、黄元亨、黄俊颖、陈匡正、廖宏文、叶怡怜诸位同学分任校对；内子邱林美玉女士担负终校。均备极辛劳，特一并于此中致诚挚感谢。

邱聪智

2002年8月31日

于辅仁大学法律学系

中册的话

本书中册问世，比原定预期，给付迟延，半年有余。虽说杂务羁身，似有情非得已。然而，寄身校园，未能悉心教学研究，总是难辞其咎。但愿下册出版之时，情况业已相当改善。

本册体例，承沿上册，其写作特点及作者心意，上册自序既有缕陈，于此重复，已无意义。爰谨略记数语，以代自序，并志心头感受。但蒙泽公恩师诺允，得授前序于本册，衷心志谢。

劳务契约类型繁夥，其间同异纷陈，如何避免重复，区别比较而求其前后一贯，忧忧其难。加以解释判例等实务上经验之累积传承，颇为有限。精义微妙何在？诚难把握。对此，后学虽竭尽善良管理注意，多致心力，惟宥于学养之疏浅，深感不胜繁巨，几度因惶恐而有封笔掷稿之叹！点滴心头，至今犹然历历。绘此心路历程，诚盼师友贤达，有以教之。俾疏漏偏误，得以尽早匡正。

诚如本书上册自序所言，作者必须感谢之人甚多。不过本册书成，下列亲友，劳苦功高，更教作者心感。先是内子林美玉小姐，校勘全文，备极辛苦；“国防管理学院”韩讲师毓杰兄负责最后校核，辅仁大学法律学研究所研究生张棣钰光、辅仁法律学系吴棣光平、黄棣元享，诸位同学协助校对，并代编判解索引，劳瘁均多。谨此特别一并申谢。

邱聪智谨识

1995年闰月中秋

于辅仁大学法律学研究所

重要引例说明

一、引用法规，依“国”字用法，而略有省略。其引用方式尚可分述如下：

（一）正文直接叙述时，“国”字用法而省略百、十之文字。如：第三八二条，指第三百八十二条（项、款直接具明）。

（二）正文以括弧引用时，未注明“法典”名称者，指“民法”而言。如：（第三四五条第一项），指（“民法”第三四五条第一项）。

（三）以图表附说时，依阿拉伯符号引用。如：416Ⅰ②指“民法”第四百十六条第一项第二款。

（四）法条之但书、前段、后段直接具明。

二、本书引用民法以外其他法规，除引述该法规名称外，余如前例所述。

三、本书引用判解之方式，原则上直接引述其释法机关及年度字号。

四、本书引用台湾债各教科书，原则上仅以作者姓氏简称之。主要事例如下：

史尚宽	“债法各论”	史著
梅仲协	“民法要义”	梅著
蔡章麟	“民法债编各论”	蔡著
戴修瓒	“民法债编各论”	戴著
陈瑾昆	“民法通义债编各论”	陈著
薛祀光	“民法债编各论”	薛著
郑玉波	“民法债编各论”	郑著

五、编目用法，原则采“章节一（一）1.（1）”之顺序。惟各种债之类型，内容差参极大，上述原则略有如下机动调整：

（一）于买卖、租赁等篇幅巨大之债之类型，节以下设有项之编目。

（二）遇简略说明时，一之次有时略去（一）、（二），而直接使用1.2.之编目。

（三）目次亦采如上机动调整，故各章编目或呈现不同之内涵。

目　录

第三编　劳务性契约之债

第三编

劳务性契约之债

序　言

一、劳务性契约之债之界定

债之标的，亦即债务人之行为，在于提供劳务者，是劳务性契约之债。依各种之债之规定，其类型及条序，依序如下：

- 劳务性契约之债
  - 雇佣（482–489）
  - 承揽（490–514）
  - 旅游（514之1–514之12）
  - 出版（515–527）
  - 委任（528–552）
  - 经理人及代办商（553–564）
  - 居间（565–575）
  - 行纪（576–588）
  - 寄托（589–612）
  - 仓库（613–621）
  - 运送营业（622–659）
  - 承揽运送（660–666）

以上十二种契约类型其间之经理人及代办商、行纪、仓库、运送营业、承揽运送五者，为商事契约类型。各种之债，其他部分，已无商事契约类型。足见，通称民商合一，似以劳务性契约之债，表现最为显著。

给与财产，亦须提供劳务始克完成，其他契约之债，于其债之履行，劳务之提供，亦属常见。因此，兹之所谓在于提供劳务云者，意指纯为提供劳务而言。换言之，亦即债务人之行为，其内容纯为提供劳务；提供劳务本身即为契约之目的者，始属学理所称劳务性契约。若其于债之履行上，债务人提供劳务仅系手段或履行过程，而非为契约之目的者，则尚非此所称之劳务性契约之债。

二、劳务性契约之债之特色

就债之标的言，劳务性契约重在提供劳务，财产性契约，重在给与财产。二者之各分畛域，并非仅在于抽象概念之区分，在法律制度构成上，其表征亦多有殊异。基此，则劳务性契约之债之特色，约可归纳为如下三点：

（一）半封闭性

“民法”第五二九条规定：“关于劳务给付之契约，不属于法律所定其他契约之种类者，适用关于委任之规定。”既然，非属其他劳务契约种类之劳务给付契约，适用委任之规定，理论上当可解为成立委任契约。如果，相对于债之原理而言，劳务性契约之债，具有如下双重意义，似可肯定。此即：

1. 劳务性契约之类型，性质上有如物权，具有法定主义之色彩，当事人约定之劳务性契约，均在法律所定契约类型之内，原则上尚无自由创设劳务契约之可言。

2. 劳务性契约之债，非法律所定契约类型者，均属委任，在法律构成上，劳务性契约之债，具有封闭性，其情形有如下图：

既然，劳务性契约具有法定主义色彩，又具有封闭性，契约自由原则之体现，于劳务性契约颇见限制，恐系事实。各种之债仅具例示规定意义之观点[1]，于劳务性契约，亦应有所调整。无名契约，于劳务性契约之债，不宜轻易承认，即系类此法律构成之产物。

然则，就劳务性契约，采取封闭构成之法律政策，是否允当不无可疑。学理上为符合交易需要，避免窒碍经济发展，肯定劳务契约得以混合契约之形态，冲破封闭性之限制，实务上亦持相同立场。[2]由于现实运作，封闭构成之法律制度模式，业有相当程度之舒缓，故本书以半封闭性制度体系称之。惟此同时涉及委任制度构成之评隲，其进一步探讨，拟待阐述委任意义时析论之。

1 详请参照本书上册第三〇页以下。

2 主要事例如制作物供给契约（“最高法院”1970年台上字第一五九〇号判例）。

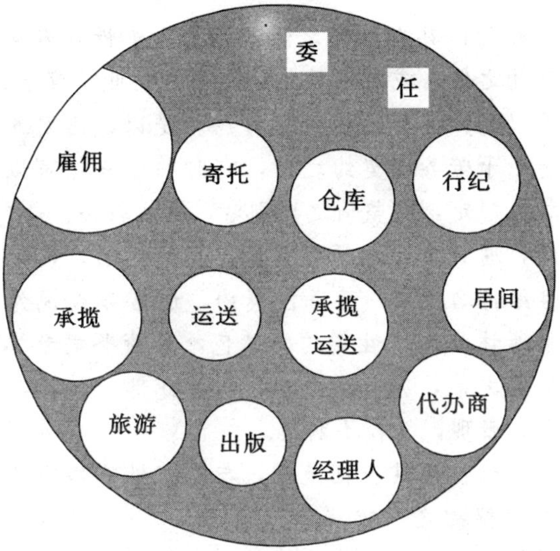

（附：阴影部分为委任）

（二）人格性

劳务性契约之债，以劳务之给付为债之目的，劳务提供，系于人格良窳者，关系密切，是以劳务契约之债具有人格性，宁为理所必然，其要点有二。

1. 契约成立上，当事人之资格在交易上视为重要。换言之，是否成立劳务性契约，当事人资格，亦为契约要素之一，其影响于契约之成立者，有如租赁之说明[3] 兹不重复。不过，在表征范围上，仍与租赁略有不同；盖以租赁之人格性，仅于承租人层面有之，劳务性契约之人格性，则往往双方当事人均属有之。[4]

2. 劳务性契约之债，无论劳务给付义务或劳务给付请求权，原则上均具有专属性，不得任意让与。不过，此之不得让与，系为保护权利人而生，违反者原则仅发生终止事由，尚不解释其为违反强行规定，亦不适用“民法”第七一条而无效。至其重要条文，则有“民法”第四八四条、第五三七条、第五七七条、第五九二条、第六一四条等。

3 详情参照本书上册第三一四页。

4 租赁人格性，惟承租人有之，故表现为租赁物转租、租赁权转让之禁止，违反者，仅出租人得为终止；反之，劳务契约人格性，则双方当事人均属有之，不仅劳务供给债务，有其适用，劳务供给债权亦然，故违反者，双方当事人均得终止（第四八四条、第五四九条）。

（三）继续性

由于劳务性契约，具有如上之封闭性、人格性及专属性，其债之原理，与财产性契约之债，或有不尽相同之处。在此角度上，“民法”债编通则，基本上系以财产性契约为主要考虑。是以，债之通则（包括契约通则）相关规定，于劳务性契约之债，有时并非当然可以完全适用，劳务性契约之债相关规定，调整债之通则者，自属较多。

劳务之供给，通常情形，须经过一定期间，因之，劳务性契约之给付，具有继续性给付之性质，劳务性契约，通常亦被视为继续性契约之大本营。学理上所述，继续性契约之特色，如债务之专属性，终止之适用，于劳务性契约之债，亦有适用。不过，此部分特性，已为人格性所兼括，制度意义之表现，乃较不明显。

劳务契约之继续性，其表征范围，与人格性亦略有不同。盖以人格性云者，于劳务性契约之双方当事人均属有之；反之，于继续性方面，则仅劳务给付债务有之，至于劳务给付债务相对之债务（通常情形为报酬给付债务），则无宁以非继续性给付为原则。

第十章

雇　　佣

雇佣，拟依序分为总说、雇佣之效力及雇佣之消灭三节说明之。

第一节　总　说

总说部分，区分为如下三项。即：

- 总说
  - 雇佣之社会化
  - 雇佣之意义
  - 雇佣之性质及种类

一、雇佣之社会化

（一）*雇佣之今昔*

雇佣者，供给劳务而换取报酬之交易型态也。

供给劳务，换取生活所需，系人类发展上相当基本而原始之谋生手段，在此意义上，雇佣堪称最为重要之劳务契约类型，民法将其列为劳务契约类型之首，本属良有以也。

不过，随着人类文化之提升，经验之传承累积，智慧性、技能性劳务需求，日益增加，单纯提供劳务之雇佣，其重要性相对减低，相对于此者，则为注重事务处理过程及劳务结果之契约类型，日渐盛行。以台湾民法为例，其分布情形，略如下图：

劳务性契约（类型）
- 单纯提供劳务型：雇佣
- 事务处理型：委任、经理人、代办商、居间、行纪、寄托、仓库
- 劳务结果型：承揽、旅游、出版、运送、承揽运送

虽然，雇佣以外之其他契约类型，理论上或无取代雇佣之意义。但随着社会生活之演进，委任型之交易型态大为发达，蔚为劳务性契约之主流，则系事实。以台湾民法为例，委任型之劳务契约所占比例极大，由上表可以佐证，此亦各国（地区）民法之共通趋势。[1]如是，则雇佣契约法律地位及规范功能之日益退化萎缩，恐系法律发展上之事实。民法于劳务性契约之债，以委任为其典型来吸纳典型劳务契约以外之交易形态（第五二九条），而不以雇佣契约为其典型，其原因恐即在此；立法例上，则瑞士债务法堪为代表。[2]在此角度上，则雇佣之于委任，其情形略如互易之于买卖，惟其退化萎缩之程度，未若互易而已。

（二）雇佣社会化之内容

雇佣之退化萎缩，尚非仅止于其他契约类型之崛起发展，其更为严重者，毋宁为雇佣本身之社会化。盖以雇佣社会化之结果，劳工立法代之而起，于法律领域演化为另外独立领域，民法雇佣为之架空，使绝大部分，依民法原来构想，本应适用雇佣契约之交易形态，逸离民法雇佣领域，直接适用劳工立法。因此尽管雇佣之社会化，其程度之彻底，远较（消费）消费借贷社会化、租赁社会化为甚，但民法雇佣本身，却未见蛛丝马迹。因此，研习雇佣，吾人必须超越民法本身，体察雇佣之社会化，借以了解民法雇佣法律适用及其功能之有限性。

雇佣之社会化云者，基本上系与（消费）借贷社会化、租赁社会化相埒之名词，理念上则与契约自由相对应，为法律社会化之重要表征。缘以雇佣云者，在民法上亦一如其他契约类型，贯彻契约自由原则，不问雇佣契约订立终止，一任当事人自由决定，即雇佣契约内容，亦一如当事人自行斟酌。惟以劳务本身，不具储藏性质，雇佣契约自由贯彻之结果，极易形成雇主一方绝对自由、佣役一方受尽剥削之极度不公平现象，19 世纪后半以降，社会主义袭卷欧陆各国，终至带来

1 德国民法，契约类型有二十二，劳务契约有九；日本民法，契约类型有十三，劳务契约有五。

2 参照瑞士债务法第三九四条第二项。

法律之社会化，至今仍有方兴未艾趋势，原因在此。日本民法立法之时，犹有学者以“资本家富可敌国、劳工阶层贫无立锥、死而无衅”，反对雇佣自由及过失责任主义[3]，可见一斑。雇佣之社会化，19 世纪末，逐渐蔚为雇佣契约之主流，并且以新兴法学之姿态，逐渐脱离民法领域，乃正义理念之体现，为法理所必然。“民法”债编修正，增订受雇人人身安全保障规定（第四八三条之一），于一般雇佣之社会化而言，诚具意义。

雇佣社会化涉及之问题，既多且杂，其基本方向，在于广泛限制雇佣契约内容自由，从优保障受雇人之人格尊严及生活必要外，并兼及职灾补偿及劳工全面保险。惟其制度理念业已逸离民法，成为独立之劳工法学领域，其契约层面，劳动基准法上另称之劳动契约（“劳动基准法”第九条～第一九条），以与雇佣契约区别；惟因民法上受雇人人身安全保障之规定，雇佣亦不能谓其毫无社会化之性质。基此角度言之，劳务供给契约之法律适用，殆可归纳如下：

劳务供给契约
- 极度社会化劳务供给契约：劳动契约：劳工法体系
- 有限度社会化劳务供给契约：雇佣契约：民法体系

劳工法学，学问区分上，既已蔚为独立法学领域。本章所述，爰仅以社会化色彩甚淡之雇佣契约，作为叙述依据。不过，以下二点，于概念明晰及制度比较，颇有意义，爰一并附带提及。

1. 雇佣社会化之表现形式

雇佣社会化、租赁社会化、（消费）借贷社会化，固均为契约社会化之重要范例，亦民法社会化之重要表征，惟其于民法体现之方式，却属相当特殊。盖以兹三者之社会化，均未直接表现于各种之债中雇佣、租赁或消费借贷之部分。换言之，亦即各种之债，于雇佣、消费借贷及租赁、均维持契约自由之面貌，社会化云者，系由其他部分之法律补充之，了解上非诉诸其他法律领域不可。而此之其他领域，彼此间尚有不同。其可得而言者，略有如下：

（1）消费借贷社会化，大体仍维持于民法领域，亦即借民法本身实现社会化之理念，体现社会化之制度内容；惟此问题，与利息之债息息相关，问题意识上，乃转化为利息社会化而表现于民法上（第二〇三条

3　参照日本学术振兴会“法典调查会民事议事速记录”，第四〇卷，第一五〇页～第一五二页。

至第二〇七条)。

(2) 租赁社会化，表现于“土地法”、“耕租条例”等。不过“土地法”、“耕租条例”等有关此部分之规定（请参照本书上册特种租赁部分)[4]，性质上仍被视为民事特别法之领域，基本上仍具民法规范之意义。“民法”债编修正时，增列其中部分条文于租赁一节之列[5]，以使民法上之租赁社会化，更为浓郁。

(3) 雇佣社会化，以劳工法规体现，规范意义上，几已完全脱离民法领域，而以社会法学之体态表现之，与前述二者，亦有重大不同。

2. 雇佣社会化之涵摄范围

民法各种之债，所称雇佣，系采狭义，限于纯服劳务而受雇用人指挥监督之契约形态。雇佣社会化云者，如从劳工法规之规定观之，其适用范围，尚不限于狭义之雇佣契约，而及于隶属营业辅助人。在此意义上，名意上为委任契约（包括经理人契约），但本人有指挥监督权之受任人，亦有适用[6]；惟其尚未及于劳务契约之全面，故仍认以雇佣社会会称之为妥。

二、雇佣契约之意义

“民法”第四八二条规定：“称雇佣者，谓当事人约定，一方于一定或不定之期限内为他方服劳务，他方给付报酬之契约。”在当事人关系上，支付报酬之一方，是为雇佣人；服劳务之一方，是为受雇人。是以，雇佣云者，亦可解为：雇佣人与受雇人约定，受雇人为雇佣人服劳务，雇佣人支配报酬之契约。雇佣一节各条，有受雇人、雇佣人之用语，即本此定义而来，至其要点，尚可析述如下：

（一）*雇佣为受雇人为雇佣人服劳务之契约*

雇佣既为受雇人为雇佣人服劳务之契约，提供劳务为契约要素，亦为债之标的，是雇佣契约为劳务契约类型之一，固无疑义。如劳务契约，类型尚多，其与雇佣契约，如何区别，学理上，容有说明必要。

一般言之，雇佣为单纯劳务契约，其他之劳务，则非如此。换言之

4 详请参照本书上册第三二〇页以下。

5 归纳说明，请参照同注 4 第三三九页～第三四一页。

6 非因委任而成为隶属营业俯助人者，尚无劳工安全之适用，故谓其尚未及于劳务契约之全面。例如，医师、律师受任医疗或辩护即是。

即雇佣系直接以劳务为其目的，提供劳务之外，别无其他目的[7]；反之，其他类型之劳务契约，提供劳务，虽亦甚为重要，但非目的本身。亦即其他劳务契约，除提供劳务外，另有其他目的，提供劳务不过为达成其他目的之手段而已。例如，承揽以完成一定工作为目的（第四九〇条），委任以处理事务为目的（第五二八条），其他类型之劳务契约，则可因其性质，纳入承揽或委任之概念说明之。例如，运送可归入广义承揽之概念，经理人、代办商、行纪、寄托、仓库、承揽运送等，可归入广义委任之概念。在此角度上，似可认为，惟雇佣为纯粹劳务契约。

受雇人之服劳务，或有一定期限，或属未定期限，"民法"爰于第四八二条予以特别标明，惟此为各种之债所共同，民法于此，仅具宣示作用，当无创设意义。

论及雇佣是否成立，其法律上易滋疑义者，尚有如下三点：

1. 受雇人是否以自然人为限

雇佣之受雇人须提供劳务，劳务须亲自为之（第四八二条第一项下段），通说爰以为，服劳务之人，须以自然人为限。[8] 惟民法于法人之存在，采实在说，在此意义上，法人由其代表人或机关之行为，尚非不得视为法人本身之行为。而且，于现代社会生活上，纯服劳务之公司，尚非无有，解释法人不得为受雇人，恐嫌保守。

2. 受雇人用语是否严谨

民法于受雇人之用语，未尽严谨，其可得而言有二。即：

（1）受雇人一语，语意未尽一致，民法本节，固采狭义，以成立雇佣契约者为限，但其采相当广泛意义，只要当事人间具有选任、监督关系，不问是否成立雇佣；其受选任、监督之人，亦属受雇人，"民法"第一八八条所称之受雇人，即是典型。[9]

（2）受雇人之用语，或有误用，其最显著者，即将受雇人，误称为

---

7 参照"最高法院"1956年台上字第一六一九号判例："雇佣契约依'民法'第四百八十二条之规定，系以约定受雇人于一定或不定之期限内，为雇用人服劳务，雇用人给与报酬为其成立要件。就此项成立要件言之，雇佣契约在受雇人一方，仅止于约定为雇用人供给一定之劳务，即除供给一定劳务之外，并无其他目的，在雇用人一方，亦仅约定对于受雇人一定劳务之供给而与以报酬，纵使受雇人供给之劳务不生预期之结果，仍应负给与报酬之义务，此为其所有之特征。"

8 参照郑著（上），第三三八页。

9 参照"最高法院"1968年台上字第一六六三号判例："'民法'第一百八十八条第一项所谓之受雇人，并非仅限于雇佣契约所称之受雇人，凡客观上被他人使用为之服劳务而受其监督者均系受雇人。"

雇用人。例如，“民法”第六〇八条、第六三六条、第六五八条即是。此次“民法”债编修正，予以更正[10]，诚属卓识。

3. 雇佣契约之界限

雇佣契约单纯服劳务，承揽契约以完成一定工作为内容，委任契约以处理事务为目的，概念上泾渭分明，固无疑问。在现实交易上，雇佣与承揽，固可清晰分界，惟雇佣与委任之间，有时不无界线模糊之处。于此情形，解释上当事人意思以受雇人有无裁量权以为断[11]；二者尚不明确者，则以该劳务提供是否须具相当技能或专业知识为断，其答案为否定者，原则为雇佣[12]；反之，则除当事人约明其为雇佣者外，宜解释其为委任。例如，教师、会计师、工程师、建筑师、精算师、医师提供劳务之契约均是。[13]

（二）雇佣为佣用人支付报酬之契约

服劳务而为双务契约者，其对价通称报酬；雇佣契约亦然。惟雇佣为单纯劳务契约，故只要受雇人有供给劳务之事实，即得请求报酬，于雇用人有无所得在所不问。[14] 报酬，由雇用人给付于受雇人，其标的物通常固为金钱，但以他物或他物之使用利益充之者，亦无不可。即以劳务为对价，一般亦认为得成立雇佣契约；惟于后者情形，其雇用人及受雇人为谁，有时或难判断。一般以为，原则上应参酌契约内容及当事人所负权义之轻重，推测当事人之意思而定，例如学徒契约，应以学徒为受雇人是，其当事人意思无从判断者，则当事人相互间，不妨互为雇用人及受雇人。[15]

10 归纳性说明，请参照郑著（上），第三页。至于具体修正情形、拟待各相关章节说明之（第六〇八条、本书第四三〇页；第六三六条、第六五八条、第五五七页）。

11 参照“最高法院”1978年台上字第三三八九号判决：“委任之目的，在委托受任人处理本人之事务，受任人为本人处理事务，得依自己之意见为裁量。果无任何裁量之余地，一切悉从本人之指示提供劳务，并受报酬，则属雇佣而非委任。”

12 例如机关学校雇用之长工、工友，其与学校之法律关系，性质上解释为雇佣契约是。参照“法务部”1989年律字第一七七二号函：“各机关学校雇用之技术工友、普通工友系依‘事务管理规则’第十二编第三章第三百三十八条有关雇佣之规定办理，其法律关系，性质上仍属民法上雇佣契约。”

13 参照郑著（上），第三三四页。

14 参照“最高法院”1961年台上字第九五一号之判决：“雇佣契约之受雇人，仅系以自己之劳力受雇用人服劳务，其服劳务之结果，无论雇用人有无所得，均须给付一定之报酬。至若一方以土地交由他方耕作，他方须将收益付为耕作之对价，有余时，始归自己所得者，则非雇佣而为租赁。”（同旨“最高法院”1956年台上字第一六一九号判决。）

15 参照郑著（上），第三五四页；史著，第二七六页。

报酬为雇佣之要素，无报酬而服劳务者，虽不妨成立契约，但非雇佣，通说认系无名契约，准用赠与及雇佣之规定[16]，惟此见解，是否尽符“民法”第五二九条规定，不无疑义，解释其为无偿委任，似较忠于民法立法政策原意。

报酬之种类及数额如何，依契约自由原则任由当事人约定（但适用劳动基准法相关法规之劳务供给契约，依各该劳工法规之规定）。此之约定，原则上固由当事人以意思表示具体约定定之，其未具体约定者，如依情形，非受报酬即不服劳务者，视为允与报酬，仍得成立雇佣契约（第四八三条第一项）。其情形，与“民法”第三四六条第一项规定，似有异曲同工之妙。不过，由于雇佣非为劳务契约典型，委任又非限于有偿，因此，民法上开条项，未能如第三四七条之得准用于其他有偿（财产）契约，民法其他劳务契约类型，重复出现相类条文（第四九一条、第五六六条、第五八九条第二项）其原因或在于此。

所谓依情形者，一般以为，应参照劳务之性质、受雇人之职业身份，交易上习惯，乃至双方当事人关系定之。通常情形，未受报酬而为服劳务之情形，并不多见，故雇佣未经约定报酬，因本条项而成立者，交易上颇为常见，乡里间农事之雇佣，即是著例。

三、雇佣之性质及种类

（一）雇佣之性质

雇佣之法律上性质，与一般契约雷同。其要点为：

1. 不要式契约

雇佣之成立，无论定期与否，均无庸一定方式，故为不要式契约。[17]

2. 诺成契约

雇佣之成立、生效，均无待交付标的物，故为诺成契约。

3. 双务契约

雇佣成立，受雇人须提供劳务，雇用人须支付报酬。此二债务，法

16 法无明文规定准用，解释论上称之类推适用为较妥当。又解释同时类推适用赠与及雇佣，则理论上似具混合契约之性质矣！

17 参照“司法院”1932年院字第七七二号解释：“雇佣非要式契约，无论有无定期，皆无用书面订立之必要。”

律评价上互为对价，故雇佣为双务契约。不过，雇用人之报酬支付义务，法律上采取后付主义（第四八六条）。是以，受雇人原则上尚不得以雇用人未支付报酬，主张同时履行抗辩。

报酬后付主义，为劳务契约之共通法则（第四八九条、第五二四条第一项、第五四八条、第六〇一条）。是以，同时履行抗辩适用之限制，于其他劳务契约，亦有适用。

4. 有偿契约

在雇佣契约关系上，雇用人为报酬之给付，与受雇人提供劳务之给付，二者间互为报偿，故雇佣为有偿契约。

（二）雇佣之种类

雇佣，于民法上并无显著之种类区分，惟学理上为叙述方便，仍尝试为之分类，其情形略如下表：

- 雇佣
  - 期限有无
    - 定期雇佣：服劳务有一定期限：期限届满消灭（488Ⅰ）
    - 不定期雇佣：服劳务未定有一定期限：得随时终止契约（488Ⅱ）
  - 法律依据
    - 一般雇佣：民法规定之雇佣：本章
    - 特殊雇佣：特别法上之雇佣：劳工诸法→雇佣社会化→社会立法

第二节　雇佣之效力

雇佣之效力，就受雇人及雇用人权利义务说明之。其要点有如次表：

- 雇佣
  - 受雇人权利义务
    - 劳务供给义务（受雇人之给付）
    - 报酬请求权
  - 雇用人权利义务
    - 报酬给付义务（雇用人之给付）
    - 劳务请求权
    - 安全防护义务
    - 损害赔偿义务

一、受雇人之权利义务

于雇佣契约，就受雇人而言，其主要义务为劳务供给义务，而其主要权利，即为报酬请求权。前者，构成受雇人之给付；后者，相对为雇用人之义务，故构成雇用人之给付。兹分述其要点如下：

(一) 劳务供给义务

受雇人之劳务供给义务，其值得注意之要点有如下表，并依序说明如次：

劳务供给义务 ——
- 劳务供给专属性（484 Ⅰ后）
- 特种技能保证（485）
- 善良管理人注意义务（220）
- 完成著作之归属（专利法 7~9）

1. 劳务供给专属性

劳务供给，因人而异，性质上不宜任由第三人代服劳务，“民法”因于第四八四条第一项后段规定：“受雇人非经雇用人同意，不得使第三人代服劳务。”从债之消灭而言，即劳务供给之清偿，不得由第三人为之。换言之，受雇人之劳务供给，性质上为“民法”第三一一条第一项但书所称性质上不得为第三人清偿之债务。是以，受雇人如使第三人代服劳务，或第三人自行代服劳务，仍不生清偿之效力。

不过，劳务供给专属性，系为保护雇用人利益之制度设计，非为法律客观秩序之违背，故民法仅规定，非经雇用人同意，不得使第三人代服劳务；则反面言之，其经雇用人同意者，仍无不可。亦即，受雇人之使第三人代服劳务，如经雇用人同意，法律上仍属有效。同意为有相对人之单独行为，意义上则包括允许（事前同意）及承认（事后同意），其为后者时，其承认具有溯及效力（第一一五条）。“民法”总则于效力未定之规定，特别是催告权（第八〇条第一项），视为拒绝承认（同上条第二项），解释上得类推适用。[18]

受雇人使第三人代服劳务，雇用人不同意者，雇用人且得终止雇佣契约（第四八四条第二项）。受雇人与第三人成立债务承担（第二九九条）者，亦得类推适用之。

劳务供给既具有专属性，故性质上亦不得为继承之标的。

2. 特种技能保证

雇佣以单纯供给劳务为目的，本不以具有特种技能为必要。惟在现实交易上，受雇人以明示或默示保证其有特种技能者，事所常有。例如，

18 有关同意生效之法律行为，其催告权、视为拒绝承认，“民法”总则未为通则性规定。相关问题，则于限制行为能力人订立契约之效力，为详确规定；因其尚非通则规定，故以类推适用论之。

雇用司机，应征之人应有驾驶技能是。应征之司机，纵未明确表明其有驾驶技能，亦应解为其有默示之保证。于此情形，受雇人苟无特种技能，不仅本身违反保证，雇佣之目的，亦无由完成，故“民法”第四八五条规定：“受雇人明示或默示保证其有特种技能者，如无此种技能时，雇用人得终止契约。”

本条所谓雇用人得终止契约，意指受雇人业已供给劳务，雇用人始行发现受雇人无特种技能之情形。若受雇人尚未供给劳务，雇用人发现受雇人确无该项特种技能者，解释上宜认为雇用人得解除雇佣契约。惟就立法本意言之，似亦只得终止，不得解除[19]；实务亦持仅得终止之立场。[20]

民法本条所称保证，系受雇人担保自己确实具有某种技能之意，性质上为自己债务之保证。意义上与“民法”第三六〇条之保证相埒，但与“民法”第七三九条以下，亦即通称之保证，意义上截然不同。从而，“民法”第七三九条以下之规定，于本条所称保证，尚无适用可言。

雇佣而有特种技能者，现实交易上，或附有试验条款，学理上称试验雇佣，解释上类推适用试验买卖之规定（“民法”第三八四条以下）。[21]

3. 善良管理人注意义务

受雇人供给劳务，应服从雇用人之指示，并应尽善良管理人之注意。盖以雇佣为有偿契约，受雇人既受有报酬，其未尽善良管理人注意义务者，即为有（抽象）过失，如因有致损害于雇用人者，解释上仍应负债务不履行责任（第二二〇条第一项）。至于，受雇人执行职务加损害于第三人，致雇佣人负连带损害赔偿责任（第一八八条第一项本文）者，雇用人依“民法”第一八八条第三项，固有求偿权，惟解释上仍得依债务不履行（不完全给付），请求受雇人损害赔偿，二者之间，为请求权竞合关系；不过，有关雇用人求偿之限制理论，于依债务不履行请求损害赔

19 参照“民法”第四八五条立法理由：“雇佣契约既经成立，受雇人因无特种技能不能胜任时，雇用人能否终止契约，应以受雇人曾否明示或默示保证其有特种技能为断。若受雇人曾经自己明示或默示保证其有特种技能者，如无此种技能，自属违反契约，应使雇用人有终止契约之权。否则受雇人之有无特种技能，雇用人亦有审慎选择之责任，自不得据此遽行解约，使受雇人蒙不当之损失，是又理之当然，无待明文规定。”

20 参照“最高法院”1970年台上字第四〇九六号判决：“雇佣契约关系，系以时间之继续，而达其契约之目的。依其性质仅有契约之终止，以使契约关系向将来消灭，而无解除权之行使，以使债之关系溯及的消灭之可言。”

21 参照郑著（上），第九七页、第三九九页；本书上册第一九四页。

偿时，亦应类推适用之。

4. 完成著作之归属

受雇人供给劳务而获得著作权，其归属如何？民法虽无明文，但著作权法有明确规定，解释上自应适用著作权法定其权利归属。至其要点略如下表：

- 著作权之归属
  - 雇佣
    - 无特约
      - 著作人格权：受雇人（著作权法 11 Ⅰ本文）
      - 著作财产权：雇用人（著作权法 11Ⅱ本文）
    - 有特约
      - 著作人格权有特约
        - 著作人格权：雇用人（著作权法 11 Ⅰ但）
        - 著作财产权：？（解释上尚有疑义）
      - 著作财产权有特约
        - 著作人格权：受雇人（著作权法§11 Ⅰ本文）
        - 著作财产权：受雇人（著作权法§11Ⅱ但）
      - 著作人格权及财产权有特约
        - 著作人格权：从其约定
        - 著作财产权：从其约定
  - 出资性著作
    - 无特约
      - 著作人格权：受聘人（著作权法§12 Ⅰ本文）
      - 著作财产权：受聘人（著作权法§12Ⅱ后）
    - 有特约
      - 著作人格权有特约
        - 著作人格权：出资人（§12 Ⅰ但）
        - 著作财产权：？（解释上尚有疑义）
      - 著作财产权有特约
        - 著作人格权：受聘人（著作权法§12 Ⅰ本文）
        - 著作财产权：出资人（§12Ⅱ前）
      - 著作人格权及财产权有特约
        - 著作人格权：从其约定
        - 著作财产权：从其约定

（二）报酬请求权

受雇人报酬请求权，相对者即为雇用人报酬给付义务，由于民法规定角度，大体从雇用人给付义务角度为之，故其具体内容，拟于雇用人报酬给付义务说明之。于此仅述其相关原则二者于下：

1. 报酬请求权，性质上为财产给与之债，与劳务专属性无关，得为让与或继承之标的。既得由第三人清偿，亦适用债权让与人规定。

2. 劳务供给，无储藏性，“民法”第四八七条爰明定：“雇用人受领劳务迟延者，受雇人无补服劳务之义务，仍得请求报酬。但受雇人因不服务劳所减省之费用，或转向他处服劳务所取得或故意怠于取得之利益，雇用人得由报酬额内扣除之。”其立法意旨，与“民法”第二六七条雷同；但书亦然，俾免受雇人取得不当利益[22]，规范性质上为损益相抵之具体事例。所称受领迟延，其成立要件，依通则之规定定之（第二三四条、第二三五条）。

二、雇用人之权利义务

（一）报酬给付义务

受雇人供给劳务之对价，是为报酬，不问劳务供给之后，是否符合受雇人预期结果，雇用人均应支付报酬，其未具体约定者，于依其情形，非受报酬即不服劳务者，视为允与报酬。依民法雇佣相关规定，其要点当可归纳如下表，并依序说明如次：

- 报酬给付义务
  - 报酬之种类
  - 报酬之数额
  - 报酬之给付时期

1. 报酬之种类

雇佣之报酬为何？民法并未规定，解释上应依当事人约定或交易习惯定之，依一般交易情况，殆可归纳如下：

- 报酬种类
  - 依标的区分
    - 金钱报酬：报酬之标的为金钱。
    - 实物报酬：报酬之标的为金钱以外之实物（如稻米是）。
    - 劳务报酬：报酬之标的为劳务（互为雇佣）。
  - 依计付方法区分
    - 计时报酬：依供给劳务时间算付报酬。
    - 计值报酬：依供给劳务销售金额算付报酬[23]。
    - 计件报酬：依劳务完成数量算付报酬。

---

22 参照“民法”第四八七条立法理由：“按雇用人怠于领受受雇人所服劳务，与受雇人无故不为服务不同，故无论受雇人已否服毕，应以已为服务论，均应有请求报酬之权。然受雇人因此所得之利益，乃属不当利益，故对于受雇人因不服劳务所节省之费用，或转向他处服劳务所取得之利益，及可取而不取之利益，均许雇用人自其报酬额内扣除之，以昭平允。”

23 参照“最高法院”1964年台上字第二四八〇号之判决：“依两造所订契约内容，其报酬按推销货品总金额百分之一计算，约定一方为他方服劳务，他方给付报酬，与‘民法’第四百八十二条规定之雇佣性质相符。既未约定期限，推销又属经常之工作，复不能依劳务性质或目的定其期限，依‘民法’第四百八十八条第二项前段规定，各当事人自得随时终止契约。”

计时报酬，或按小时计算或按日、按星期、按月、按季乃至按年计算均无不可。按件计酬，依劳务完成数量计算，有时或与承揽不易区分。解释上应斟酌当事人意思，受雇人是否服从雇用人指示，以及其成果是否单纯供给劳务而实现等因素定之。

2. 报酬之数额

报酬数额如何，依契约自由原则，由当事人以契约定之；当事人未具体约定，或视为允与报酬者，按照价目表所定给付之，无价目表者，按照习惯给付（第四八三条第二项）。价目表，应以该劳务于雇用人住所地之同等客观价目表为优先适用，盖以民法本条之立法理由，明白宣示，依公定佣率而定也。[24] 无同业客观价目者，依雇用人所定价目表定之。惟雇用人所定价目表显著偏低者，法院得依诚实信用原则之例酌增之（第一四八条第二项、第二一九条）；其有暴利行为情事者，并有“民法”第七四条之适用。

3. 报酬之给付时期

“民法”第四八六条规定：

“报酬应依约定之期限给付之。无约定者，依习惯。无约定，亦无习惯者，依左列之规定：

一、报酬分期计算者，应于每期届满时给付之。

二、报酬非分期计算者，应于劳务完毕时给付之。”

是为所谓报酬后付主义。因此，受雇人有先行供给劳务（即先为给付义务），原则上无同时履行抗辩权，惟此于前已有叙述（本书第十六页），兹不重复。

至于报酬之给付地，雇佣一节，并无明文，解释上应适用债之通则有关清偿地之规定（第三一四条）。

（二）劳务请求权

雇用人基于雇佣契约关系，对受雇人请求供给劳务之权利，是为劳务请求权。劳务请求权，性质上固为一般债权；惟其具有人格可信赖关系，固亦具有专属性不得让与，致表现与一般债权不同之面貌，“民法”第四八四条第一项前段规定，雇用人非经受雇人同意，不得将其劳务请求权让与第三人，即其注脚。在此角度上，劳务请求权堪称“民法”第二九四条第一项第一款不得让与债权之重要类型。既然，劳务请求权不

24 参照“民法”第四八三条之立法理由“至报酬额之多寡，如无特约，可依公定庸率或习惯相沿之数而定。”

得让与，则解释上亦不得扣押或设定质权，但一般以为，劳务请求权得为继承标的。

兹之同意，性质上亦为有相对人之单独行为，意义上亦包括允许（事前同意）及承认（事后同意）。是以，雇用人未经受雇人允许，而将劳务请求权让与他人者，通说虽认为无效[25]，但解释上似以不生效力为当（效力未定），得因受雇人之承认溯及让与时生效。至于催告权、视为拒绝承认之类推适用，其情形亦有如劳务供给专属性之说明（本书第十五页）。

雇用人违反劳务请求不得让与原则，效力上固属效力未定（不生效力），但嗣经受雇人拒绝承认者，其让与因之无效，受雇人并得终止其与雇用人间之雇佣契约（同上条第二项）。

（三）安全防护义务

受雇人为雇用人服劳务，雇用人因此而受有实益；反之，受雇人则因之暴露于危险之工作环境中，为期法律之平，并保受雇人人身安全，“民法”债编修正，爰增订第四八三条之一，明定“受雇人服劳务，其生命、身体、健康有受危害之虞者，雇用人应按其情形为必要之预防”，以期体现社会安全政策，周全保护受雇人。[26] 所称服劳务云者，立法原意以为，除劳务本身外，尚包括工作场所、设备、工具等有使受雇人受危害之虞之情形。[27] 雇用人未为必要之预防者，对受雇人所生损害，应负赔偿责任，其受雇人人格权受侵害者，并得请求非财产上损害之赔偿（第二二七条之一）。

民法于雇佣契约，贯彻契约自由原则，尚非尽当，台湾学者早有评析[28]，此次债编修正，得有补充，堪称从善如流，于受雇人人身安全，尤具意义。

（四）损害赔偿义务

受雇人因服劳务而受有损害者，修正前民法未如委任之规定委任人

25 参照郑著（上），第三四三页；史著，第二八四页。

26 参照“民法”债编第四八三条之一修正理由：“基于社会政策之理由，德瑞各国立法例（参照德民第六一八条、瑞债第三三九条）多设有使雇用人对于受雇人负保护义务之规定。而在民生主义立法政策下之我民法，独付阙如。为予受雇人周全之保障，尤有增订必要，爰增设本条规定。”

27 同上修正理由：“本条所谓‘服劳务’，除指劳务本身外，尚包括工作场所、设备、工具等有使受雇人受危害之虞之情形。”

28 参照梅著，第二八七页。

有损害赔偿义务（第五四六条第三项），难免法律漏洞之议，解释上亦易启争论，为杜其弊，民法债编修正，爰增订第四八七条之一，明定“受雇人服劳务，因非可归责于自己之事由，致受损害者，得向雇用人请求赔偿。前项损害之发生，如别有应负责任之人时，雇用人对于该应负责者，有求偿权”。以资加强受雇人权益之保护。[29]

民法本条增订，前者（第一项）于补充法律漏洞、杜免争议，颇具积极意义，当可肯定，立法理由谓系仿自“民法”第五四六条第三项，亦值赞同。至于后者（第二项）之增订，修正理由，谓系仿自“民法”第一九一条第二项之规定[30]，制度上亦具补充意义；惟有关于此，本为解释之当然，纵未增订依让与请求权（第二一八条之一）理论解决，亦可达成目的。

民法本条所称之服劳务，宜采广义，包括受雇人进入工作场所设备等准备服劳务或服劳务完毕准备离去工作场所设备之时段。而且，适用上并不以该劳务获有预期成果为要件。至于所称损害，解释上应包括人格权受侵害之非财产上损害赔偿（第二二七条之一），而非仅以财产上损害之赔偿为限。

受雇人得请求损害赔偿者，固以自己非可归责（未与有过失）为要件，惟就雇用人而言，则应负无过失责任，亦即不问雇用人有无过失，均应对受雇人负赔偿责任，纵其损害系出于第三人之行为所致者亦同，惟雇用人对第三人有求偿权而已（本条第二项）。

第三节 雇佣之消灭

除一般债权债务之消灭原因外，雇佣尚得因下列原因而消灭。此即：

由上表可知，雇佣之消灭事由，实以终止为最见特色，故以下所述，亦以终止为主。

29 参照“民法”债编修正第四八七条之一修正理由：“为使受雇人权益得充分之保护，爰仿本法第五百四十六条第三项规定，增订第一项。”

30 参照同上条修正理由：“基于造成损害者，应负最后责任之法理。爰仿本法第一百九十一条第二项规定，增订第二项明定雇用人于赔偿受雇人之损害后，对于应负责任之人，有求偿权。”

雇佣消灭
- 期限届满（488 Ⅰ）
- 劳务终了
- 雇佣终止（484、485、488、489）
- 受雇人死亡

一、期限届满

雇佣定有期限者，其雇佣关系于期限届满而消灭（第四八八条）。所谓定有期限，系指劳务供给而言，亦即“民法”第四八二条所指之于一定期间内服劳务。

定有期限之继续性契约，于期限届满而消灭，以为继续性契约之共通特色，租赁于“民法”第四五〇条第一项定有明文，堪为佐证。惟民法本条所称定有期限，系采较为广泛态度，除当事人之约定外，其依劳务性质或目的而得定其期限者，亦属之（同条第二项本文后段）。所谓依劳务之性质，如供给辅助性劳务者，以其所辅助劳务之期限而定其期限是；所谓依劳务之目的，如为举办会议而雇人清理会场杂务，以会议期间为雇佣期限。

二、劳务终了

雇佣虽未定有期限，但劳务终了，契约目的已达，雇佣关系因之消灭。此民法固无明文，但解释上宁为当然。例如，雇人插秧割稻，秧已播满田畴，或稻已割毕，其雇佣随之消灭是。

三、雇佣之终止

依民法雇佣一节规定，雇佣之终止事由有四。即：

1. 雇佣劳务供给或请求专属性之违反（第四八四条第二项）。
2. 受雇人欠缺其所保证之特种技能（第四八五条）。
3. 未定期雇佣之随时终止（第四八八条）。
4. 定期雇佣之重大事由终止（第四八九条）。

以上四者，前二者于雇佣效力相关部分，已有说明（本书第十五页～第十六页），兹不重复，爰仅就后三者说明如下：

（一）雇佣随时终止

雇佣未定有期限者，除有利于受雇人之习惯者，从其习惯外，当事人得随时终止雇佣契约（第四八八条第二项）。兹之未定期限，除当事人未明确约定期限外，尚须依劳务之性质或目的，亦不能定其期限者而言。继续性契约，未定有期限者，当事人得随时终止，似为继续性契约之共通特色，“民法”第四五〇条第二项本文之规定，可为对照。

所谓习惯，兼指受雇人及雇用人所在地之习惯。例如，雇用人终止契约须于若干时日前通知受雇人之习惯是。雇用人及受雇人所在地之习惯不同，而均有利于受雇人者，解释上应适用清偿地（第三一四条）之规定，以雇用人（清偿劳务之债权人）住所地习惯优先适用之。

所谓随时，解释上应依诚信原则，经相当时限，俾雇佣双方受有实益者，始得终止，非谓雇佣一经生效，即得终止。[31]

（二）重大事由之终止

重大事由之终止，于要件及效果上，均具特色。前者，以重大事由之诠释为重心，后者可能成立损害赔偿，爰分述于下：

雇佣定有期限者，固于期限届满时消灭；期限届满前，当事人尚无任意随时终止权。惟当事人间遇有重大事由，维持雇佣契约，于当事人双方显有困难者，强迫其继续维持雇佣关系，于法亦有不当，故“民法”第四八九条第一项规定：“当事人之一方，遇有重大事由，其雇佣契约纵定有期限，仍得于期限届满前终止之。”

1. 重大事由之终止

重大云者，系指该事由之发生，如不终止雇佣契约，于雇佣当事人一方或双方，显有不当或不公平结果之情事者而言。是以，事由之发生，于雇佣之继续维持，倘非显然不当或不公平者，尚无本条之适用，民法立法理由，强调不得已之情形，显见态度之审慎。[32]

重大事由，或发生于受雇人，或发生于雇用人，或出于客观情事。一般言之，所谓重大事由，其主要事例，殆有如下：

（1）受雇人发生之重大事由：如奉派远地或出国、患有疾病不宜工

---

31 参照本书上册第四四三页（特别是注 275）。

32 参照“民法”第四八九条立法理由：“雇佣契约之定有期限者，在期限未届满以前，当事人应受期限之拘束，此属当然之事。然若当事人一方遇有重大事由，有不得不终止契约之情形时，其雇佣契约之期限，纵未届满，亦应许其有终止契约之权。”

作、怠服劳务、无故泄漏业务上机密、违约在外兼职[33]、殴辱雇用人或其家属均是。

（2）雇用人发生之重大事由：如雇用人死亡、雇用人停业、报酬支付迟延、胁迫受雇人为违法行为、殴辱受雇人均是。

（3）客观事由之发生：如天灾、战争、暴动或其他不可抗力之灾变，致受雇人不能服劳务或雇用人不能备供劳务是。

以上事由，或仅一方得终止雇佣，或双方得终止雇佣。例如，受雇人奉派远地，受雇人或雇用人均得终止雇佣；受雇人泄漏业务机密，惟雇用人得终止雇佣；雇用人报酬支付迟延，惟受雇人得终止雇佣。至其判断标准，则以该事由之发生，受雇人或雇用人于伦理上是否可归责为准，其答案为否定者，双方当事人均有终止权，其答案为肯定者，则仅相对人之他方有终止权。

于此，尚待究明者，有如下二者。一为女性受雇人结婚，是否为终止事由；另一为约定终身雇佣之效力为何？

（1）女性结婚与雇佣终止

传统观念以为，受雇人为女性，若于雇佣期间结婚，即系民法本条项之重大事由，雇用人得终止雇佣；其约定为当然终止者，于法亦属有效。[34] 惟此论点，有违宪法平等原则，实务业已变更早期立场，认为劳务供给契约，约定女性受雇人结婚其契约终止者，于法无效。[35] 从而，女性受雇人结婚，不宜再列为得终止雇佣契约之重大事由。[36]

（2）约定终身受雇与雇佣终止

33 参照“最高法院”1965年台上字第三一六号判决：“两造间原属雇佣关系，在受雇人即上诉人一方，须依约为雇用人即被上诉人服守卫之劳务，并不得兼任他职致影响其守卫工作。乃上诉人兼在台湾省警察学校充司号警士，致在被上诉人医院工作不力，不适任守卫职务，自系违背契约有重大事由，依‘民法’第四百八十九条第一项之规定，其雇佣契约纵定有期限，仍得于期限届满前终止之。”

34 一般情形，大体采取承诺书之方式，其文句略为：“女性员工愿意于结婚前辞职，雇佣期限因结婚而条件成就，期限届满……。”

35 参照“司法院”1989年厅民一字第八五九号函：“‘我国’人民无分男女，在法律上一律平等，为宪法第七条所明定，又人民之工作权及其他自由、权利亦受‘宪法’所保障（‘宪法’第十五条、第二十二条）；雇主要求女性受雇人预立于任职中结婚即辞职之辞职书，不惟破坏‘宪法’保障男女平等之原则，并且限制人民之工作权及有关结婚之基本自由及权利，该结婚即辞职之约定，可认为违背‘我国’之公序良俗，依‘民法’第七十二条之规定，应属无效。”

36 体系介绍文献，请参照王泽鉴“劳动契约上之单身条款、基本人权与公序良俗”，收于氏著“民法学说与判例研究（七）”，第六页以下。

约定终身受雇（通常情形，以受雇人终身为常见，其约定以雇用人终身、或第三人终身者，亦同）者，通说以为，其期限之约定，违反公序良俗无效，但雇佣契约，仍属有效（第一一一条但书）；不过，此种雇佣成为不定期限雇佣，当事人得随时终止之。[37]

2. 损害赔偿请求权之发生

定有期限之雇佣，因有重大事由而终止者，不仅有违当事人原有预期，有时亦且有害当事人利益，民法爰于第四八九条第二项规定："前项事由，如因当事人一方之过失而生者，他方得向其请求损害赔偿。"俾兼顾当事人双方之利益。[38]

因重大事由而终止雇佣者，并不当然发生损害赔偿请求权，甚至可说以不发生损害赔偿请求权为原则。其受雇人或雇用人得请求损害赔偿者，宁为特例。

损害赔偿请求权，以重大事由因当事人一方之过失而发生者为限。例如，前项之受雇人怠服劳务，或雇用人殴辱受雇人是，兹之所称过失，尚不限于法律上义务违反之过失，伦理上为有过失者即为已足，故其意义尚与第二二〇条所称过失有别，而与第二一七条所称过失相埒。至于重大事由之发生，如双方均有过失者，解释上应有过失相抵之适用，并由过失参与度较低者请求损害赔偿。

综上所述，足见随时终止与重大事由之终止，适用对象及法律效果，尚有不同，其情形略如下表：

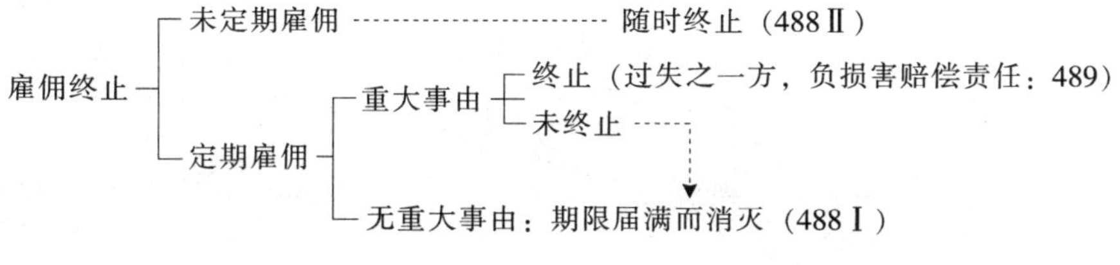

（三）受雇人死亡

雇佣以受雇人供给劳务为要素，受雇人死亡者，无复供给劳务之可

37　解释终身雇佣契约有效，旨在保护受雇人，如谓雇用人得随时终止雇佣，于受雇人保护似有未周。解释上，似以限制雇用人之终止权，为较妥当。

38　参照"民法"第四八九条立法理由："重大事由，系因当事人一方之过失所致者，虽亦许其有期限届满前终止契约之权，同时亦许他方损害赔偿之请求权，盖兼顾当事人双方之利益也。"

言，此项劳务又非可由继承人继承。是以，受雇人死亡者，雇佣关系消灭，民法虽无明文，无宁为当然解释，但受雇人丧失行为能力者，仅得为终止之事由，尚非当然消灭。[39] 至于雇用人破产或受雇人破产，通说以为，尚非当然而为终止权发生之原因事由。[40]

39 实务曾以为，受雇人不能服劳务且不为劳务供给者，雇佣契约当然终了，其立场与学理见解，似有差距。（参照"最高法院"1970年台上字第一号判决："雇佣系一方为他方服劳务，他方给付报酬之契约。故应服劳务之一方于不能服劳务且自行不服约定之劳务时，其雇佣关系，应解为已经终了。"）

40 参照郑著（上），第三四六页；史著，第三〇〇页。

第十一章

承　　揽

- 承揽
  - 总说
    - 承揽之意义（490）
    - 承揽之性质及特色
    - 承揽之种类
    - 承揽之相类概念
  - 效力
    - 对承揽人之效力
      - 工作物完成义务
        - 工作完成
        - 工作物交付
        - 权利移转
      - 债务不履行责任
        - 工作完成迟延→给付迟延（502-504）
        - 工作完成不能→给付不能（225、226）
        - 工作发生瑕疵→不完全给付（495）
      - 瑕疵担保责任
        - 意义（492）
        - 种类（492）
        - 要件
        - 效力（493、494、496）
        - 不完全给付（495、497）
        - 存续期间（498、501）
        - 责任减免特约（501之1）
      - 法定抵押权
        - 要件（513Ⅰ-Ⅲ）
        - 效力（513Ⅳ）
    - 对定作人之效力
      - 报酬给付义务
        - 发生时（491）
        - 给付时（505）
        - 概数之估价（506）
      - 工作之协力及受领
        - 工作协力义务（507）
        - 工作受领义务（510、512）
    - 危险负担
      - 工作之危险负担（508Ⅰ）
      - 材料之危险负担（508Ⅱ、509）
  - 消灭
    - 契约解除（494、502Ⅱ、503、506、507）
    - 契约终止
      - 意定终止
      - 法定终止（512）
    - 破产

承揽，拟依如下节次，即总说、效力及消灭之顺序说明之，并归纳其要点如下表：

第一节 总 说

总说部分，说明承揽之意义，性质及特色，种类及相类概念。

一、承揽之意义

“民法”第四九〇条第一项规定：“称承揽者，谓当事人约定，一方为他方完成一定之工作，他方俟工作完成，给付报酬之契约”。完成工作之一方，是为承揽人；给付报酬一方，是为定作人[1]，故承揽亦可定义为：定作人与承揽人约定，承揽人为定作人完成一定工作，定作人俟工作完成，给付报酬之契约。承揽一节各条，有定作人、承揽人之字眼者，即本此定义而来。兹述其要点如下：

（一）承揽为承揽人为定作人完成工作之契约

完成工作为承揽之标的，亦承揽与其他契约区别之因素。工作者，依劳务而发生之一定结果也；所谓完成工作，则指施以劳务而完成之一定结果。其最主要之事例是为建筑、制造及改造物品；运送、承揽运送，虽亦有承揽之性质，但民法列其为契约类型，故不与焉。[2]

工作之种类，及于生活各个层面，只要不背公序良俗或强行规定，不问有无财产价格，均无不可，但得分为有形与无形二者。其较具体之列举，约有如下：

按工作云者，社会用语上，系指单纯供给劳务而言，法律用语上，亦未完全避免此一立场。例如，“劳动基准法”、“劳工保险条例”、“农民健康保险条例”、“工厂法”、“劳工安全卫生法”等劳工法规所称之工作，

1 参照民法承揽一节立法理由：“按民律草案债权编第二章第十节原案谓承揽者，当事人约定一方为他方完成一定之工作，他方俟工作完成给付报酬之契约也。为人完成工作者，谓之承揽人，俟工作完成给付报酬者，谓之定作人。”

2 同上述立法理由：“本节所称承揽、系专指建筑，制造及改造物品而言，而于运送及承揽运送，则各独立一节焉。”

殆指民法雇佣一节所称之服劳务，非承揽所称之工作[3]，法院实务，亦有相类作法。[4] 如此不但用语混淆，且有碍法律进步；惟于法律修正前，仅能保持其彼此间差距之认知，或属无可否认。

- 工作
  - 有形的结果
    - 制衣、织布、洗濯、修鞋、擦鞋、漂白、刺绣、染整。
    - 食品加工、碾米、榨油、磨粉、采伐、收割、锻造、烘焙。
    - 土木建筑、水电装置、粉刷油漆、打蜡、清扫、装璜。
    - 包车、包机、搬家、洗车、装卸、修车、修表。
    - 摄影、录制、传输、画图、印刷、调查、化妆、写信、刻印、记账、打字、装订、美工。
  - 无形的结果
    - 宣传、侦探、吹奏、歌舞、算命、设计、讲演、向导、法事。
    - 演戏、播映、包医、助产、看护、评估、鉴定、审查、翻译。

（二）承揽为定作人支付报酬之契约

支付报酬，为劳务契约之共通特征，关于报酬之意义、种类及数额，其制度内容原则上有如雇佣契约。“民法”第四九一条规定：“如依情形，非受报酬，即不为完成其工作者，视为允与报酬。未定报酬者，按照价目表所定给付之，无价目表者，按照习惯给付。”其情形即殆如“民法”第四八三条之重现[5]；立法理由亦作相同说明。[6] 不过，完成工作而需承揽供给材料者，事所常见，如当事人于材料价额之负担未约定者，究应由谁负担，恐有争议，“民法”债编修正，爰于第四九〇条增订第二项，明定：“约定由承揽人供给材料者，其材料之价额，推定为报酬之一部分。”换言之，除有特约或交易习惯者外，材料价额由承揽人负担，并计入报酬，承揽人不得为任何额外请求；至于特约或交易习惯之存在，则由承揽人负举证（反证）责任。

民法本条于承揽之意义，特别定明“俟工作完成给付报酬”之字眼，

3 最基本之代表性条文，请参照“劳动基准法”第二条第一款、第二款～第五款。兹举第一款用语，以为佐证。此即：“劳工，谓受雇主雇用从事工作获致工资者。”

4 参照前章注 34（本书第三十页）。

5 “民法”第四九一条，除因涉及契约标的之文字不同外，堪称第四三八条之重复出现。其不同处为：
第四八三条第一项：非受报酬即不服劳务者；
第四九一条第一项：非受报酬即不为完成其工作者。

6 参照“民法”第四九一条立法理由：“按报酬为承揽之一要件，故为人完成工作，不向人索报酬者，仍应视为定作人允给报酬。至报酬额之多寡，如无特约，应使其按照价目表或习惯相沿之数而定其给付，此与第四百八十三条之理由相同。

是否意味工作完成前，不得请求报酬，其当事人约定于工作完成前给付报酬者，系有违本条规定而无效？其答案则为否定。盖以报酬后付主义，于劳务契约，乃系法律补充原则，若当事人约定先行给付报酬者（一部或全部，均无不可），其约定优先于后付主义而适用，即于承揽，亦无例外。换言之，亦即于承揽，如定作人、承揽人约定，于工作完成前支付报酬者，其约定仍为有效，并不因民法本条定明“俟工作完成给付报酬”而受影响。

既然，俟工作完成之字眼，法律意义上并无强制意义，就用语俭约而言，似可考虑删除。

二、承揽之性质及特色

（一）承揽之性质

承揽契约，因当事人双方意思表示一致而成立，既不需一定方式，亦无庸现实给付。是以，有关承揽之法律上性质，其情形有如买卖、租赁、雇佣等。其要点如下：

1. 承揽为诺成契约
2. 承揽为不要式契约[7]
3. 承揽为双务契约
4. 承揽为有偿契约
5. 承揽为负担行为

以上五者，于上述各种契约，已多有讨论，兹不复赘。兹仅就双务、有偿契约之构成内容，略以如下附表说明之：

承揽
- 承揽人完成工作义务
- 定作人给付报酬义务

→ 债务互为对价→双务契约
- 同时履行抗辩（264、265）
- 危险负担（266）

承揽
- 承揽人完成工作
- 定作人给付报酬

→ 给付互为报偿→有偿契约（瑕疵担保责任）

（二）承揽之特色

承揽为劳务契约重要类型之一，此固不容置疑。不过，相对于其他

7 参照“最高法院”1969年台上字第二八五一号判决：“承揽工程非要式行为，纵未订立书面契约，并不影响其承揽工程之效力。”

劳务契约，承揽显然较具商品契约之色彩。盖以承揽系以工作（劳务结果）为契约标的，工作有颇为浓厚之商品意味，至于劳务仅其过程，非若其他劳务契约之以供给劳务为其契约惟一或最为重要之因素。因此，承揽虽为劳务契约，但相对于其他契约类型，承揽似具有商品契约之特性。至其重点，约可归纳如下：

1. 劳务供给专属性之解禁

劳务契约，于劳务供给具有专属性，此于前章已有叙明（本书第十五页～第十六页）。承揽原则上无专属性之适用，其承揽人自任为定作人，使他人承揽其所承揽之工作者（即通称之次承揽），除当事人有特殊禁止外，并无不可。实务亦持相同见解，认为承揽人无庸自身服其劳务。[8]

2. 工作瑕疵担保责任

瑕疵担保责任，固非财产契约所特有，但瑕疵担保责任中之物之瑕兹担保责任（第三五四条、第三六五条），其适用对象殆为财产性契约，似可肯定。承揽一节，于工作设有瑕疵担保责任之规定（第四九二条～第五〇一条），不仅其制度内容，与买卖之物之瑕疵担保责任相似相通，现实适用上，亦以物之瑕疵之适用为绝大多数，承揽之具有浓厚之商品契约色彩，此为主要特点之一。

3. 承揽契约之解除

劳务契约，其劳务供给业经部分履行者，若以意思表示使契约消灭者，仅能终止，不得解除。然而，于承揽契约，则不仅工作完成前有解除契约之规定（第五〇二条第二项、第五〇三条、第五〇六条），甚至于工作完成后，定作人尚有解除契约之权限（第四九四条、第四九五条、第五〇六条、第五〇七条第二项）。盖以工作为商品，自得从商品交换理论体系架构契约法律原理故也。

三、承揽之种类

承揽成立，承揽人负完成一定工作之义务，而定作人须给付报酬，惟完成工作，往往须供给一定材料，亦即供给材料常为完成一定工作之前提。有关供给材料，究应由谁负担，依“民法”第四九〇条第二项规

8 参照“最高法院”1976年台上字第一九七四号判例：“承揽除当事人间有特约外，非必须承揽人自服其劳务，其使用他人，完成工作，亦无不可。”

定观之，材料供给之价额及其所需费用，原则上由承揽人负担。至于材料以外而为完成工作所需之工具，如裁缝之剪刀、缝纫机、理发师之剃刀、医师之听诊器、手术刀等，解释上当然应由承揽人自备之，除有特约外，亦不得请求定作人负担。

日常交易上，承揽人兼供材料、或调换材料，乃至转而交由他人承作，虽颇常见。惟此等情形，毕竟为较属特殊之交易型态，其法律上效力，与上述之承揽不尽相同。为示区别，并免混淆，学理上于承揽，乃有种类区分，其情形殆如下表，并依序说明于下：

完成工作契约
- 定作人供给或无庸供给材料：一般承揽：(民法) 承揽
- 定作人供给材料，承揽人有替换权：不规则承揽……（特殊承揽）
- 承揽人自任定作人与第三人成立承揽：次承揽……（特殊承揽）
- 承揽人供给材料完成工作：……制作物供给契约……（特殊承揽）

（一）一般承揽

一般承揽，即本章所称之承揽，其详本章将有析述，暂予从略。

（二）特殊承揽

1. 次承揽

承揽人自任为定作人，使他人承揽其自定作人所承揽工作之全部或一部者，一般称之次承揽（或称再承揽），俗称之工程转包即是。

次承揽之于定作人，情形有如租赁之转租，其法律关系殆有如下：

定作人　　完成工作　　承揽人　　完成工作　　次承揽人

甲 ———————————— 乙 ———————————— 丙

承揽　　定作人　　承揽　　承揽人

（乙—丙之间：次承揽）

关于次承揽，其值得注意之要点，略有如下：

(1) 次承揽为另一独立之承揽契约，其成立生效，乃至效力如何？与原承揽契约无涉。

(2) 次承揽人与原定作人间，不发生权利义务关系，原定作人对次承揽人无完成工作请求权；次承揽人对原定作人亦无报酬给付请求权。

(3) 承揽人无须亲自完成工作，承揽人为次承揽之行为，对其定作人原则上不构成违约，除当事人有特约禁止或为承揽标的之工作有专属性者外，定作人不得对次承揽人主张解除或终止承揽契约[9]，对于次承揽人完成工作之必要行为，亦不得任意阻止，其工作之完成，须定作人协力者，定作人仍有协力之义务（规范意义上为对于原承揽人之协力）。

2. 不规则承揽

不规则承揽者，定作人供给材料，承揽人得以自己之材料代替定作人供给材料而完成工作之承揽。例如，以稻米交邻居制作糕饼，邻居得以自己之同种类稻米制作糕饼者即是。

一般承揽，承揽人不得以定作人供给材料以外之材料，完成工作，亦即承揽人于材料并无变更权；反之，不规则承揽，则承揽人有变更权。此为二者最大不同之处，物而得以他物代替者，限于代替物；是以，不规则承揽之成立，须其材料为代替物者，始有适用。至于所代替者，除同种类外，尚须同品质、同数量之物，在品质确定上，适用“民法”第二百条第一项前段之依法律行为之性质定其品质。不过，承揽人以更高级品质之材料代替者，当无不可。

不规则承揽之成立，除当事人有约定（包括默示）者外，尚得因习惯而成立。例如，民间于年节，常有交付稻米于邻坊，委其制作粿饼，虽当事人间未有约定，仍因习惯而成立不规则承揽是。

不规则承揽之权利义务关系，于以下二点，有其特色：

（1）材料所有权之变动

不规则承揽之承揽人，就定作人交付之材料，既有变更权，则其材料之所有权，何时移转，自有探究必要。有关于此，学者见解殆有如下：

①交付说

此说认为，定作人交付之材料，自交付时，亦即承揽人受领时起，其所有权移转于承揽人。

②代替说

此说以为，定作人交付之材料，并不当然移转其所有权于承揽人，须待承揽人以他种材料为代替，或就材料加以处分时，其所有权始告移转。

③工作完成说

此说以为，定作人交付之材料，须待工作完成，其工作物须交付者，则待交付工作物时，材料之所有权始告移转。

9 参照郑著（上），第三四九页；史著，第三〇八页。

通说以为，交付说为可采，盖以动产所有权之移转，一般系以交付为准，兹所决定者，既为材料本身之所有权，解释上似不宜与工作完成混为一谈。通说之见解，当较允妥。

(2) 材料之危险负担

在一般承揽，材料之危险，由定作人负担（第五〇八条第二项）。不规则承揽，其定作人交付之材料，承揽人既有变更之权，而且其所有权又移转于承揽人，依天灾归所有人负担之理论，自应解释为，材料之风险，于所有权移转时，归由承揽人负担。

(3) 不规则承揽之性质

不规则承揽之性质如何？学理上立场不尽一致，或采单纯承揽说，或采承揽与互易混合说。前者以为，不规则承揽，仍重在工作之完成，尚不宜因材料得为代替而否认其承揽之本质；后者则以为，不规则承揽，于完成工作部分，固为承揽，但于材料代替部分，则为互易，二者混为单一契约形态，自应解为二者之混合契约。按代替物之债，或因法律规定而得代替（第二〇一条、第二〇二条、第四八〇条第一款、第六〇三条第一项），或因约定而得代替（第四七四条、第六〇二条），于此情形，虽其契约类型，具有特殊形态之意味，但民法并未以之为混合契约，再者，于不规则承揽，当事人目的在于工作之完成，与一般承揽无异，解释其为混合契约，恐有违当事人意思及契约目的。因之单纯承揽契约之见解，似较可采，此亦台湾通说。[10]

(4) 工作所有权之归属

不规则承揽之工作物所有权，原始究竟归属于定作人或承揽人？学理上不无争议。通说以为，材料之所有权既移转于承揽人，则工作物所有权，应解释为先归承揽人取得，亦即承揽人为工作物之原始取得人，然后移转于定作人继受取得之。[11]

然而，承揽之特色，在于工作之完成，材料之供给，仅系完成工作之部分过程，其间更为重要者，毋宁为精神与智慧之施与所实现之结果，如谓材料所有权变更，则工作所有权先归承揽人取得，不仅法律价值判断上有轻重倒置之嫌，而且与不规则承揽为单纯承揽之见解，亦不尽一致。是以，愚见以为，纵于不规则承揽，解释其工作物所有权，似应认为原始归由定作人取得，为较妥当。

10 参照郑著（上），第三五一页；戴著，第一六五页。

11 参照郑著（上），第三五二页；史著，第三一〇页；戴著，第一六五页。

3. 制作物供给契约[12]

(1) 意义

制作物供给契约者，谓当事人约定，一方以自己材料，制作物品供给他方，他方给付报酬之契约。例如，西装店供给布料而包做西装；营建公司，供给建材而建筑房屋于客户，均是著例。

制作物供给契约，于制作物品方面，须施以劳务，且须完成一定工作，于此点上，于承揽性质相符，制作物品之一方，有如承揽人；惟其另一方，并未提供材料，而由制作物品之一方，同时供给材料，其非承揽所尽可解释，当系事实。俗称包工包料，以与承揽之纯为包工相区别，职是之故。

(2) 性质

由上所述，可知制作物供给契约，与承揽之区别，系在于材料供给之部分。虽然，于此种交易类型，当事人系就制作物全部约定对价。惟此对价，解释上实包括材料供给及工作完成二部分，非谓材料供给为无偿。既然，材料供给为有偿，其所有权且又移转于定作人，其间具有买卖之性质。于是，制作物供给之契约，究为买卖，抑属承揽，学理上不无争论。通说采当事人意思说，认为：

“工作物供给契约……究为买卖契约，抑为承揽契约，原则上应解释当事人之意思，以资决定。若意思不明，则应解为承揽与买卖之混合契约，使分别适用。申言之，即当事人之意思，重在工作物财产权之移转，认为买卖；重在工作物之完成时，认为承揽。若无所偏重，或轻重不分明时，则认为承揽与买卖之混合契约。关于工作物之完成，使适用承揽之规定；而关于工作物财产权之移转，则使适用买卖之规定也。”[13]

基上所述，则制作物供给契约之性质，当可表解如下：

- 制作物供给契约
  - 当事人意思
    - 工作物完成：承揽
    - 工作物财产权移转：买卖
  - 当事人意思不明：混合契约
    - 工作物完成部分：适用承揽
    - 工作物财产权部分：适用买卖

12　制作物供给契约，学理上或称工作物供给契约，或承揽供给契约或买卖承揽契约，亦有简称其为买卖承揽者。本文以制作物供给契约，仅系便宜用法。

13　参照戴著，第一六三页～第一六四页；史著（上），第三五〇页～第三五一页。

当事人意思说，亦为实务所肯定[14]，并进一步认为，土地所有权人提供土地，由建筑商出资合作建屋，如契约内言明，建筑商向地主承揽完成一定之工作，而将地主应给与之报酬，充作买受分归建筑商之房屋部分基地之价款，则系属买卖与承揽之混合契约，至若契约订明各就分得房屋以自己名义领取建筑执照，就地主分得部分而言，认该房屋之原始所有人为地主，地主与建筑商就此部分之关系为承揽契约。[15]

解释制作物供给契约，以当事人意思为依归，恐将发生，倚重材料、轻忽技能智慧创作之流弊，其情况有如不规则承揽之通说。而且依意思说，亦有以偏概全之缺失。盖以重在工作物完成者，性质上为承揽，则供给材料部分之法律性质，如何解释？是否可以置之不问？不无可议；反之，以重在财产权移转者为买卖，则当事人约定完成工作之意思表示层面，亦完全弃置不问，是否亦属以偏概全，仍不无疑问。尤其在当事人意思不明时，解释其为混合契约，关于财产权之移转为买卖，形式上，似取中庸之道，不偏承揽，亦不倚买卖，但其结果实厚于买卖而薄于承揽。盖以承揽之所以有别于买卖，系在于承揽完成工作，承揽人完成工作，乃其义务，并不因此享有所有权。足见，谓意思不明时，关于财产权原始归由承揽人，其结果与买卖尚无重大差异，至少亦以买卖为重。

材料于工作之完成，是否具有如此举足轻重之地位，颇感疑惑。制作物供给契约所以有别于买卖，完成工作为其契约要素，当属不可否认，解释上亦不宜偏离于此，并力求双方公平。按承揽人于重要之承揽享有法定抵押权（第五一三条），兹解释其工作之完成，适用承揽，于财产权移转有所有权适用买卖，则完成工作之人，于所供给之物，依前者有抵押权，依后者有所有权；反之定作人于所有权移转之前，则一无所有，此岂公平？况者，现代社会之交易，制作物供给契约之供给方，常为企业经营者，其相对人常为消费者，类此解释，恐有厚于企业经营者而薄于消费者之嫌，是否尽符法律公平原则，不无疑义。如遇法律解释，偏

14　参照“最高法院”1970年台上字第一五九〇号判例：“买卖乃法律行为，基于买卖取得不动产之所有权，非经登记不生效力，与承揽之定作人原始取得工作物所有权之情形不同。至所谓工作物供给契约，即工作物全部材料由承揽人供给者，如当事人之意思重在工作物财产权之移转时，乃不失为买卖之一种。”

15　参照“司法院”（1983）厅民一字第〇一一九号函（同旨“最高法院”1959年台上字第一八七四号判决）。

好拟制当事人意思在于财产权移转，流弊更将不小（实务似有类此偏向[16]）。愚意以为，解释制作物供给契约之性质，似应以法律行为（契约）之性质定之，至当事人意思重在所有权移转或意思不明之情形，应作较为审慎谦抑之态度。

按制作物供给契约所以与承揽不同，主要在于前者之材料由承揽人供给，后者则由定作人供给。法律解释上，如能就此部分，俨然区分，理论上应属即为已足，殊不必非超越此一部分，认为工作物权利归属，亦因之发生剧变。因之，愚见以为，解释制作物供给契约之性质，应以供给材料是否于报酬之外另行计价而定，如其材料供给部分包含于报酬之内而未另行约定计价者，宜认其为单纯之承揽；反之，材料供给于报酬之外，约定另行计价支付者，具有买卖性质而应认其为混合契约。但于后者，其买卖之适用，亦仅及于材料之部分；至于工作完成部分，则仍具承揽性质而适用承揽之规定。其思考模式，略如下表：

- 制作物供给契约
  - 材料含于报酬：承揽
  - 材料另行计价：混合契约
    - 材料供给部分：买卖
    - 完成工作部分：承揽

四、承揽之相类概念

于承揽之相类概念，除与传统文献雷同，就承揽与雇佣、悬赏广告作比较说明外，同时就房屋合建、委建契约，略作说明。至于承揽与委任之比较，则待论及委任时说明之。

（一）承揽与雇佣

承揽与雇佣之异同，约可表解如下：

16 实务于制作物供给契约，形式上固采当事人意思说，惟其相关判决，大都陈明重在工作财产权之移转者为买卖，少有重在工作物完成者为承揽，而适用承揽之案例，实际上似有偏于强调财产权移转而适用买卖之倾向，主要事例，除上述1970年台上字第一五九〇例（注14）外，尚有1963年台上字第二五〇号之判决、1979年台上字第三八〇一号判决。

事项 / 比较	雇佣	承揽
同	1. 劳务契约之债（诺成、不要式、双务、有偿契约）。 2. 契约目的之实现，均有赖劳务之供给。	
异	1. 劳务供给即为目的。 2. 供给劳务即得请求报酬，有无结果在所不问。 3. 供给劳务须服从雇用人指示，具有从属性。 4. 执行职务致他人损害者，雇用人负连带责任（188）。 5. 劳务供给及请求有专属性，受雇人须亲自执行劳务（484）。	1. 工作完成始为目的，劳务供给仅为手段或过程。 2. 供给劳务须有结果（完成工作），始得请求报酬，不得以供给劳务之事实，请求报酬。 3. 供给劳务为独立进行，原则上具有独立性。 4. 执行承揽事务，致他人损害者，定作人原则上不负损害赔偿责任（189）。 5. 原则上无劳务专属性之适用，承揽人无庸亲自供给劳务，次承揽原则上亦无违约可言。

（二）承揽与悬赏广告

事项 / 比较		悬赏广告	承揽
同		1. 劳务行为之债 2. 均以完成一定结果为要素（完成行为或工作，始得请求报酬）	
异	规定形式	1. 规定于债编通则（164、165）	1. 规定于各种之债（490～514）
	法律用语	2. 完成一定行为（164）	2. 完成一定工作（490）
	法律事实	3. 是否为契约之债，学理上颇有争论（单独行为说颇为有力）	3. 契约之债
	行为性质	4. 要式行为	4. 不要式行为

（三）房地合建契约

1. 房地合建契约学说归纳

建筑商与地主约定，由建筑商出资，于地主提供之土地上建筑房屋，双方依比例分配房地之契约是为通称之房地合建契约，间亦简称合建契约。

合建契约，由于形态尚称复杂，有关其契约性质之解释，亦感相当困扰。严格言之，合建契约之纯为承揽者，尚不多见；惟于各种之债诸类型中，其性质与承揽较为相近，故于此一并说明之。基此，则有关合建契约之性质，一般以为，当可为之归纳说明如下：

（1）建筑商出资，于地主提供之土地上建筑房屋，建妥后不分配房屋土地，而纯粹获取报酬者，性质上为制作物供给契约。因当事人意思重在工作物之完成，依通说宜解释为承揽。

（2）建筑商出资，于地主提供之土地上建筑房屋，约定双方按比例取得房地，地主就建商取得房屋部分，有按比例移转土地所有权之义务（通常情形为创设共有而移转应有部分），双方均得于建筑完成前或完成后出售分得之房地。此种合建形态，似为目前台湾合建通例。

有关于此，学理及实务见解，颇为分歧，或以为系承揽契约[17]，或以为须视当事人契约内容而定，当事人契约内容不明者，则就起造人名义、材料供给及房屋第一次总登记之处理情形定之。后说，于当事人契约内容之判断标准及法律适用，尚可分为如下三者：

①约明：房屋建竣后，始将分归地主之房屋与分归建筑商之基地，互易所有权者，为互易契约。

②约明：地主应给予之报酬，充作买受建筑商之房屋部分基地之价款者，系属买卖与承揽之混合契约。[18]

③约明：各就房屋，以自己名义领取建造执照，就地主分得部分而言为承揽。[19]

（3）建筑商出资在地主提供之土地上建筑房屋，由双方共同将其出售，分取金钱，系为合伙。[20]

2. 本书见解

房屋合建契约，建筑商并非仅在提供成屋而为交易，其更为重要者，毋宁为房屋之建筑，此亦当事人意思表示之真意所在，解释合建契约，似应尊重此一事实及真意。因此，偏好买卖或互易之解释，是否妥当不无可议。再者，地主提供土地，建商出资建筑，就社会经济活动而言，完成之房屋，无异地主与建筑商之共同作品，果有以之出售，实无异共

17 参照“最高法院”1959年台上字第一八七四号判决：“建筑商依合建契约建筑房屋，就地主分得部分而言，系建筑商自备材料为地主完成一定之工作。就地主将建筑商分得房屋部分移转基地所有权而言，乃地主给付报酬，故合建契约为承揽契约之一种。”

18 参照“司法院”1982年第一次司法业务研究会法律问题研究意见。

19 参照“司法院”（1983）厅民一字第〇一一九号函。

20 参照“司法院”1982年第一次司法业务研究会法律问题研究意见；金钦公“委建及合建房屋法律问题研究”，“司法行政部”，1976年，第十一页；刘得宽“民法诸问题与新展望”，自刊，1979年，第一〇八页。

同事业之经营。解释合建契约，亦不宜忽视此方面之社会公益本质。基此，个人以为，上述之互易说、买卖说，似有过度偏厚地主或建筑商个人利益保护，忽视消费者权益之流弊。以下，即基此角度，以下表说明个人对于合建契约之管见：

- 合建契约（建筑商出资建筑）
  - A型：建筑商不分取房屋：混合契约（另取其他报酬）
    - 提供材料：买卖
    - 建筑房屋：承揽
  - B型：建筑商分取房地：混合契约（分得土地为价金或报酬之一部分）（完成建筑前均不出售）
  - C型：建筑商分取房地：合伙契约（完成建筑前预售房屋）

以上有关B型、C型合建契约之解释，并不因起造人名义、房屋第一次总登记之办理而异，于C型亦不因其出售房地，系地主与建筑商各自分别出售或共同出售而不同。实务或以为，不问B型、C型均属合伙契约[21]，恐失之广泛，爰未敢完全赞同。

（四）委建契约

一般所称委建契约，系指委建人委托建筑公司，于该公司所有或提供之基地上建屋，言明委建人按期付款，建筑公司则按委建人所提供或同意之室内图样施工（外体结构仍按建筑执照所载图样施工），并负责以委建人名义办理保存登记，及移转基地所有权与委建人之契约。

委建契约，通常亦有类型之分，常见者可分为如下：

- 委建契约
  - 起造人名义自始为委建人（A型）
  - 起造人名义于建筑前或建筑中变更为委建人（B型）
  - 起造人名义自始至终为建筑公司或第三人，保存登记后始办理所有权移转登记于委建人（C型）

有关以上三种形态，除A型究为承揽、委任或买卖尚有争论外[22]，

21 参照“最高法院”1970年台上字第一三七二号判决：“两造所订合建契约，系约定上诉人提供土地，被上诉人负责承建四楼房屋两幢，建筑完成后，甲（上诉人）、乙（被上诉人）双方各分得四楼房屋一幢，显系约定两造共同出资兴建房屋后平均分配之合伙契约，核与当事人约定一方与他方完成一定工作而得请求给付报酬之承揽契约截然有别。”

22 学理上归纳，请参照杨兴龄“房屋之买卖、委建合建或承揽”，正中书局，1987年，第三九六页～第三九七页。

通说及实务，殆认为其余二型为买卖。[23] 即：

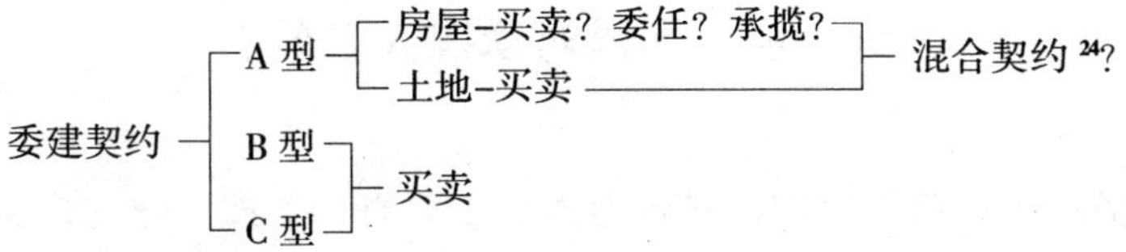

然则，房屋委建契约，委建人于契约订立时，房屋尚未建妥或建筑，建筑商且需依建筑图样完成工作，于此期间委建人承受未能完成建筑之风险，并先行按期付款。于此情形，尚非不能解释为委任建筑商购买材料，双方所重者在于房屋之建筑完成，所有权登记仅系完成工作之后续程序而已。因之，愚见以为，委建契约似不必流于概念形成，因其起造人名义或登记之办理情形而作不同解释。换言之，于房屋部分均可认为其性质上为承揽。至其法律关系详情，则有如下图：

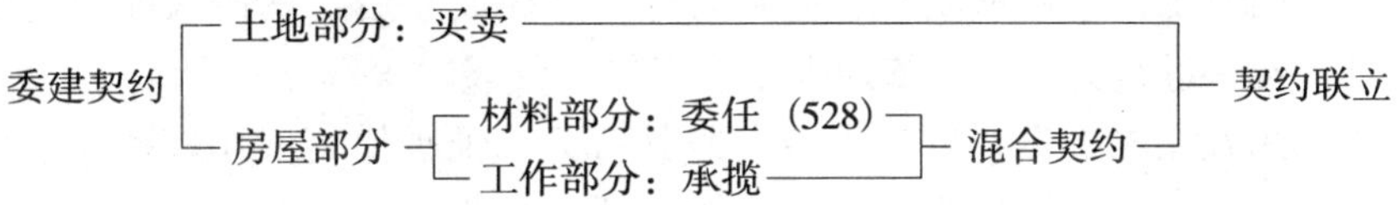

第二节　承揽之效力

承揽之效力，依序分就对承揽人之效力、对定作人之效力及危险负担三者说明之。

23 晚近实务见解，似有偏于买卖说之倾向，亦即无论 A 型、B 型或 C 型均认为属于买卖者。详请参照“司法院”1982 年第二期司法业务研究会法律问题研究意见。其意旨略为：“按建筑执照行政上许可建筑之要件，与私法上权利取得乃属两事，法院依自由心认证定事实时，固不妨以之为证据方法，惟不得径以之认定为原始取得房屋所有权之人。本题如工作全部材料，均由承揽人供给，而当事人之意思，复着重在工作物财产之移转，并非劳务之供给时，自不失为买卖契约之一种，尚不能以承揽契约论拟，其原始建筑人仍应为建筑公司。”同旨“最高法院”1973 年台上字第一五四六号判决。

24 参照杨与龄，前揭第三九九页（制作物供给契约说）；汪祎成“关于分期付款订购住宅所牵涉的法律问题”，法律评论，第四一卷第八期，1975 年，第八页～第十页。

第一项　承揽对承揽人之效力

承揽对于承揽人而言，其效力内容主要有四。即工作完成义务、债务不履行责任、瑕疵担保责任及法定抵押权四者是。兹依序说明于下：

一、工作完成义务

（一）工作之完成

完成工作为承揽之目的，亦承揽所以成为独立契约类型之依据。就承揽人，完成工作即系其给付。以下所述承揽人债务不履行责任、瑕疵担保责任，其成立对象均在于工作，意义上可视为工作完成义务之延伸。因此，完成工作堪称承揽人之主要义务。承揽成立后，承揽人即应自备工具，着手进行劳务，并依期限完成工作。

承揽人完成工作，虽无须亲自服其劳务，惟承揽之工作，系以承揽人个人之技能为契约之要素者，承揽人须亲自为之。其有特别约定承揽人不得使他人代服劳务者，亦应为同一解释。

（二）工作之交付

工作完成，有须交付，有无须交付者。一般言之，工作系无形之结果者，原则上无须交付；反之，工作为有形结果者，原则上须经交付。后者，文献上常称之工作物，以示与无形工作相区别。

工作无须交付者，于工作完成，债务即属履行；其须经交付者，则承揽人尚有交付义务，承揽人须完成交付，始属依债之本旨履行给付。[25]

（三）权利之移转

承揽工作物之所有权，直接归属定作人，理论上或无权利移转之问题。惟于不规则承揽、制作物供给契约，乃至合建契约、委建契约，学理上多认为工作物所有权原始归属承揽人，承揽人负有权利移转之义务。此说以为，其情形略有如下：

25　参照“最高法院”1961年台上字第二七〇五号判例：“承揽人完成之工作，依工作之性质，有须交付者，有不须交付者，大凡工作之为有形的结果者，原则上承揽人于完成工作后，更须将完成物交付于定作人，且承揽人此项交付完成物之义务，与定作人给付报酬之义务，并非当然同时履行，承揽人非得于定作人未为给付报酬前，遽行拒绝交付完成物。”

1. 一般承揽

工作物所有权归由定作人所有（原始取得），承揽人无移转所有权义务可言。

2. 不规则承揽

（1）材料所有权不移转：结论如上。

（2）材料所有权移转：工作物所有权归由承揽人原始取得，承揽人有移转权利之义务（适用买卖）。愚见则认为，工作物所有权仍归由定作人原始取得，与一般承揽尚无不同。

3. 制作物供给契约

（1）工作物为动产

①定作人提供工作所附基础者

承揽为工作物之重大修缮者，该工作物即为此所称基础，通说认应适用加工或附合之规定，以定所有权之归属。[26] 惟此见解，与承揽之目的不尽相符，愚见以为，仍以基于承揽而由定作人原始取得之见解为妥。

②定作人未提供工作所附基础者

通说认为，工作物所有权先归承揽人原始取得，而承揽人负移转权利于定作人之义务。愚见以为，工作完成义务既在承揽人，材料提供尚无变更当事人契约目的之作用，解释其由定作人原始取得所有权，似较妥当。

定作人供给材料，承揽人完成动产工作物，就物权层面观之，难免发生附合、混合或加工等添附情事（加工较为常见）。于此情形，似应解为，添附之规定无其适用；换言之，添附须于承揽关系不存在者，始有适用，如当事人间有承揽关系存在，应依承揽关系定其权利义务归属。实务亦持相同立场。[27] 愚见以为，即于不规则承揽、制作物供给契约，亦应作同一解释。

（2）工作物为不动产

①定作人提供材料购置之资金

参考日本实务见解，认为宜解释为，归由定作人原始取得所有权，

26 参照郑著（上），第三五八页。

27 参照“最高法院”1965年台上字第三二一号判例：“因承揽契约而完成之动产，如该动产系由定作人供给材料，而承揽人仅负有工作之义务时，则除有特约外，承揽人为履行承揽之工作，无论其为既成品之加工或新品之制作，其所有权均归属于供给材料之定作人。”

如其登记名义人为承揽人，承揽人有移转所有权登记之义务。所谓提供材料资金，解释上包括工作物完成前付清报酬之情形。[28] 愚意更以为，工作物完成前，定作人所付代价，足以偿付全部或主要部分之材料价金者，应认为即有适用。如是，环绕于委建契约，极其不利委建人之目前解释方式（通说），其流弊当可大幅调整。

②定作人提供工作物所附基础者

定作人提供工作物所附基础，承揽人以自己材料施工者，通说以为依动产（材料）附合于不动产（基础）之理论，其所有权由定作人取得（第八一一条）；如定作人提供基地，承揽人以自己之材料为定作人建筑者，则建筑物所有权为承揽人原始所有，然后再移转于定作人。[29]

③定作人未提供工作物所附基础者

定作人未提供工作物所附基础，承揽人以自己材料为定作人完成工作者，通说及实务见解以为，工作物所有权归承揽人原始所有，然后再移转于定作人。惟日本晚近学说持反对见解。亦即认为工作物所有权归由定作人原始所有者，业已日渐有力。[30]

愚见以为，于完成工作之契约，材料应归由材料处理，工作宜归由工作处理，二者并无混为一谈之必要。制作物供给契约之当事人，其目的在于完成工作，与一般承揽，似无多异，其契约形态与买责，迥然有别。于此契约，如材料价款另行于报酬之外，另行计价支付，则就材料

28 日本早期判决，采默示合意归属定作人说，主要判例依据为：日本大审院昭和十年（ 年)11月16日判例、日本大审院昭和十八年（ 年）7月20日判例（兹录后者判例意旨于下，以供参考。此即："建筑完成前，支付全部承揽之代金时，除有特别情事外，应认为当事人间就该建筑物所有权于工事完成之同时，即归属于定作人一点，已有默示的合意。"——民集第二二卷第六六〇页）。
晚近判例则改采原则归属定作人之论点，认为不论定作人交付之支票是否兑现，只须定作人有交付支票以代承揽代金之支付者，即应认为当事人间已有将该房屋，于建造完成即属于定作人之合意（日本最高法院1944年9月22日判例——判例时报，第五七二号，第二五页以下）。

29 参照郑著（上)，第三五八页～第三五九页；史著，第三一五页。

30 参照冈村玄治"债权各论"，严松堂，1929年，第四一四页；広中俊雄"债权各论讲义"，(四版)，有斐阁，1972年，第二三八页；坂本武宪"請負契約における所有权の归属"，收于星野英一（主编）"契约（民法讲（5))"，有斐阁，1985年，第四六〇页；石田穰"契约法（民法5)"，青林书院，1982年，第三二四页；钱国成"承揽工作完成物所有权之归属"，法令月刊，第四十三卷第十期，1992年，第六页以下；王和雄"承揽供给契约之性质及其工作物所有权归属"，法学丛刊，第七一期，1973年，第四二页以下（主要为第四九页）。

部分解释其有买卖性质，即为已足，就工作物解释其适用承揽，于制作人之保护，并无不周。传统见解，徒因材料而改变工作（物）所有权之归属，似有本末倒置，于消费者之保护，颇为不公。[31] 再者，于制作物供给契约，分别定作人有无提供基础？是否提供主要材料？有无提供材料资金？而异其权利归属，甚而异其法律适用，不仅失之繁琐，难免挂漏，而且法律判断价值亦不一致，甚而惑于制作人拟作法律文件上之文字游戏，而游移不定。是以，管见以为，于不规则承揽、制作物供给契约，除法律有特别规定者（如“著作权法”第十二条）外[32]，其工作物所有权均解释为由定作人取得。至其契约上性质，则以如下列附表所示之解释立场为较允妥，殊不必问其主要材料由谁提供，定作人有无提供基础或资金，如是环绕于合建契约、委建契约之无限争议，亦以迎刃而解，并符合法律所悬之公平正义。

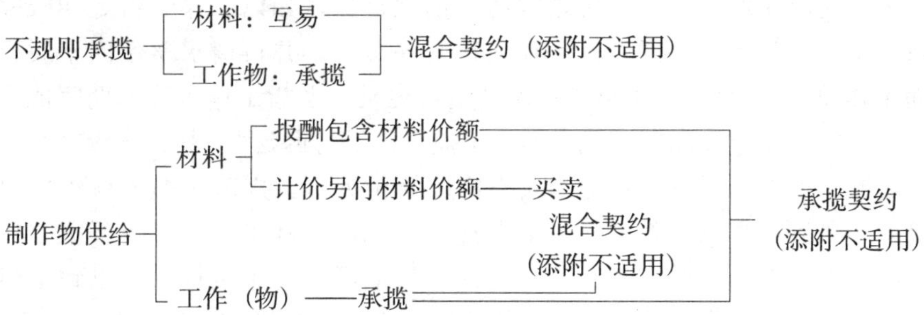

至于承揽、不规则承揽及制作物供给契约，如解释其工作物所有权均原始归属定作人，则定作人究于何时取得所有权，学理尚有歧见。或以为工作物成形，即按其完成程度逐渐取得所有权，或以为迨工作全部完成始一时取得有权。解释论上，后者固为通说[33]，惟就公平正义言，似以前说为较可采。不过，此一学说，于遇有承揽终止或解除之情形，法律关系之厘清，或较困难，是其缺点。

31　参照钱国成前揭“承揽工作完成物所有权之归属”，第七页。

32　依“著作权法”第一二条规定，即使在定作人出资企划下完成之著作，如未特别约定者，受聘人（可能亦为承揽人）仍为著作人，则承揽人于出资企划下完成者，自无从解释为归定作人取得著作权（兹录该条文字于下，以供参考：“出资聘请他人完成之著作，除前条情形外，以该受聘人为著作人。但契约约定以出资人为著作人者，从其约定。”）

33　参照郑著（上），第三六七页。

二、债务不履行责任

依现行民法逻辑形式，债务不履行系表征于民法债编通则，惟承揽人之给付迟延，承揽一节另为与债编通则不尽相同之规定，致承揽人给付迟延与债编通则表征者不尽相同；此外，承揽一节，就承揽人之不完全给付，亦有明确表示，为明制度意旨，自有独立说明之必要。二者中以给付迟延更具特色，爰先说明之。

（一）给付迟延

1. 成立要件

“民法”第五〇二条规定：“因可归责于承揽人之事由，致工作逾约定期限始完成，或未定期限而逾相当时期始完成者，定作人得请求减少报酬或请求赔偿因迟延所生之损害。前项情形，如以工作于特定期限完成或交付为契约之要素者，定作人得解除契约，并得请求赔偿因不履行而生之损害。”足见，于承揽，所谓给付迟延，系指工作未即如期完成而言，亦即工作未克如期完成，即为承揽人之给付迟延[34]，其工作应经交付者，其未如期交付者，对定作人亦构成给付迟延。判断承揽人就给付迟延应否负责，亦以是否可归责于承揽人为标准，其可归责于承揽人，以致给付迟延者，承揽人始负迟延责任，其不可归责于承揽人，以致给付迟延者，承揽人尚无给付迟延责任可言。后者，“民法”第五〇二条虽无明文；惟以承揽人给付迟延责任之成立要件如何，民法本条并未另有规定，认识上自应本诸体系解释，回归债之通则，适用“民法”第二三〇条规定，至于何为可归责于债务人之事由，亦应与债之通则相关规定为同一解释，亦即原则上为过失（第二二〇条）。从而，有关承揽人给付迟延之成立要件，殆可图解如下：

不能如期完成工作=给付迟延
- 无过失：不可归责事由:无(不履行) 责任(230)
- 有过失：可归责事由:负债务不履行责任(502)

虽然，各种之债一章承揽本节，于给付迟延之成立要件，并未与债之通则所定责任标准为不同之规定。不过，于判断责任是否成立，则以

34　参照“最高法院”1950年台上字第一五五三号判决：“因可归责于承揽人之事由，致工作不能于约定期限完成者，乃属迟延给付之问题。”

下二点，亦值注意：

（1）修正前民法本条使用不能完成或未完成之字眼，语义上易与给付不能致生混淆，为表征承揽人事实上未如期完成，即为已足，构成给付迟延，并凸显其仅适用于工作业已完成之事例，民法本条文字将其修正为“逾期始完成”之字眼[35]，于杜免疑义，诚具意义。

（2）是否如期完成，尚因当事人有无期限约定而异，其情形如下：

完成工作 ┬ 约定期限：逾约定期限完成 ┐
　　　　 └ 未定期限：逾相当时期始完成 ┘ 给付迟延

至于经过时期是否相当，应依个案具体情况，以交易习惯定之。

（3）定作人于受领工作时，须对承揽人之给付迟延声明保留行使之权利（第五〇四条）。有关其具体内容，另段说明。

2. 责任内容

（1）减少报酬与解除契约

依“民法”第五〇二条规定，承揽人未如期完成工作者，定作人得请求减少报酬，如期限特定且为契约之要素者，定作人得解除契约。换言之，期限如非契约要素，定作人不得解除契约。足见，本条寓有限制定作人解除契约之意旨；盖以承揽人已因承揽多有劳费，定作人动辄解除承揽，于承揽人甚不公平故也。[36] 一般情形，期限本非契约要素，故定作人得解除契约者，限于客观性质上为期限利益行为，且经当事人约定承揽人须于特定期限完成或交付者，始有适用。此之约定，默示亦无不可。其工作须经交付，且当事人约定交付期限者，应以交付时为适用标准，纵承揽人于特定期限完成工作但未如期交付者，定作人仍得解除契约。例如，定作结婚礼服，言明某日某时交付，如制作人逾结婚典礼后，始行送到，定作人得解除契约是。不过交付纵已逾约定期限，但其给付于定作人仍有利益者，解释上定作人仍不得解除契约，例如，结婚礼服

35　参照“民法”债编修正第五〇二条修正理由：“本条第一项是否仅适用于工作完成之情形，现行条文文义不明，易滋疑义，为明确计，爰修正为仅适用于‘工作完成’之情形。”

36　参照“最高法院”1978年台上字第三四七四号判决：“承揽契约，在工作未完成前，依‘民法’第五百十一条之规定，定作人固得随时终止契约（无溯及效力），但除有‘民法’第四百九十四条、第五百零二条第二项、第五百零三条所定情形，或契约或有特别订定者外，仍不许定作人依一般债务迟延之法则解除契约（有溯及效力），盖承揽人纵有履行迟延情事，亦多已耗费劳力时间及费用，倘许定作人依一般债务迟延之法则，行使解除权，则对承揽人甚为不利，必酿成不公平现象。”

送到虽已逾时，但赶得上结婚典礼穿用者是。学理上以为，只要当事人就特定期限定成或交付已为约定，使其期限成为要素者，即为已足，不以非于特定期限给付不能达其契约目的为要件。[37]

（2）损害赔偿

本条第一款后段所称赔偿“因迟延而生之损害”云者，相当于通称之迟延赔偿；其第二项所称之赔偿“因不履行而生之损害”，相当于通称之替代赔偿。在法律之体系关连上，于损害赔偿言之，堪称前者与“民法”第二三一条第一项对应，后者则与“民法”第二三二条对应。

按债务人给付迟延者，债权人得请求迟延赔偿（第二三一条）；其为期限利益行为者，债权人且得拒绝受领给付而请求不履行之损害赔偿（第二三二条）。此外，债权人亦得解除契约，并请求损害赔偿（第二五四条、第二五五条、第二六〇条）。凡此，其有违约金约定者，原则仅得请求违约金。[38] 有关于此，债之通则已有详确规定，兹民法于债之通则之外，于本条再度规定，则其彼此体系关系如何？自有一探究竟之必要。

对照“民法”第五〇二条，与债之通则给付迟延之相关规定，就责任内容而言，其相互关系，殆可归纳如下：

①减少报酬请求权为本条所增，但为债之通则所无。

②损害赔偿请求权为本条及债之通则均有明定。

③解除契约，两者均有规定，但民法本条有限制意旨。

就前者言，认定作人有减少报酬请求权，固无问题。就后者而言，解释民法本条为第二五四条、第二五五条之特别规定，似亦无疑义；换言之，定作人欲解除承揽者，仅限于第五〇二条第二项所定情事，尚不得依“民法”第二五四条、第二五五条主张解除承揽（第五〇二条第二项、第二五四条、第二五五条）。至于减酬与迟延赔偿间，究系分明得否证明损害存在而分别情形适用，立法意旨未尽明确[39]，愚意以为，于此情形，似无采取限制解释之必要。换言之，减酬与迟延赔偿间，应认为类似选择之债之关系，定作人舍请求赔偿而就减少报酬，当无不可。

---

37 参照郑著（上），第三六三页。

38 参照“最高法院”1950年台上字第四九号判决：“上诉人对于契约上所定之承揽建筑工程，因可归责于自己之事由，迟延进行，致不能于约定期限内完成者，不惟应就未完成之工程，有依约履行之义务，且应负因逾完成期限所生支付违约金之责任。”

39 参照“民法”债编修正第五〇二条修正理由：“定作人于本项情形，是否仅得请求减少报酬，而不得请求损害赔偿，学说上不无争议，为期明确，爰修正为定作人得请求减少报酬或请求赔偿因迟延而生之损害。”

就次者而言，问题层面尚可分为二。即：

①“民法”第二三一条有无适用

“民法”修正前，有关于此，学理上尚有争议，或认为减酬请求权与迟延赔偿请求权得并存适用[40]；或认为第五〇二条第一项为第二三一条之特别规定，定作人仅得请求减少报酬，不得请求损害赔偿。[41] 兹民法本条第一项既以杜争议为由[42]，增订迟延赔偿，解释上宜采如下模式：即减酬与赔偿请求并存，但法律依据为本条项，无庸回溯第二三一条。

②“民法”第二三二条有无适用

“民法”修正前，有关于此，学理上亦有争议。或认为第五〇二条规定亦排除第二三二条规定，定作人仅得请求减酬[43]；或认为迟延后之给付，于债权人之定作人既无利益，法律上不应强其接受，应认为第二三二条不在排除适用之范围，故定作人得拒绝受领而请求不履行之损害赔偿。[44] 民法本条第二项修正，于此并未言及，愚意以为，按“民法”第二三二条之规定，严格言之，已非一船之迟延赔偿，意义上无异为给付不能之损害赔偿，就权利保护意旨而言，吾人实不能强制期限利益行为而成为契约要素者，其定作人于此情形，非解除契约不可。换言之，本条第二项固为第二五六条之特别规定，但规范体系上，尚非当然为第二三二条之特别规定。是以，本诸体系解释，后说见解当较可采。如是，则本书有关于此之见解，或可表解如下：

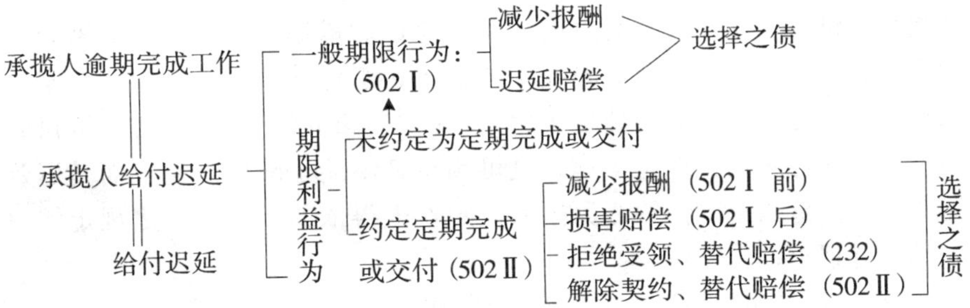

40　参照陈著，第一六九页；史著，第三〇七页。

41　参照郑著（上），第三六二页；戴著，第一六七页；梅著，第二九〇页。

42　参照“民法”债编修正第五〇二条修正理由：“定作人在无法举证证明其损害之情形，可请求减少报酬，而在可证明其损害时，可径行请求赔偿因迟延而生之损害（“民法”第二百三十一条参照）。”

43　参照戴著，第一六七页；梅著，第二九〇页。

44　参照郑著（上），第三六二页；史著，第三〇七页。

于此，尚待说明者，当有如下三者：

①解除契约之法律依据

定作人主张解除契约，其法律依据究为第五〇二条第二项？抑为第二五六条？解释论上或有争议。本书以为，法律既已另有明文，则定作人解除契约，解释上应以适用第五〇二条第二项之规定为宜。

②解释之法律适用

定作人依第五〇二条第二项规定解除承揽时，究应如何解除？其效力如何？民法承揽一节，并未为任何规定。由于民法本条，仅就解除原因而为限制性规定，是以有关解除之行使、消灭等相关问题，解释上应适用债之通则之有关规定。解除后得请求回复原状之规定（第二五九条），解释上亦有适用。

③多数权利之竞合

承揽人给付迟延，而定作人有请求减酬、赔偿、甚有拒绝受领或解约等权利。此等权利竞合，其间为类似选择之债之关系，类推适用民法有关选择之债之规定。

3. 衍生问题

承揽人给付迟延所衍生之问题，尚可分为如下二者。一为迟延之预防，二为迟延责任之涤除，兹分述于下：

（1）迟延之预防

定作人对承揽人主张迟延责任，须承揽人完成工作，且逾给付期限为要件。惟此于定作人有时恐或缓不济急，对承揽人亦有增加劳费，徒致损失之虞。为避免类此流弊发生或扩大，于特殊情形，特别赋与定作人以期前解除权，诚有必要。为此，“民法”第五〇三条规定：“因可归责于承揽人之事由，迟延工作，显可预见其不能于限期内完成而其迟延可为工作完成后解除契约之原因者，定作人得依前条第二项之规定解除契约，并请求损害赔偿。”

基上规定，足见定作人之期前解除权，其要件有三。即：

①因可归责于承揽人之事由而迟延工作

所谓可归责于承揽人之事由，应与前条为同一解释。迟延工作者，指迟延工作之完成而言。

②显可预见承揽人不能于限期完成

所称不能，仅以事实上未克如期完成工作即为已足，殊不必问其为主观不能或客观不能？亦无庸判断其是否为社会通念上之不能。

③须其迟延，于工作完成后得为解除契约原因

所谓工作完成后得为解除契约原因云者，应与“民法”第五〇二条后项规定，作同一解释。换言之，工作于特定期限完成或交付为契约要素者，得依“民法”第五〇二条后项规定解除契约者，如于工作完成前，显可预见其不能如期完成者，始有期前解除权；否则无之。[45] 民法债编修正，明定得依“民法”第五〇二条第二项规定解除契约，亦寓有杜免争议之意义。[46]

定作人依本条行使解除权者，其方法及效力，适用债之通则相关规定，故“民法”第二六〇条之规定，亦有适用。[47] 至于迟延赔偿之请求，当指履行利益之损害赔偿而言，惟实务以为，定作人因承揽人不能于期限内完成工作而终止承揽者，其损害赔偿，及于另行定约而生工程价差[48]，似与定作人无损害赔偿请求权之见解有异，似有脱离履行利益主义，而采契约利益主义之趋势，颇值注意。

（2）承揽人迟延责任之涤除

依“民法”第五〇二条规定，承揽人给付迟延之成立，固与债之通则尚无不同。惟“民法”第五〇四条规定：“工作迟延后，定作人受领工作时，不为保留者，承揽人对于迟延之结果，不负责任。”足见，定作人苟欲主张承揽人负给付迟延责任，尚须于受领工作时声明保留，其未声明保留者，承揽人无复迟延责任之可言，定作人所得主张之减酬请求权，解除契约权乃至损害赔偿请求权等，均告丧失。惟实务以为当事人约定给付违约金者，定作人仍得请求。[49]

45 参照“司法院”1982年司法业务研究会法律问题研究意见：“因可归责于承揽人之事由，迟延工作，显可预见其不能于期限内完成者，依‘民法’第五百零三条之规定，以其迟延，可为工作完成解除契约之原因时，定作人得解除契约，所谓工作完成后解除契约之原因，依同法第五百零二条第二项规定，乃以工作于特定期限完成或交付为契约之要素者，如非以此为契约之要素，定作人得请求减少报酬，不得解除契约。”

46 参照“民法”债编修正第五〇三条修正之理由：“本条规定于有前条第二项之情形时，始得适用。为配合前条第二项之修正，爰予修正，以期一致并避免误会。”

47 参照“最高法院”1952年台上字第九〇四号判决：“上诉人违约迟延工作，且有复工计无法施行之表示，显可预见其不能于期限内完成，而具备‘民法’第五百零三条关于定作人得解除契约之规定要件，并经有解除权之被上诉人为解除契约之意思表示，上诉人即应负返还受领之工价，并偿还应付加自受领时起之利息，及支付约定违约金之义务。”

48 参照“最高法院”1952年台上字第一四二四号判决：原审认二造订立承揽工程契约之未完成部分系可归责于承揽人之事由，并经被上诉人合法终止契约，使其嗣后失效，败被上诉人因终止契约另与第三人订约续完成工程而多支出之工程价及其迟延利息之损害，自应由承揽人、保证人负连带赔偿责任。”

49 参照“最高法院”1953年台上字第四九七号判例：“双方约定违约金之债权，于约定之原因事实发生时，即已独立存在。定作人于迟延后受领工作时，虽因未保留而推定为同意于迟延之效果，仍不影响于已独立存在之违约金债权。”

本条所称不为保留云者，立法意旨解释其为，推定定作人抛弃其权利。[50] 故本书爰列于成立要件部分说明，并另以责任涤除称之，俾符立法意旨。

（二）不完全给付与给付不能

“民法”第四九五条规定：“因可归责于承揽人之事由，致工作发生瑕疵者，定作人除依前二条之规定请求修补或解除契约，或请求减少报酬外，并得请求损害赔偿。”

按承揽人完成工作，乃其给付，因可归责于承揽人之事由，致工作发生瑕疵，即为学理上通称之瑕疵给付，其致定作人固有利益发生损害者，则为通称之加害给付，是以本条规定，性质上为不完全给付之规定，应足堪认定。民法本条所称损害赔偿，因其是否成为加害给付，解释上容可调整，于损害赔偿部分，其情形恰似一般之不完全给付而如下表：

- 工作发生瑕疵（不完全给付）
  - 瑕疵给付
    - 可补正：迟延（损害）赔偿（495→231）
    - 不可补正：替代（损害）赔偿（495→226）
  - 加害给付：其他损害之赔偿（固有利益损害赔偿）

换言之，民法本条所称“损害赔偿”，因不完全给付态样之不同，其意义表征未尽一致。依其情形，可能仅为迟延赔偿，或仅为替代赔偿，或仅为其他损害赔偿，或为其间二者，甚或三者并存。不过，有关承揽不完全给付之制度内容，民法以与瑕疵担保责任相互牵连，解释上有待与之相互观察印证，详待次段分析承揽人瑕疵担保责任时，一并说明之。

虽然，时至今日，不完全给付理论业已相当成熟，并假借“民法”第二二七条实证法化，民法本条之规定，似无多大创意。惟在 20 世纪 30 年代，民法学术气息，于债务不履行，尚未全面肯定不完全给付[51]，则本条规定，于立法当时具有特殊创意，恐系实情。不过，时移势迁，时至今日，随着不完全给付制度之成熟及立法之肯定，民法本条是否确

50 参照“民法”第五〇四条立法理由：“谨按依本法第五百零二条及第五百零三条之规定，因可归责于承揽人之事由，迟延工作，定作人得于期前解约，亦得因逾期完成而请求减少报酬，其以特定期限完成或交付为契约之要素者，并得解除契约。惟定作人行使此种权利，必须于受领工作时声明保留，如不为保留，则定作人所得主张之减少报酬请求权及解除契约权，即因受领而推定其为抛弃其权利，承揽人对于迟延之结果，自应不负责任。”

51 参照最高法院 1931 年上字第二六五号判例：“民法债编施行法第七条所谓不履行责任，系指债务人因给付迟延，或给付不能所应负之责任。”

有存在必要，恐不无重新评估思考之余地。

至余承揽人之给付不能，承揽一节并无明文，解释上适用债之通则之规定（主要条文依据为第二二五条、第二二六条、第二五六条），兹不赘述。

三、瑕疵担保责任

承揽人之瑕疵担保责任，涉及事项亦称烦琐，爰依条文顺次，归纳其事项为六，即意义、类型、要件、效力、不完全给付及存续期间六者，并依序说明如下：

（一）意义

承揽人瑕疵担保责任者，承揽人对于其完成之工作，应担保其无瑕疵之法定责任。换言之，承揽人须担保其完成之工作为无瑕疵，故其完成之工作有瑕疵者，承揽人即应负担法定内容之责任，殊不必问其有无过失。只是无过失者，原则不成立债务不履行，无债务不履行责任耳，而且，通常情形，瑕疵担保责任之负担，均较债务不履行责任为轻也。

瑕疵之意义、责任标准、乃至其与不完全给付之关系，原则上与买卖之出卖人之瑕疵担保责任雷同，兹不复赘。按承揽为有偿契约，从承揽人报酬言，其情形大多为金钱，如其为金钱者，原则上无瑕疵担保责任，其非为金钱者，解释上类推适用买卖之规定（第三四七条）；反之，从承揽人完成工作言，其瑕疵担保责任解释上本可类推适用买卖。惟民法于此，或另有规定，表现与出卖人瑕疵担保责任不尽相同之形态，爰依其规定说明于下。

（二）类型

1. 一般说明

瑕疵担保责任，依买卖之规定，分为权利瑕疵担保责任及物之瑕疵担保责任二大类型。于承揽工作之瑕疵担保责任，民法承揽一节只见物之瑕疵担保责任之规定（第四九二条），至于权利瑕疵担保责任之条文，则未之见。以是，解释上不免发生疑义，或以为承揽人对于承揽工作，并无权利瑕疵担保，或以为准用买卖之规定。[52] 愚见以为，承揽之工作结

52 参照郑著（上），第三六五页。

果，理论上及实际交易上，均无从于承揽成立时或其以前存在，而且，承揽工作之所有权于完成时（甚或制作过程中）即逐步归属定作人，原理上当无权利瑕疵担保责任之可言。

2. 类型分析

“民法”第四九二条规定：“承揽人完成工作，应使其具备约定之品质，及无减少或灭失价值，或不适于通常或约定使用之瑕疵。”足见，承揽人对于承揽工作之物之瑕疵担保责任，其思考模式殆有如下[53]：

工作瑕疵担保责任

‖

工作之物之瑕疵担保责任
- 品质瑕疵担保责任
- 价值瑕疵担保责任
- 效用瑕疵担保责任
  - 通常效用瑕疵担保责任
  - 约定效用瑕疵担保责任[54]

从类型内容言之，承揽人瑕疵担保责任与出卖人（物之）瑕疵担保责任之规定，仍有不同。盖于买卖，品质瑕疵担保责任，依民法原来构想，仅于特殊情形，亦即限于出卖人就品质而为保证者，始告存在，法律形式上，亦另列独立条项，以与价值、效用瑕疵区隔（第三五四条）；反之，于承揽，品质瑕疵担保责任，与其余二者之存在态样，尚无不同，不仅无待保证之必要，法律形式上且列品质瑕疵担保为先，表现与买卖，迥然而异。虽然，民法本条于品质瑕疵担保，载明约定品质之字眼，惟解释约定一词，并不以明示为限，默示亦无不可；其不能依默示定其品质者，则依交易习惯定之，其无交易习惯者类推适用“民法”第二〇〇条第一项，须担保中等品质，非谓当事人未约定者，承揽人于承揽工作，即无品质瑕疵担保责任。从而于承揽，解释品质瑕疵担保责任，其情形殆与效用瑕疵担保责任相近。

此外，如从瑕疵担保责任之法律效果观之，则承揽工作品质瑕疵担保之一般性，益见显著。本来，在买卖，出卖人应负品质瑕疵担保责任者，其责任内容，与价值、效用瑕疵担保责任，截然不同。前者为不履行损害赔偿（第三六〇条），后二者为减价或解约（第三五九条）。反

53 参照“民法”第四九二条立法理由：“谨按工作承揽人之义务，应与买卖物品之出卖人同，应使其对于工作物之品质、价值及使用，负瑕疵担保之责任。”

54 严格言之，民法于此之法律文字，尚不完全相等，而于第四九二条，称为使用之瑕疵。惟其所称使用，意义殆指效用而言，故易以效用瑕疵担保责任称之；以下亦同。

之，在承揽，承揽人之品质瑕疵担保责任，与价值、效用瑕疵担保责任，其责任内容，彼此均无不同（第三九三条、第三九四条）。承揽人工作之物之瑕疵担保责任，与出卖人之物之瑕疵担保责任，其微末细节间，容有不少差异。不过，买卖瑕疵担保责任之规定，仍为有关于此之典型，承揽未规定而买卖有规定者，解释上仍应准用买卖之规定（第三四七条）。

由于愚见偏于否定承揽工作之权利瑕疵担保责任，而本书又以诠释现行民法规定为主，故以下所述，仅以物之瑕疵担保责任为对象。为免混淆，合先叙明。

（三）要件

归纳相关规定，承揽人于承揽工作而应负之物之瑕疵担保责任者，其要件有三。即：

1. 瑕疵之存在

瑕疵存在为瑕疵担保责任成立要件，不言而明。至其因代购之材料性质不良而生，抑或工作方法不当，乃或提供技术不合，均非所问。

列瑕疵存在，作为要件之一，在于方便说明，并以与出卖人（物之）瑕疵担保责任相对照。至于何为瑕疵？何为品质瑕疵，何为价值瑕疵？何为效用瑕疵？均请参照买卖之相关说明（参照本书上册第八五页）。

2. 瑕疵于工作完成时存在

承揽人就工作瑕疵而应负担保责任者，以工作完成时业已存在者为限。惟此所称工作完成，于无须交付者，固指单纯完成工作而言，于须经交付者，则待交付始属工作完成。从而，于后者，则只要交付前发生之瑕疵，承揽人即须负瑕疵担保责任，其情形与出卖人物之瑕疵担保责任，相类似。

3. 须非定作人指示或其所供给材料所生之瑕疵

承揽工作之瑕疵，须非因定作人指示所生或其所供给材料而发生者，承揽人始负瑕疵担保责任。反之，其因定作人指示或定作人所供给材料而发生之瑕疵，则定作人无瑕疵担保责任请求权（第四九六条本文）。反面言之，即承揽人不负瑕疵担保责任。

有关于此，台湾文献，通常列为法定免除责任事由。[55] 惟鉴于条文于此，直接称曰定作人无法所规定之（瑕疵担保责任所生）权利；而且，

55 参照郑著（上），第三七〇页；蔡著（上），第一三六页。

民法立法理由，亦明示有此情形，应由定作人任其责而承受之[56]，本书爰列为责任成立要件说明之。

通常情形，承揽人恒为完成工作之内行人，对于定作人指示方法是否妥当？定作人供给材料是否优良？大多熟悉洞晓；反之，为外行人之定作人则反而愚昧而不自知。为保护定作人利益，并维交易上之诚实信用，如承揽人明知定作人供给之材料或其所为提示不适当，而不告知定作人者，则承揽人仍应负瑕疵担保责任（第四九六条但书[57]），例如，承作木材防腐为业之承揽人，于依定作人所定防腐方法承作施工后，对于完成后有瑕疵之木材，承揽人不得以其系依定作人指示，而推卸瑕疵担保责任是。[58] 不过，承揽人例外而须负瑕疵担保责任者，须明知不当而不告知定作人，如非为明知而仅系过失者，纵有重大过失，亦不因其未能告知定作人而负瑕疵担保责任。至于定作人所供给材料或指示不当，与承揽人工作方法不当，同为瑕疵造成之原因者，仍应解释为承揽人应负瑕疵担保责任，但得主张类推适用过失相抵之例，主张减免责任（第二一七条）。

（四）效力

1. 效力内容

承揽之工作有瑕疵，而承揽人应负担保责任者，定作人可能主张之权利有三，即瑕疵修补请求权、报酬减少请求权及契约解除权三者。依序说明如下：

（1）瑕疵修补请求权

瑕疵修补，为承揽工作瑕疵担保责任之主要法律手段，“民法”第四九三条第一项规定：“工作有瑕疵者，定作人得定相当期限，请求承揽人修补之。”通称定作人之瑕疵修补请求权。基此规定，足见承揽人就工作

---

56 参照“民法”第四九六条立法理由：“按工作之瑕疵，因定作人所供给材料之性质，或依定作人之指示而生者，自应由定作人任其责，不能有承揽契约之解除权，及修补或偿还自行修补费用，或减少报酬或损害赔偿之请求权。”

57 参照同上条立法理由：“承揽人明知其（按即定作人供给）材料之性质或指示不适当，足以发生瑕疵，而故意不告知定作人者，亦有背于交易诚实信用之道，故乃使定作人得行使其权利（按即瑕疵担保责任所生权利），以昭公允。”

58 参照“最高法院”1965 年台上字第三〇四八号判决：“某工厂系以木材防腐为业，对各种防腐剂之效能，热冷浸注之时间，理应知之甚详，其对被上诉人所定防腐方法竟无异议与之签订合约，并出具保证书保证其就该木材所为之防腐工作，如于五年内由于防腐不良以致发生腐朽霉烂虫蛀等现象，原负赔偿责任。自不容以 MC—1 非防腐剂，热冷浸注之时间系按被上诉人之指示，而推御其应负之损害赔偿责任。”

瑕疵，负有修补义务，且为先位义务。就定作人而言，则为先位请求权。例如，订做西装，尺寸不合无法穿用，请求西服公司修改，委建房屋遇雨滴漏，不堪其扰，请求营造公司修补均是。

修补请求权，性质上为请求权，不因定作人之请求而自动修补，交易上自应给予承揽人以相当期限。至于相当与否，解释上与其他条文所称相当雷同，宜斟酌个案具体客观情况，以交易习惯定之。鉴于瑕疵担保责任尚非债务不履行，故承揽人于相当期限内修补完成者，理论构成上，尚无给付迟延之适用。但承揽人于相当期限未补正完毕者，解释上宜类推适用给付迟延之规定，其定作人就逾相当期限之逾期，有迟延赔偿请求权。

修补请求权虽为请求权，则于承揽人不为修补时，法律上不能无救济之道，为此，民法于同条第二项规定："承揽人不于前项期限内修补者，定作人得自行修补，并得向承揽人请求偿还修补必要之费用。"是为定作人之自行修补权利及修补费用偿还请求权。其定作人不自行修补，而诉经法院判决确定，声请强制执行者，理论上亦无不可。只是，现实上采如此迂回而徒增劳费之定作人，恐甚少见。自行修补云者，仅就法律意义而言，至其现实上为定作人自己亲自修补、乃至雇工、甚或自行与他人成立承揽契约修补，解释上均无不可。

严格言之，修补请求权并非当然存在。盖以现实生活上，工作完成后为之修补，有时或技术上为不可能，有时或修补所需费用过巨。于此情形，强制承揽人修补，法律规范功能上将尽失其意义。此于不能修补者，固无庸待言，于劳费过巨，亦应作同一处理，民法爰于同条第三项前段明定，如修补所需费用过巨者，承揽人得拒绝修补，其定作人亦不得自行修补而请求偿还费用。至于何为修补所需费费用过巨？应就费用对于全部工作之价值，比较修补所需费用与所生利益定之，过巨与否，则由承揽人负举证责任。[59] 实务以为，房屋业经建筑完毕，因土地疆界，位置不便，请求移动，属于需费过巨，即是著例。[60]

（2）减酬请求权

承揽之工作有瑕疵，其修补请求权未能实现者，定作人得请求减少

59 参照郑著（上），第三六七页；史著，第三一九页。

60 参照"民法"第四九三条立法理由："修补瑕疵，有时需费过巨者，例如房屋建筑告竣，因土地疆界，位置不便，遽欲移动，则与创造无异，仍令承揽人修补，似觉过酷，故许其有拒绝权也。"

报酬，是为定作人之减少报酬请求权，得称之减酬请求权。依民法之制度设计，减酬请求权之原因有三。即：

①承揽人未于定作人所定期间修补者；

②承揽人因修补需费过巨而拒绝修补者；

③工作瑕疵不能修补者（第四九四条本文）。

兹之所谓承揽人不修补瑕疵，解释上包括定作人自行修补瑕疵之情形；至于不能修补云者，宜采狭义，以客观上、技术上确实不能修补为适用范围。

减酬请求权，与出卖人物之瑕疵担保责任之减价请求权，颇有异曲同工之妙。解释上亦宜认其性质上为形成权[61]；其得减少之数额，应以相当者为限。[62] 不过，就权利之发生言，二者却颇有差异。盖于出卖人物之瑕疵担保责任，减价请求权为先位权利，因瑕疵而当然发生；反之，于承揽人之瑕疵担保责任，减酬请求权须待修补请求权未能实现，始告发生[63]，既非先位，亦非当然发生，甚至可说系附法定停止条件（消极条件）之备位权利。

（3）契约解除权

契约解除权之于承揽工作瑕疵担保责任，原则上与上述之减价请求权并同存在，亦即定作人得请求减少报酬者，原则上亦得主张解除（承揽）契约。民法就二者同时规定于同一条文，且列契约解除于减酬请求权之前，当是例证。

不过，解除契约，于当事人间权利变动甚大，故法律规定，亦持较为严谨之态度，其情形恰如出卖人物之瑕疵担保责任所生之解除权，甚而更为狭隘。举其事由，则于以下二者之瑕疵，定作人无契约解除权（第四九四条但书）。

①瑕疵非为重要

61 参照“最高法院”1982 年台上字第二九九六号判例：“‘民法’第五百十四条第一项所定定作人之减少报酬请求权，一经行使，即生减少报酬之效果，应属形成权之性质，该条项就定作人减少报酬请求权所定之一年期间为除斥期间。”

62 参照“最高法院”1969 年台上字第六三四号判决：“承揽之工作为建筑物或其他工作物者，如其工作有瑕疵，定作人仅得请求减少相当之报酬，不得解除契约。所谓仅得请求减少相当报酬，并包括工作之重大修缮。”

63 参照“最高法院”1963 年台上字第二七二六号判决：“因工作有瑕疵主张减少报酬，依‘民法’第四百九十四条之规定，必定作人定期催告承揽人修补，承揽人不于所定期限内修补瑕疵，或拒绝修补，或其瑕疵不能修补者，始得为之。”

承揽工作之瑕疵，非为重要者，使定作人请求减少报酬，以资保护，故民法明定，定作人不得解除契约。例如，建筑屋宇，磁砖颜色，暗淡略有走样，定作西装，口袋形状略为异样，均属瑕疵非关重要之事例。

②承揽之工作为土地上之工作物

土地上工作物之完成，常须投注巨大心力、精力及物力，其交易价值亦高，轻启解除之例，不仅承揽人负担过重，于社会经济利益，亦系重大损失，因此，纵使其瑕疵重要，民法仍明定，定作人不得解除契约，俾透过减少报酬，以期平衡双方权义，并维持社会经济利益也。[64]

综本段以上所示，足见承揽工作瑕疵，其定作人得解除契约者，须其标的非为土地工作物，且性质上又为重要之瑕疵。换言之，亦即非土地上工作物之重要瑕疵，定作人始有可能主张解除权。土地工作物云者，民法本条项以建筑物为其代表，以其为交易常见典型之故。建筑物以外之土地上工作物，如桥梁、隧道、地下道、机场跑道、捷运系统、铁路、公路等，亦均有其适用。惟对照“民法”第五一三条有关法定抵押权之规定，依体系解释言之，则本条适用范围应以该等工作物之新造为限，土地上工作物之修缮，不得解除之规定尚无适用。再者，土地上工作物之瑕疵，已达不能使用目的之情事者，是否仍得贯彻不得解除之规定，不无疑问。于此情形，宜认为承揽人显已严重违反诚信原则，并赋与定作人以解除承揽契约之权利。实务亦踵此立场。[65]

定作人有解除权者，其如何行使解除权？又解除之效力如何？乃至其解除权如何消灭？民法于承揽一节未见规定，解释上宜与出卖人物之瑕疵担保责任之解除权，作同一解释。换言之，亦即除第二六〇条之损害赔偿请求权无其适用外，解释上适用债之通则之相关规定（第二五八条、第二五九条、第二六一条、第二六二条）。实务曾于瑕疵担保责任之事例，以与第四九五条混用，称定作人有损害赔偿请求权，仍易使人发

64　参照“民法”第四九四条立法理由：“瑕疵甚微，或所承揽之工作为建筑物或其他土地上之工作物，只许请求减少报酬，不许解除契约，所以重公益也。”

65　参照“最高法院”1994年台上字第三二六五号判例：“瑕疵担保之效力—解除契约：‘民法’第四百九十四条但书规定，所承揽之工作为建筑物或其他土地上之工作物者定作人不得解除契约，系指承揽人所承揽之建筑物，其瑕疵程度尚不致影响建筑物之结构或安全，毋庸拆除重建者而言。倘瑕疵程度已达建筑物有倒塌之危险，犹谓定作人仍须承受此项危险，而不得解除契约，要非立法本意所在。”

生误解，似应避免。[66]

2. 多数权利之关联

承揽工作瑕疵担保责任而生之权利，虽亦如买卖之出卖人物之瑕疵担保责任，形式上有多数权利存在。惟其表现方式与买卖不尽一致，既非单纯之权利并存，亦非选择之债之关系所能尽为说明。兹为便于了解，特为下表解于下，以供参考：

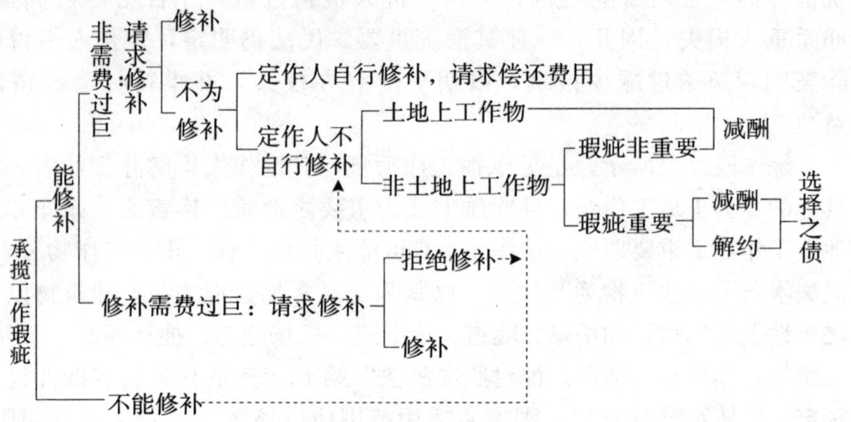

由上表可知，于承揽工作瑕疵所生之权利，其并存竞合形态，较之出卖人物之瑕疵担保责任，可说单纯得多。归纳其优点，则有如下二者：

（1）承揽工作瑕疵担保责任，以瑕疵修补请求权为重心，减酬请求权及契约解除权为修补请求权未能实现之备位权利。

（2）定作人有减酬请求权与契约解除权者，为权利竞合现象，定作人得择一行使，其关系类如选择之债。

（五）不完全给付

不完全给付，为债务不履行类型之一，问题层次上，本非属瑕疵担保责任。惟承揽人之不完全给付责任，民法以与瑕疵担保责任一起规定，

66 参照"最高法院"1952 年台上字第一〇四号判例："上诉人与被上诉人订约承揽之橡皮水管，其工作之完成，既有与原约定品质不符及不适于使用之各重要瑕疵，而又拒绝被上诉人之催告修补，依'民法'第四百九十四条之规定，被上诉人本有法律所认之契约解除权存在，自得向上诉人为解除契约之意思表示，从而其以此项契约已经合法解除为原因，请求返还已交付之酬金与附加利息，并赔偿因解除契约所生之损害，自为同法第四百九十五条、第二百五十九条第一款第二款之所许。"（同旨"最高法院"1953 年台上字第九一七号、1980 年台上字第二二六号判决。）

形式上有如瑕疵担保责任之延伸，文献上亦常一并说明。本书因便宜而并此说明，惟问题意识上，仍着重其与瑕疵担保责任之区隔。

有关承揽人不完全给付之意义及成立，于本节承揽人债务不履行责任，已有说明，兹不重复，于此仅就其效力部分，析述如下：

1. 不完全给付之效力内容

依“民法”第四九五条第一项规定，承揽人为不完全给付者，定作人有如下之权利。即：

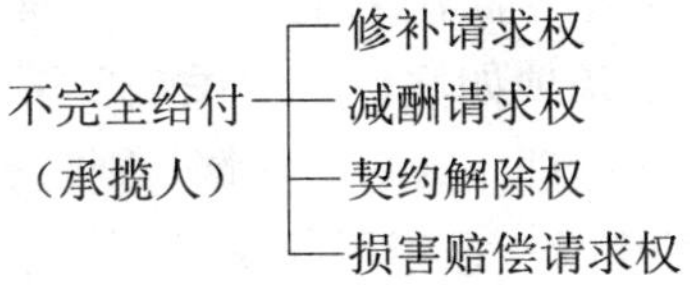

以上四者权利，解释上为权利竞合；至其竞合形态，宜解释为于前三者为选择之债之关系；至后者与前三者之关系，则为（广义）请求权竞合之关系。亦即其情形，殆如次表：

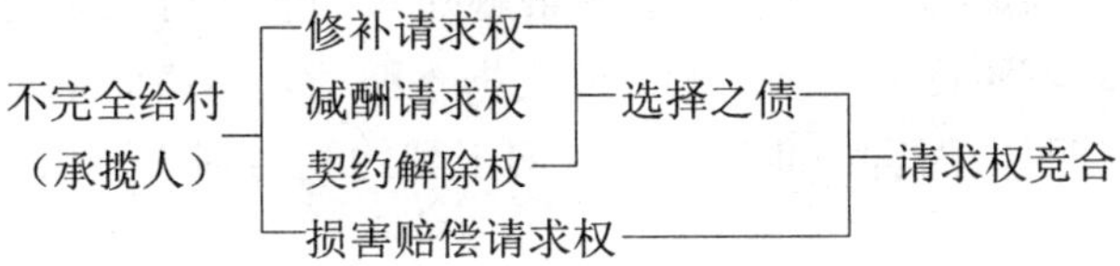

2. 不完全给付与瑕疵担保责任之差异

虽然，“民法”第四九五条，形式上似是延伸第四九四条而来，但解释第四九五条，则应本于债务不履行，故其制度内容，与瑕疵担保责任之间，颇有差异。举其要者有如下五点：

（1）于不完全给付，定作人有损害赔偿请求权，此为瑕疵担保责任所无。

（2）于不完全给付，减酬请求权、契约解除权二者，定位上与修补请求权并列，并如瑕疵担保责任之为备位权利，自亦无庸待修补请求权未能实现，再行行使。事实上，因解释兹三者间为选择之债，如定作人选择修补请求权而不获实现，定作人应自行修补（请求偿还费用）或请求损害赔偿，尚无回头行使减酬请求权或契约解除权之可言。

（3）减酬请求权与契约解除权二者间，亦系同时并存，“民法”第四九四条但书之规定，于此当无适用。惟学理通说及实务上，或有以为“民法”第四九五条所称依前二条规定解除契约之文句，认为纵属不完全给付，于工作为土地上工作物者，定作人仍不得解除契约。[67] 因其见解与债务不履行责任有背，似难赞同。“民法”债编修正，于民法本条第二项增订以下规定：“前项情形，所承揽之工作为建筑物或其他土地上之工作物，而其瑕疵重大致不能达使用之目的者，定作人得解除契约。”诚然，从某种角度言，相较于增订前之学理通说及实务见解，本条增订或较能保护定作人之权益及社会公益。[68] 惟其有背不完全给付，乃至债务不履行责任原理之处，仍未克完全涤除。法律政策上，不从债务不履行责任原理，就实务立场及学理通说为彻底调整，而仅采本条项思考模式而作增订，诚有为德不卒之虞！个人以为，本条项如增订于“民法”第四九四条，而于本条则依一般之债务不履行责任原理作为解释依据，则将更见周妥也。

（4）本条所称损害赔偿，意指因不完全给付所生损害之赔偿。其概念内含，尚不完全确定。解释上应认为，如其瑕疵经补正者，可能体现为迟延赔偿；如其瑕疵未经补正者，则体现为替代赔偿；如其衍生加害给付者，则体现为其他（固有利益）损害之赔偿。

（5）本条之损害赔偿请求权，既与解除契约并立，其成立及行使，自不以解除契约为前提。[69] 再者，依本条解除契约者，得依“民法”第二六〇条规定请求不履行之损害赔偿。此之损害赔偿，本诸向来见解，当指履行利益之损害赔偿而言；惟实务似有偏于契约利益损害赔偿之倾向[70]，殊

67 参照“最高法院”1964年台上字第三〇三一号判决：“承揽契约之定作人，有给付承揽人报酬之义务，承揽人自得于工作完成时，请求定作人支付报酬。至承揽人完成工作有瑕疵者，定作人得定期请求修补，如承揽人不依期修补或拒绝修补，或其瑕疵不能修补者，定作人得请求减少报酬，如因可归责于承揽人之事由，致工作发生瑕疵者，定作人并得请求损害赔偿，而所承揽之工作为建筑物者，定作人不得解除契约。”

68 参照“民法”债编修正第四九五条修正理由：“依第四百九十四条但书之规定，承揽之工作为建筑物或其他土地上之工作物者，纵因可归责于承揽人之事由致有瑕疵时，定作人仍不得解除契约。在瑕疵重大致不能达使用之目的时，例如承揽人利用海砂为建材建筑房屋，如海砂严重腐蚀钢筋，致不能达使用之目的时，此项规定对定作人即有失公平，且有碍社会公益。为兼顾定作人之权益及维护社会公益，爰增订第二项，俾资公平。”

69 参照“最高法院”1981年台上字第二六九九号判例：“定作人依‘民法’第四百九十五条规定请求损害赔偿，并不以承揽契约解除为要件。”

70 参照“最高法院”1952年台上字第一〇四号判例：“上诉人与被上诉人订约承揽之橡皮水管，其工作之完成，既有与原约定品质不符及不适于使用之各重要瑕疵，而又拒绝被上诉人之催告修补，依‘民法’第四百九十四条之规定，被上诉人本有法律所认之契约解除权存在，自得向上诉人为解除契约之意思表示，从而其以此项契约已经合法解除为原因，请求返还已交付之酬金与附加利息，并赔偿因解除契约所生之损害，自为同法第四百九十五条、第二百五十九条第一款第二款之所许。”

值注意。[71]

3. 承揽不完全给付之特色

相对于一般所称之不完全给付，承揽之不完全给付，尚有如下特色：

（1）承揽之不完全给付，除修补请求权（相等于债之通则所称之补正请求权）外，尚有减酬请求权；而且，行使减酬请求权者，理论上即不得再行使修补请求权。

（2）承揽之不完全给付，就契约解除权与修补请求权等，并于一处规定；非若一般之不完全给付，就契约解除之需诉诸解释途径构成相关理论。

此外，于拘泥“民法”第四九五条依前二条规定解除契约文句之论点，则承揽之不完全给付，尚有如下特色：

（3）承揽工作之瑕疵非为重要者，定作人不得解除契约，其工作为土地上工作物者，须限于重大瑕疵，且因而不能达使用之目的者，定作人始得解除契约。足见承揽不完全给付之解除契约，非若一般之不完全给付来得广泛而全面。

然而，于承揽之不完全给付，禁止定作人行使契约解除权，于定作人不尽公平，于社会公益亦有妨碍，其制度或思考模式本身，亦乏坚强之理论依据；即使民法债编修正，采取限度开放，仍不能免于类此缺憾。诚然，民法本条立法当时，不完全给付制度尚未成熟，其规定本身或有突破意义，采取禁止或限制之思考模式，或有其时代背景。然而，时至今日，不完全给付理论已趋成熟，如因社会经济利益考量，认为定作人解除契约之行使有某种程度限制之必要，则由法院借诚实信用原则（第一四条第二项）予以之统整即可，殊不必从立法上予以正面限制或禁止，吾人所以认为本条第二项增订，尚有不尽允当，岂是多虑。

4. 损害赔偿请求权之行使

承揽人于承揽工作有不完全给付情事者，定作人之损害赔偿请求权，在解释上应配合不完全给付理论，并与修补、减酬或解约并列。至其情形则可归纳如下：

（1）修补与赔偿

修补与赔偿之关系，略如下图：

71　参照郑著（上），第三七〇页；钱国成前揭“民法判解研究”，第五五页。

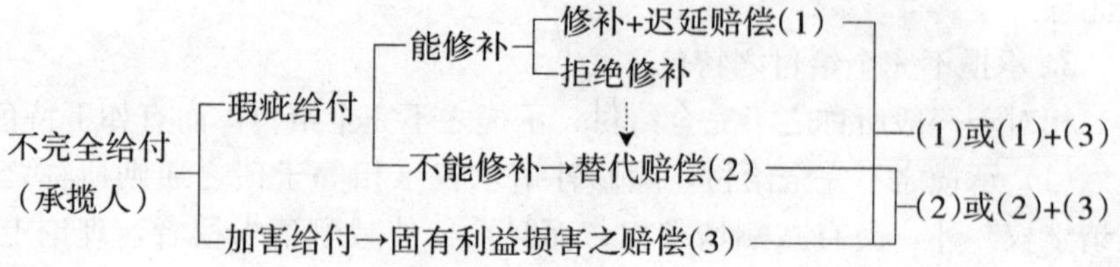

根据上表，其组合略有如次：

①不完全给付，其瑕疵可以修补，但未发生加害给付，定作人请求修补而承揽人为之修补者，如未因修补而致迟延损害发生，定作人无请求权；如因之发生迟延损害，定作人得请求损害赔偿。

②上述情形，承揽人拒为修补者，定作人自行修补而请求偿还费用者，有无迟延赔偿请求权，情形如上。

③上述情形，定作人不自行修补者，得请求替代赔偿。

④不完全给付，其瑕疵不能补正，但未发生加害给付者，情形如上（③）。

⑤不完全给付，其瑕疵可以补正，又发生加害给付者，除视情形分别适用①～③外，并各加上固有利益损害之赔偿。

⑥不完全给付，其瑕疵不能补正，又发生加害给付者，定作人除得请求替代赔偿外，并得请求固有利益损害之赔偿。

（2）减酬与赔偿

定作人行使减酬请求权者，旨在弥补瑕疵而减少之价格（交易上价值），其规范上定位恰如修补，解释上已无能否修补，亦无是否修补之问题。因之，于减酬请求权之范围内，并无因修补而生迟延赔偿，亦无因未为或不能修补而生之替代赔偿并存之可言。惟瑕疵所致损害大于报酬或发生加害给付者，则减酬之外，定作人尚得请求瑕疵损害或固有利益损害之赔偿。

（3）解约与赔偿

定作人解除契约者，理论上无迟延赔偿，亦无替代赔偿请求权之适用，而得请求因瑕疵所生之不履行损害赔偿。若同时发生加害给付者，定作人尚得请求固有利益之损害赔偿。此时，有关损害赔偿之法律依据有二。一为“民法”第二六〇条，另一为民法本条。二者之意义及权利范围，于解除契约之案例，并无不同，列举其一或同时并举，均无不可。

(4) 直接请求赔偿

定作人不行使前述三项权利之一而直接请求损害赔偿者，解释上应予肯定，实务持相同立场业已如上所述。至于此之损害赔偿，其意义与减酬、解约之情形，大致相符。即于瑕疵给付部分，系指瑕疵所生之不履行损害赔偿；于加害给付部分，则指固有利益损害之赔偿。其未发生加害给付者，仅指前者而言；其发生加害给付者，则并指二者而言。

5. 不完全给付之预防

承揽人完成工作，常须继续相当期间，于工作进行中，如发现承揽人显有不完全给付之虞者，赋与定作人采取预防措施，避免不完全给付之发生或扩大，不仅为定作人保护所必要，于社会经济利益之保护，亦有助益，民法爰予肯定，于“民法”第四九七条第一项规定：

“工作进行中，因承揽人之过失，显可预见工作有瑕疵或有其他违反契约之情事者，定作人得定相当期限，请求承揽人改善其工作或依约履行。”

定作人之不完全给付预先防止权，因其旨在防止瑕疵发生，文献上爰通称之瑕疵预先防止。语其要点，略有如下：

(1) 成立要件

定作人瑕疵预先防止权之成立，须具备下列三项要件：

①须工作有瑕疵或有其他违约情事

工作瑕疵，最常见者为偷工减料或施工方法不当。惟为力求周延，法条明定兼括其他相类违约情事，例如未按设计图样施工是。至于变更设计，则非此所称违约情事。[72] 工作进行迟延，理论上容有分歧，惟实务似持肯定立场。[73]

②须于工作进行中显可预见上述情事

瑕疵须于工作进行中显可预见，若于工作完成后发现瑕疵，则系瑕疵担保责任本身之问题，无民法本条之适用。

72 参照“最高法院”1969年台上字第一二七号判决：“‘民法’第四百九十七条，乃对于工作瑕疵或其他违反契约情事，作事前预防之规定。又其中所谓改善其工作或依约履行云云，皆指按照原定计划改善或履行而言。至对于已完成之工作发现有瑕疵，或事后变更原设计时，则无本条之适用。”

73 参照“最高法院”1952年台上字第六〇四号判决：“上诉人对于其约定为被上诉人完成工程石子之搬运工作，既于工作进行后任意迟延，并经被上诉人定期催告依约履行，仍未于期限内依约履行，原审因认被上诉人因使第三人陈福泽等继续其工作所支出之费用，应由上诉人负责赔偿，揆诸‘民法’第四百九十七条第二项之规定，固难谓为不合。”

③须因承揽人之过失而发生上述情事

兹之过失，为归责意义上之过失，其意义略等于可归责事由，解释上当然包括故意及各种形态之过失。至于非因承揽人过失而致者，定作人当无预先防止权可言。

（2）救济方法

定作人因预先防止权成立，其得采取之救济方法如下：

①请求改善或履行

定作人得定相当期限，请求承揽人改善其工作，或依约履行。

②使第三人改善或履行

承揽人不于前项期限内，依照改善或履行者，定作人得使第三人改善或继续其工作，其危险及费用，均由承揽人负担（第四九七条第二项）。兹所称危险，系指因瑕疵所生之危险；所称费用，则指因改善或继续工作所生之费用。[74]

（3）效力范围

请求改善或依约履行，性质上，为请求权；定作人使第三人改善或履行而生之费用，实务以为，系承揽人完成工作债务之转换，性质上亦为定作人给付报酬之对价给付，爰有不安抗辩（第二六五条规定）之适用。[75]

（六）存续期间

1. 概述

承揽人之瑕疵担保责任，民法于其所生权利之行使，亦定有一定之存续期间。有关于此，存续期间形态既非单一，且因工作物及承揽人意思状态而异其期限，制度构成上尚称复杂。

就存续期间之形态言，瑕疵担保责任所生权利之得否行使，尚可分为瑕疵发现期间及权利行使期间二者。鉴于其他期限之异动，以此二者

74 参照"民法"第四九七条立法理由："承揽人逾期而不为改善，或不依约履行时，定作人得使第三人改善或继续工作，其因瑕疵所生之危险，及因改善或继续工作所生之费用，均应由承揽人负担，以保护定作人之利益。"

75 参照"最高法院"1992年台上字第三六三号判决："'民法'第四百九十七条规定，工作进行中，因承揽人之过失，显可预见工作有瑕疵或有其他违反契约之情事者，定作人得定相当期限，请求承揽人改善其工作或依约履行。承揽人不于前项期限内依照改善或履行者，定作人得使第三人改善或继续其工作，其危险及费用均由承揽人负担。承揽人因此所负偿还费用及因给付迟延而生之损害赔偿债务，均属原债务之转换，为承揽人依承揽契约所负有对价关系之对待给付。即非无'民法'第二百六十五条规定之适用。"

为准据，此二类型区分，似具制度构成基础之意义，故以下说明，以此作为依据。

就存续期间之两种形态而言，学理通说固认为，性质上均为除斥期间。[76] 民法立法理由，则有偏于消灭时效之倾向。[77] 解释上似以通说为可采，实务似亦肯定学理立场。[78]

2. 瑕疵发现期间

承揽工作有瑕疵而承揽人应负瑕疵担保责任者，定作人须于法定发现期内发现者，始得行使前述所列权利，若于法定瑕疵发现期间逾越后，始行发现者，定作人不得对承揽人主张负瑕疵担保责任，学理上或称非难期间。此项期间，因标的物或承揽人告知瑕疵与否而有不同。其情形如下：

(1) 因标的物不同之区分

因标的物不同，致法定瑕疵发现期间之不同，有如次表：

瑕疵发现期间
- 非土地上工作物或其重大修缮：自工作完成或交付时起一年[79]
- 土地上工作物或其重大修缮：自工作完成或交付时起五年[80]

(2) 因承揽人故意不告知瑕疵而延长

"民法"第五〇〇条规定："承揽人故意不告知其工作之瑕疵者，第四九八条所定之期限，延为五年。第四百九十九条所定之期限，延为十年。"所称故意不告知瑕疵，包括定作人供给材料或指示不当所致瑕疵，而承揽人不告知定作人之情形。此于民法立法意旨，叙述綦详，以期维

76 参照郑著（上），第三七三页、第三七四页；史著，第三二三页、第三二四页。

77 参照"民法"第四九八条立法理由："按第四百九十三条至第四百九十五条所规定定作人之权利，即请求修补或自行修补请求偿还费用之权利，又解除契约或请求减少报酬之权利，及请求损害赔偿之权利是。此种权利，均以从速行使为宜，故在应行交付之工作，若其瑕疵自交付后经过一年始发现者，即不得更行主张，其工作有无须交付之性质者，则自工作完成时起，经过一年，亦不得主张。盖以定作人所有之权利，若未特约期间负担保责任，则其权利状态，恒有不确实之虞，故一年后使因时效而消减，庶权利有确定之期限也。"

78 同注 61。

79 "民法"第四九八条规定文字如下："第四百九十三条至第四百九十五条所规定定作人之权利，如其瑕疵自工作交付后经过一年始发现者，不得主张。工作依其性质无须交付者，前项一年之期间，自工作完成时起算。"

80 "民法"第四九九条规定文字如下："工作为建筑物，或其他土地上之工作物或为此等工作物之重大之修缮者，前条所定之期限延为五年。"

护双方利益之公平。[81] 但因重大过失而不及告知者，非为故意不告知，尚无本条延长期间之适用。兹为便于了解，爰归纳以上规定，为之表解以下，以供参考：

- 瑕疵发现期间
  - 土地上工作物或其重大修缮
    - 承揽人故意不告知瑕疵：十年（499、500）
    - 非承揽人故意不告知瑕疵：五年（499）
  - 非土地上工作物或其重大修缮
    - 承揽人故意不告知瑕疵：五年（498、500）
    - 非承揽人故意不告知瑕疵：一年（498）

（3）因当事人特约而延长

瑕疵发现期间，得因当事人特约而延长，但不得减短（第五〇一条）。不得减短为禁止规定，违反者其缩短之约定无效（第七一条本文），亦即仍应依前述期限，定其瑕疵发现期间。本条规定之目的，虽旨在保护定作人，惟同时寓有维持公益之意旨。[82]

瑕疵发现期间，因特约而延长者，是否有一定限制，解释上或以为须在时效期间之内，亦即以十五年为最长期间，逾十五年者，缩短为十五年。

3. 权利行使期间

“民法”第五一四条第一项规定：“定作人之瑕疵修补请求权、修补费用偿还请求权、减少报酬请求权、或契约解除权，均因瑕疵发现后一年间不行使而消灭。”

换言之，因瑕疵担保而生之各项权利，均自发现时起算，其除斥期间为一年。例如，建筑物之新建或重大修缮，如定作人于第四年6月发现瑕疵，须于第五年6月届满前行使权利，如于第一年2月即发现瑕疵，则须于第二年2月届满前行使权利。是以，瑕疵发现期间及权利行使期间，二者并未重复，而各别发生作用。

（七）瑕疵担保责任减免特约之效力

瑕疵担保责任非为契约要素，原则上得因当事人之特约而异动，此

81 参照“民法”第五〇〇条立法理由：“按本条所谓承揽人故意不告知其工作物之瑕疵者，即指承揽人明知定作人所供给材料之性质，或其指示不适当，足以发生瑕疵，而故意不告知定作人而言。关于此种情形，定作人行使权利之期限，自应酌予延长，方足以昭公允”。

82 参照“民法”第五〇一条立法理由：“按第四百九十八条及第四百九十九条所规定，一为通常工作物，一为建筑物及土地上工作物，其所定主张权利之期限，一为一年，一为五年，此种期限，仅许当事人以契约延长，而不许以契约缩短，盖为维持公益计也。”

之异动，一般言之，包括免除、限制、扩大、乃至延长期限等。民法于承揽一节，虽仅就延长期限定有明文（第五〇一条），惟一般以为，其就承揽人之瑕疵担保责任为免除、限制或扩大之特约者，其约定原则仍属有效。不过，其法律依据则准用“民法”第三六六条规定（第三四七条），亦即仅于承揽人故意不告知瑕疵者，减免除责任之特约无效而已。

虽然，瑕疵担保责任特约之效力，得藉准用立方法技术达成解释论上之需要，惟民法债编修正，于几经研讨之后，认为减免特约之效力，民法承揽无相当明文，难辞立法技术有欠周延之责，爰予增订于“民法”第五〇一条之一，明定“以特约免除或限制承揽人关于工作之瑕疵担保义务者，如承揽人故意不告知其瑕疵，其特约为无效”。

诚然，民法本条增定于比较法上或有坚强依据。[83] 不过，此之特约效力如何？透过法律解释即已可适用无缺，是否必须大动干戈诉诸法律增订；乃至是否无画蛇添足之虞，均不无商榷之处。

四、法定抵押权

抵押权，因法律规定而发生者，是为法定抵押权。民法于承揽人，承揽债权之保障设有规定。因其抵押权之成立，颇为特殊，其效力内容与意定抵押，仍有不同，爰依一般文献通例，另段独立说明之。

（一）法定抵押权之成立

“民法”第五一三条第一项规定：“承揽之工作为建筑物或其他土地上之工作物，或为此等工作物之重大修缮者，承揽人得就承揽关系报酬额，对于其工作所附之定作人之不动产，请求定作人为抵押权之登记；或对于将来完成之定作人之不动产，请求预为抵押权之登记。”

基此，则法定抵押权之成立要件，殆可分为如下四者：

1. 须有承揽报酬债权存在

承揽人之法定抵押权，亦系担保物权，除其发生原因源于法定之外，其性质与一般之意定抵押权，尚无差异，亦即须从属于其所担保之债权而存在。此其所担保者为承揽报酬债权，法律条文称之承揽关系报酬额。

83 参照“民法”债编修正第五〇一条之一修正理由：“查日本民法第六百四十条、德国民法第六百三十七条均规定承揽人有恶意时，纵有不负担瑕疵担保责任之特约，仍不能免其担保责任，本法并无与之相当之条文，在立法技术上有欠周密，爰仿我‘民法’第三百六十六条及日、德诸国立法例增订本条，以期周延。”

称报酬额者，就工作已完成部分，固指实际发生之报酬金额，其工作未完成部分或未工作者，则以约定报酬额为计算标准。既然法律文句明定为承揽报酬额，解释上宜认为，其适用对象仅限于承揽人之报酬请求权本身，至于报酬请求权衍生之不履行责任所生之债权，尚不在适用之列。[84] 再者，法定抵押权惟于承揽始有存在可能，如当事人间无承揽关系存在，纵当事人另有约定，尚无成立法定抵押权之可言。

法定抵押权因有承揽报酬债权存在始有发生可能[85]，并因承揽报酬债权消灭而消灭，不过承揽人之报酬请求权，原则采后付主义。通常情形，承揽工作完成前，定作人之报酬少有完全付清者，是以，承揽关系存续中，一般多有法定抵押权适用之可能。

2. 须承揽之工作为土地上工作物之新建或重大修缮

承揽契约而有法定抵押权之适用者，民法并未采取全面承认，亦即并非所有承揽报酬债权，其承揽人对于承揽工作，均可能取得法定抵押权。依民法制度设计，须承揽之标的为土地上工作物或其重大修缮者，其承揽人就承揽报酬债权，始有法定抵押权，反之则否。就土地工作物而言，民法条文虽仅称土地上工作物，并未明定新建字眼，惟其用语与工作物重大修缮相对等，意义殆指新建无疑，于此爰根据其本意，点明新建，用示原始建造之意义，并以与重大修缮相对。

土地上工作物，民法本条以建筑物作为例示代表，以其为交易典型之故，建筑物以外之工作物，如桥梁、隧道、铁路、公路、机场跑道之新造，亦均有其适用。

修缮是否重大，解释上应就个案，依交易习惯客观酌定之。例如，厂房水电部分工程之修缮，非属重大，自无法定抵押权存在之可能。[86]

3. 法定抵押权之标的，限于工作所附之定作人所有之不动产

抵押权之标的，依民法之规定，限于不动产，承揽人之法定抵押权，

84 参照"民法"债编修正第五一三条修正理由："现行条文规定抵押权范围为'承揽人就承揽关系所生之债权'，其债权额于登记时尚不确定，故修正为以订定契约时已确定之'约定报酬额'为限，不包括不履行之损害赔偿。"

85 参照"最高法院"1972年台上字第一三二六号判例："'民法'第五百十三条之法定抵押权，系指承揽人就承揽关系所生之债权，对于其工作所附之定作人之不动产有就其卖得价金优先受偿之权，倘无承揽人与定作人之关系，不能依双方之约定而成立法定抵押权。"

86 参照"最高法院"1976年台抗字第二六二号裁定："本件再抗告人既仅承揽相对人所有坐落桃园县八德乡下庄子段第六八〇号、第六七九号地上建物砖造厂房水电部分之工程，而非建筑该厂房或为重大修缮，自不属于该法条所定之承揽工作范围。而抗告人竟主张对该厂房有法定抵押权，而声请拍卖，自嫌无据。"

情形亦然。而且，此项不动产须属于定作人所有，若非定作人所有，则无法定抵押权存在可能。[87] 例如，甲将A桥梁，包与乙承作，乙为之转包于丙，嗣乙积欠丙工程款，因丙承作之桥梁工程，其工作物所有权直接归属于甲，甲非为丙之定作人，丙对甲不得主张法定抵押权。[88]

实务于合建契约、委建契约，较偏于买卖或互易之论点，其结论亦多认为，出资建筑房屋之建筑商，对于其分得或未分之房屋，均无法定抵押权可资主张，殊值注意。[89] 制作物供给契约之供给标的为土地上工作物之新建者，或亦认为，制作物供给人系原始取得所有权，如采此一见解，则其间当无法定抵押权存在。惟以本书以为，于完成工作部分，解释上当有承揽之适用，工作物所有权仍归定作人原始取得；如是，则应解为承揽人对其工作物，仍有成立法定抵押权之可能（其合建契约属合伙性质者，似应除外）。抵押权之标的，为工作物所附之不动产。按不动产包括土地及其定着物，民法本条于此，既不限于工作物本身，而泛称不动产，解释上当可及于土地。例如，甲承建乙之A屋，A屋建竣，乙积欠工程款，甲之法定抵押权标的，不仅限于A屋，而且同时及于A屋之基地是。有问题者为工作物之重大修缮，其法定抵押权之标的，是否亦及于土地？有关于此，学理上多采否定，惟纯就法律规定而言，则宜采肯定。

4. 法定抵押权之成立须经登记

依修正前民法条文，并无法定抵押权须经登记之条文，学理通说多

87 参照“最高法院”1970年台抗字第三五一〇号裁定：“‘民法’第五百十三条之法定抵押权，其标的物须为定作人之不动产，若标的物为第三人所有者，承揽人即无主张法定抵押权之余地，该条文义甚明。”

88 参照“司法院”1982年司法业务研究会第一期法律问题研讨结论：“按‘民法’第五百十三条之法定抵押权，系指承揽人就承揽关系所生之债权，对于工作物所附定作人之不动产，有法定抵押权，倘非承揽人与定作人之关系，则不能成立法定抵押权。本件房屋之定作人（原始取得）如为地主或委建人，承揽人为建筑商，则建筑公司与小包之间，系承揽人与次承揽人关系，小包就该房屋当无法定抵押权。如建筑公司本身为房屋之原始取得人（定作人），亦因承揽之工作，为木工或水电，仅为房屋之一小部分，尚不生法定抵押权之问题，如泥工系营建全部结构时，仍有法定抵押权，如系小部分，而附合于房屋之结构时，则无法定抵押权。”

89 参照“司法院”1983年司法业务研究会法律问题研讨结论：“甲乙之间之合建契约，不论认合建契约之性质为互易或买卖与承揽混合，甲所分得之房屋为其原始取得（参照‘最高法院’1980年度台上字第三三三六号判决，1979年度台上字第七五〇号判决）。既系其原始取得所有，焉能谓自己对自己之房屋有法定抵押权。虽与丙订立委建契约，但甲既为原始取得该房屋，自系出售房屋给丙，况委建契约之性质，实务上向认为买卖，甲丙间实属买卖关系，自亦不能成立法定抵押权。”

本诸法定而立之立法意旨，认为法定抵押权随承揽债权即行发生，无待登记；实务立场亦然。[90]

惟此见解，或以为有碍交易安全，“民法”债编修正，爰肯定此一立场，就法定抵押权成立之法律政策，作哥白尼氏之改弦更张，认为法定抵押权须经登记，始告成立，惟为保护承揽人，爰赋与承揽人请求登记之权利，并得就未完成之不动产工作物，请求预为抵押权登记[91]，并得于开始工作前请求之（第五一三条第二项）。

此之请求，为一般所称请求权之请求，亦即承揽契约如具备上述三项要件者，承揽人取得请求登记之权利，其请求无效果，须经起诉后，凭确定判决声请登记。不过，承揽经公证者，则本于公证之司法预防功能，肯定承揽人无庸经向定作人请求，即得单独申请为法定抵押权之登记（第五一三条第三项）。[92]

至于单独声请有关登记事项，则依土地登记规则订之。[93] 既然，法定抵押权成立之法律政策，业已退缩而采取登记主义，前述实务无庸登记之立场，并判例应随本条之施行而废止。此亦本文前述各段所以经常使用“有法定抵押权存在可能”相关用语之考量所在。

（二）法定抵押权之效力

有关法定抵押权之效力，拟分就其担保范围、确保实行、以及权利竞合三者，依序说明如下：

1. 担保范围

法定抵押权之担保范围，为承揽关系所生承揽人报酬债权。此之承

90 参照“最高法院”1966年台抗之第三八四号裁定：“‘民法’第五百十三条规定，仅承揽人就承揽关系所生各项请求权（如承揽报酬及损害赔偿等是）一有存在，对于工作所附定作人之不动产，即取得抵押权，不以登记为生效要件。再抗告人果因承揽关系取得对相对人之债权，在未受偿前，自得依上开法条声请法院拍卖相对人之不动产。”

91 参照“民法”债编修正第五一三条修正理由：“法定抵押权之发生不以登记为生效要件，实务上易致与定作人有授信往来之债权人，因不明该不动产有法定抵押权之存在而受不测之损害，为确保承揽人之利益并兼顾交易安全，爰将本条修正为得由承揽人请求定作人会同为抵押权登记，并兼采‘预为抵押权登记’制度。”

92 参照同上条之修正理由：“按公证制度具有促使当事人审慎将事并达到预防司法之功能，倘承揽契约内容业经公证人作成公证书者，双方当事人之法律关系自可确认，且亦足以认定作人已有会同前往申办登记抵押权之意，承揽人无庸更向定作人请求，爰增订第三项，规定第一项及第二项之抵押权登记，如承揽契约已经公证者，承揽人得单独申请登记。”

93 同上条修正理由：“本条单独申请抵押权或预为抵押权登记之程序，所应提出之证明文件及应通知定作人等详细内容，宜由登记机关在登记规则内妥为规定。”

揽之报酬，于其报酬非金钱者，虽仍有本条适用。[94] 不过，无论如何，承揽人法定抵押权之担保范围，仅以承揽报酬额为限，故承揽关系存续中，承揽人于特殊情况而对定作人有损害赔偿请求权（第五〇六条第三项、第五〇九条、第五一一条），或垫款返还请求权（第五〇九条）者，早期解释认为，于此等情形，亦有法定抵押权之适用，仍在法定抵押权担保范围之列[95]，其见解应予变更，有关判例亦应废止。至于承揽人代购材料之价款或其他劳费，不在法定抵押权担保范围之列，更是不在话下矣！

法定抵押权为承揽人之权利，其成立并不以承揽人完成工作无过失为要件。因此，纵承揽人有债务不履行情事者，解释上无碍于法定抵押权成立之可能。[96]

2. 确保实行

法定抵押权，因符合上述要件而成立，倘其所担保之承揽报酬债权届期而未获清偿，承揽人即得主张实行抵押权。此之抵押权实行，其方法与一般意定抵押权同，亦即需循声请法院拍卖抵押物程序为之（第八八三条、第八七三条），实务且以为，如承揽人系依其他法律规定取得执行名义，尚不得据以就承揽工作物为法定抵押权之实行。例如，就承揽报酬债权声请发支付命令，其后据以声请强制执行，承揽人不得主张优先受偿权即是。[97] 纵依法起诉，经判决确定，亦应为同一之解释。换言之，承揽人就承揽报酬债权有法定抵押权者，须依声请拍卖抵押物之程

94　参照“最高法院”1959年台上字第一八七四号判例：“上诉人为被上诉人完成一建筑物之工作，约定以被上诉人所有之基地一处，移转登记与上诉人所有，自系一种因承揽关系所生之债权，该基地既属给付不能。则上诉人请求确认对于其工作物所附之定作人之不动产上有抵押权，要难谓与‘民法’第五百十三条之规定有所不符。

95　参照“最高法院”1970年台上字第二三一〇号判决：“‘民法’第五一三条所谓承揽人就承揽关系所生之债权，不仅指报酬请求权而言，即‘民法’第五〇六条第三项之损害赔偿请求权，及第五〇九条之垫款请求权，亦应包括在内。”

96　参照“最高法院”1971年台上字第四五四号判决：“按‘民法’第五百十三条所定之法定抵押权，系依法存于承揽人工作所附之定作人之不动产之上。故只须承揽人所作之工作物已成为定作人之不动产。承揽人就承揽关系所生之债权，对于该不动产即有抵押权。至于承揽人是否全照承揽契约施工，以及工程有无尚待修补之瑕疵，可以不问。”

97　参照“最高法院”1976年台上字第一九五〇号判决：“有抵押权担保之债权，于实行抵押权拍卖抵押物时，始有优先受偿之可言，此在设定抵押权及法定抵押权，均属相同，如未声请拍卖抵押物，即尚未实行抵押权，而仅请求清偿债务，即不生优先受偿之问题。本件上诉人对于蔡艳雪，纵令有工程款之债权，对于所建房屋依法有法定抵押权存在，但其基于金钱债权之关系，声请法院颁发支付命令，而非基于法定抵押权之法律关系声请拍卖抵押物，尚不能执该支付命令，主张优先受偿。”

序，就强制执行后取得之价金，始得于主张优先受偿。

然则，法定抵押权之数额虽经先行登记，惟其所担保之承揽报酬债权，实际数额究为多少？当事人间难免争执。若承揽人声请拍卖承揽工作物，而定作人对债权存在或数额有争执者，因其已如意定抵押权之经登记而成立，解释上亦有如意定抵押权，应由为债务人之定作人提起确认债权不存在之诉，民法本条修正前，认为于此情形，法定抵押权不能与意定抵押权相提并论，应由承揽人提起确认债权存在或其数额之诉者，其见解应予变更，其判例亦应废止。[98]

法定抵押权，亦如意定抵押抵权之具有不可分性。是以，承揽报酬债权虽有多数项目，且承揽之工作物业经分割为数人所有或区分所有，承揽人仍得仅对其中一区分所有物行使法定抵押权，其所有人不得主张按比例分别行使，（第八八三条、第八六八条、第八七五条）。[99]

法定抵押权亦具有从属性，自不得与所担保之承揽报酬债权分离而让与（第八八三条、第八七〇条）。至于其随同所担保之承揽报酬债权而为让与者，解释上须先办理抵押权登记（第七五九条），否则无从于强制执行程序，以法定抵押权主张优先受偿。[100]

98 参照“最高法院”1966年台抗第六一六号判例：“承揽人就承揽关系所生之债权，对于其工作所附之定作人之不动产有抵押权，承揽人果有因承揽关系取得对定作人之债权，在未受偿前，自得声请法院拍卖定作人之不动产。惟承揽人有无因承揽关系取得对定作人之债权，非如设有抵押权登记之被担保债权，得径依国家机关作成之登记文件证明确有债权，则定作人有无债务自无从遽行断定，从而如定作人就债权之发生或存在有争执时，仍应由承揽人提起确认之诉，以保护定作人之利益，此与实行经登记之抵押权时，债务人就抵押关系有争执者，应由债务人提起确认之诉，不能作同一解释。”（同旨“最高法院”1968年台抗字第六三号裁定、第三〇五号裁定。）

99 参照“最高法院”1990年第五庭民事庭会议决议：“甲承建乙所定作之房屋，为集合房屋大楼之全部，其本此承揽关系所生之报酬债权，依‘民法’第八百七十五条所定：‘为同一债权之担保，于数不动产上设定抵押权，而未限定各个不动产所负担之金额者，抵押权人得就各个不动产卖得之价金，受债权全部或一部之清偿’之同一法理，自得就此项报酬债权之全部，依‘民法’第五百十三条规定，仅对受让其中一区分所有物之他人行使法定抵押权。”（同旨“最高法院”1977年台上字第三二三号判决。）

100 参照“司法院”1987年厅民二字第一八七七号函：“承揽人依‘民法’第五百十三条规定所有之抵押权，系依法律之规定而取得，固不以经登记为必要。惟承揽人将其债权连同此项法定抵押权让与他人时，其受让人，即系依让与之法律行为而取得抵押权，依同法第七百五十八条规定，非经登记不生抵押权移转之效力。题示法定抵押权受让人主张对拍卖之不动产有优先受偿权，如未据提出抵押权登记之证明文件，执行法院即无从为形式上之审查，倘其他债权人或债务人亦否认其受让之法定抵押权存在，则属关于实体上之争执，执行法院更无审认之权限，此际执行法院，宜先询明该受让人之意思，如其原改以普通债权参与分配，执行法院即可依无执行名义普通债权参与分配程序之规定办理。如其仍坚持有法定抵押权存在，应优先受偿之主张，即应以其抵押权之存否，属实体法上争执，应循诉讼程序解决为理由，以裁定驳回其行使抵押权之声请。”

3. 权利竞合

兹之权利竞合，系指抵押权竞合而言。亦即同一承揽工作物上，同时有数抵押权存在，特别是法定抵押权与意定抵押权竞合之现象。于此情形，由于法定抵押权仍须登记，解释仍应依“民法”第八六五条规定，以登记定其先后。“民法”债编修正前，因法定抵押权无庸登记而衍生之争议，其根源已不复存在（当时实务亦持登记顺序说）[101]，惟实务以为法定抵押权于承揽债权存在即告发生之看法[102]，已因“民法”债编修正而应变更。[103]

法定抵押权发生抵押权竞合者，以成立先后定其顺序，固系原则，但解释上有二项例外：

（1）国民住宅贷款债权之法定抵押权

“国民住宅条例”第二十七条规定，申请贷款自建之国民住宅，其因贷款所生之债权，自签订契约之日起，贷款机关对该国民住宅及其基地，享有第一顺位之法定抵押权。“国民住宅条例”本条规定，规范体系上为“民法”第五一三条之特别法，依特别法优先于普通法之法律适用原则，宜解为此项法定抵押权最优先，不问其成立是否于意定抵押权或“民法”第五一三条之法定抵押权之前。

由于国民住宅条例，并未随同民法相应修正，故此项法定抵押权，仍因债权发生而即成立，无待乎登记之有无。

（2）增值限度法定抵押权优先

土地上工作物之建造，其结果会带动土地价值之上扬，其重大修缮，则会连同工作物及其基地价值之升常。如工作物建造前，土地上已设有抵押权，或重大修缮前，房地已设有抵押权，贯彻抵押权成立先后理论，则增值部分之利益归成立在前之抵押权人，法定抵押权人可能反而一无所得，其结果既属不尽公平，与民法规定法定抵押权之意旨，亦不相符。因之，实务上曾以为，于此情形，宜解释为法定抵押权优先于先前设定

101 参照“最高法院”1974年台上字第一二四〇号判例：“参照‘民法’第八百六十五条规定，就同一不动产设定数抵押权者，其次序依登记（即抵押权生效）之先后定之之法意，被上诉人之法定抵押权，虽无须登记，但既成立生效在先，其受偿顺序自应优先于上诉人嗣后成立生效之设定抵押权。”同旨“最高法院”1974年第一次民庭庭长会议决定。

102 参照“最高法院”1974年第一次民庭长会议决定：“同一不动产上设定有抵押权，又有‘民法’第五百十三条所定之法定抵押权存在时，其顺位应以各抵押权成立生效之先后为次序（法定抵押权于其所担保之债权发生时即同时成立生效）。”

103 同此见解者，参照谢在全“承揽人抵押权之研究”，月旦法学，第一二八页。

之抵押权，其见解颇为可取。[104] 惟如全面认为优先于设定抵押权，对先前设定之债权，亦属不公。有鉴于此，“民法”债编修正，爰于本条增订第四项，规定：“第一项及第二项就修缮报酬所登记之抵押权，于工作物因修缮所增加之价值限度内，优先于成立在先之抵押权。”以为适用准据。例如，甲之房地曾因向乙贷款一千万元，设定同额抵押权于乙，迄未清偿分文，惟因年久失修，残破不堪，甲拟出售，经建筑经理公司鉴价为五百万元，招售数月，乏人问津[105]，嗣甲委由丙营建公司全面翻新，再经鉴价为八百万元，甲无力偿还翻修费用二百五十万元，丙声请法院拍卖A屋，乙参与分配，A屋拍得款七百万元。依“民法”本条项规定，丙得款二百万元，乙得款四百五十万元，于权益之公平保障言，堪称较为合理允妥。

诚然，本条项增订，于杜免不必要之学理上争议，颇具正面意义，惟其适用范围限于土地工作物之修缮，非若本书上述见解之及于工作物新建，而且，承揽人得单独申请登记法定抵押权之情形（本条第二项），亦无适用，其法律政策立场是否周妥，仍不无疑问。

由上所述，足见法定抵押权，涉及内容，尚称复杂，爰归纳其要点如下表，以为参考：

- 法定抵押权
  - 成立
    - 须有承揽报酬债权存在
    - 须承揽工作为土地上工作物之新建或重大修缮
    - 抵押权标的物包括工作物及所附定作人所有之土地
    - 抵押权之成立须经登记，且承揽人得请求定作人登记
  - 效力
    - 担保范围：承揽关系报酬额（不包括债务不履行所生损害赔偿等）
    - 实行：声请拍卖抵押物（未循此一程序，只能以普通债权受偿）
    - 定作人争执：由定作人（债务人）声请确认债权不存在之诉
    - 让与：须随同债权让与，并办理（法定）抵押权登记
    - 抵押权竞合：修正的成立先后说
      - 原则：成立在先者尽先优先受偿
      - 特例
        - 增值限度，法定抵押权优先
        - 法律特别规定（“国宅条例”）

104 参照“台湾高等法院”1966年法律座谈会研究结论：“承揽人因承揽房屋重大修缮所生之债权，即系定作人为保存房屋支出之必要费用，苟无该项重大修缮，房屋损坏，已不能继续保存，原设定之抵押权人焉能有就该房屋卖得价金受清偿之余地，故承揽人受法定抵押权保障之债权，应优先受清偿。”（同旨“台湾高等法院”1968年法律座谈会研究结论）（引自“司法行政部民事司”“民事法律问题汇编”（再版），“司法通讯社”，1980年，第二八五页～第二八六页）。

105 依鉴价所得价格出售，虽乏人问津，惟为便于问题解答，解释上仍以鉴价作为房地原有价值之依据，以其尚具公信力，且为市场所接受也。

第二项　承揽对定作人之效力

承揽对于定作人之效力，其主要事项有三。即：报酬给付义务、工作协力及受领义务、危险负担三者是。兹分述如下：

一、报酬给付义务

定作人报酬给付义务之要点如下，并依序说明之。

报酬给付义务
- 报酬发生时期
- 报酬给付时期（490、505）
- 报酬概数之估算（506）

（一）报酬发生时期

承揽人之报酬，因采后付主义，须待承揽工作完成，始行支付报酬。惟报酬债权究于何时发生，学理上尚有争论。或谓承揽契约成立时，承揽债权即告发生，或谓承揽债权须待工作完成，始告同时发生。二者立场，当以契约成立说为较可采。盖以报酬支付，系债务之履行，与债务之成立并无直接关连，解释上亦无同其命运之理。况者，报酬后付仅系补充原则，当事人尚可依约定先行支付报酬，交易上，定作人先行支付部分报酬者，似为常态，何能谓为报酬债权须待工作完成，始告发生。

既然，承揽债权，与承揽契约同时成立。因之，在工作完成前，承揽人自得以之让与第三人（第二九四条本文）。解释上，承揽人之债权人，亦得就之声请强制执行（查封或命令移转）。[106] 不过，定作人之报酬既为后付，于第三人为请求或强制执行时，定作人得依“民法”第二六四条规定，主张同时履行抗辩权。

（二）报酬给付时期

有关报酬之支付，民法因工作须否交付而作不同规定。其情形如下：

1. 工作无须交付者

工作无须交付者，报酬应于工作完成时给付之（第五〇五条第一项后段）。完成工作为承揽人之给付，民法本条项规定，无异宣示承揽人有

106　参照郑著（上），第三八二页；史著，第三二八页。

先为给付义务。既然承揽人有先为给付义务，自不得以定作人尚未支付报酬拒绝工作完成之着手或进行，亦即承揽人并无同时履行抗辩权（第二六四条），惟于定作人有“民法”第二六五条情形者，得主张不安抗辩权（第二六五条）。

承揽人之报酬，约定分次给付者，究应如何支付，民法虽未如工作须交付者之设有明文，惟解释上应类推适用同条第二项规定，应于部分工作完成时支付报酬。

2. 工作须交付者

工作须交付者，报酬应于工作交付时给付之（第五〇五条第一项前段）。斯时，工作交付与报酬给付，是否有同时履行抗辩之适用，学理通说固持肯定，亦即承揽人得以报酬未支付而拒绝交付工作物[107]，实务则持否定论点，认为承揽人非得于定作人未为报酬支付前，遽行拒绝交付工作物[108]，惟此论点，似与民法立法原意不符[109]，比较上应以通说为可采。

工作系分部交付，而报酬又系就各部分而定者，应以每部分工作交付时，给付各该部分之报酬（第五〇五条第二项）。此时，各部分工作之交付与各部分报酬之给付，宜解释为有同时履行之关系。

“民法”第五〇五条规定，法律文字均称“应于何时给付”，足认文义上似具强行（强制）规定意义。惟此系指当事人未约定时之适用原则，如当事人有特约者，其约定亦属有效，故本条仍应属任意法之规定，如当事人约定报酬先行给付，而定作人未按期支付报酬者，承揽人得主张同时履行抗辩权。

3. 报酬数额之估算

承揽工作之完成须待时日，其报酬数额究为多少？承揽成立时或难精确算定，民法爰承认承揽人报酬得仅估计概数，待工作完成再行精确算定。惟此情形，估算数额如超出太大，实不宜强迫定作人完全容忍，为兼顾当事人双方利益，“民法”于第五〇六条规定：“订立契约时，仅

107 参照郑著（上），第三八三页；史著，第三二八页。

108 同注 25。

109 参照“民法”第五〇五条立法理由：“按双务契约之原则，两造之义务，应同时履行。承揽为双务契约，故须于交付工作时支给报酬，其工作之性质，无须交付者，应于工作完成之时，支给报酬。此第一项所由设也。至工作系分部交付，而其报酬亦系就各部分定之者，则应于每一部分工作交付时，即给付该部分所应受领之报酬，以符双务契约同时履行义务之旨趣。此第二项所由设也。”

估计报酬之概数者，如其报酬，因非可归责于定作人之事由，超过概数甚巨者，定作人得于工作进行中或完成后，解除契约。前项情形，工作物如为建筑物，或其他土地上之工作物，或为此等工作物之重大修缮者，定作人仅得请求相当减少报酬，如工作物尚未完成者，定作人得通知承揽人停止工作，并得解除契约。定作人依前二项之规定，解除契约时，对于承揽人，应赔偿相当之损害。”基此，则本条规定之要点，殆可归纳如下：

（1）报酬超过概数，尚非甚巨者，定作人应依约履行。是否超过甚巨，依社会通念定之，惟须比率甚高。例如超过一倍者，自可认为甚巨。

（2）报酬超过概数甚巨，系因可归责于定作人之事由而发生者，定作人不得主张调整。例如，因定作人要求变更设计，追加工作致增加报酬即是。兹之是否可归责，以其事由出于定作人即可，不必以定作人有过失为要件。其意义，与“民法”第二二五条、第二二六条所称之可归责，概念尚有不同。

（3）报酬超过概数甚巨，而承揽工作为建筑物或其他土地上工作物之新建或其重大修缮，且承揽工作完成者，定作人得请求减少报酬。

（4）报酬超过概数甚巨，而承揽工作为建筑物或其他土地上工作物之新建或其重大修缮，且承揽工作未完成者，定作人得通知承揽人停止工作，并得解除契约。停止工作或解除契约，由定作人行使，亦即既得通知停止工作，亦得解除契约。至于通知，性质上宜解释为意思通知，类推适用意思表示之规定。

（5）报酬超过概数甚巨，而承揽工作非为土地上工作物之新建或重大修缮者，不问工作是否完成，定作人均得解除契约。

民法本条规定何以赋与定作人以救济之权？或谓系基于重大事由之考虑，或谓系情事变更原则之表现，民法立法意旨，则强调定作人或承揽人利益之保护[110]，似较妥切。报酬减少请求权及契约解除权，性质上

110 参照“民法”第五〇六条第一项、第二项立法理由：“按订立承揽契约之时，承揽人仅估计报酬之概数，而未确保其敷用额，及至工作进行以后，始知须加巨额之报酬，方能完成其工作，于此情形，如其超过概数之原因，系不应归责于定作人之事由，若强定作人续行契约，于理实有未当，故应使定作人于工作进行中或完成后，随时得解除契约，以保护其利益。此第一项所由设也。又前项情形，其工作如系建筑物或其他土地上之工作物，或系此等工作物之重大修缮者，于此情形，如亦许定作人随时得解除契约，则承揽人之损失，未免过巨，故限于工作尚未完成时，方许定作人解除契约。倘其工作业已完成，仅许请求相当减少报酬，不许解除契约，以保护承揽人之利益。此二项所由设也。”

均应解为形成权，并有除斥期间一年之适用（第五一四条第一项）。

定作人依本条规定解除契约，并非基于承揽人之债务不履行而生，自不得对承揽人请求损害赔偿，故不仅“民法”第二六〇条规定应无适用。而且，基于衡平原理，承揽人投注之时间心力，不能毫无弥补，民法爰同时规定，定作人依本条解除契约者，对于承揽人应赔偿相当之损害。既称相当，则“民法”第二一六条之完全赔偿原则，解释上即无适用。相当云者，语义上殆等于相当于损害之价额，是“民法”第二一三条之回复原状，解释上当亦无适用。

定作人之上述损害赔偿责任，责任构成原理上为无过失责任。定作人尚不得因非可归责于己主张免责；惟承揽人有过失者，定作人仍得依过失相抵之例主张减免（第二一七条）。反之，就承揽人而言，则为损害赔偿请求权，其短期消灭时效期间为一年（第五一四条第二项）。民法本条项所以明定承揽人以损害赔偿请求权，寓有衡平作用，似可肯定。[111]

二、工作协力及受领义务

工作协力及受领义务，顾名思义，尚可区分为工作协力义务及工作受领义务说明之。

（一）工作协力义务

1. 工作协力义务之性质

工作之完成，有时须定作人协力，始能完成者，如定作人不为协力，承揽人势难完成工作。例如，定制西服，定作人不接受身材丈量，亦不告知其资料，承揽人无从为其裁作是，虽然，于此情形，其结果为定作人无从获得利益，于承揽人为不可归责，并不成立不履行责任。因此，承揽工作之完成，须定作人协力，而定作人不为协力者，于债之原理上，系定作人成立受领迟延，承揽人减轻其责任之负担。

然则，如此法律构成，于承揽人颇为不利，民法爰比照给付迟延之例，于“民法”第五〇七条规定：“工作需定作人之行为始能完成者，而定作人不为其行为时，承揽人得定相当期限，催告定作人为之，定作人不于前项期限内为其行为者，承揽人得解除契约，并得请求赔偿因契约

111　参照“民法”第五〇六条第三项立法理由：“依本条前二项规定虽许定作人解除契约，然不得因此害及承揽人之利益。故承揽人如因解除契约而致受有损害时，应使定作人负相当赔偿之责任，方足以昭公允。”

解除而生之损害。”亦即，定作人违反应为之工作协力义务者，承揽人对于定作人有催告权，经催告而仍不履行（不为协力）者，承揽人有契约解除权及损害赔偿请求权，其救济手段与给付迟延相近。至于催告、解除之相关问题，应与“民法”第二五四条，作同一解释。

民法本条之规定，是否具有义务说之立法意旨，亦即工作协力是否为定作人义务，学理上持否定论点者，固大有人在[112]，民法立法理由亦仅强调承揽人利益保护而语焉不明。[113] 比较上则以肯定说为可采。[114]

2. 工作协力义务违反之效力

从义务说言之，工作协力义务之违反，亦构成（定作人之）债务不履行，惟从制度原理而言，则本条之债务不履行，亦有特色。举其要点有三，即：

（1）定作人违反工作协力义务者，系成立给付迟延。此之给付迟延，因义务违反而成立，亦即定作人应为其行为而未为之者，即告成立，不问定作人有否可归责之事由（过失）存在。是其成立，较一般之给付迟延为广，解释民法本条之不为其行为，仅以事实上之未为行为为已足，不以故意拒绝或过失为要件。

（2）相对于一般之给付迟延，本条于承揽人权益有更周详之保护，如承揽人不依本条规定主张权利（解除契约及损害赔偿），可径依“民法”第二三一条以下之规定请求损害赔偿，解释上应无不可。[115]

（3）承揽人之本项契约解除权，法律定其除斥期间为一年，亦即因其原因发生后一年间不行使而消灭（第五一四条第二项）。不过，在存续期间届满前，定作人仍得主张类推适用“民法”第三六一条规定，使解除权提早消灭。

固然，有关本条契约解除之方法或效果，原则上应解释为适用债之通则之相关规定，惟损害赔偿有无适用，民法原无明文。学理上或肯定

112　参照郑著（上），第三七八页（特别规定说）；史著，第三三二页（受领迟延说）。

113　参照“民法”第五〇七条立法理由：“按工作须定作人之行为，如须由定作人供给材料，或由定作人指示，或须定作人到场，例如写真画像之类，始得完成者，定作人不为其行为，即无由完成工作，遇有此种情形，不得不保护承揽人之利益。而保护之法，莫若使其可向定作人定相当期间，催令追究其行为，若不于此期间内追究者，自应予以解约之权。”

114　参照戴著，第一八一页；蔡著（上），第一三九页。

115　本书于此论点，与前版本所持见解，恰属相反。惟其系因民法本条项修正，制度内容为之调整所致，非谓本书基本立场有所突变。

看法者[116]，或认为应类推适用“民法”第五〇六条第三项及第五〇九条者亦有之（亦即以定作人有过失为限，始得请求赔偿相当之损害）。[117] 为杜免争议，“民法”债编修正爰于本条第二项增订“承揽人并得请求赔偿因契约解除而生之损害”[118] 之规定。按契约之解除而生之损害赔偿，通常系指不履行利益之损害赔偿，本条项特别明白使用“赔偿因契约解除而生之损害”，是否旨在改采契约利益之损害赔偿，抑或仅是用语不尽慎思熟虑而误用，诚值注意。再者，依“民法”第五一四条第二项规定，此之损害赔偿，亦有一年之短期消灭时效之适用。

（二）工作受领义务

定作人是否有工作受领义务，各种之债承揽一节，未如“民法”第三六七条之就买受人受领标的物而为规定，解释上宜采否定。从而，定作人受领工作迟延者，仅构成债之通则之受领迟延，非若买受人之应负给付迟延责任。换言之，其承揽人仅能依受领迟延之规定，主张救济。不过，定作人既已有工作协力义务，则工作须经交付者，受领交付亦非不得解释其为协力义务之一环，故学理上认为定作人有工作受领义务者，并非毫无依据[119]。

一般情形，定作人虽无工作受领义务，但民法仍于特殊情况，明定定作人应受领已完成之部分工作。此之特殊受领义务，适用于下述情形，即“承揽之工作，以承揽人个人之技能为契约之要素，于完成部分工作时，承揽人死亡或非因承揽人之过失致不能全部完成时，如已完成之部分于定作人为有用者，定作人有受领义务，同时并有给付相当报酬之义务”（第五一二条第二项），揆其立法意旨，则在保护承揽人之利益。[120]

116 参照郑著（上），第三八八页；薛著（上），第一五八页。

117 参照史著，第三三三页。

118 参照“民法”债编修正第五〇七条修正理由：“承揽人依本条第二项之规定解除契约后，是否尚得请求损害赔偿，现行法并无规定。学者间有认为应适用债编通则之规定（郑玉波著民法债编各论上册第三八八页，薛祀光著民法债编各论第一五八页参照）；有认为应参照第五百零六条第三项及第五百零九条，以为解释者（史尚宽著债编各论第三三三页参照）。为免疑义，爰参考德国民法第六百四十二条第一项、本法第五百十一条但书，明定承揽人除得解除契约外，并得请求赔偿因契约解除而生之损害。”

119 参照蔡著（上），第一三九页。

120 参照“民法”第五一二条立法理由：“按承揽之工作，系以承揽人个人之技能，为契约之要素者，……承揽人虽于工作进行中死亡，或非因过失致工作不能完成，然其工作已有一部分完成，而已完成之部分又于定作人实为有用者，自应使定作人负受领工作及支给相当报酬之义务，以保承揽人之利益。”

制作物供给契约，亦应作同一解释。（有关其成立要件，与承揽之消灭有关，拟待承揽消灭一节说明之。）

由于上述情形，承揽契约于该事由发生时（当然）终止（同条第一项），因此，定作人不受领者，虽得解释为给付迟延，承揽人或其继承人除请求报酬外，就工作物受领本身，尚得请求强制执行及迟延赔偿，但不得主张解除契约。

三、危险负担

（一）概述

双方契约，因不可归责于双方当事人之事由，致给付不能者，债务人免为给付，债权人亦免为对待给付，是为危险负担（第二六六条）；盖以有此情形，对价利益之危险由债务人负担之故也。承揽为双务契约，危险负担有其适用，自亦当然。不过，定作人之报酬给付义务，通常情形为金钱之支付；金钱之债，无给付不能之适用。因之，危险负担之于承揽，主要表现在承揽人完成工作之层面，乃可肯定。基此，则承揽之危险负担，似可定义如下。即："承揽契约，因不可归责于双方当事人之事由，致承揽人不能完成工作，承揽人丧失报酬请求权。"

报酬请求权，为完成工作之对价利益，因此，上述定义，亦可改称如下："承揽契约，因不可归责于双方当事人之事由，致承揽人不能完成工作，报酬利益之危险由承揽人负担。"

本来，危险负担，于契约双方当事人权义均有变动，性质上为及于双方效力之事项，本章列于定作人效力事项，仅系便宜作法而已。

危险负担，债之通则已有规定，各种之债于承揽一节之规定，除对债之通则相关规定具有补充作用外，同时寓有确定危险移转时点之意义。

（二）工作之危险负担移转时点

工作之危险负担移转时点，尚可区分为二。兹分述于下：

1. 定作人未受领迟延者

"民法"第五〇八条第一项前段规定，工作毁损灭失之危险，于定作人受领前由承揽人负担。所谓工作毁损灭失之危险，即不可归责于双方当事人之事由，以至工作毁损、灭失而言。于此情形，因不可归责于承揽人，依"民法"第二二六条规定，承揽人无庸给付，所谓承揽人负担云者，即承揽人不得请求报酬（丧失报酬利益）。例如，甲委由乙承建桥梁，甫完成而待验收之时，桥梁为洪水冲失，乙无庸继续建造，甲亦不得请求乙重新建造，乙亦不得请求报酬，乙已支领报酬者，甲得请求返还（第二六七条）。

以上所述，于灭失者固无问题，于毁损而言，是否得为同一解释，或属颇有疑义，盖以工作因不可归责而毁损者，无异于承揽之工作有瑕疵，依“民法”第四九三条第一项规定，定作人得请求承揽人修补，而依本条项规定，承揽人却可主张免为修补，二者如何而求其平，解释上不能无究明。愚意以为，或可解释为，由定作人意原定之。亦即定作人主张修补者，承揽人应为修补；其定作人不主张修补者，于此部分之对价利益，其危险由承揽人负担，亦即承揽人不得请求该部分应得之报酬。惟此解释，又与报酬减少请求权重复（第四九四条），理论上或无多大实益。在此角度上，或可认为，民法本条项前段，于工作毁损之规定，似仅具宣示意义而已，或可认为本条系瑕疵担保责任修补请求权或减酬请求权发生之理论上依据。基此，则本段于毁损之适用，其尚待厘清者，尚有如下三者：

（1）毁损而修补不能者，适用一部给付不能之规定，为单纯之危险负担问题，承揽人免为修补义务。

（2）毁损而修补可能者，如定作人不请求修补，原则上适用危险负担之规定，承揽人无修补义务，亦不能请求报酬。但重作于定作人有利者，解释上应依诚信原则，给予承揽人主张修补权利，其定作人不得拒绝。

（3）毁损而修补可能者，如定作人请求修补，承揽人有修补义务，亦即解释上应适用瑕疵担保责任之规定。

天灾归所有权人负担，为损害负担原则，承揽人为定作人完成工作，其工作为定作人所有，承揽人既已依约完成工作（不论全部或部分），法律上即已完成给付，其后因不可归责于双方当事人之事由而致毁损、灭失者，其损害本应由定作人承受，承揽人就其完成工作部分，本得请求报酬。是以，本条项规定，对承揽人言，无异为额外负担，于危险负担原理上，对于天灾归所有权人负担原则，寓有修正作用，同时表征贯彻债务人负担之意义。盖两者相权取其轻，民法立法者亦充分意识到其不得已之法律政策抉择也。[121]

121　参照“民法”第五〇八条立法理由：“按工作毁损灭失之危险，应归承揽人负担，抑应归定作人负担，自古学说聚讼。本法折中定制，于定作人受领工作以前，其危险归承揽人负担，若定作人迟延不受领，仍归定作人负担。”

2. 定作人受领迟延者

工作物之毁损灭失，纵于定作人受领前发生，如其定作人有受领迟延情事者，其危险由定作人负担（第五〇八条第一项后段）。所谓危险由定作人负担者，即承揽人对价利益之报酬请求权，并不随其免为给付（免为修复或重作）而丧失，“民法”第二六六条规定并不适用，承揽人对定作人仍得请求报酬。例如，甲委由乙承建桥梁，建妥后，甲迟迟不受领交付，迭经乙催促，均置之不理，嗣因暴雨洪水，桥梁冲失，乙既无庸重建，亦得请求甲给付报酬是。至其危险负担移转之确切时点，应解为受领迟延发生之时，盖以定作人如及时受领，受领后发生之损害本应由定作人负担故也。本来，危险负担仅以给付不能为适用对象，民法本条项规定及于毁损，于后段发生得以排除瑕疵担保责任之效果，堪称颇具意义。此亦本条项列入毁损之真正规范意义所在。

定作人受领迟延者，规范意义上为债权人受领迟延，民法本条项后段规定似可以为例示规定。根据体系（扩充）解释，解为债权人受领迟延者，其对价利益之危险转由债权人负担。如是，则本段规定，具有相当积极功能或可肯定。不过，受领迟延中，因不可归责于债务人之事由，致给付不能者，适用可归责于债权人之事由，以致给付不能之规定（第二六七条），其理论业已相当成熟[122]，民法本条项后段规定上述积极意义，似已略失光芒。

3. 可归责于定作人之给付不能

第五百零九条规定：“于定作人受领工作前，因其所供给材料之瑕疵，或其指示不适当，致工作毁损、灭失，或不能完成者，承揽人如及时将材料之瑕疵，或指示不适当之情事，通知定作人时，得请求其已服劳务之报酬，及垫款之偿还。定作人有过失者，并得请求损害赔偿。”盖以定作人供给材料或指标有不当，以致工作毁损、灭失或不能完成者，本非可归责于承揽人之事由所致，法律不应使承揽人负其责任也。[123]本来，可归责于债权人之事由致给付不能者，其法律适用，“民法”于第二

122 参照郑玉波前揭（民法债编总论），第三八五页，孙森焱前揭“民法债编总论”，第五九〇页；邱聪智前揭新订“民法债编通则（下）”，第二〇八页。

123 参照“民法”第五〇九条立法理由：“按定作人受领工作以前，其工作有灭失、毁损或有不能完成情事者，若其原因，皆由于定作人所供给材料有瑕疵，或因依定作人指示不适当所致，而承揽人又曾于事前将材料之瑕疵，或指示不适当之情事，通知定作人者，于此情形，即不能归责于承揽人，自不应使承揽人受其损害。故应许承揽人有请求已服劳务之报酬，及垫款偿还之权。”

六七条定有一般适用标准。本条规定，与“民法”第二六七条规定，不尽相符，而且事涉具体繁琐，于其不相符者，本条规定当属特别法，解释上应优先适用本条规定，非本条规定所及者，仍回归适用“民法”第二六七条。兹即基此角度，归纳本条相关要点于下：

（1）本条之适用对象，不限于给付不能，其致工作毁损者，亦有适用。其因工作毁损而有本条适用者，无瑕疵担保责任之适用，亦即承揽人不负瑕疵担保责任，定作人无“民法”第四九三条、第四九四条之权利。体系上堪称与“民法”第四九六条相应，并为其延伸。

（2）就给付不能而言，本条之适用对象，并未及于所有给付不能之情形。可归责于定作人之事由，但非属定作人供给材料之瑕疵或指示不适当而致之工作灭失或不能完成，解释上应直接适用“民法”第二六七条之规定。

（3）因定作人所供给材料之瑕疵或其指示不适当，而致工作毁损、灭失，或不能完成者，承揽人尚不能直接依“民法”第二六七条请求报酬（对待给付）。依本条规定，承揽人尚须履行及时将材料瑕疵或指示不适之情事，通知定作人者，始得请求已服劳务之报酬及垫款之偿还。有关于此，尚有下列要点值资注意：

①兹之通知，宜解释为观念通知，类推适用意思表示之规定。

②及时与否，视具体个案，以客观情事及社会通念定之。

③垫款之偿还，为定作人所应负担，纵未及时通知，本非不得偿还，民法本条规定，用意为何？颇难了解，有关此部分，或仅具宣示意义。

④承揽人之及时通知义务，解释上宜类推适用第四九六条但书，亦即明知瑕疵或不适当，而未及时通知者，始丧失本条之权利，其承揽人未明知瑕疵或不适当，而未及时通知者，纵有重大过失，亦有本条之请求权；惟定作人似可援用过失相抵主张减免之（类推适用第二一七条）。

⑤报酬给付请求权及垫款偿还请求权，无第五一四条短期时效之适用，解释上仍然有“民法”第一二七条第七款二年时效之适用。

⑥定作人供给之材料有瑕疵或指示之不适当，致工作毁损、灭失或不能完成工作，承揽人明知而未及时通知定作人者，解释上宜认为依“民法”第五〇八条规定，其毁损、灭失由承揽人负担，承揽人无报酬给付请求权。其为毁损者，定作人仍有瑕疵担保责任所生之权利（第四九六条但书）。

（4）定作人有过失者，承揽人得请求损害赔偿。所谓定作人有过失，是否包括供给材料有瑕疵或指示不适当有过失？抑或限于对工作物毁损、灭失或不能完成有过失，民法本条语意尚不明显，解释上宜采广义，亦即定作人对于工作物之毁损、灭失或不能完成有过失者，承揽人固得请求损害赔偿，其于材料供给之瑕疵或指示之不当有过失，致工作毁损、灭失或不能完成者，亦有适用；惟民法立法理由，似采狭义，颇值注意。[124]

有关承揽人损害赔偿之适用，尚有下列之点，值得注意：

①定作人供给之材料有瑕疵或指示之不当，承揽人知其情事者，仍应及时通知定作人。承揽人未为通知者，尚不能以定作人有过失，就工作之毁损、灭失或不能完成，对定作人请求损害赔偿。

②承揽人于本条之报酬给付请求权、垫款偿还请求权及损害赔偿请求权，为并存状态，承揽人得分别或一起行使之。

③本条之损害赔偿请求权，仍有一年短期消灭时效之适用（第五一四条）。

（三）材料之危险负担

定作人所供给之材料，因不可抗力而毁损灭失者，承揽人不负其责（第五〇八条第二项）。按定作人供给之材料，为定作人所有，并不因交付于承揽人而移转其物权，理论上，承揽人因承揽关系，对该等材料之保管及运用负善良管理人注意义务，其因不可抗力而毁损灭失者，承揽人不负其责，毋宁为天灾归物权人负担之当然结论，本无待乎规定。是以，本条项之规定，除上述原则之宣示外，尚富有如下意义，即材料危险之负担，尚未若买卖之因交付而为移转，民法本条规定，于此角度上，具有杜免争议之用意。

所谓不可抗力，解释上宜采广义，亦即其概念内容应包括事变（第三人行为）及狭义不可抗力（自然灾变）。前者，如承揽人已尽善良管理人保管能事，而犹遭窃或遭抢是：后者如地震引起火灾烧毁材料是。

本条适用对象，宜限于一般之承揽，如其为不规则承揽或制作物供给契约，解释上尚无适用。前者，一般以为，于材料交付于承揽时，危险转由承揽人负担，如有毁损、灭失，自应由承揽人负担，换言之，承揽人仍有以自己材料代替原材料而完成工作之义务。后者，于材料部分，适用买卖之规定，现实上既未交付于定作人，其危险由承揽人负担，毋宁为天灾归所有人负担之当然结论。

（四）周边问题

有关承揽危险负担之周边问题，主要有二。一为受领之意义，二为

124 参照“民法”第五〇九条立法理由：“至工作之毁损、灭失或不能完成，定作人确有过失者，并许承揽人得向定作人要求损害赔偿，以保护承揽人之利益。”

危险负担之适用领域。兹分述如下：

1. 受领之意义

工作危险负担之移转时点，原则系以受领为准。此之受领，为交付之相对，意指工作物交付之接受而言。语言使用上，与一般所称之受领，例如买卖法上买受人受领标的物之受领（第三六七条），同其意义。承揽一节其他条文所称之受领，例如第五〇四条、第五一二条第二项所称之受领，情形亦然。

然则，承揽工作之性质，有须交付者，亦有无须交付者，其工作须经交付者，定作人之接受交付，甚为明显，固无问题，斯时交付与受领，几乎同在一线之间，亦为一般交易常态。惟其工作无须交付者，是否仍有受领可言？如其答案为肯定，则何时为其受领？于危险负担，尚不能如其他条文之解为无受领可言。民法为杜争议，爰于第五一〇条规定，危险负担所称之给付，如依工作之性质，无须交付者，以工作完成时视为受领。换言之，即工作完成无须交付者，工作毁损灭失之危险，于完成前由承揽人负担，于工作完成后由定作人负担。而且，由于此情形，定作人无实质意义之受领，解释上，“民法”第五〇八条第一项后段之规定，似无适用余地。

2. 适用领域之说明

工作危险负担之移转，以受领为准，定作人受领迟延者，危险负担自受领迟延起算，于不规则承揽，制作物供给契约，是否有其适用？理论上不无疑义。依本书观点，于工作部分，仍适用承揽规定，解释上均宜采肯定。通说于不规则承揽仍属承揽，此见解固无问题。惟制作物供给契约，通说认为于工作权利移转部分，适用买卖之规定。以是，危险负担究应适用承揽？抑或适用买卖？难免发生疑义。愚意以为，通说既认制作物供给契约，原则上有买卖之适用，其工作所有权归属承揽人再移转于定作人，则衡诸交易过程，买卖始为主要目的。因之，依其论点，危险负担似应适用买卖之规定，买卖未规定者，依物权归所有人负担之理论定之。

第三节　承揽之消灭

承揽之特殊消灭事由有三。即解除、终止及破产三者。又承揽关系所生债权，除给付请求权外，广泛适用短期消灭时效之特别规定（第五一四条），爰亦一并说明之。

一、解除

承揽虽为劳务契约，惟其以完成一定工作为目的，具有相当浓厚之商品契约性质。因之，各种之债承揽一节，颇见解除之规定。有关各该规定，约可归纳其事由如下表：

- 承揽解除
  - 定作人解除事由
    - 1. 承揽之工作非为土地上工作物，而有重要瑕疵，承揽人经定作人请求修补却不为修补或其瑕疵不能修补者（494）
    - 2. 承揽之工作，因可归责于承揽人而发生瑕疵者（495）
    - 3. 承揽工作以特定期限完成或交付为契约要素，因可归责于承揽人之事由，致不能如期完成或显可预期不能如期完成者（502、503）
    - 4. 承揽之报酬，因非可归责于定作人之事由，超过概数甚巨者（506）
  - 承揽人解除事由：定作人违反工作协力义务，经承揽人定相当期限催告，仍不履行者（507）

上述解除之共通效力，略有如下：

（一）有关解除权之行使、消灭，适用债之通则之规定。

（二）有关解除之效力，于契约消灭，回复原状部分，依债之通则之规定。

（三）有关解除之效力，有无损害赔偿请求权，胥视承揽一节之规定，“民法”第二六〇条之规定，原则无其适用。

二、终止

承揽为劳务契约，具有继续性供给法律关系之特性。因之，承揽亦有终止之问题。

（一）终止之事由

归纳承揽一节之相关规定，承揽之终止事由，略如次表：

- 承揽终止
  - 任意终止：工作未完成前，定作人得随时终止承揽（511）
  - 法定终止：承揽人个人技能为契约要素，其承揽人死亡或非因过失不能完成工作（512）

任意终止，法律明定仅定作人有之，故承揽人尚无任意终止权。而定作人之此项权利，于工作完成前得随时为之，解释上原无任何限制，仅须工作尚未完成即可。惟工作甫告完成，定作人突于即将完成之际终止承揽，似亦有失公允，解释上宜依诚信原则（第一四八条第二项）禁止其滥用。法定终止之要件，一般区分为二。即（11）承揽之工作，以承揽人个人之技能为契约要素，承揽人死亡或非因其过失致不能完成其约定之工作。所谓以承揽人个人之技能为要素者，意指承揽工作之完成，性质上以承揽人一定之技能为前提，舍承揽人外，无由他人完成工作，亦非由继承人而可继续完成者而言。[125] 承揽人死亡，为当然终止事由，不问其有无过失，例如承揽人自杀或与人争斗遭人杀死者，承揽亦属终止是。至于不能完成约定工作者，须以承揽人无过失而致者，始有法定终止之适用。如不能完成工作，源于承揽人之过失者，则为可归责于承揽人之事由，以致给付不能，承揽人应负债务不履行责任（第二二六条、第二五六条）。例如，承揽人自断其臂，以致不能完成壁画之承揽工作者，非此所称法定终止，而系可归责之给付不能，定作人得请求损害赔偿（第二二六条），亦得解除契约，并请求损害赔偿（第二五六条、第二五九条、第二六〇条）。

任意终止，须经行使终止权，承揽始告消灭，解释上准用解除之规定（第二六三条）。法定终止，则符合法定要件，承揽即告消灭，无待终止之行使。称之终止，似有误解，学者或以为，"民法"第五一二条第一项最后文句之"其契约为终止"应修正为"其契约消灭"[126]，当属的论。如是，则本段称之法定终止，亦有不尽周延之处。

（二）终止之效力

终止之效力，于任意终止及法定终止，互有不同。兹分别说明于下：

1. 任意终止

依"民法"第五一一条规定，定作人任意终止契约者，应赔偿承揽人因契约终止而生之损害。盖以任意终止，纯由定作人自由决定，随时为之，承揽人容易遭受损害，赋与承揽人以损害赔偿请求权，用昭公允

125 参照"最高法院"1963年台上字第六六六号判决："系争国校教室建筑工程，依其性质既非限于承揽人个人施工始可完成，即由其他建筑工程人员代替，亦可达完成之目的，则纵承揽人死亡，要无'民法'第五百十二条第一项规定之适用。"

126 参照梅著，第二九四页；"司法行政部"前揭"民法修正意见汇编"，第二四一页。

而保承揽人利益也[127]，其消灭时效则适用一年短期消灭时效之规定（第五一四条第二项）。然则，由于有关于此，各国制度相当分歧[128]，是以，本条所称损害赔偿意义为何？承揽人有无报酬给付请求权？乃至不当得利请求权，学理及实务立场，颇见分歧，兹分述如下：

（1）损害赔偿之意义

何为损害赔偿？或谓指承揽人支付之费用及可取得之利益[129]，或谓系已完成部分之报酬及未完成部分之可得利益[130]；通说以为仅指未完成部分之可得利益，至报酬请求权，则为另一层次之问题，不在损害赔偿概念之内。[131] 实务虽指出，终止承揽不以先行赔偿损害为要件，对于损害赔偿之内容及范围，则未见明确阐释。[132] 比较上以通说为可采。

（2）报酬请求权之有无

定作人任意终止承揽者，承揽人有无报酬请求权，学理上或略而不论，或以为包括于前述之损害赔偿概念内，通说则以为，承揽就已完成

127 参照“民法”第五一一条立法理由：“按承揽人未完成工作以前，定作人无论何时，得声明解除契约，以保护定作人之利益，然不能因此不顾及承揽人之利益。故本条使定作人于不害承揽人利益之范围内，行使解除之权，即就承揽人因解约而生之损害，应使定作人负赔偿之责也。”

128 德国民法规定，承揽人仍有报酬请求权，但应依损益相抵原则扣除所得利益（德国民法第六四九条）；法国民法规定，定作人应赔偿劳费及可得利益（法民第一七九四条）；瑞士民法规定，定作人应赔偿已给付劳务之报酬及赔偿损害（瑞士债务法）；日本民法规定，定作人赔偿损害而解除契约（日本民法第六四一条）；意大利民法规定，定作人应赔偿所付费用，完成工作部分及可得利益（意大利民法第一六七一条）。其中，德国民法采终止契约之制度，法、瑞、日、意则采赔偿损害而解除契约之制度。

129 参照戴著，第一八八页。

130 参照史著，第三三七页。

131 参照郑著（上），第三九二页；王泽鉴“不当得利制度与衡平原则：定作人依民法第五一一条规定终止时，承揽人就承揽工作之全部费用支出得主张不当得利返还请求权?”，法学丛刊，第一二五期，1987年，第一页以下——主要见第一页（嗣后王教授似已改采史尚宽教授论点——参照王泽鉴“定作人终止契约时承揽人之损害赔偿请求权、报酬请求权与不当得利请求权”，法学丛刊，第一三七期，1990年，第一页以下——主要见第三页。）

132 参照“最高法院”1978年台上字第二九三八号判例：“‘民法’第五百十一条系规定‘工作未完成前，定作人得随时终止契约，但应赔偿承揽人因契约终止而生之损害。’可知终止契约与赔偿损害各为一事，原审解为须定作人对承揽人赔偿损害后始得终止契约，自非的论。”

工作之部分，应有报酬请求权。实务亦持通说之肯定论点。[133] 比较上似以通说为可采。盖以承揽既可依工作之部分完成而交付，性质上不宜否定部分完成之概念，事实上工作部分完成，于定作人为有用者，乃系常态；何况任意终止，定作人得随时为之，承揽人则无之，定作人应对业已工作完成之部分而给付报酬，亦属法理之平也。再者，终止仅对将来生效，本不宜否认业已完成之部分工作，

参酌"民法"第五〇五条第二项、第五〇九条规定意旨，解释上亦以肯定说为当。惟定作人如证明承揽人不能完成工作及其业已完成之部分，于定作人无利益，或证明承揽人纵属完成工作，于定作人亦无利益者，承揽人无报酬请求权，盖与完成工作之意旨不符与。至其得请求报酬者，以完成部分所生之利益为限。

（3）不当得利请求权之有无

定作人任意终止承揽，承揽人有无不当得利请求权？学理上原乏讨论，晚近实务力倡肯定论点[134]，惟学者颇持否定立场。[135] 虽于民法本条所称损害赔偿，意指未完成部分之可得利益。承揽人支付劳费再多，其权利范围，充其量仅以原约定报酬为限。如谓其因契约终止，于报酬、赔偿外，尚得请求不当得利，则其结果，承揽人所得请求之利益，可能反较完成工作为多，如此解释，恐非立法本意。是以，愚意以为，否定论点，似较妥当。

2. 法定终止

"民法"第五一二条规定，承揽因同条第一项所定情事而终止者，其工作已完成之部分，于定作人为有用者，定作人有受领及给付相当报酬之义务。法定终止事由，出于情非得已，如其业已完成部分工作，且于定作人有用，由定作人受领使用，并给付报酬，始符公平也。报酬请求权人为承揽人或其继承人。相当与否，依个案并视具体情况，以所生利

133 参照"最高法院"1983年台上字第二四七号判决："终止以前已完成之工作，与其余未完成之工作，苟无不可分之关系，自非终止效力所及，上诉人基于承揽之法律关系请求给付报酬，当非法所不许。"（同旨"最高法院"1985年台上字第一七六九号判决。）

134 参照"最高法院"1984年台上字第四四七七号判决："终止契约后，两造间之契约关系应属将来失其效力。如上诉人就其承揽工作之全部支出费用，因被上诉人终止契约而受有损害，并使被上诉人受有利益，此项利益与上诉人所受损害之间有相当因果关系，即与'民法'第一百七十九条后段所定：'虽有法律上之原因而其后已不存在者'之情形相当，上诉人似非不得据以请求被上诉人返还得利。"

135 参照王泽鉴前揭注131所列论文。

益比较全部完成之利益酌定之。惟既称报酬，则与费用无关，故承揽人或其继承人尚不得请求支付费用之返还。[136]

三、破产

定作人或承揽人受破产宣告者，得否为承揽终止事由，台湾民法未设明文，解释上宜采否定。[137] 不过，船舶建造之承揽，其承揽人破产而破产管理人不继续完成者，间接得成为终止之事由[138]，似为特例。

四、短期消灭时效

“民法”第五一四条规定：“定作人之瑕疵修补请求权、修补费用偿还请求权、减少报酬请求权、损害赔偿请求权或契约解除权，均因瑕疵发现后一年间不行使而消灭。承揽人之损害赔偿请求权或契约解除权，因其原因发生后，一年间不行使而消灭。”

136 参照“最高法院”1954年台上字第三九八号判决：“依‘民法’第五百十二条第二项规定，承揽工程确已经承揽人依承揽契约完成一部分，或虽未完成而其工作于定作人为有用时，则双方契约纵已终止或解除，而定作人就已完成工程部分，亦有受领及给付相当报酬之义务，尚不得将其所付之工程费全部请求返还。”

137 日本民法规定，定作人受破产宣告者，破产管理人或承揽人得解除契约（第六四二条第一项前段），似为特例。

138 参照“海商法”第一〇条本文：“船舶建造中，承揽人破产，而破产管理人不为完成建造者，船舶定造人得将船舶及业经交付或预定交付之材料，照估价扣除已付定金给偿收取之，并得自行出资在原处完成建造，……”

第十二章

旅　　游

- 旅游
  - 总说
    - 旅游之意义
    - 旅游之成立
    - 旅游之性质
  - 效力
    - 对旅客之效力
      - 支付旅游费用之义务(514之1Ⅰ)
      - 协力义务(514之3)
      - 变更权(514之4)
      - 时间浪费损害赔偿请求权(514之8)
      - 任意终止权（514之5Ⅲ、514之9)
    - 对旅游营业人之效力
      - 提供旅游服务之义务(514之1Ⅰ)
      - 交付旅游书面之义务(514之2)
      - 瑕疵担保责任（514之6、514之7Ⅰ、Ⅲ)
      - 不完全给付责任（514之ⅠⅡ、Ⅲ)
      - 协助处理事故之义务（514之10、514之Ⅱ)
      - 旅游内容变更权(514之5)
  - 消灭
    - 解除
    - 终止
      - 任意终止(514之9)
      - 法定终止

旅游契约本质上可能结合承揽、居间及委任等契约为一体之混合契约，就现行法之规定观之，其基本事项如下：

第一节 总 说

近年来，由于台湾地区经济之快速发展，人民生活日见宽裕，人民日渐重视休闲活动，台湾地区旅游或国外旅游已成为人们休闲之重要项目。相对的，旅游纠纷之案件亦层出不穷。本来，由于“民法”债编对于旅游并无专节之明文规定，实务上处理类似案件时，则通常以混合运送、住宿、餐饮及参观等给付项目，分别适用承揽、居间、委任等相关规定。[1] 为使此类契约关系明确化，“民法”债编修正爰增订旅游一节，以为适用依循。[2]

债编新增之第八节之一的旅游专节，凡十二条文（第五一四条之一至第五一四条之十二），制度内容，则深受德国民法于 1979 年增订旅游契约（Reisevertrag）之影响。[3]

一、旅游之意义

所谓旅游，系指旅游营业人与旅客约定，由旅游营业人提供给旅客旅游服务，旅客支付旅游费用之契约。基此，旅游契约之意义当可说明如下：

（一）旅游契约为旅游营业人与旅客之契约

旅游契约之主体，一为旅游营业人，一为旅客。“民法”第五一四条之一第一项规定：“称旅游营业人者，谓以提供旅客旅游服务为营业而收取旅游费用之人。”由是可知，旅游营业人具有三种特点：

(1) 旅游营业人乃提供旅游服务之人：所谓旅游服务，依第五一四条

1 参照“最高法院”1998 年台上字第二六八八号判决。孙森焱“旅游契约之研究”，东吴法律学报，第十一卷第一期，1998 年 1 月，第二页以下；詹森林“非典型契约之基本问题”，收于民事法理与判决之研究，1998 年，第一一五页以下。

2 参照“民法”债编增订旅游立法理由：“因国民生活水准之大幅提高，国人重视休闲，因而旅游遂蔚为风气。附随而来的，乃为旅游纠纷之增加，而鉴于旧法并无专节或专章之规定，而法院以往仅得以混合其约法对相关之案件加以处理，而基于使旅游营业人与旅客之间系明确，因而制定旅游一节。”

3 参照“民法”债编修正第五一四条之一之修正理由：“……爰参考一九七〇年布鲁塞尔旅行契约国际公约第一条（1）至（3）、德国民法第六百五十一条 a，增订第二项规定。”

第二项规定，系指安排旅程及提供交通、膳宿、导游或其他有关之服务。称及者，意指旅游服务之内容，须兼及安排旅程“及”提供交通、膳宿、导游或其他有关之服务二项内容，若仅安排旅程或是仅提供交通、膳宿或导游等，尚非旅游服务，自亦无成立旅游契约可言。[4] 换言之，旅游营业人者须提供两个以上之给付，其中安排旅程为必备之一种给付，此外须有交通、膳宿、导游或其他有关之服务（如代办护照、签证）等，不过后者仅须一个以上即为已足，无须各项服务与前者完全结合服务。[5] 此外，本条项所称之旅游服务，应包括台湾地区旅游及国外旅游。

至于仅代订机票或饭店之自助式旅游之服务，非此处所称之旅游服务，该等业者应与该顾客间之内部关系，应为成立委任契约。[6] 而在外部关系，解释上应为该业者居于代理人之身份为代理行为，因而顾客与航空公司或饭店应成立契约关系（参阅“民法”第一〇三条）。

（2）旅游营业人系以提供旅游服务为营业之人：旅游营业人既为以旅游服务为营业，文义上应以营利为目的，且须继续的为同一行为[7]，若仅是偶尔为之者，则非旅游营业人；至于其为公营、私营或公私合营之事业，则非所问。

旅游营业人是否需为旅行社，现行民法并无明文，“旅行业管理规则”第二条第一项则明定，旅行业区分为综合旅行业、甲种旅行业及乙种旅行业三种。依“观光条例”第二条第八款之规定：“旅行业指为旅客代办出国及签证手续或安排观光旅客旅游、食宿及提供有关服务而收取报酬之事业。”同法第二十一条后段规定：“经营旅行业者，应先向‘中央’观光主管机关申请核准，并依法办理公司登记后，发给旅行业执照，始得开业。”参酌“交通部”所公布之“旅行业管理规则”第三条之规定：“旅行业应专业经营，以公司组织为限；并应与公司名称上标明旅行社字样。”可知于台湾所称之旅行业者，依主管机关之见解观之，须为公司组织。学者通说亦采相同之见解，认为旅游营业人除了须以提供旅客之旅游服务为营业外，并须为公司之组织，此外尚须符合旅行业管理规则之相关规定。[8]

4 同注3。

5 参照林诚二“论旅游契约之法律关系”，收于民法七十年之回顾与展望纪念论文集（一），第三九〇页。

6 参照林诚二，前揭文，第三九〇页；孙森焱，前揭文，第三页。

7 参照刘春堂“论旅游契约”，辅仁法学第十九期，第一二八页。

8 参照林诚二，前揭文，第三八九页。

实际上接待旅客之导游（或称之为领队）、航空公司或游览车公司、或者是饭店，其通常乃为与旅游营业人有契约关系。此时接待旅客之导游、航空公司或游览车公司、或者是饭店，乃居于旅游营业人之履行辅助人（“民法”第二二四条）地位，履行旅游营业人之给付。因之，彼等与旅客间尚无旅游契约关系存在。例如，甲旅客参加乙旅游营业人（旅行社）所组团之美西十日游旅行团，旅游契约关系存在与甲乙之间。乙旅游营业人与A饭店签约而安排甲旅客投宿于饭店中，此时乙旅游营业人与A饭店成立第三人利益契约，甲旅客为受益之第三人，而居住于乙旅游营业人所安排之A饭店。此时，虽然甲旅客对A饭店有直接请求给付之权（第二六九条第一项），相对的，A饭店亦得以其与乙旅游营业人间之契约所生之一切抗辩，对抗甲旅客（第二七〇条）。学说上并认为，“民法”第六〇六条至第六一二条规定于本例，亦有适用，当旅游营业人未依约交付膳宿费给饭店时，则饭店对于旅客所携带之行李或其他物品有留置权。[9]

（3）旅游营业人为向旅客收取旅游费用之人：旅游营业人为有权向旅客收取旅游费用之人。旅游费用，一般固为金钱，惟民法并无明文限定须以金钱为之，当事人约定以实物或劳务代之者，应无不可。

（二）旅游契约为旅游营业人提供旅游服务之契约

旅游服务为兼括安排旅程及提供交通、膳宿、导游等服务之综合性给付，其中安排旅程为必要之给付，至于交通、膳宿、导游等，则结合其一即为已足，殊不必三者必备，凡此前段已有说明，不再重复。

旅游契约，以提供旅游服务为标的，故纵为旅游营业人，但其提供之服务，非兼括旅游服务项目，乃至与旅游服务无关者，则无成立旅游契约之可言。

（三）旅游契约为旅客支付旅游费用之契约

旅客者，得请求旅游营业人提供旅游服务，并因之相对负有交付旅游费用义务之旅游契约相对人。在自然人与旅游营业人缔结契约，该自然人因订约而取得旅客之身份，固无疑义。反之，若由法人、公司或其他团体为其员工办理旅游活动，而与旅游营业人签订契约者，法律意义上之旅客，应是该法人、公司或团体，至于现实上享有旅游服务利益之自然人，尚非契约主体，解释上应认为，在团体为缔约主体时，此时之公司与团体与旅游营业人应成立第三人利益契约（第二六九条），而该员

9　参照孙森焱，前揭文，第八页。

工基于受益人之地位，对于旅游服务之提供对旅游营业人，有直接请求权得主张旅客之一切权利。[10]

旅游费用为提供旅游服务所须之支应，包括安排旅程及提供交通、膳宿、导游或其他有关服务之费用及支付与旅游营业人之报酬，性质上为包括给付之概念，如当事人未约定交通、膳宿等相关费用，应另行支付者，旅游营业人不得于旅游费用之外，再行收费。惟当事人另有各项费用支出另行计付约定者，从其约定。

旅游为有偿契约，以旅游营业人因提供旅游服务而受有报酬为要件，故旅游营业人提供旅游服务，仅收取各项代支费用而不收取报酬者，尚不成立旅游契约；惟旅游营业人为争取业绩、团队成行或招揽生意，降价求售或减免部分团员费用者，则仍成立旅游契约。

二、旅游之成立

在日常生活上，旅游契约之缔结过程，通常系旅游营业人事先将其所欲提供之旅游内容及费用对外公布，而旅客对该旅游内容表示有兴趣及认为该旅游费用可接受时，进而与旅游营业人进行磋议订定。在本质上，此时旅游营业人所为之旅游宣传，应为一种要约引诱，而旅客表示欲参加该旅游团之时，乃为一种要约。旅游营业人对于旅客所为之要约为接受之意思表示为承诺时，方成立契约（“民法”第一五三条第一项）。

三、旅游之性质

旅游为契约之一种，具有不要式契约、诺成契约、有偿契约及继续性契约等性质，兹分述如下：

（一）不要式契约：旅游契约应为不要式契约，其之成立不须具备一定之方式。虽然“民法”第五一四条之二规定，旅游营业人因旅客之请求，须交付记载相关事项之书面。[11] 然此书面仅是一种证明旅游服务内容

10 参照孙森炎，前揭文，第六页。

11 参照“民法”债编修正第五一四条之二：“旅游营业人因旅客之请求，应以书面记载左列事项，交付旅客：一、旅游营业人之名称及地址。二、旅客名单。三、旅游地区及旅程。四、旅游营业人提供之交通、膳宿、导游或其他有关服务及其品质。五、旅游保险之种类及其金额。六、其他有关事项。七、填发之年月日。”

及相关事项之文件[12]，须旅客请求时，旅游营业人方有填发及交付之义务[13]，本质上应为一种附随义务。

（二）诺成契约：旅游契约之成立并不须履践一定之行为（如现实交付标的物），只要当事人约定即可成立，故为诺成契约。

（三）双务契约：旅游契约之旅游营业人负有提供旅游服务之义务，而旅客须给付旅游费用（包括报酬），二者可视为具有对价关系，故旅游契约为双务契约。

（四）有偿契约：旅游契约中，旅游营业人提供旅游服务，而旅客支付旅游费用为报酬，将其为有偿契约。

（五）继续性契约：旅游营业人提供之旅游服务通常持续一段时间，例如参加美西十日旅游团，旅游营业人须在此十日中持续为给付（从搭机至美国，旅途中交通及住宿饭店安排，以及一连数日之观光据点之导游等），故其为继续性契约。旅游契约一节之相关规定，亦在在展现继续性契约之特色，终止契约于本节处处流露，即是明证（如第五一四条之三第二项、第五一四条之五第二项、第五一四条之七、第五一四条之九是）。

第二节 旅游之效力

一、对旅客之效力

（一）支付旅游费用之义务

基于旅游契约，旅客有支付旅游费用之义务（第五一四条第一项），且为旅客之主给付义务。费用之种类，原则上虽得由当事人自由约定，但实际上多以金钱为支付之客体。旅游费用之数额及支付时期，均得由当事人自订之，常见之型态如，“出国”观光旅游团，支付之金额数额通常会在广告中得知，此费用大抵包括交通费（如机票费、接送各观光景

12 参照“民法”债编修正第五一四条之二之修正理由：“为使旅客明悉与旅游有关之事项，爰明定旅游营业人于旅客请求时，应以书面记载旅游相关资料，交付旅客。惟该书面并非旅游契约之要式文件。”

13 参照刘春堂，前揭文，第一三九页。

点之巴士费用）、膳宿费（通常包括住宿费及早餐费）及导游之必要费用及代办之“出国”手续费、签证费等。[14] 至于，旅客之其他个人所须之费用，例如保险费、自行购物、自由活动时间之外出交通费用等，则不包括旅游费用之内，而须由旅客自行负担。[15]

“交通部观光局”公布之“国外旅游定型化契约书范本”第五条中，指出旅游费用之缴交时期分别为签订本契约时及出发前三日或说明会时。[16] 不过，此规定并非强行规定，基于契约自由原则，当事人得自由订定交付时期。当旅客依约定缴清旅游费用后，原则上旅游营养人不得主张增加费用[17]，惟当交通工具之票价或运费较订约前运送人公布之票价或运费调高逾百分之十时，旅游则须补差额。反之，票价或运费调低逾百分之十时，旅游营业人则须退费给旅客。[18]

---

14 参照“国外旅游定型化契约书范本”第八条（旅游费用所涵盖之项目）：“甲方（此处及指旅客）依第五条约定缴纳之旅游费用，除双方另有约定以外，应包括下列项目：1. 代办出国手续费：乙方代理甲方办理‘出国’所需之手续费及签证费及其他规费。2. 交通运输费，旅程所需各种交通运输之费用。3. 餐饮费：旅程中所列应由乙方安排之餐饮费用。4. 住宿费：旅程中所列住宿及旅馆之费用，如甲方需单人房，经乙方同意安排者，甲方应补缴所需差额。5. 游览费用：旅程中所列之一切游览费用，包括游览交通费、导游费、人场门票费。6. 接送费：旅游期间机场、港口、车站等与旅馆间之一切接送费用。7. 行李费：团体行李往返机场、港口、车站等与旅馆间之一切接送费用及团体行李接送人员之小费，行李数量之重量依航空公司规定办理。8. 税捐：各地机场服务税捐及团体餐宿税捐。9. 服务费：领队及其他乙方为甲方安排服务人员之报酬。”

15 参照“国外旅游定型化契约书范本”第九条（旅游费用所未涵盖项目）：第五条之旅游费用，不包括下列项目：

“1. 非本旅游契约所列行程之一切费用。

2. 甲方个人费用：如行李超重费、饮料及酒类、洗衣、电话、电报、私人交通费、行程外陪同购物之报酬、自由活动费、个人伤病医疗费、宜自行给与提供个人服务者（如旅馆客房服务人员）之小费或寻回遗失物费用及报酬。

3. 未列入旅程之签证、机票及其他有关费用。

宜给与导游、司机、领队之小费。

4. 保险费：甲方自行投保旅行平安保险之费用。

5. 其他不属于第八条所列之开支。

前项第二款、第四款宜给与之小费，乙方应于出发前，说明各观光地区小费收取状况及约略金额。”

16 参照“国外旅游定型化契约书范本”第五条第一项：“旅游费用：甲方应依下列约定缴付：一、签订本契约时，甲方应缴付新台币〇〇〇元。二、其余款项于出发前三日或说明会时缴清。”

17 参照“国外旅游定型化契约书范本”第五条第二项：“除经双方同意并增订其他协议事项于本契约第三十三条，乙方不得以任何名义要求增加旅游费用。

18 参照“国外旅游定型化契约书范本”第七条。

（二）旅客之协力义务

旅游得否顺利完成，除旅游营业人须努力之外，有时尚须旅客之协助，例如旅客须提供相关证明文件或护照以便办理签证，或自行于出发前办理签证，或是旅客须准时到达机场，或者须准时到达集合地点以便与旅游团一起出发等。对此，“民法”第五一四条之三第一项规定：“旅游需旅客之行为始能完成，而旅客不为其行为者，旅游营业人得定相当期限，催告旅客为之。”所谓“需旅客之行为始能完成”，系指旅客不为其行为时，即无从完成旅游者而言。[19] 不仅旅客于出发前须尽协力之义务（如前所云协助办理签证），即于旅游进行中，旅客亦有应尽协力之义务者（如前所谓旅客在旅游途中，须准时到达集合地点，以便整个旅游团之出发）。旅客若不为该协力之行为时，旅游营业人得定相当期限催告旅客为之（第五一四条之三第二项）。催告为意思通知，得为书面亦得为口头。有关其成立生效及相关法律效果，类推适用意思表示之规定。

旅客不于所定相当期限内。尽其协力义务之行为者，旅游营业人得终止契约，并得请求赔偿因契约终止而生之损害（第五一四条之三第二项），学说或认为此之损害赔偿，应系指信赖利益之损害赔偿而言。[20] 若于旅游开始后，旅游营业人依前述规定而终止契约时，旅客得请求旅游营业人垫付费用将其送回原出发地。于到达后，由旅客附加利息偿还之（第五一四条之三第三项）。盖以旅客身处异地，人生地不熟，则将面临返乡之旅费不足、或不谙当地之语言、或不熟悉返家之路径等困境，爰明定旅客得请求旅游营业人垫付费用将之送回原出发地，以兼顾双方利益之均衡。

旅游营业人所负之将旅客送回原出发地之作为，本质上为履行契约后之义务，在义务之群组中，属旅游营业人之附随义务。然而，因旅客未尽协力义务致生终止契约事由之产生，乃是可归责于旅客之事由。虽基于上述确保旅客之安全理由下，旅客虽可请求旅游营业人垫付费用将其送回原出发地，然最终之责任应由旅客承担之，故本条明定旅客于到达原出发地后，应将该笔费用附加利息返还之。利息之利率计算，其于

19 参照“民法”债编修正第五百一十四条之三之修正理由：“……二、本条规定旅客之协力义务。旅游须旅客之行为始能完成者，例如须旅客提供资料始得申办旅游有关手续等是，旅客不为其行为，即无从完成旅游。为保障旅游营业人之利益，爰明定其得定相当期间，催告旅客为协力。”

20 参照林诚二，前揭文，第三九七页。

契约自由原则之精神下，得由当事人自由约定，不过，仍不得违反第二四七条之一或消费者保护法定型化契约之规定。若无特别约定利率时，则以年利率周年百分之五计算之（第二〇三条）。

（三）旅客之变更权

旅客于旅游开始前，可能会因生病或工作上突发急事等等事由，致使无法参加原定之旅程，为顾及旅客之利益，爰于第五一四条之四第一项明定，旅游开始前，旅客有变更由第三人参加旅游行程之变更权，惟旅游营业人有正当理由得拒绝之。依本条项规定，旅客之变更权仅限于旅游开始前方得为之。旅客之此变更权是否须限于旅客须因故无法参加旅游时，方得主张之？台湾学说上或采肯定见解。[21]

旅客行使变更权后，由变更后之第三人参加旅游。究竟此种变更之法律效果为何，立法讨论之过程中，曾有热烈讨论。[22] 本书以为，于此情形，其法律效果应是债之主体变更，同时发生债权及债务承担之效果[23] 对此债务承担之见解，从“民法”第五一四条之四第二项规定：“第三人依前项规定为旅客时，如因而增加费用，旅游营业人得请求其给付。如减少费用，旅客不得请求退还。”盖以第三人既得对旅游营业人请求提供旅游服务，而旅游营业人既亦就新增加之旅费向第三人主张，则第三人应同时具有债权人及债务人之地位。

（四）时间浪费之损害赔偿请求权

“民法”第五一四条之八之规定：“因可归责于旅游营业人之事由，致旅游未依约定之旅程进行者，旅客就其时间之浪费，得按日请求赔偿相当之金额。但其每日赔偿金额，不得超过旅游营业人所收旅游费用总额每日平均之数额。”是为旅游时间浪费之赔偿请求权。条文规定中之“……旅游未依约定之旅程进行者，旅客就其时间之浪费，得按日请求赔偿相当之金额……”究指旅游营业人未提供约定之旅游，致使旅客根本未出发旅游、或迟延成行？或出发至某地，但因可归责于旅游营业人之

21 林诚二教授即认为，旅客须有事由而不能参加旅游时，方得主张此变更权，至于理由是否正当，则在所不问。反之，于不存在不可参加旅游之事由时，行使变更权，则属权利滥用。参照氏著，前揭文，第三九九页。

22 对此问题，参与立法之“民法研究修正委员会”之委员中，有偏向第三人利益契约之主张（如叶赛莺及钱国成委员），亦有采相反见解者（如林诚二及孙森焱委员）。而林诚二委员更是明确指出，此处应解为有关法定利益之债之替代权之规定。详见民法研究修正实录—债编部分（七），“法务部”编印，2000 年 1 月，第三三三页以下。

23 林诚二教授认系发生债务承担之效果。参照氏著，前揭文，第三九九页。

事由，未依约定进行旅游（例如，因旅游营业人之过失，致使无交通工具将旅客从住宿地，如饭店，送至预定旅游地，致使旅客于饭店空等），或者兼包两种之情形？学说上倾向于广义见解，认为无论是给付不能、给付迟延及不完全给付之规定均得生时间浪费之损害赔偿请求权[24]，本书立场亦然。

时间浪费之损害赔偿规定，系仿自德国民法第六五一条第二项而来，德国通说以为，此为非财产之损害赔偿（慰抚金）[25]，台湾立法亦采相同之见解。[26] 故法律用语，特别称“请求赔偿相当之金额”以与第一九四条、第一九五条同语呼应。按单纯时间浪费，得否认为侵害人格权而主张非财产损害赔偿，解释上不无疑义，本条规定应具杜免争论之意义。惟其采肯定见解者，则应认为本条系第二二七条之一之特别规定，并与侵权行为之非财产损害赔偿，发生竞合关系。至于因时间迟延而生之财产上损害赔偿，解释上应认为本于债编通则之债务不履行，即得请求损害赔偿，无待本条规定。[27]

旅客所得请求慰抚金数额，应斟酌时间浪费之痛苦。[28] 此外，第五一四条之八但书之规定：“但其每日赔偿金额，不得超过旅游营业人所收旅游费用总额每日平均之数额。”所以采用赔偿限额规定[29]，并以每日为计算标准，旨在力求平允。[30] 并应参酌旅客之旅游之主要目的是否因而全部或部分未达到等具情事定之。[31] 例如参加法国艺术之旅，目标为参观罗浮宫、蓬皮杜艺术中心及毕加索美术馆，若全部预定之旅程均未进行时，即属此次旅游之主要目的全部未达。反之，一处之旅程未进行时，则为

24 参照刘春堂，前揭文，第一五二页。

25 参照 Larenz，Lehrbuch des Schuldrechts，Band Ⅱ，Halband 1，Besonderer Teil，13. Auflage，1986，S. 387。

26 参照“民法”债编修正第五一四条之八之修正理由：“……二，本条规定旅游时间浪费之损害赔偿。现代社会重视旅游休闲活动，旅游时间之浪费，当认其为非财产上之损害，爰参考德国民法第六百五十一条 f 项二项，于本条明定得请求赔偿相当之金额。……”

27 财产上损害赔偿之依据，得依其个案具体情况，分别依给付不能或给付迟延或不完全给付请求之。

28 类似见解，参照王泽鉴，民法学说与判例研究（七），第一五九页至第一六〇页。

29 参照第五一四之八之立法理由：“……所谓‘按日请求’，系以‘日’为计算赔偿金额之单位，但不以浪费之时间达一日以上者为限。至其赔偿金额，应有最高数额之限制，始为平允，爰设但书规定。”

30 其时间浪费未返一日者，原则以一日计算赔偿额，但旅游营业人之弥补措施，仍使旅客达到部分日的者，得基于诚实信用原则（第一四八条第二项）主张酌减。

31 Larenz，a. a. O.，S. 388.

部分未达。

此外，因旅游契约所生之非财产损害赔偿请求权，亦如本节所生之其他请求权，适用一年短期消灭时效之规定（第五一四条之十二）。至于时间浪费所生之财产上损害赔偿请求权，系基于债编通则规定而生，应认为尚无短期消灭时效之适用。

（五）任意终止权

第五一四条之九第一项规定："旅游未完成前，旅客得随时终止契约。但应赔偿旅游营业人因契约终止而生之损害。"是为旅客之任意终止权。解释上，无论旅游进行中或是进行前，旅客均有终止权。终止权之行使，须以意思表示为之（第二六三条准用第二五八条第一项），其以明示或默示之方法均可。因之，若旅客任意在旅游途中退出旅游活动，解释上仍应视为默示终止，旅游契约亦告消灭。此外，旅客于旅游前有变更权；如是，则二者间应属选择之债之关系，且其选择权人为旅客。

任意终止权乃是专为旅客而定，旅游营业人并无任意终止权。惟旅游营业人因此受有损害者，旅客负赔偿责任。有关于此，立法理由称曰赔偿因契约终止而生之损害[32]，惟学说上或以为，此乃信赖利益之损害赔偿，而非履行利益之损害赔偿。[33] 旅客得请求旅游营业人垫付费用将之送回原出发地。而旅客于到达原出发地后，应将该笔费用附加利息返还给旅游营业人（第五一四条之九第二项）。

二、旅游对旅游营业人之效力

（一）提供旅游服务之义务

提供旅游服务为旅游营业人于旅游契约中之主给付义务。旅游服务之内容为何，因各种旅游型态之不同而有所差别。一般而言，旅游服务之内容应安排旅程，并包括出发前之举行行前说明会，完成旅游行程中之交通、膳宿、导游、代办"出国"手续（如代办护照、签证）、代付机场之税捐、入场门票及相关之接待等服务。因旅游契约为有偿契约，因

32 参照"民法"债编修正第五一四条之九修正理由："……二、本条规定旅客之终止权。旅游未完成前，旅客无论何时，得终止契约。但为兼顾旅游营业人之利益，应令旅客赔偿因契约终止而生之损害。……"

33 参照林诚二，前揭文，第四〇〇页。

而旅游营业人提供旅游服务时，须尽到善良管理人之义务（“民法”第二二〇条），如其违反该项注意义务，致生给付不能、给付迟延或给付瑕疵时，则旅游营业人须负债务不履行责任。

（二）交付旅游书面之义务

依“民法”第五一四条之二之规定，旅游营业人因旅客之请求，应以书面记载下列事项，交付旅客：一、旅游营业人之名称及地址。二、旅客名单。三、旅游地区及旅程。四、旅游营业人提供之交通、膳宿、导游或其他有关服务及其品质。五、旅游保险之种类及其金额。六、其他有关事项。七、填发之年月日。惟如前所述，依立法者之愿意，该书面并非旅游契约之要式文件，其实质意义上，仅具有证明上之功能。[34]

（三）瑕疵担保责任

1. 瑕疵担保责任之成立

“民法”第五一四条之六规定：“旅游营业人提供旅游服务，应使其具备通常之价值及约定之品质。”是为旅游营业人之瑕疵担保责任之规定，其内容类如“民法”第四九二条承揽人瑕疵担保责任[35]，惟旅游营业人尚无效用瑕疵担保责任之概念，是其二者所不同之处。

瑕疵担保责任之重要特色，在于适用无过失责任，此在旅游契约之瑕疵担保责任亦同。旅游服务瑕疵类型有二：一为价值瑕疵，另一为品质瑕疵；前者无待约定，以其是否符合通常价值为断。通常之价值云者，系指依该旅游契约在一般情形下，通常所应具备之价值而言，亦即相较于旅客所支付之旅游费用，通常情形应即具有之交换价值与使用价值。[36] 例如，在某种旅游内容之行程中，在该等价位，一般所提供之交通工具为有冷气之豪华游览车，但是旅游营业人所提供者为破烂且无冷气之巴士，即可谓提供之旅游服务不具备通常之价值。

品质瑕疵之有无，由当事人约定定之，约定之方法为明示或默示均可。约定之内容为何，应探求当事人之真意，不得拘泥于文字（第九十九条）。当于契约中明定所住宿者为五星级饭店，但旅游营业人只提供二流之旅馆时，或是提供之饮食未如约定之丰盛，或是住宿之饭店未如约定有专职代为照顾孩童之人员等，则可谓旅游营业人提供之旅游服务未

34　同注12。

35　参照林诚二，前揭文，第四〇八页。

36　参照林诚二，前揭文，第四〇八页；孙森焱，前揭文，第二二页。

具备约定品质。[37]

2. 瑕疵担保责任之法律效果

第五一四条之七第一、三项规定："旅游服务不具备前条之价值或品质者，旅客得请求旅游营业人改善之。旅游营业人不为改善或不能改善时，旅客得请求减少费用。其有难于达预期目的之情形者，并得终止契约。""旅客依前二项规定终止契约时，旅游营业人应将旅客送回原出发地。其所生之费用由旅游营业人负担。"足见，旅游营业人瑕疵担保责任之可能法律效果，依序为改善请求权、减少费用请求权、终止权及送回原地请求权四者。兹分述于下：

（1）瑕疵改善请求权：旅游营业人所提供之旅游服务不具通常之价值或是约定之品质时，旅客得请求改善之，是为瑕疵改善请求权；例如，前所举之例子中，旅客得请求更换成一部等值之豪华巴士、五星级饭店、提供约定价值之饮食或是提供照顾孩童之人员。瑕疵改善请求权，未如承揽之规定须定相当期限要求旅游营业人改善[38]，鉴于旅游期间较为短暂，宜认为旅客无须定相当期限，而得直接请求旅游营业人改善之。[39]

（2）费用减少请求权：费用减少请求权并非当然发生，而须符合下述要件：

①旅游营业人所提供之旅游服务不具有通常之价值及约定之品质

②瑕疵不能改善或旅客请求改善瑕疵，旅游营业人未改善之

换言之，如瑕疵可以改善者，旅客须先行使改善请求权，如其后旅游营业人改善，则无费用请求权之发生。至于旅客行使减少费用请求权者，其具体数额系将旅游营业人所实际提供之旅游内容与应提供旅游内容间之费用差额，予加以扣减后算定之。例如，于前述例子，旅客得主张扣掉豪华巴士与破烂巴士，或五星级饭店与二流旅馆间，或是约定较高品质与较低品质饮食之差额，或是有提供专人照顾孩童与无专人照顾孩童之差额均是。

（3）契约终止权：旅游服务不具备应有之价值或品质，有难于达预

37 参照姚志明"民法债编修正后对债务不履行规定变动部分问题探讨"，月旦法学杂志，第五五期，第四六页。

38 参照"民法"第四九三条第一项："工作有瑕疵者，定作人得定相当期限，请求承揽人修补之。"

39 参照林诚二，前揭文，第四〇九页。

期目的之情形者，旅客得终止契约（第五一四条之七第一项后段）。换言之，契约终止权惟于构成难于达预期目的之情形时，始有适用；反之，若未达到难于达预期目的之情形时，旅客仅得请求改善或减少费用。至于难于达预期目的，系由于不能改善、不为改善或改善而无效果，则均非所问。何谓难于达预期目的呢？学说上认为，难达于预期目的之情形，须该旅游服务之瑕疵关系重要，该瑕疵未经改善（除去）时，导致无法达到旅客当初缔结旅游契约之目的者。[40] 例如，新婚之甲乙二人，基于度蜜月之目的，参加舒适豪华价钱昂贵之法国巴黎之旅，若旅游营业人提供之住宿并非约定之五星级饭店，而是无浴厕之简易旅馆。此时，旅游营业人经请求改善而不改善或住宿当地附近并无设备良好之饭店时，此时可谓已达难于达预期目的之情形而得终止契约。

（4）送回原地请求权：前段情形，旅客于终止契约后，难免发生身处异地，不知所措之困境，为保障旅客权益，民法爰规定，旅游营业人应将旅客送回原出发地，其所生费用则由旅游营业人负担，盖以其系因旅游营业人违反担保责任所致故也。[41]

送回原出发地，应属于旅客之请求权，旅客如愿自行安排其他行程或自行束装返回，旅游营业人当无强制送回之权；而且，旅客基于终止契约而生之其他请求权，亦不因本条项规定而受影响。

综上所述，足见旅游营业人瑕疵担保责任之法律效果，其存在体态尚称复杂，爰试予图解如下，以供参考：

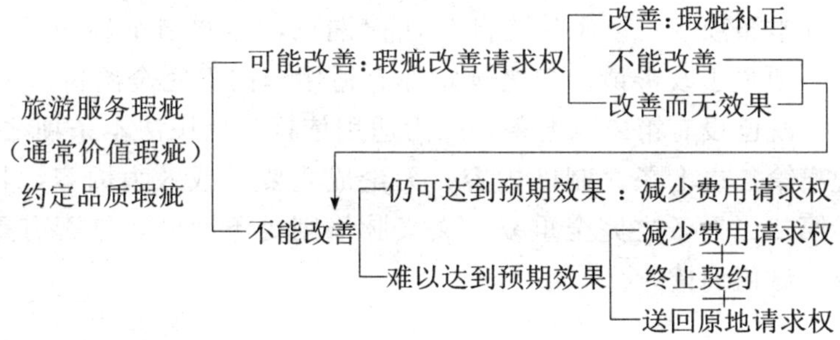

40　参照林诚二，前揭文，第四〇九页。

41　参照“民法”债编修正第五一四条之七修正理由：“……四、因旅游服务不具备应有之价值或品质致旅客依前二项规定终止契约时，为免旅客身处异地陷于困境，应令旅游营业人将旅客送回原出发地，且因其系属可归责于旅游营业人之事由，应由其负担费用以保障旅客之权益，爰为第三项规定。”

（四）不完全给付责任

“民法”第五一四条之七第二项之规定：“因可归责于旅游营业人之事由致旅游服务不具备前条之价值或品质者，旅客除请求减少费用或并终止契约外，并得请求损害赔偿。”是认为旅游营业人不完全给付责任之特别规定。[42] 盖以提供旅游服务，乃旅游营业人之给付，旅游服务有瑕疵者，即为给付有瑕疵，其提供之旅游营业人而可归责者，即为瑕疵给付，规范原理上当然有不完全给付（第二二七条）之适用也。

依第五一四条之七第二、三项规定，旅游营业人给付有瑕疵者，旅客得请求减少费用、终止契约，并得请求损害赔偿及送回原出发地。而且，依本条项文义似可认为四种请求权均属并存，其间为权利竞合关系。[43] 至于此之损害赔偿，本于不完全给付原理，应认为包括固有利益所受损害之赔偿（第二二七条第二项）。又债务人须对其履行辅助人之行为负其责任（第二二四条），于此亦然，如旅游营业人以定型化契约加以排除者，应认为违反第二四七条第一款或“消费者保护法”第十二条而无效。“民法”债编修正前及消费者保护法制定前之“最高法院”判决，认为于此案例系违反公共秩序而无效[44]，其见解似有变更必要。

不完全给付中之给付瑕疵，如其瑕疵而可补正者，得请求补正；承揽之不完全给付，亦肯定修补（补正）请求权（第四九五条）。反之，依本条项规定，则旅客无改善请求权。惟此见解，不仅于旅客权益保障不周，恐亦徒生双方损害之扩大，有违公平正义及权益保护之道，解释本条项规定，应认为此处法律漏洞，得本诸举轻明重，认为同条第一项关于改善请求权之规定亦有适用。按不完全给付，“民法”债编修正既已设有第二二七条，以为适用依据，而民法本条项之规定，并未脱离第二二七条之制度内容，无论成立要件或效力内容，其规定可说是第二二七条之完全重复，文义脉络则更不明晰，是否有重复明定必要，诚值商榷。

42 参照林诚二，前揭文，第四一一页。

43 如其并存者为请求权者，宜认为系请求权竞合之关系，既非选择之债，更无法条竞合之适用。

44 请参照“最高法院”1991年台上字第七九二号判决（学者王泽鉴教授则不同意“最高法院”之见解，其认为此案例应视违反诚信原则之问题，其见解契合定型化契约法律原则，堪予肯定。参照王泽鉴“定型化旅行契约的司法控制”，民法学说与判例研究（七），1994年，第七一页）。

（五）协助处理事故之义务

旅客参与旅游营业人所安排之旅游，若在旅途中发生身体或财产上之事故时，旅游营业人应为必要之协助及处理；此外，旅游营业人安排旅客在特定场所购物，其所购物品有瑕疵者，旅客得于受领所购物品后一个月内，请求旅游营业人协助其处理（第五一四条之十第一项、第五一五条），是为旅游营业人之事故发生时之协助处理义务。兹分述如下：

1. 事故之协助与处理之义务：旅客所以参加旅游营业人所安排之旅程，不外乎对于欲前往之旅游景点之风俗习惯、路线不熟悉或是对当地之语言不通。此时，负责安排行程及熟悉当地之风俗习惯、法令及语言之旅游营业人，应是最适宜负责协助旅客解决问题之人。基此考量，民法爰明定，旅客若在旅游途中发生事故，例如护照或金钱遗失、生病或是被抢劫等，旅游营业人负有协助旅客申请新护照、将旅客送医或是协助报警等义务，解释上为狭义之附随义务。旅游营业人若不尽此协助义务，旅客得主张不完全给付而请求损害赔偿。旅游营业人协助旅客之所生费用，非可归责于旅游营业人时，如可归责于旅客，或系出于不可抗力者，由旅客负担（第五一四条之十第二项）。至于其他事由所生之旅客须协助之事例，所生之费用应由旅游营业人负担之。

基本上，民法本条并非旅游营业人债务不履行责任之规定，旅游营业人是否负债务不履行责任、乃至如何负债务不履行责任，除前述不完全给付外，并无其他特别明文，解释上应回归债编通则有关规定，尚不因民法本条规定而受影响。虽然，从债编通则规定言，旅游营业人仅负过失责任，惟旅游为提供服务，旅客则常为消费者，是以旅游营业人提供旅游而致旅客发生损害者，多数情形，势须依消费者保护法服务责任之规定，负无过失损害赔偿责任（“消费者保护法”第七条），尚不生契约不履行优先于消费者保护法（侵权行为）无过失责任适用之问题。[45]

2. 对旅客购物瑕疵时之协助及处理义务：旅客出外旅游而购买物品，极为普遍。不过旅客常在旅游营业人之安排下，参观特定之场所，并因此购买物品，为保护旅客权益，“民法”第五一四条之十一规定：“旅游营业人安排旅客在特定场所购物，其所购物品有瑕疵者，旅客得于

45 “消费者保护法”上商品服务责任之规定，通说以为系侵权行为之规定，尚与债务不履行无关。

受领所购物品后一个月内，请求旅游营业人协助其处理。”[46] 盖以旅客购物之场所既然系旅游营业人所安排，基于旅游营业人当对该旅游地之语言习惯等较为熟悉，故应赋予旅游营业人之协助处理义务，性质上亦系旅游营业人之附随义务。

（六）旅游内容变更权

旅游营业人就其所提供之旅游服务内容负有忠实履行之义务，然而旅游契约订立后，有不得已之事由时旅游营业人得变更旅游内容，以期通权达变（第五一四条之五第一项）。所称之不得已事由，应系指不可归责于旅游营业人之事由，致使旅游营业人之提供旅游内容产生困难。[47] 本书以为，解释上应采较宽松之认定，只要依社会上之一般通念，以原定给付会导致给付上之重大困难或是逾越旅游营业人合理范围之费用者即可。

然而，如其同时构成不可归责于旅游营业人之事由致原旅游给付不能时，一般以为旅游营业人不得主张第二二五条第一项免给付义务，例如，于旅游之行程中，猝遇机场关闭、战争、政变、暴动、水灾、或地震等天灾，原定之旅游实难以再继续进行下去，基于保护旅客权益，旅游营业人有变更旅游内容之义务[48]，“民法”第二二五条适用，因本条之订定而被排除。至于变更旅游内容而因此所减少之费用，应退还于旅客；若增加之费用，则不得向旅客收取（第五一四条之五第二项）。

旅客对于变更后之旅游内容不同意时，宜尊重旅客意愿，“民法”第五一四条之五第三项爰规定变更旅程时，不同意之旅客得终止契约。于此情形，除旅客就尚未进行之旅游项目之各该费用（包括机票之费用、其他交通费，如巴士或船舶费用、每天住宿费用及其他相关之费用等）均得请求返还外，并得请求旅游营业人垫付费用将其送回原出发地，但于到达后，由旅客附加利息偿还之，以期双方权益之公允。[49]

46 参照“民法”债编修正第五一四条之十修正理由：“……二、旅游营业人系以提供旅客旅游服务为营业之人，则旅客在旅游途中，因天灾、地变或旅客之过失等非可归责于旅游营业人之事由，致身体或财产受有伤亡损害时，旅游营业人应对旅客为必要之协助及处理，爰为第一项规定。”

47 参照林诚二，前揭文，第四〇一页。

48 参照林诚二，前揭文，第四〇二页。

49 参照“民法”债编修正第五一四条之五修正理由：“……五、旅客依前项规定终止契约时，身处异地，不免陷于困境，爰于第四项明定旅客得请求旅游营业人垫付费用，将其送回出发地，而于到达后，由旅客附加利息偿还于旅游营业人，以期平允。”

第三节 旅游之消灭

一、契约之解除

旅游为契约之一种，此无禁止解除之规定，解释上应认为，于旅游开始前，一方有债务不履行情事者，他方则得为解除。此外，旅客于旅游开始后既得任意终止契约，则旅客在旅游开始前，亦应赋与任意解除契约之权限[50]；至其赔偿责任，则参考定型化契约相关控制规定定之。[51]

二、契约之终止

旅游为继续性契约，得因当事人行使终止权，亦即终止契约而消灭，自属当然。况者，旅游契约面临不可预料或不可控制之不确定因素者颇多，为兼顾旅游营业人利益及旅客之旅游目的，民法本节设有诸多有关终止之规定，堪认本节重大特色之一。惟有关终止事由及其法律效果，业已如前所述，兹不复赘。

三、短期消灭时效

旅游契约消灭，其法律效果如何，解释上应依各该事由所根据之法律制度而定。惟因本节所生之金钱请求权，多数情形适用短期消灭时效，

50 参照孙森焱，前揭文，第三一页；刘春堂，前揭文，第一六一页。

51 “国外旅游定型化契约”应记载及不得记载事项，壹、应记载事项第八项规定（出发前，旅客任意解除契约及其责任）：

“旅客于旅游活动开始前得缴交证照费用后解除契约，但应赔偿旅行业之损失，其赔偿标准如左：（一）旅游开始前第三十一日以前解除契约者，赔偿旅游费用百分之十。（二）旅游开始前第二十一日至第三十日以内解除契约者，赔偿旅游费用百分之二十。（三）旅游开始前第二日至第二十日期间内解除契约者，赔偿旅游费用百分之三十。（四）旅游开始前一日解除契约者，赔偿旅游费用百分之五十。（五）旅客于旅游开始日或开始后解除契约或未通知不参加者，赔偿旅游费用百分之一百。

前二项规定作为损害赔偿计算基准之旅游费用，应先扣除签证费用后计算之。”

以期早日确定法律关系。[52] 为此，第五一四条之十二规定：“本节规定之增加、减少或退还费用请求权，损害赔偿请求权及垫付费用偿还请求权，均自旅游终了或应终了时起，一年间不行使而消灭。”此所称终了，包括旅游行程完毕、旅游契约解除或终止等情事。

52 参照“民法”债编修正第五一四条之十二修正理由：“……二、本条规定本节所定之各项权利行使之期间。鉴于旅游行为时间短暂，为期早日确定法律关系，本节规定之权利以从速行使为宜，爰明定为自旅游终了或应终了时起，一年间不行使而消灭。”

第十三章

出　版

出版，为具有承揽性质契约之一，民法列之于承揽之后，当系着眼于此一性质而来。本书于出版一章，分出版总说，出版之效力及出版之消灭三者说明之。

第一节　总　说

出版总说，分别说明出版之意义及性质。

一、出版之意义

“民法”第五一五条规定：“称出版者，谓当事人约定，一方以文学、科学、艺术或其他之著作，为出版而交付于他方，他方担任印刷或以其他方法重制及发行之契约。”在当事人关系上，交付著作以供出版之一方，通称出版权授与人；担任印刷发行之一方，通称出版人。因之出版云者，亦可称为，出版权授与人与出版人约定，由出版权授与人交付著作于出版人，出版人担任印刷或以其他方法重制及出版之契约。各种之债，出版一节各条所称出版权授与人、出版人、殆指此而言。至其要点，殆可析述如下：

（一）出版权授与人授与出版之契约

1. 著作之交付

出版之完成，须有人担任印刷（或重制）及发行，其依约由当事人一方完成者，须经另一方授与印刷（或重制）及发行之权利，是为出版权之授与。出版人于取得授与后，始有出版之权利。出版云者，印制著作，并予以发行之谓。足见，出版人苟欲完成出版，出版权授与人势须交付著作。因之，“民法”第五一五条特别订明“以……著作为出版而交付”之文句。换言之，亦即出版权授与人之交付著作，为出版行为之先为给付，一般文献，将出版解为当事人一方以著作为出版而交付于他方之契约，殆着眼于此而来。交付云者，宜与买卖、租赁等相关条文所称之交付，作同一解释；惟其目的，须为出版而交付，否则，或系成立其他契约类型，非本章所称之出版。著作，如系着重于表征其有形结果之层面，是为著作物，其情形有如工作之于工作物：修正前“民法”及修正前“著作权法”，均采同一立场而称为著作物[1]，“民法”债编修正，从现行“著作权法”用语[2]，把握其无形成果层面，就著作物用语修正称为著作。[3]“著作权法”第三条第一款规定：“著作：指属于文学、科学、艺术或其他学术范围之创作。”基此，则举凡具有创作性之精神劳动作品，均得称为著作，不仅资料选编尚不例外[4]，即投稿于新闻纸或杂志，经刊登者，原则亦系成立出版契约（第五一五条第二项）。[5]

以著作供为出版者，以当前社会生活情况观之，其标的固不外乎文学、科学、艺术三者，惟现代精神文化生活日新月异，出版事业快速发展，以上三者或难兼括，信必成为事实，民法债编修正，斟酌未来生活需要，就得为著作之标的，改采例示规定方式，于民法本条第一项明定

1 参照修正前“著作权法”第一条第一项（1985年）：“就左列著作物依本法注册专有重制之利益者为有著作权：
一、文字之著译。
二、美术之制作。
三、乐谱剧本。
四、发音片、照片、或电影片。”

2 主要条文依据，请参照“著作权法”第三条第一款、第五条～第八条。

3 “民法”债编第五一五条以下修正，就本条及本节所称之“著作物”修正为“著作”，其理由为何，漏未具体说明，不无可议。

4 参照“著作权法”第七条第一项：“就资料之选择及编排具有创作性者为编辑著作，以独立之著作保护之。”

5 参照“法务部”1982年律字第七二一五号函：“按著作向报社投稿，似属出版之要约，其经报社采用刊载者，通常可认为因承诺而成立民法上之出版契约，报社不过享有利用该著作物之权利（出版权）而已，除有特约外，难认当然包括著作权之转让在内，尚与‘著作权法’第一六条，所定受聘而为著作之情形有别。”

包括其他之著作，以期周延，并因应社会生活之变衍，似较允妥。[6]

2. 出版权之授与

出版权为著作权内含之一[7]，依现行著作权法之体制，出版云者，似应解释为，著作人公开发表权与专有重制权之结合（“著作权法”第一五条、第二二条）。盖“著作权法”之规定，公开发表权为著作人格权之范畴，专有重制权属著作财产权之范畴，是以，出版权似具人格权及财产权之综合体之意义。惟“著作权法”，另就公开口述权、公开播送权、公开上映权、公开展示权，均列为著作财产权（“著作权法”第二三条～第二九条），出版权未见规定，致解释上反须列为综合权利，立法上是否允妥，不无可议。修正前“著作权法”，将出版列为著作财产权内含之一，似较妥当。[8]

出版权当然属于著作权人；其著作权人不自行出版，而有限度授与于他人以出版之权利者，是为出版权授与。出版权授与，与出版权让与，形式相类而实质殊异。著作权人将出版权永久让与他人者，是为出版权让与，一经让与，即无回复可言；反之，出版权授与，则出版权人仅得于约定期限或约定版数内为出版，约定期限届满或约定版数届满，出版权仍回复于著作权人，出版人抛弃出版权利者，亦应作同一解释。[9] 不过出版权授与，得以约定永久出版（第五一八条第二项）；于此情形，上述区别或较模糊。但约定永久出版之出版权授与，出版人抛弃出版权利者，出版权回复为著作权人专有；反之，出版权经让与者，出版人抛弃出版权者，并不当然回复为著作权人专有。是以，二者之间仍有不同。再者，出版权既得授与、让与，解释上自亦得设质。[10]

6　参照“民法”债编修正第五一五条修正条文：“称出版者，谓当事人约定，一方以文艺、学术、美术、音乐或其他之著作物，为出版而交付于他方，他方担任印刷（或重制）及发行之契约。”

7　现行“著作权法”，将著作权明确区分为著作人格权及著作财产权（第三条第三款、第三章第二节、第三节）。

8　参照1985年修正之“著作权法”第三条第五款，第二八条第一项第七款，兹录其文字于下，以供参考：第三条第五款：“著作有关之权利人：指出版人、发行人、制版人或其他得就‘著作依法’主张权利之人。”

第二八条第一项第七款：“出版人出版著作权人之著作，未依约定办理致损害著作权人之利益者。”（效果为：视为侵害著作权。）

9　参照郑著（下），第三九七页；史著，第三四二页。

10　参照“最高法院”1965年台抗字第五二九号判例：“出版权为无体财产权之一，亦得为质权之标的，且其设质应以当事人合意为已足，其未经声请登记或注册，不过不得以之对抗第三人而已，与设质无碍。”

（二）出版人担任印刷重制及发行之契约

何谓出版行为，民法、著作权法等相关法律，均无直接明文。惟从民法本条及著作权法相关条文，则出版行为，实即著作之印刷重制发行行为。如是，所谓出版，当指著作之印刷重制及发行之统称而言。[11] 社会生活上，或有称之印行者。不过，印刷云者，仅系例示，印刷以外之其他重制行为，亦有适用；其常见者为复制之文书或图画是。

为此，民法债编修正本条，于印刷之后增列“或以其他方法重制”之字眼，于杜免争议，当具积极意义。[12] 惟为行文方便，以下仍以印刷重制兼括称之。

发行云者，意指散布于公众（特定之多数人或不特定之人）[13] 而言，其通常情形为出售。担任云者，解释上具有三层意义：其一为印刷重制、发行工作由出版人负责完成之，其二则为费用由出版人负担，其三为出版之得失盈亏，归由出版人承受。因之，出版权授与人自行负责印刷重制发行者，或自行负担费用，或利害盈亏归由出版权授与人者，均非此所称之出版。因之，民法本节所称出版云者，概念上寓有利害盈亏归由出版人承受或负担之意义。投稿于报章杂志，虽推定成立出版契约（第五一五条第二项），但当事人间特别约定连同著作权让与者，应视其让与原因行为为有偿或无偿，而成立买卖或租赁。[14]

印刷重制、发行，必须兼而为之。其仅负责印刷者，固非成立出版契约（似为承揽），其仅担任发行者，亦非成立此所称之出版（似为委任，例如书籍经销契约是）。

二、出版之性质

出版之性质，拟分二项说明。一为出版之法律上性质，二为出版之相类概念。

11 参照“民法”出版一节立法理由：“出版品者，谓用机械或化学之方法所印制，而供出售或散布之文书，图画也。”“出版法”第一条：“本法称出版品者，谓用机械、印版或化学方法所印制，而供出售或散布之文书、图画。”

12 同注6。

13 参照“著作权法”第三条第四款：“公众：指不特定人或特定之多数人，在家庭及其家居生活以外聚集多数人之场所之人，亦属之。”

14 参照“民法”债编修正第五一五条修正理由：“投稿于新闻纸或杂志经刊登者，推定成立出版契约。”

（一）出版之法律上性质

出版之法律上性质，其要点约可分为以下数者：

1. 有名契约

出版契约之契约上性质为何？学理上颇见争论，买卖、租赁、消费借贷、乃至委任，均有论者主张。实者，以上各说之诠释，均属未尽妥当。民法既已独列专节，解释其为独立有名契约，即为已足，殊不必勉强归属于出版以外之其他契约类型。至其体例，则系仿自瑞士债务法而来。[15]

2. 诺成、不要式契约

出版，因出版权授与人与出版人之约定而成立，无待交付，亦无庸书画。

3. 双务契约

出版是否为双务契约，学理上固有争论，通说采肯定[16]，盖以出版权授与人之交付著作债务与出版人之印刷发行债务，二者尚可解为对价关系，而且双务契约之相关法律适用，亦较明确，本书爰亦采通说见解。至于出版权授与人或出版人是否获有报酬，则与其是否为双务契约，尚无直接关连。

出版之为双务契约，于以下二点，尚与一般之双务契约不同。此即：

（1）出版权授与人之交付著作物，相对于出版人之出版行为，有先为给付义务，原则上出版权授与人不得对出版人主张同时履行抗辩权（第二六四条第一项）。

（2）出版之给付与对待给付，均系本于自己利益，二者于出版之完成上，具有共同目的，且属利益一致，与一般之双务契约，其给付与对待给付，系处于利益相反者，情形亦有不同。

4. 有偿契约

出版是否为有偿契约，学理上之有争论，恰如双务契约，通说亦采肯定，本书既认其为双务契约，则同理自亦得认为系有偿契约。此之有偿契约性质，解释上亦不以有无给付报酬于出版权授与人而受影响。

（二）出版之相类概念

出版之相类概念，主要者略有如下：

15 参照“民法”出版一节立法理由：“关于出版，即著作人与印刷发行人相互间之权利义务，亦须特别规定，方足以资准据。故本法特仿瑞士债务法，专设本节。”

16 参照郑著（上），第三九八页；史著，第三四三页；戴著，第一九三页；陈著，第一八八页；蔡著，第一四二页。

1. 出版权让与

著作权人或出版权人，将其出版权让与第三人之行为，是为出版权让与。固然，著作权法，于著作权让与定有明文（“著作权法”第三六条），出版权让与未见明文；“民法”出版一节，亦无出版权让与之明文。惟基于契约自由原则，解释上宜作肯定（出版权因出版权授与而取得者，如出版契约约定禁止让与者，则出版人不得让与。——第二九四条第一项第二款）。

出版权让与与出版权授与，固有不同；出版权让与与出版，亦颇殊异。出版系（债之）契约，并因其契约之成立，发生出版权授与之效力，出版人因之取得出版权；反之，出版权让与为物权行为，因让与合意，受让人取得出版权，至其原因，或为买卖、租赁、（使用）借贷，与出版尚无关系。

2. 非固有之出版契约

无出版权人，与他人订立以出版为标的之契约者，学理上另称之“非固有之出版契约”[17]。惟此概念，似仅具概念区分之意义，法律解释上，仍认为成立出版契约为妥，殊不必为之另立其他契约类型。至其较为具体情形，则有如下：

(1) 出版权根本不存在

此为标的不能，惟出版权为无体财产权，出版为有偿契约，解释上得类推适用权利存在担保责任（第三四七条、第三五〇条），出版契约仍属有效，出版人得依债务不履行（给付不能）行使权利（第三五三条）。

(2) 出版权为他人所有

此为给付不能，出版契约有效，出版人得依给付不能行使权利（第二二六条）。

(3) 出版权保护期间已过

此为瑕疵给付，出版人得依不完全给付行使权利（第二二七条），盖以于此情形，出版人仍有出版权利尚非权利根本不存在，惟其不具有排他效力，出版权授与人之给付，难谓无瑕疵也。

(4) 委托出版

出版权人，自己负担印刷（重制）及发行费用，而委托他人负责印刷（重制）及发行事务者，通称委托出版。

17 参照郑著（上），第三九七页；史著，第三四二页。

委托出版，负责印刷及发行事务之人，形式上虽有出版之行为，惟委托人与受托人间之法律关系，并非出版，而系委任或承揽（通常情形为委任）。惟受托人于其发行结果，若与委托人共同计算利益者，则双方系成立合伙契约（第六六七条以下），适用合伙之有关规定。

委托他人执行出版事务，既不因出版之事实而成立出版，则仅委托他人印刷（或重制），或仅委托他人发行者，自无成立出版之可言（通常情形，亦为委任契约）。

第二节　出版之效力

出版之效力，为出版一节之重心，其涉及事项较为繁巨，爰归纳其要点如下表：并依次说明之。

- 出版（效力）
  - 出版权授与人
    - 著作交付(515)
    - 出版权授与(515 之 1)
    - 出版权行使(516 Ⅰ)
    - 权利瑕疵担保(516 Ⅱ)
    - 公表事实告知义务(516 Ⅲ)
    - 竞争禁止义务(517)
    - 修订权之保有(520)
  - 出版人
    - 出版权之得失(518)
    - 出版义务之履行(519、521)
    - 报酬给付(523、524)
    - 危险负担(525、526)

一、出版对于出版权授与人之效力

依出版一节规定，出版对于出版权授与人之效力，其要点有七。即著作交付、出版权授与、出版权行使、权利瑕疵担保责任、公表事实告知义务、竞争禁止义务、修订权之保有七者是。兹依次分述于下：

（一）著作之交付

出版虽为不要物契约，其成立生效，不以交付著作为必要。惟出版人欲完成出版工作，既须印刷（或重制）为前提，是著作之交付于出版人，无宁为出版事务进行之前提，故民法于出版一节，开宗明义，明定著作交付为出版契约内含之一。法律解释上，著作交付，不仅为出版权授与人之给付，而且为出版权授与人对出版人之先位给付。著作交付，苟有迟延或不能，即成立给付迟延或给付不能；而且，出版权授与人不得以之对出版人主张同时履行抗辩权。

著作交付之标的，通常固为原稿，但解释上不以原稿为限，因再版而以曾经出版之著作充之，固无不可；出版权授与人经出版人同意而交付复本或影本者，亦非不可。

著作交付之时期，解释上依契约自由原则，由当事人约定之。未约定者，原则上于契约成立时交付（第三一五条），惟出版人知悉著作尚未完成者，于将来完成时交付。其著作交付迟延者，出版权授与人对出版人负给付迟延责任，惟著作权法因著作人格权之考虑，明定未公开发表之著作财产权，原则上不得为强制执行之标的。[18] 一般爰以为，出版人只能解除契约及请求损害赔偿。愚意则以为，得否声请强制执行，须视著作是否曾经公表而定，其情形略有如下：

1. 著作未经公表者

为出版标的之著作，未经公开发表者，出版权授与人给付迟延时，出版人不得声请强制执行，其请求交付著作之债权，为欠缺强制实现力之自然债务[19]，惟其请求权仍属存在，解释上出版人仍得诉请给付。

2. 著作曾经公表者

为出版标的之著作，业经公开发表者，尚无上述著作权法规定之适用，解释上应认为如同一般之给付，性质上为完全债权（具有强制实现力），出版人对迟延交付之著作，有声请强制执行之权利。

（二）出版权之授与

出版人为完成出版工作，须取得出版权。此之出版权取得，须由出版权授与人授与之，故出版权授与为出版权授与人之义务，与著作交付同为出版权授与人之给付构成内容。出版权授与人因出版权不存在或不完全而不能授权或不能为完整之授权者，即为给付不能或不完全给付。

依“民法”第五一五条之一第一项规定：“出版权于出版权授与人依出

18 参照“著作权法”第二〇条：“未公开发表之著作原件及其著作财产权，除作为买卖之标的或经本人允诺者外，不得作为强制执行之标的。”

19 关于欠缺强制实现力之债权，请参照邱聪智前揭“新订民法债编通则”（上），第八页。

版契约将著作交付于出版人时，授与出版人。”基此，足认出版人出版权之取得，系与著作交付同时完成。换言之，只要出版权授与人，依出版契约而交付著作，出版人即取得出版权，无待出版权授与人另有授与之意思表示。民法本条项增订，寓有避免无谓争议之意旨，应值肯定。[20]

出版人出版权之取得，系基于授与。类此授与，物权意义上，近于创设取得而非继受取得，修正前“民法”第五一六条第一项曾以移转称之[21]，修正后删除之，于凸显授与之“有限的创设取得”之意义[22]，应较符用语明晰之要求。

（三）出版权之行使

出版人，因出版契约经出版权授与人授与出版权，而取得出版权者须行使出版权以完成出版工作。斯为其权利，亦为其义务，故“民法”第五一六条第一项规定：“著作财产权人之权利，于合法授权实行之必要范围内，由出版人行使之。”

兹所称实行之必要范围云者，仅限于出版权本身而已，即著作权人排除侵害之消灭权能，亦在必要行使权义之列。换言之，出版权人因出版契约取得之出版权，其受有侵害者，固得本于出版权受害而主张排除（“著作权法”第八四条[23]），对于侵害著作财产权之人，亦得主张排除其侵害。[24]

出版权授与人因出版而授与于出版人之出版权，从主体层面言之，

---

20 参照“民法”债编修正第五一五条之一修正理由第二项：“出版契约，须有出版权之授与，出版人始能承担著作之重制发行。而出版权，于出版授与人依出版契约将著作交付于出版人时，授与出版人，为期明确并避免疑义，爰参考德国出版法第九条第一项于本条第一项增订出版人出版权授与之时期。”

21 修正前“民法”第五一六条第一项：“著作人之权利，于契约实行之必要范围内，移转于出版人。

22 参照“民法”债编修正第五一六条修正理由：“现行条文第一项‘移转’一语，易使人误解著作人于其权利移转后，无从回复。为避免疑义，爰并予修正，明示著作财产权人之权利，于契约实行之必要范围内，由出版人行使。”

23 出版权包括于著作权，解释上，著作权法第八四条之著作权侵害，应包括出版权之侵害，是以，出版人对于侵害其出版权之人，得依同条规定请求排除或预防之。兹为便于参考，特录其法条文字如下：“著作权法”第八四条：“著作权或制版权之权利人对于侵害其权利者，得请求排除之，有侵害之虞者，得请求防止之。”

24 参照民法院1937年院字第一六四八号解释：“民法第五百一十六条所指著作人之权利，其对于侵害人提起诉讼之权，应解为系在其必要范围内。又著作权法第二十三条所称权利人，亦包括享有出版权之出版人在内，故无论出版契约就此有无订定，出版人均得依前述规定，对于侵害人提起诉讼。”（按本号解释之著作权法第二三条，系指1985年修正前之著作权法，现行法之相当条文应系第八四条）。

系根源于著作人之著作财产权。惟著作人之著作人格权，尚非让与或继承之标的，其得由继受人或继承人取得者，仅为著作财产权而已，故民法本条项明定著作财产权人之权利，始得经合法授权而由出版人行使之。[25] 修正前民法本条项虽使用“著作人之权利”，但其意函，仍应与修正后文字作同一解释。

（四）权利瑕疵担保责任

出版为有偿契约，买卖有关瑕疵担保责任之规定，解释上于出版亦有适用。惟出版一节，于权利瑕疵担保之对象，另有明文，性质上应属瑕疵担保责任规定之补充。

“民法”第五一六条第二项规定：“出版权授与人，应担保其于契约成立时，有出版授与之权利，如著作受法律上之保护者，并应担保该著作有著作权。”是为出版权授与人之权利瑕疵担保责任。依此规定，出版权授与人所须担保之权利对象有二，即出版授与权与著作权是。

1. 出版授与权之担保

出版人，因出版契约而取得之出版权，系经出版权授与人之授与而来，如出版权授与人无授与之权利，出版人尚不能因出版权授与人之授与而取得出版权。按出版权授与人于契约成立时无出版授与权者，规范意义上为标的不能，兹民法本条项规定，意义上即等于出版权授与人应负权利存在担保责任。因之出版权授与人尚不能以标的不能而主张契约无效。而应准用“民法”第三五三条规定，对出版人负债务不履行（给付不能）责任（第三四七条），且不因出版人有无给付报酬而异其适用规范。[26]

理论上，出版权属于著作权人（著作人自己或其继承人或受让人），著作权人而无出版权者，并不多见。通常，著作权人已授与出版权于他人，或就著作权丧失处分权（例如，著作权人受破产宣告[27] 似为著例）。

25 参照“民法”债编修正第五一六条修正理由：“按著作人之权利可分为著作人格权及著作财产权，其中著作人格权专属于著作人本身，不得让与或继承，而著作财产权则得让与。现行条文第一项所谓‘著作人之权利’实系指‘著作财产权人之权利’而言，为期明确，爰予修正。”

26 参照戴著（上），第二〇〇页；梅著，第二九页。反对见解认为，出版人未支付报酬者，类推适用第四一四条，出版权授与人仅于出版费用之范围内，负与出卖人同一之担保责任（参照郑著（下），第四〇四页；史著，第三四七页；薛著，第一七〇页）。

27 著作权人受破产宣告者，通说以为，其著作权属于破产财团，著作权人对之丧失管理权及处分权（“破产法”第七五条）。

2. 著作权之担保

出版权既为著作权内含之一。因之，著作权亦在出版权授与人担保之列。惟民法本条项之法律用语，似较缓和，以著作如受法律上保护者为对象，揆其用意，当在限制权利瑕疵担保范围。惟著作而不受法律上保护者，亦不多见。因之，出版权授与人之须担保著作权存在之情形，亦属相当普遍。

著作而不受法律保护者，保护期间届满之著作或不得为著作权标的之形式著作，似为主要事例（"著作权法"第九条）。[28] 此外，以未完成之著作，作为出版之标的者，其出版权授与人似亦不负著作权存在担保责任（参酌第五二七条第一项）。

（五）公表事实告知义务

出版权授与人，于出版成立前，已将著作之全部或一部，交付第三人出版，或明知著作经第三人公开发表者，出版权授与人有告知出版人之义务（第五一六条第三项）。所谓公开发表云者，包括发行、播送、上映、口述、演出、展示或以其他方法向公众公开提示著作内容等行为（"著作权法"第三条第一三款）。

告知事项，须发生于契约成立前，告知亦须于契约成立前为之。盖曾经出版或公开发表之事项，如发生于契约成立后，已系债务不履行（不完全给付）之范畴，无待另行规定；契约成立前所以必须告知，旨在给予出版人斟酌机会，免受不测之损害。其情形恰如托运人之危险告知义务（第六三一条）或要保人据实说明义务（"保险法"第六四条），均为契约前义务之重要事例。

出版权授与人履行上述告知义务、出版人犹愿成立出版者，其不利益归由出版人负担，若出版权授与人明知而未告知者，出版权授与人应负瑕疵担保责任（交付出版者，准用第三四九条规定，经第三人公开发表者，为价值瑕疵，准用第三五四条规定）外，出版人并得请求出版权

28 不得为著作权标的之范围如下：
"著作权法"第九条第一项：
"下列各款不得为著作权之标的：
一、'宪法'、法律、命令或公文。
二、'中央'或地方机关就前款著作作成之翻译物或编辑物。
三、标语及通用之符号、名词、公式、数表、表格、簿册或时历。
四、单纯为传达事实之新闻报道所作成之语文著作。
五、依法令举行之各类考试试题及其备用试题。"

授与人赔偿因未告知所生之损害（类推适用第六三一条规定）。

修正前民法本条用语，于告知义务主体，称之“出版物授与人”，似有未尽明晰之处，民法债编修正改称“出版权授与人”[29]，于用语统一，杜免无谓争议，颇具意义，亦此附带说明之。

（六）竞争禁止义务

出版人之完成出版工作，由出版人负担费用，并承受其利益，是以，出版人执行出版事务过程中，出版权授与人不得为不利于出版人之行为，以免损害出版人利益，为此，“民法”第五一七条本文规定：“出版权授与人，于出版人得重制发行之出版物未卖完时，不得就其著作之全部或一部，为不利于出版人之处分。”出版权授与人若有违反此一规定者，即属债务不履行（不完全给付）。惟当事人若有特约免除或减轻出版权授与人义务者，基于契约自由原则而从其约定（第五一七条但书）。[30]

所谓不利处分云者，意指妨害出版人利益之出版行为，其通常行为态样为自行出版或委托他人出版或再授与他人出版权是。由于有此行为，殆等于与出版人为竞争行为，其结果则为出版权授与人负有不作为义务，故通称其为出版权授与人之竞争禁止义务或不竞争义务，间或另称出版权授与人之不作为义务。投稿于新闻纸或杂志而经刊登之著作，其因而成立出版契约者，亦应有其适用。民法债编修正草案初稿，于其第五一七条第二项、第三项：“杂志上刊载之著作，非于全部刊载三个月后，出版权授与人不得再公表该著作。新闻纸上刊载之著作，于全部刊载后，出版权授与人得随时处分。”[31] 特此增订建议，既未经正式采用，其所持缓和不竞争之立场，即无复存在余地。

（七）著作修订权之保留

1. 规定内容

著作而供出版者，旨在遂行其发行，惟发行不宜妨碍著作之改进，

---

29 参照“民法”债编修正第五一六条第三项：“出版权授与人，已将著作物之全部或一部，交付第三人出版，或经第三人公表为其所明知者，应于契约成立前将其情事告知出版人。”（修正理由：第三项所称“出版物授与人”实为“出版权授与人”之误，爰予更正。）

30 参照“民法”债编修正第五一七条修正理由：“为配合第五百一十五条之修正，爰将第一项‘印行’修正为‘重制发行’，‘著作物’修正为‘著作’。又出版契约之当事人间如有相反之约定时，基于私法自治之契约自由原则，宜从其约定，爰增订但书规定。”

31 参照“民法”债编修正第五一七条第二、三项修正理由：“投稿于新闻纸或杂志经刊登者，本法第五百十五条已增列第二项规定，推定成立出版契约，惟其性质与通常出版契约究有不同，为兼顾出版人及出版权授与人双方之利益，爰参照瑞士债务法第三百八十二条三项及第二项、德国出版法第四十一条，增订第二项及第三项。”

斯亦出版利益提升所必要。是以，出版契约订定后，著作人仍有修订之权利，惟亦不得有害出版人之利益。基此，“民法”爰于第五二〇条规定：“著作人于不妨害出版人出版之利益，或增加其责任之范围内，得订正或修改其著作，但对于出版人因此所生不可预见之费用，应负赔偿责任。出版人于重制新版前，应予著作人以订正或修改著作之机会。”订正云者，错误之改正或遗漏之补正也；修改者，内容之变更。修订权之主体虽名之为著作人，不过，出版权授与人通常系著作人，爰因其事实，列为出版权授与人权利义务说明。至于称著作人者，意指创作著作之人（“著作权法”第三条第一项第二款）。是以，著作权经授与第三人，修订权人仍属原著作人（斯时，著作权人、出版权授与人无修订权）；著作人死亡者，宜解为其继承人有修订权（第一一四八条）。但必要而非实质内容之修改，不在此限。

修订权之行使，须受如下二项限制。即：

（1）不妨害出版人利益

著作人之修订，须不致妨害出版人之利益。例如，删除部分甚多，致售价降低，即属有害出版人利益，不得修订是。

（2）须不增加出版人责任

著作人之修正，亦须不致增加出版人责任。兹之责任云者，指法律责任而言，举凡民事责任，刑事责任或行政责任，均属之。例如，增列煽动他人犯罪文句，足致出版人受警告，罚锾、乃至其他行政处分，即属不得修正。

著作人于其修订权范围内，行使修订权者，如因而致出版人发生不可预见之费用，著作人负有损害赔偿责任。例如，出版人因之超支印制费或广告费者即是。此外，本条第二项所称重制新版云者，意指每次重制新版而言，非仅限于第一版之再版。出版人给予修订之机会，在交易上需属适当。至于适当与否，应依个案，视具体情况及交易习惯，客观酌定之。

2. 相关问题

此之所谓相关问题有四：（1）为出版人妨害修订之法律效果如何？（2）为著作人有无修订义务；（3）为修订费用如何负担？（4）为翻译权是否转由出版人享有？兹分述如下：

（1）出版人妨害修订

出版人妨害著作人修订，致著作人因而受有损害者，出版人应负损害赔偿责任。此之妨害修订，解释上宜包括未给予著作人修订机会，亦即本条第二项之违反。换言之，法律用语虽仅称给予著作人修订机会，解释上仍应认为著作人有修订权。

著作人请求损害赔偿之法律上依据，因著作人是否仍享有著作（财产）权而定。如著作人为著作权人而授与出版，因著作权人兼为出版权授与人，解释上有债务不履行（不完全给付）之适用，反之，如著作人非为出版权授与人者，则著作人仅得依侵权行为（侵害修订权）请求损害赔偿。[32]

（2）著作人修订义务

著作之修订，为著作人权利，此固为法所明定，惟为遂行出版，修订是否亦得解为著作人之义务？通说以为，依诚信原则而认为有必要，且其修订于著作人不多劳费者，宜认为著作人有修订义务；衡酌当事人双方利益保护之平衡，其说当属可采。[33] 例如，法律书籍于出版前法律有修正者，如不修改，势将影响销售、散布，即应认为著作人有修订义务是。

著作人有修订义务，而拒不修订者，对出版人因而所受损害，应负赔偿责任。如著作人非为出版权授与人者，其法律依据为侵权行为；反之，如著作人兼为出版权授与人者，其法律依据得为债务不履行（不完全给付）或侵权行为，二者之关系，则有请求权竞合理论之适用。

（3）修订费用之负担

著作人之修订著作，与完成著作同一性质，如著作人为出版权授与人者，修订费用得认为清偿费用，故解释上似以著作人负担为妥。惟当事人另有约定或另有交易习惯者，依其约定或习惯。[34]

（4）翻译权之归属

将著作改以他种文字而为表达者，是为著作之翻译，著作权法上列入改作概念之范围。[35] 基此，翻译权为著作财产权内含之一，理论上当然属于著作人所专有；而且，翻译亦非实行出版契约所必要（第五一六条第一项）。[36] 因此理论上应不发生因出版契约而归由出版人享有之问题。

32 著作人兼为出版权授与人者，著作人尚得主张侵权行为。至于债务不履行与侵权行为间，宜解为依请求权竞合理论处理之。

33 参照郑著（下），第四〇七页。

34 参照“民法”债编修正第五二〇条第二项：“出版人于重制新版前，应予著作人以订正或修改著作之机会。”

35 参照“著作权法”第三条第十款：“改作：指以翻译、编曲、改写、摄影片或其他方法就原著作另为创作。”

36 参照“著作权法”第二八条：“著作人专有将其著作改作成衍生著作或编辑成编辑著作之权利。”

修正前“民法”第五二二条规定：“著作物翻译之权利，除契约另有订定外，仍属于出版权授与人。”本无强调必要，民法债编修正，以为免滋生疑义为由，删除本条，应属可行。[37]

二、出版对于出版人之效力

依出版一节之规定，出版对于出版人之效力，其要点有四。即出版权之得丧、出版义务之履行，报酬之给付及危险负担四者。兹依次分述于下：

（一）出版权之得丧

出版权者，就著作为印制及发行之排他性权利。依民法出版一节之规定，出版人于出版权之取得及丧失，殆可分述如下：

1. 出版权之取得

关于出版权之取得，分就以下事项说明之。

（1）出版权取得之时点

依“民法”第五一五条第一项规定，出版权之取得，系采著作交付主义，亦即基于著作之交付，而非出版契约成立（生效）之时。换言之，出版人基于出版契约，尚无出版权授与而取得出版权之可言，而须待乎著作之交付。在此规定之下，出版人固出版契约成立（生效）而取得者，仅系著作交付请求权，尚不及于出版权之取得。民法本条修正前，基于契约法理，解释出版权因出版契约成立生效而取得之见解，已失去立论依据。

（2）出版人取得权利之范围

出版人因出版契约而取得之出版权范围，亦即通称之版数，原则依当事人约定，未约定者，则出版人仅有出一版之权利（第五一八条第一项）。至于出版人因出版契约而取得之权利，除出版权本身外，尚有如下二者：

①出版权排除侵害请求权。

②契约实行必要范围内之著作权行使（第五一六条第一项）。

（3）出版权侵害之效果

出版权为支配性之权利，即使于侵权行为之保护客体采狭义说（支

37　参照“民法”第五二二条删除理由：“按出版权系指得将著作出版之权利，本不包括翻译之改作权在内，且出版权授与人未必均享有翻译之改作权，为免滋生疑义，爰将本条删除。”

配权说），出版人之出版权受侵害者，仍有“民法”第一八四条第一项前段之适用。又出版权为著作权内含之一，解释上，出版人尚得依著作权法有关著作权侵害救济之规定（“著作权法”第八四条以下），主张权利。

不过，以上所述出版权，系指著作交付后，亦即取得对抗力之出版权而言。至若著作交付前，依目前台湾通说（支配权说），则其尚非“民法”第一八四条第一项前段所称权利，出版权人仅得依同条项后段主张损害赔偿。[38]

2. 出版权之丧失

出版权基于出版契约因交付著作而取得者，其出版契约关系消灭终了时，出版权随之丧失（第五一五条之一第二项）。无宁为一般契约原理之当然结论，民法本条项之增订，仅具宣示意义而已。出版权尚因出版人怠于印行新版而消灭。其情形为：出版人依约得出数版，或永远出版者，如于前版之出版物卖完后，怠于新版之重制时，出版权授与人得声请法院，令出版人于一定期限内，再出新版。逾期不遵行者，丧失其出版权（第五一八条第二项）。

民法所以有此规定，立法理由以为，旨在保护出版权授与人。[39] 以是，出版人丧失出版权者，出版权授与人得自行出版，或另行授与他人出版权，重新出版，以免其著作陷于绝版。

（二）出版义务之履行

出版为出版人之给付。此项给付之履行，尚得因其事务内容之不同，区分为如下三点说明：

1. 印刷法定义务

出版人印刷（重制）著作，须尊重著作人之人格，不背出版权授与人之意思。至其注意义务之要点有三。即：

（1）出版人对于著作，不得增减或变更（第五一九条第一项）。即使增减变更，足以提高价值，亦不得为之。[40] 不过，投稿于投章杂志，事先声明或约定，报社或杂志社有删修权者，不在此限。

38 反对说参照邱聪智前揭“新订民法债编通则”（上），第一五五页以下。

39 参照“民法”第五一八条立法理由：“若契约订定得出数版，或永远出版者，出版人于前版之出版物卖完后，怠于新版之印刷时，出版权授与人得声请法院令出版人一定期限内再出新版。出版人违反此项义务，逾期不为遵行，即令丧失其出版权，此种怠于出版之制裁，所以保护出版权授与人之利益也。”

40 参照“民法”第五一九条立法理由：“为尊重著作人之意思起见，出版人对于著作物，不得增减或变更。故无论出版人之增减变更，是否增加或减损著作物之价值，均为法所不许。”

（2）出版人应以适当之格式重制著作（第五一九条第二项前段）。适当云者，富有力求精美之意。[41]

（3）出版分合之遵守：同一著作人之数著作，为各别出版而交付于出版人者，出版人不得将其数著作物，并合出版；出版权授与人就同一著作人或数著作人之数著作为并合出版，而交付于出版人者，出版人不得将其著作物，各别出版（第五二一条）。法律所以设此规定，或为尊重著作人意思，或为避免割裂拉杂。[42]

出版人违反以上义务之一者，其给付为有瑕疵，出版权授与人得依不完全给付，请求出版人补正，并得请求损害赔偿。

2. 发行注意义务

出版人于著作印刷（重制）完成后，有发行之义务。发行时，其注意义务之要点有二：即

（1）发行之广告推销

出版人发行时，应为必要之广告，并用通常之方法推销出版物（第五一九条第二项后段）。必要与否，通常方法为何？应依个案，以交易习惯客观酌定之，但须符合普遍之要求。[43] 其当事人另有约定者，依其约定。

（2）价格订定之合理

出版物之价格，虽由出版人订定，但订价不宜太高，以致妨害出版物之销行（第五一九条第三项），民法本条项之规定，亦寓有保护出版权授与人利益。

此外，出版权授与人之报酬，如约定以出版物卖价为计算依据者，则解释上，出版物之定价，尚应经出版权授与人之同意。[44]

出版人违反上述义务之一者，亦系成立不完全给付，应依不完全给付之例，负债务不履行责任。

3. 继续出版义务

41 参照“民法”第五一九条立法理由：“出版人对于出版物之印刷，应用适当之格式，力求精美。”

42 参照“民法”第五二一条立法理由：“按同一著作人以数著作物交付出版人，此数著作物，或应各别出版，或应并合出版，著作人自有意义存乎其中。苟为出版人以其所交付之著作物，应各别出版者而并合之，应并合出版者而各别之，则必肇割裂拉杂之弊，致减损出版物之价值。此种情形，殊不足以保护著作人之利益。”（按本条第二项之著作人，业已修正为出版权授与人，并此叙明。）

43 参照“民法”第五一九条立法理由：“出版人对于出版物之推销，亦必用必要之广告，及通常之方法，预期普遍，以尽出版人之义务。”

44 参照郑著（下），第四〇八页；史著，第三五二页。

出版人因约定而有数次出版权、或有永久出版权者，除上述印刷（重制）、发行注意义务外，尚有继续出版义务，出版人违反继续出版义务，出版权授与人除得依债务不履行（给付迟延）请求损害赔偿（迟延赔偿）外，并得声请法院令其定期出版，出版人逾期不遵行者，丧失其出版权（第五一八条第二项）。

出版人仅得出一版之情形，如出版人迟不出版，出版权授与人得依给付迟延之例，请求迟延赔偿，亦得解除出版契约。解释上，亦得类推上述第五一八条第二项规定，声请法院定期出版，并因其逾期不遵行而丧失出版权。

（三）报酬之给付

1. 报酬之约定

出版契约之有偿无偿，与出版人有无给付报酬无关（纵未给付报酬，亦系有偿契约）。现实交易上，出版人亦非当然给付报酬。因此，出版人之有报酬给付义务者，仅以当事人间有约定者为限。

出版契约，为劳务契约类型之一，报酬之给付，无宁为服劳务之常态。因此，所谓报酬给付之约定，亦如其他劳务契约而采广义，亦即“如依其情形非受报酬，即不为著作之交付者，视为允与报酬”之命题，于出版亦有适用（第五二三条第一项）。[45] 例如，出版权授与人靠写作维生，非受报酬通常不会交付著作，即有本条项适用而视为允与报酬。

2. 报酬之内容

报酬之标的，通常固为金钱，但金钱以外之物，亦无不可，给与出版之著作若干部者，亦属此之所谓报酬。惟报酬为金钱以外之物者，应经约定，未约定报酬之标的者，解释上应给付金钱。

报酬之数额，依当事人之约定，出版人有出数版之权者，其次版之报酬，及其他出版之条件，推定与前版相同（第五二三条第二项）。换言之，出版人有出数版之权者，其次版以下各版之报酬，仍依当事人之约定定之，仅当事人无约定者，始推定其与前版相同，俾杜免当事人无谓争议。[46]

45 参照“民法”第五二三条立法理由：“按出版契约之原则，系当事人一方以著作物交付于他方，由他方担任印刷及发行。然依其情形，如有非受报酬即不为著作物之交付者，应视为出版人允给报酬。本条第一项之立法旨趣，盖与第四百八十三条之意义相同也。”

46 参照同上条立法理由：“出版人如依契约有出数版之权者，其次版报酬，及其他出版之条件，当事人间如无特别约定，则推定其为与前版相同。本条第二项明为规定，所以免当事人之争议也。”

报酬之计算方法，常见者或按字数计算而为给付（俗称稿费），或按行销数量，依卖价比例计付者（俗称版税），并得二者并用，一部按字数计算，一部按行销多寡计算。而且，不问稿费或版税，均得约定按行销多寡而调整。其依行销而定报酬之全部或一部者，出版人除依习惯计算支付报酬外，并应提出销行实数之证明以为稽核（第五二四条第二项）。当事人于报酬标的或计算方式未约定者，解释上固应依交易习惯定之，即当事人于计算方法有约定，但于给付标准未约定者，亦应解释为依交易习惯酌定其应给付数额。至于交易习惯紊乱不明者，愚见以为，解释为由法院酌定，似较公平。

3. 报酬给付之时期

报酬应于何时给付，解释上亦应本于契约自由原则，以当事人约定定之。其当事人未约定者，亦如其他劳务契约之采报酬后付主义。其具体内容则为：于按字数付酬之情形，如其著作全部出版者，其全部重制完毕时，分部出版者，于其各部分重制完毕时，应给付报酬（第五二四条第一项）[47]；于按销行多寡付酬之情形，则于销行，并依约定或依习惯计算完毕时给付（同上条第二项体系解释）。

（四）危险负担

1. 概述

双务契约，因不可归责于双方当事人之事由，以致给付不能者，债务人一方免为给付，他方（债权人）因而免为对待给付（债务人因之丧失对价利益），是为通称之危险负担。在出版，出版权授与人有交付著作之义务，出版人有出版之义务。前者构成出版权授与人之给付义务，后者构成出版人之给付义务；二者，均有给付不能之问题。因之，在出版，所谓危险负担，殆可分出版权授与人之给付不能与出版人之给付不能说明之。

2. 出版权授与人之给付不能

因不可归责于出版权授与人，以致不能交付著作者，出版权授与人免为交付（第二二五条），出版人亦无庸出版（约定给付报酬者，亦无庸支付），“民法”第二六六条关于危险负担，有其适用，当无疑问。

兹之所称不能交付著作，包括毁损灭失或不可归责于著作人之事由，

47 “民法”债编修正第五二四条第一项，亦如相关条文，因增订重制之文字而修正本条项法律文字如下：“著作全部出版者，于其全部重制完毕时，分部出版者，于其各部分重制完毕时应给付报酬。”

以致不能完成著作之情形。但著作（权）人拒绝交付著作于出版权授与人者，尚无不可归责之适用。

3. 出版人之给付不能

出版权授与人仅授与出版权于出版人，出版以外之其他著作专有权，并不随同移转，苟有给付不能，究应由何人负担对价利益，法律解释容有讨论余地，为免争议，民法本节，特设如下规定：

（1）著作灭失

著作灭失者，除著作（权）人另有稿本而再度交付外，出版人无从完成出版，因不可归责于出版权授与人及出版人而灭失者，如适用“民法”第二六六条规定，对出版权授与人或属不公，“民法”爰于第五二五条第一项规定：“著作交付出版人后，因不可抗力致灭失者，出版人仍负给付报酬之义务。”兹之所称不可抗力，宜采广义，亦即解释上包括事变（第三人行为）及狭义不可抗力（自然事故）而致之著作灭失。至于灭失，解释上应包含毁损而致不能出版之情形。

本条明定，于报酬支付，以著作交付作为危险负担之移转，其体例与买卖危险负担移转之采交付主义，颇有雷同之处，或属不可否认[48]；惟其情形，与买卖仍不有同。盖以出版契约并非尽有报酬，如当事人未约定给付报酬者，则尚无本条项适用之可言。如是，则出版权授与人交付之著作灭失，出版人无庸出版，其结果仍是适用“民法”第二六六条，由出版权授与人负担危险，并无危险负担移转问题。换言之，亦即有关出版之危险负担，殆可归纳如下表：

危险负担（出版）
- 著作交付前……………无庸出版，无支付报酬义务（266）
- 著作交付后
  - 未约定报酬……无庸出版，无支付报酬义务（266）
  - 约定报酬……无庸出版，仍应支付报酬（525 Ⅰ）

然则，著作灭失，若出版权授与人尚有稿本，或重作尚非困难者，如责由出版人负担危险，于理亦有未平。民法为济其平，并权衡双方利益，爰因之设有调和规定，其内容为：“灭失之著作，如出版权授与人另存有稿本者，有将该稿本交付于出版人之义务，无稿本者，如出版权授

48 参照“民法”第五二五条立法理由：“按著作物既已交付于出版人、则其危险担保之责任，亦应随之而移转于出版人，如因不可抗力而致灭失，著作人自不再负危险担保之责任，故仍使出版人负给付报酬之义务。”

与人不多费劳力，即可重作者，应重作之。前项情形，出版权授与人得请求相当之赔偿。”（第五二五条第二项、第三项）。以上规定，前者重在保护出版人，爰赋与出版权授与人以交付另存稿本或重作之义务，后者则重在保护出版权授与人，盖以另行交付稿本或重作，均难免费时费力而另有支应，故赋与出版权授与人以请求赔偿损害之权利。

本条第三项之损害赔偿，为无过失责任，出版人尚不得以其为无过失而主张免责。至其赔偿范围，本条项既称相当，解释上当无完全损害赔偿（第二一六条）之适用，相当与否，由法院视具体情况，客观酌定之。

出版权授与人之另行交付稿本或重作义务，乃至请求损害赔偿之权利，虽规定于第五二四条第一项之后，惟以出版于双方当事人，均属有利，因之，不仅著作交付后灭失而有报酬约定者有其适用，即其出版而无报酬约定者，乃至著作交付前灭失者，亦应解释为亦在适用之列。[49]

（2）出版物灭失

著作于重制完毕发行前灭失者，理论上，出版人得否重制？如其答案为肯定，则其费用如何负担？报酬应否支付？解释上不无讨论余地。故民法就此特设规定，以为适用依据。其内容则为“重制完毕之出版物，于发行前，因不可抗力，致全部或一部灭失者，出版人得以自己之费用，就灭失之出版物，补行出版，对于出版权授与人，无须补给报酬”（第五二六条）。例如，甲将其著作之民法总则，授与乙出版，约定出版三千册，报酬三十万元，乙于重制完毕时，未及付酬及发行，适洪水过境，重制完毕之出版物因之全数冲毁灭失，即是事例。于此事例，当事人间之权利义务关系，殆可解说如下：

①印刷物灭失而致之损失（例如，印刷费用，装订费用），由出版人负担。

②出版人仍应支付报酬三十万元于甲，因其未于印刷完毕时支付，并负有给付迟延之债务不履行责任。

③出版人得以自己费用，补行印刷三千册（如著作亦为洪水冲毁灭失者，适用第五二五条规定，请求另行交付稿本或重作）。

49 著作交付前，因可归责于出版权授与人之事由，以致灭失者，出版人主张类推适用本条第二项，请求出版权授与人另行交付稿本或重作者，解释上似亦以肯定为宜。

④出版人就重行印刷之三千册，无庸再给付报酬于甲，以免双重损失。[50]

⑤本条所称“于发行前”云者，解释上似以采广义见解，为较公平。如是，则“于发行完毕前”之灭失，均有适用，并不限于前例之未及发行。

第三节 出版之消灭

依民法出版一节之规定，出版之特殊消灭事由有四。即：出版权丧失、著作灭失、著作不能完成及出版人消灭四者是。兹分述如：

（一）出版权丧失

出版人因不履行继续出版义务而丧失出版权者（第五一八条第二项），因出版契约之目的不能实现，解释上宜认为出版关系随之消灭。

不过，于此情形，当事人间所消灭者，仅为出版（契约）关系，出版权丧失前已生之债务不履行责任，则不随之当然消灭。

（二）著作消灭

著作消灭，而无第五二五条重行出版或第五二六条补行出版之适用者，其出版关系，亦归消灭。

（三）著作不能完成

著作不能完成者，出版无从遂行，契约目的难以实现，故“民法”第五二七条第一项规定：“著作未完成前，如著作人死亡，或丧失能力，或非因其过失致不能完成其著作者，其出版契约关系消灭。”兹之死亡，解释上包括死亡宣告；丧失能力，包括行为能力及意思能力；至于所谓非因著作人过失致不能完成著作者，例如，横遭车祸以致失明，不能完成著作是。

本条规定之重心，在于不能完成著作之事实。是以，纵发生著作人死亡，丧失能力或其他不能完成著作事由，而其出版契约关系之全部或

50 参照“民法”第五二六条立法理由：“按著作物于印刷完毕后发行前，因不可抗力，而致全部或一部灭失者，出版人即得以自己之费用，就灭失之出版物，补行出版。此种补行出版与次版、新版不同，出版人对于出版权授与人，自无须补给报酬，免受重复给付之损失。”

一部之继续，为可能且公平者，法院得许其继续，并命为必要之处置（第五二七条第二项）。例如，著作已完成大部分，其出版仍有价值者，法院得许其继续，或如该著作得由第三人完成，法院得命出版人聘请第三人完成均是。于此情形，于出版履行完毕前，出版契约自不消灭；如其系出于著作人死亡，而著作人为出版权授与人者，则宜解释为，出版契约存续于其继承人与出版人之间。

本条规定，虽突出非因著作人过失之字眼，惟就其适用范围言，似不宜认为仅以著作人无过失者为限。盖以著作人因自杀，以致死亡、丧失能力或其他过失事由，以致不能完成著作者，如著作人非为出版权授与人，其不能完成著作之事实，乃至出版人无从出版之情况，亦无改变。因之，于此情形，亦应本于继续性契约之特质，解为其情形有如租赁标的物灭失，即使著作人之出版权授与人有过失，出版契约仍属消灭，或由法院另为处置。至于出版权授与人之债务不履行（可归责之给付不能）责任，则属继续存在。[51]

（四）出版人消灭

出版人为自然人者，如其有继承人者，出版关系由其继承人承受，不生出版消灭之问题，亦即仅出版人无继承人者，出版关系始告消灭。

出版人为法人者，如其法人消灭者，出版关系消灭。但法人合并，无论其为吸收合并或新设合并，均由合并后存续之法人承受契约关系，自无出版消灭之问题。

51 参照本书上册第四四七页～第四四八页。

第十四章

委任

委任为民法重要契约类型之一，日常适用既广，分支类型复多，不仅各种之债涉及章节不少，民事特别法上亦多有牵扯，完整之体系了解，颇须投注心力，或系事实。兹依民法委任一节规定，归纳其事项为委任总说、委任之效力及委任之消灭三者，并依序分节说明于下。

第一节 总说

总说部分，依本书一般体例，依序分为如下四项说明：

委任
- 委任之意义（528、529）
- 委任之种类（529）
- 委任之成立（528、531）
- 委任之性质（533~535）

一、委任之意义

（一）概念厘清

“民法”第五二八条规定：“称委任者，谓当事人约定，一方委托他方处理事务，他方允为处理之契约。”委托处理事务之人，通称委任人；处理事务之人，通称受任人。法典名称亦然。因之，委任云者，亦可定义之为：“称委任者，谓委任人与受任人约定，由委任人委托受任人处理事务，受任人允为处理之契约。”此亦一般文献之共通看法。

不过，“民法”第五二九条规定：“关于劳务给付之契约，不属于法律所定其他契约之种类者，适用关于委任之规定。”固然，基此规定，委任契约之概念，具有开放性、包容性，举凡法律规定所未及之劳务契约，均得认为委任，其结果使委任之概念容涵能力无限宽广。[1] 不过，另一方面，却也发生，举凡法律所定其他劳务给付之契约类型，其概念尚不直接称之委任，而且不同交易形态之间，互有不同契约名称。以是，甚多情形，虽属当事人约定，一方委托他方处理事务，他方允为处理之契约类型，其法律适用，尚非委任所可尽括，委任一节以下所列各种劳务契约类型，均是著例。因此，就台湾民法而言，解释委任概念势非综合斟酌“民法”第五二八条、第五二九条相关规定不可，若仅以“民法”第五二八条为依据，似是以偏概全，其结果恐难符合语言明晰之要求。

基上所述，愚意以为，委任之定义，如果重新厘清如下。即：“称委任者，谓当事人约定，一方委托他方处理事务，他方允为处理，而不属于法律所定其他契约种类之契约”，当较符语言明晰之要求。

（二）定义说明

基上所述，委任之定义，殆可说明如下：

1. 委任为以处理事务为标的之契约

委任之标的，为事务之处理。处理事务不仅为委任之目的，亦为与其他非委任型之劳务契约类型区别之依据。兹即依此，分就事务及处理二者以为说明。

（1）事务

事务云者，宜与无因管理所称之事务（第一七二条）作同一解释，亦即举凡与吾人生活有关之事项而得为债之标的者，均为本条所称之事务，无论其为事实行为或法律行为，亦不问其为财产上行为或非财产上行为，即其属于第三人之事务者，亦无不可。外国立法上，或将委任限于法律行为之事务，其事务非为法律行为者，另称准委任[2]，其制度模式为台湾所不采。学理上或援外国立法，使用准委任之概念，解释台湾相

1 主要事例如合伙事务执行人，遗产管理人等是。前者如“民法”第六七九条、第六八〇条之规定是。后者如最高法院第 1941 年上字第一九五五号判例是；至其意旨，略有如下：“未经分割之遗产，经各继承人互推一人管理者，此项管理权系基于委任契约而发生，依照民法第五百四十九条第一项规定，委任人本得随时予以终止。”

2 参照日本民法第六四三条：“委任，因当事人一方委托他方为法律行为之事务，他方予以承诺而生效力”；第六五六条：“本节规定，于委托他方为非法律行为之事务者准用之。”

关制度，是否有当，不无商榷。

事务之种类，虽无限制，惟既云适于为债之标的云者，则以下三者，仍属不得作为委任之标的，违反之者，其委任为无效。此即：

①不作为之事务：事务而须处理者，以积极作为为内容，故不作为非为委任所称之事务。

②违法行为之事务：处理事务涉及不法者，不生委任效力，所谓不法，包括违反强行规定（第七一条）及公序良俗（第七二条）。

③性质上不得由他人处理之事务：事务须自行处理者，不得以之作为委任之标的，违反者其委任亦属无效。通常情形，身份行为不得代理，亦不得作为委任之标的，离婚、结婚即是著例。

由于事务之范围极广，学理上当可列举较为具体之事例，归纳如次表：

- 事务
  - 法律事务
    - 法律行为：买卖、赠与、租赁、借贷、保证、保险、承认、撤销……
    - 法律上行为
      - 准法律行为：催告、同意、拒绝、通知……
      - 公法行为：诉讼、告诉、声请登记、声请强制执行……
  - 非法律事务
    - 经济性事务：记账、算账、会计、会计签证、财产管理、投资顾问……
    - 社会性事务：输血、医疗、演讲、授课、工程顾问、废污清理、问题咨询、研究报告……
    - 其　　他：葬仪、算命、占卜、亡灵超渡……

（2）处理

处理者，处分管理之谓，与无因管理所称之管理，于行为层面，意义上大致相抵，使用、收益、修缮、改良，乃至处分行为，均无不可，但单纯保管行为，不在此限，盖以民法另以寄托之契约类型规范故也（第五八九条以下）。

处理事务，须给付一定劳务，惟后者仅为事务处理之手段，非为目的，称事务处理须重其过程，且须尊重受任人之知识、技能、经验上之意见，故受任人有报告事务进行状况及其本末之义务（第五四〇条），但亦有自由裁量权限（第五三六条）。此为处理与供给劳务之主要不同所在，亦为委任与雇佣区别之重要依据。

2. 委任为委任人委托，受任人允为处理事务之契约

委任系委任人一方委托受任人处理事务。委托者，信赖受任人而托

付之意。既信而托之，则受任人宜有一定裁量之权，但原则上乃应依从委任人之指示。不过，其处理事务，尚不限于为委任人之利益而为之，此与无因管理限于为本人利益为之，范围或较广泛，但不得仅为受任人之利益而为之。[3]

委任既为契约，应本于意思表示一致，是以，除法有之特殊情形，法律别有规定（强制委任、法定委任）外，委任自不因委任人单方之意思表示而告成立，民法本条所称受任人允为云者，意即在此。允为者，指同意接受委托而言，规范上尚无特别用意。

受任人之处理事务，应亲自为之（第五三七条）。是以，受任人是否以自然人为限，学理上不无争议，通说偏向限制论点，认为法人不得为受任人。[4] 不过，随着服务业之发达，其以法人形态而受任处理事务之交易形态，业已相当普遍，工程管理顾问公司、技术服务公司、废污清理公司、环保服务公司、投资顾问公司，均是著例。其他，依法律明定法人为受任人而成立委任契约者，亦属所在多有[5]，因之，让受任人以自然人为限，法人不得为受任人之看法，恐已不合时代潮流，亦不符现行法律制度。

3. 委任为非属于其他劳务契约类型之契约

就现行民法之制度设计言，劳务契约非尽为事务处理型之契约，事务处理契约，亦非尽为委任契约。在此角度上，“民法”第五二九条之规定，就概念明晰，体系严谨之学术意义言，似非甚为严密，盖以，纵系以一方委托他方处理事务，他方允为处理为标的之契约，如法律另有规定者，制度上仍属其他契约，非（单纯）为委任契约，其范围且不以特别法为限。至其事例，略如下表：

- 事务处理
  - 委任
  - 非委任（名称）
    - 民法：经理人、代办商、居间、行纪、寄托、仓库
    - 民事特别法：证券集中保管契约、证券投资顾问契约、期货投资顾问契约……

3　参照“民法”委任一节立法理由：“谓委任者，当事人之一方，委任他方为其处理某事务，他方允为处理，因而生效力之契约也。……此项契约，可为委任人或第三人之利益而为之，可为委任人及第三人或受任人之利益而为之，可为第三人及受任人之利益而为之，惟不得仅为受任人之利益而为之。”

4　参照郑著（下），第四一三页。

5　参照“证券交易法”第一一二条第二项、第一三五条、“期货交易法”第二六条、第三九条第一项第三款。

二、委任之种类

委任之种类，得因区分标准之不同，分为如下三群：

（一）无偿委任、有偿委任

委任因受任人有无报酬，得为不同之区分，其受任人未受报酬者，为无偿委任；反之，则为有偿委任。

日常生活上，受任人常受有报酬，即交易上，有偿委任似为常态。惟台湾民法于制度设计上，则以无偿为原则。

无偿委任与有偿委任，其区别之实益，在于受任人处理事务时，其注意义务之不同。此即“民法”第五三五条之规定。其文字略为：“受任人处理委任事务，应……与处理自己事务为同一之注意，其受有报酬者，应以善良管理人之注意为之。”

责任标准言，其构成有如下表：

委任—┬无偿委任：应与处理自己事务为同一注意：具体（轻）过失
　　　└有偿委任：应尽善良管理人之注意：抽象（轻）过失

按“民法”第二二〇条第二项规定，过失之责任，依事件之特性而有轻重，如其事件非予债务人以利益者，应从轻酌定，民法本条堪称立法上之最佳写照。

（二）特定委任、概括委任

委任，因受任人权限范围之广狭，得区分之为特定委任或概括委任。

委任人就一项或数项事务而为委任者，是为特定委任，例如委任某律师为特定刑事案件辩护是。反之，就委任之一切事项为委任者，是为概括委任，例如，委任某经理处理营业上一切事务是。

特定委任与概括委任，其区别之实益，在于受任人，其得为之行为，法律上有一定之限制（第五三三条至第五三四条）。惟此之限制事项，涉及繁琐，详待委任之效力时，另行说明（本书第二一二页以下）。

特定委任，法典用语称之特别委任（第五三二条、第五三三条），学理因之。惟此用语，与委任之特别授权（第五三四条），容易混淆。为免疑义，比较上似以特定委任称之为宜，故本书另称之特定委任。

（三）约定委任、法定委任

委任为契约类型之一，既为契约，其成立须符意思表示合致之要件，此固无庸置疑。惟在社会大众参与之交易活动，为兼顾交易秩序安定，维护投资安全，于特殊情形，委任得因法律规定而发生，是为法定委任。因之，就现行法律制度设计之整体言，委任当亦有约定委任、法定委任之区分。只不过，法定委任之事例及适用，相对少见得多而已。

民法规定之委任，是为约定委任；法定委任则于民事特别法上，偶尔可见。其重要事例，略有如下：

1. 保险业之监理或命令解散之清算（“保险法”第一四九条第二项、第三项，第一四九条之一至之四）。[6]

2. 银行业务之接管（银行法第六二条第一项）。[7]

3. 证券商经受指定代他证券商了结事务（证券交易法第一一二条、第一三五条）。[8]

法定委任，虽未经意思表示一致，惟其既为委任类型之一，解释上应认为，除各该特别法另有规定者外，适用委任之有关规定。

法定委任，究非常态，而且，除于成立之特殊外，其效力原则上适用委任，故本章以下，仍依民法规定，仅以约定委任为范围。

三、委任之成立

委任如何成立，民法并无特别规定，解释上有如一般之契约，以当事人意思表示一致而成立。惟于以下二者，尚具特色，爰分述于下：

（一）拟制承诺

一般情形，契约之意思表示一致，系循要约、承诺一致之方式而完成，要约、承诺与否，系属当事人之自由。因之，受领要约之相对人，并无就不承诺而为通知之义务，其未为不承诺之通知者，法律上亦无任

6 基本条文参照“保险法”第一四九条之一第一项：“保险业收受主管机关监理处分之通知后，应将其业务之经营及财产之管理处分权移交于监理人，原有股东会、董事、监察人或类似机构之职权即行停止。”

7 参照“银行法”第六二条第一项：“银行因业务或财务状况显著恶化，不能支付其债务或有损及存款人利益之虞时，‘中央’主管机关得勒令停业并限期清理，停止其一部业务，派员监管或接管，或为其他必要之处理，并得洽请有关机关限制其负责人出境。”

8 参照“证券交易法”第一一二条：“会员退会或被停止买卖时，证券交易所应依章程之规定，责令本人或指定其他会员了结其于有价证券集中交易市场所为之买卖，其本人于了结该买卖目的范围内，视为尚未退会，或未被停止买卖。前项之规定，经指定之其他会员于了结该买卖目的范围内，视为与本人间已有委任契约之关系”；第一三五条：“公司制证券交易所于其供给使用有价证券集中交易市场之契约内，应比照本法第一百十二条之规定，订明证券自营商或证券经纪商于被指定了结他证券自营商或证券经纪商所为之买卖时，有依约履行之义务。”

何效果可言。此在委任契约，原则上亦应作同一解释。

不过，对于以受任处理事务为业者而言，其既已有受托处理事业之公然表示，为保护消费大众，应课其以积极为拒绝承诺之通知义务，盖其既有公然表示，实已寓有广为招徕，来者不拒之意，苟有未为拒绝通知，即应视为允受委任，使委任因之成立，相对人有以保护。故“民法”第五三〇条规定：“有随受委托处理一定事务之公然表示者，如对于该事务之委托，不即为拒绝之通知时，视为允受委托。”以彰此旨。

所谓有承受委托处理一定事务之公然表示者，解释上包括所有公开以受托处理事务为业务之专门职业人士或公司行号。律师、会计师、医师、建筑师、各类专业技师、乃至企管顾问公司、工程顾问公司等均是。现代社会各种专门技术之事务处理事业，日益普遍。因之，民法本条之适用，日趋重要，恐系事实。

视为允受委任，意义上殆为视为承诺委任之要约，一般爰以拟制承诺称之。换言之，即拟制之客体系承诺，而非契约成立本身。因之，本条规定，虽不无强制契约色彩，惟其强制之客体在于承诺，纯就契约成立本身而言，尚得认为，仍不脱意思表示一致之藩篱。

（二）委任状之交付

委任虽为不要式契约，其成立与否，无关书面。惟“民法”第五三一条前段规定：“为委任事务之处理，须为法律行为，而该法律行为，依法应以文字为之者，其处理权之授与，亦应以文字为之。”于此情形，如无委任之书面，亦即通称之委任状，受任人根本无处理权，所谓委任成立生效，不过概念上空有其名而已。是以，委任状之订立及交付，于此类委任，极为重要，实属无可否认。

严格言之，委任为不要式契约，系仅就民法而言，如特别法上另有规定者，从其规定。例如，证券承销契约、证券投资顾问契约，证券交易法令不仅明定其为要式委任[9]，而且严定其应记载事项。[10] 此类情形，在现代型交易

9 参照“证券交易法”第一九条：“凡依本法所订立之契约，均应以书面为之。”

10 证券承销契约，参照“证券交易法”第七六条第一项：“证券承销商承销契约，应记载左列事项：（一）契约当事人之名称、地址及其负责人之姓名。（二）包销或代销之标的名称、数量、金额及发行价格。（三）主管机关核准募集、发行或申报生效之年、月、日。（四）承销期间之起讫日期。（五）承销付款日期及方式。（六）包销报酬或代销手续费之计算及支付日期。（七）包销之方式、包销时剩余有价证券之认购方法、或代销时剩余有价证券之退还方法。（八）其他主管机关所规定事项。”证券投资顾问契约，参照“证券投资顾问事业管理规则”第一一条：“证券投资顾问事业接受证券投资人委任时，应订定书面委任契约，载明双方权利义务。前项委任契约应行记载之主要事项，由证管会定之。”

上有日渐发展之趋势。是以，要式委任及其发展，有待注意，恐亦事实。

此外，纵使于不要式委任，当事人为避免法律关系不尽明确，往往亦要求订立书面。法律上甚至要求，于对外主张处理事务时，须提出一定书面。例如，诉讼代理人须提出委任书（“民事诉讼法”第六九条本文），辩护人选任须提出辩护状（“刑事诉讼法”第三〇条第一项），土地登记代理应附具委托书（“土地登记规则”第三七条）均是。于是情形，委任虽亦为不要式契约，无待上述书状之提出，惟未提出后者之书状，受任人一时尚难顺利处理事务，其委任书状颇为重要，亦系事实。

（三）空白委任

空白委任，通常系以交付空白委任状之方式为之，一般或称之“空白委任状之委任”。

空白委任状者，以委任状委托他方处理事务，而对于委任事项或（及）受任人，空置未填，授权对方或第三人为之填补确定之委任书状也。

空白委任是否成立委任，乃至何时成立委任，解释上容有争议。因其态样尚繁，不可一概而论，故一般以类型形态说明之。基此，常见之空白委任之态样，约可归纳如下表，并依此说明其要点如下：

- 空白委任
  - 委任事项空白
  - 受任人空白
    - 股票更名空白
    - 行使表决权空白
    - 选任代理人空白

1. 委任事项空白之委任状

受任人确定，仅委任事项空白，而授权受任人补充者，宜解释为委任仍于为委任之时成立，受任人就处理事务之内容有补充权。惟受任人如滥用补充权者，委任人固得以受任人债务不履行（不完全给付）而请求损害赔偿，但第三人得依表见代理（第一六九条）之例，主张委任人负授权人责任。[11]

2. 受任人空白之委任状

（1）股票更名空白之委任状

公司股票，台湾制度现状，大都采行记名式。记名股票之转让，须经背书，手续不胜其烦。因此，于股票转让时附以空白委任状，使取得

11 参照郑著（下），第四二三页；史著，第三六六页。

股票之人，得视情形转让于他人，或自行填写适当之受任人，持向公司办理股东名义变更手续，记名股票因得依交付而移转发生类如无记名股票之流通性，堪称甚为简便，实务上采行颇广。

股票更名之空白委任状，基本上系为受任人之利益而为设计，其结果使股票持有人得据以取得股东权，无庸受限于股东登记簿上名义人之直接受让，故一般以为，委任人不得任意撤销、解除或终止其委任。[12]

（2）行使表决权空白之委任状

行使表决权空白之委任，通常发生于股份有限公司股东会之出席表决。盖以股份有限公司之股东会，股东并无亲自出席之义务，依公司法之规定，股东得出具公司印发之委托书，载明授权范围，委托代理人出席股东会（“公司法”第一七七条第一项）。

通常情形，公司股东将空白委托书交付第三人或公司，由其代为决定受任人后填写之。于此情形，应认为经填写之受任人，于姓名填妥时与交付空白委任状之股东，成立委任契约。

行使表决权空白之委任状，一般言之，固属有效，惟为防止有心人士，借收购委托书妨害公司之正常经营，甚或牟取暴利，公司法设有表决权代表数额之限制（同上条第二项）。此外，对于公开发行股票公司，证券交易法令，设有更为严格之管制规定。[13]

（3）选任代理人之空白委任状

当事人一方，关于其契约将来可能发生争议之处理，授权他方代为指定代理人而预先交付空白委任状之情形，是为所谓选任代理人之空白委任状。例如，承揽人将其承揽契约将来可能发生纠纷之和解，委托定作人代为选任代理人，因而交付空白委任状于定作人，俾定作人于届时发生纠纷时，依该空白委任状代为选定受任人之代理人者，即是著例。

以空白委任状，授权他方于将来争执发生时，代为选任代理人，于委任人，恐因利害相反遭受不利；反之，于他方甚为有利。其情形与禁止代理或双方代理之利害冲突相类，宜类推适用双方代理之例禁止之，故通说以为此种空白委任状无效。[14]

12 文献上通称不得撤回（郑著（下），第四二四页；史著，第三六五页）。惟此情形，委任业已生效，且其方式不以撤回为限，故本书改以撤销、解除、终止称之，以期兼括。

13 参照“证券交易法”第二五条之一第一项；“公开发行公司出席股东会使用委托书规则”第一八条。

14 参照郑著（下），第四二四页；史著，第三六六页。

四、委任之性质

(一) 委任之法律上性质

相对于其他契约类型，委任之法律上性质，颇见特色。其要点殆可归纳如下三者：

1. 委任为诺成契约、不要式契约

委任因意思表示一致而成立，无须交付，亦无庸一定方式，故委任为诺成契约，而且除特别法另有规定外，亦为不要式契约。

2. 委任为双性契约

于契约所生债务或给付，是否有相对报偿或对待利益言，委任为双性契约，亦即非当然为有偿或无偿契约，亦非当然为双务或单务契约。此与买卖、租赁、雇佣、承揽之单纯为劳务契约、有偿契约，固有不同；与赠与、使用借贷之纯为单务契约，无偿契约，亦有不同。

就给付层面言，委任得为有偿契约，亦得为无偿契约，而其究为无偿或有偿，依当事人约定而定。换言之，受任人处理事务，未约定报酬之给付者，是为无偿契约，通称无偿委任；反之，其约定报酬之给付者，是为有偿契约，通称有偿委任。

就债务层面而言，委任约定受任人受有报酬者，报酬给付债务，性质上与处理事务债务互为报偿，是有偿委任，同时而为双务契约；反之，无偿委任则为单务契约。[15]

3. 委任为典型劳务契约

(1) 制度预设

劳务契约，民法所定类型既多，特别法上亦颇常见。惟就体系购成而言，则委任具有综括其余之地位。亦即，除法律所定其他契约类型以外之劳务契约，均属委任。在此角度上，“民法”第五二九条，显然具有双重意义，即：

①事务处理契约，非属于法定其他劳务契约类型者，始为委任；

②劳务契约，非属于法定他契约类型者，即属委任。

按民法所定之劳务契约，除委任外，依次有：雇佣、承揽、旅游、出版、经理人、代办商、居间、行纪、寄托、仓库、运送、承揽运送。

15 处理事务通常须支付费用。此项费用，受任人得请求委任人预垫或返还（第五四五条、第五四六条第一项），性质上虽亦为委任而生之受任人债权（委任人债务或给付），惟其并非处事事务之对价，于决定委任之为有偿无偿或双务单务，尚无任何关系。

体系构成上，殆可认为，除此之外，均属委任契约。例如，医疗、建照申领、会计财务签证、诉讼代理辩护、授课，均在委任概念之列。此外，上述列举诸类型之中尚有诸多类型，在性质上为特殊委任，委任之规定仍有适用。学理通称，委任为劳务契约之典型，诚良有以也。至其架构模式，约如下页表。

（2）解释论上之突破

坚持以上看法，难免发生劳务契约有无无名契约之疑惑。一般言之，为贯彻“民法”第五二九条，立法政策，于劳务契约，似不宜轻言无名契约存在。惟以现代社会，交易迅速频繁，尤其是伴随着服务业之发达，劳务性之新生交易类型，日新月异，坚守“民法”第五二九条，是否有当，不无疑问。尤其现行民法之委任，其制度构想所在，系属无偿委任，与社会交易实情及需要，相去颇远，其不足以适应现代社会生活需要，恐系事实。1980 年代初期，德国全面检讨民法修正时，学者曾大力疾呼，应另行制定有偿事务处事契约（有偿委任）之独立有名契约类型，堪为佐证。[16]

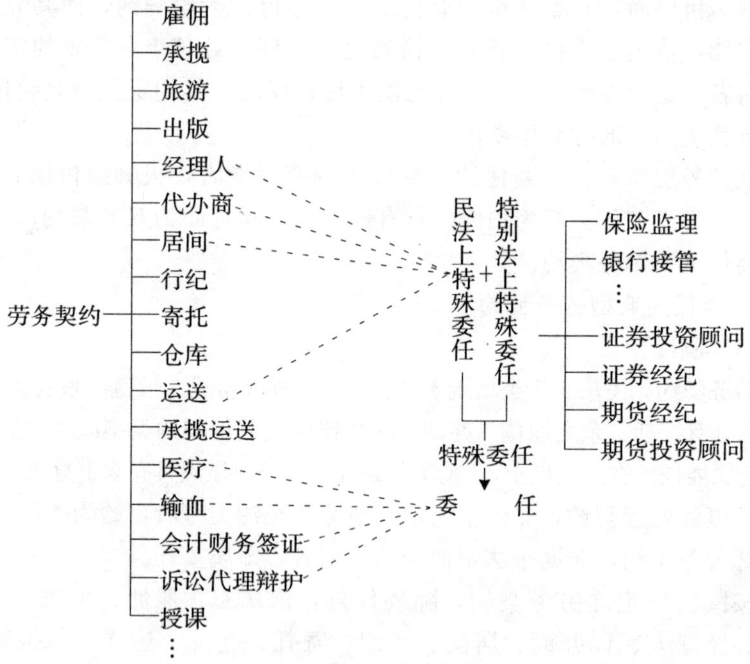

16 参照邱聪智（译）“西德民法债编全面修正之基本构想”，收于前揭“民法研究”（一）增订版，第四八九页。

在劳务契约构成上，贯彻“民法”第五二九条，事实上有其困难，即使在台湾，其情形亦然。信托契约类型早期由实务获得肯定[17]，乃至劳务之混合契约为学理所肯定[18]，甚而有准行纪[19]之主张等，即是著例。因之，“民法”第五二九条，是否确有存在必要？乃至委任应否坚持无偿原则，似乎均属有待商榷。至于在“民法”第五二九条检讨修正以前，个人以为，其较为可采之解释，宜就第五二九条所称之“法律”文句，采取广义解释，肯定其包括习惯法及判例，俾赋法院以创设特殊新型委任之契机。

（二）委任之相类概念

委任之相类概念，主要有代理、雇佣、承揽等。惟有关于此，一般文献介绍已多，于此仅分别列表简介，以为参考。

1. 委任与代理

事项＼制度		委任	代理
同	法律事实归类	劳务行为	
异	1. 法律行为之性质	契约	单独行为
	2. 处理行为之对象	不限于法律行为	限于法律行为
	3. 债之关系之有无	发生债之关系	不发生债之关系
	4. 权利义务关系	当事人内部关系	对外生效关系

17 参照“最高法院”1997年台再字第四二号判例：“按因私法上法律行为而成立之法律关系，非以民法（实质民法）有明文规定者为限，苟法律行为之内容，并不违反公序良俗或强行规定，即应赋予法律上之效力，如当事人本此法律行为成立之法律关系起诉请求保护其权利，法院不得以法无明文规定而拒绝裁判。所谓信托行为，系指委托人授与受托人超过经济目的之权利，而仅许可其于经济目的范围内行使权利之法律行为而言，就外部关系言，受托人固有行使超过委托人所授与人之权利，就委托人与受托人之内部关系言，受托人仍应受委托人所授与权利范围之限制。信托关系因委托人信赖受托人代其行使权利而成立。应认委托人有随时终止信托契约之权利。”
（其他参考判决例：“最高法院”1968年台上字第五〇七号判例；1989年台上字第二〇六二号判例。）

18 例如，承包膳宿契约、建筑经理契约、旧车估价换购新车契约，均是著例。

19 例如，不动产中介业之被肯定为准行纪是（郑著（下），第五〇一页）。

2. 委任与雇佣

制度 事项		雇佣	委任
	契约归类	劳务（给付）契约	
	1. 目的 2. 性质 3. 劳务原则 4. 定位	给付劳务 双务有偿契约 无独立裁量权 非典型劳务契约	处理事务 双性契约 有独立裁量权 典型劳务契约[20]

3. 委任与承揽

制度 事项		承揽	委任
	契约归类	劳务（给付）契约	
	1. 目的 2. 性质 3. 专属性 4. 人格性	完成工作 双务有偿契约 无庸亲自，次承揽原则 上不在禁止之列当事人 死亡承揽不当然终止	处理事务 双性契约 亲自处理义务，转雇佣原则 在禁止之列 当事人死亡，委任终止[21]

第二节 委任之效力

委任之效力，亦得分就受任人与委任人二方面观察之。惟其事项尚称复杂，爰依法律规定，为之归纳如下表，并依次说明之：

20 委任为劳务契约典型，故契约归类发生疑义不明时，解释上应归属于委任（参照郑著（下），第四一九页；史著，第三六五页）。例如，给付劳务而未收受报酬，乃至完成工作而无报酬者，原则上解为委任即是。

21 委任为劳务契约典型，故契约归类发生疑义不明时，解释上应归属于委任（参照郑著（下），第四一九页；史著，第三六五页）。例如，给付劳务而未收受报酬，乃至完成工作而无报酬者，原则上解为委任即是。

- 委任（效力）
  - 对于受任人之效力
    - 事务处理权
      - 处理权之意义及授与
        - 意义
        - 授与(531)
      - 处理权之范围(531)
        - 特定委任(533)
        - 概括委任(534)
    - 事务处理义务
      - 注意义务(535)
      - 指示与裁量(536)
      - 亲自处理义务
        - 亲自处理原则（537）
        - 复委任禁止原则（538、539）
    - 事务计算义务
      - 报告义务(540)
      - 转付义务(541)
      - 使用金钱之赔偿义务(542)
    - 债务不履行责任
      - 无偿委任(544后)
      - 有偿委任(544前)
  - 对于委任人之效力
    - 事务处理请求权（专属性：543）
    - 费用给付义务
      - 预付义务(545)
      - 偿还义务(546Ⅰ)
    - 损害赔偿义务（546Ⅱ、Ⅲ）
    - 有偿委任之报酬给付义务（547、548）

第一项　对于受任人之效力

委任成立，委任人之事务，交由受任人处理，对委任人言，无异处于自己无法完全了解、掌控之情况，委任人所以原意如此，固然有其必要，但受任人足堪信赖，则为立法定制之根源。是以，严谨规范受任人事务处理相关义务及责任，当属委任效力重心之所在。委任一节之重要规定，表征于受任人效力之部分，宁为当然。

一般言之，委任对于受任人之效力，其要点有四。即：事务处理权、事务处理义务、事务计算义务及债务不履行责任者是。

一、事务处理权

（一）处理权之意义及授与

1. 处理权之意义

受任人因委任，取得处理委任事务之权限，是为事务处理权。按一般所称权利，仅以一定利益为其内容，且其利益系归属于权利人自己。事务处理权旨在决定受任人有无干涉委任人事务之资格，其利益亦不终局归属于受任人，概念上与一般所称权利，尚有区别，而与代理权人之代理权，大致相抵，性质上属于权能性之权利，故以权限称之。

事务处理权，因委任而发生，固系事实，但概念上，与委任之间，仍属俨然可分。盖以事务处理权，系源于委任人之授与，非因委任成立而当然发生，例如，委任事项空白之委任，虽其委任业已成立，但事务处理权则未具体发生。不过，通常情形，委任人于成立委任而不同时授与事务处理权，殆属少见，斯二者常处于混然不分，恐亦事实。

2. 处理权之授与

(1) 处理权之授与与方式

处理权如何授与，虽法无明文，惟解释上得认为以意思表示为之。而且，通常情形，处理权之授与，均与委任成立同时并行。因此，学理上，严格独立授权行为之概念，似无强调之必要。不过，如委任标的之事务处理，须为法律行为，而该法律行为应以文字为之者，民法为昭慎重，爰亦特别明定，其处理权之授与，亦应以文字为之。例如，委任他人移转不动产所有权，因不动产物权之移转，须以书面为之，且须登记（第七六〇条、第七五八条）。因之，受任人办理不动产所有权移转之权限（事务处理权），须经书面授与，始能取得。同理，以订立定期不动产租赁为标的之委任，受任人处理权之取得，亦须以文字为之。[22] 换言之，于此类委任契约，虽委任因意思表示合致而成立生效，但在文字授权行为完成之前，受任人仍无事务处理权取得之可言。足见，处理权之授与与方式之关系，殆可表解如下：

- 处理权授与
  - 非法律行为——处理权之授与无须另行意思表示（包含于委任契约之内）
  - 法律行为
    - 无须以文字为之——处理权之授与无须另行意思表示（包含于委任契约之内）
    - 须以文字为之—处理权之授与须以文字为之(531)

22 参照“民法”第五三一条立法理由：“‘民法’第四百二十二条规定，不动产之租赁契约，其期限逾一年者，应以字据订立之，未以字据订立者，视为不定期限之租赁。关于此种情形，则处理权之授与，亦应以文字为之，俾法律关系，益臻明确。”

法律行为之成立、须以书面为之者，民法债编修正后已大幅增加[23]，举其要者，如不动产买卖、赠与（第一六六条之一）、定期不动产租赁（第四二二条）、终身定期金契约（第七三〇条）、不动产物权之移转或设定（第七六〇条）、夫妻财产契约之订立废止（第一〇〇七条）均是。是以，处理权之授与，须以文字为之者，似属相当广泛。至于，特别法规定之要式委任，其处理权之授与，解释上固亦有本条适用。惟其授与过程，亦与其委任契约同时完成，非谓另有文字授权行为不可，严格言之，与民法本条规定之适用态样，仍有不同。

处理权之取得，与委任之成立，本为不同层次之法律概念，因之，委任契约之性质，尚不因本条规定而具有要式委任之意义。实务上以之作为契约应具备之形式[24]，语意非尽明确，且易联想其为要式委任，其用语是否尽当，不无斟酌之处。[25]

（2）处理权之涵义

委任与代理，虽属不同概念，委任不一定伴有代理。不过，多数情形，委任人授与处理权于受任人者，常伴同代理权之授与。而且，内容之处理权之授与，如须以文字为之，其代理权之授与，是否更须以文字为之，学理上不无可资探讨。“民法”债编修正前，于第五三一条所称处理权之授与须以文字为之云者，是否包括代理权？学理上多有争议。揆其立场，计有如下：

①处理权说：此说以为，兹之处理权者，专指事务处理权而言，与代理权无关。[26] 实务采之。[27]

②代理权说：此说以为，兹之处理权者，系指代理而言。[28]

23 法律行为须以文字为之者，通常即成为要式行为（要式行为不一定限于文字），于此情形，文字为法律行为成立要件之一。因之，“民法”第五三一条虽仅称法律行为依法应以文字为之，惟揆其意义，则当指法律行为成立而言。

24 参照“最高法院”1950年台上字第一一九〇号判例：“‘民法’第五百三十一条所定之授权文字，乃委任人与受任人间契约上应行具备之形式，并非受任人必须交付他造当事人之书证。”

25 学理或以为，于此情形，委任成为要式，“民法”第五三一条之语义，系等于“其委任契约之订立，亦应以文字为之”而言（梅著，第二九九页）。

26 参照郑著（下），第四二六页；陈著，第二〇四页；梅著，第二九九页。

27 参照“最高法院”1955年台上字第一二九〇号判例：“‘民法’第一百六十七条所称之代理权，与同法第五百三十一条所称之处理权，迥不相同。盖代理权之授与，因本人之意思表示而生效力，无须一定之方式，从代理行为依法应以书面为之，而授与此种行为之代理权，仍不必用书面。原审适用‘民法’第五百三十一条及第七百六十条各规定，谓被上诉人应以书面为代理权之授与方为合法云云，自难谓当。”

28 参照戴著（下），第十一页；钱国成前揭“民法判解研究”，第五五页。

③综合权利说：此说以为，兹之处理权者，兼指处理权及代理权而言；但处理事务而未授与代理权者，则仅指处理权而已。[29]

采第一说者，则处理权与代理权之授与，迥然有别，且代理权之授与，无庸以文字为之。采后二说者，则代理权之授与，亦应以书面为之。按处理权与代理权既为不同之概念，代理权之授与，债编通则已有明定（第一六八条）；“民法”第五三一条，则为委任之规定，无谓从文义或体系而言，似不宜解释其为代理权或兼及代理权。愚意以为，第一说及实务之立场，似较允当。惟“民法”债编修正，则另起炉灶，一方面认为处理权与代理权系不同概念，后者非为前者所可概括，另一方面则认为，代理权之授与，应与处理权之授与，采取相同方式。为此，爰于“民法”第五三一条末段予以增订，并调整相关文字如下：

“为委任事务之处理，须为法律行为，而该法律行为，依法应以文字为之者，其处理权之授与，亦应以文字为之。经授与代理权者，其代理权之授与，亦同。”

以上修正，于杜免争议，并昭慎重而言，诚甚具意义。[30] 惟于法律政策上，代理权之授与是否确须以文字为之，而且，纵须以文字为之，其法条构成，究以规定于此为宜，或以规定代理权授与之相关法规（第一六八条）为当，仍不无讨论余地。

（二）事务处理权之范围

受任人事务处理权之范围如何？“民法”于第五三二条规定：“受任人之权限，依委任契约之订定。未订定者，依其委任事务之性质定之。委任人得指定一项或数项事务而为特别委任。或就一切事务，而为概括委任。”前者，契约自由原则之当然结论；次者，所以力求处理事务之便利[31] 也。至于，依前者，亦即依契约约定之受任人处理权范围，则其形态，尚可区分为二：一为特定委任，另一为概括委任。兹分述如下：

---

29 参照史著，第三六四页。

30 参照“民法”债编修正第五三一条修正理由：“为免解释上发表歧见，爰增列‘其授与代理权者，其代理权之授与，亦同。’使处理本条委任事务时，仅授与处理权者，则该处理权之授与应以文字为之。如授与处理权及代理权者，则二者之授与，均应以文字为之，以示慎重，并杜争议。”

31 参照“民法”第五三二条立法理由：“按受任人处理事务之权限，一依委任事务之范围为准，故受任人处理事务之权限范围，亦不可不有明白之规定。若委任契约已将受任人之权限订定时，自应依其所定，若委任契约未订定其权限时，则依委任事务之性质定之。盖从其委任之性质上，推定其有此权限，所以资处理事务之便利也。”

1. 特定委任

特定委任，法典用语称为特别委任。为取其标的在于特种事项[32]，并免与特别授权混淆，本书爰以物定委任称之；以下亦同。

特定委任，其处理事务之事项，既经特别约定，受任人就受任事项，得为一切必要处置，自属当然，故“民法”第五三三条规定：“受任人受特别委任者，就委任事务之处理，得为委任人为一切必要之行为。”

所谓必要行为，不限于法律行为，亦不限于事实行为，只要性质上为该事务处理所必要，即得、亦应为之。例如，律师受托代理诉讼，不但得为起诉或应诉，亦应撰写书状，查询有利证据方法均是。

受任人处理事务，其利益归属于委任人，本条规定，意旨亦在保护委任人利益[33]，故法律用语上，特别表明为委任人而为行为之制度本意。

2. 概括委任

（1）一般授权

概括委任之受任人，有概括处理一切事务之权限，解释上，一般事务，得为委任人为一切必要行为，既不限于个别或具体事务，亦不限于法律行为。例如，受任管理委任人全部财产，于财产之占有、保存、修缮、改良、租赁、买卖、乃至处分行为，均得为之即是。有关于此，修正前“民法”第五三四条本文，虽明定得为委任人为一切法律行为，惟解释上并不限于如此狭隘[34]，“民法”债编修正删除法律二字，将第五三四条本文文字调整如下，自较明确。[35]

“受任人受概括委任者，得为委任人为一切行为。”惟兹之所谓一切行为，尚非毫无限制，解释上须法律上未明定须经特别授权者为限。换言之，如法律规定该项行为须经特别授权者，如未经特别授权，则受任人仍不得为之。

（2）特别授权

①特别授权事项

概括委任，受任人事务处理权之取得，一般情形，因委任而成立，亦即当事人成立委任，只要表明系概括委任，受任人原则上即有处理一切事务之权限，无庸再另有授权表示。不过，对委任人权益影响特别重

32 同上注立法理由：“所谓特别委任者，谓指定特种事项而为委任也。”

33 参照“民法”第五三三条立法理由：“按受任人之受有特别委任者，应使其就委任事务之处理，得为委任人为一切必要之行为。本条设此规定，盖以保护委任人利益也。”

34 参照郑著（下），第四二八页。

35 参照“民法”第五三四条修正理由：“受概括委任之受任人，不仅可为法律行为，事实行为亦得为之。为明确计，爰将‘法律’二字删除。”

大者，“民法”第五三四条但书规定，其处理权之取得，须经特别授权。至其事项则有如下六者：

- 特别授权事项
  - 不动产之出卖或设定负担
  - 期限逾二年之不动产租赁
  - 赠与
  - 和解
  - 起诉
  - 提付仲裁

兹依序说明其要点如下：

Ⅰ. 不动产之出卖或设定负担（但书第一款）

不动产之出卖云者，包括不动产所有权或其他物权出卖契约之订立及不动产所有权或其他物权之移转。换言之，在概括委任，如未特别授与受任人出售不动产或办理不动产所有权移转登记者，受任人即无此项事务处理权。

不动产之设定负担云者，语意上固指，于委任人之不动产，设定典权、抵押权、地上权、永佃权或地役权于他人而言，惟解释上宜包括其原因（债权）契约之订立。换言之，即于概括委任，委任人所有之不动产设定不动产物权于他人或其债权契约之订立，如未经特别授权，受任人并不取得其事务处理权。

有关于此，涉及较为复杂，爰归纳如下表，以供参考：

- 处理权（取得）
  - 特别授权
    - 不动产所有权出卖 ⎫
    - 不动产所有权移转 ⎬ 不动产出卖
    - 不动产定限物权出卖 ⎪
    - 不动产定限物权移转 ⎭
    - 于不动产上设定定限物权于他人之有偿契约[36] ⎫ 不动产设定负担
    - 于不动产上设定定限物权于他人 ⎭
  - 无须特别授权
    - 动产出卖及所有权移转
    - 动产设定负担
    - 为委任人买入不动产
    - 为委任人设定不动产定限物权

36 不动产移转之原因行为为无偿者（通常为赠与），固亦为特别授权事项，惟此系适用同条第三款规定之结果法律解释论上，与本款无关，故于此特别标明有偿行为之字眼，以明适用依据之区别。

于兹成为问题者，即不动产物权之互易或其他有偿行为之转让原因行为，解释论上有无适用？愚意以为，本条所称出卖，解释上宜采广义，包括其他移转不动产所有权之有偿行为。

Ⅱ．不动产之租赁，其期限逾二年者（但书第二款）

此之租赁，一般以为，限于出租，盖以买入既无庸特别授权，则承租亦应比照适用也。[37] 至其标的，限于不动产，期限须逾二年。因之，动产出租，固无适用，即不动产出租，其期限为二年以下者，亦无庸特别授权。

Ⅲ．赠与（但书第三款）

赠与为赠与人单方负担债务之无偿行为，为保证委任人利益，“民法”第五三四条但书亦明定其为特别授权事项，亦即受任人须经委任人特别授权，受任人始得为委任人为赠与之行为。

本款既称赠与，解释上自不包括受赠；惟其如为赠与，则不问其标的为动产、不动产、及至其他财产权，解释上均有适用。此外，基于赠与而为之财产权移转行为（处分行为），自亦有其适用。

借贷虽亦为无偿行为，惟民法本条既未明文规定在适用之列，解释上宜认为无庸特别授权。

Ⅳ．和解（但书第四款）

和解云者，谓当事人约定，互相让步，以终止争执或防止争执发生之契约（第七三六条）。例如，甲乙就住宅之疆界线有争执，双方约定以防火巷中间为准，划分其界线即是。

和解，除民法定有明文外，其他法律亦颇有规定，其著例有诉讼上和解（“民事诉论法”第三七七条、第四六三条），破产上和解（“破产法”第六条以下）。民法本条款仅称和解，解释上不以民法为限。换言之，诉讼上和解、破产法上和解，亦均有其适用。不过，诉讼上和解，民事诉讼法另有明文（“民事诉讼法”第七一条），法源依据上，似有重复。

权益纠纷自治处理体制，和解之外，尚有若干相类之制度，如声请调解、声请调处等，除各该特别法别有规定外，解释上应无本款之适用，亦即无庸经特别授权；调解方案或调处方案之接受，亦应作同一解释。

Ⅴ．起诉（但书第五款）

起诉，系指向法院提起诉讼而言，解释上包括提起一审之诉及第二审、第三审之上诉，提起反诉、再审之诉，乃至提起诉愿、再诉愿及行

37　参照郑著（下），第四二八页；史著，第三六八页。

政诉讼等均是。但不包括提出告诉或告发。换言之，告发或告诉之提出，尚无须特别授权，即得为之。

与起诉有同一效力之事项，除提付仲裁，本条第六款已有规定外，其余事项，如依督促程序声请发支付命令、声请调解、申报破产债权，告知诉讼或声请强制执行等，解释上宜诉为无其适用。

Ⅵ. 提付仲裁（但书第六款）

当事人之争议，不诉请法院判决，而以订立仲裁契约之方式，委由仲裁人判断者，是为仲裁；依“仲裁法”第一条规定，当事人现在或将来之争议，不问性质上属于商务与否，均得提付仲裁。

仲裁人之仲裁判断，于当事人间，发生与法院确定判决同一之效力（“仲裁法”第三十七条第一项），体例上乃比照起诉而为规定。是以，概括委任之受任人，如未特别授与提付仲裁之权限者，受任人不得为之。不过，如法律明定仲裁须强制为之者[38]，解释上宜认为尚无适用，盖以法律既应强制仲裁，则受任人得否提付，并无选择余地也。

②相关问题

Ⅰ. 授权方式

以上各款，所以明定须特别授权，系因利害关系重大之故。[39] 至其授权方法，或得于委任时特别表明，亦得于委任契约之后另外具体为之。

特别授权之授与方式如何？民法并无特别明文，解释上无庸一定方式，惟其事务之处理，须以文字为之者，其事务处理权之取得，既本应以文字为之，则此之特别授权，其方式亦应以文字为之；代理权之授与方式，情形亦同。

以上六款，除和解及动产赠与外，其（法律）行为，须以文字为之[40]，即在和解或赠与，如其系以处分不动产为标的者，解释上仍应以文

38 例如，证券商相互间发生争议，证券商与证券交易所发生争议，应经仲裁（“证券交易法”第一六六条但书），即是著例。

39 参照“民法”第五三四条立法理由：“按受任人之受有概括委任者，难得为委任人为一切法律行为，然亦须受限制。如上列各款事项，系使委任人专负义务，或于其权利有重大变更，关系利害至为巨在。此种事务，则非经委任人特别之授权，受任人即不得处理之。”

40 特别授权事项诸行为中，其须以文字为之之依据，主要如下：

（1）不动产出卖或设定负担（第一六六条之一、第七六〇条）。

（2）逾二年之不动产出租（第四二二条）。

（3）不动产赠与（第一六六条之一，第七六〇条）。

（4）起诉（“民事诉讼法”第二四四条、第四四一条、第四七〇条；“刑事诉讼法”第三二〇条、第三五〇条；“诉愿法”第十二条、第二七条；“行政诉讼法”第五七条）。

（5）提付仲裁（“仲裁法”第一条第三项）。

字为之。是以，特别授权，无论处理权或代理权之授与，多数情形，须以文字为之，恐系实情。

Ⅱ. 特别授权之适用范围

特别授权，于民法委任之规定，固仅于概括委任见之。惟特别法上，则特别授权之适用，尚不以概括委任为限。例如，诉讼代理人，就其受委任之事件（特定委任），于法固有为一切诉讼行为之权，但关于舍弃、认诺、和解、提起反诉、上诉、再审之诉、声请强制执行、领取提存物或选任代理人等各项事务处理权限之取得，则须经特别授权（此项特别授权，法律用语且以特别委任[41] 称之——“民事诉讼法”第七〇条第一项、第二项），即是著例。特定委任，如法律明定特别授权者，则其权限之授与，解释上亦须特别表明，泛称全权代理者，其受任人仍无如上所述舍弃、认诺或和解等权限。[42]

Ⅲ. 违反特别授权之效果

受任人应经特别授权，始取得事务处理权限，如其未经特别授权而为之者其效力如何？法无明文。解释上或得认为，“民法”第五三四条但书为强行规定（强制规定），违反者则其所为处理之法律行为无效。惟鉴于特别授权之规定，旨在保护委任人利益，如委任人事后同意（承诺），即业于事后补充授权，于此情形，解释其为有效，适更足以兼顾委任人利益及交易安全，故愚意以为，违反特别授权者，其受任人所为之法律行为，仅系不生效仍得因委任人之承认而生效力。有关相对人催告权、撤回权之规定（第一七〇条、第一七一条），解释上仍得类推适用。至于起诉或提付仲裁，性质上虽亦具有法律行为之性质，惟其同时关系“国家公权力”之行使，得否解释为不生效力，仍待斟酌。

综上所述，足见委任与授权之间，涉及事项尚称复杂，爰为之归纳，如下简表，以供参考：

41 特别委任之用语，民法及民事诉讼法既均有之，且其意义南辕北辙，为免混淆，用语上实有区分必要。本书于民法改称特定委任，此亦考虑因素之一。

42 参照最高法院1928年上字第七七八号判例：“诉讼代理人之受特别委任，须当事人表明其特别委任之事项，故委任书状如仅概言依法委任，或泛称全权代理（即为一切行为）等字样，即应解为未受特别委任。”

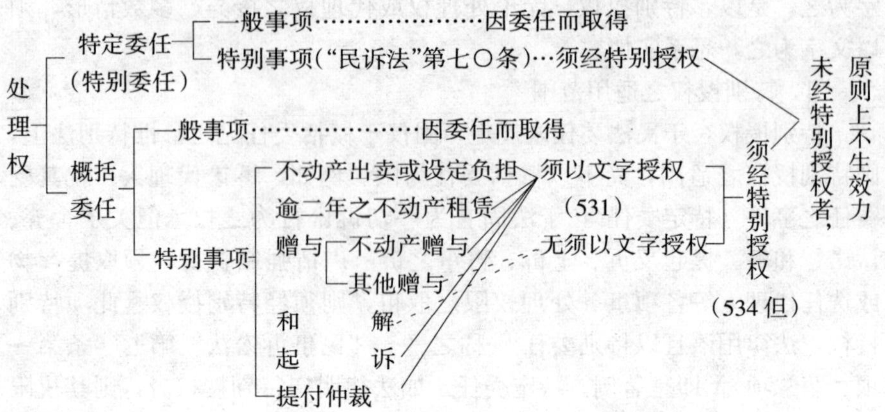

二、事务处理义务

事务处理，不仅为受任人之权限，同时亦为其义务。此项义务，亦因委任而成立；惟其须经特别授权者，解释上，其处理义务亦发生于特别授权之后。

受任人之事务处理义务，其主要内容有三。即注意义务，遵守指示义务及亲自处理义务。兹分述于下：

（一）注意义务

受任人对于处理事务所应为之注意，因其是否受有报酬而异其标准，其情形为：受任人未受有报酬者，其处理事务应与处理自己事务为同一之注意；其处理事务，受有报酬者，应尽善良管理人注意（第五三五条中段、后段）。

1. 无偿委任

无偿委任之受任之，于处理事务时，应以处理自己该项事务之注意水准，注意防免给付障碍事实之发生，故条文称之应与处理自己事务为同一之注意，其受任人未尽此种注意而发生给付不能、不完全给付或给付迟延者，即属可归责。换言之，于此情形，其受任人之可归责事由，为具体轻过失。其图式殆有如下：

无偿委任：可归责事由＝具体（轻）过失＝未尽与处理自己事务为同一之注意。纵责任原理言之，债务人原则上应尽善良管理人之注意义务（负抽象过失责任），无偿委任之受任人，仅负具体过失责任，无宁为减轻责任标准之制度设计，至其论据，则系本于“未受利益、从轻酌定”

之原则（第二二〇条第二项）而来。

就责任标准原理言之，本项之适用，其足资注意者，尚有如下三点：

(1) 无偿委任受任人既仅负与处理自己事务为同一之注意，则对于抽象过失，无庸负责。换言之，无偿委任受任人若无具体过失，则纵有轻过失，亦无成立债务不履行责任之可言。

(2) 无偿委任受任人，处理自己事务所用注意超于善良管理人者，其注意标准，是否亦应超过善良管理人之注意标准，管理上固有争论，实务上则持否定，认为无偿委任受任人之责任标准，仅以抽象过失为上限，换言之，受任人尚不因个人因素，负担高于善良管理人注意之义务。[43] 类此见解，似较允当。

(3) 无偿委任受任人，处理自己事务所用注意，低于常人者，其注意标准，解释上应依第二二三条之规定，认为不得低于普通人之一般注意，否则，仍因有重大过失而负债务不履行责任。

2. 有偿委任

有偿委任之受任人，于处理事务时，应尽善良管理人之注意。换言之，于有偿委任，受任人未尽善良管理人之注意，即属归责事由，对于因此发生之给付不能、给付迟延或不完全给付，即应负债务不履行责任。其责任标准，与债之一般原理，尚无不同。其图式殆有如下：

有偿委任：可归责事由＝抽象过失＝未尽善良管理人之注意。

于无偿委任，受任人仅就具体过失负责，似从法国民法而来[44]，就立法政策上，似较宽缓。盖以比较法上，似以抽象过失责任为原则。如是，则无论委任之为有偿或无偿，其受任人于委任事务之处理，均应尽善良管理人注意，德日等国民法均然。[45] 日本民法学者我妻荣氏，对于台湾此一立法亦多有批评，认为立法理由之妥当性颇难肯定。[46] 此次民法修正，于此少有检讨，甚而有部分人士主张，无偿委任之受任人仅负普通人一

43 参照最高法院 1942 年 11 月 19 日决议：“民法规定应与处理自己事务为同一注意之本旨，系在减轻债务人之注意义务，此观民法第五百三十五条、第五百九十条之规定自明。故平日处理自己事务所用注意，高于善良管理人注意者，如其履行债务，已尽善良管理人之注意，则虽未与处理自己事务为同一之注意，亦应认为无过失。”

44 参照法国民法第一九九二条第二项：“关于过失责任，无偿受任人得较受有报酬者减轻之。”

45 德国民法、瑞士债务法，均无减轻受任人注意义务之规定，日本民法则明定，无论有偿委任、无偿委任，受任人均应负善良管理人注意义务（日本民法第六四四条）。

46 参照我妻荣“中华民国民法：债权各则”，日本评论社，1933 年，第三四一页～第三八九页。

般注意（亦即仅负重大过失责任），即为已足，比较法上，似属较为特殊之法律见解[47]，颇值吾人注意。

（二）遵守指示之义务

受任人于事务处理，有独立裁量之权力，委任人不宜动辄为书掣肘，妨碍受任人处理事务。惟其事务既为委任人所属，则为保护委任人利益，如委任人于事务之处理为指示者，受任人亦有遵守之义务，以得其平，本法本乎斯旨，爰明定受任人处理委任事务，应依委任人之指示（第五三五条第二项）。

1. 指示之意义

指示一语，民法上颇见其例，以条文出处言之，除民法本条项外，尚有“民法”第一〇五条但书、第一七三条第一项、第一八九条但书、第二〇〇条第一项、第三七六条、第四九六条、第五〇九条、第五八三条第二项、第五九三条第二项、第六三三条、第六五〇条、第七一〇条等。此等条文所称指示，意义及法律事实上之性质，是否尽同，学理之深入探讨，尚属少见，本书于此，暂持肯定立场。

所称指示，意指就某项事务之处理方法或过程而为表示，并希冀相对人依其表示而为处理者而言。遇此情形，受表示之相对人，原则上固有遵守义务，但相对人之遵守义务、系本于法律规定，非直接基于表示而发生效果，故一般以为，指示系意思通知而非意思表示。惟其既为意思通知，则解释上自应类推适用意思表示之规定而定其效力。[48] 本条所称指示，亦应作同一解释，至其于委任时为之，抑于委任后为之，均无不同。

2. 指示之种类

委任人对于委任人之指示，其遵守义务如何？一般以为，须依指示之性质而定。而所谓指示性质，则分如下三者：

（1）命令性指示

（2）指导性指示

（3）任意性指示

命令性指示，受任人有绝对遵守义务，受任人不得违背指示；指导性指示：受任人原则亦应遵守，不得有任意裁量之权；任意性指示，则受任人有高度裁量权，受任人之裁量原则不发生违背指示之问题。

47 参照“司法行政部”前揭“民法债编修正意见汇编”，第二四九页。

48 参照郑著（下），第四三五页。

3. 指示之变更

(1) 变更指示之要件

“民法”第五三六条规定：“受任人非有急迫之情事，并可推定委任人若知有此情事亦允许变更其指示者，不得变更委任人之指示。”是为受任人之变更指示权。论其要件，则须符合下列二项。[49] 即

①须有急迫情事

例如病患住院治疗期间，病况突然恶化，须紧急急救是。

②须推知受任人亦允许变更

指设身处地，倘委任人知有急迫情事发生，亦允许变更者而言。推知与否，应依一般常情定之，亦即依一般人之常情，于此情形，其处理事务方法或过程，亦会为之变更者而言。

以上二者，适用上系以急迫情事为前提，为显示其特色，似可称之紧急变更权。

(2) 变更指示之适用范围

指示有种类之分，则变更指示究应适用于其间之何者？解释上不能无说明必要。

任意性指示，受任人有高度裁量权，其变更指示惟须尽其注意义务，无待急迫及推知允许，固无疑义，解释上尚不受本条之约束；反之，命令性指示，一般以为，受任人有绝对遵守义务，绝无变更指示之权，故解释本条适用范围，通说以指导式命令为限，命令性指示不在适用之列。[50] 不过，受任人变更指示，系为保护委任人利益而设，性质上亦系受任人之义务；而事务处理应否变更，非委任人事先所能完全预见，亦非其尽可抑制，其必要与否，并不因其为指导性指示或命令性指示而异。加以，变更指示之要件，相当严格，于命令性指示赋与受任人以变更指示权，亦无流弊可言。因之，愚意以为，解释指导性指示及命令性指示，均有“民法”第五三六条之适用，似较允当。

(3) 违背变更指示之责任

变更指示，固为受任人权利，同时亦系其义务。因之，受任人违反者，亦成立债务不履行（不完全给付）。就其因此所生损害，应负赔偿责任。所称违反，不仅于不应变更而变更有其适用，即应变更而不变更者，

49　参照“民法”第五三六条立法理由：“本条明定受任人变更委任人指示之要件有二：须有急迫情事。(12) 须推知委任人知有此情事亦允许其变更指示。所以保护委任人之利益也。”

50　参照郑著（下），第四三一页；史著，第三七〇页。

亦属违反变更指示义务。

变更指示权义，似为事务处理型契约之共通原则，民法除委任设有明文（解释上经理人、代办商、行纪、承揽、承揽运送均有适用），于寄托、运送，亦均有相类规定（第五九四条、第六三三条）。

（三）亲自处理之义务

委任系基于信赖而来，亦即委任之成立，本系源于委任人对受任人之信任，受任人因之负有亲自处理事务之义务（第五三七条本文），通称自己处理原则。[51] 违反者，受任人亦因之负债务不履行（不完全给付）责任。

不过，亲自处理系为保护委任人利益而设，制度原理上，与伦理秩序之违反，尚非完全相同，故民法于制度设计上，对其违反，乃持较为包容之态度，其具体言之，则尚可分为二类。其一为亲自处理义务之例外，另一为第三人处理义务之法律效果。兹分述如下：

1. 亲自处理义务之例外

依现行民法规定，受任人经委任人同意，或另有习惯或有不得已之事由者，得使第三人代为处理事务（第五三七条但书）。足见，亲自处理义务之例外，尚属相当广泛。民法所以采取如此包容态度，旨在避免事务停顿，俾事务处理仍得顺遂完成。[52] 兹分别就其事由说明于下：

（1）委任人同意

受任人所以必须亲自处理事务，旨在保护委任人免于依赖以外之意外损害。是以，受任人如得委任人同意而由第三人代为处理，则此顾虑即不复存在，法律自无复禁止之必要。此之同意，即得于委任契约成立时为之，亦得于契约成立后为之。

此之同意，解释上宜与民法总则上所称之同意，作同一解释，亦即同意为单独行为，由委任人向受任人，以意思表示为之（第一一七条），至其形态，包括允许（事前同意）及承认（事后同意）。其为承认者，民法总则有关承认之规定（第一一五条、第一一六条），有其适用。此外，

51 参照“民法”第五三七条立法理由：“按委任之关系，基于信任而来，故委任人因信任受任人之结果，特委任受任人处理自己的事务，则对于委任人所委任之事务，受任人亦应由自己处理之，方合契约之本旨。若第三人既非委任人所信任，受任人自不得使第三人代为处理委任事务也。”

52 参照“民法”第五三七条立法理由：“盖以时因特种情形，受任人既不能自己处理，又不能使第三人代为处理，反使事务停顿，致难贯彻委任之初意，自不若转使第三人代为处理，较易进行无阻也。”

待承认行为有关催告权、撤回权之规定（如第一七〇条、第一七一条），解释上亦得类推适用。

（2）习惯

此之习惯，与其他条文所称之习惯，系指交易习惯而言，意义上，与其他条文所称习惯，尚无不同。

（3）不得已事由

受任人有不得已之事由者，亦得委任第三人代为处理事务。所谓不得已事由，意指非可归责于债务人之事由而有委任第三人处理事务之必要者而言。例如，生病住院、兵役召集、乃至职务异动而迁移或不宜处理事务是。至于受任人事务繁忙，则尚非此所称之不得已事由。

2. 第三人处理事务之法律效果

（1）复委任之意义

受任人委托第三人处理事务者，与第三人间成立委任关系，相对受任人与原委任人之关系，一般称之复委任。[53]

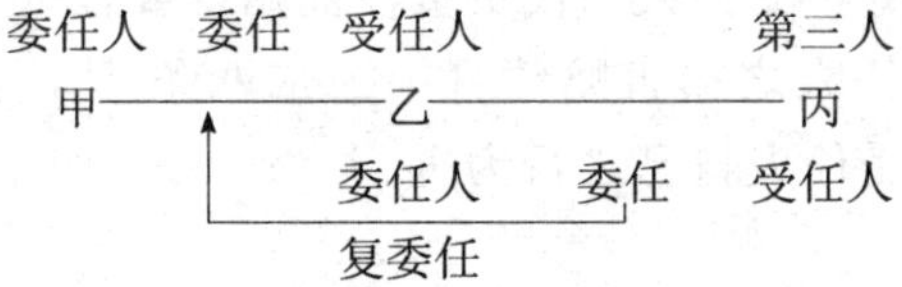

复委任之成立，并不因受任人是否得委任人之同意而不同。惟如其未违反亲自处理义务而为复委任者，与违反亲自处理义务而为复委任者，其法律效果，尚有殊异，为了解方便，爰称前者为合法复委任；后者为违法复委任。

亲自处理义务，法律意义上，并不禁止辅助人之使用。因之，受任人使用辅助人（受雇人）协助处理事务，或受任人为法人者，由其代表权人或营业辅助人处理事务者，解释上亦无违反亲自处理事务之可言，亦不成立复委任，仅受任人对其代表权人或辅助人之行为，应依“民法”第二八条或第二二四条代负责任而已。

（2）个别效力

①违法复委任

53　复委任，文献上或称之复委任。惟以复委任，通常系指受任人为多数人之情形，亦即委任人就同一事务或一切事务，同时或先后委任多数受任人处理者，是为复委任。二者意义颇有不同，免为混淆，尽量避免互用，似有必要。

受任人违反亲自处理义务，亦即未经受任人同意，亦无习惯或不得已事由而为复委任者，就该第三人（次受任人）之行为，应与自己之行为负同一责任（第五三八条第一项）。依此规定，足见受任人与第三人间之委任，于法仍属有效，但受任人对次受任人之行为应负完全责任。

就前者言，受任人与第三人间有契约，仍属有效。受任人立于委任人之地位，得对该第三人请求处理事务，亦即有关委任之规定，于受任人与次受任人间之委任，完全适用。不过，受任人违反亲自处理事务，成立债务不履行（不完全给付），原委任人得终止其与受任人间之委任，但在终止之前，尚不得阻止次受任人处理事务。反之，原委任人终止其与受任人之委任后，次受任人即不得再行处理该项（原委任人之）事务。

就后者言，受任人对次受任人之行为，有代负责任义务，其原理有若"民法"第二二四条。此之代负责任，解释上不论受任人有无过失，只要次受任人应负责任（通常为侵权行为责任），受任人亦应负同一责任，受任人部分，得解为债务不履行责任。至其二者之竞合关系，宜解释为不真正连带债务，受任人因代负责任而赔偿委任人者，得请求委任人让与其对于次受任人之损害赔偿（第二二八条）[54]，盖于此情形，第三人之行为，视为受任人自己之行为也。[55]

②合法复委任

受任人违法复委任者，其委任契约既属有效，则合法之复委任，更无庸置言。其有委任规定之适用，自亦当然。而且，斯项复委任既属合法，则受任人无违反义务，原委任人尚不得据之以为终止委任之事由。

合法复委任之受任人，对于次受任人之行为，原则上无代负责任，仅受任人于选任或指示有过失者，为维护委任人利益，法律乃例外使其负责（第五三八条第二项）。有关于此，法律用语虽泛称"受任人……就第三人之选任，及其对于第三人所为之指示负其责任"，惟衡之责任原理，解释上仍以适用过失责任为宜，而非无过失之担保责任。如是，则受任人依本条项负其责任者，仍因自己过失而致，并非代负责任而生。

54 如解释民法本条项之受任人责任，系法定债务，而非债务不履行之损害赔偿，则其请求让与之依据，非为"民法"第二二八条，而为"民法"第一条之法理。盖依其解释，受任人并非损害赔偿义务人，严格言之，无第二二八条与请求权之适用也。

55 参照"民法"第五三八条之立法理由："受任人使第三人处理委任事务，须经委任人之同意，或另有习惯，或有不得已之事由，始为有效。若违反此项规定，并未经委任人同意，亦无习惯可以依据，且非有不得已之事由者，此时第三人之行为，应视为受任人自己之行为，如有损害，自应由受任人负其责任。"

次受任人依本条项而负责任者，通常情形，亦以次受任人负有损害赔偿责任为前提。合法之复委任，纵于经委任人同意之情形，其同意不过涤除受任人之违反复委任状态而已，非谓委任人与次委任人间因之成立委任；是以，其次受任人对委任人致生损害者，通常亦系侵权行为责任。换言之，于受任人与次受任人间，其对于委任人之（损害赔偿）责任，二者之竞合关系，仍如上述之不真正连带债务，受任人为赔偿后，仍有第二二八条让与请求权之适用。

③共通效力

复委任之概念，有若租赁上之转租或承揽之次承揽。于委任人与次受任人间，本亦不直接生法律关系。惟此于委任人而言，颇为不便。为此，民法特于第五三九条创设委任人以直接请求权，借以加强委任人利益之保护[56]，其法条文字称曰："受任人使第三人代为处理委任事务者，委任人对于该第三人关于委任事务之履行，有直接请求权。"例如，甲委任乙向A收取A对甲之债务新台币一百万元；乙未经甲同意，委任丙前去收取，丙收得一百万元后，事为甲知悉，甲得直接请求丙交付一百万元于甲即是。由于此之委任人直接请求权，于合法复委任及违法复委任均有适用，爰列为共通效力事项说明之。

直接请求权，系赋与委任人之特殊权利，委任人并不因之与次受任人发生其他法律关系，更不因之成立委任。是以，次受任人对委任人并无任何请求权，而且，对委任人之请求，亦不得以次委任人（原受任人）之事由拒绝给付。

直接请求权之适用对象，是否限于委任事务本身之履行，抑可及于不履行之损害赔偿责任，解释上不无争议，纯就法律逻辑而言，似以否定说为当，惟为求委任人利益之周延，则以肯定说为当。[57] 至少，债务不履行责任中与委任事务履行有关者，宜解释为委任人有直接请求权：例如，次受任人不完全给付者，委任人得直接请求其为补正即是。

委任人直接请求权创设之结果，于事务处理请求之债权关系上，发生同一事务之履行（同一给付），委托人既得对次受任人为全部之请求，

56　参照"民法"第五三九条立法理由"按受任人所应处理之委任事务，已由第三人承担代为处理者，此时应使委任人对于该第三人有直接请求履行关于委任事务之权。若必依顺序，使委任人向受任人请求，再由受任人向第三人请求，则辗转需时，殊鲜实益。"

57　学者史尚宽教授，似采肯定说，认为"民法"第五三九条之请求权范围，包括不履行所生之损害赔偿请求权（详请参照史著，第三七二页～第三七三页）。

受任人亦得对次受任人为全部之请求，其情形有如连带债权（第二八三条）。因之，学理上通常将其列为法定连带债权之事例。惟连带债权，通常有内部分享关系（第二九一条）；于此则无内部分享关系可言，其是否为连带债权之典型，似乎仍有待深论之处。

综上所述，足见受任人事务处理义务，涉及事项尚称复杂，爰归纳如下表，以供参考：

- 事务处理义务
  - 注意义务
    - 无偿委任：具体过失责任（535中）
    - 有偿责任：抽象过失责任（535后）
  - 遵守指示义务（535前）
    - 命令性指示 ┐ 紧急变更权（536）
    - 指导性指示 ┘
    - 任意性指示：高度裁量权，得变更指示
  - 亲自处理义务（537）
    - 原则：违法复委任：代负责任（538 Ⅰ）┐ 直接请求权（539）
    - 特例：合法复委任：选任指示过失责任（538 Ⅱ）┘

三、事务计算义务

受任人所处理者，为委任人之事务，其处理之进行，自应为委任人之利益而为计算。此项计算义务，其内容有三，即报告义务，转付义务及赔偿义务三者是。兹分述如下：

（一）报告义务

“民法”第五百四十条规定：“受任人应将委任事务进行之状况，报告委任人，委任关系终止时，应明确报告其颠末。”足见所谓报告义务，其内容尚可分之为二。一为进行状况报告义务，发生于委任存续期间，另一为颠末报告义务，发生于委任终止之时。

1. 进行状况报告义务

受委任人于委任契约关系期间，应将委任事务之进行状况，向委任人报告，俾使委任人知悉其情，并得适时而为适当指示。

报告应于何时为之，原则上依法律之规定定之，法律未规定者，则解释上应于适当时期为之。惟委任人有请求者，则应即时为之。

2. 颠末报告义务

委任终止时，受任人应将事务处理之始末，对委任人为详细明确之报告，俾委任人得以接收及查核。

颠末报告义务，于委任关系终止时，即告发生，无待委任人之请求，受任人未于相当时期内为报告者，应负给付迟延责任。

（二）转付义务

转付义务者，移转权利及标的物义务之简称也。缘以受任人系为委任人之利益而处理事务，如其因处理事务而取得物品或权利者，依法自应交付物品或移转权利于委任人，故“民法”第五四一条规定：“受任人因处理委任事务，所收取之金钱、物品及孳息，应交付于委任人；受任人以自己之名义，为委任人取得之权利，应移转于委任人。”以基本应属于委任人所有故也。[58] 兹依条文规定分就交物及移权二者，说明如下：

1. 物之交付义务

受任人对于委任人而有物之交付义务者，以受任人因处理事务而收取物品者为前提，盖受任人既未因事务处理而取得物品，自无所谓交付义务可言。

依本条项规定，受任人取得之物而负有返还义务者，其标的有三。即物品、金钱及孳息。称物品者，指金钱以外之物，包括动产及不动产。例如，委任人委托受任人向典权人回购典物，受任人应将回赎之不动产交付于委任人是。孳息者，指受任人因处理事务而收得之孳息而言，包括天然孳息及法定孳息。例如前例之受任人回赎典物而收得之历年孳息是。[59] 此之孳息返还义务，系以实际收得者为限，如委任人有孳息可收而受任人未收取者，尚无本条项适用；惟受任人之未收取，如有过失，则应负债务不履行（不完全给付）责任。

受任人之交付义务，不问其委任是否同时授与代理权而有不同，亦不问其以委任人名义取得或受任人名义取得，更不论其因处理事务而直接取得，或系由第三人交付或移转而取得。换言之，只要事实上取得应

58　参照“民法”第五四一条立法理由：“按受任人于处理委任事务之际，其所收取之金钱、物品及孳息，既因委任之故而收取，自属于委任人所有，至其后均应交付于委任人。若受任人以自己名义取得权利，此权利既为委任人之权利，亦应移转于委任人。”

59　参照司法院 1941 年院子第二二〇八号解释：“据原呈所述情形，甲出典于乙之不动产，由丙得甲之同意代向乙赎出，是丙系为甲之代理人向乙回赎典物，乙之典权既乙因回赎而消灭，在乙丙间即无所谓转典或让与典权之关系，甲如别无出典于丙之行为，则丙并未取得典权，甲丙之关系为委任关系，不生可否回赎典物之问题，其委任关系发生于民法债编施行后者，依民法第五百四十一条第一项之规定，丙应将该不动产及其历年孳息交付于甲，依民法第五百四十六条第一项之规定，甲亦应将回赎及管理之必要费用连同自丙支付时之利息偿还于丙，双方订有甲不得请求孳息丙亦不得请求管理费用及利息之特约者，从其特约。”

属于委任人之物者，即负有交付之义务。此之交付义务，应于何时履行，法无特别明文，一般以为，性质上为未定期限债务，须经委任人催告仍不交付者，始负给付迟延责任，惟委任关系终止者，则应于委任关系终止时交付，其未于终止后即时交付者，即负给付迟延责任。

受任人违反交付义务者，性质上为契约不履行责任，是委任人请求之消灭时效，解释上应适用民法第一二五条十五年时效期间。[60]

2. 移转权利义务

受任人经委任人授与代理权者，其所为法律行为之效力及于委任人（第一〇三条），有关权利直接由委任人取得，于受任人而言，固无移转权利之义务。惟委任人未授与代理权者，通常情形，系由受任人以自己名义而取得权利。如是，则本于利益归属委任人之意旨，受任人当负权利移转之义务，俾委任人得以取得权利，以符委任之性质。[61]

受任人以自己名义取得之权利，于移转于委任人之前，委任人尚无取得权利可言，自不得向他方当事人为请求。[62]

反之，受任人为移转后，委任人得本于物权对他方为请求（委任人仍不因之成为契约当事人，仍不得根据契约而为请求）。[63] 至于移转权利之范围，一般以为，不仅限于取得之权利本身，即基于该权利而生之损

60 参照“最高法院”1963年台上字第一八八号判例：“被上诉人主张上诉人（三湾乡农会职员）因离职移交未清而请求给付之款项，除合于侵权行为，得行使损害赔偿请求权外，其基本之法律关系，乃为委任契约返还处理事务所收取金钱之请求权（‘民法’第五百四十一条第一项），上诉人虽主张损害赔偿之请求权消灭时效已完成，而基于委任契约所生之上开请求权，显未逾‘民法’第一百二十五条之时效期间。”

61 参照最高法院1932年上字第九三四号判例：“受任人以自己名义为委任人订立契约取得债权时，仅该受任人得向他方当事人请求履行债务，故在受任人未将其债权移转于委任人以前，委任人不得径向他方当事人请求履行。”（同旨“最高法院”第1952年台上字第一〇一一号判例。）

62 参照“最高法院”1955年台上字第二六二号判例：“系争土地登记为被上诉人所有，如系被上诉人受上诉人之委任，以自己名义为委任人取得权利，依法受任人即被上诉人自有将所取得之土地权利，返还于委任人即上诉人之义务。”

63 参照“最高法院”1956年台上字第六三七号判例：“上诉人基于继承其父之遗产关系而取得系争房屋所有权，原与其叔某甲无涉，某甲之代为管理，曾用自己名义出租于被上诉人，如系已受委任，则生委任关系，依民法第五百四十一条第二项之规定，受任人以自己名义为委任人取得之权利，固应移转于委任人，如未受委任则为无因管理，依同法第一百七十三条第二项之规定，关于第五百四十一条亦在准用之列，均不待承租之被上诉人同意而始生效，从而某甲将其代为管理之系争房屋，因出租于被上诉人所生之权利移转于上诉人，纵使未得被上诉人之同意，亦难谓为不生效力，上诉人自得就系争房屋行使出租人之权利。”

害赔偿请求权，亦包括在内。[64] 惟被请求之他方，仍得以其对于受任人之对抗事由，对委任人主张抗辩。[65]

兹之权利，性质上为物权或其他支配性权利，解释上尚不包括债权。是以，其权利移转，有其一定方法，受任人之移转权利，须完成一定之法定程序。例如，无体财产权之让与，原则须经合意，动产须经交付（第七六一条），不动产须经办理移转或设定登记（第七五八条），有价证券须经背书（第七一六条、第六二八条、票据法第三〇条）均是。

受任人以自己名义取得权利者，既负有移转义务，则委任人有请求移转之权利，应属无庸置疑。惟受任人仅取得债权而怠于移转债权之行使者，委任人有无代位权（第二四二条），实务固持否定看法（“最高法院”1988 年台上字第二五一号判决），学者间持肯定见解者，颇为有力[66]，比较上应以学理之肯定见解为妥。

（三）使用金钱之赔偿义务

受任人因处理事务取得之金钱，即应返还于委任人，自不得为受任人之利益而为使用，而且，金钱之债，始予使用，原则上有利息之收息；同理，委任人因处理事务而预付于受任人之金钱，受任人应为委任人之利益为使用，亦不得为自己之利益而使用之。为保护委任人利益，民法爰参照各国立法通例，于第五四二条规定：“受任人为自己之利益，使用应交付委任人之金钱，或使用应为委任人利益而使用之金钱者，应自使用之日起，支付利息。如有损害，并应赔偿。”[67] 亦即受任人苟有违反此

64 参照“最高法院”1963 年台上字第二九〇八号判例：“委任他人为法律行为，同时授与他人以代理权者，受任人所为之意思表示直接对于委任人发生效力，委任人固有请求权，即无代理权之委任，受任人以自己之名义务委任人取得之权利，包括损害赔偿请求权，已依‘民法’第五百四十一条第二项之规定移转于委任人者，委任人亦有请求权。”

65 参照“最高法院”1983 年台上字第四七二〇号判例：“受任人本于委任人所授与之代理权，以委任人名义与他人为法律行为时，固直接对委任人发生效力；若受任人以自己之名义与他人为法律行为，因而为委任人取得之权利，则须经受任人依‘民法’第五百四十一条第二项规定，将其移转于委任人，委任人始得径向该他人请求履行。前者，因法律行为发生之权利义务，于委任人及该他人之间直接发生效力；后者，则该他人得以对抗受任人之事由，对抗委任人，二者尚有不同。”

66 参照王泽鉴“委任人得否代位行使受任人以自己名义为委托人取得之权利”，法学丛刊，第三十三卷第三期，1988 年，第三十一页以下（本注见第三十六页）。

67 参照“民法”第五四二条立法理由：“查民律草案第七百七十二条理由谓受任人将应交与委任人之金钱，或应为委任人之利益使用之金钱，自行消费者，无论受任人有无过失，委任人曾否受损害，均应支给利息，因而致委任人受损害时，更须赔偿。各国多数立法例，皆设此规定，以保护委任人之利益。”

项义务者，法律上有支付利息及损害赔偿之义务。

1. 利息支付义务

受任人使用其利益应归属于委任人之金钱者，应自使用之日起，支付利息。盖以金钱之债，原则上推定为有利息（第二三三条）。此之利息，一般称之拟制利息，性质上为法定利息类型之一。不过，就债之原理言之，受任人使用法律所定不得使用之金钱者，于法律上负有即时返还义务（债务）；此项义务得解为自使用时起到期，其未即时返还者，理论上不无给付迟延之意味。如是，则其规范意义上不无迟延利息之性质。至其利率之计算，如当事人未约定者，适用“民法”第二〇三条之规定。

2. 损害赔偿义务

受任人使用应属委任人之金钱者，除应支付法定利息之外，如委任人因而受有超过利息范围以外之损害者，尚得请求损害赔偿。

此之损害赔偿，为无过失责任（利息之支付亦同），委任人只要证明受任人有使用之事实，即为已足，无庸证明受任人有无过失。至于赔偿方法及范围，则适用债之标的有关损害赔偿之规定（第二一三条～第二一八条）。

受任人应负之责任，仅以损害赔偿为限，故受任人因使用金钱而获得之利益，例如，持以买卖证券，获赚差价利益者，通说以为不负返还于委任人之义务。[68]

不过，受任人违反此项义务，依其他法律应负之责任，如刑法上之背信罪、侵占罪、乃至行政法上之微处，则依各该法律规定负责，不因本法之赔偿损害而受影响。

兹为便于体系把握，亦就事务计算义务，为之归纳于下，以供参考：

- 事务计算义务
  - 报告义务
    - 进行状况报告义务（540 前）
    - 颠末报告义务（540 后）
  - 转付义务
    - 物之交付（541 Ⅰ）
    - 权利移转义务（541 Ⅱ）
  - 使用金钱之赔偿义务
    - 利息支付（542 前）
    - 损害赔偿（542 后）

68 参照郑著（下），第四三八页；陈著，第二一二页。

四、债务不履行责任

受任人之债务不履行责任，无论于责任事由（标准）或责任范围，原则上均适用债之通则有关规定。惟于责任标准方面，其相关规定尚有未尽明确，致适用上颇见争议。为明问题所在，爰另段说明之。

（一）责任之标准

修正前民法第五四四条规定：“受任人因处理委任事务有过失，或因逾越权限之行为所生之损害，对于委任人应负赔偿之责。委任为无偿者，受任人仅就重大过失，负过失责任。”本条规定，其值资注意者有二：一为本条所称过失责任，其规范意旨为何？二为无偿委任是否以重大过失为责任标准？兹分述于下：

1. 委任之过失责任，意义何在？

债务人之可归责事由，原则为过失，债之通则规定，甚为明确（第二二〇条），此于受任人之事务处理，亦有适用。基此角度观之，民法本条所称受任人因处理事务有过失所生之损害，对于委任人应负赔偿责任，似为第二二〇条之重复规定，学问研讨上，似无重大意义，当可肯定。

不过，在民法制定当时，不完全给付尚非甚为成熟，所谓债务不履行，无宁以给付不能及给付迟延为主：此于委任，即为受任人不能处理事务及处理事务迟延。至于处理事务有过失而发生损害（不完全给付）者，得否依契约不履行请求损害赔偿？学理上仍有争议。本条于此规定，当寓有肯定不完全给付之意义。惟以时至今日，不完全给付业已成熟，从立法经济而言，则本条之此一规定，是否仍有存在必要，不无探讨余地。

2. 无偿委任与重大过失

（1）法律解释论之回顾

无偿委任之受任人，应与处理自己事务为同一注意，处理委任人所委托之事务，第五三五条规定甚明，业已如上所述（本书第一五八页以下）。基此，则受任人于处理事务有具体（轻）过失时，对委任人所受损害，即应负赔偿责任。然则，修正前民法本条规定，受任人仅就重大过失负责。二者对照观之，难免互为矛盾，抑且发生究应适用何者为妥之争论。

纯就法律逻辑形式而言，修正前民法本条项（第五四四条第二项）规定，以与第五三五条规定相互对照，则前者为后法，后者为前法。本诸后法优先于前法之法律适用原则，逻辑上自以适用修正前民法本条为妥。惟此结论，不仅有悖吾人之基本法律感情，而且违背各国通制，盖从法律感情言，受任人应受高度信赖，从比较法言，则受任人负有高度注意义务，无论有偿、无偿，原则均负抽象过失责任似为通制。虽然民法立法理由，强调无偿委任之受任人，仅就重大过失负其责任[69]，惟比较上应以通说为可采，实务亦韪通说论点。[70]

纯就法律而言，当以少数说为可采，惟就法律制度理念及社会生活需要言之，则通说及实务见解，始较允当。解释修正前民法本条项，似应牺牲法律文义而就法律实质正义，通说及实务见解，当较可采。

按民事责任标准，“民法”第二二〇条至第二二四条已有明确周详规定，委任受任人应负责任之标准，原则上与上述债之通则所示，并无差异，就立法技术而言，本无重复规定必要。在此基本认知上，“民法”第五三五条有关注意义务之规定，修正前本条第一项前段乃至本项，事实上均无规定之必要。民法所以重复规定，揆其原因，或因着眼于债之通则，其适用领域，似偏于财产性契约，为期周延，乃于劳务性契约典型之委任，予以重复规定。二者相较，其相互关系似有如下：即

过失责任一般原则：220Ⅰ——→544Ⅰ前
注意标准轻重酌定：220Ⅱ——→535中段、后段
重大过失最低界限：223——→修正前544Ⅱ

比照上述二者规定，可见问题发生之起因，在于“民法”第二二三条之仍字，于修正前“民法”第五四四条第二项变为“仅”字；亦即于前者称为仍应负责，于后称之仅应负责。或许立法当时，于此等文字运用所生之疑义，并未深虑，以致立法理由上有此强调。其实，修正前民

69 参照“民法”第五四四条立法理由：“谨按受任人如因处理委任事务之过失，或因逾越权限之行为而生有损害，对于委任人自应负赔偿之责任，此债权之通则也，惟此种赔偿责任之范围，应亦因委任之有偿或无偿而异。其委任为有偿者，一有过失或越权情事，即任损害赔偿之责，若为无偿委任，则仅就重大损失，始负损害赔偿之责。盖受任人应负责任之轻重，胥视乎委任报酬之有无，所以昭公允也。”

70 参照“最高法院”1973年台上字第一三二六号判例：“委任关系中之受任人，依‘民法’第五百三十五条前段之规定，虽未受有报酬，其处理委任事务，仍应与处理自己事务为同一之注意，亦即对于具体之轻过失仍须负责，同法第五百四十四条第二项之规定，如解为此种受任人仅以有重大过失为限始负责任，则与同法第五百三十五条之规定未免抵触，故应参照同法第二百二十三条，认为此种受任人，除与处理自己事务为同一之注意，欠缺此种注意，即应就具体过失负责外，如显然欠缺一般人之注意而有重大过失，仍应负责。”

法本条项之仅字，如用债之通则之仍字，其间困扰即可避免。本于责任原理及各国通例，似可认为，民法本条项，或系“受任人为无偿者，受任人仍就重大过失，负过失责任”之误会。如是，通说及实务见解之调整法律文义，当可理解。

（2）法律政策之调整

无偿委任之受任人，是否仅就重大过失负债务不履行责任，依修正前“民法”第五四二条第二项规定，实难判断，理论基础又颇牵强而难解。[71] 况者，从民事责任原理之立法体例言，修正前本条项，甚至本条全部，本无重复明文必要，“民法”债编修正删除本条第二项，而仅保留其法律文字（即修正前本条第一项）如下：

“受任人因处理委任事务有过失，或因逾越权限之行为所生之损害，对于委任人应负赔偿之责。”

诚然，民法本条第二项之删除，不仅于避免无谓争议，体认委任契约意旨有其意义[72]，即于民事责任原理之形成体例言，亦有构成简化、减少重复之流弊。

愚意且以为，如就法律逻辑之技术纯熟言，则民法本条第一项亦无保留而明文规定之必要。

（二）逾越权限之债务不履行责任

受任人逾越权限云者，系指逾越处理权限而言，其因而致生损害于委任人者，应负赔偿责任。例如，受任人并无设定物上负担之特别授权，却利用委任人交付身份证影本及印章之便，伪造授权书而为设定物上负担之行为，致相对人主张表见代理，使委任人受有损害者。按受任人有逾越权限之行为者，通常即有违反注意义务之情事，其因而致生损害于委任人，当属不完全给付，民法本条项所以明定受任人负赔偿责任，旨在杜免争议，亦即防免受任人主张无过失而免责。换言之，亦即受任人有逾越权限之行为者，殊无庸论其有无过失，受任人均应负损害赔偿责任，揆诸本段立法意旨，其原理应系无过失责任[73]；学理上有所谓“违法

71　有关于此，日本民法巨擘我妻荣教授有深入精辟之评论，详请参照我妻荣“中华民国民法：债权各则”，第三八九页～第四三四页。

72　参照“民法”债编修正第五四四条修正理由：“委任为无偿时，依照‘民法’第五百三十五条规定，受任人应与处理自己事务为同一之注意。原条文第二项规定，有使人误解为无偿之受任人，仅就重大过失负责，对于具体之轻过失，可不负责任，则显与上述条文之规定相抵触，为免疑义，爰将第二项删除。”

73　参照戴著（下），第二二页。

视为过失”，此或系重要例证。惟学者中认为受任人之负损害赔偿责任，仍须以过失为要件，理论上仍属过失者，亦颇不乏人。[74]

第二项　对于委任人之效力

委任对于委任人之效力，主要表征为委任人对于受任人之权利义务。依民法本节规定，其事项有四，即事务处理请求权，费用付偿义务、赔偿义务及报酬给付义务是。兹分述如下：

一、事务处理请求权

委任概以事务处理为契约要素，委任成立生效，受任人有处理事务之义务，相对的，委任人有事务处理请求权，无宁为解释所必然，自权利之标的层面而言，则为委任人之债权。

由于委任为劳务契约，债之关系上具有人格性，是其债权在性质上为不得让与（第二九四条第一项第一款）。因此，民法第五四三条乃有“委任人非经受任人同意，不得将处理事务之请求权让与第三人”之规定。类此规定，学理通称权利（债权）专属性。基此，则本条相关问题，其待进一步说明者，尚有如下：

（一）适用范围

1. 客体方面

限于事务处理本身。委任人对于受任人契约履行或履行所生之交付请求权或损害赔偿请求权等（第五四〇条至第五四二条），尚不在适用之列，亦即后者之请求权，解释上仍得让与。[75]

2. 主体方面

包括委任人对于次受任人之事务处理直接请求权（第五三九条），亦即委任人基于第五三九条所生之事务处理请求权，非经次受任人同意，仍不得让与。至于是否应经受任人同意，解释上或有争议，愚见以为，宜作肯定。

74 参照薛著，第一九〇页；史著，第三七九页；郑著（下），第四四二页（后二说明确说明采过失推定之立场）。

75 参照史著，第三八〇页。

（二）让与之涵义

就法典及学理之法律语言使用言之，让与系指依法律行为而移转权利之行为，其相类概念之关系，略如下表：

（权利）移转 ┬ 让与
　　　　　　 └ 继承

以上用法，主要例证如“民法”第二九四条至第二九九条、第一九五条第二项、第七三四条是。对照此等条文，则本条所称让与，究指狭义之让与？抑指广义之让与（移转）？不无疑义，若就法律之文义或体系解释而言，似以狭义说为当。惟委任既具有人格性，事务处理请求权亦有专属性，且第五五〇条规定，委任因当事人一方（包括委任人）死亡而消灭，其不得作为继承之标的至为明显。是以解释民法本条所称让与，宜采广义说，亦即事务处理请求权不得让与云者，解释上包括不得继承在内。此外，设质、扣押（查封）、抵销、亦应作同一解释。

（三）让与之效果

违反委任事务处理请求权不得让与之规定者，其法律上效果，亦解为不生效力，而非无效。盖以民法本条项，仅限制非经同意不得让与，而非全面禁止让与故也。换言之，委任事务处理请求权，经受任人同意者，仍得让与于第三人。至于同意云者，不问事前允许或事后承认，均无不可。而且，事后承认者，宜解为溯及让与时生效（第一一五条）。至于承认或拒绝同意之方式，则依“民法”第一一六条、第一一七条之规定定之。

二、费用之预付或偿还

处理事务，常须支付一定必要费用，受任人处理事务，自得请求委任人预付，其为受任人垫付者，亦得请求委任人返还。兹分述如下：

（一）费用之预付

“民法”第五四五条规定：“委任人因受任人之请求，应预付处理委任事务之必要费用。”盖以事务既为委任人所属，受任人无代垫义务，故使委任人负预付义务，以期事务之顺利进行也。[76] 例如，处理事务所需之交通

76　参照“民法”第五四五条立法理由：“处理委任事务必需之费用，受任人无代垫之义务，故应使其得以请求预付，以期事务进行之顺利。”

费、邮电费，因病求诊，应先缴挂号费用，委托代理人进行权利救济程序，应预付诉讼费用等程序相关费用是。基此，则其要点尚可归纳如下：

1. 费用预付之性质

费用预付为委任人之义务，因受任人之请求而发生；惟受任人请求前，委任人先行预付者，亦无不可。

费用预付既为委任人之义务，则于受任人请求而委任人不为预付者，受任人得拒绝处理事务，受任人并不因之负给付迟延责任；亦即于此情形，法律判断上为不可归责于受任人之事由而给付迟延（第二三〇条），受任人不负迟延责任。惟费用预付与事务处理二者，不具对价关系，委任人尚不能以受任人未处理事务而主张同时履行抗辩（拒绝预付费用）；反之，委任人纵令预付费用，委任并不因而成为双务契约或有偿契约。[77]

2. 费用预付之范围

费用预付之范围，以事务处理所必要者为限，亦即必要费用，其委任人始有预付之义务，非必要费用则委任人无庸预付。必要与否，应斟酌事务之性质及繁简而具体客观酌定之。

3. 费用预付义务违反之效力范围

委任人违反预付费用义务者，受任人得拒绝处理事务，固已如上所述，惟受任人得否因事务处理之进行而诉请给付，并进而声请强制执行？学理上或以为，处理委任事务，非为受任人利益，依“无利益即无诉权”之法理言之，应采否定。[78] 惟事务处理之顺利与否，与受任人声誉有益，于有偿委任受任人且有报酬请求权，何况受任人尚得垫付费用而处理事务，足见持肯定见解，于委任人亦无不利，故学理上持肯定见解者，亦大有人在。[79]

（二）费用偿还义务

受任人处理事务而先行垫付费用者，于必要费用范围内，得请求偿还。为此，民法爰于第五四六条第一项规定：“受任人因处理委任事务，支出之必要费用，委任人应偿还之，并付自支出时起之利息。”至其立法

77 参照“最高法院”1979 年台上字第一八四号判决：“‘民法’第五百三十五条所谓报酬，与同法第五百四十五条所规定之费用截然有别，委任人支付费用之义务，与受任人之处理事务义务，亦非立于对待关系，不受报酬之委任人纵令负担预付费用之义务，委任契约仍不因而成为有偿及双务契约。”

78 参照郑著，第四四三页；戴著（下），第二三页；陈著，第二一四页；史著，第三八〇页。

79 德、日学者中，持肯定见解者，曾颇有力，详请参照史著，第三八〇页。

理由，殆与前述费用预付规定相同，盖以本条规定，事实上殆与前述规定，恰相呼应；仅前述者，其受任人不垫付费用，而于本条项，受任人自愿先行为委任人垫付费用而已。受任人得请求偿还之费用并不以处理事务已得预期效果为要件，盖事务既为委任人所属，则法律上不宜使受任人，因处理事物而受不利益也。[80] 惟其请求之范围，亦以必要者为限，必要与否，亦应与前述预付费用作同一解释。

处理事务之必要费用，受任人既无垫付义务，则受任人垫付费用后，得请求自垫付时起之利息，以弥补其损害，并期双方之衡平；此之利息，原则上依法定利率（即周年百分之五）计算（第二〇三条），但当事人另有约定者，依其约定。其委任人迟不偿还费用者，受任人得拒绝继续处理事务，不负给付迟延或不完全给付责任。受任人因处理事务而支出之有益费用，得否请求偿还，民法于委任并无明文，解释上宜由当事人约定定之，当事人未约定者，则依无因管理之规定请求偿还之（适法管理，适用第一七六条规定；非适法管理，适用第一七七条规定）。

三、赔偿义务

受任人因处理事务，或因而负有必要债务，或因而受有损害。于前者，委任人宜代为清偿，于后者，委任人有赔偿义务。为此，民法爰于第五四六条第二、三项分别规定："受任人因处理委任事务，负担必要债务者，得请求委任人代其清偿，未至清偿期者，得请求委任人提出相当担保；受任人处理委任事务，因非可归责于自己之事由，致受损害者，得向委任人请求赔偿。"

兹分述于下：

（一）代偿债务

受任人因处理事务而负担必要债务者，如甲委请乙向丙购入A地，乙以自己名义购入，因而对丙负担之价金债务即是。盖以于此情形，名义上虽为乙之债务，实质上则为甲之债务之故。其相关重要事项，略有如下：

1. 适用范围

受任人处理事务而负担债务者，如委任人同时授与代理权，而受任

80　参照"民法"第五四六条立法理由："受任人既为委任人处理事务，自不应再使其受不利益，故不问其处理之委任事务，已否得预期之效果，委任人应将受任人为其处理事务所支出之费用，悉数偿还。"

人以代理方式为之者，则其权利义务直接对本人生效，受任人当无负担必要债务之可言。因之，于代理方式处理事务者，本条项很少适用余地。

受任人处理事务而负担债务后，如委任人承担债务者（第三〇〇条、第三〇一条），则该债务移转于委任人，亦无本条之适用。例如前例之甲征得丙之同意，承担乙之价金债务是。[81]

综以上二段所述，足见本条项之适用范围，仅于委任人并未同时授与受任人以代理权，且委任人亦未承担债务者而言。

2. 效力范围

受任人得请求委任人代其清偿之债务，虽亦无须以事务之处理，已达预期效果为要件，但仍以必要者为其限度。必要云者，仍应与前述（同条第一项）为同一解释。

受任人虽负有债务，惟其债权人非至债权届期，本不得请求受任人清偿（第三一六条前段）。是以，受任人之请求代为清偿之权利，亦以该债务已届清偿期为必要；其未届清偿期者，受任人仅得请求委任人提出相当担保。惟委任人迟不代为清偿或提出相当担保者，应与委任人拒绝预付费用作同一解释，亦即受任人因而拒绝继续处理事务者，尚不负给付迟延或不完全给付之责任。反之，如受任人自行清偿者，得列为必要费用，适用上述费用偿还之例。至若委任人代为清偿，则属利害关系人清偿，依“民法”第三一一条以下规定，定其与委任人权利义务关系。

期限利益为债务人之利益，是以，债权届清偿期前，受任人对相对人抛弃期限利益者，于期限届至前，宜解为丧失请求清偿之权利，对委任人不得请求代为清偿（但请求提出相当担保之权利，仍属存在）。惟受任人负担债务为未定期限者，除其未定期限不利于委任人，且受任人于期限之酌定有故意或重大过失者外，宜认为受任人仍有请求代偿债务之权利。

至于担保云者，不论物保（抵押权、质权）及人保（保证），均无不可。提出之方法，亦不问系向受任人为之，抑或向相对人之债权人为之，亦均无不可。仅其向受任人提出者，为将来债权（求偿权）之担保；而其向债权人为之者，则成为物上保证人或保证人。相当与否，则以债权额与担保物之价值或保证人之资力，相互对照而判断之。

81 此之所谓承担债务，当指免责承担而言。若夫并存承担，则受任人仍负连带给付责任，理论上仍得请求委任人代其清偿，似不宜包括在内。委任人仅与受任人成立履行承担契约者，亦应作同一解释。

（二）损害赔偿

受任人因处理事务受有损害，而得向委任人请求赔偿者，固以非可归责于受任人事由而致生者为其要件；惟就委任人而言，性质上系属无过失责任，不问委任人可否归责（有无过失），均对受任人负赔偿之责任。此盖事务既为委任人所属，受任人之处理系为委任人利益计算，理论上不宜使受任人遭受不测损害也。[82]

例如，甲委请乙修剪庭院花木，乙竟因甲邻居丙饲养之狼狗，侵入甲家而被咬伤，乙因其所受损害，得请求甲损害赔偿即是（乙得依第一九〇条规定，请求丙损害赔偿，系另一问题，其二者间宜解释为主观之请求权竞合——不真正连带债务）。

受任人得请求委任人损害赔偿者，解释上亦不以处理事务获有预期效果为要件，但受任人须为不可归责（原则上为无过失），若受任人于该致生损害之事项，有可归责之事由者，则委任人不负损害赔偿责任。不过，所谓可归责与否，仅以该发生损害之事由为断，如受任人于该事由之发生为无可归责者，纵于事务处理本身有债务不履行情事者，仍有本条适用。例如，受任人处理事务已有给付迟延，于迟延中处理事务受有损害，如其于受有损害为无过失，仍得向委任人请求损害赔偿。

此之损害赔偿，因“民法”第二二七条之一之规定，解释上应亦包括非财产损害之赔偿；至于所失利益（消极损害），似亦应予肯定。委任人所以负损害赔偿责任，旨在加强受任人利益之保护，委任人常非为该等损害之造成者，于此情形，委任人非为损害赔偿之终局责任人，其赔偿受任人后，对终局责任者，宜有请求救济之权，民法债编修正，为免疑义，爰予肯定而增订第四项，明定：“前项损害之发生，如别有应负责任之人时，委任人对于该应负责者，有求偿权。”就法律之制度形式完整及明确言，本条项增订，具有补充意义。[83]

四、报酬支付义务

委任，制度设计上以无偿为原则，是报酬支付义务，仅于有偿委任

82　参照“民法”第五四六条立法理由：“（受任人）处理事务所受之损害，如非归责于受任人之事由，（委任人）应悉数赔偿，庶受任人不至因受委任蒙不测之损害。”

83　参照“民法”债编修正第五四六条修正理由：“基于造成损害者，应负最后责任之法理及平衡委任人、受任人间之权益。爰仿第四百八十七条之一第二项规定，增定第四项，明定委任人于赔偿受任人之损害后，对于应负责仕之人，有求偿权。”

有其适用，非谓委任人均有报酬支付义务。至其要点，约有如下：

（一）有偿委任之成立

有偿委任，原则上固因当事人约定给付报酬而成立，惟依民法制度设计，有偿委任尚得因习惯及事件性质而成立，民法爰于第五四七条规定："报酬纵未约定，如依习惯，或依委任事务之性质，应给与报酬者，受任人得请求报酬。"因习惯而应支付报酬者，一般系指地方习惯而言。

依委任事务之性质而应支付报酬者，通常于专门职业及技术人员之事务处理即有适用。例如，委托开业代书办理登记，委托开业律师诉讼或委托开业会计师办理财务报表签证是。此外，于法定（拟制）委任，原则上亦有适用。

（二）报酬之标的及数额

报酬支付之标的，原则上依当事人约定定之，不以金钱为限。当事人未约定者，原则上应以金钱充之，但另有交易习惯者，依习惯定之。

报酬支付之数额，原则上亦依当事人约定定之，当事人未约定者，依价目表定之，无价目表者，以习惯定之。

（三）报酬之给付时期

报酬给付时期，尚可分就事务处理完毕与否而分别说明。前者，委任目的业已实现，当属一般常态，后者则属特例情形。

1. 事务处理完毕之情形

有偿委任之报酬给付时期，民法亦一如其他劳务契约之采报酬后付主义，故于第五四八条第一项规定："受任人应受报酬者，除契约另有订定外，非于委任关系终止及为明确报告颠末后，不得请求给付。"基此，则委任报酬之给付时期，其模式当可分之为二：

(1) 当事人于契约另有订定者，从其约定。此之契约，语意上固指委任契约本身而言。惟当事人于委任契约原未约定，而其后另有约定者，亦宜认为有其适用。

(2) 当事人于契约未另有订定者，报酬请求权之行使，须符合下述两项要件。即①委任关系业已终止，②受任人业已明确报告颠末。其受任人不能报告颠末者，由其法定继续处理事务之人负报告义务。是以，受任人或其继受人或继承人，尚不能以委任终止而请求给付报酬。

于有偿委任，报酬之给付时期既采后付主义，则受任人不能以委任人未支付报酬而主张同时履行抗辩权，自属当然。不过，当事人以特约约定先行支付报酬者，不在此限。

委任重在事务处理，不以工作完成为内容。因此，有偿委任之委任人报酬支付义务，亦不以事务处理获有预期效果为要件，委任人不得以事务处理未具效果而拒绝支付报酬。例如，委任人不得以官司败诉而拒付律师公费即是。至于当事人约定，委任之报酬给付以处理成功为要件者，虽学理上或持宽缓态度，认其性质上仍属委任，且其约定亦属有效。[84] 惟此特约，除其得为承揽标的者外，常涉及违反公序良俗之问题，而且易与承揽混淆。愚见以为，于其得为承揽标的者外，宜解为成立承揽，适用承揽之规定，反之，于其非得为承揽标的者，则其约定违反公序良俗无效，亦无适用委任之可言，以免脱法行为之滋生。

2. 事务处理未完毕之情形

委任关系，于事务处理未完毕前因故终止者，亦所多见，于此情形，不能无界定报酬请求有无之标准。为此，民法爰于同上条第二项规定："委任关系，因非可归责于受任人之事由，于事务处理未完毕前已终止者，受任人得就其已处理之部分，请求报酬。"以杜双方无谓争议。

基上规定，可知事务未处理完毕而终止者，须其终止之事由为非可归责于受任人者，受任人始有报酬请求权；反之，则受任人尚无报酬请求权。前者，例如受任为被告辩护，被告于审理中死亡者是；后者，如受任人违反亲自处理义务，擅自复委任他人处理事务为委任人终止条件是。

此之可否归责，应与受任人是否成立债务不履行之可否归责，作同一解释，亦即以受任人于事务处理相关义务有无过失为断，其无过失者，始有报酬请求权之成立，反之则否。终止云者，宜采广义解释，不问意定终止、法定消灭事由发生，乃至因事务不复存在而消灭之情形，均有适用。[85]

受任人为本条项之请求权，法律虽未明定受任人负有报告义务，但解释上宜类推适用前项（同条第一项）规定，以受任人已履行部分事务处理经过之报告者为要件，以维委任人利益。至于受任人请求报酬之数额，则以已经处理事务之部分为范围。例如，记账按年付酬，已达半年

84 参照郑著（下），第四四七页。

85 参照"最高法院"1960年台上字第一二八号判例："两造所订委任契约，既定酬金十万元，包括受任人承办地方法院、'高等法院'、'最高法院'及强制执行等事务之酬劳在内，则上诉人于受任后，虽曾代为撰状向台湾'台北地方法院'声请调解，充其量不过办理第一审事务中小部，在调解程序中其代理权既因当事人在外成立和解而撤销，依契约本旨及诚信法则，自只能请求给付第一审事务之酬金，而不得及于全部。"

之久者，得请求原定报酬之半数是。其非数据所能确定者，则按处理事务之性质，依契约本旨及诚信原则酌定之。[86]

第三节　委任之消灭

委任之特别消灭事由有二。一为任意终止，二为法定消灭事由之发生。兹分述如下：

一、任意终止

（一）终止之意义

委任以信赖关系为前提，信赖关系既失，不宜勉强委任关系存在[87]，故“民法”第五四九条第一项规定：“当事人之任何一方，得随时终止委任契约。”既称随时终止，则不问其性质上为有偿委任或无偿委任，定期委任或不定期委任，乃至事务处理已否进行或是否告有段落，均不须具备任何理由而终止之，一般爰以任意终止称之。是以，在委任之终止上，既与其他契约类型之终止常须具备法定原因者不同，故在委任，终止事由反而不具探讨意义。惟于法律拟制之法定委任，常具有特殊目的，于该目的实现前，似不宜承认当事人双方以任意终止权，当属特例。

本条所称终止，系指狭义，亦即通称之意定终止而言。因之，有关终止权之行使，宜依“民法”第二六三条规定，准用解除之有关规定。

（二）终止权之抛弃

任意终止权得否预先抛弃，学理上颇见分歧，或谓任意终止权为强行规定，当事人以特约预先抛弃者，其抛弃无效，委任人或受任人仍得随时终止委任契约，或谓委任事务之处理非独以委任人利益为目的者，其终止权抛弃之特约例外有效[88]，或谓终止权抛弃之物约，尚不违反公序

86　同上注。

87　参照“民法”第五四九条立法理由：“委任根据信用，信用既失，自不能强其继续委任。故各当事人无论何时，均得声明解约。”

88　参照史著，第三八五页。

良俗，原则上应属有效。[89] 鉴于委任是否任意终止，所涉者系当事人信赖之维护，违反者虽不当然构成法律秩序之违反，但勉强不能信赖之人维持委任关系，实属残忍。是以，比较上似以抛弃无效说为妥，实务立场亦然。[90]

（三）终止与损害赔偿

终止，台湾实务及学者通说，认系契约消灭事由之一。是以，当事人终止委任者，其委任于终止生效（意思表示到达时）时消灭。惟当事人一方，于不利于他方之时期终止委任契约者，除因非可归责于其自己之不得已事由者外，应负损害赔偿责任（第五四九条第二项）。

所谓不利于他方之时期终止者，学理上多采广义。因之，如受任人于委任人远行，不及亲自接收处理事务者，固属不利于他方之时期终止，受任人对委任人因而所受损害，应负赔偿责任，即受任人因终止而丧失对他人之请求权者，亦得解为不利于他之时期终止委任。[91]

损害赔偿之债，须以损害发生为要件，本条项于此亦无例外。兹之损害，性质上属于契约不履行之范畴，解释上并不包含非财产上之损害（及其赔偿）；消极损害（所失利益），虽亦有其适用，但委任报酬请求权之丧失，尚非此所称损害，受任人不得据为请求损害赔偿之依据。[92]

委任当事人之一方，因他方任意终止而受有损害者，如他方系因非可归责之事由而不得不终止者，则仍无损害赔偿可言。所称不可归责而不得不终止之事由云者，于委任人言，例如因法令修改而停止营业，而无记账业务可供处理者是：于受任人言，例如因病住院或被征服役均是，但事务繁忙，则尚非属不可归责之不得不终止事由。

（四）终止与债务不履行

委任，由于当事人有任意终止权。因之，委任之一方有债务不履行

89 相关学理介绍，请参照郑著（下），第四四九页～第四五〇页。

90 参照“最高法院”1970年台上字第一九四四号判决：“委任契约之成立，系以相互之信用关系为基础，如其信用动摇，即可由一方之意思，将受任人解除，而不问有无相反之约定。因此上诉人与被上诉人间之委任契约，纵有不得撤销之特约，亦不排除“民法”第五四九条第一项之适用。

91 参照郑著（下），第四五三页。

92 参照“最高法院”1973年台上字第一五三六号判例：“委任契约依‘民法’第五百四十九条第一项规定，不论有无报酬，或有无正当理由，均得随时终止。上诉人等之被继承人对被上诉人终止委任契约，无论于何时为之，均不能谓被上诉人原可获得若干之报酬，因终止契约致未能获得，系受损害。同法条第二项规定：‘于不利于他方之时期终止契约者，应负损害赔偿责任。’其所谓损害，系指不于此时终止，他方即可不受该项损害而言，非指当事人间原先约定之报酬。”

者，他方自亦得终止委任，仅其终止无待以债务不履行为其事由耳。不过，债务人于终止前应负之不履行损害赔偿责任，则不因终止而受影响。他方得一方面主张终止（任意终止），另一方面并得请求债务不履行之损害赔偿。至于可归责于双方当事人之事由，而由一方终止者，则解释上终止之一方，仍应负损害赔偿责任，但得援用与有过失之例，减免赔偿范围（第二一七条）。

二、法定消灭事由发生

委任既以信赖关系为前提，则于当事人之人格发生客观上不能信赖之情况者，委任关系，原则上亦应终止。基此考虑，民法爰于第五五〇条规定："委任关系，因当事人一方死亡、破产或丧失行为能力而消灭。但契约另有订定，或因委任事务之性质，不能消灭者，不在此限。"尽以当事人一方死亡、或有破产或丧失行为能力情事之一者，其人格信赖基础业已丧失，民法爰予特别明定；不过，为保护双方利益，于特殊情形，则不使其即时消灭。[93]

（一）消灭事由

消灭事由，依本条规定有三。即死亡、破产或丧失行为能力三者是。兹分述其意义于下：

1. 死亡

委任因死亡而消灭者，不问委任人死亡或受任人死亡、乃至双方同时死亡，均有适用。而且，死亡云者，不限于自然死亡，即宣告死亡亦包括在内。

称死亡者，理论上仅以自然人有其适用，若夫法人为委任当事人一方者，尚无死亡可言。但法人亦有人格消灭情事，解释上自亦有法定消灭情事。虽然法人人格之消灭，一般系指清算终结。不过，法人如经解散，其人格信赖基础即告动摇，且清算中法人之人格存续，仅于清算之必要范围内有其意义（第四〇条），是以，解释法人之委任消灭事由，应以解散视同死亡，亦即因法人解散而委任消灭。[94]

93 参照"民法"第五五〇条立法理由"委任既根据于信用，故委任人或受任人死亡、破产、或丧失行为能力（禁治产人）时，除曾表示有他项意思或因委任事务之性质生反对之结果外，委任关系，皆应终止，始合于委任之性质。"

94 参照郑著（下），第四五一页；史著，第三八九页。

委任既因当事人死亡而消灭，足见，事务处理权及事务处理义务，均不得作为继承之标的[95]，实务上以祭祀公会管理人死亡[96]及诉讼代理人死亡为较常见。[97]再者，由于处理权与代理权系不同概念，故实务以为，代理权尚不因委任人死亡而消灭。[98]

2. 破产

破产，系指依破产法而为破产宣告而言。其仅系不能清偿，或业经声请宣告破产者，尚不属之。

3. 丧失行为能力

丧失行为能力云者，系指陷于无行为能力而言，例如，当事人一方受禁治产宣告者是（第一五条）。至于当事人一方成为限制行为能力人者（例如，未成年而结婚之人，嗣其结婚被撤销者是），有无适用，学理上尚有争论，其认限制行为能力人不得为限制行为能力，固认为有其适用；反之，认为受任人不妨为限制行为能力者，则认为尚不适用本条，亦即委任关系不因委任当事人一方陷于限制行为能力人而消灭。[99]

委任之消灭系以行为能力为断，至于意思能力如何？尚非所问，是当事人一方，纵然心神丧失精神耗弱，乃至成为植物人，如未宣告禁治产，尚不能因其实际上无处理事务能力而认为委任丧失，仅系当事人之他方，得终止委任而已（适用任意终止，非谓丧失意思能力为当然终止事由）。

（二）委任继续存在之特例

委任因有前述法定事由发生，如其即时消灭于当事人利益之保护反

95 参照“最高法院”1962年台上字第二八一三号判例：“人之权利能力终于死亡，其权利义务因死亡而开始继承，由继承人承受。故关于遗产之法律行为自当由继承人为之。被继承人生前委任之代理人，依‘民法’第五百五十条之规定，其委任关系除契约另有订定或因委任事务之性质不能消灭者外，自应归于消灭。”

96 参照“最高法院”1969年台上字第二九三一号判决：“祭祀公业之管理人死亡时，管理权因而消灭，盖管理以本人之信任为基础，信任被继承人者，未必信任其继承人，故管理权不得为继承之标的。”

97 参照“最高法院”1980年台抗字第二〇四号裁定：“当事人委任之诉讼代理人死亡者，依照‘民法’第五百五十条前段规定，其委任关系即因而消灭，从而其诉讼代理权亦因人格消灭，而当然不复存在。

98 参照“最高法院”1972年台上字第二六六六号判决：“委任他人处理事务（在本件系委任代办调解事务），系发生债之关系之契约行为，代理权之授与则为使代理人（同时亦为受任人）取得代理权限之单独行为，二者性质根本不同。前者，虽因当事人一方死亡而委任关系消灭，后者，因代理权之取得并非基于委任契约，纵委任人死亡，基于授权行为而取得之代理权，并不因而消灭。”

99 参照郑著（下），第四五页。

而有害者，制度上不宜使之即时消灭，为济其穷，民法爰有委任继续存在之特例，其情形有三。一为委任之继续，次为受任人处理义务之短暂继续，另一为委任之短暂视为存续。兹依规定顺序，叙之于下：

1. 委任之继续

委任之当事人一方死亡、破产或丧失行为能力者，委任原则上固属消灭，但民法同时规定，于下列二种情形，例外并不消灭（同上条但书）。

（1）当事人另有约定

委任之当事人另有约定，其委任不因委任人或受任人死亡、破产或丧失行为能力而消灭者，民法为尊重意思自由，从其约定而使委任持续。有关于此，民法虽使用契约另有订定，语意上似指委任契约本身而言。惟于委任契约成立生效后另行约定者，解释上亦应肯定其适用。

委任虽因当事人约定，致事务处理权或事务处理请求权得为继承或特殊法定移转标的。不过，当事人之任意终止权，并不因此约定而受影响。因此委任人或受任人仍得于他方死亡、破产或丧失行为能力后终止委任；同理，其继承人或法定代理人亦得对委任人或受任人一方终止委任。

（2）事务性质不能消灭

委任事务，既有不能消灭之性质者，不宜因当事人一方死亡、破产或丧失行为能力而消灭，无宁为理所必然，民法所以为此特例规定，终局上亦属斟酌当事人利益之保护而来。例如，受任代收租金，约定抵偿受任人对委任人债权者，于其债权消灭前，该委任契约尚不因委任人或受任人一方死亡、破产或丧失行为能力而消灭即是。

此外，法律或另有规定，委任不因当事人（通常为委任人）死亡、破产或丧失行为能力而消灭者，解释上亦得认为系包含于事务之性质不能消灭之概念内。[100]

2. 处理义务短暂存续

委任当事人一方死亡、破产或丧失行为能力，如委任关系之消灭，有害于委任人利益之虞时，受任人或其继承人或其法定代理人，于委任人或其继承人或其法定代理人能接受委任事务前，应继续处理其事务（第五五一条）。是为受任人方面之事务继续处理义务。因其所涉法律上问题，尚称复杂，爰应其相关重点，分述如下：

100 其著例如："民法"第五六四条、"民事诉讼法"第七三条之规定是。

（1）继续处理事务之要件

委任有前述法定消灭事由，如其消灭有害于委任人利益之虞者，其受任人方面即有继续处理事务之义务。所谓有害于委任人利益之虞者，意指如受任人不继续处理事务，势将使委任人方面受有损害者而言。例如，委任人死亡，其继承人恰好远在外域，一时无法接理委任事务，即是著例。民法所以设此例外，旨在保护委任人方面免于不测损害[101]，堪称用心良苦。

（2）继续处理之法律上性质

受任人方面因本法而继续处理义务者，其与委任人方面间之法律关系如何？学理上有无因管理说及委任契约延长说之别。[102] 按民法本条仅称受任人方面有继续处理义务，非若“民法”第五五二条之直称委任关系视为存续，语义上似无委任存续之意。惟以本条明定受任人有继续处理事务之义务，当非无因管理所能妥适说明。愚意以为，民法本条用语所以强调受任人继续处理事务，系因其着眼于委任人方面之利益保护，且其要件系发生于委任人为存续，尚无重大殊异，比较上当以委任延长说为妥。从而，其原为有偿委任者，受任人就继续处理事务之部分，仍有报酬请求权。[103]

（3）继续处理之当事人

继续处理义务人及其接受事务之人，因法定事由而有不同，其情形略有如下表：

事　由	继续处理人	接受事务人
委任人死亡	受任人	委任人继承人
委任人破产	受任人	委任人法定代理人（破产管理人）
委任人丧失行为能力	受任人	委任人法定代理人（父母、配偶）
受任人死亡	受任人继承人	委任人

101 参照“民法”第五五一条立法理由：“依前条（即第五五〇条）规定委任终止时，若有害于委任人之利益，当事人一方之受任人或其继承人或法定代理人，应为他之一方继续处理委任事务，否则委任终结委任人尚未接收之时，遇有必须处理之事务，受任人或其继承人或法定代理人竟坐视不为处理，必致委任人之损害不可逆测。故设本条以弥缝其阙。”

102 参照郑著（下），第四五五页；史著；第三九一页。

103 参照史著，第三九一页。

续前表

事　由	继续处理人	接受事务人
受任人破产	受任人法定代理人（破产管理人）	委任人
受任人丧失行为能力	受任人法定代理人（父母、配偶）	委任人
双方死亡	受任人继承人	委任人继承人
双方破产	受任人法定代理人（破产管理人）	委任人法定代理人（破产管理人）
双方丧失行为能力	受任人法定代理人（父母、配偶）	委任人法定代理人（父母、配偶）
委任人死亡、受任人破产	受任人法定代理人（破产管理人）	委任人继承人
委任人死亡、受任人丧失行为能力	受任人法定代理人（父母、配偶）	委任人继承人
委任人破产、受任人死亡	受任人继承人	委任人法定代理人（破产管理人）
委任人破产、受任人丧失行为能力	受任人法定代理人（父母、配偶）	委任人法定代理人（破产管理人）
委任人丧失行为能力、受任人死亡	受任人继承人	委任人法定代理人（父母、配偶）
委任人丧失行为能力、受任人破产	受任人法定代理人（破产管理人）	委任人法定代理人（父母、配偶）

由上表所列，可知发生继续处理义务情事者，当事人间之变动，尚称琐细，自权利变动角度观之，堪称法定债之移转；而且，由于契约当事人亦告变动，认其发生法定契约承担之现象，似更贴切。因其于委任人或受任人均有可能变动，故以上乃有受任人方面、委任人方面之用法，以为概括。

（4）继续处理之期限

依本条规定，（上表）继续处理义务人之继续处理期限，以上表接受事务人能接受事务之时届满。换言之，上述所列接受事务之人能接受委任事务之时，继续处理事务之人之继续处理事务即告消灭（委任亦因而消灭），足见其存续系短暂措施，故以短暂存续称之。

能否接受事务，应以客观情事判断之，其为接受事务人知悉者，自知悉时起至客观上能接受事务之期间，有本条之适用；其不知悉者，自通知时起至客观上能接受事务之期间止，有本条之适用。学者或谓，于死亡时，以通知相对人即为已足，其见解恐不利于委任人利益之保护，似有未当。至于能否接受事务，尚无庸以专业知识技能之有无，作为判断依据。

(5) 委任之短暂视为存续

除前条规定外，民法并于第五五二条规定："委任关系消灭之事由，系由当事人之一方发生者，于他方知其事由，或可得而知其事由前，委任关系视为存续。"揆其用意，主要当在课以发生委任消灭事由之一方以通知之义务，俾加强双方当事人利益之保护[104]，基本考虑，与"民法"第五五一条，堪称相当。至其规范功能，则在补充"民法"第五五一条之不足，并与其构成更为完整之当事人利益保护。

本条之设，系消灭事由发生于一方，为保护双方利益而为规定；反之，前条系不问事由发生于何方，课受任人以继续处理事务之义务，寓有偏重委任人利益保护之意味，二者侧重角度尚有不同。再者，本条系以未发生消灭事由之他方善意且无过失（不知且非可得而知）为要件，因此，如他方不知事由发生系有过失（可得而知）者，仍不适用本条视为委任存续，纵委任人无法接受委任事务，亦系"民法"第五五一条有无适用之问题，与本条无涉。此外，本条所称当事人一方、他方者，系指当事人（亦即委任人或受任人）本人，解释上不宜认为如前条之广及于继承人或法定代理人。

通常，委任关系消灭者，在委任人方面能接受委任事务者，原则上双方均已知其事或可得而知，适用"民法"第五五一条，即为已足。在此角度上，本条与前条规定，似乎颇见重复，惟特殊情形，亦会发生另一方不知悉之情形，如无本条以为补充，则另一方当事人利益保护恐有不周。例如，甲（委任人）委任乙代为出售货物，货物未及卖出，嗣甲死亡，甲之子丙适为出售该类货物之经纪商，依"民法"第五五〇条、第五五一条规定委任已于甲死亡时消灭，乙不知其事（亦非可得而知），予出售该批货物，如无本条规定，乙将蒙受意外损失。是以，本条单独适用情形，虽不多见，但其具有补充前条规范之穷之功能，则属不可否认。至于同时符合"民法"第五五一条及第五五二条规定者，宜解为规范竞合，于权利保护方面，则依请求权竞合理论处理之。

104　参照"民法"第五五二条立法理由："本条设立之意，既保护一方之利益，又不使他方蒙受不利益。"

本条之法律性质，因条文明定视为存续，解释上为委任延续，且当事人不能以反证推翻，应堪肯定。惟本条立法理由，使用“推定存续”，似有误解本条立法原意，恐非甚当。[105]

最后，尚须附带一言者，即本条适用范围，是否包括及于委任终止之情事，语义上尚不明确。依本条立法理由，似偏于采狭义说，亦仅以法定消灭事由有其适用。[106] 学理上则多偏于广义说，认为包括终止，亦有适用，并举通知到达，但他方尚未知悉为例，作为理论依据。[107] 鉴于此情形，广义说，于权利保护颇具实益，且符合委任之信赖性格，复不加重当事人意料未及之义务及责任，愚意爰以为，广义说为可采。如是，则委任解除（事务处理前即有不履行之事由时）、乃至委任撤销，似亦应作同一解释。

105 参照同上条立法理由：“谨按委任关系消灭之事由，如当事人之一方死亡、破产、或丧失行为能力等是。此种委任关系，消灭之原因，如系因一方之事由而发生，必待他方知其事由或可得知其事由时，委任关系方使消灭，在他方未知其事由以前，委任关系，即应推定其为存续。”

106 同上注。

107 参照郑著（下），第四五六页；史著，第三九二页。

第十五章

经理人及代办商

经理人及代办商，为委任类型之延伸，惟因其具有商事性质，制度内容另有特色，民法本于民商合一体制之考虑，另立独立章节，以示规范特点。爰依民法本节规定，归纳其事项为如下三者，并依序说明于下：

经理人及代办商
- 总说
- 权利义务
- 消灭

第一节 总 说

总说部分，拟就经理人及代办商二者（为行文方便，以下目次，简称二者）之下列事项，分别说明。此即

总说
- 二者之法律上属性
- 二者之相关定义说明
- 二者之契约成立及性质

一、经理人、代办商之法律上属性

（一）经理人、代办商与商号补助人

经理人、代办商二者，既均具有商事之债之性质，则说明其法律上

属性之问题，即须从其于商事关系之地位说明之。

商事之债，从商事主体内部观之，主要为商号、其补助人、乃至斯二者之相互关系。盖以商号，无论其为独资、合伙、法人[1]、乃至公司，事实上均不能自行独自经营，而须借助于自然人或法人，以为辅佐，此之他人，或有权代表商号，或无权代表商号。一般以为，前者为商号机关，后者为商号补助人。基此角度，通说爰以为经理人及代办商均属商号补助人。[2] 不过，学理上或以为经理人及代办商均有代理权（第五五三条第一项、第五五八条），其情形与代表相近，概念上，应与商号补助人互为区别，并另称其为商号代表人。[3] 如是，则辅佐商号经营管理之人，其概念之不同，似可区分如下表：

- 商号补助人
  - 通说：二分说
    - 机关：董事、监察人
    - 商号补助人：
      - 经理人、代办商
      - 受雇人（店员、学徒）
  - 少数说：三分说
    - 机关：董事、监察人
    - 商号代理人：经理人、代办商
    - 商号补助人：受雇人（店员、学徒……）

以上论点，或均属言之有理，本书仍从通说，认为经理人、代办商仍属商号补助人。[4]

---

1 法人而得为营业主体者，于台湾之著例，堪称合作社（参照“合作社法”第二条），非营业社团法人而得为营业主体者，得以会员制证券交易所为代表事例（“证券交易法”第一〇三条第一项）。

2 参照郑著（下），第四五九页～第四六〇页。

3 参照梅著，第三〇三页。

4 公司经理人，由于商业登记法及公司法，均明文规定，经理人于其执行职务范围内，亦为公司负责人（“公司法”第八条第二项、“商业登记法”第九条第二项），是否仍得视为商号补助人，学理上似尚有讨论余地。相类资料，亦可参照“民法”第五五四条之立法理由：“按经理人之职务，对外代表商号，对内管理商号一切事务，故经理人对于第三人之关系，在管理本号事务者，应视为有管理本号事务上一切必要行为之权，在管理分号事务者，应视为有管理分号事务上一切必要行为之权，在管理一部事务者，应视为有管理该部事务上一切必要行为之权。”

（二）独立补助人与从属补助人

商号补助人，因其是否隶属于商号之营业组织体而有区分，其虽补助商号营运，但未隶属于其组织体者，是为独立补助人；反之，其补助而又隶属者，是为从属补助人。由于经理人与代办商，恰分别属于二者之一（亦即代办商属独立补助人、经理人为从属补助人），故二者之区分，仍具意义。

依台湾民法言之，独立补助人与从属补助人之区分，殆如下表：

商号补助人
- 独立补助人：代办商、居间人、行纪人、仓库营业人、运送人、承揽运送人……
- 从属补助人：经理人、受雇人（店员、学徒……）

（三）二者法律属性之异同

经理人与代办商，虽均为商号补助人，但二者之间，亦有诸多不同，兹归纳比较其异同如次表。

二、经理人、代办商之相关定义说明

（一）经理人

受商号委托，由商号之授权（亦即代理商号）而为商号管理事务之从属商号补助人，是为经理人。由商号授权而以其名义管理事务，其效力直接及于商号（第一〇三条），意即经理人对于商号有代理权。此之代理权之行使，社会生活事实上，殆表现于以商号名义签名，是以，“民法”第五五三条第一项（以下简称本条项）文字称曰：“称经理人者，谓由商号之授权而为其管理事务及签名之人。”

1. 经理权之意义

管理事务，须经授与事务管理权限，于此角度，意义上殆与委任所称之处理权授与相通（第五三一条），方法上原则以委托管理之意思表示为之（第五二八条）。足征，在此角度上，经理人实为受任人，其与商号之基础法律关系，乃系委任[5]，有关经理人与商号主体之权利义务，除本

5 法条中，就经理人与商号主体之关系，直接使用委任用语者，主要略有如下：
（1）“公司法”第二九条第一项本文前段；
（2）“海商法”第一九条第一项。

节另有规定外，适用委任之规定。[6] 不过，经理人通常受有报酬。因此，经理人与商号补助人间之契约关系，系有偿委任[7]。经理人之权限，于此角度上为事务管理权。[8]

经理人管理商号事务，径行为商号签名，其效力直接及于商号，在此角度上，经理人有代理权限，其对于商号主体及相对人，是为代理人，所为行为即为通称之代理行为。[9]

由上所述，足见经理权之内涵有二，一为对内之事务管理权（处理权），另一则为对外关系之代理权。不过，就民法之一般制度设计而言，事务管理权、代理权二者，系不同层面之权限，其权限之取得，原则上须为不同之授权。不过，于商事委任之情形，如其受任人有代理权者，则民法进一步将以上二项概念合而为一，统称其为经理权，在授权方面，亦采单一方式，非如一般民事委任之采分别授权方式。其相互区分，殆如下列图表：

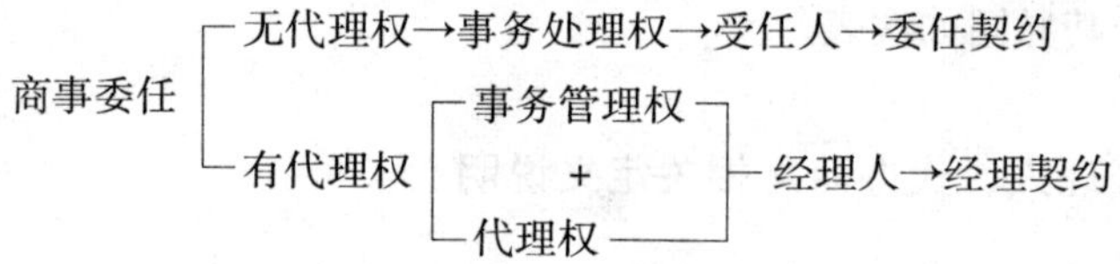

6 实务见解上，就经理人与商号主体之关系，直接使用委任用语者，主要事例如下：
最高法院 1931 年上字第九一〇号判例："商业经理人于营业范围外未受主人委任，以自己意思所为借贷之行为，除该地方另有特别习惯外，原则上难认其有直接及于主人之效力。"
同上第二四五九号判例："经理人于营业外所为之借贷行为，除经主人特别委任或有特别习惯外，难认其直接及于主人之效力。所谓特别委任云者，例如就各个借贷行为予以允许，或另以契约付与以一切借款权限之类。"

7 参照郑著（下），第四六四页、第四六五页、第四七〇页。

8 严格言之，民法用语，于此似未完全统一，盖其于本条项及无因管理，系称管理事务（第五五三条第一项、第一七二条以下）；但于委任相关条文，则称处理事务（第五二八条以下）。就法律文字使用观之，其间意义有无差异、乃至应否求其统一，似值注意。

9 实务见解上，直接援用代理字眼者，主要事例如下：
最高法院 1930 年上字第一九九二号判例："经理人之权限，可于营业目的范围内，有代理全体股东（意指合伙人）之权。"
最高法院 1933 年上字第二七九号判例："经理人于其权限内为商号发行票据，已载明为商号代理之旨而签名于票据者，应由商号负责，不能令经理人自负票据上之责任。"

- 委任之代理权
  - 一般委任
    - 事务处理权→处理权授与（528、531）
    - 代理权→代理权授与（167）
  - 商事委任
    - 事务管理权 + 代理权 → 经理权→经理权授与（553Ⅱ）

由上表可知，经理权之授与，系直接适用“民法”本条第二项，非若非商事委任之代理权人，须一方面依“民法”第五二八条、第五三一条授与事务处理权，再依“民法”第一六七条授与代理权。

2. 经理权之取得

经理权之取得，须经授权之意思表示。此之授权表示，解释上与代理权或事务处理权授与同，为有相对人之单方意思表示，通常则由商号主体向经理人为之。至于授权之方法，明示或默示，均无不可（第五五三条第二项），书面、口头，亦非所问。不过，对于不动产之买卖或设定负担，则其授权须以书面为之（第五五四条第二项）。通常，一经选任经理人，即可解释为默示的授与经理权。

经理权一经取得，原则上及于商号主体营业目的范围内之事务，除非法有特别限制者外，并无特别授权之问题。[10] 换言之，即经理权，于管（处）理事务方面，原则上仅有概括授权，并无个（特）别授权之适用（第五三二条、第五三四条）。不过，为尊重商号主体之自由意愿及权利保护，商号亦得将经理权限于商号事务之一部或商号之一分号或数分号（第五五三条第三项）。于此情形，虽经理权之范围有其限制，但法律上于该事务或分号，仍无损于经理人之资格。

3. 经理人之意义

经理人为具有经理权之商号补助人。其相关权限内涵，得分述如下：

（1）经理人为管理商号事务之人

经理人因商号委托管理事务（授与事务管理权），而取得事务管理权。此之事务管理权，其内涵与委任之事务处理权同。故于此有待讨论

10 参照最高法院1931年上字第一三四九号判例：“商号经理人，关于营业有代商业主人为审判上与审判外一切行为之权限，故如清理商号所负债务与处理因营业所发生之事项，均为其权限以内之事。”

“最高法院”1978年台上字第二七三二号判例：“公司经理人有为公司为营业上所必要之一切行为之权限，其为公司为营业上所必要之和解，除其内容法律上设有特别限制外，并无经公司特别授权之必要，此为经理权与一般受任人权限之不同处。”

者，即何为商号之问题。

商号者，以获取利润为目的之营业主体也。获取利益为目的之营业，通称商业或营业[11]，其范围殆如下表。是以，商号云者，亦得称之商业主体。

- 商业
  - 广义：营业
    - 独资营业
    - 合伙
    - 合作社
    - 公司
  - 狭义：法人以外之营业
    - 独资
    - 合伙[12]

不过，在法律上，商号之用语，除指称商业主体外，亦常用以指称各该个别具体商业之名称。基此，所谓商号，殆指特定商业主体对外表彰其自身而使用之名称，其情形恰如自然人之姓名，得称之为商号名称，商业登记法上之商号[13]，堪称著例，意义上亦等于同法之商号名称[14]，公司法上之公司名称。[15] 其区别则有如下表：

- 商号
  - 商号主体：广义
  - (特定) 商号名称：狭义

至于民法本节所称商号，则指前者，亦即泛称商号主体之商号，而非意指商号名称之商号。

11 参照“营业税法”第六条：“有左列情形之一者，为营业人：一、以营利为目的之公营、私营或公私合营之事业。二、非以营利为目的之事业、机关、团体、组织，有销售货物或劳务者。三、外国之事业、机关、团体、组织，在……境内之固定营业场所。”（同旨“营利事业登记规则”第四条）。

12 参照“商业登记法”第二条“本法所称商业，谓以营利为目的，以独资或合伙方式经营之事业。”

13 参照“商业登记法”第二十八条第二项：“商号之名称，除不得使用公司字样外，如与公司名称相同或类似时，不受前项规定之限制。”

14 参照“商业登记法”第二十八条第一项：“商业在同一直辖市或县（市），不得使用相同或类似他人已登记之商号名称，经营同类业务，但添设分支机构于他‘直辖市’或县（市），附记足以表示其为分支机构之明确字样者，不在此限。”（同旨“商业登记法”第二十六条）

15 参照“公司法”第二条第二项：“公司名称，应标明公司之种类。”（同旨“公司法”第一八条）。

(2) 经理人为商号签名之人

商号对外为营业行为，无论其为法律行为、诉讼行为、乃至其他行为，依法本应由商号所有人或代表人亲自签名。惟商号所以设有经理人，旨在借其补助扩充商号之活动，是商号经理人，于该商号之营业行为，亦有为商号签名之权。所谓为商号签名云者，意即其签名，有如代表之签名，直接对商号发生效力之意，是以称为商号签名之权利云者，当指代理权而言。

为商号签名云者系指其权限而言，亦即如经代理签名，即对商号生效，非谓须经以书面而为签名，始对商号生效。换言之，除经理人所受托处理事务而为之法律行为，系为要式行为，须经签名，始对商号生效外，其他行为，依法律行为一般通例，仅须以商号（本人）名义为之即可，无待签字始生效力。

经理人如何而为商号签名？各国（地区）立法，尚不一致，或明定经理人之签名，应表明商号及经理权意旨。[16] 台湾民法，并无明文规定，解释上当可从宽解释，认为除法律另有规定[17] 外，经理人之签名，无庸表明商号，亦无须附记经理权意旨。因之，其仅签盖商号名称或其印记，乃至仅签盖经理人姓名或印章（前者未同时签盖经理人姓名印章，后者未签盖商号名称印记），苟能认为系经理人为商号所为之营业行为即可，殊不必强如德瑞立法之严格要求同时附记商号，并表明经理权意旨[18]，实务见解亦同。[19]

经理人，日常使用上，名称尚有多样，总经理，执行副总经理，副总经理、协理、经理、副理、襄理、固均得视为经理人。不过判断经理权之有无，系以实际上有无由商号授权而为其签名之权为标准是，其名称纵非经理之类，但实际上有签名权利者，例如，称之主任、课长、乃至组员，但商号主体却授权由其签名者，仍属本节所称经理，有本节规定之适用。反之，纵称之经理，但实无签名权限者，则非此所称之经理

16　参照瑞士债务法第四五八条第一项、德国商法第五一条。

17　票据代理即是著例。条文依据参照“票据法”第九条：“代理人未载明为本人代理之旨而签名于票据者，应自负票据上之责任。”

18　参照郑著（下），第四六二页；史著，第三九五页、第四二〇页。

19　参照“最高法院”1966 年台上字第一〇一六号判决：“和解契约书上，虽仅盖上诉人公司经理私章，而未盖用上诉人公司大印，然既系上诉人公司之经理人，就属于公司事务之职务范围内事项，签名于和解契约书上，即难谓与‘民法’第五百五十三条第一项之规定有违，自应直接对其所代理之上诉人公司发生效力。”

人；当视其实际情形，分别适用委任或雇佣之规定。不过，其间或有表见代理之适用，似难否认。[20]

（二）代办商

1. 代办商之意义

受商号委托，得于一定地区，以该商号名义为该商号管理事务之独立商号补助人，是为代办商。法律用语称之：非经理人而受商号之委托，于一定处所或一定区域内，以该商号之名义，办理其事务之全部或一部之人（第五五八条第一项）。所称一定处所，意即定驻于某一特定地点；所谓一定区域，当指固定于特定地带而言。前者，如台北世贸中心X室即是；后者如台北市文山区是。

代办商之商云者，商业、商人、亦商号之谓也。故称之代办商，本身须为一独立之商号，此条文虽无明文，解释上则应肯定。非商号而受任者，受任人虽有代理权，但解释上，其内部仅成立委任关系，尚无代办商之适用或准用。反之，委任人非为商号者，虽受任代办之人为商号，亦宜作同一解释。学理上于后者，认为成立准代办商，准用代办商之规定，与“民法”第五二九条之立法政策，恐有违背，是否妥当，似待商榷。

代办商办理者为委托商号之事务，其间之基础法律关系，与经理人同，亦即契约类型归属上亦属委任，且因代办商得请求报酬（第五六〇条），故其间亦系有偿委任。[21] 是以，代办商除本节规定外，适用委任之规定。[22] 代办商有权处理商号事务，于此角度上，亦为事务处理权，其情形殆与经理人同。不过，代办商之管理事务，限于一定处所或区域，是其与经理人重要不同之一。[23]

20 参照郑著（下），第四七七页；史著，第四二一页；戴著（下），第六〇页。

21 参照“最高法院”1977年台上字第二八六七号判例：“代办商与委托人间之关系，为委任性质，除民法代办商一节别有规定外，准用委任之规定。”（本判例称准用委任之规定，似有误解，当以称之适用委任之字眼为妥。）

22 参照“最高法院”1953年台上第六一七号判例：“‘民法’第五百五十八条第一项规定‘称代办商者，谓非经理人而受商号之委托，于一定处所或一定区域内，以该商号之名义，办理其事务之全部或一部之人’。是代办商本系以商号名义处理其受委托之事务，其因此所发生之请求权，与‘民法’第一百二十七条第一、第八两款所定情形不符。故代办商因处理所受委托事务、而收取金钱、物品及孳息时，应依‘民法’第五百四十一条第一项规定以之交付于委托之商号，其交付之时间，自不受同法第一百二十七条第一、第八两款之限制。”

23 就法律用语而言，民法本条项称之办理事务，亦与委任之处理事务，经理人之管理事务，不尽同一。为免疑义，似亦以求其统一为宜。

代办商管理商号事务，亦以商号名义为之，其效力及于商号，其意义恰等于经理人之为商号签名之权利。是以，代办商亦为商号之代理人，在此角度上，代办权之性质亦为代理权，其情形仍与经理权同，学理上或据以称之。代理商[24]，实务似亦持相类立场。[25]至于本条项所称商号，其意义殆与经理人相关条文所谓商号相同，爰不复赘。

综本段以上所述，足见代办权之性质及内涵，与经理权殆属相同，而有如下表。民法将二者合为一节，当系本此考虑而来。

代办权 ┌ 事务管理权
　　　 │ ＋
　　　 └ 代理权

2. 代办权之取得

代办权何而取得之？民法虽未如经理权取得之有明文，惟解释上宜类推适用其有关规定（第五五三条第二项）。换言之，即代办权之取得，须经授权之意思表示，授权方法上，无论明示或默示，均无不可；通常，一经成立代办商契约，即可解释为默示授与代办权；而且，除法律另有规定者外，其授权亦无庸以书面为之。

代办权之授与，须书面授与者，主要有二，即：

（1）票据上业务负担、消费借贷或诉讼（第五五八条第三项）。

（2）保险代理人（“保险法”第八条）。[26]

代办权，通常亦为概括授权，不过，此之概括，不限于商号事务之全部（第五五七条第一项），其情形亦与经理人相近。

三、经理人契约及代办商契约之成立及性质

（一）经理人契约及代办商契约之成立

1. 经理人契约之成立

24 参照郑著（下），第四七八页；史著，第四二〇页，第四二一页；戴著（下），第五六页；陈著，第二三一页。

25 参照“最高法院”1966年台上字第一七九〇号判决：“代理商与民法上之代办商同其性质，代办商就其代办之事务，固有为通常之一切必要行为之权，但第三人对于本商号之损害赔偿请求权，有无代本商号为承认之权限，殊非无研究之余地。”

26 保险代理人，通说认系特别代办商，其主要条文依据为：“保险法”第八条：“本法所称保险代理人，指根据代理契约或授权书，向保险人收取费用，并代理经营业务之人。”

商号与其经理人间，就管理事务而成立之契约，其同时授与代理权者，是为经理人契约。

经理人契约，因商号委任经理人管理事务并授与代理权，而经理人允为管理而成立。经理人契约，为不要式诺成契约，因双方意思表示一致而成立。换言之，除其成立须具备一般之契约成立要件外，与买卖、委任等尚无不同。

不过，在民事特别法上，经理人之委任，于商号所有人言，常须经一定公开票选程序，为示与一般委任之不同，法律用语上，或另以选任称之。就当事人间法律关系而言，此之选任，似宜解释为与委任同其性质。至于选任之程序，则依各该民事特别法之规定定之。[27]

经理人之资格如何，民法亦无限制，惟民事特别法另有规定者，依其规定，例如，"公司法"第三〇条、"证券交易法"第五三条、第一一四条、第一一五条、第一三七条、"国外期货交易法"第一一条、"证券投资信托事业管理规则"第二十九条、"期货经纪商设置标准"第四条均是。此外，有关经理人，其有待说明者，尚有如下二者：

（1）经理人是否以自然人为限

有关于此，台湾学理，多采肯定，认为经理人以自然人为限。[28]衡诸法人之代办事务，已有代办商之规定，解释上当以肯定为妥。

（2）限制行为能力人得否为经理人

限制行为能力人，亦得为经理人，虽亦为台湾学说多所肯定[29]，惟民事特别法上，如上述之公司法、证券交易法、国外期货交易法，均明文禁止，规定限制行为能力人不得为经理人。是以，其适用可能范围，颇受抑制，恐系事实。

2. 代办商契约之成立

商号与其代办商间，因管理事务而成立之契约，其同时授与其代理

27 主要条文如：

"公司法"第二十九条："公司得依章程规定置经理人，经理人有二人以上时，应以一人为总经理，一人或数人为经理。经理人之委任、解任及报酬，依左列规定定之：一、无限公司、两合公司须有全体无限责任股东过半数同意。二、有限公司须有全体股东过半数同意。三、股份有限公司须有董事过半数同意。置有总经理之公司，其他经理之委任、解任，由总经理提请后，依前项规定办理。"

"海商法"第一七条："船舶共有人，应选任船舶经理人，经理其营业，船舶经理人之选任，应以共有人过半数，并其应有部分之价值合计过半数之同意为之。"

28 参照郑著（下），第四六三页；史著，第四〇四页。

29 同上注。

权者，是为代办商契约。

代办商契约之成立，原则上与经理人同，亦即因意思表示一致而成立，惟民事特别法上，明定其契约，须以书面为之者，则应解释其为要式行为，非经完全书面，其契约尚不成立（第七三条），主要事例，如“保险法”第八条之保险代理人、证券交易法上之证券代销（同法第一九条、第六七条）是。

（二）经理人契约及代办商契约之性质

1. 经理人契约之性质

经理人契约之类型上归属为何？学理上尚不尽一致，或认为其通常为雇佣契约，但间亦得成立其他契约，乃至无名契约者。[30] 通说及实务采委任契约说，当较允当。

经理人契约为诺成契约，不要式契约，业已如上所述，兹不复赘。

经理人对于商号有报酬请求权；此之报酬请求与其经理事务互为报偿，是经理契约为有偿契约、亦为双务契约，当可肯定。

2. 代办商契约之性质

代办商契约之类型归属，学理上亦有雇佣说、承揽说、委任说及无名契约说之分。[31] 通说及实务见解，亦如经理人契约之采委任，当较可采。

代办商亦为诺成契约，且除法律另有规定者外，亦为不要式契约。

代办商有报酬请求权，此之报酬与代办事务之管理，亦有对价关系，故其性质上亦为双务、有偿契约。

第二节 经理人、代办商之权利义务

经理人、代办商之权利，因可分就经理人或代办商二者而个别观察之。惟民法本节，或有并就经理人及代办商而一起规定者（第五六二条～第五六四条），即其个别规定者中，亦多有相通者。是以，为避免重复，并就二者一同观察，似亦属可行方式。以下即试依此一方式，作为

30 参照陈著，第二二一页。

31 参照郑著（下），第四七九页；史著，第四二五页；戴著（下），第五九页～第六〇页；陈著，第二三二页。

说明依据。

一、经理权、代办权及其范围

（一）共通原则

经理权、代办权，于事务管理层面，均属概括授权，业已如上所述。至其法条依据，各为如下：

1. 经理权

经理人对于第三人之关系，就商号或其分号，或其事务之一部，视为其有为管理上一切必要行为之权（第五五四条第一项）。

2. 代办权

代办商对于第三人之关系，就其所代办之事务，视为其有为一切必要行为之权（第五五八条第二项）。

不过，此所称一切必要行为，解释上仍有如下二项限制。即：

（1）以上条项所称，得为一切必要行为仅系原则而已，如法律特别规定须经书面授权者，则非经书面授权，尚不得为之。而且，于经理人及代办商之间，其限制尚有宽严之分。

（2）经理人或代办商得为一切必要行为云者，须以该商号之营业上事务为限。[32] 惟所称商号营业上事务云者，仅以抽象上足认其系为商号所为者即可，至于经理人是否具体确为商号营业而为，则非所问，亦不问其究属重大寻常，抑或有偿无偿。例如，经理人以商号名义借入款项，于借入后供其私用，商号仍应负其责任。[33]

至于非商号营业上事务，除表见代理而得适用表见代理之规定外，尚不对商号生效。[34] 此之所谓不生效力，宜解为适用无权代理之规定，得因商号之承认而生效力，而非无效。例如，合伙解散后，合伙经理人仍

32 参照最高法院 1930 年上字第三〇〇一号判例：“商号经理人所为之行为，其效力依法直接及于商业主人者，应以关于该商号营业上之事务为限。”
最高法院 1930 年上字第三一四八号判例：“庄客代理权限纵与经理人同，而依法亦应以营业上之事务为限，不容以庄客个人挪用之款而强令庄主负责。”

33 参照最高法院 1930 年上字第三十九号判例：“经理人关于营业之行为对于本人当然发生效力，纵有舞弊情事，亦系主人与经理人间之内部关系，于债权人无关，不能以之为免责之理由。”

34 参照最高法院 1930 年上字第二七六号判例：“经理人收受存款或向人借款之行为，除依营业之性质或其他情事可认其有此权限者外，并非当然对于本人发生效力。”（同旨最高法院 1930 年上字第一九九二、1943 年永上字第二一二号判例。）

以合伙名义对外借贷者，尚不得认为对合伙生效，但为合伙人全体承认者，则仍得有效，同理，经理人或代办商代商号所有人免除债务人之债务者，如经商号所有人同意，亦属有效。[35]

综上所述，足见经理权或代办权，虽均具概括授权性质，但并非无范围之限制。此之限制则为商号之营业上事务。换言之，只要其为商号营业上必要之事务，经理人或代办商所为之行为无论其为法律行为、准法律行为、乃至事实行为，均直接对商号生效[36]；反之，若非商号营业上之事务，则须待商号同意，始生效力。条文上所称商号事务（第五五四条第一项），或代办事务（第五五八条第二项），意即在此。因此，就经理权或代办权之代理权层面言之，似可认为，系以事务管理权为基础。其非属经理人或代办商事务管理权范围者，则其代理权亦失所附丽。

（二）经理权之范围

1. 一般法则

经理权，及于商号营业上之一切必要管理行为，诸如为商号清偿债务[37]、雇用、指挥及监督商号职员[38]，固然属之，诉讼上行为亦然[39]，故“民法”第五五五条规定：“经理人，就所任之事务，视为有代理商号为

35　参照最高法院1929年上字第一八四四号判例：“钱庄营业之合伙，其执行业务之合伙人或经理人代合伙借款，固为关于营业上之事务，应认其有此权限。惟合伙已解散时，此项权限即属当然消灭，如仍以合伙名义向人借款，自不能对于合伙发生效力，除他合伙人追认其行为或承认其债务，债权人不得向他合伙人请求清偿。”

参照最高法院1930年上字第一一六号判例：“商号经理人收受债务人所付之款，虽得对于店东发生效力，然除得店东之同意者外，断无私擅减免店债之权。”（同旨同上上字第四〇七号判例）

36　参照最高法院1930年上字第三六六号判例：“购买货物之庄客，于其购买货物之权限内所负之债务，商业主人自应负责。”

最高法院1933年上字第一〇一二号判例：“以受质为营业之押店，向钱庄通用款项，为营业上之必要行为，自不得谓经理人无为之权限。”（同旨同上上字第一九〇一号判例。）

37　参照最高法院1929年上字第一九五〇号判例：“经理人无论是否由合伙员兼充，但于营业上负有债务时，均应负清理偿还之责。”

38　参照最高法院1930年上字第一〇一四号判例：“商号经理人，对于一切店伙有指挥监督之职责，若因怠于监督致有舞弊情事，则经理人不能不负责任。”

39　参照最高法院1929年上字第三六一号判例：“经理人于营业范围内，有代理主人为审判上及审判外一切行为之权责。故关于营业上之负债，其债权人得径向经理人请求，而经理人亦应负清理偿还之责任。”（同旨同上上字第一〇一七号、第二一〇〇号判例。）

原告或被告或其他一切诉讼上行为之权。”不过，经理人亦因管理商号事务而为清偿或诉讼行为，非谓经理人自负清偿责任[40]，亦非谓经理人得自为原告或径为被告[41]，换言之，于后者之情形，当事人仍为商号，经理人则为法定代理人，但经理人自任为诉讼代理人者，亦无不可。[42] 公司经理人，亦无不同。[43]

经理人管理事务，旨在扩大商号之活动能力，其管理应以商号之永续发展为前提，故一般以为，处分营业本身之行为，如让与营业或废止营业之行为，非经理人所得而为。[44] 至于经理人有关诉讼行为之权，其有待说明者，尚有如下三者：

（1）经理人系代理商号而为诉讼行为。此之所谓代理，究其意义，于诉讼法上，当属法定代理人形态之一。不过，经理人不担任法定代理人，而自任诉讼代理人者，于法亦无不可。

（2）经理人代理诉讼之权，民法系采拟制模式，非若船舶经理人之当然代表（理）（“海商法”第一八条）。不过，此之拟制，系为“视为”，非商号或经理人所可反证推翻。

（3）本条所称诉讼，事实上固以民事诉讼程序为常见，但行政争讼及刑事诉讼程序，亦包括在内。而且，兹之诉讼行为，系采广义，包括下列程序：

40 参照最高法院 1929 年上字第二六二八号判例：“商号所负之债务，若值股东不明时，固得令经理人清理追偿之责，然究不得即认经理人自身有代为偿还之义务。”（同旨同上上字第二七〇七号判例。）

41 参照司法院 1939 年院字第一九五〇号解释：“经理人就商号对于他人之请求权，以自己名义提起给付之诉者，应认为原告不适格，予以驳回，就商号所负债务，迳向该商号之经理人提起给付之诉者，如未主张该经理人应自负清偿责任之原因（例如经理人负有保证责任或有‘民法总则施行法’第一五条情形），应认为被告不适格，予以驳回，其认经理人有自为清偿之责任，判令经理人偿还者，不得就商号财产为执行。至原告仅请求判令经理人自为清偿，而未就院字第六三八号解释所谓经理人之清理偿还责任为预备的声明者，不得判令经理人清理偿还。”

42 参照最高法院 1931 年上字第三六六号判例：“经理人用商号名义提起诉讼，而自为诉讼代理人，本为法例所许。”

43 参照司法院 1931 年院字第六三八号解释：“按现行民法第五百五十五条明定，经理人就所任之事务视为有代表商号为原告或被告或其他一切诉讼上行为之权，故关于营业上之负债，在经理人即应负清理偿还之责，公司所选任之经理人，法律上既未另定限制，自不能因其为法人而有差异。”
（同旨“最高法院”1953 年台上字第五五四号、1986 年台上字第一五九八号判例）。

44 参照郑著（下），第四六七页；史著，第四〇六页。

诉讼行为
- 民事诉讼程序：非讼程序、调解、调处、仲裁、裁决、民事诉讼、声请强制执行等
- 刑事诉讼程序：自诉、告诉、告发等
- 行政争讼程序：复查、诉愿、再诉愿、行政诉讼等

经理人之经理权，既以营业上事务为限，则其代理为诉讼行为之范围，亦应采同一解释，亦即以有关商号业者为范围，非属营业范围者，则无代理诉讼之权。[45] 至于有关商号所有人个人之诉讼，特别如离婚、继承相关之诉讼，非在代理之列，更不足论也。

2. 法定限制特例

经理权，于特殊情形，法律定有限制特例，语其情形，主要有二。一为范围界定，二为法定限制。

(1) 范围界定

经理权，得因商号所有人之意思，界限于商号事务之一部或数分号（第五五三条第三项）。遇此情形，经理权范围界定于其主管之部门，故又称之主管部门之限制。其情形尚可区分为三：

①一部事务之经理

将经理人之经理权，限于商号事务之一部者，是为一部事务之经理。例如，商号规模巨大，基于分工需要，置A经理限于人事管理部，B经理限于行销部业务，C经理限于财务部是。此时A为人事经理，B为业务经理，C为财务经理；A、B、C同为经理，但其范围，均仅限于各该主管部门而已。

②分号经理

将经理人之经理权，限于商号之某一特定分支机构者，是为分号经理，例如，顶好银行敦南分行经理是。此时，该经理之经理权范围，仅以该分行（号）之事务为限，但不及于总行（本号）或其他分行（分号）。

③数分号经理

45 参照“最高法院”1952年台上字第一〇〇九号判决：“合伙商号仅系因合伙人经营共同之事业而存在，其经理人亦仅有就其所任之事务内，代表商号为诉讼上行为之权，故对于合伙商号之诉讼，自仅以关于其所经营之事业范围内者为限。擅将他人存款改为合伙出资，即非合伙商号事业范围以内之事，则提起确认合伙关系不存在之诉，自应对于有此关系之人为之，方足认为对于主张其人有确认判决即可除去其所受法律上不利益之利益。上诉人提起本件确认之诉，不以主张其为商店之合伙人之人为被告，而以合伙商店为被告，自难谓有即受确认判决之法律上利益。”

将经理人之经理权，限于商号之数分号者，是为数分号经理。于此情形，其经理权之范围，得及于授权所及之数个分号。

（2）法定限制事项

经理权，因法律规定而受限制者，是为法定限制。广义言之，则其情形有二：一为书面授权，二为共同经理。

①书面授权

经理契约成立，经理人原则上对于商号事务，虽有管理及代理之权，但对于不动产之买卖或设定负担，如无书面授权，则仍无经理权之可言，“民法”第五五四条第二项规定，经理人，除有书面之授权外，对于不动产，不得买卖，或设定负担，即在明示斯旨。盖以不动产买卖或设定负担，关系于商号之利害，颇为巨大之故也。[46] 换言之，经理权之授与，如未以书面表明经理人得买卖不动产或设定负担，则经理人尚不得为不动产之买卖或设定负担，纵使经理契约系以书面为之，亦应为同一之解释。不过，如该商号系以买卖不动产为营业者，则其经理人纵未经书面授权，亦不受不得买卖不动产之限制（第五五四条第三项）。

本条项所称买卖，包括买入、出卖及其因而衍生之权利移转行为。设定负担者，宜与第五三四条第一款所称之设定负担，作同一解释，包括其原因债权契约之订定。日常生活上最常见者，可推不动产抵押权之设定。[47] 不过，本条项之适用标的，限于不动产，若为不动产以外之财产，无论其为动产或无体财产权，固均无适用[48]，即不动产买卖或设定负担以外之行为，例如，不动产租赁，解释上亦无书面授权之适用。但法律另有规定者，从其规定，例如，船舶经理是。[49]

经理人违反本条第二项规定，亦即未经书面授权而为不动产买卖或

46 参照“民法”第五五四条立法理由：“不动产之买卖，或在不动产上设定负担等事项，于商号之利害关系，较为巨大，经理人虽就其管理事务，有一切必要行为之权，然此种重大事项，则非有商号所有人之特别授权不可。在商号所有人，如授经理人以不动产买卖或设定负担之权限，尤必须以书面为之，否则经理人不得有此权限。”

47 参照最高法院 1938 年上字第八七八号判例：“经理人对于不动产设定抵押权，按之民法第五百五十四条第二项之规定，非书面之授权不得为之。”

48 参照最高法院 1933 年上字第二五一四号判例：“依民法第五百五十四条第二项之规定，经理人就不动产设定负担虽须有书面之授权，机器则为动产，自不得以经理人无书面之授权，遽谓其就机器设定负担为无权限之行为。”（同旨“最高法院”1963 年台上字第一一七〇号判例。）

49 参照“海商法”第一九条第一项：“船舶经理人非经共有人……之书面委任，不得出卖或抵押船舶。”

设定负担者，其法律效果如何？愚见以为，应与委任人未经特别授权而出卖不动产等之案例类型（第五三四条）作同一解释，亦即仅系不生效力，而非无效，得因商号所有人之承认而生效（参照本书第二一九页），兹不复赘。

②共同经理

经理权包含代理权，是经理人为多数者，理认上亦有共同代理之适用（第一六八条）。民法就此，则另辟蹊径，折中于共同代理与单独代理之间，于第五五六条规定："商号得授权于数经理人。但经理人中有二人之签名者，对于商号即生效力。"以与共同代理用语相对，堪称"二人经理"。盖一方面便于商号控管，另一方面又求其便利也[50]；否则，势必全体经理人签名，于商号实不胜其烦，既难以扩展业务，亦易贻误事机。商号经理人为多数人者，须经二人签名，对于商号始生效力，是其仅由经理人一人签名者，尚不生效；惟其二人签名，无庸同时为之，解释上当以第二位经理人签名时，对商号生效。此外，并得因商号之承认而生效，无须再经第二位之签名。不过，此之多数人云者，须就全部事务或各该主管部门事务而定；因之，商号经理人纵有数人，但各个经理主管部门不同或所属分号不同，且均属个别单一者，则彼此独立分别经理，尚无本条二人经理之适用。不过，同一部门或分号，其经理人为多数者，解释上于各该部门或分号，仍有二人经理之适用。

二人经理，究仅于主动表示，亦即为意思表示者有其适用？抑或包括受动表示，亦即受领意思表示，亦有适用？解释上不无疑义，学理则多持否定见解，认为受领意思表示，仅对经理人一人为意思表示即为已足，尚无须二人以上之签名。[51]

有关共同经理，其解释上之问题，主要尚有如下：

Ⅰ二人经理为法定限制原则，尚得因当事人意思而变动，如商号与经理人约定为共同（全部经理人）或三个以上或单独代理、乃至其他情形均无不可。于此情形，依其约定为之。不过，约定须经三人以上签名者，有"民法"第五五七条不得对抗善意第三人之适用。其非单独代理，

50　参照"民法"第五五六条立法理由："按商号因事务繁杂，非一经理人所能办理者，或商号所有人欲互相牵制，多设经理人者，亦可授权于数经理人，自不必限定一人为经理。惟商号所有人授权于数经理人，只须经理人中二人签名，对于商号即生效力，盖为便利交易起见，亦不必使商号中之数经理人，全体签名，始为有效也。"

51　参照郑著（下），第四六九页；史著，第四一〇页；戴著，第四九页；梅著，第三〇五页。

而约定某些行为或某类行为或某一行为，由经理人一个单独行使者，亦无不可。

Ⅱ适用二人经理原则时，如经经理人二人签名，是否尚须其他经理人以意思表示同意，或者仅二人签名即为已足？解释上固有争议，愚见以为，后说较为可采。否则，民法本条反而成为较第一六八条为更严格之规定，恐与立法意旨有悖。

Ⅲ经理而对外为行为，须以书面为之者，例如，签订不动产买卖契约或为票据行为，解释上仍有本条之适用。

3. 经理权限制之效果

经理权之限制，于商号及经理人之间，固属有效，其经理人违反限制以致商号受有损害者，商号得请求不履行（不完全给付）之损害赔偿。惟其对于第三人之效力如何？则为保护交易安全，民法于第五五七条规定："经理权之限制，除第五百五十三条第三项、第五百五十四条第二项及第五百五十六条所规定外，不得以之对抗善意第三人。"[52] 基此，则其限制效果，尚可分别说明如下：

（1）法定限制

经理权因法律规定而限制者，无论其为书面授权或二人经理、乃至第五五三条第三项之范围界定，交易之相对人，于法应予查悉知晓，第三人尚不得以善意（不知其限制）而主张权利。例如，相对人与无书面授权之经理为不动产之买卖，商号仍得对相对人主张该买卖不生效力，乃至拒绝承认，使之无效是。[53] 特别法上，于经理权之限制，或常有特别规定，于该规定，未如本条之有排除规定[54]，但解释上仍应采同一立场，

52 参照"民法"第五五七条立法理由："若商号所有人，就经理人本来之权限，加以限制，亦不过为商号所有人与经理人相互间之关系，对于不知情之第三人，自属不生效力，否则不足以保交易上之安全。故如第三人不知经理权受有限制，而与经理人所为之交易，无论其限制若何，商号所有人及经理人均不得以该事项曾受限制为理由，而以之对抗善意之第三人，盖不得使第三人受不测之损失也。"

53 参照同上立法理由："第三人对于管理一部或一分号事务之经理人，与其为不属于该部或该分号事务之交易，对于无书面授权之经理人，与其为不动产买卖或在不动产上设定负担，对于应由二人签名之事项，与其中一人交易，仅由一人签名，此种情形，第三人应注意而不注意，即有损失，亦属第三人自己之过失所致，则不问其为善意与否，商号所有人及经理人，均得对抗之。"

54 参照"公司法"第三十六条："公司不得以其所加于经理人职权之限制，对抗善意第三人。""海商法"第一九条二项："船舶共有人，对于船舶经理人权限所加之限制，不得对抗善意第三人。"

认为上述法定限制，并无不得对抗善意第三人之适用范围。

（2）意定限制

商号所有人，对于经理人职权，得加以任意限制，是为意定限制。例如，限制经理人不得对外借款、负担票据行为或为和解等是。商号对于经理人为此限制者，经理人固应受其限制；惟经理权对外为概括授权，未有限制乃其原则。是以，商号对经理权为此限制者，通常情形，非第三人所得知之，为保护交易安全计，民法乃明定其不得对抗善意第三人；换言之，经理人纵有违反意定限制而为行为者，商号不得对其相对人主张无效，亦无商号同意之可言。[55]

不过，所谓其限制不得对抗善意第三人，须其属于经理权范围之事项者，始有适用。如其本非经理权范围所及，则无所谓不得对抗善意第三人之问题，解释上自无本条之适用。[56] 例如，不得为保证人之公司（公司法第一六条），其公司限制经理人为保证者，即无本条适用，以其非经理人经理权之范围也。[57]

（三）代办权之范围

1. 一般法则

代办权，就其代办事务，及于商号营业上一切必要行为。在此点上，与经理权雷同而相近。不过，通常代办事务，大都为商号事务之一部，且须于一定地区办理事务，再加上其法定限制事项较广，是以，事实上，代办权的抽象范围，一般而言，尚较经理权为狭隘。

代办商，亦为商号补助人，其为商号代办事务，应以协助商号存续

55 参照最高法院 1938 年上字第一二五八号判例：“就已授与经理权之事务，加以该经理人须经商号所审查同意后始得为之之限制，依民法第五百五十七条之规定，不得以之对抗善意第三人。”

56 参照最高法院 1939 年上字第一二六〇号判例：“商号所有人与经理人间，就不属于经理权范围内之事项，订有禁止经理人为之之特约，不过预防经理人之为越权行为，特加订明，并非就其固有之经理权加以限制，自无适用民法第五百五十七条之余地。”

57 参照司法院 1939 年院字第一九三一号解释：“商号经理人所管理之事务，或商号合伙人所执行之合伙事务，各为关于营业上之事务，其依民法第五百五十四条或第六百七十九条对于第三人所得为之行为，应以关于营业上者为限，代表股份有限公司之董事或代表其他公司之股东，仅关于公司营业上之事务，有办理之权，亦为公司法第一百四十五条、第三十一条、第七十一条、第二百二十四条所明定，为人保证，除属于该公司或其他商号之营业范围，或依特殊情事，可认为营业上之行为外，自无代为之权，如竟擅自为之，对于该公司或其他商号不生效力。至民法第五百五十七条、公司法第三十二条，仅于限制经理权或代表权时适用之，若原非经理权或代表权范围内之行为，既无所谓限制，即无适用各该条之余地。”

发展为前提。因此，“民法”第五五八条第三项，虽仅称“视为有为一切必要行为之权”，非若第五五四条第一项之设有“管理上一切必要行为之权”之界限，但解释上宜作同一解释。

2. 法定限制特例

代办权之法定限制特例，论其性质之不同，亦可分为范围界定及法定限制事项二者，兹分述于下：

（1）范围界定

代办权，得因商号所有人之意思，界限于商号事务之一部，是为一部事务之代办。此外，代办权之地域范围，有一定之地区，法律意义上，殆等于地区代办。

代办权得限于一部事务或一定地区，无宁为代办权之性质使然。因此，交易之相对人负有查明其所界定范围之义务。

（2）法定限制事项

依民法本节之规定，代办权之法定限制事项，仅有书面授权一项，至其事由则有如下：

①负担票据债务。

②为消费借贷。

③为诉讼（第五五八条第三项）。

以与经理权相关规定对照观之，经理人于负担票据债务，消费借贷及诉讼，均属视为经理事项之范围（第五五四条、第五五五条），无待书面授权。是以，一般均以为，代办权之法定限制，其范围较经理权为广。盖以不动产买卖或设定负担，虽代办商部分，法无限制明文，但解释上，多数情形均须经书面授权（第五三一条），且多数情形，亦须特别授权（第五三四条第一款）故也。[58]

本条项所称负担票据债务，意指各种负担票据债务之行为，发票、承兑、背书、票据保证等均属之，所称消费借贷，无论借入或贷与，均有适用；至于所称诉讼，兼指各种诉讼行为之代理，意义上宜与第五五五条作同一解释（本书第二八五页）。代办商未经授权而为上述行为者，解释上应适用无权代理之规定，对于商号不生效力，亦即得因商号之同意（通常为事后之承认）而生效，尚非无效之法律行为。

3. 代办权限制之效果

58 学者中或主张，于此情形，准用经理人之规定（参照史著，第四二八页）。

代办权限制之效果如何？民法尚无明文，解释上宜与经理权限制作同一解释。换言之，代办商违反其限制者，对商号有不完全给付之债务不属于责任，对外则有得为对抗第三人（交易相对人）之问题。兹亦依法定限制及意定限制二者说明之。

（1）法定限制

代办商因法定事项而受限制者（包括范围界定分），商号得否对抗第三人（包括善意第三人），民法虽未如第五五七条设有明文，惟解释上宜视为法所当然，并与经理权部分作同一解释，爰不复赘。

（2）意定限制

代办权，得否由商号为任意限制，法无明文，本于意思自由或私法自治原则，宜采肯定。至其效果，依现行法制，似应认为适用代理权限制之有关规定，其法律效果，原则上亦为不得对抗善意第三人（第一〇七条）。不过，以与经理权相较，则其交易安全之保护似较不周延。盖以经理权意定限制不得对抗善意第三人，并不以第三人于善意无过失（非过失而不知）为要件；反之，依第一〇七条规定，则交易相对人，于善意须为无过失者，商号始不得对抗也。

商号于同一地域，授与代办权于数商号者，其代办行为究竟应由多数代办商共同为之，亦即适用共同代理？抑或仅由个别代办商单独为之？解释上颇感困难。有关于此，民法本节于代办权部分，未如经理人之有明文，理论上似应依体系解释，适用共同代理之规定（第一六八条）。惟以于同一地区，授与代办权于数人者，无宁为罕见特例，亦非一般交易之第三人所容易知悉，适用共同代理，于交易迅速及安全，恐均有重大阻碍，法律制度设计上，当以单独代办为当，并认为当事人纵有特约为共同代办，亦不得对抗善意第三人。惟此恐非法律解释所得容易克服，愚意以为，如能于民法增订单独代办之规定，或更允当。如是，则其法律文字及条次，或可增订如下：

“民法”债编修正草案第五五八条之一：

“同一处所或同一区域，代办商有二人以上者，各代办商均得单独代理商号。”

二、报酬请求权等

（一）一般法则

经理契约、代办契约，均属有偿委任。经理人或代办商对商号，均有报酬请求权，其支出费用者，得请求商号偿还费用，亦当为二者所同，惟其法律构成，尚不尽一致，爰亦分别说明之。

（二）经理人部分

经理人之报酬请求权及费用偿还请求权，民法本节并无明文，解释上适用委任之规定。至其要点，则有如下：

1. 报酬数额，依约定而为给付，当事人未具体约定者，依习惯或经理事务之性质定之（第五四七条）。

2. 报酬支付时期，原则亦依当事人约定定之，当事人未约定者，于经理关系终止后支付之（第五四八条第一项），但民事特别法另有规定者，依其规定（如“公司法”第二十九条第二项）。

3. 经理人得请求商号预付经理事务之费用；经理人因管理事务所为行为而支出必要费用、负担债务或受有损害者，得请求偿还费用或代为清偿债务或赔偿所受损害（第五四六条）。

（三）代办商部分

代办商之报酬请求权及费用偿还请求权，民法于本节，另予规定，其条文内容为：“代办商得依契约所定，请求报酬，或请求偿还其费用。无约定者依习惯，无约定亦无习惯者，依其代办事务之重要程度及多寡，定其报酬。”（第五六〇条）基此，则其要点，亦可归纳如下：

1. 有关报酬数额之确定，情形与经理人之报酬相近。

2. 有关报酬支付时期，民法本节并无明文，解释上适用“民法”第五四八条，其内容亦与经理人部分雷同。

3. 有关费用偿还代办商之规定，有其特色，其间可得而言者如下：

（1）费用偿还请求权，须经代办商与商号，以契约（不限于代办商契约本身）定之；其契约未订定者，代办商并无费用偿还请求权，“民法”第五四五条、第五四六条之规定，于此尚无适用。

（2）本条所称费用，意指代办商因代办商号事务而支出之费用而言，代办商本身营业所须费用，尚不与焉。至于费用偿还之数额及是否附加利息，解释上应依当事人约定定之；当事人于此未约定者，依习惯定之。未约定亦无习惯者，以实际支出，且性质上为必要费用者，始得请求偿还。

（3）代办商与商号约定，得请求商号预付代办事务所须费用者，依其约定。

（4）代办商因代办事务而负担债务者，亦以约定为限，始得请求商号代办清偿。

(5) 代办商因代办事务受有损害者，除有特约外，商号不负赔偿责任。

三、管理事务义务

(一) 一般法则

经理人或代办商，其与商号之内部基础法律关系，既均属（有偿）委任，则经理人或代办商，对于商号，均负有事务处理义务，应为二者所同。有关事务处理，二者均应负善良管理人注意义务（第五三五条后段）、遵守指示义务（第五三六条）乃至均有计算义务（第五四〇条～第五四二条），经理人或代办商，苟有违反，均应负（不完全给付）债务不履行责任（第五四四条）。凡此种种，二者之间大多雷同。且于委任一节已有叙述，当无重复必要。

不过，在法律构成上，乃至制度内容上，二者仍有不尽相同者，爰亦就其不同之处，分别说明于下：

(二) 经理人部分

经理人管理义务上，其较具特色者，略有如下：

1. 亲自管理

经理人管理事务，应自己为之，但于职务范围内，指挥监督商号职员执行者，尚无违背亲自管理义务之可言。[59]

经理人违反亲自管理义务者，除经理人应负不完全给付之债务不履行责任外[60]，并适用复委任及无权代理之相关规定（第五三七条～第五三九条、第一七〇条～第一七一条）。

2. 商号之指挥监督权

经理人有为商号签名之权利，地位类如代表或机关，固系事实；惟其为从属补助人，故解释上，似应认为商号对之具有指挥监督权限，并得依特约使商号与经理人居于雇佣关系。[61] 商号对经理人管理事务，居于指挥监督地位之情形，于特别法上表现更见明显，其具体事例如“公司

59 同注 38。

60 参照最高法院 1930 年上字第一〇一四号判例：“商号经理人于营业上应负忠实之义务，欠缺善良管理人之注意，以致损害及于主人者，不能不负赔偿之责。”

61 参照郑著（下），第四七〇页。

法”第三十三条、第三十四条[62]，“海商法”第二十条[63] 是。如是，则经理人管理事务，非仅为不背指示，而是类如受雇人之有服从义务。

3. 商号之代负责任

经理人管理商号事务，致生损害于他人者，商号应依“民法”第一八八条规定，对第三人负损害赔偿责任（雇用人责任）；如其系关于履行债务致生损害于债权人者，商号应依第二二四条规定，对债权人负损害赔偿责任。盖于此情形，对第三人言，经理人性质上属于受雇人，而商号居于雇用人也；对债权人言，经理人性质上为使用人，而商号为债务人也。

商号为法人者，经理人因管理事务致生损害于他人者，该他人得否依“民法”第二十八条，请求商号连带损害赔偿？解释上宜采否定。[64] 但民事特别法上另有规定者，依其规定。例如，公司法规定公司之经理人在执行职务范围内，亦为公司负责人（第八条第二项），而同法第二十三条又规定：“公司负责人对于公司业务之执行，如有违反法令致他人受有损害时，对他人应与公司负连带赔偿之责。”如是，则其被害人，得依公司法以上规定，请求公司连带赔偿，即是著例。

至于商号赔偿损害于第三人者，得否对经理人求偿，则依相关规定定之，相关规定不尽明确者，依连带债务之求偿权规定（第二八一条）或利害关系人清偿规定（第三一二条）定之。[65]

（三）代办商部分

代办商管理义务上，其相对于经理人而较具特色者，当有如下：

---

62 参照“公司法”第三十三条：“经理人不得变更股东或执行业务股东之决定，或股东会或董事会之决议，或逾越其规定之权限。”
“公司法”第三十四条：“经理人因违反法令章程或前条之规定，致公司受损害时，对于公司负赔偿之责。”

63 参照“海商法”第二〇条：“船舶经理人，于每次航行完成后，应将其经过情形，报告于共有人，共有人亦得随时检查其营业情形，并查账薄。”

64 参照“民法”第二十八条修正理由：“又本条与第一百八十八条所规定之对象不同，前者以有代表权之职员为对象，后者以一般职员为对象，法人就其有代表权之职员所加于他人之损害，无免责之规定，所负责任较重，故范围宜小，否则第一百八十八条将鲜有适用余地。本条修正文字‘其他有代表权之人’，系指‘民法’第一百八十八条以外具有法人代表权之职员而言，如清算人、公司之重整人等是。”

65 解释“民法”第一八八条或第二十八条、“公司法”第二十三条为连带债务者，其求偿规范依据为第一八八条第三项或第二八一条。解释“民法”第二十八条、“公司法”第二十五条为不真正连带债务者，其求偿之规范依据为第三一二条。惟根据“民法”第二二四条负损害赔责任者，其求偿依据，似以解释为第二二八条较妥。

1. 亲自管理之减缓

代办商得否无庸亲自管理事务，民法本节并无规定，解释上宜采否定。如是，则“民法”第五三七条～第五三九条之规定，亦有适用，惟学者中，或认代办商无庸亲自管理，且得自行选任次代办商。[66] 此在德国商法之解释，或属有据，惟解释台湾民法，是否有当，恐待商榷。

2. 随时报告义务

“民法”第五五九条规定：“代办商，就其代办之事务，应随时报告其处所或区域之商业状况于其商号，并应将其所为之交易，即时报告之。”盖以商号于其事务，有随时决定方针之必要，课以随时报告，庶几商号得收统筹计划，相继指示之效力。[67] 日本商法规定，代办商就其所为交易，应随时通知本人（日本商法第四七条），意旨亦同。

按受任人，于其委任事务之进行状况，本有随时报告义务（第五四〇条），民法本条，将代办人随时报告义务之范围，扩及于其代办地区之商业状况，是其义务范围较之经理人者为广，亦无待代办契约之终止。代办人未随时报告，以致商号受有损害者，应负不完全给付之债务不履行责任。惟此之报告，一般系采发送主义，亦即因发送而履行义务，故其迟到之危险，应由商号负担。[68]

代办商既负随时报告义务，则于商号请求时，固应即时提出报告，商号未请求者，亦应自动提出报告。代办商未主动提出报告者，即属违反义务。而有上述不履行责任，尚不得以商号未请求而主张免责。

3. 商号之代负责任

代办商因执行代办事务，致生损害于债权者，商号固应依“民法”第二二四条负赔偿损害之责任；惟代办商为一独立之商号，商号并非当然有指挥监督权限，是以，代办商因执行代办事务加损害于第三人者，宜就个别代办契约而定其责任，其商号依代办契约对代办商执行代办事务，有指挥监督权者，适用雇用人责任规定，反之，则商号仅就其选任或指示有过失者，始负责任。

66 参照史著，第四二四页。

67 参照“民法”第五五九条立法理由：“按代办商所代办之商业事务，其利与害，均由商号直接承受，故商号对于代办商代办之事务，有随时决定方针之必要。且代办商与商号，既非同在一处，代办商如不将其所在地之商业状况，随时报告，商号何由得知，故应使代办商号报告之义务。于其处所或其区域内之商业状况，固应委曲周详，随时报告，于其所为之交易，尤须敏捷迅速，即时报告，庶商号得收统筹计划、相机指示之实效。”

68 参照史著，第四二九页。

4. 代办商之留置权

代办商因保全报酬请求权，亦即于其债权届期未获清偿者，就商号交付之物品，得否享有留置权，民法未如日本商法之定有明文。[69]

但依民法有关留置权规定（第九二九条），解释上仍应采取肯定，并适用留置权相关规定行使权利。

四、竞业禁止义务

商号之补助人，不得从事与商号相同或相类业务之义务，是为竞业禁止义务。盖以如经理人、代办商等商号补助人，本应善尽忠实，苟有从事与商号相同或相类之业务，不仅本身无法竭心尽力，抑且与商号利益冲突，法律评价上，即属违反善良管理人注意义务。不过，民法为加强商号利益之保护，对于违反上述忠诚义务者，赋予商号以特殊之救济性权利。是以，本段另予独立说明。

竞业禁止义务，于经理人及代办商均属有之，其法律上效果既属相同，法律规定亦未区别。因此，本书亦就二者一同观察说明。

（一）竞业禁止义务之范围

"民法"第五六二条规定："经理人或代办商，非得其商号之允许，不得为自己或第三人经营与其所办理之同类事业，亦不得为同类事业公司无限责任之股东。"不得为者，于法律评价上为不作为义务也；是以，竞业禁止义务云者，性质上为不作为义务具体类型之一，或称不竞业义务。至其立法依据，则在责求经理人及代办商以严正忠实义务，以免损及商号。[70]

一般言之，竞业禁止义务之内涵有二。一为同业竞争之禁止，二为兼（副）业之禁止。前者，禁止商号补助人经营与商号之同类事业；后者，禁止商号补助人为同类业务之无限责任股东。通称之竞业禁止或仅限于前者，或兼及后者，故前者又称狭义的竞业禁止。[71] 至于民法于此，

69 参照日本商法第二四六条。

70 参照"民法"第五六二条立法理由："谨按经理人与代办商，均为商业上之辅助人，对于商号自有忠于其职责之义务，若未得商号之允许，一方为商号办理营业事务，一方又为自己或第三人办理同类之营业事务，或为同类事业公司之无限责任股东，则同业竞争之结果，势必至有利自己或第三人，而损失其商号，故本法特绝对禁止之，以减免商号之危险，若经理人或代办商有上述情形，而得商号之允许者，自不在禁止之列。盖以商号既予允许，当必熟权利害，自无流弊发生也。故设本条以明示其旨。"

71 参照史著，第四一三页；郑著（下），第四七二页。

则采广义观点；公司法上对于执行业务股东、有限公司董事之竞业禁止规定亦然[72]，但于股份有限公司董事竞业禁止之规定，则似采狭义。[73]

1. 同业竞争禁止

同业竞争之禁止，只要经理人或代办商经营与商号同类事业之行为，即为已足，不问系为自己或第三人而为经营，而且不以其受任范围之事务为限。例如，甲为A证券商承销部经理，如其于B证券商受任为经纪部经理，仍属违反竞业禁止。所称经营，亦采广义，不以自为商号所有人为限，即使为他商号代办商或职员，亦有适用；既称经营，解释上应以营利性或商业性行为为限，其非为营利性、商业性行为者，则不在此限。例如，C公司为D磁砖公司代办商，C公司办公室装修，C公司购D公司磁砖使用，即无违反竞业禁止之可言。称事业者，应以商号登记营业事项及实际经营事业为范围，其非登记营业范围内者，固无适用；虽经登记，但尚未经营或已废止者，亦无适用。至于同类与否，宜采广义。例如，同类产品之制造、加工、装配、修缮、均以解释其为同类事业为妥。

同业竞争禁止，须以违反从事之行为，与商号经营之事业系属同类，是其非为同类者，则经理人或代办商，仅系违反一般之善良管理人义务，得适用债务不履行相关规定，但与民法本条之竞业禁止义务无关。

2. 兼（副）业之禁止

经理人或代办商为同类事业无限责任股东，亦极易因兼办其他公司业务，而亏其经理人或代办商职守，故亦列入竞业禁止之列。同类事业云者，应与上述同类事业作同一解释。无限责任股东云者，不仅无限公司股东有其适用，两合公司之无限责任股东，亦有适用，即合伙事业之合伙人，亦应作同一解释[74]，但学理上或认为，合伙人应属上述同业竞争禁止之范围。[75]

经营人或代办商为非同类事业无限责任股东者，不在本条禁止之列。愚意以为，单纯而为股东者，尚不在禁止之列，若同时兼为执行业务者，理论上应与上述同业竞争禁止作同一解释，亦即虽不构成竞业禁止，但

72 参照“公司法”第五四条、第一〇八条。

73 参照“公司法”第二〇九条（仅就公司营业范围内之行为而为规定）。

74 参照“公司法”第五四条第一项、第二项（与无限公司股东并列，但与经营同额营业行为分开）。

75 参照史著，第四一三页。

得认系违反善良管理人注意义务，适用债务不履行之规定。

（二）竞业禁止之规范性质

1. 规范原则

竞业禁止原则，系为维护商号利益而设，非为法律客观秩序之当然违反。因此，经理人或代办商，有违反竞争禁止情事，其与第三人之原因法律关系，固不受影响，其间苟有成立法律行为，亦不因违反竞争禁止义务而无效或不生效力，商号对之亦不得主张无效或为解消之权利。

竞业禁止原则，民法基于意思自由，本乎私法自治，给予当事人相当自由运用之空间，此即经理人或代办商，经商号允许者，其竞业禁止义务，得以豁免。换言之，商号允许经理人或代办商经营同类事业或为其无限责任股东者，竞业禁止违反即无复存在之可言。是以，民法本条尚非强制规定，当可肯定。

2. 允许之意义

允许云者，一般系指事前同意而言，纯就本条文义而言，似亦应作同一解释。惟经理人或代办商为竞业禁止行为，如事后经商号同意者，似已无论究竞业禁止违反之必要，解释上如从广义，认系包括承认，当无不可。至于允许之性质，事实通知为已足，尚非意思表示，但得类推适用意思表示（准法律行为类推适用法律行为）之规定。[76]

竞争禁止义务，经商号允许者，所谓竞业禁止义务违反，不复存在，固无疑问。则经理人或代办商为此行为，亦无违反善良管理人义务之可言。因之，允许之结果，债务不履行责任，于此部分，亦告豁免。

（三）竞业禁止违反之效果

1. 介入权之发生

（1）介入权之定位

“民法”第五六三条第一项规定：“经理人或代办商，有违反前条规定之行为时，其商号得请求因其行为所得之利益，作为损害赔偿。”兹之所谓前条规定，即竞业禁止规定，商号请求经理人或代办商所得利益之权利，旨在剥夺其所得利益，归入为商号所享有，故一般称之介入权（归入权）或剥夺权。本书从民法一般文献，亦以介入权称之。

依民法本条项规定，则违反竞业禁止行为之法律效果，是为介入权，其思考模式，当属无误，惟吾人不得据以认为，违反竞业禁止之法律效

76 参照陈著，第二二九页。

果，仅有介入权一端而已。盖以经理人或代办商，有此行为，即系违反善良管理人注意义务，是为不完全给付，如因而致生损害于商号，商号即得依债务不履行请求损害赔偿。不过，介入权与不完全给付之成立要件不尽一致；前者以商号获有利益为依循，后者以商号受有损害为依据，是为应注意者，至其模式，约可图解如下：

竞业禁止违反 ─┬ 商号受有损害→不完全给付→请求损害赔偿（227）
　　　　　　　└ 违反者获有利益→商号介入权→请求给付利益（563 I）

经理人或代办商违反竞业禁止者，除不履行损害赔偿及介入权外，尚得终止契约，如其为继续行为者，解释上，商号亦得请求停止该行为。

（2）介入权之成立

如上所述，可知介入权之成立要件有二。即

介入权之成立 ─┬ 经理人或代办商违反竞业禁止
　　　　　　　└ 经理人或代办商因而获有利益

经理人或代办商，未经商号允许，而有同业竞争或兼业竞争之行为者，即是违反竞业禁止行为，业如前段所述，兹不复赘。

利益者，财产总额增加之事实也。于此意指，经理人或代办商，因违反竞业禁止行为，致其财产总额增加而言，通常则为因此而得之报酬（薪资、车马费、酬劳）、红利、乃至利润是。利益，并不以经理人或代办商实际领得者为限，其实际业已发生，而经理人或代办商依已订计划或通常情事，而于未来时日可以获得之利益，亦属此之所称利益。而且，商号之请求，应认为具有结算利益之意思及效力。

2. 介入权之性质

（1）权利上性质

介入权之权利上性质如何？学理上尚有争论，或认系形成权[77]，或认系请求权。[78] 按经理人及代办商，因违反竞业禁止义务者，其因而所得利益，究系当然负有返还义务？或须待商号为请求，其利益返还义务，始告发生？学理上或难确定。其肯定前者立场者，即采请求权说，

77　参照史著，第四一七页。

78　参照郑著（下），第四七二页、第四七四页；戴著（下），第五三页；陈著，第二三〇页；梅著，第三〇八页。

其采后者，则采形成权说。按经理人或代办商之所以获有利益，系因其辛劳努力，并非法无权源，且经理人或代办商，如经允许，并非不得为此行为，亦非不能保有此项利益，解释为法定返还义务，似嫌过重，请求权说于此尚难满足吾人法律感情。反之，采形成权说者，则请求之后，利益给付请求权，始告发生，时效开始起算，而且适用十五年长期时效，亦非所宜。愚意以为，介入权有如债权人撤销权（“民法”第二四四条），性质上为一兼具请求权及形成权之综合性权利，所不同者，介入权为纯私权之权利，无庸以诉主张；反之债权人撤销权须以诉讼请求，在权利行使上有重大不同而已。

形成权，民法以请求或其相类字眼称之者，事例不少。[79]

本条所称请求或请求权，解释其包含形成权层面之意义，学理上尚非不可接受。是其成为问题者，即理论构成上根据当否之问题。由于解释介入权为单纯之请求权或形成权，学理上均有不尽合理妥善之处。反之，如解释其为综合性之权利，则法定返还义务之严峻，既得宽缓，消灭时效过长之流弊，亦可弥除。此外，对于当事人间权利义务，亦未多所赋予或负荷。因此，愚意以为，综合权利说或系更见允当之见解。综合云者，主要着眼，在于权利人须于权利存续期间内完全各该相关权利之行使，作用上有限制权利行使之意义，似可称为，限制性之综合权利说。

介入权之为综合性权利，其构成情形恰如债权人撤销权。

换言之，介入权虽结合形成权及请求权两个层面，惟其形成权如未发动，则请求权尚不具体发生，前者具有显在性，后者则具潜在性及附属性。不过，类此概念区分，理论上或有重大意义，现实上则因商号为请求时，一般情形，均具有兼具形成及请求之意义，亦即一方面有归入之意思表示（类如形成权层面之撤销权），另一方面又同时请求给付利益（类如请求权层面之撤销权）。是以，在现实运作上，因二者同时发动而难以明确区隔。不过，由于介入权之行使，解释上无庸同时为之（在此点上，与撤销权尚有不同）；因之，如商号先就形成权层面之介入权而为发动，其后再请求给付利益者，如其后者之请求，系在权利存续期间内者，当无不可。至于请求之方法，则由商号向经理人或代办商，以意思表示为之。

79 参照“民法”第二二五条第二项、第二二八条、第三五九条第一项请求减少价金，第四九四条请求减少报酬。相类同语，参照“民法”第四四二条。

（2）请求权层面之性质

就请求权层面言，介入权之性质，主要如下：

1. 债权请求权

商号行使介入权之结果，除其利益尚属债权（如经理人或代办商对第三人之薪资给付请求权、红利分配请求权是），介入权行使之结果，发生类如准物权之请求权让与[80] 外，经理人或代办商所得利益，尚不直接移转于商号，如其为动产或不动产者，尚须履行物权行为生效之程序。基此，则介入权为债权请求权，似无疑问。

2. 利益给付请求权

介入权，系以经理人或代办商获有利益为要件。此项利益，非本为商号所有，亦非商号本身之损害，是其非为损害赔偿请求权，似可肯定。惟“民法”第五六三条第一项规定，请求所得之利益，作为损害赔偿，语意上似指以利益交付作为损害赔偿之手段，如是，则介入权似亦具损害赔偿请求权之性质。愚意以为，作为损害赔偿云者，系指其作用而言，意为行使介入权者，于其范围内不得请求损害赔偿，非谓其权利性质为损害赔偿请求权。

经理人或代办商违反竞业禁止所得之利益，本非商号所有，于经理人或代办商言，亦非不当得利，是其为民法创设之特别权利，非利益返还所可尽括，本书斟酌此情，爰另称之利益给付请求权，以示其特色。

3. 权利存续期间

“民法”第五六三条第二项规定：“前项请求权，自商号知有违反行为时起，经过二个月或自行为时起，经过一年不行使而消灭。”此之所称二个月或一年，其性质为何，因诠释介入权性质立场之不同，当各有不同看法，其情形略为：

期间（性质）
- 形成权说：除斥期间[81]
- 请求权说：消灭时效[82]
- 综合权利说：权利存续期间

本文因采综合权利说，因认此之二个月或一年系权利存续期间。因

80　此之请求权让与，系属广义，其让与标的不限于损害赔偿请求权。至于学理上所称让与请求权，其让与标的仅限于损害赔偿之债，其间尚有不同。

81　参照史著，第四一七页。

82　参照郑著（下），第四七四页；陈著，第二二九页；梅著，第三〇八页。

此，不仅形成权层面之介入权，须于上述期间内行使之，即请求权层面之介入权，亦须在上述期间内请求，起诉者亦同。换言之，二个月或一年内不行使者，介入权为之消灭；消灭时效中断或不完成之规定，于此尚无适用。[83] 因此，介入权纵使经经理人或代办商承认，商号仍应于上述期间内行使之。

二个月，自商号知悉行为时起算。知悉行为者，意指知悉经理人或代办商为竞业禁止行为而言，是否知悉获有利益，则非所问。一年者，自行为时起算，系指为竞业行业之时点起算，惟违反竞业禁止为继续行为或有继续状态者，解释上宜认为自行为完成起算，俾强化债权人利益之保护。

4. 权利竞合问题

综上所述，足见违反竞业禁止，于商号尚有复数救济性权利存在，则此等权利间之关系如何？亦有探究必要。其间，最具意义者，则为债务不履行损害赔偿请求权及介入权二者之相互关系。

有关于此，学理上有选择之债说，有请求权竞合说。前者商号只能选择其一行使[84] 后者，则得重叠行使。[85] 换言之，采前者，如商号选择行使损害赔偿请求权，即不得主张介入权，反之亦然；采后者，则商号行使损害赔偿请求权，如有不足，仍得行使介入权，反之亦然。比较二者，愚见以为，后说为较可采。惟“民法”第五六三条规定，系以请求给付利益，作为损害赔偿，是以，解释上宜认为，商号请求给付所得之利益，应自损害赔偿额中扣除，亦即，先请求损害赔偿者，如其后行使介入权，因利益作为损害赔偿，如所得利益未大于商号所受损害，商号即无利益给付请求权之可言；反之，如先行使介入权，后再主张损害赔偿者，须损害赔偿大于所得利益，商号始有损害赔偿请求权可言。是以，此之重叠行使者，解释上有“利益大于损害，以利益为准；损害大于利益，以损害为准”之适用，但非损害加利益之总和。

至于契约终止权或请求停止竞业禁止行为权，与上述权利之关系，宜解释为权利竞合，与上述二者间得并存行使，亦即商号得终止契约，

83 采单纯形成权说者，自请求时起，消灭时效开始进行，其期间为十五年，固无此所述问题；即请求权说者，则一个月或一年为消灭时效，其有消灭时效中断及不完成之适用，毋宁为当然，其结论亦与本书殊异，均值注意。

84 参照郑著（下），第四七三页；史著，第四一四页。

85 参照我妻荣前揭“中华民国民法：债权各则”，第四五八页。

并得行使损害赔偿请求权或介入权，不过，终止权与请求停止竞业禁止行为权，则似属选择行使之关系，类似选择之债，解释上得类推适用选择之债之相关规定（第二〇八条～第二一二条）。

综本节以上所述，足征经理人或代办商之权利义务，其制度内容尚称复杂；爰归纳其要点及本书立场如下表，以资参考：

- 经理人（代办商）权利义务
  - 权利
    - 经理权、代办权及其范围
      - 共通原则：概括授权（554Ⅰ、555、558Ⅱ）
      - 经理权范围
        - 范围界定：部分事务或商号（553Ⅱ）
        - 书面授权：不动产买卖或设定负担（554Ⅱ）
        - 二人经理（556）
      - 代办权范围
        - 范围界定：部分代办（558Ⅰ）
        - 书面授权：负担票据债务、消费借贷、诉讼（558Ⅲ）
      - 限制效果：不得对抗善意第三人（557、107）
    - 报酬请求权
      - 经理人（546–548）
      - 代办商（560）
  - 义务
    - 管理事务义务
      - 经理人
        - 亲自管理（537–539）
        - 商号指挥监督权
        - 商号代负责任（188、224）
      - 代办商
        - 亲自管理之减缓（537?）
        - 报告义务（559）
        - 商号代表责任（188?、224）
        - 代办商留置权（929）
    - 竞业禁止义务
      - 范围（562）
      - 规范性质：非强制规定（563Ⅰ）
      - 违反之法律效果
        - 不履行损害赔偿请求权（227）——请求权竞合
        - 介入权（利益给付请求权：563Ⅰ）——请求权竞合
          - 性质：综合权利说
          - 债权请求权
          - 利益给付请求权
          - 权利预定存续期间（563Ⅱ）
        - 停止行为请示权——选择之债
        - 契约终止权——选择之债
        - 请求权竞合、选择之债——权利竞合

第三节 特别消灭事由

经理关系或代办关系之消灭，原则上依其基础法律关系，亦即委任或代理而定。例如，商号解任经理人或经理人辞任，或商号撤回经理权或代办权（代理权层面），乃至经理人死亡、代办商解散等均是。有此事由之一，经理关系或代办关系，均告消灭。惟民法于下列二者，另有异于委任之规定，自应依其规定。兹分述如下：

一、商号所有人死亡等

“民法”第五六四条规定：“经理权或代办权，不因商号所有人之死亡、破产或丧失行为能力而消灭。”

按委任契约，委任人死亡、破产或丧失行为能力者，委任关系原则为之消灭（第五五〇条本文）。本条规定，不仅使其与一般委任不同，且有限制消灭事由存在之意旨。

本条所称死亡、破产或丧失行为能力，意义上应与第五五〇条为同一解释，兹不复赘。独资商号，无严格意义之解散，实务以为，经理人于商号歇业后，除商号有明白表示解任者，对于商号所负债务，仍负清理偿还之责[86]，堪称与民法本条之立法意旨，颇见契合。

二、代办关系终止之限制

代办关系定有期限者，其关系于期限届满时消灭，民法虽无明文，应与一般定有期限之继续性契约关系为同一解释，不予赘述。[87]

定有期限之代办关系，当事人得否终止代办契约，民法本身，固无直接明文，惟“民法”第五六一条规定：“代办权未定期限者，当事人之任何一方得随时终止契约。但应于三个月前通知他方；当事人之一方，

86 参照最高法院1931年上字第一四七二号判例。

87 参照“民法”第五六一条立法理由：“代办权定有存续期间者，自以契约届满而终止，此属当然之理。”

因非可归责于自己之事由，致不得不终止契约者，得不先期通知而终止之。”足见，定有期限之代办关系，尚非可适用“民法”第五四九条规定，亦即不得随时终止之；不过，学理通说以为，当事人一方，因非可归责于自己之事由，致不得不终止代办者，则虽所定期限尚未届满，当事人仍可终止。[88]

未定有期限之代办权终止，应于三个月前通知他方云者，宜解释为自通知到达后三个月内，始生效力，俾他方有所准备，以免措手不及也。[89]此之通知，性质上为事实通知，类推适用意思表示之规定。

因非可归责于自己之事由，致不能不终止契约者，如委托出售之商品突经“政府”禁止制售或输入是。意义上包括如下：

不可归责于自己之事由
- 不可归责于双方当事人之事由
- 不可归责于自己，但可归责于他方之事由

有以上事由之一，且又达于不得不终止契约者，不可归责之一方，始有任意终止权，且其终止无庸先期通知，亦即因终止通知到达而生终止之效力。民法本条终止，原则上并无损害赔偿可言；惟因可归责于他方之事由而由一方终止之情形，终止之一方得请求他方赔偿损害（第二六三条准用第二六〇条），是为特例。例如，商号给付报酬迟延，致代办商不得不终止代办关系者，代办商得请求损害赔偿即是。

88 参照郑著（下），第四八四页；史著，第四三三页。

89 参照“民法”第五六一条立法理由：“契约未订定存续期间，依契约一般之原则，当事人之任何一方，随时终止契约，他方亦不得有所非难，然为事实便利起见，一方解除契约，亦必使他方有所准备，方免有措手不及致受损失之情事发生，故解约之一方，应于三个月前通知他方，始为平允。”

第十六章

居间

居间者，居于两造签约当事人之间，为之报告或媒介契约之行为，民法列为独立契约类型，以其与雇佣、承揽、委任均有不同，且为斟酌其独特意义及民商合一体例之故[1]。爰依民法居间一节（以下简称本节）规定，分就下列事项说明如下：

- 居间
  - 居间总说
  - 居间之效力
  - 居间之消灭

第一节 总说

总说一节，依次分别说明居间之意义、成立、性质及种类于下。

1 参照“民法”居间一节立法理由：“居间契约，为特别契约。自其所服劳务之性质言之，与委任契约异，盖委任事务之处理，必须为法律行为，而居间则仅报告订约之机会，或为订约之媒介也。自其给付报酬之性质言之，与雇佣契约异，盖雇佣为对于劳务之给付支给报酬，而居间则对于劳务之结果支给报酬也。自其于劳务之结果只有权利不负义务之点言之，与承揽契约异，盖承揽受报酬而负义务，而居间则仅有报酬而无义务也。民事商事，皆有居间，各国立法例，有仅于商法中规定商业居间人，而民法中独付缺如者，殊不足法，本法采民商法统一之旨，特设本节之规定，使买卖不动产，设定抵押权、质权、及雇佣等事之居间人，有可适用之规则焉。”

一、居间之意义

“民法”第五六五条规定：“称居间者，谓当事人约定，一方为他方报告订约之机会，或为订约之媒介，他方给付报酬之契约。”基此，居间之定义，当可析述如下：

（一）居间成立于居间人与委托人间

居间之当事人，一为报告订约机会或媒介契约之人，另一为支付报酬之人；前者称之居间人，后者称之委托人。[2]是以，居间为居间人与委托人间成立之契约。

居间人，通常固为商人，商业法规且曾列其为独立之商业类型，其为商人者，亦不限于公司形态，合伙或独资，均无不可。[3]不过，就台湾民法言，居间人并不以商人为限，其为非营利之法人或一般之自然人，亦无不可。至于委托人，亦不问其为自然人或法人，均得为之。是以，居间尚非为商事契约，与经理契约，代办契约、行纪或运送等商事契约，性质当有不同。

（二）居间人报告订约机会或媒介契约订立

1. 居间之本体

居间契约之标的，为报告订约机会或媒介契约成立，此亦居间与其他契约类型不同，以致法律上须另设独立典型之所在。基此，其与其他契约类型之区别，约可区分如下：

（1）居间与委任

居间仅在报告订约机会或媒介契约成立，其所处理者，法律意义上，尚非为委任人之事务，其过程通常情形亦与法律行为无关，故与委任颇有不同。[4]

（2）居间与雇佣

居间人为报告或媒介，并非当然须遵照委托人指示，法律意义上，亦

2 同上立法理由：“居间者，当事人约定一方为他方报告订约之机会，或为订约之媒介，他方给付报酬之契约也。为报告订约机会或为订约之媒介者，谓之居间人。给付报酬者，谓之委托人。”

3 参照旧“商业登记法”第二条第二十九款：“本法所称商业，谓经营左列各种业务之独资或合伙之营利事业：二九 居间业。”

4 委任为劳务契约典型，故学理或以为，居间未规定者，仍得适用委任之规定（参照郑著（下），第四八八页）。

无严格意义之选任监督关系存在；而且，如委托人未因报告或媒介而与他人订立契约，居间人并无报酬请求权。是居间与雇佣，仍属多有差异。

（3）居间与承揽

居间须契约因居间而订立，始得请求报酬，此点与承揽颇为相近。惟承揽所完成之工作，与契约成立之有无无关，范围颇为广泛繁多。再者，承揽人对其工作，负有注意义务及瑕疵担保责任，非若居间之单纯以媒介结果为标准，对于所订立之契约，尚无注意义务及瑕疵担保责任之可言。

居间，因仅在报告订约机会或媒介契约，其不进而代为订立契约或处理相关事务。是居间者，其本意当指居间中介而已。实务曾有，社会上之介绍业，亦即所谓经纪人，属于居间之说法[5]，当系本乎于此。

2. 居间之形态

居间得以报告订约机会为标的，亦得以媒介契约定为标的。前者，居间人仅以报告订约机会为已足，无庸进而为契约之媒介，通称报告居间；如委托人因报告而与他人订立契约，居间人即得请求报酬。后者，居间人是否报告订约机会，尚非所问，但须为契约订立之媒介，是为媒介居间；如委托人与他人订立契约，系因居间人之介绍斡旋所致者，居间人始得请求报酬。其相互关系，殆可表解如下：

居间
- 报告居间：仅以报告订约机会为已足。
- 媒介居间：须斡旋契约使之订立。

报告民间与媒介居间之不同，尚可从契约当事人结构之不同观之。通常，报告民间，仅受一方委托，为其寻觅并陈述可与委托人订约之相对人；反之，媒介居间，其受订约双方当事人委托，而斡旋于当事人双方之间折中协调者，颇为多见。虽然纯就制度设计而言，报告居间与媒介居间，虽俨然可分，泾渭分明。惟媒介居间，如因居间人报告订约机会，已有效果（即契约因而订立），则委托人仍有支付报酬之义务。[6]是

5 参照"最高法院"1971年台上字第一二一七号判决："社会上之介绍业亦即所谓经纪人，属于民法上居间契约，依'民法'第五百六十五条所规定之内容，居间有二种情形，一为报告订约之机会，一为担任订约之媒介。"

6 参照"最高法院"1963年台上字第二六七五号判例："依'民法'第五百六十五条所定之居间有二种情形，一为报告订约机会之报告居间，一为订约之媒介居间。所谓报告居间，不以于订约时周旋于他人之间为之说合为必要，仅以为他方报告订约之机会为已足，而居间人之报酬，于双方当事人因居间而成立契约时，应许其请求。至于居间行为就令自始限于媒介居间，而仅为报告即已有效果时，亦应许居间人得请求报酬之支付。"

以，二者之区分，现实意义非若制度设计分明，似可肯定。

（三）委托人支付报酬

居间为有偿契约，委托人负有支付报酬之义务。委托人支付报酬之时机，虽因报告居间或媒介居间而有不同；惟其系以因居间而完成一定结果（契约因而订立），则为其共通要件。是以，委托人支付报酬云者，其更确切意义应系：委托人欲成立之契约，因居间而订立者，应支付报酬于居间人。

居间既为有偿契约。因之，报告订约机会或媒介契约订立而不收受报酬者，除法律有特别规定（如婚姻居间）者外，非属民法本节所称之居间，解释上似应适用委任之规定（第五二九条）。

二、居间之成立及性质

（一）居间之成立

居间如何成立，民法居间一节（以下简称民法本节）并无明文。解释上应回归债编通则有关契约成立之规定，因意思表示合致而成立（第一五三条），“民法”第五六五条所称“当事人约定……之契约”者，其真谛当即在此。

（二）居间之性质

居间因当事人约定而成立，是其法律上性质，约为如下：

1. 诺成契约

居间无庸现实交付，故为诺成契约（不要物契约）。

2. 不要式契约

居间无庸一定方式，故为不要式契约。

3. 双务契约

居间人之报告或媒介契约债务，与委托人支付报酬债务，二者间互为对价，故居间为双务契约。

4. 有偿契约

居间人报告订约机会或媒介契约订立之给付，以委托人支付报酬之给付为报偿；反之，亦同。故居间为有偿契约。

三、居间之种类

居间，因其任务内容或事务性质之不同，而有如下类型区分：

（一）报告居间与媒介居间

报告居间与媒介居间之异同及区别，于前述居间之意义，已有说明，兹不重复。

（二）一般居间与特殊居间

一般居间与特殊居间之区别，主要着眼于其根据法律之不同。论其要者，约如下表：

- 居间
  - 一般居间（565）
  - 特殊居间
    - 婚姻居间（573）
    - 保险居间（保险法9）
    - 证券居间（证券交易法15）

一般民间，为民法本节规定之重心，其具体内容，容后详述。特殊居间不仅具有一般居间所无之特性，而且根据法源各有不同，爰择其要点，分别简介于下：

1. 婚姻居间

婚姻居间者，为男女一方或双方，报告订婚或结婚机会或媒介订婚或结婚之居间。俗称作媒；其居间人则称媒婆，盖早期社会，作媒之人多为年长女性之故。

婚姻居间之所以成为特殊居间，以其纵有约定，就其报酬亦无请求权之故（第五七三条）。至其意旨，则在维护公益，以免伤风败俗。[7] 按婚姻居间，撮合良缘，于社会和谐，个人幸福均有助益，即现代社会，亦不宜一概否认，解释民法本条，宜认为立法意旨，仅在避免其约定报酬滋生流弊，非谓意在禁绝婚姻居间行为，不仅其婚姻居间行为，仍属有效，即其报酬约定亦非无效，仅居间人不得请求报酬而已，故委托人如有已为给付，居间人之受领并非不当得利，给付人不得请求返还。[8]

再者，如男女双方，以美满良缘不易，自愿致送金钱或财物于婚姻居间人者，不问其有无赠与意思，均应解释其为有效。仅其有赠与意思者，成立赠与契约，适用赠与之规定；其无赠与意思者，构成履行道德上给付，

7 参照"民法"第五七三条立法理由："婚姻之居间者，为委托人报告结婚之机会，或为其媒介而受其报酬之谓也。以此为职，推其弊害，实有败坏风俗之虞，故此种约定报酬之婚姻居间契约，不使有效，所以维持公益也。特设本条以明示其旨。"

8 婚姻居间既属有效，仅其报酬约定无效，若委托人预付费用，固无不可，或当事人约定偿还费用者，居间人仍得据以请求。

致送之后亦不得请求返还（第一八〇条第一款）。因习惯而为给付者，亦应为同一解释。以上所述，限于现实而为给付者始有适用，若其约定为赠与者，与约定报酬实质无异，似亦应解释居间人不得请求报酬。

此外，收养居间，民法虽无明文，宜本于同一理由，类推适用民法本条规定，认其约定报酬者，无请求权。

2. 保险居间

保险居间者，为媒介保险契约订立之居间，其居间人，保险法上称之保险经纪人。[9] 相对于一般民间，则保险居间具有如下特色：

（1）保险居间（经纪人）受强力之行政监督（“保险法”第一六三条～第一六五条、第一七七条）。

（2）保险居间，以洽订保险契约为内容，性质上属于媒介居间（保险法第九条）。

（3）保险居间人之报酬，限于向保险业收取（同上条文）。

（4）保险居间人，通常为保险经纪公司。

3. 证券居间

证券居间者，为媒介有价证券买卖之居间，其居间人，证券交易法上称之证券经纪商。[10] 不过，证券经纪商之主要业务为受托买卖有价证券，居间不过其间部分业务而已。是以，证券经纪与证券居间，二者颇有差异，其情形殆有如下：

证券经纪
- 证券行纪
- 证券居间

相对于一般居间，证券交易法上之证券居间具有如下特色[11]：

9　参照“保险法”第九条：“本法所称保险经纪人，指基于被保险人之利益，代向保险人洽订保险契约，而向承保之保险业收取佣金之人。”

10　参照“证券交易法”第十五条第三款、第十六条第三款。

11　证券交易法上所称证券，有其一定范围（通常为“政府”债券及公开发行公司股票或债券），证券交易法所规范者，亦仅以此等证券为限，是以，以非公开发行公司股票为交易标的者，无证券交易法之适用；此类居间，尚非特别意义之证券居间，解释上仍应适用民法本节之规定。如是，证券居间之形态及适用，当可区分如下：

证券居间（广义）
- “政府”债券、公开发行公司证券 —— 证券居间→证券交易法+民法（狭义）
- 非公开发行公司证券、其他有价证券 —— 一般居间→民法

（1）证券居间人受强力之行政监督（“证券交易法”第四八条～第七〇条、第八五条～第八八条）。

（2）证券居间人须为证券商（股份有限公司）

期货居间之情形与证券居间相类，兹不重复。

保险居间、证券居间、期货居间等，仍属居间类型之一，法律适用上固应优先适用各该特别法规定，但特别法未规定者，仍应适用民法本节之规定。

第二节　居间之效力

居间之效力，主要表现为居间人之权利义务，其相对者为委托人之义务权利，爰基此而分为居间人之义务，居间人之权利二项说明，并先行归纳其要点如下表：

- 居间（效力）
  - 居间人义务
    - 忠实居间义务（567、571、574）
    - 不告知姓名义务（575Ⅰ）
    - 介入义务（575Ⅱ）
  - 居间人权利
    - 报酬请求权（566、568~573）
    - 费用偿还请求权（569）

一、居间人之义务

居间人之义务中，忠实居间于各种居间，均属存在，堪称绝对义务，其余二者仅于隐名居间有之，并非当然存在于各种居间。

（一）忠实居间之义务

居间，系以报告订约机会或媒介契约订立为标的，居间人负有报告义务或媒介义务，犹如雇佣之服劳务，委任之处理事务，毋宁为当然。而居间为有偿契约，居间人于此义务之履行，应善尽忠实诚信，民法爰于第五六七条规定：“居间人关于订约事项，应就其所知，据实报告于各当事人。对于显无履行能力之人，或知其无订立该约能力之人，不得为其媒介。”以示具体标准，资为适用依据。其以居间为营业者，关于订约事项及当事人之履行能力或订立该约之能力，有调查之义务。基此，则所谓忠实居间，其内容，尚可分述为二。即：

1. 报告居间

居间人应就相对人之信用、物之价值、效用、品质等有关订约事项，据实报告于委托人；如其受双方委托者，则对互为委托人、相对人之当事人相关事项，均有据实报告之义务。以居间为营业之人，于此等事项，应尽善良管理人注意履行调查义务。

2. 媒介居间

(1) 居间人应尽如上之忠实报告义务，而且，原则上须向委托人及其相对人为报告，即使仅受一方委托者亦然。[12]

(2) 居间人对于显无履行能力或知其无订立该约能力之人，不得为媒介。显无履行能力，指财产显已不足清偿情形而言，居间人于此应尽善良管理人之注意，违反者即属不完全给付，违反者对其委托人乃至其相对人所受损害，应负债务不履行责任。无订立契约能力之人，如禁治产人，未得法定代理人允许之限制行为人，乃至精神错乱之人是，包括无行为能力及无意思能力。一般情形，是否违反本项义务，系以知悉其事为要件，居间人不知者，纵有过失，解释上似无违反忠实居间义务之可言，尚不构成债务不履行。惟居间人以为营业者，如就其不知未尽调查注意能事者，则成立债务不履行。

（二）不告知姓名之义务

不告知义务，仅于隐名居间有之，所谓隐名居间，系指居间人不得将当事人姓名告知相对人者而言，有此情形，居间人负有不得将当事人姓名或商号名称告知相对人之义务，是为通称之不告知义务（第五七五条第一项）。此之当事人，包括委托人，或其相对人，亦即如委托人指定不得告知者，居间人不得将委托人姓名或商号名称告知相对人；反之，相对人为指定者，居间不得将相对人姓名或商号名称告知委托人。委托人及相对人均为指定者，居间人即不得告知任何一方。

指定，为有相对人之单独行为，因委托人或相对人对居间人为意思表示而成立生效，其性质与第三二一条指定抵弃之指定同。指定，通常固于居间成立时为之，但于居间成立后指定者，亦无不可。依民法本条项规定，不得告知者虽称姓名或名称，惟解释上则宜认为，不得告知之

12 参照郑著（下），第四九〇页；史著，第四四二页。

范围，包括足以使对方查知姓名或名称之有关事项，例如，编号、总号、住居所、事务所、职业等足以辨识人别者，即不得告知。

（三）介入义务

1. 介入义务之成立

介入义务，系延伸不告知义务而来，亦仅于隐名居间有之。盖于隐名居间，相对人既不知一方姓名或名称，事实上即无由请求他方履行，自己亦无法为履行，是以“民法”本条第二项规定：“居间人不以当事人一方之姓名或商号告知相对人时，应就该方当事人由契约所生之义务，自己负履行之责，并得为其受领给付。”是为所谓介入义务，旨在谋求因居间而成立契约及其相关权利义务行使履行之顺利，俾贯彻不告知义务之立法意旨。[13]

2. 介入义务之内容

本来，居间人仅有报告订约机会或媒介契约成立，对于因而成立之契约，履行与否，本与居间人无关，居间人既无为当事人给付或受领给付之权（第五七四条），亦无其义务。[14] 是以，本条项规定毋宁为特例。依本条规定文义，居间人所介入者，为义务之履行及给付之受领，性质上为代负履行或代为给付[15]，而非以当事人地位而请求他方履行，故通称介入义务而非权利。[16]

隐名居间之居间人，不代为履行或代为受领者，应负不履行债务责任（不完全给付责任），固无疑问；其违反不告知义务者，应作相同解释。不过，违反不告知义务者，因当事人一方姓名或名称，已为他方所知，隐名居间已不存在。是以，学理以为，于此情形，居间人固应依本

13 参照“民法”第五七五条立法理由：“相对人既不知一方之姓名或商号，即无由请求契约之履行，故应就该方当事人由契约所生之义务，使居间人负履行之责，并得为其受领给付，以谋事之便利。”

14 参照“民法”第五七四条立法理由：“按居间人任务，仅以报告订约之机会或为其媒介而止。至于当事人间如因契约而有所给付，或有所受领时，均须由各当事人自己为之，居间人无为当事人代为给付或受领给付之权也。”

15 参照“最高法院”1974年台上字第五五一号判决：“所谓得为其受领给付者乃指居间人有受领给付之权限而言，居间人受领之后，相对人之债务即归消灭。盖相对人不知他方之姓名或商号，即无从请求其对契约所生义务之履行，亦无从对之为给付，故法律乃使居间人有代为履行之义务及代为受领给付之权利，是谓居间人之介入。”

16 参照郑著（下），第四九一页；戴著（下），第七三页～第七四页；陈著，第二四一页；蔡著（上），第一七四页。

条第一项负不完全给付之债务不履行责任，但无同条第二项之介入义务。[17]

隐名居间，居间人既有代隐名当事人受领给付之权，则相对人向隐名居间人清偿者，即生清偿之效力。[18] 不过，隐名居间之利益，系为指定隐名之人而存在，故相对人负有向居间人为给付（容忍由居间人受领给付）之义务，不得主张向隐名之人清偿；反之，隐名之当事人，如愿意公开其身份，自行向相对人请求给付者，相对人仍应向原为隐名之当事人为给付；而且，于此情形，本条第二项之介入义务，不复适用。

隐名居间，于双方当事人均为指定者，解释上仍得认为有效（未违反第一〇六条双方代理之意旨），并适用以上有关介入义务之相关事项。

3. 介入义务之履行

居间人因隐名居间而代为履行者，解释上仍应以当事人名义为之，仅当事人名义为之隐藏而已。是其所为给付，系为当事人清偿，于给付后，对当事人有求偿权；反之，其受领给付者，负有交付其物于隐名当事人之义务，当然，隐名当事人亦得请求居间人代为受领给付，及交付其所受领之物[19]，至其法律依据，则为“民法”第五四六条第一项、第五四一条，盖以居间为劳务契约类型之一，其未规定者，仍得适用委任之规定。[20]

二、居间人之权利

（一）报酬请求权

居间为有偿契约，居间人得请求报酬，与其他有偿劳务契约，并无特异之处，惟居间人之请求，涉及事项较多，居间一节爰予较为详细之

17 参照史著，第四四四页；薛著，第二一三页。

18 参照“最高法院”1967 年台上字第一三一二号判决：“某甲一面利用上诉人名义向被上诉人借款，一面不告知上诉人以贷与人姓名，嗣又受领上诉人之清偿。设贷与人确为被诉人，某甲且系居间人，复有不告知贷与人姓名之义务时，尚难谓无‘民法’第五百七十五条之适用，亦上诉人对某甲之清偿，尚非不生债务消灭之效力。”

19 参照同上注字号判决：“居间人已为隐名当事人履行义务者，对于隐名当事人有求偿权，对于受领之给付，负交付其受领物与隐名当事人之义务，隐名当事人亦得请求其履行，并得请求不履行之损害赔偿。”

20 隐名居间之居间人，所代为受领之标的物为金钱者，如其使用该笔金钱，解释上仍应适用第五四二条，支付利息及损害赔偿。

规定，其所用条文高达七条（第五六六条、第五六八条～第五七三条），约占居间条文（第五六五条～第五七五条，计十一条）之三分之二。足见，报酬请求权实为居间之重心。爰分项说明如下：

1. 报酬之拟制

居间人之报酬，当事人明确约定者，依其约定；未明确约定者，民法本节有允与报酬之拟制，“民法”第五六六条第一项规定：“如依情形，非受报酬，即不为报告订约机会或媒介者，视为允与报酬。”即是。例如，委托居间业报告订约机会或媒介契约，即有视为允与报酬之适用。

报酬之拟制，其情形恰似雇佣、承揽之相关规定（第四八三条第一项，第四九一条第一项），于此乃不予赘述。

2. 报酬之种类及数额

报酬之种类及数额，本于契约自由原则，由当事人约定，当事人未约定报酬额者，按照价目表所定给付之。无价目表者，按照习惯给付（第五六六条第二项）。此之按价目表或习惯云者，其情形亦与如上所述雇佣、承揽规定雷同（第四八三条第二项、第四九一条第二项），兹亦不予重复。

3. 报酬请求权之发生要件

居间之目的，在于协助委托人成立契约。是以报酬请求权须待契约因报告或媒介而成立者，始告确定发生，居间人亦待此一要件实现，始得请求报酬（第五六八条第一项），若该契约附有停止条件者，须待停止条件成就，亦即契约生效，始得请求报酬（同上条第二项）。足见，本条第一项所称“契约因……成立”云者，其意义上殆指“契约因……生效”而言。不过，如委托人为避免报酬支付，故意拒绝订立契约，待其后再由委托人与相对人订约者，本乎诚信原则，仍宜解为居间人得请求报酬。[21]

居间人之报酬请求权，既以（委托人与相对人订立之）契约生效为要件，则下列情形，于报酬请求有无之认定上，即有相当意义：

（1）契约虽已订立，但未生效者，虽非为附停止条件，居间人仍须待契约生效，始得请求报酬。例如，契约当事人约定，双方契约须经交

21 参照“最高法院”1969年台上字第二九二九号判例：“媒介居间人固以契约因其媒介而成立时为限，始得请求报酬。但委托人为避免报酬之支付，故意拒绝订立该媒介就绪之契约，而且由自己与相对人订立同一内容之契约者，依诚实信用原则，仍应支付报酬。又委托人虽得随时终止居间契约，然契约之终止，究不应加以使居间人丧失报酬请求权为目的而为之，否则仍应支付报酬。”

付始生效力，则未于交付生效前，居间人仍不得请求报酬。

（2）居间人与委托人约定，纵订立附停止条件之契约，亦给予报酬者，从其约定；盖于此时，应认居间之目的业已实现也。[22] 不过，相对人未知其事者，其应给付部分（第五七〇条），仍应待契约生效时，始得请求。

（3）委托人与相对人所订立之契约，附有解释条件者，居间人之报酬请求权，是否因其后解除条件成就而受影响，学理上容有争论。[23] 揆诸立法意旨，似以居间人丧失请求权，亦即委托人或相对人得本于不当得利（或回复原状——第一一三条）请求返还之论点，为较妥当。[24]

（4）附始期之契约，须期限届至始生效力，解释上亦应认为，须待期限届至，居间人始得请求报酬。

（5）委托人与相对人所订立之契约，经撤销者，其情形与契约无效无异，应解释为居间人丧失报酬请求权，依上述请求返还。[25]

（6）委托人与相对人所订立之契约，其后经解除者，实务以为，居间人之报酬请求权不受影响，当事人不得请求返还[26]；终止亦应为同一解释。

4. 报酬给付义务人

按报酬给付义务，一般均由契约相对人为之，惟居间之情形，较为复杂，故另段独立说明于下：

（1）报告居间，由委托人支付。

（2）媒介居间：

①依当事人约定，通常为约定由委托人支付。

②依习惯支付，当事人无约定者适用之。

③由委托人及相对人双方平均负担，于无约定亦无习惯时适用之（第五七〇条）。

22 参照郑著（下），第四九五页；史著，第四四九页。

23 影响说，请参照史著，第四四八页；不影响说，请参照郑著（下），第四九六页。

24 参照“民法”第五六八条立法理由：“契约虽已成立，而附有停止条件者，其停止条件成就前，亦不得请求报酬，盖停止条件成就，契约即不成立也。附有解除条件者，亦可以此类推，无待明文规定也。”

25 参照同上条立法理由：“居间之报酬，俟居间人报告或媒介契约成立后支付，此当然之理，亦最协当事人之意思。故契约无效，或契约已成而撤销者，居间人不得请求报酬。”

26 参照“最高法院”1960年台上字第一六四六号判例：“居间人于契约因其媒介而成立时，即得请求报酬，其后契约因故解除，于其所得报酬并无影响。”

5. 报酬请求权之酌减

居间人之报酬，虽得由契约当事人自由约定，惟其报酬与所任劳务，允宜相当，为期公允，并兼顾公益，民法爰于第五七二条规定："约定之报酬，较居间人所任劳务之价值，为数过巨失其公平者，法院得因报酬给付义务人之请求酌减之。但报酬已给付者，不得请求返还。"[27] 由上规定，足见其间要点，略有如下：

（1）报酬之酌减，仅于约定给付者有之，其依价目表或习惯而为支付者，尚无适用。是否过高，应依其所生结果价值、居间人投注之劳务具体认定之。

（2）报酬之酌减，须经报酬给付义务人向法院请求，法院不得径以职权为之。称报酬给付义务者，包括委托人及相对人，非若修正前民法之仅以委托人为限（民法于此修正，堪称具有补充意义[28]）。请求云者，不限于起诉，即以抗辩方式为之，亦无不可。[29]

不过，请求酌减，实务以为须达明示之程度，其仅争执约定报酬金额者，尚无适用。[30]

（3）请求酌减所称之请求，性质上为诉讼上形成权，其意义有如"民法"第四四二条之申请法院调整租金。是当事人请求者，如其约定数额确属过巨，法院即有酌减义务，惟其金额为法院裁量权之范围，委托人仅得就相当与否而为争执。

（4）报酬酌减之请求，须于报酬给付之前为之，报酬一经给付，除

27 参照"民法"第五七二条立法理由："若报酬数额过巨，显失公平者，法院得因委托人之请求酌减之。但报酬已给付，即亦不许委托人请求返还，凡此皆所以维持公益也。"

28 请求酌减权利人，修正前民法系规定为委托人，其结果使相对人无从向居间人主张酌减，为补法律漏洞，"民法"债编爰修正为"报酬给付义务人"，以臻周全。（详请参照"民法"债编修正第五七二条修正理由："本法第五百七十条规定，在媒介居间之情形，与委托人订立契约之相对人亦有给付报酬之义务。德国民法第六百五十五条及瑞士债务法第四百十七条均定为因债务人请求得酌减报酬，不以委托人为限。为期公平，爰将'委托人'修正为'报酬给付义务人'。"

29 参照"最高法院"1968 年台上字第二七四九号判决："受当事人之委托而为居间者，其报酬之给付，仍有'民法'第五百七十二条规定之适用。又委托人依该条规定请求酌减，并未明定其方式，自得以起诉或抗辩方式为之。"

30 参照"最高法院"1978 年台上字第三三三号判决："所谓委托人之请求，系指委托人向法院明示请求酌减而言。虽范杨智等主张谢荣乾等最多仅得依一般'中人礼'请求三万余元，旨在争执两造约定报酬之金额，核与请求酌减报酬有间。原审误认范扬智等争执约定报酬之金额，为请求酌减报酬，因而为酌减报酬之判决，显有斟酌当事人未提出事实之违法。"

有第七四条情形，当事人得依该条规定声请法院减轻给付外，已无依本条请求酌减之可言。

（5）请求报酬酌减之人，依条文明定，仅为报酬给付义务人，是相对人不得为之。

6. 报酬请求权之丧失

（1）立法意旨

居间人负有忠实居间之义务，如有违反，且竟至于为有利于相对人之行为，或乃至由相对人收受利益，不仅重大违反诚信，对委托人利益更难维护，为保护委托人利益，并示制裁居间人，民法爰于第五七一条规定："居间人违反其对于委托人之义务，而为利于委托人之相对人之行为，或违反诚实及信用方法，由相对人收受利益者，不得向委托人请求报酬。"[31]

（2）制度要点：

居间人报酬请求权丧失之情形有二。即：

①违反其对于委托人之义务，而为有利于相对人之行为。例如，于受委任人单方委托之居间，居间人竟为他方掩饰无资力之事实，或如于受双方委托之居间，居间人却将隐名居间之委托人姓名，告知相对人者，均是著例。居间人有上述行为者，其报酬请求权即告丧失，不问委托人是否受有损害，亦不问居间人是否受有利益。

②违反诚实及信用方法，由相对人收受利益者，例如，与相对人约定第五七〇条以外之报酬者即是。收受利益云者，不以实际收得者为限，即因约定而可得收受利益者，亦包括在内。盖以有此情形，业已违背忠实义务，并足致委任人利益之损害也。

居间人有上述行为者，其报酬请求权即告丧失，亦不问委托人是否因之受有损害。不过当事人约定，居间人得收受相对利益者，则收受利益尚不违反诚信，自亦无丧失报酬请求权之可言。

（3）相关效力

居间人违反忠实居间义务，因民法本条规定，固不得请求报酬，惟委托人业已先行支付报酬者，得请求返还，至其依据则为不当得利（或

31　参照"民法"第五七一条立法理由："居间人既受委托人之委托，即有忠于所事之义务，居间人如违反其对于委托人之义务，而为利于委托人之相对人行为，或违反诚实及信用方法，而由相对人收受利益者，自属违背忠实义务。本条明定不许居间人向委托人请求报酬，暨请求偿还其支出之费用，盖一方保护委托人之利益，一方示予居间人之制裁也。"

回复原状）。

居间人违反忠实居间义务，致委托人受有损害者，委托人尚得根据债务不履行（不完全给付），请求居间人损害赔偿，并得终止居间。至于此三者间，为权利竞合，委托人得重叠行使。

（二）费用偿还请求权

居间人原则上无费用偿还请求权，盖以费用通常包括于报酬之中也。[32] 不过，当事人另有约定者，从其约定；有此约定者，即契约未因居间而订立者，亦得请求（第五六九条）。婚姻居间，虽不得约定给付报酬，但约定偿还费用者，其约定亦属有效。

费用偿还请求权，亦因居间人违反上述忠实居间义务而消灭（第五七一条）；惟其要件及制度内容，与前述丧失报酬请求权者同，兹不重复。

第三节　居间之消灭

居间之消灭，民法本节无明文，解释应依一般债之消灭事由及契约消灭事由定之。其间较值得一提者，当属适用委任而生之下列二项消灭事由：

（一）任意终止

居间之当事人得随时终止居间，但于不利时期终止者，对他方原则上应就其因而所生损害负赔偿责任（第五四九条）。

（二）法定终止

居间人或委托人一方死亡、破产或丧失行为能力者，居间亦为之消灭（第五五〇条），但委任关于继续居间或视为存续之规定，亦有适用（第五五一条、第五五二条）。

32　参照“民法”第五六九条立法理由：“居间人所支出之费用，不问其契约因居间人报告或媒介成立与否，但使订有特约，委托人即应照约支给。盖此项费用，通常皆包在报酬之中，若契约不成，不予报酬，恐居间人并此费用亦无从取偿也。”

第十七章

行　纪

行纪，或称经纪，固有法上通称牙行或委托行。[1]

行纪，在债编体例上，具有相当特殊之意义，盖以台湾虽采民商合一，但严格言之，债编上纯为商事之债，并不多见，行纪则为各种之债一章中，首先以营业作为定义内容之债之类型（第五七六条）。就体现民商合一而言，民法行纪（业）一节（以下简称民法本节），诚深具意义。[2]

行纪，于现代社会，运用颇见普遍。惟迄今为止，"最高法院"于行纪，似未见著有判例、决议，即相关判决亦属有限，其现象亦颇奇特。究系行纪界恪遵法律，少有权益纠纷？亦系法律与生活疏离，纵有纠纷，抑远避法律？似值探讨。

本章，亦依民法规定内容，依一般体例，就以下三项，依序说明如次：

行纪
- 行纪总说
- 行纪之效力
- 行纪之消灭

第一节　总　说

总说一节，依次说明行纪之意义、成立、性质及种类。

1　参照大理院四年上字第一八七八号判例："以自己名义为他人贩卖物品或买之者，为牙行营业。"

2　参照民法行纪一节立法理由：关于行纪，各国多于商法中规定之，台湾向称牙行，亦称经纪，本为商业中之一种，兹因民商事统一之结果，特设本节之规定。

一、行纪之意义

（一）行纪之双重意义

行纪，于民法本节，具有双重意义，一为行纪营业，简称为行纪业[3]，另一则为行纪契约，兹分述如下：

1. 行纪业

“民法”第五七六条规定：“称行纪者，谓以自己之名义，为他人之计算，为动产之买卖或其他商业上之交易，而受报酬之营业。”此之行纪，意指行纪业而言，自无疑义；其营业主体，则为行纪人。

行纪为营业形态之一，并因其营业为他人管理事务（从事交易）而收受报酬，在此点上，与代办商颇为相近。惟行纪人，系以自己名义而为他人管理委托之事务，非若代办商之以本人名义从事交易，是为二者之主要不同。例如，甲汽车销售公司受A汽车制造公司委托，以A公司名义出售汽车，则甲为代办商；反之，甲受A委托，虽将其出售所得利益归于A（为他人计算），但甲自为出卖人者，则为行纪。

依民法制度设计，并非所有以自己名义，为他人计算而从事交易，收受报酬之营业，均属行经（业），盖以民法本条规定，限于所从事者为动产买卖或其他商业上交易者，始属行纪，如受他人委托，以自己名义，为他人计算从事不动产交易者，仍属委任而非此所称之行纪。不过，此之动产，意义较为特殊，既需一方面采取广义，解为包括无体财产权之交易，例如，代收债权，代登广告均是；但另一方面，则又需采取狭义，排除运送之行纪（代找运送人，亦成立运送契约），盖以民法于运送行纪，创为独立类型，称之承揽运送（第六六〇条以下）也。

2. 行纪契约

民法于行纪业，固称之行纪；但于行纪契约，亦称之行纪。“民法”第五七七条规定：“行纪，除本节有规定者外，适用关于委任之规定。”其所称行纪，意指行纪契约，亦无疑义。是行纪云者，或为行纪业，或为行纪契约，其意义究何所指，当视其于相关规定之意旨而决定，从而，民法本节篇名所称行纪，或可认为兼并指二者而言，其情形殆有如下：

3 参照旧“商业登记法”第二条第二十八款：“本法所称商业，谓经营左列各种业务之独资或合伙之营利事业：二八　行纪业。”

行纪（第十三节）┬ 行纪（业）：576
　　　　　　　　└ 行纪（契约）：577[4]

虽然，行纪乙词，具有双重意义，民法立法者，为免混淆，于“民法”第五七八条以下各条，均避免直接使用行纪之用语，以行纪人、委托人之名称称之。惟观之以上各条内容，均为行纪契约所生权利义务之规定；其所称行纪人，系指成为契约当事人之行纪业，非单纯行纪经营主体之意。是以，以下章节所谓行纪云者，如未特别说明，系指行纪契约，合先叙明。

（二）行纪（契约）之定义

何为行纪契约，民法本节并无直接明文。兹参酌“民法”第五七六条、第五七七条规定，试予定义说明。

称行纪者，委托人为从事动产交易，与行纪人约定，由行纪人以行纪人名义为委托人完成交易而收受报酬之契约也。基此，则行纪之意义，殆可分述如下：

1. 行纪之主体为委托人及行纪人

行纪契约，旨在完成动产交易。其本欲从事动产交易之人，因时间、成本、利益、至专业技能等考虑，委托他人为之，事所常有，此等委托他人为之者，是为委托人，此不仅民法条文设有专用名词（第五七八条以下），立法理由亦常有强调。[5]

行纪之另一方，限于行纪人。亦即委托人为从事动产交易，委托行纪业为之者，其间成立之契约，始为行纪。此之行纪业，始因契约订立而成为行纪人。如其所委托者非为行纪业，虽其间仍可成立契约，但非本法所称之行纪。例如，甲欲出售股票，委托邻居友人出售者，虽其间成立契约，但为委任，而非行纪。

再者，行纪业类别繁多，其与他人就动产交易之委托而成立之契约，是否尽为行纪，尚难一概肯定。要之，应以其所从事之事业、乃至登记之营业项目而定，虽为行纪业，但与他人订立与营业范围外之动产交易

4 依民法立法意旨，其第十三节所称行经，以偏于指行纪业而言，与本书看法，尚有差异，参考文献同注一。

5 参照“民法”第五七七条立法理由：“按行纪系以自己之名义，为他人之计算，为动产之买卖及其他商业上之交易，而受报酬之营业，此种营业，亦为委任之关系，故行纪与委托人相互间之关系，与受托人与委任人相互间之关系完全相同，如无特别规定，自应适用关于委任之规定，俾有准据。”

契约者，解释上仍属委任而非行纪。例如，委托珠宝业出售汽车，委托广告业出售股票，固非此所称行纪；即使委托汽车销售业承租汽车、委托证券承销商（“证券交易法”第七一条以下）出售非其承销而取得之股票，亦均不成立行纪。

2. 行纪人以自己名义，为委托人计算从事交易

行纪人根据行纪契约而从事之交易行为（通称为契约），须以自己名义为之。亦即其因而成立之契约，系由行纪人自为当事人而与相对人订立契约。就该契约，委托人非为契约当事人，既无契约上权利之可言，亦不负任何义务。此为行纪本质，而与代理或代办商殊异之处。[6] 不过，行纪人系为委托人计算而从事交易，其利益应归属委托人，对其因而取得之物品，负有交付并移转权利于委托人之义务。足见，第五七六条所称为他人计算，其于个别契约，乃意指为委托人计算而言。

行纪人所从事之交易，实质上为委托人之交易，规范意义上当属行纪人之事务；为委托人计算云者，其交易行为因而所生之经济上利益或损失，均归属于委托人之意。足见，行纪云者，除行纪人为营业主体外，与委任实无殊异。[7] 事实上，民法本节，亦系着眼于行纪人为营业主体，为加强行纪人利益保护，而作规定，至于委托管理事务之基本制度内容，则未重复具体规定。是以，“民法”第五七七条，乃有适用委任规定之文句。适用云者，非性质相同，无以为之。因此，视行纪为特殊委任形态之一，应不为过。

行纪人系以自己名义与相对人从事交易行为，本无表明其委托人为谁之义务。相对人并无请求行纪人告知委托人为谁之权利，行纪人亦不得任意告知相对人为谁。如其任意告知，因而致委托人受有损害者，委托人仍得本于债务不履行（不完全给付）请求损害赔偿。例如，委托人与行纪人约定，行纪人不得泄漏委托人名义，行纪人竟违反约定，以至相对人知悉委托人为谁而不愿认立契约者，委托人即得就其所受损害，请求行纪人赔偿。

3. 行纪须以动产交易事项为内容

由于行纪业，系以动产交易为范围。因之，为他人为不动产交易之

6 参照“民法”第五七六条立法理由：“所谓行纪之本质，即以自己之名义，为他人之计算，此与代办商及其他代理人异。”

7 参照最高法院1929年上字第二一一〇号判例：“货主将所有货物委托牙行代卖，系属一种委任契约，依契约之性质，非不可随时终止。”

营业，如与委托人成立委托而为不动产交易之契约，即不属于行纪。惟此契约，性质上与行纪相近，法律解释上究系类推适用行纪，称之准行纪，亦或根据“民法”第五二九条立法政策，回归委任而认性质上为委任契约，学理上容有争议。[8] 纯就法律逻辑而言，委任说固较允当。惟现代社会，以为他人而为不动产交易者，业已相当普遍，为期适用允妥，准行纪之论点，似较委任更符合社会生活需要。惟不动产经纪业，涉及事项繁琐，对当事人权益影响亦大，比较上似以明文规定为妥。

动产交易，以动产之买卖为普遍，民法立法意旨，亦突显此点，爰于法律文字予以指明，称曰动产之买卖或其他交易。立法例上或将行纪限于动产买卖，其他交易则为准行纪，台湾民法无此区别，自无准用可言。

所谓动产产易，解释上以其交易所生权利义务，与动产有关者，即为已足，非交易本身之标的必须限于动产不可。例如，代为订立保险，其权利义务为保险费之交付或保险金之给付即是。不过，代为订立物品运送契约，虽其权利义务为运送物品（动产），但因法律另有承揽运送之规定，以为适用依据，亦非纯为民法本节所称行纪。至于无体财产权，乃至服务，解释上亦属成立行纪，例如，代登广告或代为购入或出售期货选择权是。

4. 行纪人之收受报酬

行纪为营业，营业者，营利事业之意，自须收取一定报酬，以利业务推展，并谋营业之生存发展，是以行纪人因行纪契约而得收受报酬。以与对照委任，则行纪之适用委任者，当以有偿委任之部分为限。

二、行纪之成立与性质

（一）行纪之成立

行纪契约，如何成立？民法并无明文，解释上亦应回归“民法”债编通则有关契约成立之规定，因意思表示合致而成立（第一五三条）。民法本节，虽未如委任、居间之有“当事人约定……之契约”之文句，（第五二八条、第五六五条），解释上则同。

行纪为营业，解释上属“有承受委托处理一定事务之公然表示之

8　学理上似偏于准行纪之见解，参照郑著（下），第五〇一页；史著，第四五八页。

人”，依“民法”第五三〇条规定，如行纪业对于业务之委托，不即为拒绝之通知者，视为允受委托而成立行纪。

（二）行纪之性质

从契约之分类言，行纪之性质，约可归纳如下：

1. 诺成契约

2. 不要式契约

3. 双务契约

行纪契约成立生效，行纪人负有执行委托交易行为之债务，委托人负有支付报酬之债务，二者互为对价，故行纪为双务契约。

4. 有偿契约

行纪契约成立生效，行纪人所负执行委托交易行为之给付，以委托人支付报酬之给付为报偿，故行纪为有偿契约。

5. 委任契约

在典型契约之归类上，行纪除别有规定外，适用委任，故其性质上属委任契约，为特殊委任形态之一。

6. 商事契约

行纪业为营业，从民商分立之观点言，行纪为商事契约。民法所以于委任之外，另设行纪一节，系本此性质而来。事实上，行纪一节规定，主要即在表征其为商事契约之特色，行纪人之差额补贴权（第五八〇条）、拍卖提存权（第五八五条、第五八六条）、介入权（第五八七条），均是著例。

三、行纪之种类

行纪，亦有一般行纪与特种行纪之别。前者，指民法本节规定之行纪而言，因其于各种行纪均有适用故也。后者，指民法本节以外，特别是具有特殊意义之行纪而言，举其要者有运送行纪、证券行纪及期货行纪三者。兹分述后三者于下：

（一）运送行纪

运送行纪者，行纪人为委托人与运送人订立物品运送契约，并使运送人运送物品之契约也。运送行纪，本为行纪形态之一，惟民法另称之承揽运送，且设有别于一般行纪之规定（第六六〇条以下）。因其于制度设计上，已属其他典型契约类型，故拟于承揽运送一节详述之（本书第四一〇页以下），兹不赘述。

（二）证券行纪

证券行纪，系指证券经纪商受投资人委托而代委托人购买证券之行纪而言。一般情形，证券行纪亦属民法本节之行纪；惟特殊情形，证券行纪于证券交易法另有特别规定。本段所称证券，系指后者而言，堪称狭义之证券行纪，其情形及法律之适用有如次表：

证券行纪（广义）
- 上市债券 ┐
- 上市（柜）股票 ┘— 证券行纪（狭义）→证券交易法+民法
- 非上市（柜）证券→一般行纪→民法

相对于一般行纪之（狭义）证券行纪，其特色如下：

1. 上市证券之买卖，非经证券经纪程序不可，盖非证券商不得成为买卖当事人而进入证券集中交易市场买卖上市证券（“证券交易法”第一五一条）[9]；而且，上市证券之买卖，必须于证券集中交易市场为之也（同上法第一五〇条）。

2. 证券行纪人（证券经纪商），须提存一定数额之履约保证金（包括营业保证金及交割结算基金——同上法第五五条、第一〇八条、第一三二条）。

3. 行纪人（证券纪经商）之报酬（证券交易法上称之手续费），有一定之比例，须经主管机关核定，非若民法行纪之得自由约定（同上法第八五条）。[10]

4. 证券行纪之受托契约，有一定之条款，并受主管机关强力监督（同上法第一五八条）。

5. 证券行纪之行纪人，不得接受全权委托而代客操作（同上法第一五九条）。

6. 证券行纪不得于营业场所之外，与委托人成立证券买卖之委托（同上法第一六〇条）。

7. 证券行纪人无介入权（同上法第四六条）。

8. 行纪人有即时制作买卖报告单，并交付委托人等义务（同上法第八六条）。

9　上柜证券之买卖，虽不强制须于柜台买卖服务中心为之，但投资人欲透过柜台买卖服务中心取得证券者，亦须透过经纪，即委托证券经纪商，以行纪模式买卖证券。

10　证券经纪之手续费，须报经主管机关核定，不限于上市证券，非为上市证券，亦有适用（“证券交易法”第八五条第二项）。

（三）期货行纪

期货行纪者，指期货经纪商受期货交易委托而代委托人进行期货交易之行纪。一般言之，期货交易须于期货集中交易市场为之，是以，期货行纪与证券行纪颇多相似，其特点亦多有相同，故其进一步叙述，爰予从略。

第二节　行纪之效力

行纪之效力，主要表现于行纪人之权利义务，且大多表征为其有别于受任人权利义务之层面，兹即依此角度，分别说明于下：

一、行纪人之义务

依民法本节规定，行纪人之义务，约可归纳如下表，并依序说明如下：

行纪人义务
- 直接履行义务（578、579）
- 价格遵守义务（580）
- 保管义务（583）
- 处置义务（584）

（一）直接履行义务

1. 直接履行义务之由来

行纪人于受委托人委托后，系以自己名义而与相对人进行交易行为。换言之，在对外关系上，行纪人始为交易行为当事人，理应由行纪人取得该交易行为所生之权利，并负该交易行为履行之义务。民法爰于第五七八条规定："行纪人为委托人之计算所为之交易，对于交易之相对人，自得权利，并自负义务。"以示行纪本质，并谋交易之安全。[11]

直接履行义务，非仅止于行纪人与相对人间之权利义务，即行纪人

11　参照"民法"第五七八条立法理由："谨按行纪人计算所为之交易，虽受委托人所委托，然对于交易之相对人，系以自己之名义为之，此与普通买受人与出卖人间之关系无异。故行纪人对于交易之相对人，应自得权利，并自负义务，所以谋交易之安全也。"

与委托人间，亦属有之；此盖行纪人系为委托人之计算而为该交易行为，苟该交易行为成立，行纪人对委托人即负有履行之义务，“民法”第五七九条本文规定：“行纪人为委托人之计算所订立之契约，其契约之他方当事人，不履行债务时，对于委托人，应由行纪人负直接履行契约之义务。”即在明示斯旨。

由上所述，可知委托人与行纪人间，行纪人与相对人间之交易行为，系各自独立。此等交易行为，通常以契约为常见；是以前者恒为行纪；后者则或为买卖、租赁、保险等（通常以买卖为主），其彼此之相互关系，有如下表：

买　卖

买受人 —— 出卖人

（商业上交易）

行纪人

行纪（委托买车）

委托人

委买人

(1) 委托人委托行纪人买入车辆，其彼此间成立行纪；行纪人负有代为买车之义务，于买入后负有交车于委托人之义务（行纪→委任：541）

(2) 行纪人自任买受人，与出卖人成立买卖契约，负有交付价金于出卖人，并得请求出卖人交付车辆（578）

(3) 出卖人不履行者，行纪人对委托人负履行义务，并对出卖人请求不履行之损害赔偿等（579）

以上规定，如委任之受任人所处理之事务，系在于为委任人进行交易行为者，情形亦同。惟因委任之事务处理，并不限于交易行为，且有时或授与代理权而对本人（委任人）生效。反之，行纪则无此情形，故民法爰于行纪予以明定。

2. 直接履行义务之内容

（1）交易行为之权义主体

行纪人与相对人之交易行为，既系处于当事人之地位，法律上即为该交易行为之权利主体或义务主体，其因而所生权利义务关系，与委托人无涉。故其相对人有债务不履行情事者，委托人对相对人固无置喙余地；反之，行纪人于交易行为有债务不履行情事者，相对人亦只能向行纪人主张。同理，委托人对行纪人有债务不履行情事者，行纪人亦不得以此对抗相对人。例如，甲委托证券经纪商乙买入A公司股票，嗣乙向丙购入A公司股票，甲拒不交割，乙仍须自任买受人，对丙行交割义务，不得以该事由对丙为任何抗辩。

制度形式上，行纪人受托而与相对人成立之交易行为，其因而取得之债权，为行纪人所有，此固无争论。惟实质上得否认为委托人之债权，不无疑义，比较法上，或有明文规定[12]，台湾学者，或多持肯定。[13]

惟行纪人既自任为契约当事人，就行纪人与相对人所成立交易行为，并无直接关系，为保护交易安全计，似不宜直接视为委托人之债权，换言之，委托人欲取得该债权者，仍须经行纪人以债权让与程序完成之。[14]

（2）行纪人之类似保证责任

行纪人于相对人不履行时，对于委托人是否负履行义务？立法例上并不一致，台湾则采原则肯定，亦即除契约另有不负履行义务之特约或另有其习惯者外，不问相对人是否履行，行纪人对委托人均负履行责任。此一规定结果，行纪人无异对于委托人，就相对人之履行，负担保责任，此一担保由行纪人全部责任财产为范围，其情形有如保证，故本书以类似保证责任称之。[15] 例如，甲委托珠宝商乙出售珠宝数枚，乙嗣出售于丙，但丙逃之夭夭，乙对甲仍须支付价金即是。

本条所称履行义务，解释上包括代为履行及代负责任；亦即其为代替行为者，行纪人负履行义务，如前例之价金支付债务是；其非为代替行为者，例如，给付特定物之债，该特定物陷于（可归责于相对人之事由而）给付不能者，行纪人对委托人负债务不履行责任是。

行纪人对委托人之担保责任，以行纪人与相对人间交易行为所生权利为范围，且以相对人不履行债务为要件。就前者言，其情形有如保证债务之具有从属性[16]，故行纪人未完成委托人所委托之交易行为者，尚无本条适用。就后者言，则本条所称不履行，应与债之通则所示原理作同一解释；亦即包括不完全给付，乃至预示拒绝给付及可归责之给付不能、给付迟延等类型。非可归责于相对人所致给付不能或给付迟延者，尚不适用。

---

12 参照德国商法第三九二条。

13 参照郑著（下），第五〇六页；史著，第四六一页～第四六二页；薛著，第二二三页。

14 参照陈著，第二四八页；戴著（下），第八一页；梅著，第三一三页。

15 行经人对于委托人，系契约主体，法律明定其为义务人，其所担保履行者，系自己之债务，非相对人对委托人之债权，其间亦无先索（诉）抗辩权（“民法”第七四五条）可言，故与保证责任，非可等同视之。

16 参照史著，第四七一页；戴著（下），第八七页；陈著，第二五〇页；蔡著（下），第七页。

（二）价格遵守义务

行纪人系受委托人委托而从事交易行为，其经济上盈亏，终局上仍归属委托人。为贯彻为委托人计算之意旨，保护委托人利益，行纪人亦负有遵守其委托人指示之义务。指示云者，于行纪上，当以价格指定为最重要，故民法于行纪，特别突显价格遵守之义务，“民法”第五八〇条，虽以补偿差额表现其特色，惟其意在宣示行经人之价格遵守义务，则亦实情。[17]

价格遵守之义务之规定，其值资注意者，有如下三者：

1. 委托人指定交易价格者，价格遵守义务，近乎绝对，非如其他事务，仅以不背指示为原则。故行纪人无急迫情形变更指示之权利，亦即“民法”第五三六条规定，于此似无适用，例如，甲委托乙证券经纪商以每股五十元卖出A公司股票，因股市突遇重大政经变故，突然剧跌，甲仍不得变更（降价）出售是。

2. 行纪人违反价格遵守义务而从事交易行为者，其对于委托人不利益者，行纪人应补偿其差额，其获有利益者利益归属委托人（第五八〇条、第五八一条），此贯彻为委托人计算意旨之当然结果，殊无争论可言。

3. 价格遵照义务之适用范围，应不限于交易行为为买卖者为限，其他交易行为，例如租赁、保险业、亦应有其适用。惟民法明文仅及买入或卖出，是买卖以外之交易行为，宜采类推适用本条规定之法律解释适用方法，以资解决。

（三）保管义务

1. 适用寄托之真义

因受托处理义务，乃至因其他法律关系而占有他人之物者，该占有人对其所占有之物，负有保管义务，并因其是否为有偿而定其是否应尽善良管理人之注意义务，此毋宁为债之原理所当然，无待明文规定。惟民法本节为突显行纪人保管义务之特色，于“民法”第五八三条第一项明定：“行纪人为委托人之计算所买入或卖出之物，为其占有时，适用寄托之规定。”

17　参照“民法”第五八〇条立法理由：“行经人既受他人委托为买卖，苟委托人预行指定一定价额以示限制者，行纪人自应依其所指定之价额以为买卖。故如行纪人以低于委托人指定之价额卖出，或以高于委托人所指定之价额买入者，均属违反委托人之意思，应属不生效力。”

按行纪人为委托人计算而占有为其卖出之物者，于其占有时，其所有权尚属委托人所有，行纪人有为委托人保管之义务，应为各种之债所同之保管义务（行纪人受有报酬，应尽善良管理人注意义务），此一规定，仅具宣示意义，似可肯定。反之，行纪人为委托人计算买入之物，为其占有时，所有权尚属经纪人所有，规定其保管义务，旨在体现为委托人计算之意旨，与债之一般原理（特定物之债，债务人就给付物负有为债权人而为管理之义务）相符。是以，本条项于保管义务而言，尚无创设意义。然则，本条项之特殊立法用意究属何在？

原来，于债之关系上，其非为寄托，但因当事人间有物之交付者，除因交付而移转权利（例如，动产买卖、交易）者外，占有人虽负有保管义务，但当事人间并不因之另行成立寄托。换言之，当事人间因物之占有而发生权义纠纷时，仍适用其原来之法律关系，并不适用寄托之有关规定。反之，于行纪则因本条规定而适用寄托之规定。换言之，亦即适用寄托之规定，始为本条创设意义之所在。不过，其规范意义，仅为此部分适用寄托效力之规定，非谓经纪人与委托人间另行成立寄托，亦非认行纪人与委托人有寄托关系。

行纪为有偿契约，行纪人受有报酬，纯就保管义务而言，适用寄托结果，行纪人应尽善良管理人注意保管占有物；惟此与一般有偿契约无异，当非本条项规范中心。愚意以为，本条项创设意义之所在，系为强调行纪人，占有属于或应移转属于委托人之物，应如受寄人之亲自保管，而且不得使用占有物；如有违反，对于因不可抗力所生损害，亦应负赔偿责任。换言之，行纪因有本项规定结果，而有“民法”第五九一条、第五九三条之适用；其他法律（契约）关系，则依各该法律关系定之，尚无上开条文（对不可抗力负责）之适用。如是，则民法本条项，富有强化行纪人保管义务，并提升其责任标准之创设意义，非如民法本条立法理由所述，仅因其与受寄人占有寄托物无异而已。[18]

2. 交付保险义务之未纳入

为他人保管物品者，交付保险是否亦属善良管理人注意义务之一环，学理上恐有争论，民法为杜争议，于第五八三条第二项规定不予包括，其法律用语称曰：“前项占有之物，除委托人另有指示外，行纪人不负付

18 参照“民法”第五八三条立法理由：“所谓因买入、卖出而占有货物者，例如货物买入而尚未移转于委托人，或货物卖出而尚未移转于买受人，此时行经人之占有其物，而与受寄人之占有寄托物无异，故应适用关于寄托规定。”

保险之义务。”

行纪人于其为委托人占有之物，无交付保险之义务，惟行纪人自动为之交付保险者，应认为意在为委托人之计算而为，其因而支出之必要费用，得依民法第五八二条请求偿还。学理上或认为应依无因管理之规定，请求偿还[19]，其见解或值商榷。

无庸交付保险，系法律原则，如委托人另有指示付诸保险者，则行纪人有代为投保之义务，行纪人且不得以委托人未先行交付所需保险费用，资为抗辩，行纪人于指示后未为投保者，即属违反善良管理人注意义务，委托人如受损害，得依债务不履行（不完全给付）请求损害赔偿，至于行纪人因而支出之必要费用，则依“民法”第五八二条请求偿还。

指示，为有相对人之单独行为，适用意思表示之有关规定，且不限于于行纪契约时为之。

（四）处置义务

1. 处置义务之成立

委托人委托出卖之物或有易于败坏者，或达到行纪人时有瑕疵者，为免损害扩大，民法爰于第五八四条规定：“委托出卖之物，于达到行纪人时有瑕疵，或依其物之性质易于败坏者，行纪人为保护委托人之利益，应与保护自己之利益为同一之处置。”是为行纪人之处置义务。

一般以为，行纪人之处置义务，其成立要件有三。即：

处置义务（成立要件）
- 处置之标的，须为委托出卖之物
- 须其物于达到行纪人已有瑕疵，或其性质上易于腐败
- 须为保护委托人之利益

处置义务之标的，限于委托出卖之物。对于委托买入之物，尚无本条适用。苟其如有同类情事发生，则适用“民法”第五八五条，尚与本条无关。

本条所称瑕疵，应与买卖、承揽之物之瑕疵担保责任上所称瑕疵，作同一解释；瑕疵须于达到行纪人时存在，兹所称达到，意指标的物处于行经人随时可受领之状态而言。盖以瑕疵如系行纪人受领后发生者，行纪人往往须负债务不履行责任故也。物之性质易于腐败者，例如，生鲜鱼肉或菜蔬水果是。

19 参照郑著（下），第五〇八页。

2. 处置义务之内容

处置义务之内容，亦即处置手段如何？法无具体明文，仅称曰应与保护行纪人之利益为同一之处置。由于行纪为有偿契约，是以行纪人是否为同一处置，应以善良管理人注意义务为其标准，一般以为，其具体措施，略有如下：

(1) 保全对于运送人之权利（例如，拒绝支付运费、保留对运送人之损害赔偿是——第六四八条）。

(2) 从速通知委托人补正或以委托人之费用而为补正。

(3) 将易于腐败之物冷藏或声请法院拍卖或自行拍卖（类推适用第四八五条第二项）。

(4) 保全对于瑕疵之证据。

妥善处置，既为行纪人义务，是行纪人怠于尽善良管理人注意而为处置者，或其处置措施不当者，应属不完全给付，委托人得就其所受损害，请求不履行之赔偿。[20] 至于行纪人因处置而支出之必要费用，宜认为得依第五八二条请求委托人偿还。

（五）其他

行纪人与委托人之基础法律关系，是为委任；相对于此而言，行纪毋宁为委任之延伸。基此角度观之，行纪人之上述义务，不过系其延伸而表现于行纪者而已，性质上属于特别效力之部分，非谓行纪人之义务，仅止于上述四项而已。盖以行纪，本于委任所生之权利义务，行纪一节并未重复规定，而直接适用委任（第五七七条）。因此，委任一节有关受任人义务之规定而于有偿委任有适用者，亦为行纪人之义务。举其要点，约有如下数者：

1. 报告义务（第五七七条、第五四〇条）。

2. 遵守指示义务（价格遵守义务、急迫变更权[21] ——第五七七条、第五三六条、第五八〇条）。

3. 交付标的物及移转权利于委托人之义务（第五七七条、第五四一条）。

4. 使用应归属委托人之金钱者，支付利息，并负损害赔偿之义务（第五七七条、第五四二条）。

5. 亲自处理事务义务，复行记之禁止及委托人之直接请求权，于行

20 参照郑著（下），第五〇八页；史著，第四六九页；戴著（下），第八八页。

21 行纪人之急迫变更权，于价格遵守义务部分，应解为尚不得行使。

纪亦均有其适用（第五七七条、第五三七条至第五三九条）。

以上所述各点，委任一节已有叙述，兹不重复。

二、行纪人之权利

依民法本节规定，行纪人之权利，约可归纳如下表，并依序叙述如下：

行纪人权利
- 价格差额补贴权（580）
- 报酬费用请求权（582）
- 拍卖、取偿、提存权（585、586）
- 介入权义（587、588）

（一）价格差额补贴权

行纪人以高于委托人所指定之价额卖出，或以低于委托人指定之价额买入者，其利益均归属于委托人（第五八一条），盖以行纪人系为委托人计算而为交易行为，本应为委托人谋求最大利益之价额，其所得利益亦应归属于委托人，纵法无明文，亦应作同一解释。民法本条之规定，旨在避免无益争论，当无创设意义。[22] 买卖以外之交易行为，如有差价利益者，亦宜类推适用本条规定。

行纪人既应为委托人计算而为交易，法律上自有遵守委托人指定价格而交易之义务，违反之者，委托人对行纪人得拒绝履行，行纪人不得对委托人之拒绝履行主张债务不履行责任。惟行纪为营业，为创造业绩，累积信誉，牺牲短期或个案利益亦为重要，甚而是必要之经营手法；再者，委托人委托行纪人从事交易行为，侧重者亦为利益之考虑，故行纪人如补贴其差额利益，委托人原则上即无不利益可言，自亦不宜拒绝履行。如是，不仅更能兼顾双方利益，于交易安全之保障，亦更坚强。民法债编修正，虽就第五八〇条文字调整为："行营人以低于委托人所指定之价额卖出，或以高于委托人所指定之价额买入者，应补偿其

22　参照"民法"第五八一条立法理由："行纪人以高于委托人所指之价额卖出，或以低于委托人所指定之价额买入者，则因此所生之利益，应归于行纪人乎，抑乃应归于委托人乎，亦不可不有明文规定，以免无益之争论。故本条明定行纪人不依委托人指定之价额而为买卖，如有利益，均属于委托人，盖以行纪人有忠于其事之义务，自应为委托人谋最有利益之价额也。"

差额，其卖出或买入，对于委托人发生效力。”似有凸显其为义务规定之意义，惟解释上仍应本于商事法律关系之本质，认为行纪人有差额补贴权[23]，换言之，行纪人未遵照价额指示而低卖或高买者，如其即时为补贴者，尚非即为债务不履行，惟行纪人不补贴其差额者，则为债务不履行（给付迟延），委托人除得拒绝对待给付之履行外，并得请求补贴差额所生之迟延赔偿。买卖以外之交易行为，解释上亦得类推适用本条补贴差额之规定。

于此，尚待说明之问题，尚有如下二者。即：

1. 差额补贴权之性质

行纪人未遵守价格指示义务，致委托人受有不利益之差额者，行纪人之差额补贴，解释上应属要物行为，须交付差额金钱，委托人之拒绝履行权，始告丧失[24]；反之，行纪人不担任差额补偿者，委托人得主张行纪人补偿之。

补贴差额，并不解消行纪人违反价格遵守之事实。同理，行纪人因而应负之债务不履行责任，亦不因此当然消灭。[25] 不过，行纪人已补贴之差额，得主张自损害赔偿额内扣减之。

2. 法律文字之疑义

行纪人与相对人之交易行为，其效力如何？由行纪人与相对人之情事观之，不因行纪人有无违反价格遵守义务而受影响。基此角度观之，修正前民法本条所称“如担任补偿其差额，其卖出或买入，对于委托人发生效力”云者，不免令人费解，民法债编修正于相应文字部分，修正为“应补偿其差额”，不仅简易明确，诸多意义亦告厘清，颇值肯定。[26]

（二）报酬、费用请求权

行纪为有偿劳务契约，行纪人得请求报酬及偿还费用，毋宁与其他

23 参照“民法”第五八〇条立法理由：“绝对限制，亦恐各方均受其不利益，故行纪人如能担任补偿其差额时，其买卖仍应认为有效，以谋便利。”

24 反对见解（认为仅有补贴差额之意思表示即为已足，且因意思表示到达而生消灭委托人拒绝履行权之效力），请参照史著，第四六六页；陈著，第二五一页。

25 参照史著，第四六七页；戴著（下），第八五页～第八六页。

26 参照“民法”第五八〇条修正理由：“查行纪人系以自己之名义为动产之买卖，故有关买卖之效力，应仅属行纪人与其相对人间之问题。本条后段规定‘其卖出或买入，对委托人发生效力’云云，不免费解。又依原规定，行纪人如未补偿其差额，其卖出或买入，对于委托人不生效力，则买卖标的物如已由行纪人交付予相对人，将产生善意受让问题，委托人与行纪人间亦生债务不履行等问题，衍生法律关系之复杂化。为使法律关系明确单纯，爰修正为由行纪人补偿其差额，而使其卖出或买入对于委托人则一律生效。”

劳务契约相近。不过，相对于其他契约，其权利内容亦有特色，故民法另有独立明文，爰亦独立说明之。

“民法”第五八二条规定：“行纪人得依约定或习惯请求报酬、寄存费及运送费，并得请求偿还其为委托人之利益而支出之费用及其利息。”兹分述如下：

1. 报酬请求权

行纪人当然有报酬请求权，是本条所称依约定或习惯请求报酬者，意指其报酬之标的物、数额、给付期而言，如当事人未约定者，适用“民法”第五四七条、第五四八条之规定。

行纪人违反对于委托人之义务，而为有利于相对人之行为或由相对人收取利益者，固有背忠实义务，为债务不履行（不完全给付），委托人得请求损害赔偿，惟民法未如居简之设有剥夺报酬请求权、费用请求权之规定（第五七一条），解释上宜作否定。

2. 费用偿还请求权

费用偿还请求权之项目有三。即（1）寄存费、（2）运送费、（3）为委托人利益而支出之费用及其法定利息。

（1）寄存费、运送费

本条所称寄存费、运送费，意指行纪人自己担任寄存或运送所应收取之费用，事实上具有报酬之义。如行纪人代垫费用而委由他人保管、运送者，则其请求偿还，应属为委托人利益而支出之费用，适用该段之规定请求偿还。

（2）为委托人利益之支出费用

为委托人利益而支出之费用，以其支出有利于委托人为断。例如，上述寄存费、运送费之支出，前述处置义务行为之支出、付诸保险之保险费，均属之。此项费用之垫付，应自支付时起，按法定利率（周年百分之五）计付利息，惟当事人另有约定者，不在此限（“民法”第五四六条、第二〇三条）。

费用偿还，通常亦须依约定或习惯为之，此于寄存费及运送费，尤具实益，盖于此二者，通常情形，多包含于报酬之中也。

（三）拍卖、取偿、提存权

行纪人为委托人执行交易行为，难免保管交易标的物，惟此之保管，仅为衍生之附属义务，不宜使行纪人因而受不利益之危险。是以，委托人有应受领或取回而不受领或取回者，民法特别赋以行纪人以拍卖、取偿、提存权，以保行纪人利益[27]（行纪人于此之权利态样为三，为叙述方便，爰简称之拍卖权等），爰依本法规定内容，分述如下：

1. 拍卖权等之成立

拍卖、取偿、提存权之成立，民法因买入物及卖出物而分别规定，说明上爰亦从之。

（1）委托买入物之拍卖权等

“民法”第五八五条第一项规定：“委托人拒绝受领行纪人依其指示所买之物时，行纪人得定相当期限，催告委托人受领，逾期不受领者，行纪人得拍卖其物，并得就其对于委托人因委托关系所生债权之数额，于拍卖价金中取偿之，如有剩余，并得提存。”例如，甲委托乙珠宝经纪商，买入钻戒一枚，乙依其指示而为买入，嗣甲一再拖延，拒不受领钻戒，亦不支付报酬，乙即得依本条规定，拍卖钻戒，于抵偿报酬后，将剩余金额直接向法院提存。

本条规定之拍卖、取偿、提存权，其成立要件尚可区分为二：

①委托人拒绝受领行纪人依其指示所买入之物

得为本条拍卖等权利行使之标的，须为行纪人依委托人指示所买入之物，其非因委托人指示所买入之物，固无适用，即行纪人未依指示内容买入之物者，行纪人亦不得主张本条之权利，但价格之差额，如行纪人担保补贴差额者，对于委托人之拒绝受领，仍得行使本条之权利。何为拒绝受领？应与“民法”第二三四条所称者，为同一之解释。[28] 委托人指示行纪人将买入物交付第三人，其第三人拒绝受领者，亦有本条适用。

交易行为非为买卖者，因行纪人占有之标的物，其所有权尚属相对人所有，理论上无行使本条权利之可言，但如其系以所有权移转为内容者，解释上仍得类推适用本条之规定。互易而取得物品者，即是其例。

---

27 参考“民法”第五八五条、第五八六条立法理由。

“民法”第五八五条：“行纪人既依照委托人之指示买入货物，而委托人忽欲拒绝受领时，应许行纪人有定期催告受领之权。委托人逾期而仍不受领者，并许行纪人有拍卖其物之权，且得就其对于委托人因委托关系所生债权之数额，于拍卖价金中取偿，以免损失，如有剩余，并许提存，以免代为保管之责。其为容易败坏之物，不及定期催告委托人之受领者，应许行纪人不经催告，径行拍卖，以保护行纪人之利益。”

“民法”第五八六条：“委托人委托行纪人出卖之物，如不能卖出，或委托人在先委托出卖，而其后撤回其出卖之委托者，此时委托人如不于相当期间内取回或处分其物，则行纪人亦不负保管之责，故应许行纪人有定期催告及拍卖之权，以保护其利益。”

28 此之拒绝受领，是否包括不能受领，解释上尚有争论，比较上以否定说为妥（参照郑著（下），第五二〇页）。

无体物之买卖或取得，亦应作同一解释（类推适用）。

②行纪人须催告委托人受领

委托人有上述拒绝受领情事者，行纪人并不直接取得拍卖等权利，尚须履践催告受领之程序。基此，似可认为，委托人拒绝受领者，行纪人仅取得催告受领权，须经履践催告程序，拍卖等权利始有发生可言。

催告为意思通知，性质上为准法律行为之一种，其成立生效类推适用意思表示之有关规定。凡此，与其他条文所称之催告，尚无不同。

催告，原则上为拍卖权等发生之前置程序，但易于败坏之物，须从速处理，待履行催告，于对方均有不利，民法爰设特例，规定行纪人得不为催告（第五八五条第二项）。易于腐败之物，应迅作权宜措施，无庸催告，毋宁为事理所要求。是以，行纪人如仍为催告，以致委托人受有损害者，仍应就故意或重大过失情事负赔偿责任（类推适用第二三七条）。

行纪人之催告受领，须定相当期限。期限相当与否，宜依具体情形定之；至于所定期限不相当者，是否因期限届至而补正？依目前实务见解，似可采肯定。[29] 不过，易于败坏之物，行纪人既无庸催告，则其为催告者，自亦无须定有相当期限。

③委托人逾期不受领

所谓逾期不受领，指委托人届期仍有未受领之情事，即为已足。惟委托人业已拒绝受领在先，保护行纪人利益计，宜认为委托人未前往标的物所在地或行纪人住所地受领，即为此之不受领。换言之，亦即不问其原来是否为往取债权（务），因催告受领而变更为往取债（务）。其委托人指示行纪人交付标的物于第三人，而第三人不为受领者，亦应作同一解释。

（2）委托卖出物之拍卖权等

“民法”第五八六条规定：“委托行纪人出卖之物，不能卖出，或委托人撤回其出卖之委托者，如委托人不于相当期间，取回或处分其物时，行纪人得依前条之规定，行使其权利。”例如，丙委托丁古董经纪商出售永乐通宝数枚，历月无人问津，丙又拒不取回，丁即得依本条规定，拍卖通宝，抵偿报酬，并将余额直接向法院提存是。

29 参照“最高法院”1985年1月8日民庭会议决定：“债权人催告定有期限而不相当（过短）时，若自催告后经过相当期间，债务人仍不履行者，基于诚实信用原则，应认亦已发生该条所定契约解除权。”

行纪人对于委托卖出物之拍卖权等，其成立要件，与上述委托买入物之拍卖权相近，但亦有不相同之处，故亦说明之。

①委托出卖之物不能卖出或撤销出卖委托

委托人委托卖出之物，如不能卖出或委托人撤回出卖之委托者，委托人依法应于相当时期内取回其物，如不于相当时期内取回，于行纪人极为不利，为保护行纪人计，爰有本条之设。

不能卖出云者，意指行纪人虽尽善良管理人注意兜售，但其物品于届期仍未克卖出者而言。只要物品尚未售出，即属此之不能卖出，不问其客观上能否卖出，但行纪人未尽善良管理人注意兜售者，无本条之拍卖权等；卖出云者，只要以出卖人地位之买卖订立，即为已足，无庸标的物之交付于相对人或完成物权行为。至于不能卖出之期限，解释上依当事人约定，当事人未约定者，依习惯定之，亦无习惯者，则以相当期限为适用标准。

撤回出卖之委托者，意指委托人不复委托行纪人出卖标的物之意思表示而言。意义上当以任意撤销（委托）为主，但行纪经撤销、解除、乃至终止者，亦均有其适用；理论上，如行纪之意思表示尚未生效前而撤回者，亦可包括在内，惟事实上诚难想像。是以，民法本条称之撤回，语意似嫌模糊，比较上或以“撤销”称之，为较允妥。上述纲目所以以撤销称之，原因在此。

②委托人不于相当期间，取回或处分其委托出卖之物

取回者，顾名思义，受领物品，并使其脱离行纪人占有之谓也，委托人有无携运回家，在所不问。委托人应至标的物所在地或行纪人住所地受领物品（往取债务）。处分者，包括事实上处分或法律上处分，故委托人以之赠与他人，甚或予以毁弃，均所不问，但须使其物品脱离行纪人占有。

委托人取回或处分委托出卖之物品，须于相当期限内为之，相当与否，应与前条为同一解释，并以取回义务成立之日起算。

③行纪人催告委托人取回或处分其物品

有关行纪人催告事项，其情形与上述委托买入之情形相同，爰不重复。

④委托人于催告后逾期未取回或处分其物

委托人于行纪人催告后，逾期未受领或处分其物之事实，行纪人即取得拍卖权等，不问委托人情事究属如何。

2. 拍卖权等之行使

（1）拍卖、取偿与提存之相互关系

拍卖、取偿与提存三者间，或有依存关系，或有独立关系，其相互情形，略有如下：

①依存关系

依法律文字平铺直叙，行纪人通常系先行拍卖，而后取偿，嗣再提存。如是则拍卖权为前置权利，拍卖程序亦为前置程序，后二者有依存于前二者之关系。亦即，行纪人如不行使拍卖权，取偿权尚无从行使，余额提存权亦无复行使可言。

②独立关系

行纪人仅行使拍卖权，或仅行使拍卖权、取偿权，或仅行使拍卖权、提存权，乃至仅行使提存权，应认为均无不可；惟仅行使取偿权者，似难存在。其直接行使提存权，亦应解为有偿金提存及自助出卖（第三三一条、第三三二条）之适用。

（2）拍卖权之行使

本条所称拍卖，为法定拍卖之一种[30]，与一般之意定拍卖有别，故与买卖所称之拍卖（第三九一条以下），意义尚非尽同，但与强制执行上之法院拍卖（“强制执行法”第六一条以下），亦有差异。

本来，此之拍卖，亦一如其他法定拍卖，应制定拍卖法规范之，惟拍卖法迄未制定，现行有效之法律依据，则依“债编施行法”第二十八条规定，于取得公证人、警察机关、商业团体或自治机关之证明，照市价变卖之。至于变卖之方法，为一般买卖或买卖所称之拍卖，均无不可。此外，行纪人并得于取得执行名义后声请法院拍卖（“大法官”会议释字第五五号解释）。

（3）取偿权之行使

取偿权者，行纪人得就委托关系，亦即行纪关系所生之债权，自拍卖所得金额中抵偿之意也。所谓委托关系所生之债权，主要指报酬请求权、费用偿还请求权（包括行使本条权利所生费用）。取偿者，行纪人得自行抵偿而实现其债权之意，无庸如抵销须经意思表示到达生效。

取偿之标的债权，须其给付种类相同，其间不相同者，无取偿可言。例如，报酬为实物，拍卖所得为价金，尚无取偿权适用。

（4）提存权之行使

提存，旨在消灭债务，本条规定，性质上亦属清偿提存，民法债之

30　民法上法定拍卖之例，除本条外，主要尚有“民法”第六二一条、第六五〇条第三项、第六五六条等。

通则有关提存之规定（第三二六条以下），原则有其适用。惟行纪人之取得提存权，系以委托人拒绝受领或不为取回等为要件，故行纪人于拍卖后，无庸再通知委托人受领，即得径行提存，是其与一般提存，不尽相同之处。行纪人直接行使提存权者，亦宜作同一解释。

提存为行纪人权利，是以，行纪人拍卖取偿后，不为提存而为一般之清偿者，亦无不可。

（四）介入权义

行纪系受委托人委托而为交易行为，性质上系在处理委托人事务，本乎委任意旨受任人本不得介入该交易行为而自为当事人。惟行纪系商事契约，委托人之利益如能获得保障殊不必绝对禁止。为此，民法爰有网开一面规定，是为行纪人之介入权。反之，行纪人于有介入权之情形，而不以相对人姓名于委托人者，对委托人即属自为当事人，以保护委托人利益，是为介入义务。行纪之有介入权义，为其有别于委任之重大特色之一，实值注意。

1. 介入权

介入权，约可归纳为如下要点，并依序说明之：

介入权——介入权之成立
　　　　——介入权之性质
　　　　——介入权之行使

（1）介入权之成立

"民法"第五八七条第一项规定："行纪人受委托出卖或买入货币、股票，或其他市场定有市价之物者，除有反对之约定外，行纪人得自为买受人或出卖人，其价值以依委托人指示而为出卖或买入时市场之市价定之。"基此，则介入权之成立要件，当可分析如下：

①委托交易之标的物须为市场定有市价之物

民法本条项，于委托之标的物，采取例示模式，并以货币、股票为例示项目。类此有关介入权适用之标的范围究属如何？法律解释上，势将发生争议。若着重于货币、股票者，则采狭义，认为本条之适用对象，当仅限于有价证券（货币、股票均为有价证券）；反之，若着重于市场定有市价之物者，则采广义，认为适用对象可不限于有价证券，只要市场定有市价之物，即有适用。纯就法律文义、体系而言，狭义说或较符合制度原义；惟就交易需要而言，广义说或更能有助于经济活络，亦符介入权创设之目的，是以管见宁采广义说法。有关于此，台湾学者虽少明确论述，惟其有关介入权成立之说明，大多举市场定有市价之物为要件，且常称既有市价自无虑不公，而甚少突出货币、股票者，谓其偏于广义说，似亦无不当。[31]

本条所称之物，因立法政策有意排除不动产，谓其不在适用范围之列，固无问题，但无体财产权之买卖，应解为有其适用。盖以现代交易，无体财产权而为交易标的者，业已高度成熟，期货交易、选择权交易，均其著例，如谓其无本条之适用，恐非甚当。

虽然行纪人得行使介入权之标的物，民法特别突出股票，惟证券经纪商、期货经纪商，不得于受托买卖上市（柜）证券、期货时，自任为出卖人或买受人，解释上当有特别法优先于普通法之适用，应认为于有特别禁止规定时，行纪人不得行使介入权。

②行纪人受委托为交易行为

有关于此，民法仅就买卖（委托买进或卖出）而为规定，买卖以外之交易行为，例如出租或承租，解释上自得类推适用。

行纪人行使介入权，须以尚无实行行纪行为为限，如其业已成立交易行为（例如，业已就标的物订立出卖契约），则不得行使介入权。

台湾民法于此虽无明文，惟其涉及行纪人诚信，为免利益冲突，并防止不必要权利纠纷迭生，当以不得行使之见解为妥，此亦台湾多数学说所认同。[32]

介入权为行纪关系所生之权利，其行使当以行纪关系存在为前提。是以，行纪关系消灭者，介入权亦告失所附丽，行纪人自再无行使介入权之可言。不过，行纪关系消灭前，行纪人已行使介入权者，其已生之权利义务，不因其后介入权丧失而受影响。

③须当事人无反对约定

反对约定者指当事人与契约禁止行纪人得自为买受人或出卖人之特别约定也。此之约定，得于行纪契约为之，亦得于行纪契约外为之。反对约定，通常固以明示为之，但默示亦无不可。

（2）介入权之性质

介入权者，行纪人自己以买受人或出卖人地位，与委托人成立相对

---

31 参照郑著（下），第五一二页；史著，第四七九页；戴著（下），第九二页；陈著，第二五五页。

32 参照史著，第四八一页；陈著第二五五页。

之买卖行为，本来，行纪人系受委托人委托出卖，其自任为买受人，以之相对成立买卖契约，形式上无异自为出卖人及买受人，法理上颇难合理说明。因此，行纪人行使介入权者，宜解释其于该买卖，已非行纪人，而系买受人或出卖人与委托人间直接成立买卖契约。如是，则此之买卖，亦非委托人与行纪人间有要约与承诺，而系行纪人行使介入权之效果，惟其结果，与意思表示一致之精神，尚无背离而已。换言之，行纪人有介入权者，其行使介入权之结果，买卖契约成立生效，当事人间基于买卖而生之权利于焉发生。因此，民法本条之介入权，通说认系形成权。[33]

（3）介入权之行使

①介入权之行使方法

介入权为形成权，其行使方法亦与一般之形成权同，由当事人一方以意思表示为之，是介入为有相对人之单独行为，应向委托人为之。至其意思表示为明示或默示，均无不可。

介入既为单独行为，则行纪人与委托人间之买卖，于介入之意思表示生效时成立，并同时生效。

②介入权行使之效力

介入权行使之效果，约可分二方面言之。一为交易行为方面，另一为行纪实行方面。

Ⅰ交易行为方面

因介入权行使而成立之买卖，不仅因当事人一方（行纪人）之意思表示而完成。其价金或亦由法律拟制，依委托人指示而为出卖或买入时之市场价格定之。惟后者规定之适用，于委托人指示出卖或买入时日者，固无疑义，其仅指示出卖或买入，但未指示特定时刻而为买卖者，则其究以指示之时为准？抑以出卖或买入之时（即介入之时）为准？语意不尽明确。通说似偏于介入当时之立场[34]，或较可采。当时云者，通常情形固指当日而言，惟一日间，价格常有波动者，则以介入当时时刻定之。惟价金拟制，宜认为补充原则，以当事人间未约定价金，委托人亦未指定价金者，始有适用；换言之，当事人或委托人委托买入或卖出之价金，

33 参照郑著（下），第五一三页；史著，第四七八页；戴著（下），第九一页；陈著，第二五五页。

34 参照史著，第四八〇页；戴著（下），第九三页；（反对说请参照陈著，第二五四页至第二五五页——似兼采指示说及中间最高价额说）。

有约定或指定者，依其约定或指定金额而定买卖之价金。

因介入权行使而成立之买卖，虽成立方法上，非要约承诺一致所尽可说明。惟其仍属民法上之买卖，于效力层面，民法本节并无另有明文，解释上自应适用买卖之有关规定。给付义务（第三四八条、第三六七条）、瑕疵担保责任（第三四九条至第三六六条）、危险负担（第三七三条）等均然。

Ⅱ行纪实行方面

行纪人行使介入权者，于交易行为方面，成为买卖当事人，适用买卖之规定，此固无庸置疑；惟行纪人与委托人间之行纪关系，并不因之受有影响[35]；且其介入，就委托人言，既等于行纪人达成委托之使命，委托人利益之实现亦无残缺。是以，民法本条第二项规定，行纪人行使介入权者，行纪人仍得行使报酬及费用偿还请求权，不因介入权之行使而受影响。

行纪人行使介入权时，其行纪人之地位仍然存在，是其对于如何介入，仍应为委托人计算而尽善良管理人注意义务，苟有怠于注意而致损害于委托人者，行纪人仍负有补贴差额，乃至不完全给付损害赔偿之责任。

（4）附带说明

行纪人不得行使介入权而行使者，其效力似可分为三部分说明。

①委托交易行为之标的物，性质上不得行使介入权者，例如市场未定有市价之物，其行使结果，买卖为无效。

②委托交易行为，法律上禁止介入权者，例如，上市股票买卖之介入，介入权之行使，其买卖为无效。

③介入权不得行使，系因当事人特约禁止者，行纪人行使介入权者，其买卖为效力未定，仍得因委托人之同意（撤销禁止）而生效。有关效力未定之催告权、承认权等规定（第八〇条至第八二条），于此亦有适用（类推适用）。

2. 介入义务

行纪人得自为买受人或出卖人时，如仅将订立契约之情事通知委托

35 参照“民法”第五八七条立法理由：“依第五百八十二条之规定，行纪人得依契约或习惯，有请求报酬、寄存费及运送费，并得请求偿还其为委托人之利益，而支出之费用及其利息之权。行纪人有时虽自为买入或出卖人，究不得因此而变更行纪人之本质，使丧失其固有之权利也。”

人，而不以他方当事人之姓名告知者，视为自己负担该方当事人之义务，是为所谓介入义务之规定（第五八八条）。盖于此时，等于行纪人自为买受人或出卖人，其情形与上述之介入相近，且行纪人不得以自己未为介入而免其当事人义务也。至其立法意旨，在于保护委托人利益，应无疑义。[36] 兹分述其要点如下：

（1）基上规定分析，介入义务之成立要件，约有如下：

①行纪人得主张介入权

行纪人得否主张介入权，依“民法”第五八七条，即前段相关说明定之。其行纪人无介入权可资行使者，亦无本条介入义务之适用。

②行纪人不以交易行为相对人之姓名告知委托人

行纪人将实行行纪行为，亦即订立契约之情事通知委托人，但拒不告知委托人其交易行为相对人之姓名者，不问其相对人为他人或行纪人，均有本条之适用。

（2）介入义务成立之效果

介入义务之成立，无待行纪人意思表示，因符合上述法定要件，即拟制其发生。此之拟制，法律文字称之视为，故行纪人尚不得以反证推翻。有关于此，民法本条，虽仅规定行纪人自负该方当事人义务，惟其结果与行纪人自任交易行为之当事人者无异，一般爰称之为行纪人自己介入。[37]

介入义务成立，行纪人与委托人间之权义关系，有如介入权之行使。有关价金之确定、买卖规定之适用，乃至行纪人报酬等请求权之存续，解释上均适用介入权之规定。至于行纪人本于行纪，对于委托人之义务，不受影响，亦有如上述介入权之说明。

第三节　行纪之消灭

行纪之消灭，民法未就行纪而设有特别事由，解释上除适用委任外，

36　参照“民法”第五八八条立法理由：“若仅以订立契约之情事通知委托人，而不以他方当事人之姓名告知委托人者，则委托人即无由知买卖者究为何人，不能请求契约之履行，自应视为行纪人自为买卖人，而由行纪人负担该方当事人之义务，以保护委托人之利益。”

37　参照郑著（下），第五一三页；史著，第四八五页。

依一般契约关系消灭或债之消灭事由定之。其主要事由，约可简明表示如下：

行纪消灭——
- 委任消灭事由：任意终止[38]、当事人死亡[39]、破产或丧失行为能力[40]
- 契约消灭事由：存续期限届满
- 债之消灭事由：行纪人给付不能

38 参照最高法院 1929 年上字第二一一〇号判例：“货主将所有货物委托牙行代卖，系属一种委任契约，依契约之性质，非不可随时终止。”同注 7。

39 行纪为营业，通常为营利法人，是此所谓当事人死亡，于行纪人方面，通常系指法人或合伙解散，至于自然人死亡之情形，惟于独资商号所有人死亡者有其适用。

40 行纪为营业，通常为营利法人，是此所谓丧失行为能力云者，于行经人方面，惟于独资商号所有人丧失行为能力，有其存在适用。

第十八章

寄　托

- 寄　托（广义）
  - 一般寄托（589~601、604、605）[1]
  - 消费寄托（602、603）
  - 法定寄托（606~612）
    - （以上三者）——寄托（狭义：债各第十四节）
  - 仓库（613~621）——仓库（债各第十五节）
  - 提存（326~333）——债之消灭（债之通则第六节第三款）
  - 混藏寄托（证券集中保管——“证券集中保管事业管理规则”第十二条）

寄托为单纯以物之保管为标的之契约，其类型亦多，不仅民法上多次出现，特别法上亦有其例。堪称民法上，制度内含较为繁夥之契约类型之一。盖就广义言之，寄托之重要形态，约可归纳如下：

法典编制体例上，仓库因斟酌商事契约之特性而独立章节规定，提存与债之消灭有关而于债之通则已有说明，混藏寄托民法尚无明文。是以，本章所述者，爰依法律规定内容，以一般寄托、消费寄托及法定寄托三者为主，是为狭义寄托（民法本节）。此外，为行文之便，并将一般寄托称为寄托，堪称最为狭义之寄托。本章以下所称寄托，其未特别说明者，当指最狭义之寄托，亦即一般寄托而言。盖以除法律另有规定外，特殊寄托亦适用一般寄托之规定也。

1　就立法体例言，“民法”第六〇四条、第六〇五条，规定于消费寄托（第六〇二条、第六〇三条）之后，容易使人误认为于消费寄托亦有适用。“民法”债编修正草案初稿，建议就此二者条次，向前移列为第六〇一条之一，第六〇一条之二，于避免适用上疑义言，颇具意义。至其修正理由，略有如下：
“条文内容仅适用于通常寄托之情形，惟因原条次排列于第六百零四条，易使人误解亦适用于消费寄托，为避免疑义，爰将其移列为第六百零一条之一。”（第六百零一条之二，理由亦同。）

基上说明，则本章之重点，约可归纳如次表，并依序说明于下：

- 寄托
  - 寄托总说
    - 寄托之意义
    - 寄托之成立及性质
    - 寄托之种类
  - 寄托之效力
    - 受寄人义务
      - 保管义务（591–593）
      - 危险通知义务（604Ⅱ）
      - 返还义务（597~600、604Ⅰ）
    - 受寄人权利
      - 费用偿还请求权（595）
      - 损害赔偿请求权（596）
      - 报酬请求权（601）
  - 寄托之消灭（597、598、605）
  - 特殊寄托
    - 消费寄托（602、603）
    - 法定寄托（场所主人责任：606~612）
    - 混藏寄托（603之1）（证券集中保管）

第一节　总　说

本节不依本书一般体例，依次说明寄托之意义、成立、性质及种类。

一、寄托之意义

（一）寄托之定义说明

“民法”第五八九条第一项规定：“称寄托者，谓当事人一方，以物交付他方，他方允为保管之契约。”以物交付他方保管者，谓之寄托人；允为保管其物者，谓之受寄人。因此，寄托亦可谓为：“称寄托者，谓寄托人以物交付受寄人，受寄人允为保管之契约。”兹述其要点如下：

1. 以物交付他方

（1）物

民法本条所称之“物”，与民法总则第三章所称之物，意义相同，包括动产及不动产，亦不问其为代替物、不代替物、可分物、不可分物，均无不可。立法例上，虽有以动产为限者，惟其制度为台湾民法所不采[2]，自亦不得作为本法解释之依据。

不动产或动产，虽亦均得为寄托之标的，惟不动产如委有保管之人，通常系以雇庸或委任为之，故寄托之标的，现实上仍以动产为主。至若无体财产权，虽其相关证明资料，得为寄托之标的，但其权利本身，因无实体可资保管，应无成立寄托可言。

寄托物通常固为寄托人所有之物，但不以之为限。第三人之物，固得为寄托之标的，甚至受寄人之物，特殊情形，亦得为寄托之标的。例如，承租人将承租物，临时交付出租人保管即是。

赃物之保管，亦无碍于寄托之成立，惟其是否有效？胥视如下情形而定：

受寄人为善意者不问有无过失，其寄托均为有效；但受寄人事后明知其为赃物者，得以错误或被诈欺为理由，撤销寄托，并拒绝继续保管。

受寄人为恶意者，寄托无效，以其契约（法律行为）违背公序良俗故也（“民法”第七二条）。

赃物寄托无效或经撤销者，寄托人为不法原因给付，寄托人不得请求返还（第一八〇条第四项本文）；其寄托关系因其他原因消灭者，亦应为同一解释。

（2）交付

交付，移转占有之谓，民法本条无特别定义，原则上应与债编各条所称之交付作同一解释。如是，则本条所指交付，亦可表解如下：

- 交付
  - 现实交付
  - 观念交付
    - 简易交付
    - 占有改定
    - 指示交付

不过，观念交付之成立寄托，容有特殊之处。兹分述于下：

①简易交付

原则可成立寄托，但质权人不可与出质人订立寄托契约，使出质人为受寄人。盖有此情形，质权消灭（第八八四条第二项、第八九七条），寄托契约无由存在也。

2 参照民法寄托一节立法理由：“寄托之标的物，是否以动产为限，抑无论动产及不动产皆可寄托，各国立法例未能一致，本法则认动产不动产皆可为寄托之标的物。”

②占有改定

因占有改定而成立寄托者，寄托人仍须自行占有标的物，法律上似难想像，惟于让与权利时，如让与人与受让人约定，由让与人为受让人保管标的物者，仍得认为系依占有改定而成立寄托。例如，甲出售A车于乙后，乙委由甲保管，甲乙得依占有改定成立寄托是。

③指示交付

寄托之受寄人，原则上须亲自而现实占有标的物，指示交付者，受指示人未亲自占有标的物，故一般以为，原则上不能依指示交付成立寄托；不过，经寄托人同意，使第三人代为继续保管者，则例外可成立寄托。[3] 惟学理上持否定论点者，仍属颇为有力。[4]

2. 允为保管

寄托系以保管为目的，而且，须单纯以保管为目的。是以，虽有交付占有，亦有保管之事实，但移转占有之目的，非单纯为保管者，仍无成立寄托之可言。此于条文，虽无直接明文；惟民法本条，既称受寄人允诺代为保管，当足以表明此一目的。

保管者，占有标的物，加以管领，而维持其原状也，是以受寄人所得为者，原则上仅为保存行为，而不及于改良行为或利用行为，更遑论处分行为。不过，受寄人为达管领及维护之目的所必要之行为，仍为寄托之内含，受寄人仍得、亦应为之。例如，提供保管场所（动产寄托），对抗第三人之占有妨害均是。

允为者，意指接受寄托人委托保管而实行标的物之受领而言。此盖寄托为要物契约，须受寄人实行受领，始克成立，故本条虽与“民法”第五二八条之委任，均使用“允为”之用语，惟其意义，尚不完全一致。

（二）寄托之法律上定性

保管而成为契约内容者，除寄托外，其他法律关系，亦常出现。以民法为例，其主要事例如下：

1. 买受人之保管出卖物（第三五八条第一项）
2. 承租人之保管租赁物（第四三二条第一项）
3. 借用人之保管使用借贷物（第四六八条第一项）
4. 承揽人之保管工作物（第五〇八条）
5. 出版人之保管著作（物）（第五二五条）

3 参照郑著（下），第五一六页；陈著，第二五八页；蔡著（下），第一二页。

4 参照史著，第四八八页；戴著（下），第九七页。

6. 委任人之保管委托出卖之物（第五三五条）

7. 行纪人之保管委托出卖之物（第五八三条第一项）

8. 质权人之保管质物（第八八八条）

9. 留置权人之保管留置物（第九三三条）

10. 监护人之保管受监护人财产（第一一〇〇条）

以上法律关系所生之保管义务，其与寄托之主要不同在于，寄托系单纯以保管为目的。上述所列者，则保管仅为契约内容之一部分，既非主要目的，甚而仅是附随义务而已。论其法律适用，则有如下：

1. 因其他法律关系而发生保管义务者，与寄托之关系如何？

因其他法律关系而发生保管义务者，原则上仅系该法律关系之一部分，既不因此另行成立寄托契约，亦不与寄托联立，更不与寄托结合而成立混合契约，换言之，于斯情形，原则上均仅适用各该法律关系，与寄托并无关系，亦无寄托之适用。

2. 法律另有规定者，依其规定。

例如，行纪人占有为委托人计算之物者，于占有中适用寄托之规定是（第五八三条）。此之规定，宜解释为，仅属效果适用，非谓其间另有寄托关系之成立，亦无契约联立或混合契约关系之存在。

3. 在该等法律关系中，保管义务之发生，非属常态，而责由当事人负保管义务，显失公平者，宜解为其间成立有偿寄托，于保管义务部分，适用寄托之规定，上述买受人保管出卖物之明文，即是著例（参照本书上册第九七页～第九八页）。

4. 以保管为主要目的，而兼及其他事务者，仍得认系寄托而适用寄托之规定，证券集中保管即是著例。[5]

二、寄托之成立及性质

（一）寄托之成立

1. 要物契约之说明

“民法”第五八九条第一项明定寄托乃寄托人以物交付于受寄人为成立要件（第五八九条第一项），非如买卖、租赁、承揽、委任等因约定而成立。足见，寄托之成立，除当事人就物之保管须意思一致外，尚须物

5 证券集中保管事业，除证券之保管外，尚得处理有价证券买卖之交割或设质之交付（以账簿划拨方式为之），其非仅单纯为保管，似是事实。

之交付始可。基此，寄托为要物契约，当无疑义。

在法律行为之成立要件上，要物行为之交付，定位究属如何？学理上容有争论，惟台湾多数学说认系意思表示之内含，而非于意思表示之外，另有交付，殊值注意。如是，以与诺成契约相较，其思考模式，殆有如下：

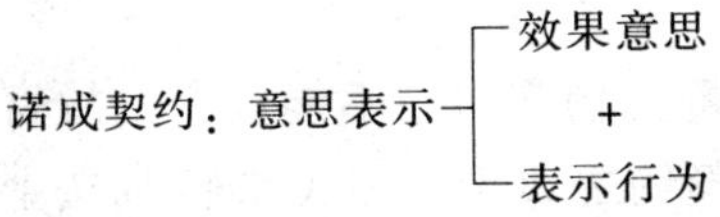

诚然，以交付为意思表示内含，乃罗马法以来之通念，惟法律行为理论，自19世纪末，援用康德意思（志）自由哲学以来，在意思表示理论上，已有哥白尼氏之回转，意思表示当不宜再固守方式，而以交付作为要件。是以，愚见以为，交付非为意思表示内含之论点，或较可采。如是，则其思考模式当有如下：

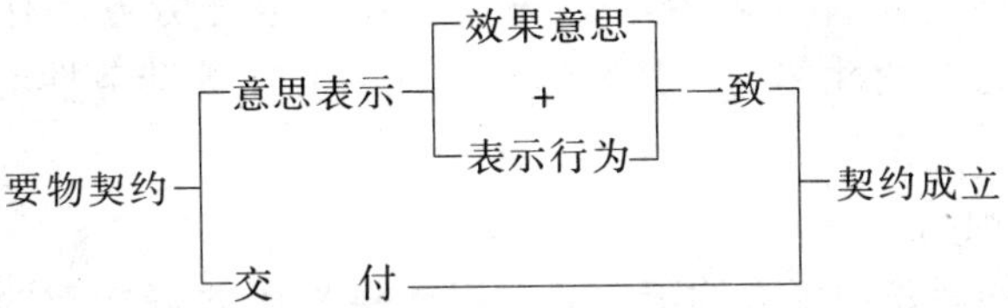

2. 立法政策之说明

民法立法当时，所以于寄托契约采取要物契约，其主要理由在于，斟酌当事人意思，并求实际便利。[6] 惟此见解是否尽当，不无商榷。盖以诚如立法意旨所言，各国立法尚不一致，而且，基于意思自由原则、乃至现代交易之快速繁夥，于寄托采取要物契约之制度模式，于经济发展、

6　参照“民法”寄托一节立法理由：“又寄托是否因领收其标的物而始成立（要物契约），抑因约定保管其标的物而始成立（诺成契约），各国立法例亦不一致。本法以寄托为要物契约，似最适于当事人之意思，且于实际亦多便益。”

交易便利，是否无碍，不无可议。民法学者，或认立法论上宜采诺成契约主义[7]，或谓本诸契约自由原则，应承认诺成寄托之效力[8]，可见一般。

（二）寄托之性质

1. 寄托性质之说明

寄托之法律上性质，约可归纳如下：

（1）要物契约

寄托，原则上非经寄托物交付，不能成立，故寄托为要物契约，且为民法上（惟一）要物契约之典型，但民事特别法上有特别规定者，依其规定。[9]

（2）不要式契约

寄托之成立，原则上无庸一定方式，故为不要式契约，惟证券集中保管，须经开户程序，是为例外。[10]

（3）寄托得为无偿契约或有偿契约

寄托，得依约定或依情形而请求报酬，是为有偿寄托，属有偿契约；反之，是为无偿寄托，属无偿契约。

（4）寄托得为单务契约或双务契约

寄托为无偿者，性质上属单务契约；其为有偿者，则性质上为双务契约。

（5）寄托为继续性契约

寄托以物之保管为内容，受寄人须服一定之劳务，有一定之继续性，是寄托为继续性契约，其情形与雇佣，委任等劳务性契约同，不予赘述。

2. 寄托预约

寄托预约者，当事人约定，双方以于将来成立寄托契约为目的之契约也。预约为契约类型之一，本于契约自由，当无否定之理，寄托亦然。况者，民法于寄托采要物契约之制度模式，其当事人约定成立寄托者，因不符寄托要件而无从成立寄托，如认其成立寄托预约，而具一定效力，则不仅于交易之迅速安全有益，对于权利保护亦具实质意义。是以，于

7 参照戴著（下），第九七页。

8 参照郑著（下），第五一八页；史著，第四八八页。

9 证券集中保管须经开户程序（须签订契约书），且因开户程序而成立，无待证券本身之交付（“有价证券集中保管账簿划拨作业办法”第五条、第七条第一项、第二项），其非为要物契约，恐系事实。

10 证券集中保管，既须经开户程序，签订契约书，则其为要式契约，恐难否认。

寄托一章，不仅大多承认寄托预约，而且多有具体说明。[11]

寄托预约，旨在成立本约，是预约权利人有请求预约义务人履行预约，完成寄托契约之权利，义务人则有履行之义务，违反者，亦负债务不履行责任。至于预约权利（即请求完成寄托之债权），一般以为，不得让与[12]，以其具有人格信赖，应属债权之性质而然（第二九四条第一项第二款）；违反者，愚意以为不生效力（经债务人同意而生效力），而非无效。

三、寄托之种类

寄托之种类，通常分为一般寄托及特殊寄托。至其类型区分有如下表：

- 寄托
  - 一般寄托（589~601、604、605）
  - 特殊寄托
    - 消费寄托（602、603）
    - 法定寄托（606~612）
    - 仓　　库（613~621）
    - 提　　存（326~333）
    - 混藏寄托（603之1）（证券集中保管）

一般寄托，为民法本节规定之重心，次节将有具体说明；特殊寄托，除本章有独立章节说明外，于仓库部分，拟依民法编制体例，于次章论叙。因之，有关其进一步叙论，暂予从略。

第二节　寄托之效力

本节依一般体例，分就受寄人义务及受寄人权利而为说明。

11　参照郑著（下），第五二〇页；史著，第四九一页；梅著，第三一七页；戴著（下），第九九页；陈著，第二五九页；蔡著（下），第一一页。

12　参照郑著（下），第五〇三页。

第一项　受寄人之义务

受寄人之义务，归纳言之有三，即保管义务、危险通知义务及返还义务三者是。

寄托，因寄托人依赖受寄人而发生，寄托人之物品为受寄人占有管领，如有未为妥善保管，寄托人利益将难以维护。是以，受寄人义务之规定，既为民法本节重心，内容亦称丰富，其间，保管义务，尤为问题之核心，爰先行说明之。

一、保管义务

寄托人保管义务之规定，尚称复杂，论其要点，有如下表：

保管义务——
- 注意义务（590）
- 使用禁止原则（591）
- 亲自保管义务（592、593）
- 遵守指示义务（594、600Ⅱ）

兹依上表顺序，说明相关内容如下：

（一）*必要注意之义务*

寄托人之保管寄托物，应属何种注意能事？其情形有如委任，因其为无偿或有偿而程度有别。为此，“民法”第五九〇条规定：“受寄人保管寄托物，应与处理自己事务为同一之注意。其受有报酬者，应以善良管理人之注意为之。”换言之，有偿寄托，受寄人负抽象过失责任[13]；于无偿寄托，则受寄人仅就具体过失负责。因其注意程度尚有不同，爰以必要注意兼括之。

上述规定，依民法立法意旨所述，在于避免对无偿寄托受寄人失之苛酷。[14] 惟就责任原理言之，其深合债之通则揭橥之责任原理：债务人原

13　参照最高法院1940年上字第一一三九号判例：“受有报酬之受寄人，对于寄托物之灭失，非证明自己于善良管理人之注意无所欠缺，不能免其赔偿责任。”

14　参照“民法”第五九〇条立法理由：“受寄人受有报酬而保管寄托物者，须为善良管理人之注意方法，为人保管其物，一有过失，致寄托物毁损灭失时，即应负赔偿之责任。至未受报酬，而亦使与受报酬者负同一之责任，殊觉过酷，故只使其与处理自己事务为同一之注意，即为已足。”

则应就抽象过失负责，但债务人未受利益者，应从轻酌定（仅就具体过失负责）。似是实情。[15] 基此，则民法本条虽具宣示意义，但纯就立法技术而言，谓其略见重复，恐难否认。

（二）使用禁止之原则

1. 基本内容

寄托之目的在于保管。使用物品，足以减损其价值，危害寄托人之利益，受寄人不得有危殆寄托人利益之行为，故"民法"第五九一条第一项规定："受寄人非经寄托人之同意，不得自己使用或使第三人使用寄托物。"以明斯旨，惟于寄托人既已同意受寄人使用物品，则其使用已无损害寄托人利益，受寄人亦无违反保管义务可言，爰例外予以认许。此外，物之保管，须加以使用，始符妥善保管要求者，则其使用等于保管方法之一，虽未经寄托人同意，受寄人仍得于保管方法必要范围内使用之。例如，受寄保管车辆，须三、五日发动引擎一次，作短距离驾驶，则受寄人之偶尔驾驶二、三百公尺，即非在禁止之列。

2. 违法使用之法律效果

同意，不问事前为之，抑事后为之，均无不可。不过，使用物品，乃为事实行为，寄托人同意使用与否，尚不生使用于法是否生效之问题，惟寄托人之利益，不能不妥予维护，"民法"同上条第二项爰规定："受寄人违反前项之规定者，对于寄托人，应给付相当报偿，如有损害，并应赔偿。但能证明纵不使用寄托物，仍不免发生损害者，不在此限。"基此，则违反规定而使用寄托物之法律效果，殆可归纳如下：

（1）给付报偿

报偿者，使用之代价。换言之，使用寄托物，于寄托物本身必有相当耗损，相对地使用人常受有相当之利益，此之耗损或利益，即为报偿之对象。相当与否，原则上依客观情形而具体酌定之，不能酌定或难以酌定者，以相当于租金之利益计付之。

报偿之给付方法，当以折付金钱为主；若使用之物品为金钱者（特定货币之寄托有之），应自使用之时起，支付法定利息（类推适用第五四二条）。按法典所称给付云者，原则上系指抽象意义之债务人行为，民法本条所称给付，非指此而言，恐难否认。究其语义，当指报偿之现实支付。是以，此之给付，如改称支付，于语言使用上，或更允当。

15　参照最高法院1928年上字第一一三〇号判例："有偿受寄人对于受寄物，应尽善良管理人之注意，为契约上之原则。"

报偿支付之义务人为受寄人，此在受寄人自己使用寄托物者，固无疑义，即于受寄人使第三人为使用者亦然（例如，受寄人将寄托物借与第三人使用是），不问受寄人实际是否受有利益，亦不问其得否向第三人求偿。

(2) 损害赔偿

使用寄托物，寄托人所受损害，有时不以物之通常耗损或使用人所得利益为限。例如，受寄人驾驶寄托之轿车游山玩水，竟至遭窃或遭他人损毁，其寄托人所受使用利益或耗损以外之损害，不能无弥补之道，故民法本条项，除报偿支付外，另有损害赔偿之规定。

此之损害赔偿，相较于一般之债务不履行损害赔偿颇具特色，于寄托人（债权人）利益之保护，尤具积极意义。盖以受寄人自己使用或使第三人使用寄托物者，于债法原则之判断上，乃系违反忠实保管之义务而成立不完全给付，仅于过失之情形下负损害赔偿责任，而依民法本条项结果，受寄人对（狭义）不可抗力亦应负责，而且除非能证明纵不使用寄托物，亦无法避免损害之发生，否则不能免除损害赔偿责任。其情形有如债务人给付迟延中之责任标准提高（第二三一条第二项）。如是，受寄人损害赔偿责任之成立，不仅不问有无过失，而且，具有因果关系推定之意义。至于责任原理上得视为特殊之不完全给付形态。

本条项所称损害，一般以为，系指寄托物本身所受之损害，其常见者则为寄托物之毁损、灭失，但不包括使用而生之通常耗损（此部分应为报偿支付所兼括[16]）。损害之发生，虽与违法使用有关，但不限于因使用直接所致。例如，受寄人将受寄之车辆交与第三人丙驾驶，第三人于正常驾驶，竟因他人丁突然自来向车道闯入而撞毁，甲对寄托人仍应负损害赔偿责任是。

3. 相关问题

民法本条规定衍生之相关问题，主要有二。一为权利竞合之问题，二为权利存续之问题。兹分述于下：

(1) 权利竞合方面

①报偿与赔偿

本条所定之报偿给付与损害赔偿，一为使用利益之封价，一为寄托物本身损害之补偿。二者成立要件及规范原理，均有不同，为各自独立

16 参照郑著（下），第五二九页；薛著，第二三四页。

之权利，寄托人得各自行使，不生权利竞合，择一行使之问题。

②报偿与不当得利

报偿给付，为使用利益之代价，基于公平考虑而言，或亦可成立不当得利，惟民法本条既已另有明文，解释其适用本条即为已足，似无庸强调其另成立不当得利而适用请求权竞合理论。

③赔偿与债务不履行

受寄人违法使用寄托物，业已违反注意义务，成立不完全给付，民法本条项规定，旨在提升受寄人之责任标准，从责任理论体系言，乃其可归责事由之标准由过失（第二二〇条），提高为不可抗力（本条项）。基此，则民法本条项堪称债务不履行（不完全给付）之特别规定。是以，理论上亦不生与债务不履行损害赔偿竞合之问题。至其思考模式，略如下表：

受寄人债务不履行（不完全给付）：可归责事由
- 一般形态：过失（怠于保管上必要注意）：200
- 违法使用寄托物：不可抗力（因果关系推定）：591

④赔偿与侵权行为

寄托人以物交付受寄人保管，其物之相关权利，仍为寄托人所享有，受寄人违法使用而致其损害者，通常亦可能成立侵权行为，是以，本条之损害赔偿与侵权行为之损害赔偿，可能发生请求权竞合之关系，或难否认。不过，受寄人依本条应就不可抗力负责，依侵权行为仅就过失负责，因此请求权竞合云者，理论上或有意义，事实上恐少有适用。

（2）权利存续方面

报偿给付请求权或损害赔偿请求权之存续，民法本节于其消灭时效，设有短期消灭时效，自寄托关系终止时起，一年间不行使而[17]消灭（第六〇一条之二）。惟此与寄托消灭有关，待论及该问题时，一并说明。

（三）亲自保管之义务

1. 基本内容

寄托，于寄托人与受寄人间，具有人格依赖关系，故受寄人之保管

17 “民法”第六〇一条之二关于短期时效规定，用语并未及于第五九一条第二项之报酬请求权，惟报酬请求权，费用请求权惟受寄人所得享有最为重要之权利（报酬请求权且相对构成寄托人之主给付），既已规定适用短期时效，且与报酬请求权属性相类，且规定同条项之损害赔偿请求权，亦适用短期时效，则本诸体系解释面，报酬请求权应无例外之理由，爰采肯定见解，以与损害赔偿请求权并列说明之。

义务，亦一如委任而须亲自保管，是为受寄人之亲自保管义务原则，亦称寄托之专属性，民法则于第五九二条，为之规定如下："受寄人应自己保管寄托物。但经寄托人之同意，或另有习惯，或有不得已之事由者，得使第三人代为保管。"足见，寄托上之亲自保管义务，其情形既如受寄人之其他义务，亦如其他劳务契约类型之亲自任事义务，以寄托人意思为断[18]，其合于寄托人意思（经寄托人同意）者，尚无违反义务可言；其违反寄托人意思者，则为违反义务。惟所谓第三人，并不包括受雇人等履行辅助人在内；亦即，受寄人委由受雇人保管者，尚无违反亲自保管义务之可言。

受寄人将寄托物委由第三人保管者，通称转寄托。以下所述，爰依转寄托之概念说明相关问题。

2. 转寄托之法律效果

转寄托因其符合民法本条但书与否而异其效果，一般言之，其符合但书规定者，是为合法转寄托；反之，其违反但书规定者，则为违法转寄托。兹亦使用此等用语，作为说明依据。

（1）合法转寄托

①合法转寄托之成立

受寄人因下列情事之一而为转寄托者，是为合法之转寄托。

Ⅰ寄托人同意

同意为有相对人之单独行为，不问事前允许，或事后承认均无不可。惟类此同意，颇为常见，其进一步说明，暂予从略。

Ⅱ习惯

此之习惯，亦指交易习惯而言。

Ⅲ有不得已之事由

不得已事由，指受寄人不能继续保管之事由，例如，受寄人调职远行，寄托人又行方不明，无从返还寄托物是。

②合法转寄托之效力

转寄托之法律关系，其情形恰似转租或复委任，寄托人与受寄人为一法律关系，受寄人与次受寄人，亦为另一独立之法律关系，而且均属寄托。其构成图式，略有如下：

---

18 参照"民法"第五九二条立法理由："寄托基于信任，故受寄人对于寄托物，应自己妥为保管，不得将其物转寄托于第三人，致违反寄托人信任之意思。但有时经寄托人之同意，或另有习惯，或有不得已之事由者，亦得使第三人代为保管，以示变通。"

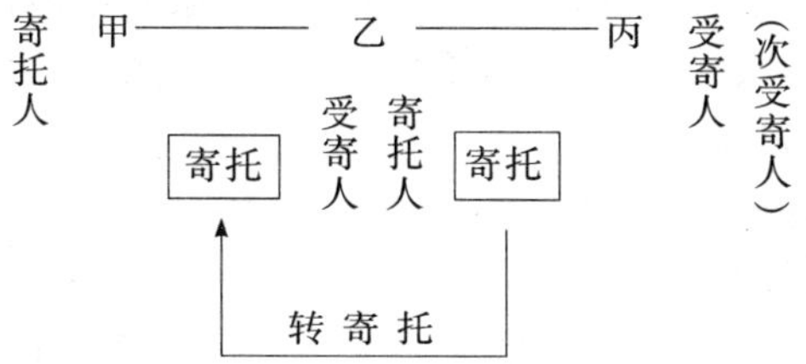

转寄托之于寄托，既为独立之法律关系，其彼此间之权利义务，各自独立，应无可议。是丙不得对甲请求支付报酬，乙丙间之寄托契约，对甲亦无生效可言。惟甲得否如委任人之对丙享有直接请求权，法无明文。本乎劳务契约之信赖关系，并斟酌寄托人利益之保护，解释上宜认为得类推适用“民法”第五三九条之保管履行直接请求权，而且，不问合法转寄托或违法转寄托，均得类推适用。

转寄托之（次）受寄人，相对于寄托人，系第三人，其因保管而致寄托物损害者，对原寄托人言，亦无债务（契约）不履行情事，原寄托人仅得依侵权行为请求损害赔偿，此固无疑义。惟受寄人就第三人对于寄托物所致损害，应否负其责任，法无明文，易启争论，“民法”爰于第五九三条第二项规定：“受寄人依前条之规定，使第三人代为保管者，仅就第三人之选任及其对于第三人所为之指示，负其责任。”盖以，合法转寄托，既经寄托人同意或有与同意相类之事由，如受寄人于选任确已注意，指示又属适当，自不宜苛待受寄人，令其就第三人所致损害亦负赔偿责任也。[19]

所谓就选任或指示负其责任者，指受寄人于次受寄人之选任有过失，或指示次受寄人为保管而有过失者，对次受寄人所致损害，应负责任而言。换言之，受寄人能证明其于选任或指示未有过失者，则第三人（次受寄人）纵因保管而致损害于寄托物，受寄人亦不负损害赔偿责任。至于选任或指示有无过失，不问其寄托为有偿或无偿，均应以是否怠于善良管理人注意为断。

受寄人依本条第二项应负赔偿责任者，次受寄人应依侵权行为负赔

19 参照“民法”第五九三条立法理由：“至受寄人使第三人保管寄托物，系已得寄托人之同意，或另有习惯，或有不得已之事由者，此时受寄人只须就第三人之选任，及对于第三人所为之指示，负其责任。设使选任确已注意，指示又极适当，纵第三人因保管而生有损害，受寄人即亦无须负损害赔偿之责任矣。”

偿责任，二者间对于寄托人言，为不真正连带债务，寄托人得选择行使；惟其终局责任者为次受寄人，受寄人对寄托人为赔偿后，对于次受寄人有让与求偿权（第二二八条）。

（2）违法转寄托

①违法转寄托之成立

寄托，原则上有专属性，受寄人须亲自保管义务；违反者，除上述合法转寄托事由外，均属成立违法转寄托。基此，则于转寄托，违法转寄托是为原则，上述之合法转寄托则属例外。

②违法转寄托之效力

受寄人亲自保管寄托物，为其忠诚保管内含之一，违反者，于寄托人利益之保护，颇具危险，民法爰课受寄人较重之责任，以维寄托人利益。其情形则有如使用寄托物，须负不可抗力责任，且有因果关系推定之适用。“民法”第五九三条第一项规定：“受寄人违反前条之规定，使第三人代为保管寄托物者，对于寄托物因此所受之损害，应负赔偿责任。但能证明纵不使第三人代为保管，仍不免发生损害者，不在此限。”即其依据。例如，受寄人甲将受寄之汽车，转交第三人乙保管，嗣因他人丙驾驶大卡车撞进乙家，并撞毁汽车，则甲仍应对寄托人负损害赔偿责任是。

受寄人因违法转寄托应负之不可抗力责任，其内容有如受寄人违法使用寄托物，兹不复赘。惟其于以下各点，仍有说明必要：

Ⅰ违法转寄托，虽不以受寄人过失为要件，亦不以次受寄人过失为要件。因此次受寄人为无过失而不负责任者，受寄人仍可能因本条项规定而负损害赔偿责任（前述事例，即是著例）纵损害由于自然灾变者亦然。例如，前例之汽车，系因地震震塌乙屋而毁及汽车，除甲能证明，纵不转交乙保管亦无从避免者外，甲仍应对寄托人负损害赔偿责任。

Ⅱ违法转寄托，其适用亦采狭义，以交付他人寄托为限，其受寄人违反（亲自）保管义务，而利用寄托物，以致交付他人者，例如，为之出租、出借或设质、乃至处分者，解释上应适用违法使用之规定，而非适用此之转寄托。

Ⅲ违法转寄托，系因次受寄人或其他第三人之可归责事由而致损害者，因后二者应负侵权行为损害赔偿责任，亦有不真正连带债务之适用；惟其情形有如前述合法转寄托之相类情形，兹不重复叙述。

Ⅳ受寄人因民法本条应负之损害赔偿责任（包括前述之合法转寄托人责任），亦有短期消灭时效之适用（第六〇五条）。

（四）遵守指示之义务

1. 保管方法

寄托物如何保管？原则上亦应尊重寄托人之意思，故“民法”第五九四条规定：“寄托物保管之方法经约定者，非有急迫之情事，并可推定寄托人若知有此情事，亦允许变更其约定方法时，受寄人不得变更之。”基此，则寄托物保管方法上之原则，约可分述如下：

（1）当事人有约定者

寄托物如何保管？当事人有具体约定者，本诸契约自由，自应依其约定为之，受寄人不得任意变更之。惟物之外在环境，有时或有剧变，如何变更，无由通知寄托人而听从指示，如墨守成规，于寄托人利益之保护，或有反为不利。是以，于特殊情形，民法亦如委任，赋予受寄人以紧急变更权，因其情形有如委任，故本段亦以不背指示称之。受寄人得为紧急变更保管方法者，须具下列要件。即

①须发生急迫情事

例如，受托保管蔬菜，适因天气异常炎热，而且冷藏系统因电力公司停电多时，无法使用，非即时出售，无法保其利益是。

②须足以推知受寄人亦允许变更。

③须不及通知寄托人并俟其指示。

以上③之要件，民法本条虽无明文，惟一般以为，本诸诚信原则，应作如是解释。[20] 盖以如能通知寄托人，或能俟其指示者，为维护寄托人利益，自应通知寄托人，并俟其指示也。

至于受寄人依本条规定而为变更者，其变更之保管方法，亦应尽相当之注意，而且不问其为有偿或无偿寄托，均宜解释为，受寄人应尽善良管理人之注意而为保管方法之变更。

（2）当事人未具体约定者

保管方法如何？当事人未具体约定者，解释上，受寄人应按寄托物之种类、性质、价值等客观情况，酌定适当保管方法。适当与否，于无偿寄托，应尽与处理自己事务（保管自己之物）为同一注意；于有偿寄托，则应尽善良管理人（保管人）之注意。遇有急迫情形，其如何因应，亦在适当保管方法之内含内应变之，不生急迫变更之问题。

2. 保管场所

20 参照郑著（下），第五三一条。

寄托物应于何处保管，民法本身并无明文，解释上亦应本乎契约自由，依当事人约定定之，当事人未约定者，由受寄人视寄托物之种类、性质及价值等情事，客观酌定之。此外，约定之保管场所，如有急迫情事而必须变更者，亦有民法第五九四条紧急变更权之适用。例如，约定寄托物置于受寄人仓库保管，嗣邻人失火，即将延烧及仓库，受寄人当可适用紧急变更权，移置妥当之他处保管是。

二、危险通知之义务

（一）危险通知义务之成立

此之危险云者，指寄托物罹于诉讼上危险者而言。盖以第三人就寄托物主张权利，进而对受寄人提起诉讼或为查封者，如受寄人即时通知寄托人，则寄托人得及时主张权利而免无谓受害也，故“民法”于第六〇一条之一第二项规定：“第三人（就寄托物主张权利，对于受寄人）提起诉讼或为扣押时，受寄人应即通知寄托人。”

依民法本条项规定，文字上虽无主张权利之字眼，惟此乃系并同同条第一项而为规定之省略。是以，一般以为，危险通知义务之成立，须符合如下二者。即：

1. 第三人就寄托物主张权利

所谓主张权利云者，一般以为系指所有权或其他物权而言，以其系就物而主张权利故也。惟不以第三人主张其为物之权利人者为限，如第三人为实现其对于受寄人之金钱债权，主张寄托物为受寄人所有而查封拍卖者，亦有适用。

2. 第三人对受寄人提起诉讼或查封寄托物

第三人就寄托物主张权利者，不一定对受寄人起诉或查封寄托物，果其尚未有此行为，受寄人尚无危险通知义务，在此点上与承租人之危险通知义务，尚有不同。[21] 此外第三人系对寄托人起诉或查封者，受寄人仍无危险通知义务。

本条项所称诉讼，应指广义，包括向法院声请调解，依督促程序声请发支付命令、乃至声请拍卖等。此外，其所称扣押，意指查封而言，本段爰斟酌其真意，直接以查封称之，俾符真意也。

21 承租人遇有第三人主张权利者，不同是否起诉或查封，均有通知出租人之义务（第四三七条第一项），其范围显然较广。

（二）通知义务违反之效果

受寄人所以负危险通知义务者，俾寄托人因其通知而及时主张救济也。例如，参加诉讼，或对查封声明异议或提起第三人异议之诉均是。受寄人怠于通知者，应就其未为通知所受损害负赔偿责任（类推适用第四三七条第二项）。

通知云者，性质上为事实通知，系准法律行为形态之一，类推适用意思表示之有关规定。至于通知方法如何？法无限制，则口头、书面均无不可。

三、寄托物返还义务

寄托，因寄托物返还而消灭；寄托关系消灭者，受寄人亦有返还寄托物之义务。此项义务，并不因第三人主张权利而受影响，故“民法”第六〇四条第一项规定：“第三人就寄托物主张权利者，除对于受寄人提起诉讼或为扣押外，受寄人仍有返还寄托物于寄托人之义务。”

有关受寄人之寄托物返还义务，其要点殆可归纳如下：

（一）返还之标的

返还之标的，原则上为原寄托之物，惟消费寄托、混藏寄托，得以同种类之物返还，是为例外。其寄托物而生有孳息者，受寄人应连同孳息返还之（第五九九条）。例如，牛生小犊，马生小驹，受寄人应连同小犊、小驹返还是。

原寄托之物不能返还者，如其系不可归责于受寄人之事由所致者，受寄人固无返还义务（第二二五条），如其系可归责于受寄人之事由所致者，受寄人应负损害赔偿责任（第二二六条、第五九一条、第五九三条），亦不生折算价额返还之问题。

（二）返还之时期（履行期）

寄托物之返还时期，因寄托是否定有期限而有不同。

1. 定期寄托

寄托定有期限者，是为定期寄托。因其重心在于寄托物之返还，故“法典”用语，特别突出“寄托物返还之期限，虽经约定”之字眼（第五九七条）。

定期寄托，受寄人固应于期限届满返还寄托物，盖以期限届满，寄托关系消灭，受寄人不得继续占有寄托物也。惟寄托系为寄托人之利益而设，其期限利益应归属于寄托人。是以，定期寄托，寄托人仍得随时请求返还寄托物（第五九七条）。[22]“民法”第三一六条前段禁止债权人期前请求清偿之规定，无其适用；同理，定期寄托之受寄人，非有不得已之事由，不得于期限届满前，返还寄托物（第五九八条第二项），“民法”第三一六条后段容许债务人得随时清偿之规定，于此亦无适用。[23]至于所谓不得已事由，指非可苛责受寄人而致之无法继续保管情事，例如罹患疾病、出使外国、入营服役、乃至营业结束等是。民法立法理由，兼及旅行，系采从宽认定，颇符人性，当值肯定。[24]

2. 未定期寄托

寄托未定有期限者，是为未定期寄托。未定期寄托，寄托物之返还，未定有期限，受寄人固得随时返还寄托物（第五九八条第一项），寄托人亦得随时请求返还寄托物。盖以寄托物之返还，纵使定有期限，其寄托人仍得随时请求返还（第五八七条），则未定有期限者之得随时请求返还，更无待多言矣！

（三）返还之场所（履行地）

“民法”第六〇〇条规定：“寄托物之返还，于该物应为保管之地行之。受寄人依第五百九十二条或依第五百九十四条之规定，将寄托物转置他处者，得于物之现在地返还之。”基此，足见寄托物之返还场所，原则为保管地，特殊情形，则于物之现在地返还之。前者，所以维护寄托人利益，后者，重在减轻受寄人责任。[25]惟解释民法本条规范性质，一般以为尚未强行规定（强制规定），如其当事人另有约定者，仍应从其约定。

1. 保管地

保管地者，应为保管之地也，此观之条文文字甚明。应保管之地为何？须视其标的物为不动产或动产而定，其为不动产者，当属物之所在地（当事人另有约定者，依其约定），其为动产者，则依当事人契约之订定，当事人未约定者，为受寄人住所地。是以，受寄人未将寄托物寄藏

22 参照“民法”第五九七条立法理由：“寄托为寄托人之利益而设，虽定有返还寄托物之时期，然寄托人无论何时，仍得请求受寄人返还其物，所以保护寄托人之利益也。”

23 参照“民法”第五九八条立法理由：“定有返还期限者，除另订有办法外，不得不以返还时期为寄托人应享之利益，故受寄人非有罹病旅行等不得已之事由，不得于期限届满前返还寄托物。”

24 同上注。

25 参照“民法”第六〇〇条立法理由：“受寄人依第五百九十二条之规定，经寄托人之同意或习惯或不得已之事由，而使第三人代为保管寄托物，或依第五百十四条之规定，因急迫情事而变更保管方法致将寄托物转置他处时，如必令其于原地返还，亦失于酷，故使受寄人得于物之现在地返还，以减轻其责任。”

于住所地者，仍应将寄托物取回，而后于住所地返还寄托人。是以，解释民法本条项，一般虽以为系属往取债务，而非赴偿债务，但与通称之往取债务，仍略有不同也。

2. 现在地

寄托存续期间，发生合法之转寄托（第五九二条），或受寄人采取急迫变更措施而改变保管场所者，为减轻受寄人负担，并免无谓劳费，民法爰规定得在物之现在地返还。现在地云者，返还当时物之实际所在地也。惟既称得于所在地返还，则于保管地返还，当亦无不可。至于究以何者为宜，应认为其选择权在于受寄人，因受寄人选择而确定，债之通则有关选择权之规定（第二〇三条～第二〇八条），于此有其适用。

第二项 受寄人之权利

受寄人之权利，主要有三。即费用偿还请求权、损害赔偿请求权及报酬请求权三者是。兹分述如下：

一、费用偿还请求权

寄托，系为寄托人利益而设，因保管所生费用，理应由寄托人负担，“民法”爰于第五九五条规定：“受寄人因保管寄托物而支出之必要费用，寄托人应偿还之，并付自支出时起之利息。但契约另有订定者，不必此限。”以明斯旨。

（一）费用偿还之范围

受寄人得请求偿还者，以保管寄托物所生，且为必要费用者为限。其非因保管寄托物之必要者，无本条之适用。所谓必要费用，如寄托物之税捐、保险费、清洁费、其为动物之饲养费、其为生鲜物品之冷藏费。此外，为保管寄托物而设置或购置之必要设备费均是。

必要费用，系为寄托人利益而支付，解释上似应认为，受寄人自支付时起请求偿还，并得请求自支付时起之法定利息，民法债编修正，为杜争议，予以明定，应具补充法律漏洞之意义。[26] 至其逐笔请求，抑为总

26 参照“民法”债编修正第五九五条修正理由：“必要费用之偿还应附加利息，方为公允，惟现行法尚无明文规定，爰参照第五百四十六条第一项后段规定，增列‘并付自支出时之利息’，以期明确。”

括请求，均无不可。

（二）偿还规定之规范性质

受寄人得请求偿还费用，惟亦得依约定减少，甚至抛弃之（同上条但书）。因之，从规范性质言，本条尚非强行规定。本条但书之适用，于有偿寄托，尤见实益。盖于有偿寄托，受寄人既受有报酬，多数情形，均默认费用负担于报酬之中也。特别在法定有偿寄托，应认为其报酬当然包括必要费用，不得为费用偿还之请求；例如证券集中保管法定手续费之规定即是。[27]

（三）相关问题

费用偿还规定之相关问题，主要有二。一为有益费用之偿还，二为权利存续之期间。

1. 有益费用之偿还

受寄人因保管寄托物而支出有益费用者，尚不得依民法本条请求偿还。惟为衡平双方权益，一般以为，于其现存利益之限度内，受寄人得依无因管理之规定请求返还（第一七六条、第一七七条）[28]，而且，须待寄托关系消灭，始得行使。

2. 权利存续期间

费用偿还请求权，亦有短期消灭时效之适用，自委托关系消灭时起一年间不行使而消灭（第六〇一条之二）。解释上，如上所述之有益费用偿还请求权，亦应认为有其适用。

二、损害赔偿请求权

受寄人之保管寄托物，系为寄托人之利益而存在，其因受寄而受有损害者，于合理情形下，予以适当之赔偿，为此，民法于第五九六条规定："受寄人因寄托物之性质或瑕疵所受之损害，寄托人应负赔偿责任。但寄托人于寄托时非因过失而不知寄托物有发生危险之性质或瑕疵或为受寄人所已知者，不在此限。"足见，受寄人因寄托而受有损害者，并非当然得请求赔偿，且其限制较受任人为严。兹其要点于下：

27 证券集中保管之报酬，主要项目有清算交割服务费、账簿划拨处理服务费、保管服务费、送存、领回、转账手续费等。主要适用依据为"台湾证券集中保管股份有限公司收费办法"。

28 参照郑著（下），第五三六页；史著，第五〇一页。

（一）损害赔偿之成立

受寄人因保管寄托物而受有损害者，其得请求赔偿者，尚须符合下列要件：

1. 因寄托物之性质或瑕疵而受有损害

寄托物之性质或具有潜在之损害危险性，如因而致生损害于受寄人，受寄人得就其所受损害，请求寄托人赔偿。例如，寄托物为爆裂物或具腐蚀性或放射性，因其爆炸腐蚀或放射而毁损受寄人物品或伤及受寄人是。

瑕疵者，与民法本章其他条文所称之瑕疵，同其意义，意指寄托物之品质、效用或价值有欠缺而言。惟效用、价值之瑕疵而致受寄人受有损害者，似不多见，是本条所称瑕疵，多数情形，乃指品质之瑕疵而言，似难否认。例如，受寄之鸡只有传染病，致传染受寄人鸡只、其他家畜，乃至使受寄人因而致病者即是。

受寄人受损害而得请求赔偿者，以上述原因所致者为限，其他事由所生者，例如，寄托物搬运、放置而受有损害者，即不在适用之列。

2. 受寄人善意，且于保管上并无过失

受寄人因寄托物之性质或瑕疵而受有损害，其得请求赔偿者，尚须以受寄人善意，且于保管上并无过失为要件。盖以受寄人如知悉寄托物有发生危险之性质或有易致损害之瑕疵，而仍愿受寄者，情形上有如自甘冒险，法律上已无特予保护之必要，故民法本条以但书排除损害赔偿之适用。惟受寄人只要不知性质或瑕疵存在即可，至其是否可得而知，亦即受寄人于性质或瑕疵事实之不知有无过失，则非所问（但可发生过失相抵之适用）。不过，受寄人知悉危险存在，而寄托人担保赔偿损害者，解释上仍应认为受寄人仍得请求赔偿。再者，损害之发生，须非出于受寄人保管上之过失所致。盖以寄托物纵有易生损害之性质或瑕疵，如受寄人妥为保管即不发生损害，则因受寄人保管上过失所致损害者，其损害之发生与物之性质或瑕疵，已无相当因果关系可言，自不得再责由寄托人负损害赔偿责任。因之，民法本条虽未如“民法”第五四六条之明定非可归责于受任人事由之字眼，但解释上仍应采同一立场，以非由于受寄人保管上过失所致之损害为要件。

此外，此之受寄人保管上之过失云者，只要其有轻过失者，即为已足，无庸问其为无偿或有偿。不过，受寄人之债务不履行，其过失之有无，标准不尽一致。因此，受寄人损害赔偿请求权之丧失与债务不履行之损害赔偿责任，或有不属一致之处，兹叙其不同如下：

寄托物性质、瑕疵致生损害

- 保管上无过失：有本条赔偿请求权；无债务不履行责任
- 保管上有抽象过失
  - 无偿寄托：无本条赔偿请求权；无债务不履行责任
  - 有偿寄托：无本条赔偿请求权；有债务不履行责任
- 保管上有具体过失
  - 无偿寄托、有偿寄托：无本条赔偿请求权；有债务不履行责任

3. 寄托人不知损害危险存在为善意并无过失

寄托物纵有损害危险，且为受寄人所不知，惟寄托人如非因过失而不知危险性质或瑕疵存在者，寄托人仍无庸负赔偿责任。换言之，受寄人之取得损害赔偿请求权，除符上述二项要件外，尚须寄托人知悉危险存在或因过失而不知危险存在始可。

寄托人知悉危险而告知受寄人者，则其危险已为受寄人所知，除寄托人担保负赔偿责任外，受寄人无本条损害赔偿请求权可言；换言之，系以寄托人知悉危险而未告知受寄人者，始负赔偿责任，其情形已属恶意而不告知，是以，一般以为，就寄托人言，本条之责任基础，系属过失责任；不过，寄托人对于非因过失而不知，负举证责任，性质上近于过失推定或中间责任而已。[29]

（二）损害赔偿之效力

寄托人因本条规定而负赔偿责任者，其方法及范围如何？民法本节并无明文，解释上应适用债之通则有关规定（第二一三条～第二一八条）。

寄托人因本条规定而负之损害赔偿责任，其规范基础究为侵权行为？抑为债务（契约）不履行？理论上或不无疑义，一般认系契约义务违反，性质上当属债务不履行；惟其情节，如符合侵权行为要件者，仍无解于侵权行为之成立。如寄托人明知寄托物极易破裂致生损害于人，竟不告知受寄人而隐匿于包装之内，于放置途中破裂，伤及受寄人，则受寄人得依侵权行为请求非财产损害赔偿即是。

受寄人因本条所生之损害赔偿请求权，亦有短期消灭时效之适用，自寄托关系终止时起，一年间不行使而消灭（第六〇一条之二）。但受寄人依侵权行为而请求损害赔偿者，解释上应适用“民法”第一九七条第一项，当不受本条规定之限制。

---

29 参照郑著（下），第五三七页；史著，第五〇二页。

三、报酬请求权

（一）报酬请求权之成立

寄托以无偿为原则，除当事人另有约定，或依其情形，非受报酬即不为保管者外，受寄人不得请求报酬（第五八九条第二项）。[30]

足见，受寄人并非均有报酬请求权，甚至可说，依民法原来构想，无宁以受寄人不得请求报酬为优先考虑，只是现代社会生活变迁，工商各业发达，寄托而未约定报酬者，甚为少见，致民法立法原意与现实社会需求，颇有差距。本段以下，爰以有偿寄托为依据而为说明。

寄托因约定而支付报酬者，依当事人约定，此固无问题，报酬之种类为何，亦依当事人约定定之，惟通常为金钱报酬而已。至于依情形而应支付报酬者，宜依一般交易习惯而定，例如，银行之保管有价证券、车站之寄存脚踏车、机车等是。此外，因法律规定而收受报酬者，亦属有偿寄托，如提存所收取之提存物保管费，集中保管公司之收取保管手续费均是。

（二）报酬之数额

报酬之数额如何？本乎契约自由原则，原则上，依当事人约定定之。当事人未具体约定，或因情形而定者，依价目表定之，无价目表者，依交易习惯而为给付。后二者，于寄托虽无明文，惟其无宁为劳务契约之通例（第四八三条、第四九一条、第五二三条第一项、第五六〇条、第五六六条）自得类推适用（法律类推）之。此外，因法律规定而收取报酬者，其报酬数额一般亦由法律订定，受寄人自须遵守法律相关规定收取之。

寄托，有时半途终了，于此情形，受寄人得否请求报酬，解释上不能无疑义。民法本节为杜争议，爰于第六〇一条第二项规定："寄托物之保管，因非可归责于受寄人之事由，而终止者，除契约另有订定外，受寄人得就其已为保管之部分，请求报酬[31]。"基此规定，则其适用标准，当有如下：

30　参照"民法"第五八九条立法理由："寄托应有报酬与否，自来学说聚讼，各国立法例亦不一致。本法则以无报酬为原则，若受寄人依照特订之契约，或依当时之情形，有非受报酬即不为之保管者，亦得请求报酬。"

31　参照"民法"第六〇一条立法理由："至寄托物之保管因特种事由而中途终止寄托契约，若其终止之原因非可归责于受寄人者，除契约另有订定，受寄人亦得就其已为保管之部分，请求报酬。本条设此规定，所以杜无益之争论也。"

1. 民法本条项所称终止系采广义，其意义殆等于终了消灭，故本段叙述上以终了称之，以示其非限于终止契约所生者，始有适用。

2. 寄托终了，系因可归责于受寄人之事由所致者，受寄人不得请求报酬，其业已受领报酬者，寄托人得依不当得利请求返还。例如，受寄人未经同意使用寄托物，寄托人因而终止寄托者是。

3. 寄托终了，系因非可归责于受寄人之事由所致者，受寄人得就已为保管之部分，请求报酬，其已受领全部者，仅就未保管部分，负不当得利之返还责任。例如，约定保管期限六月，三月届满，寄托人突然取回寄托物即是。

4. 本条项规定，规范性质上非为强行规定，如当事人另有约定或法律另有规定者，依其约定或规定。前者如当事人约定，因可归责于受寄人之事由而终了时，受寄人仍得请求部分报酬，乃至约定非可归责于受寄人之事由，以致终了者，受寄人仍得请求全部报酬是。后者，如提存物保管费、集中保管手续费，不因中途终止保管而退回是。

（三）报酬之给付期

有偿寄托而生之报酬请求权，亦如一般劳务契约，原则采取后付主义，故民法于第六〇一条第一项规定："寄托约定报酬者，应于寄托关系终止时给付之，分期定报酬者，应于每期届满时给付之。"

基此规定，其尚待说明之法律上问题，殆有如下：

1. 报酬后付主义之规范性质

民法本条项规定，亦如劳务契约之其他之规定，规范性质上为任意规定（非强行规定），故当事人如另有约定或法律另有规定者，优先适用其约定或规定。至于本条项所称终止，其意义当指终了而言，业已如上所述，兹不重复。

2. 报酬请求权与同时履行抗辩

报酬既采后付主义，受寄人当有先行履行保管（先为给付）之义务，自不得以寄托人未支付报酬主张同时履行抗辩权而拒绝保管。至于寄托物之返还与报酬给付间，得否主张同时履行抗辩，学理上或有争议，惟多数学说持肯定见解[32]，似较可采。如是，则受寄人得以寄托人未支付报酬而拒绝返还寄托物。

3. 权利存续期间

32 参照郑著（下），第五三七页。

受寄人之报酬请求权，亦有短期消灭时效之适用，自寄托关系终止时起一年间不行使而消灭（第六〇一条之二）。

第三节 寄托之消灭

一、寄托消灭之特殊事由

寄托之特殊消灭原因，主要有如下三者：

（一）寄托物之返还

寄托，以保管寄托物为内含，寄托物返还于寄托人者，契约目的如非完成，亦将无从实现，是以寄托物返还者，寄托关系随之消灭。此之消灭，固得以广义之终止概念说明之，惟学理上或称以返还寄托物为终止寄托之意思表示，使寄托之终止，具有要物行为之性质。[33] 是否尽当，或值探讨。

（二）寄托之终止

寄托为继续性劳务契约，具有人格信赖关系，解释上寄托人得类推适用第五四九条第一项规定终止寄托，受寄人则得于不妨害寄托人期限利益之限度内（第五九八条第二项）终止寄托。

学理上或以为，寄托无终止之问题，以其须经返还寄托物，寄托始告消灭，尚不因终止之意思表示而消灭。[34] 惟此见解，于寄托人利益之保护，恐有未周。例如定期寄托如不因届期而消灭，而须待寄托物返还，或受寄人违反不得使用义务或亲自处理义务，亦不因寄托人终止而消灭，须待寄托物返还，不仅寄托人利益不保，而且似有鼓励不法之嫌。解释上宜认为，终止与寄托物返还，均得为寄托消灭之事由，其立场始较平允。况者，民法本节本有终止字眼（第六〇一条、第六〇一条之二），于此反而认为寄托不因终止而消灭，恐亦不符立法本意。

（三）寄托物之受让

寄托物所有权，由受寄人受让者，无论其为概括继受（如继承），或

33 参照郑著（下），第五三八页；史著，第五〇四页。
34 同上注。

特定承受（如因买卖、互易、赠与而受让所有权），受寄人既已取得物之所有权，原则上寄托关系为之消灭。惟寄托人本非所有权人，但对于寄托物享有定限物权或其他占有权源者，则尚不消灭，是为例外。例如，地上权人或承租人，委交受寄人保管，纵受寄人其后取得所有权，寄托关系则例外而不消灭。

二、寄托消灭之特殊效力

寄托，因寄托物返还或寄托物承受而消灭者，固已无请求返还寄托物之问题，但因其他事由而消灭，且其寄托物尚在受寄人占有或第三人占有（如合法之转寄托）中者，则寄托人仍有寄托物返还请求之问题。

寄托，于寄托人与受寄人间，仅生移转占有之问题，寄托人于寄托物之权利，并未移转，是以，寄托消灭者，寄托人除契约上之寄托物返还请求权外，尚得基于物上请求权请求返还。[35] 惟此与租赁、借贷、乃至委任等消灭而生之权利并存情形，并无不同，爰不重复叙述。

因寄托而生之报酬请求权、费用请求权，乃至损害赔偿请求权，因民法本节规定其消灭时效自寄托终了起算，一年间不行使而消灭（第六〇一条之二），俾权利状态，尽早确定。[36] 此之规定与寄托消灭之效力有所涉及。有关于此，其可得而言者，尚有如下：

1. “民法”第六〇一条之二所称终止，解释上宜采广义，亦即意指寄托消灭而言，非仅限于终止，如称之终了，或较允当。

2. 报酬请求权等，依其原定权利行使状态而行使，非谓因本条规定而延至寄托消灭始可行使。换言之，消灭时效自寄托消灭起算，系为其权利人利益而设，但其权利之行使尚不随之延长。如是，则权利行使与消灭时效起算，为之分离，与“民法”第一二八条规定，似有未尽相符，值资注意。

3. “民法”第六〇一条之二所称损害赔请求权，仅限于民法本节规定，亦即“民法”第五九一条第一项、第五九三条及第五九六条所生之

35 参照“最高法院”1964年台上字第一八一三号判决：“契约上之请求权，与物上请求权得以并存，即寄托人基于契约固得请求受寄人返还寄托物或赔偿因不能返还所生损害，同时寄托物之原所有人，亦得基于所有权请求受寄人返还所有物或赔偿损害。”

36 参照“民法”第六〇五条立法理由：“为保护受寄人之利益计，应使受寄人对于寄托人有报酬请求权，费用偿还请求权及损害赔偿请求权。然此种权利，亦不宜永久存在，故规定自寄托关系终止时起，一年间不行使而消灭，盖使权利状态得以从速确定也。”

损害赔偿请求权。不仅寄托物返还请求权、基于侵权行为之损害赔偿请求权无其适用[37]，即一般之债务不履行损害赔偿请求权，亦无适用。[38] 换言之，除上述条项之损害赔偿外，仍应适用债之通则或民法总则所定之消灭时效期间。

第四节 特殊寄托

特殊寄托，主要有五：即消费寄托、法定寄托、提存、仓库及混藏寄托五者是。惟此间之提存，规定于债之通则，一般债总文献已有叙明，至于仓库，法典体例列为独立契约类型而另行规定，拟于次章独立说明，本节爰仅以消费寄托、法定寄托及混藏寄托为范围，合先说明。

一、消费寄托

消费寄托之于一般寄托，犹如消费借贷之于使用借贷。亦即寄托物为代替物，且寄托物所有权移转于受寄人者，受寄人与寄托人间系成立消费寄托，而非为一般寄托。兹述其特点如下：

（一）消费寄托之意义

1. 消费寄托之定义说明

消费寄托者，寄托之标的物为代替物，而其当事人约定或因其他情事，寄托物之所有权移转于受寄人，并由受寄人以种类、品质、数量相同之物返还之特殊寄托（第六〇二条）。文献上或因其特殊性质，另称之不规则寄托。基此，则消费寄托意义上之要点，约可分述如下：

（1）消费寄托系以代替物为寄托之标的物

消费寄托，寄托物之所有权移转于受寄人，并由受寄人返还同种类

37 参照“最高法院”1950年台上字第一一二四号判决：“‘民法’第六百零五条所谓损害赔偿请求权，系指受寄人受有损害，对寄托人请求赔偿者而言，与寄托人对于受寄人之寄托物返还请求权不相牵涉。”

38 参照“最高法院”1964年台上字第一八一三号判决：“‘民法’第六〇五条所谓损害赔偿请求权，系指同法第五百九十一条第二项、第五百九十三条及第五百九十六条规定之损害赔偿请求权而言，与寄托人对于受寄托人之寄托物返还请求权或除上开‘民法’第五百九十一条第二项及第五百九十三条规定外之损害赔偿请求权，不相牵涉。”

代替物，如非属代替物者，无以行之，故消费寄托之标的物，限于代替物，非代替物仅得成为一般寄托之标的物，尚与消费寄托无关。

（2）消费寄托须移转寄托物之所有权于受寄人

消费寄托，虽以代替物为寄托之标的物，但代替物而为寄托之标的物者，并不当然成立消费寄托。例如，某甲将自己所有金钱封存而交寄于乙，约定乙须按原状（原物）返还者，甲乙间成立者仍为一般寄托，而非消费寄托。申言之，消费寄托，除其标的物为代替物外，尚须寄托物之所有权移转于受寄人，始克成立。而且，所有权之移转，始为消费寄托成立与否之重心。

寄托物所有权之移转，原则上须经当事人约定，故“民法”第六〇二条特别突出约定之字眼，悬为成立要件之依据。惟就制度运用之全面言之，则其成立，似可认为不以约定为限。盖以金钱寄托，民法明文规定为推定成立消费寄托（第六〇三条）也。

（3）消费寄托之受寄人，以种类、品质、数量相同之物返还消费寄托之标的物所有权既已移转于受寄人，不仅寄托人丧失其所有权及物上请求权，受寄人更得本于所有权人之地位处分寄托物。是以，受寄人无庸返还原物，而仅以种类、品种、数量相同之物返还即可。其虽已移转所有权，但当事人约定仍须返还原物者，则可能成立信托契约而非消费寄托关系。

消费寄托之标的物所有权既经移转，则寄托人于（消费）寄托成立，同时丧失物上请求权，其与受寄人间，仅存有债权性质之寄托物返还请求权。此项请求权，仅居于债权人之地位，有债权平等性之适用，于寄托人利益之保护，较一般寄托为弱。而且，因其返还标的物为代替物，是债之通则有关种类之债之规定（第二〇〇条），于消费寄托亦有适用。

（4）消费寄托须以寄托为目的

当事一方交付代替物于他方，并约定移转所有权者，交易型态上，并不以消费寄托为限，甚至可说，非以消费寄托为大宗。如何而区别其契约归属，应以当事人经济上目的为断；换言之，当事人之交易上目的，在于寄托，亦即着眼于寄托人利益者，始成立消费寄托；否则，尚无消费寄托可言。

日常交易上最常见之消费寄托，当属存款于银行之行为，以其以保管为目的，着重寄托人利益，并由银行以同数量金额或同种类数量货币返还，实务于此，不仅著有解释[39]，且于活期存款契约，另行著有判例。[40]不过，银行甲种存户，签发支票委托银行付款者，实务以为，系委任契约而非寄托契约[41]，学理见解，认为系消费寄托与委任之混合契约[42]或较允妥。

2. 消费寄托与一般寄托之比较

消费寄托，固亦属寄托契约，惟其与一般寄托间存有重大不同。兹比较其异同如下表：

		一般寄托	消费寄托
同		1. 均为寄托契约，以物之保管为契约之目的 2. 法律上性质，均为要物契约	
异	1.	一般为特定物	限于代替物
	2.	不移转所有权	移转所有权于受寄人
	3.	返还原物，原物不能返还者为给付不能	返还种类物，原则上无给付不能
	4.	寄托物之利益及危险由寄托人负担	寄托物之利益及危险由受寄人负担
	5.	寄托人有债权返还请求权，亦有物权返还请求权	寄托人仅有债权返还请求权
	6.	受寄人破产时，寄托人有取回权	受寄人破产时，寄托人无取回权
	7.	受寄人有保管相关各种义务	受寄人无保管相关各种义务
	8.	与消费借贷无关	适用消费借贷之规定

39 参照司法院1945年院解字第二八八五号解释："存金钱于银行，约定金钱之所有权移转于银行，并由银行以种类品质数量相同之金钱返还者，当事人订约之目的不在金钱之使用，而在金钱价格之保管，诚为寄托之一种，而非消费借贷。"（同旨司法院1945年院解字第三〇一八号解释。）

40 参照"最高法院"1968年台上字第二九六五号判例："金融机关与客户间之乙种活期存款契约，具有消费寄托之性质，客户得随时请求返还寄托物。"

41 参照"最高法院"1980年台上字第二一一号判决："查支票账户设立人与银行订立支票存款往来约定书，开立支票存款（甲种活期存款）账户，将款存入，约定由账户设立人签发支票，委托银行于见票时无条件付款与受款人或执票人，核其性质为委托付款，应属委任契约，参照'票据法'第四条，第一百二十五条第一项第五款，第一百三十五条有关支票委托付款之规定，甚为显然。此与金融机关与各户间之乙种活期存款契约，具有消费寄托之性质，客户得随时请求返还寄托物之情形有间。"（同旨1980年台上字第二六五八号判决。）

42 参照"最高法院"1984年第十次民庭会议决议："甲种活期存款与金融机关之关系，为消费寄托与委任之混合契约。"

（二）消费寄托之成立

1. 一般之消费寄托

寄托为要物契约，须经交付标的物于受寄人，始告成立。惟严格言之，消费寄托之成立，尚因其标的物是否为金钱而有如下之不同：

（1）标的物为金钱以外之代替物：除交付外，尚须约定移转所有权及以同种类代替物返还。

（2）标的物为金钱者，通称金钱寄托，因交付而推定为消费寄托。[43]

2. 选择之消费寄托

寄托之标的物为代替物，当事人一方面约定不移转所有权，但同时约定，得因寄托人允许或因一定事实发生而移转所有权者，是为选择的消费寄托。此类寄托，性质上仍属一般寄托，但于移转所有权后，则变为消费寄托。

选择的消费寄托，台湾民法虽无明文，惟比较法上有之。[44] 因其约定，尚无违反强行规定（第七一条）或公序良俗（第七二条）可言，本乎契约自由原则，自应认其有效，因其时段变化，分别适用一般寄托及消费寄托之规定。惟其约定事由未发生者，则当事人间仅成立一般寄托，当仅适用一般寄托之规定者。

（三）消费寄托之效力

1. 规范依据

消费寄托之效力，除金钱寄托略有提及（第六〇三条）外，民法本身并未直接规定。此盖消费寄托之效力内容，得与消费借贷通用，民法本采立法经济方式，规定其适用消费借贷（第六〇二条），此外别无消费寄托之具体规定；惟消费寄托，仍属寄托而非借贷，是否完全可以适用后者，理论上或不无疑虑，“民法”债编修正因其与消费借贷之性质尚有不同，爰将“适用”云者修正为“准用”[45]，并举日本、韩国民法以为佐

43 现行“民法”尚无直接使用推定为消费寄托之字眼，“民法”债编修正草案初稿，揣其本意，直接明定推定消费寄托，当更明晰。至其文字及理由，略有如下：“民法债编修正草案”初稿第六〇三条（条文）“寄托物为金钱时，推定为消费寄托。”（修正理由）“原条文第一项即为消费寄托之内容，关于消费寄托之意义，第六百零二条第一项已有规定，为期简明，爰将第一项修正为“推定其为消费寄托”（第二项删除、第三项移列）。

44 参照德国民法第七〇〇条第一项第二段：“寄托人准许受寄人消费所寄托之代替物者，自受寄人领有其物之时起，适用关于消费借贷之规定。”

45 参照“民法”第六〇二条第一项修正理由：“寄托物为代替代时，如约定寄托物之所有权移转于受寄人，并由受寄人以种类、品质、数量相同之物返还者，为消费寄托。自受寄人受领该物时起，准用关于消费借贷之规定。”

证，足认“立法政策”考量尚称慎重。[46]

消费寄托虽适用消费借贷之规定，惟此仅于效力层面而有意义，其本为寄托之性质，并不因此而有改变。换言之，“民法”第六〇二条规定，仅系效力之适用，至于成立要件、乃至相关法律性质，尚不因同条规定而受任何影响。

2. 效力内容

消费寄托，其标的物为金钱者，民法本节，另有规定。分别其是否为金钱寄托而为观察，不失为可行方法。如是，所谓消费寄托尚可分为一般消费寄托及金钱寄托二大类型说明。前者系指金钱以外之消费寄托；后者则为金钱之消费寄托。

(1) 一般消费寄托

一般消费寄托之效力，可分就受寄人义务及寄托人义务说明。

①受寄人之义务

受寄人义务，主要有二。一为标的物返还义务；另一为利息支付义务。

Ⅰ标的物返还义务

就标的物返还义务言，受寄人仅需以同种类、同品质、同数量之物返还，无庸返还原给付之标的物；如该种类物为返还不能者，按返还时返还地之价格，折算金钱给付之（第四七九条）。

就返还时期而言，因其是否定有期限而有不同。即：

（Ⅰ）定期寄托

消费寄托定有期限者，受寄人应于约定期限返还寄托物（第四七八条前段），非有不得已事由，不得于期限届满前返还寄托物（第五九八条第二项一适用寄托）。寄托人非有不得已事由，亦不得于期限届满前请求返还寄托物[47]，但商业上如另有习惯者，从其习惯，尚不适用不

46 参照“民法”债编修正第六〇二条修正理由：“本条前段系消费寄托之定义规定，而学说及实务上亦称本条情形为消费寄托，为明确计，爰予明示。又消费寄托与消费借贷虽相类似，但性质上仍有差异，例如消费寄托系以保管为目的，而消费借贷则以消费为目的。消费寄托虽兼为受寄人之利益，惟主要系为寄托人之利益，消费借贷则为借用人之利益而订定。故现行规定‘适用于消费借贷之规定’似尚有不妥，爰仿日本民法第六百六十六条、韩国民法第七百零二条之立法例，将‘适用’修正为‘准用’，并移列为第一项。”

47 “民法”债编修正第六〇三条修正理由：“第二项，以便全面适用于消费寄托，而非仅限于金钱寄托，其见解或更允当。至其文字，并略作调整为如下：第六〇二条第二项‘消费寄托，如寄托物之返还，定有期限者，寄托人非有不得已之事由，不得于期限届满前请求返还’。”

得于期限届满前请求返还之规定（第六〇二条第二项、第三项）。民法本条所以将原属金钱寄托之规定移列本条，以其于消费寄托均有适用之故。[48]

（Ⅱ）未定期寄托

消费寄托未定有期限者，受寄人得随时返还（第四七八条中段）；受寄人得定一个月以上相当期限催告返还（第四七八条后段）。换言之，未定期寄托之返还义务期限系适用消费借贷规定，而不适用寄托之相当规定。

Ⅱ利息支付义务

消费寄托原为无偿，但约定由受寄人支付利息者，受寄人有依约定支付利息之义务，其情形恰如附负担之消费借贷（第四七七条）。债之通则有关利息之规定（第二〇三条～第二〇七条），自有适用。

②寄托人有义务

寄托人之义务，主要有二。一为支付费用及损害赔偿责任；二为瑕疵担保责任。

Ⅰ费用支付与损害赔偿

消费寄托，性质上仍属寄托，当事人约定，受寄人得请求因保管而支出之必要费用，乃至支付报酬者（第五九三条、第六〇一条），似应认为有效，惟其事例颇为少见而已。此外，受寄人善意而因寄托物之性质或瑕疵受有损害，且其寄托人恶意或有过失而未告知瑕疵者，受寄人亦得请求损害赔偿（第五九六条）；此项请求权，亦有短期消灭时效之适用（第六〇一条之二）。

Ⅱ瑕疵担保责任

消费寄托，寄托人本无瑕疵担保责任可言，但约定受寄人支付利息，则寄托人就寄托物之瑕疵，有如消费借贷之贷与人，对受寄人应负与出卖人同一之瑕疵担保责任（第四七六条）。

（2）金钱寄托

金钱寄托，推定成立消费寄托，亦适用消费借贷、特别是金钱借贷（第四八〇条）之规定（第六〇三条）。论其要点，殆有如下数端：

48 同上条修正理由："现行条文第六百零三条第三项之规定，通说认为非仅适用于金钱寄托，对于一般消费寄托，均应有其适用，爰移列为本条第二项，且将其首句原文'前项情形'修正为'消费寄托'，末段之请求'偿还'修正为'返还'，俾与同项前段之用语相一致。"

①金钱寄托，推定为消费寄托，无待当事人约定（第六〇三条第一项），存款于银行，即是著例。惟其既称推定，理论上自得容许当事人以反证（通常为特约返还原物）推翻。如是，本段所称之金钱寄托，当指狭义，亦即成立消费寄托之金钱寄托。至其思考图式，殆如下表：

金钱寄托（广义）
- 特约反还原物→一般寄托（589-601）
- 未特约返还原物→（推定）消费寄托（602）→金钱寄托（603）（狭义）

②金钱寄托，其成立消费寄托者，受寄人无返还原物之义务，惟须返还同一数额，无宁为消费寄托意义所概括，民法债编修正爰予删除相关文字。[49] 于此情形，其寄托物之利益及危险，于该物交付时移转于受寄人，亦为解释所当然，“民法”债编修正，爰于本条删除相关文句，以期制度适用之一致[50]，金钱之债，本无给付不能之适用，无宁为法理所自明，于金钱寄托有其适用，自亦无例外可言，惟最高法院以其危险移转于受寄人，论定其与给付不能无关[51]，恐非周延，不无疑惑。既然，寄托物之所有权业已移转于受寄人，则寄托物为他人侵害者，解释上当系对于受寄人之侵害，由受寄人对第三人请求损害赔偿，至于寄托人对受寄人之寄托物返还请求权，则不受影响。[52]

49　参照“民法”债编修正第六〇三条修正理由：“现行条文第一项即为消费寄托之内容，关于消费寄托之意义，第六百零二条第一项已有规定，为期简明，爰将第一项修正为‘推定其为消费寄托’。”

50　同上条修正理由：“寄托物为金钱时，既推定为消费寄托，而消费寄托自受寄人受领该寄托之金钱时起，即准用关于消费借贷之规定，则该金钱之所有权已移转于受寄人，其利益与危险，当然移转于受寄人，毋待规定，原第二项爰予删略。”

51　参照最高法院 1940 年上字第二〇五号判例：“因不可归责于债务人之事由致给付不能者，免其给付义务，固为‘民法’第二百二十五条第一项所明定。惟寄托物为金钱，如依民法第六百零三条第二项之规定，其危险已移转于受寄人，即不生给付不能之问题，自无适用第二百二十五条第一项规定之余地。”

52　参照“最高法院”1966 年台上字第三〇一八号判例：“银行接受无偿存款，其与存户间，乃属金钱寄托关系，按寄托为金钱时，推定受寄人无返还原物之义务，仅须返还同一数额。又受寄人仅须返还同一数额者，寄托物之利益及危险，于该物交付时移转于受寄人，为‘民法’第六百零三条第一项及第二项所明定，本件存款倘确系被第三人所冒领，则受损害者乃上诉人银行，被上诉人对于银行仍非不得行使寄托物返还请求权，不能谓其权利已受侵害，而认银行及其职员应对被上诉人负损害赔偿责任。”

③定期金钱寄托，其寄托人非有不得已事由，不得于期限届满前请求返还（同上条第二项），非若一般寄托之仍得随时请求返还（第五九七条），亦不适用消费借贷之规定。至于受寄人，当亦有非有不得已事由而不得于期限届满前请求返还之适用，惟其依据规定不同而已（第五九八条第二项）。不定期金钱寄托，何时而得返还，民法本条未见另有明文，愚意以为，似应与未定期一般消费寄托作同一解释，兹不复赘。

④消费寄托而约定支付利息者，其利息之债，有债之通则相关规定（第二〇三条～第二〇七条）之适用，当无疑义。

（3）附带说明——金钱寄托与冒领

金钱寄托，通常表现为存款于银行或其他银钱业（以下仅以银行为例，惟其说明于其他银钱业亦有适用），当事人间，通常以存折证明债权之存在，并由寄托人凭以行使权利，如有冒领，究应如何适用法律，实务曾多次表达见解，而且引起广泛注意。爰另段附带说明，以期有助问题解决。

①当事人无特约者

金钱寄托之存款为人所冒领者，第三人系侵害受寄人（银行）财产，由银行向第三人（依侵权行为）请求损害赔偿，不得对寄托人（存户）主张已生清偿之效力，最高法院于相当早期，即著有判例[53]；嗣后，又依决议，认为存款为非肉眼所能辨识之伪造印文所领取者，仍应由银行自负其责，但第三人为债权之准占有人，且银行为善意者，不在此限。[54]类此见解，复为较属晚近之判决所支持，实务立场前后贯彻之态度，可见

53 参照“最高法院”1968 年台上字第二九六五号判例：“上诉人系金融机关，就客户具领存款，究以何种方法判别印章之真伪，为其内部处理业务之问题，纵令金融机关之职员，以肉眼判别印章之真伪，并无过失，然存款为第三人伪刻印章所冒领，上诉人仅得对该冒领人为损害赔偿之请求，要不得以第三人冒领之事由，主张对于被上诉人已生清偿之效力。”

54 参照“最高法院”1979 年第六次民庭总会决议：“‘民法’第三百十条第二款之适用，须受领人为债权人之准占有人，并以债务人不知其非债权人为要件。某甲持银行存折及盖有伪刻之名章之取款条，以存户自居，向银行提取存款后，经科学机器鉴定结果，发现取款条所盖存户印文与所存印鉴不符，但其不符非肉眼所能辨识。似此情形，某甲所持之银行存折虽属真正，但取款条上所盖印文即属伪造，依本院 1968 年台上字第二九六五号判例所示旨趣，某甲不能认为消费寄托关系中债权之准占有人，银行既设印鉴，即不容借口非肉眼所能分辨而主张不知其非债权人，谓有该款之适用。

一般。[55]

②当事人特约排除著

依上述实务所持见解，银行之责任颇重。为减免责任，银行于存款契约上，往往设有排除上述责任，亦即设有类如“银行已尽善良管理人之注意，不能辨识印文为伪造者，由存款人自负其责”之约定。由于轻过失责任，本非不可排除（第二二三条），是以，存款契约如有上述约定者，究应如何适用法律？解释上难免争议。

实务于此，先于甲种活期存款契约，认为此类约款，违背公共秩序而无效（存款契约本身仍属有效）。[56] 嗣并于乙种活期存款契约，作同一之解释。[57] 就维护交易安全及保障当事人双方利益之衡平，实务见解似深符定型化（定式）契约理论之原理，并应认为于各种存款契约均有适用，而非仅止于上述二种契约类型。再者，储蓄于银行，认其亦属消费行为，

55 参照“最高法院”1992年台上字第一八七五号判决：“银行接受定期存款（即银行法第八条之定期存款）者，其与存款户间系发生消费寄托关系。依‘民法’第六百零三条第一项规定，银行固负有返还同一数额之金钱存款户之义务，存款如为第三人凭真正之存单及印章所冒领，依其情形得认该第三人为债权之准占有人，且银行不知其非债权人者，依‘民法’第三百十条第二款规定，银行得对存款户主张有清偿之效力。存款户即不得请求银行返还同一数额之金钱，银行亦不负侵权行为或债务不履行之损害赔偿责任。倘该第三人非债权之准占有人或银行明知该第三人非债权人，亦无‘民法’第三百十条第一款及第三款所定情事，则银行向第三人为清偿，对于存款人不生清偿效力。存款户自非不得行使寄托物返还请求权，请求银行履行债务，亦不发生侵权行为或债务不履行之问题。”

56 参照“最高法院”1984年第十次民庭会议决议：“甲种活期存款户与金融机关之关系，为消费寄托与委任之混合契约。第三人盗盖存款户金融机关留存印鉴之印章而伪造支票，向金融机关支领款项，除金融机关明知其为盗盖印章而仍予付款之情形外，其凭留存印鉴之印文而付款，与委任意旨并无违背，金融机关应不负损害赔偿责任。若第三人伪造存款户该项印章盖于支票持向金融机关支领款项，金融机关如已尽其善良管理人之注意义务，仍不能辨认盖于支票上之印章系伪造时，即不能认其处理委任事务有过失，金融机关亦不负损害赔偿责任。金融机关执事人员有未尽善良管理人之注意义务，应就个案认定。至金融机关如以定型化契约约定其不负善良管理人注意之义务，免除其抽象的轻过失责任，则应认此项特约违背公共秩序，而解为无效。”

57 参照“最高法院”1984年第十一次民庭会议决议：“乙种活期存款户与金融机关之间为消费寄托关系。第三人持真正存折并在取款条上盗盖存款户真正印章向金融机关提取存款，金融机关不知其系冒领而如数给付时，为善意的向债权之准占有人清偿，依‘民法’第三百十条第二款规定，对存款户有清偿之效力。至第三人持真正存折而盖用伪造之印章于取款条上提取存款，则不能认系债权之准占有人。纵令金融机关以定式契约与存款户订有特约，约明存款户事前承认，如金融机关已尽善良管理人之注意义务，以肉眼辨认，不能发现盖于取款条上之印章系属伪造而照数付款时，对存款户即发生清偿之效力，亦因此项定式契约之特约，有违公共秩序，应解为无效，不能认为合于同条第一款规定，谓金融机关向第三人清偿系经债权人即存款户之承认而生清偿之效力。”

当非不可接受。如是，则存款契约之上述约定于目前法律体制上，当可认为违反消费者保护法所揭橥之诚信及公平原则而无效[58]，无待乎援用实务见解，以为适用依据。

二、混藏寄托

混藏寄托者，多数寄托人以同种类同品质之代替物交付受寄人保管，其受寄人得混合保管，并以同数量之寄托物返还受寄人之特殊寄托也。因其特色为寄托物之混合保管，故亦称混合寄托。例如，居民将稻米托寄于同一米仓而未标明区别是。

混藏寄托，民法原无明文，惟学理上多肯定之[59]，特别法上亦有其例。“民法”债编修正，爰予增订，列于第六〇三条之一，至其文句则有如下：

“寄托物为替代物，如未约定其所有权移转于受寄人者，受寄人得经寄托人同意，就其所受寄托之物与其自己或他寄托人同一种类、品质之寄托物混合保管，各寄托人依其所寄托之数量与混合保管数量之比例，共有混合保管物。

受寄人依前项规定为混合保管者，得以同一种类、品质、数量之混合保管物返还于寄托人。”

混藏寄托，系返还同种类之寄托物，非原寄托物本身，故非代替物无从成立混藏寄托物。在此点上，混藏寄托固与消费寄托，颇为神似。惟消费寄托，寄托物所有权移转于受寄人，混藏寄托则否，亦即其寄托物所有权仍为寄托人所有。就此点言，混藏无宁近于一般寄托，原则上适用一般寄托之规定；至于消费寄托之规定，于混藏寄托当无适用。正因如此，民法本条特别凸显“寄托物为代替物”、“未约定其所有权移转于受寄人”等用语。爰依本法本条，并对应重要制度事实之证券集中保管规定，说明其要点于下：

1. 混藏寄托，得因当事人之约定而成立，得否混合保管须经寄托人同意，但法律规定须以书面方式为之甚或须交付混合保管者，不在此限。

58 参照“消费者保护法”第一二条第一项：“定型化契约中之条款违反诚信原则，对消费者显失公平者，无效。”

59 台湾文献，多将混藏寄托并于消费寄托说明（郑著（下），第五四四页；史著，第五〇九页）。惟其与消费寄托，俨然有别，故其体例为本书所不采。

证券集中保管，依其相关规定，应以书面契约为之即是（“有价证券集中保管账簿划拨作业办法”——以下简称“作业办法”第七条）。

2. 共有关系之发生

寄托物之所有权，既不因寄托而移转于受寄人，惟寄托物混合后，业已无法辨别其原寄托人为谁。为解决其彼此间之权利义务关系，爰创设共有关系之发生，解释其属于寄托人共有（分别共有），并依寄托物之数量与混合保管之数量，比例计算应有部分而共有寄托物（混合保管物）。证券集中保管亦然[60]，其共有关系之创设并有依立法正式肯定之趋势。[61]

3. 代替物之返还

寄托物既经混合，无从明确区分，法理上自无从强求受寄人返还原寄托物。由于寄托物须种类、品质相同，始克成立混藏寄托。是以返还关系上，仅剩数量之观念。亦即于混藏寄托，受寄人仅须返还同种类同数量之寄托物即为已足（第六〇三条之一第二项）。此从证券集中保管之相关规定[62]及修正[63]，亦可获得佐证。

4. 报酬请求权

混藏寄托，受寄人通常多以营业为之，其报酬请求权，原则上亦依当事人约定定之，但法律另有规定者，依其规定。例如，证券集中保管之收费标准，须报经证管会核定是（“证券集中保管事业管理规则”第一三条）。

三、法定寄托

（一）法定寄托之意义

1. 法定寄托之人定义说明

法定寄托者，当事人无寄托意思或其寄托意思有无不明，因其符合

60 参照“作业办法”第二〇条：“送存保管事业之有价证券，不分参加人或客户别混合保管之，……前项经混合保管之有价证券，由参加人或其客户，按送存之数量分别共有之。”

61 参照“证券交易法”第四三条第四项前段：“证券集中保管事业以混合保管方式之有价证券，由所有人按其送存之种类、数量分别共有之。”

62 参照“作业办法”第一项：“送存保管事业之有价证券，……并得以同种类、同数量之有价证券返还。”

63 参照“证券交易法”第四三条第四项后段：“领回时，并得以同种类、同数量之有价证券返还之。”

法律所定要件而成立之寄托关系。法定寄托之成立虽非以民法本节为限（例如，出卖人交付瑕疵物品，买受人依法代为保管者（第三五八条），吾人尝解释其为法定寄托（本书上册第九七页）是）。本段所述，则仅以民法本节规定者为限。

民法本节规定之法定寄托，其主要特色有三：一为主观适用范围限于特定之营业场所主人，亦即其义务人仅以法定之营业场所主人为限；次为责任标准提高为无过失（事变）责任；其三则为，其客观适用对象，限于客人携带之特定物品。文献上爰基此特色，另称之场所主人责任。换言之，客人携带之特定物品，虽未交付营业场所主人保管，惟法律拟制其间成立寄托关系，场所主人对此等物品之丧失毁损，纵无过失，亦应负损害赔偿责任。

综上所述，则民法本节所定法定寄托，其定义殆可归纳如下：

“特定营业场所主人，对于客人所携带之特定物品，与客人成立应负无过失损害赔偿责任之寄托也。”

2. 法定寄托之成立

法定寄托成立于营业场所主人与客人之间，而且仅因客人携带物品之事实而成立，无庸意思表示，更无待交付，其契约构成殆如下表：

营业场所主人————————客　人
(受寄人)　　　　特定物品　　　　(寄托人)
(无庸交付)

法定寄托，其受寄人限于特定营业场所主人，非属法定之特定营业场所主人，尚无法定寄托之适用。例如，百货商店主人，非在法定列举对象之列，如其客人携带商品有毁损灭失者，商店主人自不负无过失责任。换言之，如前往百货公司购货，顾客携带之物品，除交付公司保管而成立寄托，适用一般寄托之规定外，与法定寄托（场所主人责任）无关。此外，客人携带非属民法本节相关规定所列举物品者，则特定营业场所主人与客人间，仍无法定寄托之适用。例如，携带音响、电视进入餐厅用餐，餐厅主人不负无过失损害赔偿责任（纵经交付餐厅保管，其彼此间亦仅成立一般寄托，仍无法定寄托之适用）。

3. 法定寄托之类型

法定寄托，民法于特定营业场所，系采类型规定方式而分之为二。即：

法　定　寄　托 （特定营业场所主人责任）	住宿场所主人责任（606） 饮食沐浴场所主人责任（607）

（二）场所主人之责任范围

法定寄托之受寄人为营业场所主人，因其寄托意思未尽明显，本段爰以场所主人责任称之，意义上殆等于受寄人责任，并依类型区分而为说明。

1. 住宿场所主人责任

“民法”第六〇六条规定：“旅店或其他以供客人住宿为目的之场所主人，对于客人所携带物品之毁损、丧失，应负责任。其毁损、丧失，纵由第三人所致者，亦同。

前项毁损、丧失，如因不可抗力或因其物之性质或因客人自己或其伴侣、随从或来宾之故意或过失所致者，主人不负责任。”基此，则住宿场所主人责任之要点，殆可说明如下：

（1）权利义务主体

①受寄人

本责任类型之受寄人，为供客人住宿为目的之场所主人，为期适用之明确，民法特别以旅店例示之。此之旅店，亦采广义，不问其名为酒店、饭店、旅社、旅馆、客栈、宾馆，均无不可，其他住宿场所，如对外营业之会馆、公寓、招待所均属之。不过，购入房屋而隔间分租者，似宜从严解释，认为尚无本责任类型之适用。

场所主人，须为营业型态，此条文虽未直接明示，惟既称旅店者，谓其意指营业而言，当无疑义，至其营业组织为独资、合伙、公司乃至公司以外之法人，均无不可，即使是财团法人亦然。营业之是否，以事实之有无为断，不问其有无依法登记或纳税。

所谓场所主人，于独资商号，固指商号所有人，于合伙当指全体合伙人，于法人则指法人本身而言。换言之，法人之代表人，尚非此所称之场所主人。

②寄托人

法定寄托之寄托人为客人。通常，客人与场所主人间常订有住宿契约，惟场所主人责任之成立，与该住宿契约之效力无关。例如，回复常态之禁治产人投宿饭店，其住宿契约虽属无效（第十五条），但旅店主人对该客人，仍应负场所主人责任即是。

严格言之，是否为客人，仅须以有无投宿之目的为断，不一定非直接签订住宿契约不可。例如，夫妇二人投宿，仅以夫或妻之名义签订住宿契约，或如父子投宿，仅以父之名义签订住宿契约，其未签订者，仍为此之客人。不过，非以投宿为目的，或非为客人者，场所主人对之尚不负法定寄托责任。例如，因生意之便或其需要而进入住宿场所者，场所主人对之固不负法定寄托责任，即客人之来访亲友，继经客人留其住宿，亦无法定寄托之适用。

客人，与住宿之久暂无关，亦不以过夜为限。因之，为商洽事务，乃至为午睡，休憩而投宿片刻者，固有适用，即使男女因婚姻外性关系而辟室者，似亦不宜排除。不过，辟室赌博、吸毒或私藏军火毒品者，是否仍有适用，不无疑问。

旅店而兼营其他商业者，对于其住宿客人携带之物品，纵于其他商业营业场所毁损丧失，仍应负法定寄托责任。例如，甲投宿于A饭店，当晚，甲于A饭店二楼附设而外租之服饰店购取服饰后，遭无名之人抢夺而走，A饭店对甲仍应负损害赔偿责任即是。换言之，住宿为主要目的即为已足，非以惟一为必要。但住宿非为主要目的者，例如，浴堂、健身院，医院等虽亦有床褥，乃至辟有房间供人休憩，因其情形，有时虽有其他场所主人责任类型之适用，但不成立本责任类型。

客人云者，是否以自然人为限，学理多作肯定，以法人无从投宿故也。[64] 惟目前交易习惯，法人为其职员举办团体旅游，以法人名义住宿者，似以非常普遍，如谓其无适用，则其救济途径，恐趋迂回，解释上似以肯定为宜。

（2）责任原理

①责任标准

住宿场所主人，因民法本条规定而应负赔偿责任者，不以故意、过失为要件，但对于（狭义）不可抗力或因物之性质所致损害，无庸负责。是以，从责任标准之角度言，住宿场所主人应负事变责任，亦即对第三人行为所致之损害，应负赔偿责任，殆可肯定；实务亦持相同论点。[65]

64 参照郑著（下），第五四六页。

65 参照"最高法院"1964年台上字第一八一三号判决："债务不履行之损害赔偿责任，亦系以债务人有故意或过失之行为为原则，此观'民法'第二百二十条第一项之规定自明。同法第二百二十六条所谓因可归责于债务人之事由，虽不以故意过失为限，有时就事变固亦应负其责任，但就事变而言，必于法律有明文规定者，始能令其负责（如'民法'第六〇六条、第一七四条第一项等）。"

不过，从民法相关立法体例观之，事变责任类型之法律体例，通常于本文不使用故意过失，再于但书或他项规定不可抗力不在此限。相对于此，修正前民法本条却特别突显“纵由第三人所致者亦同”之文句，立法意旨或在避免争议，惟此顾虑不仅为多余，而且出现立法技术之不一致，“民法”债编修正删除此段文句，并就其文字调整如下，当较严密。[66]

“民法”债编修正第六〇六条

“旅店或其他供客人住宿为目的之场所主人，对于客人所携带物品之毁损、丧失，应负责任。但因不可抗力或因物之性质或因客人自己或其伴侣、随从或来宾之故意或过失所致者，不在此限。”

住宿场所主人，对于客人携带而未交付之物品，既应负无过失损害赔偿责任，则客人交付于住宿场所主人保管，亦即其成立一般寄托契约形态者，亦应作同一解释。换言之，住宿场所主人，对于客人携带之物品，不问有无成立一般寄托，均应依本条项负事变之无过失损害赔偿责任。

②责任事由

住宿场所主人，系就物品之丧失、毁损负赔偿责任。丧失者，相对于债之通则所称给付不能；毁损者，相对于债之通则所称不完全给付。基此对照观之，当可认为住宿场所主人责任，尚与给付迟延无关。盖以其间既无一般寄托关系，且其迟延于客人损失或较轻微，故未如运送人责任亦将迟延列入（第六三四条）。

物品之毁损、丧失，系因窃盗、强盗等而致者，有无适用，学理上固有不同见解[67]，解释上似应采折衷说，亦即于窃盗、抢夺，宜认为有其适用，于强盗则认为属于不可抗力范畴，住宿场所不负责任。

③与有过失之特例

客人所携带物品，因客人自己或其伴侣或来宾之故意或过失所致者，意义上殆等于债之通则之与有过失（第二一七条第一项）。按债权人与有过失者，适用过失相抵原则，债务人仅减免其责任而已（同上条第二

66　参照“民法”债编修正第六〇六条修正理由：“第三人之侵权行为，为普通事变，仍应由旅店主人负责，此乃当然解释，不待明文规定。又第六百零七条在相同情形下亦未做规定。为求一致，爰将第一项后段删除，并作文字调整，将现行第二项改列为但书规定，以期精简。”

67　肯定说，如郑著（下），第五四七页；史著，第五一二页；戴著（下），第一一五页。否定说，如蔡著（下），第二十一页。

项）。反之，客人之过失，依本条项规定，住宿场所主人不负责任。二者相互参照，解释民法本条项规定为过失相抵之特例，殆无疑义。不过，此之不负责任云者，系指场所主人为无过失者而言，特例云者，亦仅此部分而已；如场所主人有过失者，则解释上仍应认为，回归债之通则适用过失相抵，并无民法本条项不负责任之适用。

至于所谓不负责任者，一般认系免责条件，惟就与有过失在法制史上之表现，则认其为责任成立消极要件（最后抗辩机会），似较符实情。

（3）物品之范围

①类型区分

住宿场所主人，系对客人携带之物品负责，既称携带，则其限于动产，而不动产及无体财产不与焉，当无疑义。理论上，只要是客人携带之物品，无论其是否为生活、乃至住宿所必要，均所不问，动物亦无不可。因之，客人衣帽、行李、书籍、琴棋、图册，不问属于客人所有与否，固均在适用之列，即客人驾驶之车辆而停放旅店附设之停车场者，当亦无排除适用之理。不过，“民法”第六〇八条第一项规定：“客人之金钱、有价证券、珠宝或其他贵重物品，非经报明其物之性质及数量交付保管者，主人不负责任。”既然，贵重物品需经报明，并交付保管，主人始负责任，则其未成立一般寄托者，则场所主人不负无过失损害赔偿责任，当无疑义。

基上所述，足见从物品种类言，住宿场所主人责任，尚有如下之类型区分：

住宿场所主人
- 非贵重物品
  - 交付保管：一般寄托 ——事变责任（606 Ⅰ）——场所主人责任
  - 未交付保管：法定寄托 ——事变责任（606 Ⅰ）——场所主人责任
- 贵重物品
  - 报明而交付保管：一般寄托—事变责任（608 Ⅰ）——场所主人责任
  - 未交付保管：无寄托关系—侵权行为责任（184 Ⅰ前）

②相关问题

本条项所称贵重物品，性质上宜与金钱、证券、珠宝同其性质，亦即物体细小价值昂贵者，始足当之。如金银、艺品、古玩、字画均是。惟所谓昂贵，系相对于日常用品而言，非谓须达于奇珍异宝之程度。

本段项所称之主人不负责任，意指主人不负本节所述之事变责任，非谓任何情形，主人均不负其责。盖以客人携带之物，虽未交付，惟其既属他人权利客体，主人仍负有不得侵害之义务，苟该等主人因故意或过失，毁损或使客人未交付之物品丧失者，主人仍应依侵权行为负损害赔偿责任，不能谓因本条之规定而无庸负责。

贵重物品，保管不易，客人报明而主人不愿保管者，事所常见，为保护客人计，“民法”爰于第六〇八条第二项规定：“主人无正当理由拒绝为客人保管前项物品者，对于其毁损、丧失，应负责任。其物品因主人或其使用人之故意或过失，而致毁损、丧失者，亦同。”此就前者而言，使其回归事变责任，当有其积极意义[68]，惟就后者言，纵未规定，理论上亦应作同一解释，纯就立法技术而言，当以删除后段为妥。如是，则上述类型区分附表，当可增补如下，使其更具周延：

- 住宿场所主人
  - 非贵重物品
    - 交付保管：一般寄托
    - 未交付保管：法定寄托
    - ——事变责任（606 Ⅰ）——场所主人责任
  - 贵重物品
    - 报明而交付保管：一般寄托（608 Ⅰ）
    - 报明而拒绝保管：法定寄托（608 Ⅱ）
    - ——事变责任（608 Ⅰ）——场所主人责任
    - 未报明而交付保管：一般寄托—过失责任（590 后）
    - 未交付保管：无寄托关系—侵权行为责任（184 Ⅰ 前）

“民法”债编修正本条项后段，将修正前用语之雇用人修改为使用人，或不无可采之处[69]；惟于问题之正本清源，仍不无可议，盖以使用人之用语，本系源于日本，其意义殆等于台湾民法之雇用人，比较之下，如本段仍予规定，其用语仍以改称受雇人为妥。

2. 饮食沐浴场所主人责任

“民法”第六〇七条规定，为饮食沐浴场所主人责任之依据，其法条用语称曰：“饮食店、浴堂或其他相类场所之主人，对于客人所携带通常物品之毁损、丧失，负其责任。但有前条但书规定之情形时，不在此限。”

基上规定，足见饮食沐浴场所主人之规定与住宿场所主人责任，除适用物品范围之限制较多外殆无不同。[70] 因此，以下所述，于其相同之部

68 此时，第三人得以权利受侵害，基于侵权行为对住宿场所主人，依事变责任请求损害赔偿。

69 参照“民法”债编修正第六〇八条修正理由：“为客人保管前项物品者，对于其毁损丧失，应负责任。其物品因主人或其使用人之故意或过失而致毁损、丧失者，亦同。”

70 参照“民法”债编修正第六〇七条立法理由：“饮食店浴堂主人之责任，亦应与旅店或其他住宿场所主人之责任相同　所异者　仅限于客人所携带之通常物品始负损失之责任而已”

分尽量避免重复。

(1) 权利义务主体

民法本条所定责任类型，为寄托人之客人，其意义与住宿场所主人责任类型者同，此部分不予重赘叙述。

就受寄人言，本责任类型尚可分之为三。一为饮食店主人、次为浴堂主人，三为其他相类场所。兹分述于下：

称饮食店者，指饭馆、餐厅、酒楼、茶室、咖啡厅、茶艺馆等提供客人饮食之营业场所。而且饮食仅居其一即为已足，非必二者并具。

称浴堂者，指浴池、浴室、澡堂、三温暖等提供客人入浴之营业场所。

饮食店、浴堂之经营，虽不以专营为限，但仍须符合重要目的之要求，例如KTV而兼营餐饮者，固有饮食店之适用，但KTV仅供应饮料、点心，健身院供应茶水，尚非此所称之饮食店，乃至高尔夫球场提供冲洗更衣者，亦非此所称之浴堂。

称其他相类场所者，指饮食店、浴堂以外，提供客人为一时停留及利用之场所，理发店、健身房为其著例。民法本条所以为此增定，旨在因应时代变迁，符合社会实际需要。[71]虽然，民法本条修正理由，仅举理发店、健身房为例，惟解释上宜本乎社会生活实情，适度从宽解释，因此，诸如按摩院、护肤中心、K书中心，乃至如前述之游泳池，未兼营餐饮之KTV或高尔夫球场更衣室，均得认为其他相类场所而有本条责任类型之适用。但百货商场、量贩店或便利商店业，则无适用。

至于饮食店、浴堂或其他相类场所之营业形态及主体认定，殆如住宿场所所述，爰不复述。

(2) 责任原理

民法本条项所定责任类型之责任原理，无论于责任标准、责任事由、乃至与有过失之特例，均与住宿场所主人责任同，亦不重复。

不过，如场所主人所营事业而有重复者，如何确定其责任归属，有时或有疑义。例如，大饭店而兼营餐饮、浴堂者，所在多有。愚意以为，如其餐饮、浴堂之经营主体，与大饭店主体为同一人者，解释上似应适用住

71 参照"民法"债编修正第六〇七条修正理由："因时代变迁，目前社会除饮食店、浴堂外，尚有许多相类场所，提供客人为一时停留及利用，例如剧院、医院、理发店、健身房等。该等场所主人对于客人所携带通常物品之毁损、丧失，仍应负责，始为平允。原条文规定已难因应实际需要，爰增列'或其他相类场所'，以期周延并符实际。"

宿场所主人责任（第六〇六条）规定；反之，如其经营主体非为同一人者，宜视客人之使用目的而定，亦即其客人之目的，仅在于饮食、沐浴者，适用饮食、浴堂主人责任（第六〇七条规定），如其为大饭店住宿客人而至餐饮店、浴堂用餐或沐浴而发生损失者，则旅店及饮食店主人均应负责（性质上为不真正连带债务），俾保护客人利益，不过旅店主人赔偿后，得依让与请求权（第二二八条）之例，向饮食店或浴堂主人求偿。

（3）物品范围方面

贵重物品，须经报明并交付保管始有事变责任之适用，本责任类型，亦与住宿场所主人责任同（第六〇八条）。

在非贵重物品方面，饮食店、浴堂主人，仅就通常物品负事变责任，非若住宿场所主人责任广泛，此亦本责任类型与后者主要区别，乃至独立规定之主要依据。盖以进入饮食店或浴堂，通常仅作短暂停留，且非若住宿上兼及社会生活各个方面，吾人自不宜期待此等场所主人，作过重之危险承担也。通常与否，当以是否为日常生活所必要者为其范围。例如，进饮食店而携带名贵手提电脑，即属非通常物品，无本责任类型之适用。

（三）周边制度

依民法本节规定，场所主人责任之周边制度，主要有三。即责任减免之约定、权利之存续及丧失及主人之特殊留置权三者是。兹分述如下：

1. 责任减免之约定

特定场所主人不问客人携带物品有无交付保管，却应就事变负责，其所应负之责任甚重，为减免责任，场所主人或难免与客人为责任减免之约定或为其他相类行为。

通常，主人为减免责任之行为，其态样主要有二。一为与客人特约，另一为揭示减免。就前者言，民法本节并无特殊明文。解释上当依一般责任免除之相关原理定之，亦即认为其特约不能减免故意或重大过失责任（第二二二条），至于事变及轻过失责任，尚得因特约而减免[72]，惟其以定型化契约而为减免约定者，适用定型化契约规定（第二四五条之一、消费者保护法）等之适用。[73] 不过，学者或以为，宜类推适用“海商法”第一

72 参照郑著（下），第五五一页。

73 主要条文依据，参照“消费者保护法”第一二条第二项第三款：“定型化契约中之条款有下列情形之一者，推定其显失公平：……契约之主要权利义务，因受条款之限制，致契约之目的难以达成者。”

〇五条规定[74]，解释其为无效。[75]

至于依揭示方法减免责任者，“民法”第六〇九条规定，其揭示无效。换言之，亦即场所主人，虽于显著处所揭示减免责任文句，且客户知其减免责任之意思表示（揭示）者，仍不生效力，如客人携带物品受有损害者，场所主人仍应就事变负损害赔偿责任。

2. 权利之存续及丧失

场所主人责任，权利存续丧失方面之特殊事由有二。一为权利之丧失，二为短期消灭时效。兹分述如下：

（1）损害赔偿请求权之丧失

场所主人，须负事变责任，不仅其责任甚重，为衡平计，客人负即时通知义务，俾场所主人得尽早保全相关证据，寻求补偿之道，苟客人不为通知，而犹强令场所主人赔偿，殊属苛而不公，故“民法”第六一〇条规定：“客人知其物品毁损、丧失后，应即通知主人。怠于通知者，丧失其损害赔偿请求权。”盖以客人怠于通知，即拟制其抛弃索赔权利也[76]。

本条所称通知，性质上为有相对人之事实通知，属准法律行为类型之一，类推意思表示之规定。通知之方式如何，虽法无限制，但应以主人为相对人；通知虽仅以通知事实即为已足，但同时兼有请求损害赔偿之意思者，仍无不可，而且可以发生消灭时效中断之效力（第一二九条第一项第一款）。即时与否，宜以交易上是否相当为断。

客人怠于通知而丧失权利者，应以场所主人未有过失者为限，如场所主人于客人携带物品之丧失毁损有故意或过失者，解释上无民法本条之适用。[77] 而且，于客人交付保管之物品，亦不因怠于通知而消灭。

（2）短期消灭时效

场所主人责任，多因商业经营而生，其损害赔偿请求权之不宜久存，故民法本节设有短期消灭时效，于第六一一条规定：“依第六百零六条至

74 参照“海商法”第一〇五条：“运送契约，或载货证券记载条款、条件或约定，以免除运送人或船舶所有人，对于因过失或本章规定应履行之义务而不履行，致有货物毁损灭失之责任者，其条款、条件、约定，不生效力。”

75 参照陈著，第二七六页。

76 参照“民法”第六一〇条立法理由：“按客人之赔偿请求权，亦不宜使其长久存在，俾权利永不确定，故应使客人知其物品毁损丧失时，负通知主人之义务。如怠于通知，即视为抛弃其索偿之权利，应丧失其损害赔偿请求权，以保护主人之利益。”

77 参照郑著（下），第五五〇页；史著，第五一七页。

第六百零八条之规定，所生之损害赔偿请求权，自发现丧失或毁损之时起，六个月间不行使而消灭。自客人离去场所后，经过六个月者，亦同。”前者，适用于业已履行上述即时通知义务之情形；后者则适用于未发现物品丧失毁损之情形。至于本条所适用之物品范围，解释上应以未交付保管者为限；如其业已交付保管，有关消灭时效，应适用第六〇五条或其他消灭时效期间（第一二五条～第一二八条）之有关规定。

3. 主人之特殊留置权

场所主人责任，系就客人携带物品而存在，不问其属于客人与否；则为保护场所主人权利，其因而对客人携带物品之留置权，亦不宜以客人所有者为限。为此，民法于第六一二条第一项规定：“主人就住宿、饮食、沐浴或其他服务及垫款所生之债权，于未受清偿前，对于客人所携带之行李及其他物品，有留置权。”[78]

特殊留置权，既为留置权类型之一，理论上，除民法本条规定外，适用物权编留置权（第九二八条～第九三九条）之规定，固无疑义。惟民法租赁，于特殊留置权有相当详细规定（第四四五条～第四四八条），因其同为特殊之留置权类型，理论上当得类推适用之。[79]“民法”债编修正，增订“第四百四十五条与第四百四十八条之规定，于前项留置权准用之”之条项（第六一二条第二项），于避免适用疑义，当具意义。[80]

78 “民法”债编修正，因配合第六〇七条修正，于本条法律用语，亦有调整，制度上亦因之更见周延，相关修正理由，请参照“民法”第六一二条修正理由：“其他服务及垫款所生之债权，于未受清偿前，对于客人所携带之行李及其他物品，有留置权。”（称其他服务者，系为配合第六〇七条增订其他类似场所而来。）

79 参照史著，第五一八页。

80 参照“民法”第六一二条修正理由：“场所主人之留置权与出租人之留置权均不以“占有”为发生要件，在观念上与行使上两者较为接近，惟现行法上尚无准用之规定，适用上易滋疑义。为明确计，爰仿瑞士债务法第四百九十一条第二项，增订第二项，明定“第四百四十五条至第四百四十八条之规定，于前项留置权准用之。”

第十九章

仓 库

仓库为特殊寄托类型之一，惟其性质上为商事契约，民法爰以独立章节规范之。兹依本书一般体例，分为以下事项依次说明之。

仓库——仓库总说
　　　　仓库之效力
　　　　仓库关系之消灭

第一节 总 说

本节，拟分就仓库之意义，仓库之成立及性质二者，以为说明。

一、仓库之意义

何谓仓库，民法本节并未直接明文，惟“民法”第六一三条规定仓库营业人之定义，复于民法本节各条使用仓库营业人之字眼；此外，第六一四条又规定，仓库准用寄托之规定。寄托者，寄托契约之谓也。足见，民法本节所称仓库，亦指仓库契约而言，当可肯定。民法立法理由，认仓库为营业[1]，似有所偏，或值商榷。

1　参照民法仓库一节（以下简称民法本节）立法理由：“仓库者，谓受报酬为他人堆藏及保管物品之营业也，受报酬而为他人堆藏及保管物品者，谓之仓库营业人。”

仓库者，仓库营业人与寄托人间之契约；界定仓库之意义，自须先行了解何为仓库营业人。是以，本段先行就仓库营业人而为说明。

（一）仓库营业人之定义说明

仓库者，从生活用语之层面言，意指堆藏、保管物品之设备也，故“民法”第六一三条规定：“称仓库营业人者，谓以受报酬而为他人堆藏及保管物品为营业之人。”基此，则其意义，约可析述如下：

1. 仓库营业人为商人

仓库营业人既为营业之人，其称为营业者，与行纪、运送业所称营业，同指营利事业而言。营利事业，即为通称之商业，在此角度上，仓库营业当可简称仓库业，仓库营业人自属于商人，当无疑义。

仓库营业，通常固以专营为常态，但以兼营方式为之者，亦无不可。例如银行兼营保险箱者，于保险箱租用，仍可成立仓库（契约）。[2] 但冷冻库之出租，实务认为尚无仓库之适用。[3]

2. 仓库营业人以堆藏及保管物品为营业

仓库为堆藏及保管物品之设备，仓库营业人恃以为业，堆藏及保管乃成为经营仓库营业之要素，且须堆藏及保管二者兼具，仓库始克成立。其提供设备或场所以供储存者，因非此之仓库；其负责保管，但未提供设备或场所以供储存者，亦与仓库营业无关。其以之为营业者，亦非为仓库营业（前者，可能为租赁业，后者可能为受雇人）。

堆藏云者，必须堆置与存藏者，须有设备足以隔内外，蔽风雨，故仓库须有一定之设备。此之设备，虽不以土地上工作物为限，惟其通常系以土地上工作物供为堆藏，恐系事实。是以无任何设备，令以特定场所供作堆放物品，并为之保管者，纵以之为业，其间仍仅成立寄托契约，尚非此所称仓库营业，其经营者亦非仓库营业人。

物品而能供为堆藏者，当以动产为限，不动产自不与焉。是以，仓库（契约）虽为寄托之延伸（商事化），惟理论上，不动产亦得为寄托之标的物，寄托之成立范围，与仓库广狭有异，当系实情。

2 银行保险箱业务，通常固称出租，形式上亦以租赁名义成立契约。惟究其银行与客户间之关系言，银行对于保险箱之物品，仍负有保管义务，非单纯出租而已，愚意以为，解释此项契约关系，性质上当以归类于仓库为当。

3 参照“最高法院”1981年台上字第二七七二号判例：“被上诉人租与上诉人之冷冻库，既有固定之空间，设有门锁，由上诉人自行闭关，依面积坪数计收费用，物品之放入、取出，均上诉人自为，不经被上诉人手。此与一般仓库营业准用关于寄托之规定有间。从而上诉人主张之失窃情形纵属实在，亦难令上诉人负赔偿之责。”

3. 仓库营业人依仓库（契约）而收受报酬

仓库营业人，既以仓库营业维生，其依个别仓库（契约）之订立，为他人堆管物品而收受报酬，自属当然。其为他人堆藏且保管物品而不收受报酬者，纵有仓库营作之事实，但非此所称之仓库业或仓库营业人。

（二）仓库之定义说明

仓库云者，日常用语上，系指堆藏保管物品之设备，债法文献上，亦常取此义，作为仓库分类之依据，此堪称广义之仓库，其分类略有如下：

仓库 ┬ 一般仓库、保税仓库[4]
　　 └ 营业仓库、利用仓库

然则，民法本节所称仓库，系从契约上角度而定其概念，意义上与上述所述者不同。

仓库者，寄托人以动产交付仓库营业人，仓库营业人为其堆藏及保管而收受报酬之契约。以与上述所称仓库相对，似可称为狭义之仓库契约，本节以下所称仓库，其未特别表明者，殆指此而言，至其二者间之区别，则如下表：

仓库 ┬ 硬体层面意义：堆藏及保管物品之设备 ┐
　　 └ 软体层面意义：利用硬体仓库成立之契约：┘ 广义仓库

狭义（民法本节）

基上所述，则民法本节（亦即狭义）所称仓库，其要点当可分述如下：

1. 仓库为仓库营业人与寄托人间之契约

仓库契约当事人之一方为仓库营业人，另一方为寄托人。委托堆管物品之另一方当事人是为寄托人；仓库营业人，系为堆藏保管寄托人物品而存在，其地位即为寄托之受寄人。[5]

仓库契约当事人之一方为仓库营业人，另一方为寄托人。委托堆管物品之另一方当事人是为寄托人；仓库营业人，系为堆藏保管寄托人物

4 参照郑著（下），第五五三页～第五五四页；史著，第五二一页。

5 参照"民法"本节立法理由："按仓库者，谓受报酬为他人堆藏及保管物品之营业也，受报酬而为他人堆藏及保管物品者，谓之仓库营业人，托其堆藏及保管物品而支给报酬者，谓之寄托人。"

品而存在，其地位即为寄托之受寄人。[6] 在此角度上，似可认为，仓库本为寄托契约，惟其受寄人恃以为业，民法因斟酌其营业需要，爰特别列为独立章节，以彰显其商事契约之特性。

2. 仓库以堆藏及保管他人动产为标的

仓库，以堆藏及保管他人动产为标的[7]，其间堆藏毋宁为保管之前提，而保管始为其核心目的。为他人保管物品为目的之契约，是为寄托；足见，仓库营业人与托付物品人间所成立之仓库契约制度形式上，虽为独立之典型（有名）契约，惟其性质上则属寄托契约，故“民法”第六一四条规定，仓库契约准用寄托之规定。[8]

仓库，从寄托之角度观之，原则上固为一般寄托之形态，但其以混藏寄托之形态而成立者，亦无不可，通称其为混藏仓库寄托。[9] 于此类寄托，仓库营业人亦一如一般之混藏寄托，仅以同种类同数量之寄托物返还寄托人；于返还之前，寄托人间按其托存数量算定应有部分而共有（分别共有）寄托物。至于寄托物为代替物而约定所有权移转于营业仓库人者（亦即学理通称之数量仓库寄托），学理多认为仅成立消费寄托，尚与仓库无关。[10]

3. 寄托人支付报酬

仓库之一方主体为仓库营业人，依恃堆藏保管物品营生，其仓库契约之成立，自须收受一定报酬；反之，寄托人则有支付报酬之义务，在此角度上，仓库为有偿契约，非若寄托之得成立无偿契约。

二、仓库之成立与性质

（一）仓库之成立

仓库如何成立，民法本节并无直接明文，惟仓库准用寄托之规定

6　参照民法本节立法理由：“按仓库者，谓受报酬为他人堆藏及保管物品之营业也，受报酬而为他人堆藏及保管物品者，谓之仓库营业人，托其堆藏及保管物品而支给报酬者，谓之寄托人。”

7　仓库之标的物限于动产，为台湾学理一致看法，文献具引乃于从略。一般且以为，此之动产，不问容积大小、贸量轻重、亦或价格高低，只要适于堆藏，均无不可。

8　参照“民法”第六一四条立法理由：“按仓库依前条之规定，系以为他人堆藏及保管物品为营业，是仓库之性质殆与寄托相类似，即仓库营业人与寄托人之关系，与受寄人与寄托人之关系相同。故除本节特有规定外，应准用关于寄托之规定。”

9　参照郑著（下），第五五五页；戴著（下），第一二三页；蔡著（下），第二十六页。

10　参照郑著（下），第五五五页；史著，第五二二页；戴著（下），第一二二页；蔡著（下），第三十七页。

(第六一四条)，则在仓库并无特别明文之情形下，仓库如何成立，当须准用寄托之相关规定。

寄托为要物契约，当事人除有寄托（保管物品）之约定外，尚须交付寄托物，始克成立。基此，则仓库云者，亦须经寄托人交付物品于仓库营业人，始克成立。

然仓库为商事契约，必待交付标的物始克成立，于双方当事人利益之保护颇有不周，不能肩负促进交易迅速或安全之使命，是学者中颇有主张，宜依据契约自由原则，肯定诺成仓库契约之存在。[11]虽然，此种见解，或属有背“民法”第五二九条立法政策，惟其契合实际需要，恐难否认，“民法”债编修正，于此部分未见着墨，诚属有待商榷。

（二）仓库之性质

仓库之性质，主要约可归纳如下：

1. 仓库为要物契约

仓库是否为要物契约，学理上固有争议，惟通说采肯定立场。[12]鉴于“民法”第六一四条明定，仓库除民法本节另有规定外，准用寄托之规定，而民法本节于仓库之成立，并未另有规定，解释上当与要物契约说为当。

2. 仓库为不要式契约

仓库之成立，无庸一定方式，故仓库为不要式契约。

3. 仓库为有偿契约

仓库成立，寄托人有支付报酬义务，故仓库为有偿契约。

4. 仓库为双务契约

仓库成立，仓库营业人堆藏及保管寄托物之义务，与寄托人支付报酬之义务，互为对价，故仓库为双务契约。

第二节 仓库之效力

仓库之效力，得分为两部分了解，其一为基于寄托而生之效力，另一为本于仓库而生之效力。依民法之制度形式，前者采准用模式，后者

11 参照郑著（下），第五五六页。

12 参照郑著（下），第五五六页；陈著，第二七八页；蔡著（下），第二十五页（反对说，参照史著，第五二五页）。

则为民法本节之内容。

仓库相对于寄托之特殊效力，一般系从仓库营业人之义务及权利观之，尤以义务为中心，盖其保管他人之物，并因之获取利益（收受报酬）故也。归纳民法本节规定，其要点殆如下表，并得分述如下：

- 仓库（效力）
  - 仓库营业人义务
    - 填发仓库（615–618）
    - 堆藏保管（614、619）
    - 容许检查（620）
    - 其他（危险通知–614 等）
  - 仓库营业人权利
    - 报酬请求权（613）
    - 拍卖取偿权（621）
    - 损害赔偿请求权（614）

按一般之寄托，其受寄人既有保管义务、危险通知义务，亦有报酬请求权及损害赔偿请求权之存在。是以相对于寄托，仓库之主要特点，无非在于仓单之填发及拍卖取偿权二者。其中，尤以仓单之填发尤具特色，盖于学理上所谓权利证券化，民法本节乃其首见也。

一、仓库营业人之义务

（一）填发仓单之义务

仓库成立，仓库营业人尚无填发仓单之当然义务，仓单之填发与否，亦与仓库是否成立无关。惟仓库营业遇有寄托人请求填发仓单者，即有填发仓单之义务（第六一五条本文），仓单一经填发，即由仓单表征物品所有权，亦即发生所谓（物品）权利证券化，同时具有高度流通性（第六一八条）。是以，仓单之填发，诚为仓库之主要特色，亦其所以赋与独立有名契约之最主要理由，不仅形式上为民法本节之主要部分（第六一五条至第六一八条，占其条数几达二分之一），学理之叙述，亦见綦详。至其要点，则有如下：

- 仓单
  - 仓单之填发（615、616）
  - 仓单之意义
  - 仓单之性质
  - 仓单之效力（617、618）
  - 仓单丧失之救济（618–1）

由上表所列，可知仓单有关事项，民法本节并未详尽规定，所以如此，系因仓单为有价证券，有关仓单之性质、效力内容、乃至丧失救济等，规范上乃有价证券之一般共通事项，无待民法本节重复规定故也，只是台湾民法并无有价证券通则之规定，具体个别之有价证券类型，尚未出现，以上所列相关事项，没而不彰。中庸之道，爰从有价证券法则之角度，于民法本节未见规定之部分，略作补充，以资弥补。

1. 仓单之填发

“民法”第六一五条规定：“仓库营业人于收受寄托物后，因寄托人之请求，应填发仓单。”此之仓单，则应记载下列事项，并由仓库营业人签名：

“一、寄托人之姓名及住址。

二、保管这场所。

三、受寄物之种类、品质、数量及其包皮之种类、个数及记号。

四、仓单填发地，及填发之年月日。

五、定有保管期间者，其期间。

六、保管费。

七、受寄物已付保险者，其保险金额、保险期间及保险人之名号。”（第六一六条第一项）。

基上规定，有关仓单之填发，其尚待说明者，殆有如下数点：

（1）仓单填发之义务

仓库营业人之仓单填发义务，因寄托人之请求而确定。此之请求，性质上为有相对人之单方意思表示（单独行为），由寄托人向仓库营业人为之，具有形成权之性质。仓库营业人拒不填发者，构成债务不履行（不完全给付），寄托人得依据债务不履行之规定主张救济。

仓单之填发云者，意义上殆等于有价证券之发行（第七一九条、第七二一条），或票据之签发（“票据法”第二条～第四条）。填发云者，包括填载及交付（亦即填者，填载之意；发者，交付之意也）。填载者，仓单之成立时点也；交付者，仓单生效之始点也。换言之，仓单因填发完成而依其所载内容生效，是填发在法律行为之性质上，当属有相对人之单独行为。此有价证券成立生效之共通法则，非仓单所特有。

虽然，仓单通常系因寄托人请求而填发，学理上且据此特性，称之因求证券。惟仓库营业人未经寄托人请求，自动填发仓单于寄托人者，亦无不可。

（2）仓单填发之依据

营业人填发仓单，应依仓库簿为之。所谓仓库簿者，仓库营业人通常备置用以记载寄托物有关事项之登记簿，即通称之仓库簿，不过，仓库簿之有无，乃至是否依仓库簿所载填发仓单，尚与仓单之填发无关，是仓库营业人未设置仓库簿，乃至未依仓库簿填发提单者，解释上仍应认为仓单有效，俾保护交易之安全。[13] 惟仓库为要物契约，因交付寄托物始告成立，民法本条爰予规定，填发提单须于交付寄托物之后，始得为之。其所持理由，主要在于参照海商法相关规定，杜免寄托物收受前填发仓单。[14] 惟此论点，是否可行，不无可议。论其理由，则有如下：

①仓单为有价证券，一经填发后，除于仓库营业人与寄托人外，宜依仓单记载内容，厘定执单人与发单人之权利义务，发单人不得依仓库簿所载对抗执单人，修正理由认为依仓库簿填发仓单之规定，易滋弊端，或属言过其实。

②仓单为文义证券，一经填发而流通，其善意受让人（即持单人）之利益，应受保障，此乃交易安全之基本原则。仓库营业人填发仓单后，纵寄托人未交付寄托物，致该仓单成为学理上所称空单，除于仓库营业人与寄托人外，仓库人仍不得以其空单对抗执单人。[15] 民法修正所持立场，恐有违有价证券效力之原则，于交易安全恐有窒碍。

③将仓库固守于要物契约，立法政策是否允当，颇值检讨，修正草案于此一有待检讨之重大立法疑义，未作斟酌，反而借此修正立场，增强仓库之要物性，是否尽符仓库之社会需要，不无可议。

④"海商法"第九七条规定体例，是否尽当，海商法学者已有检讨[16]，虽其立场，尚非承认空券有效，惟此或有其海商法之特殊规范意旨

13 参照"民法"债编修正第六一五条修正理由："目前仓库实务作业上，仓库之填发，有依据点收之结果填债编修正发再入账者，有先列入登记簿再发给仓单者，情形不一。且各仓库簿册名称各有不同。现行法规定，易滋弊端。"

14 同上条修正理由："仓库寄托契约之性质如何？学者间意见分歧，有主张为要物契约者，有主张为诺成契约者，为免于寄托物收受前，能否填发仓单，发生疑义，爰参照"海商法"第九十七条立法例修正如上，以期明确。"

15 参照"票据法"第一三条："票据债务人不得以自己与发票人或执票人之前手间所存抗辩之事由对抗执票人，但执票人取得票据出于恶意者，不在此限。"

16 参照杨仁寿"载货证券"，自刊，1990年，第一一〇页；刘宗荣"从货柜运输的特性建议民商法若干修正"，台大法学论丛第六卷第一期，1976年，第二四七页；张堂歆"我'国'海商法货物运送章修正建议"，东海大学硕士论文，1992年，第一五八页（海商法学者，大都仅从承认"收载载货证券"之立场，建议修正"海商法"第九七条，非谓空券亦属有效，故其立场亦与本书不同。）

以为依据。

根据以上理由，愚见以为，为确保交易安全，并斟酌仓单为有价证券之本质，特别是无因性、文义性之表征，“民法”第六一五条修正草案之文字，如能采取提单签发模式，亦即依“民法”第六二五条第一项体例而调整如下，或更允当：

“仓库营业人，因寄托人之请求，应填发仓单，但寄托人未交付寄托物者，仓库营业人得拒绝填发之。”

2. 仓单之意义

(1) 仓单之定义说明

根据以上说明，可知仓单云者，殆可定义为：

“仓单者，仓库营业人因寄托人之请求而填发，以表彰寄托物之有价证券是也。”

何为有价证券？本书拟于指示证券一章（下册第二十四章）综述之；表彰寄托物云者，与仓单性质有关，拟于次段一并说明。是以，有关仓单定义之进一步分析，暂予从略。

(2) 仓单之记载事项

仓单应记载一定事项，是填发为要式行为。民法本节于此，除仓库营业人之签名外，尚列有法定事项七者，惟此七者，是否非记载绝对不可；此七者以外而有记载者，其效力如何？爰依有价证券一般原则，分析其相关记载事项如下：

按有价证券之记载事项，一般得区分之如下表：

- 记载事项
  - 应记载事项
    - 绝对应记载事项
    - 相对应记载事项
  - 非应记载事项
    - 得记载事项
    - 不得记载事项
      - 记载无效事项
      - 记载有害事项

绝对应记载事项者，非予记载，仓库不能成立之事项也；相对应记载事项者，性质上虽应记载，但未记载者，法律另行拟制其事项，并依拟制事项而定其效力之事项也。

得记载之事项也，法律上得为记载，亦得不为记载，记载与否，不影响仓库本身之成立生效；惟其若为记载，则依其记载而定效力之事项，亦称任意记载事项。

不得记载事项者，因其事项与仓单（有价证券）之本质有违，或涉及不法，法律禁止其记载于仓单之事项。有此记载，或为记载本身无效，或甚而使仓单（有价证券）为之无效。前示区别，前者称之记载无效事项，后者称之记载有害事项。前者，例如于仓单背书附记条件者其记载无效是（参照“票据法”第三六条）；后者，例如于仓单记载免除仓库营业人给付责任是。

仓单之记载事项，区别标准如何？民法本节虽未如票据法相关规定（第二四条～第二八条、第一二〇条、第一二五条）严谨，惟仓单既为有价证券，则本乎有价证券之原理，自得认为上表所列，于仓库亦有适用。如是，以与分析“民法”第六一五条规定，则其结果殆有如下：

仓库
- 绝对应记载事项：保管之场所、受寄物之种类、品质、数量及其包皮之种类、个数及记号、仓单填发年月日、保管费等是。
- 相对应记载事项：寄托人姓名及地址、仓单填发地。[17]
- 得记载事项：保管期间、寄托物送付保险之保险金额、期间及保险人名号[18]、货物所有人（寄托人非为寄托物所有人时得记载之）。
- 记载无效事项：仓单背书附记停止条件者，其停止条件视为无记载是。
- 记载有害事项：仓单载明免除仓库营业人给付责任是。

仓单填发后仓库营业人应将上述所列记载事项，记载于仓单簿（第六一六条第二项），俾供查核。不过，此之仓单簿存根，一般以为意指仓单之存根联，故与第六一五条所称之仓库簿，意义自有不同。仓单簿存根之记载，系为保护仓库营业人而设，不仅与仓单成立生效无关，其未记载者，对寄托人亦不构成债务不履行，仅仓库营业人应负担未记载所生之风险而已。

（3）仓单之份数

仓单用以表征寄托物，惟寄托物或可转让，或可设质。寄托物经设质者，尚不影响其转让。与此相对，则仓单是否得同时填发两单，一供

17　有关寄托人姓名及住址、仓单填发地，学理上或认为均属绝对应记载事项，（郑著（下），第五六二页；戴著（下），第一三〇页；陈著，第二八一页；薛著，第二四七页；蔡著（下），第三〇页）。惟仓库非不得为无记名式，而仓库营业人营业所、住居所非不得视为仓单填发地，本书斟酌交易需要有价证券相关规定（参照“票据法”第二四条第四、五项，第一二〇条第三、四项，第一二五条第二、三项），爰为相对应记载事项，并此叙明。

18　参照郑著（下），第五六二页；史著，第五三〇页。

转让，另一供设质。[19] 不仅立法例上尚有不同，学理上亦有争议。

就交易灵活言之，两单主义固有其优点，惟就避免法律关系趋于复杂，确保交易安全而言，则一单主义，更见实益。民法本节虽未直接明定采取一单主义，惟就“民法”第六一八条规定意旨观之，谓其采取一单主义，当无疑义，此亦为学理通说所肯定。[20]

3. 仓单之性质

仓单为有价证券。基此分析，仓单之性质，殆可归纳如下：

(1) 仓单为要式证券

仓单须记载法定事项，并经仓库营业人签名，故为要式证券。

(2) 仓单原则为记名证券

仓单原则须记载寄托人之姓名，寄托人者仓单之原始权利人也，故仓单原则上为记名证券，但亦得不记载寄托人姓名、是为无记名仓单。[21] 通常，记名证券之权利人，得任意指定第三人受让证券，故记名证券亦有当然的或法定的指定证券之称。惟仓单之转让，须经仓库营业人签名，非当然得由仓单持有人指定转让（第六一八条）。故仓单虽亦具指定证券之性质[22]，但非为当然的指定证券；在此角度上，仓单尚非完全有价证券，恐系实情。

(3) 仓单为自付证券

仓单由仓库营业人填发，并由其负担给付责任，故仓单为自付证券，而非指示证券。由于指定证券、指示证券，似同而实异，文献上或称仓单为指示证券，恐系误会，当以避用为妥。

(4) 仓单为物品证券

仓单以表彰寄托物（特定物品）为标的，故为物品证券；此之所谓表彰物品，实即表彰该等物品之所有权，故仓单亦称物权证券。此之物权（所有权），随仓单背书移转而移转，故又有处分证券之称。

(5) 仓单为文义证券

---

19 两单主义之下，供转让用者，学理上称之提领仓单，供出质之用者，学理上另称之出质仓单。

20 参照郑著（下），第五五九页；史著，第五二六页；戴著（下），第一二七页；陈著，第二八〇页（语义似非甚为明确）。

21 有关无记名仓单之说明，请参照史著，第五三〇页；梅著，第三二二页。

22 仓单之转让，方式上亦以背书方式为之。通常，仓单经权利人背书转让者，仓库营业人除非正当理由外，似无拒绝签名之理。是以，仓单纵非法定的，当然的有价证券，惟究其实质，仍与此相近。

仓单所生权利义务之内容，悉依单上所载文义定之，纵其记载与当事人真意不符，亦不得于文义之外主张更张，更不得以之对抗善意受让人，故仓单为文义证券。

（6）仓单为不要因证券

仓单填发流通后，是否会因其原因债权不存在而影响其效力，学理上固有争议。其认为发单后遇有寄托人未交付寄托物或仓库契约无效时，仓单随之无效者，是为要因证券说；反之，则为不要因证券说。

仓单为要因证券，固为台湾学说多所主张。[23] 惟本乎有价证券基本原理，仓单既属文义证券，则为保护善意受让人，并维交易安全，理论上似以不要因证券为妥。[24]

（7）仓单为缴还证券

仓单持有人请求交付物品时，应将仓单缴还，此民法本节固无规定，本乎有价证券基本理论，自应肯定，解释上则以类推适用提单相关规定（第六三〇条）为妥。故仓单为缴还证券，亦称交换证券。

综以上各点所示，则仓单之性质，殆可归纳其要点如下表：

仓单（性质）
- 要式证券
- 记名证券（原则）
- 自付证券
- 物品证券
- 文义证券
- 不要因证券
- 缴还证券

4. 仓单之效力

仓单之效力，可分就下列三点依序说明之。即：

仓单（效力）
- 效力内容
- 仓单之分割（617）
- 仓单之转让（618）

（1）效力内容

①物权效力

仓单为物权证券，表彰其所载物品之所有权，应认其具有物权之效力。

23　参照史著，第五三七页；陈著，第一一八页。

24　参照郑著（下），第五六〇页；戴著（下），第一三六页～第一三八页。

就此，民法本节虽未如提单之有第六二九条规定：“交付提单于有受领物品权利之人时，其交付就物品所有权移转之关系，与物品之交付，有同一之效力。”但解释上似应依据有价证券之原理，认为民法该条规定，于仓单得以类推适用。学者或谓，仓单等于寄托物化身，其意义当即在此。

所谓交付仓单与交付物品有同一效力云者，意即交付仓单等于交付物品。按以让与动产物权为目的而交付标的物者，动产物权因交付而移转于受让人，兹交付仓单既等于交付物品本身，则法律意义上即等于，仓单一经交付，寄托物之所有权即随同移转，无庸履践物品本身之交付。而且一经填发仓单，则除依仓单交付外，寄托物所有人尚不得以指示交付方式，让与物品所有权于他人。

不过，有价证券之让与方式，多非交付证券即为已足。盖于记名证券，其证券之让与，除交付（证券）外，尚须履践背书之方式（第六二八条本文、“票据法”第三〇条第一项前段）。基此观之，则仓单表彰物品之权利，于转让时，须经背书后交付，而非单纯之交付（第六一八条）。由于仓单为记名式者，毋宁为常态，换言之其仅依交付而移转权利者，事实上反而少见。不过，第六一八条规定，系规定记名仓单移转之方式，第六二九条规定，则在表征物权证券之最低共通特性，二者规范意旨不同，解释上当不生因第六一八条（第六二八条）规定而否定第六二九条规定之问题。

仓单之物权证券性，并非仅止于物品所有权之移转，其持出质者，亦应为同一解释。换言之，基于质权设定之目的，就质权之生效，亦因其交付于质权人，而与物品交付有同一效力（交付而质权生效）；惟如为记名仓单，则仍须经背书（第九〇二条），并经仓库营业人签名（第六一八条）之程序。

②债权之效力

仓单填发后，是否发生债权效力？亦即仓库营业人与仓单持有人间，关于仓库事项，是否亦依仓单之记载？此在民法本节，未如提单之有明文规定（第六二七条）。由于债权效力有无，非物权证券所得直接发生，故一般以为，仓单尚无债权之效力。解释上，“民法”第六二七条之规定，于仓库（单）不宜类推适用。换言之，仓库营业人与寄托人间之仓库关系，尚不因仓单之填发而受影响；仓单持有人取得者为寄托物所有权且仅为权利人，得依仓单请求交付货物（物权请求权），但无寄托物返还请求权（债权请求权），自亦无支付报酬之义务。

仓单本身虽不能发生债权效力，惟一般以为，仓库营业人既已填发仓单，如因其故意或过失，致仓单表彰之寄托物毁损或灭失者，对于仓单持有人仍应负不完全给付或给付不能之责任，非仅止于侵权行为责任；空单亦应作同一解释。[25] 惟愚见以为，仓库营业人此一债务不履行责任，系本乎证券债务而生，非直接源于仓库（契约）；至于空单不履行责任，则系类推适用第三百五十条而来。[26]

（2）仓单之分割

仓单之填发，系为寄托人便于处分其寄托物而设，仓单持有人亦宜有同等保护，民法爰于第六一七条规定："仓单持有人，得请求仓库营业人将寄托物分割为数部分，并填发各该部分之仓单。但持有人应将原仓单交还；前项分割，及填发新仓单之费用，由持有人负担。"盖以本乎所有权，本应赋予仓单持有人以请求分割之权。[27] 惟旧有仓单之效力，并不因新仓单之填发而失效，为保护仓库营业人，仓单持有人自应返还原仓单。此之返还与新仓单之交付，宜解为应同时履行；换言之，仓库营业人得以仓单持有人未返还原有仓单，拒绝填发新仓单。此外，货物之分割、乃至新仓单填发之费用，系仓单持有人之事由所致，民法本条明定应由仓单持有人负担，旨在公平权衡双方利益，并杜争议。[28]

（3）仓单之转让

①记名仓单

仓单为有价证券，有价证券纵为记名式，亦得依背书转让。此一模式，原则上亦为仓单所肯定，惟设有须经仓库营业人签名之特殊限制，其规定内容略为："仓单所载之货物，非由寄托人或仓单持有人于仓单背书，并经仓库营业人签名，不生所有权移转之效力。"（第六一八条）虽然，仓单亦有依背书转让之字样，惟其背书交付，如未经仓库营业人签名，或经请求而仓库营业人拒绝签名，仍不能生移转之效力，足见，背书云者，在仓单仅系权利移转必要要件之一，移转与否之重心在于仓库营业人是否签名，而非在于背书。

25 参照郑著（下），第五八五页～第五九五页；史著，第五三六页。

26 仓单本身之填发，固属无偿行为，惟其原因契约（行为）之仓库为有偿契约，愚意爰以为，得依有偿行为之例，类推适用买卖之相关规定（第三四七条）。

27 参照"民法"第六一七条立法理由："按法律许仓单持有人得请求仓库营业人将寄托物分割为数部分，并得请求填发各该部分之仓单者，盖以仓单持有人之请求分割，系本于所有权之作用也。"

28 同上立法理由："仓库营业人之利益，亦不可不予以保护，故应使仓单持有人将原仓单交还，而因分割及填发新仓单所生之费用，仍由持有人负担，以昭平允。"

类此规定，于仓库营业人利益之保护，固属周到，惟其结果反较一般债权让与为严（债权让与，一经让与合意即属生效，对债务人仅以通知即为已足——第二九七条第一项前段），不仅于交易安全之维护及其迅速之促进，有所窒碍，与有价证券原理亦属有悖，愚见以为，如能改采提单之模式（第六二八条），使其体现有价证券原理，而作如下修正，或属更为允妥：

第六一八条

"仓单纵为记名式，仍得以背书移转于他人；但仓单上有禁止背书之记载者，不在此限。"

②无记名仓单

无记名仓单是否存在，学理固有争论，本书则持肯定见解。

"民法"第六一八条规定，并未知第六二八条（提单）之有价证券其他相关规定，指明以记名证券为适用范围，解释上难免发生无记名仓单是否亦有适用之问题。诚然，就文义而言，似应认为无记名仓单，亦无排除适用之坚强理由。惟如采取肯定，则无记名仓单，一经移转，即须转化为记名仓单，如是与填发无记名仓单之意旨，即属有背。愚意以为，仓库营业人填发无记名仓单者，宜认为仓库营业人有意抛弃签名之权利，且同意以仓单交付作为权利移转手段，"民法"第六一八条规定无复适用余地。

至于指名仓单，禁止转让，本无民法本条适用可言。惟如禁止转让文句经仓库营业人注销者，因其回复为记名证券，仍得于回复后依民法本条规定而转让。

5. 仓单丧失之救济

所谓仓单丧失，通常系指仓单遗失、被盗或灭失而言。依民法、票据法及民事诉讼法之相关规定，其主要救济手段有如下三者：

（1）止付通知（票据法第一八条）。

（2）声请公示催告进行除权判决（"民法"第七一八条、第七二五条、"票据法"第一九条第一项、"民事诉讼法"第五三九条以下）。

（3）提供担保换发新证券（"票据法"第一九条第二项）。

仓单丧失，经持单人声请公示催告者，仓单持有人固得于经除权判决确定后，声请人除得向仓库营业人主张仓单上权利（"民事诉讼法"第五六五条第一项），解释上并得请求补发新仓单[29]；惟于公示催告程序开

29 参照郑著（下），第五六四页；史著，第五三七页。

始后，仓库营业人提供相当之担保者，仍得无待除权判决而请求补发新仓单，以免程序拖延，缓不济急。[30] 此外，当事人另有约定救济方法，原则上仍属有效。[31] 惟止付通知为票据丧失之特殊制度，一般以为，于仓单丧失之救济尚无适用。

（二）堆藏保管之义务

仓库营业人，以堆藏及保管他人物品为营业，其成立仓库，旨在保管他人物品，是其有堆藏及保管义务，自属无庸置言。

仓库，性质上为寄托契约，且为有偿契约，“民法”第六一四条之规定其准用寄托之规定。是以，寄托以下有关保管义务之规定，于仓库亦有适用：

1. 善良管理人注意义务（第五九〇条）。
2. 亲自保管义务及其违反责任（第五九二条、第五九三条）。
3. 不得使用义务及其违反责任（第五九一条）。
4. 遵守指示义务（第五九四条）。

（三）容许检查之义务

寄托物虽交付仓库营业人保管，惟其所有权仍未发生变动，寄托人本于所有权，当有点检权限。此外，于填发仓单者，仓单持有人成为所有权人或其他物权人，为了解其权利真实内容，自亦应许其点检及摘取样本，故“民法”第六二〇条规定：“仓库营业人，因寄托人或仓单持有人之请求，应许其检点寄托物，或摘取样本，或为必要之保存行为。”[32]

30 参照“民法”债编修正第六一八条之一修正理由：“仓单之遗失、被盗或灭失，依实务上之见解，虽可循民事诉讼法公示催告程序声请依公示催告宣告其为无效后，由原持有人主张仓单之权利或请求仓库营业人补发新仓单。惟因公示催告程序需时甚久，如持有人急于提货则缓不济急，为避免因长久之公示催告程序而丧失仓单之市场机能，爰仿日本商法第六百零五条、‘我国票据法’第十九条第二项增订本条规定。”

31 参照“最高法院”1962年台上字第三一九七号判例：“仓单依‘民法’第六百十八条规定，系得依背书转让之有价证券，其权利之行使与证券之占有有不可分离之关系，证券如有遗失，须依民事诉讼法公示催告程序，经法院为除权判决后，始使持有人生失权之效果。上诉人对于某甲所称仓单遗失，既未依上开公示催告程序经过除权判决，遽以自己在仓单上所订办法，许某甲不凭仓单提取货物，则持有仓单之被上诉人自不因此而丧失其权利，其基于合法受质之关系，请求上诉人就仓单签证及行使质权人之权利，上诉人殊无可为拒绝之正当理由。”

32 参照“民法”第六二〇条立法理由：“按仓单所载之货物，由货物所有人于仓单背书，并经仓库营业人签名后，即生所有权移转之效力。但在移转之先，必须检点寄托物或摘取样本。又寄托人恐寄托物有毁损丧失或其他减少价格之虞，亦有检点寄托物之必要。故本条明定寄托人或仓单持有人有请求检点寄托物或摘取样本之权，并使仓库营业人，负容许其检点寄托或摘取样本之义务也。”

论其要点，约有如下：

1. 点检或摘取权利人，或为寄托人，或为仓单持有人。至其区别标准当为：未填发仓单者，寄托人为权利人；其已填发仓单者，其权利人为仓单持有人。

2. 寄托人或仓单持有人既有点检寄托物或摘取样本之权利，解释上自亦有进入仓库之权利。换言之，仓库营业人容忍寄托人或仓单持有人进入仓库之义务，亦当然包含在内。

3. 容忍义务，因权利人之请求而发生；此之请求，即一般所称之请求，为行使权利之意思通知，无庸一定方式，亦不限于诉讼外或诉讼上为之，均无不可。仓库营业人经请求而拒绝容许点检或摘取者，即属不完全给付，应负债务不履行责任。

4. 点检者，指察看或查核数量有无短少，品质有无改变之行为，寄托人或仓单持有人陪同其债权人前来了解，亦属此所称之点检。摘取样本者，谓取样以供他人参考之谓。点检与摘取，应以必要程度为限；至其必要程度为何？应依交易习惯、仓库（契约）情况，具体酌定之。如该物品性质上不能取样者，则无摘取样本权利之可言。就仓库营业人言，仅有容忍义务，而无协力义务，是其因而所生费用，应由寄托人或仓单持有人负担，其因而致生损害者亦同。例如，为前往点检而支付车资，因摘取布样致布匹缺损即是，均应由为点检或摘取之寄托人或仓单持有人负担。

5. 点检或摘取之外，是否及于必要保存行为，学理上固有根据外国立法例[33] 而持肯定见解者[34]，惟解释上不无争议。民法债编修正予以增订，于杜绝无谓争议而言，当具意义。[35]

（四）其他义务

仓库营业人之业务，除上述所列者外，或因民法本节特别规定，或

33 主要根据如德国商法第四一八条、日本商法第六一六条第一项、瑞士债务法第四八三条第三项。

34 参照史著，第五四一页。

35 参照“民法”债编修正第六二〇条修正理由：“依德、日商法及瑞士债务法之规定，仓库营业人，因寄托人或仓单持有人之请求，应许其检点寄托物或摘取样本外，并得请求许其为寄托物保存所必要之处分（德国商法第四百十八条、日本商法第六百十六条第一项、瑞士债务法第四百八十三条第三项），本法则付诸阙如。学者有谓我民法亦可为同样之解释者，有称在不妨碍仓库营业范围内，仓库营业人自不能拒绝者，有曰立法论上，以明文予以规定为宜者，为期适用方便，爰仿上开多数立法例，于本条末段增加‘或为必要之保存行为’。”

因准用寄托规定，尚有下列义务：

1. 设置仓库簿及仓单簿之义务

仓库营业人有无设置仓库簿、仓单簿之义务，民法本节或无直接明文，惟根据第六一五条、第六一六条第二项规定观之，宜采肯定。不过此一义务，系仓库营业人之公法义务及对自己之义务，其违反尚不直接构成债务不履行；惟其违反，以致于不能妥善填发仓单或保管者，得作为认定违反善良管理人注意义务之依据，似难否认。

2. 危险通知义务

寄托物罹于查封或诉讼危险时，仓库营业人有通知义务，其情形有如寄托之受寄人（第六一四条准用第六〇一条之一）。此外，寄托物异状变化之通知义务或处置义务，亦应肯定；惟此为善良管理人注意义务之范畴，包括于保管义务概念内，兹不复述。

3. 寄托物返还义务

仓库营业人有寄托物返还义务，其情形有如寄托之受寄人，当属无庸赘言。不过，有关此一问题，既与仓库关系之消灭有关，民法本节复有别于寄托之规定，拟于仓库关系消灭一节说明之。

4. 责任存续期间

有关仓库营业人违反亲自保管、不得使用义务而生之损害赔偿责任，其寄托人或仓单持有人之损害赔偿请求权，亦因准用寄托而有一年短期时效之适用（第六一四条准用第六〇一条之二）。

二、仓库营业人之权利

（一）报酬请求权

仓库营业人之报酬请求权，民法本节虽无明文，惟仓库为有偿寄托，解释上仓库营业人有报酬请求权，毋宁为当然结论，此从保管费应记载于仓单之规定（第六一六条第一项第六款），亦可佐证，盖仓库营业人所得收取之报酬，即为通称之保管费也。至于报酬种类、数额、支付方式乃至支付时期如何，则准用寄托之规定（第六一四条准用第六〇一条），寄托无规定者，依契约自己原则而由当事人约定，当事人未约定者，依一般契约原理定之。此外，一年短期消灭时效，于此之报酬请求权亦有适用（第六一四条准用第六〇一条之二）。

相对于寄托之受寄人报酬请求权，仓库营业人之报酬请求权，尚有如下三项特色：

1. 仓库营业人当然有报酬请求权，非若寄托之尚以无偿为原则。

2. 仓库营业人因保管寄托物所生之必要费用，原则上包括于报酬（保管费）之内，除当事人另有特约外，仓库营业人，不得请求偿还，“民法”第五九五条，于仓库尚不当然准用；但非必要费用，解释上仍有该条规定之适用。

3. 仓库营业人为商人，其寄托人或仓单持有人未支付报酬者，仓库营业人对寄托物当然享有留置权（第九二八条、第九二九条），其成立范围较寄托为广。

（二）拍卖取偿权

于仓库，拍卖取偿权仅在特殊情形，始告发生，依“民法”第六二一条规定，其文句略为：“仓库契约终止后，寄托人或仓单持有人，拒绝或不能移去寄托物者，仓库营业人，得定相当期限，请求于期限内移去寄托物，逾期不移去者，仓库营业人，得拍卖寄托物，由拍卖代价中扣去拍卖费用及保管费用，并应以其余额交付于应得之人。”至其立法意旨，依立法理由所述，系旨在保护仓库营业人之利益。[36]

基上规定，分析拍卖取偿权之构成，殆可分析如下：

1. 拍卖权之成立

仓库营业人拍卖权之成立要件，殆有如下三者。即：

（1）仓库契约终止后，寄托人或仓单持有人，拒绝或不能移去寄托物。称仓库契约终止者，其所称终止，系指广义，非限于意思表示所为之终止，举凡仓库关系消灭者，不问其事由为何，均有适用，称之终了或消灭，或更妥当。

拍卖权成立之事由，限于义务人拒绝或不能移去寄托物，其因积欠报酬而仓库营业人主张留置权者，尚无本条拍卖权之适用。至于本条所称拒绝，系指经仓库营业人请求移去而不为移去者而言；所谓不能移去，指寄托人或仓单持有人虽无拒绝情事，但因其情事致不能受领寄托物者而言。其意义当与受领迟延所称之“不能”受领（第二三四条）雷同；例如，寄托人或仓单持有人因事远游，仓库营业人遍寻无着是。

（2）仓库营业人定相当期限，请求寄托人或仓单持有人移去寄托物。

36 参照“民法”第六二一条立法理由：“按仓库契约终止后，寄托人或仓单持有人，应即将寄托物移去，以免妨碍仓库营业人之利益。若拒绝或不能移去时，应使仓库营业人有定期请求移去之权，其逾期仍不移去者，应使仓库营业人有拍卖寄托物，并由拍卖代价中，扣去拍卖费用及保管费用之权，以保护其利益。”

此之请求，与第六二〇条所称请求，意义相同。所称相当期限，应依仓库情况，具体定之；所定期限不相当者，依晚近实务见解，似认得因期限经过而补正。惟此均为相关规定之通例，兹不复赘。

(3) 寄托人或仓单持有人逾期不为移去

民法本条所称不移去，仅以逾期有未为移去之事实即为已足，殊不必问可否归责。

2. 取偿权之成立

拍卖权成立而仓库营业人不为拍卖者，取偿权无成立可言；反之，只要拍卖权成立而仓库营业人为拍卖者，仓库营业人即得取偿。至于民法本条所称之拍卖，取偿、其意义与行纪人拍卖、取偿权规定（第五八五条）所称者同，兹不重复（详请参照本书第二五八页以下）。

此外，余额交付对象所称应得之人，其适用标准当为：未填发仓单者为寄托人；已填发仓单者，为仓单持有人。如应得之人拒绝受领或难为受领者，仓库营业人自得以提存消灭其交付义务（第三二六条以下）。

（三）损害赔偿请求权

仓库营业人因寄托物性质或瑕疵而受损害者，得准用寄托（第五九六条）规定，请求寄托人损害赔偿；此项损害赔偿请求权，并有一年短期消灭时效之适用（第六一四条准用第六〇五条）。

严格言之，仓库营业人于其仓库所生债权（包括报酬请求权、非必要费用偿还请求权，乃至损害赔偿请求权），于受领清偿前，对寄托物有留置权。惟此之留置权，系本于物权规定而生（第九二八条、第九二九条），故其进一步说明从略。

第三节　仓库关系之消灭

仓库契约之消灭事由，原则上与寄托同。惟其于请求移去寄托物部分，仍有特色，故亦独立一节说明之，以期书写体例之一致。

仓库定有保管期间者，因期间届满而消灭，仓库营业人固得请求移去寄托物，寄托人或仓单持有人亦得请求返还寄托物，此固无疑义，惟仓库营业人于期限届满前，得否请求移去寄托物，解释上恐有歧异，民法本节特于第六一九条第一项明定禁止，揆其意旨，当在杜免争议而已。

盖就文义而言，既称仓库营业人不得请求移去，解释上当亦包含不得返还。在定期寄托，其受寄人原则上亦不得于期限届满前返还寄托物（第五九八条第二项），足见，民法本条项纵未规定，亦不能解释为仓库营业人得于期限届满前返还或请求移去寄托物也。

寄托而未定期限者，受寄人得随时返还寄托物（第五九八条第二项）。此一规定，于仓库如予适用，对寄托人利益之保护恐有未周，故“民法”第六一九条第二项规定：“未约定保管期间者，自为保管时起经过六个月，仓库营业人得随时请求移去寄托物。但应于一个月前通知。”换言之，未定寄托期限之仓库，仓库营业人须经交付保管时起满六个月后，始得通知请求移去寄托物，该项请求且须于通知届满一个月，始生效力，以期保护寄托人之利益。[37]

本条之请求，意义上或与第六二〇条、第六二一条所称请求雷同。惟本条第二项之请求移去，于其效力发生时，仓库关系消灭，似具形成权之性质（同条第一项之请求，尚无此性质[38]）。至其所谓通知，意指表达请求除去之通知，似应解为事实通知较妥。

此外，于仓库，不问保管期限定期与否，寄托人得随时请求返还，或应依准用寄托之例肯定之（第六一四条准用第五九七条—定期寄托），或依债之通则适用之（第三一五条前段）。有此请求者，并应解释为仓库关系消灭，无待寄托物之现实返还也。

37 参照“民法”第六一九条立法理由：“按寄托人所寄托堆藏及保管之物，其定有期限者，仓库营业人固不得于约定保管期间届满前，请求移去寄托物，其未定期限者，仓库营业人虽得随时请求移去，然亦非自保管时起经过六个月，并于一个月前通知寄托人者，不得请求移去寄托物，以保护寄托人之利益。”

38 仓库所定保管期限届满者，仓库关系消灭，仓库营业人得请求移去寄托物，乃消灭所生效果，请求移去与否，与仓库存否无关，其不生形成权存否之问题，不言而喻。

第二十章

运　送

运送一节不仅形式构成上，系劳务性契约中，内容最见丰富，与特别法关系亦称繁多之契约类型，日常交易上，亦极频繁，谓其为债各一节重要契约类型之一，似不为过。

修正前民法本节，原从营业角度，于章节名称上称之运送营业，本章亦据之而为篇章名称。惟从其规定内容观之，民法本节旨在阐述运送契约而非运送营业，民法债编修正，依一般契约类型之立法体例，改以运送称之，应值赞同。[1]

民法本节，尚就运送区分为二大类型，即物品运送及旅客运送，并予以分别规定，爰依其特例，将本章节次区分如下：

- 运送
  - 运送总说（622、623）
  - 物品运送（624–653）
  - 旅客运送（654–659）

第一节　总　说

本节拟分就运送之意义、运送之成立及性质、运送之种类及其法律

1　参照民法运送一节（以下简称民法本节）修正理由："各种之债各节之规定，其内容有属于营业者，例如行纪、代办商、仓库、运送、承揽运送均是。惟运送外，其他各节节名，均未另加'营业'二字，而独本节节名则特标明为'运送营业'，显与其他各节节名之立法体例有异，为期一致，爰将'营业'二字删除。"

适用三者，依次说明于下：

一、运送之意义

（一）运送之概念范围

1. 运送与运送营业

运送者，利用交通工具，使物品或旅客异动其空间之（事实）行为也。惟法律层面之运送，意义更见狭隘，非谓所有以异动空间，亦即运送事实为标的之契约，均属运送。所以如此，系因运送之主体，法律有其特别限制故也。

简要言之，须运送人，以运送为目的，而与委托运送之人成立之契约，始属运送契约。运送人者，民法本节设有特别之对象限制。此之限制，即“民法”第六二二条之规定：“称运送人者，谓以运送物品或旅客为营业而受运费之人。”换言之，须以运送为营业之人，始得称之运送人，否则，纵有为他人而为运送，且以之作为契约标的，亦非此所称之运送人，自亦无成立运送契约之可言。足见，在法律概念之相互关系上，运送系以运送人存在为前提，运送人则又以运送营业为前提。解释运送，须先界定运送人，而解释运送人，则又须先界定运送营业。

以运送物品或旅客为目的，而收取运费之营业，是为运送营业，简称运送业[2]或运输业。[3] 此之运送物品或旅客，以专营一者为已足，惟兼营二者，亦无不可。至于何为营业？是否登记？乃至是否依法缴税等情，本书于经理人、行纪、仓库已有说明，（本书第一九六页、第二四三页、第三一七页）兹不重复。

2. 运送与运送人

运送人，有广狭意义之分。广义者，指有与委托运送之人成立契约之资格之人，“民法”第六二二条所称之运送人是；狭义者，指已与委托运送之人成立契约之当事人一方，“民法”第六二四条以下所称之运送人是。前者，系就一般制度原则而称之；后者，则因各个个别契约而存在。

（1）广义之运送人

2 参照旧“商业登记法”第二条第九类：“运送业”。

3 参照营业税法附表（营业人开立销售凭证时限表：运输业：凡具有运输工具，以运载水陆空旅客货物，或具有交通设备以利运输工具之行驶停放及客货起落之营业。包括具有船舶、车辆、飞机、道路及停车场站、码头、港埠等设备之机构。）

依“民法”第六二二条规定，运送人之定义说明，殆可区分如下：

①运送人系以运送为营业

运送人须以运送为营业，其实质上意义，殆可视为运送营业人之简称。是其非为营业而偶为运送者，固非运送人；即以运送工具出租者，例如，经营汽车出租业之人，亦非运送人是。

运送人不以专营为限，即与他业结合而为实质营业之一部者，亦属此所称之运送人。例如，饭店或旅行社，以自用客车前往机场、车站或港埠迎送旅客或行李者，于此部分，亦属运送人，有民法本节之适用[4]，于特殊情形，并有权利竞合之适用[5]，不过，利用兼营载运之计程车者，一般视为承揽而非运送，是为特例。

②运送人为运送物品或旅客之人

物品而得异动空间者，仅以动产为限，非为动产，无论为不动产或无体财产，均不得为运送之标的物。[6] 旅客而得为运送者，以自然人为范围，法人无从为运送之对象。

信件虽亦为动产，本非不得为运送之标的物。惟信件之递送，适用邮政法之规定，尚无运送之适用，是为特例。

③运送人为受运费之人

运送人既以运送为营业，即有一定成本，更须一定利润，以求营业之永续发展，是运送须有一定之报酬；此之报酬，“法典”称之运费。其为运送而不收受运费者，除可解为抛弃运费者外，尚非所称运送人，亦无民法本节之适用。

运送人，以有无营业及收受运费为断。苟有以上情事，于营运时虽偶有无偿而为运送之事实，不失为运送人；不过，于该个别之无偿性运送，尚不成立运送契约。

（2）狭义之运送人

（广义）运送人，以运送物品或旅客为目的，而成立运送者，于各该个别之运送契约上，即为狭义之运送人。例如，甲货车公司，受乙委托，

4 台湾学说，于此情形，多采否定论点，认应适用承揽或委托，而不适用运送（参照郑著（下），第五七三页；史著，第五五一页）。

5 饭店，以自用客车前往机场载运客人时，于客人部分，有运送之适用；于客人行李有场所主人责任之适用（第六〇六条），当系著例。

6 无体财产而供类如运送（传输）之形态者，以电话、电传及电话为最普遍。一般以为使用电信，属于承揽契约，使用电话，为租赁与雇佣之混合契约；至于电传，宜与电信使用作同一解释。

为乙承运汽车数台，由台北运至台南，则甲于甲与乙之运送契约上，甲即为狭义之运送人。

运送人虽有广狭意义之分，民法且为广义运送人而有专条之立法定义。惟民法本节之立法内容，仍如行纪、仓库各节，系从契约之角度作为规定之基础。

民法本节各条所称运送人，除定义规定之第六二二条外，殆均采狭义，亦即指个别运送契约之运送人。

既然，民法本节系以个别运送契约之权利义务，作为制度设计基础，强调广义运送人，乃至运送营业，殆无意义。民法债编修正草案初稿，建议将本节节名修正为运送，不仅用语体例可趋一致，于概念明晰之要求亦更周延。[7]

（二）运送之定义说明

依民法本节之言语使用，运送或可从营业之角度，认系运送营业之简称；亦可从契约之角度，认系运送契约之略称。不过，观之民法本节各条规定，其所称运送者，殆指运送契约而言，立法理由，乃至相关文献，强调运送系指运送营业者，尚不多见。因之以运送为运送契约之简称，当无偏颇。本章即系以此立场，作为运送之语言使用依据。

何为运送？民法本节亦有如行纪、仓库，未有直接明文。不过，根据以上所述，则所谓运送云者，殆可为之定义如下：

“称运送者，谓当事人约定，由运送人为托运人运送物品或旅客，而托运人俟运送完成时给付报酬之契约。”

基上定义，则有关运送之意义，殆可说明如下：

1. 运送为运送人与托运人间之契约

委托运送物品或旅客而给付报酬之人为托运人；反之，运送物品而请求给付报酬之广义运送人，是为运送人。因之，下列情形，非为运送契约。

（1）非以运送为营业之人（非广义之运送人），受托运送物品或旅客者，视其是否受有报酬而定其契约种类。其为有偿者，成立承揽（第四九〇条）；其为无偿者，成立委任（第五二八条、第五二九条）。

7 参照“民法”债编修正运送一节修正理由：“第十六节　运送　各种之债各节之规定，其内容有属于营业者，例如行纪、代办商、仓库、运送、承揽运送均是。惟除运送外，其他各节节名，均未另加‘营业’二字，而独本节节名则特标明为‘运送营业’，显与其他各节节名之立法体例有异，为期一致，爰将‘营业’二字删除。”

（2）以运送为营业之人，受托运送物品或旅客而未受到报酬者，成立委任（第五二八条、第五二九条），亦非运送。

2. 运送之当事人为运送人与托运人

运送之当事人一方为托运人，另一方为运送人。此无论于物品运送或旅客运送，固均无不同。惟其表现形态，不尽一致，爰分段说明之。

（1）物品运送

托运人无论为自然人或法人，均无不可，原则上亦不问其是否为商人。通常情形，托运人殆属物品所有人，但非为物品所有人者，亦无不可[8]，承揽运送人得为托运人（第六六〇条），即是著例；惟承揽运送为一营业型态，是承揽运送人为托运人者，事实上即为商人。

在物品运送上，受领运送物之人通称受货人；受货人往往为托运人及运送人以外之第三人，此时受货人固与运送发生某种程度之关系，但非契约当事人，其关系殆有如下：

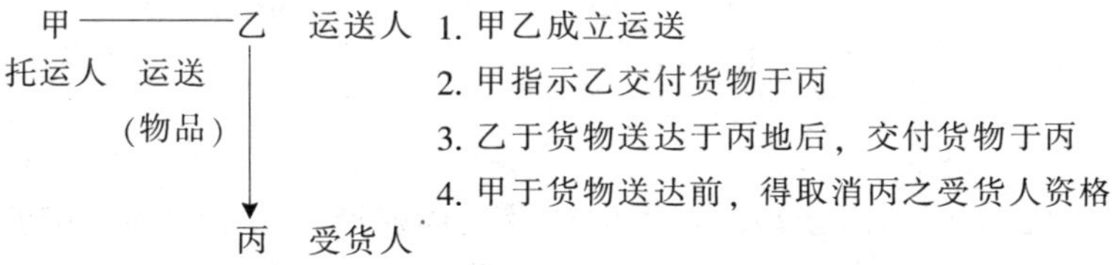

受货人固为运送之利害关系人，于运送完成（到达目的地），得请求运送人交付运送物（第六四四条），惟此之请求权，于运送完成前并不确定存在，托运人且有处分运送物之权利（第六四二条）。因此，受货人尚非利他契约之受益人，物品运送契约，亦不因此而成为利他契约（第二六九条）。不过，待物品送达目的地而经通知受货人或受货人为请求者，于此之后，受货人之地位殆如受益人矣！在运送存续中，运送人如填发提单者（第六二五条），提单持有人亦成为运送之利害关系人。有此情形者，托运人及受货人之权利上地位，固为提单持有人所吸收，于运送关系上，提单持有人同时享有所有物返还请求权及债权之运送物交付请求权，惟其并非取代托运人之契约上地位，仍不因此成为运送之

8　参照"最高法院"1982年台上字第二七一五号判例："物品运送系托运人与运送人间之契约，因双方意思表示一致而成立，其运送物不以属于托运人所有为限，原审因被上诉人所运送之钢线为上诉人所有，即认定两造已成立运送契约，立论殊有可议。"

当事人。

（2）旅客运送

旅客运送之托运人，通常即为旅客本身；其为旅客本身者，则托运人仅得为自然人。不过，托运人为他人利益，而与运送人成立运送者，亦偶有之。例如公司行号或机关团体，与运送人订立运送，载运员工远行即是。此时，旅客即非为运送当事人。

旅客非为运送当事人者，其地位有如受货人，惟人身不得处分，解释上宜认为，旅客已取得运送客票（如车票、机票或船票）者，即有请求运送之权，无待运送到达目的地。

此外，于交易习惯上，容许旅客携带之人，纵未另行支付运费，仍应解释为其间成立旅客运送。例如，父母搭车，携带孩提幼童，幼童虽属免费，仍不失为旅客，当有旅客运送之适用。

3. 运送之客体为物品或旅客

运送，因其客体之不同而分为如下二大类型：

运送（客体）——┬财产—物品运送（624以下）
　　　　　　　　└人身—旅客运送（654以下）

物品云者，仅限于动产，不动产及无体财产，均不与焉。惟既称动产，原则上应解释为包括一切动产，不问其有无财产上价值，亦不问其是否为商品。例如垃圾，虽无财产价值，亦得为物品运送是。惟信件，经由邮局递送者，无民法本节之适用，是为例外。

人尸，虽不得为交易之标的，但亦得为运送，虽然，人尸排除于动产之概念，惟其已非为人，自无成立旅客运送可言，是人尸之运送，系成立物品运送。

4. 运送须有异动空间之事实

自事实概念言之，运送者利用交通工具使物品或人身异动空间之事实行为。此一概念，虽非决定运送得为成立之惟一概念，但为其成立之必要因素，则无可否认。是以，运送人与他人成立非以空间异动为标的之契约者，仍无运送之可言。例如，单纯为人保管物品，系成立寄托，而与运送无关。

运送事实之有无，系乎空间有无异动，距离远近，固非所问，运送方法，亦无限制。就前者言，同栋楼房之搬运，亦得成立运送是；就后者言，使用担架、利用牛马，均得成立运送是。

运送，须到达目的地，并经交付物品或使旅客安全离开交通工具，此不仅须有劳务之供给，亦须完成一定之结果，故通说以为，运送系具有承揽性质之契约类型[9]，甚或以为系承揽之一种。[10]

5. 托运人支付报酬

运送人以运送营业维生，其成立契约，自须受有一定报酬；是运送成立，托运人有支付报酬之义务。此之报酬，为示与运送之关系，爰特称之运费。

托运人支付报酬，其情形有如雇佣人、定作人、行纪人、委任人等，为劳务契约之通例，其进一步说明，爰予从略。

二、运送之成立及性质

（一）运送之成立

运送，通常虽均有物品之交付或旅客之进入交通工具，但此与运送之成立无关。同样情形，运送人亦常填发有价证券（提单或车、船、机票），但此亦与运送成立无关。此外，运送如何成立，民法本节并无明文规定，惟其既无待交付，亦无庸一定方式，则解释上自当回归“民法”第一五三条规定，因当事人约定（意思表示一致）而成立，“民法”第三四五条第二项及第三四六条有关买卖之规定，于运送自亦有其准用（第三四七条）。此外，运送有事实上契约之适用，未买票而上车或上船者，仍得因运送之事实而成立运送，亦即有上船、上车等类事实，即认运送成立。

运送，既因意思表示一致而成立，则所谓运送人责任，应自运送契约成立即有适用，非以正式启运为必要。例如，运送物交付运送人后，虽未正式装运，其有毁损、灭失者，运送人仍应负无过失赔偿责任（第六三四条），不得主张依寄托之例而主张适用过失责任（第五九〇条后段）。同理，旅客上车等待开车时间而受有损害者，亦应作同一解释（第六五四条）。

（二）运送之性质

运送之性质，殆可归纳如下：

1. 双务契约

---

9 参照史著，第五五二页。

10 参照陈著，第二八五页～第二八六页、第二八七页。

运送成立，托运人有支付报酬义务，运送人有运送义务，二者互为对价，故运送为双务契约。

2. 有偿契约

运送人为运送物品或旅客之给付，与托运人支付报酬之给付，互有报偿，故运送为有偿契约。

3. 诺成契约

运送契约，只须当事人有运送物品或旅客之合意即为已足，无待现实履行，故运送为诺成契约。

4. 不要式契约

运送契约，无庸一定方式，故运送契约为不要式契约。

5. 独立有名契约

运送之契约归属上如何？学理上虽曾有雇佣说、委任说及承揽说之争，比较法上更有适用委任之体例。[11] 惟民法本节，即赋予特有名称，且详为规定，其内容复多与雇佣、承揽、委任不同。因其立法意旨，认为独立有名契约，自较充当。

至其所以规定于民法各种之债章节内，系本于民商合一之立法政策[12]，其根据与行纪、仓库殆无不同。

运送为独立有名契约，于制度内容，亦表现相当彻底，盖以不仅雇佣、委任少有其适用可能，即其性质颇为相近之承揽，亦因运送另有特色，且其规定又甚详尽，承揽规定实几无适用之可能。学者或谓，运送得分别有偿或无偿，补充准用关于承揽或委任之规定[13]，恐有言过其实之虞。

三、运送之种类及其法律适用

（一）运送之类型

运送之类型，得因其客体、方法或经由空间，而有不同区分类型。举其要点，殆可归纳如下表：

11 参照瑞士债务法第四四〇条第二项："运送契约，除本节另有规定外，适用委任之规定。"

12 参照"民法"本节立法理由："关于运送营业，各国立法例多于商法中规定之，本法因民商法统一之结果，特就物品运送及旅客运送，分款规定之。"

13 参照史著，第五五三页。

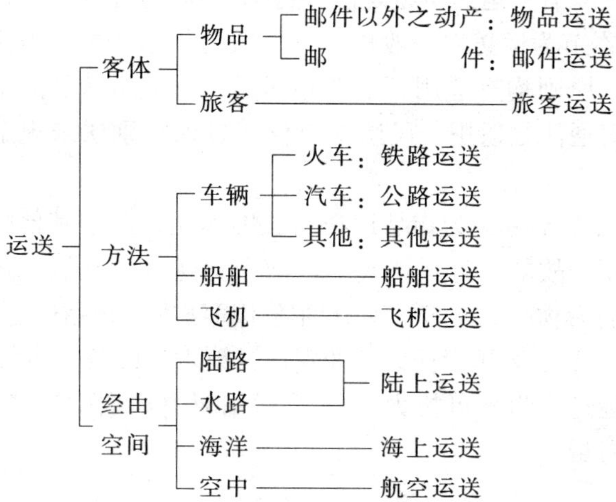

民法本节，系以物品运送或旅客运送而为区分，论其适用，本不问其方法或经由空间而异。不过，铁路运送、船舶运送（通常相对为海上运送），乃至飞机运送（相对为航空运送），于台湾法律制度设计上，于特别法上，有异于民法本节之特别规定。因此，以上类型区分，于学理上仍颇具意义。

（二）运送类型之法律适用

铁路运送业，虽有特别法以为适用，惟就运送之制度设计言，不失其为运送之基本性质。在此角度上，特别法仅系民法本节规定之延伸，其与民法之关系，应依循特别法优先于普通法之法律适用原则，亦即特别法有规定者，适用特别法，未规定者，适用民法本节。至其较为具体之制度关系，殆可表解如次：

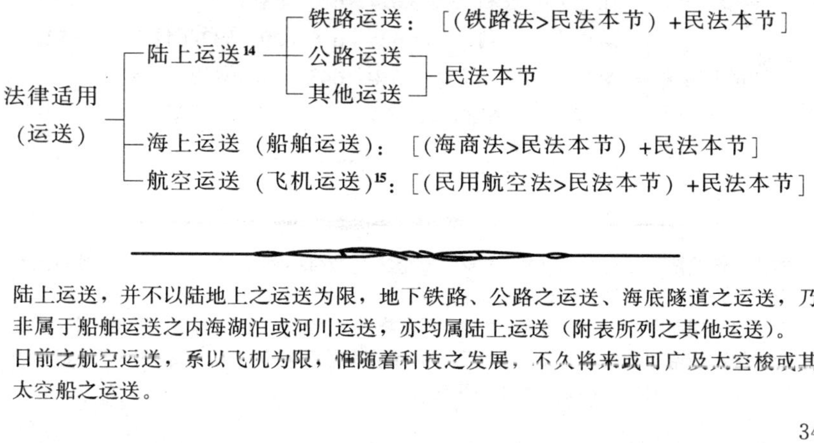

14　陆上运送，并不以陆地上之运送为限，地下铁路、公路之运送、海底隧道之运送，乃至非属于船舶运送之内海湖泊或河川运送，亦均属陆上运送（附表所列之其他运送）。

15　日前之航空运送，系以飞机为限，惟随着科技之发展，不久将来或可广及太空梭或其他太空船之运送。

基上所述，有关运送类型之法律适用，其要点尚可归纳说明如下：

1. 民法本节为运送之一般规定，性质上为运送之一般法，于上表所列各种运送，原则均有适用，惟铁路运送、海上运送及航空运送，有特别法优先于普通法之适用，民法本节仅于各该特别法未规定之情形下始有适用。[16]

2. 运送之基本分类为物品运送与旅客运送，此于其他分类之运送类型，仍有适用，故陆上运送诸类型、海上运送、乃至航空运送，亦均得因其运送标的为物品或旅客，而分别适用民法本节物品运送或旅客运送。

3. 民法本节之运送责任为事变责任（第六三四条、第六五四条），特别法、航空运送则为不可抗力责任。[17] 适用时自应斟酌其各自立法政策，而为不同之考量。

第二节　物品运送

物品运送者，以运送物品为标的之运送契约。依一般契约定义之模式言之，当可描述其定义如下。即

“称物品运送者，谓当事人约定，托运人交付物品于运送人，运送人允为运送而受取运费之契约”。

有关物品运送之定义说明及成立，于运送总说一节，业有详细说明，兹不重复；故本法乃以析述物品运送之效力内容为主。爰归纳民法规定内容，分其事项如下附表，并列项依序说明之。

- 物品运送
  - 托运人之权利义务（624、626、631）
  - 运送人之权利义务（625、626-629，632-642，645~652）
  - 受货人之权利义务（630、643、644）
  - 相继运送（653）
  - 运送之消灭

16　例如，铁路法有运送专车（46～65）、公路法有公路运输专章（34～57）、海商法有运送契约专章（81～131），理论上应优先于民法本节而适用。

17　参照“民用航空法”第六七条：“航空器失事致人死伤，或毁损动产不动产时，不论故意或过失，航空器所有人，应负损害赔偿责任。其因不可抗力所生之损害，亦应负责。自航空器上落下或投下物品，致生损害时亦同。”

以上各点，尤以运送人权利义务之部分，为其重心，盖以物品交付运送人运送，必须责成运送人妥为运送及为其他必要处置，始能确保托运人之利益。民法本节，以之为规定重心，涉及条文既多，内容亦称丰富，诚良有以也。

第一项　托运人之权利义务

托运人之权利义务，其要点殆如下表，并依序说明于下：

- 托运人权利义务
  - 义务
    - 填发托运单（624）
    - 交付运送物
    - 文件交付及说明（626）
    - 危险告知（631）
    - 报酬支付（622）
  - 权利
    - 运送物之处置（642）
    - 请求填发提单（625）
    - 请求妥善运送（632、633、641）
    - 损害赔偿请求权（634–640）

以上各项，其中之运费支付、请求填发提单、请求妥善运送及损害赔偿请求权等，前者相对构成运送人之主要权利，后三者相对成为运送人之主要义务，拟待运送人权利义务一项（后项）说明之。本项途述范围，乃以其余数项为限。

一、托运人之义务

（一）填发托运单

托运单者，托运人所填发，因运送人请求而填给运送人，用以证明托运物品之物品清单（第六二四条第一项）。因其为物品证明文件，须足以明确辨认托运之物品，并供查核点收，民法爰规定，托运单应记载左列事项，并由托运人签名：

“一、托运人之姓名及住址。

二、运送物之种类、品质、数量及其包皮之种类、个数及记号。

三、目的地。

四、受货人之名号及住址。

五、托运单之填给地，及填给之年月日。”（第六二四条第二项）[18]

运送人请求填给托运单者，托运人应填给运送人，是填发托运单为托运人之义务，因运送人之请求而确定。填者，填载而使其成立之意；给者交付之义，其意义内含有如仓单、提单之填发。

填给托运单，须记载一定事项，故填给托运单为要式之行为，须完成法定记载事项，始告成立。惟上列诸款，受货人之名号及住址、托运单之填给地，似可解为相对应记载事项，如未记载，于托运单之成立，并无影响，得视为以托运人为受货人，以托运人住居所所在为填给地。至于，法定记载事项外，亦得任意填载运送相关事项，例如，运送物交付日期、起运日期等。

托运单仅系证明文件，非为有价证券，尚不发生依背书转让之问题。不过，托运人因运送人请求而不为填给者，既属违反义务，如因而致生损害于运送人，宜认为成立不完全给付，托运人对运送人所受损害，应负赔偿责任。[19]

（二）交付运送物

运送人执行运送，须经占有运送物，托运人如不如期交付，运送人无从为运送，托运人有交付运送物义务，毋宁为当然解释。托运人有违反者，宜因其情形认为给付迟延或给付不能（通常为给付迟延），运送人得依债务不履行之例，行使权利。

（三）文件之交付及说明

运送物之完税消毒，于运送之遂行，有时颇为重要，遇有查核，尚须附带证明或说明，故“民法”第六二六条规定：“托运人对于运送人，应交付运送上及关于税捐警察所必要之文件，并应为必要之说明。”托运人此项义务，其内容有二。一为必要文件之交付，二为必要事项之说明。

1. 必要文件之交付：

（1）运送上必要文件：如货物通行证是。

18 参照“民法”第六二四条立法理由：“按托运单者，记载运送主要事项之单据也。此种托运单虽非运送契约书，又非有价证券，然托运人所交付运送人之货物，运送人须凭此单据连同物品，一并交付受货人，由受货人照单审核收受，故亦颇关重要，运送人如向托运人请求填给托运单时，托运人自应负填给之义务。至托运单内应行记载之事项，务须明确规定，俾有依据。”

19 参照郑著（下），第五七八页；史著，第五五七页（引注文献，仅肯定损害赔偿责任，未论述其依据）。

（2）税捐上必要文件：如货物完税证明是。

（3）警察上必要文件：如生鲜鱼肉之消毒证明、蔬果之防疫证明是。

2. 必要事项之说明

必要事项之说明，包括运送物之性质、文件证照取得之过程、核准情形、乃至其使用上之注意事项。[20]

托运人此项违反义务，如致运送人损害者，亦应负赔偿责任。[21]至其根据，愚见以为，仍以解为不完全给付为宜。

（四）危险告知

运送物具有易致损害之危险性者，托运人理应告知运送人，俾便采取适当措置，以利运送人之考量，并维护运送人之利益，故“民法”第六三一条规定：“运送物依其性质，对于人或财产有致损害之虞者，托运人于订立契约前，应将其性质告知运送人。怠于告知者，对于因此所致之损害，应负赔偿之责。”[22]

危险告知义务，基本上为契约前义务，其性质有如出版权授与人之告知义务（第五一六条第三项），保险法上之要保人告知义务（“保险法”第六四条），系本诸诚信原则而发生。其托运人于契约成立前未为告知者，于运送成立后，亦有随时告知之义务。

所谓有致损害之虞之性质，如爆炸性、易燃性、腐蚀性、感染性、毒性、辐射性等足以危害生命、健康、身体或财产之危险性均是。举凡运送物有上述性质之一者，运送人即有契约前告知义务；违反者，对运送人因而所受损害，应负赔偿责任。民法有关于此，虽以怠于告知为要件，怠者似乎隐含欠缺注意之意味，惟解释上不以托运人有过失为要件，只要违反告知义务（知其为危险物而未告知），即为已足。不过，如其危险性为运送人所已知者，则托运人纵未为告知，解释上似宜认为托运人应可免责，亦即其告知义务因之涤除，托运人亦无损害赔偿责任之可言。[23]

20 参照“民法”第六二六条立法理由：“关于运送上及关于税捐警察所必要之文件，如护照捐票免检证已受检查证等是，此种文件，托运人均有交付运送人之必要，并应将关于运送物品之性质，及其采运之事实，既由何处公署核准之情形等，为必要之说明，俾运送人彻底了解，以利通行，此亦托运人所应为之义务也。”

21 参照郑著（下），第五七九页。

22 参照“民法”第六三一条立法理由：“按运送之物品，如依其性质上对于人或财产有足以致损害之虞者，托运人应于订立契约前，负将其性质告知运送人之义务，否则运送人无由知悉，即不能尽相当之注意也。”

23 参照郑著（下），第五八〇页；史著，第六〇九页。

本条所以明定损害赔偿，系因其义务于契约成立前即已发生，如未规定，则运送人受有损害者，得否请求赔偿，解释上恐有争议。惟契约前之告知义务，并不因嗣后契约成立而当然涤除。是以运送成立后，运送人得依债务不履行（不完全给付），请求损害赔偿，甚或解除运送。至于运送人依侵权行为而得请求损害赔偿时，则有请求权竞合理论之适用。

二、托运人之权利

（一）分析角度

托运人之权利，固有多项，惟其如下权利，相应构成运送人之义务，且民法本节又基于运送人义务而为详细规定，其情形殆有如下：

托运人
- 请求填发提单—运送人填发提单义务
- 请求妥善运送—运送人妥善运送义务
- 损害赔偿请求权—运送人不履行责任

运送人以上义务及责任，不仅构成运送之主要内容，而且表征运送与其他契约迥异之特征，本节爰并入运送人义务说明之。

故本段叙述，暂以托运人之运送物处置权为范围。

（二）运送物之处置

1. 处置权之内含

托运人对于运送物之处置权，因修正前法律文字，以处分称之，一般文献，亦通称托运人之处分权。惟其实质内容，并非以处分为主，抑不以处分为限，概念上应属广义之处置，本书爰因其实质意义，另以处置称之，以符真义，并力求用语之统一。民法债编修正，于民法本条已类如本书观点，于相应用语改称处置，颇值肯定。[24]

运送物之所有权，并不因交付运送人而受影响，运送存续中，保留托运人或其他物权人以处置权，不仅为法理之必然，于托运利益之维护，亦有必要。为此，民法于第六四二条第一项规定："运送人未将运送物之达到，通知受货人前，或受货人于运送物达到后尚未请求交付运送物前，

24 参照"民法"债编修正第六四二条修正理由："原条文规定托运人或提单持有人对于运送人，得请求中止运送或返还运送物时，均为一种行为，其涵义应较'处分'为广，参照本法第五百二十七条第二项，第五百八十四条及第六百四十一条均用'处置'字样爰将'处分'修正为'处置'。"

托运人对于运送人，如已填发提单者，其持有人对于运送人，得请求中止运送，返还运送物或为其他之处置。”[25]

至其重点，殆可分析说明如下：

（1）处置权主体

对于运送物之处置，其权利主体因有无填发提单而异。即

处置权主体
- 未填发填单：托运人
- 已填发提单：提单持有人

何为提单？乃至其填发过程如何？拟待次项说明，于此从略。

（2）处置权时限

运送物到达目的地，经通知受货人者，受货人取得运送物交付请求权，或虽未通知受货人，但受货人于到达后请求交付运送物者，受货人亦取得托运人之运送契约上权利（第六四三条、第六四四条）。有此情事之一发生者，受货人之权利应受保障，托运人丧失对于运送物之处分权。

不过，以上情事之发生，仅限于托运人未填发提单时有其适用。盖以托运人如已填发提单，不仅托运人对运送物之处置权移转于提单持有人，受货人之地位，亦为提单持有人所取代，就提单所有人言，尚无因通知受货人或受货人请求而丧失处置权之问题。

（3）处置权之方法

托运人如何行使处置权，民法本条仅泛称请求，一般以为，得依意思表示为之而适用民法总则之规定，无庸一定方式，但须具体表明处分之内容。

（4）处置之内容

处置之内容，主要有三。即

①中止运送：即中途停止运送而停留于途中某地。此一处分，须于运送物到达于目的地前为之。

②返还运送物：即将运送物返还于托运人或提单持有人；惟此之返还，仅于运送物所在地为返还即可，无庸还回原地。换言之，托运人或提单持有人，仅得就运送物所在地为返还，不得请求运回原地或运交他处。

25 修正前民法本条项用语为：“运送人未将运送物之达到通知受货人前，或受货人于运送物达到后尚未请求交付运送物前，托运人对于运送人如已填发提单者，其持有人对于运送人，得请求中止运送，返还运送物，或为其他之处分。

③其他处置：如指示运送人将运送物改变受货人以外之人或指示特别保管方法是。惟处置应依不变更原始付内容为范围。是以，类如变更运送路线或目的地者，尚非本条所称处置权之范围。

2. 处置之利益权衡

托运人就运送物为处置者，本非运送人所可预料，其因而增加之费用或所生之损害，自不宜由运送人承受，故民法本条第二项规定："前项情形，运送人得按照比例，就其已为运送之部分，请求运费，及偿还因中止、返还或为其他处置所支出之费用，并得请求相当之损害赔偿。"俾保护运送人之利益。[26]

托运人为处置而增加费用者，系可归责于托运人所致，由托运人负担，始称平允，其依据与第二八〇条第一项但书、第三一七条但书，似属相同。托运人之处置，有时或使运送人无庸继续运送。如是，运送人如何请求运费，解释上不无疑义，民法本条项，规定按比例请求运费，堪称公允。所称按比例云者，应就运送总体事务综合斟酌，非仅以距离远近为准。不过，运送人虽或免为继续运送，但并不因此即可获得承运机会，按比例请求运费，难免仍有损害，或因托运人处置而另有损害。例如，将运送物改交受货人以外之第三人，而该第三人遍寻无着，以致拖延而丧失承运机会是。有此等情形者，则运送人尚得情求损害赔偿。

3. 法律文字之调整

鉴于民法本条文字冗长，规范意涵亦称繁琐，为期周延明确，民法债编本条修正，除因审酌规范意旨，就处分之文字改称处置外，其他相关用语及标点符号之运用，亦多有著墨，于法律意义之明晰言，颇具意义。[27]

26 参照"民法"第六四二条立法理由："其因中止运送，返还运送物或为其他之处分，致运送人受有损害者，运送人得按照比例，就其已经运送之部分请求运费，就其因中止运送或返还运送物或其他处分所支出之费用请求偿还，其有他种损害者，并得向提单持有人请求相当之赔偿额，以保护其利益。"

27 参照"民法"债编修正第六四二条修正理由："一、现行条文规定托运人或提单持有人对于运送人，得请求中止运送或返还运送物时，均为一种行为，其涵义应较'处分'为广，参照第五百二十七条第二项、第五百八十四条及第六百四十一条均用'处置'字样，爰将'处分'修正为'处置'。又期本条文义明确，爰将第一项内'托运人对于运送人'之后，'如已……'之前，增加一逗点'，'。二、第二项内'中止返还'，乃爰第一项规定而来，应为二种行为，为明确计，爰于'中止'之后，'返还'之前，增加一顿号'、'，已是区分。又此处中止、返还乃动词，与其并列之'其他处分'亦应作动词用，惟原规定易使人误解为名词，爰将'其他处分'修正为'为其他处置'，以期一致。"

第二项　运送人之权利义务

运送人之权利义务，殆可归纳如次表，并依序说明于下：

- 运送人权利义务
  - 义务
    - 提单填发义务
      - 提单之填发（625）
      - 提单之意义及性质（627）
      - 提单之效力（628、629、649）
      - 提单丧失之救济（629-1）
    - 妥适运送义务
      - 准时运送（631）
      - 不背指示（633）
      - 必要注意及处置（641）
      - 运送物交付（643）
    - 债务不履行责任
      - 责任事由（634本文）
      - 责任标准（634本文、635、636）
      - 责任免除（634但）
      - 适用客体（638Ⅰ）
      - 赔偿范围（638-640）
      - 特殊消灭事由（648Ⅰ、623）
  - 权利
    - 运费请求权等（622、645、649）
    - 特殊留置权（647）
    - 寄存拍卖取偿权（650-652）

一、运送人之义务

（一）提单填发之义务

运送成立，运送人并无当然填发提单之义务，但运送人于收受运送物后，托运人为请求者，运送人即有填发之义务（第六二五条第一项），此殆与仓库营业人同。

有关提单之填发、作用、性质、效力、乃至丧失之救济，与仓库雷同者甚多，为免重复，本章仅就其与仓单不同之部分，详为说明。至其相同者，则仅叙其重点。

1. 提单之填发

根据“民法”第六二五条第二项规定，提单之填发，须记载下列事项，并由运送人签名。此即：

一、托运人之姓名及住址。

二、运送物之种类、品质、数量及其包皮之种类、个数及记号。

三、目的地。

四、受货人之名号及住址。

五、运费之数额及其支付人为托运人或为受货人。

六、提单之填发地及填发之年月日。[28]

如上所述，足见提单之填发，亦属要式行为，其记载事项得分为应记载事项、得记载事项及不得记载事项，乃至其细目及相关效力，其情形均如仓单，兹不重复。

至上述应记载事项，虽学说或以为均属绝对应记载事项，有一欠缺，即属提单无效[29]，惟愚意以为，尚须因其性质而作不同解释[30]，论其情形殆可分述如下：

（1）绝对应记载事项：运送物之种类、品质、数量及其包皮之种类、个数及记号、目的地、填发年月日。[31]

（2）相对应记载事项：提单填发地（未记载者，视为运送人住居所所在地）。

（3）法定得记载事项：托运人之姓名及住址、受货人之名号及住址[32]、运费之数额及支付之人。

2. 提单填发之依据

依民法本条规定，提单之填发，须于交付运送物始得为之。此一立场，旨在力求与仓单相关立法体例（第六一五条）一致[33]，惟此修正，易

28 参照"民法"债编修正第六二五条修正理由："一、运送人于收送运送物前，能否填发提单？现行法尚乏明文规定。惟通常提单具有受领物品收据之效力。为避免疑义，并期与第六百十五条修正条文相配合，爰将本条第一项修正为'运送人于收受运送物后，因托运人之请求，应填发提单'。二、第二项第二款、第三款标点符号'，'系属多余，爰予删除。"

29 参照戴著（下），第一六三页；蔡著（下），第四九页。

30 参照郑著（下），第五八四页；史著，第五六〇页；陈著，第二九〇页。

31 学理或以为，提单未记载填发年月日者，对其效力不生影响，虽愚见以为，年月日之记载为有价证券成立要件，为免疑义，似以类推票据法相关规定，解释其为绝对应记载事项，为较妥当。

32 受货人之名号，是否为绝对应记载事项，涉及提单得否为无记名式，愚见以为，提单得为无记名式，爰亦认为受货人仅系任意记载事项。

33 参照"民法"债编修正第六二五条修正理由："一、运送人于收送运送物前，能否填发提单？现行法尚乏明文规定。惟通常提单具有受领物品收据之效力。为避免疑义，并期与第六百十五条修正条文相配合，爰将本条第一项修正为'运送人于收受运送物后，因托运人之请求，应填发提单'"。

于使人误解提单为要因证券，甚而认为，未交付运送物而填发提单，乃至运送无效或经撤销或解除者（即学理通称之空单），其提单无效。如是，其修正之不仅有悖有价证券基本原理，其窒碍交易安全者，必将更甚于仓单之相关叙述（本书第四五三页）。

按修正前民法本条规定，提单之填发，只要托运人请求，即应填发，非若仓单之有依仓库簿记载填发之限制。就贯彻提单之有价证券性质而言，修正前本条规定，不仅较修正前“民法”第六一五条为妥，亦较修正后之现行民法本条及第六一五条为当。

愚见以为，其文字或可一如仓单所述而修正如下：“运送人因托运人之请求，应填发提单，但托运人未交付托运物者，运送人得拒绝填发之。”（本书第三二四页）

3. 提单之意义及性质

（1）提单之义意

“提单者，运送人因托运人请求而填发，以表彰运送物之有价证券是也。”

提单为有价证券，除得作为运送人收受运送物之证据外，尚得作为提单持有人请求运送人交付运送物之凭证，盖以权利证券化之结果，提单同时表彰运送物本身（即提单＝运送物）故也。

提单之份数如何？民法本并无明文，宜基于如仓单之理由，解释其为一单主义。至于提单之分割，民法本节未若仓单之有第六一七条规定，惟基于法律行为（契约）自由原则，解释上宜采肯定而类推适用第六一七条规定。

（2）提单之性质

提单之性质，大体有如仓单，故亦可归纳其要点如下表：

提单
- 要式证券
- 记名证券（原则）
- 自付证券
- 物品证券（物权证券）
- 文义证券
- 不要因证券
- 缴还证券

不过，从民法本节相关规定观之，则相对于仓单，提单于下列四者，其表征更见显著。

①法定指定证券

仓单具有指定证券之性质，固无疑义，惟“民法”第六一八条规定，其移转尚须经仓库营业人签名，并非单纯一经背书，即可转让，严格言之，是否为法定指定证券或当然指定证券，容有商榷。惟提单之转让，纵为记名式，亦仅须背书即为已足，无庸经运送人签名（第六二八条本文），从有价证券之原理言，提单因此一规定而更符权利证券化之要求，其为法定指定证券或当然指定证券，自无任何疑义。

②物品证券

仓单为物权证券，解释上固无疑义，惟民法仓库一节，并无直接明文。反之，提单为物品（权）证券，民法本节则为之特著明文，此即“民法”第六二九条之如下规定：“交付提单于有受领物品权利之人时，其交付就物品所有权移转之关系，与物品之交付，有同一之效力。”提单为物品证券之实证法基础，更为贯彻而坚强，由此可见。

③文义证券

仓单为文义证券，仓库本节亦无具体明文；反之，提单之文义性，见之“民法”第六二七条，法条文字称曰：“提单填发后，运送人与提单持有人间，关于运送事项，依其提单之记载。”其法律规范基础表征更见明确，亦系事实。[34]

④缴还证券

仓单为缴还证券，亦系本于学理上解释而来，仓库之节尚无明文；反之，提单则于“民法”第六三〇条明文规定之。其文字则为：“受货人请求交付运送物时，应将提单交还[35]。”

不过，于运送关系上，受货人得请求交付运送物者，仅以运送人未填发提单者为限。提单如已填发，则惟提单持有人得请求交付运送物。本条所称受货人，当指持有提单之受货人，亦即兼具提单持有人之受货人而言。为免解释适用之疑义，其法律文字如能调整如下，或更允当：“提单持有人请求交付运送物时，应将提单交还。”

---

34 参照“民法”第六二七条立法理由：“依文义证券必至之结果，运送人与提单持有人相互间之关系，应专以提单所记载者为准。故自提单填发后，关于运送事项；运送人只就提单上之记载，对于提单持有人负其责任。提单持有人，亦仅得就提单上之记载，对于运送人主张其权利，不得以提单外之约定事项变更之。”

35 参照“民法”第六三〇条立法理由：“提单为受领货物之凭证，受货人受领物品，应以提单为凭，故非将提单交还，不得请求运送人交付运送物，此当然之理也。故设本条以明示其旨。”

4. 提单之效力

(1) 提单效力之内容

①物权效力

提单为物品证券，持有提单即等于占有运送物而取得其物权，故“民法”第六二九条规定，交付提单于有受领物品权利之人时，其交付就物品所有权移转之关系，与物品之交付有同一效力。所谓同一效力者，意即物品所有权之转移，自交付提单时发生，无待亦无庸交付物品而言。[36] 再者，提单一经填发，物品所有人即不得以指示交付方式，让与物品所有权于他人。

不过，民法本条乃系权利内容之规定，并不影响移转方式之规定，如提单权利之转让方式，法律另有规定者，则提单所载运送物之转移，仍须依其规定，并不因本条规定即可解为因提单交付或受领交付而取得运送物之权利。按提单为记名式者（记名提单），其转让须以背书为之（第六二八条本文），非经背书既不生提单移转之效力，则其运送物所有权不因之而发生，恐难否认。足见，提单交付与物品交付有同一效力者，严格言之，仅于无记名提单，得以直接适用，若为记名提单，则尚须经背书交付；若指名提单（禁止转让之记名提单），则不因证券背书交付而移转物品权利之问题。由于提单通常为记名式，直接援用民法本条规定之权利移转似不多见，不过，其宣示提单为物品证券之抽象规范意义，则属不容置疑。盖虽经提单载明为权利人，或经背书为被背书人，如未交付提单，其权利尚不因记载或背书而当然发生也。

本条所称“有受领权利之人”云者，既须胥其为记名提单或无记名提单而定，亦须分别初次交付或后续交付而观察之。其情形略有如下：

Ⅰ记名提单

初次交付：提单所记载之权利人

后续交付：经连续背书之被背书人

Ⅱ无记名提单：

无论初次交付或后续交付，如为正当持有人，即为有受领权利之人。至于正当与否，则以持有人本身情事判断之。例如，持有人之前手，于提单之取得，虽有恶意情事，但持有人为善意者，于法仍得主张善意受

36 参照“民法”第六二九条立法理由：“本条明示交付提单于有受领物品权利之人时，其交付就物品所有权移转之关系，与物品之交付，有同一之效力。是物品所有权移转之效力，自交付提单时即已发生，不必更俟交付物品而始发生也。”

让而受保护。

②债权效力

提单填发后，运送人与提单持有人间关于运送事项，依其提单之记载（第六二七条），是为提单债权效力之主要依据。论其要点，则有如下：

Ⅰ提单记载之运送物与实际运送物品之品质不符或数量短少者，运送人对提单持有人负不完全给付之不履行责任。

Ⅱ运送物未交付者（即通称之空单），运送人仍应对提单持有人负给付不能或给付迟延之不履行责任。[37]

Ⅲ提单记载事项与运送契约抵触者，宜解为提单之记载变更运送契约之相关约定。

Ⅳ提单之记载，较实际运送之物品为短少者，提单持有人尚不能根据提单主张记载外物品之交付，惟其能根据运送契约证明，系就契约所及物品而移转者，仍得本于运送契约主张交付之。所谓“关于运送事项，依提单之记载”等语，究应如何解释？愚意以为，提单之记载，涉及托运人与运送人权义者，提单持有人取代托运人，而与运送人直接发生权利义务关系。是以，提单之填发，提单持有人不仅于物权层面取得运送物所有权，同时取得债权性之托运物交付请求权；通常情形，亦因提单之记载而支付运费。不过，托运人为运送当事人之地位，仍属存在，既不因提单之填发而脱离运送当事人之地位，托运人因运送而生之权义，亦不因之而当然全部移转。

③提单之设质

提单设质，本为物权效力之问题，惟因同时涉及债权质权有无之争议，故独立另段说明之。提单如何设质，民法本节并无明文，解释上应依权利质权之相关规定为之（第九〇二条），其具体方式则为，记名提单应依背书为之，无记名提单以交付为之（第九〇八条）。足见，纯就外在

37 运送人就空单所负责任究为给付不能或给付迟延，似应依下列标准定之：

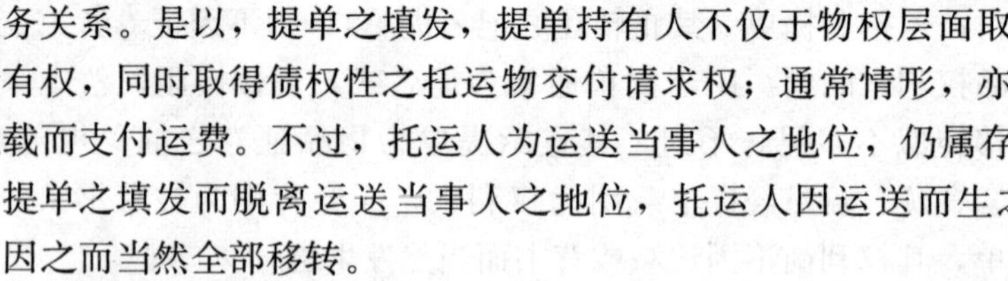

形式而言，与所有权移转之方式，尚无不同。遇有争议时，理论上应依当事人效果意思而定。

提单设质时，其质权人取得者，究对运送物取得动产质权？抑或对运送物返还请求权取得权利质权？抑系二者间而有之？学理上尚有争论。或谓，民法本节，于提单之物权效力，仅就所有权移转而有明文（第六二九条），设定质权尚无明文，理论上不得为同一解释，是提单设质，仅生权利质权之效果。[38] 惟依此解释，则提单持有人，尚得就运送物本身设定动产质权，于交易安全恐有窒碍。至于“民法”第六二九条，系在表征其物权证券性，法律制度上仅就其重心所在之所有权而为规定，毋宁为一般模式，举重以明轻，似无庸解释为设质当然排除其适用。是以，愚意以为，提单之设质，解释为同时发生动产质权及权利质权之效力，似较可采。

（2）提单之转让

提单与仓单，虽同为有价证券，惟有关其流通，民法之制度设计，尚有参差，仓单非得任意以背书转让，业已如上所述，反之，提单则可（第六二八条）。在此角度上，提单之高度流通性，较之一般成熟之有价证券，尚无不同。不过，完全之有价证券，背书尚具有担保给付之效力（“票据法”第八五条），而提单尚无之。爰斟酌其情，就提单转让为较具体详细之说明，以示提单之流通。

①提单之转让方式

提单之转让方式，因其为指名式，记名式或无记名式而截然不同。其情形殆有如下：

- 提单转让
  - 记名提单（广义）
    - 指名提单：不得转让（628但书）
    - 记名提单（狭义）：背书+交付（628本文、629）
  - 无记名提单：交付（629）

提单通常为非禁止（背书）转让之（狭义）记名提单。是以，有关背书之问题，为提单转让之重心。以下爰从背书之角度分析相关问题。

②背书之款式

提单背书之款式如何？民法本节并未规定，解释上，票据上之有关规定，得类推适用之。故背书应由提单让与人在提单背面或其粘单为之，

38 参照郑著（下），第五八八页。

并由受让人签名其上（记名背书）；但亦得不记载受让人而采取空白背书（“票据法”第三一条）。

③背书之效力

票据背书，一般以为有如下三项效力。即

背书（要据）——权利移转效力 / 权利证明效力 / 权利担保效力

相对于票据背书，提单之背书，仅有移转及证明两项效力，至于权利担保效力，尚不发生。换言之，提单之背书人，并不因其背书而对持单人负给付责任，持单人对背书人并无追索权，仅能依原因债权主张权利。不过，就移转效力而言，提单背书具有移转物权之效力（第六二九条），则又为票据背书所无，可认为系其特色之一。

5. 提单丧失之救济

提单丧失之救济，适用第六一八条之一，亦即仓单丧失救济之有关规定（第六二九条之一）[39]，兹不重复（本书第四六三页以下）。

（二）妥适运送之义务

依民法本节规定，运送人之妥适运送义务，其事项有四。即准时运送义务、不背指示义务、必要注意及处置义务以及运送物交付义务四者是。

1. 准时运送

运送为运送人之主要义务，应依运送契约之本旨为之。惟称运送云者，并不仅限于搬运本身；于物品运送，举凡运送物之受领、保管、装运及交付均包括在内。换言之，运送人之运送义务，系自受领运送物起算，至交付完竣，始告完成，既非自始起运，亦非运送到达目的地，即告免责。运送人于该等时段内，于有关事项，均应善尽妥适运送之义务。[40] 妥适者，不仅空间上应求其安全无损，时间之争取，亦甚重要，民

39 参照“民法”债编修正第六二九条之一修正理由：“……二、提单为得依背书转让之有价证券，因其性质与仓单近似，故于遗失、被盗或灭失时，学者通说以为得适用仓单遗失、被盗或灭失之补救方法，为期明确，爰明定提单适用第六百十八条之一之规定。”

40 参照最高法院1930年上字第一一二号判例：“运送人对于运送物品本有善良保管之责，于运送责任尚未终了以前，雇人看守，仍属履行保管责任之事项，因此所支之费用，自不能责由托运人赔偿。”

法爰于第六三二条第一项规定："托运物品应于约定期间内运送之。无约定者，依习惯。无约定亦无习惯者，应于相当期间内运送之。"

运送，旨在完成运送，故本条项所称运送，如未特别约定者，意义上包含完成运送。亦即运送人不仅应准时起运，亦应准时完成运送。不过，当事人如仅就起运时间而有约定者，宜解释为，依习惯定期完成运送之期间；无习惯者，以相当期间定之。

兹之习惯，意指当地运送业之交易惯例，该地云者，意指起运地而言。至于相当期间，除依诚信原则斟酌外，并应顾及各该运送之特殊情形（第六三二条第二项）。所谓特殊情形者，如运送物之性质、运送工具，运送路线交通情况，运送期间之气候状况等，均应纳入考量。

运送人违反准时运送义务者，为运送迟延（给付迟延），应负无过失损害赔偿责任（第六三四条）。

2. 遵守指示

运送相关事务不仅搬运途中，面对情况复杂，自受领交付至运送完成，涉及事项亦多，运送事务之顺遂执行，有赖运送人裁量应变，固属不可否认，惟运送系因托运人之利益而存在，运送物到达目的地经通知受货人之前，托运人对于运送物尚有处置权，是以，运送人亦有遵守托运人指示之义务。[41] 为此，"民法"第六三三条规定："运送人非有急迫之情事，并可推定托运人若知有此情事亦允许变更其指示者，不得变更托运人之指示。"以明托运人遵守指示义务之范围。

民法本条文字，除主体为运送人外，与"民法"第五三六条所定受任人遵守指示义务相同。故其与该条内容相当者，本条不予重复。

托运人指示与委任人指示而有不同者，或属甚少，勉强言之，当属提单之填发。亦即提单之记载事项，其涉及运送事项者，无论其为法定记载事项（包括受货人之指定），抑或得记载事项，均构成托运人之指示，且有变更运送契约相关约定之效力，运送人亦有不得任意变更之义务。

运送人违反指示义务，致托运人受损害者，固应依债务不履行（不完全给付）之例负赔偿责任；其依民法本条而得变更者，如运送人未为变更，以致托运人受有损害者，亦应负赔偿责任（第六四一条第二项）。

41　参照"最高法院"1960年台上字第五七七号判例："运送人应照托运人之指示，将运送物运交所指示之受货人，除托运人有变更指示外，不得自将应行送达之货物交与指示以外之第三人，至受货人所在不明或竟无其人，亦应通知托运人请求指示，不得自行处置。"

3. 必要注意及处置（11）

（1）成立要件

运送人于运送相关事务之执行，应尽善良管理人注意，乃一般契约原理所必然，于运送自亦有其适用。是以，此之所称必要注意及处置义务，系指特殊情事而课赋运送人之特别注意义务；如就法律语言之使用要求，严格言之，宜称之特殊情事之必要注意及处置义务。第六四一条规定，其内容为："如有第六百三十三条、第六百五十条、第六百五十一条之情形，或其他情形足以妨碍或迟延运送，或危害运送物之安全者，运送人应为必要之注意及处置。

运送人怠于前项之注意及处置者，对于因此所致之损害，负责任。"（第六四一条）。

基此，有关必要注意及处置义务之制度内容，殆有如下：

①必要注意及处置之事由

依民法本条规定，运送人应为必要注意及处置之法定特殊事由有四，即：

Ⅰ急迫变更之必要情事发生（第六三三条）；

Ⅱ运送物因受领迟延而有寄存拍卖之必要情事者（第六五〇条）；

Ⅲ运送物因诉讼而有寄存拍卖必要情事者（第六五一条）；

Ⅳ其他必要情事：例如，运送途中，突遇交通断绝，足以迟延运送，或送至目的地，突遇战事，无从卸货而运送物有腐败之虞是。

②须其事由，足以妨碍或迟延运送或危害运送物之安全妨碍运送、迟延运送或危害运送物安全，须三者而有其一，而其程度，仅以客观上足以发生之虞者即是，非待具体事实之发生。至其具体情事，当可例说如下：

Ⅰ妨碍运送，例如运途前程，盗匪出没，足以妨碍运送是。

Ⅱ迟延运送，例如运途前程，道路坍方，桥梁断裂，足以迟延运送是。

Ⅲ危害运送物安全，例如遇有台风，足以吹翻运送工具是。

Ⅳ其他情形，例如运送物受领权归属发生诉讼，无法一时交付，而运送物价格不断滑落是。

修正前民法本条项规定，必要注意及处置，须为保护运送物所有人利益而为之；例如，闻悉盗匪出没，须提高警觉，随时探听消息，即属必要注意，绕道而行，则为必要处置。惟于此情形，其利益或为托运人，或受货人或其他权利人，足见其保护范围尚不以保护运送物所有人利益为限，民法债编修正为此删除"为保护运送物所有人之利益"之文句，以免适用疑义，当亦颇有见地。[42]

（2）法律效果

怠于必要注意及处置义务者，为特殊规定，违反者是否构成债务不履行？解释上恐有争论，为此民法本条第二项特予明定，运送人对于因此所受损害，应负赔偿责任，于杜免无谓争论而言，当有意义。

不过，随着不完全给付理论之发达，愚意以为，运送人此项责任，仍属不完全给付之一环。由于，运送人对于运送物之毁损、灭失或迟到，本应负无过失责任，民法本条项则以怠于必要注意为前提，解释上当属过失责任，相对于“民法”第六三四条，于此部分，当寓有减轻运送人责任之意旨，应优先于第六三四条而适用之。

4. 运送物交付

运送系为托运人而存在，运送到达目的地后，运送人负有交付运送物于受领权人之义务，此为运送概念所已包括，无待明文而应为当然解释。其运送而未填发提单者，运送人于到达目的地时，并有即时通知受货人之义务（第六四三条），货物到达目的地后，受货人请求交付货物者，运送人并有交付义务（第六四四条）。惟其等已填发提单者，则应向提单持有人为交付。不过，运送人为保全其运送债权，对于运送物有留置权（第六四七条）。

运送物之交付，亦包括于运送概念内，运送人交付运送物完毕者，运送始告完成。交付而有迟延者，即为运送物之迟到（给付迟延），运送人应负无过失损害赔偿责任（第六三四条）。

（三）债务不履行责任

运送为契约类型之一，运送人有债务不履行者，解释上本应适用债之通则之相关规定，其主要条文为“民法”第二二六条、第二二七条、第二二九条至第二三三条，此与其他契约之债，并无不同。惟民法本节于运送人之债务不履行责任，特别规定，致其制度内容，与债之通则所表征者，颇多殊异。爰依民法本节规定，另段独立说明之。

1. 责任事由

（1）责任事由之意义

42 参照“民法”债编修正第六四一条第一项修正理由：“依现行法第一项规定，运送人之必要注意及处置义务，似专为保护运送物所有人之利益，惟事实上此时运送人与托运人、受货人或其他权利人之关系更为密切，其利益均应受保护，原规定仅指出为保护运送物所有人之利益，适用上将发生疑义，爰将‘为保护运送物所有人之利益’等文字删除。”

运送人债务不履行责任之基本规定为“民法”第六三四条，其法条文句为：“运送人对于运送物之丧失、毁损或迟到，应负责任。但运送人能证明其丧失、毁损或迟到，系因不可抗力，或因运送物之性质，或因托运人或受货人之过失而致者，不在此限。”兹为叙述方便，爰简称其为运送人责任。

相对于一般之债务不履行责任，运送人责任之特色，归纳言之，主要有二。一为无过失责任，二为限额赔偿。二者中，无过失责任，具有提升债务人责任标准，加强债权人权利保护之功能，似属更具意义。为免运送人负荷过于繁巨，民法本段于责任事由，乃略有限缩，堪称严正中亦更缓和。

依民法本条规定，运送人应负无过失责任之事由有三。即丧失、毁损或迟到，其个别类型之意义如下：

①运送物丧失

丧失云者，指运送物不能交付于受领物品权利之人之情事而言。何为不能？于相关理论上，宜依给付不能之不能作同一解释，亦即社会通念上，不能强制运送物交付实现者，即为已足。[43] 因此，运送物之物质上灭失，为此所称之丧失，固无疑义，即遗失、被盗而不知所之，乃至因法律规定而不能回复占有均是。

②运送物毁损

毁损云者，指运送物之外观完整或内在品质变动，致其价值减损者而言。运送物之破损、固其最为常见，即运送物之生锈、腐蚀、发霉、变形、变色、褪色、脱水乃至鲜度减弱等均属之。但单纯因物价变动而贬值者，尚不属之。

③运送物迟到

迟到云者，指届满约定期限或习惯上期限或相当期间，而尚未完成运送之情形。尚未完成云者，原则上只要未完成交付即为已足。因此，纵运送人如期将运送物运达目的地，但迟未交付者，亦属此所谓之迟到。

（2）责任事由之范围

相对于债之通则所称之债务不履行，运送人责任之事由，与一般之债务不履行相差无几，盖其彼此相通之情形，略有如下也。此即：

43 参照邱聪智前揭“新订民法债编通则”（下），第四三二页以下。

运送物丧失—给付不能

运送物毁损—不完全给付

运送物迟到—给付迟延

不过，严格言之，较诸一般之债务不履行，运送人责任之适用范围，仍属较为狭隘。其间，尚不适用运送人责任之情事，略有如下：

①运送人预示拒绝运送或拒绝受领运送物者（不为给付?）。

②运送相关事务之执行，致托运人、受货人或提单持有人人身或其他财产或利益发生损害者（不完全给付）。

③非运送物之丧失、毁损或迟到，致托运人、受货人或提单持有人受有履行利益之损害者。

至于运送人因民法本条而应负赔偿责任时，其请求权之主体、或为托运人、或为受货人、或为提单持有人。至其具体情形，当有如下：

①运送而未填发提单，受货人亦未取得运送契约权利者：托运人。

②运送而未填发提单，受货人已取得运送契约权利者：受货人。

③运送而填发提单者：提单持有人。

2. 责任标准

(1) 责任形态之所在

依民法本条规定，运送人就运送物之丧失、毁损或迟到，应负责任，而未言及可归责或过失之有无，其责任原理属于无过失责任，当无疑义。实务亦持肯定见解[44]，惟早期判例曾以为，运送人证明因不可归责于自己之事由，以致不能交付运送物（运送物丧失）者，得免其赔偿之责，其用语似有未尽妥适。[45]

无过失责任，严格言之，仍有类型区分，其主要形态略有如下：

无过失责任—┬—事变责任
　　　　　　└—(狭义) 不可抗力责任

44 参照"最高法院"1958年台上字第七一三号判决："关于运送人之责任，只须运送物有丧失、毁损或迟到情事，经托运人或受货人证明属实，而运送人未能证明运送物之丧失、毁损或迟到系因不可抗力，或因运送物之性质，或因托运人或受货人之过失所致者，则不问其丧失、毁损或迟到之原因是否为可归责于运送人之事由，运送人均应负法律上或契约之责任。"

45 参照最高法院1930年上字第三一六九号判例："承运之货物既有短少，则非证明确因不应归责于已之事由以致不能交付，自不能辞其赔偿之责。"

如是，则民法本条所负责任形态为何？理论上不能无进一步说明。由于本条但书规定，因不可抗力而致之丧失、毁损或迟到，运送人不负责任。其所称不可抗力，系意指狭义不可抗力而言。因之，解释民法本条之无过失责任形态，通说以为，系指事变责任而言。

（2）履行辅助人规定之删除

运送人就运送物之丧失、毁损或迟到，既应负事变责任，自不问其事由之发生，是否由于运送人本人或受雇人或受托运送人所致，亦即不问此等人有无过失，运送人均应负责，此法律解释之必然，惟修正前民法竟于第六三六条规定："运送物因运送人之雇用人或其所委托为运送之人，有过失而致丧失、毁损或迟到者，运送人应负责任。"其用意究属何在，诚属令人费解？而且，足以使人误以为，运送人之受雇人或其所委托为运送之人无过失者，运送人即可无庸负责，徒增无谓争议。尤其，本条所称雇用人，语意上更有误解，就其真意而言，当指受雇人而言，"民法"债编修正，删除本条规定，足以杜免诸多无谓争议，当可肯定。[46]

3．责任免除

（1）免责事由之形态

无过失责任，尚非绝对责任，亦非为单纯之原因责任或结果责任。此在运送人责任亦然。依民法本条规定，运送人于下列情事之一者，无庸负责，是为通称之免责事由。此即：

①运送物因不可抗力而丧失、毁损或迟到

兹之不可抗力，系指狭义不可抗力而言。换言之，运送物系因自然灾变或其他自然力而丧失、毁损或迟到者，运送人不负责任。例如，运送途中突遇飓风、地震洪水、火山爆发而致生损害者是。战争、暴动、公用征收、罢工、乃至强盗等，应作同一解释。

②运送物因运送物之性质而丧失、毁损或迟到

运送物易于腐败、溶解或凝结，以致变质或不堪使用即是。

③运送物因托运人或受货人之过失而丧失、毁损或迟到

46 参照"民法"债编修正第六三六条修正理由："第六百三十四条系仿法国商法之规定，运送人需负事变责任。依此规定，运送人之受雇人或其所委托为运送之人，因过失所致运送物之丧失、毁损或迟到，运送人当然应负责。而本条又仿德国商法第四三一条而制定，按德国商法第四二九条，运送人系采过失责任，故其第四三一条规定运送人就其使用人之过失，与自己之过失，负同一责任，以加重运送人之责任。我民法本条情形既已包含于第六百三十四条内应无存在必要，爰予删除以免解释上发生疑义。"

托运人于运送指示不当，以致发生丧失、毁损、或受货人迟延受领，致运送物迟到者，即为托运人之过失或受货人之过失。运送物包装之瑕疵，亦属托运人之过失，其因而致运送物毁损丧失者，原则上亦有本条之适用。不过，运送物因包皮有易见之瑕疵而丧失或毁损时，运送人如于接收该物时不为保留者，应负责任（第六三五条），是为特例。盖以包装瑕疵，究系何时发生，有时殊难证明，既系显而易见，自应课运送人以即时声明之义务，以杜争论之发生[47]；如其非属显而易见，则无民法本条之适用。

（2）免责事由之适用范围

运送物单纯因不可抗力、运送物性质或托运人或受货人过失而发生丧失、毁损或迟到，而其运送人为无过失者，运送人不负责任，此固无问题；惟其间如运送人亦有过失者，则运送人是否仍得主张免责，解释上不无疑义（运送物因不可抗力而丧失、毁损或迟到，运送人亦有过失者，或属少见，以下爰仅以运送物性质或托运人、受货人过失为例说明之）。

运送人有过失，且该运送物因性质或托运人或受货人过失而发生丧失、毁损或迟到，当可归纳于与有过失之概念范围内（第二一七条第二项）。是以，于上情形，在法规之竞合上，或将发生究应适用第六三四条但书（不负责任），或应适用第二一七条第一项（减免责任）之疑义。愚意以为，“民法”第六三四条但书所称不在此限（责任免除），宜与同条本文相对，限缩解释为，仅于运送人为无过失者，始有适用；若运送人有过失者，则第六三四条但书即无适用，理应回归过失相抵而适用第二一七条第一项。[48] 换言之，亦即于此情形，运送人仍成立债务不履行，应依第六三四条规定其责任，惟得适用过失相低之例，减轻或免除其损害赔偿责任。

4. 适用客体

依“民法”第六三四条规定，运送人之无过失责任，并不因运送物之不同而有区分，惟“民法”第六三九条第一项规定：“金钱、有价证券、珠宝或其他贵重物品，除托运人于托运时报明其性质及价值者外，运送人对

47 参照“民法”第六三五条立法理由：“运送物之包皮，若托运人于交付之时，在显著之瑕疵，运送人在接收该物，即应声明保留，以明责任。若当时并不声明保留，纵其后运送物之丧失或毁损，系因包皮瑕疵之所致，运送人仍不能免其责任。盖事后借口于运送物之丧失毁损，系因包皮之瑕疵所致，究难证明，徒滋争论。”

48 参照史著，第五八五页。

于其丧失或毁损，不负责任。”以与第六三四条相互对照，当可认为，运送人之无过失责任，于贵重物品尚不当然适用。惟其究应如何适用？涉及民法本条所称“贵重物品”及“不负责任”之含义，自应先行说明。

（1）本条项于适用客体，其使用之相关用语，与第六〇八条第一项同，解释上亦应采同一解释，故所谓贵重物品，当以体积巧小、价值昂贵为衡量标准。例如，精巧碧玉、古瓷等是。

（2）不负责任云者，系指不依第六三四条负无过失责任而言，非谓运送人纵有故意或过失，亦不负责。换言之，运送人对于贵重物品之丧失、毁损或迟到，如有故意或过失者，仍应依债之通则之规定，负债务不履行责任。

（3）贵重物品之报明，为托运人义务，如托运人未为报明，而运送人因其他偶然因素，知悉其为贵重物品、乃至其价值者，运送人仍不因此而负无过失赔偿责任。换言之，运送人之知悉，并不代替托运人报明义务之履行。

（4）报明须兼及性质及价值，其仅报明性质或价值者，似应认为仍未报明而有本条项不负责任之适用。不过，报明其性质（包括种类）而足以确悉其价值者，虽未报明价值，亦得认为已尽报明义务。至于报明，宜解释其为有相对人之事实通知，类推适用意思表示之规定。

（5）贵重物品，未经报明而不负责任者，仅以丧失、毁损为限，迟到不在其列。换言之，如运送之贵重物品有迟到情事，而托运人未报明者，运送人仍应负无过失责任。

综上所述，足见运送人责任，因其是否为贵重物品，适用上颇见分歧。爰归纳上述要点如下附表，以供参考：

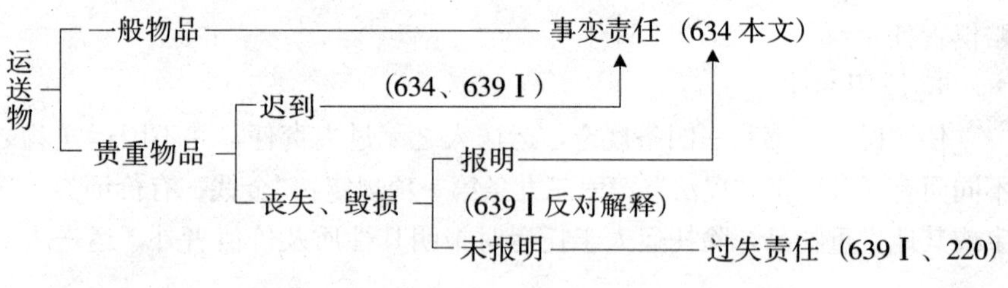

5. 赔偿范围

“民法”第六三八条第一项规定：“运送物有丧失、毁损或迟到者，其损害赔偿额，应依其应交付时目的地之价值计算之。”初步分析，固可认为运送人责任之范围，系采限额赔偿，而非“民法”第二一六条之完全赔偿。不过，详细观察相关制度设计，则其间尚因运送人可归责态样之轻重而异，其运送物为贵重物品者，且因其是否报明而有不同。至其相关重点，则可归纳如下表，并依次说明之。

- 运送人责任（赔偿范围）
  - 责任内容：损害赔偿
  - 赔偿原则：限额赔偿
    - 一般物品：物之价值（638Ⅰ）
    - 贵重物品：报明价额（639Ⅱ）
  - 赔偿特例：完全赔偿（638Ⅲ）

（1）责任内容

运送物有丧失、毁损或迟到者，运送人所负责任为何？“民法”第六三四条仅泛称之应应责任。并未具体指明责任之内容。不过，运送物有丧失等情事者，通常托运人等即受有损害，所称责任者，当指不履行之损害赔偿责任，应无疑义，性质上则为给付不能（第二二六条）、给付延迟（第二二九条至第二三三条）或不完全给付（第二二七条）之特别规定，此从“民法”第六三八条至第六四〇条之规定，固可佐证，“民法”第六三六条之立法理由，亦足说明。[49]

运送人因故意或过失，致运送物丧失或毁损者，对于运送物所有人，往往亦同时成立侵权行为（第一八四条），托运物所有人得依侵权行为之规定，请求损害赔偿。托运物所有人，通常为托运人或提单持有人。如是，则有请求权竞合之问题，应依请求权竞合相关理论请求之。早期实务见解系采法条竞合理论，似有误解，至其相关要点，有如下二者：

①运送人责任符合限额赔偿规定者，其被害人依侵权行为请求赔偿时，仍有限额赔偿原则（第六三八条第一、二项）之适用；纵不履行之损害赔偿请求权人与侵权行为之损害赔偿请求权人不同一者，亦应作同一解释。

②贵重物经报明者，运送人赔偿限额以报明价格为限，其运送人为轻过失者，于侵权行为部分，亦有上述限额赔偿（第六三九条第二项）之适用。

49 参照“民法”第六三六条立法理由：“运送人之雇用人或其所委托为运送之人。如因过失而致运送物有丧失、毁损或迟到情事，仍应由运送人负其责任。盖以其雇用人或所委托为运送之人，系为运送人代行职责，其因过失所生之赔偿责任，自与运送人自己因过失所生之赔偿责任无异也。”

（2）限额赔偿

①一般物品

就赔偿层面而言，运送人责任系采限额赔偿，仅以物之价额（所受损害）为范围，而不及于物品之利得（所失利益），相对于完全赔偿（第二一六条），谓其颇有缩限，当系实情。此盖运送人所负之责任标准，既已提高为无过失责任，为免其责任课赋之严苛，乃有限额赔偿以济其平也。

运送人责任为限额赔偿，不仅本法以为原则，于海上运送（“海商法”第一一四条第二项）、空中运送（“民用航空法”第七一条），其限额赔偿似乎更见意义。虽然，就制度对照而言，限额赔偿系相对于完全赔偿，其直接规范意义，仅系“民法”第二一六条之特别规定；惟就制度关连而言，或以为不能作如此狭隘解释。盖以，运送人责任，于赔偿范围，既已采取限额赔偿，则回复原状之方法，解释上，当亦在排除之列，迹即其请求权人仅得请求金钱赔偿；从而，第六三八条第一项（限额赔偿）规定，在损害赔偿方法上，亦同时兼具排除第二一三条本文（回复原状）之规范作用。实务亦持肯定看法。[50] 惟学者中持批判论点者，亦颇有力。[51]

限额赔偿之计算标准，为应交付时目的地之价值。目的地，依当事人之约定定之，通常为受货人住所地，应交付时，指契约约定之交付期，未约定，以交易习惯所定期日或相当期限所定期日；但其已填发提单者，应指提单提示之日。其一日之内，价格数变者，于填发提单者，以实际提单之时为准，未填发提单者，以当日中间平均价格为准。价值算定后，尚须扣除因运送物丧失、毁损而无须支付之运费或其他费用（第六三八条第二项）。盖以有此情形，运费及其他托运人、提单持有人或受货人应负担之费用，既已无须支付，自应许其扣除，俾昭公平并免双重得利也。[52] 迟延因无此情事，故不在扣除之列。不过，其赔偿额，仍不得超过

50 参照“最高法院”1982年台上字第二二七五号判例：“运送物有丧失、毁损或迟到者，其损害赔偿额应依其‘应交付时’、‘目的地’之价值计算之。运费及其他费用因运送物之丧失毁损无须支付者，应由前项赔偿额扣除之，‘民法’第六百三十八条第一项及第二项定有明文，此为民法就运送物之灭失、毁损或迟到所特设之规定。依上开规定，托运人自不得按关于损害赔偿之债之一般原则而为回复原状之请求。”（同旨“最高法院”1969年台上字第三八一二号。）

51 基本文献，参照詹森林“运送物丧失毁损时，赔偿权利人得否请求运送人回复原状”万国法律，第二十三期，1985年，第二十三页以下（同氏于此问题，曾先后著论发表，兹仅举其早期代表文献以对，并予叙明）。

52 “民法”第六三八条立法理由：“运送物既经丧失毁损，其运费及其他费用自亦无须支付，惟此种因丧失毁损而无须支付之运费及其他费用，应许运送人在赔偿额中扣除之，以昭公允。”

全部灭失而得请求之总额（第六四〇条），俾保护运送人利益。[53]

扣除为单独行为，由运送人以意思表示为之，其性质类如通称之扣减权、抵偿权，无庸待意思表示到达相对人。换言之，只要运送人主张扣除，即时成立而生效。

②贵重物品

贵重物品，未经报明者，运送人不负无过失责任，自亦不生赔偿数额为何之问题。至其已经报明者，则运送人以报明价额为限，负其责任。盖其既经报明，运送人难免以其作为利害权衡依据，以为赔偿限额标准，既符公平要求，亦可杜免争论。[54] 惟报明价值如超过应交付时目的地之价值者，基于赔偿不得大于损害之原则，宜认为仍以物之价值为限。例如，价值五百万元之珠宝托运人报明为八百万元，嗣于运送途中丧失，则其受货人仅得请求赔偿五百万元是。

贵重物品，未经报明，而运送人有过失者，运送人应负债务不履行责任，则其赔偿范围如何？解释上不无疑义，愚意以为，“民法”第六三九条既无明文，解释上似应回归“民法”第六三八条，亦即以应交付时目的地价值作为计算标准。贵重物品之迟到，赔偿范围如何？“民法”第六三九条亦无规定，解释上亦以回归第六三八条为宜；惟亦应受第六四〇条规定限制，不得逾全部丧失而得请求之损害赔偿额。例如，托运人，以多报少，报明运送之珠宝目的地价值为二拾万元（时价为五拾万元），嗣运送物迟到，目的地价格大为低落，计算损失为三拾万元，则受货人亦仅得请求赔偿二拾万元正。

（3）完全赔偿

运送人责任之所以采取限额赔偿，主要系着眼于运送途中，风险多而且杂，而运送人又负无过失责任之故。如谓运送人于运送物之丧失、毁损或迟到，有故意或重大过失者，仍得适用限额赔偿，不仅运送物受领权人易蒙非常损害，有失公允，而且恐亦有悖故意或重大过失责任，

53　参照“民法”第六四〇条立法理由：“按货物之市价，涨落无常，早晚互易，如受货人得因货物之迟到，市价之低落请求运送人赔偿所受之损害，则标准即无一定，势必引起无益之纠纷，而致影响社会之治安。本条明定因货物迟到而生之损害赔偿额，不得超过因其运送物全部丧失可得请求之赔偿额，以示限制，所以保护运送人之利益也。”

54　参照“民法”第六三九条立法理由：“按金钱、有价证券、珠宝、或其他贵重物品，托运人有于托运时负报明其性质及价值之义务，否则纵有丧失或毁损之情事，运送人亦不负赔偿之责任。若价值已经报明者，运送人亦仅依托运人于托运时报明之价额为限，负损害赔偿之责任，所以杜流弊而免争论也。”

不得预先免除之规定（第二二二条）。为此，民法爰于第六三八条第三项规定："运送物之丧失、毁损或迟到，系因运送人之故意或重大过失所致者，如有其他损害，托运人并得请求赔偿。"以保护托运人之利益。[55]既称如有其他损害，托运人得请求损害赔害，则托运人除所受损害外，就所失利益，亦得请求赔偿，自无疑义。从而，谓其恢复适用完全赔偿原则（第二一六条），当可肯定，故本段纲目称曰完全赔偿。此外，其尚须附带说明者，尚有如下数者：

①所谓运送人故意或重大过失，解释上包括运送人之代理人、受雇人或其他受委托为运送之人等履行辅助人之故意或重大过失。

②所称托运人，意义上亦宜采广义，因其情形而为托运人、受货人、乃至提单持有人等。

③赔偿范围上既回复为完全赔偿，则赔偿方法上，应认为有回复原状之适用，亦即托运人等既得请求金钱赔偿，亦得请求回复原状，或二者并同行使。

④完全赔偿之范围，是否以运送物本身之损害（所受损害）及履行利益（所失利益）为限？抑或可扩张而认为，于受损害，得包括托运人等固有利益之损害（例如，运送物因运送人重大过失而破损，致受货人受领时手臂刮伤，受货人因而所受财产上损害及非财产上损害）；于所失利益，得包括契约利益（例如，运送物丧失，提单持有人另行购置而支付之差价）？解释上不无疑义。按诸运送人既有故意或重大过失，其可归责之程度已重，且民法所称其他损害，意义上多解为包括固有利益之损害，愚意以为，扩张论点，认其范围包括固有利益之损害及契约利益之损害，似较可采。

⑤运送物迟到之情形，亦有赔偿额不得超过丧失而得请求赔偿总额之限制（第六四〇条）。

⑥运送人因违反必要注意及处置义务所生之损害赔偿（第六四一条），于赔偿范围上，亦有限额赔偿及完全赔偿之适用。亦即于轻过失采限额赔偿；于故意或重大过失采完全赔偿。[56]

⑦运送人因故意或重大过失而应负完全赔偿责任者，在适用对象，

55 参照"民法"第六三八条立法理由："运送物之丧失毁损或迟到，系因运送人之故意或重大过失所致者，运送人除就丧失毁损迟到应负赔偿之责任外，如有其他损害，托运人得请求赔偿，以保护其利益。"

56 参照史著（下），第五八八页；薛著，第二六五页。

不分其为一般物品或贵重物品，均有适用；于贵重物品，亦不问其有无报明，似应认为，均有适用。

综上所述，足见运送人责任，于赔偿额方面，其制度表征，尚称复杂，爰斟酌以上说明，归纳其要点如下表，以供参考。

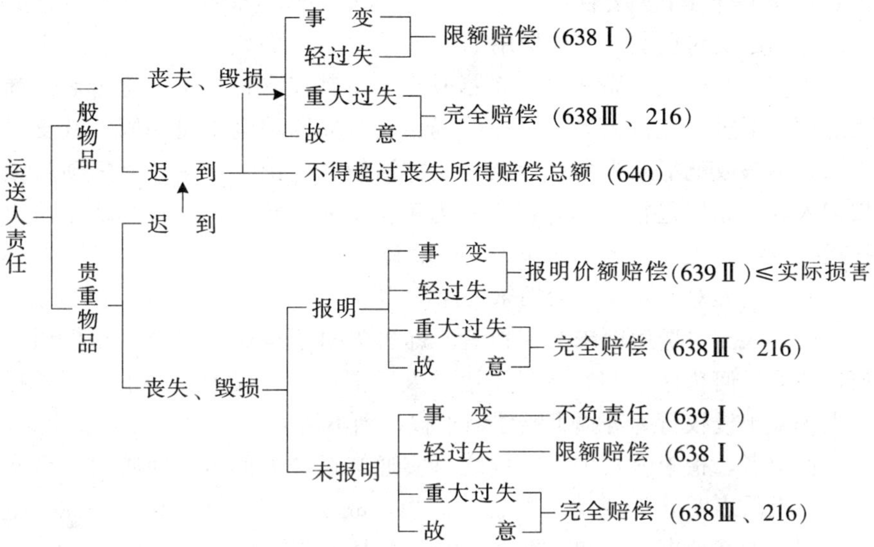

6. 特殊消灭事由

依民法本节规定，运送人责任之特殊消灭事由，其重要事项有三。即：运送物之受领、短期消灭时效及减免责任之约定是。兹分述如下：

（1）运送物之受领

①原则

运送物经受领后，如有丧失、毁损，究系何时发生，颇难举证，为免适用上争议，民法爰于第六四八条第一项规定："受货人受领运送物并支付运费及其他费用不为保留者，运送人之责任消灭。"

受领者，受领运送物之交付也，即称受领，则全部丧失之情形，即无适用，盖其已无受领可言也。迟延，因无举证困难情事，故一般以为，迟延尚不在本条责任消灭适用之列[57]，如是，则本条仅于毁损及部分丧失之情事有其适用，合先说明。

受领之主体，本条虽称受货人。惟此之受货人，应指有受领权而实

57　参照郑著（下），第六〇〇页；史著，第五九二页。

际受领货物之人，故在填发提单之情形，系意指提单持有人，应无疑义。此外，托运人自为受货人，或依第六四二条请求返还运送物而自己受领者，亦有适用。

受货人、提单持有人或托运人，受领货物而致其损害赔偿请求权消灭者，尚须符合下列要件：

Ⅰ须已支付运费及其他费用

支付运费或其他费用者，系指其全部，其仅支付其中一部分者，尚无适用。不过，支付云者，不以终局给付，亦即现金支付为限，其支付支票、本票或就汇票为承兑乃至为代物清偿、抵销、交互计算之项目债权记入等，亦均包括在内，以其效力等于支付故也。此外，其费用系由托运人或第三人支付者，亦应为同一解释。

Ⅱ受货人对于丧失、毁损未为保留

受货人支付费用而未为保留者，即丧失对于运送人之损害赔偿请求权，并无任何犹豫期间。不过，运送人所消灭者，仅为契约上责任，托运人等基于侵权行为等损害赔偿请求权，则不消灭。[58]

保留者，指未就丧失、毁损之事实通知运送人而言，性质上为事实通知，无需表明异议或请求赔偿之意思，故非意思通知，至其成立、生效、则一如其他事实通知，类推适用意思表示之有关规定。

②制度特例

受货人受领货物，并支付费用，且于运送物之丧失、毁损不为保留者，运送人责任为之消灭，固为原则，但于下列情形之一，则运送人仍应负损害赔偿责任：

Ⅰ运送物系内部之丧失或毁损而不易发现者，受货人于受领运送物后十日内，将其丧失或毁损通知于运送人时，运送人之责任即不消灭（同上条第二项）。

Ⅱ运送物之丧失、毁损系因运送人之故意或重大过失所致，或运送人以诈术隐蔽其丧失、毁损者，运送人之责任并不消灭（同上条第三项）。

就前者言，须运送物系内部损失且不易发现，始有适用；而且，受货人须于受领货物后十日内为丧失、毁损之通知，运送人责任，始不消

58 参照史著，第五九二页。

灭；十日为除斥期间，逾十日而未通知者，运送人责任即属消灭。[59] 足见，受货人负有从速检查损失之对已义务，未属此项义务者，虽无损害赔偿责任，但极易罹于失权之效果。至于此之通知，亦属事实通知，类推适用意思表示之规定。

就后者言，并无犹豫期间之问题，亦不问受货人有无保留，运送人责任均无消灭之可言，盖以运送人如有故意或重大过失，乃至诈术隐蔽，法律上已无保护之必要也。

（2）短期消灭时效

①现行制度内容

运送人为商人，运送途次，风险多而且杂，运送人且须负无过失损害赔偿责任，此对运送人言，毋宁为沉重负荷，为济其平，各国通例，均于其损害赔偿请求权，设有短期消灭时效。[60] 台湾地区民法亦然，于“民法”第六二三条第一项规定：“关于物品之运送，因丧失、毁损、或迟到而生之赔偿请求权，自运送终了，或应终了之时起，一年间不行使而消灭。”[61]

由于民法本条，系就物品运送及旅客运送一并规定，民法本节爰移列其条文于通则之部分。惟本段系在析述物品运送，故于此仅就物品运送部分而为说明。

一年期间之起算，因运送是否实际完成而不同，如其完成运送者，自运送终了时起算，未完成运送者，自运送应终了时起算。所谓终了云者，指运送物为交付之时之谓也；应终了者，依第六三二条之规定定之。运送人责任有短期消灭时效之适用者，限于运送物之丧失、毁损或迟到之情形，其他债务不履行情事，尚无适用。虽然，民法本条之适用对象，本指契约不履行而生之损害赔偿请求权；不过，如债权人转依侵权行为请求损害赔偿，解释上仍应本于请求权作用相互影响或请求权规范竞合

59　参照“民法”第六四八条立法理由：“运送物内部之丧失或毁损，一时不易发现者，如亦责受货人即时保留损害赔偿之权利，未免失之过酷，故许其于受领运送物后十日内，将其丧失或毁损通知运送人，苟受货人如期通知，则运送人之责任仍不消灭，反之逾期而不通知者，运送人之责任，仍应消灭。”

60　参照德国商法第四三九条、第四一四条第一项，瑞士债务法第四五四条第一项，法国商法第一〇八条第一项，日本商法第五六六条第一项、第五八九条。

61　特别法上，于运送人责任，亦均有短期消灭时效之例。举其要者有，“海商法”第一〇〇条第二项、“铁路法”第五四条第一款、“公路法”第五四条第一项第一款、“民用航空法”第七六条之一。

之理论，认为其消灭时效仍应依民法本条规定定之。所以如此，盖以运送人责任不宜长久而不确定之故也[62]，此亦民法债编修正所以将原规定之二年期间缩短为一年之立论论据。[63]

至于运送人于运送物之丧失、毁损或迟到，有故意或重大过失者，是否仍有短期消灭时效适用，解释上容有争议，其采肯定说者有之[64]，其采否定说者亦有之。[65] 鉴于运送人有故意或重大过失者，法律上无特别保护必要，民法本节于此情况，亦多有加重运送人责任之规定（第六三八条、第六四八条）。因此尽管文义上似以肯定说（短期消灭时效说）较具说服力，惟就交易安全言，愚见仍认否定说，亦即适用一般消灭时效之见解为较可采。

（3）减免责任之约定

运送人减免责任之约定，其态样通常有二。一为与托运人之特约；另一为责任减免文句之揭示。

就前者言，民法本节并无明文，解释上当依一般责任减免之原理定之，其内容与场所主人责任雷同（本书第四三八页），兹不重复。

减免责任文句者，运送人于运送相关文件，记载免除故意、过失责任或限定赔偿数额等事项之谓也。类此记载恒有利于运送人而不利于托运人等，为保护交易安全计，宜有相当严格限制。为此，民法于第六四九条规定："运送人交与托运人之提单或其他文件上，有免除或限制运送人责任之记载者，除能证明托运人对于其责任之免除或限制明示同意外，不生效力。"基此，有关责任减免文句记载之效力如何？其要点殆有如下：

①责任减免文句之记载，原则上为无效。

②责任减免文句之记载，须证明托运人对于责任免除或限制已有明

62 参照"民法"第六二三条立法理由："按本条为行使请求权消灭时效之规定，故明定关于物品或旅客之运送，如因丧失、损伤或迟延而生之赔偿请求权，自运送终了，或应行终了之时起，经过二年间不行使而消灭。盖以此种请求权，应以从速行使为宜，不能使权利状态永不确定也。"

63 参照"民法"第六二三条立法理由："关于物品运送，其因丧失、毁损或迟到而生之赔偿请求权，外国立法例多规定较短之消灭时效期间……因一年间不行使而消灭，……盖以此种请求权应以从速行使为宜。现行法将物品运送及旅客运送并列于同一法条内，均适用二年之时效期间，尚有未洽。爰仿上开立法例，将二年之消灭时效期间修正为一年，并移列为第一项。"

64 参照史著，第五九七页；薛著，第二七〇页。

65 参照戴著（下），第一八〇页；蔡著（下），第六〇页。

示同意，始有生效可能。

③运送人须非为故意或重大过失，盖以有此情事之一者，运送人责任本即不得预先免除也（第二二二条）。

不过，随着“消费者保护法”之制定施行，运送似亦可认为“消费者保护法”所称之消费[66]，而且运送人于提单或依其他文件（如收据）记载责任减免文句者，非不可解释为定型化契约（一般）条款。[67] 如是，则消费者保护法有关定型化契约之规定，于此亦有适用。因其主要规范意旨，在于宣告不公平定型化契约条款之无效。[68] 因之，如谓民法本条之规定，似已逐渐为消费者保护法所取代而失其重要性，恐是实情。

二、运送人之权利

民法本节规定，运送人之权利，主要有三。即运费请求权等、特殊留置权及寄存拍卖取偿权是。兹分述如下：

（一）运费请求权等

运送人得为请求者，除运费外，包括其他费用（如垫付税款、改装费用等是），故以运费请求权等称之；惟究其实际，仍以运费为主也。

有关运费请求权之重要事项，约可分述如下：

1. 运费之支付

运送营业人，以受取运费为营业之人，其成立运送契约，就运送有运费请求权，毋宁为当然。至于运费之给付义务，或为托运人或受货人或提单持有人，悉依运送契约约定，并应记载于提单（第六二五条第二款）。

运费之数额，原则依约定定之，未约定者，按价目表所定给付，无

66 何为消费，消费者保护法相关法规，固无直接规定，愚意以为，为体现该法立法意旨，于消费采取广义，当无不可。如是，则举凡非直接以生产为目的而足以满足吾人生活上需要之活动，均得纳入消费之概念。

67 参照“消费者保护法施行细则”第九条：“本法所称定型化契约条款不限于书面，其以放映字幕、张贴、牌示或其他方法表示者，亦属之。”

68 参照“消费者保护法”第十二条至第十八条。其中尤以第十二条为最具凸显意义，兹录之于下，以供参考：“定型化契约中之条款违反诚信原则，对消费者显失公平者，无效。定型化契约中之条款有下列情形之一者，推定其显失公平：
一、违反平等互惠原则者。
二、条款与其所排除不予适用之任意规定之立法意旨显相矛盾者。
三、契约之主要权利或义务，因受条款之限制，致契约之目的难以达成者。”

价目表者，依习惯定之（类推适用劳务契约相关规定：483Ⅱ、491Ⅱ、566Ⅱ）。给付之标的物，通常因为金钱，但以实物为支付手段者，亦无不同。

运费之给付期，亦一如其他劳务契约之采“后付主义”，亦即运送完成（物品交付完成），始得请求支付运费，但当事人另有约定者，依其约定。

2. 运费之调整

运费，尚因法定事由而为调整，其情形略有如下：

不可抗力之丧失

①规定要点

运送物于运送中，因不可抗力而丧失者，运送人不得请求运费，其因运送而已受领之数额，应返还之（第六四五条）。盖以运送物因不可抗力而丧失者，运送人不负赔偿责任，且又无庸完成运送；反之，托运人损失甚巨，为免托运人雪上加霜，乃有此规定，以期事理之平。[69] 此之规定，且不因契约解除或终止而受影响。[70]

既然，运送人之运费因之不得请求或应返还，其意义殆等于负担对价利益之危险，似可认为运费之危险，由运送人负担。至其适用范围，当包含运送成立到运送物到达目的地为止，盖以途中因不可抗力而丧失者，既应负担运费之危险，则举轻以明重，其尚未起运者，自亦无运费请求权之可言；反之，法条文字既明定以途中为限，则运送物已运达目的地者，运送殆已完成，至少亦非途中可言，自不在适用之列。

②相关问题

民法本条所称不可抗力，意义上似应与第六三四条所称不可抗力为同一之解释。盖以事变而致丧失者。托运人尚有损害赔偿请求权，解释上宜适用第六三八条第二项之规定也。所称丧失，当与第六三四条所谓之丧失，同其意义；惟既称丧失，则解释上自不包括毁损或迟到，盖彼等情事，运送人通常均仍就运送物完成运送也。至于一部灭失之情形，解释上应依比例减少或返还运费。

69 参照“民法”第六四五条立法理由：“按运送者，所以偿运送之报酬者也。运送物于运送中毁损灭失，既无由达运送之目的，自亦无报酬之可言，虽其毁损灭失，系因不可抗力，然托运人之损失已巨，自不应再许运送人有请求运费之权，其因运送而已受领之数额，仍须返还，盖以期事理之公平，而免托运人受重大之损失也。”

70 参照最高法院1940年上字第一七八六号判例：“运送物之未运送纵因不可抗力所致，运送人亦不过就托运人因未运送所受之损害，不负赔偿责任，其就未运送之运送物所受领之运费，要不容于契约解除时，以此为拒绝返还之理由。”

（1）因可归责于运送人之丧失、毁损

运送，因可归责于运送人事由（包括事务），而致丧失、毁损者，运送人之运费，并不当然不得请求或应返还。惟其因而未能完成运送之部分，托运人等仍无须支付（非全部丧失），运送人自亦不得请求。不过，运送人得自损害赔偿额中扣除之（第六三八条第二项）。称扣除者，以未支付者为限，故其已支付者，不在扣除之列，托运人等亦不得请求返还。其制度内容，仍与不可抗力之丧失，颇有不同。

（2）运送物之处置

托运人或提单持有人，依“民法”第六四二条第一项为处置者，运送人得依已运送之部分，按比例请求运费及其所支出之费用（第六四二条第二项）。盖以运送人既已为相当部分之运送，自不宜因托运人或提单持有人之任意处置，而受有不测之损害也。

（3）运送物因其性质或托运人过失或受货人之过失，致运送物丧失者，运送人仍得请求运费之全部，运送物因包皮有易见之瑕疵而丧失，如运送人已为保留者，仍得请求运费，其已受领者亦无须返还，但运送人因此减省之费用，仍应自运费中扣除之（第二六七条）。

3．费用偿还请求权

运送人于运送物支出必要费用，如其不能包括于运费中者，运送人得请求偿还。举其要者，如运送物处置而支出之费用（第六四一条第一项、第六四二条第二项）、寄存费用（第六五〇条第二项）、拍卖费用（第六五二条）均是。费用偿还之义务，原则上为托运人，惟运送人为保全其费用债权，对运送物有留置权（第六四七条），故对受货人或提单持有人亦得主张之。至于请求之范围，宜解释为包括自支付时起之法定利息（第五四六条第一项）。

（二）特殊留置权

运送人为保全其运费债权等，对于运送物本即有留置权（第九二八条、第九二九条），惟民法本节为兼顾运送人及受货人之利益，爰于第六四七条设有特殊留置权及提存权之规定，其内容略为：“运送人为保全其运费及其他费用得受清偿之必要，按其比例，对于运送物，有留置权；运费及其他费用之数额有争执时，受货人得奖有争执之数额提存，请求运送物之交付。”前者所以保护运送人，后者则在保护受货人。

留置权限于保全运费债权等之必要范围，其所谓按比例云者，其意义有二。一指运送人与所有人按比例享有留置权，运送人仅得于保全债权之范围内为主张，非谓当然及于运送物全部；二指运送人为数人者，得按费用之比例享有留置权而言。因其与担保不可分原则有别，且不以托运人所有之托运物为限，故以特殊留置权称之。

受货人提存有争执之运费者，运送人丧失对运送物之留置权，应依受货人请求而交付运送物。受货人云者，意指实际受领运送物之人，于填发提单者，须为提单持有人。提存适用债之通则有关提存之规定，其经提存之运费等，则待争执解决，确定归属运送人时，由运送人受取；反之，则由受货人（提存人）取回。

（三）寄存、拍卖、取偿权及提存义务

于运送，运送人之有寄存、拍卖、取偿权及提存义务，仅于特殊情形有之，而且并非当然并存。至其制度内容，则有如下：

1. 寄存权

(1) 寄存权之成立

寄存者，运送人以托运人之费用，将运送物寄存于仓库之谓也。寄存，仅于特殊情形，始得为之，故以寄存权称之。依“民法”第六五〇条规定，寄存权发生之事由有二，一为运送物不能交付，另一为运送物受领权归属发生诉讼。兹分述于下：

①运送物不能交付

运送物不能交付而有寄存权之适用者，须符合下列要件：

Ⅰ运送物有交付上障碍，运送人业已履行即时通知托运人，并请求其指示之义务（第六五〇条第一项）。

受货人所在不明或对运送物受领迟延或有其他交付上之障碍时，运送人应即通知托运人，并请求其为指示，运送人不得自行处置[71]，当亦无直接为寄存之权利。通知，性质上为事实通知，类推适用意思表示之规定，其运送人未为通知者，系属债务不履行（不完全给付），应负损害赔偿责任。[72]

受货人系指运送契约所定之受货人，其填发提单者，则为提单持有人。受货人所在不明者，通常固指受货人之住居所或营业所所在不明，

71 参照“最高法院”1960年台上字第五七七号判例：“运送人应照托运人之指示，将运送物运交所指定之受货人，除托运人有变更指示外，不得自将应行送达之货物交与指示以外之第三人，至受货人所在不明或竟无其人，亦应通知托运人请求指示，不得自行处置。”

72 参照“最高法院”1974年台上字第二〇六七号判例：“运送人通常于运送完成后，即可请求给付运费，至于受货人拒绝受领运送物，而运送人不即通知托运人者，系属义务之违反，托运人如因此受有损害，虽得向运送人请求赔偿，但不因此即谓运送人不得请求运费。”

但受货人住居所或营业所虽无不明，但受货人人去楼空，行方不明，乃至提单持有人为谁不明者，当亦属之。受领迟延，兼指拒绝受领及不能受领，其要件依债之通则相关规定（第二三四条、第二三五条）定之；其他交付上障碍，如禁止输入或输出即是。[73] 换言之，受货人所在不明或对运送货物受领迟延，系交付上障碍之典型，例示以资突显而已。

Ⅱ托运人未即为指示，或其指示事实上不能实行，或运送人不能继续保管运送物（第六五〇条第二项），修正前民法，适用范围未及于未为指示之部分，自较狭隘而不周全。[74]

所谓事实上不能实行，意指托运人指示之处理方法，事实上为不可行者而言。例如，托运人之指示违反法令，或另行指示之运送物受领人，亦属所在不明均是。运送人不能继续保管运送物者，意指运送人急待回程或另行装运，致主观上不能继续保管运送物。

②运送物受领权之归属发生诉讼（第六五一条）

运送物受领权之归属发生诉讼而有寄存权之适用者，须符合下列要件：

Ⅰ运送物受领权之归属发生诉讼

所谓受领权归属发生诉讼，系指受领权人为谁无从确认，须经诉讼始能解决者，例如，提单持有人有二人以上，或原受货人死亡，其继承人为谁有争执，非经诉讼，不能确认其真正权利人者是。诉讼云者，原则上系指民事诉讼或其他私权确定程序。

Ⅱ须因诉讼而交付迟延

寄存权，系为保护运送人利益而设之规定[75]，运送物受领权归属有诉

73 参照“民法”债编修正第六五〇条第一项修正理由：“受货人主观的不能受领，亦应有此适用，故将拒绝受领改为受领迟延，以期周延。又对于其他交付障碍，例如法令有输出输入之禁止而妨碍运送物之交付等，是否仍有本项之适用？解释上虽多采肯定说，惟无明文规定，易滋疑义，为期明白周延，爰仿德商法第四百三十七条第一项，增列一概括性规定‘或有其他交付上之障碍。’”

74 参照同上条第二项修正理由：“依第一项规定，运送人请求托运人指示，如托运人未为指示，运送人应如何处理，现行法未为规定，难以解决实际问题。鉴于今日通讯发达，运送物亦宜及早处理，爰修正为此际托运人如未为指示，运送人亦得以托运人之费用，寄存运送物于仓库。”

75 参照“民法”第六五〇条立法理由：“按运送人如有不能交付运送之情形，则其责任既永久存在，其运费及其他费用，亦无从取偿，而运送物毁损丧失之危险，尤须随时担负不能免责，若不明定办法，俾资适用，殊不足以保护运送人之利益。故本条明定……处置程序之规定，所以杜免无益之争论也。”

讼者，如未致运送物交付迟延，运送人尚无特别保护必要，自亦无须赋运送人以寄存权。不过，诉讼程序，通常均是费日旷时，其不发生交付迟延者，甚属少见，如有迟延，诚不宜责由运送人负担更重责任，爰有本条之设。[76]

Ⅲ运送人履行即时通知托运人并请求其指示之义务

Ⅳ托运人未即为指示，或其指示事实上不能实行或运送人不能继续保管运送物

Ⅲ、Ⅳ二者，系准用运送物不能交付之规定（第六五〇条）而来，兹不重复。

（2）寄存权之行使

寄存，由运送人寄存于仓库。此之仓库，系指仓库营业人用以堆藏及保管物品之设备而言；运送人则与此仓库营业人成立仓库契约。故寄存云者，含义上包括为托运人寻找适当仓库营业人订立仓库契约及交付保管等行为。其有未尽必要注意或处置者，对其所生损害应负赔偿责任（第六四一条第二项）。例如，支付之保管偏高即是。

寄存，系以托运人费用为之；其由运送人垫付者，得请求偿还。于偿还前宜认为，运送人对于运送物，仍有特殊留置权（第六四七条第一项）。

运送人为寄存仓库者，于可能范围内，应将寄存之情事，通知托运人及受货人（第六五〇条第四项），俾其采取适当措置。通知者，性质上为事实通知，类推适用意思表示之规定。运送人能通知而不通知者，对于托运人或受货人因而所受损害，仍应负赔偿责任。[77]

2. 拍卖权

（1）拍卖权之成立

拍卖权，性质上为寄存权之补充，仅于不能或不宜寄存时，始得为之，二者多处于不能并存之状态。拍卖权之成立事由，与寄存权同；至其成立要件，除如寄存权所述者外，尚须具备下列情事之一（第六五〇条第三项）。此即：

①运送物不能寄存于仓库：例如，当地无仓库或虽有仓库但不受托

---

76 参照"民法"第六五一条立法理由："按关于运送物之受领权，如应归属何人，发生争执，业经提起诉讼，非一时所能解决者，此时运送人仍不能即时交付，若俟诉讼解决，始行交付，则其所负责任，未免过重，故使准用前条之规定，以昭公允。"

77 参照郑著（下），第六〇八页；史著，第六〇五页。

保管该类物品是。

②运送物有易于腐败之性质：例如鱼肉菜蔬是。

③运送物之价值显然不足以抵偿运费及其他费用。其他费用云者，解释上应包括民法本条第二项之寄存费；不足抵偿之情事，须属显然可见，盖求其慎重也。

（2）拍卖权之实行

拍卖，虽为运送人之权利，惟运送人于此有必要注意及处置义务，如运送人有应拍卖而不为拍卖，或不应拍卖而拍卖情事，其因而致生损害于托运人或受货人者，应依“民法”第六四一条第二项规定负赔偿责任。其运送人并应于可能范围内，将拍卖之情事，通知托运人及受货人（第六五〇条第四项）。

此之拍卖，与行纪所称之拍卖（第五八五条、第五八六条），仓库所称之拍卖（第六二一条），同其意义，其实行，依“债编施行法”第二十八条规定定之，兹不重复。

3. 取偿权

取偿权，系延伸拍卖权而来，取偿之范围，包括运费及拍卖费用等，换言之，运送人得就拍卖代价中，扣除拍卖费用、运费及其他费用（第六五二条前段）。兹之所称拍卖代价，系指拍卖所得价金。扣除者，取偿之意，为无相对人之意思表示（单独行为），因有取偿之意思及行为而成立生效，无庸通知相对人，亦无待到达生效之问题。

4. 提存义务

运送物拍卖所得价金，于取偿后，应将其余额交付于应得之人，如应得之人所在不明者，应为其利益提存之（第六五二条后段）。

所谓应得之人，于填发提单者，指提单持有人，或经确定为有受领权之提单持有人；未填发提单者，为受货人，受货人拒绝受领者，则为托运人。

应得之人所在不明者，运送人有提存义务，应为其利益提存之。所在不明者，解释上似应包含受领权人不能确定或尚未确定之情形。此之提存，意义上为清偿提存，适用债之通则有关提存之规定。

第三项　受货人之权利义务

一、受货人之意义及权利由来

（一）受货人之意义

受货人者，因运送契约托运人之指定，取得可能受领运送物权利之人也，受货人通常非为托运人或运送人，惟托运人亦得自任为受货人。

受货人，并不因托运人之指定，即确定取得受领运送物或请求交付运送物之权利。不过，其将来可能确定取得，而且当事人有此约定者，受货人亦大都可以确定取得。是以，受货人虽非运送当事人，且其权利之享有，并不确定，但于运送契约上，仍属重大之利害关系人。就法典用语之使用情形，称受货人者，尚有广狭义之不同。其情形当有如下：

1. 广义受货人

因托运人指定，取得可能受领运送物权利之人，是为最广义受货人。以下定义，殆基此角度而为说明。“民法”第六四三条、第六四四条前段所称之受货人即是。

2. 狭义受货人

于托运人指定后，因符合法定情事而确定取得受领运送物权利或得请求交付运送物权利之人，是为狭义之受货人，“民法”第六四四条后段、第六五〇条所称之受货人是；其填发提单者，则为提单持有人，“民法”第六三〇条所称之受货人是。

3. 最狭义受货人

于运送履行上，实际受领运送物之受货人，是为最狭义受货人，民法第六四八条所称之受货人是。

至于本段所称受货人，于权利部分，系从广义，于义务方面，则从最狭义。盖以狭义受货人之权义，于相关部分，已有说明也。

（二）受货人权利之由来

受货人权利由来之法理依据，学理颇见分歧，归纳言之，约有如下数说：

1. 代理说：托运人为受货人之代理人。

2. 无因管理说：受货人为托运人之无因管理人。

3. 新契约说：受货人与运送人另行成立新约。

4. 债权让与说：托运人让与债权于受货人。

5. 第三人契约说：约定运送人向受货人交付运送物。

6. 法律规定说：法律规定使受货人独立取得权利。

以上诸说，台湾学理，或偏于第三人契约说[78]，但强调法律规定说者，似为通说。[79]

（三）受货人权利之确定

受货人非为运送当事人，但享有契约上之利益，如运送而未填发提单者，运送人应于运送物达到目的地时，即时通知受货人（第六四三条），故一般以为，其地位与第三人利益契约之受益人，颇为相近。此之通知，性质上为事实通知，类推适用意思表示之规定；称应即通知者，仍有交易上之相当时日以为犹豫，尚非非瞬间完成通知不可。

受货人并不因托运人之指定，即对运送人享有直接请求给付（交付运送物）之权利，与一般所称之第三人利益契约，仍有不同，盖后者之受益人，因第三人利益约款之成立而确定享有直接请求给付之权利也（第二六九条第一项）。换言之。尽管运送人对受货人负有通知义务，但受货人对于运送物，并未取得请求给付之权利，须待运送物达到目的地，并经受货人请求交付后，受货人始取得托运人因运送契约所生之权利（第六四四条）。

不过，运送物到达目的地前，托运人对于运送物尚有处置权，其运送人填发提单者，受货人之地位由提单持有人所取代。是受货人而得取得运送契约所生权利（运送物交付请求权）者，须以运送未填发提单，且托运人未另有处置为前提，其权利之确定，理论上尚非普遍，恐难否认。如是，则受货人权利之确定，其要件殆可归纳如下：

1. 运送未填发提单或托运人未另有处置

2. 运送物到达目的地

3. 受货人请求交付运送物

二、受货人权义之内容

（一）受货人之权利

1. 未填发提单之情形

78 参照郑著（下），第五七七页；梅著，第三二五页。

79 参照史著，第五七八页；陈著，第三〇二页；戴著（下），第一八四页；蔡著（下），第六三页。

受货人经依上述要件请求交付运送物后，取得托运人因运送契约所生之权利。换言之，托运人基于运送所得享有之债权，为受货人享有，其债权人地位，由受货人所取代；至其重心则为运送物交付请求权，但物权及物上请求权，尚不在其列。是以运送物所有权及其所有物返还请求权，仍由托运人或其原所有人享有。不过，于权利之行使上，受货人之运送物交付请求权，应优先于托运人之所有物返还请求权，盖于此情形，等于托运人或其所有人对受货人之负担也。

受货人取得运送契约所生权利，系基于法律规定（第六四四条）而来，非如债权让与之直接源于托运人之让与合意。惟受货人取得此项权利，仍属继受托运人地位而来，性质上仍属继受取得（法定继受取得形态之一），托运人于运送契约所生之债权上瑕疵，受货人仍应继受。从而，受货人向运送人为请求时，运送人得以运送契约所生之一切抗辩，对抗受货人（类推适用第二七〇条），但托运人另负同种类债务于运送人，运送人不得以之对受货人主张抵销抗辩。

受货人因请求交付运送物而使其权利确定者，对运送人有直接请求权，托运人丧失对运送物之处置权（第六四二条）。此外，如受货人于权利确定前表示，不欲享受受货利益者，运送人仍应即通知托运人，并请求其指示，由托运人自行处置，托运人不指示者，运送人得寄存运送物（第六五〇条），非若第三人利益契约而有标的不能、契约（运送）无效（第二六九条第三项）之问题。[80]

受货人确定取得权利后，如运送人有债务不履行者，其损害赔偿请求权即由受货人取得，亦即运送人系对受货人负债务不履行责任。

2. 填发提单之情形

运送而填发提单者，提单持有人取代受货人之地位，如提单于受货人有更改或未记载受货人而交付于他人者，则原受货人地位随之丧失，不生确定取得权利之问题。反之，如提单已记载或未记载受货人而交付于受货人者，受货人之地位，亦为提单持有人所吸收。由于，提单持有人同时取得运送物所有权及运送物交付请求权，“民法”第六四四条所定权利确定程序，亦无复适用余地，嗣后，运送物交付请求权之行使，仍由受货人以提单持有人名义为之，受货人地位没而不彰。“民法”第六三〇条所称，受货人请求交付运送物时，应将提单交还，其真意当即在此。

80 第三人利益契约，第三人表示不享受其利益者，通说认为契约无效，愚意则持较为宽缓看法，详请参照邱聪智前揭“新订民法债编通则”（下），第六一四页～第六一六页。

如提单持有人与原受货人非为同一人，其运送人将运送物交付受货人者，对提单持有人仍应依债务不履行责任（运送物之丧失或迟到），负损害赔偿责任（第六三四条本文）。

至于受货人，于上述情形，尚不能根据“民法”第六四四条主张，故不仅运送人得依不当得到请求受货人返还所得利益；提单持有人尚得依所有物返还请求权，请求受货人返还受领物。

（二）受货人之义务

受货人系基于运送受益人之地位而取得托运债权，并不因此成为运送当事人，亦不因而负担托运人之义务，纵于填发提单记载受货人应支付运费，则受货人亦本于提单持有人而支付，非单纯为受货人（但提单持有人因之负有支付运费之义务）。

运送未填发提单者，受货人并不负担运费支付之义务，纵托运人与运送人为约定者，情形亦然。盖托运人与运送人有此约定者，意义上为第三人负担契约，第三人并不因之当然负担给付之义务（第二六八条）。受货人既不负支付运费之义务，对于运送人支出之费用，亦不负偿还义务。不过由于运送人于保全运费及费用债权之范围内，对于运送物有留置权，受货人如欲实现运送物之交付，事实上须先交付运费及其他费用。于此情形，得认为系利害关系人清偿，受货人对托运人得主张求偿权及代位权（第三一二条）。

运费以外之托运人义务，如托运单填发、物品交运、文件交付说明、危险告知等，就债之履行言，应由托运人亲自为之，故受货人亦无负担此等义务之可言。不过，托运人未尽此等义务，致受货人不能行使权利者，由受货人依其与托运人之原因关系请求救济，亦与运送人无关（运送物之丧失、毁损或迟到，因托运人之过失所致者，运送人不负责任——第六三四条但书）。

第四项　相继运送

相继运送者，顾名思义，指数运送人就同一运送物，依次相继而完成运送之运送形态也。由于何为相继运送？涉及学说立场之不同而有广狭之分，故其较明晰定义，暂予从略。相继运送，于运送人间之权利、义务，有主体不可分之表征。故民法有特别明文，本书亦因之另项独立说明之。基此，则相继运送之要点，殆可归纳如下表：

- 相继运送
  - 适用范围
    - 形态说明
    - 意义厘清
  - 不可分原则
    - 连带责任（637）
    - 代理权义
      - 代理行使运费债权之权利（653）
      - 代理实现运费债权之责任（646）[81]

一、相继运送之适用范围

（一）部分运送

多数运送人，相继而为运送之形态，尚可区分为三。即部分运送、转托运送、及共同运送是。兹三者之不同，约可区分如下：

1. 部分运送

部分运送者，数运送人就同一运送物，各自分担一部分运送途程之运送形态。一般以为，部分运送，尚可分为以下三种形态：

（1）个别衔接运送

托运人个别与不同之运送人订约，由不同运送人各自分担运送途程之运送形态，是为个别衔接运送。例如甲分别与乙、丙、丁订立运送契约，委托乙由台北运货至台中，委托丙运货至高雄，委托丁运货至台东即是。

（2）代理衔接运送

托运人与前程运送人成立运送，并授权运送人待前程运送完成，代理托运人与他运送人成立续程运送之运送形态，是为代理衔接运送。例如，甲与乙订立运送契约，委托乙由台北运货至台中，同时授权乙代理甲订立运送，乙嗣代理甲与丙成立运送，由丙自台中运货至高雄即是。

（3）承揽衔接运送

托运人与前程运送人成立运送，并委托运送人，待前程运送完成，以承揽运送人名义，与他运送人成立续运送之运送形态，是为承揽衔接运送。其与前述代理衔接运送之最大差别，在于前程运送人有无代理权。前者（代理衔接运送），前程运送人，有代理权，系以托运人名义与续程运送人成立契约，由托运人与续程运送人直接发生运送之权利义务；反

81 按代理权，系指资格、权限层面之意义，于此以权利、责任称之，严格言之，不无语病。本书于此，系从台湾一般文献之用语，尚非严格学术意义之用法，并予叙明。

之，于后者（承揽衔接运送），则由前程运送人与续程运送人成立运送，原托运人并非续程运送之当事人。

2. 转托运送

托运人与运托人订立运送契约，承担全程运送，运送人再与他运送人成立运送契约，由他运送人负担运送一部或其全部之运送形态。例如，甲与乙订立运送契约，嗣乙自任为托运人，与丙成立运送是。转托运送，其形态有如次承揽。于上例，则丙为次运送人，乙则为主运送人。

3. 共同运送

数运送人就同一运送物，共同与托运人订立运送契约，但于数运送人内部间，彼此划分途程而相继完成运送之形态。其填发提单者，通常以单一托运单或托运联单或连带托连单为之，故亦称连带运送。[82]

（二）意义厘清

以上类型，何者而为相继运送？民法本节并无直接明文。

学理或依德国商法之例（第四三二条第二、三项），而采狭义看法，认为仅共同运送始为相继运送；其余类型，则无相继运送之适用。[83] 惟亦有以为，宜采广义，认为以上三大类型，均属相继运送，从而，均有本项连带责任及代理权义之适用。[84] 鉴于，运送人为多数人者，最后运送之人，即负有代为收取运费之责任（第六四六条），且得按比例对运送物有留置权（第六四七条），而相继为运送之人，又得以举证免责（第六三七条），则为保护交易安全计，愚意以为，后说为较可采。如是，则所谓相继运送一词，其意义当可包括如下：

- 相继运送
  - 部分运送
    - 个别衔接运接
    - 代理衔接运送
    - 承揽衔接运送
  - 转托运送
  - 共同运送
    - 狭义共同运送
    - 连带运送

82 学理上或将未填发提单及填发提单之共同运送区分为不同类型，而于前者称之共同运送，于后者称之连带运送。如此，则其类型区分，系采区分说，而非为此之三分说。详请参照史著，第六〇九页～第六一〇页。

83 参照郑著（下），第六一四页；戴著（下），第一九三页。

84 参照史著，第六一一页；陈著，第二九八页。

不过，为尊重当事人意愿，体现契约自由原则，相继运送基本规定之民法第六三七条，似可解为任意规定，如当事人约定排除连带责任之适用者，其约定仍属有效。

二、相继运送之不可分原则

相继运送之各运送人，均为运送契约之当事人，彼等对托运人、提单持有人或受货人均应负运送人责任，此固无疑义。惟民法本节，所以有相继运送之规定，主要在于同时加强对托运人等及运送人等利益之保护，致表现浓烈之主观不可分原则。至其主要内容有二，一为运送人之连带责任；另一为后运送人于运送债权实现上之代理权义。前者，所以保护托运人等之利益；后者，所以保护运送人等之利益。其彼此间，当富有相互利益均衡之考虑也。兹分述如下：

（一）相继运送人之连带责任

"民法"第六三七条规定："运送物由数运送人相继为运送者，除其中有能证明无前三条所规定之责任者外，对于运送物之丧失、毁损或迟到，应连带负责。"足见，于相继运送之情形，数运送人应对托运人等连带负赔偿责任，乃其原则，而特殊情形，则运送人得举证免除其责任。

1. 连带责任之原则

民法本条，所以于相继运送，就运送物之丧失、毁损或迟到，明定由相继运送人负连带责任，系因于此情形，应由何人证明，证明非易，规定连带负责，始可用保交易安全之故。[85] 惟依"民法"第六三七条规定，相继运送人而须负连带责任者，系以运送物之丧失、毁损或迟到为限，此三者以外之债务不履行，仍依债之通则相关规定定之，尚无此所称连带责任之适用。

此之连带责任，一般认为系连带债务，适用债之通则有关连带债务之规定（第二七三条以下）。[86] 不过，"民法"第六三七条设有免除连带规定，于内部分担及求偿上，宜解释为，致生损害之人，应负终局责任，

85 参照"民法"第六三七条立法理由："其运送物系由数运送人相继运送者，其所生丧失毁损或迟到之事由，应由何人负其责任，殊难证明，本条明定数运送人相继而为运送之时，除其中有能证明无前三条所规定之责任者外，对于运送物之丧失毁损或迟到，应连带负责，盖恐各运送人之互相推诿，希图免责，致陷托运人于不利益也。"

86 于不能证明损害发生于那一运程者，内部分担上，宜认为按应得运费之比例分担之。

且无求偿权；反之，非致生损害之人，无内部分担问题，其为赔偿者，对致生损害之人，有全部求偿权。

2. 连带责任之免除

相继运送之运送人，如能证明自己无庸负责者，无“民法”第六三七条连带责任之适用。一般以为，民法本条规定之意旨，与“民法”第一八五条意旨略同，故相继运送人能证明下列情事之一者，即不负赔偿责任：

(1) 运送物之丧失、毁损或迟到，非于自己所担任运程内发生；

(2) 运送物之丧失、毁损或迟到，系因不可抗力、运送物性质或托运人或受货人之过失所发生者。

不过，严格言之，以上二者，其效力范围，仍有不同，盖就前者言，仅举证之运送人免其责任而已；反之，于后者，则全体相继运送人均无庸负责也。

(二) 相继运送人之代理权义

相继运送人之代理权义，得分就代理行使运费债权之权利及代理行使运费债权之义务而说明之。

1. 代理行使运费债权之权利

“民法”第六五三条规定：“运送物由数运送人相继运送者，其最后之运送人，就运送人全体应得之运费及其他费用，得行使第六百四十七条、第六百五十条及第六百五十二条所定之权利。”是为通称相继运送人代理权之依据。

所谓第六四七条之权利者，即运送物之留置权、第六五〇条之权利者，即运送物之寄存权、拍卖权，第六五二条之权利者，即取偿权。最后运送之人，乃担任最后程运送之人，亦即最后程运送人。最后程运送人，系为运送人全体之运费（包括其他费用）设想，其地位数如前运送人之代理人（法定代理人)，故一般以代理权称之。不过，最后程运送人行使此等权利时，无庸以前程运送人名义行之，故与通称之代理权行使，仍有不同。

至于最后程运送人，因民法本条之规定而取偿者，就其为前程运送人取偿之运费等，应适用委任相关规定交付之（第五四一条)。

2. 代理行使运费债权之责任

“民法”第六四六条规定：“运送人于受领运费及其他费用前交付运送物者，对于其所有前运送人应得之运费，及其他费用，负其责任。”是为通称相继运送人代理义务之依据。

运送人于交付运送物时，有请求其应得全部运费之权利，于托运人等支付全部运费前，对于运送物且有留置权（第六四七条），此于相继运送之情形，亦无例外。如后程运送人未代为前程运送人实现运费等权利，即行交付运送物，无异任意处分前程运送人之留置权，为保护全体运送人利益，故民法本条特予明示，俾期保障之周延。[87]

后程运送人，因本条规定，其地位类如代理人，故一般以代理义务称之。后程运送人违反民法本条规定者，为广义义务违反之行为，是民法本条所称责任，应认为系损害赔偿责任[88]，而责任原理上则属无过失责任，后程运送人尚不能以其无过失而主张负责也。

第五项　物品运送之消灭

物品运送为契约之债，得因一般之债之消灭原因及契约消灭原因而消灭，此固无疑义，亦无庸重复。

物品运送之特殊消灭原因为何？民法本节虽无直接明文，惟衡之劳务契约及继续性契约之性质，分析民法本节相关规定，则物品运送之消灭原因，当有如下数项：

一、受货人（或提单持有人——以下同）受领运送物，并支付运费及其他费用而不为保留者（第六四八条）。

二、运送物丧失，运送人依法赔偿损害者。

三、运送物因不可抗力而丧失，运送关系因给付不能而消灭（第二二五条）。

四、运送物毁损、迟到、运送人于交付后，依法赔偿损害者。

五、运送物因不可抗力而毁损、迟到而运送人交付运送物者。[89]

六、运送人依法为拍卖、取偿，并提存其余额者（第六五〇条～第六五二条）。

87　参照“民法”第六四六条立法理由：“按运送人于运送物交付时，有请求支给全部运费及其他费用之权，其为数人相继运送之者，最后运送人，亦有请求全部运费及其他费用之权。若受货人不清偿其运费及其他费用，运送人并得依第六百四十七条之规定，对于运送物行使留置权，运送人怠于行使权利，而于运费及其他费用未受清偿之前，遽将运送物交付于受货人，致无从取偿者，则应使对于其所有前运送人应得之运费及其他费用，负赔偿之责任，以示制裁，而昭公允。”

88　参照郑著（下），第六一六页。

89　本项三、五之不可抗力，包括运送物性质、托运人或受货人之过失二者。于此仅称不可抗力，纯系文字使用简便之省略，亦应并予说明。

第三节 旅客运送

旅客运送，民法本节规定颇为简要，此盖各国（地区）通例使然。[90] 惟因其制度内容较为简要，故本节叙述，不采独立分项之方式，合先说明。

旅客运送之要点，殆可归纳如下表，并依序说明之。

- 运送
  - 运送人义务（654、655、657~659）
  - 运送人权利（622、656）
  - 运送之消灭

一、运送人义务

运送人义务，为旅客运送规定之重心，其重要内容，有如下表：

- 运送人义务
  - 对旅客责任：无过失赔偿责任（654）
  - 对行李责任
    - 托运行李：无过失赔偿责任（655、657）
    - 未托运行李：过失责任（658）
  - 责任消灭
    - 短期消灭时效（623）
    - 免责文句（659）

（一）运送人对旅客之责任

1. 责任标准

旅运之运送人，亦应准时运送（包括起运及运送完成），尤应注意旅客人身之安全。为之，民法亦令运送人对旅客安全负事变之无过失损害赔偿责任，于“民法”第六五四条规定：“旅客运送人对于旅客因运送所受之伤害，及运送之迟到应负责任。但因旅客之过失，或其伤害系因不可抗力所致者，不在此限。”

90 参照“民法”本节立法理由：“按旅客运送者，谓收受运费在陆上或水上为运送旅客之营业也。旅客运送，各国法律规定，均极简单，然关于运送人与旅客相互间之权利义务，关系亦颇重要。本法特设本款之规定。”

与"民法"第六三四条对照观之，则旅客运送人责任，无论于责任标准与免责条件，其内容殆与物品运送神似，故有关其相同部分，特别是事变责任及与有过失免责二者，以于此乃就其重复部分之叙述，予以从略。[91]

依本条但书文字，对照民法本条本文，足认运送人对于旅客伤害，固仅负事变责任，但于旅客之迟到则应负不可抗力责任，此不仅为修正前立法理由所肯定[92]，多数学理所主张[93]，更为民法债编修正所强调，殊值注意。[94]

2. 责任事由

依民法本条规定，运送人应负事变责任之事由有二。一为旅客之伤害，二为运送之迟延。

(1) 伤害者，一般均采广义，认为除狭义之身体伤害外，包括死亡、疾病乃至义肢、旅客衣着之毁损均是。但旅客随身之物品、饰物则不在其列。

(2) 迟到者，意指未能准时完成运送而言，其意义与"民法"第六三四条所称迟到同。[95]

旅客之损伤、死亡或疾病，须因运送而致者为限，换言之，旅客虽有伤害，但与运送无关者，不在此限。

---

91 参照"民法"第六五四条立法理由："伤害之原因，系因不可抗力，而非可归责于运送人，或其伤害及迟延系因旅客自己过失所致者，旅客运送人即可免责。"

92 参照"民法"第六五四条立法理由："伤害之原因，系因不可抗力，而非可归责于运送人，或其伤害及迟延系因旅客自己过失所致者，旅客运送人即可免责。"

93 参照郑著（下），第六一八页；史著，第六一八页；梅著，第三三一页；戴著（下），第一八九页。

94 参照"民法"债编修正第六五四条第一项修正理由："为配合第六百二十三条之修正，爰将现行条文内'迟延'二字修正为迟到。又现行条文但书所称：'但其伤害系因不可抗力，或因旅客之过失所致者，不在此限。'其真意如何？学者间见解不一，有谓旅客运送人对于因不可抗力所致之运送迟延毋庸负责；有谓旅客运送人对于因不可抗力所致之运送迟延仍应负责。惟按现行条文之立法理由系谓'若旅客因运送而至受伤或致运送迟延时，旅客运送人均应负其责任，但其伤害之原因，系因不可抗力，而非可归责于运送人，或其伤害及迟延系因旅客自己过失所致者，旅客运送人即可免责。'可知立法意旨系认为旅客运送人对于因不可抗力所致之运送迟延仍应负责，亦即不在免责范围内。且鉴于旅客乃经济上之弱势，基于社会公益，有必要于法律上加以保护，故对于运送之迟到，系因不可抗力所致者，为保护旅客，以免旅客于旅途中陷于困境，仍应由经济上之强者即旅客运送人负其责任，旅客运送人并得借由责任保险或价格机能分散其损失。爰将但书修正为'但因旅客之过失，或其伤害系因不可抗力，不在此限'。"

95 同上条修正理由："为配合第六百二十三条之修正，爰将原条文内'迟延'二字修正为'迟到'，并改列为第一项。"

例如，旅客因故彼此互殴，其所致伤害，即无本条之适用。又伤害以外之运送人债务不履行，仍适用债之通则所定过失责任（第二二〇条），与民法本条无关。

3. 赔偿范围

旅客伤害而运送人应依民法本条负赔偿责任者，其赔偿范围如何？民法本节未若物品运送之有限额赔偿规定（第六三八条第一项），解释上应回归债之通则而适用完全赔偿。换言之，旅客或其继承人得就所受损害及所失利益请求赔偿（第二一六条），并得请求非财产上损害赔偿（第二二七条之一）。不过，运费或其他费用，因而无须支付者，本于损益相抵原则，宜认为应类推适用第六三八条第二项而由赔偿额中扣除。

运送迟到而运送人应负赔偿责任者，其内涵较为复杂，归纳言之，得分述如下：

（1）运送之迟到系因不可抗力所致者，旅客运送人之责任，以旅客因迟到而增加支出之必要费用为限（第六五四条第二项）。[96]

（2）运送之迟到，系因事变或运送人过失而致者，回归债之通则，适用完全赔偿之规定（第二一六条）。于此情形，旅客运送人责任，既回归债之通则适用完全赔偿，则其赔偿方法上，当无排除回复原状（第二一三条）适用之可言。换言之，其受害人请求回复原状而舍金钱赔偿者，应无不可。不过，不宜解释为须先请求回复原状，回复不能始得请求金钱赔偿。

（二）运送人对行李之责任

行李者，旅客所携带物品之谓也。

运送人对行李之责任，因其是否交运而有不同。旅客随身之物品，例如，项链、首饰、手表、皮夹、文件等，亦应作同一解释。兹分述如下：

1. 对托运行李之责任

托运之行李，与物品运送之运送物雷同，运送人负有如下义务：

（1）及时运送义务

行李及时交付运送人者，旅客运送人应予以运送，并应于旅客到达时返还之（第六五五条）。不过，旅客未及时交付行李者，运送人不负及时运送义务。称行李者，应依诚信原则，以生活上一般情形为范围。逾此情形者，宜解释为运送人不负运送责任。例如，旅客携带违禁物、危

96 同上条修正理由："运送之迟到系因不可抗力所致者，为保护旅客，以免旅客于旅途中陷于困境，仍应由旅客运送人负其责任。惟为期公平，运送人之赔偿责任，应以旅客因迟到而增加支出之必要费用为限，例如增加之膳宿、交通等费用是，爰增设第二项规定。"

险物品、乃至巨大行李者均是。

(2) 物品运送人责任

托运之行李，旅客运送人应如同物品运送人对运送物所为之必要注意，故“民法”第六五七条规定：“运送人对于旅客所交托之行李，纵不另收运费，其权利义务，除本款另有规定外，适用关于物品运送之规定。”俾可保护旅客之利益。[97]

交托云者，交付托运之谓也。按旅客搭乘运送工具，携带行李为一般交易习惯，亦为日常生活所需。因之，其经交流者，即使未另收运费，运送人仍应负运送责任。惟交通工具，恒有一定空间，故其托运行李过于巨大，以致运送人负荷过重者，运送人仍得收取费用，其致运送人不堪负荷者，运送人仍得拒绝运送。

运送人依本条规定，对于托运行李负责任者，基赔偿范围，解释上应因其是否为贵重物品？有无报明？乃至故意或重大过失有无，而斟酌其情，分别适用第六三八条至第六三九条规定。

2. 对未托运行李之责任

旅客未托运之行李，运送人不负无过失损害赔偿责任，惟运送人仍负有不可侵害之义务，故“民法”第六五八条规定：“运送人对于旅客所未交托之行李，如因自己或其受雇人之过失，致有丧失或毁损者，仍负责任。”[98] 此称过失，用示过失责任主义，解释上当然包括故意在内（第二二〇条）。[99] 丧失、毁损云者，应与第六三四条作同一解释；至于迟延，则不包括在内。

民法本条之责任标准，虽亦为过失责任，但相对于侵权行为之过失责任，民法本条仍具下列特色：

(1) 本条之责任形态为契约不履行，旅客无庸证明运送人过失，即得请求损害赔偿，运送人须证明自己无过失，始得免责[100]，非若侵权行

97 参照“民法”第六五七条立法理由：“按旅客之行李，如经交托于运送人，则运送人对于旅客所交托之行李，虽未另收运费，而其与旅客相互之权利义务，仍与物品之运送无异，故适用关于物品运送之规定，以保护旅客之利益。”

98 本条所称受雇人之用语，债编修正前原称“雇用人”，因其有误，爰予修正（参照民法债编修正第六五八条修正理由。）

99 参照最高法院1937年渝上字第四三八号判例：“民法第六百五十八条所谓过失，包含故意在内。运送人对于旅客所未交托之行李，因其雇用人之故意致有丧失或毁损者，亦者责任。”

100 台湾多数学说，则采反对论点，认为此时仍应由旅客证明运送人或其受雇人为有过失（郑著（下），第六二〇页；史著，第六二〇页；戴著（下），第一九九页）。

为之被害人（旅客），须证明加害人（运送人）有过失，始得请求损害赔偿。（第一八四条第一项前段）。

（2）运送人之代负责任为无过失责任，非若雇用人责任之为中间责任（第一八八条第一项），故运送人尚不得以其于受雇人之选任及监督已尽相当注意而免责。[101]

正因旅客运送人对未托运行李之责任，因本条规定而较侵权行为提高；反之，如无民法本条规定，旅客仅得根据侵权行为请求损害赔偿，因之民法本条立法理由，认其意在保护行旅安全[102]，当非虚言。

运送人因本条而负损害赔偿责任者，其范围如何？民法本节未有明文，解释上似应回归债之通则，适用完全赔偿之规定（第二一六条）。

（三）运送人责任之消灭

运送人责任消灭之特别事由有二。一为短期消灭时效（第六二三条），次为免责文句（第六五九条）。兹分述如下：

1. 短期消灭时效

运送人因民法本节规定而应负损害赔偿责任者，其旅客之损害赔偿请求权（包括旅客伤害、运送迟延、乃至托运行李丧失毁损而致之损害赔偿[103]，自运送终了或应终了之时起二年间不行使而消灭（第六二三条第二项），是为旅客运送之短期消灭时效。

旅客运送之短期消灭时效，民法本节系与物品运送合并，一起规定于民法本节通则，有关其共通问题，因与物品运送所述相同，于兹爰不重复。

由于，运送责任短期消灭时效之规定，修正前民法较偏于物品责任观点，致旅客运送部分，表现不尽明确。再加上物品运送责任短期消灭时效，改采一年期间。因此，民法债编修正爰于同条增订第二项，并就其文字调整如下："关于旅客之运送，如因伤害或迟到而生之赔偿请求权，自运送终了，或应终了时起，一年间不行使而消灭。"此一规定，于

101 参照最高法院1937年渝上字第四三八号判例："旅客未交托运送人之行李，因运送人之雇用人之故意，致有丧失或毁损者，运送人虽于选任雇用人及监督其职务之执行已尽相当之注意，亦不能免其责任。"

102 参照"民法"第六五八条立法理由："按旅客未交托于运送人之行李，对于其行李之丧失或毁损，运送人似不应负任何之责任，但其丧失或毁损之原因，系由于运送人或其雇用人之过失所致者，仍应由运送人负责。盖运送人自己之过失，其应负责任，固不待言，而其雇用人之过失，亦应视为运送人自己之过失，方足以昭事理之公允，而保行旅之安全。"

103 托运行李丧失、毁损之短期消灭时效，其权原依据，系第六五七条，而非第六五四条。

保障旅客权益言，当具积极意义。[104] 至于运送人对行李所负之损害赔偿责任，则应适用第一项一年短期消灭时效之规定。

2. 免责文句之效力

旅客运送有免责特约或免责文句者，其情形殆与物品运送之相关情形略同，惟民法本节，于旅客运送免责文句方面，仍设有明文，故本文亦以其为独立事项说明之。事实上，“民法”第六五九条规定，与第六四九条相同，几乎全属重复规定，爰仅抄录其条文文句如下；至其内容，亦不再重复（请参照本书第五四二页～第五四三页）。

第六五九条：“运送人交与旅客之票、收据或其他文件上，有免除或限制运送人责任之记载者，除能证明旅客于其责任之免除或限制明示同意外，不生效力。”

不过，深究民法本条所以独立规定，系因旅客运送并无提单，但有“旅客之票”之规定。此称“旅客之票”，即车票、船票、机票等是，或可简称其为客票。此类客票，亦为有价证券，除禁止背书转让者外，于使用前得转让之，（通常为无记名式，因交付而转让）。不过，类似无记名见票即付之有价证券（免责证券），不得以遗失、被盗或灭失而主张拒绝给付，亦不得声请公示催告（第七二八条）。[105]

客票并为证明旅客运送成立之书据，非契约成立要件；不过，得因其发行而认为运送成立。至其有价证券之性质，因使用而丧失。愚意以为，为免法律关系复杂，似应认为因剪票或撕票即丧失有价证券之性质。

二、运送人之权利

旅客运送人之权利，主要有二。一为运费请求权；二为行李之特殊拍卖权。

（一）运费请求权

旅客运送人，亦系以受取运费而营业之人，其因运送而有运费请求权，毋宁为当然（第六二二条）。

通常，旅客运送人于其运费债权之实现，均采发行客票、先行收取之方式；如未发行客票者，解释上应本契约自由原则及劳务契约特性，

104 参照“民法”债编修正第六二三条修正理由：“旅客运送，如因伤害或迟到而生之赔偿请求权，为保障旅客权益，仍以维持二年之消灭时效期间为妥，爰列为第二项。”

105 参照郑著（下），第六一八页。

即依约定定其运费，未约定者按价目表给付，无价目表者，依照习惯给付（第四八三条等），亦无习惯者，本乎诚信原则，依运送工具、路程等具体情形酌定之。

（二）行李拍卖权

旅客之行李，未于运送到达受领或自行携带离去者，宜尽速取回，以免旅客运送人长期保管。为此，民法本节设有行李拍卖权，明定：旅客于行李到达后一个月内不取回其行李者，运送人得定相当期间催告旅客取回，逾期不取回者，运送人得拍卖之；旅客所在不明者，得不经催告径予拍卖。其行李有易于腐坏之性质者，运送人得于到达后，经过二十四小时拍卖之。旅客运送人并得就卖得之价金，扣除拍卖费用、逾期保管费用、运费及至其他费用，以其余额交付应得之人，应得之人所在不明者，则以其利益提存之（第六五六条）。[106]

此之行李，不问有无托运，均有适用；拍卖前之保管，宜解释为旅客运送人与旅客间成立有偿寄托关系，旅客运送人得请求保管费。原则上，旅客运送人对于未交托行李而遗忘于交通工具内者，不得依拾得遗失物主张权利。[107] 惟特别法有规定者，依其规定。[108]

托运之行李，旅客运送人之权利，有物品运送之适用（第六五七条）。因之，如特殊留置权（第六四七条）、寄存权（第六五〇条、第六五一条）等，于托运之行李，运送人亦得主张之。

三、旅客运送之消灭

（一）特殊消灭事由

旅客运送之消灭事由为何？民法本节亦无明文，解释上则有如下三者，似为特殊消灭事由：

106 参照“民法”债编修正第六五六条第一项修正理由：“为早日免除运送人保管行李之烦累及责任并兼顾旅客之利益，爰参考日本商法第五百九十一条第二项规定，修正第一项加上。”第二项修正理由：“行李之性质有易于腐坏者，宜早日处理，爰将第二项内原定‘四十八’小时修正为‘二十四’小时。”

107 参照郑著（下），第六二二页；史著，第六二一页，

108 主要事例，如“铁路法”第五二条第一项、“公路法”第五三条第一项之规定是。兹录之于下：“铁路法”第五十三条第一项：“对于所有人不明之运送物、寄存品或遗留物，铁路机构应公告招领，经公告一年后仍无权利人领取时，铁路机构即取得其所有权。”

“公路法”第五十三条第一项：“汽车运输业对于站、车内所有人不明之运送物、寄存品或遗留物，应公告招领之；公告逾一年，仍无权利人领取时，取得其所有权。”

1. 运送完成

旅客运送，旅客通常先行支付票价（运费）。如是，则运送到达目的地而旅客离去者，运送于旅客离去时消灭。

2. 运送不能完成

运送因不可抗力而不能完成者，运送消灭。不过，运送人业已收取运费者，宜类推适用第六四五条规定，退还已收费用；尚未收取者，丧失运费债权，不得再行收取。[109]

3. 运送因可归责于运送人之事由而不能完成者，运送人既负损害赔偿责任，须待赔偿旅客损害，运送始告消灭。

（二）旅客相继运送之消灭形态

旅客运送，亦有相继运送之情形，堪称旅客相继运送；惟民法于此并无规定。

旅客相继运送，有无连带责任适用？解释上宜采否定，盖以连带责任，除当事人有约定外，须经法律特别规定（第二七二条第二项），民法于此既无明文，自不得依解释使其负连带责任也。如是，则在旅客相继运送，各运送人惟就本程负其责任[110]，并因自己运程之完成运送，而个别消灭运送关系。

109 参照郑著（下），第六二二页。

110 参照史著，第六二二页。

第二十一章

承揽运送

承揽运送，性质上为特殊形态之行纪（第六六〇条第二项），甚至可说系特殊之委任形态（第五七六条）。惟因其所营事业对象——使人为运送，相对于一般之动产交易，有其特殊，制度运作上，非一般之行纪所能尽括，民法爰独立规定，以彰显其特色。本书亦因之列为独立章节说明之。

本章，亦依本书之通例，分就下列事项说明之。

承揽运送
- 承揽运送总说
- 承揽运送之效力
- 承揽运送之消灭

第一节 总 说

总说一节，拟就以下事项，依序而为说明。

总说
- 承揽运送之意义
  - 承揽运送人
  - 承揽运送（契约）
- 承揽运送之成立及性质
  - 成立
  - 性质

一、承揽运送之意义

（一）承揽运送之双重意义

何为承揽运送？民法本节并无直接定义，观之民法本节立法理由，系认承揽运送为承揽运送业。[1] 反之，民法本节各条所称之承揽运送（第六六〇条第二项、第六六五条），似指承揽运送契约而言。如是，则承揽运送之用语，殆如行纪之具有双重意义，其情形略如下表。

承揽运送
- 承揽运送（业）
- 承揽运送（契约）

何谓承揽运送业？依“民法”第六六〇条第一项规定，当可定义为：承揽运送（业）者，谓以自己之名义，为他人之计算，使运送人运送物品而受报酬之营业[2] 不过，此一定义，与承揽运送人之定义，颇见重复。而综观民法本节各条立法体例，其情形与行纪相同，系以凸显承揽运送人之形态，至于承揽运送业则隐而未彰。是以，以下所称承揽运送，如未特别注记，系指承揽运送契约而言，合先叙明。

（二）承揽运送人

界定承揽运送，须先了解何为承揽运送人，其情形有如运送，故本段先行说明承揽运送人。

从法典之语言使用观之，承揽运送人，亦具双重意义。其一为营业层面之承揽运送人，其次为契约意义之承揽运送人。其情形有如运送人，并可归纳如下表：

承揽运送人
- 营业上承揽运送人（660 Ⅰ）
- 契约上承揽运送人（661-666）

1. 营业上承揽运送人

“民法”第六六〇条第一项规定：“称承揽运送人者，谓以自己之名义，为他人之计算，使运送人运送物品而受报酬为营业之人。”是为营业

1 参照“民法”承揽运送一节立法理由：“按承揽运送者，谓以自己之名义，为他人之计算，使运送人运送物品而受报酬之营业也。近日交通便利，承揽运送之营业，日益发达，故本法特设本节之规定。”

2 同注1。

层面之承揽运送人。基此规定，则承揽运送人之定义说明，当可析述如下：

(1) 承揽运送人为营业之人

承揽运送为营业，故承揽运送人须为营业之人。若非以之为营业，但偶尔使运送人运送物品者，尚非民法本节所称之承揽运送人。

营业云者，与行纪、运送所称之营业，同其意义，兹不重复。

(2) 承揽运送人系使运送人运送物品而为营业之人

使运送人运送物品，为承揽运送之本质，亦为其独立于行纪之依据。使运送人为运送物品者，性质上亦系动产交易形态之一，故民法本节明定其准用关于行纪之规定（第六六〇条第二项）。是以，承揽运送，虽有承揽、运送之语词，但性质上既非运送，亦与承揽无关，而系行纪[3] 使运送人运送物品云者，意指受委托人委托（为委托人计算，以自己名义）自任托运人与运送人订立物品运送契约，使运送人完成物品之运送而言。陆上运送、海上运送或空中运送，均无不可；但不包括旅客运送。[4]

承揽运送人须为营业，其非为营业而受托使人运送物品者，其与委托人间之关系为委任而非承揽运送。使人为旅客运送者，情形亦同。

(3) 运送人，系以自己名义而为他人计算之营业人

所谓以自己名义，为他人计算云者，其情形与行纪同。抽象方面之意义，亦与行纪无异，兹不重复。

民法本条所称自己，系指承揽运送人言，他人则为委托人；计算者，其目的为运送契约之订立（亦即由承揽运送人以其名义与运送人订立运送契约），而运送之利益归属委托人。如就其成立之契约言之，其情形有如下表：

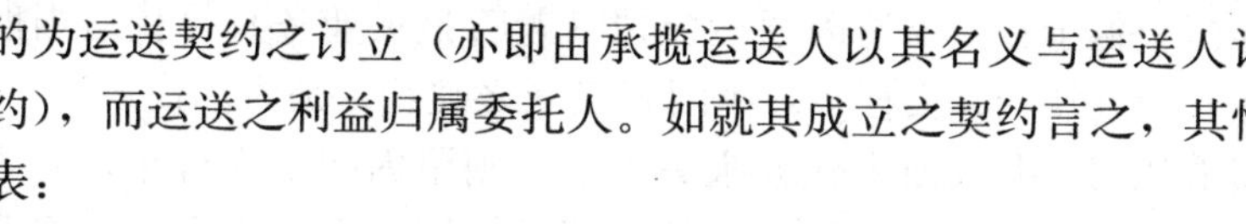

2. 契约上之承揽运送人

3 参照“民法”第六六〇条立法理由：“承揽运送人，系以自己之名义，为他人之计算使运送人运送物品而受报酬之营业，与行纪之以自己之名义为他人之计算，为动产之买卖或其他商业上之交易而受报酬之营业，性质相同，自可准用关于行纪之规定。”

4 一般以为，使运送人为旅客运送者，纵以之为营业，亦非承揽运送而系行纪（参照史著，第六二四页；戴著（下），第二〇三页）。

与委托人订立承揽运送契约之承揽运送人，是为契约意义上之承揽运送人。其情形有如个别行纪契约之行纪人、运送契约之运送人。民法本节各条，除第六六〇条外，其所称之承揽运送人，殆均指此而言。

契约上之承揽运送人，须以营业上之承揽运送人为前提。换言之，须营业上承揽运送人，为委托人成立使运送人运送物品之契约，始为承揽运送，若其非为承揽运送人者，纵成立如上内容之契约，亦非为承揽运送人，充其量亦仅能成立委任。

（三）承揽运送

根据民法本节有关承揽运送人之定义规定，则承揽运送（契约），当可定义说明如下：

称承揽运送者，谓委托人与承揽运送人约定，承揽运送人以自己名义为委托人计算而使运送人运送物品，委托人俟运送完成给付报酬之契约。

以上定义中之承揽运送人、使运送人运送物品、乃至以自己名义、为他人计算，均于上段有所说明，兹不重复。故于本段，仅就下列三者，补充说明之。

1. 委托人

委托人为承揽运送之一方，其地位有如委任之委任人，或行纪之委托人，其为自然人或法人，本国人或外国人，乃至有无行为能力，均无不可。

委托人所委托之内容，须为物品之运送。例如，甲有货物一批，拟运至美国交付于乙，委请丙通运公司（兼管报关业务）寻找适当航运公司承运，丙同意受其委任者，甲丙间成立之契约，是为承揽运送。反之，如甲仅委托丙代办或使人代办报关手续，则甲丙间是为行纪，非为承揽运送；反之，如甲系委托丙使人检验货品，则甲丙间为委任，亦非承揽运送。

2. 完成运送

对于委托人，承揽运送人之义务，在于使运送人运送物品。

为此，承揽运送人相对于运送人，系为托运人，为保护委托人之利益，承揽运送人于运送人运送中有为委托人为必要指示及处置之义务，斯即所谓为他人计算之意旨。承揽运送人对运送人为指示，对运送物为处置，须不背委托人之指示（第六六〇条第二项、第五七七条、第五三五条前段）。

此等义务，须持续到运送完成。故于此特别凸显完成运送之因素。

3. 给付报酬

承揽运送人为营业之人，于法仅得经营承揽运送为业，故其成立承揽运送（契约），自须受到报酬。不过，本于劳务契约报酬后付原则，并斟酌运送具有承揽之性质，委托人之报酬给付亦应作同一解释，故于其定义，亦强调俟运送完成始给付报酬之因素。

二、承揽运送之成立及性质

（一）承揽运送之成立

承揽运送如何成立？民法本节亦无明文，解释上自应回归“民法”第一五三条，亦即仅因当事人合意而成立。前段定义凸显约定之用语，其本意当即在此。

相对于一般契约之成立，承揽契约，固无任何特殊之处。惟就现实社会生活之交易行为而言，承揽运送往往只是其间过程之一。交易目的之实现，尚有赖连结其他契约，至其涉及之相关当事人间，法律关系颇见复杂。因此，叙明承揽运送在此交易过程上之定位及其衍生之互涉关系，当属重要。基此，爰举一例，说明其法律关系如下：

甲向乙买货，乙欲运送于甲，惟乙对于运送业并不熟悉。适友人丙开设通运公司（承揽运送人），乙爰委托丙代为寻妥运送人完成运送，丙受托后，与丁运送公司订立运送契约，并交货于丁，指示丁运送于甲（受货人）。

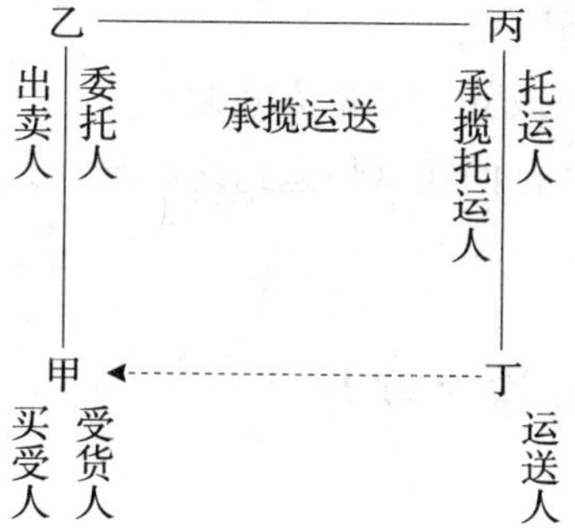

1. 乙委托丙使运送人运送货物，（乙为委托人，丙为承揽运送人），乙丙间成立承揽运送。

2. 丙委托丁运送（乙所有）之物品（丙为托运人，丁为运送人），丙丁成立运送。

3. 甲为送货人，丁运送货物到达目的地，交货于甲，丁完成运送（给付、履行、清偿运送债务），丙亦完成承揽运送（给付、履行、清偿承揽运送债务）；同时乙亦完成出卖人义务（给付、履行、清偿出卖人债务）。

4. 乙丁间无契约关系，乙对丁不得主张契约上权利，对丁亦不负契约上义务，反之亦然。

5. 丁于运送途中致运送物毁损灭失者，乙对甲就买卖负债务不履行责任，丙对乙，丁对丙各自依债务不履行主张权利。丁对甲则负侵权行为责任。

（二）承揽运送之性质

承揽运送之契约上性质，约可归纳如下：

1. 独立有名契约

承揽运送，民法既列为独立契约类型，并有要节规定，性质上为独立有名契约当无疑问，惟其受托而为动产交易（处理事务），故性质上具有行纪之性质，（第六六〇条第二项），并得归属于特殊委任之形态（第五七七条）。

2. 双务契约

承揽运送成立，委托人负有给付报酬之义务，承揽运送人有使运送人运送物品之义务，二者互负对价关系，故承揽运送为双务契约。

3. 有偿契约

承揽运送委托人之支付报酬给付，与承揽运送人使运送人运送物品之给付，互为报偿而成为对价给付，故承揽运送为有偿契约。

4. 不要式、诺成契约

承揽运送因合意而成立，无待方式之成立，故为不要式契约[5]；另一方面，承揽运送亦无庸标的物（使运送之物品）之交付，故为诺成契约。

第二节　承揽运送之效力

承揽运送效力之内容，为民法本节规定之重心，此与民法本章其他各节并无不同，至其规定取向，则以承揽运送之权利义务为主。语其重

5　参照最高法院 1931 年上字第二〇二七号判例："承揽运送契约法律上并非要式行为，除当事人间曾约定须用一定方式外，凡明示或默示均可成立。"

点，殆可归纳如下表，并依序而为说明。

- 承揽运送（效力）
  - 承揽运送人义务
    - 注意义务：善良管理人注意（660Ⅱ、577、535后）
    - 计算义务（666Ⅱ、665）
    - 债务不履行责任
      - 过失责任（661）
      - 限额赔偿（665、638-640）
      - 责任保留（665、635）
      - 短期消灭时效（666）
  - 承揽运送人权利
    - 报酬请求权（660Ⅰ）
    - 费用偿还请示权（660Ⅱ、582）
    - 特殊留置权（662）
    - 损害赔偿请求权（665、631）
    - 介入权（663、664）

一、承揽运送人之义务

承揽运送人之义务有三。即完成承揽运送之注意义务、计算义务及债务不履行责任三者是。

（一）完成承揽运送之注意义务

1. 注意标准

承揽运送人，不仅有选任运送人之义务，更负有使运送人运送物品之义务。通常，使运送人运送物品，须交付托运物；如是，承揽运送人常须自委托人受领货物而转交于运送人，直至运送完成。在此角度上，承揽运送人，亦具有完成工作之性质，并非仅为行纪而已，法律用语上所以称为承揽运送，或与此方面之意义有关。

既然，承揽运送人，一方面自委托人受取货物，另一方面又须使运送人完成物品运送，则为委托人利益之保护计，承揽运送人就物品之接收、保管、运送人之选定，运送物之交运及其他与承揽运送有关事项，均负有注意义务（第六六一条但书）。由于承揽运送人受有报酬，故此之注意云者，应为善良管理人之注意义务，承揽运送人苟有怠于善良管理人注意，即属有过失而应负债务不履行责任。

2. 注意事项

承揽运送人应予注意之事项，相当繁夥，举其要者则有如下：

（1）物品之接收：承揽运送人受领委托人交付之物品。

（2）特品之保管：承揽运送人接收物品后，于交付运送人运送前应负之保管义务。

（3）运送人选定：承揽运送人选择经验丰厚、信用可靠之运送人，并与之订立运送契约。

（4）运送物交通：承揽运送人交付物品于运送人，以利运送。

（5）目的地之交付：承揽运送人在运送目的地，协助运送人将运送物交付受货人。

（6）其他相关事项：承揽运送人指示运送人为妥善运送，或承揽运送人因委托人指示而转指示于运送人均是。

有关相关事项，现行民法用语，系称之“其他与运送相关事项”，惟一般以为，承揽运送人，并不自为运送，对运送所致损害，亦不直接负责，故称“与承揽运送事件有关事项”。民法债编修正前，法律用语虽使用“与运送有关事项”，惟学理上则多解释其为“与承揽运送有关事项”[6]，足认民法债编此一用语之调整，甚值肯定。[7]

（二）计算义务

承揽运送人系为委托人之计算而使运送人运送物品，对于托运人负有计算义务，自难否认，语其重点，略有如下：

1. 报告义务：承揽运送事务进行状况及颠末报告义务（第六六〇条第二项、第五七七条、第五四〇条）。

2. 不背指示义务：承揽运送人于承揽运送相关事项应依委托人指示，非有急迫情事，并得推知允许变更者，不得变更指示（第六六〇条第二项、第五七七条、第五三五条前段、第五三六条）。

3. 利益转付义务：承揽运送人，因承揽运送事务之处理而获有利益者，应转付于委托人（第六六〇条、第五七七条、第五四一条）。此在承揽运送或不多见，但于运送人债务不履行而承揽运送人请求损害赔偿之情形，颇具实益；拟待次段债务不履行责任说明之。

4. 保管义务：承揽运送人占有委托人交付而用以托运之运送物者，负保管义务，并适用寄托之规定（第六六〇条第二项、第五三条第一项）。

5. 处置义务：承揽运送人对于瑕疵或易腐败之托运物，有为委托人

6 参照郑著（下），第六三一页；戴著（下），第二〇八页。

7 参照“民法”债编修正第六六〇条修正理由：“承揽运送人，对于托运物品之丧失、毁损或迟到，应负责任。但能证明其物品之接收保管、运送人之选定、在目的地之交付，及其他与承揽运送有关之事项，未怠于注意者，不在此限。”

利益而处置之义务（第六六〇条第二项、第五八四条）。

（三）债务不履行责任

民法本节，于承揽运送人之债务不履行责任，设有如下三项特别规定。即责任标准、赔偿范围及短期消灭时效三者是，兹分述如下：

1. 责任标准

（1）制度重点

承揽运送人责任标准之依据为“民法”第六六一条，其文字略为：“承揽运送人，对于托运物品之丧失、毁损或迟利，应负责任。但能证明其于物品之接收、保管、运送人之选定、在目的地之交付及其他与承揽运送有关之事项，未怠于注意者，不在此限。”

就责任原理之表征言，民法本条体例，似较特殊。盖就本文观之，其语意似具无过失责任主义之色彩，惟兼括本条但书而综合观察，则民法本条所欲体现之承揽运送人债务不履行责任，仍系过失责任。此不仅为学界所肯定[8]，更为立法理由所强调。[9] 按契约不履行之过失责任，亦系推定过失之意旨，如债务人不能证明自己无过失，即应就给付不能、给付迟延或给付瑕疵负其责任，无待类如民法本条但书之文字；足见，就责任标准而言，民法本条尚无创设意义，亦不具类如“民法”第六三四条、第六五四条之特别规范意义（第二二〇条过失责任之特别法），有关免责规定（本条但书），亦无例外。民法本条所称丧失、毁损或迟到，其意义与运送人责任所称之丧失、毁损或迟到相同，兹不重复（本书第五二一页～第五二二页）。

（2）相关事项

承揽运送人之债务不履行责任，除“民法”第六六一条规定外，一般以为尚有下列三者，足资注意：

①易见瑕疵之问题

托运物因包皮有易见瑕疵而丧失、毁损者，承揽运送人如于接受该物时，不为保留者，应负责任（第六六五条准用第六三五条）。

②贵重物品如委托人于委托时未报明其性质或价值者，承揽运送人

8　参照郑著（下），第六二九页；史著，第六二八页；戴著（下），第二〇九页；陈著，第三一五页。

9　参照“民法”第六六一条立法理由：“按承揽运送人，对于托运物品之丧失毁损或迟利，应负赔偿之责任，此与运送人无异。但关物品之接收、保管、运送人之选定、在目的地之交付、及其他与运送有关之事项，承揽运送人如能证明自己并未怠于注意者，则虽有丧失毁损或迟到之情事，即亦可以免责。盖损害赔偿之责任，因故意或过失而成立，若未怠于注意，即无过失之可言，自不负损害赔偿之责任也。”

对于其过失或毁损，不负责任（第六六五条准用第六三九条第一项）。

③运送物因承揽运送人之受雇人或受托为承揽运送之人之过失所致丧失、毁损或迟到者，承揽运送人仍应负责。（第二二四条、第一八八条）。

以上三者，前二者系根据"民法"第六六五条准用而来。惟其规定，是否确有创设意义，不无疑问。盖就前者言，如承揽运送人能证明其于物品之接收、保管、运送人之选定及其他相关事项，均已尽善良管理人注意者，是否仍应负损害赔偿责任，不无疑问；如采肯定立场，则无异承认"民法"第六六五条有意突破第六六一条而创设无过失责任，此恐有违民法本条立法原意。就后者言，如委托人能证明承揽运送人于贵重物品之丧失或毁损有过失者，承揽运送人是否仍得以委托人未报明而免除责任，亦不无疑问。按"民法"第六三五条、第六三九条第一项之所以有特别明文，系因呼应民法第六三四条之无过失责任而生，其创设意义亦在于此。兹承揽运送人之债务不履行，既已改采过失责任，则"民法"第六六五条规定准用"民法"第六三五条，并将"民法"第六三九条第一项纳入准用之列，其规范意义尚非重大，恐系实情。承揽运送人之受雇人或受托为承揽运送之人之过失，致运送物丧失、毁损或迟到，应否负责，解释上仍应本乎债之通则所示一般原理，认为承揽运送人应负赔偿责任（第二二四条或第一八八条）。

2. 赔偿范围

（1）限额赔偿

承揽运送人系就过失而负债务不履行责任，通常情形，原无限额赔偿之问题。惟民法本节明文规定，运送有关赔偿范围之规定（第六三八条～第六四〇条），于承揽运送人责任准用之（第六六五条），故承揽运送人责任，亦有限额赔偿之问题。归纳其要点，殆如下表：

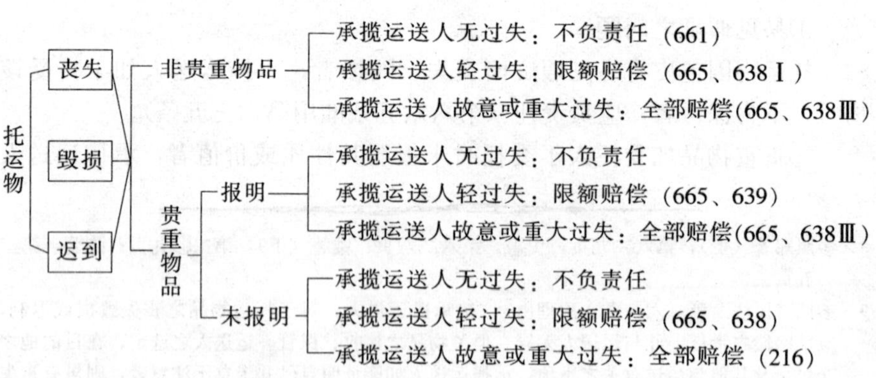

至其相关事项之重点，当可分析如下：

①承揽运送人责任与运送人责任之最大差异，在于承揽运送人于无过失不用负责，运送人则仍应负限额赔偿责任（第六三四条）。二者相互对照，足认第六六五条所称准用，于限额赔偿部分，系以承揽运送人之轻过失责任为其重心。

②承揽运送人为故意或有重大过失者，其赔偿范围与运送及一般债务人，并无不同。纵无准用，结论当亦无不同。

③托运物迟到之损害赔偿，亦有不得超过全部丧失可得请求赔偿数额之适用（第六六五条准用第六四〇条）。

④贵重物品有无报明，其责任相去无几，勉强言之，仅轻过失之限额赔偿范围略有不同而已，非若运送人责任之差异明显。

⑤有关贵重物品、非贵重物品、限额赔偿、全部赔偿等，其含义与运送人责任相同，兹不重复（本书第三七六页～第三八二页）。

⑥有关上表之适用，仅于托运物品之丧失、毁损或迟到，有其适用，其他情形之债务不履行，则回归适用债之通则，其结论或有部分会与上表相同，惟此系适用债之一般原理之结果，尚与上表无关。

⑦托运物品于运送途中丧失、毁损或迟到者，固亦有上表之适用，但承揽运送人，就运送人之过失，对于委托人不负责任。换言之，运送人之过失，于承揽运送关系上，系属通常事变，承揽运送人就其所致损害，对托运人不负赔偿责任。

⑧承揽运送人因轻过失致运送物之丧失、毁损，而应负限额赔偿责任者，得扣除委托人无须支付之运费或（及）承揽运送人之报酬（第六六五条准用第六三八条第二项）。

⑨托运物品因承揽运送人之过失致丧失、毁损者，委托人仍得基于侵权行为请求损害赔偿（第一八四条）。此时，契约上请求权及侵权上请求权，由委托人依请求权竞合相关理论行使之。

⑩托运物品因运送人之过失致丧失、毁损者，委托人对运送人无契约上请求权，仅得依侵权行为请求运送人损害赔偿，其责任基础仍为过失责任（第一八四条第一项前段）。

⑪托运物品为他人无权占有时，委托人得本于物权，请求无权占有人返还。[10]

10 参照最高法院1941年上字第一一一九号判例：“托运送物品丧失时，委托人固得对于承揽运送人请求赔偿。但本于其物上请求权，径向该托运送物品之无权占有人请求返还，要亦非法所不许。”

⑫数承揽运送人相继为承揽运送者，无论其为广义之相继运送或狭义之相继运送[11]，因无准用民法相继运送（第六三七条）之规定，解释上应无连带责任之适用。纵因当事人明示约定负连带责任或因履行辅助人而负责任（第二七二条第二项、第二二四条），亦与“民法”第六三七条无关。

（2）赔偿利益之转付

委托人对于运送人无契约上请求权，承揽运送人对委托人仅负过失责任，而运送人对承揽运送人（托运人）负无过失责任。如是，遇有托运物品，于运送途中因事变而致丧失、毁损时，势将发生委托人无损害赔偿请求权，但承揽运送人对运送人有损害赔偿之特殊现象。例如，甲有大型瓷器一座，委托乙通运公司找得适当运送人运至屏东，乙当即托付丙货运公司承运。途经泰安休息站，丙公司司机丁，将车停妥休息站内停车场后如厕，货车为不知名之车辆撞翻，瓷器为之破碎。依运送及承揽运送债务不履行责任之相关规定分析之，则甲不得对乙丙丁请求损害赔偿，但乙得对丙请求损害赔偿。如是，有关乙所得赔偿，其利益究应归属于乙或甲，不无讨论余地。

按承揽运送人乙系为委托人甲之利益，使运送人丙货运公司运送瓷器，其因瓷器丧失而对运送人丙之契约上（运送上）损害赔偿（请求权），系为甲之利益而存在，非为乙之固有利益受害所生之损害赔偿请求权，本乎以自己名义，为他人计算之意旨，宜解释为乙得让与损害赔偿请求权于甲，亦得请求丙损害赔偿，但应于受领赔偿后交付于甲（第六六○条第二项、准用第五七八条、第五七七条、再准用第五四一条）；如所受领之赔偿为金钱，而乙予以使用者，并应支付利息及赔偿损害（准用第五四二条）。实务亦持相同立场。[12]

11　对照相继运送观之，广义之相继承揽运送，当亦可分为如下三种形态：

相继承揽运送（广义）——
- 区间承揽运送（部分承揽运送）
- 次承揽运送
- 共同承揽运送（狭义相继承揽运送）

12　参照最高法院1932年上字第八七号判例：“承揽运送人对于托运物品之丧失，能证明其于物品之接收、保管、运送人之选定、在目的地之交付及其他与运送有关之事项，未怠于注意者，固不负责任。但承揽运送人系以自己之名义，为委托人之计算，使运送人运送物品。依民法第六百六十条第二项准用同法第五百七十八条之规定，对于运送人自得行使权利，故运送人于运送物品之丧失应负损害赔偿责任时，惟承揽运送人得向运送人请求损害赔偿。依民法第六百六十条第二项、第五百七十七条、第五百四十一条之规定，承揽运送人自应向运送人行使其请求权，将其所受领之赔偿物交付委托人，或将其损害赔偿请求权移转于委托人，方可免其责任。”

上述损害赔偿请求权之最终利益归属者，即为甲，则甲基于承揽运送契约，请求乙让与乙对丙之损害赔偿请求权（代偿请求权），似亦无不可（第二二五条第二项），盖无此解释，于乙丙权义及地位并无影响，而真正利益主体之甲得主动实现其权利，无待乙之移转也。

3. 短期消灭时效

承揽运送人为商人，承揽运送为营业，对其因营业而生之损害赔偿请求权，应从速行使，俾其关系早日确定，债编修正前民法已有二年短期消灭时效之设。[13] 此次民法债编修正，再予缩短，至其具体内容则为："对于承揽运送人因运送物之丧失、毁损或迟到所生之损害赔偿请求权，自运送物交付或应交付之时起，一年间不行使而消灭。"（第六六六条）。[14] 论其要点，则可分析如下：

（1）本条之适用对象，为承揽运送人对委托人之契约不履行责任，亦即适用于委托人对承揽运送人因债务不履行而生之损害赔偿请求权。

（2）本条之适用事项，限于运送物之丧失、毁损或迟到而生之债务不履行责任。至于其他债务不履行情事所生之损害赔偿，回归民法总则一般期间（十五年）之规定，尚不在本条适用范围之列。

（3）本条适用之责任基础，限于轻过失所生之损害赔偿。换言之，如承揽运送人于运送物之丧失、毁损或迟到有故意或重大过失者，仍应回归民法总则而无本条之适用。

（4）委托人本于侵权行为而请求损害赔偿者，其消灭时效期间，仍应本于请求权竞合理论，于承揽运送人为轻过失者，仍有民法本条适用。

（5）所谓运送物交付时系指运送完成，亦即将运送物交付于受货人之时而言；所谓运送物应交付时，系指依运送契约而定之交付时期，其具体日期，解释上应依"民法"第六三二条规定定之。是运送物交付或应交付时云者，殆与"民法"第六二三条所称之运送终了或应终了时之意义，差相符合。

13 参照"民法"第六六六条立法理由："委托人对于承揽运送人因运送物之丧失、毁损、或迟到所生之损害赔偿请求权，应以从速行使为宜。故使其自运送物交付或应交付之时起，经过二年间不行使而消灭，俾权利状态，不至久不确定也。"

14 参照"民法"债编修正第六六六条修正理由："对于运送人，关于物品之运送，因丧失、毁损或迟到而生之损害赔偿请求权，其消灭时效期间，第六百二十三条已修正为一年。承揽运送人之责任，不宜较运送人者为重，故本条请求权之消灭时效期间亦修正为一年，以资配合。"

二、承揽运送人之权利

依民法本节规定，承揽运送人之权利，主要有五。即报酬请求权、费用偿还请求权、特殊留置权、损害赔偿请求权及介入权五者是。兹分述如下：

（一）报酬请求权

承揽运送为有偿契约，承揽运送人有报酬请求权，为宁为当然结论。

有关报酬之数额、种类及支付，原则上准用行纪之规定（第六六〇条第二项、准用第五八二条、再准用第五四七条、第五四八条），并得对受货人主张之。至其内容，与其他有偿劳务契约雷同，兹不重复。

（二）费用偿还请求权

承揽运送人因承揽运送相关事项而为委托人利益支出之必要费用，如垫付运费、关税、检疫查验费等，得连同其利息请求委托人偿还，是为承揽运送人之费用偿还请求权（第六六〇条第二项准用第五八二条）。

费用偿还请求权，除得向委托人请求外，解释上，并得对受货人主张之。

（三）特殊留置权

1. 特殊留置权之意义

承揽运送人，因保全报酬及费用偿还债权，对于托运物品之有特殊留置权，其情形恰如运送人之于托运人。为此，“民法”第六六二条规定：“承揽运送人为保全其报酬及垫款得受清偿之必要，按其比例，对于运送物，有留置权。”足见，于此所称特殊云者，其情形殆如运送人之特殊留置权而表现为如下二端。其一为不问托运物品是否为委托人所有，其二为突破留置权不可分性，采取比例取得留置权之模式。

民法本条所称比例，解释上应包括下列三层意义：

（1）承揽运送人与所有人间之比例关系[15]；

（2）承揽运送人间之比例关系[16]；

15 参照“民法”第六六二条立法理由：“按承揽运送人应得之报酬及垫款，本可请求受货人清偿，然使受货人不为清偿时，自不得不谋保全方法，以资救济，故许承揽运送人在运送物上得行使留置权，以保全其利益。但此种权利之行使，仍须按其比例，不得为过分之留置耳。”

16 此之承揽运送人间云者，包括下列三种情形：

1. 区间承揽运送人间。

2. 共同承揽运送人之相互关系。

3. 承揽运送人与次承揽运送人之相互关系。

(3) 承揽运送人与运送人间之比例关系。

2. 留置权之行使

承揽运送人，通常并不直接占有运送物，故其留置权之行使，原则上应指示运送人代为行使；于相继运送之情形，则由最后程运送人代行使之。换言之，承揽运送人于此角度内，得解释其为相继运送之前运送人[17]，运送有关相继运送代理权义之规定（第六五三条、第六四六条），于报酬请求权、费用偿还请求权之实现上，亦有适用。学理上或认为，承揽运送人得以托运人身份，依“民法”第六四二条命运送人交付货物于自己而行使留置权。惟承揽运送人负有使运送人完成运送之义务，其报酬请求权又须俟运送完成，始得请求；反之，“民法”第六四二条之处置权，系以未通知受货人受领货物或受货人尚未请求为要件。如谓承揽运送人反而可以借行使处置权达到取得留置权之目的，恐有自我矛盾之虞。解释上宜认为，类此情事，仅于运送终了，或运送尚未完成而承揽运送终了时始有适用。

(四) 损害赔偿请求权

托运物为危险物品，委托人于订立承揽运送前怠于告知者，承揽运送人就其所受损害，得请求委托人赔偿（第六六五条准用第六三一条）。惟其制度内容，与运送相同，兹亦不重复叙述（本书第三五五页）。

承揽运送人之此项损害赔偿请求权，尚非上述特殊留置权之担保对象，但承揽运送人仍得依“民法”第九二八条、第九二九条规定，主张一般之留置权而行使之。

(五) 介入权

1. 自由介入原则

于承揽运送，所谓介入权者，系指承揽运送人得自行运送物品而成为运送人之权利。是以，介入者，介入为运送人，使承揽运送人与委托人成立运送之意。其情形殆如行纪人之介入为交易当事人（第五八七条），故与商号所有人剥夺（经理人或代办商）利益之介入权（第五六三条），意义迥然有别。

承揽运送人之介入权，民法采取相当开放之政策，除当事人有禁止约定外，均得为之，故“民法”第六六三条规定：“承揽运送人，除契约

17 参照郑著（下），第六三三页；史著，第六三九页。

另有订定外，得自行运送物品。如自行运送，其权利义务，与运送人同。”揆其规范意旨，堪称（承揽运送人）自行运送原则或自由介入原则。[18]

2. 介入权之性质

承揽运送人行使介入权者，承揽运送与委托人间，除承揽运送外，并发生运送之权利义务关系。故一般以为，介入权之性质为形成权。

3. 介入权之成立

依民法本节规定，介入权之成立，其情形有二，并可图式如下表，并分述于下：

介入权—┬行使成立：自行运送（663）
　　　　└拟制成立：约定全部运费或填发提单（664）

（1）介入之行使

介入权如何行使？“民法”第六六三条仅规定自行运送之字眼，并无其他要件之要求。惟通说依一般介入权行使之通例，认为须由承揽运送人以意思表示为之。[19] 如是，则介入为有相对人之意思表示（单独行为），因其意思表示到达于相对人而生效力。

按承揽运送，旨在完成运送，至其运送系由承揽运送人为之，亦或由他人为之，于委托人利益言，并无二致。而且承揽运送人仅负过失责任（第六六〇条），运送人尚须负无过失责任，因介入而成立运送，于委托人利益更有保护；再衡诸民法第六六四条，仅以约定全部运费或填发提单之事实即拟制介入成立。愚意以为，介入权之行使，仅以运送人有自行运送之事实即为已足，无待意思表示之成立或到达。如是，因承揽运送介入权之行使，其运送之成立，似可认为具有事实上契约之形态。

介入禁止之特约，得于介入权行使（自行运送）前为之，不限于承揽运送成立时（委托时）为之。禁止特约之方式，则明示或默示，均无不可。介入之范围，为托运物品之全部或一部，亦均无不可。至于其形态之为陆上运送、海上运送或航空运送，更非所问。

（2）介入之拟制

18 参照“民法”第六六三条立法理由：“按承揽运送人对于运送物品，本以使运送人运送为原则，然有时因契约并无特别订定，承揽运送人不给运送人运送，而自为运送，亦为法所许可。”

19 参照郑著（下），第六三页；史著，第六四〇页。

承揽运送人并未自行运送，惟因符合法定特殊情事，民法视为承揽运送人自行运送，是为介入之拟制。所谓法定特殊事由有二，其图式及说明，依序如下：

就运送全部约定价额
承揽运送人填发提单
——视为自己运送：介入拟制→视为运送关系发生（664）[20]

①就运送全部约定价额

所谓就运送全部约定价额者，指包括承揽运送人报酬及运送人报酬（运费），概括约定由委托人支付者是。本来，运费应由承揽运送人（托运人）与运送人约定，兹即由委托人与承揽运送人约定，足认承揽运送人自任于运送人地位，故民法第六六四条爰斟酌当事人真意，视为承揽运送人自行运送。

②承揽运送人填发提单

提单本应由运送人填发（第六二五条第一项），原则上亦交付托运人或依托运人指示而交付于受货人，兹承揽运送人既已填发提单于委托人，则承揽运送人显然自居于运送人之地位，故民法本条亦斟酌当事人真意，视为承揽运送人自行运送。[21]

4. 介入之效果

介入权行使之效果，约可分为三方面说明之。

（1）承揽运送关系之存续

承揽运送而发生介入情事者，于承揽运送人与委托人间，自介入权生效时起，成立运送，因无疑问。惟原有之承揽运送关系是否存续？抑或为之消灭？民法并无直接明文。

一般以为，运送关系之成立，乃法律关系之新生，并不使承揽关系消灭，故其二者之间，实系居于并存地位。[22] 至其相互关系殆可表解如下：

承揽运送 → 介入 ┬ 运　　送（托运人←→运送人）
　　　　　　　　　　‖　　　　　‖
　　　　　　　　└ 承揽运送（委托人←→承揽运送人）

20 “民法”第六六四条之拟制介入，即采“视为”之制度模式，则解释上自不容许当事人以反证推翻之。

21 参照“民法”第六六四条立法理由：“若承揽运送人已就运送全部约定价额，或已由承揽运送人填发提单于委托人者，则与承揽运送人自己运送无异……故设本条明示其旨。”

22 参照郑著（下），第六三四页；史著，第六四〇页；戴著（下），第二一四页。

衡诸介入权之规定，寓有加强委托人利益保护之意旨，解释二者并存，当较符合立法之本意。因此，除因介入相关条文（第六六四条、第六六五条）有限制规定外，承揽运送人之报酬请求权，费用偿还请求权等，于介入后仍得本于承揽运送行使之。

（2）承揽运送人之义务

承揽运送既因介入而成立运送，承揽运送人实兼居运送人之地位，因此，有关运送人义务之规定，承揽运送人亦应遵守。其间，最具保护委托人利益者，即系运送人无过失责任（第六三四条）之适用，"民法"第六六三条所称其义务与运送人同，主要当在于此。

以上见解，于自行运送之介入（第六六三条），法律规定甚为明确，解释上尚无疑义，固可肯定。反之，于拟制介入之情形，"民法"第六六四条仅称"视为承揽人自己运送"，既未如"民法"第六六三条前条直称其义务与运送人同，亦无准用"民法"第六六三条之文句，是否仍得认其有无过失责任（第六三四条）之适用，或不无怀疑？愚意以为，既称视为自己运送，实无否认其为运送人之理，解释上当亦以肯定论点为宜。

（3）承揽运送人权利

承揽运送既因介入而成立运送，承揽运送人亦兼居运送人之地位，是以，承揽运送人即得本于承揽运送请求报酬（第六六〇条第二项准用第五八二条），亦得本于运送而请求运费或主张其他运送人权利，当可肯定"民法"第六六三条所称"其权利与运送人同"，其本意当指后者而言。

不过，在拟制介入之情形，因"民法"第六六四条规定："就运送全部约定价额，或承揽运送人填发提单于委托人者，视为承揽人自己运送，不得另行请求报酬。"故解释上尚有争论。

所谓不得另行请求报酬者，语意上似指不得于约定价额或提单所载运费之外，请求其他报酬，特别是承揽运送之报酬而言。多数学说亦偏于赞同此一论点。[23] 在此约定全部价额之情形，理论上业已包括承揽运送人之报酬及运送人之运费，谓民法本条有特别限制意旨，并排除"民法"第五八二条第二项之适用，或无疑义。惟在填发提单之情形，是否确已斟酌报酬及运费尚须提单记载而定，如其提单记载之运费，并未包含承揽运送人报酬者，强谓承揽运送人不得本于承揽运送请求报酬，恐亦有

23 参照郑著（下），第六三五页；史著，第六四二页、第三三四页；戴著（下），第二一四页。

失公平，故少数说持反对论点，认为于此情形，承揽运送人尚得请求承揽运送之报酬。[24]

纯就法律文义而，少数说之解释论是否有当，或值讨论，惟多数说之学者中，认为民法本条限制请求其他报酬之立法政策，不尽妥当，应予删除者，亦非无有。[25] 比较民法本条与第六六三条规定，立法删除说之论点，诚非无的放矢。鉴于提单为有价证券，其效力范围当以提单文义为准，如提单文义未排除承揽运送人报酬之请求者，似不宜仅依第六六四条规定，遽认承揽运送人不得请求承揽运送之报酬。况者，法律解释，应斟酌其相互间之体系构成，民法本条首句，既以全部价格约定为其适用基础，则提单之适用，亦应本此意旨，认为于提单就全部价格为记载者，始有适用，始较允当。

愚意爰以为，少数说之见解，或较可采。否则，提单仅记载运费之一部分或甚而未记载运费者，岂非要解为其余运费或全部运费均不得请求欤！

第三节　承揽运送之消灭

承揽运送之特别消灭事由为何？民法本节并无直接明文。解释上宜本诸劳务契约之特质而准用委任之规定（第六六〇条第二项、第五七七条）。如是，则承揽运送之特别消灭事由，当亦如委任，而得列举如下：

1. 当事人任意终止（660Ⅱ、577、549Ⅰ）

2. 当事人一方死亡、破产或丧失行为能力（660Ⅱ、577、550）至于承揽运送因上述特别消灭事由发生而视为存续、乃消灭而生之损害赔偿等，其于委任上之相关规定，亦有准用（660Ⅱ、577、551、552、549Ⅱ），兹不重复（本书第二六〇页～第二六六页）。

24　参照薛著，第二九六页。

25　参照梅著，第三三四页～第三三五页。

关键字索引表

主要参考书目

以中文债各教科书及工具书为范围

一、债各相关教科书（以作者姓氏笔划为顺序）

史尚宽　“债法各论”（自刊、1977年、五版）

梅仲协　“民法要义”（自刊、1963年、修订八版）

黄茂荣　“买卖法”（植根法学丛书、1989年、增订版）

蔡章麟　“民法债编各论”（上、下）（自刊、1959年）

戴修瓒　“民法债编各论”（三民书局、1964年）

陈瑾昆　“民法通义债编各论”（北平朝阳学院、1930年）

薛祀光　“民法债编各论”（三民书局、1960年）

郑玉波　“民法债编各论”（上、下）（自刊、1970年）

钱国成　“民法判解研究”（“司法行政部”、1957年）

杨与龄　“房屋之买卖委建合建或承揽”（正中书局、1976年）

我妻荣　“中华民国民法：债权各则”（日本评论社、1933年）

二、论文集

王泽鉴　“民法学说与判例研究”（一～七），台大法学丛书（1975年～1992年，陆续出刊）

刘春堂　“民商法论集”（一、三），辅大法学丛书（1985年、1991年）

郑玉波　“民商法问题研究”（一～四），台大法学丛书（1976年～1986年、陆续出刊）

三、工具书（外国法典）

台大法律学研究所　德国民法（1965年）

“司法行政部”　瑞士债务法（1978年）

司法通讯社　日本民商法规汇编（1975年）

风间鹤寿　イタリア民法（法律文化社，1985年）

神户大学外国法研究会独逸民法（1955年）

神户大学外国法研究会佛兰西民法（1967年）

广冈光治　露西亚民法（岩松堂，1929年）

四、判释汇编

郭卫（编辑）　“大理院”解释例全文（台一版）（成文出版社、1972年）

郭卫（编辑）　“大理院”判决例全书（台一版）（成文出版社、1972年）

“最高法院”　“最高法院”判例要旨（上册）（1989年）

“最高法院”　“最高法院”民刑事庭会议决议暨全文汇编（上册）（1989年）

黄宗乐（监修）“六法全书：民法”修订一版（保成文化出版事业公司、2002年）

钱国成（审定）　六法（判例·解释·决议）全集（1985年）

刘清景（主编）“大法典系列4”（民法债各）（学知出版社，1995年）

戴森雄（编）　民事法裁判要旨广编（第二册）（自刊、1985年、修订再版）

五、其他（法律修正案）

“司法行政部”　民法债编修正意见汇编（1976年）

“法务部”　民法研究修正实录—债编部分（七）（2000年）

作者其他著作

一、书籍

1. 公害法原理（辅仁法学丛书，1984 年；修订再版，1987 年）
2. 民法研究（一）（辅仁法学丛书，1986 年；增订版，五南图书出版，2000 年）
3. 民法概要（合著）（空中教学大学用书，1987 年）
4. 民法债编通则（增订一版）（上、下）（辅仁法学丛书，2001 年）
5. 债法各论（上）（辅仁法学丛书，1994 年）

二、学位论文

1. 公害防治立法之理论基础（台大硕士论文，1973 年）
2. 从侵权行为归责原理之变动论危险责任之构成（台大博士论文，1982 年）

21世纪法学研究生参考书系列

邱聪智◎著 姚志明◎校订

新订债法各论

（下）

中国人民大学出版社

下册小语

本书中册问世，倏将八个年头。下册写作，犹如长期抗战。蓦然回首，中壮之身，已近还历。回想民法债编通则初版迄今，个人一套较称完整的民法债编体系明，前后历经十六年有余。人的一生，可以奋力工作的岁月，没有几个十六年。爰撰数语，以资回顾，并策来兹。

近十年来，台湾民法（学）风貌，既有重大突破，研究成果之水准，亦见快速提升。债法（学）因民法债编修正，更是风云迭起，浪潮澎湃。于此期间，个人亦根据债编修正内容，大幅修补拙著“民法债编通则”及“债法各论”上册、中册，重新颜为“新订民法债编通则”（上、下）及“新订债法各论”（上、中）。本书之撰就，当可视为个人对民法债编体系释义工作之阶段完成。在写作体例上，本书不仅延续上述系列拙著之原有风格，于方法论上之体系整合、乃至债法秩序动态递演之配合体察，更竭尽可能，力求严谨妥适而完美。因此较之者上、中二册，本书篇幅或嫌稍大；惟其希望注入较为成熟严谨之法律解释方法，以期有助整体债法学水平之再提升，于写作动机考量，纯正深远，则为事实。

纯就法典形式而言，本书所列债之类型，似为债编修正最为繁多之处。盖以本书所论九个债之类型，其中之合会及人事保证二者，系本次债编修正所增订；此外，以合伙及保证二大重要类型，亦多有实质增修。不过，如就债法动态秩序而言，合会与人事保证二者，习惯法久已有之；增订也者，仅是为上披戴制定法之外衣而已，其间既无创设性、亦乏新颖性。是否值得特别推崇，恐是仁智互见。然则，合伙为具有团体性质之契约，指示证券、无记名证券二者，为有价证券整体法制之缩影。法律解释上，为期周全，前者，固须适切兼涉团体法之规定；后者，更非审慎考量票据法所体现之有价证券通则所在不可。凡此，端赖“回归法律原则”解释法之妥适运用，并相应蔚为债法解释学之另一特色。本书于其相关部分，爰亦特别留意。

从债法秩序整体观察，债之类型繁夥而芜杂，各种之债一章所列，不过其中较为基本而重要之典型而已、甚至可说已是较为古典的市民生活交易类型。相对于此，银行存（放）款契约、信托契约、投资信托契约、融资租赁契约、信用卡契约、证券承销契约、（老残）安养契约、生前殡葬契约、上市（柜）契约、上市（柜）证券买卖契约、加盟店契约、政府采购契约，民间参与公共建设投资契约、乃至劳动契约等，不仅其重要性远甚于债编所列各种之债，其复杂多元，亦常非契约法论所可直接克服，值得任何法律人投注更多心力钻研。因此，尽管从民法债编之法典形式而言，本书之撰就，尚可认为债为（学）之体系段段，惟就配合债法秩序发展、体察实质债法全貌而言，则本书之完成，谓其仅系进窥现代债法之基础初奠而已，恐典实情不远，亦债法研习者应有之必要体认。

人之将老，其言也真。回忆童稚时日，贫病交迫；幼少时日，无力升学。幸赖多位师长鼎力资助，始得克服困厄，鼓浪前进。作者必须感动之人极多，亦无时不以感恩图报之怀，对待每一个人及每一件事。想起小学国文读本那位种苹果树的李老先生，作者深愿，老虽将至，尚能一直像个种苹果树的老园丁，持续在广阔深奥的法学园地，灌沃几棵苹果树，企盼师长学友继续加持鼓励。书本出版，校对工作，劳苦异常。内子林美玉女士，初期全文；吴律师济行先生、林律师圣钧先生；“考试院”陈政良先生及元智大学张助理教授钰光博士，分任二校。他们均是备极辛劳，借此特别申致诚挚谢忱。此外，高雄大学财经法律学系主任姚教授志明博士，编辑判解索引及关键语词，张助理教授钰光博士制作本书目次，并负责终校，投注心力甚多，亦此一并申谢。

债法各论下册，涉及课题，确是广泛繁夥而又精奥，作者虽很尽力，但囿于学养有限，不少地方，确是写得有些心虚惶恐。深知误漏非少，敬祈海内外贤达先进，多赐指正，无任感激。

邱聪智谨识

2003年6月30日

于辅仁大学法律学研究所

重要引例说明

一、本书引用法规，依“国”字用法，而略有省略。其引用方式尚可分述如下：

（一）正文直接叙述时，“国”字用法而省略百、十之文字。如：

第三八二条　指第三百八十二条（项，款直接具明）

（二）正文以括弧引用时，未注明“法典”名称者，指“民法”而言。如：（第三四五条第一项），指（“民法”第三四五条第一项）。

（三）以图表附说时，依阿拉伯符号引用。如：416I②指“民法”第四百十六条第一项第二款。

（四）法条之但书、前段、后段直接具明。

二、本书引用民法以外其他法规，除引述该法规名称外，余如前例所述。

三、本书引用判解之方式，原则上直接引述其释法机关及年度字号。

四、本书引用台湾债各教科书，原则上仅以作者姓氏简称之。主要事例如下：

史尚宽	“债法各论”	史著
季手文	“民法债编分则释义”	季著
梅仲协	“民法要义”	梅著
蔡章麟	“民法债编各论”	蔡著
戴修瓒	“民法债编各论”	戴著
陈瑾昆	“民法通义债编各论”	陈著
薛祀光	“民法债编各论”	薛著
郑玉波	“民法债编各论”	郑著
刘春堂	“债法各论”（一）	刘著（一）

我妻荣 “中华民国民法：债权各则” 我妻

五、编目用法，原则采“章节一（一）1（1）①”之顺序。惟各种债之类型，内容参差极大，上述原则略有如下机动调整：

（一）于买卖、租赁、合伙、保证等篇幅巨大之债之类型，节以下设有项之编目。

（二）遇简略说明时，一之次有时略去（一）、（二），而直接使用1.2.之编目。

（三）目次亦采如上机动调整，故各章编目或呈现不同之内涵。

目　录

第四编　其他各种之债

第四编

其他各种之债

序　言

一、范围叙述

本书所称其他各种之债，系指“民法”债编第二章各种之债（本册以下简称其为各种之债），于合伙一节以次之各种债之类型而言。依修正后之现行“民法”债编，其间之各种债之类型、乃至于各节顺序及条次，殆可归纳如下：

其他各种之债：
- 合伙（六六七条～六九九条）
- 隐名合伙（七〇〇条～七〇九条）
- 合会（七〇九条之一～七〇九条之九）
- 指示证券（七一〇条～七一八条）
- 无记名证券（七一九条～七二八条）
- 终身定期金（七二九条～七三五条）
- 和解（七三六条～七三八条）
- 保证（七三九条～七五六条）
- 人事保证（七五六条之一～七五六条之九）

以上九个债之类型，合会及人事保证为2000年“民法”债编修正所增订。其余七者，于修正前“民法”债编即已有之；不过，合伙部分，此次“民法”债编修正，有较多调整，研习时宜多加注意。

其他各种之债，语意上如不限定，其射程范围，恐将无限扩大，而且将及于民事特别法上之各种特殊债之类型，甚而及于无名契约之债。因此，于本书解读其他各种之债，爰采取类似法律解释学方法上目的论限缩解释之态度，将其范围限缩于债编各种之债之规定，而仅以前举九个类型为其范围。

二、共通性所在

严格言之，其他各种之债之类型，在交易标的之形态上，非若以前各种债之类型单纯。因而，亦难以如前二册所述，将各等类型简单归纳成为同一类群，这也是本册无法像前二册之归纳为商品性契约、劳务性契约之原因。本编题曰其他各种之债，其目的即在彰明此一实情。

不过，著述上为求相互对照，亦有学者尝试归纳称之信用契约之债，以示与商品性契约，劳务性契约互相对照。[1]盖以，吾人如从契约规范之社会事实背景，加以观察，显然可以发现，合伙、隐名合伙、合会者，在契约成立生效及实际运作上，信用之授受，实为重要契机；同理，指示证券、无记名证券，制度上即是交易上信用扩张之高度表现；终身定期金，非有信用（深厚信赖）关系，基本上实无由存在。至于，保证及人事保证，基本上为债权实现担保制度之一环，本质上为信用维持及扩张之机制。足见，如以信用性契约，归纳说明“民法”债编合伙以下之各种债之类型，并以之作为此等债之类型之共通特色，似无不可。

不过，如果从法律制度背后之社会生活秩序考察，则各种之债之成立，于当事人之间，莫不有信用性（信赖关系）作为架桥维系。此种信用性加持，于劳务性契约、继续性契约，表现尤为显著而已，并非仅于合伙以下之债之类型有之。换言之，以信用性契约，归纳描述各种之债之部分类型，于其中甚多类型，其区隔恐将失其意义；而且，何者列入信用性契约？何者不予列入？其选择标准，亦将极具争议。为避免类似争议，本书爰舍信用性契约之概念，而仅称之其他各种之债。

三、性质分析

本段所谓性质分析，系指各种之债所属法律行为形态（或类型）之性质上分属。亦即就债之发生原因言之，某一各种之债类型究属非法律行为之债？或属法律行为之债？如其属于法律行为之债，则究应归属于单独行为？契约？抑或共同行为？等之问题。

1　陈著，第三一七页以下。

各种之债，于合伙以前之各个类型，均属契约之债，固无问题。合伙以次之各种之债，其个别类型，亦大都属于契约。然则，其中之指示证券、无记名证券，为其债之发生原因之发行（七一〇条、七一九条）、承担（七一一条）、或背书（七一六条），其法律行为上性质之归类，究系属于契约抑或属于单独行为，学理上虽有争论，惟通说及实务见解，认系单独行为，本书亦然。[2] 如是，则各种之债，虽可认为绝大多数为契约之债，但吾人尚不能认为，各种之债即为各种契约之债或为契约各论。作者于相关文献上，以图表叙述及各种之债之性质时，将各种之债与契约各论之关系，描述为“各种之债≒契约各论”[3]，而非“各种之债＝契约各论”，其主要论据，即在于此。如认为证券之发行，承担及背书（特别是发行），解释为契约行为，则各种之债即为契约各论，其图示将为“各种之债＝契约各论”，而非本书立场之“各种之债≒契约各论”。

2　相关说明，请参照本书本册第一二六页。

3　参照本书上册第十三页。

第二十二章

合　伙

合伙为民法上具有团体性之契约形态，不仅诸多制度内容与本章所定其他契约类型有所不同，且非债总有关契约总论之规定可尽为说明，规范构成上有时尚须援用团体法（如法人、公司法等）之相关规定，作为法律解释之依据。因此，视合伙为台湾债编各种之债中最具特色之契约类型，似不为过。此亦解释合伙契约，最需注意之处，爰予先行指明。基此，本章拟分以下节次，并依附表顺序叙明之；至于制度重点。则于各该节次。以括弧表明之。

- 合　伙（667～699）
  - 合伙之总说（意义、性质及相类概念）
  - 合伙之效力
    - 内部关系：事务执行、财产保全、损益分配
    - 外部关系：合伙代表、当事人能力、补充责任
  - 合伙之变更（入伙、退伙、转让）
  - 合伙之消灭（解散、清算）

第一节　总　说

合伙之总说一节，拟分为下列三项。即：1. 合伙之意义、2. 合伙之性质、3. 合伙之相类概念三者，说明相关事项之内容。

一、合伙之意义

“民法”第六六七条第一项规定：“称合伙者，谓二人以上互约出资，以经营共同事业之契约。”基此，合伙之意义，当可分析说明如下：

(一) 合伙为契约

1. 基本说明

合伙以经营共同事业为目的，通常有一定之组织，而其当事人之合伙人[1]，通常为多数人。就合伙成立之社会事实而言，与法人或公司等之成立，本可视为等同，至少亦是差可比拟。按法人或公司之成立，不仅学理通说多采共同行为说，实务立场亦然。然而。民法于合伙之法律行为性质。明定其为契约。因此，尽管无论从社会生活秩序之实质、乃至合伙之整体规范内涵而言，合伙与公司法上之无限公司，极其类似，但合伙仍仅是合伙人间之契约，而非为共同行为，更与（法）人格之发生无关。因此，合伙之成立，无所谓章程（二七条）之存在；纵使合伙人之间，名义上订有章程者，其所谓章程，仅是契约之条款而已，不具法人设立所称章程之意义；其原属公司，而后丧失法人资格者亦同。[2]

2. 合伙人资格

民法上，对于合伙人之资格，并无直接之明文限制。一般见解亦多认为，自然人或法人，原则上均得与他人订立合伙而成为合伙人。惟解释上得否如此宽广，愚见以为尚值商榷，并基此提出下列看法：

(1) 限制行为能力人订立合伙契约（包括加入合伙，以下各点情形均同）时，除法律直接规定为有效之情形（如八三条、八五条）外，须经法定代理人之允许或承认（七九条）。[3]

(2) 无行为能力人不得订立合伙契约，违反者对无行为能力人不生效力；其由法定代理人为之者，对于无行为能力人亦不生效力，应由其

1 参照民法本节立法理由：“合伙者，谓二人以上互约出资以经营共同事业之契约也。其契约谓之合伙，其各当事人谓之合伙人。”

2 参照“最高法院”1996年台上字第二〇八九号判决：“台湾光复前依日本法律成立之株式会社于台湾光复后依当时台湾省行政院长官公署订颁之‘台湾省公司登记实施办法’，限于三十五年五月三十日前声请登记或改正其登记，逾期未办理登记者，视为不存在，有‘经济部’六十九年八月十四日经（六九）商二七二六五号函可稽，其内部关系，自可视为合伙。”

3 商事合伙，如限制行为人为合伙人者，于申请登记时，应附具法定代理人同意书，其由法定代理人经营者，应加具代理人证件（“商业登记法”第十条第一项、第十一条）。

法定代理人自负其责。[4]

（3）公司不得为合伙事业之合伙人（“公司法”一三条），如有违反，对公司不生效力。[5]

（4）社团法人或其他非营利之法人或团体或机构[6]，其参加合伙，显然违反其设立目的，应认为其不得参加合伙，如有违反，对该等法人、团体或机构，亦不生效力。

（二）合伙为合伙人互约出资之契约

1. 出资标的

合伙须合伙人互约出资。盖以合伙之目的，在于经营共同事业，事业之推动，非有相当之资产以为厚实之后盾不可，其情形恰如公司或其他法人之资本形成，须由其股东筹认一定出资额者相同。出资云者，各合伙人为筹集合伙之资本，所为一定比例之财产上或非财产上给付也。至其比例及数额各为如何，则本于契约自由原则，由合伙人自行约定定之。

出资人之标的，通常固为金钱，但不以金钱为限，“民法”第六六七条第二项规定：“前项出资，得为金钱或其他财产权，或以劳务、信用或其他利益代之。”兹即依此规定，就各种出资形态说明于下：

（1）金钱

金钱为交易上最流行、甚至几乎是惟一首要之交换工具，亦为构成资本之最佳评价依据。因此，金钱不仅得为出资标的，更是最普遍而常见之出资方法。

（2）其他财产权

其他财产权，指金钱以外之物（所有权）或其他有体或无体财产权，修正前“民法”原称他物[7]，因其语义不尽清晰，民法债编修正，爰修订

4 台湾学理，或以为无行为能力人订立合伙，由其法定代理人为之即可（郑著（下）、第六三八页）；惟法定代理人此一行为，甚于处分被监护人之无行为能力人之利益，本诸无行为能力人利益保护之法律原则（1088Ⅱ但、1101，1113Ⅰ），愚见爰以为，法定代理人为无行为能力人所为之合伙参加，违反上开法律原则，对无行为能力人应不生效力。

5 “最高法院”1997台上字第二七五四号判例：“按公司不得为他公司无限责任股东或合伙事业之合伙人，为‘公司法’第十三条第一项前段所明定，公司负责人如违反此项规定以公司名义与他人订立合伙契约，既不能认为公司之行为，对于公司自不发生效力。”

6 此之非营利法人，主要事例如农会、渔会、合作社等；非营利团体，如人民团体等；非营利机构，如信用合作社是。

7 参照修正前“民法”第六六七条二项：“前项出资，得为金钱或他物，或以劳务代之。”

为其他财产权，以期文义明确及适用之周延[8]，其用心诚可肯定。至其范围，主要如下：

①动产、不动产所有权，例如以土地、房屋或设备之所有权出资是。

②动产、不动产用益物权，例如于自己土地上设定典权、地上权以为出资是。

③所有权以外之物权或准物权，例如以自己之地上权、矿业权，渔业权而为出资是。

④债权（包括公司股权[9]）。

⑤知识财产权：如以著作权、专利权或商标权作为出资是。

此外，债权之出资，为该出资之合伙人，对于债务人之支付能力，应本于资本充足原则，类推适用“公司法”第四四条由股东补缴及赔偿之规定[10]，而不适用“民法”第三五三条之不负担保责任原则。换言之，亦即于合伙人以债权为出资标的者，解释上应本于合伙之团体性，认为出资人应对于债务人之支付能力负担保责任，并类推适用公司法上述条项而负补缴及赔偿责任[11]，而非仅为危险负担之退出合伙或单纯补充给付而已（关于危险负担，于合伙性质时具体说明之）。

（3）劳务

劳务，指合伙人以其劳力或精神能力、亦即身体的劳务或精神的劳务（包括技术）为标的之出资，俗称之人力股或技术股即是。劳务出资之内容，无庸限制，且无须以经营共同事业之推动本身所需者为限，例如，受合伙指派为他人服劳务，而以其所得作为出资，当亦无不可。[12]

8　参照“民法”债编修正第六六七条修正理由：“第二项‘他物’是否包括所有权以外之财产权？信用或其他利益（例如物之使用或不为营业之竞争等）是否得代出资？未尽明确，爰将第二项之出资，修正得为金钱或其他财产权，或以劳务、信用或其他利益代之，以期周延。”

9　此之公司股权，通常以股份有限公司为主，至于无限公司，于公司法第五四条第一项规定，非经其他股东全体同意，不得为合伙事业之合伙人，其股权尚非当然可以作为出资标的，适用上应予注意。

10　参照“公司法”第四四条第一项：“股东以债权抵作股本，而其债权到期不得受清偿者，应由该股东补缴之，如公司因之受有损害，并应负赔偿之责。”

11　郑著（下）第六五〇页。

12　劳务出资，台湾学理，或认为须经营共同事业所必需（参照郑著（下），第六五〇页；薛著，第二九八页），其说似较狭隘。

（4）信用

信用，指合伙人以其于社会上之名望为标的之出资。其方法包括在商号上、交易上使用出资人姓名，或为合伙债务之保证人或连带保证人均是。信用出资，修正前本条虽无明文，惟实务上肯定之。[13]此次增订，于适用明确而言，有其积极意义。也因此，修正前认为信用不得作为出资标的之见解，无继续固执之理由。

（5）其他利益

其他利益，指得评价为金钱而得为债之标的之利益而言；其他利益，得为合伙出资标的，为民法债编所增订，其范围应无限制必要，只要其直接或间接有利于合伙共同事业之推动者，即为已足。惟依民法债编本条修正理由所示，其他利益主要包括物之使用及不为营业之竞争二者。物之使用，得为合伙之出资标的，固无疑义；至于不为营业之竞争，则其约定，应有具体内容。缘以确实不为营业竞争，有其一定之经济上利益，如合伙人之一因合伙而停止欲成立之合伙所拟经营之相类事业或放弃其经营，经济利益上必有相当损失，而相应于此，合伙亦当获有利益。因之，如有具体内容之竞业禁止，得为合伙出资标的，固应肯定；但仅泛言不为竞业，则尚不宜认其得为出资之标的。[14]

2. 出资形态

合伙出资之标的，固有不同种类，惟其间构成出资之形态如何，则尚可归纳说明如下：

（1）非金钱出资之估定

非为金钱之出资，无论为其他财产权、劳务、信用或其他利益，均应估定其价额，未经估定者，以他合伙人之平均出资额视为其出资（六六七条三项）。此之估定，由合伙人为之。[15]至于合伙人间如何为之，本条并未明定。解释上应类推适用第六七〇条第一项，由合伙人全体同意为之，关于非为金钱出资之估价，修正前之法院实务，即采肯定立

13 司法院1936年院字第一五九七号解释："以自己之名或堂名附入股本于合伙内者，与附设于他合伙人之股内而为隐名合伙者不同，不问其有无执行合伙事务，均为出名合伙人。"

14 郑著（下），第六五一页；刘著（一），第五〇页（单纯肯定说蔡著（下），第八四页；否定说 薛著，第二九八页）。

15 参照"民法"债编修正第六六七条修正理由："出资额与合伙人间分配损益之成数有关（第六百七七条参照），故在金钱上以外之出资，合伙人间应估定价额以为出资额，以明其权义。至若未经估定者，明定为以他合伙人之平均出资额视为其出资额，以杜争议。爰增订第三项规定。"

场。[16]惟如何估定，解释上应依出资标的之客观价额而为估定，以符团体法之资本充足原则。惟民法债编修正，委由合伙人为之，且明定未经估定者，依平均出资额计算，其解决方法似较简洁明了，亦符契约自由原则，惟其是否脉尽符资本充足原则，恐不无疑义。

（2）出资之形态结合

合伙人之出资，标的为金钱或其他财产权者得为同一种类，固无问题；惟其若均为劳务、信用或不为竞业之出资者，因其难以达成经营共同事业之目的，解释上以否定说为宜。[17]

合伙人之出资，得为不同种类，例如，金钱与其他财产权、金钱与劳务、其他财产权与劳务、乃至金钱、其他财产权、劳务、信用及不为竞争一齐并举者，固均无不可；惟合伙人间，如无金钱或其他财产权出资，而仅由劳务、信用或不为竞争并举者，为确保共同事业之经营，似以否定见解为宜。

（三）合伙为经营共同事业之契约

1. 共同事业之意义

事业者，以反复同种类之行为为目的之社会活动；其活动进行固须一定期间，且须具持续性，惟其为定期或不定期限，均无不可。因之，其为长久性活动，例如设立商号，固为常态，但为暂时性者，例如，于运动大赛期间在会场共同贩售饮料，或共同买卖土地获利，亦均可成立合伙。[18]至于同种类云者，原则上固具相对之特定性，但不以单一种类为限。其同时复数并存，且适时调整增减者，亦无不可。

经营共同事业为合伙之目的，亦合伙成立之必要要件，因之，文献上或称合伙为合伙事业。共同云者，指其事业系为全体合伙人之共同利

16　司法院 1947 年院解字第三五四七号解释：“院字第二六八九号解释所谓其他之物，指金钱以外之动产或不动产而言，至以劳务或信用充资本时，其计算方法，法律或契约定有标准者，从其所定，其未定有标准者，自应予以估定。”

最高法院 1929 上字第二六五八号判例：“合资营业，其出资方法或以货物或以金钱并无一定，但出资果有货物与金钱之不同，则货物势须先定其所值金钱若干，并以若干为一股，而后以金钱出资认股者，乃有一定之标准。”

17　学理上或认为，如合伙之共同事业，在经营上无须资金而仅须共同劳务者，得例外仅以劳务为出资（刘著（一），第五〇页）。

18　参照“最高法院”1997 年台上字第二八五二号判决：“合伙乃二人以上互约出资，以经营共同事业之契约，‘民法’第六百六十七条第一项定有明文，该合伙之目的在乎经营共同事业，本件两造及陈某合资购买多笔土地，其目的在出售牟利，为原书所确定之事实，各出资人既有以贩卖土地牟利为其共同目的，依上说明，其成立之契约自属合伙，上诉人指其仅为单纯之共买云云，为无可取。”

害而为经营之意，亦即任何合伙人，对于事业之成败利钝，除法律另有规定之偶尔特例（如劳务出资之合伙人，原则上不分担损失——六七七条三项）外，均有利益分受或损失分担者而言。因之，如事业之成果归由合伙人中之一人或数人享有或负担者，虽可基于契约自由原则而认为有效，惟其并非合伙，仅系无名契约而已。[19]

2. 经营共同事业之意涵

经营者，意指参与事业之运作及执行，其内容包括业务、财务、管理、稽核及检查等营运作为，换言之，合伙所称之经营共同事业，其意涵绝非仅止于经营成果或损益分担上之利害攸关；其更重要者，毋宁为各种事业活动之实际参与，亦即共同事业云者，非强调其作为事业之静态层面意义，而系注重事业动态层面之共同参与事业发展。因此，法律规定，合伙人均需参与合伙之决议，除选任事务执行人者外，合伙人均为合伙之代表人，并均有执行合伙事务之权利与义务（六七三条、六七一条、六七九条），即使选任执行事务之合伙人执行合伙事务者，其不执行事务之合伙人，对于合伙仍有检查权（六七五条）；而且，合伙人对于合伙债权人，均于合伙财产不足清偿时，同负连带给付责任（六八一条）。由此规定可知，合伙事业之经营本身，对全体合伙人亦均属利害与共，而非仅就其执行成果之层面而言。

3. 事业之种类

合伙之事业如何，法无限制。因之，只要其事业活动不违反强行规定，亦不背于善良风俗者即可。至其事业为营利事业或非营利事业，均无不可；前者如经营商业是；后者，如从事学术、艺术、文化、宗教等活动是。惟合伙事业之标的为营利事业活动者，是为商事合伙，另应适用民事特别法，特别如商业登记法、税捐稽征相关法令之规定为商业登记[20]或缴付税捐[21]等商事法制之规范。

19 郑著（下），第六三九页；蔡著（下），第八三页。

20 主要条文依据为“商业登记法”第二条：“本法所称商业，谓以营利为目的，以独资或合伙方式经营之事业。”同法“施行细则”第九条：“合伙组织有变更者，应检附全体合伙人之同意证件，申请变更登记。”

21 主要条文依据为“所得税法”第十一条第二项：“本法称营利事业，系指公营、私营或公私合营以营利为目的，具备营业牌号或场所之独资、合伙、公司及其他组织方式之工、商、渔、牧、矿冶等营利事业。”其他如同法第十四条第一、二项，第三二条第二款、第六六条第二项第二款、第八八条第一款、第八九条第一款、第一〇六条第三款；同法施行细则第三四条等均是。

二、合伙之性质

(一) 合伙之成立

合伙人虽有出资及经营事业之义务，惟此等义务，系合伙成立生效后之效力内容，非谓合伙人应为现实之履行。盖依第六六七条规定，合伙因合伙人为合伙出资及经营合伙事业之约定，即告成立，原则上亦同告生效。在此角度上，合伙纯为不要式契约[22]，亦为不要物契约（诺成契约）。[23]不过，为维持合伙之资本基础，并斟酌商业管理之需要，合伙之成立，于以下二点，仍有某种程度之特殊意义。

1. 合伙人之约定，于事业种类为何，出资种类为何及其数额多寡？均需具体明确，不以泛称愿意共同出资经营共同事业为已足。[24]此固为厘清日后权义分际及保护交易安全所必要，亦"民法"债编修正于第六六七条增订第三项所由来，只是其法律政策尚未尽符资本充足原则，不无疑义。[25]然则，无论如何，此一论点，仍与意思表示之标的，必须可能确定之原则相符，并非合伙之意思表示所独然。

2. 商事合伙，类似其他营利事业或团体，须经依规定办理登记完毕，始可开始营业（"商业登记法"八条一项）。惟此为行政管理事项，非谓未经登记合伙尚不成立，故于法律行为理论而言，亦无独异之处。

22　参照最高法院1933年上字第一四四二号判例："合伙非要式行为，除当事人间有以作成书据为成立要件之约定外，苟二人以上已为互相出资以经营共同事业之约定，虽未订立书据，其合伙亦属成立。"
（同旨1929年上字第二七九号第一六七五号、1943年上字第四七一八号判例）。

23　参照最高法院1929年上字第二五二四号判例："合伙为诺成契约，苟经合法表示入伙意思，则股金是否实交，股票是否收执，均非所问，而合同议单之有无，自亦不得认为合伙之要件。"
（同旨1933年上字第二八九四号判例）

24　参照"最高法院"1967年度台上字第二五六八号判决："合伙为二人以上互约出资，以经营共同事业之契约，虽只须各合伙间互有出资之约定，并不以各合伙人皆已实行出资为要件，但各合伙人究竟各出资若干，其以他物或劳务出资者，其折算标准如何，要须相互间明确约定，始能作为日后合伙权义分担之依据，借以确保交易之安全，非谓二人以上一经有共同事业之一致意思，不问出资条件如何，合伙契约即为成立。"

25　非金钱之出资，其价额为何，宜采客观标价原则，以该等出资标的之客观可得价值作为估定依据，始较符资本充足原则，俾得确保交易安全。民法本条项采取主观主义，由合伙人（决议）定之，乃至未估定者，以其他合伙人出资平均值为准，恐有失准之处，是否尽当，不无研究余地。

（二）合伙之契约上性质

合伙为契约，固无疑问，惟因合伙人经营共同事业，故亦同时具有团性。基此，爰分就契约上性质及合伙团体性二者说明之。

就契约上性质观察，合伙为不要式契约、不要物契约，亦为双务契约、有偿契约。前二者，于上段已有提及，不再重复。兹就后二者叙述于后：

1. 合伙为双务契约

一般以为，各合伙人之出资义务，具有互为对价之关系，且其出资并不以金钱或其他代替物为限，故合伙属于双务契约。因之，双务契约共通效力之事项，如同时履行抗辩权（二六四条）、危险负担（二六六条）等，于合伙契约，原则上亦有适用，只是，合伙同时具有团体性，致其同时履行抗辩及危险负担之适用，其呈现形态，与买卖、租赁等一般之双务契约，尚有不同。不过，有关于此，与出资义务之履行有密切关系，待论及相关部分时说明之。

2. 合伙为有偿契约

各合伙人因履行出资义务应为或所为之给付，性质上有两足相偿之关系，故一般以为，合伙契约为有偿契约，原则上得准用买卖之规定（三四七条本文）。例如，合伙人之出资有瑕疵者，得准用买卖瑕疵担保责任之规定（三四九条～三六六条），惟其性质非为相同者，则不适用（三四七条但书）；例如，就劳务出资之合伙人定有出资期限者（例如担任合伙执行秘书二年薪资以为出资），尚不得准用第三七〇条规定，推定金钱或其他财产权之出资履行，亦同为二年期限。此外，本于合伙资本充足原则，宜认为该给付有瑕疵之合伙人有补充其差额之义务或核付减少其出资额，二者间有选择之债之关系，由该合伙人选择行使之（二〇八条、二〇九条）。[26]

（三）合伙之团体性

1. 合伙团体性之内容

合伙团体性者，指合伙所具有类似法人、乃至公司等团体法制内容之性质。按合伙虽本为契约，惟因合伙人经营共同事业，须有一定之组织、财产及活动管理机制，以为维系；因之，合伙契约一节之规定，诸多情形与法人等团体法之规定内容相似，亦即合伙于契约之外，亦同时

26 学理上或采出资比例当然减少说，（水本浩“契约法”（初版一刷），有斐阁，1995年，第三六七页～第三六八页；刘著（一），第四六页）。

表现团体法之性质，是为合伙团体性。归纳台湾民法规定内容及实务之体现，合伙之团体性，主要有如下七项：

（1）合伙有合伙财产之机制，而且合伙财产为公同共有（六六八条），而且关于合伙财产设有禁止分析、抵销及限制转让之保全规定（六八二条～六八四条），以维合伙财产之独立性。

（2）合伙有资本充足原则，合伙人有给付不能者，除退出合伙外，负有补充给付之责任（六八一条）。

（3）合伙人对于合伙有损益分担、利益分配及结算决算之机制（六七六条、六七七条、六八九条一项），非若一般契约之相互请求对待给付。

（4）合伙有代表、决议及执行事务之机制，合伙事务之遂行，须经合伙人全体以决议行之（六七〇条、六七一条），其未决议选任执行事务合伙人者，原则上各合伙人均为合伙代表人，并均有执行事务之权利与义务。

（5）合伙之主观变更，原则上适用入伙、退伙（六八六条～六九一条），非为一般契约之适用解除终止（二五四条～二六三条）。

（6）合伙之消灭，适用解散清算（六九二条、六九四条～六九九条），与法人或公司之消灭，情形相同（“公司法”七一条、七九条～九七条；三一五条、三二二条～三五六条）。

（7）合伙有当事人能力，合伙对他人有所请求时，应以合伙为原告，合伙人仅得为代表人；反之，对于合伙之起诉，应以合伙为被告，合伙人亦仅得为代表人[27]；而且，对合伙所为之确定判决，其效力及于全体合伙人，如合伙财产不足清偿者，得依对合伙所为之确定判决，执行合伙人之财产；从而，亦不得对合伙人重行起诉（一事不再理）。[28]按合伙非为法人，是否有当事人能力，学理颇持反对见解[29]，惟为确保诉讼之进行顺利，并为保障债权人利益及交易安全，实务之肯定性创见。应值赞同。

27　参照“最高法院”1967年度台上字第一六〇九号判决：“按合伙为二人以上出资，所经营之共同事业，虽因未依法取得法人之资格，不能认系法人，然究不失为非法人之团体，该团体与人涉讼时，自应以该团体为当事人，而由其代表人或管理人为其法定代理人。此与独资经营之商号，应列经营商号之自然人为当事人，而附注商号之名称者迥异。”

28　参照司法院1933年院字第九一八号解释：“来呈所述原确定判决，虽仅令合伙团体履行债务，但合伙财产不足清偿时，自得对合伙人执行，合伙人如有争议，应另行起诉。”

29　参照姚瑞光民事诉讼法论（五版），自刊，1974年，第一〇三页～第一〇四页；骆永家民事诉讼法Ⅰ（一版），自刊，第四一页～第四二页。

2. 合伙团体性之规范意义

以上所述各点，虽与法人、公司等团体法之制度内容，多有相埒。不过，法人、公司为独立于其社员、股东、乃至其财产以外之另一法人格，但合伙则无此意义，故所称团体性，仅于实质内涵有之，法律制度形式上，则合伙仍不能脱离契约之本质，故民法本节规定，大多强调合伙人，非若法人或公司等之以法人或公司为制度主体，并以之作为规定之依据。不过，合伙因具有团体性，致文献上常有合伙团体、合伙事业等之用语[30]，使其与合伙契约俨然有别。兹为说明其三者之区隔，试为之表解如下，以供参考：

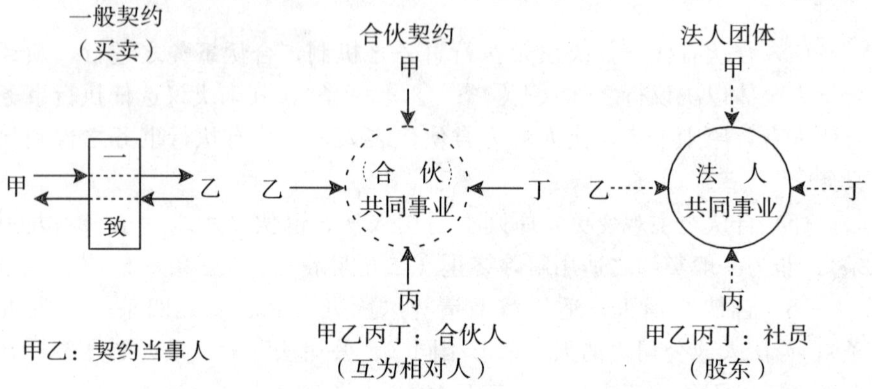

正因合伙之用语，于契约本质外，同时表征团体性，故民法本节所称之合伙[31]，有时或指合伙契约，如第六六七条、第六八六条是；有时则指合伙团体或合伙事业而言，如第六六八条、第六九二条是。研习合伙，如何拿捏其二者（契约、团体）之间，而求其妥适答案，应属甚为重要。[32]

30 合伙事业，不仅为学理名词，更为法典用语，主要依据如“商业登记法”第十条即是。

31 合伙一节各条文中所称之合伙，多数情形，其意义系偏于指合伙团体，第六六八条、第六九二条仅是举例而已；换言之，法典用语上之合伙，其意指合伙契约者，似属少数。

32 在团体法之诸机制间，其与合伙关系最称相近者，应首推无限公司。盖以无限公司之股东，于公司财产不足清偿债务时，应对无限公司之债权人负连带给付（无限清偿）责任，（“公司法”六〇条），其情形恰如合伙人之于合伙也。惟二者之间，于以下各点，仍有截然殊异之处：

（1）无限公司为法人；合伙非为法人。

（2）无限公司之成立须经登记；合伙则一般情形无之。

（3）无限公司以营利为目的；合伙则不限于以营利为目的。

（4）无限公司之成立（订立章程），属于共同行为；合伙则属契约行为。

（5）无限公司财产为公司单独所有；合伙财产为合伙人公同共有。

第二节　合伙之效力

合伙关系，不仅于合伙人间有权利义务关系，合伙人对于其债权人（第三人），亦均负有义务及责任，其情形略如多数债务（权）人或债之移转之情况。因此，论及合伙之效力，须同时兼顾上述二者。在法律关系上，前者纯为合伙人内部之事宜，通称内部关系或对内效力；后者，涉及对于第三人之关系，通称外部关系或对外效力。兹依民法本节规定，归纳其重点如下表：

- 合　伙（效力）
  - 对内效力（内部关系）
    - 出资履行
    - 合伙财产（668、681～685）
    - 损益分配（676、677）
    - 事务执行、检查（671～674、680；675）
  - 对外效力（外部关系）
    - 合伙（人）代表（679）
    - 当事人能力（判例）
    - 合伙人责任（681）

第一项　对内效力

一、出资之履行

关于合伙人出资之履行，拟分为下列三点说明。即给付义务之完成，同时履行抗辩权之适用及危险负担之效果三者是。

（一）给付义务之完成

合伙人之给付有二。一为出资标的相关权利或利益之移转，其情形略如买卖之财产权移转（三四五条）；另一为共同事业经营之参与，其情形略如委任契约上受任人之事务处理（五二八条）。兹先就前者说明之。

1. 出资义务之内容

合伙人之出资，为构成合伙财产之原始。基本上，合伙契约成立生效，合伙人之出资，即成为合伙财产之一部分。盖以合伙一经成立生效，合伙人即负有出资义（债）务，其相应者，合伙对各合伙人即有出资给付请求权（债权）。债权亦为财产标的之重要部分，在此角度上，各合伙人之出资，不问是否现实给付，均因合伙成立生效，即时成为合伙财产之一部分；而且，为凸显合伙财产之独立性意义，因出资而构成之合伙债权，亦属公同共有（六六八条），有物权法上准公同共有（债权）之适用（八三一条）。于上情形，应认为其准公同共有之债，就各个合伙人之出资部分而存在。合伙对各个出资请求权，均应由合伙（全体合伙人或全体执行事务合伙人，以下同）为请求始生效力；同理，各合伙人均应向合伙为给付，始生给付（清偿）之效力。其给付标的不问为可分或不可分，均应为同一之解释。[33]

2. 出资给付之完成

按出卖人负有移转财产权，亦即使买受人取得权利之义务；如其买受人取得权利，须占有标的物者，买受人负有交付标的物之义务（三四八条）。此一规定于合伙人出资义务之给付，亦有适用（三四七条）。因此，如其出资义务之标的为无体财产权，且无公示原则以为权利表征者，固因权利移转基于意思表示本身完成，于合伙生效时即同时移转权利，合伙人无庸另有表征移转权利之行为[34]，但其给付标的为动产或不动产者，仍须履行交付（七六一条）或移转登记（七五八条）之程序，其出资义务始告完成。不过，合伙并非法人，不能为权利义务主体，其受领占有及登记应如同祭祀公业，仅见形式意义，实质上则由全体合伙人为准占有（公同共有之占有：九六六条）或公同共有（八二八条）；其信托登记为第三人名义者，亦应为同一之解释。[35]

33 给付标的为可分者，基于共有关系，已无可分之债（二七一条）之适用，亦应由合伙为请求或向合伙为给付。

34 无体财产权，如法律规定，应经登记始取得权利或对抗第三人效力者，解释上仍须为权利登记，始符出资义务完成之要件。

35 参照"最高法院"1996年台上字第一〇九八号判决："按合伙为二人以上互约出资，以经营共同事业之契约。由该合伙契约所生之法律关系即为合伙关系。各合伙人之出资及其他合伙财产，为合伙人全体之公同共有。纵合伙财产之不动产信托登记为第三人名义所有，合伙人就其公同共有权仍不受影响。又合伙关系之存在，乃合伙人得终止合伙财产之不动产信托登记关系之前提。如当事人间确有合伙关系存在，仅因合伙财产信托登记为第三人所有之故，即认其无请求确认合伙关系存在之法律上利益，则该合伙财产将无回复为合伙人公同共有之机会。本件上诉人起诉请求判决确认两造间就系争土地有如起诉状附表所示之出资比例合伙关系存在，似未请求确认上诉人就系争土地之公同共有权存在，则与系争土地信托登记为诉外人陈东荣、黄丽春之名义所有，尚无冲突。原审审判长未遑行使阐明权，确定上诉人声明之真意，遽谓上诉人声明之真意系确认就系争土地因合伙关系而有公同共有权存在，其判决效力不及于土地登记名义第三人，上诉人无即受确认判决之法律上利益，而为其不利之判断，即有可议。"

出资之履行时期如何？基本上适用契约自由原则，依当事人约定定之，其期间及给付期数，不必求其一致，若当事人未约定者，解释上应于合伙成立时为给付，合伙亦得即为履行出资之请求。惟合伙财产不足清偿合伙债务者，纵合伙人给付尚未届期，亦应认为丧失期限利益，即为履行。[36]

3. 出资义务之确定

合伙人之权利义务，依合伙契约而定，出资义务亦然，故“民法”第六六九条规定：“合伙人除有特别订定外无于约定出资之外增加出资之义务。因损失而致资本减少者，合伙人无补充之义务。”

此之所谓特别订定，系指合伙契约而言。[37]因之，除合伙人全体同意外，于合伙契约成立后，尚不得依第六百七十条第二项规定，以决议使合伙人增加出资或补充出资，即使合伙负债超过资产，亦须待清算之后，始就不足清偿部分负补充给付义务（六八一条），于此之外，则无增加或补充出资之义务[38]，学理上或称之“合伙人之不增资权利”。

严格言之，民法本条亦与合伙团体性有关，惟其结果未若公司之适度考量资本维持原则（如“公司法”第一〇六条规定）。不过，衡以合伙人于合伙债务仍负补充给付责任，此一规定，对于维护交易安全或保护债权人而言，当亦无碍。

（二）同时履行抗辩权之适用

1. 出资请求权之概念区分

本于合伙之团体性，因合伙契约而生之出资请求权，爰予分为两个不同之概念，其一为合伙出资请求权。其次为他合伙人出资请求权。二者之区隔，略如下表：

36 郑著（下），第六五二页；戴著（下），第二二三页。

37 参照“民法”第六六九条立法理由：“仅按合伙契约若无特别订定，合伙人无于约定出资外，增加出资之义务。亦无因营业损失致资本减少而负补充资本之义务，盖合伙之权利义务，应依契约而定，不得随意变更也。故设本条以明示其旨。”

38 参照最高法院1937年渝上字第一九九号判例：“民法第六百七十七条不过规定分配损益之成数，非谓一有损失，即应填补。合伙人除有特别订定外，无于约定出资之外增加出资之义务，因损失而致资本减少者，合伙人无补充之义务，民法第六百六十九条定有明文。故合伙契约如无随时填补损失之特别订定，纵令因事业之经营一时生有损失，亦无填补之义务，需至清算之际，合伙财产不足清偿合伙之债务时，始负填补损失之义务。”

合伙：
- 合伙出资请求权：合伙（合伙代表人）请求个别合伙人向合伙（全体（公同共有债权）合伙人）履行出资义务
- 他合伙人出资请求权：个别合伙人请求他合伙人向合伙（全体合伙人（合伙人个别债权））履行出资义务

合伙出资请求权，因合伙契约成立，即告同时发生；其行使由合伙代表人为之，其合伙未选定事务执行合伙人者，各合伙人均得代表合伙，向他合伙人行使合伙出资请求权；如合伙选定事务执行合伙人者，则由被选定之人行使之。于此情形，为请求之合伙人或事务执行人，其自己履行出资时，类推适用第一〇六条但书（自己代理）规定，代表合伙受领自己之给付。他合伙人出资请求权，尚不因合伙契约而当然发生。盖以如其合伙未选定事务执行合伙人者，各合伙人既均得行使合伙出资请求权，理论上即无他合伙人出资请求权存在之必要。因之，他合伙人出资请求权，惟于合伙选任事务执行人时有之，且于非事务执行合伙人始克行使。也因此，合伙有关之出资请求权，虽有两个不同之概念，但二者犹如同时履行抗辩权之于不安抗辩权，二者并不同时并存。[39]

至于合伙之债务不履行，不问系源于合伙出资请求权或他合伙人出资请求权，均有债之通则关于债务不履行之适用，并构成开除之理由（六八八条一款）。[40]

2. 出资请求与履行抗辩

被请求履行出资义务之合伙人，对于出资之请求，得否行使同时履行抗辩权，有肯定说及限制肯定说二种不同见解。肯定说者以为，合伙既为双务契约，则合伙人对于出资之给付，得以他合伙人尚未履行出资之给付为由，拒绝自己之给付。[41]限制肯定说者以为，合伙人对于合伙出

39 关于同时履行抗辩权与不安抗辩权尚不并存之见解，请参照“最高法院”1968 年台上字第三〇四九号判例：“‘民法’第二百六十五条之规定，乃予先为给付义务人以不安之抗辩权，此项抗辩权，与同法第二百六十四条之同时履行抗辩权异其性质。既有前者，不能仍认后者之存在。”

40 参照最高法院 1933 年上字第二八九四号判例：“合伙为二人以上互约出资以经营共同事业之契约，只须有各合伙人悉为出资之约定，并不以各合伙人皆已实行出资为成立要件。合伙人不履行其出资之义务者，虽得依民法第二百五十四条解除契约，或依民法第六百八十八条予以开除，要不得因此而谓合伙契约尚未成立。”（同旨 1980 台上字第七四二号判例）。

41 陈著，第三二九页。（学者史尚宽氏，认为于同一比例之程度上，得为抗辩——史著（下），第六四八页。）

资请求权，不得以他合伙人未履行出资之给付，主张同时履行抗辩权；反之，合伙人对于他合伙人之出资请求权，则得以他合伙人未履行出资之给付，行使同时履行抗辩权。[42]

合伙为团体性甚为浓烈之特殊契约，合伙人相关权利行使及义务履行，宜斟酌团体性之法律原则而作必要调整。愚见爰以为，限制肯定说为可采，且进一步以为，应作更为严格之限制。至其适用情形如下：

（1）合伙出资请求权，非为同时履行抗辩权之标的，合伙人对之不得主张同时履行抗辩，即使于二人合伙之类型亦然，俾增强合伙财产强制实现之可能途径，以助合伙事业推动、强化债权人权益及交易安全之保护。

（2）他合伙人出资请求权之得行使同时履行抗辩权者，应分别依下列情形而定：

①为请求之（非执行事务）合伙人未履行出资者，他合伙人得对为请求之合伙人行使同时履行抗辩权；

②为请求之（非执行事务）合伙人已履行出资者，他合伙人不得以其他合伙人亦未履行出资为由而主张同时履行抗辩。

（3）就出资有先为给付义务之合伙人，对于出资之履行，不得主张不安抗辩权（二五六条），其理由与（1）之说明同。

（三）出资履行与危险负担

1. 固有领域

双务契约，因不可归责于双方当事人之事由，致（应为给付之一方）给付不能者，应为给付之一方免为给付，他方亦免为对待给付（二六六条），是为通称之危险负担。以此规定，对应适用于合伙，其机制内容即为：合伙契约，因不可归责于全体合伙人之事由，致（应为出资合伙人之给付）给付不能者，应为出资给付之合伙人免为出资，其他（全体）合伙人亦（均）免为出资给付。例如，甲乙丙丁共同斥资经营A出版社，甲乙各出资六十万元，丙以其所有B屋无偿使用二年为出资标的，丁以担任总经理一年不支薪作为出资标的。契约订立后数日，丁突发奇病失忆，不能处理事务，即是不可归责于（全体）合伙人以致（丁）给付不能，如当然适用危险负担，则丁免为出资，甲乙丙亦免为出资，其已出资者得依不当得利请求返还。如于本例，系B屋因地震震塌或不明野火

42　郑著（下），第六四〇页；戴著（下），第二一八页～第二一九页；蔡著（下），第八四页～第八五页；刘著（一），第四五页。

烧毁，其结论亦然。仅其主体由丁变为丙，甲乙丙变为甲乙丁而已。

然则，纯从契约法之角度，解释合伙之危险负担，其结果将使成立合伙之目的——经营共同事业进退失据，动辄因危险负担而合伙消灭。如是，不仅时而有背合伙人之本意，抑且难以确保债权人利益及交易安全。因此，斟酌合伙之契约性及团体性，另行诠释合伙上危险负担之法律效果，堪称重要而必要。基此，则合伙上危险负担之法律效果，可归纳说明如下：

（1）合伙之危险负担，应配合退伙及解散之规定，与“民法”第二六六条共同作为解释依据。

（2）合伙人之给付不能，为合伙事业之重要经营基础者，例如，于前例除丁以外，已无适当人选堪为总经理或其他合伙人无法选任适当人选者，始有免为对待给付之可言，并因全体退伙之适用（应为给付台伙人退伙，他合伙人并告退伙），合伙因其目的事业不能持续（完成）而解散（六九二条）。

（3）合伙人之给付不能，非为合伙事业之重要经营基础者，例如前例之丁不担任总经理，于共同事业之经营无碍，或如前例之A屋塌毁，对共同事业经营不生重大影响，则本于资本充足原则，应为给付之合伙人，应折算金钱而负补充出资之给付义务，其他合伙人之给付不受影响。

因为尊重合伙人意思，如应为给付之合伙人不愿负金钱补充给付义务者，得声明退伙（六八八条三项）。至于补充给付与声明退伙之间，宜解释为选择之债，由该合伙人选择行使之（二〇八条、二〇九条），但不发生当然退伙之效果。[43]

2. 周边问题

应为给付之合伙人，因可归责于其他合伙人中一人或数人之事由，致合伙人出资之给付不能者，依第二六七条之规定，该他合伙人等固仍负出资履行义务（合伙得请求对待给付之出资履行），但应为给付之合伙人，仍不得依第二二五条规定主张免为给付。换言之，前段①～④之说明仍有适用。至于应为给付之合伙人关于所受损害，如何对其他有责之合伙人请求损害赔偿，则为另一层次问题，原则上应不影响合伙之存续

43　台湾通说，大都解为，于此情形，应为给付之合伙人退出合伙，其他合伙人权义原则不受影响，（郑著（下），第六四一页；戴著（下），第二一九页；蔡著（下），第八五页；陈著，第三二八页；刘著（一），第四五页～第四六页）。惟其见解，于维系合伙存续，尚有未足，故本书改采选择权说。

及其他权利义务之行使或履行。

二、合伙财产之维护

合伙为契约，本无合伙财产之概念，惟因合伙以经营共同事业为目的，其事业之经营，法律关系繁夥，不仅必须经常维持一定财产以为支应，更须相当资产以维债权人权益。因此，本于合伙团体性，建构实质属于合伙之财产，以利上述目的之实现，亦成为合伙契约上之重要特色之一。兹分合伙财产之构成、归属及保全三者，依序说明如下：

（一）合伙财产之构成

1. 合伙财产之意义

合伙财产者，指合伙关系存续中，因经营合伙事业所具有及取得之一切财产之总合。基此，关于合伙财产之形态，具有下列三大属性：

（1）合伙财产为持续存在之形态，只要于合伙关系存续中，基于合伙事业而取得者，均属合伙财产。

（2）合伙财产为动态存在之形态，只要合伙事业之收付及损益发生变动，合伙财产之种类及数额，均随之异动调整。

（3）合伙财产为集合形态，亦即合伙财产为一集合概念，意指总合各项合伙个别财产之集合体。不过，在经营共同事业（合伙事业）之目的下，得因经营事业之需要，就个别财产为支分式之处分。

从学理言之，合伙财产之概念，得分为狭义及广义。前者不包括合伙债务；反之，后者则包括合伙债务于其概念之中。二者之区隔有如下表：

合伙财产
- 狭义
  - 合伙资产
  - 合伙关系存续中，因经营合伙事业所具有或取得之一切积极财产（资产）。
- 广义
  - 合伙资产＋合伙负债
  - 合伙关系存续中，因经营合伙事业所具有或取得或负担之一切财产［（积极财产＝资产）＋（消极财产＝负债）］

就财产概念之一般使用情况而言，合伙财产或宜采取广义。惟就台湾民法本节之语言使用观之，合伙之消极财产，“法典”上另称之合伙之债务（六八一条、六九一条、六九二条、六九七条）；反之，其称合伙财产者，则仅指合伙之积极财产（六六八条、六八二条、六八三条），甚而将合伙财产与合伙债务对照使用（六八一条、六九七条）。足见，就法律用语言之，合伙财产应取狭义，亦即仅限于合伙资产而已。本书以下，亦采同一立场。惟为期周延，亦另段附带说明合伙债务。

2. 合伙财产之来源

构成合伙财产之来源有二，一为合伙人之出资；另一为其他合伙财产（六六八条）。

合伙人之出资，为合伙之创始财产，不问合伙人是否履行，因合伙成立即告取得，只是如合伙人已为履行，其物权性权利即直接归属合伙；如合伙人尚未履行，则合伙系以债权之形态而成为合伙财产。

其他财产，意指合伙人出资以外之合伙财产，其主要来源为经营合伙事业获得之盈利，范围上尚包括合伙财产（如出资或营利）所滋生之利益及合伙财产被侵夺而获得或可获得之代价。前者如合伙财产所滋生之天然孳息、法定孳息或其他收益，后者如补偿金、损害赔偿或其债权是。[44]足见，合伙财产之标的，究为有体物或无体之财产利益，均无不可；其权利选样，亦不必问其究系物权、准物权、债权或智慧财产权。[45]

（二）合伙财产之归属

1. 基本关系

“民法”第六六八条规定：“各合伙人之出资及其他合伙财产，为合伙人全体之公同共有。”盖以合伙并非法人，不能独立为权利主体，而为维系合伙事业之经营，合伙之相关财产，亦不能直接归属于各个合伙人，民法爰斟酌其间，明定其为全体合伙人公同共有，俾至少于实质之管理处分，具有别于各合伙人财产之相当独立性。

合伙财产为合伙人全体公同共有，似为大陆法系之通则[46]，即采分别

44 参照“民法”第六六八条立法理由：“谨按合伙契约既为互约出资经营共同之事业，则各合伙人之出资，及其他合伙财产，自应为合伙人全体之公同共有，以符契约之本旨。所谓其他合伙财产者，如因执行合伙业务，或就合伙财产所属权利，或其所属标的之毁损灭失及追夺，因受赔偿而取得之财产等是。此种财产，既由合伙业务或其所属权利所产生，故应认为合伙人全体所共有。”

45 参照最高法院1940年上字第四一号判例：“合伙所购入之货物，为合伙人全体之公同共有，不因合伙人出资之种类而异。本件上诉人既与被上诉人合伙营业，则上诉人之出资虽为劳务，而其合伙所买之木油、草果，仍为两造之公同共有。”

46 参照德国民法第七一八条、瑞士债务法第五四四条。

共有制之日本[47]，其学理及实务，亦有偏于公同共有说之倾向。[48]盖以公同共有，仅有隐存的比例计算概念，而无显在应有部分之机制，于公同共有关系消灭前，公同共有人不能请求分割共有物（八二九条），亦无处分应有部分之概念及机制，于财产独立意义而言，显然较分别共有强化得多。

2. 存在形态

合伙财产之公同共有，其概念虽与物权法上所称之公同共有，同其名词，吾人甚至可说，此之公同共有，系源自物权法上公同共有之概念而来。法律解释上亦应认为，除合伙一节另有特别规定外，物权编有关公同共有之规定（八二八条～第八三一条），亦有适用。不过，对照二者之相关规定，则合伙财产所称之公同共有，于以下二点，仍与物权编所称公同共有之概念尚有不同：

（1）物权编所称之公同共有，系采狭义，仅于动产所有权及不动产所有权有所适用，其所有权以外之财产权，充其量仅系准公同共有（八三一条），尚不属于公同共有之概念；反之，合伙财产所称之公同共有，则不以所有权为限，即其他财产权，乃至劳务、信用，亦均得包括于公同共有概念之内。[49]不过，合伙财产如信托于合伙人者，其财产之返还，应适用信托关系，而不得本于合伙为主张。[50]

47　参照日本民法第六六八条："各合伙人之出资及其他合伙财产，属于合伙人全体之共有。"

48　参照我妻荣"债法各论中卷二"，第八〇〇页；甲斐道太郎"组合の财产关系"，收于"契约法大系 V"，第一二一页；实务见解，主要参照最高裁判所昭和三三年（1958 年）7 月 22 日民事判决（民集第十二卷第十二号第一八〇五页）。

49　参照"最高法院"1975 年台上字第一九二三号判例："合伙财产，为合伙人全体公同共有，其为金钱出资、劳务出资、抑以他物出资，均无不同（包括动产或不动产）。又于合伙关系存续中，执行合伙事业之合伙人为他合伙人之代表，其为合伙取得之物及权利，亦属合伙人全体公同共有。"

50　参照"最高法院"1997 年台上字三四五四号判决："按信托行为，系指信托人将财产所有权移转与受托人，使其成为权利人，以达当事人间一定目的之法律行为而言；在信托人终止信托契约前，受托人并无返还受托物之义务。必俟信托人终止信托关系后，始得请求受托人返还信托财产，受托人仅负有将信托财产返还予信托人之义务。次按合伙之财产，为合伙人全体之公同共有，为'民法'第六百六十八条所明定。公同共有物之处分，及其他之权利行使，原则上应得公同共有人全体之同意，纵令合伙契约对于属于合伙人全体公同共有之合伙不动产之处分、管理，另有多数决之约定，或依'土地法'第三十四条之一第五项规定：公同共有不动产之处分、变更及设定，得以公同共有人过半数及其应有部分（潜在）合计过半数之同意决之，亦仅属其内部关系，倘合伙将合伙财产信托与全体合伙人中之一合伙人时，合伙与该受托之合伙人间即另成立信托关系，则属合伙对该受托人之外部关系，有关信托财产之返还，仍应适用该信托契约，二者不得混淆。"

（2）物权编所称之公同共有，仅具单层意义，且仅就个别单一物之所有权而存在（八二七条）；反之，合伙财产所称之公同共有，除就个别单一之物或权利而存在外，其更为重要者，无宁为就合伙财产之总体而为公同共有，“民法”第六八二条规定不得请求分析合伙财产，而不使用物权编上分割共有物之用语，即可佐证。

如上所述，足见合伙财产之公同共有，不仅概念上具有双层意义，制度上更有物权编所无之特色。再者，合伙财产所形成之公同共有关系，尚不因合伙事业停止而为之消灭，基于合伙团体性，须经合伙解散清算，并俟清算程序终结，合伙财产之公同共有关系，始告消灭。[51]

（三）合伙财产之保全

民法所以规定，合伙财产为合伙人全体之公同共有，使其与各合伙人个别所有之财产，实质上得以分离独立，其目的不仅在强化经营共同事业之基础，维持合伙人共同事业之经营得以存续及发展，并以之作为合伙债权人之第一次的担保，确保合伙债权人之债权。为实现此一目的，民法爰另有合伙财产保全之规定，以期制度保障之周延确实。依台湾民法规定，其事项计有如下五者：

合伙财产（保全）
- 财产分析之禁止（682 Ⅰ）
- 债权抵销之禁止（682 Ⅱ）
- 股份转让之限制（683）
- 债权人代位权行使之限制（684）
- 股份扣押之规范（685）

1. 合伙财产分析之禁止

“民法”第六八二条第一项规定：“合伙人于合伙清算前，不得请求合伙财产之分析。”盖因合伙财产本为达成合伙人经营共同事业之目的而存在，如许合伙人在合伙存续中得随时请求分析合伙财产，必将妨碍共同事业之经营，且与合伙财产之分离独立意旨有背。[52]

合伙财产既属合伙人全体之公同共有，在公同关系存续中，各合伙

51 参照最高法院 1938 年上字第三一七号判例：“合伙营业虽已停止，各合伙人对于合伙财产之公同共有关系，亦非当然消灭。自不能仅因合伙营业已经停止，即以合伙财产之一部，为合伙人中一人债务之执行标的物。”

52 参照“民法”第六八二条立法理由前段：“谨按合伙财产，为达合伙人全体共同之目的而存在，故合伙财产，不可不与各合伙人之财产分离独立，否则不能达共同之目的。故合伙人于合伙清算前不得请求合伙财产之分析。”

人（公同共有人）亦不得请求分割其共有物（八二九条）。故于合伙清算前，各合伙人不得请求合伙财产之分析，亦不得请求分割公同共有之物，如竟而为请求，其请求亦属违反禁止规定而无效，合伙事务执行人或其他合伙人自得拒绝之。

利益分配，尚与分析财产无关，得于每届事务终了年度为之（六七六条二项）。因此，合伙人于不影响合伙事业经营之范围内，以决议从合伙财产中划出一部，加以分配者，其情形等同公同共有人全体同意处分共有物（八二八条二项），一般认为并无不可。但其分割而为分配，如影响合伙事业之经营或将全部合伙财产分析者，纵经全体合伙人决议或同意，仍不生分析财产之效力。

2. 合伙债权抵销之禁止

（1）合伙债务人之主张抵销

“民法”第六八二条第二项规定：“对于合伙负有债务者，不得以其对于任何合伙人之债权与其所负之债务抵销。”盖以合伙财产与各合伙人之财产，既须强化其分离独立，以维合伙事业经营之顺利推动，则对于合伙负有债务者，自须对合伙而为给付，不许其以对任何合伙人之债权而主张抵销，以免变相破坏公同共有关系之维系，且免变相分析部分合伙财产。[53]纵有主张，亦属违背禁止规定，而不生抵销效力。例如，A向甲乙丙丁以合伙经营之出版社，购买书籍一批，书款二十万元未付，于此之前，合伙人乙积欠A借款二十万元，几经催讨未著，A于知悉乙为出版社合伙人后，主张书款二十万元与借款二十万元抵销，其主张于法即不生抵销效力。而且，乙虽有一定之出资比例，惟为贯彻合伙财产为公同共有及本条禁止抵销之立法意旨，解释上，亦不得认为按其比例金额而生抵销效力。换言之，亦即抵销之主张，全然不生效力。

其实，公同共有关系存续中，共有人并无显在之应有部分可资主张，其债权人自亦不得对为公同共有人之该合伙人（债务人）为主张。合伙之债务人，其相对之合伙债权，系合伙财产之一部分，为全体合伙人公同共有。解释上本亦不生合伙债务人，得以之与其对于个别合伙人之债权而为相互抵销之问题，否则，无异于任意处分合伙财产。其此角度观之，民法本条项旨在避免解释上之争议，制度上应无特别突破及创设之意义。

53 同上注立法理由后段：“对于合伙之债务人，亦不得以其所负之债务，与合伙人中之任何一人之债权相抵销。”

（2）合伙人之主张抵销

本条项，于规范主体虽仅举合伙之债务人以对，惟基于合伙财产之分离、独立及保全诸意旨而言，亦应解释为合伙人不得主张抵销，亦即合伙人个人对第三人负有债务时，亦不得以合伙对该第三人之债权，与自己对该第三人所负之债务相抵销。例如，前例之乙，不得就合伙债权之书款二十万元与其积欠于乙借款主张抵销，纵或为之，其主张亦不生抵销效力。

3. 合伙股份转让之限制

（1）股份之构成

股份，本为股份有限公司法制上特有之名词，意指公司资本计算之基本单位，亦股东权益享有比例之基础（“公司法”二条五款、一五六条一项）。合伙为契约，合伙人之出资亦本无股份分权之概念，故合伙所称之股份，系一便宜用法；意指各合伙人对于合伙财产及负债所分享或分担之比例或一定权数。惟合伙财产为公同共有，于解散清算完结前，各合伙人尚无具体显在之应有部分，所谓股份，充其量仅系隐存之计算比例而已。非若股份有限公司之股份，原则上得为自由处分之标的。

合伙之股份，通常系于合伙成立时，按各合伙人之个别出资额与出资总额之比例而算定，惟合伙人间另有特约者，于不违背合伙之本质之范围内，依其特约而定。

（2）合伙股份禁止转让原则

合伙系互约出资以经营共同事业之契约，合伙人相互间存有人格信赖关系，合伙人之股份，本质上仅系各合伙人对合伙财产隐存的计算比例而已，亦即股份与合伙人之地位具有不可分离之关系，让与股份，等同退伙，受让股份，等同入伙。换言之，合伙股份之转让，性质上为契约承担，同时发生具有退伙及入伙之双重效果[54]，无论从合伙之人格性言，抑或基于契约当事人地位之变动言，均属重大影响及于合伙人间之人格信赖关系，是合伙人之不得自由处分其股份，无宁为理所当然。[55]故“民法”第六八三条本文规定：“合伙人非经他合伙人全体之同意，不得将自己之股份转让于第三人。”

54 郑著（下），第六九三页；史著（下），第六六二页；薛著，第三一三页。

55 参照“民法”第六八三条立法理由前段：“谨按合伙人非经他合伙人全体之同意，不得将自己之股份转让于第三人，此亦当然之理。盖以合伙契约，因合伙人彼此信任而成立，第三人非其他合伙人全体之所信任，自不应许其阑入也。”

然则，合伙人如将股份转让于他合伙人者，因该受让之合伙人，业已涵盖于原有人格信赖关系之列，其结果对合伙人间之信赖关系并无影响，为避免发生是否适用契约承担须经他方当事人同意、亦即他合伙人全体同意之疑义，民法本条但书爰予明定，于此情形，合伙人得为自由让与于他合伙人。[56]足见，如从契约承担之角度观之，则民法本条本文规定，与契约承担制度尚无不可，而但书规定，则反而宽缓得多。

（3）效力内容

合伙人未经其他合伙全体同意，而将合伙转让于第三人者，通说及实务见解多以为，其转让无效[57]，惟此之未经同意，应指未经合伙人全体承认者而言。盖以本条所称同意，应包括事前允许及事后承认，而且其经承认者，溯及自始为转让行为时生效（一一五条），故未经其他合伙人拒绝承认前，应属效力未定。[58]承认之程序如何？法无明文，解释上应回归效力未定法律行为之相关规定（法律原则），亦即为让与之合伙人或受让人，得定相当期限催告其他合伙人承认，如其他合伙人拒绝承认或未为确答（视为拒绝承认）者，其转让行为确定无效（八〇条、一七〇条二项）。再者，为维护合伙财产独立及保全之立法意旨，宜解释为，如其他合伙人中有一人拒绝承认或未为确答者，其转让行为即应无效。

合伙人转让股份经其他合伙人同意，或合伙人转让股份于其他合伙人者，其转让于法有效。至其及于合伙或合伙债权人之效力内容，有下列四点值得注意：

①本条所称转让，并不包括继承。盖合伙股份，原则上非为继承标的，合伙人死亡者，原则上发生（继承人）退伙之效果，如其特约得为继承，其股份依约定由继承人承受（六八七条一款），均不适用本条之规定。

②合伙人股份转让生效者，合伙人退伙，非为合伙人之第三人入伙，均应分别对退伙前或入伙前之合伙债务负其责任（六九〇条、六九一条）。

③实务以为，合伙人将股份转让于他人时，关于转让股份前之合伙

56 参照同上注立法理由后段：“然若合伙人以其自己之股份，转让于其他合伙人者，则因受让之其他合伙人，早为合伙人全体之所信任，自不在禁止转让之列。”

57 参照最高法院 1940 年上字第七一六号判例：“合伙人未经他合伙人全体之同意将其股份转让于第三人者，依民法第六百八十三条之规定，除有同条但书之情形外，其转让行为无效。”

58 郑著（下），六五八页；史著（下），第六六二页；刘著（一），第五六页。

债务，纵经约明应由受让人负担清偿，依“民法”第三〇一条之规定，非经债权人承认，对债权人不生效力，为让与之合伙人仍负清偿责任，让与人仅得请求受让人向债权人清偿，俾自己免其责任；至若转让股份后之合伙债务，应由受让人承继该让与人之地位而负清偿责任。[59]惟“民法”第六九一条规定，加入为合伙者，对于其加入前合伙所负之债务，与他合伙人负同一责任，解释上亦应肯定，其债权人得请求受让人为给付。

④合伙之存续，至少须有二合伙人以上，故股份转让结果，如仅剩合伙人一人者，合伙即无从存续，应即解散而进入清算程序。

（4）周边问题

合伙股份转让之周边问题，有如下二者：

①本条虽仅规定，合伙股份转让应受限制，惟一般以为，以合伙股份设定质权于他人者，亦应作同一解释。亦即除设质于其他合伙人者外，应经其他合伙人同意。[60]

②由合伙股份所生之利益分配请求权（六七六条）、或清算后之剩余财产分配请求权（六九七条二项、六九九条）、或其他相类衍生财产，非为合伙财产本体，其转让或设质，无本条适用，得回归适用权利自由（转让）原则，无庸其他合伙人同意。

4. 合伙债权人代位权之限制

（1）制度内容

“民法”第六八四条规定：“合伙人之债权人，于合伙存续期间内，就该合伙人对于合伙之权利，不得代位行使。但利益分配请求权，不在此限。”所以为此规定，盖亦由于合伙契约之成立，完全基于合伙人之彼此信赖，合伙人对于合伙之权利，乃系本于合伙关系所生，具有专属权之性质，其行使不能与合伙人之地位分离，故不许合伙人之债权人于合伙存续期间内代位行使之。不过，合伙人对于合伙之利益分配请求权，已成为一种独立的财产权而不具有专属性，且与合伙人间

59 参照最高法院 1932 年上字第一六七九号判例：“合伙人将自己之股份转让于他人时，虽已将自己应分担之损失交付受让人，并约明以前合伙所负之债务由受让人清偿，亦仅得请求受让人向债权人清偿，俾自己免其责任，对于债权人则依民法第三百零一条之规定，非经债权人承认不生效力。惟转让该合伙所负之债务，如受让人为他合伙人，或虽非他合伙人而其转让已得他合伙人全体之同意者，应由继承该合伙人地位之受让人负其责任。”

60 参照最高法院 1933 年上字第二三五号判例：“合伙人以自己之股份，为合伙人以外之人设定质权，依民法第九〇二条、第六八三条之规定，须经他合伙人全体之同意。”

之相互信任无涉，故纵令于合伙存续期间内，仍得由合伙人之债权人代位行使，以符一般法制，足见民法本条立法意旨，仅系前述各条之延续而已。[61]

例如，甲乙丙丁合伙事业之出版社，于经营期间，向甲借用一百万元支应业务需要，迟延给付已有相当时日，适甲亦积欠A货款一百万元，久未清偿。此时之A，因本条本文规定，即不得主张代位于甲而行使代位权；如A竟而为请求，于法系属无效。不过，如上述甲之一百万元，系甲对于出版社之利益分配请求权之所应得，而甲久未行使者，则A得向出版社行使代位权。足见，代位权所限制者，系其标的，苟非可行使代位权之标的，即不得主张，其禁止之意义，与禁止分析财产与禁止抵销同其规范意义。非若股份转让之仅具限制作用，不因其他合伙人全体同意而代位主张有效之问题。

（2）周边问题

合伙人不得行使代位权之领域，亦有如下二项周边问题：

①本条用语所称之合伙存续期间，自合伙成立起算，以迄清算程序终结之时均是。因此，不仅于合伙解散以前有其适用，即虽已解散但在清算中之时期亦然。[62]虽然，关于合伙财产保全之适用期间，民法仅于本条特别凸显，惟就其他四者而言，其适用情形，应属相同。

②关于排除适用之权利对象，民法本条虽仅明示利益分配请求权，惟就合伙财产保全之角度言，合伙解散清算后，合伙人之出资返还请求权及剩余财产分配请求权，仍不在限制适用之列，其合伙人之债权人得行使代位权。[63]

5. 合伙股份扣押之规范

（1）规范意义

合伙财产为合伙人全体公同共有，合伙人既不得分析财产，合伙之

61 参照“民法”第六八四条立法理由后段：“所谓不许代位行使者，盖以合伙契约之成立，完全基于合伙人之彼此信任，此种由合伙关系所生之权利，自不许全体不信任之第三人代位行使也。至于因财产上所生之关系，如利益分配请求权，则与信任无涉，自不妨使第三人代位行使，俾资便利。”

62 参照同上注立法理由前段：“谨按合伙存续期间内，合伙人对于合伙之权利，不得由合伙人之债权人代位行使。所谓合伙存续期间者，盖指合伙未解散以前，或虽解散而尚在清算中而言。”

63 参照钱国成“合伙财产与合伙债务”，法令月刊二二卷十二期，1982，第十页；郑著（下），第六五八页～第六五九页；刘著（一），第五七页。

债务人及合伙人均不得主张抵销，合伙之债权人亦不得主张代位；是以，合伙财产亦不能直接作为强制执行之标的。[64]合伙人之股份，为合伙财产中属于合伙人潜在权益比例之表征，贯彻合伙财产之保全，自亦不得作为强制执行标的。然而，过度拘泥于此，难免厚于合伙人而薄于债权人，于交易安全亦有妨碍。为调和合伙事业进行及债权人保护，并求其二者间权益规范之平衡，民法爰于第六八五条第一项规定："合伙人之债权人，就该合伙人之股份，得声请扣押。"其次，并于同条第二项规定："前项扣押实施后两个月内，如该合伙人未对于债权人清偿或提供相当之担保者，自扣押时起，对该合伙人发生退伙之效力。"换言之，借声请扣押与未排除扣押发生退伙效力二者，以维合伙人及债权人之平，并尽可能减低对于合伙事业经营上之冲击。[65]

修正前民法本条，系规定声请扣押，应于两个月前通知合伙人，且当然发生退伙效力，不仅实际执行上多有窒碍，于合伙人之维护亦有利益，修正后本条赋与合伙人，于法定期间（二个月）内，以清偿或提供担保作为排除扣押之手段，对合伙人及合伙事业之保护，堪称更为周延妥适。[66]

（2）效力内容

合伙人股份扣押之效力，可分为下列四者说明：

①本条文所称扣押，其意义与第二九四条第一项第三款、第三三八

64 参照"最高法院"1997年台抗字六二二号判决："按各合伙人之出资及其他合伙财产，为合伙人全体之公同共有，民法第六百六十八条定有明文。是以原则上，合伙人非经他合伙人全体之同意，不得处分其对于合伙财产应有之部分，此观同法第六百八十三条规定自明。虽法律为保护合伙人之债权人，特于'民法'第六百八十五条第一项前段规定，合伙人之债权人，就该合伙人之股份，得声请扣押。惟为兼顾其他合伙人之利益，同条项但书及第二项并明定应于两个月前通知合伙人，此项通知，有为该合伙人声明退伙之效力。足见合伙人之债权人不得直接对合伙财产请求强制执行，仅于通知合伙人全体后，始得就该为债务人之合伙人个人对合伙之出资返还请求权及利益分配请求权为执行。"

65 参照"民法"第六八五条立法理由："谨按依第八百六十三条之规定，合伙人非经他合伙人全体之同意，不得处分其对于合伙财产应有之部分，则合伙人之债权人，似不得就合伙人之股份，声请扣押。然必拘泥此例，不予变通，则所以保护合伙人之债权人者，未免失之过薄，殊非允当。故本条明定仍许债权人声请扣押，但应于两个月以前，负通知合伙人之义务，且使此项通知有为该合伙人声明退伙之效力，盖于保护合伙债权人之中，仍须顾及其他合伙人之利益也。"

66 参照"民法"债编修正第六五八条修正理由："一、原条文第一项但书规定，将使合伙帮助该欠债之合伙人脱产，导致债权人之扣押落空，为杜流弊，爰删除但书'应于两个月前通知合伙人'。二、原条文第二项规定，对于有偿债诚意之合伙人，未免过苛。为兼顾该合伙人之利益，爰予修正。"

条、第三四〇条等扣押用语雷同，系指查封而言，包括保全程序之假扣押及强制执行上之查封。

②对合伙人股份之扣押，其查封之效力，类似附有解除条件，如合伙人于两个月内清偿或提供相当担保者，不生退伙之效力。此之担保，包括物保（如以他物或由他人以其物设定抵押权或质权）及人保（如由第三人出面而言保证）。解释上，该合伙人并得以之为理由，声请撤销股份之扣押。

③本条用语，于扣押标的，虽直称股份得声请扣押，惟其效力，充其量仅使该合伙人退伙，并非就股份直接为强制执行。换言之，债权人系就合伙人退伙后进行结算，并以退伙合伙人（严格说，斯时已非合伙人）对合伙之出资返还请求权及剩余财产分配请求权为执行对象[67]，故本条规定与禁止分析财产或禁止抵销等规范意义，尚无龃龉，债权人亦不得主张继受股份或承受原合伙人地位。[68]

④对合伙人股份之扣押，充其量仅生退伙之效力，虽此之退伙，如合伙人不于二个月内涤除，溯及既往自扣押时生效。惟于犹豫期间内，合伙人基于合伙人地位所得行使之权利，如表决权之行使（六七三条）、决议之参与（六七〇条）、乃至事务之执行（六七一条）或监督检查（六七五条），应不受扣押之影响，盖其尚非财产权之本身之行使，应非查封效力所及也。

（四）合伙债务

1. 合伙债务之意义

合伙债务者，合伙团体（或合伙人全体），对个别合伙人及其他人所负债务之总称。语言使用上，合伙债务之意义，亦有广狭之区隔，其情形有如下表：

67　参照最高法院1942年上字第三〇八三号判例："合伙财产为合伙人全体之公同共有，自不得以合伙财产之一部，为合伙人中一部分人债务之执行标的物。民法第六百八十五条第一项虽规定合伙人之债权人，就该合伙人之股份得声请扣押，然由同条第二项之规定推之，其扣押之标的物，实仅为该合伙人因退伙所得行使之出资返还请求权及利益分配请求权，仍非以合伙财产之一部为合伙人中一部分人债务之执行标的物。"

68　参照最高法院1940年上字第五九二号判例："依民法第六百八十五条之规定，合伙人之债权人就该合伙人之股份声请扣押，仅于通知合伙后有为该合伙人声明退伙之效力，并无转让股份于债权人之效力。故债权人除就合伙人因退伙所得行使之出资返还请求权、及利益分配请求权，得依执行法院之收取命令或移转命令行使权利外，不得对于合伙主张其承受原合伙人之地位，而有继续存在之股份。"

- 合伙债务
  - 狭义：合伙因经营共同事业，对于（合伙人以外之）第三人所负担之债务。
  - 广义
    - 狭义合伙债务
    - ＋
    - 合伙对于合伙人所负担之债务
      - 出资返还债务
      - 利益分配返还债务
      - 剩余财产返还债务

合伙债务，为与狭义合伙财产之相对概念，因此，有关合伙财产特性之说明，于合伙债务亦有适用，兹不重复。

2. 合伙债务之归属

合伙团体并非法人，不具有权利能力，自不能独立为债务之主体，因之合伙所负之债务，法律机制上，即归属为全体合伙人之公同共有债务，以便与各合伙人自己所负之债务互为区别。再者，为贯彻合伙之团体及合伙债权人之保护，法制上仍以合伙财产为一实体，作为合伙债权人债权之第一层担保，合伙债权人得就亦应就合伙财产先为执行，如有不足，再对各合伙人之个别财产为强制执行。换言之，各合伙人对合伙债务仅负补充责任，各合伙人之财产，仅系合伙债权人债权之第二层担保；其情形与保证之补充性，极为相似。惟此已属合伙对外关系之层次，待论及合伙人责任时说明之。

依公同共有关系，其债权人行使权利者，应向全体公同共有人请求给付，惟合伙具有当事人能力，且以合伙财产为第一层担保，故实务及学理多数见解以为，合伙之债权人，应向合伙起诉，并以其确定判决先行执行合伙财产，如有不足，再持同一确定判决执行合伙财产，其结果尚与一般公同共有关系不同，值得注意。

三、合伙之损益分配

（一）损益分配之概念

合伙财产多于合伙债务及出资之总额者，其多出之数额是为利益，亦即一般所称之盈余；合伙财产少于合伙债务及出资之总额者，其减少之数额是为损失，亦即一般所称之亏损。[69] 其将经营共同事业所生之利益

69 参照“民法”第六七六条立法理由前段：“查民律草案第八百零八条理由谓合伙财产，多于合伙人出资总数，是为利益，少于合伙人出资总数，是为损失。”

或损失，分配于各合伙人，是为所谓之损益分配。

合伙以经营共同事业为目的，其经营成果，亦即损失或利益如何？均与各合伙人利害攸关，亦即无论损失或利益，均应分配于各合伙人。因之，称损益分配者，内涵上尚可区分为利益分配及损失分配二个概念。合伙之年度决算，固应办理损益分配，合伙人退伙之结算、乃至合伙解散之清算，情形亦然。因之，损益分配，堪称合伙人利益给付请求权、出资返还请求权、剩余财产请求权，乃至连带给付责任内部分担之基础；损益分配成数，则为此等请求权比例算定之依据。

（二）损益分配之成数

1. 约定成数

所谓损益分配之成数者，系指各合伙人，应按一定比例而受利益或损失之分配之谓。“民法”第六七七条第一项规定：“分配损益之成数，未经约定者，按照各合伙人出资额之比例定之。”足见，关于损益分配之成数，原则上依约定定之，亦即合伙契约有约定或合伙人另有特约者，不问合伙人出资种类如何及数额如何，于分配损益时，悉按其约定定之。惟主张其有约定者，应负举证责任。[70]不过，损益分配成数之决定，非关合伙事业之执行，不得以合伙人决议之方式定之。

通常情形，同一合伙人分配利益之成数与分配损失之成数，固多属一致，但其约定为不一致者，亦无不可。如合伙契约或合伙人特约，系仅就利益或仅就损失订定分配成数者，视为损益共通之分配成数（同上条二项）。是以，仅就利益分配定有成数之例，其合伙人不得以关于损失分配并未约定作为借口，主张免于损失分配责任。[71]不过，本条所称视为，其意义应指推定而言，如能反证证明其不一致者，仍应依不一致之标准而适用。[72]

2. 法定成数

分配损益之成数未经约定者，以各合伙人之出资额，作为分配成数之依据，应最符合合伙人间利害之平衡，故民法本条定为补充适用

70 参照最高法院 1932 年上字第一五九八号判例：“合伙人分配损益之成数，曾经约定者，固当从其约定，惟主张有此约定者，有举证之责任。”

71 参照最高法院 1929 年上字第一七二二号判例：“合伙契约定有利益分配之标准，未定有损失分担之标准者，除合伙员有其他证据证明其对于损失不负责任外，自应即以约定利益分配之标准，为其损失分担之标准，不得借口于契约上未载明损失分担，即主张不负责任。”

72 郑著（下），第六六二页。

之标准。[73]例如，前述甲乙丙丁合伙经营出版社之事例，如其第一年度盈余六十万元，而甲乙丙丁之间，并未定有损益分配成数者，则各合伙人利益分配请求权之成数，按其出资额各为一百万元计算成数，其比例为甲：乙：丙：丁=1：1：1：1。从而，甲乙丙丁得请求之金额各为十五万元。

3. 损失分配之特例

劳务出资之合伙人，是否亦应受损失分配，立法例上容有不同，学理上立场亦多有纷歧，台湾民法，则基于劳务出资合伙人，已寓损失于劳务中之见解，于同条第三项明定，劳务出资之合伙人，除契约另有约定应受损失分配者外，原则上不受损失之分配。因其立法政策，与多数国家立法趋向有背[74]，且与事业成败、利害攸关之合伙理念不尽相符，故学者间或认尚有商榷必要。[75]

非劳务出资之合伙人，得否依约定而不受损失之分配，学理上见解不一。[76]实务似持肯定立场[77]，愚见以为，否定说、亦即不许为此约定之立场，较为可采。如是，合伙人中纵有为此约定者，其约定亦属无效。再者，损失分配系内部关系之问题，如合伙人中得不受损失分配者，亦仅于合伙人间有效，对于债权人，不受损失分配之合伙人（如上述之劳务出资合伙人），仍应依第六八一条规定负补充的连带给付责任。[78]

（三）损益分配之执行

1. 损益分配之时期

严格言之，合伙之利益或（及）损失，非届合伙解散而为清算，或合伙人退伙而为结算，尚难确知，惟解散清算，或久而难待，合伙人退

73 参照“民法”第六七七条立法理由前段：“谨按合伙契约，若定有合伙人分配损益之成数，固应据此为准，若契约内未将成数定明，应以法律规定补充之。惟合伙人分配损益之成数，若于无特别规定时，应使其依各合伙人出资之数额，为分配之标准，以昭平允。”

74 德日民法，并无劳务出资人得不分配损失之规定，解释上应与其他合伙人同负损失分配责任。瑞士债务法则以同负损失分配责任为原则，惟得以特约排除之（瑞士债务法五三三条三项），其立法政策，均与台湾民法截然不同。

75 梅著，第三四〇页注二。

76 否定说（不许为此约定）如梅著同上注；肯定说（为此约定无妨合伙本质）如史著（下），第六七一页。

77 参照最高法院 1937 年上字第九七一号判例：“合伙契约订定，合伙人中之一人，于其出资之限度外不负分担损失之责任者，在各合伙人间，固非无效，但不得以之对抗合伙之债权人。合伙财产不足清偿合伙之债务时，该合伙人对于不足之额亦连带负其责任。”

78 同上注。

伙，亦非确定可期，固守损益分配，必待此等时刻，反而多有窒碍，为期通权达便，并兼顾事业经营实情及课税需要，“民法”第六七六条规定：“合伙之决算及分配利益，除契约另有订定外，应于每届事务年度终为之。”[79] 由是足见，关于合伙之决算及分配利益之时期，原则上依合伙契约之订定（如订定每一季、每半年或每二年办理一次是），其无订定者，则每年办理决算及分配损益一次，且须于事务年度终为之；此之事务年度终，依台湾目前会计处理方式，通常系历年年度终了之时。

民法本条虽仅规定分配利益，惟年度决算，利益之算出，应并就损失而为计算，其经营结果为损失者，当然发生损失分配之效果，且利益分配并无发生可能。因此，民法本条规定，于各该年度之损失分配亦有适用。不过，损失分配与损失填补并非相同概念，合伙事业有损失者，合伙人固即应分配损失，但并不因此而即免有补充填补之义务（六六九条）。

2. 损益分配之方法

合伙事业有损失者，随即按各合伙人应分担之成数，分配于各合伙人，惟合伙人不为现实之补充，故其结果仅系各合伙人股份所有享有之价值额（通常为一定金额），为之减低贬损而已。至于利益分配方法，得依合伙契约约定定之，合伙契约未约定者，亦得经合伙决议或合伙人全体同意，将利益现实的分配于各合伙人（如以现金交付于各合伙人是），或不为现实分配而将利益添入合伙财产，以增加各合伙人股份所有享有之价值额（权数为之增加提升），其经合伙人全体同意者，并得以增资之方式，增加各合伙人之出资额（股份额）。其约定或决议将利益现实分配于合伙人者，各合伙人对合伙即得行使利益分配请求权。

四、合伙事务之执行

合伙成立之目的，在乎经营共同事业；经营事业，几乎无时不有繁多难估之必要业务、财务、信管、稽核、检查等事务，是为所谓之合伙事务。就合伙人间言，合伙事务必须有人负责执行，是为合伙事务之执行；其执行之人，则为合伙事务执行人。又无执行合伙事务权限之合伙

79　参照“民法”第六七六条立法理由：“查民律草案第八百零八条理由谓合伙财产，多于合伙人出资总数，是为利益，少于合伙人出资总数，是为损失。利益及损失，非届合伙解散之期，不能确知，然合伙之存续期间，有过长，不能待至解散期者，则此种合伙，每届年度既终，亦应办理决算及分配损益。”

人，得执行合伙事务之监察，因其与执行相互对应，相辅相成，爰亦一并说明之。兹依民法规定，归纳为下列事项说明之。

合伙事务之执行：
- 事务执行权之得丧（671）
- 事务执行之方法（670、671、673）
- 事务执行人之权利义务（672、674、678、680）
- 事务执行人之不履行责任（672、680）
- 事务之检查（675）

（一）事务执行权之得丧

1. 事务执行权之意义

合伙人而得执行合伙事务之权利，是为此所称之事务执行权，其性质及内容，殆等于委任关系上受任人之事务处理权（五三一条、五三三条、五三四条）。在权利性质之归类上，应属资格权，称之事务处理权限，或更贴切；本书以权利称之，虽与多数文献雷同，惟仍属便宜用法。再者，合伙人执行合伙事务，同时亦系其义务，得相对称之合伙人事务执行义务，或并称为合伙人之事务执行权义；其情形殆与无限公司股东之各股东同。[80]本文以下仅举事务执行权以对，系求其行文简便，通常则兼括执行义务而言，并此叙明。

合伙因经营共同事业所生之一切事务，均属事务执行之范围，其为事实上行为或法律上行为，均无不可，而其对外生效者，则另有代表之问题，惟此已是合伙对外效力之问题，另段说明之。由于合伙事务，经纬多端，且经常涉及专业领域，故合伙亦得聘（雇）用经理人员或业务人员等事务补助人。不过，事务补助人并非合伙人，纵其实际负责执行合伙事务，对合伙债务仍不负补充责任[81]；合伙人亦不得以尚有经理人员经营合伙事业为由，主张减免合伙人责任。[82]

2. 事务执行权之取得

凡是合伙人均有事务执行权，是为身份取得；但合伙契约另有订定

80 参照“公司法”第四五条第一项：“各股东均有执行业务之权利，而负其义务。但章程中订定由股东中之一人或数人执行业务者，从其订定。”

81 参照最高法院1929年上字第一三八号判例：“合伙债务应由合伙人负责偿还，其经理人除对于债权人已为债务之承担外，仅应就合伙财产负清理偿还之责，不负代偿之义务。”

82 参照最高法院1929年上字第二二五六号判例：“合伙营业之债务，合伙解散后，合伙人当然为该营业之债务主体，虽合伙营业之经理人本于营业时合伙人之委任，对于合伙尚负有清理该营业残余财产之责，然债务主体既为合伙人，债权人自得向其求偿，不能以尚有经理为词，而主张主体错误。”

或另有决议者，依其约定或决议定之，是为约定取得，故“民法”第六七一条第一项规定，合伙之事务，除契约另有订定或另有决议外，由合伙人全体共同执行之。足见，身份取得是为原则，约定取得则为例外。[83]兹分述如下：

（1）身份取得

合伙事务，由谁执行，合伙契约未订定或合伙人未另有决议者，全体合伙人、亦即任何合伙人之一，均有事务执行权利及义务。因其系以合伙人之地位而取得，且于合伙契约成立生效之时即告取得，爰以身份取得称之。惟合伙契约另有订定或合伙人另有决议者，则依约定定其合伙事务执行人，非为订定或决议所及之合伙人，则不能再主张依身份而有合伙事务执行权。

（2）约定取得

关于执行合伙事务之人，合伙契约另有订定或合伙人另有决议者，依其订定或决议定之，其订定或决议由合伙人全体、数人或一人执行之，均无不可。惟约定（订定或决议）由全体执行，与法律原则重复，了无新义，约定由一人执行者，事务负担及经营风险较大，亦非所宜，故通常情形，其约定由数合伙人执行事务为常见。如是，则合伙人中部分有事务执行权，而部分无之。

关于合伙事务执行之约定取得，其适用上尚有下列四点，应予注意：

①约定取得，以合伙契约订定为第一次判断基准，如契约未订定而拟另行约定者，应以决议行之，决议以外之约定方式，尚非法所可采。再者，以决议另定合伙事务执行人者，应以合伙人全体之同意行之（六七〇条一项）。

②合伙事务之执行人为二人以上者，应共同执行之（六七一条二项），如订定或决议合伙人各别单独执行者，其各别执行之约定无效。[84]

③合伙成立之目的，虽在于经营共同事业，于合伙存续期间，由合伙人参与合伙事业，亦为常态，惟合伙人如均无执行事务之意愿或基于专业经营之考量，依契约订定或以决议，与合伙人以外之第三人订立委

83 参照“民法”第六七一条立法理由前段：“谨按合伙业务，合伙人公同执行之，是为原则，然于实际每多不便，故合伙契约，若以执行业务之权利专属合伙人中之一人或数人时，应为法律所许。”

84 参照“民法”第六七一条立法理由中段：“又合伙为达合伙人共同之目的，其业务仅须合伙人中数人执行者，亦得以合伙契约订定由数人执行合伙业务，但其业务之执行，即须由该数人共同执行，而不得由该数人各别执行也。”

任契约，将合伙事务委托该第三人执行者，一般以为应无不可。[85]于此情形，该第三人与合伙之间（实际上为第三人与各合伙人之间），系另行成立委任契约，纵令委任契约系与合伙契约同时订立，甚至与合伙契约以同一书面订立，亦属另一独立之委任契约，适用委任之有关规定。

④约定取得，以决议之方式为优先，合伙契约纵已订定，如其后合伙人以决议调整契约之订定，其决议仍为有效，并应优先适用，以便适应情势变更之需要。

按合伙人决议，为策定合伙事业执行之重要方法，亦民法债编修正于此部分之重要修正，爰归纳相关规定，附带于此另段说明之。

3. 合伙之决议

合伙之决议者，合伙人对于合伙事务或其他相关事项所为之共同决定也。基于合伙团体性之立场，斯项决议之效力，既及于合伙人全体，亦及于合伙团体（事业）本身，故法典用语及一般文献，爰以合伙决议称之。兹分就以下三项说明之。

合伙之决议
- 表决权之算定（673）
- 合伙决议之方法（670）
- 合伙决议之事项（671）

（1）表决权之算定

合伙之决议，以合伙人出席表决为前提。惟为保护资力薄弱之合伙人，“民法”第六七三条规定：“合伙之决议，其中表决权之合伙人，无论其出资之多寡，推定每人仅有一表决权。”[86]足见，民法本条虽采人头主义，惟一人一表决权之制度，尚非强行规定，得依约定而享有多数表决权，不过，合伙人如主张其有多数表决权或某一合伙人有多数表决权者，应负举证责任。而且，其约定单一合伙人之多数表决权为数过多，显失公平者，得依诚实信用原则之列，声请法院调整之（一四八条二项）。

（2）合伙决议之方法

①决议之方式

“民法”第六七〇条规定：“合伙之决议应以合伙人全体之同意为之。前项决议，合伙契约约定得由合伙人全体或一部之过半数决定者，从其

85 史著（下），第六七二页；陈著，第三三三页；刘著（一），第六一页。

86 参照“民法”第六七三条立法理由：“仅按合伙契约，就一定之事务，如约定应由合伙人全体或一部（例如有执行权之数人）之过半数决定者，其表决权应以合伙人之人数为准，不问其出资之多寡若何，推定为一人仅有一表决权，以保护小资产之阶级。”

约定。但关于合伙契约或其事业种类之变更，非经合伙人全体三分之二以上之同意，不得为之。”基此可知，合伙决议之方式，殆可归纳说明如下：

a. 全体同意原则：

合伙之决议，原则上须经合伙人全体之同意（同上条一项）。

b. 多数表决方式

合伙契约约定，其决议得由合伙人全体或一部之过半数决定者，依其约定（同上条二项本文）。此之合伙人一部，应指依合伙契约订定之部分合伙人为事务执行人之情形而言。例如，于合伙契约约定，提起诉讼或支借营运资金，应经合伙事务执行人过半数决定者，其约定有效。合伙契约并未订定，但于合伙存续期间，经合伙人全体同意实施多数表决原则者，亦宜认为有其适用。

c. 绝对多数表决方式

合伙之决议采用多数表决方式，旨在兼顾合伙组织之灵活运用[87]，但其决议事项为合伙契约或其事业种类之变更者，因其影响于各合伙人之利害关系甚巨，单纯多数表决方式，尚难周妥保护全体合伙人，民法爰特别明定，于此情形，应经合伙人全体三分之二以上同意（同上条项但书），以示慎重，并求权益保护之周延也。[88]

②决议之程序

决议，系团体法上组织运作之制度模式，通常须以会议召集之程序行之，并应于举行之会议中，以表决方式行之。民法债编修正，既特别增订决议之制度模式，则法学理论上似应作同一解释，不过，本法关于合伙事项之决定仅于事务执行相关部分，增订决议之模式，其他相关部分，即使如利害关系更为重大之开除合伙人、合伙解散等，仍均以合伙人全体同意之方式行之（六八八条二项、六九二条二款），则本于体系解释，如合伙人未以召集会议方式，而以合伙人全体或三分之二、或二分之一以上同意行之，于法仍宜认为符合本条决议之规定。

87 参照“民法”债编修正第六七〇条修正理由中段：“现行条文定有‘除契约另有订定外’之法文，则少数合伙人，甚或仅合伙人中之一人，得依据契约，任意变更合伙之组织，难免专恣跋扈之弊。为免除上述弊端，并兼顾合伙组织多样之灵活运用，爰增订第二项，明订合伙契约如约定得由合伙人全体或一部之过半数决定者，从其约定。”

88 同上注修正理由后段：“惟合伙契约或其事业种类之变更，与各合伙人之利害关系甚巨，为示慎重，如契约有约定时，应限以合伙人全体三分之二以上之同意，始得为之，较为平允。”

(3) 合伙决议之事项

合伙事务，得依合伙人决议定之，为民法债编修正所增订，旨在增进制度周延，并期全面适用于合作相关事务[89]，即使表决权条项之文字修正，目的亦然。[90]不过，综观合伙本节相关规定，其合伙事务直接涉及合伙人权益变动或合伙存立者，仍多维持合伙人全体同意之原有机制，并未随修正意旨之强调，而改以决议代之。因此，所谓合伙决议，其适用对象，应仅限于合伙事务执行之内部关系而已，至其法定列举事项，主要为下列三者而已：

①合伙事务执行人之选定（671Ⅱ）。

②合伙契约之变更（670Ⅱ）。

③合伙事业种类之变更（Ⅱ）。

4. 事务执行权之丧失

(1) 事务执行权之丧失事由

合伙之事务执行权，因下列事由发生而消灭：

①执行事务之合伙人死亡，破产或丧失行为能力

执行事务之合伙人与合伙之关系，准用关于委任之规定（六八〇条），是以执行事务之合伙人死亡、破产或丧失行为能力者，因准用“民法”第五五〇条规定，其事务执行权原则上为之消灭。再者，于此所称合伙事务执行人，包括未经约定时之全体合伙人之一，或因约定而有合伙事务执行权之合伙人之一。

②对合伙事业执行人之解任

对于依约定取得合伙事务执行权之合伙人，得经其他合伙人全体之决议，将其解任（六七四条二项）。于此情形，自解任时起，该合伙人丧失合伙事务执行权。盖以合伙，乃至其事务执行，均具有人格依赖关系，既经其他合伙人全体同意解任，其信赖关系已不存在。[91]且无滥行解

89 参照“民法”债编修正第六七〇条修正理由前段：“现行条文仅规定合伙人对于合伙契约或其事业种类变更之方式，对于其他合伙事务之决议，则未规定，有欠周延，为期周全，并避免疑义，爰修正并改列于第一项，规定合伙之决议，应以合伙人全体之同意，始得为之。”

90 参照“民法”债编修正第六七三条修正理由：“为配合第六百七十条之修正，本条关于表决权之规定，当适用于一切合伙之决议，爰予修正。”

91 参照“民法”债编修正第六七四条修正理由后段：“合伙重在人合性，如执行合伙事务之合伙人既经其他合伙人全体同意其解任即应解任，不须另有其他理由，爰将‘其他合伙人亦不得将其解任’之规定删除。”

任之虞[92]，该被解任之合伙人，自应丧失合伙事务执行权。解任权性质上为形成权，因意思表示而生效，不生请求法院宣告之问题。[93]

③合伙事务执行人之辞任

依约定取得合伙事务执行权之合伙人，于有正常理由时得为辞任（六七四条一项）。盖以合伙事务之遂行，非若委任关系之单纯，故民法于此明定，非有正当理由不得辞任，以免妨及合伙目的之达成。[94]苟有违反，其辞任不生效力，为辞任之合伙事务执行人，如因而怠于执行事务，致生损害于合伙者，对合伙构成债务不履行（不完全给付），应负损害赔偿责任。

辞任权亦为形成权，苟有正当理由，亦于辞任之意思表示生效时，丧失合伙事务执行权。惟正常理由之存在，应由辞任人负举证责任。

④合伙人退伙

合伙人退伙者，丧失合伙人之资格，自不宜继续执行合伙事务，故合伙人或执行事务之合伙人退伙者，丧失合伙事务执行权，应为当然解释。又者，此称退伙，殆取广义，包括声明退伙（六八六条），股份转让（六八三条）及法定退伙（六八五条，六八七条）等情事。

⑤合伙解散

合伙解散后，进入清算程序，由清算人执行清算合伙之相关程序及事务（六九四条），合伙事务执行人，自合伙解散时起，应即丧失执行合伙事务执行权。[95]

（2）周边问题

合伙事务执行权之周边问题，计有如下三者：即 1. 表决之利益回

92　参照“民法”第六七四条修正理由后段：“被委任执行事务之合伙人，如有解任事由，亦必基于其他合伙人全体之同意，始得为之。否则滥行解任，既有背于合伙契约，复不足以保障委任人，殊非所宜。”

93　参照“最高法院”1954 年台上字第八八一号判例：“被上诉人虽为某旅舍其他合伙人全体委任执行合伙事务之人，然依‘民法’第六百七十四条之规定，居于承受其他合伙人全体地位之上诉人，如有正当事由自非不得将其解任。至此种解任权之行使，该条及其他法律既未规定须以诉之方式为之，则为解任权之一方，不问在诉讼上或诉讼外，均得对之为是项之意思表示，而使生解任之效力，无庸请求法院为宣告解任之形成判决。”

94　参照“民法”第六七四条立法理由前段：“谨按合伙人订立合伙契约时，若以执行业务权属于合伙人中之一人或数人为便者，得委任合伙人中之一人或数人执行合伙事务，其被委任执行合伙事务之人，一方为其权利，一方即为其义务。故合伙人自被委任以后，非有正当事由，不得辞任，，其他合伙人亦不得无故将其解任，盖若无正当事由而许其辞任，无故而他合伙人得将其解任，则事业之目的无由得达，且有背于合伙契约之本旨也。”

95　合伙人其后纵担任清算人，亦系以清算人之身份执行清算事务，系另一层次之课题，亦与执行合伙事务有关，更不生行使合伙事务执行权之问题。

避；2. 表决权数之重计；3. 委任他人执行事务之终止是，兹分述如下：

①表决之利益回避

执行合伙事务之合伙人，于行使表决权参与决议时，应否利益回避，合伙一节固无明文。但从民法禁止自己代理之法律原则论之，解释上宜认为，应类推适用社员表决权之相关规定，亦即合伙人对于合伙事务之决议因自身利害关系，致有损害合伙利益之虞时，当解为该合伙人应行回避而不得参加表决，亦不得代表他合伙人行使表决权，以免在利益冲突之情形下，发生图利自己或损及他合伙人利益之情事（五二条四项）。[96]

②表决权数之重新确定

合伙事务执行人，因上述事由，致丧失执行权，或应回避表决者，其表决权应不予计算于总数之内。换言之，亦即计算合伙之决议，是否经合伙人同意或是否符合多数决者，该丧失合伙事务执行权合伙人之表决权数，应从总数中剔除，并予重新确定。

合伙事务执行人丧失执行权，如其结果以致合伙无事务执行之人时，由合伙人决议选定新事务执行人，如其不能选定又无从委任他人经营者，则属合伙目的不能完成，构成合伙解散事由（六九二条三款）。

③委托经营之终止

合伙事业，因合伙契约订定或合伙人决议，委任第三人经营者，无前述辞任或解任之适用，惟因适用委任相关规定，解释上合伙对受任之第三人得随时终止委任（五四九条二项）；至于第三人之辞任，愚意以为，宜基于合伙团体性而为考量，类推适用合伙事务执行人解任之规定，如是，则第三人仅于有正当理由时，始得辞任。

（二）合伙事务执行之方法

合伙事务之执行方法有三。即 1. 全体共同执行、2. 数人共同执行、3. 单独执行。斯三者，因合伙人意思及事务执行而组合存在，非谓三者均可同时并存。至其组合之状态，殆如下表：

合伙事务执行方法
- 非通常事务
  - 未约定何人执行……………………全体共同执行（671 Ⅰ）
  - 约定由数人执行……………………数人共同执行（671 Ⅱ）
- 通常事务……………………………………一人单独执行（671 Ⅲ）（他合伙人有异议权）

96 合伙事务之执行，亦应作同一解释。（史著（下），第六七七页；刘著（一），第六四页。）

兹即依序说明如下：

1. 一人单独执行

(1) 适用范围

“民法”第六七一条第三项规定：“合伙之通常事务，得由有执行权之各合伙人单独执行之。但其他有执行权之合伙人中任何一人，对于该合伙人之行为有异议时，应停止该事务之执行。”足见，合伙事务得由合伙人一人单独执行者，采以通常事务为限，通常事务，意指日常之例行事务或轻微事务。例如，经营出版社，有关员工庆生会之举办，水电费之缴付，或办公室之清洁打扫或其费用之支出即是。盖以此等事务，关系轻微，甚而无关紧要，而且次数频繁，着由一人单独执行，不仅可以争取时间，方便营运，亦可避免繁琐，提升绩效，故任何有执行权之合伙人，均有单独执行之权，无须征得其他合伙人同意。

在合伙之事务执行，系由合伙人全体为之者，每一合伙人固均有单独执行合伙通常务之权利。不过，其依合伙契约订定或合伙人决议，选定部分合伙人执行合伙事务者，则仅有事务执行之合伙人，得就通常事务为单独执行，其非为合伙事务执行人者，对于通常事务，仍无执行之权。

(2) 他合伙人异议权

一人单独执行，是否为通常事务，有时难免发生争议，间亦容易发生思虑不周或执行不当等情事，以致损及全体合伙人之利益，民法本条项同时赋予其他有执行权之合伙人声明异议之权利，以维合伙之利益。[97]基此，其他有执行权之任一合伙人，对于该为单独执行之合伙人之行为有异议权，如其行使异议权，则为执行之合伙人，应即停止该事务之执行。所谓异议，意指对于个别具体执行行为表示反对，提出异议应就具体各个执行事务之行为分别为之，不得仅以抽象指摘而对该合伙人单独执行权之行使为一般的异议。又因此项异议之提出，在使合伙人停止该事务之执行，故应于事务执行尚未完成以前为之，若于事务执行完成以后，始提出异议，则不发生停止执行效力。

单独执行合伙通常事务之合伙人，经其他有执行权之合伙人提出异

97 参照“民法”第六七一条立法理由中段：“各有执行权之人，就合伙之通常事务，不妨单独执行之。但其他有执行权之人，对于合伙人单独执行之行为，在执行业务完成以前，可以声明异议，盖合伙利益，即合伙人全体之利益，为保护合伙之利益计，应使任何合伙人有声明异议之权也。”

议，仍不停止该事务之执行者，为异议之合伙人得声请法院为强制停止之处分。如其因而致生损害于合伙者，该单独执行之合伙人应负赔偿责任；反之，若异议不当，致因停止事务之执行而发生损害于合伙时，该提出不当异议之合伙人应负赔偿责任。[98]此外，有执行权之合伙人误将非通常事务认系通常事务而为单独执行，或就合伙之通常事务为单独执行而未尽相当之注意义务，致生损害于合伙时，亦均应负赔偿责任，惟此已属债务不履行之范畴，另段说明之。

2. 多人共同执行

合伙之非通常事务，应共同执行之。共同执行因是否另有约定，尚得分为合伙人全体共同执行及数合伙人共同执行二种方式。

（1）合伙人全体共同执行

“民法”第六七一条第一项规定：“合伙之事务除契约另有订定或另有决议外，由合伙人全体共同执行之。”足见，合伙事务之执行，除通常事务者外，如合伙契约未另有订定，而合伙人亦未另有决议者，其事务之执行方式，即采合伙人全体共同执行。

（2）数合伙人共同执行

“民法”同上条第二项规定：“合伙之事务，如约定或决议由合伙人中数人执行者，由该数人共同执行之。”足见，合伙之非通常事务，亦得依合伙契约订定或合伙人决议而由数人执行之，有此情形，合伙之非通常事务，即由该等数人共同执行。从而，上述之全体共同执行方式，即不适用。

（3）共同执行之规范意义

共同执行者，意指关于合伙事务之执行方法，由有执行合伙事务权利之合伙人共同决定之意。共同决定，通常固由合伙人全体或有执行权之合伙人全体之同意为之，惟共同执行、共同决定云者，与全体同意，尚非同一概念。换言之，于共同执行之非合伙通常事务，如其合伙契约约定以多数决作为决议方式者，则第六七〇条第二项之多数决规定仍有适用。

共同执行系指决议之程序而言，并不包括事务执行方法之实行。因之，于共同决定后，将其实行交由合伙人中一人或数人为之，乃至交由

98 同上注立法理由后段：“若该单独执行之合伙人，遇有其他执行权者声明异议时，不停止该事务之执行，则因此而生之损害，自应由该单独执行之合伙人负担。若因异议而停止执行，其异议有不当，因此而生之损害，自应由异议人赔偿。”

第三人实行者，亦无不可。再者，合伙依契约订定或合伙人决议，仅选定一合伙人执行合伙事务者，于法亦属有效，于此情形，该单一合伙人自得执行合伙之非通常事务，尚不生共同执行之问题。

（三）事务执行之权利义务

执行合伙事务之合伙人，与合伙（合伙人全体）间，系基于合伙契约而来，严格言之，其间并无委任关系。不过，对于合伙而言，合伙人之执行合伙事务，亦系一种劳务给付，其性质与委任相近，故“民法”第六八〇条规定：“第五百三十七条至第五百四十六条关于委任之规定，于合伙人之执行合伙事务准用之。”以期其间之相关权利益臻明确。[99]

关于执行合伙事务合伙人之权利义务，本于合伙之特色，民法亦另有直接规定，其中与上述条文规定，固有互补作用，但亦有修正关系，自应综合了解，同时并从特别法优先于普通法之原则并予观察：

1. 事务执行人之权利

（1）费用请求权

①费用偿还请求权

“民法”第六七八条第一项规定：“合伙人因合伙事务所支出之费用，得请求偿还。”是为费用偿还请求权。盖以合伙人因合伙事务所支出之费用，系为达合伙共同之利益，非为支出人个人之利益，除得请求偿还支出之费用[100]，并得请求自支出时起之利息（六八〇条准用五四六条一项）。

本条项所称费用，并未如委任之以必要费用为范围，解释上得认为包括有益费用。盖以事务执行系为合伙之共同利益；而且，如解释其限于必要费用，则本条恐失规范意义。爰以必要费用，依委任之规定本即得为请求，民法于本条项另为规定，实嫌重复，而且因其规定未尽完整，反使有关利息之请求，又须依第六八〇条规定准用五四六条第一项后段。如是，不仅制度割裂，抑且易启理论上争议，是否尽当，即不无疑问矣！惟为公平起见，有益费用之偿还，应以支出后所增加之价额为限（四三一条一项参照）。

99 参照“民法”第六八〇条立法理由：“谨按合伙人执行合伙事务之一切权利义务，应依合伙契约或合伙之规定，此属当然之事。然合伙契约或合伙，对于合伙人执行合伙事务之权利义务，无明文规定时，势必无所依据，故本条明定于合伙人之执行合伙事务，准用关于委任之规定。”

100 参照“民法”第六七八条立法理由前段：“谨按合伙人因合伙事务所支出之费用，应由合伙人全体负担，故许支出费用人有求偿权，盖以其所支出之费用，系为达合伙人共同之利益，非为支出个人之利益，故得请求偿还。”

②费用预付请求权

因执行合伙事务，势必有其一定之费用支出，合伙事务执行人，对于此等费用，法律上并无垫付之义务，自得请求合伙预付，是为合伙事务执行人之必要费用预付请求权，合伙因合伙事务执行人之请求，即应预付执行合伙事务所需之必要费用（六八〇条准用五四五条）。例如，请求合伙预付日常事务所需支应或预付对外采购必要或经营商品所需之费用均是，预付必要费用，同时为合伙之义务，如经合伙人之请求，而合伙不为预付者，则该合伙人不执行合伙事务，应属具有正常理由，而不负给付迟延等债务不履行之责任。

预付费用请求权与费用偿还请求权之不同者有二。一为有益费用得否请求预付，二为预付费用请求权，得否诉请强制执行。就前者而言，其本质上非为执行合伙事务所必要，相关制度上亦乏明文，宜采否定论点，亦即合伙事务执行人，尚无有益费用预付请求权。

关于预付费用请求权，台湾多数学者，于委任之例，虽多基于处理委任事务，原则上非为受任人之利益，依据“无利益、无诉权”之法理，认为受任人不得声请强制执行[101]，惟其说为本书所不采。[102]况者，合伙人之执行合伙事务，不仅为其义务，亦为其权利；不仅对其他合伙人有利益，对于合伙事务之执行人，亦有利益，肯定执行合伙事务之合伙人得诉请预付，并进而声请强制执行，应无疑义。不过，如上所述，其范围仅以必要费用为限。

（2）负债清偿请求权

合伙人因执行合伙事务，负担必要债务者，得请求合伙代其清偿，未至清偿期者，得请求合伙提出相当担保（六八〇条准用五四六条二项），是为合伙事务执行人对合伙之负债清偿请求权。如经请求，且该债务业已到期，而合伙未代为清偿者，除对合伙事务执行人所受损害，应负赔偿责任外，执行事务合伙人亦得停止执行而不负给付迟延等债务不履行责任，所谓担保，解释上自亦包括物保及人保（保证），至其向合伙事务或债权人为之，均无不可。

（3）损害财产请求权

合伙人执行合伙事务，因非可归责于自己之事由，致受损害者，得向合伙请求赔偿（六八〇条准用五四六条三项）。例如前例共同经营出版

101 郑著（下），第四四三页；史著（下），第三八〇页；戴著（下），第二三〇页。

102 刘著（一），第六六页；本书中册（新订版），第二四七页。

社之丙，于亲自运送书籍于书商时，途中为路旁落下石块砸毁车子受伤，则其受伤所致损害，得请求合伙赔偿。[103]不过，关于前述损害之发生，如别有应负责任之人时，合伙对该应负责任之人有求偿权（六八〇条准用五四六条四项）。

合伙事务执行人，因执行事务受有损害，而得请求合伙赔偿者，，以出于非可归责于该合伙人者为限，如该合伙人为可归责者，则尚不得请求合伙人赔偿，可归责与否，以该合伙人对损害事由之发生有无过失为断，但与该合伙人有无给付迟延等尚无关系。[104]因之，如合伙事务执行人于给付迟延中执行事务受有损害，而其于损害之发生无过失者，仍得请求损害赔偿。再者，合伙于受请求后，未赔偿损害者，合伙事务执行人得拒绝继续执行事务，且其效果与前述二者雷同，亦即仍不负给付迟延责任。

（4）报酬请求权

①报酬请求权之成立

合伙事务执行人之执行事务，亦以无偿为原则，惟有特约时，仍得请求报酬，故“民法”第六七八条第二项规定：“合伙人，执行合伙事务，除契约另有订定外，不得请求报酬。”盖以合伙人执行合伙事务，虽为全体合伙人之利益，然亦为合伙人依合伙契约所负之义务，况且合伙人中，亦尚有以劳务为出资，必须于合伙存续之一定期间内执行事务或提供其他劳务。是以，除非契约另有订定外，合伙人不得因执行事务而请求报酬[105]，应符合伙制度之本旨。[106]

以民法本条项与委任对照，可知合伙事务执行人得否请求报酬，其制度设计与委任极其相近，亦即委任之受任人亦以无偿为原则，得请求报酬为例外也。惟二者仍属同中有异，盖于委任契约，有偿委任之成立除约定之外，尚及于依习惯或依事务之性质而应成立者（五四七条）；反

103　愚见以为，有关本项损害赔偿请求之范围，应与受任人求偿权中之损害赔偿请求权，作同一解释，如是则非财产损害请求权，即不在适用之列（本书中册（新订版）第二五一页。）

104　此一判断标准，与受任人之请求损害赔偿同（本书中册（新订版）第二五〇页。

105　参照最高法院 1933 年上字第五五三号判决（引自郑著（下），第六六九页，惜未查得判决全文）。学理上或有主张，合伙契约纵未订明，如习惯上应给与报酬，而当事人确有按照习惯办理之意思者，仍应解为默示的定有报酬（季著（下），第一一八页），其见解似较特殊。

106　参照“民法”第六七八条立法理由后段：“合伙人执行合伙事业，虽为总合伙人之利益，然亦为执行事务合伙人之义务，况又有以劳力为出资者，故非契约另有订定，不得请求报酬。”

之，依民法本条项规定，则仅于合伙契约另有订定者，始得请求报酬，并不得主张依习惯或依事务之性质请求报酬。足见，于合伙事务执行之例，其合伙事务执行人得请求报酬者，更较委任之受任人狭隘得多，斯亦民法于此不规定准用委任，但另以本条明定之理由。再者，基于贯彻民法本条立法意旨所在，本条项所称契约，应如合伙本节其他条文所称之契约，仅意指合伙契约本身而言。因此，如合伙契约未约定合伙事务执行人，得请求报酬者，除依第六七〇条所定合伙契约变更之决议程序外，合伙事务执行人不得请求报酬，合伙亦不得擅为报酬之给付。

②报酬之给付

报酬给付之种类、数额、方法或时期等，本于契约自由原则，原则上固亦由执行事务合伙人与其他合伙人全体约定，惟亦应于合伙契约订定之。至其给付种类、数额、方法或时期等未具体订定者，解释上得由合伙人以全体同意之决议补充之；合伙人未以决议补充或其补充不尽明确者，关于报酬给付时期及辞任前之报酬支付，得类推适用“民法”第五四八条规定。至于给付种类、数额、方法或时期等有变动者，亦属合伙契约之变更，应依第六七〇条所定合伙契约变更之决议程序，始得为之。

（5）权利之请求对象

合伙事务执行人，基于前述各项权利为请求者，究应以合伙为义务人，或以其他合伙人全体为义务人，理论上容有争议空间。学理或认为，合伙非为独立之人格，费用偿还之请求等，应以其他合伙人为请求对象，而非合伙本身。[107]实务立场，似亦肯定此一论点，于费用偿还请求权之案例，认为应以其他合伙人全体为请求对象[108]，而且应就各合伙人应分担部分，分别起诉。[109]

然而，合伙事务执行人之费用偿还请求权等，如谓并非必然可以以合伙财产偿还，如以其他合伙人全体为请求对象，且应就各合伙人应分

107 刘著（一），第六六页～第六七页。

108 参照“最高法院”1962年台上字第三六五九号判例：“合伙非有独立之人格，其财产为合伙人全体公同共有，故合伙人因合伙事务所支出之费用，而依‘民法’第六百七十八条第一项之规定求偿者，其相对人为他合伙人全体，而非合伙，亦不必以合伙业经解散或合伙财产不足清偿合伙债务为限。”

109 最高法院1942年9月22日民刑庭总会决议：“合伙人因合伙事务所支出之费用，应由执行合伙事务之合伙人，以合伙财产偿还之。如须提起请求偿还之诉，自得仅以执行合伙事务之合伙人为被告，即因合伙财产不足偿还，应向他合伙人提起请求偿还之诉，亦得就各合伙人应分担之部分，分别起诉，不必以他合伙人全体为共同被告。”

担部分起诉，其结果难免使合伙事务执行人受不测之损害，实属未尽公平。再者，一方面肯定合伙有当事人能力，认为合伙债权人应向合伙起诉，而不得向合伙人（全体或个别）起诉，却另一方面又认为合伙执行人为债权人时，不得向合伙起诉，其结果无异否认合伙之当事人能力。于此角度，显然也是理论不尽一致，不仅制度颇见割裂，抑且相互矛盾。愚见以为，于此情形，合伙有当事人能力，合伙财产为第一道担保之法律原则，仍应维持；不过，基于类似利益回避之原则，为起诉之合伙事务执行人，应以其他合伙人或其他合伙事务执行人为代表，不宜在诉讼程序上，以原告之身份对合伙起诉，又同时为被告合伙之代表人而已。如是，不仅制度可以完整一贯，于合伙事务执行人之权益保障，亦较公平妥适。

此外，尚须附带一述者，即为对于合伙之费用偿还请求权，依“民法”第六七八条第一项规定，其权利请求主体，应不以执行事务之合伙人为限，盖以本条仅泛称合伙人，而未限定执行事务之合伙人也。缘以合伙事业之进行，事务极其繁多，有时非合伙事务执行人所能适时完全顾及，其非执行事务合伙人而为合伙先行垫交必要费用，使合伙事业及时顺利推展者，事所常见。而此亦为有益合伙（团体）及该合伙人之情事，非无因管理可尽为说明，足见“民法”第六七八条第一项，不仅有意益助合伙事业推展，于厘清无谓争议，亦具创意。

综本段所述，足见合伙事务执行人之权利事项，尚称丰富，爰亦归纳如下表，以期有助体系思考：

- 合伙事务执行人
  - 种类
    - 费用请求权
      - 费用偿还请求权（678Ⅰ、680→546Ⅰ）
      - 预付必要费用请求权（680→545）
    - 负债清偿请求权（680→546Ⅱ）
    - 损害赔偿请求权（680→546Ⅲ、Ⅳ）
    - 报酬请求权（以合伙契约约定为限：678Ⅱ）
  - 特性
    - 合伙不履行者，合伙事务执行人不执行合伙事务时，不负债务不履行责任
    - 实务及多数学说认为应向其他合伙人（分别）请求（本书认为仍应向合伙请求）

2．事务执行人之义务

依民法本节规定及准用委任相关（效果）规定，合伙事务执行人之义务，约可归纳如下表，并依序说明于下：

合伙事务执行人（义务）
- 必要注意义务（672）
- 亲自执行义务（680→537～539）
- 事务计算义务（680→540～542）
- 周边权义问题
  - 遵守指示义务？（536）
  - 事务执行请求权专属性（680→543）

（1）必要注意义务

执行事务既系基于信赖关系而来，则合伙事务执行人于执行合伙事务时，应尽必要注意义务，无宁为理所必然。所谓必要注意义务，因事务执行人是否受有报酬而异其标准。

“民法”第六七二条规定：“合伙人执行合伙之事务，应与处理自己事务为同一注意。其受有报酬者，应以善良管理人之注意为之。”亦即合伙事务执行人未受有报酬者，仅负具体过失责任；反之，其受有报酬者，则应负抽象过失责任。

民法本条规定，与委任之受任人应负之注意义务雷同（五三五条）。然则，民法本条何以舍准用，而另予明文规定。揆其原因，主要有二。一为合伙事务执行人是否亦有遵守指示义务，尚不明确；其二为，合伙人执行事务，仅须尽与处理自己事务为同一之注意即可，乃罗马法以降之比较法上通例[110]，如不重复规定，解释上恐生争议。[111]足见，民法本条之订定，固系仿自瑞士立法例[112]，但实际上却有法理上之特殊考量，应值肯定。

学理上或认为，合伙事务执行人并有忠实执行事务之义务[113]，并举大理院时期之判例，以为论证依据。[114]惟忠实执行事务之意义，在一般原

110 参照德国民法第七〇八条规定：“合伙人履行其所负担之义务时，仅须与通常处理自己事务为同一之注意。”但日本民法第六七一条准用第六四四条之结果，不论有偿无偿，均应善尽善良管理人之注意；惟瑞士债务法第五三八条则规定无偿时应与处理自己之事务为同一之注意，有偿时则依委任之规定（即以善良管理人之注意），负其责任。

111 参照“民法”债编修正第六七二条修正理由后段：“又合伙人执行合伙之事务，仅负具体过失责任即是，固为罗马法以来之立法例所采（郑玉波著民法债编各论第六七〇页），惟瑞士债务法第五百三十八条则分别有无受有报酬，以定合伙人注义义务之轻重。‘我国’学者通说亦同。”

112 参照瑞士债编法第五三八条：“各合伙人应以依处理自己事务所尽之勤勉及注意，执行合伙之事务。……执行事务之合伙人，因执行事务行为受有报酬者，依关于委任之规定负其责任。”

113 史著（下），第六八二页。

114 参照大理院三年上字第九三二号解释：“合伙员中执行业务之合伙员对于他合伙员有忠实处理事务之义务如违背此义务致令他合伙员发生损失者即应负赔偿责任。”

则上，已为必要注意义务所涵括，其较具体事项，则已见诸于事务计算义务。因之，于此等义务之外，再独列忠实执行义务，似非必要。

（2）亲自执行义务

合伙事务执行人之负亲自执行义务，恰如受任人之负亲自处理事务义务，制度形式上，亦系准用委任之相关规定而来。同时，在制度内容上是全面准用。兹归结其要点于下：

①合伙人执行合伙事务，应自行执行，非经其他合伙人全体之同意，或另有习惯，或有不得已之事由者（例如临时奉派出国参加国际贸易），不得使第三人代为执行（准用五三七条）。

②合伙人违反上开规定而使第三人代为执行者，就该第三人之行为，与就自己之行为负同一之责任（准用五三八条一项），亦即不问该合伙人有无过失，该合伙人均应就该第三人之行为，应负完全责任。

③合伙人依上开规定而使第三人代为执行者，则仅就其对第三人之选任及其对第三人所为之指示，负其责任（准用五三八条二项），亦即合伙人仅就第三人之选任及对其所为之指示有过失时，始负责任。

④合伙人使第三人代为执行合伙事务时，不论其是否合法，合伙对该第三人关于合伙事务之执行，有直接请求权（准用五三九条）。

关于亲自执行业务之上述规定，本书中册于委任部分，已有详细说明，敬请参照[115]，兹不重复叙述。

（3）事务计算义务

合伙事务执行人所负之计算义务，亦恰如上述之亲自义务，系全面准用委任规定而来。至其要旨则有如下：

①报告义务

合伙事务执行人，应将执行事务进行之状况，报告合伙；于辞任或解任时，应明确报告其颠末（准用“民法”第五四〇条）。

②转付义务

合伙事务执行人，因执行合伙事务所收取之金钱、物品及孳息，应交付于合伙；其以自己之名义，为合伙取得之权利，应移转于合伙（准用五四一条）。[116]

115 本书中册（新订版）第一六二页～一六五页。

116 参照最高法院1941年上字第二八三一号判例：“合伙人执行合伙事务，以自己名义为合伙取得权利者，依民法第六百八十条准用第五百四十一条第二项之规定，负有移转其权利于合伙之债务，必已履行其债务而为移转权利之行为，其权利始归属于合伙。”

③使用金钱之赔偿义务

合伙事务执行人，为自己之利益而使用应交付于合伙之金钱，或使用应为合伙之利益而使用之金钱者，均应自使用之日起，支付利息，如有损害，并应赔偿（准用五四二条）。

关于事务计算义务，本书中册于委任相关部分，业有详细说明，亦请参照，兹不重复叙述。[117]

(4) 周边权义问题

合伙事务执行之周边权义问题有二，一为遵守指示义务之有无，二为事务执行请求权之专属性。兹分述如下：

①遵守指示义务之有无

合伙事务执行人之执行事务，应否遵守合伙指示，民法合伙一节并未直接规定，亦未有准用委任规定（五三五条前段、五三六条）。愚见以为，合伙事务执行人之执行合伙事务，原则上尚无遵守其他合伙人指示之问题，惟尚不能一概否定。诚然，关于如何执行合伙事务，如合伙契约并未订定，合伙人亦未有决议者，合伙事务执行人之执行合伙事务，固亦无遵守指示之问题。反之，如合伙契约关于如何执行事务已有订定，或合伙人另有决议者[118]，参酌公司董事会或经理人之执行职务，须遵守公司章程、股东会决议或董事会决议诸规定（“公司法”一九三条一项、一九四条、三三条、三四条），宜认为于此情形，仍应类推适用委任之上开规定，始较允当。

②事务执行权之专属性

合伙之成立，于合伙人间具有高度之人格信赖关系，合伙事务执行之主观关系（即非执行事务合伙人与合伙事务执行人间），情形亦然。因此，合伙（人）对于合伙事务执行人之事务执行请求权，亦如一般劳务供给请求权之具有专属性（四八四条前段、五四三条）。因此，合伙非经该合伙事务执行人之同意，不得将其对合伙人之事务执行请求权，让与第三人（准用五四三条）。其较详细介绍，亦请参阅本书于委任之有关说明。[119]

117 本书中册（新订版）第一六七页～第一七〇页。

118 合伙事业经营环境，变异多端，而合伙通常具有长期持续性，合伙契约之订定，时因环境变迁而窒碍难行，为求合伙事业确能顺利推展，解释上应赋以合伙人于急迫情形或环境变迁时，得类推适用第五三六条或援用情事变更原则（二二七条之二），以决议为原定指示之变更。

119 本书中册（新订版）第一七四页～第一七五页。

3. 事务执行人之债务不履行责任

（1）归责事由

合伙事务执行人因执行合伙事务有过失，或因逾越权限之行为所生之损害，对于合伙应负赔偿之责（准用五四四条）。是以，合伙事务执行人应负损害赔偿责任之事由有二：

①过失责任

于过失责任主义，过失等于可归责事由，且通常意指抽象过失而言。惟执行事务之注意标准，因是否受有报酬而异。因之，于此所称过失，有如受任人所称之过失，其意涵并不一致，更不宜认其等于抽象过失。至其不同情形，则有如下：

合伙事务执行人 { 未受有报酬：尽与处理自己事务为同一注意＝负具体过失责任
受有报酬：尽善良管理人注意＝负抽象过失责任

②越权责任

合伙事务执行人之执行事务，逾越权限，该合伙人对其所致合伙之损害，应即负损害赔偿责任，应即负损害赔偿责任，不问有无过失。[120]此一部分，亦系准用委任而来，而有关于此，台湾学理于委任之论析，大都偏过失推定之立场，亦并于指明。[121]

（2）责任类型

在债权债务关系上，合伙事务执行人之事务执行，对于合伙而言，即为给付构成之概念，如其执行未尽符合债务本旨，且归责于合伙事务执行人者，对于合伙即属债务不履行，其情形与一般债之关系，特别是劳务契约上之劳务给付，尚无不同。

债务不履行之给付障碍事项，其一般情形有三，即给付不能，给付迟延及不完全给付三者。合伙事务执行人之权利义务关系上，应认为三者亦均有其适用。虽然，在民法制定当时，债务不履行之制度构成，大多偏于前二者，于合伙事务执行之不履行责任方面，实务及学理亦大都仅举给付迟延以对。惟时至今日，不完全给付之债务不履行责任类型，不仅判例学说已趋成熟而行之有年，且已增订于民法债之通则（第二二七条）。劳务之债之关系成立生效之后，债务人给付不能或给付迟延者，

120 陈著，第二一三页；戴著（下），第二二页；本书中册（新订版）第二四三页。

121 郑著（下），第四四二页，史著（下），第三十九页；薛著，第一九〇页；刘著（一），第六七页。

固事有常见，但其更普遍存在可能者，应属不完全给付。尤其，在合伙事务执行人不能执行或疏于执行，以致陷于给付不能或给付迟延者，当属少见。因此，认为于此领域之债务不履行，不完全给付类型颇有灵活运用空间，或难否认。

在债务不履行成立与否之判断上，事务执行义务与出资给付义务之间，或无不同。但审视债务不履行之制度全面所涉及之关系而言，则二者之间，于以下三点，其法律上效果呈现，显然大不相同：

①于出资给付义务，任何合伙人均属有之，仅其出资标的有所不同，但无人可以无庸出资；反之，于事务执行义务，原则上虽亦为所有合伙人均属有之，但得以合伙契约或合伙人决议，仅由一部分合伙甚或一合伙人执行合伙事务。

②出资给付义务，由各合伙人各自对合伙分别履行；事务执行义务，则绝大多数（非通常事务），均采共同执行方式。

③于出资给付义务因不可归责所致之给付不能、给付迟延或不完全给付者，合伙人仍负补充价额之给付义务，否则构成退伙之事由；反之，于事务执行义务，因不可归责所致之给付不能、给付迟延或不完全给付，则回归适用债之通则之有关规定（二二五条、二三〇条），尚无责任可言。

（3）请求主体

合伙事务执行人因债务不履行而应负执行责任、乃至损害赔偿责任者，其请求权主体为合伙本身？抑或其他合伙人？学理上或偏于其他合伙人说，亦即由其他合伙人向事务执行之合伙人请求[122]，实务立场似不一致，其采他合伙人说者，固属有之[123]，但亦有采合伙人全体说（合伙说?）者。[124]按合伙事务执行，系合伙团体性之制度内涵，此项损害赔偿请求权，应以直接归属为合伙财产，对于合伙存续及其事业之推展，对合伙债权人全体之保护，亦较公平而确实，且可避免合伙当事人能力之适用割裂不全。因此，有关于此，愚见认为应采合伙人全体说，并基于

122 刘著（一），第六七页。

123 参照最高法院1929年上字第一七八五号判例：“合伙之亏折如系由于执行业务合伙人之故意或过失者，他合伙人对之得为损害赔偿之请求。合伙解散后，各合伙人应就合伙财产通盘清算，如以合伙财产清偿合伙债务后尚有盈余，则依分配利益标准以之分配于各合伙人，如有不敷，亦应由各合伙人负责。”

124 参照最高法院1932年上字第二七六〇号判例：“执行合伙事务之合伙人因其过失，致合伙财产受有损失时，对于合伙人全体应负赔偿责任。”

合伙当事人能力之构想，由合伙为请求，或较允当。不过，基于类似利益回避原则，应负债务不履行责任之合伙事务执行人，于诉讼程序上不得为合伙之代表人。

4. 非合伙事务执行人之检查权

（1）基本规定

合伙事业之盈亏成败，攸关所有合伙人之利害。因此，赋以非执行合伙事务之合伙人以检查权，无宁为法所必要[125]，其情形类如无限公司之不执行业务股东（“公司法”四八条）。学理上或另称之监察权或监督权；因民法相关规定，凸显检查之用语，故本书仍援通常用法，以检查权称之。

“民法”第六七五条规定：“无执行合伙事务权利之合伙人，纵契约有反对之订立，仍得随时检查合伙之事务及其财产状况，并得查阅账簿。”[126]足见，无执行合伙事务权利之合伙人，不问出资标的之种类为何？亦不问出资多寡，均有检查权；而且，均得单独个别行使完整之检查权，不因出资寡少而减低其份量。不过，检查权亦有专属性，不得让与？亦非继承之标的。因此，股份让与其他合伙人同意者，受让人系基于合伙人地位取得检查权，并由受让而来；合伙人死亡，而其继承人得继受股份者，亦系为同一解释。

（2）检查权之范围

依民法本条规定，检查权之范围，略有如下：

①检查事务：非执行合伙事务之合伙人，得随时检查合伙之事务，如随时查询合伙与他人所订立各种契约之内容、请求报告各项业务之进行状况、执行情形及听取简报等均是。[127]

②检查财产：非执行合伙事务之合伙人，得随时检查合伙之财产状况，如盘点存货，实地查看合伙所购买或租用之各种机器设备及资材、清查资产负债之情况等是。

125　参照“民法”第六七五条之立法理由：“查民律草案第八百零六条理由谓合伙人既属合伙中之一人，虽无执行合伙业务之权，而于合伙业务及其财产之状况，应使其有检查权，纵合伙契约有反对之订定，亦为无效。盖合伙之业务，在达合伙人共同之目的，非如是，则目的不能达也。”

126　参照最高法院1929年上第五五二号判例：“合伙股东不问其所占股本或股数多寡，均有随时查验账簿之权。”

127　学理上或列听取报告为独立之检查权类型（梅著第三三八页），惟听取报告，应属检查事务之范畴，爰列于此部分说明之。

③检查账簿：非执行合伙事务之合伙人，得随时查阅账簿，如查核财产目录、检查进货或销货记录、查对各种原始凭证、查验会计簿册（如营业报告书、损益表、盈余分配表、财务报表）等均是。

（3）检查权之实施

①亲自实施原则

检查权、为法律对于非执行合伙事务之合伙人所强制之保障。因之，纵令合伙契约或合伙人全体另有排除或限制其行使之约定，或决议者，其约定或决议亦属无效。[128]无执行合伙事务权利之合伙人，仍不受该项约定之拘束，而得随时行使其检查权。

检查权，亦系本于合伙人间个人之信任而来，制度上应由非执行合伙事务之合伙人，亲自实施之。惟合伙检查权之行使，经常涉及业务、财务、会计及法律各领域专业技能或尖端科技，事实上非该等合伙人所能执行。因之，非执行合伙事务之合伙人，因执行检查权之必要，委托工程师、会计师、律师或技师等专业人士，乃至雇佣他人协同执行检查者，应均无不可；只是，该等合伙人对其聘雇之履行补助人所生债务不履行或侵权行为事由，应依第二二四条负同一责任或依第一八八条负连带责任。

②检查权之行使对象

检查权行使之对象，为合伙事务执行人[129]，亦即非执行合伙事务之合伙人，对于合伙事务执行人实施检查监督之权。至其对合伙事务执行人之全体或数人或一人请求，则均无不可[130]，至于在诉讼上或诉讼外请求，亦非所问，执行事务之合伙人拒绝检查或查阅者，自属违反义务，对其所生损害应负赔偿责任，且构成解任之正当理由。

（4）不当检查责任

检查权之行使，应依诚实信用原则为之，非执行合伙事务之合伙人，

128 同注120（比较法上之立法例，请参照瑞士债务法第五四一条后段）。

129 参照最高法院1942年9月29日民刑庭总会决议：“合伙中之一人，依民法第六百七十五条，诉求许其检查财产状况或查阅账簿，只须以执行合事务之合伙人为被告。”

130 参照高雄“地方法院”1956年6月份司法座谈会意见：“一、法律问题：某商号系甲乙丙丁四人合伙经营，甲为经理，乙得否单独对甲提起请求清算账目之诉？二、讨论意见：乙于其合伙经营之某商号，既为无执行合伙事务权利之合伙人，依‘民法’第六七五条之规定，纵其合伙契约有反对之约定，仍得随时检查合伙之事务及其财产状况，并得查阅账簿。则其本于此项权利之行使，如果执行合伙事务（即经理）之甲所掌管之账目有清算之必要，而甲不肯清算时，在不妨害合伙事务之执行范围内，自非不得单独对甲提起请求清算账目之诉。”

不仅不得以检查或查阅为名，妨害合伙事务之执行[131]，如因检查实施不当，致生损害者，对其所生损害，亦应负赔偿责任[132]，至于实施检查权之该合伙人有无过失，则非所问。

第二项　对外效力

合伙之对外效力，其事项有三。即合伙（人）之代表、合伙之当事人能力及合伙人责任三者是。兹依序说明如下：

一、合伙（人）之代表

1. 概述

在团体法上，机关之行为，得视为团体之行为者，其机关即为该团体之代表。例如，董事为法人之代表，董事之行为等同法人之行为即是（二七条二项）。合伙并非法人，本无代表机关之可言，惟合伙从事一定事业，有一定组织及运作程序，其情形在实质上与法人相类，从而亦具有团体性，故亦有对外代表之问题，并与事务执行之机制相互结合，成为合伙之左右二轮。双轮并配而行，合伙乃能犹如车轮而可驰骋于业界之通街大衢。只是，事务执行为内部关系之机制，代表则为外部关系之体例。

合伙团体性，系就制度内容之实质而言，法律制度设计上，合伙终非团体；因之，称合伙代表者，仅系便宜用法，其正确涵义，则应仅止于合伙人之代表而已。因之，“民法”第六七九条规定“合伙人依约定或决议执行合伙事务者，于执行合伙事务之范围内，对于第三人，为他合伙人之代表”，于厘清概念意义及制度内容而言，诚具积极意义。

按自然人而有代表人之概念，无宁为其为特殊，惟为诠释合伙非为法人而有团体性之特殊性质，类此法律机制之创设，亦有其不得已之必要考量，惟民法本条立法说明，将其与代理权混淆，恐值商确。[133]兹即以

131　参照最高法院1934年抗字第三三〇四号判例：“无执行合伙事务权利之合伙人，固得随时检查合伙之事务及其财产状况，并得查阅账簿。但不得以检查及查阅为名，妨害合伙事务之执行。”

132　陈著，第三三七页；史著（下），第六七八页。

133　参照“民法”第六七九条立法理由：“查民律草案第八百十条理由谓合伙非法人，故无代表机关，此不特明文而知者也。然依合伙契约有执行合伙业务权之合伙人，于不违反契约委任本旨执行合伙事务之范围内，应于执行权外，并与以代理权，于实际最便。”

民法规定为基础，归纳其重点如下，并依序说明之。

- 合伙（人）代表
  - 权利关系主体
    - 代表权人
    - 被代表人
  - 权利范围（代表权之范围）
  - 权利行使（代表行为之效力）
  - 权利消灭（代表权之消灭）

2. 代表权之关系主体

代表权之关系主体有二，一为代表权人；另一为被代表人。斯二者为代表制度上共通之问题，兹仅就合伙（人）之代表之层面，加以说明。

（1）代表权人

合伙（人）之代表权人为谁，因其事务执行人之体例不同而异，其情形殆有如下：

①合伙契约未订定，合伙人亦未以决议选定合伙事务执行者，合伙人全体为合伙事务执行人，各合伙人亦均为合伙（人）之代表权人。

②合伙契约订定或合伙人决议选定部分合伙事务执行人者，该等被选定之合伙事务执行人，亦均得为合伙（人）之代表权人。非合伙事务执行人，则不得为代表权人，自亦不得代表合伙（人）为行为。

由上所述，可知在于合伙，代表权人与事务执行人系合而为一，但性质各异。而且，在概念关系上，似可认为代表权系衍自事务执行而当然取得，只要该合伙人为事务执行人，其代表权即属存在，无庸另为代表权之授与表示。[134]

（2）被代表人

由于，合伙并非法人，故以其他合伙人为被代表人，此固法律制度设计所使然。惟学理上，或基于合伙非为法人之法制意义，强调合伙并无代表概念之存在余地，更不能认为代表权人系合伙之机关[135]，或基于合伙团体性之现实需要，如通权达便称之为合伙之代表，且认为其系代表合伙，实际上亦无妨碍。[136]

本书则基于调和法制与现实之间，使用合伙（人）代表之用语，期

134 参照最高法院1930年上字第二〇号判例：“合伙之积极消极财产，均为合伙人全体所有，合伙事务又本得由有执行权之合伙人执行，凡执行合伙事务之合伙人对第三人所缔之契约，其他合伙人决无可以卸责之理。”

135 史著（下），第六八三页；刘著（一），第七〇页。

136 郑著（下），第六七二页；梅著，第三三八页；戴著（下），第二四九页～第二五〇页（诉讼上得为例外）；陈著，第三三九页。

兼顾不同立场之语言使用模式。[137]

3. 代表权之范围

依“民法”第六七九条规定，合伙（人）之代表权，系以执行合伙事务之范围为其范围。所谓执行合伙事务之范围，除合伙契约另订有限制或合伙人决议另有限制外，应及于经营合伙事业所必要之一切所为。因此，举凡营业上之法律行为[138]、因营业需要借贷[139]、为合伙清偿债务[140]、乃至权限范围内之保证[141]，均为代表权范围所及。但合伙财产处分、开除合伙人等非属经营合伙事业之行为，不在其列。[142]再者，关于合伙所为之保证，如非为合伙事业之范围或非属营业上行为者，则其保证尚不对合伙发生效力。[143]此外，合伙契约或合伙人决议所为，对代表权之限制，不得对抗善意而无过失之第三人（类推适用一〇七条）。[144]

137 被代表人究为合伙或强调限于合伙人，其立场未尽鲜明者，如陈著，第三三九页；戴著（下），第二四七页；蔡著（下），第九九页～第一〇页。其中，陈著似较偏于合伙人代表之立场。

138 参照最高法院1929年上字第九五九号判例：“执行业务之合伙人，对外所为营业上之法律行为，其效力直接及于合伙人全体。”

139 参照最高法院1929年上字第一八四四号判例：“钱庄营业之合伙，其执行业务之合伙人或经理人代合伙借款，固为关于营业上之事务，应认其有此权限。”

140 参照最高法院1929年上字第二六四三号判例：“执行业务之合伙员就合伙债务，应并负清理偿还责任。”

141 参照“最高法院”1961年台上字第二八五二号判例：“合伙商号为人保证，在民法上并无如‘公司法’第二十三条设有禁止之规定，故合伙商号业务执行人以合伙商号名义为人作保之行为，倘系在其依委任本旨执行该商号事务之权限范围内者，即应认其保证为合法生效。”

142 参照“司法行政部”1970年台函民字第一〇九号涵：“合伙公同共有财产之处分，应由全体合伙人名义为之，查民法上规定执行合伙事务之合伙人与第三人之法律行为，对于全体合伙人发生效力之情形，系指一般业务上之行为而言，公同共有财产之处分行为应不包括在内。本件合伙财产设定抵押权属于处分行为性质，应得公司公同共有人全体之同意，合伙无法人人格，不得为不动产权之主体，故无论订立抵押契约或设定抵押权登记，均应以全体合伙人名义为之。”

143 参照司法院1939年院字第一九三一号解释：“商号经理人所管理之事务，或商号合伙人所执行之合伙事务，各为关于营业上之事务，其依民法第五百五十四条或第六百七十九条对于第三人所得为之行为，应以关于营业上者为限，代表股份有限公司之董事或代表其他公司之股东，仅关于公司营业上之事务，有办理之权，亦为公司法第一百四十五条、第三十一条、第七十一条、第二百二十四条所明定，为人保证，除属于公司或其他商号之营业范围，或依特殊情事，可认为营业上之行为外，自无代为之权，如竟擅自为之，对于该公司或其他商号不生效力。”

144 参照同上注解释后段：“民法第五百五十七条、公司法第三十三条，仅于限制经理权或代表权时适用之。”（本解释文前段，兼及合伙人执行事务之代表权问题，故解释上自得认为对合伙代表权之限制，亦有适用。）

代表权人得代表之行为，非若代理之仅以私法上之法律行为为限，准法律行为、事实行为，以及公法上之行为，均得为之。即代表权人因执行合伙事务，侵害他人权利而成立侵权行为者，对合伙人亦生相同效果；因而合伙人因执行合伙事务，侵害他人权利者，合伙应准用“民法”第二八条之规定负责，而非负“民法”第一八八条所定之雇用人之责任。[145]惟代表权之行使，不得逾越执行合伙事务之范围，其逾越执行事务之范围对外所为之行为，虽以全体合伙人（或合伙）之名义为之，亦不能认为系代表全体合伙人（或合伙）之行为，对全体合伙人（或合伙）不生效力。

4. 代表行为之效力

（1）代表权之行使方式

代表人有数人者，究应如何行使代表权，民法本身尚乏明文，解释上应类推适用多数代理之例，亦即除法律另有规定得为单独代表者外，应依共同代理之例，以共同代表之方式行使代表权。[146]如是，则关于合伙上代表权之行使方式，约可归纳说明如下：

①合伙通常事务，各合伙人或各合伙事业执行人，既均得单独执行，解释上由该事务执行人为单独代表，即为已足。

②非合伙通常事务，未依合伙契约订定或以合伙人决议选定合伙事务执行人者，比照合伙事务执行之例，应由合伙人全体共同行使代表权。

③非合伙通常事务，依合伙契约订定或合伙人决议选定数合伙人执行合伙事务者，由该数人共同行使代表权。

④非合伙通常事务，依合伙契约订定或合伙人决议，选定一合伙人执行合伙事务者，由该合伙人行使代表权。

前例②③，亦即应由多数或全体合伙人共同行使代表权、共同为代表行为，如仅由其中之一人或数人为之，不能认为已符代表权行使之要求，非经其余有代表权之合伙人共同承认，对于合伙（或全体合伙人）

145 郑著（下），第六七三页～第六七四页；史著（下），第六八七页；刘著（一），第七一页。

146 参照司法院1945年院字第二九三六号解释：“法人之代表人在民法上固非所谓法定代理人，在民事诉讼法上则视作法定代理人，适用关于法定代理之规定，故法人之代表人有数人时，在诉讼上是否均得单独代表法人，按诸民事诉讼法第四十七条，应依民法及其他法令定之，民法第二十七条第二项所定代表人之董事有数人时，均得单独代表法人，公司法第三十条所定代表无限公司之股东有数人时，亦均得单独代表公司，若依实体法之规定，法人之代表人数人必须共同代表者，在诉讼上不得准用民事诉讼法第七十一条之规定，使之单独代表。至非法人之团体其代表人或管理人有数人时，在诉讼上是否均得单独代表团体，按诸民事诉讼法第五十二条、第四十七条亦应依民法及其他法令定之，法令未就此设有规定者，应解为均得单独代表团体。”

不生效力。[147]

（2）代表权行使之效力内容

代表之原意，本为地位等同法人等团体之机关，其以法人等团体名义所为行为，意义即为法人等团体之行为，效力上当然直接及于法人等团体。合伙（人）既有代表之制，其情形亦然。换言之，有代表权之合伙人，于代表权之范围内，以合伙或全体合伙人之名义对外所为之行为，即属于合伙或全体合伙人之行为，无论其利益或不利益，其效力直接对于合伙或全体合伙人发生[148]，此与代理人所为之法律行为，仍属该代理人之行为，仅其法律效果直接及于本人（被代理人）者（一〇三条）尚有不同。因此，有代表权之合伙人依代表行为所取得之财产权，为合伙人全体公同共有[149]；属于合伙财产而于合伙关系存续中，为合伙取得之物及权利，在其权限内以本人名义代表合伙与他人订立租赁房屋契约，其租赁权应属于合伙，而不属于该执行合伙事务之合伙人，在合伙存续期间内，纵令出名订约之合伙人有变更，其与出租人之租赁关系仍为继续，不得视为消灭。[150]至于有代表权之合伙人依代表行为所负担之债务，应属于合伙债务，故执行事务之合伙人，在其权限内与第三人所缔结之契约，其他合伙人就基于该契约所发生之债务不得卸责，自亦当然。[151]

5．代表权消灭

有代表权之合伙人，其代表权因下列情事之一而消灭：

147　参照最高法院1939年上字第一五三三号判例：“合伙之事务约定由合伙人中数人执行者，不惟其内部关系依民法第六百七十一条第二项应由该数人共同执行之，即民法第六百七十九条所规定之对外关系，依民法第一百六十八条亦应由该数人共同为代理行为，若仅由其中一人为之，即属无权代理行为，非经该数人共同承认，对于合伙不生效力。”（本判例，将代表权与代理权混淆同置，似值商榷，应予注意。）

148　参照最高法院1933年上字第一六四〇号判例：“被委任执行合伙事务之合伙人，于依委任本旨执行合伙事务之范围内，代表合伙与第三人所为之行为，直接对于合伙人全体发生效力，即使其行为系为他人为之，他合伙人亦不得据以对抗第三人。”

149　参照“最高法院”1975年台上字第一九二三号判例：“合伙财产，为合伙人全体公同共有，其为金钱出资、劳务出资、抑以他物出资，均无不可（包括动产或不动产）。又于合伙关系存续中，执行合伙事业之合伙人为他合伙人之代表，其为合伙取得之物及权利，亦属合伙人全体公同共有。”

150　参照最高法院1948年上字第六九八七号判例：“执行合伙事务之合伙人，在其权限内以本人名义代表合伙与他人订立租赁房屋契约，其租赁权应属于合伙，而不属于该执行合伙之合伙人，故在合伙存续期间内，纵令出名订约之合伙人有变更，其与出租人之租赁关系仍为继续，不得视为消减。”

151　同注134。

①合伙解散。[152]

②该合伙人转让股份全部或因其他事由退伙（包括法定退伙及声明退伙）。

③合伙契约变更而撤回该合伙人之代表权。

④合伙人决议而撤回该合伙人代表权。

于以上③④之情形，基于保护交易安全，亦应类推适用第一〇七条，解释为其撤回不得对抗善意而无过失之第三人。

二、合伙当事人能力

合伙当事人能力，于探讨第三人如何对合伙（人）起诉及合伙（人）如何对第三人起诉。其问题领域，当然涉及第三人，本书爰予列为对外效力之课题，以期有助概念之厘清。

关于合伙当事人能力之问题，于论及合伙团体性已有说明，为避免重复，于此仅作其他相关问题之补充。

（一）当事人能力之理论与实际

1. 关于当事人能力之争议

于合伙之诉讼，得径列合伙名义为当事人，实务虽早已创设[153]，且行之百年，嗣后更明确肯定其有当事人能力。惟诉讼法之学者，本于严格程序主体之要求，虽颇有持批判论点者，惟合伙财产为公同共有，本于公同共有关系，诉讼必须合一确定（“民事诉讼法”五六条），对于合伙人之起诉或合伙人为应诉者，将不胜其烦。尤其，合伙无庸登记，合伙人亦恐时有变动，合伙之债权人诚难尽悉，偶有不慎，当事人适格即有问题而面临驳回命运，此对债权人亦不公平。因此，尽管合伙有当事人能力，于诉讼学理或有不尽完足，但现实功能力，有其不可抹煞之处，故实体法学者多予肯定[154]，本书亦表赞同。

不过，如上所述，关于合伙有当事人能力，实务似未完全贯彻，认为合伙与合伙事务执行人间之诉讼，应由其他合伙人全体与合伙事务执

152 参照最高法院1929年上字一八四四号判例：“钱庄营业之合伙，其执行业务之合伙人或经理人代合伙借款，固为关于营业上之事务，应认其有此权限，惟合伙已解散时，此项权限即属当然消灭，嗣后该执行业务之合伙人或经理人纵以合伙名义向人借款，亦不能对于合伙发生效力。除他合伙人追认其行为或承认其债务外，债权人不得向他合伙人请求清偿。”

153 于合伙之诉讼，得径列合伙为当事人，于大理院早期时代，即已有之，学理亦颇赞同（陈著，三二八页）。

154 郑著（下），第六四一页；史著（下），第六六八页；刘著（一），第四七页。

行人，互为当事人（原、被告）而为诉求，惟本书尚持反对论点。至于合伙人检查权之行使对象，为合伙事务执行人，尚不涉及合伙本身，其当事人非为合伙，本书见解，与实务及学理通说立场，则无不同。

2. 当事人能力之实务应用

合伙有当事人能力者，关于合伙对其债务人之请求，或其债权人对合伙人之请求，应以合伙名义为之，合伙人仅为其代表人（诉讼上通称法定代理人）。因此，不仅对于合伙为起诉后，不得再对合伙人为起诉，亦不得于起诉时，并列合伙人为共同被告。[155] 如谓合伙债权人得对合伙起诉、亦得对合伙人起诉，其见解即非正确。为强化概念运用之正确，宜解读为：所谓合伙有当事人能力，系指“仅得”（或“仅应”）向合伙或由合伙起诉而言。

兹以甲乙丙丁合伙经营励学出版社（未约定合伙事务执行人）之例，其起诉状内当事人栏之正确记载如下：

（1）合伙为被告时

被　　告	励学出版社
法定代理人[156]	甲

（2）合伙为原告时

原　　告	励学出版社
法定代理人[157]	甲

155 参照“最高法院”1977年11月15日民庭庭推总会决议：“合伙财产不足清偿合伙之债务，为各合伙人连带责任之发生要件，债权人求命合伙人之一对于不足之额连带清偿，应就此存在要件负举证之则（本院二十九年上字第一四〇〇号判例）。此与保证债务于保证契约成立时即已发生债务之情形有间，故在未证实合伙财产不足清偿合伙债务之前，债权人对于各合伙人连带清偿之请求权，尚未发生，即不得将合伙人并列为被告，而命其为补充性之给付。况对于合伙之执行名义，实质上即为对全体合伙人之执行名义，故司法院院字第九一八号解释‘原确定判决，虽仅令合伙团体履行债务，但合伙财产不足清偿时，自得对合伙人执行’。是实务上尤无于合伙（全体合伙人）之外，再列某一合伙人为共同被告之理。”

156 因诉讼程序上，团体为当事人者，其代表人多称法定代理人，故于此亦援用法定代理人之用语。不过，便宜称之代表人（或负责人）者，部分法院亦不挑剔。

157 合伙之事务执行，通常固采共同执行方式，其代表权之行使，制度上亦以共同代表为原则。惟于诉讼程序上，则采单独代理（表）制度（“民事诉讼法”七一条）。换言之，在合伙之诉讼上列代表人之一为法定代理人（或代表人）即为已足；惟若同时列数合伙人或其全体者，亦无不可。不过，于诉讼程序之实施，代表人之一到场既为已足，自不生受诉状记载限制之问题。

因之，如起诉状内为如下之记载，于合伙人之部分，即非正确，法院得以驳回该部分之起诉。

原　　告	励学出版社
兼法定代理人[158]	甲 乙 丙 丁

（二）合伙人之异议

对合伙之起诉，其效力间接及于各合伙人（合伙人全体），各合伙人不得对起诉效力一节提起异议。如合伙财产不足清偿合伙债务人，其债权人得请求执行合伙人之财产，合伙人不得以其系对合伙之确定判决而拒绝给付。因此，一般虽以为合伙人有某种程度之异议权[159]，惟其理由以合伙人否认合伙或合伙人间有争议者为限。[160]换言之，该合伙人否认合伙关系存在者，始得提出异议。至于合伙债权人，则于合伙财产不足清偿时，则得对可能之合伙人，提出确认合伙关系之诉，亦即基于确认之诉之诉讼标的，仅以法律关系之确认为限，故尚不能直接确认某人为合伙人之诉讼。[161]

再者，实务以为，若合伙债权人拟起诉时，已证明合伙已无财产者，因其诉请合伙给付，并无实益，且合伙人之连带责任业已发生，即无庸以合伙为当事人，而直接诉诸合伙人清偿债务，其见解亦值注意。[162]

158 于诉状上之当事人栏，记名甲乙丙丁为兼法定代理人者，意指甲乙丙丁同时亦为原被告，此部分应认为甲乙丙丁已无请求之适格，盖以当事人已属合伙，自不生合伙人再为当事人或为请求之问题。

159 参照司法院1933年院字第九一八号解释："来呈所述原确定判决，虽仅令合伙团体履行债务，但合伙财产不足清偿时，自得对合伙人执行，合伙人如有争议，应另行起诉。"

160 参照司法院1934年院字第一一二号解释："院字第九一八号后段所谓合伙人有争议者，系指合伙人否认合伙或合伙人间之争议等须另待裁判者而言。如合伙人之争议系以确定判决仅令合伙团体履行债务，不得向其执行为理由时，自无庸责令债权人另行起诉，该号前段解释，业已释明。"

161 参照"最高法院"1962台上字第二三〇七号判例："合伙关系之存在与否，固可为确认之诉之标的，但孰为某合伙之合伙人，则为事实问题，不得为确认之诉之标的，且合伙债权人对于合伙人提起确认合伙关系存在之诉，以合伙财产不足清偿合伙债务时，始能谓其有即受确认判决之法律上利益。"

162 参照"司法院"（1986）厅民一字第一一三九号函："按'民法'第六百八十一条规定，合伙财产不足清偿合伙之债务时，各合伙人对于不足之额连带负其责任。是合伙财产不足清偿合伙之债务，为各合伙人连带责任之发生要件（最高法院二十九年上字第一四〇〇号、四十九年台上字第一一八号判例）。本题'合伙已无财产'，倘债权人丙能举证证明，则其径以合伙人甲、乙为被告请求连带清偿合伙债务，即与民法第六百八十一条之规定无违。研讨结论，并无不合。"

三、合伙人责任

合伙人对于合伙债务所应负之给付责任，是为合伙人责任。因其发生于各合伙人与合伙债权之间，故一般列为合伙对外效力说明；本书立场亦然。

（一）合伙人责任之规范内容

1. 合伙人责任之成立

（1）补充之连带给付责任

合伙债务实际上固为各合伙人之公同共有债务，惟因此项债务，系合伙人基于团体关系所共同负担之债务，与各合伙人基于个人关系所单独负担之债务，仍属不同。就此债务，各合伙人究应负如何之责任，各国（地区）立法例，尚不一致[163]，台湾则采连带责任体制，于“民法”第六八一条规定：“合伙财产不足清偿合伙之债务时，各合伙人对于不足之额，连带负其责任。”足见，合伙负有债务者，系由合伙财产先行清偿，迨合伙财产有不足清偿情事时，合伙人始以其固有财产清偿合伙债务，在清偿顺序上，合伙人之给付具有后位补充之性质，学理上爰称之补充之连带责任。连带责任部分，适用连带债务（二七一条以下）之规定。

由于合伙人对于合伙之债务，仅于合伙财产不足清偿时，始以合伙人个别财产清偿。因此，合伙之债权人请求合伙人清偿合伙之债务者，应就合伙财产不足清偿合伙之债务，负举证之责。[164]至于无从知悉合伙财产是否不足清偿合伙债务，或不知其金额如何之情形时，则难以令合伙人径负连带给付之责任。[165]

163　立法例上，或采连带责任主义者，如瑞士债务法（五四四条三项）是。有采分割责任主义者，如日本民法（六七五条）是。

164　参照最高法院1940年上字第一四〇〇号判例：“民法第六百八十一条，合伙财产不足清偿合伙之债务时，各合伙人对于不足之额连带负其责任。是合伙财产不足清偿合伙之债务，为各合伙人连带责任之发生要件，债权人请求命各合伙人对于不足之额连带清偿，自应就此项要件之存在，负主张并负举证之责任。”

“最高法院”1960年台上字第一一八号判例：“对合伙之债务应由合伙财产清偿，于合伙财产不足清偿时，各合伙人对于不足之额始负连带清偿之责任，故合伙人之债权人请求合伙人清偿合伙之债务者，应就合伙财产不足清偿合伙之债务，自举证之责。”（同旨1929年上字第三八七号判例。）

165　参照“最高法院”1974年台上字第一八六二号判例：“‘民法’第六百八十一条系规定合伙财产不足清偿合伙之债务时，各合伙人对于不足之额始连带负其责任。现上诉人既未向合伙人请求贷款，即无从知悉其合伙财产是否不足清偿债务时，更不知其不足金额如何，是显难令被上诉人径负连带给付责任。”

（2）不足清偿之意义

于何种情形，始得谓之合伙财产不足清偿合伙债务，解释上有三种，即计算说、实在说及折中说三者是。所谓计算说，系将合伙之积极财产，依时价加以估计，如其总额少于债务总额时，即可认为合伙财产不足清偿合伙债务。实在说者以为，必须就合伙财产加以强制执行，其结果确不足清偿全部合伙债务时，始可认为不足清偿债务。至于折中说之见解，则认为债权人向合伙请求清偿，而未获得满足时，即可认为合伙财产不足清偿合伙债务。

以上三说，计算说较符权益保障及交易安全之维护，亦可减省不必要之劳费，应较可采。台湾实务见解，系采计算说[166]，学理通说亦然[167]，应值肯定。因此，如就合伙所有财产（包括商誉等无形资产，按照时价计算结果，其总额并不少于债务总额，即非所谓不足清偿，合伙人尚无庸负给付责任。再者，即使合伙财产总额少于债务总额，各合伙人亦仅对于不足之额连带负责，并无须对于债务全额负给付之责。

2. 合伙人责任之责任主体

（1）合伙人之意义

民法本条所称合伙人，与本节其他条文所称之合伙人，本属相同，意指合伙契约之当事人；惟合伙成立后合伙人或有退伙、转让，第三人或有入伙，特殊情形第三人间或须与合伙人负相同责任。因此，如兼括各种情形，则合伙人之意义，将较一般所称合伙人为广。

第三人因特殊情形而须对债权人负合伙人责任者，以其为足以令该债权人信其为合伙人之行为之故。因其外观上足以令人相信，一般爰称之表见合伙人，在责任角度上，即是表见合伙人责任。[168]例如，明知朋友与他人共同经营合伙事业，为帮助朋友兜揽生意，竟对第三人谎称其亦

166 参照最高法院 1939 年上字第一八六四号判例：“合伙财产不足清偿合伙之债务时，各合伙人对于不足之额连带负其责任，为民法第六百八十一条之所明定。所谓合伙财产，不仅指合伙债权人向合伙人请求连带清偿时属于合伙之动产、不动产而言，即其时合伙对于第三人之债权及其他有交易价额之一切财产权，得为强制执行之标的者，亦包含之。如就此等财产按照时价估计，其总额并不少于债务总额，固非所谓不足清偿，即使财产总额少于债务总额，各合伙人亦仅于不足之额连带负责，并非对于债务全额负有此种责任。”

167 郑著（下），第六七八页；史著（下），第六六九页；戴著（下），第二五二页；刘著（一），第七五页。

168 参照最高法院 1930 年上字第九七三号判例：“非合伙股东而有可以令人信其为股东之行为者，对于不知情之第三人，应与股东负同一之责任。”

参加投资即是。从而，于此所称之合伙人，当亦可有广狭之分，并为之区隔如下表：

合伙人
- 狭义：合伙契约当事人＝合伙债务成立时之合伙契约当事人（一般合伙人）
- 广义：狭义合伙人＋退伙之合伙人＋新入伙之合伙人＋表见合伙人

（2）责任之型态

归纳民法本节相关规定，广义之合伙人责任，尚可区分为下形态[169]：

①一般合伙人责任

所谓一般合伙人责任，即狭义之合伙人责任，意指合伙之债务发生时，合伙并未发生中途退伙、入伙情事，亦无表见合伙出现之责类型。于此情形，责任主体仅有合伙契约当事人，而无所谓之退伙合伙人，入伙合伙人及表见合伙人之形态，归相关类型中，最为单纯，其系适用连带责任，亦无疑义。

②有退伙人之合伙人责任

退伙人既已脱离合伙，已非法律意义上之合伙人，原无合伙人责任可言；惟民法为加强对债权人之保护，规定退伙人对于退伙前合伙所负之债务，仍应负责（六九〇条）。[170] 所谓仍应负责，究指按股分担？抑或负同一责任、乃至连带责任？语意未尽清晰，解释上宜认为仍应负合伙人责任，故以采连带责任说为宜[171]，实务立场亦然。[172] 同前条之立法理

169 关于广义合伙人责任形态之归纳及其衍生之求偿关系，请参阅拙著“合伙人责任与求偿权”，收于“固有法制与当代民事法学”，戴东雄教授六秩华诞祝寿论文集，三民书局，1997年，第一八九页以下。

170 “民法”第六九〇条立法理由，谓本条意旨，在于保护他合伙人利益，以免希图免责，却反而未强调债权人债权之确保。严格言之，恐有轻重失据。盖其既已退伙，并就财产结算，是否对债权人负连带清偿，于他合伙人利益已无希图免责之可言。

171 季著（下），第一四〇页；薛著，第三二六页（语意上得认为亦采连带责任之文献尚有郑著（下），第六九〇页；史著（下），第六九四页～第六九五页；戴著（下），第二六二页）。

172 参照“最高法院”1953年台上字第一一五〇号判例：“合伙未定有存续期间，合伙人声明退伙，应于两个月前通知他合伙人，否则不生退伙之效力，此观‘民法’第六百八十六条第一项但书之规定自明。上诉人所称声明退伙之日期系为民国四十一年五月十日，即使属实，而被上诉人于同月二十九日因出卖鱿鱼与上诉人合伙之某商号所取得之价金支付请求权，尚在上诉人声明退伙未生效力之前，依同法第六百八十一条、第六百九十条之规定，上诉人仍应连带负其责任。”

由，以按股分担叙述，用语上恐有未尽审慎。[173]

然则，退伙人之连带责任，究为连带债务？抑或应归属于不真正连带债务？学理上似不无疑义，尚待国内学理多所钻研。以下叙及之表见合伙人责任，其情形亦同。

③有新入伙人之合伙人责任

合伙经营期间，中途加入为合伙人者，本与加入前之合伙债务无关，惟民法为加强对债权人债务之保护，规定加入为合伙人者，对于其加入前合伙所负之债务，与他合伙人负同一责任（六九一条二项），盖亦合伙本质上之要求所使然也。[174]所谓负同一责任，究指履行补助人责任关系所称之同一责任（二二四条、四三二条、五三九条、五九三条）、亦即不真正连带债务？抑或应基于同条保护债权人之意旨，解释为同负连带责任？语意上亦不尽明确。依愚所信，则以连带责任为妥，斯亦台湾学理通说。[175]实务见解。虽仅泛称同一责任，惟实务于退伙人应负责任之例，于其属性既肯定为连带责任，则于问题性质上更叩进合伙本质之新合伙人责任，本于体系解释，自得认为实务系采连带责任之立场。

④有表见合伙人之合伙人责任

表见合伙人并非合伙人，所以应对于合伙债务负责任，应系源自无限公司之表见股东责任（“公司法”第六二条）及隐名合伙之表见出名营业人责任（七〇五条）而来，原理上并与表见代理雷同。[176]因此，表见合伙人责任之成立，应符合下列三项要件，即①非合伙人为足以使人信赖其亦为合伙人之行为；②相对人之债权人须不知其非为合伙人（善意）；③相对人之债权人，对于不知其情，并无过失。

表见合伙人所应负担之责任属性，实务亦仅泛称同一责任，但对其

173 参照“民法”第六九〇条立法理由：“谨按依前条之规定，退伙人与他合伙人间之结算，应以退伙时合伙财产之状况为准，则合伙损益之分配，均应以退伙时之状况为准，其退伙以前合伙所负之债务，退伙人自应按股分担，不得借口业已退伙，希图免责，本条设此规定。所以保护他合伙人之利益也。”

174 参照“民法”第六九一条立法理由后段：“至允许他人加入为合伙人后，对于加入前合伙所负之债务，其中途加入之合伙人，仍须与他合伙人负同一之责任，盖以合伙之本质间应如是也。”

175 郑著（下），第六八三页；史著（下），第六九六页；戴著（下），第二六三页；钱国成“合伙人之退伙及加入”，法令月刊，第二四卷第十一期，1973年，第十二页；刘著（一），第七五页～第七六页。

176 参照梁宇贤，“论民法上合伙规定之修正”，中兴法学，第十二期，1977年，第八三页～第八四页。

究为连带责任与否，则未深论，于制度一贯，解释上自亦以连带责任之见解为宜。

⑤综合形态之合伙人责任

合伙人责任之呈现形态，间或更为复杂，同时出现多类合伙人并存，亦即上述①＋②＋③或①＋②＋④或①＋③＋④等形态；其间最为复杂者，则为①＋②＋③＋④之形态，亦即一般合伙人，退伙之合伙人，新加入之合伙人，以及表见合伙人均属同时并存之合伙人责任类型。爰均兼括而笼统观察，称之综合形态之合伙人责任。

（3）连带债务与否之论辩

①问题所在

"民法"第二百七十二条第二项规定，对于有关连带债务之成立，具有负面排除之意义。亦即连带债务，仅得因明示（法律行为）及法律规定而成立；除此之外，尚不得因法律解释而创设，判例见解亦然。

连带债务因法律规定而成立者，是为法定连带债务。严格言之，法定连带债务之存在，几如凤毛麟角，难得一见。盖以纯就民法各编及其他相关法律所使用之法律文字言，直接规定债务人负连带债务者，可谓少之又少。至于学理或实务所以认为法定连带债务事例尚夥，主要系依据连带责任之相关规定而来。换言之，亦即民法各编、乃至其他法律，如有债务人负连带责任之相类规定者，一般均将其列为法定连带债务。在此思考模式下，法定连带债务乃有事例尚夥之结论，此既台湾法学之共通看法[177]，实务立场亦然。[178]合伙人责任亦在此思考模式下，被列为连带债务重要类型之一。

法律规定债务人负连带责任者，将其归属于法定连带债务，固为台湾学界及实务共通接受之见解，其间少有反对论点。不过，法律规定债务人与他债务人负同一责任者，是否尽为法定连带债务，一般尚不肯定。多数见解以为，于此类规定，须视个别规定之意旨而定，其间具有同一债务性质者，固属法定连带债务，共同使用借贷人责任（四七一条）、相

177　台湾债总文献，直接指明法律有关连带责任规定者，即为连带债务者或属不多。惟自民法施行以来，有关债总文献，于论及法律连带债务成立时，均举诸法定连带责任类型以对，且少有认其非为连带债务者，即拙著民法债编通则（416～417页）亦然，谓其为共通看法，诚不为过。相对笔者以前简略观点，本文当具深化以及修正意义。

178　实务于此，大都泛称依"民法"第二八一条规定行使求偿权，惟以相关判例意旨，鲜少表示"民法"第二八〇条无其适用，谓其与说立场相埒，当无误解。不过，法院判决，未就此种重大法律适用问题，于理论上详予分析解说，诚不能谓无缺憾。

继运送人之责任（六三七条）等是；反之，其间不具同一债务性质者，尚非连带债务，仅系人（对债务人）的债权（请求权）竞合而已，如谓其与连带债务有关，充其量不过是学理上所称之不真正连带债务[179]而已。如承租人代负责任（四三三条）、承租人转租责任（四四四条二项）、违法复委任人责任（五三八条一项）、违法转寄托人责任（五九三条一项）等是。[180]

合伙人责任之有关类型，既有连带责任之类群，"民法"第六百八十一条规定（一般合伙人责任类型）是：亦有同一责任之类群，"民法"第六百九十一条规定（退伙之合伙人、入伙之合伙人责任类型）是。如是，则合伙人相关责任，是否尽为法定连带债务，理论上诚不无探讨余地。

②一般标准

同一责任类群之法律规定，非尽为法定连带债务，固系不可否认；即连带责任类群之法律规定，是否尽为法定连带债务，法律解释论上，亦不无检讨余地。事实上，类此检讨，在先进国家亦早已展开并获致相当成果，有力学说即认为连带责任尚非尽为法定连带债务[181]。此一见解当有足资吾人注意及借镜之处。

按连带债务之债务人，主观上有牵连关系；判断牵连关系之存否，主要在于内部分担之有无。因此，理论上或可以为债务人间有内部分担关系者，为连带债务，反之则非连带债务；法律规定为连带责任者亦然。惟此论点，恐与制度实情不符。盖就前者而言，纵其内部分担关系为全有或全无者，如当事人约定或法律规定各负全部给付责任者，仍有成立

179 关于不真正连带债务之台湾基本文献，参照孙森焱"论不真正连带债务之裁判"，法令月刊，第十六卷第八期，1965年，第五页以下；温汶科"论不真正连带债务"，法律评论，第三五卷第七期，1970年，第二页以下；陈聪富"连带债务之研究"，台湾大学硕士论文，1990年，第二三〇页～第二八二页；刘春堂"论不真正连带债务"，法律评论，第五期，1986年，第二七一页以下。

180 有关于此，文献相当零散，兹仅以拙著为范围，说明相关文献出处。

1. 新订民法债编通则（下），第二五三页～第二五四页。

2. 本书（新订版）（上），第三六〇页～第三六一页（承租人代负责任）。

3. 本书（新订版）（中），第一六四页（复委任责任）、第二八一页（转寄托责任）。

181 参照我妻荣"事务管理·不当利得·不法行为"，日本评论社，1951年，第一九二页；加藤一郎"不法行为"（增补版），有斐阁，1973年，第二〇五页以下；于保不二雄，"债权总论"，有斐阁，1983年（新版），227页；德本镇"共同不法行为"，收于"注释民法（19）：不法行为"，有斐阁，1965年，第三二八页～第三二九页；几代通"不法行为"，筑摩书房，1987年，第二二六页。

连带债务余地。反之，就后者而言，法律规定为连带责任或同一责任者，同时有内部分担之具体规定者为数甚少，解释上亦难当然适用平均分担原则，足见，如依此观点论究是否连带债务，则法定连带债务，似难有存在余地。如是，不仅与实务及通说论点南辕北辙，恐亦与连带债务之制度构想有悖，似不宜作为判断连带债务成立之准据。

连带债务须以同一给付为标的，何为同一给付？学理见解虽不尽同一，惟其或须本于同一原因，或须主观上具有共同目的，应属不可否认。换言之，非本于同一原因或主观上亦无共同目的者，即不宜归类为连带债务，纵法律明定其为连带责任，亦应作同一解释。兹即以此为基础，说明合伙人责任各相关类型是否尽为连带债务。

以上所论，本系（法定）连带债务成立上之一般课题，惟因其于合伙人责任之表征，最具意义，爰列于此说明，以期通权达变。

（4）个别类型适用上之分析

合伙人责任之属性为何？亦即其是否尽为法定连带债务？其答案似应认为，因其类型之不同而可分述如下：

①一般合伙人责任

合伙债务，系因经营合伙事业而发生，其举债之目的，在于合伙事业经营之顺遂推动。在一般合伙人责任之类型，各合伙人间，既均出资以经营共同事业，则经营共同事业为其同一目的，不言而明。足见，合伙债务，就各一般合伙人言，不仅债之发生本于同一原因，其主观上亦具有共同目的，“民法”第六百八十一条所称连带负其责任，规范上寓有连带负其给付义务之意义，其为连带债务，当可肯定。此亦学理通说[182]，并为实务所肯定。[183]

②退伙人之合伙人责任

退伙人于退伙前仍属一般合伙人，对于退伙前之合伙债务，仍应本于合伙人之身份，与他合伙人负（补充）连带给付责任；而且，退伙人

182　郑著（下），第六七九页；陈著，第三四五页；薛著，第三一三页，其他部分文献，虽大都仅言及连带责任，而未进一步表明是否为连带债务；惟其于相关求偿部分，均又主张合伙人得依连带债务之例（第二八〇条至第二八二条）求偿。如是，其真意为连带债务，应堪肯定（史著（下），第六六九页；戴著（下），第二五三页；蔡著（下），第一〇一页；季著（下），第一二三页；刘著（一），第七五页～第七七页）。

183　参照最高法院1931年上字第二六五号判例：“民法债编施行前已发生而迄施行时尚未履行之合伙债务，并不因民法之施行而变为连带债务。”

此之连带责任，尚不因他合伙人之承受而影响债权人之权利[184]，即于合伙人让与股份于他人之案例，情形亦然。[185]然则，此之连带责任，是否即为连带债务，一般论述，尚非明确。愚见以为，退伙人既已脱离合伙，就其财务关系（包括资产及负债）均已清结，即于合伙股份转让之情形，其地位由入伙人继受，其与合伙（其他合伙人）间，在法律上及经济上之共同目的均不复存在，所谓共同原因，亦已失其意义，愚意爰以为，退伙人之合伙人责任属性，解释其为不真正连带债务，应较适宜。否则，不仅合伙（其他合伙人）有双重利益之虞，而且有关求偿权之合理解释，亦求之不易。

③新入伙人之合伙人责任

新入伙之合伙人，对加入前之合伙债务，对于债权人虽亦应负补充的连带给付责任，惟中途加入为合伙人者，于加入前之合伙债务发生时，既尚非合伙人，债之发生原因尚与其无关，合伙事业之经营，于当时亦与其主观目的无涉，民法本条所以课其负给付责任，系为保护债权人而设，充其量仅系客观上目的为之共同而已，解释其为连带债务，恐属过于牵强。愚见以为，加入合伙人与他合伙人间尚无主观牵连关系，债之属性上仅系所谓不真正连带债务之类型而已。

不过，在合伙股份转让（在得为继承或让与）之案例，如转让未经结算或受让人未约明不承受债务者，则难谓受让人与其他合伙人无主观上之同一目的，依其特殊情事，解释其为连带债务形态。

④表见合伙人责任

表见合伙人并非合伙人，既无出资，亦未经营共同事业，其与合伙人间，并无经济上目的，其间亦无债之共同原因之关系，其所以须与合伙人负同一责任，系法律（判例）所创设。况者，表见合伙人所负之所谓同一责任，系仅指对债权人而言，非谓其与合伙人间有主观牵连关系。

184 参照最高法院1929年上字第二四七三号判例："合伙人于退伙后所有新欠债务固不负责，若退伙以前之合伙债务，纵其他之合伙人已为债务之承担（在合伙人间之内部关系当然有效），然非通知债权人得其同意，仍不发生债务移转之效力。"

185 参照最高法院1932年上字第一六七九号判例："合伙人将自己股份转让于他人时，虽已将自己应分担之损失交付受让人，并约明以前合伙所负之债务由受让人清偿，亦仅得请求受让人向债权人清偿，俾自己免其责任，对于债权人则依民法第三百零一条之规定，非经债权人承认不生效力。惟转让后合伙所负之债务，如受让人为他合伙人，或虽非他合伙人而其转让已得他合伙人全体之同意者，应由继承该合伙人地位之受让人负其责任。"

因此，表见合伙人非连带债务人，表见合伙人与合伙人形成之给付上责任，其属性亦非连带债务，充其量应仅系上述所谓不真正连带债务之形态。

(5) 债权人请求之形式

退伙之合伙人，新入伙之合伙人，除股份转让之情形外，非为连带债务人。表见合伙人亦非连带债务人，则合伙债务人对合伙之起诉，乃至其确定判决之既判力，其效力尚不及于此等人，解释上似应对此等人另行或并列为被告而起诉，始能一并取得执行名义。

(二) 合伙人间之求偿权

民法本节，于合伙人责任，仅就其外部关系予以规定，以呼应“民法”第二七二条第二项之立法政策；惟其内部关系，亦即合伙人间之内部分担及求偿关系如何？民法本节未置一语。由于“民法”第六八〇条所称之连带责任，意义上为同法第二七二条第二项所指之法定连带债务；是以，法律解释上，自应回归适用连带债务关于内部关系上之规定（二八〇条～二八二条）。不过，就合伙人责任所涉及之内部分担及分别求偿，是否可以单纯完全回归适用其形式规定？退伙之合伙人、新入伙合伙人、乃至表见合伙人等，是否亦均一体适用此等规定？似乎并非单纯，值得吾人多予注意。

关于法定连带责任，一般大都援用如下思考模式，作为法律适用依据，合伙人责任之情形亦然。此即：

“连带责任等于连带债务，其内部分担及相互求偿，适用连带债务一般规定之‘民法’第二百八十条及第二百八十一条，亦即平均分担原则及平均求偿原则。”[186]

然则，于合伙人责任，制度运用是否真可如此单纯直接而全盘适用，恐不无疑义，爰亦试较详细之分析，以期有助问题之廓清。

1. 合伙人间之内部分担

关于连带债务人间之内部分担，民法采平均分担原则，只要法律没有规定或当事人未有约定，其债务人相互间，即应平均分担义务（二八

186　实务上见解之依据，主要请参照最高法院1940年上字第一一〇号判例：“合伙财产不足清偿合伙之债务时，依民法第六百八十一条之规定，各合伙人对于不足之额虽连带负其责任，但合伙之债权人为合伙人中一人时，自己亦为连带债务人中之一人，其对于合伙之债权与其所负之连带债务已因混同而消灭，依民法第二百七十四条之规定，他合伙人亦同免其责任，故该合伙人对于他合伙人仅得依民法第二百八十一条、第二百八十二条之规定，行使求偿权，不得更行请求连带清偿。”（学理上见解，同注177。）

〇条）。法定连带债务，于各该条文所定类型，对于连带责任人间之内部分担，予以直接明文规定者，殆属难得一见。合伙人责任，亦未见有内部如何分担之规定，乍见之下，似应回归一般原则，解释为各个合伙人之间系适用平均分担之规定。惟此解释恐有违合伙人之本意，亦属违反公平正义理念。如何在现有法律体例之基础上，依赖可行之法律解释，寻求较符合公平正义理念之突破途径，实有必要。基此，爰依合伙人各责任形态分别说明如下：

①一般合伙人责任类型

民法于合伙一节，一般合伙人责任类型中各合伙人之内部分担如何？固乏直接明文。不过，民法合伙一节，于合伙人既有出资额比例之规定（六七七条一项、六九八条），亦有损益分配成数之明文（六七七条）。斯二者，均为权衡合伙人间共同利害关系之依据，亦其共同目的上之主观比例。因此，解释上，以此等规定作为解释合伙人内部分担之法律之依据，亦应合理可行；换言之，于法律体系关系上，此等规定为“民法”第二百八十条所称之法律另有规定。如是，合伙人责任之内部分担，当可归属于学理上所称之利害比例类型。[187]

诚然，将一般合伙人责任类型之内部分担，归属于利害比例类型，显较允当。惟此之比例，究应采出资额比例？抑采损益分配成数？学理上或尚有讨论余地。理论上合伙人之出资额为损益分配成數主要依据之一（六七七条之一），亦为返还合伙剩余财产之计算标准（六九八条），于合伙人间利害关系之计算判断，有其重要意义。因之，解释（一般）合伙人责任内部分担适用合伙人出资额比例，似有坚强依据。[188]

不过，合伙人纵有出资，仍得因法律规定而不负担损失，后者，如劳务出资之合伙人即是（六七七条三项）；其约定不负担损失者，实务及多数说亦认于内部关系上有效。于此情形，其合伙人既因约定或法定而不受损失之分配，于合伙人内部关系上应认为无内部分担部分（劳务出资合伙人，以契约约定损失之分配者，依其约定定其内部分担比例，是为特例）。换言之，出资分配仅系损益分担之补充性计算标准，则合伙人责任之内部分担，应以合伙人之损益分配成数为准，其

187 关于连带债务内部分担类型之分析，请参照拙著前揭“合伙人责任与求偿权”，第二一〇页～第二一二页。

188 同旨 钱国成前揭“合伙财产与合伙债务”，第十一页；曾隆兴“民法债编总论”，自刊，第三四四页。

论点似较可取，其损失分配成数与利益分配成数有不同者，则以损失分配成数为准。[189]

②其他之合伙人责任类型

退伙人就退伙前之合伙债务、加入合伙人就加入前之合伙债务、表见合伙人就合伙债务，并无同一给付目的，本质上应属于不真正连带债务，业已如上所述。相对于出资人之合伙人，就合伙债务之履行，彼等均非终局责任者。因之，除未经结算之股份转让外，彼等对出资合伙人言，应无内部分担可言。[190]即使解释其为连带债务，亦应认为彼等并无内部分担（内部分担为零）。

同一案例，如有加入合伙人，亦有表见合伙人者，其彼此间如何定其内部分担，理论上或可采取平均分担而各分担二分之一，或认无庸分担。基于公平原理，似以平均分担为当；本于法无明文，并使法律关系单纯便捷，或可认为无庸分担。愚见以为，基于诚信原则（一四八条二项），应以采平均分担之立场为妥。

2. 求偿权之行使

基上所述，则广义合伙人间，其求偿权之行使，殆可归纳说明如下：

（1）狭义合伙人间之求偿权行使

狭义合伙人间之求偿权行使，按损失分担之比例，依“民法”第二八一条、第二八二条规定，行使求偿权。其较具体情况为：

①合伙人间有劳务出资人或约定无须分担损失者，由其他合伙人按损失比例相互求偿；但对劳务出资或约定不负担损失之合伙人无求偿权。反之，劳务出资或约定不分担损失之合伙人，就其清偿全额，得对其他合伙人按损失分担比例行使求偿权。

②合伙人间无上述情事，或虽有劳务出资人，但约定仍负损失分担义务者，由全体合伙人按损失分担比例相互求偿；分担比例均相等者，

189 陈著，第三四五页；季著（下），第一二三页；孙森焱 前揭“民法债编总论”（下），第八八八页。

190 关于股份转让，如果未经结算即由其受让人承受债务，于责任属性及责任原理应作如下解释：

1. 未有特约由让与人承受者：退伙人为不真正连带债务人，无内部分担；新入伙人等同一般合伙人，按损失分担比例计算责任之内部分担。

2. 特约由让与人负担债务者：退伙人等同一般合伙人，如上述之新入伙人分担；新入伙人则为不真正连带债务人，无内部分担。

3. 已经结算者，不问让与人、受让人如何约定，退伙人及入伙人均为不真正连带债务人，均无内部分担问题。

其结果为平均求偿。

③合伙人间非因过失而不能偿还分担者，依上述原则，适用第二八二条之求偿权扩大。

（2）其他广义合伙人之求偿权

不真正连带债务，其债务人之间，并无连带债务关于内部求偿规定（二八一条、二八二条）之适用，而是适用让与请求权之相关规定（二一八条之一）。换言之，亦即非为终局责任之债务人，得请求债权人让与该债权人对于债务人之请求权。

退伙之合伙人、新入伙之合伙人或表见合伙人，原则上均非真正之债务人，相对于狭义之合伙人，其债务之清偿应属非为终局责任者，应得请求债权人让与其对于狭义合伙人之债权。[191] 不过，法律适用上有下列三点，值得注意：

①让与请求权所适用之法律关系范围，限于损害赔偿之债，故于本例之援用，系类推适用，而非直接适用。[192]

②让与请求权之适用，不发生连带债务之问题，故表见合伙人于债权人让与债权后，其与狭义合伙人之间，似不得主张适用连带债务或公同共有债务规定，而仅按其损失分担比例个别求偿。[193]

③广义合伙人间，亦即退伙人、新入伙人或表见合伙人之间，得否相互求偿，因愚见肯定应基于诚信原则而宜平均分担，则其延伸结论，自亦肯定得互为平均求偿。

综上所述，足见，合伙人责任涉及之事项，实称复杂细琐，爰予归纳如下表，以期有助问题之深入了解：

191 因股份转让而生之退伙、入伙情况特殊，究应如何求偿，比照前注说明，宜认为：
①于不等同一般合伙人者，适用不真正连带债务之例，类推适用让与请求权之相关规定。
②于等同一般合伙人者，适用连带债务之例，适用连带债务求偿权之相关规定。

192 让与请求权，得适用于损害赔偿以外之债权（性）请求权，其理论构成途径主要有二，其一为本诸法理（第一条）而适用，另一则为类推适用第二一八条之一。鉴于广义之请求权之让与，制度构成尚称复杂，损害赔偿以外之请求权让与，仅其中重要类型之一，性质上与第二一八条之一之让与请求权，最称近似，本书爰采类推适用说，以免方法论上之构成，趋于复杂深奥。

193 合伙债权人对于合伙人请求清偿，系以合伙已无财产为要件，于此情形，合伙已无担负债之能力及余地，因此，广义之其他合伙人为清偿时，其债务人为狭义之合伙人，而非合伙，故其让与请求权行使之对象，系对各合伙人而个别成立，与公同共有债务之关系，应已无涉。

- 合伙人责任
  - 规范内容
    - 责任成立
      - 补充连带责任
        - 给付责任：非损害赔偿责任
        - 连带责任：均为全部给付责任
        - 补充责任：须合伙财产不足清偿
      - 不足清偿
        - 计算说：通说及实务见解
        - 实在说
        - 折中说
    - 责任主体
      - 合伙人
        - 狭义：一般合伙人（合伙契约当事人）
        - 广义：一般合伙人＋（退伙人＋入伙人＋表见合伙人）⇒其他广义合伙人
      - 责任形态
        - 一般合伙人：连带债务
        - 其他广义合伙人：不真正连带债务*
  - 求偿权
    - 内部分担
      - 一般合伙人：损失分配比例分担
      - 其他广义合伙人：无内部分担*
    - 求偿权行使
      - 一般合伙人：损失分配比例相互求偿
      - 其他广义合伙人：类推适用让与请求权后，由广义合伙人对一般合伙人求偿*

* 于股份转让之特例，退伙人或新入伙人准于一般合伙人，适用连带债务及其内部分担与求偿权之行使

第三节　合伙之变更

一、总说

合伙之变更，亦得分为客观变更及主张变更。前者，意指合伙契约内容或其相关之事项变更，如合伙人间出资种类或其数额、合伙存续期间之变更均是。后者，意指合伙人之变更、合伙人股份转让、退伙或入伙等是。兹就其相关归纳如下表，以供参考：

- 合伙变更
  - 客观变更
    - 契约或事业种类变更等（670）
    - 期间变更：法定更新（693）
  - 主观变更
    - 退伙（685～690）
    - 入伙（691）
    - 交替（股份转让：683）

以上所列，关于契约或事业种类变更等及合伙人交替二者，于合伙之事务执行及合伙财产之保全时，已有论述，兹不重复，又主观变更中退伙、入伙，事项较为复杂，爰亦独立，分就合伙更新、合伙人退伙及第三人入伙三者依序说明如下：

二、合伙更新

1. 合伙存续期间之变更

就存续期间而言，合伙得分为定有存续期限之合伙及未定有期限之合伙二者。解释上，前者于期限届满时解散（六九二条一款）；后者，则无期限届满而解散之问题，而且理论上，似亦可永续发展。

未定有存续期限之合伙，其合伙人得经合伙人全体同意变更为定有存续期限，盖以合伙既得经全体同意而解散，则举重明轻，本于体系解释，自亦得经全体同意变更其经营期限。即其合伙定有存续期间者，似亦得为同一解释，而且不仅可以缩短，亦应可以延长。不过，关于经营期限之变更，非为执行事务之范畴，尚无庸依第六七〇条第一项之全体决议行之，惟不得适用同条第二项之过半数决议为之。

2. 合伙之法定更新

"民法"第六九三条规定："合伙所定期限届满后，合伙仍继续其事务者，视为以不定期限继续合伙合约。"是为合伙之法定更新或默示更新。其制度意旨及内容，殆与租赁之法定更新相类。兹分就其要件及效果叙述于下：

（1）法定更新之要件：

合伙法定更新之要件有三。即：

①合伙本来定有存续期限；

②合伙所定期限业已届满；

③合伙人仍继续合伙之事务。

以上三者中，最具关键性者为③，其所谓继续合伙事务，应包括下列二项意涵。其一为，所继续者为共同事业经营之活动，如仅执行通常事务或尚未了结之后续事务，尚非此所称之继续合伙事务；其二为民法本条之合伙人固应指全体合伙人而言，惟合伙人中有不同意继续其事务者，本诸契约自由原则、鼓励事业永续发展及增进社会福利言，宜解释为，对不同意继续之合伙人生退伙之效力，无庸解释为合伙非解散不可。惟学者见解或以为，合伙人有一人表示不愿继续其事务者，合伙即应解散，不生法定更新之效力。[194]

194 参照刘著（一），第八九页。

(2) 法定更新之效力

合伙法定更新之效力有二，一为合伙继续存续；其二为定有期限之合伙，变为未定期限之合伙。就前者言，除期限延伸外，合伙之事项一如期满前原合伙之内容，学理以为，此系原合伙之继续于合伙人间并无另行成立新合伙之意义[195]，惟民法本条立法理由，似偏于采取新合伙契约之见解[196]，其论点亦值注意。鉴于合伙因法定更新而存续者，未经解散清算，合伙契约并未消灭，合伙财产亦未清结；而且，民法本条所称视为，尚不能以反证推翻，是以，愚见同意学理说法。至就后者而言，其成为未定期限合伙后，固再无法定更新之问题，惟其另有解散原因者，仍得予以解散。

三、合伙人退伙

（一）概说

退伙者，合伙人退出已成立之合伙，致丧失其为合伙人资格之事实。按合伙为继续性契约，惟因合伙人共同经营事业，且因基于团体性之需要，并无所谓合伙人解除或终止合伙契约之适用。因之，合伙人之中，如已无意或不能继续合伙事业者，得或应使其个人脱离合伙，以免动辄影响合伙事业之经营绩效，甚至危及合伙事业之发展。此之，个别合伙人脱离合伙之体制，即为退伙，其脱离合伙之人，即为退伙人。

退伙，应不影响合伙事业之存续。换言之，亦即合伙事业尚能继续存在，退伙尚与合伙之解散有别；反之，因退伙致合伙之目的事业不能完成时，即属合伙解散事由，自无所谓退伙之可言。因此，二人之合伙，如其一人退伙，或多数合伙人同时退伙，致合伙仅剩一人者，合伙即无从存续[197]，

195　陈著，第三六四页（反对说，季著（下），第一四四页）。

196　参照“民法”第六九〇条立法理由：“谨按依前条之规定，退伙人与他合伙人间之结算，应以退伙时合伙财产之状况为准，则合伙损益之分配，均应以退伙时之状况为准，其退伙以前合伙所负之债务，退伙人自应按股分担，不得借口业已退伙，希图免责，本条设此规定，所以保护他合伙人之利益也。”

197　参照最高法院1944年永上字第一七七号判例：“合伙人之退伙，除未退伙之合伙人仅存一人外，不影响于未退伙人间合伙之存续，此与合伙之解散，合伙归于消灭者不同。”“司法行政部”台1976函民字第〇五九四二号函：“依‘民法’第六百八十七条第一款规定，合伙人死之者，除契约订明其继承人得继承者外，因为法定退伙事由之一；惟查合伙为二人以上互约出资，以经营共同事业之契约（同法第六百六十七条第一项参照），合伙人若只剩一人，则其存续要件久缺、合伙自应解散而进行清算。”

或主持合伙事业之合伙人退伙，无接任执行该等事务之适任人选接任，亦是合伙目的事业不能完成，该等合伙即应解散。

退伙之制度内容，尚称复杂，爰先归纳其重点如下表，以其有助了解：

- 退伙
  - 种类
    - 声明退伙
      - 事由
        - 任意退伙（686Ⅰ、Ⅱ）
        - 重大事由退伙（686Ⅲ）
      - 方式：以他合伙人为相对人之单独行为（以意思表示为之）
      - 生效时点：向合伙人全体所为意思表示生效时
    - 法定退伙
      - 合伙人股份遭扣押（685Ⅱ）
      - 合伙人死亡（687①）
      - 合伙人受破产宣告或禁治产宣告（687②）
      - 合伙人经开除（687③、688）
  - 效力
    - 内部效力
      - 合伙人资格丧失
      - 财产结算（689Ⅰ、Ⅲ）
      - 出资抵还（689Ⅱ）
    - 外部效力：合伙人责任（690）

（二）退伙之种类

退伙因其原因事实之不同，得分为声明退伙及法定退伙二种类型。兹分述如下：

1. 声明退伙

声明退伙者，合伙人一方，以与他合伙人终止合伙关系为效果意思，对其他合伙人所为之表示，并因而退出合伙之单独行为。兹分就声明退伙事由及声明退伙生效二者说明之。

（1）声明退伙之事由

声明退伙之事由有二，一为任意退伙，适用于未定有存续期限之合伙；另一为基于重大事由之退伙，适用于定有存续期限之退伙。其具体内容如下：

①任意退伙

“民法”第六八六条第一项本文规定：“合伙未定存续期间，或经订明以合伙人中一人之终身，为其存续期间者，各合伙人得声明退伙。”足见，基此所为之退伙，其合伙人得随时以声明为之，并无须任何理由，爰依其实情称之任意退伙，以其类如委任契约等之任意终止之故。

未定存续期间之合伙，所以得任意终止，旨在避免合伙人长久受合伙之拘束，以致窒碍自己之意思自由及发展机会[198]；至于，以合伙人中一人之终身为合伙存续期间之合伙，所以亦得适用任意合伙，概其期间亦系久长而不确定，法律评价上得与未定存续期之合伙同视之故。[199]

任一合伙人固得随时声明退伙，惟为保护其他合伙人，及合伙事业，以图对策，民法本条亦设有二项权衡双方利害之设计。其一为，合伙人之退伙声明，须于两个月前通知其他合伙人（同上条项但书）；其二为，退伙不得于不利合伙事务之时期为之（同上条二项）。须于两个月前通知其他合伙人者，究系合伙不生效力，亦或仅为犹豫期间，得因两个月届满而生效，台湾学理虽少具体叙明，惟其语意似多偏于效力要件规定说[200]，实务立场亦然。[201]惟以两个月期间之订定，本在给其他合伙人图谋善后，犹豫二月，应为已足，愚意爰采后说，认为虽未先期于二个月通知，仍得于声明退伙届满二个月后生退伙之效力。[202]

于不利于合伙事务之时期声明退伙者，例如，烈酒合伙代理业，合伙人却于元旦后春节前声明退伙，或啤酒合伙销售业，竟于暑假将届之时期声明退伙即是。有关于此，学理通说，均解为系生效要件，亦即合伙人苟有此等情事，应认其退伙之声明不生效力[203]，实务见解亦然。[204]鉴于合伙事业之维持推展，为合伙存续之前提，苟于不利合伙事务之时期

198 参照“民法”第六八六条立法理由前段：“查民法草案第八百十七条理由谓未定存续期间之合伙契约，必使各合伙人无论何时均得声明退伙，始能免永久被合伙契约拘束之害，但此项退伙，不得于退伙有不利于合伙事务之时期为之，若违背此义务，因此而生之损害，即应负赔偿之责。”

199 同上条立法理由中段：“若以合伙契约，订明以某合伙人之终身为其存续期间者，其合伙契约，应与未定存续期间之合伙契约同视。”

200 郑著（下），第六八六页；刘著（一），第七九页。

201 参照“最高法院”1953年台上字第一一五〇号判例（同注172）；“最高法院”1997年台上字第二五〇四号判决；“按合伙未定有存续期间者，各合伙人得声明退伙，但应于两个月前通知他合伙人，‘民法’第六百八十六条第一项定有明文，故未定有存续期间之合伙，合伙人虽得随时声明退伙，但须向他合伙人全体以意思表示为之，且应于退伙两个月前通知他合伙人，否则不生退伙之效力。”

202 陈著，第三五三页；季著（下），第一二二页；薛著，第三二一页。

203 郑著（下），第六八四页；史著（下），第六八九页；陈著，第三五三页；薛著，第三二二页；刘著（一），第七九页。

204 参照最高法院1933年上字第二九六七号判例：“合伙未定有存续期间者，各合伙人虽无特别之理由，亦得声明退伙。其声明退伙，只须向他合伙人全体以意思表示为之，无须诉请法院为准予退伙之判决，惟他合伙人对其声明之效力有争执时，如有诉请法院确认之必要。”

声明退伙，对合伙存立影响巨大，合伙人于此时期声明退伙，难免过于自利自我，且有背诚实信用原则，愚见爰亦支持通说论点。然则，此之不生效力，究系效力未定，亦或无效，文献上多属语焉不明。愚意以为，为贯彻合伙团体上之需要，并避免合伙人违背诚信，愚见以为，无效说似更具规范意义。如是，则合伙人纵有声明退伙，亦须等待该等时期过后，再行声明退伙，并待后者之声明届满二个月时，再生退伙之效力。

②重大事由之退伙

"民法"第六八六条第三项规定，合伙纵定有存续期间，如合伙人有非可归责于自己之重大事由，仍得声明退伙；而且，此之声明退伙因声明之通知生效而发生退伙效力，不受二个月前通知之限制，即于不利于合伙事务之时期为之亦然。是为所谓之基于重大事由之退伙。诚然，基于重大事由之退伙，不受二个月前通知及不得于不利时期之限制，系民法债编修正所增订[205]，不过，修正之前，台湾学者通说，殆已作同一解释[206]，以期保护该合伙人利益。基上规定，足见，合伙定有存续期间者，无论其为确定期间（如定明存续五年）或不确定期间，除经订明以合伙人中一人之终身，为其存续期间者外，合伙人应受期间之拘束，不得随时声明退伙；惟若合伙人有非可归责于自己之重大事由，如生重病、或因受任使为公务员而不得兼营该项合伙业务即是。

（2）声明退伙之生效

①声明退伙，实质上系合伙人终止其与他合伙人间之合伙契约，其退伙之声明，应属终止契约之意思表示，为单独行为，无须得他合伙人承诺，但应向他合伙人全体以意思表示为之，惟其合伙人间另有特约者，依其约定。[207] 声明退伙之意思表示，不须何等方式，属一种

205 参照"民法"债编修正第六八六条修正理由："依现行条文第三项声明退伙时，是否须先期通知或得否于不利于合伙事务之时期为之？法无明文规定，易滋疑义。学者通说以为各合伙人如有非可归责于自己之重大事由，无须先期通知，并得于不利于合伙事务之时期声明退伙，始足以保护其利益。为期明确。爰明定'不受前二项规定之限制'。"

206 郑著（下），第六八五页；史著（下），第六九〇页；季著（下），第一三二页；薛著，第三二二页；刘著（一），第七九页。

207 参照最高法院1929年上字第九六号判例："退伙为单独行为，固无待他合伙人之承诺，然必须向他合伙人确实表示其意思，方能发生效力。""司法行政部"1980函民字第六三七七号函："退伙系单独行为，无待他合伙人之承诺即可发生效力。退伙系单独行为，苟合伙人已向他合伙人明确表示退伙之意并合于民法第六百八十六条之规定时，无待他合伙人之承诺，即可发生效力（参考最高法院1929年上字第九十六号判例），但其合伙契约有反对之约定者，自就依其约定。"

不要式行为[208]，无论系明示或默示均无不可，更无须诉请法院为准予退伙之判决[209]；合伙之通知，必须使他合伙知悉退伙之效果意思[210]，且须向其他各合伙人通知，始能生效。不过，如其向有代理权之合伙经理人交涉并为退伙之表示，且可认其表示系向各合伙人为之者，则得基于代理而发生退伙之效力，惟如该经理人并无代理他合伙人之权限者，则不能认系对于他合伙人表示退伙之意思，自不能认为已合法退伙。[211]

②声明生效时点

意思表示，以通知到达相对人生效，合伙退伙之声明亦然，是以合伙人声明退伙，应通知他合伙人全体，退伙未通知他合伙人全体，不生退伙之效力。[212]不过，所谓其他合伙人全体，无庸以同时通知为必要；其非为同时通知，或其通知未同时到达者，以最后之通知到达时，即为通知全体合伙人，而生退伙之效力。合伙之退伙，一般情形，固无所谓履行公开表示或予善意第三人得知之机会之必要。[213]惟经营商业之合伙（即商业合伙），除法定之小规模者外，须依商业登记法为商业登记，故其合伙人之声明退伙，非经登记及公告后，不生对抗善意第

208　参照最高法院 1930 年上字第二三四九号判例：“退伙虽不必有何等要式行为，要必曾经通知他合伙人，始为有效。”

209　参照最高法院 1933 年上字第二九六七号判例：“合伙未定有存续期间者，各合伙人虽无特别之理由，亦得声明退伙。其声明退伙，只须向他合伙人全体以意思表示为之，无须诉请法院为准予退伙之判决，惟他合伙人对其声明之效力有争执时，始有诉请法院确认之必要。”

210　参照最高法院 1930 年上字第一五三六号判例：“合伙人声明退伙，本应通知他合伙人，若其行为不足以使他合伙人得知其有退伙之意思，仍不生退伙之效力，即其对于合伙债务，当然仍负责任。”

211　参照最高法院 1930 年上字第四四九号判例：“合伙人之退股，固须对于各合伙人为明示或默示之表示，始能生效。但执行合伙业务之经理人有代理各合伙人之权，对于经理人为退伙之表示，可认为向各合伙人所为者，自应认为合法退伙。”

最高法院 1929 年上字第二二八四号判例：“合伙人之退伙，须对于各合伙人为退伙之表示，始能生效，若仅向合伙之经理人为表示，则必其表示可认为向各合伙人为之者，始能发生代理行为之效力，若单独向经理人交涉，显未对于他合伙人表示意思，自不能认为合法之退伙。”

212　参照最高法院 1930 年上字第一五三七号判例：“退伙未通知他合伙人，不生效力，则其应与他合伙人负合伙债务，自无疑义。”

213　参照“最高法院”1952 年台上字第一一三号判例：“合伙人之声明退伙，只须具备‘民法’第六百八十六条所规定之要件，即生退伙之效力，不以必须公开表示及予善意第三人得知之机会为限。”

三人之效力。[214]

2. 法定退伙

所谓法定退伙，不必经该合伙人之声明，因遇有法律规定之事由发生，即当然发生退伙效力之事实。依我民法规定，法定退伙之事由有四。即：1. 合伙人之股份为债权人声请法院扣押（六八五条）；2. 合伙人死亡而不得继承；3. 合伙人受破产或禁治产之宣告；4. 合伙人经开除。兹分述如下：

（1）合伙人之股份经扣押

“民法”第六八五条规定：“合伙人之债权人，就该合伙人之股份，得声请扣押。前项扣押实施后两个月内，如该合伙人未对于债权人清偿或提供相当之担保者，自扣押时起，对该合伙人发生退伙之效力。”换言之，合伙人之债权人声请扣押合伙人之股份时，如该股份被扣押之合伙人，于扣押实施后两个月内，对于债权人为清偿或提供担保者，则可阻止退伙效力之发生；若未于扣押实施两个月内，对于债权人为清偿或提供担保者，则溯自扣押时起，对该合伙人发生退伙效力。

民法债编修正前，本条退伙相关用语，系以“有为该合伙人声明退伙之效力”称之[215]，学理上曾有究为声明退伙或法定退伙之争议。[216]修正本条，已不再使用声明退伙之用语，解释上自应认系法定退伙。

（2）合伙人死亡

合伙，除合伙契约订明合伙人之继承人得为继承者外，因该合伙人死

214 “最高法院”1960年台上字第一八四〇号判例：“合伙已依商业登记法第九条第一项为登记，而合伙人退伙者，依同法第十条尚应于十五日内将退伙事项为登记，其未为退伙登记者，按诸同法第十三条第一项即不得对抗善意第三人。至本院四十一年台上字第一一三号判例所谓合伙人之声明退伙，只须具备民法第六百八十六条所规定之要件，即生退伙之效力，不以并须公开表示及予善意第三人得知之机会为限，系指合伙未依商业登记法登记之情形而言，若业经依法登记之合伙，其退伙则非登记，不生对抗善意第三人之效力。”

“最高法院”1960年台上字第二一八九号判例：“经营商业之合伙，原应依照商业登记法第九条第一项规定向主管官署声请登记，倘未依此项规定为登记，则合伙人之声明退伙，只须具备‘民法’第六百八十六条所规定之要件，即生退伙之效力，不以并须公开表示及予善意第三人得知之机会为限（参照本院四十一年台上字第一一三号判例），惟合伙已依前项规定为登记，则合伙人之声明退伙，依‘商业登记法’第十三条第一项规定，应登记之事项非经登记及公告后，不得对抗善意第三人。”

215 参照修正前“民法”第六八五条：“合伙人之债权人，就该合伙人之股份，得声请扣押。但应于两个月前通知合伙人。

前项通知，有为该合伙人声明退伙之效力。”

216 通说采声明退伙说：郑著（下），第六八五页；史著（下），第六八九页；薛著，第三一九页。

亡而退伙（六八七条一款），盖以合伙契约之成立，系因各合伙人彼此相互信任所致，注重人格信任关系，因而合伙人死亡时，其合伙人之地位非可由其继承人当然继承，该合伙人当然退伙。[217]惟如合伙契约订明，该合伙人之继承人得继承者，则其继承人得继承其合伙人之地位，而不生退伙之效力。

本条项所称合伙人，系指合伙人之中之任一人而言，此退伙之对象，亦仅限于死亡之该合伙人；其间所死亡，解释上包括死亡宣告。本条项于例外情形，虽仅明示合伙契约之约定，惟合伙契约虽未约定，但于契约成立后，合伙人死亡之前，由合伙人全体同意得为继承者，亦无不可。不过，如其继承人抛弃继承，或抛弃合伙人地位之继承者，法律上无强制其继承之理由。因之，有此情形，当亦发生退伙之效力。

（3）合伙人破产或受禁治产宣告

破产宣告，犹如经济上死亡，合伙人有受破产宣告者，亦告退伙。盖合伙人一受破产之宣告，不仅表示其已丧失支付能力，且因其信用扫地，当无再继续共同经营合伙事业之能力，依破产法之规定，其总财产由破产管理人管理处分（破产法七五条），故应使之退伙，以免合伙人或合伙均同时受害；又合伙人受禁治产之宣告，丧失其行为能力（十五条），亦无法或不能从事合伙事业，故亦应使之退伙（六八七条二款）。

合伙人因本条款而退伙者，尚无得依合伙契约订定而免于合伙之明文。国内学理多数见解以为，合伙人受破产宣告者，固自破产宣告之时当然退伙，尚不得因合伙契约另有订定而免于退伙（其订定违反强行规定无效——七一条本文）；反之，于禁治产宣告，则其情形应有不同，如合伙契约订明，该受禁治宣告之合伙人仍得不退伙者，当解为应从其订定而不生退伙效力。[218]

（4）合伙人经开除者

开除者，亦称除名，意指违反该合伙人意思，由其他合伙人全体同

217 参照“最高法院”1997年台上字第三八四〇号判决：“按合伙人死亡时，其继承人并不当然为合伙人，除合伙契约有关于继承人得继承为合伙人之约定外，合伙人死亡，即当然退伙，此观‘民法’第六百八十七条第一款规定自明，本件上诉人与江某所订立之合伙经商契约，并无约定得由继承人继承为合伙人，故于江某七十六年一月十二日死亡时，固发生退伙之效力，惟因合伙人仅余上诉人一人，其合伙当然归于消灭。纵被上诉人确有与上诉人维持合伙关系之合意，亦属另一契约，上诉人不得援引上诉人与江某间之合伙经商契约，作为新合伙关系之规范。”

218 郑著（下），第六八六页；史著（下），第六九一页；戴著（下），第二五七页；陈著，第三五五页；季著（下），第一三五页；刘著（一），第八二页。

意，剥夺该合伙人之合伙人资格或地位之行为。合伙人经开除者，对该合伙人亦生退伙之效力（六八七条三款）。换言之，合伙人之开除，其要件有三：一、须有正当理由，二、须经他合伙人全体同意，三、须通知被开除之合伙人。开除之规定，旨在维护合伙人全体公益、并避免滥行开除。[219]故“民法”第六八八条规定：“合伙人之开除，以有正当理由为限。前项开除，应以他合伙人全体之同意为之。并应通知被开除之合伙人。”所谓正当理由，意指合伙人有重大不利于合伙团体之行为而言，重大与否或正当与否，应依具体情况客观认定之，如合伙人有出资义务不履行[220]、擅自提取其出资[221]、假借合伙招摇撞骗或对于合伙全体有不法侵害之行为等是。[222]所谓须他合伙人全体之同意为之，解释上亦不以同时通知或经决议为必要，但学理以为，不得以一次之同意而同时开除二人以上之合伙人[223]，实务见解亦同。[224]此外，于仅有二人之合伙，合伙人亦

219 参照“民法”第六八八条立法理由：“谨按合伙人有应行开除之事由发生时，为合伙人全体之公益，及合伙事业之发展计，自应将该合伙人开除，以保护共他合伙人之利益，但开除之要件有二：（一）必须有正当理由，（二）必须以他合伙人全体之同意为之，否则滥行开除，自非法律所许，至开除以后，并应通知被开除之合伙人，本条设此规定，所以使适用时有所依据也。”

220 参照“最高法院”1980年台上字第七四二号判例：“合伙为二人以上互约出资，以经营共同事业之契约，合伙人不履行出资之义务者，不得谓无‘民法’第六百八十八条第一项所定开除之正当理由。至同条第二项所谓“通知”，并无一定之方式，在诉讼上以言词或书状为之者，亦生通知效力。”

221 参照最高法院1943年上字第六一二一号判例：“合伙人擅自提取其出资，不得谓无开除之正当理由，如果被上诉人擅自提取其出资，经他合伙人全体之同意予以开除，并曾通知被上诉人，则虽被上诉人提取出资并未罄尽，亦未具有退伙字据，依民法第六百八十七条第三款及第六百八十八条之规定，被上诉人仍因之而退伙。”

222 参照最高法院1931年上字第一六八二号判例：“合伙人中如有具备除名之正当理由者，其他合伙人得以全体意思一致，将该合伙人除名，至所谓除名之正常理由，如对于合伙全体有不法侵害之行为，即其一种。”

223 郑著（下），第六八七页；史著（下），第六九一页～第六九二页；戴著（下），第二五八页；陈著，第三五六页；季著（下），第一三六页；薛著，第三二三页；刘著（一），第八三页。

224 参照“法务部”法1990律字第七二三一号函：“按本条立法意旨系顾虑被开除之合伙人，于名誉上或财产上恐或不免受有重大之影响，故明定开除之要件，俾免滥行开除。根据以上立法精神观察，如同时开除二人以上之合伙人，被开除人中之一人或其他被开除人之开除不予同意时，似无法认为已经“他合伙人全体之同意”。且如认得同时开除二人以上，则合伙人间将生二派之对立，多数者固得将少数者开除，少数者亦得将多数者开除，不仅不合理，且有碍合伙事业之发展。（详请参见史尚宽先生著债法各论第六九一、六九二页）以上二说，就‘民法’第六百八十八条之立法本旨，并征诸来函所引大理院三年上字第一三〇号及最高法院二十年上字第一六八二号判例意旨，似以否定说较为可采。”

不得以一人开除另一人，如其中一人有应开除之事由，亦只有解散合伙一途，不得以开除之方式解决之。

开除合伙人虽已经他合伙人全体同意，尚须践行通知被开除之合伙人，并于通知到达时始生开除之效力。至于此处所称通知，为事实通知，类推适用意思表示规定，无须一定之方式。在诉讼上以言词或书状为之者，亦生通知效力[225]，又合伙人有开除之正当理由，而经他合伙人全体之同意予以开除，并曾通知被开除之合伙人者，虽该被开除之合伙人未具有退伙字据，仍生退伙效力。[226]

（三）退伙之效力

合伙人退伙之效力，得分为内部效力及外部效力观之；前者，指退伙人与其他合伙人间之法律关系；后者，指合伙人与债权人间之法律关系。兹分述如下：

1. 内部效力

合伙人退伙之内部效力，主要有三，即 1. 合伙人资格丧失；2. 财产结算；3. 出资抵还三者是。

（1）合伙人资格丧失

合伙人自退伙时起脱离合伙，成为退伙人，当然丧失合伙人之资格，此虽法无明文，但解释上为必然结论。

合伙人之退伙犹如契约终止，仅向将来生效，尚无溯及既往之效力，即合伙人系自退伙生效时起，始消灭其与他合伙人间之合伙关系。至于合伙之契约关系及其互相结合而形成之合伙团体，除因未退伙之合伙人无力经营合伙事业，或合伙人仅存一人，致合伙欠缺存续要件（合伙人至少须有二人以上），应生合伙解散效果之情形外，合伙团体不因合伙人之退伙而影响其继续存在，合伙契约本身亦不因之而消灭。换言之，亦即合伙中一合伙人之退伙，仅此一退伙人与他合伙人间之合伙关系消灭，其余合伙人相互间之合伙关系仍继续存在[227]，即合伙有数人，其退伙人非仅为一人，其退伙结果仅剩一合伙人者，情形亦然。[228]

（2）财产结算

225 同注 220。

226 同注 221。

227 参照最高法院 1944 年永上字第一七七号判例：“合伙人之退伙，除未退伙之合伙人仅存一人外，不影响于未退伙人间合伙之存续，此与合伙之解散，合伙归于消灭者不同。”

228 参照最高法院 1948 年上字第六九八七号判例：“少数合伙人之退伙，不影响于合伙之存续。”

合伙财产，因应合伙人退伙而作一清结，计算退伙人应得之利益或损失比例及相关财产或负债内容，如其结果为应得利益者，并以资作为退还依据，是为此所称之结算。盖以合伙人退伙，即已脱离合伙关系，则其财产状况如何，自应清结，以便分配而偿还于合伙人；因此，结算为出资偿还之前置作业，亦其实行分配之基础。[229]

①一般结算

“民法”第六八九条第一项规定：“退伙人与他合伙人间之结算，应以退伙时合伙之财产状况为准。”亦即退伙人与他合伙人间之财产关系，应以退伙时该合伙之资产及负债状况为准，计算其损益。所谓退伙时，指退伙生效之时，故其声明退伙者，须经犹豫期间届满生效之时结算。[230]其经结算结果，如合伙财产较各合伙人之出资总额有增加时，其增加部分自属利益，除返还该退伙人之出资外，并应按利益分配之成数，分配利益；亦即须无损失之情形，始能为出资之全部返还。反之；如合伙财产较各合伙人之出资总额有减少时，其减少部分即为损失，退伙人应按损失分配之成数分担之，于返还出资时，减去其应分担之损失，而以其余额返还之。同理，如合伙之负债数额超过合伙之资产数额时，则不仅无庸返还退伙人之出资，该退伙人更应按其分配损失之成数，给付其差额于合伙。

②未了事务之结算

退伙人与他合伙人间之结算，固应以退伙时为准，惟若合伙事务，于退伙时尚未了结者，如合伙承建跨海大桥工程，正在进行中，尚未完成是，于该工程完工验收前，处于不能计算其损益之状态，“民法”爰于第六八九条第三项规定：“合伙事务，于退伙时尚未了结者，于了结后计算，并分配其损益。”亦即，于合伙人退伙时，如有尚未了结之合伙事务者，应俟该合伙事务了结后，再行结算并分配其损益。

未了事务之延期结算及分配损益，仅指该于退伙时尚未了结之合伙事务，延期至日后了结时再单独加以结算而言，并非谓全部之结算，均拖延至该事务了结之后，退伙人之合伙人地位，更不因此而保留。惟当

229 参照“民法”第六八九条立法理由前段：“谨按退伙人退伙时，与他合伙人相互间，必须结算关于合伙财产之损益，以便分配，此属当然之事，惟此种结算，应以何时之财产状况为准，亦不可不有明文之规定，俾资依据。”

230 参照最高法院 1930 年上字第一二七三号之判例：“合伙未定存续期间者，合伙人得于两个月前声明退伙，其有死亡等原因者，则即因之而退伙，退伙人与合伙人间之结算，应以退伙时合伙财产之状况为准。”

事人另有特约，全部财产之结算均延期至未了事务了结时进行，亦无不可；不过，合伙人资格，亦不因此而延后丧失。[231]

③结算之法律效果

退伙人之出资返还请求权，虽因退伙效力发生时即告取得，惟其性质上，应认为系定有始期之权利，须待结算程序完结，清偿期始告届期而得请求（三一六条）。结算，由合伙事务执行人会同退伙人为之，如合伙事务执行人逾相当期限不完成结算，致退伙人受有损害者，对于退伙人所受损害，由合伙事务执行人对退伙人负损害赔偿责任。反之，退伙人未尽结算应尽事宜者，亦应作同一解释。

结算程序何时完结？应以个案具体而定，如退伙人已领回出资及分配利益，并缴销合伙凭证，即得推定结算业经完成。[232]不过，结算仅具债权之效力，其应退还退伙人之利益，或应补还合伙之损失，对于退伙人或合伙，仅生得为请求之效果，应经请求相对人，并经其履行、亦即完成物权行为者，始生权利移转之效力。

（3）出资抵还

合伙财产为合伙人全体公同共有（六六八条），因之，退伙人与他合伙人间之财产关系经结算后，如有利益，本应按该合伙人之出资种类，返还出资或给还股份。惟因出资标的特性，或已不能依原种类而为返还，如劳务出资、信用出资是；或因合伙事业需要，不宜依原出资标的各类返还，例如，建筑物（所有权）之出资，已成为合伙事业仓库而添置昂贵有形或无形附属设备，归还原建筑物于退伙人，对合伙事业之业务推展及资产价值，均将造成重大不良影响者是。为兼顾合伙事业发展，并力求关系了结之方便，“民法”第六八九条第二项规定：“退伙人之股份，不问其出资之种类，得由合伙以金钱抵还之。”[233] 兹分述其相关问题于下：

①金钱出资

以金钱为出资之情形，因退伙人原来之出资或应得之利益，本为金

231　参照最高法院 1962 年台上字第一四五二号判例：“合伙人退伙时其出资之返还，就‘民法’第六百八十九条之规定观之，自须就退伙时合伙财产状况结算，于未受亏损之情形，始得为全返还还之请求。”

232　参照最高法院 1933 年上字第二七六号判例：“合伙之退伙人如已领回出资及分配利益，并缴销合伙凭证，自得推定其与他合伙人间已为结算。”

233　参照“民法”第六八九条立法理由中段：“又合伙之出资，本不以金钱为限，有以金钱或他物者，亦有以劳务代之者，退伙时为便利计算起见，则不问其出资之种类若何，均由合伙以金钱抵还之。”

钱，当然得以金钱返还，别无问题。惟依特约而返还实物者，亦无不可。

②其他财产权出资

以金钱以外之财产权出资（现物出资），可分为移转出资与用益出资。所谓移转出资，系指将财产权之所有权移转于合伙而为出资，例如退伙人前曾以房屋一幢之所有权移转于合伙作为出资，合伙人退伙后合伙如认为该出资系继续经营合伙事业所需者，即得将原物留存于合伙（即继续保留其所有权），并于经客观评价后，换算金钱抵还之。无体财产权，如商标权、专利权或著作权等之出资，情形亦同。[234]

用益出资，系指将财产权之使用收益权移转于合伙而为出资者而言，例如退伙人于参加合伙时，以油轮一艘，交合伙使用，以为出资，并未移转该油轮之所有权于合伙是。于此情形，因合伙并无买取该财产权（即原物之所有权）之权利，该合伙人退伙后，其他合伙人应将原物返还于退伙人，惟合伙仍得继续保持其使用权，而以金钱抵还其使用利益，亦即丧失其使用权折成之股份，但以金钱取得其代偿利益。[235]

③劳务出资

劳务出资之合伙人退伙者，劳务出资本身，因其人之脱离合伙，其出资即当然随之退出，不生以金钱抵还之问题。其已出资之部分，类推适用“民法”第六九七条第二项规定，无庸返还。[236]惟若经结算之结果，于出资之外尚有增加之利益时，类推适用第六九七条规定，依利益分配之成数，分配于退伙人，由合伙以金钱或现物抵还之。反之，合伙结算之结果，合伙财产已少于各合伙人之出资总额，亦即发生损失时，因劳务出资之合伙人原则上并不分担该项损失（六七七条三项），尚不得向退伙人请求分担，但有特约而应分担之情形，该退伙人仍应依特约向合伙给付其应分担之部分。

④信用出资

234 债权之出资，如其实现者为金钱，其出资返还比照金钱出资处理，如其实现者为其他财产权，比照其他财产权处理。如尚未实现，则以返还原债权或折算金钱抵还，得由合伙斟酌个案决定之。

235 郑著（下），第六八九页；史著（下）第六九四页；戴著（下），第二六一页；陈著，第三五九页；季著（下），第一三六页～第一三七页；薛著，第三二五页；刘著（一），第八六页。

236 劳务、信用等非财产出资之合伙人，于合伙解散清算后，就其出资不依其价额估算，依出资比例请求返还，其立法政策是否有当，或不无商榷余地，惟此系另一层次问题，待论及合伙清算时说明之。

信用出资之合伙人退伙者，就出资本身、出资价格之当然退出合伙，不得请求返还，其情形与上述之劳务出资同；此外，于出资之外尚有增益，其得请求返还利益者，并与上述之劳务出资同，均不重复叙述。不过，信用出资之合伙人，并无不分担损失之适用，故结算之结果，如合伙有损失者，信用出资之退伙人，仍应依其损失分配成数，以金钱给付其差额损失于合伙。

⑤周边问题

出资抵还之周边问题有二，一为金钱抵还之评定，二为金钱抵还之性质。就前者言，金钱以外各类利益之出资，其金钱利益之计算，原则上以出资时之价额定之（类推适用六九七条三项），但出资时之价额较结算时客观价格为高者，应以结算价格为准，以免伤及合伙事业及其他合伙人利益，并符公平原则。就金钱抵还之性质而言，宜分别情形而为解释：其为财产权出资者，则原物（权利）出资之返还或金钱之返还，二者为选择之债，其选择权属于合伙（其他合伙人全体）[237]；其为信用、劳务出资者，则为法定任意之债，只能为金钱给付，不生信用或劳务得为返还之问题。至于上述为选择之债者，除适用选择之债相关规定（二〇八条～二一二条）外，其选择权之行使，应经其他合伙人同意，尚无第六七〇条二项之适用，因其并非合伙事务执行固有领域之范畴也。

2. 外部效力

合伙于为退伙之结算时，通常情形，因已将所有合伙债务计作损失，于返还退伙人之股份中扣除，或已由退伙人向合伙给付其应分配之损失，惟此均为该退伙人与合伙间之内部关系，不得以之影响合伙债权人之权益。盖以退伙人与其他合伙人之结算，既以退伙时合伙财产之状况为准，则合伙损益之分配，均应以退伙时之状况为准，其退伙以前合伙所负之债务，除债权人同意由其他合伙人承担者外，退伙人应按股分担，不得借口业已退伙，希图免责。故“民法”第六九〇条规定：“合伙人退伙后，对于其退伙前合伙所负之债务，仍应负责。”至于合伙人退伙后，即向后丧失其合伙人之资格，对于其退伙后合伙所负之债务，当然不再负责。[238]惟有关于此，

237　学理上或认为系任意之债（史著（下），第六九三页；陈著，第三五九页，季著（下），第一三八页；刘著（一），第八六页），恐有误解。

238　参照最高法院1930年上字第七二五号判例：“合伙人之声明退伙，乃其合伙中内部关系，只须向其他合伙人为退伙合法之表示，即生退伙之效力，无须得合伙债权人之同意，若于该合伙人退伙后，始行取得之合伙债权，该合伙人依法应不负责。”

系属于合伙人责任之问题，前已多有叙述，兹不重复。[239]

四、第三人入伙

关于第三人加入合伙，拟分为入伙之意义，入伙之程序及入伙之效果三者说明：

1. 入伙之意义

所谓入伙，意指合伙契约不失其同一性，由非合伙人之第三人加入已成立之合伙，而取得合伙人资格之行为。例如前例之甲乙丙丁，于成立励学出版社之合伙后数月，丙亦出资一百万元，加入励学出版社为合伙人是。

合伙为契约行为，合伙之加入，亦系作同一解释。惟其生效，须经原合伙人全体同意（六九一条）。因之，加入合伙应以意思表示为之，欲加入之第三人所为之意思表示，通常为要约，原合伙人全体之同意为承诺，并于要约与承诺一致，且全体合伙人同意之通知到达时成立生效（以最后到达之通知到达时为准）。不过，如出于合伙之主动，由合伙人全体同意后发出邀请加入合伙为要约，另外由第三人同意加入而为承诺者，亦无不可。

2. 入伙之程序

"民法"第六九一条第一项规定："合伙成立后，非经合伙人全体之同意，不得允许他人加入为合伙人。"盖因合伙关系系因彼此相互信任而得以成立，于合伙人相互间存有强烈之人格信用关系，是以非经合伙人全体之同意，自不应允许其他人加入为合伙人。[240]惟学理通说以为，民法本条项尚非强行规定，如合伙契约另有订定，得以多数表决允许他人加入合伙，其约定亦属有效。[241]

第三人之加入合伙，以经原合伙人全体同意即为已足，无须一定方

239 关于退伙人此项责任，仅依旧债权债务之延伸，结算无创设意义，并不创设新的权义关系，民法亦无负责期间之另定，解释上应依债权债务本身之消灭时效规定，以定其存续（抗辩权之有无），尚不发生因时间经过而负责之问题。

240 参照"民法"第六九一条立法理由前段："谨按本条立法之意旨，与第六百八十三条之规定相同，盖以合伙之关系，因彼此信任而成立，他人非其他合伙人全体所信任，自不应许其他人，故明定非经合伙人全体之同意，不得允许他人加入为合伙人。"

241 郑著（下），第六八二页；史著（下），第六九五页；薛著，第三二六页；刘著（一），第八八页。

式，全体同意亦无须同时为之或到达。[242]不过，商业合伙，应办理变更登记（“商业登记法”十四条一项），是为特例。

3. 入伙之效果

入伙之效果，亦如退伙，得分为对内效力及对外效力说明之。

（1）对内效力

入伙为加入合伙之契约，第三人入伙时，即当然取得合伙人之地位，既负有出资义务，又因合伙成立后，虽有新合伙人之加入，惟其合伙并不失其同一性，故新加入之合伙人对于合伙财产亦成公同共有人。关于合伙之事务执行及合伙（人）代表等规定，对入伙人亦有适用。而且，入伙仅系合伙制度程序之概念，第三人一旦入伙，既成为合伙成员之一，于合伙关系中，与他合伙人即完全混然相等，尚无强调其为入伙人之意义。

第三人入伙后，自入伙时起，亦以其出资所占比例，同受损益分配；对于入伙前之损益，尚无分享或分担可言。惟入伙人与原合伙人利益分享比例、损失分担比例，或溯及入伙前受损益分配等，如另有约定者，依其约定定之。

第三人之加入合伙，并不影响合伙之同一性。因此，第三人加入合伙前合伙契约之订定或合伙人决议，除因该第三人加入，原合伙人全体另有决议变更者外，自第三人入伙时起亦属有效，自不待言。

（2）对外效力

第三人既加入合伙，即与旧合伙人居于同一地位，且无所谓新旧之分，因而对于加入后之合伙债务，应与旧合伙人同样依“民法”第六八一条规定负连带无限责任，固理所当然，而且，为保护合伙之债权人，“民法”第六九一条第二项规定：“加入为合伙人者，对于其加入前合伙所负之债务，与他合伙人负同一之责任。”亦即对于加入前，合伙债务之履行，对于新加入之合伙人，其地位与原合伙人等同，亦应与原合伙人全体对于不足之额连带负给付责任。纵入伙人于入伙前与原合伙人另有约定不负给付或清偿责任者，亦仅内部关系有其效力，尚不得据以对抗合伙之债权人。[243]惟此已属合伙人责任之课题，不再重复叙述。

242 陈著，第三六一页；季著（下），第一四一页。

243 参照“最高法院”1958年台上字第一五五二号判例：“被上诉人参加某营业为合伙人，继续经营其业务，倘某营业并未协议解散清算完结，而被上诉人参加后又未为新营业之设立登记，则其对于该营业之原有债务，自应与其他合伙人负同一责任。”

4. 合伙股份之转让

从合伙人地位变动之角度观之，合伙股份之转让于第三人者，系同时发生退伙及入伙之现象。亦即合伙股份转让时，于让与人方面，原合伙人为之退伙；同时，受让人为之入伙，故文献上或称之合伙人交替。[244]惟其如系转让于其他合伙人者，则仅原合伙人退伙，并无受让人入伙之法律效果。

因合伙股份转让所发生之退伙，与一般之合伙人退伙，其法律效果，尚有如下特色：即

①合伙股份之转让，非如一般合伙之有结算，亦不生向合伙请求返还结余财产（六八九条）之问题。

②让与之退伙人，所得享有之上述权益，原则上由受让人，以合伙财产之状态承受（受让人亦无请求结算或返还结余财产之权利），继续经营共同事业。

③合伙股份之转让，于让与人与受让人间，系属就他人财产概括承受其资产及负债之事实，民法有关债权让与（二九四条～二九九条）、债务承担（三〇〇条～三〇四条）及概括承担（三〇五条）之规定，于合伙股份转让，均有适用。[245]

第四节　合伙之消灭

一、概说

合伙虽为契约，惟因合伙人共同经营事业，且有公同共有财产及债务，合伙关系如果终结，如何了结事业活动及其相关事项，如何清结财务关系，并分析财产及分配损益？其事务繁多而复杂，绝不亚于一般之公司行号，亦绝非一般契约之终止所可比拟。因此，民法于合伙之消灭，爰舍一般契约消灭之解除、终止，而依团体法之体制，采取解散清算之程序。至其情形，不仅与民法总则法人清算之规定相近（三

244　郑著（下），第六九三页。

245　合伙股份转让，非仅为债之移转（债权让与及债务承担），而系契约承担，其情形有如租赁权让与，惟因合伙具有团体性，爰同时发生退伙或（及）入伙之效果。

六条～四四条)，亦与公司之解散清算相类（“公司法”七九条以下、三二二条以下)。[246]

解散为合伙消灭之事由，清算为合伙消灭之了结程序。在相互关系上，解散为清算启动之根据，亦其必要前置程序，苟无解散，清算程序即无可进行[247]；反之，清算则为解散之后续作业，亦其延伸程序。因其制度尚称复杂，爰亦归纳其重点如下表，以供参考：

- 合伙消灭
  - 解散
    - 事由
      - 约定解散
        - 合伙契约所订解散事由发生
        - 合伙人全体同意解散（692②）
      - 法定解散
        - 合伙存续期间届满而未更新（692①，693）
        - 合伙事业完成或不能完成（692③）
      - 争议问题：合伙破产（?）
    - 效果
      - 清算程序开始（进入了结程序）
      - 清算合伙产生（暂定存续状态）
  - 清算
    - 主体
      - 清算人产生
        - 法定清算人（694Ⅰ）
        - 选定清算人（694Ⅱ）
      - 清算人稳定：辞任及解任限制（696）
    - 方法：多数决原则（695）
    - 事务
      - 了结现务
      - 清理债权债务（697Ⅰ）
      - 返还出资（697，698）
      - 分配胜余财产（699）

兹依上表，分就解散及清算二者，依序说明如下：

二、合伙之解散

（一）解散之意义与事由

1. 解散之意义

合伙之解散云者，终结合伙关系，使全体合伙人之合伙关系为之消

246 合伙并无终止之适用，应可肯定，惟是否毫无解除之适用空间，或难一概否认。盖以合伙契约成立后，如尚未开始进行共同事业之筹办推动，或甚而出资亦均未履行，则其团体性尚未发生，应认为合伙人仍可解除合伙。例如，甲乙丙丁四人，偶遇于餐厅，席中畅谈甚欢，论及共同兴业，约定各斥资六十万元经营共同事业，嗣甲乙丙丁均无意推动，于次日相约合意解除合伙，应认于法有效，盖以斯时适用解散清算，不仅法律上无其意义，于各该当事人亦无实益。

247 参照“最高法院”1969年台上字第八〇号判例：“合伙解散后，始生清算问题，原审一面认两造之合伙并未解散，一面又认被上诉人请求清算为有据，理由殊有矛盾。”

灭之程序。解散与退伙固不无相近之处。惟解散系使合伙关系全然消灭；反之，退伙仅在终了退伙人与其他合伙人间之合伙关系，并不影响其余合伙人相互间合伙关系之继续存在者，故二者实是截然不同。[248]

合伙之解散，本质上等同全体合伙人终止合伙契约，民法所以采用法人、公司之解散制度，固系本于合伙团体性之考量而来，惟实际上亦因其确有事实上需要之故。

2. 解散之事由

合伙，得因约定事由而解散，亦得因法定事由而解散。前者，称之约定解散；后者，是为法定解散。兹分述于下：

（1）约定解散

合伙之约定解散，主要事由有二。一为合伙契定所订事由之发生，二为合伙人全体同意解散。

①合伙所订事由之发生

合伙得否订定解散事由？乃至是否因其订定事由之发生而当然解散，本法本身并无明文，惟本于契约自由原则，只要其不违反强行规定或公序良俗者，其订定应属有效，无待明文，故民法未见规定。例如，合伙契约订有解除条件，而该解除条件成就者，合伙即因约定事由发生而解散。[249]

②合伙人全体同意解散

合伙本来即系基于合伙人全体之同意而成立，依契约自由原则，自亦得基于合伙人全体之同意而解散，且不论合伙是否定有存续期限，均有其适用。全体同意，以决议行之固无不可；惟其同意不必同时完成。换言之，苟经全体同意，纵其时点不同，亦无不可，仅是于最后同意之合伙人同意时始告解散；又此之同意，为意思表示，其成立生效依民法总则意思表示之相关规定定之，兹不重复。

合伙人中部分合伙人同意解散，而部分合伙人不同意解散者，除其合伙事业不能进行而有法定解散事由，或其合伙人仅剩一人者外，仍不生合伙解散之效力。纵令该同意解散之合伙人多于不同意者，情形亦然。换言之，于此情形，应解为同意合伙解散之合伙人退伙，而由不同意解

248 参照最高法院 1934 年永上字第一七七号判例：“合伙人之退伙，除未退伙之合伙人仅存一人外，不影响于未退伙人间合伙之存续，此与合伙之解散，合伙归于消灭者不同。”

249 参照“民法”第六九二条立法理由：“查民律草案第八百十六条理由谓合伙因解除条件成就，或解除契约等普通原因而解散，是固当然之理，不必以明文规定。”

散之合伙人继续合伙关系，并为退伙人进行结算。

（2）法定解散

合伙之法定解散事由有二。一为合伙存续期限届满，另一为合伙之目的事业已完成或不能完成。兹亦分述如下：

①合伙存续期限届满

合伙契约订定有存续期限者，于其期限届满时，合伙即归解散（六九二条一款）。惟合伙存续期限虽已届满，而合伙人全体仍继续合伙事业者，合伙继续存在，且变为不定期合伙（六九三条），通称合伙法定更新，是为例外。合伙法定更新，前已说明，兹不重复。

②合伙事业完成或不能完成

所谓合伙之目的事业已完成，指合伙所共同经营之事业已实现者而言。例如，于迎神赛会共同经营路边餐饮，赛会完毕，客人尽去；或如合伙建筑办公大楼一栋出售，该办公大楼已建好并全部出售完毕，合伙之目的事业即属已完成是。盖以此时，合伙已无共同事业可资经营，自无继续存在之理由故也。

所谓合伙之目的事业不能完成，包括自始不能完成及中途不能完成而言。前者如合伙开采金矿，惟因探测错误，该地根本就无金矿可采，自始即未能采得石油是；后者如合伙经营餐厅，系由以劳务出资之某合伙人负责厨房烹调，嗣因该合伙人退伙而竟无适当接任人选，以致合伙共同之餐饮事业无法继续经营是。[250]至于合伙目的事业之不能完成，其原因为何，究系事实上之不能或法律上之不能，又其是否可归责于合伙人与否，均非所问。盖以合伙之目的事业，既已确定不能完成，自无徒劳无功而继续经营，以致反而造成损失之必要。

关于合伙解散事由，学理上或将合伙人全体同意之解散，亦并列为法定解散事由，惟其既系本于合伙人之意思为之，约定解散之意义，应属较重。本书爰将其另为约定解散事由，以期更符制度原意，亦并此叙明。

（3）破产是否为解散事由之争议

合伙有无破产能力，亦即得否宣告破产，并以之列为合伙解散原因之一。学理及实务，向有争议。归纳其不同立场，主要有如下三者：

250　参照最高法院1933年上字第二九六六号判例：“合伙人之退伙，必其合伙事业尚能继续存在，方有退伙之可言。若因退伙致合伙之目的事业不能完成时，即属解散合伙，并无所谓退伙。”

①肯定说

持肯定论点者以为，合伙不仅有破产能力，亦得因宜告破产而解散。[251]

②限制肯定说者以为，合伙既有当事人能力，亦有破产能力，得宣告破产，但不得作为合伙解散之事由，而且合伙财产，与合伙人之自有财产，虽属有别，但仍属合伙人全体公同共有，非属另一人格所有，在合伙之现实财产不足清偿合伙之债务时，各合伙人对于不足之额，即负连带责任，则非全体合伙人之则产不是清偿该不足之额，自尚难谓包括信用及能力之合伙财产有不敷清偿债务之状态。因此，合伙须于解散后，经结算确认合伙财产及全体合伙人之财产不足清偿合伙债务时，始得宣告合伙破产，惟无论如何，其破产尚与解散事由无关[252]；实务上似亦持相类立场。[253]

③否定说

持否定说立场者以为，合伙仅系契约，虽因共同经营事业而具有团体性，惟民法并未特别明定赋与破产能力，亦未列为合伙解散事由，解释上自以否定说为妥。[254]

以上见解，限制肯定说似为通说，惟合伙终非法人，亦非为非法人团体，法律无明文规定合伙得为破产，以解释赋与破产能力，根据尚非坚强；而且，合伙人就合伙债务负连带补充给付责任，如其中一人或数人不能清偿者，该等合伙人固应宣告破产，但与合伙无关，如其全体合伙人均已宣告破产者，再行宣告合伙破产，不仅无其必要。而且徒增程序之繁复，对合伙债权人亦无实益。解释合伙当事人能力，即本于一事不再理，认为对合伙起诉，即不得再对合伙人起诉：则解释破产能力，自亦不宜一产两破。愚意爰以为，否定说、亦即认为无破产能力，不能宣告破产之见解，应较可采。如是，于合伙自无因破产而解散之问题存在。

251 郑著（下），第六九七页。

252 史著（下），第六六八页；刘著（一），第九一页。钱国成，“破产法要义”（修订七版），自刊，1971年，第十六页；陈荣宗，“破产法”（初版），三民书局，1982年，第四一页。

253 对照大理院三年上字第五五〇号判例：“非法人之团体设有代表人或管理人者，在民事诉讼法上既有当事能力，自亦有破产能力。但关于法人之破产特别原因，在设有代表人或管理人之非法人团体，无可准用，例如合伙，仅合伙之现实财产不敷清偿债务时，尚不得声请宣告破产，合伙如欲请求破产，必须于各合伙员皆不能履行债务时，始能为此请求。盖合伙财产不足清偿债务，各合伙人犹有家产可以充偿者，自属不能允许。”

254 参照庄秀欣“合伙之研究”，文化大学硕士论文，1969年，第一二二页。

（二）解散之效力

合伙解散之效力为何，民法并无直接规定。一般以为，合伙解散仅为启动合伙关系消灭程序之发动事由，合伙尚不因之消灭。亦即，合伙纵经解散，尚须经清算程序，于清算完结后，其合伙关系始归消灭。故合伙解散后，固须开始清算，惟在清算必要之范围内，视为存续，是为所谓清算合伙[255]，实务立场亦然。[256]

不过，于合伙关系存废上，合伙解散，仍有极为积极之意义。解释上应认为，合伙一经解散，合伙契约犹如终止，合伙事业之经营亦应随即停止。所谓清算合伙者，不过契约后协力义务之更为具体之制度性展现而已，清算人亦仅于了结现况（包括清理债权债务及返还财产）之必要限度内，就合伙财产为消极性之管理、处理及分配而已。因此，合伙解散后，合伙之原事务执行或合伙（人）代表之权利，亦不复存在；其原合伙事务执行人之执行权及代表权，亦均随同合伙之解散而消灭。[257]因此，就合伙团体性之动态存废过程言，合伙堪称因解散开始，并随着清算程序之发动，进行一种渐进式之逐步消灭形态。

三、合伙之清算

合伙之清算者，合伙解散后，为了结合伙现存之内部及对外一切事务及相关之法律关系，以消灭合伙之程序；换言之，合伙非解散后清算完结，其合伙之关系，不能谓已完全消灭。[258]

（一）清算之主体

合伙解散后，负责执行清算事务之人，是为清算人。由于，合伙一

255 参照郑著（下），第六九七页；史著（下），第六九七页；梅著，第三四三页；戴著（下），第二六六页；季著（下），第一四二页；薛著，第三二九页；刘著（一），第九一页。

256 参照大理院四年上字第一四二号判例："合伙非解散后清算完结，其合伙之关系不能消灭。"

257 参照"最高法院"1951年台上字第八五一号判例："合伙解散后，其清算由合伙人全体或由其选任之清算人为之，此为'民法'第六百九十四条第一项所明定，合伙解散时其原执行合伙事务人之执行权，即应归于消灭。对于清算事务，除原为合伙人者应与其他合伙人全体共同为之外，如非被选任之清算人，不得单独为之。"

258 参照最高法院1929年上字第二五三六号判例："合伙非解散后清算完结，其合伙之关系不能消灭，至清算人之职务实包含了结现在事务、索取债权、清偿债务及分配余存财产各项，并不仅限于结算账目即为完结。故对于合伙之财产在清算未完结以前，不得由合伙人中之一人，向执行清算人请求按其成数先行偿还股本。"

经解散，原合伙事务执行人丧失执行人之资格，既无所谓继续执行合伙事务，亦不能当然执行合伙之清算事务，故清算人应另行产生，于其解任及辞任亦宜有相当规范，以为清算程序进行之依循。兹予分别叙明如下：

1. 清算人之产生

依民法规定，清算人之产生方式有二。一为清算人人选重新选定者，是为选定清算人；另一为未有选定时之依法确定者，是为法定清算人。

（1）选定清算人

合伙契约已预先选有清算人，或合伙契约未预定有清算人而由合伙人另行选任清算人时，清算程序即由该预定之清算人或选任之清算人充任清算人，是为选定清算人。足见，选定清算人之产生方式，严格言之，尚有二个途径，而且以契约预定清算人者为优先；盖以其为原合伙契约之一部，较符合伙人全体之本意，且其确定系经合伙人全体同意。[259]至于解散后之另行选任，依“民法”第六九四条第二项规定，清算人之选任，以合伙人全体之过半数决之，尚不适用全体同意之方法。

被选定为清算人者，其资格并无限制，选任合伙人或第三人为清算人，固无不可，如选任一位或数位会计师或律师为清算人是；即选任部分合伙人为清算人、部分第三人为清算人，亦无不可。此外，清算人之人数若干，亦无限制，一人或数人均可。

（2）法定清算人

合伙解散后，如合伙契约未预定有清算人，且合伙人亦未另行选任清算人时，则依法由合伙人全体充任清算人，是为法定清算人（六九四条一项）。[260]盖以如此之产生方式，于合伙人之利害关系最见妥协，于合伙清算程序亦最有利。[261]早期实务见解，或认合伙人中之一人或数人得出

259 合伙契约预定清算人者，解释上尚得以合伙人全体之决议或同意变更之。变更后如无预定清算之人，或合伙契约预定或变更后之清算人，因死亡或丧失行为能力等事由，致不能执行清算人事务者，解释上仍得以选任之方式，选定清算人，其未选定者，则由法定清算人执行清算事务。

260 最高法院及前大理院判例，均曾认为，关于合伙解散后之清算事务，合伙未另选定清算人者，由前合伙事务执行人当然任清算之责（最高法院1930年上字第四四九号判例、大理院四年上字第一七八七号判例），因其见解与“民法”第六九四条规定有违，应无援用余地。

261 参照“民法”第六九四条立法理由：“查民律草案第八百二十四条理由谓既经解散之合伙，仅于清算之目的范围内，视与存续同，故某合伙人因合伙契约而有之执行业务权，当然消灭。其合伙清算，以使合伙人共同为之，或由其共同选任之清算人为之，最为妥协。盖于合伙之利害关系，惟合伙人最切故也。”

面清理（算）[262]，或认原合伙事务执行人当然担负清理（算）之责[263]，其见解似难援用。

2. 清算人辞任及解任

（1）清算人与清算合伙之关系

清算人与清算合伙（或清算中其他合伙人或合伙人全体—本段以下同）之关系，究属如何？理论上或不无争议。愚见以为，清算人无论系选定方式产生或法定充任为之，其与清算合伙之间，于选定或充任时，与清算合伙成立委任契约，其相互间之权利义务适用委任之规定（五二八条以下）。盖以清算人执行清算事务，其情形虽恰似合伙事务执行之执行合伙事务，性质上均为处理事务形态之劳务给付，惟因合伙业经解散，清算人所执行者已非合伙事务，经选定为或充任为清算人之合伙人或合伙事务执行人，均已非依原资格而执行清算事务，原来有关执行事务合伙人与合伙关系，已失继续适用之余地，如解释其类推适用合伙事务执行上法律关系之规定（六七八条、六八〇条），再准用委任规定，不仅徒生方法论上之迂回间接及困惑，于维护清算程序有之独立意义及清算人利益保护[264]，亦恐或有未足。反之，如解为成立且适用委任（五二八条），则不仅以上疑义将可廓清，亦更契合合伙清算程序之本质（参照“公司法”九七条）。

（2）清算人辞任及解任之规范

清算人与清算合伙之关系，既为委任，则有关清算人之辞任、解任，属于委任终止之问题，应适用委任相关规定（任意终止原则）。惟有关于此，“民法”第六九六条规定：“以合伙契约，选任合伙人中之一人或数人为清算人者，适用第六百七十四条之规定。”基此，则有关清算人辞任解任之规范，其情形略有如下：

①选定或选任第三人为清算人者，适用委任关于任意终止原则之规定（五四九条）

262　参照最高法院 1928 年上字第七九六号判例：“合伙商店闭歇，经理人放弃清算，合伙人中之一人或数人为合伙利益计，自得出而清理。”

263　参照最高法院 1930 年上字第四四九号判例：“关于合伙解散后之清算事务，合伙人未经另选有清算人者，则以前执行业务之合伙人当然任清理之责。”

264　清算费用解释上应尽先清偿，如认为清算之产生，另外成立委任，解释清算人费用偿还及报酬请求，涵括于清算费用概念之内，得尽先清偿，理论上将无疑义；如解释其为合伙事务之延伸，而原合伙人或合伙事务执行人执行清算事务，系类推适用合伙事务之执行，则清算人上述利益，是否属清算费用，理论上恐有争议矣！

②以合伙契约选定一部分合伙人为清算人者，清算人非有正当理由不能辞任，非经其他合伙人全体同意，不得解任（六九六条→六七四条），以其情形与合伙事务执行人之被选任雷同也。[265]

③以合伙人全体决议选任一部分合伙人为清算人者，（其辞任及解任与上述同，类推适用六九六条规定）。

④由合伙人全体同意，同时选定或选任部分合伙人及部分第三人为清算人者，分别情形适用②及①之规定。

⑤由全体合伙人为清算人者，其辞任应有正当理由，其解任应经其他合伙人全体同意（类推适用六九六条规定）。

⑥由合伙人全体多数决选任之合伙人为清算者，其辞任亦应有正当理由，其解任仅须合伙人全体过半数决议即可。

清算人死亡、破产或丧失行为能力者，亦属当然解任事由（适用或类推适用五五〇条本文规定）。[266]不过，如合伙契约订明，其继承人得继承成为合伙人，而其清算人由合伙人全体为之者（六八七条一款但书），解释上，得由其继承人或继承人之一继为清算人（参照“公司法”八十条）；但经选定或选任为清算人者，其死亡尚不发生人格（清算人）继承之问题。

（二）清算之方法

1. 清算人之权利义务

（1）处理权义

清算人因执行清算事务而得享有之权利或应负担之义务，亦即诸如清算人之费用请求权、报酬请求权及损害赔偿请求权，亦或必要注意义务、亲自处理义务、计算义务及其衍生之债务不履行责任等处理权义之内容，均适用委任之相关规定，兹不重复。

（2）代表权

清算人于执行清算事务之范围内，对于第三人为合伙（人）之代表，解释上，“民法”第六七九之规定，于此亦有适用。故清算人为多数人者，亦有共同代表之问题，而且，对该代表权所加之限制，亦不得对抗

265 参照“民法”第六九六条立法理由：“谨按由合伙人中选任之清算人，或为一人，或为数人，此种被选任执行合伙事务之清算人，其清算权限，系由合伙契约而来，在该清算人，非有正当事由，既不得任意辞任，其他合伙人，亦不得任意将其解任。纵令解任，亦非经其他合伙人全体之同意，不得为之，此与合伙人被委任执行合伙之事务相同，故适用第六百七十四条之规定。”

266 清算人为第三人者，适用第五五〇条本文规定；清算人为合伙人者，类推适用五五〇条本文规定。

善意而无过失之第三人（类推适用一〇七条）。

2. 清算决议之方法

“民法”第六九五条规定：“数人为清算人时，关于清算之决议，应以过半数行之。”亦即清算方法，由清算人过半数之同意决定之，无须经清算人全体之同意。所以采取多数决方法，旨在一方面求其简便易行，以免清算人全体同意动辄窒碍清算事务之进行，另一方面则昭慎重，亦免单一清算人独断专擅。[267]因此，关于合伙之清算人，若经通知而未出席参与，其决议仍不受影响。[268]

多数决之决议方法，以清算系多数人者为其前提，如其清算人仅有一人者，则清算事务之决定及执行，自仅能由该清算人为之，尚无多数决之可言。又清算人虽为多数人，惟关于清算合伙之通常事务，解释上亦得由各清算人单独执行之，无须适用过半数决议之方法，惟其他清算人如有异议者，该清算人应即停止该通常事务之执行行为（类推适用六七一条三项）。

3. 权限范围

清算人因执行清算事务之事务处理权及代表权，其范围如何？民法并无明文，解释上应回归适用委任之第五三四条规定，并肯定清算人之概括代表权限。换言之，清算人执行各项清算事务，有代表合伙为一切（诉讼上或诉讼外）行为之权（参照“公司法”八四条二项本文）。惟适用时，并应注意下列事项：

①依委任之规定，其事务之处理，应经特别授权或须文字授权者（五三四条但书、五三一条），仍应适用其规定。

②依民法本节或民法物权编公同共有规定，其行为应经合伙人或其他合伙人全体同意者，原则仍应有其适用，但于清算事务之必要范围内，清算人应有处分合伙财产之权限。例如，为了结现务或返还出资而得个别处分合伙财产即是，以便清算程序之顺利进行。[269]

267　参照“民法”第六九五条立法理由：“仅按清算人有数人时，其共同处理清算事务之方法，亦不可不有明文之规定。本条明定关于清算之决议，以全体清算人过半数行之，盖为杜清算人专擅之弊而设。”

268　参照“最高法院”1997年台上字第一五九八号判决：“合伙之解散，其清算固应依‘民法’第六百九十四条之规定，由合伙人全体或其所选任之清算人为之。但合伙中之一人于解散清算经合法通知而故不到场者，其余合伙人之清算，对该未到场之人并非无效（参阅‘司法院’院字第一五九八号解释）。”

269　清算合伙之通常事务，解释上既得由清算人中一人单独执行，则其因而就合伙财产所为之处分，应属于法有效，无待合伙人或其他合伙人之同意。

③清算人将合伙事业或财产全部或主要部分，让与他人者，仍应经合伙人或其他合伙人全体同意（参照“公司法”八四条二项但书、一八五条一项二款）。[270]

（三）清算事务

1. 清算事务之事项

归纳民法本节关于合伙清算事务之规定（六九七条～六九九条），可以发现，所谓清算事务，其事项有三，即清偿债务（六九七条一项）、返还出资（六九七条二项～四项、六九八条）及分配剩余财产（六九九条）三者是。按返还出资及分配剩余财产二者，并非所有合伙清算均属有之，亦即其通常而当然出现之清算事务，似乎只有清偿债务一项而已。惟于合伙上清算事务之解释，如强调此一看法，恐与实情不符，亦为学理及实务所不采。

按诸团体法上关于清算事务之规定，无论是民法上法人清算、抑或公司法上之无限公司清算，关于其事项，除上述三者外，均尚列有了结现务及收取债权（四十条一项一款、二款、公司法八四条一项一款、三款）。合伙之清算事务，亦应作同一解释。如是，则清算事务之事项，即可分之为五。即 1. 了结现务；2. 收取债权；3. 清偿债务；4. 返还出资；5. 分配剩余财产五者是。此不仅为学理之共通看法[271]，亦为实务所肯定。[272]然则，收取债权、清偿债务，为相类事务，仅其权利义务主体相对互异而已，本书爰并予叙明，且合称之为清理债权债务，其事项区分，亦因之调整为四。

2. 清算事项之执行准则

（1）了结现务

合伙解散前已经开始而尚未完成或合伙存有必须处理之事务，清算人应将其办理或处理完毕。例如，承租厂房租约之终止、闲置资产之处理，尚未完成之工程继续施工予以完竣或尚待履行买卖契约之履行等均

270 清算合伙，旨在清理并结束合伙现存事务，应无出租营业或缔结经营契约之适用，其清算人自亦不得为之。至于受让他人营业或财产者，应限于收取债权之情形，始得为之。

271 郑著（下），第六九九页，史著（下），第七〇〇页；戴著（下），第二六六页；陈著，第三六七页；蔡著（下），第一〇八页；季著（下），第一四五页；薛著，第三三〇页～第三三一页；刘著（一），第九二页。

272 参照大理院七年上字第一一五一号判例：“合伙解散后清算人之职务，包含了结现在事务、索取债权、清偿债务及分配余存财产各项，并不仅限于结算账目。”（同旨 最高法院 1929 年上字第二五三六号判例——同注 258）。

是。其为法律行为或非法律行为，处分行为或管理行为，均非所问，清算人为了结现务，于必要范围内，固得赓续为经营事业或其相关之行为，但仅得为结束业务所须；而且，无论如何，清算人究不得为合伙开办新的事务。否则，即属逾越权限，不仅构成解任之正当理由，对于合伙人或其他合伙人（全体）所发生损害，应负债务不履行之损害赔偿责任（五四四条）。

（2）清理债权债务

清理债权债务，分为收取债权及清偿债务二项：

①收取债权

合伙之债权，不问其债务人为第三人或合伙人，其已届清偿期者，清算人均应予以收取，必要时并得为诉讼上请求及声请强制执行；为保全执行，亦得为假扣押、假处分。至于尚未届清偿期或停止条件尚未成就者，得请求债务人抛弃期限或条件利益先期清偿，或以转让与他人、抵偿合伙债务，或换价方法收取之。无法变价收取者，得暂时保留于合伙财产，作为返还出资或分配剩余财产之标的。

②清偿债务

a. 清偿方法

合伙对他人所负之债务，不问其债权人为第三人、或为合伙人均是。后者，如合伙人于合伙存续中，为合伙事业垫付经营费用，或前事务年度已确定分配予合伙人之盈余而该合伙人尚未支取均是。有此情形，清算人应优先予以清偿，“民法”第六九七条第一项规定：“合伙财产，应先清偿合伙之债务。其债务未至清偿期，或在诉讼中者，应将其清偿所必需之数额，由合伙财产中划出保留之。”盖以合伙对于已届清偿期之债务，本须清偿固不待言；惟对于未届清偿期之债务，尚不须抛弃期限利益而先清偿，不过合伙既已解散，自应将其清偿所必需之数额，由合伙财产中划出保留，以备届期清偿，而免将来不及清偿，以致徒增争议及损失。

清偿，只要其得依债务本旨消灭债务即可，不限于一般之清偿，即代物清偿、提存、抵销亦无不可。但不得为免除；否则，对清算合伙因而所致损害，清算人系逾越权限，应依债务不履行负赔偿责任。所谓划出保留，应使其与合伙财产分离而独立保管，至其为清算人自任保管，或储存于银行或其他金融机构，均无不可，由清算人酌情为之即可，惟不得予以提存，盖提存与清偿生同一效力，已非保留之意义。[273]不过，债务人并非不得于履行期前清偿债务（三一六条），故清算人对于未至清偿期之债务，斟酌情形，不予保留，而径行清偿者，亦无不可。至于在诉讼中之债务，因其债务是否存在，或金额之多寡，仍有争执而尚待审判上加以确定，亦须将其争执之部分，由合伙财产中划出保留之。

b. 财产变现

清算人了结现务，需以金钱支应者，比例极高，清偿债务及返还出资，通常亦均须以金钱为之，为使清算程序顺利进行并适时终结，民法爰于第六九七条第四项规定："为清偿债务及返还合伙人之出资，应于必要限度内，将合伙财产变为金钱。"合伙财产之变现处置，虽为清算人之权利，但亦为其义务，如合伙清算人怠于及时为变现处置，对于其所生损害，亦应负债务不履行（不完全给付）之赔偿责任。

合伙财产之变卖方法，解释上由清算人斟酌情形决定之。清算人既得依市价变卖，亦得以拍卖之方式为之。为避免争议及确保清算之公正，解释上似亦得认为，清算人得声请法院拍卖之。

c. 清偿顺序

合伙债务具有担保物权或优先权者，应按其优先顺序清偿之；惟清偿必要费用，解释上应优先于所有债权而优先清偿。

清偿债务，为合伙清算之必要程序，亦须先于返还出资而进行，并待清偿程序完成，始有返还或请求返还出资之问题。[274]也因此，于合伙财产清算，如发生合伙财产不足清偿合伙债务时，其不足之额，除劳务出资之合伙人（六七七条三项）外，合伙人应按各该合伙人分担损失之成数负担损失。从而，清算人自得请求各该合伙人按其成数负填补损失之义务。[275]

（3）返还出资

①返还标的

---

273 参照刘著（一），第九四页。

274 参照最高法院1930年上字第十九号判例："合伙商业改号以后，合伙关系既不存续，其以前合伙营业之状况如何，自非经清算不能明晰。清算结果应先以其财产充偿合伙债务，如有余存，他合伙人始能对于执行清算事务之合伙人，就其余存之额，请求偿还其出资或受红利之分配。"

275 参照最高法院1929年上字第一七八五号判例："合伙解散后，各合伙人应就合伙财产通盘清算，如以合伙财产清偿合伙债务后尚有盈余，则依分配利益标准以之分配于各合伙人，如有为敷，亦应由各合伙人负担。"

"民法"第六九七条第二项规定："依前项清偿债务，或划出必需之数额后，其剩余财产应返还各合伙人金钱或其他财产权之出资。"足见，返还出资须合伙于清偿债务及划出必需清偿之数额后，仍有剩余财产者，为其要件。盖以此等剩余财产，本即以合伙人之出资为基础而构成，自应按合伙人出资数额或其成数比例返还于合伙人，但因劳务、信用或其他利益之出资，性质上无从返还，故此次民法债编修正，爰将返还出资，限于返还金钱或其他财产权之出资。[276]惟财产权以外之出资，其本身并非不得评价为金钱，而且于出资时，复又估定价额，亦即换算金钱作为出资成数之计算依据，并于合伙事业进行中投入劳务、信用或其他利益等，出资总额中，难谓无其应可享有之成份或成数，法律政策上禁止其为返还标的，是否尽符公平原则，不无可议。

出资返还之请求，既以确定剩余财产为要件，则未经确定损失利益之前，其合伙人固不得为请求，其未经清算者，自更无得为请求之可言。[277]

②返还方法

理论上，如合伙人以现物为出资者，而其物尚存者，自得以原物返还（如移转该物之所有权、其他权利或占有于原出资之合伙人）；如出资标的为无体财产权，而其权利尚存者，亦得为同一解释。至于出资标的之现物已不存在，或出资标的为金钱者，则均以金钱返还之。不过，清算事务之执行，经常必须将合伙财产变现，返还出资而仍能恰如原形返还者，实不多见，故民法本条第四项明定，清算人得为返还出资而将合

276　参照"民法"债编修正第六九七条修正理由前段："条文第二项所称合伙剩余财产之返还出资，应以金钱或其他财产权之出资为限。为期明确，爰明示剩余财产应返还各合伙人'金钱或其他财产权'之出资。"

277　参照最高法院1942年上字第五二五二号判例："合伙人中之一人，若在清算人未将合伙财产清偿合伙债务，或划出清偿所必需之数额以前，即向清算人请求返还出资及分配利益，并非法之所许，其未经清算者，更不待论。"

"最高法院"1997年台上字第二九九五号判决："'民法'第六百八十二条第一项规定合伙人于合伙清算前，不得请求合伙财产之分析。换言之，合伙解散后，应先经清算程序。且合伙财产，依同法第六百九十七条第一项规定，应先清偿合伙债务，或划出必要之数额后尚有剩余，始应返还各合伙人之出资，必清偿合伙债务及返还各合伙人出资后，尚有剩余者，始应按各合伙人应受分配利益之成数，分配于各合伙人，此观同法第六百九十七条第二项、第六百九十九条规定自明。本件两造合伙解散尚未清算，清偿合伙债务及划出必要之数额，有无剩余财产，迄未可知。则上诉人诉请返还合伙出资及利得分配，即有未合。"

伙财产变为金钱，以期分配之容易也。[278]换言之，金钱以外其他财产权之出资，究以原物返还抑或变为金钱而以出资时之价额返还之，得由清算人斟酌情形，以过半数之决议定之。其结果均为原形返还，或均为金钱返还，或部分为原形返还、部分为金钱返还，应均无违反之可言。

金钱以外财产权出资之返还，究应如何计价，民法债编修正，特别明定以出资时之（估定）价额为准（六九七条四项），以期呼应出资时之估价，并免不必要争议。[279]惟有关于此之修正，其值得注意者有三。即：

a. 民法本条项规定，是否限定金钱以外财产权之出资，仅得为价额返还，语义上不无争议，解释上似应限缩为："金钱以外财产权之出资，其以金钱返还者，应以出资时之价额返还之。"

b. 金钱以外财产权之价额，因时间之变迁，不仅折旧程度不同，其价格之升降，各有不同，按出资时之价额返还，是否符合公平原则，不无可议。尤其在部分为原形返还，部分为价格返还者，情形益然。

c. 本条项规定，系合伙财产清偿债务后，尚足够返还出资之情形而始有适用，如其剩余之合伙财产，较应返还各合伙人出资之数额为少，不足以支应全部返还时，则按照各合伙人出资额之比例返还之（六九八条）。盖以此种不足之数额，即为各合伙人共同所负之损失，自应由各合伙人按比例分担。[280]惟于此情形，究以出资比例为返还标准，或以利益分担为返还标准，乃或以损失分担为返还标准，理论上仍不无讨论空间。此外，合伙清算之后，不应再维持原来之公同共有关系[281]，亦无创设（分别）共有之依据；因此，清算结果，如依民法本条而而为出资之比例返还者，清算人应依"民法"第六九七条第四项规定，将合伙财产变卖

278 参照"民法"第六九七条立法理由后段："至合伙财产，为清偿债务及返还合伙人之出资，有时非变为金钱，不易分配，故使其变为金钱，然亦非可尽行变为金钱而为分配也。故规定于必要限度为限，以明示其旨。"

279 参照"民法"债编修正第六九七条修正理由后段："第六百六十七条增订第三项"金钱以外之出资，应估定价额为其出资额"。则于返还出资时，仍以出资时之价额返还，较为平允。因无明文规定，为避免疑义并配合上开条文之修正，增订第三项。"

280 参照"民法"第六九八条立法理由："谨按依前条第二项之规定，合伙财产，经清偿债务或划出必需之数额后，其剩余财产，应返还各合伙人之出资。然其剩余数额，如较出资之数额为少，不足以资返还时，则应按照各合伙人出资额之比例而为返还。盖以此种不足之数额，即为合伙人共同所负之损失，使之比例分担，自足以昭平允。故设本条以明示其旨。"

281 依"民法"第八三〇条第一项规定，公同共有关系，自公同关系终止而消灭，合伙既已解散清算，并于清算终结而完全消灭，故返还出资或分配剩余财产，应均无维持（公同）共有关系之余地。

为金钱，再依比例以金钱返还。换言之，适用民法本条规定，以其返还方法为金钱返还（价额返还）者为限，于原形返还则不适用。

（4）分配剩余财产

合伙财产，本属合伙人全体公同共有，故有清偿合伙债务及返还各合伙人之出资后，如尚有剩余者，此种财产属于合伙人之利益（出资所获之利润），自应分配于各合伙人；而且，无论何种出资之合伙人，均应受有分配。依“民法”第六九九条规定：“合伙财产，于清偿合伙债务及返还各合伙人出资后，尚有剩余者，按各合伙人应受分配利益之成数分配之。”按合伙财产本为公同共有，故此所称分配，似具有分割（公同）共有物之意义，亦即等同合伙财产之由合伙人分割[282]；只是，此之分割，兼指总体财产而为比例分割，尚与纯为单一共有物之个别分割者，规范意义上尚有殊异。剩余财产如何分配？法无明文，解释上由清算人斟酌情形裁量之。因之，清算人分配剩余财产时，如剩余财产为金钱以外之物，自亦得由清算人以过半数之决定，以实物分配，或变卖实物，以变价所得之金钱分配之。再者，剩余财产之分配，固以分配利益之成数为准，惟合伙契约如另有订定者，依其约定。

（5）周边问题

关于合伙清算之周边问题，尚有下列三者。一为财产返还之请求对象；二为清算程序完结之意义；三为合伙解释上之方法论回顾。兹亦分述如下：

①财产返还之请求对象

合伙有当事人能力，于解散清算程序中，应认为继续存在。因此，合伙债务人请求清算合伙履行债务，或清算合伙向其债务人收取债权而涉讼者，仍应以合伙为当事人，并以清算人为代表人。不过，关于合伙人请求返还财产，包括出资及剩余财产之请求返还，因其已非属经营共同事业之范畴。因此，如合伙人为此而提起诉讼者，一般以为，应以清算人为被告而起诉，而非向合伙起诉。[283]

②清算程序之完结

282 参照“民法”第六九九条立法理由：“查民律草案第八百二十九条理由谓合伙之剩余财产，应由各合伙人分割，使清算终结，盖合伙财产，本属合伙人共同所有，既属共有，自可分割。至分割方法，应依分割共有物之规定，理至易明，无须另设明文。”

283 参照最高法院1942年9月22日民刑庭总会决议：“合伙解散后合伙人中之一人或数人诉求返还出资，或分配剩余财产，在选任清算人时，只须以清算人为被告。”

清算程序何时完结？其终结之程序如何？法无明文。解释上应认为，清算程序之完结，应以事务实际均已处理完竣为止，合伙关系亦于斯时正式完全消灭，其间无须履行一定程序，亦无须向法院为申报，更不须提经合伙人或其他合伙人全体同意而完结清算程序。由于合伙清算，因各该合伙财产情形不同，所谓清算程序完结，其态样之不同，略有如下：

a. 合伙须处理至分配剩余财产者，于剩余财产分配完毕时，清算程序完结。

b. 合伙无剩余财产分配，但有出资返还者，于返还出资事务处理完毕时，清算程序完结。

c. 合伙并无返还出资者，于清理债权债务完毕时，清算程序完结。

d. 合伙无以上三者情事者（现实上殆属少见），于现务了结完竣时，清算程序完结。

③解释方法论上之回顾

由于合伙具有团体性，相关事项中，时而必须援用团体法之法律规定，作为解释依据。团体法之法律机制，主要表征于公司法。在法律规范之相互关系，民法之于公司法，常被解为普通法之于特别法，亦即民法为普通法，公司法为特别法。因此，在解释合伙相关问题，而须参照公司法规定，并以之作为解释适用依据者，难免要发生普通法类推适用特别法之疑义。

纯从法典形式上为粗略等置，上述疑义或恐难以避免。愚见以为，其实情尚非如此。盖以公司法之相关规定，仅是规范形式上凸显，其规范意义所在，则为法律原则之表征，合伙相关事项在解释上之参照，系其法律原则之适用，而非法典上形式规定之类推适用。换言之，从法律（解释）学方法论言之，此一参照公司法规定之解释方法，系属于所谓之回归法律原则，而非单纯机械之法律适用，亦尚非所谓（狭义）类推适用方法之运用。[284]

284 关于债法解释学上，因归法律原则解释方法之援用实例，请参照前揭拙著“新订民法债编通则”（新订版二刷）（上），自刊，2002年，第134页、第262页。

第二十三章

隐名合伙

对于他人经营之事业出资，并约定分享利益及分担损失之契约，是为隐名合伙，亦即俗称之“附股”或“暗股”[1]。隐名合伙，究为特种契约，抑为合伙，学理易启争议，民法爰予明定，列为独立有名契约，于杜免分歧，实具意义。[2]兹即依此立法意旨及民法各种之债于隐名合伙之规定，归纳其重点如下表，并依序说明之。

- 隐名合伙（七〇一～七〇九）
  - 总说
    - 意义（700）
    - 性质（700）
    - 概念比较（677 以下；474 以下）
  - 效力
    - 准用合伙（701）
      - 准用障碍事项：（合伙团体性）
        - 性质不得准用条项：667、668、670、671、673、674、678Ⅱ、679、681～684、688、690、691、694～697、699
      - 非准用障碍事项
        - 无庸准用条项（重复规定）：675、676、686、687、692、698
        - 得准用条项：669、672、677、678Ⅰ、680、685、689、693
    - 隐名合伙人权利义务
      - 出资及其移属义务（700、702；701→699）
      - 利益分派请求权（700）
      - 限额分担损失义务（703）
      - 营业检查权（706）
      - 拟似出名营业人责任（705）
      - ——附述费用偿还请求权（701→678Ⅰ）
    - 出名营业人权利义务
      - 出名营业义务（704；701→680、672）
      - 损益计算分配义务（707；701→677）
      - 隐名合伙人退伙之结算义务（701→689）
      - 消灭后返还利益义务（709）
  - 消灭
    - 隐名合伙人退伙（708→686；701→685）
    - 隐名合伙终止（708）→法定更新（701→693）

1 参照最高法院 1929 年上字第二六五八号判例：“附股于他人出名之股内，附股人就合伙营业之关系，乃由出名人而生，其对于合伙营业之权利义务，自应依出名人与其他合伙人间之分派为准。”

2 参照“民法”合伙一节立法理由：“查民律草案债权编第二章第十五节原案谓隐名合伙者，当事人之一方，约明对于他方所经营之事业出资，而分配其营业所生之利益，及分担其所生损失之契约也。其性质为合伙，抑为特种契约，自来学说聚讼，本法以此为非必应决定之事，任学者自为解释，惟此项契约，自古有之，于实际上亦必不可少，故特设本节之规定。”

第一节 总 说

一、隐名合伙之意义

“民法”第七〇〇条规定：“称隐名合伙者，谓当事人约定，一方对于他方所经营之事业出资，而分受其营业所生之利益，及分担其所生损失之契约。”兹即依此规定，说明相关意义事项如下：

（一）隐名合伙为有名契约

隐名合伙系由双方当事人合意而成立之一种契约，民法对之设有独立章节之明文规定，归属为一种有名契约[3]。隐名合伙之当事人中，其出资之一方，是为隐名合伙人，其经营事业之一方，是为出名营业人。因之，隐名合伙之定义，亦可描述为：隐名合伙人与出名营业人约定，由隐名营业人对于出名营业人所经营之事业为出资，并因而分受其营业所生利益及分担其所生损失之契约。

（二）隐名合伙为对于出名营业人事业为出资之契约

1. 隐名合伙人之出资义务

隐名合伙契约，必须约定隐名合伙人对于他方（即出名营业人）所经营之事业而为出资。换言之，即隐名合伙人对于出名营业人之事业，负有出资之义务，至于出名营业人是否相对出资，则非所问。因此，其约定由隐名合伙人及出名营业人均负出资义务者，固无不可；其约定仅由隐名合伙人出资，而出名营业人不出资者，亦无不妥。但如未约定隐名合伙人负有出资义务者，则不能成立隐名合伙。

2. 契约主体之资格

关于隐名合伙人及出名营业人之资格，我民法并未限制，解释上得认为，无论其为自然人或法人，商人或非商人，均无不可，出名营业人虽必须营业，惟其营业不以商业为限，其为渔业人（如经营养殖场）、农业（如经营农场）、或其他营利事业，亦无不可，但非营利事业，则非所

3 关于隐名合伙，比较法学上，见解尚不一致。或以为属于合伙契约类型之一，或以为消费借贷型态之一。前者，以德国法为主；后者，则多见诸于法国法系。

宜。盖以该事业根本不在营利，则隐名合伙人以分受营业所生利益之出资目的，即无由达成。此从民法本条，虽亦有如合伙契约之使用经营事业之用语，但于利益分受及损失分担，特别标明营业所生，当可佐证。[4]学理上或以为，隐名合伙为资本家（隐名合伙人）与企业家（出名营业人）合作之契约的形态，其根据或即在此。惟所谓营业，并不以独资商号为限，其为公司或其他营利法人或商事合伙，亦均无不可。

隐名合伙之双方当事人，其人数如何，亦非法所限制。换言之，无论其系各为单一之人，抑或其一方或双方为多数之人，于法均无不可，惟其一方或双方为多数人者，应共同订立合伙契约，其间始成立单一之隐名合伙契约。例如，如甲乙丙三个隐名合伙人与丁一个出名营业人，或子一个隐名合伙人与丑寅二个出名营业人，或AB二个隐名合伙人与CDE三个出名营业人，共同订立一个契约，其间成立者始为一个隐名合伙契约。其相互关系殆可描述如下表[5]：

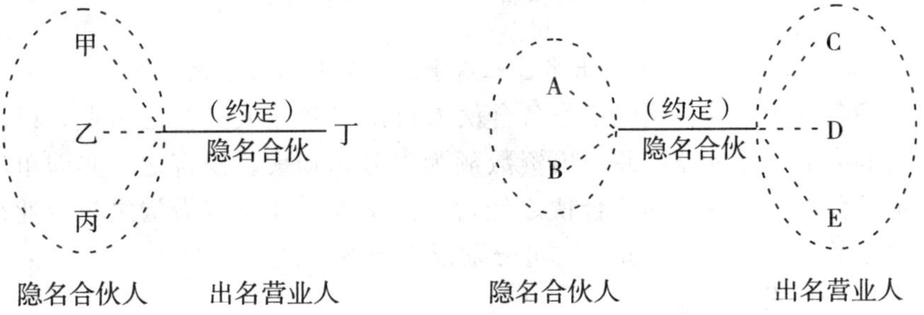

反之，如其契约之成立过程，如系由多数隐名合伙人个别的与一个出名营业人，或系由多数出名营业人个别的与一个隐名合伙人，分别订立隐名合伙契约，则纵令其彼此之内容均属相同，法律意义上，仍为多数个别独立契约之并存，应由各隐名合伙人与出名营业人分别成立隐名

4　德、日、法诸国，将隐名合伙规定于商法中，其隐名合伙人之出资对象为营业（营利事业），无宁为当然结论，虽其规范，不一定可作为台湾民法之解释依据。惟就隐名合伙而言，无论依民法本条文义，或其立法目的，应均可作如是解释，无待援引外国立法，以为比拟。

5　甲乙丙间关系如何？应斟酌其意思（效果意思）而定，如其彼此间有以成立隐名合伙而作为彼此间共同事业者，应认系甲乙丙成立合伙，如其仅重在从丁之事业分配损益，彼此间并无以之为业之意思者，系成立无名契约，仅于损益分配时，类推适用合伙相关规定（包括事务执行及损益分配）。其他二表之AB，亦应作同一解释（次表之甲乙丙并无成立契约之可言）。

合伙契约[6]，或由各该营业人与隐名合伙人个别发生隐名合伙关系；至于在各该隐名合伙人或各该出名营业人相互间，并不发生法律关系。[7] 例如于前二表之例，如系由丁先后与甲、乙、丙订立隐名合伙契约，或如AB共同先后与C、D、E订立隐名合伙契约，即均分别成立三个契约，于前者，甲、乙、丙并不发生法律关系，于后者，CDE亦无法律关系即是。兹亦就其相互关系，描述如下表，以供参考：

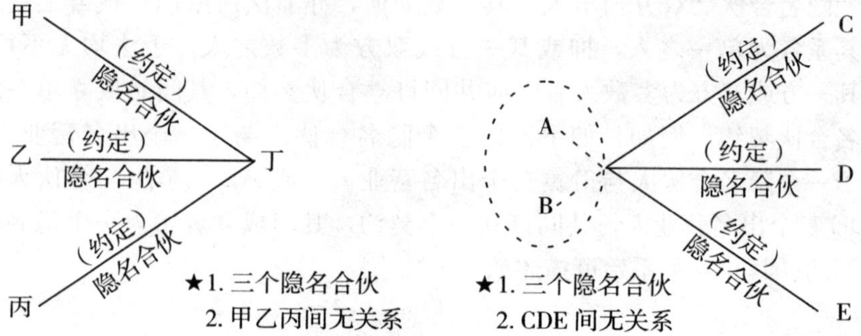

（三）隐名合伙为对于出名营业人事业分配损益之契约

隐名合伙契约，须约定隐名合伙人自出名营业人经营之事业，以出资数额为准分受利益，并以出资数额为限分担损失。换言之，亦即单纯为损益分配之契约，非若合伙之经营共同事业，亦非若借贷之与营业结果之损益无关。有关于此，亦可分别说明如下：

1. 单纯分配损益

隐名合伙人之出资，其目的仅在分配损益，亦即自营业所得分受利益，或自营所亏分担损失。因此，于隐名合伙，系由出名营业人负有以自己之名义独立经营事业之义务，隐名合伙人不负协同经营之义务[8]，亦无参与该出名营业人事务执行之权利义务。惟既分受或分担，则出名营业人自己亦应分受利益及分担损失始可，如仅由任何一方独立享受其利益或负担其损失，尚非此处所称隐名合伙。又台湾民法系以分受利益及分担损失二者，一同列为隐名合伙之成立要件，因而，当事人如约定，仅分受利益是不分担损失，或约定分担损失而不分受利益者，其约定虽

6 CDE为出名营业人，且为经营共同事业，其彼此间系成立合伙，惟次表之CDE则无成立契约之可言。

7 郑著（下），第七〇五页；史著（下），第七〇八页；刘著（一），第九七页。

8 参照最高法院1929年上字第一七二二号判例："隐名合伙人系为出名营业人而出资，并不协同营业，与普通合伙由合伙人共同出资，以经营共同之事业者，显有区别。"

亦有效，惟其所成立者系无名契约，尚非此所称之隐名合伙。[9]

通常情形，出名营业人之营业，固然大多在隐名合伙成立前即已存在，惟其在隐名合伙契约订立后始开始经营者，亦属无妨。此外，隐名合伙契约，无须及于出名营业人营业之全部，只要其营业内部之关系可以分离者，单就其营业之某一部分（如贸易公司之食品部门或酒水部门）订立隐名合伙契约，亦属可行。惟仅就营业之个别交易行为，则不得成立隐名合伙。[10]

营业所生之利益或损失，于订立契约时须尚处于不确定之状态始可，即是否有利益或损失之产生，以及利益或损失之数额等，均应俟将来实际营业之结果始能确定者始可。若约定不问营业之盈亏如何，对于出资人概须给付一定利益者，无异等同利息之给付，应属消费借贷之性质，并非隐名合伙；不过，约定于分配利益及分担损失外，并支付利息者，通说以为，仍得以隐名合伙论。[11]

2. 以出资为准分配利益

隐名合伙人分配利益，原则上按出资额于出名营业人营业资本额所占比例定之，惟当事人间，于分配利益，另有成数之约定者，依其约定。至其具体事项，已属隐名合伙效力上之问题，另段说明之。

3. 以出资为限分担损失

隐名合伙人之分担损失，原则上亦与上述之分配利益原则相同；惟其分担损失之范围，仅以出资为其限额（七〇三条）。换言之，亦即于隐名合伙，其隐名合伙人之分担损失，性质上类似公司之有限责任股东，仅以出资为其最高限度。故隐名合伙人，对于所出资营业之债权人，尚无给付责任可言。惟有关于此，已属隐名合伙之效力上课题，亦另段说明之。

二、隐名合契之性质

1. 隐名合伙之成立

隐名合伙之成立，一如买卖、租赁、合伙等一般契约，因隐名合伙人

9　此之无名契约，性质上与隐名合伙相类，得类推适用隐名合伙之规定（依德日民法规定，得解释为亦系成立隐名合伙）。

10　郑著（下），第七〇九页；史著（下），第七〇九页；刘著（一），第九八页。

11　郑著（下），第七〇五页；陈著，第三七三页；刘著（一），第九九页。

与出名营业人，就隐名合伙人对于营业之出资及损益分配之约定，其内容一致时即为成立，既不须一定方式，亦无待隐名合伙人现实履行出资义务。[12]是以，隐名合伙为诺成（不要物）契约，亦为不要式契约。

2. 隐名合伙之契约上性质

就契约上性质而言，隐名合伙为诺成契约，亦为不要物契约，业如上述，爰不重复。兹仅就其为双务契约、有偿契约之属性，略作说明。

（1）双务契约

隐名合伙成立生效，隐名合伙人负有出资及分担损失之义务，出名营业人负有经营事业及分配其利益之义务，双方互负债务，具有两足相偿之对价关系，故隐名合伙为双务契约。不过，出资义务之履行，通常先于事业经营及利益分配，此角度上，隐名合伙人有先为履行出资之给付义务。因之，隐名合伙人除有不安抗辩之情形（二六五条外），对出名营业人似难主张同时履行抗辩权。不过，如隐名合伙人与出名营业人约定，于隐名契约订立后开始营业者，则开始营业义务与出资给付义务之间，似可行使同时履行抗辩权。

隐名合伙人之出资，因不可归责于双方之事由，以致给付不能时，亦有一方免为给付、他方免为对待给付，亦即所谓危险负担之适用；反之，如约定出资后始开始经营事业，而其后出名营业人有相类情事者，亦同。不过，于出资义务之给付不能，如隐名合伙人愿依金钱偿付，以代原定给付者，应视为并无不可。

（2）有偿契约

隐名合伙人之出资并分配损益与出名营业人之经营事业，系互相为给付而具有对待利益之性质，故隐名合伙为有偿契约，自可准用买卖之规定（三四七条），其主要事项即为，隐名合伙人对其出资应负权利及物的瑕疵担保责任（三四九条以下）。

三、相类概念之比较

隐名合伙之相类概念，主要有二，一为隐名合伙及合伙之区别，另一为隐名合伙与消费借贷之区别。兹予以分别说明如下：

12 出资之标的物为不动产性权利者，其生效应注意“民法”债编修正第一六六条之一之规定。因其目前尚未施行，故于此部分之见解，尚无调整必要。

(一) 隐名合伙与合伙

1. 相同部分

(1) 合伙人与隐名合伙人均有出资义务(667、700)。

(2) 合伙人与隐名合伙人均系关于经营事业而出资(667、700)。

(3) 合伙人与隐名合伙人均无增加与补充出资之义务(669、701)。

(4) 合伙人与隐名合伙人均有损益分配之权义(677、701)。

(5) 债权人对于合伙人或隐名合伙人股份之扣押,均发生合伙关系、隐名合伙关系之退伙(685、701)。

(6) 合伙人与隐名合伙人均得声明退伙(686、708 本文)。

(7) 上述二者之退伙,均有结算之适用及结算后财产之返还(689、701)。[13]

2. 相异部分

(1) 出资义务

在隐名合伙,隐名合伙人系出资于出名营业人之营业(七〇〇条),且其出资之标的,仅得为金钱及其他财产权之出资(详如后述);反之,在合伙契约,各合伙人均为自己之共同事业而为出资,且其出资之标的,除得为财产出资(金钱出资、其他财产权出资)外,尚得为劳务出资、信用出资或其他利益出资(六六七条一、二项)。

(2) 财产归属

在隐名合伙,隐名合伙人之出资,其财产权移属于出名营业人(七〇二条);反之,在合伙契约,各合伙人之出资,成为合伙人全体之公同共有(六六八条)。也因此,在合伙,民法于合伙财产,设有诸多严谨之保全规定(六八二条~六八四条);反之,在隐名合伙,则尚无所谓财产保全之可言。

(3) 事业属性

①事业性质:在隐名合伙,其所经营之事业,必须为营利事业;反之,在合伙契约,其所经营之事业,得为营利事业,亦得为非营利事业。

②事业归属:在隐名合伙,隐名合伙所经营之事业,系出名营业人之

13 隐名合伙与合伙之区别,应采实质认定主义,尚不以事业是否登记独资作为认定标准,主要实务依据,参照"最高法院"1976 台上字第二九三六号判例:"现行'商业登记法',并未规定由出名营业人登记为独资营业时,其他合伙人即视为隐名合伙人,上诉人究为隐名合伙抑为普通合伙,端视上诉人与其他合伙人间之合伙契约内容而定,尚不能以商业登记为独资即认上诉人为隐名合伙人,请有'民法'第七百零四条第二项之适用。"

事业，非为隐名合伙人与出名营业人之共同事业；反之，在合伙契约，合伙所经营之事业，系合伙人之全体共同之事业。[14]

（4）事务执行

在隐名合伙，其事务专由出名营业人执行之（七〇四条一项），隐名合伙人仅有检查权（“民法”七〇六条），而无实际执行事务之行为[15]，既无其权利，且无协同营业之义务；反之，在合伙契约，因合伙人系以经营共同之事业为目的，因之，合伙之事务执行，原则上由合伙人全体共同执行之（六七一条），亦即合伙人负有执行事务之义务，且不得任意辞任或解任（六七四条一项）。也因此，隐名合伙人于营业事务之执行无表决权；反之，合伙人则均有表决权（六七四条）。

（5）损益分配

在隐名合伙，隐名合伙人及出名营业人均须分配损益，即均须分受营业所生之利益及分担营业所生之损失（七〇〇条）；反之，在合伙契约，并非合伙人均须分配损益，如以劳务为出资之合伙人即得不受损失之分配（六七七条三项）。

（6）对外关系

①代表权：在隐名合伙，系由出名营业人经营事业，且名义属于出名营业人，隐名合伙人不得对外为事业（出名营业人）之代表，亦无所谓隐名合伙代表之概念；反之，在合伙，原则上各合伙人均得对外为合伙事业（合伙人）之代表（六七九条）。

14 参照最高法院1940上字第九七一号判例：“合伙为二人以上互约出资以经营共同事业之契约，隐名合伙则为当事人约定一方对于他方所经营之事业出资，而分受其营业所生之利益，及分担其所生损失之契约，故合伙所经营之事业，系合伙人全体共同之事业，隐名合伙所经营之事业，则系出名营业人一人之事业，非与隐名合伙人共同之事业。苟其契约系互约出资以经营共同之事业，则虽约定由合伙人中一人执行合伙之事务，其他不执行合伙事务之合伙人，仅于出资之限度内负分担损失之责任，亦属合伙而非隐名分伙。”

参照“最高法院”1953年台上字第四三四号判例：“合伙为二人以上互约出资以经营共同事业之契约，隐名合伙则为当事人约定一方对于他方所经营之事业出资，而分受其营业所生之利益，及分担其所生损失之契约。故合伙所经营之事业，系合伙人全体共同之事业，隐名合伙所经营之事业，则系出名营业人之事业，非与隐名合伙人共同之事业。苟其契约系互约出资以经营共同之事业，则虽约定由合伙人中一人执行合伙之事务，其他不执行合伙事务之合伙人，仅于出资之限度内负分担损失之责任，亦属合伙而非隐名合伙。”

15 参照“最高法院”1996年台上字第一七二七号判决：“上诉人既依规定登记为独资事业之负责人，并实际执行该独资事业之事务，纵如其所辩另有他人入伙，他人应系对于上诉人所经营之事业出资，而分别受其营业所生之利益，及分担其所生损失，依‘民法’第七百条规定，为隐名合伙人。”

②债务给付责任：在隐名合伙，隐名合伙人对外原则上不生关系，就出名营业人所为之行为，对于第三人不生权利义务之关系（七〇四条二项），且仅于出资之限度内，负分担损失之责任（七〇三条），对隐名合伙（即出名营业人之事业）所生债务，不负任何责任；反之，在合伙契约，合伙人对于合伙债务，应负补充连带给付责任（六八一条）。

（7）其他团体性事项

①当事人能力：在隐名合伙，无共同事业存在，隐名合伙人与出名营业人间亦无团体色彩，故隐名合伙并无当事人能力之存在空间；反之，在合伙，则有当事人能力。

②主观变更：在隐名合伙，无开除之适用，亦无所谓入伙；反之，合伙得因正当事由开除合伙人（六八八条），并得因全体合伙人同意，允许第三人加入合伙（六九一条）。

③契约消灭：在隐名合伙，无团体性，隐名合伙契约之消灭，与一般继续性契约相同，以终止为主（七〇八条）；反之，在合伙，因其团体性之浓厚，合伙之消灭，须经解散清算（六九二条以下）。

（二）隐名合伙与消费借贷

1. 相同部分

（1）隐名合伙与消费借贷，在经营关系上，均具有提供资本于他方之性质。

（2）隐名合伙与消费借贷，就彼等提供之资本，均属移转权利于他方（七〇二条、四七四条）。

（3）隐名合伙与消费借贷，均有分享利益及负担一定风险之意义。

2. 相异部分

（1）效果意思

在隐名合伙，一方向他方出资，其目的系在使地方以之经营事业而分受其利益；在消费借贷，一方以代替物贷与他方，他方以其所借得之资金作何用途，则非所问。[16] 纵令贷与之一方有获利之目的，亦在获取利息，并非分受经营事业所生之利益。

（2）损益分配

在隐名合伙，隐名合伙人及出名营业人均须分受营业所生之利益及分担营业所生之损失（七〇〇条），故有损益计算及分配之规定（七〇七条），

16 参照最高法院 1932 年上字第一一四号判例：“借用人向贷与人所述借用金钱之缘由，是否属实，借用人就其所借得之金钱作何用途，均与消费借贷契约之成立无关。”

但隐名合伙人之分受利益具不确定性，应视事业经营结果有无盈余而定，有时且系分担损失，而无分受利益；反之，在消费借贷，不发生损益计算及分配之问题，如约定有利息或其他报酬者，贷与人之获取利息或其他报偿系确定的，借用人必须依一定利率定期支付利息或给付报偿（四七七条），贷与人除冒有债务人（借用人）支付不能之风险性，并无所谓分担营业所生之损失问题。

(3) 事业检查权

在隐名合伙，隐名合伙人虽无事务之执行权，但对于事业之经营有检查权（七〇六条）；反之，在消费借贷，纯为资金信用之授与，贷与人对于借用人所经营之事业，不仅无执行权，亦无检查权。

(4) 资金返还

①返还之标的：在隐名合伙，隐名合伙终了后，出名营业人应返还隐名合伙人之出资及给与应得利益，但出资因损失而减少者，仅返还其余额（七〇九条）；反之，在消费借贷，消费借贷关系终了后，除金钱借贷外，借用人应以种类、品质、数量相同之物返还于贷与人，其不能返还者应偿还其应有之价值（四七四条、四七九条）[17]，尚无返还余额之问题。

②利益之性质：在隐名合伙，出名营业人返还于隐名合伙人之利益，系经营事业之盈余；无盈余即无利益存在，亦无偿还义务可言；反之，在消费借贷，借贷人返还于贷与人者，系贷与人不使用资金之当然代价，与经营事业之利益无关，亦不问经营事业之盈亏如何，借贷人均应返还。

第二节　隐名合伙之效力

关于合伙之效力，拟分为下列三项说明之。即：一、隐名合伙准用合伙之厘清；二、隐名合伙人之权利义务；三、出名营业人之权利义务三者是。

17　金钱借贷，以同额金钱或有通用效力之货币，连同利息返还（四八一条），尚无返还同种类（品质、数量）物之概念。

一、准用合伙之厘清

(一)问题基点

隐名合伙，不仅名称与合伙相类，法典体例亦紧随于合伙之后，比较法上且有目之为合伙类型之一者。因此，隐名合伙与合伙极其相近，无宁为一般意识所常及，立法者亦表达二者相类意旨[18]，故于“民法”第七〇一条规定：“隐名合伙，除本节有规定者外，准用关于合伙之规定。”以期制度上适用之周延。

诚然，隐名合伙与合伙，或有相类之点，非吾人所宜否认，但亦有诸多截然不同之处，恐亦事实。此纵以上概念比较，即可佐证。因之，民法本条准用范围，究属如何？关系隐名合伙之效力射程，应系隐名合伙上效力重点之一，值得吾人正视；爰亦列为独立段落说明之。

比较隐名合伙与合伙之规定，吾人可以发现，隐名合伙规定诸条，在事项上，其中亦有与合伙相互重复者，在法律解释上，此部分本无准用与否之问题。因此，关于隐名合伙得否准用合伙规定之问题，当可区分为如下立场分析之。

准用规定（701）
- 准用障碍事项：合伙团体性 —— 不得准用
- 非准用障碍事项：合伙契约性
  - 无庸准用条项（重复规定部分）—— 不得准用
  - 得为准用条项：得为准用范围

由上述所列，可知隐名合伙而得准用于合伙者，其条项非甚普遍，恐系事实，值得吾人注意。

(二)不得准用之条项

合伙一节规定中，其不得准用于隐名合伙者有二，一为本质上无从准用者，本书称之准用 障碍事项；另一为因隐名合伙已另为规定，事项之间已属重复，法律解释上已无准用之余地者，本书称其为无庸准用事项。

1. 准用障碍事项

隐名合伙与合伙在本质上之最大不同，在于隐名合伙无团体性而合伙有团体性。因此，合伙一节中关于表征合伙团体性之规定，于隐名合

18 参照“民法”第七〇一条立法理由：“查民律草案第八百三十七条理由谓隐名合伙，与合伙相类，以无特别规定为限，得准用关于合伙之规定。此本条所由设也。”

伙即为无可准用。其事项及条文，殆可归纳如下：

（1）合伙财产相关规定

合伙财产为公同共有，具有独立性，法律上须有维护其独立之保全规定。凡此，皆为隐名合伙所无有，自无准用于隐名合伙之余地。此部分不得准用之条项有"民法"第六六八条、第六八二条至第六八四条。又构成合伙财产之出资，共标的得为劳务、信用或其他非财产性利益；反之，于隐名合伙，其隐名合伙人出资之标的，仅得为金钱或其他财产权或财产性利益。

（2）合伙事务相关规定

合伙系以合伙人经营共同事业为目的，故各合伙人原则上均得执行合伙事务，再不然亦得被选定为合伙事务执行人而执行合伙事务；而且，在此基础上，并得为合伙（人）之代表。凡此，亦皆为隐名合伙所不能有；因之，此部分规定，亦无准用于隐名合伙之余地。此部分不得准用之条项，有"民法"第六七〇条、六七一条、六七三条、第六七四条、第六七八条第二项、第六七九条。

（3）合伙人责任相关规定

合伙人对于合伙债务，应负补充之连带给付责任，纵退伙人，于退伙前之债务，亦同负责任。于此，亦为隐名合伙人所无，自亦无准用于隐名合伙之可言。此部分不得准用之条项，有"民法"第六八一条　第六九〇条。

（4）合伙变更相关规定

合伙关于声明退伙之规定，虽因隐名合伙明文规定而有适用（七〇八条本文），但关于入伙及法定退伙，亦因隐名合伙不具团体性而无可准用。此部分不得准用之条项有"民法"第六八七条、第六八八条、第六九一条、第六九二条。

（5）合伙消灭相关规定

合伙消灭，适用解散清算之规定，此亦本于合伙团体性而来，于隐名合伙自亦无可准用。此部分不得准用之条项有民法第六九四条至第六九九条。

2. 无庸准用事项

隐名合伙，本于契约性及隐名合伙典型所在之制度内容，自须设有足以表征独立契约类型之规定，此部分规定，无论与合伙相同事项之规定是否相符，均无再准用合伙之问题。[19]其事项及条文，殆可归纳如下：

19　学理或以为，其内容大致相同者，亦无准用必要，其论点似有商榷余地（郑著（下），第七一一页）。

（1）隐名合伙人出资

隐名合伙人出资，“民法”第七〇〇条定有明文，因其出资目的与合伙人迥然有别，解释上，“民法”第六六七条尚无准用余地。又者，隐名合伙人就其出资，需移属于出名营业人（七〇二条），其于合伙相应之“民法”第六六八条及其相关规定，自无准用可言。

（2）隐名合伙人责任

隐名合伙人仅以其出资之限度，负分担损失之责任，对出名营业人之债权人，不负任何义务及责任（七〇三条），其于合伙相应之“民法”第六八一条于此不得准用。

（3）隐名合伙人监督权

隐名合伙，并无显在的隐名合伙事务之概念，纵或有之，亦由出名营业人执行（七〇四条），其于合伙相应之“民法”第六七一条及其相关规定，自无准用可言。至于隐名合伙人之监督权，隐名合伙于第七〇六条另有明文规定，合伙相应于此之“民法”第六七五条规定，亦无准用余地。

（4）拟似出名营业人责任

拟似出名营业人责任，为隐名合伙特有之规定（七〇五条），合伙一节未有明文，自无准用与否之可言。实务于合伙，虽有基于相同理念，创有表见合伙人责任之判例，以为适用依循[20]；惟有关于此，亦不生准用与否之问题，并此叙明。

（5）隐名合伙损益分配

关于隐名合伙人损益计算及其分配之执行，“民法”第七〇七条设有具体规定，虽其规定内容，与合伙相应于此之“民法”第六七六条大致相同，惟法律解释适用上，自不再准用第六七六条。[21]

（6）隐名合伙之消灭

①消灭之事由

隐名合伙因终止而消灭，关于其终止事由，民法于第七〇八条另有明文。因此，合伙相应于此之“民法”第六八六条、第六八七条及第六九二条，于隐名合伙亦无准用。

②消灭之效果

隐名合伙消灭后，如何返还出资及其余利益，“民法”第七〇九条亦

20　关于表见合伙之实务创设，请参照本书本册第九五页、第九八页、第一〇四页。

21　隐名合伙人不得为劳务出资，“民法”第六七七条第三项关于劳务出资人不分担损失之规定，严格言之，于隐名合伙人并无适用，亦不生准用与否之问题。

有规定，合伙相应于此之“民法”第六九八条，于隐名合伙亦无从准用。

（三）得准用条项

合伙规定得准用于隐名合伙者，主要有二：一为合伙关于契约性之规定，而未于隐名合伙重复或另行规定者，二为关于事务执行人之规定，兹归纳相关条文于下：

1. 准用事项

（1）合伙之契约性规定

①隐名合伙人亦如合伙人，并无增加或补充出资之义务（七〇一条准用六六九条）。

②隐名合伙人之损益分配之成数，亦如合伙人，原则以出资比例定之（七〇一条准用六七七条一、二项）。

③隐名合伙期限届满而未退伙或终止隐名合伙契约者，亦如合伙因继续经营共同事业而更新，成为不定期限隐名合伙契约（七〇一条准用六九三条）。

（2）执行事务人员之义务

于隐名合伙人，出名营业人之执行事务，关于涉及隐名合伙人利益事项，其义务有如合伙事务执行人之于合伙人，其主要事项有三：

①出名营业人关于营业事务之执行，对于隐名合伙人之利益维护应尽必要之注意（七〇一条准用六七二条）。

②出名营业人关于营业事务执行之权利义务，于保护隐名合伙人利益之角度上，除上述规定外，准用委任之规定（七〇一条准用六八〇条）。

③隐名合伙人为出名营业人之营业支出费用者，得准用合伙规定之例，请求返还（七〇一条准用六八七条一项）。[22]

（3）退伙部分事项之准用

退伙，本为合伙团体性之规定，非为契约性之制度内涵，惟民法于隐名合伙一节，特别明文规定，“民法”第六八六条关于合伙人声明退伙之规定，于隐名合伙亦有适用（七〇八条本文）。基此，则合伙之下列条文，于隐名合伙亦有适用。

①对隐名合伙人出资及其他利益之扣押，对该隐名合伙人发生退伙

22 隐名合伙人为其出资之出名营业人所为营业而支出费用者，事非无有，亦无禁止或限制必要。因其情形，有如非合伙事务执行人之合伙人而为合伙支出费用，解释上准用合伙之相应规定，应较妥适，似非必须适用无因管理不可。

之效力（七〇一条准用六八五条）。[23]

②关于隐名合伙人退伙人之结算及利益返还，准用合伙之相关规定（七〇一条准用六八九条）。

2. 补充说明

（1）基本态度

按合伙计其条文三十有二，且其核心制度，在于合伙之团体性。而综上分析，可知隐名合伙之适用于合伙者，不仅条文极其有限；而且，其得准用者，并非合伙之核心部分。因此，解释“民法”第七〇一条准用规定之条文，应本于谦抑态度，以目的论限缩之立场，作为筛选论定之依据。

（2）不同见解

于民法本条之解释，应采谦抑原则，或为台湾学者之共通立场，惟其说理未尽清晰而已。[24]不过，于具体细腻部分，其间与本书看法未尽相同者，有如下三者：

①台湾学理多数见解，认为合伙关于决议之规定（六七〇条），于隐名合伙亦有准用[25]；惟隐名合伙人既不参与或协同出名营业人营业之经营或事务之执行、应无参与决议之可言，鉴于其为合伙团体性表征之一，故本书列为准用障碍事项之不得准用条项。

②台湾学理多数见解以为，隐名合伙人既不执行事务，合伙人费用偿还及执行合伙事务报酬之规定，于隐名合伙并无适用[26]，惟本书以为，隐名合伙人固不执行事务，但非绝无为隐名合伙相关之出名营业支出费用，爰认为于费用偿还之规定（六七八条一项），于隐名合伙当有适用（准用结果为：由出名营业负担），亦与通说见解尚不一致。

③隐名合伙人退伙后，对合伙相关出名营业之债权人不负责任，合伙相应于此之退伙人责任（六九〇条），于隐名合伙人之退伙，无其适用。台湾学理较少叙及，本书予以特别提出列明。

23 隐名合伙虽无团体性，惟对隐名合伙人出资及其利益之扣押，宜认为亦生退出隐名合伙之效力，以免影响出名营业人营业之推展，通说爰认为应列入得为准用之条项，本书亦肯定之。

24 台湾学理，大都仅依得否准用而胪列条项，对于第七〇一条所为准用之基本态度如何，似少有论及。于此角度上，本书相关说明，似具补充意义。

25 郑著（下），第七一二页；刘著（一），第一〇三页（或认为于隐名合伙虽无规定，但当然有此内容——史著（下），第七一四页）。

26 郑著（下），第七一一页；史著（下），第七一五页；刘著（一），第一〇二页。

（3）综合归纳

鉴于合伙条文尚多，是否准用于隐名合伙，多有芜杂，爰依合伙规定条序，试予综合归纳如下表：

合伙条文	规定事项	准用与否	依　据
667	合伙出资及成立	×	契约本质
668	合伙财产	×	团体性规定
669	无增补出资义务	○	契约性规定
670	合伙决议	×	团体性规定
671	合伙事务执行	×	〃
672	合伙人注意义务	○	契约性规定
673	合伙人表决权	×	团体性规定
674	事务执行人辞(解)任	×	〃
675	事务检查权	×	另有规定（705）
676	损益分配时期	×	另有规定（707）
677	损益分配成数	○	契约性规定
678	费用偿还及报酬请求	费用○ 报酬×	费用为契约性规定 报酬之设计原以团体性为基础
679	合伙（人）代表	×	团体性规定
680	委任规定准用	○	契约性规定
681	合伙人责任	×	团体性规定
682	财产分析及债务抵销	×	〃
683	股份转让限制	×	〃
684	代位权行使限制	×	〃
685	股份扣押	○	未违反团体性设计
686	声明退伙	△(适用而非准用)	明文规定适用（708 本文）
687	法定退伙	×	另有规定（708 各款）
688	合伙人开除	×	团体性规定
689	退伙结算及利益返还	△	明文规定适用(708 本文延伸)
690	合伙人责任	×	团体性规定
691	第三人入伙	×	〃
692	合伙解散事由	×	〃
693	合伙更新	○	契约性规定
694	清算人选任	×	团体性规定
695	清算人决议	×	〃
696	清算人辞（解）任	×	〃
697	清偿债务及返还出资	×	清偿债务为团体性规定 返还出资为另有规定（709）
698	出资比例返还	×	另有规定（709）
699	剩余财产分配	×	团体性规定

附说：○为得准用；×为不得准用。

二、隐名合伙人之权利义务

隐名合伙人之权利义务，殆可归纳为如下五点：即（一）出资及其移属义务，（二）损益分配权益（包括利益分配请求权及限额分担损失义务），（三）营业检查权，（四）费用偿还请求权，（五）拟似出名营业人责任。兹分述于下（费用偿还请求权者，较为单纯，而且与是否涉及拟似出名营业人责任或有关系，爰并于后者一并说明之）：

（一）出资及移属义务

1. 出资义务

隐名合伙，系以约定隐名合伙人对于出名营业人所经营之事业出资为要件，因此，隐名合伙契约成立生效后，隐名合伙人即负有现实履行出资之义务。至于出资义务有关问题殆可分述如下：

（1）出资之种类

依合伙之规定，合伙人之出资，因其标的之不同，得分为①金钱出资；②其他财产权出资；③劳务出资；④信用出资；⑤其他利益之出资（六六七条一、二项）。隐名合伙人之出资种类如何？亦即是否亦得为劳务、信用之出资，“民法”第七〇〇条并无明文。惟一般以为，由于隐名合伙人之出资，其财产权移属于出名营业人（七〇二条），而隐名合伙人之劳务，无从移属于出名营业人，且隐名合伙人既不协同营业，出名营业人自亦无从运用其劳务，否则即陷于是否执行事务之争议，有违隐名合伙之本质，故隐名合伙人不得为劳务出资。其次，就信用出资而言，因隐名合伙人就出名营业人所为之行为，对于第三人不生权利义务之关系（七〇四条二项），出名营业人无从利用隐名合伙人之信用，以协助营业之推展，否则，亦易启是否协同营业之疑义，故隐名合伙人亦不得为信用出资。况者，隐名合伙人之地位，与两合公司之有限责任股东相当，而两合公司之有限责任股东，法律明定其不得以劳务及信用为出资（公司法一一七条）；参之比较法上，复有明定隐名合伙人不得以劳务或信用作为出资。[27]因此，关于隐名合伙人之出资，虽法无明文限制，但本于隐

27　在日本法上，隐名合伙人之出资标的，依日本商法第五四二条规定，系准用两合公司有限责任股东之规定，而两合公司有关于此则明定：“有限责任股东仅得以金钱或其他财产为出资之标的。”故隐名合伙人不得以劳务或信用为出资，在日本法上，系为法律所明定。

名合伙之本质，解为只能以财产为出资，不得为劳务出资或信用出资[28]，应予肯定。这也正是，吾人于前段准用之比较分析时，认为不得准用合伙出资规定之主要依据，实务亦持相同立场。[29]

（2）出资之数额

隐名合伙人出资之数额，本于契约自由原则，由当事人以契约订定之；而且，除有特别订定外，隐名合伙人无于约定出资外增加出资之义务，因损失而致资本减少者，隐名合伙人亦无补充之义务（七〇一条准用六六九条）。至于隐名合伙人出资之方法，亦依据契约原则，由当事人订定之，无论其为移转出资，抑或为用益出资，均无不可。至于其形态及范围如何？请参照本书于合伙之有关说明。[30]

（3）出资之履行时期

关于隐名合伙人履行出资之时期，亦基于契约自由原则，其当事人间有约定者，自应依其约定；无约定者，则为不定期债务，适用债之通则相关规定，出名营业人得随时请求其履行，而隐名合伙人亦得随时为履行（三一五条）。

2. 权利移属义务

（1）隐名合伙人义务

"民法"第七〇二条规定："隐名合伙人之出资，其财产权移属于出名营业人。"盖以隐名合伙人仅系出资而分配损益，其所出资之营业主体为出名营业人，为期营业发展顺利及维护营业信誉，爰特作此规定。[31]由于隐名合伙人之出资，性质上只能以财产权为标的，民法本条使用财产权之用语，具有限定意义，解释上，不能认为财产权以外之权利可以类推适用。

财产权应于何时移属，依上述之出资履行时期而定，因其本属债务

28 郑著（下），第七一三页；史著（下），第七一〇页；戴著（下），第二七四页～第二七五页；陈著，第三七二页；蔡著（下），第一一九页；刘著（一），第一〇四页。

29 参照"司法行政部"1958年台函民字第四五三二号函："查隐名合伙谓当事人约定一方（隐名合伙人）对于他方（出名营业人）所经营之事业出资，而分受其营业所生之利益及分担其所生之损失之契约（'民法'第七〇〇条），故隐名合伙关系之发生，必由隐名合伙人与出名营业人间之契约，其所营业系以出名营业人为营业主体，隐名合伙人仅负出资之义务，关于出名营业人之营业上之行为，隐名合伙人对于第三人亦不生权利义务之关系，又隐名合伙人之出资，限于财产（即金钱及其他动产不动产），其财产必移属于出名营业人。"

30 参照本书本册第八页～第九页（金钱、其他财产权）、第十页（其他利益）。

31 参照"民法"七〇二条立法理由："谨按隐名合伙，仅当事人间约定一方对于他方所经营之事业出资，而分配其营业所生之损益，其营业之主体，仍为出名营业人。故隐名合伙人之出资，其财产权应移属于出名营业人，以资事实之便利，而维业务之信誉。此本条所由设也。"

履行概念范围也。至于如何移属，依民法物权编及其他有关权利移转法律之规定。亦即：

①出资标的为智慧财产权者，依其相关法律规定，原则上于隐名合伙（债权契约）成立生效时，无体财产权利移转行为同时成立生效。

②出资标的为动产（所有权）者，应经交付（七六一条）。

③出资标的为不动产者，应订立书面，并经登记（七六〇条、七五九条）。

出名营业人取得隐名合伙人出资之权利，性质上为继受取得。至于移属方法，应视出资情形而定，其为移转出资者，践行权利移转程序，例如，不动产所有权之出资，应订立书面，并办理所有权移转登记。其为用益出资者，通常须践行权利设定程序。例如，为营业设定地上权以为出资即是。至其因而产生之瑕疵担保责任或危险负担等问题，前述有关合伙之契约上性质，已有说明，不予赘述。

(2) 出名营业人之协同义务

出资权利之移属，固为隐名合伙人之义务，惟其履行完成，常须出名营业人之协力。解释上，应基于准用买受人受领标的物义务之规定（三四七条、三六七条），认为出名营业人亦有协同义务。因之，于出资之履行上，不仅隐名合伙人有债务不履行责任，即出名营业人不协同隐名合伙人之出资履行者，亦应负担债务不履行责任。

（二）损益分配权义

1. 利益分配请求权

隐名合伙人之出资，系以分受营业所生之利益为目的，故当然有利益分派请求权，惟利益分派请求权与出名营业人所负担之分派利益义务，实为车之两轮而恰相对应，其详细内容，拟待叙及出名营业人相关义务时说明之。

2. 限额分担损失义务

隐名合伙人之损失，有其一定限额，以其出资额为最高限度，本书爰以限额分担损失义务称之，以期凸显制度意义。“民法”第七〇三条规定：“隐名合伙人仅于其出资之限度内，负分担损失之责任。”亦即隐名合伙人仅负有限责任，其所出资本，纵有损失净尽、不足清偿债务之情形，隐名合伙人亦不再负任何清偿之责；盖以隐名合伙人既不干预营业，法无责求其负无限责之理。[32] 再者，隐名合伙人此项损失义务，仅系对于

32 参照“民法”第七〇三条立法理由：“谨按本条规定隐名合伙人，于合伙损失时应负之责任，而隐名合伙人，既不干预营业，则其责任，应以出资为限。故其所出资本，纵有损失净尽，不足清偿债务之情事时，隐名合伙人亦不再负清偿之责。此本条所由设也。”

出名营业人、亦即内部关系而言，其对于出名营业人之债权人，尚不负担责任，故出名营业人之债权人，不仅对于不足清偿部分不得请求隐名合伙人负其责任，即对于隐名合伙人出资之限度内，亦无请求该隐名合伙人负清偿债务责任之之依据。[33]学理或实务论述，或称于限度外所负债务，对其财产不能强制执行，其意义当亦在此。[34]换言之，于隐名合伙，关于隐名合伙人之义务及责任，吾人必须强调，即使于出资限度内，隐名合伙人亦不以自己名义对债权人负其责任，充其量仅采以其出资及其所取得之财产（利益分配或返还请求权），作为实质担保，但由所属之出名营业负清偿之责。而且，其业已发生而未请求清偿、亦即支分权之利益分配或返还请求权，已属隐名合伙人固有之财产，得居于债权人与其他债权人同向出名营业人请求，亦非出名营业债权人所得请求或强制执行之标的。

（三）营业检查权

1. 基本规定

隐名合伙之事业，专由出名营业人单独经营（七〇四条一项），隐名合伙人虽有出资，但无事务执行权，惟隐名合伙人即负有出资及分担营业所生损失之义务，复有分受营业所生利益之权利，事业之经营是否得当及其营业之成败利钝，与隐名合伙人有重大之利害关系，自应赋与营业检查权，以维其利益，故“民法”第七〇六条规定：“隐名合伙人，纵有反对之约定，仍得于每届事务年度终查阅合伙之账簿，并检查其事务及财产之状况。如有重大事由，法院因隐名合伙人之声请，得许其随时为前项之查阅及检查。”以为适用之依循。[35]隐名合伙人之营业检查权，其依据类似无执行事务权义合伙人之事务检查权（六七五条），惟其立法目

33 参照最高法院 1944 年上字第九〇号判例：“依民法第七百零四条第二项之规定，隐名合伙人就出名营业人所为之行为，对于第三人不生权利义务之关系，故隐名合伙人除同法第七百零五条规定情形外，合伙债权人不得请求隐名合伙人清偿债务。

34 参照“司法行政部”1958 年台函参字第一六四号函：“隐名合伙人出资限度外所负债务，对其财产不能强制执行。查该丁、戊、已、庚等，既收受该合伙商号之分配盈余，如无‘民法’第七〇五条所列情形，自应认为该商号之隐名合伙人，又依据‘民法’第七〇三条之规定，隐名合伙人仅于其出资之限度内，负分担损失之责任，故于限度外所负债务，对其财产不能强制执行。”

35 参照“民法”七〇六条立法理由：“谨按隐名合伙人应有查阅合伙账簿，并检查其事务，及财产状况之权利，此种权利之行使，应于每届事务年度终了时为之，纵有反对之约定，亦属无效。若有重大事由，隐名合伙人并得声请法院，随时查阅账簿，既检查事务及财产之状况，以保护其利益。此本条所由设也。”

的略有不同。[36]隐名合伙人之此项营业检查权为强制规定，如有反对约定，其约定无效（七一条本文），隐名合伙人仍得行使之。再者，隐名合伙人之营业检查权，民法本条既另有规定，方法论上即不再发生准用合伙规定之余地。

2. 权利范围及执行方式

（1）权利范围

隐名合伙人营业检查权之范围，一如合伙人事务检查权之规定，其内容包括：①隐名合伙事务之检查；②出名营业财产状况之检查；③出名营业财产目录、会计簿册等账簿之检查。至于上述各该事项之具体项目，请参照合伙之相关说明（本书本册第五六页至第五九页），兹不重复。

（2）执行方式

隐名合伙人检查权之行使方式，可分为年终行使及随时行使两种形态。前者，配合出名营业事务年度，于各该年度终了时执行之。后者须于有重大事由发生，且须经声请法院之许可，始得为之。何为重大事由？应依个案具体情况客观认定之。通常，如发现出名营业人有掏空营业资产嫌疑、支票拒绝往来、变更签证会计师或营业突然发生巨额亏损均是。

按未执行合伙事务之合伙人，其事务检查权，得随时行使，并无重大事由之限制，亦无须声请法院为之。故二者相较，隐名合伙人权利之行使，显较合伙人受限许多，所以如此，恐系考量隐名合伙人之于出名营业人，显较合伙人之于合伙事业为更间接之故，为减低出名营业遭受不必要干扰，乃有此严格之实质上及程度上限制。民法于隐名合伙人检查权，所以不准用合伙，而另为本条规定，其用意或即在此。

（四）拟似出名营业人责任

1. 基本原则

隐名合伙之事务，系专由出名营业人执行之（七〇四条一项），其对外行为自亦专以出名营业人之名义行之，是以，因出名营业对外所生之一切权利与义务，均应由出名营业人享有及负担，为免争议，民法爰于第七〇四条第二项规定："隐名合伙人就出名营业人所为之行为，对于第

36 营业检查权之赋与，其最后目的虽均在维护检查权人之利益，此于隐名合伙人及合伙人，固均无不同；惟合伙系经营共同事业，其营业检查权尚有实现共同目的，即促进合伙共同事业推展顺利之意义，而此为隐名合伙所无。

三人不生权利义务之关系。”[37] 正因如此，所以本书特别强调，隐名合伙所属出名营业上所负之债务，为出名营业人之债务，应由出名营业人负无限清偿责任，隐名合伙人对外毫无责任之可言，隐名合伙所属出名营业上之债权人，不得请求隐名合伙人清偿债务。惟隐名合伙人如有使人误其亦为出名营业人之事实（行为），为保护交易安全及维护第三人利益，亦应例外使其依所客观表见而负责任，是为所谓之拟似出名营业人责任。

2. 拟似出名营业人责任之成立

“民法”第七〇五条规定：“隐名合伙人，如参与合伙事务之执行，或为参与执行之表示，或知他人表示其参与执行而不否认者，纵有反对之约定，对于第三人应负出名营业人之责任。”基此立法意旨，并参酌表见责任之法律原则，可知拟似出名营业人责任之成立，其要件有二。其一为隐名合伙人有参与营业之表见事实；其二为第三人须为善意并无过失。兹分述于下：

(1) 参与营业之表见事实

依民法本条规定，隐名合伙人参与所属出名营业之表见事实，指下列三种形态之一：

①参与隐名合伙所属出名营业事务之执行：例如，隐名合伙人代表该营业与第三人订购货品或制订和解契约是；惟此所称执行事务，须基于隐名合伙人之地位而为之者始是。因之，如隐名合伙人系因受出名营业人之委任、雇用或其他类似法律关系而执行事务者，则系基于别一法律关系而执行事务，尚并非此处所称参与合伙事务之执行。[38]

②为参与上述事务执行之表示：所谓为参与执行之表示，系指隐名合伙人实际上虽未参与事务之执行。但在形式上有参与执行之表示。此之表示，应与表见代理（一六九条）所称之表示同，性质上为事实通知，其成立生效类推适用意思表示之规定。例如，在其名片上印明其为该营业之负责人，或听许该营业以其自己之姓名作为商号是。

③知悉他人表示隐名合伙人参与执行而不否认：所谓知悉他人表示

37 参照“民法”第七〇四条立法理由后段：“至隐名合伙之事务，既由出名营业人执行，则因营业上行为所生权利义务之关系，亦应归属于出名营业人，故出名营业人所为之行为，对于第三人之一切权利义务，应由出名营业人负担，隐名合伙人与第三人相互间，自不生权利义务之关系。此第二项所由设也。”

38 参照史著（下），第七二四页；刘著（一），第一一〇页。

其参与执行而不否认者，系指隐名合伙人实际上虽未参与事务之执行，但他人却表示其参与事务执行，而隐名合伙人竟知悉此种情事而未为反对之表示者而言。他人之表示或隐名合伙人反对之表示，均与上述所称之表示，性质上同为事实通知，其成立生效类推适用意思表示之规定。

（2）第三人善意并无过失

拟似出名营业人责任之成立，是否以第三人为善意而无过失者为限，民法本条并无明文。惟鉴于隐名合伙人所以负此责任，乃系特例，旨在保护信赖其表见行为而从事交易之第三人，基于信赖责任或表见责任之法律原则，解释上应予以肯定。在此角度上，宜类推适用表见代理相关条项，亦即“民法”第一六九条但书规定。从而，其第三人为恶意（知情），或虽为善意，但有过失者，隐名合伙人仍不成立拟似出名营业人之责任。[39]

拟似出名营业人责任，对于信赖其表见行为或误认其表见事实者，始克成立。因之，隐名合伙人是否负此责任，应由第三人主张而个别认定，非谓隐名合伙人苟曾有参与营业之表见行为，即对于出名营业之债权人（或任何第三人），均应负拟似出名营业人责任。不过，民法本条为强制规定；因之，纵使隐名合伙人与出名营业人间有与此相斥之特约（即约定有此情形，隐名合伙人对外不负拟似出名营业人之责任）者，其约定亦属无效，尚无除去该责任适用之可言。[40]

3. 拟似出名营业人之责任

（1）责任之属性

隐名合伙人对于第三人负拟似出名营业人责任，并不具有取代出名营业人对于第三人责任之规范意义，亦即出名营业人仍应对于第三人负其责任。换言之，斯二者系属于并存关系，惟其属性关系如何？我民法未设规定，有认为系属连带责任者[41]，解释上则以成立不真正连带债务之见解为可采[42]，盖以台湾民法上连带债务之成立，须有当事人之明示或法

39 学理上或认为，第三人为恶意或有重大过失者，始无拟似出名营业人责任之适用，对于隐名合伙人利益之保护，其立场似较本书为狭（薛著，第三四二页；刘著（一），第一一〇页）。

40 参照“民法”第七〇五条立法理由：“谨按隐名合伙人，因不干预合伙事务，故对于第三人，仅于其出资之限度内，负分担损失之责任。若隐名合伙人参与合伙事务之执行，或为参与执行之表示，或知他人表示其参与执行而不否认者，则是已处于执行合伙事务之地位，纵使合伙契约内，有不负责任之记载，对于第三人，仍应负出名营业人之责任。”

41 季著（下），第一五九页；薛著，第三四二页。

42 郑著（下），第七一九页；史著（下），第七二四页；蔡著（下），第一二四页；刘著（一），第一一〇页。

律有明文规定者为要件（二七二条），而民法本条并未明定其为连带债务，即连带责任、同一责任之字眼，亦未之见故也。不过，民法本条仅为责任条项，并无权利义务创设之实质。因此，其信赖而无过失之第三人，依民法本条规定，出而主张隐名合伙人应负与出名营业人同一之责任时，隐名合伙人固不得推卸责任，惟不问第三人是否主张其应属出名营业人责任，隐名合伙人均不得自行居于出名营业人之地位，进而主张属于出名营业人所得享受之权利，亦即拟似出名营业人责任之规定，绝不因而使隐名合伙人成为出名营业人或等同出名营业人。

（2）责任之顺位

隐名合伙人对于第三人所负拟似出名营业人之责任，只限于对外关系而已，如就其与出名营业人之内部关系而言，其为隐名合伙人之资格，仍不因之而改变，是其仅于其出资之限度内，对出名营业人负分担损失义务之地位，亦不受影响。故隐名合伙人因此所负责任，非为终局责任者，是其对于第三人为清偿时，自得本于不真正连带债务之例，依类推适用“民法”第二一八条之一规定，请求该第三人让与其对于出名营业人之请求权；惟其如系可单独归责于隐名合伙人之事由所致之损害，应由该隐名合伙人负担，得类推适用过失相抵之例减免之。至于内部关系上，该隐名合伙人应否分担损失（部分债务），系损益分配之问题，尚不宜与求偿关系混淆，以免法律关系牵缠不清。

再者，拟似出名营业人责任之成立，须以隐名合伙人为前提，若本非隐名合伙人，纵其行为符合上述参与营业之表见事实（行为），且第三人为善意并无过失，其为表见事实之人应否负责，乃另一层次之课题，但与拟似出名营业人无涉，其第三人自不能基于表见事实而对行为人主张拟似出名营业人责任。同理，纵使该行为人与隐名合伙人或出名营业人有事实上利害关系，亦不得因而对其主张拟似出名营业人责任。例如，隐名合伙人之配偶或出名营业人之父亲，参与合伙事务之执行或表示其亦为出名营业人者，第三人仍不能主张隐名合伙人或出名营业人应负民法本条之责任即是。[43]

43 参照“司法行政部”1958年台函民字第四五三二号函：“本件黄林凤娇独资经营之福禄摩厦旅社，其房屋及基地既分别为其夫及子女所有，并未移转与伊，复无凭证足以证明，双方有以房屋及基地之使用权为出资之约定，实难仅据其共同生活之夫及子女参与店务，即断定其夫及子女为隐名合伙人，令负出名营业人之责任，就该房屋及基地予以强制执行。”

4. 费用偿还请求权

隐名合伙人为出名营业支出费用者，得否请求偿还？如其答案为肯定，则其根据如何？民法于隐名合伙一节，并无明定。台湾学理多数见解，多认为“民法”第六七八条关于合伙人费用偿还请求权之规定，于隐名合伙尚不准用。然则，隐名合伙人苟有为其所属出名营业支出费用者，解释上似应回归适用无因管理之相关规定，并因其有利于营业之执行，且无违反出名营业人之本意可言，自应适用“民法”第一七六条规定而为全额求偿。

然而，隐名合伙人因故而为出名营业支出费用者，恐亦事所常有。例如，隐名合伙人因故前往出名营业办公场所，恰有厂商前来收取小额贷款或恰值收取水电费、电话费而代为支出，乃至代为清偿债务者，均是难以避免。于此情形，似不必故意回避第六七八条第一项之准用，并刻意去适用无因管理。本书爰以为，于此等情形，应以准用上述规定为宜。

诚然，为隐名合伙所属出名营业支出费用、乃至代偿债务，属性上已属为隐名合伙所属出名营业执行事务。惟此情形，对于受领清偿之第三人而言，应无法律上责任可言，其他第三人亦无因此信赖而受有损害可言，制度上应无成立拟似出名营业人责任之余地。再者，此部分支出或代偿行为，应无先行扣除隐名合伙人应分担部分之适用，亦即隐名合伙人就此等请求权，而为全部支出或清偿数额之请求返还。至于合伙人因出名营业所应分担损失，系另一问题，应待决算、结算或清算时另行算定，于费用偿还请求之行使，应无直接扣除之适用。

5. 附带说明

按隐名合伙人之出资，其财产权移属于出名营业人，其营业主体亦归属于出名营业人。因此，所谓执行事务，应指参与出名营业之事务而言；换言之，亦即在隐名合伙关系上，应无凸显或强调合伙事务之必要。基此，隐名合伙人因执行事务相关表示，致应负拟似出名营业人责任者，应指参与出名营业事务之执行而言；“民法”第七〇五条，使用参与合伙事务之执行之字眼，严格言之，不无语病。为免疑义，本书相关叙述，尽量以参与出名营业事务之相类名词，作为用词依据，并此叙明之。

三、出名营业人之权利义务

出名营业人之权利义务；殆可归纳为四。即（一）出名营业义务，

（二）损益计算分配义务，（三）（隐名合伙人）退伙之结算义务，（四）（消灭后）返还利益义务。兹依序说明于下：

（一）出名营业之义务

出名营业之义务，一般称之执行事务义务。惟因出名营业人不仅对于出名营业具有执行事务之权利，而系更积极的负责营业之全面，既为出名营业之主体，对于隐名合伙人之暗股，于必要限度内，亦应负有保密义务。凡此，均非事务执行可尽为说明，本书爰斟酌实情，另以出名营业义务称之，以期语言使用，更符制度实情。

1. 执行出名营业事务

（1）基本规定

"民法"第七〇四条第一项规定："隐名合伙之事务，专由出名营业人执行之。"亦即隐名合伙事务之执行，系出名营业人之专属权利，同时亦为其专属义务。盖以出名营业人所本有之营业人地位，并不因隐名合伙契约之订立而受影响，故隐名合伙所属之营业，其相关事务乃应由出名营业人执行[44]，且专由出名营业人为之，隐名合伙人尚无置喙空间。[45]

（2）处理事务权义

出名营业人处理出名营业事务，为维护隐名合伙人权益，其对于隐名合伙人应有或应负之权义如下：

①必要注意义务：出名营业人执行出名营业事务，为隐名合伙人权益，应与处理自己事务为同一注意；其受有报酬者，应以善变管理人之注意为之（七〇一条准用六七二条）。

②亲自处理义务：出名营业人执行出名营业事务，原则上应亲自为之，苟有交由他人处理，亦应准用复委任规定，负同一责任，隐名合伙人并有直接请求复受任人向出名营业人为给付之权利（七〇一条准用六八〇条再准用五三七条～五三九条规定）。[46]

③计算义务：出名营业人执行出名营业事务，对于隐名合伙人，亦应善尽报告颠末，移转权利于出名营业，并赔偿出名营业之义务（七〇

44 参照"民法"第七〇四条立法理由前段："谨按隐名合伙，于营业人之地位，毫无变更，其营业之主体，仍为出名营业人，故隐名合伙之事务，应由出名营业人执行之。"

45 参照最高法院1940年上字第一九〇七号判例："隐名合伙出资后，其合伙之事务专由出名营业人执行之。"

46 隐名合伙人，既不得执行事务，亦不协同营业之经营。因之，应无请求复受任人向自己履行事务执行之权利，爰依隐名合伙本质所在，认为隐名合伙人仅得请求复受任人向复委任人为给付。

一条准用六八〇条再准用五四〇条～五四二条）。

④劳务请求权专属性；隐名合伙人，不得任意将其属于出名营业人之事务执行请求权让与第三人（七〇一条准用六八〇条再准用五四三条）。[47]

2. 出名营业

隐名合伙之主体，为出名之营业而非为隐名合伙契约本身，二者相互之间，具有类似主从之关系，即出名营业及出名营业人为主体，隐名合伙及隐名合伙人为从体。民法所以以隐名合伙称之，系因配合合伙之名词而来，非谓隐名合伙（人）应有特别凸显之意义。因此，相对于合伙人乃至隐名合伙人，出名营业人非仅为事务执行人而已，其更积极之表征，即为出名营业。语其内涵，则有如下三者：

（1）出名营业之主体为出名营业人，应以其名义经营事业，并基此而对外发生所有权利义务关系。

（2）隐名合伙人之出资及其他利益，均移属或归属出名营业人，隐名合伙人仅于营业存有利益时，始有按出资比例，划出其所属之请求权。换言之，隐名合伙人对于出名营业之财产，充其量仅有债权而已。

（3）隐名合伙契约当事人，如有约定或依其情形，应对隐名合伙人之出资身份保守秘密者，出名营业人亦有遵守秘密之义务。

（二）损益计算及分配义务

出名营业人关于营业损益，负有计算及分配之义务，兹分下列三点叙明：

1. 执行时期

“民法”第七〇七条第一项规定：“出名营业人，除契约另有订定外，应于每届事务年度终计算营业之损益，其应归隐名合伙人之利益，应即支付之。”足见，关于营业损益计算及分配之执行时期，其隐名合伙契约有订定者，自应依契约之订定，如订定每季或每半年计算一次损益并分配是；反之，如契约未有订定者，则应于每届事务年度终计算营业之损益并分配之。

2. 利益分配

（1）利益计算之法则

出名营业人计算损益之结果，如营业生有利益，自应将该利益分配

47 出名营业人因执行事务，而支出费用、清偿债务，乃至受有损害者，一般以为，因营业主体本为出名之营业，性质上为营业本身之费用、债务及损害，应适用损益分配及利益返还之规定（七〇七条、七〇九条），尚无“民法”第五四二条至第五四六条规定之准用。

于隐名合伙人，此项分配利益之义务，应为与隐名合伙人出资义务相对待之义务。所谓生有利益者，系指营业所产生之财产额有所增加而言，亦即本期因营业所生之财产额，于弥补以前各期损失（亏损）后，较前期财产额有所增加之净额，但不包含固定资产之评价收益。盖以隐名合伙虽未如公司之应维持一定资本或财产，惟出资时构成之资产总额未获维持者，隐名合伙人或出名营业人应无分配利益可言，俾维持参与投资之基本目的，并保障交易安全。在此，在隐名合伙，关于利益之计算及分配，亦应纳入弥补前期亏损之概念及权利，以符事业经营之本质。

（2）利益分配之成数

隐名合伙人利益分配之成数，略如合伙契约上合伙人利益分配成数之机制。即其契约如有订定者，自应依契约之订定，其仅就损失约定有分配成数者，视为损益共通之分配成数，即以约定之损失分配成数，视为其利益之分配成数（七〇一条准用六七七条二项）；如契约未有订定者，则按隐名合伙人出资额之比例定之（七〇一条准用六七七条一项）。所谓按隐名合伙人出资额之比例定之，系指按出名营业人为该契约之目的对营业所投入之财产额及其劳力估价额之总和，与隐名合伙人之出资额，互为比例而算定之。

（3）利益分配之实现

应归属隐名合伙人分受之利益，由于计算确定后，应即现实支付于隐名合伙人，且依“民法”第七〇七条第二项规定：“应归隐名合伙人之利益而未支取者，除另有约定外，不得认为出资之增加。”因之，应归隐名合伙人之利益而未支取者，除隐名合伙契约订有将其利益作为出资之增加者，出名营业人得于订定数额内充作出资外，应予保管，以待隐名合伙人随时支取。而且，非有约定，亦不得以之抵充隐名合伙人次年度（或次期）应分担之损失额。其后如出名营业人破产，隐名合伙人之利益分配请求权虽无优先受偿之权利，但仍得作为一般破产债权，而受分配。

3. 损失分配

损失分配为与利益分配之相对概念。其执行时期及分配成败，大体与利益分配雷同，兹不重复。

所谓生有损失，系指营业结果所产生之财产额有所减少而言，亦即本期因营业所生之财产额，于弥补以前各期亏损以后或未弥补亏损前，与前期财产相较有所减少之差额。

应归隐名合伙人分担之损失，其分配方法与前述分配利益尚不相同。盖以后者系采现实支付方式，但于损失分配，则仅为计算上之分担。亦即仅就其出资额减去其应分配之损失额，使其出资额减少而已，隐名合伙人无须另行现实为支付以填补损失，此即隐名合伙人仅于出资之限度内，负分担损失责任之意义所在（七〇三条），故于合伙人因损失而致资本减少者，无补充义务之规定亦有适用（七〇一条准用六六九条）。惟依本书看法，其本期之损益计算结果，纵有利益，其利益应先填补出资额之减少部分，非于填足原出资额后尚有剩余者，隐名合伙人不得分配利益，自亦无行使利益分配请求权之可言。

依有限责任之原则，合伙人分担损失之结果，致其出资额归零时，除隐名合伙契约另有订定者，得依其订定处理外，其损失分担即告终止，以免有违"民法"第七〇三条规定，惟此并非强行规定，如当事人间有特约隐名合伙人于出资之限度外，亦应负分担损失之责任者，则仍应依其约定而继续分担损失。[48]

（三）退伙时之结算义务

依隐名合伙相关规定，隐名合伙人得依声明退伙，亦会因其利益遭债权人扣押而退伙。因此，退伙事由发生，隐名合伙人因出资而于出名营业所享有之利益，亦应如同合伙人之退伙而办理结算。关于结算之进行，准用合伙之相关规定（七〇一条准用六八九条），其内容殆与合伙所述者同，请参照之（本书本册第八九页～第九四页），兹不重复。惟于以下三点，于合伙及隐名合伙之呈现不同，爰亦并予叙明。

1. 合伙人之退伙，仅该合伙人退出合伙关系，一般列为合伙（主观）变更之问题层面讨论，不强调其间之终止（消灭）意义；反之，隐名合伙人之退伙，一般认系隐名合伙之终止，属于契约消灭事由。

2. 合伙人虽已退伙，对于退伙前之合伙债务，仍与其他合伙人全体对于债权人负补充连带给付责任；反之，隐名合伙人退伙者，对于出名营业之债权人，尚无责任可言。

3. 于合伙上退伙之结算，如退伙人原来亦为合伙事务执行人者，应认其有协同执行结算之义务；反之，于隐名合伙上退伙之结算，应由出名营业人专任执行，隐名合伙人尚无协同结算之义务与权利。

（四）利益返还义务

隐名合伙终止后，出名营业人负有结清损益之义务，如隐名合伙人

48　参照最高法院1935年上字第二九八四号判决："民法规定隐名合伙人，仅于其出资之限度内，负分担损失之责任等语，并非强制之规定。如当事人间另有特别约定，自应纵其约定，不能以有该法规定，借词卸责。"

尚有利益者，出名营业人亦负有返还该等利益之义务（七〇九条）。惟此已是隐名合伙消灭上之课题，拟于说明隐名合伙消灭时另段叙述之。

第三节　隐名合伙之消灭

隐名合伙之消灭事由有二。一为退伙，另一为法定终止，并以法定终止为其主要事由。盖以隐名合伙未若合伙之具有团体性，故其消灭事由，不称解散，不仅法典上回避使用清算之用语[49]，制度上亦无清算程序完结，隐名合伙始告消灭之可言。换言之，隐名合伙于消灭事由发生时即告消灭，至其消灭后财产利益关系之清结，为契约后责任之一环，应系契约后回复原状义务概念之体现，吾人尚不宜认为，其间隐名合伙关系仍属存在。实务曾有以为，隐名合伙人仍得主张，非经清算完结，隐名合伙关系尚未消灭[50]，其立场恐有商榷余地。

隐名合伙之消灭，涉及事项尚多，兹即依民法本节规定，归纳其重点如下表，以供参考：

- 隐名合伙消灭
  - 事由
    - 退伙
      - 声明退伙（708 本文）
      - 出资扣押退伙（701→685）
    - 法定终止
      - 存续期限届满（708①）
      - 当事人同意（708②）
      - 事业完成或不能完成（708③）
      - 出名营业人死亡或受禁治产宣告（708④）
      - 出名营业人或隐名合伙人受破产宣告（708⑤）
      - 营业废止或转让（708⑥）
  - 效果
    - 隐名合伙于事由发生时消灭
    - 财产结算（701→689）
    - 出资返还（709）
    - 利益给与（709）

49　学理上或以为，隐名合伙第七〇八条所定之终止，实即解散之意，用语上宜改称解散，以求用语之划一（梅著，第三四五页）。

50　参照“最高法院”1967 年台上字第一〇〇五号判决：“隐名合伙，依‘民法’第七百零一条，除本身有规定外，准用关于合伙之规定，是故隐名合伙契约，纵告终止，而隐名合伙人与出名营业人间，仍得主张非经清算完结，其合伙关系不得消灭，合伙之债权人就该合伙人之权利，不得代位行使。”

一、隐名合伙之消灭事由

隐名合伙之消灭事由有二。一为退伙，另一为法定终止。兹分述如下：

（一）退伙

隐名合伙因退伙而消灭者，尚可分为声明退伙及出资扣押退伙二种情形。

1. 声明退伙

隐名合伙得因声明退伙而消灭，其法典上根据有二，一为“民法”第七〇八条本文；另一为合伙中之“民法”第六八六条之规定。基此，可知关于声明退伙之重要内容殆有如下：

（1）声明退伙者，意指由隐名合伙契约当事人之一方，依民法第六八六条规定，向他方为终止隐名合伙契约之意思表示，并使隐名合伙契约因而为之消灭者而言。换言之，于隐名合伙契约，所谓声明退伙，其意义殆等于一般契约之终止，声明退伙，即是终止隐名合伙之意思表示，为单独行为，故亦可称之声明终止。因之，债之通则关于终止及民法总则关于意思表示乃至法律行为之规定，于声明退伙均有适用。

（2）隐名合伙未定有存续期间，或经订明以隐名合伙人或出名营业人中一人之终身为其存续期间者，隐名合伙人或出名营业人均得不需任何理由，而得随时声明退伙，但应于二个月前通知他方当事人，且不得于有不利于营业之时期退伙（六八六条一、二项）。

（3）隐名合伙纵定有存续期间，如当事人有非可归责于自己之重大事由，仍得声明退伙，且不受应于两个月前通知及不得于有不利于营业之时期退伙之限制（六八六条三项）。

（4）以上事项，系直接适用合伙相应规定之第六八六条而来。因此，其内容与合伙有关声明退伙之说明，均无不同，敬请参照，兹不重复（本书本册第八二页～第八五页）。

2. 出资扣押之退伙

关于隐名合伙人出资，遭其债权人扣押者，学理多数见解，认为亦得准用第六八五条规定，使其隐名合伙人因之退伙，亦即终止隐名合伙关系[51]，本书亦持相同立场。惟隐名合伙人之出资，严格言之，尚无股份

51 郑著（下），第七二三页；史著（下），第七二六页；梅著，第三四五页。

之意义，故于此相关部分，以出资或利益称之，而不径称股份。再者，有关于此之制度内容（包括退伙之属性），与合伙相应之规定，亦大体相同，亦请一并参照，于此不拟重复（本书本册第八五页～第八七页）。

（二）法定终止

隐名合伙契约，因下列事由之一而当然终止，无待当事人之声明。因其事由为法律所定，爰以法定终止称之。

1. 存续期限届满

隐名合伙契约定有存续期限者，因存续期限之届满而终止（第七〇八条一款）。惟"民法"第六九三条规定："合伙所定期限届满后，合伙人仍继续其事务者，视为以不定期限继续合伙契约。"其于隐名合伙亦应得为准用[52]。因之，所谓隐名合伙存续期间届满而终止消灭者，应以隐名合伙未经法定更新者为限。如隐名合伙所定期限届满后，出名营业人仍继续其营业，而隐名合伙人不即为反对之表示者，视为以不定期限继续隐名合伙契约。

2. 当事人同意终止

隐名合伙契约不论是否定有存续期限，如经双方当事人同意终止者，本于契约自由原则，其隐名合伙契约当然终止（七〇八条二款）。严格言之。当事人同意，本属约定终止，惟因其与其他法定终止事由并列，且无待以意思表示行使终止权，故亦列为法定终止一并说明。

3. 目的事业完成或不能完成

此之目的事业，意指出名营业而言，盖以目的既已完成，出名营业势须废止，隐名合伙自无存续必要。反之；目的如不能完成，出名营业亦须废止，隐名合伙亦无继续存在之价值及意义。职是之故，目的事业已完成或不能完成，隐名合伙均应因而当然终止（七〇八条三款）。至于所谓目的完成或不能完成之意义，其内容与合伙相应之规定（六九二条三款）相同，兹有重复。

4. 出名营业人死亡或受禁止产宣告

隐名合伙及其所属出名营业之事务，专由出名营业人执行之（七〇四条一项），且隐名合伙人与出名营业人间存有浓郁之人格信赖关系，出名营业人死亡，或因受禁治产之宣告而丧失行为能力者，自是无法执行隐名合伙之事务，隐名合伙应因之而当然终止，无宁为理所当然（七〇

52 郑著（下），第七二五页；史著（下），第七二三页；梅著，第三四五页；刘著（一），第一一二页（反对说，薛著，第三四三页）。

八条四款)。不过，隐名合伙契约如有特约，订定得由出名营业人之继承人继续经营其事业者，如其出名营业人死亡，则由其继承人继为出名营业人，该隐名合伙契约并不因之而当然终止(七〇一条准用六八七条一款但书)。

出名营业人死亡或受禁治产之宣告，固为隐名合伙之终止原因，但隐名合伙人死亡或受禁治产之宣告，则非为隐名合伙之终止原因。盖以隐名合伙人无须执行隐名合伙之事务，且出名营业人仅系重视隐名合伙人出资，并非注重其个人。因之，隐名合伙人死亡时，得由其继承人继承其地位而分配损益；隐名合伙人受禁治产宣告时，其对于出名营业人所得行使之权利或应履行之义务，得由其法定代理人(监护人)代理行使或履行，殊无使隐名合伙契约因之当然终止之必要。从而，“民法”第六八七条第一款及第二款之规定，于隐名合伙人尚无准用。

5. 当事人受破产宣告

无论自然人或法人，若有受破产之宣告者，不惟其信用随即丧失，而且须就其全部财产加以清算，故无论出名营业人或隐名合伙人受破产之宣告，均无从维持隐名合伙关系之继续存在，故隐名合伙契约亦因之而当然终止(七〇八条五款)。

6. 营业之废止或转让

隐名合伙以出名营业之存续为必要，若出名营业人已将其营业废止(如将公司解散)，或将其营业转让(如营业之出售)，不问其废止或转让是否得到隐名合伙人之同意，隐名合伙契约均应因之而当然终止(七〇八条六款)。

出名营业人之废止或转让营业，如已得隐名合伙人之同意，或因不可归责于出名营业人之事由者，不构成债务不履行，自不发生损害赔偿问题；如未经隐名合伙人之同意，或因可归责于出名营业人之事由者，则出名营业人对隐名合伙人应成立债务不履行(不完全给付)，隐名合伙人就其因此所受损害，得对于出名营业人应有损害赔偿请求权。其转让价格涉及掏空资产或高买贱卖者，情形亦同。

二、隐名合伙消灭之效果

隐名合伙消灭之法律上效果，其事项有四。即(一)消灭时点，(二)财产结算，(三)出资返还，(四)利益给与。兹分述于下：

（一）消灭时点

1. 消灭效果发生时点

隐名合伙消灭效果发生之时点，因其事由之不同，尚得归纳为下列三项：

（1）声明退伙：自退伙之声明（即终止之意思表示），经了解或到达出名营业人之时消灭（九四条、九五条）。

（2）出资扣押之退伙：自扣押后二个月内，如隐名合伙人未为清偿或担保者，溯自扣押时消灭（六八五条）。

（3）法定终止：自"民法"第七〇八条各款所定（法定终止）事由发生之时消灭。

2. 消灭效果之射程

隐名合伙契约消灭者，无论其出自声明退伙抑或出自法定终止，均仅自其时点向后发生效力，使双方当事人之权利义务关系向将来消灭。此外，隐名合伙之终止，与合伙之解散多有不同。盖以合伙解散后，应进行清算，使合伙归消灭；反之，隐名合伙之终止，出名营业人之营业不存在者固亦有之，如因废止营业而终止是，但其营业仍继续存在者亦有之，如仅隐名合伙人声明退伙或仅合意终止隐名合伙关系，而由出名营业人自己继续营业是。

（二）财产结算

隐名合伙消灭者，出名营业人应就其与隐名合伙人间权利义务关系及其所生损益范围，加以清理计算。有关于此，一般均以结算称之，并大体准用合伙关于结算之规定（六八九条）。因之，隐名合伙人与出名营业人间之结算，应以隐名合伙契约终止时之财产状况为准，就营业为结算（七〇一条准用六八九条一项）；若隐名合伙经营之事务，于契约终止时尚未了结者，则于了结后计算，并分配其捐益（七〇一条准用六八九条三项）。

（三）返还出资

1. 返还义务之成立

"民法"第七〇九条规定："隐名合伙契约终止时，出名营业人应返还隐名合伙人之出资及给与其应得之利益。但出资因损失而减少者，仅返还其余额。"基此，则隐名合伙所经营之事业，经结算之结果，如有盈余者，出名营业人应返还隐名合伙人之出资；如有损失者，则就隐名合伙人之出资额减除其应分担之损失额后，返还其余额，若减除其应分担之损失额后，已无余额者，则自无返还出资之问题。换言之，返还出资固为隐名合伙消灭上重要法律效果之一，但非当然发生，出名营业人惟于经结算完结，确定隐名合伙人应得利益于扣除应负损失后，尚有余额者，始就其余额负返还义务。

前项义务，自结算完结发生，出名营业人应即对隐名合伙人为给付，如有迟延，应负迟延责任（二三一条以下）。

2. 返还之标的

出名营业人经结算结果，应负担返还出资义务者，亦即出名营业人如应返还隐名合伙人之出资，不问其出资之种类为何，均得以金钱抵还之（七〇一条准用六八九条二项），但以物之使用收益为出资（用益出资）者，应返还原物。再者，因隐名合伙人，仅于其出资之限度内，负分担损失之责任（七〇三条），故经结算之结果，如隐名合伙人应分担之损失额超过其出资额者，则除有特别约定者外，出名营业人固不必返还出资，亦不得请求隐名合伙人补缴出资额以外之损失额。不过，如隐名合伙人原约定之出资额，尚未缴足，则出名营业人得就其应分担损失额之限度，请求隐名合伙人补足至原约定出资额为限。

（四）给与利益

隐名合伙所经营之事业，经结算之结果，如有盈余者，应先返还隐名合伙人之出资；返还隐名合伙人之出资后，如尚有剩余，出名营业人应给与隐名合伙人以其应得之利益。足见，给与利益虽亦为隐名合伙消灭上重要法律效果之一，且与上述之出资返还义务并列[53]；惟给与利益并非当然可以发生，且其顺位尚在出资返还之后。但在权利之性质上，二者均同为债权性之请求权，则尚无不同。[54]

所谓给与利益，其性质属于利益之分配，其数额亦应依如上所述之利益分配之成数计算之，如有剩余，应即时现实给付；否则，出名营业对隐名合伙人，亦负给付迟延责任。反之。若经结算之结果，发生损失或返还出资后已无剩余或已有不足者，则均无给与利益之可言。

53　参照“民法”七〇九条立法理由：“谨按隐名合伙契约终止时，出名营业人，应履行之义务有二：（一）须返还隐名合伙人之出资。（二）须给与其应得之利益，但出资因损失而减少者，只返还其余额。本条设此规定，盖明示隐名合伙契约终止之效果也。”

54　郑著（下），第七二七页；史著（下），第七三七页；戴著（下），第二八八页；蔡著（下），第一二七页；季著（下），第一六三页。

第二十四章

合会

第一节 综合说明

一、前言

一般情形，于各种之债各章之首，其制度全貌之初步归纳说明，多以概说或总说称之。惟本章首节，不仅内容特别丰富，其于合会契约整体之观察，亦称具体而深入，爰特别以综合说明称之，以期与概说或总说之用法有所区别。

在台湾，合会本系源远流长之习惯法，运用得宜，实称民间金融互助、资金流通之制度，对于吸收民间游资、促进民间经济活动之蓬勃发展，确有相当助益。惟其系以习惯法之体态存在，不仅制度内容不尽明确周延，亦因形态参差而多有流弊[1]，时而演变成为影响社会金融，乃至公共秩序之经济风暴。有鉴于此，民法债编修正，爰予归类汇整，增订以为典型之独立债之（契约之）类型[2]，并因斟酌其制度内容，与合伙之

1 有关台湾早年之合会制度，其代表性文献，请参照“司法行政部”“台湾民事习惯调查报告合会编”，1968 年。

2 参照“民法”债编修正第十九节之一合会立法理由：按合会者为由会首邀集二人以上，约定交付会款及标取合会金之契约。合会乃东南亚国家习见之私人间小额资金融通之金融制度，为西方国家所无，现行民法尚无任何规定，为使其权利义务关臻于明确，特增订本节规定。

契约类型或有相似之处，而将其列于隐名合之后，以为民间小型资金融通之适用规范。[3]于厘清无谓疑惑，乃至杜免争议而言，诚值肯定。

不过，民法债编增订之时，对民间习惯上合会类型之筛选整理、乃至制度内容之吸纳萃取，或有为德不座或不尽彻弃之处，以致合会契约之缺席整体，仍有部分漏洞尚待补充。此外，因其类型毕竟仍属初定，其体系全貌尚属陌生，纵研习角度言之，制度面貌体系之初步把握，于进窥深奥，或有相当助益，爰斟酌其情，试就合会之制度重点，先行归汇如次表，以期有助思考及了解，并作为本节叙述顺序之依据：

- 合会（七〇九之一～七〇九之九）
  - 综合说明
    - 前言
    - 意义
      - 定义：互约交付会款及标取合会金（709 之 1Ⅰ）
      - 性质
        - 半要式契约（709 之 3Ⅰ、Ⅱ）
        - 补充性要物契约（709 之 3Ⅲ）
        - 当事人资格限制（709 之 2）
      - 类型
        - 网络型合会（709 之Ⅰ前）
        - 直线型合会（709 之Ⅰ后）
    - 关系概念
      - 关系名词：会首、会员、会款、合会金、会份、会数、标会、死会、活会、最高标、退会、加会
      - 概念比较：合会与合伙
  - 效力
    - 会首权利义务
      - 取得首期合会金（709 之 5 前）
      - 按期给付会款（709 之 7Ⅱ）
      - 执行合会事务
        - 主持标会（709 之 4、709 之 6）
        - 收付会款（709 之 7Ⅰ、Ⅱ）
        - 代付会款责任（709 之 7Ⅲ、Ⅳ）
    - 会员权利义务
      - 竞标合会金（709 之 5 后）
      - 请求给付合会金（709 之 7）
      - 按期交付会款（709 之 7Ⅰ）
  - 变更
    - 主观变更
      - 会份转让（709 之 8Ⅰ、709 之 8Ⅱ后）
      - 退会（709 之 8Ⅱ前）
      - 会员加入
      - 换会
    - 客观变更
      - 权义内容变更
      - 交付借用证付款
      - 交付票据付款
      - 倒会处理（709 之 9）
  - 消灭
    - 事由
    - 效果
      - 终止（解散?）
      - 结算（清算?）
      - 收取会款
      - 交付合会金

3　大理院时代之判例，亦具有此一倾向。（参照大理院三年上字第九三一号判例："集会契约（即合会契约）之目的，在使各会员得受同等之利益且其性质与合伙关系相类似。故在各会员未完全收回其出资，或偿还其所收他会员之出资以前，各会员均保持共同利害关系，而不容有所差异。"）

二、合会之意义

关于合会之意义，拟分就合会之定义、合会之（契约上）性质及合会之类型三者，并逐项说明之。

（一）合会之定义

“民法”第七百零九条之一第一项规定：“称合会者，谓由会首邀集二人以上为会员，互约交付会款及标取合会金之契约。其仅由会首与会员为约定者，亦成立合会。”基此规定，可知合会之定义事项，尚可分述如下：

1. 合会为会首与会员间之契约

（1）合会为独立有名契约

合会虽本为民间习惯，向来即以习惯法之体态，存在于债法之领域，于此意义上，合会本属无名契约，早期台湾文献，亦多基此立场而举合会为无名契约之类型代表[4]，惟民法债编修正之后，此一说法已因合会之增订而不具意义，换言之，无论就现行债法之形式（法典法）或实质（秩序法）而言，合会已是独立之典型（有名）契约；在法律解释适用上，下列二者并应同时兼顾：

①关于合会之适用，因民法债编施行法，对于合会一节之规定，并未赋予溯及效力，故民法债编条文修正施行前所成立生效之合会，并无“民法”第七百零九条之一至第七百零九条之九等规定之适用，换言之，乃应本于习惯法，以一般民间合会之习惯、学说及实务见解等，作为解释适用之依据。其间与民法债编增订后之现行法（以下称现行法）相较，其最大不同在于，实务认为合会系会首与各会员间直线关系之契约，非若现行法之肯定会员之间亦有权利义务。[5]

②现行法施行后成立之民间互助会，以会员之间互有权利义务者、亦即网络型合会为典型（七〇九条之一第一项前段）。因之，除会首与会员特约为直线关系者外，实务见解，于强调仅为直线关系合会之

4 郑著（下），第六四四页；史著（下），第六五二页；孙森炎，前揭“民法债编总论”，第二五页；曾隆兴，现代非典型契约论，自刊，1996年修订七版，第七页。詹森林，非典型契约之基本问题，收录于氏著“民事法理与判决研究”，自刊，1998年，第一一六页；前揭拙著“民法债编通则”（修订六版），第二八页。

5 代表性判例，参照“最高法院”1960年台上第一六三五号判例：“台湾合会性质及会员与会首间缔结之契约，会员相互间除有特约外，不发生债权债务关系。”

部分[6]，应有适度调整必要。[7]

（2）合会为会首、会员间之契约

合会之当事人，其形态有二。一为会首，亦即出面邀集会员加入合会之人，俗称会头；另一为会员，亦即应受会首邀集而加入合会之人，俗称会脚。由于合会契约之成立，通常系由会首出面，经逐步邀集而完成，非若一般契约之由相互约定而成立，民法本条项，爰依其实情而凸显会首邀集之实情，并以为契约成立之要素。

会首，通常情形，固多为一人；惟其当事人若同意会首为二人以上者，因法无限制或禁止明文，解释上似难认为不可，惟为避免法律关系复杂及保护会员相关权益，法律政策上似有重新检讨必要。愚见以为：就避免复杂言，似以明文禁止为宜；就保护权益而言，应明定会首为二人以上者，关于其对于会员之义务，应负连带责任，关于其对于会员权利之行使，适用连带债权之规定。如是，则上述二者选一，以为立法定制，似难避免，亦较周延妥适。

（3）合会为会首邀集会员加入之契约

合会之成立，其会员须有多人，故民法本条项特别订明会员二人以上；不过，一般之合会，其会员为三、二人者，实是甚为省见，通常情形，少则七、八人，多则尚有数十人者。衡以合会制度，本属民间小型金融活动，信用风险颇大，单持民法规定，尚难发挥风险控管机制，为免关系过度复杂，信用风险过度膨胀，其会员人员似应有最高数额之限制。

①会首、合员间之契约云者，因民法本条项之规定，其意义尚可区分如下二类。即：会员与会员间，均为互有权义关系之契约当事人，并基此效果意思成立合会契约，是为网络型合会（七〇九条一项前段）。

②会首与各个会员，仅个别与会首互有权义关系，其各契约当事人并基此效果意思而成立合会契约，是为直线型合会（七〇九条一项后段）。

合会之成立，系由会首出面邀集、会员应邀参加。通常情形，多由

6　除上述注5所引判例外，实务之主要代表之见解，尚有“最高法院”1974年台上字第一一五九号判例、1981年台上字二九八二号判决。

7　愚意以为，关于合会契约，现行法系采双轨制，并非以网路型合会类型取代直线型类型。因之，本法修正前之实务见解，仅须就其适用对象作适度限缩即可，尚不发生“最高法院”判例（全面）废止或（全部）停止适用之问题。

会首主动而为要约、会员被动而为承诺。不过，如多人有起会意思，但不愿自任会首，于商议后邀请他人为会首而成立合会者，亦无不可。

2. 合会为合首与合员互约交付会款之契约

（1）会款之意义

合会以交付会款为成立要件，亦即交付会款为合会契约之要素，须会首与会员间互约交付会款，合会契约始堪成立。会款者，意指邀集或参加合会之会首或会员所约定每会份应缴之金额或数额而言。会款之交付，系定期为之，性质上为“民法”第一二六条所称之定期给付债权，故其更确切之用语，应是互约定期或按期交付会款之契约。

（2）会款之标的

会款，民间用语或称会金，以其意涵有如租金之故，其标的通常固多为金钱，但不以金钱为限，即金钱以外之代替物亦可。故“民法”第七百零九条之一第三项规定：“会款得为金钱或其他代替物。”早年时期所称之稻谷会，其有抑止谷类价格腾涨之功能，即是著例。[8]

（3）互约之形态

会款为金钱者，以一定数额表征；金钱以外之代替物为种类之债。因之，会首与会员间就会款所为之约定，如其给付标的为金钱者，于其金额应予确定；例如，约定每期会款为新台币五万元即是。如其给付标的为其他代替物者，于种类、品质及数量，应予确定；后者，如其品质未经约定，则有种类之债相关规定之适用（二〇〇条）。例如，约定每期会款为池上蓬莱白米五百斤，其合会契约之成立、生效亦无窒碍（标的确定），履行上并以给付中等品质之池上蓬莱白米，作为给付之依据。惟合会会款，未指定一定金额或定量之种类物者，其契约不能生效，“民法”第三四六条尚无准用，更无授权他方当事人指定种类物及其数量之道理。

互约交付会款之形态，亦可区分为二，即网络型之互约方式，与直线形之互约方式。前者，指会首及会员全体间相互约定；后者，则由会首个别与各个会员相互约定，会员间则尚未存有约定之关系存在。惟有关于此，前段已有说明，兹不重复。

3. 合会为会员标取合会金之契约

（1）合会金之意义

合会金者，指合会会首及会员应交付于该期得标会员之会款总额。

8 参照谢哲胜“合会契约”，收于氏著“财产法专题研究”（二），元照出版有限公司，1998年，第一五八页。

换言之，合会金，各该期当期之合会当事人，除得标会员外，会首及其他会员均应依约交付一定会款于得标会员，该等会款之全部总额，即为合会金。换言之，会款为随各个会员成立之概念；反之，合会金则为会款总额之集合概念，本应有所区别，为免习惯上混淆，民法爰于第七〇九条之一第二项特别定明："合会金，系指会首及会员应交付之全部会款。"以资厘清概念，避免争议[9]，并借以凸显合会契约之目的所在。[10] 兹为便于了解，试予表解如下，以为参考：

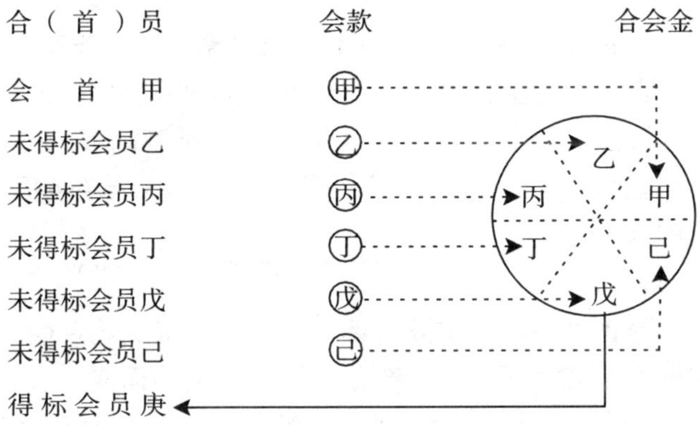

（2）合会金债权之成立

合会金债权，亦如终身定期金（七二九条）、租金（四二一条）、利息（二〇三条）等定期债权，在概念运用上，得分为基本权之合会金债权及支分权之合会金债权二者。二者之区隔及相互关连，亦如一般基本权债权及支分权债权，爰不重复。

基本权之合会金债权，因合会契约之成立生效，同时抽象而个别存在于所有会员，惟其具体数额如何？则不能完全确定；支分权之合会金债权，须待合会契约继续中，因借参与标会而得标时，其债权始可取得，其数额亦告确定。因此，基本权之合会金债权，本系各个会员有之，却因得标而消灭；反之，支分权之合会金债权，则因得标而仅发生于得标

9　参照"民法"债编修正第七〇九条之一第二项修正理由中段："合会金"与"会款"意义应有不同，惟民间习惯上，向未区别，概以会钱或会款称之。为澄清概念，避免混淆，爰于第二项明定合会金之定义，以示区别。

10　同上注条项修正理由前段："第一项规定合会之意义，查'我国'合会，习惯上系由会首出面邀集二人以上会员组织而成。合会既系以标取合会金为目的之契约，故会首与会员间及会员与会员间须互约交付会款及标取合会金。但习惯上，亦有仅由会首与会员为约定而亦成立合会者。爰将民间习惯明文化，俾资适用。"

会员。就个别合会会员来说，斯二者有生死相克，生命相连，亦即一死一生，相互排斥之关系。

(3) 会员标取合会金

合会契约当事人之取得合会金，因其究为会首会员及合会类型之不同，依下列三种途径之一取得：

①会首当然取得首期合会金（七〇九条之五前段）

②会首与会员全体互约，由会员标取合会金（七〇九条之一第一项前段）

③会首与个别会员约定，由会员标取合会金（同上条项后段）

换言之，关于合会金债权，不问会首会员均属有之，惟会首无庸经由标取，故“民法”第七〇九条之一第一项所称互约标取或约定标取，意义上仅在凸显会员以标取方式取得，非谓会首并无合会金债权。

（二）合会之性质

1. 合会之成立

民法债编修正之前，依实务见解，合会与一般契约，尚无不同，因当事人约定标取合会金而成立。惟鉴于依一般契约而成立合会，不仅于合会之正常运作不利，对合会当事人，特别是未得标会员之权利保护，亦有不足，民法债编修正，爰变更立法政策、改采要式契约体制，于“民法”第七〇九条之三，明定合会应订立会单，并于修正理由强调合会契约要式性之重要意旨[11]，在此角度上，合会堪称为要式契约。

在法律行为理论上，要式契约所须履践之要式，为法律行为之成立，甚而认为是意思表示之成立要件。因此，合会契约尚难谓因当事人意思合致而成立，“民法”第七〇九条之一第一项，并未使用当事人约定之用语，其真意或即在此。不过，过于坚守合会契约之要式性，社会交易实情上，有时恐又过于僵化。因之，“民法”第七〇九条之三设有缓和要式性之设计，认为虽未订立会单，仍得因会员交付头期款，视为成立合会契约（同条第三项）。[12]

本书因斟酌其要式性缓和及交付会款之双重特性，爰于前者称之半

11 参照“民法”债编修正第七〇九条之三修正理由前段：“查民间合会习惯上类多订立会单，但记载事项多不一致，易引起纠纷，为期有助于合会之正常运作，第一项规定合会应订立会单，并明定会单记载之事项，俾资依据，而利实用。”

12 参照同上条修正理由后段：“为缓和合会之要式性过于僵化，爰于第三项明定会员如事实上已交付首期会款，则虽未完成前二项法定方式，其合会契约亦视为已成立。”

要式契约，而于后者称之补充性要物契约。至其相互关系、似可为之表解如下：

合会（成立）
- 订立会单：合会意思表示一致＋会单：典型⇒半要式性
- 未订立会单：合会意思表示一致＋交付头期款：次类型⇒补充式要物性

就要式性之履践而言，合会于依法定记载事项记载，并应经会首及全体会员签名时成立。所谓全体签名，无须同时完成；换言之，其非全体同时签名者。于最后签名之会员签名时，合会契约乃告成立生效。此外，当事人未订立会单，但有成立合会之效果意思，并经表思一致者，固不成立合会，惟本于契约自由原则，仍应认为其成立无名契约，并因其性质与合会相近，肯定其得类推适用合会规定（似可称之准合会）。

就补充要物性之实践而言，合会于全体会员均交付首期会款时成立生效。有关此于，“民法”第七〇九条之三第三项，虽仅称会员交付首期会款，而未如同条第二项之列明全体会员，但宜作同一解释，以免法律关系割裂零散，有违当事人（会员）原有预期。因之，解释上亦应认为，无须会员全体同时交付会款，且合会契约于最后交付会款之会员为交付之时成立。

2. 合会之契约上性质

（1）半要式契约

依“民法”第七百零九条之三第一项规定，合会应订立会单，应记载下列事项：

①会首之姓名、住址及电话号码。

②全体会员之姓名、住址及电话号码。

③每一会份会款之种类及基本数额。

④起会日期。

⑤标会期日。

⑥标会方法。

⑦出标金额有约定其最高额或最低额之限制者，其约定。

再者，为防止冒标，保障会员，民法复明定，前项会单，并应由会首及全体会员签名，记明年月日，其正本由会首保存，会首复应制作缮本，于签名后交每一会员各执一份（同上条第二项）。

吾人如单从本条上述规定，形式观之，乍见之下，似可认为合会系要求甚为严格之要式契约，并基此认为，本条第一项各款，除第七款外，或均属绝对应记载事项[13]；至于第二项之签名年月日，由会首保存并制作缮本，签名后交一会员各执一份等等，理论上应仅系保全证据、防止日后举证困难而已，并非合会之成立要件，否则如因某一会员未取得缮本，或会单上未记明年月日，合会契约不成立，不仅对于会员反而更无保障，于合会法律关系之认定，将迭生无谓争议。

不过，由于民法本条第三项，设有缓和合会要式性之规定，只要会员均已交付首期合会会款，其合会契约即视为成立；而且，纵未交付首期会款，解释上仍得认为，于其当事人间仍成立类似合会之无名契约（准合会）。正因其要式性并未贯彻，本书爰称其为半要式契约[14]，并认为只要会首及全体会员签名，即为已足[15]，以示其与一般要式契约不同之特色。[16]

（2）补充性要物契约

严格言之，合会契约为诺成（不要物）契约，或为要物契约，似乎尚难一概而论。通常情形，如合会订有会单者，则合会依会单（方式）即为成立，会员有无交付头期会款，均非所问，于此案例类型，其合会为不要物契约，自无疑义。反之，其未订立会单者，则因交付首期会款而成立，于此情形，实又表征要物契约之性质。

（3）双务契约

合会契约成立生效，会首有按期给付会款，并执行合会事务之债务，会员对于会首或与其他会员相互间，亦均各有给付会款之义务，并基此而各有取得合会金之权利，此等权利及义务，系各互为对价，故合会为双务契约；惟合会为继续一定期间之分期给付关系，且当事人间先后而为给付义务，因此，有关同时履行抗辩权及危险负担等双务契约之效力，于合会有无适用，不无疑义。爰予分别叙明之下：

①同时履行抗辩权

13 参照 同上条修正理由中段：“目前民间合会冒标及虚设会员之情形相当严重，为杜流弊并保障入会者之权益，爰为第二项规定。”

14 学理上于合会之要式性，或持否定看法。其论点以为：“民法”第七〇九条之三第一、二项之书面、签名等，仅系证据方法之规定，合会仍因当事人约定一致，即告成立生效（参照 孙森焱“合会之法律关系”，法令月刊，第四八卷第十二期，1997年，第六页。）

15 愚意以为，适度缓和合会契约之要式性，似较妥适，并基此以为，会单之绝对应记载事项，应限于会首及全体会员之姓名二者（同上条一项一、二款）为已足，至其余事项，则尚非绝对应记载事项。

16 合会之要式性，于直线型合会契约，是否全面适用，理论上或不无疑义。愚意以为：直线型合会之会员，应可依各别会员订立契约；因之，第一项第二款及第二项之全体会员，似无适用必要。换言之，于此情形，只要记载该会员并由该会员签名即可。

a. 会首有取得首期合会金之权利（七〇九条之五前段）；其为请求时，会员们尚不得主张同时履行抗辩权（二六四条），但特例情形，有不安抗辩权（二六五条）。

b. 得标会员取得当期合会金之权利，受请求之会员，不得以会首或其他会员尚未给付会款为由，对得标会员主张同时履行抗辩权，不安抗辩亦无得为请求之依据；但得标会员财产显形减少而有难为给付之特例时，受请求之会员对得标会员，得主张不安抗辩权。

c. 得标会员对于受请求会员，有给付迟延情形者，该会员对得标会员得主张同时履行抗辩权。

以上情形，或有部分与合伙之同时履行抗辩类似，惟此系本于合会给付上之特殊先后顺位关系而生，尚难谓其必与团体性具有关连。

②危险负担

本于合会所生给付，其标的通常为金钱，金钱之债无给付不能，即其标的物为金钱以外之代替物者，原则亦无给付不能。再加上，会首对于各期合会金之支付，为其他会员对得标会员负担保给付责任（七〇九条之七第三项）。因此，合会契约所生债务之履行，尚无危险负担（二二五条、二六七条）之适用。惟此亦系基于合会给付之特性而来，亦与合伙本于团体性所需贯彻之资本充足原则无关。

（4）有偿契约

合会契约成立生效，其会首及会员间之给付会款，会首无须给付标息而取得首期合会金与其执行合会事务，乃至会员依得标结果交付会款及收取合会金等给付之间，具有两足相偿之关系，系互负对价之给付。因此，合会为有偿契约，得准用买卖之规定（三四七条）。不过，买卖一节之规定，系以瑕疵担保责任为主，其准用于买卖者，当以另行交付（三六四条）规定为主，殊值注意。

（5）继续性契约及其争议

合会究为一时性或继续性契约，不仅学理上见解不一，实务立场亦属分歧，或以为合会为继续性契约[17]，或以为系一时性契约，惟其给付分

17 参照"最高法院"1983年度台上字第二〇二四号判决："民间合会系会首与会员间所订立之契约，会员应于定开标之期日，按开标之金额计算，缴纳会款与会首，如标得合会，则得请求会首给付他会员缴纳之会款及过支得标会员所缴之标金（即所谓会息）。以后则于开标之期间按期缴还会款及加付标金与会首。是合会契约系以会员之循环给付为标的之继续性契约。"

期而已。[18]诚然，就合会金之取得而言，会首及会员，均各自仅有一次，不过分期先后受领而已；反之，如就会款之支付而言，则系于相当长久之一定期间，继续循环给付，于此期间，尚有标会、开标、收付会款等合会事务之继续执行（循环给付），就此角度言之，则合会实系继续性契约。按租金全权预付、或价款一次支付（预付或后付均可）之继续性供给契约，吾人仍解释其为继续性契约；如是，则解释合会契约为继续性契约，似较允妥。

3. 合会当事人之限制

按契约当事人而有资格之限制者，在民法上殆属少见，惟于合会，却反而有诸多限制，法律制度上堪称特例，其范围且兼括及于会首及会员，爰亦列为独立段落，并试予归纳说明如下：

（1）会首资格之限制

民法本节对于会首资格所为之限制，有如下三者。即：①会首以自然人为限；②会首不得兼为会员；③会首须有行为能力。兹分述于下：

①会首以自然人为限

由于合会为小型民间金融，为防止合会经营企业化，致造成巨额资金之集中，将有抵触金融法规之虞，民法爰于第七百零九条之二第一项之规定，会首以自然人为限。[19]本条为禁止规定，因此，法人不得为会首，其有违反者，合会契约无效（第七一条本文）。

本条于民事合会，其适用固无疑义，但于商事合会是否亦一体适用，则颇滋困惑。按台湾早期，曾有民间合会储蓄公司经营合会业务，合会储蓄公司改制后，目前仍有中小企业银行及信用合作社，得经办合会业务，按信用合作社及中小企业银行经营之合会业务，系由一定数额之会员，按约定期限之长短，在会期内分期缴纳会款，而就会员所选择之现金或物产，经投标或抽签之方式，决定给付顺序。合会储蓄公司或中小

18 参照“最高法院”1992年度台上字第三〇〇四号判决：“‘民法’第一百二十六条所谓一年或不及一年之定期给付债权，系指基于一定法律关系，因每次一年以下期间之经过顺次发生之债权而言，本院著有二十八年度上字第六〇五号判例可资参照。系争合会金债权，乃上诉人受领合会金给付后，与被上诉人约定就应返还之合会金分期清偿，有两造签订之选合会金契约书附卷可稽，本质上为一次给付之债权，特别约定其给付方为分期给付而已（如有一次迟延偿还，即丧失分期偿还之权利），与上开说明之定期给付债权不同。”

19 参照“民法”债编修正第七〇九条之二修正理由前段“合会为民间经济互助之组织，为防止合会经营企业化，致造成巨额资金之集中，将有抵触金融法规之虞，爰于第一项限制会首及会员之资格，非自然人不得为之。”

企业银行本身并非会员，其地位仅为一供给信用与劳务之企业组织，其营业利益系由会员所缴会款中收取若干差额、或运用会员之存款或会金产生之利润所得，会员与会员间彼此不生债权债务关系，并由合会公司或中小企银负担一切风险[20]，而此等企业之财务业务，“政府”多有相当监督，其会员受有一定保障，不至像民间合会常有受到倒会之危险。而且，既为商事合会，其经营者又为企业，亦不虞巨额资金之集中。凡此，均非民法本条项禁止理由所及。因之，以民法本条项规定，作为认定信用合作社或中小企业银行不得经营合会业务之依据，似属勉强；民法本条项“立法政策”纵有调整必要，亦与该等企业得否、乃至是否经营合会业务无关。[21]

②不得兼为同一合会之会员

会首同时兼为同一合会之会员，不仅法律地位及其间所生权利义务发生是否混同之疑义；而且，会首取得首期合会金后，容易在第二期之后标取合会金而恶性倒会逃匿，此种社会事件层出不穷，亦为民间合会常见之风险。因此，民法于第七百零九条之二第二项，特别明定，限制会首不得兼为同一合会之会员。[22]

由于民法末条项所为限制之目的，在于防止利用多数会份而倒会。因此，苟会首有假借亲朋好友名义，亦即借人头而参加合会之情形，若系该人头同意以将其名义借予会首使用（学理上称为“名义贷与”），实际上合会金之标取及会款之缴纳均仍由会首为之者，理论上应属于消极信托，其目的在规避本条项之适用，依“信托法”第五条第一款之规定，其信托行为无效。同时，会首借用人头之行为，违反禁止规定无效（七一条），亦即该会首兼为同一合会会员之会份无效，应予剔除，以符合保障其他会员之立法目的。至于会首因此已收取基于会员会份所标得之合会金，应依不当得利之规定返还予全部会员。但基于法律不溯及既往原则，如于“民法”债编修正条文施行前，会首已同时兼为同一合会之会

20　参照“台湾省储蓄业管理规则”（已废止）第一第、第十一条（合会储蓄公司资产不足清偿合会债务者，该公司负责任应负连带无限清偿责任——同上规则第十三条）。

21　学理或以为，长远之计，仍应将本条项禁止法人担任会首之规定予以删除，以符体例，并且保障人民权利（林诚二，“论合会”（上），月旦法学，第十六期，2000年，第三四页）。

22　参照“民法”债编修正第七〇九条之二修正理由中段：“依第七百零九条之七第二项后段及第四项规定，逾期未收取之会款，会首应代为给付，并于给付后有求偿权。如会首兼为同一合会之会员，则对等之债权债务将集于一身，致使法律关系混淆且易增加倒会事件之发生，故于第二项明文禁止之。”

员者，仍应承认其效力，纵使其尚未得标（即活会会员），亦不得以日后法律之增订而剥夺其权利。其未经他人同意而借用他人名义参加会份者，于合会之效力亦应为同一解释（但无信托行为之问题）。至于同意借用名义之人，则合会会员得依表见代理之例，请求名义借用人对于不当得利利益之返还，与会首负同一责任（不真正连带债务），俾本条禁止规定确能发挥抑制倒会之立法目的。

③须有完全行为能力

无行为能力人或限制行为能力人，本身思虑尚未周全，处事经验及能力均属不足，而且资力有限，于合会事务之执行，更是力求未逮，故“民法”第七百零九条之二第三项前段明文规定：“无行为能力人及限制行为能力人不得为会首”，俾一方面保护交易安全，同时又能兼顾维护无行为能力人及限制行为能力人之利益。[23]

依民法总则所规定之行为能力制度内容以观：无行为能力人虽无行为能力，但可由其法定代理人代为及代受意思表示：（限制行为能力人所为未经法定代理人允许之契约行为，如经法定代理人之承认，亦生效力（七六条、七九条）。按合会为契约，因之，依民法总则上述相关规定，如无行为能力人由其法定代理人代为订立合会契约，或限制行为能力人得其法定代理人之允许，订立以该限制行能力人为会首之合会契约，或其后经法定代理人承认者，其为会首而订立之合会契约，当非无效。惟民法本条项既有此一规定，为贯彻合会稳定及遏止倒会之恶习，应认为民法总则上述规定，已无适用，并因本条项为禁止规定，违反者应属无效，即其法定代理人代订、允许或承认者，亦应作同一解释。而且，兹所称无效，应指整个合会契约无效，名义会首因此已收取之合会金，应依不当得利之规定返还予全部会员。至于其为代订，允许或承认之法定代理人，得以其逾越代理权限，类推无权代理规定（第一一〇条），对于合会会员负损害赔偿责任。

再者，如限制行为能力人以诈术使其他合会会员信其为有行为能力人者，是否有“民法”第八三条规定之适用，而认其合会契约有效？愚意以为，无论“民法”第七十九条或第七百零九条之二第三项之规定，

23 参照同上条修正理由后段：“会首在合会中占有重要地位，其对会员负有甚多义务，例如主持标会及收取会款等合会业务之执行，尤其会员未按期给付会款时，会首有代为给付之义务，且如发生倒会情事者，其法律关系非常复杂不易处理，且无行为能力人及限制行为能力人，其本身思虑未周，处事能力不足，且资力有限，难有担任会首之能力。”

其目的均系在保护限制行为能力人，以免其因意思能力不周、经验智虑不足而遭受不利益之结果。因之，如限制行为能力人使用诈术，使其他合会会员信其有行为能力者，足见其已有相当意思能力及智虑经验，法律上实无复特别保护之必要；况且，使用诈术有背于公序良俗，基于恶意不受保护之法律原则（一般恶意抗辩原则），应认为该限制行为能力人应适用第八三条强制有效规定，亦即于此情形，应认为合会契约有效，该限制行为能力人不受"民法"第七九条及第七百零九条之二第三项规定之保护。

（2）会员资格之限制

会员资格之限制有二：一为会员亦以自然人为限；二为行为能力欠缺人不得参加其法定代理人为会首之合会。兹亦分述如下：

①会员以自然人为限

依"民法"第七百零九条之二第一项规定，会员亦以自然人为限。论其立法目的，亦与限制会首为自然人者同；依民法本条项修正理由所述，亦在维持合会之稳定，遏止倒会之风，惟不重复具引。

按法人得为合会会员，早期实务持肯定见解[24]，学理亦少反对意见，兹法律政策既因债编修正而改变，上述实务见解即无继续适用余地。换言之，如法人于民法债编修正施行后，有违反本条项而参加合会为会员者，其合会契约于该法人部分，仍属违反禁止规定而无效（七一条本文）。惟法人参加合会为会员，尚无本条项修正理由所述之所谓发生"合会经营企业化，致造成巨额资金之集中，将有抵触金融法规之虞"。因之，学理对于禁止法人为合会会员之规定，或持批评论点，并认应予删除。[25]

②不得参加其法定代理人为会首之会员

"民法"第七百零九条之二第三项前段仅禁止无行为能力人及限制行为能力人为会首，并不禁止其为会员。因之，无行为能力人之法定代理人得代其与会首订定合会契约；限制行为能力人经其法定代理人之允许，而订定担任会员之合会契约者其合会为有效，其未经允许而嗣后经法定

24 参照"最高法院"1983年度台上字第三五四号判决："被上诉人虽为公立学校，惟如与人民或商号发生私法关系者，仍应负其责任，其前任校长曾〇中倘确曾以被上诉人名义，参加上诉人前身台湾合会储蓄股份有限公司之合会，领取合会金后，与之订立偿还合会金契约书，即难谓无负担此项债务之义务。至被上诉人对于借款未编预算不按法定程序办理，此乃被上诉人与其上级机关之内部关系，不得以此对抗第三人。"

25 参照 林诚二 前揭"论合会"（上），第三五页～第三六页；王志诚"论合会制度"，月旦法学第六期，第八七页；杨仲农"合会契约法律关系之研究"，东海大学硕士论文，2000年，第二一〇页。

代理人承认者，亦生效力，惟限制行为能力人或无行为能力人，如参加其法定代理人为会首之合会，不仅于防止其法定代理人冒标合会之立法目的无由达成，于限制行为能力人利益之保护亦有未周。因此，本条项基于同一立法理由，亦禁止限制行为能力人或无行为能力人参加其法定代理人为会首之合会。[26] 违反者，亦应认其参加合会为无效（七一条本文）；其法定代理人亦应如同前述，类推适用民法第一一〇条规定，对其他会员负损害赔偿责任。强制有效（八三条）之部分，亦应作同一解释。

至于非法定代理人之父母或祖父母为会首时，限制行为能力人或无行为能力人，如参加为会员，是否亦应同受禁止，理论上不无争议。愚意则以为，为保障交易安全、并维护限制行为能力人及无行为能力人利益，宜本诸目的论扩张而作肯定解释。

（3）补充说明

关于合会会首、会员资格之限制，于下列三者，尚有补充说明必要。此即：

①会员不得兼为会首

会首既不得兼为会员；则本于同一原理，会员亦不得兼为会首。固然，日常交易上，此类情形，恐非多见，惟合会进行中，会员苟有受让会首地位者（七〇九条之八第一项），其情形即属可能。于此情形，亦应认为该项会首资格移转，于法无效。至于，会首因受让会员会份者，当然亦因抵触“民法”第七〇九条之二第二项，应认其会员之受让无效，亦是事理至明，无庸赘述。

②会首得兼为其他合会之会员

民法本条项，仅在禁止会首不得于其为会首之合会，同时复为会员，惟同一人并非不可参加多数合会。因此，会首同时为其他会首所邀集之合会为会员者，尚非法所禁止，纵使其间会首及会员，互有重叠者，亦无不可。

③会员得参加数会份

会员得否同时为会员，亦即参加多数会份，民法并未限制会员不得同时兼为为同一合会之数会份之会员，本于契约自由原则，解释上应予肯定，但合会契约有禁止约定者，纵其约定。反之，如同一会员参加会份份数过大，致有影响合会正常运作之虞者，则得依诚实信用原则（一四八条二项），调低其最高份数。

26　参照“民法”债编修正第七〇九条修正理由末段：“为维持合会之稳定，遏止倒会之风，无行为能力人及限制行为能力人亦不应参加其法定代理人为会首之合会。”

（三）合会之类型

1. 法律政策之变迁

（1）类型存在之实态

合会本依习惯法而存在，相对于制定法，习惯法所表征之形式上特色，即为制度内容不尽明确划一，时因地域或时代而纷呈不同形态，以致其间同异互殊，竞相并存多种类型。面对诸多类型纷乘之合会形态，如何拾异求同，择定法律体制，以为明确适用依循，法律政策上，本是煞费思量。其中，最为核心课题之所在，即为合会会员之间是否必须互约成立合会？并因此互有权利义务关系？斯者，亦为长年来，台湾法律"政策"关心会之焦点及变动之所在。本段所述，爰以此作为说明依据。

日据时期之台湾，其通行之合会，大体存有两种截然不同之形态，其一为会员间形同陌路之合会；另一为会员间得互为请求之合会，前者，仅会首与会员之间，或经营者与会员之间，单方面直线发生给付及请求之权利义务关系，学理上爰多称之单线型合会；后者，因其会员间在形式上与合伙人之经营共同事业有几分相似，亦即有如形成合会团体，故学理上多称团体性合会。不过，鉴于前者，会首或经营者之间，单线线型存在描述，系会首或经营者，个别与会员系多数直线并存，以单线称之，易生误会，本书爰因其实情，称之直线型合会。后者，则因鉴于其会首与合员之间，并无团体法之实质（后段另述），称之团体性合会，法制面之困境及争议。将更难解；本书亦斟酌其情，另称网络型合会。盖以其会首与会员之间，因权利义务相互存在，如以线型描述，其间有如网络牵引也。兹以甲为会首，邀集乙丙丁戊已庚六人成立合会为例，试就其间之区别予以表解如下：

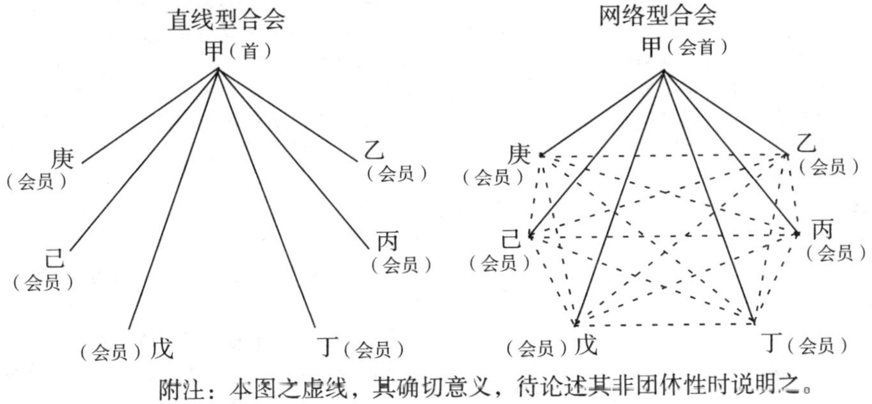

附注：本图之虚线，其确切意义，待论述其非团体性时说明之。

（2）法律政策之确定

台湾日据时期之合会，虽有以上两种类型并存。不过，由于当时日本政府，对于合会采取强势管理，一方面侧重辅导合会公司经营办理合会业务，一方面限制合会公司只能经营直线型合会业务，再加上民间合会，向例均由会首肩负担保会员给付责任，如遇有会首倒会，几乎都已是山穷水尽，对其他会员求偿，通常不是门径不熟，就是徒劳虚费，故其实况，与直线型合会之运作结果，亦相去不多。台湾光复之后，由合会储蓄公司接办合会业务之制度，复经"政府"承认而一直延续下来；同时，民间合会亦仍旧以习惯法之面貌流行于私人经济活动之间。

光复初期，台湾民间合会习惯（法），究以直线型合会为主，或系直线，网络二型并存，基本上应是可以争议之问题，惟"最高法院"于几经考量后，则明确采取直线型合会单一体制，并以之作为法律适用之惟一依据[27]。也因此，在"民法"债编修正之前，网络型合会，几乎处于被否认之状态。实务所持见解，于避免法律关系趋于复杂，或不无意义，惟其是否确实反应习惯法之实情，乃至于是否符合权益保护原则？保障交易安全？均不无可议之处，学理上因而持保留看法者，亦颇为广泛。[28]"民法"债编修正，一反将近一甲子之作法，于合会改以网络型合会为典型，直线型合会流于补充形态，应是上述论点之反应[29]，长年游移疑

27 除注3所引之首见判例外，代表性见解，有如下二者：
（1）"最高法院"1974年度台上字第一一五九号判例："依台湾省民间合会习惯，合会系会首与会员间所订立之契约，会员与会员间并无法律关系之存在，合会定期开标，以标金（即所谓会息）最高者为得标，会员得标时应付出标金，此项标金为未得标会员所应得之利益，会首倒会应认为有损害未得标会员所应得利益之行为，对于未得标会员，除应给付原缴会款外，并应负给付标金之义务。"
（2）"最高法院"1981年度台上字第二九八二号判决："台湾合会性质，乃会员与会首间缔结之契约，会员相互间，除有特约外，不发生债权债务关系（参见本院四十九年台上字第一六三五条判例）。上诉人既已得标而成死会，则会首张×对上诉人自有债权存在，至保管证上，张×虽为连带保证人，乃在担保得标会员之给付义务。得标会员之债务并未因此免除。因之本件会首张×将其对于得标之上诉人之债权转让与被上诉人，即无不合。得标人若不履行给付，会首亦得据以请求，尚不因保管证上会首为连带保证人而发生混同消灭债权情事。"

28 将合会限于直线型合会，系台湾光复后最高法院之作法。惟早期大理院时代，则采取日本之团体性合会立场，认为各会员间于合会期间有共同利害关系（大理院三年九三一号判例）。只是，其具体内涵如何，法院实务一直未有更为深入之论述，殊属可惜。

29 参照"民法"债编修正第七〇九条之一修正理由："查'我国'合会，习惯上系由会首出面邀集二人以上会员组织而成。合会既系以标取合会金为目的之契约，故会首与会员间及会员与会员间须互约交付会款及标取合会金。但习惯上，亦有仅由会首及会员为约定而亦成立合会者，爰将民间习惯明文化，俾资适用。"

惑之法律政策，亦为之正式确定。

诚然，民法债编修正，于调整长年来实务之武断作法，并使合会之正式面貌展现于制定法之殿堂，确有其值得肯定之正面意义。不过，台湾民间合会，在习惯法上是否确以网络型为主？直线型与网络型合会，法律上适用如何究应区隔？均不能谓无探讨余地。民法修正，于前者是否矫枉过正，令人仍留许多困惑；而于后者，则未见明确区隔，似又为德不卒，恐将徒生法律解释上之争议，有待日后法律解释学之实际运用发展，以为印证。

2. 类型之说明

(1) 类型之定义

①直线型合会

在现行法上，直线型合会，虽为合会之补充类型，惟其法律关系较为单纯，其间争议亦属较少，爰先行说明。

直线型合会者，谓由会者分头邀请二人以上为会员，并由会首与保个会员互约（向会首）交付会款及标取合会金之契约。相对于网络型合会，其最主要特征在于，直线型合会仅为会首与个别会员间之个别互约，故其会员相互之间，并无法律（权利义务）关系。

关于直线型合会之法律适用，民法本节并无直接明文或为其他另订，相关立法说明，亦未作任何阐述，而系仅于第七〇九条之一第一项关于合会之定义规定时，以“亦成立合会”一词，轻描淡写，低空划过。揆其立法意旨，应认为视其同为一体之情境，较不当得利于“民法”第一七九就给付不当得利所称之“亦同”，还更强烈。近八十年来，给付不当得利几乎均隐而不见，也几是全面适用“民法”第一七九条到第一八三条规定。[30] 如是，谓立法者于直线型合会，似采全面适用网络型合会之态度，其论点应无重大误会。

②网络型合会

网络型合会，谓由会首邀集二人以上为会员，并互约（会首与会员既会员与会员互约）交付会款及标取合会金之契约。一般以为，其最主要特征即为会首与会员之间，均相互约定成立合会，不仅会首与会员间

30 前述有关会首违反资格限制，以致合会无效，而应返还不当得利之叙述，其更确切之说明，应系适用给付不当得利，其效果，亦即请求权基础，为回复原状（之法律原则），而非第一八一条之利益返还。相关论介文献，请参照 拙著“新订民法债编通则（上）”，第一二〇页～第一二二页、第一三二页～第一三七页。

有权利义务关系，即会员与会员之间亦然。虽然，“民法”债编修正前，实务并不承认网络型合会，但现行法改列其为合会之典型，实务以前所持见解，在此部分不复适用，亦再附带叙明。

于网络型合会，最具争议亦最值得重视之问题，即为其有无类似合伙之团体性存在。有关于此，台湾学理固多持肯定，并常以团体性合会称之[31]；惟此见解，是否妥适，不无可议。

合会并未真正经营共同事业，不会发生因经营共同事业需与他人为法律行为之情形，并无对外代表及对债权人负连带补充给付责任之问题，即使在各会员间的内部关系，也无合伙的损益分配的问题，谓其与合伙相近，恐系误会。尤有进者，吾人如果冷静体察民法本节规定，似难发现其间存有团体性之规范，更不发生类推适用合伙团体性规定之问题；否则，直线性合会一体适用网络型合会之制度设计，即无存在可能。足见，学理强调：“日本团体型合会为我国所无，民间合会之组织均设有会首，会首于第一次会收取合会金以后，分次偿还会款于得标会员，‘民法’修正草案第七〇九条之五亦依此设计。所谓合伙性质或类似合伙之合会，于‘我国’民间合会并不存在。因此，所谓‘无会首之合会’或‘团体型合会’之性质如何，于研究‘我国’民间合会，无参考价值；营业性合会之性质较为单纯，为单纯关系之合会，亦无疑义。”[32] 其见解实值肯定，此亦本书所以舍团体性合会之传统用法，并据实情改称网络型合会之主要理由所在。

（2）区隔之规范意义

直线型合会与网络型合会，究意仅具概念区分或类型区隔之意义，抑或存有个人法（契约法）或团体法（法人法）之差异，不同时代或不同国度，其答案可能互有参差。不过，就现行民法之“立法政策”而言，其答案应属前者。盖以无论何者，于现行“民法”，均属于固有之契约法领域问题，纵于网络型合会，亦无团体法之意义；而且，二者之制度设计，除成立形态殊异外，立法者几等同视之，其间犹如非给付得利之于给付得利之一体应用，亦犹如斯二者之仅具概念区分或类型区隔意义而已。

31 参照 林诚二 前揭“论合会”（上），第四二页以下；曾隆兴 前揭“现代非典型契约论”，第十页；曹竞辉“合会制度之研究”（二版），联经出版公司，1986年，第八五页以下；吴启宾“台湾民间合会制度”、法令月刊，第二三卷第四期，1988年，第十二页以下；谢哲胜 前揭文，第一五九页；陈玫瑰“民间合会法律关系之研究”，东吴大学硕士论文，1997年，第四八页以下；杨仲农前揭文，第九六页以下。

32 参照孙森焱前揭“合会之法律关系”，第五页。

网络型合会，虽因着重各会员间互约并互有权利义务，以致其间之法律关系，因相互组合而形成网络，乍见之下，较诸直线型合会显然极其复杂得多；尤其会员越多者，情形益为显然，不过，由于民法特别明定，会首应代得标会员收付合会金（七〇九条之三第二项），一般情形，不仅得标会员不致冒昧直接请求会员支付，纵或有之，其他会员亦多会拒绝而径行交付会首，以致事实上，除非会首倒会，否则会员直接权利义务关系，仅具抽象存在意义，现实上则几近于停止，其情况恰似新债偿旧（间接给付）之新债务成立、旧债务停止行使（三二〇条本文）。换言之，亦即于网络型合会，于会首不履行担保支付责任时，会员间互为请求之权利义务关系，始告显现；于此之前，显系以抽象宣示意义为主，这也正是本书于上述图表，就网络型合会之会员关系，特别以虚线表示之考量所在。

虽然，在“立法政策”上，网络型合会与直线型合会，几乎等同设计。不过，纯就理论言之，网络型合会之法律关系要较直线型合会复杂得多，应是无可否认之事实。也因此，在合会因会首倒会而衍生之问题处理，前者也较后者复杂许多，此即前者有深度之结算清理，而后者则单纯得多。惟其复杂与否，二者之间应只有量（程度）的差异，其间尚不致产生质的变化，亦无团体法介入之必要。基此，“民法”第七〇九条之规定，显然具有单纯化网络型合会之作用，并于厘清制度上之归属及杜免不必要之争议，亦均具有积极意义。

三、关系概念

（一）关系名词

在法典形式上，合会为新的契约类型，关系名词甚多，为叙述上方便，爰归纳其较为重要者，先行汇整说明，惟前述业有叙及者，如会首、会员、会款、合会金、直线型合会、网络型合会等，则不重复。

1. 会份

所谓会份，系指合会会员基于合会契约上地位之计算单位。会份得由数人共有，亦得由一人拥有数份，惟不论系一人向时拥有数会份，或是数人共有一会份，每一会份只能得标及收取合会金一次（七百零九条之六第三项）。

2. 会数

所谓会数，系指合会当事人人数之总和，亦即合会契约中所约定之期数，原则上一个会员参加一个会份，享有一次竞标之权利，故会数通常是会首加上所有会员所得之总数。但同一会员同时参加数会份，甚或数会员共同参加一会份时，其会数就不一定等于会首加上会员人数之总和。

3. 会单

所谓会单，系指会首制作，记载会首，会员全体、会款、起会、标会等事项，以凭成立合会之书面文件。合会原则上为要式契约，会单乃必要文件，除上述记载外，并应经会首及全体会员签名（七〇九条之三第一、二项）。

4. 标会

所谓标会，系指合会进行中，由会首主持，借出标、开标之方式及程序，以确定得标会员及其标得合会金之行为。标会，为附有类似停止条件之竞价行为，得标会员依其所定价格取得合会之债权及其数额。

5. 死会、活会

合会，因其会员已否得标，而有死会、活会之区分。

(1) 死会

在合会进行中，已得标会员之会份是为死会，该会员即为死会会员，再无竞标合会金之权利。因之，死会会员于取得合会金后，其会份之债权业已实现，而仅具有债务之性质。

(2) 活会

在合会进行中，未得标会员之会份是为活会，该会员即为活会会员，仍旧享有竞标及得标之权利。因之，活会会员于取得合会金前，其会份同时兼有债权及债务之性质。

6. 标息

所谓标息，早期实务上又称为“标金”或“会息”，指会员在标会竞标过程中，为得标而（愿）负担之利息。例如，约定每期会款三万元之合会，会员乙以三千元得标，其出标之三千元即为所谓之标息。其标息约定有最低数额之限制者，其最低数额是为底标；反之，标息约定有最高数额者，其最高数额即为最高标（七〇九条之三第一项七款）。

7. 内标、外标

合会会员之得标方法，以标息为内扣或外加方法之不同，乃有所谓内标、外标之区分。

(1) 内标

所谓内标，系指标息内扣之标会方法，亦即得标会员得标者，其他活会会员将每期约定之会款中，先扣除得标人所出之标息后支付会款之制度。例如，约定每期会款三万元之合会，乙以三千元得标，则其他活会会员先扣除标息后，支付会款二万七千元，乙自次期开始则每期支付三万元之会款，即是内标方法。因其计息简单明确，且无论活会会员或死会会员，负担均属较轻，故多为一般民间合会所采行。

（2）外标

所谓外标，系指标息附加之标会方法，亦即得标会员得标者，其他活会会员即支付每期约定之会款，得标人则于次期开始附加得标时所愿负担之标息支付会款之制度。例如，上例之乙，如其标会系采外标方法，则其他活会会员应付会款三万元，乙则自次期开始每期缴付三万三千元之会款。

外标对于急需款项之人较为确实，而可免短欠再另为筹款之苦；惟因其利息计算方式较不简易，而且无论死会会员或活会会员，其负担均属较重，故实际上较少采用。

8. 加会、搭会、退会

（1）加会

所谓加会，系指固定期日增加标会会数之意。通常于合会会员人数众多之时，因考量会期太长易生倒会风险，会首与会员，爰于合会契约会特别约定定期固定增加标会次数，即为俗称之加会。例如，合会契约中约明，每季季末之日、每半年末日、或于农历三大节庆或特别指定某月某日增加标会各一次，以缩短合会存续期间即是。

（2）搭会

所谓搭会，系指中途加入合会之意，其情形恰如合伙关系上第三人之入伙（加入合伙）。亦即非为会员之第三人，于合会进行中加入合会为会员，并因而依约支付会款及标取合会金之行为。

按合会具有人格信赖性，而且，搭会对于全体会员之权利义务均有影响（变动），是以非会员之第三人欲加入合会者，无论其为直线型合会或网络型合会，解释上，除应经会首及全体会员之同意，并履行“民法”第七〇九条之三之一、二项完成会单之记载及签名外，尚须以活会会员之身份，交付以前各期按得标金额算定之会款于会首[33]，始生效力。

33 严谨言之，此之各期会款，并应自各期应付之日，加算法定利息（二〇三条）后，连同会款而为给付。惟会首是否如期转付该等会款于应得合会金之人，应与搭会是否生效无关。

(3) 退会

退会者，系指合会会员终止其与会首（及会员）之契约关系，并因而脱离（退出）合会之所为。此一行为，有如合伙之声明退伙，为有相对人之单独行为，应由退会会员以意思表示为之。合会具有人格信赖性，而且，退会对于会首及其他全体会员之权利，影响极为深远。因之，民法本节明定，合会会员之退会，应经会首及其他全体会员之同意（七〇九条之八第一项前段）；足见，合会会员之退会，显较得任意退伙之合伙严格得多。惟此系为确保合会当事人权益而设，尚与团体性之考量无直接关连，亦并此叙明之。

（二）概念比较

与合会相近，亦时生混淆之概念，主要有合伙及消费借贷二者，兹为加强概念上之厘清，爰予比较说明如下：

1. 合会与合伙

合会具有共同为亲友筹集资金及强化个人储蓄之经济目的，会首执行合会事务，且与合伙人执行合伙事务，颇为相似，再加上网络型合会，其会员间互有权利义务关系，亦与合伙之合伙人互有权利义务相类，故学理上常认合会与合伙颇为相似，并进而将网络型合会称为团体性合会。惟合会仅为多数当事人之契约，其彼此间权利义务关系较一般契约复杂而已，谓其具有团体性，恐非事实。而且，合伙有共同事业，所有出资及其衍生财产，均为合伙人公同共有，并对外经营事业，发生非常复杂多样之外部关系，凡此，均为合会所无。二者之间，显然存有本质上之截然不同，强调二者相似之处，诚不如肯定其间在本质上之差异。

2. 合会与消费借贷

合会，从支付会款言，具有利息先扣或利息附加之消费借贷之性质，故学理上有消费借贷说[34]，日本早年实务见解，亦支持此一论点。[35]不过，消费借贷为贷与人与借用人之单纯关系，且以一次贷借行为为常态；反之，合会则为多数当事人之契约，在法律形式上，固彼此互为贷与人及借用人，并因而形成多数人轮流继续贷与及借用之形态，但其经济目的

34 在合会相关文献，于合会性质而直接主张消费借贷说者，似非多见；惟于问题处理上，却常见列其为重要学说立场，堪称甚为奇特，揆其原因，或系沿自日据时代法院判决之见解而来。

35 参照 日本大审院明治三五年（1902年）6月12日判决意旨；于合会，得标者领收会金，其权利义务关系之性质系以消费借贷为通例（同旨 大审院明治四一年（1908年）10月10日判决）。

则为筹资及储蓄兼用，而且会首尚须执行标会及收付会款，凡此均为消费借贷所无有。此外，消费借贷之利息，原则有最高利率限制及禁止利息先扣（二〇五条，二〇六条），反之，合会非为单纯之财产契约，而同时具有劳务性契约之性质，利息之限制规定等，于合会尚无适用。因此，合会虽隐含消费借贷之性质，但终非消费借贷可资为说明。兹民法既已明定其为典型有名契约，故此部分有无适用之争议。法制上已无实质意义。

第二节　合会之效力

合会概念之下，虽有网络型合会及直线型合会之类型区分，惟法律政策上，既就二者等视。因之，本节有关合会效力之说明，叙述上亦忽略类型存在意义，而以并同说明为基础，仅于确有不宜同视之时，附带分析。考量合会之当事人为会首及会员，爰以会首之权利义务及会员之权利义务作为叙述之标题。

一、会首之权利义务

合会会首之权利义务事项有三。即取得首期合会金、按期给付会款及执行合会事务。后者，事关合会得否顺利进行及会员权益是否确保，为合会有别于一般财产性契约，而兼融劳务性契约之特色所在。[36]至其重要事项则有如下三者，即：主持标会、收付会款及代付会款责任是。兹分述于下：

（一）取得首期合会金之权利

1. 合会金之取得方式

首期合会金，由会员取得，系合会制度得以成立及流行之重要社会背景，亦其成为筹资储蓄管道之源起。在法律制度上，合首取得合会金之方式，与会员须经标取程序及负担标息者，堪称完全不同。就制度设计言，具有下列二种意义：

36　参照林诚二前揭“论合会”（上），第三八页。

（1）不经投标取得首期合会金

"民法"第七百零九条之五前段之规定："首期合会金不经投标，由会首取得。"此一规定，仅系将合会习惯予以明文化，尚无创设意义可言。[37]

会首取得首期合会金，固为法所明定，而且不问网络型合会或直线型合会，均应同有适用。不过，如合会当事人特别约定，会首不取得首期合会金、亦不支付会款，而仅收取一定金额之事务执行费、管理费、手续费或其他名义之费用者，其约定亦属有效。惟以会首及会员均取得合会金，似为合会成立之要素；因而，有此约定者，究应解释为合会类型之一，或以其为无名契约但类推适用合会，理论上不无争议。为杜免无谓争议，立法政策上，应以订明首期合会金取得之排除条款为宜。[38]

（2）会首不须支付利息

就会首而言，其首期合会金不经由投标之方式即可取得，其间自无标息可言，故会首于每期交付会款进不必给付标息。

会首取得首期合会金、亦且无庸支付利息，不仅为法律制度形式，亦为合会当事人效果意思所在。初见之下，此一规定似有独厚于会首，使其获有丰厚利益。惟就合会制度整体言之，此部分之取得并非无偿，盖以合会会首因此部分利益之取得，除须于合会存续期间主持标会及收付会款之义务外，并须对会员全体各负担保给付责任（详如后述），苟有会员倒会，会首必是损失不皆。因此，在法律规范意义上，应认免于支付利息之利益，与上述义务履行及责任负担，具有对价关系，并据以维系合会为有偿契约之论据。

会首取得首期合会金，无庸支付利息，故为合会本质使然，惟如当事人之间另有约定，会首亦须支付利息者，其约定仍属有效，而且仍属合会契约；亦即其原为网络型合会契约者，仍为网络型合会，其原为直线型合会契约者，仍为直线型合会，尚不因此约定而成为无名契约。不过，为避免重利盘剥或会首过分屈就，反而衍生合会之不稳定性。愚意以为，于此之利息约定，应有利息之债上约定利率最高限制及巧取利益

37 参照"民法"债编修正第七〇九条之五修正理由前段："民间合会之运作方式，首期合会金系由会首取得，不经过投标手续。其余各期由会员依约定方法标取，由得标会员取得，爰将习惯明文化，俾资遵循。"

38 就"立法政策"而言，合会契约实不宜动辄自我缩限，以免准合会之无名契约，到处可见。因此，"民法"第七〇九条之五，似应调整如下，以符社会实情及交易需要。此即："首期合会金不经投标，由会首取得，但会首与会员间另有约定者，不在此限（以上第一项）。各期合会金或前项本文以外各期合会金，由得标会员取得。"

禁止等（二〇五条～二〇七条）之适用。

（二）按期给付会款之义务

1. 给付会款义务之依据

会首自第二期起，必须依合会契约所约定之会款数额，分期摊还予各期得标会员，会首按期交付会款之义务，其情形亦不问其为网络型合会或直线型合会，而均同其适用。

在按期交付会款之义务上，会首之地位犹如死会会员，但不尽相同。此盖会首之会款交付，按合会所定会款为之，并无标息。因此，在内标式合会，其付款金额与死会会员同，不能主张扣除标息；反之，在外标式合会，则无庸附加标息，其付款金额反与活会会员同。

关于会首按期给付会款之义务，民法虽未如其对于会员直接明定（七〇九条之七第一项），惟民法先于第七〇九条之一关于合会金之定义规定时，业已指明，合会金系指会首及会员应交付之全部合会会款（同上条第二项）；嗣复于第七〇九条之七第二项规定，会首应……连同自己之会款，……支付得标会员。基此，足见会首应按期付会款，实亦为法所明定。

2. 免除会款给付之约定

再者，如上所述，合会当事人特别约定，会首不取得合会金者，其约定既为有效。则相对的，于此情形，似亦不能强求会首按期给付会款，其有此约定者，自属有效。此外，如会首取得首期合会金，而与会员约定无庸给会款者，本于契约自由原则，亦属有效，惟其业已含括赠与之性质，归类上应属无名契约，除类推适用合会规定外，关于免除给付之部分，并有赠与规定（四〇六条以下）之适用。

（三）执行合会事务之义务

1. 概说

（1）合会事务之特色

会首执行合会事务，与合伙人之执行合伙事务，颇为相似，亦为学理所常比拟。惟二者相较，其间仍有如下不同：

①会首之执行合会事务，本质上为无可替代；反之，合伙人之执行合伙事务，可以选定合伙事务执行人以为代替。换言之，于制度设计上，有非为执行合伙事务之合伙人之概念，但无非执行合会事务之会首。

②会首执行合会事务，均为合会内容（会首与会员相互间）关系之行为，非若合伙人执行合伙事务，经常对外为法律行为或事实行为。

③会首执行合会事务，不生对外代表之问题；反之，合伙事务执行

人，则对外为合伙（人）之代表。

④会首执行合会事务，无辞任及解任之规定；反之，合伙人之执行合伙事务，于辞任及解任有明确规范。

⑤会首执行合会事务，形式上无相关报酬之规定，但制度实质上为有偿行为（通常为豁免支付标息）；反之，合伙事务执行人执行合伙事务，得约定报酬，但原则上却为无偿行为。

（2）合会事务之意涵

合会事务之概念，尚可分为狭义及广义。狭义之合会事务，系指标会事宜之办理；广义之合会事务，则包括及于会款之收付。惟合会之顺利进行，有赖会首及全体会员，均按期给付应付会款，如有会员给付迟延者（会款给付，性质无给付不能之适用），会首负有代为支付，使合会继续以迄完成之责任，此为合会本质之一，亦会首最为严正而沉重之责任，亦应纳入合会事务之概念内含，是为最广义之合会事务概念。本书因采最广义见解，爰基此角度，试予表解如下表，并资为说明依据。

执行合会事务（会首义务）
- 狭　义：主持标会（709之4，之6）
- \+
- 广　义：收付会款（709之7Ⅰ、Ⅱ）
- \+
- 最广义：代付会款（709之7Ⅲ、Ⅳ）

（狭义＋广义 → 广义；广义＋最广义 → 最广义）

以上三者，前二者为当然发生之义务，凡为会首实际上均无从回避；后者，则以收付会款不能及时完全实现时，始就不能及时完全实现之部分，负代付责任，理论上亦如合伙人责任，具有备位性、补充性之意义。

（3）适用范围

①主观范围

会首执行合会事务之义务，抽象上固系对于全体会员，均属有之。惟会员有死会活会之别，复有得标会员与未得标会员之分，其义务相对之权利主体，因事项不同而不尽一致，其区隔略有如下：

a. 主持标会之义务：相关条文，虽仅泛称会员（七〇九条之四、七〇九之五），惟解释上应限于活会会员。

b. 收付会款义务：收取会款之对象为得标会员以外之所有其他会员，不问其为死会会员或活会会员；交付合会金之对象，则限于该期次之得标会员。

c. 代为给付责任：代为给付会款责任之相对权利主体，为未取得全部合会金之得标会员。

②客观适用范围

会首执行合会事务之规定，无论其为狭义事项、广义事项、乃至最广义事项，于网络型合会或直线型合会，均无区隔必要而一体适用。亦即网络型合会，其会首固有主持标会、收付会款及代为给付会款之义务或责任；于直线型合会，情形亦然，其间尚无异其适用依据或标准之理由。故以下所述，亦不区分网络型合会或直线型合会，但仅为单一型态之说明。

2. 主持标会义务

(1) 决定标会时地及方法

借由标会以取得合会金，为会首与会员成立合会之目的，其情形恰如合伙人之成立合伙，依赖经营共同事业，以分配利益。会员取得合会金，须经标取之程序，而合会系由会首邀集，且获有无庸贴付标息之利益，故标会事务，由会首主持，无宁为会首之重要义务，民法爰基此考量，明定："标会由会首主持，依约定之期日及方法为之。其场所由会首决定并应先期通知会员。"[39] 语其要点，略有如次。

①指定标会时间并先期通知会员投标

依"民法"第七百零九条之三第一项第五款规定，标会期日应记载于会单。因之，会首主持标会，首应注意者即为，须依契约约定之标会日期指定投标时间，并通知会员届时参加投标。如有怠于通知者，对于未经通知而受有损害之会员，成立不完全给付而负债务不履行之赔偿责任。

按会员而有标取合会金之权利者，以活会会员为限。因之，本条项之通知对象，虽泛称会员，惟解释上应依目的论限缩之解释方法，认为会首仅对合会会员负有通知义务。通知，性质上为事实通知，无庸一定方式，但有相对人，解释上应类推适用关于意思表示之规定。

②决定标会场所并先期通知会员

依"民法"第七百零九条之四第一项后段规定，会首应决定投标场所，并先期通知会员。至于投标场所由何人提供，究在会首或各个别会员之住居所或其他场所，均非所问。而且，投标场所先后各期不

39 参照"民法"债编条正第七〇九条之四修正理由前段："二、合会既系由会首邀集会员而成立之契约，标会为合会之主要事务，应由会首依约定之期日及方法主持之。至于标会之场所，宜由会首决定并应先期通知会员，俾利标会之进行，爰为第一项规定。"

一，亦无不可。

标会，既有多数人参与，且有一定场所。因之，除末期合会金仅剩尾会会员一人，事实上已无标会必要者外，应有一定形式之聚会。不得全部均以电话、电报、传真、网络传输或其他通讯方式为之；不过，部分不克到场之会员，委托他人到场投标、或以电话、通讯等方式要求会首代标，则无不可。此处所称通知，其相关事项与前段同，兹不重复。

③依约定方法主持标会

会首主持标会，应依约定方法为之。所谓约定方法，通常固以会单记载为凭，惟当事人于会单之外另有约定者，其约定仍为有效，且应以在后之约定优先适用。例如，会单原约定以口头喊标作为标会方法，嗣另行约定改采书面出标者，其标会方法以书面出标为妥。

出标金额有最高额（最高标）或最低额（底标）之限制者，其约定亦得视为标会方法内涵之一，于出标时应受其限制。标会方法，通常情形固系每期举行，惟当事人如事先约定各期标息，于会首取得合会金时，即按各期顺序排定，由会员一次商定或抽定各会员之期序者，其约定亦属有效。例如，于前述，甲为会首、乙丙丁戊己庚各为会员，其每一会份会款基本数额为三万元之例，如会首与会员约定，每期标息均为四千元，乙丙丁戊己庚之标取顺序，于起会时一次抽定，其约定亦于法仍无不可。

（2）办理投标、开标事务

会员于标会时有到场、并出标之义务，违反者丧失该次标取合会金之权利，有关投标、开标事宜，亦由会首办理。于此部分，为事务处理型之劳务给付，有委任规定之（效果）适用（五二九条）。因之，会首对于合会之投标或开标，有亲自处理义务（五三七条），并因其性质上为有偿契约，会首对之应尽善良管理人注意（五三五条段）。若有违反，即属债务不履行（不完全给付），对因而受有损害之会员，应负赔偿责任。

标会方法，通常固有约定，惟若有未为约定者，法律上不能无补充适用原则，故“民法”第七百零九条之六规定：“每期标会，每一会员仅得出标一次，以出标金额最高者为得标。最高金额相同者，以抽签定之。但另有约定者，依其约定。无人出标时，除另有约定外，以抽签定其为标人。第一会份限得标一次。”盖以出标金额相同或无人出标者，以抽签方法定其得标为最公平，但合会契约当事人另有约定者，如坐次轮收、拈阄摇彩或共同议定，亦均无不可。[40]会首苟有未依约定或依本条规定之补充原则办理投标、开标或决标者，即系逾越权限，对于会员所受损害，无论有无过失，均应负赔偿责任（五四四条后段）。

（3）补救措施之规定

标会主持，固为会首义务，惟会首或有因故而暂时不能主持标会者，于此情形，法律上不能没有补救措施。为此，民法于七〇九条之四第二项规定："会首因故不能主持标会时，由会首指定或到场会员推选之会员主持之。"[41] 俾以为权宜，并济其穷，而确保活会会员权益。所谓因故，只要会首事实上不能主持即为已足，尚不以其有正当理由为限。

本条项对于补充主持标会之人，虽就会首指定与到场会员推选并列，且以或字称之；惟解释上应有先后之分，亦即先由曾首指定会员主持，只有在会首未为指定时，始由到场会员推选之会员主持之，以免徒生争议。再者，主持标会本系会首之义务，其相关费用本应由会首负担，故被指定或选定之人，因主持标会而支出之必要费用或负担债务或受有损害者，得依委任（指定之例）或无因管理（选定之例），请求会首偿还或代为清偿债务或赔偿所有损害（第五四六条或第一七六条）。

非会首，而经指定或选定为主持标会之人，仅因此而应主持标会，并不因此承担会首之任何义务，自亦无因而负担收付会款义务或代为给付责任之问题。

3. 收付会款义务

收齐会款，而后交付于得标会员，为会首之义务，故民法爰于第七百零九条之七第二项前段之规定，会首应于每期标会后三日内，代得标会员收取会款，连同自己之会款，于期满之翌日前交付得标会员。基此规定，其需叙明者有三。即：

（1）适用范围

40 参照"民法"债编修正第七〇九条之六修正理由："本条规定标会之方法。民间习惯上，每期标会，每一会员仅得出标一次，向以出标最高者为得标。如最高金额相同者，除当事人另有约定，例如以先开出之人为得标者外，以抽签决定，方为公平。爰于第一项明定之。如有无人出标之情形，除契约另有约定例如以坐次轮收（收会款之次序预先排定，按期轮收），拈阄摇彩（由会首抽签唱名，被抽出之会员用摇骰，依点数之最多者为得标），或议定（以公开讨论之方式决定得标者）等方法定其得标人外，当以抽签决定得标人，最称公允，爰于第二项明定之。"

41 参照"民法"债编修正第七〇九条之四修正理由后段："会首因暂时性事故不能主持标会，宜有补救规定，爰于第二项明定由会首指定或到场会员推选之会员主持，以利标会。"

单线型合会，会员之间并不生债权债务关系，得标会员仅对会首有请求给付合会金之权利，对于其他会员尚无请求给付权利。换言之，于直线型合会，仅会首得根据合会契约向未得标及已得标会员请求交付会款，得标会员亦仅能依靠此途径，实现合会金之债权；因此，于直线型合会，会首负有收齐会款并交付合会金给得标会员之义务，其意义恐非仅止于代收而已。但于网络型合会，得标会员固有请求其他会员交付会款之权利，惟为避免争议繁乱，亦应解释为由会首代为收取为先，会员请求权应于会首未履行代为收取义务时，始告确定发生，并得自行径为请求。因此，民法本条项之会首收付会款义务，无论于单线型合会或网络型合会，均有其适用，惟就文字使用而言，似较符合网络型合会之制度运作。[42]

就规范功能而言，会首收付会款之义务，于直线线型合会及网络型合会，或有不同意义。此即于前者，民法本条项仅具单纯宣示之意义；而于后者，则寓有抑制合会动辄直接相互请求之作用。

（2）会款权利归属

合会会员之合会金债权，因得标而确定显现，对于合会金之实现而言，会首等同得标会员之当然法定履行辅助人兼为法定代理人，故其收得之会款，即转化为合会金之一部分，其所有权归属于得标会员。[43]因之，会首交付其所收得于合会金于得标会员之行为，规范上仅具移转占有之意义，非若受任人之为移转权利。也因此，会首于收得款之际，即同时负有为得标会员而为保管之义务；只是，会首与会员之间，已有合会关系存在，无须亦不应再度强调寄托之适用而已。

（3）会首之保管责任

会首对于得标会员，就收得会款（合会金），于交付得标会员之前，既负有保管义务，则理论上，本应有亲自保管义务及不得使用之义务。不过，本件债之标的，为金钱之债或其他代替物之债（种类之债），前者本质上无给付不能，后者原则上无给付不能，纵有毁损、丧失，会首仍

42 参照“民法”债编修正第七〇九条之七修正理由第二段前半：“收取会款交付于得标会员为会首之义务。前项已明定会员交付会款之期限为标会后三日，兹于第二项规定会首应于前条期限内代得标会员收取会款。收到之会款属于得标会员所有，会首自应将所收取之会款连同自己之会款，于期满之翌日前交付与得标会员。”

43 基于严谨文字使用及文义解释之要求，直线型合会于此相关部分，其文字应为“会首……向未得标会员收取会款，连同……”。如是，若以严格之法律解释学方法论言之，直线型合会恐是类推本条项前段，而非直接之适用。

应依法给付，上述义务，爰无强调必要。而且，为凸显其制度上意义，民法于第七百零九条之七第三项规定，会首代得标会员收取之会款，在未交付得标会员之前，对其丧失、毁损，应负责任；但因可归责于得标会员之事由致丧失、毁损者，仍应由该得标会员负责。

严格说，本条项本文规定，本为金钱之债及其他代替物之债之当然结论，规范原理上仅具宣示意义，亦与危险负担之理论相为吻合[44]，纵无明文，亦应作如是解释。因此，本条项规范意义之重心，应为但书有关免责事由之规定，亦即强调并限定，关于会首应付会款之义务，仅因可归责于得标会员之事由致丧失、毁损者，始能主张免责，除此之外，会首而不能以出于第三人行为或自然灾害，作为解免给付责任之依据。足见，会首对于交付会款（合会金）于得标会员之义务，其债务不履行之归责原则，系属（狭义）不可抗力责任[45]，学理或认为其责任标准为事变责任[46]，其见解或有讨论余地。

4. 代付会款责任

(1) 基本规定

依“民法”第七百零九条之七第二项后段之规定：“逾期未收取之会款，会首应代为给付。”足见，会首除负有收齐会款并缴交合会金给得标会员之义务外，如会员有迟延给付会款之情事者，会首尚有代为给付会款之义务。不过，会首代为给付会款后，依同条第四项之规定，会首得请求未给付之会员附加利息偿还之。前者，旨在加重会首责任，以维交易安全[47]；后者，给与会首适度补偿，以符公平原则。[48]

(2) 适用范围

会首代付会款，严格言之，亦是网络型合会之概念及制度。盖以直

44 同上修正理由前三段前半：“会员对已收取之会款，在未交付得标会员前，有保管义务，且动产系以交付时为危险负担移转之时点，故会款在未交付得标会员前发生丧失、毁损之情形，自应由会首负担。”

45 同上修正理由第三段后半：“会首实际上已获有无息使用首期合会金之利益，从而宜由会首负较重之不可抗力责任。惟如因可归责于得标会员之事由致丧失、毁损者，则应由该得标会员负责，始为公允。”

46 参照林诚二前揭“论合会”（上），第四三页～第四四页（学理上或认为民法本条项应改采事变责任，请参照杨仲农前揭文，第二二三页～第二二四页）。

47 参照“民法”债编修正第七〇九条之七修正理由第二段后半：“为保障得标会员之权益，并加重会首责任，逾期未收取之会款，应由会首代为给付。”

48 同上修正理由后段：“会首履行代为给付之义务，得请求未给付之会员附加利息偿还之，方为公平，爰明定第四项规定。”

线型之合会，其会员间并无任何权利义务关系，如未得标会员给付迟延者，会首仍必须给付合会金于得标会员，并不因该未得标会员未给付会款而免除其给付合会金之义务。

严格言之，在直线型合会，未得标会员给付会款于会首、会首给付合会金于得标会员，系互不关连而各自独立之权义关系，不问前者有无给付迟延，会首之给付义务不受影响，其间尚不生代为给付之概念。因此，于直线型合会，于此相关部分，其内涵应为："逾期未收取之会款，会首仍有给付责任。"也因此，从严格之法律解释论言，本条仅于网络型合会有其适用，若于直线型合会，似属类推适用而非直接适用。

同样情形，于本条第四项之利息偿还请求权行使，亦应作同一解释，并于直线型合会，作如下之了解："会首依第二项规定为给付后，得请求未给付之会员，附加利息偿还之。"

（3）代付会款之性质

于直线型合会，代付会款为会首固有之义务，尚无庸探讨代付会款之问题。反之，于网络型合会，代付会款之性质为何？有谓其等同保证人，并认合会同时兼有保证之性质[49]，或谓此为（单向）连带责任，并得于代为给付后依连带责任规定（第二八一条、第二八二条），向给付迟延之会员求偿。[50]愚意以为，保证说之立场，似较接近制度原意，惟会员之代付会款为法定之担保给付责任，其给付义务顺位且在未得标会员之前，亦非保证可尽为说明。究其情形，或与证券交易结算机构（包括兼营结算义务之交易所）对于违反交割之被害交易相对人应先行代为给付，而后再向违约交割人求偿之制度类似[51]，堪称市场主导者为维护交易安全之特殊先位担保给付责任。

给付会款，本为未得标会员之给付义务，虽因维护交易安全，于法律制度形式上，形成由会首先行给付责任之模式；惟在制度实质上，会

49 参照欧阳经宇"民间合会契约与人事保证契约之研究"，收于郑玉波主编"民法债篇论文选辑"，五南图书出版公司，1972年，第一四二八页以下；陈玫瑰前揭文第五一页（惟均未说明其主张之学理根据为何）。

50 参照林诚二前揭"论合会"（上），第四四页。

51 参照"证券交易法"第一五三条规定："证券交易所之会员或证券经纪商、证券自营商在证券交易所市场买卖证券，买卖一方不履行交付义务时，证券交易所应指定其他会员或证券经纪商或证券自营商代为交付。其因此所生价金差额及一切费用，证券交易所应先动用交割结算基金代偿之；如有不足，再由证券交易所代为支付，均向不履行交割之一方追偿之。"

首系为未得标会员履行其应履行之义务。此一制度实质，于直线型合会或网络型合会，应均无不同，因之，先为给付之会首，对于给付迟延之会员有求偿权。此之求偿，为该未给付会员应付数额之全部，直接根据“民法”第七〇九条之七第四项即为已足，似不必再求之于连带债务人求偿权（二八一条、第二八二条）规定或保证人代位权之规定（七四九条）。[52]

（4）补充说明

于会首代付会款责任之相关规定，其间须为补充说明者，尚有如下五者：

①本段所称未得标会员，泛指所有该会次非得标之会员，不问活会会员或死会会员均属之。

②本条第二项所称期满翌日前，结合第一项规定，则其意义应认为，系指标会后四日期满之前；惟其约定坐次轮收者，应指各该排定次序之期日后四日届满之前。

③本条所称丧失，意指标的物之不能回复；毁损云者，指其形貌变动而减损价值而言，应与运送物之丧失、毁损作同一解释，惟其标的物限于金钱或其他代替物而已。

④本条第四项所称未给付，系就事实状态而言，法律上应指给付迟延而言；附加之利息，为法定利息之一种，应依法定利率（二〇三条）计算之，但合会契约或当事人另有约定者，依其约定。

⑤会首为多数人者，对于先付或代付会款责任，除合会契约或当事人另有特约负连带责任而应依其约定外，似难令其负连带责任；早期实务，曾有连带责任之见解[53]，似难谓符法定连带债务（二七二条二项）之法律政策。惟学理上认应成立连带责任之见解，似亦颇为有力，殊值注意。[54]

二、会员之权利义务

会员之权利义务，主要事项有三，即（一）竞标合会金权利、（二）请求给付合会金权利及（三）给付会款义务。兹分述如下：

52　于合会金之履行上，会首亦得解为利害关系人，其先为清偿后，亦得基于利害关系人清偿，对得标会员取得代位权（三一二条）。

53　参照“最高法院”1962 年台上字第二四一六号判决：“上诉人既……同为会首，依民间各会首对于会款应连带自负偿还之惯例，则被上诉人请求其……应连带负责给付，……殊难谓非正当。”

54　参照曾隆兴前揭“现代非典型契约论”，第十～十一页；王志诚前揭文，第八六页；陈玫瑰前揭文，第五八页；杨仲农前揭文，第一五六页。

（一）竞标合会金之权利

1. 权利行使之内容

依“民法”第七百零九条之五后段规定，除首期合会金外，其余各期由得标会员取得，故会员在给付首期会款后，即享有自第二期以后陆续各期之竞标权利。惟会员一旦标得合会金后，即丧失以后各期之标取权。因此，于此所称会员，应以活会会员为限。

会员竞标合会金，应依约定之期日及方法为之，原则上并应到场。不过，竞标合会金为会员权利，如其不参加竞标或不依所定期日或方法参与竞标者，仅发生失权效果，亦即丧失该次合会金之标取权，与债务不履行尚无关连。

2. 权利行使之准则

会员参与标会，其标取合会金之准则有下列三项：

①每期标会，每一会员仅得出标一次，即其会份多数者亦然。

②每期标会，均由出标金额最高者得标。

③最高金额相同者，以抽签定之为原则（以上七〇九条之六第一项）。

④无人出标者，亦以抽签定之为原则（七〇九条之六第二项）。

⑤每一会份仅能得标一次（七〇九条之六第三项）。

会份为二人以上各有者，原则上须共同参与投标，但经委由其中一人参加标会或合会契约，另有约定者，从其委托或约定。

（二）请求给付合会金之权利

得标会员取得得标该期之合会金债权，自得请求会首给付，并于会员交付于会首时，取得该项合会金之所有权，惟会首仍负不可抗力之保管责任。凡此，于会首义务时均有说明，不再重复。

合会按期继续，且每期标息经常不同。因之，各期之合会金数额，亦是经常不同，惟就抽象意义而言，得标会员所取得之合会金，其总额包含会首会款、死会会款及尚未得标者于扣除标息后之会款。

（三）给付会款之义务

1. 基本规定

给付会款，为合会会员最主要之义务，亦其所以享有竞标合会及取得合会金权利之制度上依据。民法爰于第七百零九条之七第一项规定：“会员应于每期标会后三日内交付会款。”以维合会之正常运作。[55]

55 参照“民法”债编修正第七〇九条之七修正理由第一段：“为使得标会员早日取得会款，并期合会得以正常运作，第一项明定会员交付会款之义务及交付期限。”

标取合会金之出标金额、亦即一般所称之标息，其性质与利息无异，内标式之合会，更是无异利息先扣。基此，合会会员取得合会金，难免有时发生实质利息超过法定最高利率限制或巧取利益之疑义。惟若采此见解，合会之运作势难正常，亦间接扼杀合会制度之存在基础，解释上宜采否定见解，认为利息之债有关限制或禁止规定，于合会尚无适用。[56]

2. 给付方法

会员给付会款，系按期支付，因其究为活会会员或死会会员，亦因其采内标制或外标制而有不同。通常，在内标制合会，活会会员之各期给付金额为会额（约定每期合会基本金额）扣除标金（标息）后之余额，每期随标金多寡而变动；反之，其死会会员之各期给付额为会额，其数额均属一定。在外标制合会，其情形恰属相反，活会会员之各期给付金额固定，均按会额给付；反之，死会会员则应按其得标时所出标金，附加于会额而为给付，其金额亦属固定（但各死会会员之金额彼此不同）。

会员给付会款，无论其为直线型合会或网络型合会，均以给付于会首为已足，无庸直接对得标会员而为给付。即使于网络型合会，除会员有给付迟延者外，亦应认为得标会员对其他会员直接为请求者，被请求之会员得拒绝给付而径向会首为给付，以免法律关系趋于复杂，平添无谓争议。

第三节　合会之变更

合会变动，亦如其他契约，有客观变更与主观变更之区分。爰亦分述于下：

56　参照“最高法院”1958年度台上字第一八〇八号判例：“被上诉人合会储蓄股份有限公司所组织之合会，系以投标方式由各参加会员投标，以标面最低金额为得标，其投标金额与给付金额之差额，则平均分配于未受给付之会员，此为参加合会会员间契约所约定，并报经‘台湾省财政厅’于以核准，自与‘民法’第二百零六条所谓巧取利益之情节不同，该契约仍应认为有效成立。”

“最高法院”1960年度台上字第一三六一号判决：“合会会员于得标时，应需先行扣除使用他人款项之代价，自难期望每期均收足额。此项短少既基于约定或习惯，而与公序良俗无涉，自应照约分期履行，不得指为巧取利益。”

一、客观变更

合会契约相关内容之变动，是为客观变更。实务常见者，有交付借用证书或交付票据之情事；又倒会经处理后，合会权利义务内容亦随之变动，故一并于此说明之。

（一）约定内容变动

合会契约内容之变动，通常固以会款金额之变动，影响会员及会首之权义固属最大，但标会形式（如内标制、外标制）、标会方法（如坐次轮收、抽签决定）、标会期日等之变动，亦均属合会之客观变动。

合会得否依当事人意思，变动其契约内容，法固无明文，但本于契约自由，应予肯定。惟合会内容之变动，往往涉及会首及会员之权利义务，因之，不论直线型合会，或网络型合会，其契约内容之变动，须会首与全体会员之同意。但考量活会会员之权益，如活会会员全体决议变更合会契约内容，而其情事并不影响死会会员之权利义务者，仍应认为其同意有效；反之，如其结果会影响死会会员之权利义务者，则解释上仍须经过会首及会员全体之同意，始生效力。[57]

同意，通常情形，固多以决议之方式为之，但解释上则有决议均无不可，且无须同时为之；因之，如会员等之全体同意，其同意时间互有前后者，以最后同意生效时为之。然则，同意如何为之？为避免法律关系陷于不易安定。解释上，其为会员之同意，以向会首为之即为已足，其为会首之同意，则应向全体会员为之；但均无庸以书面为之，亦无须以记载于会单作为变更成立或生效之要件。

（二）交付借用证书

会款给付，应依原定给付标的种类及数额（量），始符债之本质，惟在民间合会，会款之取得或给付，常有交付借用证书之情事，爰予归纳说明之。

基本上，在合会关系上，交付借用证书之情形有二，一为于得标时交付借用证书，另一为于付款时交付借用证书。兹分述于下：

1. 得标时交付借用证书

为保障会首与会员之权益，会员在得标时，民间习惯上常由会首出

57 参照林诚二“论合会”（下），月旦法学，第十七期，第十一页；曾隆兴，前揭“现代非典型契约论”，第十三页；陈玫瑰，前揭文，第六五页。

具借用证书（借据）于得标会员，或由得标会员于受领合会金时出具借用证书（或借据）于会首或其他会员，作为得标及其合会金数额之佐证，是为此所称之交付借用证书。有此情形，当事人间之法律关系是否发生变动，仍待探讨。

（1）由会首出具借用证书于得标会员

会员得标时，由会首出具借用证书于得标会员者，仅为合会金债权及证明文件，并不发生合会关系之变动，解释上，亦无新债偿旧或债务更新之问题。得标会员于受领合会金时，应缴还借用证书，会首就借用证书之返还，并得主张同时履行抗辩权。不过，得标会员得标后，会首因一时无力支付或无力代其他会员给付合会金，商经得标会员同意，以借用证书作为支付手段者，则其情形尚有不同：

①如会首与得标会员特约，合会关系消灭，其后仅凭借用证书付款者，交付借用证书之行为为债务更新，亦即发生债之客观更改；

②如会首与得标会员并无上述特约，则为间接给付，适用第三二〇条文本之规定。

（2）由得标会员出具借用证书于会首

合会契约如约定得标会员于得标后，向会首收受合会金时，应以会首为债权人出具借用证书予会首者，其得标会员出具借用证书之行为，或以为，于此情形，发生债之更改，当事人间之合会关系更改为消费借贷关系，旧债务之合会契约债务即随之消灭，日后该会员如有迟延给付或倒会时，会首即应依消费借贷之法律关系，请求返还借款及其利息。[58]惟愚见以为，除合会契约同时约明，于此情形，其合会关系消灭，并适用消费借贷关系者，得据以解释为债之更改外，得标会员出据借用证书之行为，应仅属收据性质，尚无债之客观更改可言，亦不发生间接给付之作用。盖仅有出具借用证书之行为，尚难谓当事人间有变更合会关系之意思也。

（3）由得标会员按活会会员人数出具借用证书

合会契约如约定得标会员于得标后，向会首收受合会金时，应以活会会员为债权人出具借用证书者，其得标会员出具借用证书之行为，究应如何解释？愚意以为，合会契约若有如此约定，或系得标会员应会首或（及）其他会员请求而为此行为时，除非当事人间确有终止或退出合会之特约（明示）者外，考其真意应系在于加强合会债权之保障，法律

58　参照林诚二前揭“论合会”（下），第十一页。

解释亦应本于当事人真意所在而为其出发点。因之，有上述当事人明示特约，应依其特约者外，应认为其间尚不发生债权让与、债务更新、抑或间接给付为宜；从而，会员依合会契约而得请求会首给付或代为给付之权利，尚不因借用证书之出具而受任何影响。

愚见以为，以上所见，于网络型合会及直线型合会，原则上固均同其适用，惟二者之法律效果容有不同，爰予分别叙明：

①直线型合会

直线型合会，会员互相间本无权利义务关系，即得标会员对于未得标会员亦然。因此，于直线型合会，得标会员若有出具借用证书于活会会员，足认得标会员，就会首对该等活会会员所负合会金债务已有承担之合意，并因而于该借用证书所载金额范围内，与会首而对活会会员发生并存之债务承担。[59]受领借用证书之会员，如遇有会首给付迟延或更严重之倒会情事，既得向会首请求给付合会金，亦得执已得标会员所出具之借用证向已得标会员请求返还其所应负担之合会金。盖以于此情形，出具借用证书之会员仍系本于合会关系之履行而承担债务，其间并无债务更新行为，亦无发生根据消费借贷请求之可言。[60]但于其承担范围内，与会首对其他会员负同一给付责任，但其责任属性，则以不真正连带债务之见解为可采。[61]

②网络型合会

网络型合会，会员相互间固有权利义务关系存在，惟依民法债编相关规定观之，足认其权利义务关系，于会首给付迟延之前，仅具抽象意义，会员之间仍以不直接请求及受领给付为宜，不过，此一立场，于会员出具借用证书于活会会员者，似乏坚持之理由。愚意爰以为：本于会员之间本有权义关系，出具借用证书之行为，并无创设意义，于当事人之间自不发生如上所述之并存债务承担，惟其出具借用证书于各活会会员者，应具凸显个别直接请求之意思，自应许其同时直接向各会员请求给付各自应负担之会款，但会首应负之代付会款责任，仍属存在。

2. 付款时出具借用证书于个别会员

59 参照林诚二“论合会”（下），第十二页。

60 于此情形，出具受领证书之得标会员，应按死会会员应付金额负债务承担责任。通常，借用证书所载金额，殆与死会员应付会款金额相符；惟如有不符者，解释上仍应以法定应付之金额为准。

61 关于并存之债务承担，请参照拙著前揭“新订民法债编通则”（下），第六九五页～第六九七页。

合会契约并未约定得标会员须出具借用证书，其得标会员于得标后，因一时无力给付会款或其他事由自行或委由会首或其他会员，情商活会会员同意以出具借用证书充作会款给付手段者，其法律上意义与上述不同。愚意以为，此之借用证书出具已为清偿方法之一，于授受借用当事人之间发生消费借贷关系，原则上适用新债（消费借贷债务）旧债（合会债务）、亦即间接给付之规定（三二〇条本文），但当事人另有约定，合会之债权债务关系消灭者，则于该等当事人间，发生债务更新之效果。

（三）交付票据

1. 基本关系

会首或死会会员，于会员得标后，以支票或本票等票据支付得标会员者，通常得认为有以票据清偿会款之意思。按以票据清偿债务者，通常情形，其债权人于收受票据之时，尚难认有使既存债务消灭之意思，故收受票据之结果，仅生间接给付之效果。其票据债务与原因债务仍是并存，当债权人行使其中任一债权而受全部或一部之清偿，按其清偿部分其他债权亦消灭，债权人仅得就剩余债权行使权利；实务持同一看法。[62]只不过，理论上，债权人应先行使票据债权而已。以上所述，于单线型或网络型合会，原则上固均有其适用；惟二者之理论构成，亦有不尽相同之处，爰亦分别予以叙明：

2. 单线型合会

（1）向会首或由会首交付票据

于单线型合会，会首为给付合会金而交付票据于得标会员，或会员为给付会款以票据交付于会首者，除其彼此间以特约明示消灭会款之债权关系者外，于各该授受票据当事人间发生间接给付之效力，适用“民法”第三二〇条本文之规定。即其签发未载妥签发年月日之票据，约定由会首届期填写者，于法亦生效力[63]；其他未载明金额之空白支票，似亦

62 参照“最高法院”1959年度台上字第一二〇八号判例：“上诉人将第三人所签发之支票依背书交付与被上诉人，并未将被上诉人持有之借据收回或涂销，显系以负担票据债务为使被上诉人受清偿之方法，票据债务既未因履行而消灭，则两造间原有之消费借贷债务，自属存在。”

63 参照“最高法院”1981年度台上字第二四〇七号判决：“原审既认定系争支票三张系民间互助会会员陈×新于得标向会首（上诉人）领取会款时，为支付以后每月会金，而预先签发未填‘年’、‘月’仅载明‘日’及金额之支票，并先经被上诉人背书，径交上诉人收执，依民间互助会会员与会首间之约定，虽得由会首于每月标会时，按月填写年月，然后揭示。此项约定，如事先曾征得被上诉人之同意，不仅于会首与会员间发生效力，即背书人亦应受其拘束。”

可作同一解释。

（2）得标会员按活会会员人数交付票据

得标会员按活会会员人数交付票据于各活会会员者，得标会员出具票据之行为，不论系交由会首转交或由得标会员自行交付于活会会员，其于会首与会员间发生之效力，依下列情形定之：

①于会首与会员之间

活会会员受领得标会员交付票据之行为，尚难遽以受领交付票据之行为，即系有意消灭或免除会首给付会款之义务。因此，于会首与受领票据会员之间，尚不发生间接给付或债务更新之效果；如得标会员交付支票届期不能兑现或其他迟付合会会款者，会首仍应给付会款于受领票据之会员。

②于会员相互间

直线型合会，其会员相互间，原无权利义务关系，得标会员支付票据于活会会员之行为，亦认为有承担会首给付合会金之意思，于票据面额之限度内，与会首同对活会会员负责，其间亦属并承之债务承担。实务见解，于此部分认为发生（免责）债务承担及债务更新[64]，于活会会员之权益保护，似有未周，与当事人真意，恐亦未符。

3. 网络型合会

（1）向会首或由会首交付票据

于网络型合会，其会首为给付合会金而交付票据于得标会员，或得标会员为交付会款而交付票据于会首者，其法律关系之变动，如前段单线型合会雷同，兹不重复。

（2）得标会员按合会会员人数交付票据

得标会员按合会会员人数，交付票据于各活会会员者，不问系交由会首转交或由得标会员自行交付，其法律上效力，依下列情形定之：

①于会首与会员之间

得标会员有此行为者，除有特别约定者外，无终止合会关系或免除会首代付会款之意思，亦无间接给付或债务变新可言，其效果与上述直

64 “最高法院”1984年度台上字第三一一四号判决：“按台湾民间合会，系会首与会员间所缔结之一种无名契约，其两者间之债权债务关系，原与其他会员无涉，惟‘支票互助会’，起会时即已将标得顺序及标金金额同时确定，而由会员依得标顺序及标金分别签发支票交付各得标会员，俾得标会员于起会即取得俗称之‘远期支票’而得以流通使用该有价证券，是其一般互助会须届期方取得得标会款不同，会员于得标时，乃以其他会员为债权人，而以会首为连带保证人，而发生债之更改与债务承担，此为民间之习惯。”

线型合会之相关部分相同，亦不重复。

②于会员之间

得标会员与活会会员间，有授受票据行为者，应认为其彼此间之会款（合会金）请求权正式确定，得直接径为请求。又支付票据为清偿方法之一，于授受当事人之间，亦生新债偿旧之效力；而且，当事人特约其会款给付债务消灭者，从其约定而发生债务更新之效力。换言之，其情形恰如于得标后，得标会员为给付会款而出具借用证书于个别会员者之案件类型。不过，票据为有价证券，其给付范围以票面所载金额为准（“票据法”五条一项）；因之，持票会员依票据而请求给付之金额，仅以票载为限，非若持有借用证书者，尚得主张依合会关系调整其得请求之金额，是其二者，仍有差异之处。[65]

（四）倒会之处理

合会因一定事由致不能继续进行者，是为俗称之倒会。一般文献，将其列为合会之消灭说明之。惟合会遇有倒会情事者，合会并不当然消灭或终止，而是进入重新整理之阶段，会员间权利义务关系之内容，亦为之发生变动。本书斟酌其情，爰列于客观变更项内，并归纳为下列三者说明之。

倒会（处理）
- 倒会之意义及型态
- 倒会之民事责任
- 倒会之特殊处理（七〇九条之九）

1. 倒会之意义及形态

（1）倒会之意义

倒会为社会交易习惯上之用语，民法本节并无其词，故其意义尚非甚为明确，学理见解亦不一致。因之，欲就倒会之意义，进行明晰之界定，事实上有其困难，以下所述，于学术角度言，应仅具相对意义。

会款之标的为代替物，通常且为金钱。因之，会首或会员未能给付合会金或会款者，于债务不履行之规范体系上，仅能归类于给付迟延。给付迟延，固为倒会之源起，但于语言使用上，迟延给付会款之事实，尚难认其即为倒会。换言之，一般俗称之倒会，系指较单纯迟付会款为更严重之事实状态。此更严重之状态为何？或以不能继续标

65 本书认为交付票据，除有特约者外，仅生间接给付之效果。是以，持票会员依票据行使权利，如有未能满足全部会款债权者，就其差额，仍得向该会员或会首主张差额部分之会款债权。于此情形，二者应是不真正连带债务（会首已无先位担保给付责任）。

会为设定标准[66]或以合会无法正常运作为认定依据?[67]或以逃匿而不能主持合会为核心状况。[68]各说固均有相当论据，惟于论定倒会，似亦均有不尽完足之处。

合会未能继续进行，而会员依法律所定程序，无从实现其合会债权者，是为倒会。通常情形，合会不能继续进行者，固多以会首无资力为常见，但会首隐匿财产而恶意倒会者，亦迭有所闻，倒会尚不能以会首无资力为必然。倒会，有时固由会员而起，惟会首有给付或代为给付会款之义务，如会首仍然勉力继续进行，则尚非此所谓之倒会。一般而言，倒会常见之情况，为会首破产逃匿，故“民法”第七〇九条之九特别指明此二者，以为范例，本书爰统括称之一定事由。

虽然，一般所称之倒会，应指会首因一定事由不能继续进行合会之情事，惟民间交易习惯，亦有会员倒会之用法。爰亦一并叙明之。

（2）倒会之形态

依上所述，倒会之形态有二：即

①会首之倒会

会首因破产、逃匿、无资力或其他情事，致合会不能继续进行，合会会员之合会金债权因之催索无着者，是为合首倒会。

倒会，固为民间相沿已久之用法，惟其确切内涵不尽明确，民法未列其为法律用语，而改以合会不能继续进行作为制度运作依据，自较明确可行。本书援用倒会名词，纯系便宜作法，并此叙明。

②会员之倒会

会员而有倒会可能者，迨指死会会员，亦即死会会员取得会款后，无力继续给付会款之情事，是为通称之会员倒会。确切言之，应称死会会员之倒会。通常情形，死会会员倒会，亦大都是出于破产，无资力或逃匿等情事。

其实，会员倒会，主要规范效力所在，系在于其与会首间权利义务之规范，对合会会员权益，尚无直接影响，更不直接影响合会之存续。因此，会员倒会应仅是民间习惯一般用语，于合会变更或存续，本无重大意义。“民法”第七〇九条之九有关通称之倒会处理，其规范范围仅以会首倒会为其范围，堪为佐证。以下所述，爰仅以会首倒

66 参照曹竞辉前揭书，第四八页～第四九页。

67 参照林诚二前揭“论合会”（下），第十四页；陈玫瑰前揭文，第十页。

68 参照戴东雄先生于“民法研究修正委员会”第六六六次会议发言。

会为其范围。

2. 倒会之民事责任

会首倒会之民事责任，于直线型合会或网络型合会，其内容或有不尽相同，爰以其为区隔标准，分就即时倒会，中途倒会及冒标三者说明之：

（1）直线型合会

①即时倒会

于直线型合会，如会首于取得首期合会金后，即宣告倒会者，会员有下列权利：

a. 请求继续执行合会事务

会首负有执行合会事务之义务，执行合会事务之首要为如期召开并主持标会。纵使合会会首初始即时恶意倒会（诈取会款或合会金），理论上，会首之此一义务并无从豁免，解释上应认为，各活会会员得依“民法”第二五四条定相当期限，催告其执行合会事务，继续如期召开并主持各期合会之标会。诚然，会首既已倒会，请求其继续执行合会事务，现实上恐难发生实际效果，于此层面，恐仅具理论上意义。不过，此一权利之行使，得作为解除或终止合会契约之依据，于保护会员权利而言，亦饶具意义。

请求会首继续执行合会事务，于各种倒会形态，均属有之。以下各段，除有必要者外，尽量避免重复。

b. 解除合会

会首倒会，债之规范意义上为可归责于债务人（会首）之事由以致给付迟延，于即时倒会之情形，合会之继续性事务尚未正式开始，各活会会员得于经上述催告后，解除其个人与合会之关系。此之催告通知与解除权行使，依债之通则相关规定（二五四条、二五七条）定之，但宜认为无主观上不可分之适用，亦即个别通知、个别解除、个别消灭合会之法律关系。

c. 请求返还已给付会款

会首倒会者，会员之权利不受影响，会员仍得请求继续标会，并于标得后收取合会金，如因此受有损害者，并得请求损害赔偿（二三一条一项）。惟因请求继续标会，现实上几无实现可能；比较上应以循解除合会，再请求返还已付合会金附加利息（二五九条）及损害赔偿（二六〇条）者，其途径为较可行。

②中途倒会

a. 请求继续执行合会事务

与前述同，不予重复

b. 终止合会

合会以会首之人格信赖为其重要成立基础，会首倒会者，其原有人格信赖基础丧失，活会会员自得终止；此之终止亦宜解为个别终止，其行使之问题准用上述有关解除之说明（二六三条）。[69]

c. 请求返还已给付会款

终止虽使合会关系向后消灭，但不影响债务人业已成立之不履行责任，故为终止之活会会员，得请求返还已给付之会款及给付应得之标金，如尚有损害，并得请求赔偿。倒会前已标得合会金之会员，但未取得合会金者，不问有无终止，均得请求会首给付合会金，迟延利息及其他迟延赔偿（二三一条～二三三条）。其由会首受领备用证书或票据，其未获清偿或票据未获兑现者，应作同一解释。[70]

死会会员而已获偿者，应认为仅有请求继续执行合会事务之权利，但无合会终止权，亦不生请求返还已付会款之问题。至于会首对已付死会会员之会款请求权，活会会员得依“民法”第二四二条、第二四三条规定，行使债权人代位权。[71]

会员上述权利之行使，并不因会首有无逃匿而受影响，只不过，如会首有逃匿情事者，其倒会情事更为显著，合会不能继续得凭该事实确定，而且活会会员等之主张债权人代位权，更无置疑而已。

③会首冒标

会首倒会而其间有冒标情事者，其他会员之权利义务，不受任何影响，至于被冒标之会员，除有类似表见代理或拟似出名营业人之情事，得类推适用其规定而丧失竞标权利外，被冒标会员既无标会行为，不宜因会首冒名而遭除去活会会员之权利，应认其对会首仍得主张标会之权利，似较公平。惟会首既已倒会，坚持此一论点，于被冒标会员并无实益，亦容易使合会关系趋于复杂，故学理上或认为，宜使被冒标者标会

69 会员为终止者，无庸定相当期限催告，是其与解除不同之处；惟于终止权之行使，亦无终止权行使不可分原则之适用，因个别活会会员终止而个别生终止效力。

70 会首于标会后，未收取会款即宣告倒会者，得标会员得主张债权人代位权，自其他会员请求给付会款，并同时代位受领之。

71 已得标而未取得合会金之会员，其合会金债权未获实现，既仍得向会首请求给付合会金，宜认为仍得准于活会会员对取得合会金之死会会员主张代位权（反对说林诚二，前揭“论合会”（下），第十五页）。

权利消灭，较能保障其他活会会员。[72] 现实上，则以由被冒标会员终止合会，并准于活会会员行使上述权利为宜。

（2）网络型合会

①即时倒会

于网络型合会，如会首于取得首期合会金后，即宣告倒会者，会员得主张之权利，与直线型合会，应无不同，兹不重复。[73]

②中途倒会

a. 请求继续执行合会事务

与前述同，不予重复。

b. 请求给付合会金

会首倒会者，活会会员（包括已得标会员而未取得合会金或未获清偿者——本段以下同）得向会首请求合会金，其情形有如前述，此部分不予重复。

于网络型合会，会首倒会者，活会会员对于其他会员之合会金请求权为之到期确定，亦即因之而得对其他会员直接而为请求。按合会之成立，法律并未明定其有类似合伙创设公同共有财产功能，实务上见解亦未明确表示，解释上自难认为合会金之取得或合会金债权有共有或准共有之适用。此外，合会金债权之给付标的，非为不可分之特定物，法律亦未规定其有连带债权或连带债务之适用。愚意爰以为，于会首倒会或部分会员亦同会首倒会之情形，活会会员之行使合会金请求权，既不生准共有之问题，亦无庸强调其适用不可分之债（权、务）或连带之债（权、务），以免徒增多数人间权利义务之纠葛及权利实现之不确定。换言之，依个人见解，即使于网络型合会，活会会员对会首及已获清偿死会会员之合会金请求权行使，依可分债权或可分债务行使或负担为宜。虽然，于此机制，纷歧多数之请求，在所难免；惟无论从符合现行法律体制，乃至当事人权利之维护实现，此一思考模式，恐是众路坎坷中无可回避之最佳途径。

c. 合会终止

于网络型合会，会首中途倒会者，一般以为，应由活会会员全体向

72　同上注林诚二前揭文。

73　关于会员对会首权利之行使，亦以个别行使，个别发生法律效果之见解为妥；纵使解除权之行使亦然。以免会员之间，反因解除权行使之未尽一致，权益保障反而平添无谓抑制。

死会会员终止，并一次进行类似清算之程序。[74]然而，于此情形，死会会员若未给付迟延，徒因会首倒会而被终止，不仅法律上依据不够坚强，于权益保护亦有未周，即程序上亦多有拖延且相互掣肘。愚意以为，网络型合会，于法律规定或判例形成上，既未明确赋其以团体法之机制，单恃法律解释而采用团体法之内涵，难免法律基础有缺，现实上恐又治丝愈棼。因之，除会首倒会后，活会会员全体及死会会员全体同意终止合会，并进行结算者外，尚难认为会首倒会，其活会会员即得向死会会员全体行使终止权。盖以网络型合会，会员之间亦有权利义务关系，其相互间请求权因会首给付迟延而确定，并得径行直接请求，如死会会员并无债务不履行（给付迟延），其人格信赖并无破绽，肯定其间有终止权，恐与成立合会之当事人意思，乃至法律所确定之制度意旨，均属有悖。同理，个别活会会员对个别死会会员，亦不当然发生个别行使终止权之情事可言。

诚然，于会首倒会或个别死会会员倒会者，基于同上述理由，愚意以为，个别活会会员得个别对倒会之人行使终止权，并个别生效，尚不适用终止权行使不可分原则，对其他会员亦不生效力。至于上述之活会会员全体与死会会员全体，同意终止合会者，本质上已属依和解（预防争执发生）而消灭合会关系，其因而进行之会算，性质上为契约（合会）消灭后履行回复原状义务之财务上结算，尚非团体法上之清算；会算后之给付，则系依和解所定权利之行使（七三七条），尚非仍为原合会关系所衍生。

3. 特别处理程序

（1）制度缘由

以上所述，系依债之通则相关规定，特别是契约法之一般法律原则，配合合会相关条项所为之解释。愚见虽认为，本书所持见解，较符当事人成立合会之真意、民法增订合会类型之立法意旨，乃至当事人权益之保障，理论上有其相当意义；惟就现实功能之体现言之，恐难发挥维护当事人权益之作用。缘以合会如有会首倒会情事，而其合会尚能顺利进行者，本已凤毛麟角，难得一见；退而言之，其余当事人之间，纵欲继续维持合会关系，法律上亦乏明确可行之运用法则或程序。凡此，不能谓系民法债编修正前合会契约制度之重大缺漏。

74 参照林诚二前揭“论合会”（下），第十六页；谢哲胜前揭文，第一六三页。

有鉴于此，民法债编修正，针对会首倒会后后续事务，增订“民法”第七〇九条之九，以为遵循依据，于补充法律漏洞，诚具积极意义；惜乎修正理由，于此意义未予凸显强调。由于民法本条增订，于上述活会会员权利之行使，并无影响。其间之关系，犹如并存之权利附加规定，本书爰斟酌其本意所在，称之特别处理程序，并分述其内容于下：

(2) 制度内容

①事务处理人之选定

合会会首倒会者，合会事务之执行，顿时处于群龙无首之状态，如任令群雄竞起，结果将是纠纷难解，干戈相向，徒增二次损害，为杜免类此无谓纷争，维护合会会员利益，民法爰于“民法”第七百零九条之九第四项规定，合会因会首所生事由致不能继续进行时，得由未得标之会员共同推选一人或数人处理相关事宜。[75]，是为事务处理人员之选定。

事务处理人之选定，由未得标会员共同推选，是有权推选事务处理人者，限于未得标会员，得标会员尚不与焉，即使得标后合会金尚未获清偿者，仍应认其为得标会员；惟已得标会员被推选为事务处理人者，尚无不可。称共同推选者，其机制为何？法无明示，解释上应经全体同意，如其经表决者，应经全体出席并一致决议。

事务处理人并非会首，亦非继任会首而执行合会事务，其与合会之间，应作如下解释。即：此时合会并未终止，未得标会员之推选，其效力及于会首及全体会员，会首于涤除给付迟延状态前，停止执行合会事务改由事务处理人执行，在劳务契约之属性上，属事务处理契约之类型；因之，事务处理人与会首及其他会员之关系，适用委任之规定（五二九条）。如事务处理人处理相关事宜，有未尽必要注意或逾越权限而致生损害于合会者，应负赔偿责任（五四四条），其违反亲自处理事务者，对次受任人所生事项，亦负同一责任（五三七条、五三八条）等均是。

事务处理人得为一人或数人，其为二人以上者，除通常事务得单独执行外，应共同执行之，但选定人与事务执行人间另有约定者，从其约定（类推适用六七一条）。

②会款按期平均支付

a. 基本规定

75　参照“民法”债编修正第七〇九条之九修正理由第四段：“因会首破产、逃匿或有其他事由致合会不能继续进行时，得由未得标之会员共同推选一人或数人处理相关事宜，以杜纷争，爰增订第四项。”

按合会之基础，系建立在会首之信用与会员间彼此之诚信上，如遇会首破产、逃匿或有其他事由致合会不能继续进行时，为保障未得标会员之权益，减少其损害，除未倒会之会员全体终止合会者，应另行会算外，应由会首及已得标会员将各期应给付之会款，于每届标会期日，按未得标会员之债权额数，平均分配交付之。但当事人如另有约定者，依契约自由原则，自应从其约定；例如约定已得标会员应交付之各期会款，于未得标会员中以抽签决定取得人，或已得标会员将全部会款一次付出，一次平均分配于未得标会员是。因之，“民法”第七百零九条之九第一项规定：“因会首破产、逃匿或有其他事由致合会不能继续进行时，会首及已得标会员应给付之各期会款，应于每届标会期日平均交付于未得标之会员。但另有约定者，依其约定。”[76]

b. 相关事项说明

(i) 本条项所称其他事由，不问其情事之发生是否归责于倒会之会首，只要其结果以致合会不能继续进行即为已足。例如，因受其他会员倒会连累、因意外事故致死或受重伤、因罹患疾病、犯罪入狱，乃至移民出国或资力丧失（无资力），均有适用。

(ii) 本条项之已得标会员，应作限缩解释，以会首已为其收取会款者为限；如会首于标会后，未收取会款而倒会，该形式上已得标会员，仍应视为未得标会员，亦即应作反面之扩张释解。否则，如谓虽已得标而会首尚未为其收取会款者亦有适用，则其未获清偿之余，反而还要按期支付会款于未得标会员，无异双重损害，同时加诸一人之身，岂非有违公平原则。[77]不过，已得标会员，就会首尚未收取会款之事实，应负举证责任。[78]

---

76 参照同上注修正理由第一段前半：“合会之基础，系建立在会首之信用与会员间彼此之诚信上，如遇会首破产、逃匿或有其他事由致合会不能继续进行时，为保障未得标会员之权益，减少其损益，应由会员及已得标会员将各期应给付之会款，于每届标会期日，按未得标会员之债权额数，平均分配交付之。但当事人另有约定，例如约定已得标会员应交付之各期会款，于未得标会员中以抽签决定取得人或已得标会员将全部会款一次付出，一次平均分配于未得标会员是。依契约自由原则，自应从其约定。”

77 得标后，会首如已收取会款者，因其所有权已移转于得标会员，虽其未获清偿，应认为系会首给付迟延所致，其危险宜解释为由得标会员负担。换言之，于此情形，其他会员业已给付会款，该得标会员只得请求会首给付，不得再对其他会员请求二次给付。

78 依本书见解于本条项之未得标会员，因解释上采限缩立场，致其意义与上述第四项所称之未得标会员，尚有不同，颇值注意。所以如此，盖以事务处理人之推选，宜力求慎重；反之，会款之给付，应尽乎公平故也。

(iii) 本条项所称各期会款，如按原定期日给付，应指死会会款，亦即原标会出标金额加上标息而言；惟如当事人约定，全部会款一次付清，一次平均分配于未得标会员者，则未到期之会款，应依标息比率，按期于逐期扣除后，以其总额为应付会款。又此时已无须再行标会，且对于会首应付会款之部分，已得标而获偿之会员，亦无为之分摊之义务。[79]

(iv) 本条项所称平均交付，究指已得标会员应付会款总额之平均？亦或为各已得标会员个别应付会款之平均？愚意以为，应依个案之实际情况而定。换言之，如其已依本条第四项选定事务处理人者，事务处理人负有收付会款之义务，于此情形，系指应付会款总额之平均，并以实际收得金额，于扣除处理费用（包括事务处理人报酬）后之余额，作为平均给付之依据；反之，如未选定事务处理人者，总额平均给付，事实上难以执行及遂行，宜解释为按各得标会员应付会款作为平均计付标准。

(v) 本条项所称另有约定，究于原合会契约约定或倒会后由会员全体同意决定，均无不可。[80]

③会首连带责任

会首倒会，其会员间经依前述规定为特别处理者，会首原来之先位担保给付责任是否存续？乃至以何种形态存续？如法无明文，解释上易启争议？且亦面临担保给付责任或连带责任，须有法律明文规定之挑战。为确保会员应有之权益，并防免会首责任之逃脱，民法爰于本条第二项规定，会首就已得标会员依第一项规定而应给付之各期会款，负连带责任。[81]

本条所称连带责任，性质上为给付责任，亦即所谓之连带给付责任。其与已得标会员间，则为所谓之单向型连带责任。盖以本条所称连带责

79 参照“民法”债编修正第七〇九条之九修正理由第一段后半：“此际，无须再为标会。如会首破产、逃匿等事由致不能继续交付会款时，已得标会员对此部分亦无须分摊给付，并予叙明。”

80 本条关于共同事项如何适用，均未为进一步明定，致解释上须采全体同意之模式，其于相关权益之保护，有时不无窒碍，法律政策上研定多数决法则，并配合适当增订，似有必要。

81 参照“民法”债编修正第七〇九条之九修正理由第二段：“会首因前项事由致合会不能继续进行时，其给付会款及担保付款之责任不能减免。爰参酌修正草案第七百零九条之七之规定，并兼顾未得标会员之权益，增设第二项规定，令会首对已得标会员依第一项规定应给付之各期会款，负连带责任。”

任，仅会首对已得标会员依规定应给付之各期会款负连带责任；相反地，已得标会员并无须就会首依规定应给付之各期会款负连带责任。换言之，本条单向连带责任之规定，已得标会员对外不须负全部给付责任，仅就其本身应给付之各期会款负责，不必对会首应为给付之部分负责；反之，会首则必须就本身及所有已得标会员应给付之各期会款负全部责任，以资保障未得标会员之权益。因其与一般所称之连带责任，各债务人均须对债权人负全部给付责任，而非一方为他方单向负责者不同，故另以单向型连带责任（或债务）称之。[82]

④期限利益之丧失

a. 基本规定

会首倒会后，所以有本条上述各项规定，原以预期合会仍可适度正常进行为前提。因之，如会首持续给付迟延或其他死会会员有续行给付迟延者，则合会仍可适度进行之预设，势将落空，固持按期平均付款之处理机制，恐会反使活会会员错失良机，不利其权利之保障，为杜绝此一流弊，并加强未得标会员权益之保障，民法爰于本条第三项规定："会首或已得标会员依第一项规定应平均交付于未得标会员之会款迟延给付，其迟付之数额已达两期之总额时，该未得标会员得请求其给付全部会款[83]。"是为会首及已得标会员，按期平均给付会款上期限利益之丧失。

b. 相关事项补充说明

(i) 本条迟延给付之对象，为依本条第一项所定应平均交付于未得标会员之会款；迟付之金额则以累计达该得标会员或会首应付会款两期之总额为准。因之，每期纵有迟付，而其累计金额未达两期总额者，尚无适用。

(ii) 本条项所称已得标会员，未得标会员，应与本条第一项之规定，作同一解释，兹不重复。

(iii) 本条项所称全部会款，亦应与本条第一项作同一解释，亦不重复。

82 会首如为已得标会员负本条项之给付责任，理论上，仍得就该已得标会员之应负担部分，依"民法"二八一条规定行使求偿权。

83 参照"民法"债编修正第七〇九条之九修正理由第三段："依第一项规定，会首及已得标会员应于每届标会期日将会款平均交付于未得标会员。如会首或已得标会员迟延给付，其迟延之数额已达应给付未得标会员各人平均部分两期之总额时，为保障未得标会员之权益，该未得标会员得请求其给付全部会款，爰增设第三项规定。"

(iv) 本条项之期限利益丧失，个别认定，并个别适用之。亦即会首有此情事者，于会首适用之；某一已得标会员有此情事者，于该得标会员适用之。

(v) 本条项所称该未得标会员者，应依个案情况，依下列原则适用之：

ⓐ活会会员选定事务处理人，并依本条第一项本文适用之平均交付者，由事务处理人请求之。

ⓑ活会会员未选定事务处理人，亦未有其他约定而适用本条第一项本文之平均交付者，由各会员依可分之债之平均分得比例（二七一条），分别向会首或该当会员请求之。

ⓒ会款支付，因另有约定（同条项但书），已订定或议定会首或该当会员之会款债务，得确定归属于某一特定未得标会员者，由该未得标会员，径为全部请求并自行负担未获给付之风险。

(3) 周边问题

本条项尚待讨论之周边问题，尚有（1）合会类型之适用范围为何？（2）推选事务处理人之适用事由为何？（3）事务处理人处理事务之范围如何？及（4）会员其他权利之关系为何？等四者。兹亦分述于下：

①合会类型之适用范围

民法本条之适用对象，究以网络型合会为限？抑或于直线型合会，亦有适用？修正理由并未言及，学理上或持狭义论点，认其适用对象应以网络型合会为限。惟民法本节立法意旨，就网络型合会或直线型合会之法律适用，并未作任何区隔；是以，除因性质确不相符而不能适用者外，法律解释上实无排除任何一者为适用对象之理由。合会会首倒会，须为特别处理，以免法律漏洞，并维合会会员权益者，于直线型合会所面临之挑战，绝不亚于网络型合会，其有赖特别处理机制以为补充强化者，较后者更是有过之而无不及。再者，衡诸民法本条规定，于直线型合会之适用，并无窒碍或本质冲突之处。解释其于二者均有适用，应较允妥。

②推选事务处理人之适用事由

依民法本条第四项规定，系因会首倒会而为处理平均交付会款事宜，始得推选事务处理人。不过，鉴于会首倒会，发生之相关权宜措施尚多，平均交付会款或其他当事人约定处理方式之处理，仅其一端而已。因之，纵使于本法本条第四项之事务处理人推选事由，采取狭义见解，于其他相类合会事项，如为请求会首或已得标会员给付全部会款，或者为合会终止后会算事务之执行，应认为均得类推适用，推选事务处理人处理之。[84]

③处理事务之适用范围

依民法本条第四项规定，事务处理人所处理之事务，文义上似以第一项之事务为限。然而，会首倒会后事务之处理，不仅仍具继续性状态，而且其情事变动常非当事人所可逆料，并有赖事务处理人随时调整，限定事务处理人仅于第一项事务本身有处理权限，不仅法律上无其意义，于当事人权益之保护，亦有未周。因此，事务处理人不仅得依本条第一项为会款之受领、转付及请求，对于倒会会首是否恶意诈欺，有无隐匿财产，乃至隐匿何处？甚至会首逃匿者，其逃匿何处？为保护合会会员权益，事务处理人应均有调查追索及提起相关追诉程序之权限。即嗣后会首或其他死会会员有请求给付全部会款之必要（本条第三项）者，乃至其后如经终止合会，关于终止后之会算，除另有推选会算执行人者外，亦均应认事务处理人有处理权限，始较适当。

④与会员其他权利之关系

民法本条关于特别处理之规定，与前述有关会员请求会首继续执行合会事务、给付会款，及至终止合会关系等权利之间，应系并存之关系。不过，如未得标会员选定事务处理人者，则有关请求会首执行合会事务或给付会款，解释上应由事务处理人为之。至于合会终止，为契约当事人不可分离之权利，解释上仍由会员为之，而且个别终止之法律原则，亦以不受本条规定影响之见解，为较适当。

虽然，本书无意强调本条项适用上之优先性，不过，合会会首倒会者，如会员得依民法本条规定，借事务处理人之选定，让合会适度继续，会员之权利获得最适切保障，应是有惊无险，甚或是化险为夷之补贴。因此，适用民法本条处理倒会之后续事宜，较会员个人依债之通则或契约一般效力规定行使权利，更具实益，应是无可否认。

综上所述，足见民法本条所定之倒会特别处理机制，其事项尚称复杂，爰归纳其要点如下表，以供参考：

84 例如，会首不能继续进行合会，于应平均交付会款阶段，未有推选事物处理人；其后，会首或部分已得标会员迟延给付，为适用本条第三项规定请求给付全部会款，而推选事务处理人，应予肯定即是。

- 特别处理程序
  - 制度缘由
    - 续行合会相关事宜
    - 保护活会会员权益
  - 制度内容
    - 事务处理人选定（709 之 9④）
    - 会款给付
      - 按期平均支付（709 之 9 Ⅰ本文）
      - 另行约定（709 之 9 Ⅰ但书）
    - 会首连带责任（709 之 9 Ⅱ）
    - 期限利益丧失：迟付总额达二期金额以上（709 之 9 Ⅲ）
  - 周边问题
    - 适用范围
      - 网络型合会
      - ＋
      - 直线型合会
    - 选定事由：按期平均支付会款＋其他事由（如终止后会算执行）
    - 处理权限：按期收付会款＋其他事务（如终止后会算事务）
    - 与其他权利之关系
      - 理论上并存
      - 现实上优先（更具实益）

二、主观变更

合会之主观变更，情形有三，即退会、入会及让会三者是。兹分述于下：

（一）退会

退会者，合会之会首或会员，终止合会契约，脱离合会当事人地位，并因而结算合会权利义务之事实而言。退会，因其为会首、活会会员或死会会员而有不同：

1. 会首退会

会首得否退会，民法本节并无明文。学理多以为：因合会系会首所邀集，且会首为合会之必要机关，又已取得首期合会金，故如许其退会，则将造成合会组织之停止，因此会首不得退会：此从“民法”第七〇九条之八第二项仅规定会员得退会，而不及于会首，亦足认立法政策上有禁止会首退会之意旨。[85]

85　参照林诚二前揭“论合会”（下），第十页。

然则，会首苟有不得已事由，例如外调他国长期工作、移民他国，因病长期住院、因故长期入狱，甚或资力显形减弱，恐已无力长期维持合会，于商经合会会员全体同意，准其退会，并由未得标会员依第七〇九条之九第四项规定，选任事务处理人继续执行相关合会事宜者，法律实无限制其退会，使全部会员权益反而遭受更大损害之理。其实，合会之成立，系于人格信赖关系，其间苟已发生破绽，勉强依法强制其存续，恐与人格自由及契约自由原则有悖，故愚见以为，会首苟经全体会员同意，仍得退会，并依下列原则以定其与会员间之权利义务关系：

（1）会首于退会时，应与全体会员会算（结算），并给付全部会款（包括迟延利息及迟延赔偿）于未得标会员或已得标但未获清偿之会员。[86]

（2）会首除因不可归责于该会首之不得已事由而退会，且于退会前未怠于合会事务之执行者外，对于会员因其退会所生损害，应负赔偿责任（类推适用五四九条二项）。

（3）会员间之权利义务及合会之持续，适用第七〇九条之九之规定，处理合会相关后续事宜。

2. 活会会员退会

合会会员之稳定参与，为合会正常继续运作之前提，故“民法”第七〇九条之八第二项前段规定，会员非经会首及会员全体之同意，不得退会。[87]换言之，合会会员经会首及会员全体同意者，不问其为死会会员或活会会员，均得退会，并于全体同意时生效。此之同意，无庸正式决议，亦无须同时为之；其同意时间先后不一者，以最后之同意为准。

活会会员退会时，应将其与会首及其他会员之权利关系结清（类似结算），并请求会首或死会会员返还已付会款，合会会份及会期，则为之减少一份及一期。就会款之请求返还，于直线型合会，因会员间无权利义务关系，应解为由会首负返还已付会款之义务[88]；于网络型合会，因合会关系终止，而且此项给付关系，并非“民法”第七〇九条

86 于此情形，应认为会首应附加使用期间（按平均标息计算所得之）利息于活会会员，盖以会首其后本应执行合会事务之义务亦同告免除也。

87 参照“民法”债编修正第七〇九条之八修正理由第二段前半：“为期合会正常运作及维持其稳定性，会员不得任意退会。惟经会首及其他会员全体同意，不在此限。”

88 会首为返还后，于扣除自己应负担金钱后，对其他死会会员，得（类推适用适法无因管理——一七六条）个别请求偿还其各自应为分担之部分。

之七第二项所定之代为给付会款义务，应解为由会首及死会会员各负返还其所收会款之义务。合会会员退会，于合会之稳定持续，不能谓为毫无影响，但亦不值得鼓励，使由退会会员负担利息丧失，应符衡平原理，愚见爰以为，退会会员只能请求返还已付会款，但不得请求附加利息之返还。

3. 死会会员退会

合会之死会会员退会，其所需法定限制与活会会员之退会相同，爰不重复叙述。死会会员退会者，必须将该死会会员与会首及活会会员之权利关系结清（类似结算），按其为死会会员每期应付死会会款之数额，返还于会首或活会会员。该死会会员退会后，合会会份及会期并不缩减。至于该死会会员提前退会所丧失之期限利益，应否补偿？理论上或不无讨论余地。鉴于死会会员提前退会，即应提前返还其先前受领之死会会款，并不影响活会会员之权利，因之，死会会员原本按期陆续给付之死会会款乘以剩余期数后，得按法定利率（如标息较法定利率为低者，按标息）计算，并依霍夫曼式计算法扣除中间利息，再以其计算所得之总金额平均一次分配于各活会会员。

前项会款之给付，于直线型合会，因会员间无权利义务关系，退会会员将其总金额交付于会首即为已足（但其直接平均给付于各活会会员者，亦生清偿之效力——三一〇条三项）。反之，于网络型合会，关于该退会会员与其他会员间之权利义务，因其退会而确定，其他会员得径为请求，因此，退会之会员，应其应返还之会款，应按如上所称平均分配金额，分别给付于各活会会员，否则，对该活会会员尚不生清偿效力。至于会首，其依“民法”第七〇九条之七第二项规定，对于各活会会员所得请求会款应付之代付责任，尚不因退会而免除。[89]

（二）入会

入会，民间俗称用语，亦称搭会，意指原非会员之他人，于合会契约成立后或合会进行中，加入合会而成为合会会员之行为。合会契约成立后，乃至合会继续进行中，得否允许他人加入合会，民法本节尚无明文规定。鉴于会份转让，就他人而言，实是等同入会；而且，他人入会，尚无涉于违背善良风俗可言，本于契约自由原则，应无依解释而加以禁

89　此一课题，其情形类似保证人于契约解除终止后，就回复原状义务之履行，是否仍负保证责任。有关于此，愚见向持肯定论点（请参照前揭拙著“新订民法债编通则”（下），第一八五页，本书本册第三六九页～第三七〇页。），爰借此再予重申。

止之理。不过，合会具有强烈人格性，为维持合会之正常稳定续行，其他人亦非得以任意加入。解释上应依退会及会份转让之例，亦即须经会首及会员全体同意，不得允许他人加入合会。[90]

合会，因他人加入者，会份为之增加，会期亦因之延长。在权利义务关系上，入会之人属于活会会员，并应于入会时，依下列原则给付会款：

(1) 按会款金额附加利息给付会首；

(2) 按入会前各会期竞标标得之会款（即扣除各期标息后之活会会款），附加利息[91]，一次给付于会首，由会首转付于各应得之死会会员。[92]

(3) 会首对于上述转付义务，亦应依“民法”第七〇九条之七第二、三、四项负责任及为请求。

(4) 入会对于合会之原定运作及会员原来预期之权利义务内容，均有影响。为维护合会稳定正常，入会之生效，宜基于保护原有合会会员之立场，力求慎重而采类似要物行为之解释方法。基此，愚意以为：于他人入会，会首及全体会员之同意，仅系合会之成立要件，除当事人另有约定外，须经入会之人依上述（1）、（2）所述履行会款给付义务，始生入会之效力；因之，除当事人另有约定外，“民法”第七〇九条之七第一项之规定，于合会之入会，尚不当然适用。

（三）会份转让

1. 概述

会份转让，民间用法亦称让会，意指合会契约当事人将自己基于合会所生权利及义务，亦即所谓之会份转让与他人之行为而言。此之行为，发生权利处分及义务承担，性质上为准处分行为。此外，于合会关系，如会首或会员，将其权利义务转让于他人，并因符合法律规定而生效者，合会当事人地位亦同转换而由受让人承受，故其规范意义上，非仅止于

90 愚意以为，于此之法律解释方法，宜解为系体系解释之运用，尚非属于类推适用，亦无须援用回归法律原则之方法。

91 入会之人，给付会款所应附加之利息，其标准依当事人约定，当事人未约定者，仍适用法定利率周年百分之五之规定（二〇三条）。

92 入会之人，就应付活会会员之会款，于直线型合会，固应给付于会首，即于网络型合会，亦以其给付于会首即为已足，再由会首转付于活会会员。换言之，于此部分，二者尚无严格区别必要；不过，如入会之人，直接给付会款于应得会员，于法应生清偿之效力（于网络型合会，为向债权人清偿，适用“民法”第三〇九条一项；于直线型合会为向第三人清偿，依“民法”第三一〇条第三款生清偿效力）。

债之移转，而为契约承担。[93]

会份之转让，因合会当事人地位之不同，得分为会首让会及会员让会二种形态。兹予分述如下：

2. 会首之让会

“民法”第七百零九条之八第一项规定：“会首非经会员全体之同意，不得将其权利及义务移转于他人。”由此规定可知，合会会首如经全体合会同意，仍得将其会份转让于他人。盖以基于契约自由原则及合会会员权益保护，如第三人信用较原会首为佳，或因其他情事，而为全体会员所信任者，法律上实无禁止之必要及理由也。基此，则本条相关事项，其得为补充说明者有下列数项：

（1）民法本条项所称之全体同意，与前述退会、入会之全体同意，应作同一解释，兹不重复。

（2）会首同时将基于合会所生之权利及义务移转于他人者，其法律所生之规范意义，尚非单纯发生债权让与或债务承担之效力而已，而系会首同时让与会首地位，脱离合会关系，其基于合会契约内所生一切法律上权利义务及其合会当事人之地位，均一并同时由受让人取得，故一般以为，其规范定位上为契约承担[94]，实务见解亦然。[95]

（3）民法本条项虽仅规定权利及义务之转让，但会首与会员全体同意会首地位转让者，因其事件性质相同，且其法律效果亦无殊异，自应作同一解释。

（4）关于债之移转或契约承担，本条仅就会首与合会相互间之部分而为规定，至于会首与该他人间，基于债之移转或契约承担而应经他人同意者，系另一层次之问题，仍应适用其相关规定办理。

93 参照“民法”债编修正第七〇九条之八修正理由第一段前半：“合会系由会首出面邀集，则会员必信任会首而入会。他人既未必为会员所信任，自不应许其任意将权利义务移转于他人，实际上变换他人为会首。然若会员全体信任该他人，同意其受移转为会首，当不在禁止之例，故设第一项规定。”

94 参照孙森焱前揭文，第七页；林诚二前揭“论合会”（下），第九页；陈玫瑰前揭文，第一二八页；杨仲农前揭文，第二三一页。

95 参照“最高法院”1983年台上字第二〇二四号判决：“民间合会系会首与会员间所订立之契约，会员应于定期开标之期日，按开标之金额计算，缴纳会款与会首，如标得合会，则得请求会首给付他会员缴纳之会款及过去得标会员所缴之标金（即所谓会息）。以后则于开标之期日按期缴还会款及加付标金与会首。是合会契约系以会员之循环给付为标的之继续契约。如果未得标会员将其会份让与第三人，则属契约之承担，由承受契约之该第三人继续履行债务及行使债权。”

（5）会份转让之效果，于会首言，即为退会，于受让之他人言，则为入会。因之，受让人固无庸因入会而重新给付会款，但对于入会前会首所负之债务，则与会首对会员负同一责任。[96]

（6）依民法本条修正理由所载，本条项所称移转，系指意定移转，亦即限于依法律行为而为移转或转让，尚不包括继承在外。[97] 由于民法本条系仅就会份转让成立生效之要件而为规定，是修正理由所述，尚无疑义。惟会首苟有类似继承等法定移转情事发生者，其间之法律效果，当亦有如上所述。

（7）本条项所称他人，并不限于会员以外之第三人，即移转于其他会员者，亦属于此所称之他人。而且，因其抵触“民法”第七〇九条之二第二项禁止规定，纵经会员全体同意，其移转会份于会员之行为，于法无效（七一条本文）。

（8）会首将其权利及义务一并转让，或约定会首地位让与者，固生会份转让之效果。但其仅权利转让或仅义务转让者，则仅属债之移转之课题，尚不生会份转让之效果。按会首之于合会，在其权利部分，除主持合会事务外，似无基于自己权利而为财产上请求可言，所谓权利让与者，似指主持合会事务之权利，此为劳务给付请求权，且涉及会首与会员间人格信任之变动；因之，其权利让与尚不适用债权自由让与原则（二九四条一项本文）。解释方法上，应基于债权性质非得为自由让与，故非经会员全体同意，其权利让与不生效力。会首于合会权利之转让，既已应受此一限制，则于合会义务之让与（债务承担）更应作同一之解释。至其让与会员或由会员承担者，亦属无效。[98]

3. 会员之让会

（1）基本规定

合会，不仅会首与会员间彼此有人格信任关系，即会员与会员间，

96 基于后手继承前手瑕疵之法律原则，入会之他人对于会员，应继受会首而负履行债务之义务，固无疑义。此外，退会等同契约终止，债务人于终止前之不履行责任，尚不因契约终止而当然免除，是以，会首与入会之人，对于入会前会首之履行义务，应负同一责任，而其性质则为不真正连带债务。

97 参照“民法”债编修正第七〇九条之八条正理由第三段：“第一项之‘移转’，第二项之‘转让’，依指依法律行为移转或转让者而言，当然不包括继承之情形在内。”

98 会首不得兼为会员，并非仅在杜防其法律上抽象当事人地位之混同，其更为重要者，乃在防免债权债务集于一身，致使法律关系混淆，增加倒会风险。因之，会首将其于合会之权利转让于会员或其义务由会员承担者，亦应认其违反“民法”第七〇九条之二第二项规定而无效（七一条本文）。

情形亦然。因之，会员之会份让与，亦应与会首让会为相等评价。为凸显此一制度上意义，民法本节特别于本条第二项后段明定，会员非经会首及会员全体之同意，亦不得将自己之会份转让与他人。[99]

此之所称会员，无论死会会员或合会会员，均有适用。前段(1)至(6)之部分，除相关用语配合调整外，于会员让会，情形亦然。惟应注意以下三者。即：

①会员并无限制仅能参加单一会份，是会员间之会份转让，乃至单纯之债权让与或债务承担，均无抵触强行规定无效之问题。

②会员让与会份于合首，或以其权利让与会首或义务由会首承担者，亦生抵触“民法”第七〇九条之二第二项规定之问题，前述之7或8后段有关于此之叙述，亦同有适用。

③“民法”债编修正前，于合会会员之会份转让，实力均强调应经会首同意。[100]如谓其原意为，仅经会首同意即得生效，则实务此部分见解，因其抵触民法本条项规定，应予停止适用。

关于活会会员之让会，其与死会会员之让会，在法律性质或相关效力间，舍同求异，仍有可资区别之处，爰亦另段分别说明之。

(2) 活会会员之让会

活会会员之会份转让，规范意义上为合会当事人地位之转让，性质上属契约承担，情形有如前述之会首会份转让。惟以活会会员一方面有按期给付会款之义务，另一方面，则仍有投标、取得合会金之权利，如就权利义务之角度观之，活会会员之会份转让，性质上实同时发生债权移转及债务承担之双重效果。[101]

---

99 参照“民法”债编修正第七〇九条之八第二项后半：“合会契约，系因会首与会员及会员与会员间彼此信任关系而成立，会员自不得随意将会份转让于他人，但如经会首及他会员全体同意，应无不许之理，爰明定于第二项。

100 参照“最高法院”1978年台上字第三〇〇八号判例：“无论为活会、死会之转让，均非得会首之同意，不生效力。”

“最高法院”1980年台上字第二〇四五号判决：“无论为活会、死会之转让，均非得会首之同意，不得为之。”

101 参照“最高法院”1978年度台上字第三〇〇八号判例：“一般民间合会，系会首与会员间之债权、债务契约。会员除向会首领取得标金外，在得标前须按期缴纳活会会款，得标后须按期缴纳死会会款。会员将其会份让与第三人，如为活会转让，则系债权、债务之转让，并非单纯之债权让与。如系死会转让，则纯系债务之承担。”

“最高法院”1980年度台上字第二〇四五号判决：“民间合会，系会首与会员间之债权债务契约，会员除向会首领取得标金外，在得标前须按期缴纳活会之款，得标后须按期缴纳死会之款。会员将其会份让与第三人，如为活会转让，则系债权、债务之转让，非单纯之债权转让，如系死会转让，则纯系债务之移转。”

(3) 死会会员之让会

死会会员会份转让者，其本身退出合会，法律上之当事人地位，由受让人承继，性质上亦属契约承担。诚然就权利义务层面而言，会首已无参与投标，取得合会金之权利，于此角度上系为仅有债务承担，但无债权让与。[102] 不过，如果基此层面，进而认为死会会员让与会份，仅属债务承担，而无契约承担之规范意义，则恐有以偏概全之疑虑。[103]

（四）周边问题

于合会主观变更，其尚待附带说明之周边问题有二。一为合会交换，另一为主观变更适用范围之问题。兹亦分别说明之。

1. 合会交换

合会交换，民间通俗用法亦称换会，意指二个不同合会契约之会员，同意将彼此分属不同合会之权利义务关系，相互交换之谓。例如，甲所参加之合会标息偏高，如得标用以清偿其届期巨额债务，将因标息负担太重而蒙受不利；反之，乙参加之合会标息偏低，无法满足其赚取标息之目的，甲乙双方同意，互换其所参加之合会，即为俗称所谓之换会。

换会，系就互换会份之会员间相互关系而言，就彼等所隶属之合会言之，乃系会员会份之（互为）让与。因之，就其成立生效而言，应适用“民法”第七〇九条之八第二项规定，须经各该所属合会会首及会员全体同意；应其法律上效力而言，则上述关于会员让会之说明，除相互转换之部分外，于此均得援用。

2. 本段课题之适用范围

本段所述主观变更之课题，亦即入会、退会、会份转让，乃至会份互换等之以上所述，其适用对象，究以网络型合会为范围？或以直线型合会为藩篱？亦或二者兼而有之、一体适用，学理上或不无争议。鉴于民法于此，并无各分畛域之明文，而上述二者均以人格信任关系为其存立基础，基间亦无分别对待之必要。因之，愚见以为，于合会之主观变更，“民法”第七〇九条之八之规定及其衍生之课题，不问于直线型合会与网络型合会，二者均宜一体适用，殊无区别待遇之必要。

102 同上注。

103 前二注所引实务见解，系仅就权利义务层面言之，吾人如进而以为，实务否认其间具有契约承担意义，则恐陷于武断。

第四节　合会之消灭

一、概说

合会之特别消灭事由为何？严格言之，民法本节并无直接明文，理论上，应依债之通则相关规定，并斟酌其为多数人继续性契约之特性，以寻求其答案。基此，则合会之消灭事由有三。一为满会；二为会首与会员全体同意终止；三为会首倒会（或连同部分会员倒会）时，由会员全体（或未倒会之会员全体）同意终止。

台湾学理，于合会之消灭，常举解散清算以对。[104]惟解散、清算为团体法上之制度，于契约法上，除法有特别明定者（例如合伙之解散、清算）外，似不宜依解释导出以解散、清算作为契约消灭事由之见解。尤其，“民法”债编修正之后，于合会一节，既无解散、清算之明文，从相关规定亦乏浓郁之团体性意义。因之，愚见以为，于民法债编修正，再举解散、清算作为合会消灭事由，论点是否尽当，或不无商榷之处。

二、消灭事由

1. 满会

合会依约定会期，顺利标会完竣，会首对全体会员给付会款完竣者，合会为之圆满结束，是为通称之满会，其情形有如定有期限之契约，因期限届满而消灭是。

满会，以会首履行会款完毕即为已足。因之，合会如期标会完毕，纵有部分会员给付迟延，但会首依第七〇九条之七第二项规定，代为给付会款于全体会员者，合会仍届满会而消灭。至于会首因代为给付而对给付迟延之会员，固有求偿权，惟此为另一层次问题，尚不影响合会之消灭。

2. 会首与会员全体同意终止

会首与会员全体同意终止者，基于契约自由原则，法无禁止之理。

104　参照孙森焱前揭文，第七页～第八页；林诚二前揭“论合会”（下），第十八页～十九页；陈玫瑰前揭文第一一一页～第一一三页。

尤其在合会正常运作之虞，或合会当事人无意继续维持合会关系者，借全体同意而提前终止，无疑是不得已情形下之可行补充途径。

合会之终止，除有下述情形外，应经全体之同意，即在直线型合会，亦应作同一解释；盖以其终止，对于所有合会会员权益，亦均有重大影响也。此种全体同意，与前述所叙及者同其意义及程序，兹不重复。学理或谓合会确定不能继续，或活会会员全体请求终止时，合会亦生消灭。[105]惟就斯二者而言，其合会如要消灭，亦须经会首及会员全体同意终止，始有消灭可言。换言之，斯二者仅系发动全体同意以为终止之原因，尚难谓其因而即告终止或即告消灭。

3. 会首倒会时，全体会员会同意终止

会首倒会者，合会会员固得依“民法”第七〇九条之九规定，继续合会之适度正常运作，惟会员如发现其不能适度运作、或于续行中出现不宜适度正常运作，或无意继续维持者，自得基于合会全体之同意终止合会，以便不得已中尚能确保最大利益。于此情形，合会之终止，无须会首之同意。盖以会首倒会在先，其债务不履行之情节重大，自应剥夺其同意权，以免继续危害会员之权益。

于此情形，或以为由活会会员全体同意，即得消灭合会，无庸考量死会会员是否同意。[106]惟合会终止，势必提前结束合会关系，死会会员期限利益为之剥夺。因之，已获清偿之死会会员，除有给付迟延之情形者外，其同意合会终止之权利，似不宜任意加以剥夺。

会首倒会，或有因遭受死会会员倒会拖累所致，会首倒会后，部分会员见机随同倒会者，亦时有所闻。此等死会会员，既有重大债务不履行情形，其丧失同意终止合会之权利，其理由亦如上述之会首倒会。因此，会首倒会之外，如另有会员倒会者，则同意终止权存在未倒会会员即为已足。换言之，于此案例，经未倒会会员（活会会员及未给付迟延之死会会员）全体同意，即得终止合会。

三、消灭之效果

（一）满会之结束

合会因满会而消灭者，诸事顺利进行，如期完成，尚无其他未结权

105 参照林诚二前揭“论合会”（下），第十八页；陈玫瑰前揭文第一一一页～第一一二页。
106 同注74。

利义务。

（二）终止之会算

合会因终止而消灭者，因会首及会员间，常有诸多权利义务必须提前了结。因此，其间亦有类似团体法清算之会算程序。惟此仅系契约后回复原状义务及损害赔偿请求权之了结，与团体法上之清算无关，本书爰以会算称之，以免发生“清算中合会”之误会。

合会终止后，为清结回复原状义务等，多数情形，尚有了结现务、收取会款、清偿原活会会员债权等工作。此等工作之进行，须有执行会算之人，其会算人之产生原则如下：

1. 于会首与会员全体同意终止之情形，得由会首执行，亦得类推适用第七〇九条之九第四项规定，经会首与会员全体之同意另行选定会算人。

2. 于会员全体同意终止之情形，得由全体会员（或全体未倒会会员）执行，亦得经其全体同意另行选定会算人。

会算人执行会算事务，其与会首、会员间之关系，适用委任之规定（五二九条）。至于收取会款、清偿会员债权之方法，则依当事人约定；其未约定者，则一次收足原会首及死会会员应付金额（扣除中间利息），平均分配于所有活会会员。

第二十五章

指示证券

指示证券、无记名证券二者，为有价证券之两大形态，“民法”债编分别规定于各种之债第二十节（七一〇条以下）及第二十一节（七一九条以下）；此外，别无概括有价证券法制整体之统一规定，为期认识更趋完整周全，本书爰借本章之首，另辟有价证券概说一节，以期有助有价证券全貌之认识。基此考量，并斟酌民法各种之债上指示证券一节之规定，设定其节次如下表：

指示证券：
- 有价证券概说
- 指示证券总说
- 指示证券之发生、让与
- 指示证券之履行、消灭

第一节　有价证券概说

一、前言

权利证券化，亦即以证券表彰一定内容之权利，为促进交易快速安全之重要手段，更是工商经贸进步之指标。一票在手，可以驰骋万里，周游列国，既免摧运烦累，复免怀璧杀身，此有价证券之所由来。尤其，今日社会，汇票、支票、股票、债券，不仅为交易便捷安全，提供最佳管道，更成为社会大众储蓄投资、理财致富之重要途径。此等现代型经济社会之有价证券，其基础源头在于民法，而民法却无有价证券之综合性、概括性之一般原则规定，难谓制度形式已属尽善尽美，于体现民商合一之法律政策，恐亦不足。因此，如何整合民法及相关民事特别法规有价证券之个别规定，探索其间之一般法律原则，借以显露有价证券法之通则所在，应是有价证券法学，乃至债法学重要课题之一。

有价证券法之一般课题，不仅及于有价证券之意义、种类、一般原则及法制构成等领域，即有价证券之发行、让与、给付、丧失之救济等问题，亦是。惟关于有价证券之发生、让与、给付、丧失救济等，于指示证券及无记名证券，分别订有具体规定，其相关课题，拟并于各该相关领域说明。以是，本节概说，拟仅分别归纳有价证券之意义、种类、法制形式及法律原则四者，作为说明之范围，兹并归纳其要点如下表：

有价证券（概说）
- 意义
  - 定义说明
  - 范围界定
- 分类
  - 完全证券、不完全证券
  - 物权证券、债权证券、社员权证券
  - 指名证券、指定证券、无记名证券
  - 委托（指示）证券、自付证券
- 法制形式：个别立法、统一立法
- （一般）法律原则

二、有价证券之意义

（一）有价证券之定义说明

何为有价证券，民法并无一般之定义规定，其他法律亦未之见。[1]综合相关法律规定，并斟酌学理多数看法，则所谓有价证券云者，殆可定义为："有价证券者，表彰财产权之证券，其权利之发行、行使及处分之一部或全部，须以证券之占有为要件之权利化身。"基此，则其定义之内涵，殆可分析如下：

1　证券交易法上，虽就有价证券设有规定（第六条），惟以该条规定体例，系在限定有价证券之种类及范围（政府债券、公司股票、公司债券及经财政部核定之有价证券），对于何为有价证券之一般概括意义，则未正面触及。因此，从学理言，自亦无法援用该条，作为有价证券定义说明之依据。

1. 有价证券为证券

书据与私法上权利义务之关系，大体可采二元三分说法，即：

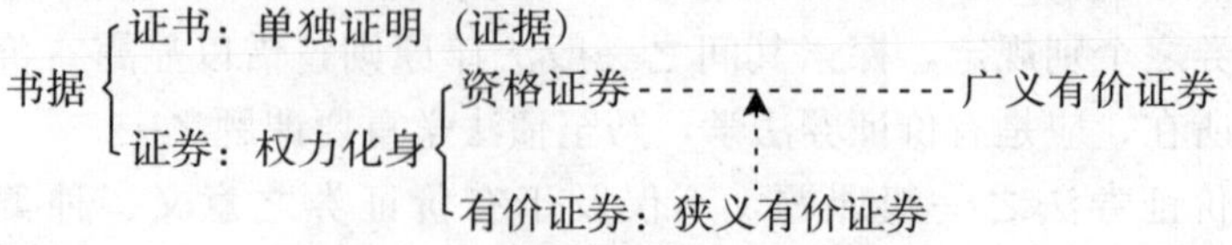

书据之存在，仅在证明特定权利义务关系、法律事实或一般（社会）事实存在之用者，是为证书。例如借据、买卖契约书、税单、身份证等均是。书据，同时而为权利化身，亦即表彰一定权利者，是为证券。例如，车票、飞机票、股票、支票等均是。

证券云者，严格言之，尚可细分为资格证券及通称之有价证券。前者如衣物存放证、代客停车证；后者，如本票、支票是。从权利化身之角度言，资格证券已具有价证券之性质，债务人对持券人之履行，依法亦生清偿（消灭债务）之效力，在此层面上，资格证券，不仅近于有价证券，即视其为广义有价证券之范畴，似亦无不可。不过，其权利人权利之行使，不以占有或提示资格证券为必要，苟真正权利人能证明其为权利人，亦得依法主张权利，债务人亦有履行义务；在此角度上，资格证券又近于证书。故学理上认其介于证书与有价证券中间，得认为系前者与后者之过渡，仅于依资格证券行使权利时，适用关于有价证券之规定。为示区隔，本书爰将资格证券列为广义有价证券，并就一般所称之有价证券，对应称之狭义有价证券。

2. 有价证券须为表彰财产权之证券

有价证券所表彰之权利，须为财产权，非表彰财产权之资格证券，尚非一般所称之有价证券；例如，驾驶执照、健保卡，即非属通称之有价证券。不过，所谓表彰财产权，并不以纯属财产权为限，如其同时表彰非财产权及财产权，而其财产权之表彰具有重要性者，亦属有价证券；例如，公司股票，同时表彰股东身份权及股东财产权，仍为交易上极其重要之有价证券，即是著例。

有价证券之功能，不仅在表彰权利本身，同时亦在表彰权利之内容。因此，权利内容如何？其一经以有价证券表彰者，原则上即脱离原来之权利本身，而以有价证券之记载为准，纵其权利存在之实情，与有价证券记载不符，债务人对于持券者，仍应按券载内容负责，即使券面记载内容错误、甚或发券原因并不存在，善意持券人基于证券之权利仍不受影响。此为表彰权利或权利化身之积极层面意义，亦研习有价证券核心课题之一，值得吾人注意。

3. 有价证券权利变动之一部或全部，须以证券之占有为要件

权利之行使或变动，无论是其发生、移转或消灭，一般情形，系与权利之标的结合；此之结合关系通常系以标的物之占有及其移转为表征。有价证券既以权利证券化为其诉求，则本于有价证券即是权利所在之法理，其有价证券所表彰权利之发生、行使、移转或消灭等，即应脱离权利标的本身，并将其问题重心移置于有价证券，使其与有价证券之占有结合。如是，不仅因其交易依乎有价证券本身，得以力求灵活迅速，亦且可保确实安全；所谓权利与证券结合，其核心意义即在于此。

所谓权利变动与证券之占有结合，具体言之，其完整意涵即为：其权利之发生须交付有价证券，权利之移转须交付有价证券，权利之行使须提示有价证券；反之，非作成有价证券则其权利不能发生，非交付有价证券则其权利不能移转，非提示有价证券则其权利不能行使是。不过，如就二者结合关系之程度以言，尚不以发生、移转、行使三部分均与有价证券之占有相结合为必要，其仅有一部分与有价证券之占有结合即可[2]。只是，如以上所述三部分均与有价证券之占有结合、亦即只须占有者，是为完全有价证券；反之，其仅一部分与有价证券之占有结合、亦即占有之外尚须其他方式者，是为不完全有价证券。前者，以无记名证券为其典型；后者，如记名证券或仓单是。盖以无记名证券，只要交付有价证券，其权利即随同有价证券之交付而移转；反之，记名证券，则其有价证券权利之移转，除交付证券外，尚须践行背书之方式；至于仓单，则随背书、交付外，尚须经仓库营业人签名（六一八条）。盖以后二者，尚不能仅凭占有为其惟一依据，乃以不完全称之也。

（二）有价证券之范围界定

关于有价证券范围之界定，其课题有二。一为宏观角度，即论究资格证券是否包括于有价证券概念之课题；另一则为微观角度，即论定民法有价证券适用范围之课题。前者，于前述有价证券定义说明时已有叙及，兹不重复，而仅说明后者于下：

2 所谓有价证券与占有之完全结合关系而言，应非只在于必须占有证券，其更精准之意义，应为只须占有证券即为已足。因之，所称必须占有证券，其更贴切之描述应系：权利之发生，必须亦只须交付证券；权利之移转，必须亦只须交付证券；权利之行使，必须亦只须交付证券。

民法债编之有价证券，得有狭义、广义之分。狭义有价证券，系指指示证券及无记名证券之集合；广义有价证券，则除前二者外，尚包括仓单及提单。如就各该有价证券表彰之内容而言，指示证券及无记名证券二者为债权证券，仓单、提单为物权证券。纯就概念射程而言，吾人尚可认为，票据法上汇票、支票为指示证券，无记名本票为无记名证券，海商法上之载货证券则为物权证券。基此，广义有价证券法之构成关系，殆如下表：

- 有价证券
  - 物权证券
    - 民　　法：仓单、提单
    - 民事特别法：载货证券
  - 债权证券
    - 委托证券
      - 民　　法：指示证券
      - 民事特别法：汇票、支票
    - 自付证券
      - 民　　法：无记名证券
      - 民事特别法：本票

根据上表所列，综合民法有价证券规定与有价证券法之互涉而言，其尚待补充说明者，有如下三者：

1. 上表所列之仓单、提单、载货证券、指示证券、汇票、支票及本票等，均可从权利人（领取人、受款人）之角度，各自衍生指名证券、记名证券及无记名证券之类型，并作为彼等之下位概念。

2. 民法关于自付证券，虽仅规定为无记名证券，惟当事人发行记名式（自付）证券者，于法仍属有效，并得本诸有价证券之一般法律原则流通及履行。

3. 就适用范围而言，民法上之指示证券及无记名证券，仅具补充后备之规范地位，亦即其他法律未另有规定其特殊类型者，始回归适用民法关于指示证券、无记名证券之规定。例如，汇票或支票，系适用票据法规定，并不适用民法指示证券之规定，无记名本票亦适用票据法规定，而不适用民法无记名证券之规定。其他法律规定之有价证券类型，情形亦然。

三、有价证券之分类

有价证券，得有各种不同分类，兹仅举其要者如下：

（一）重要类型

1. 完全证券与不完全证券

完全证券者，完全有价证券之简称；不完全证券者，不完全有价证券之简称。以下各项分类所称之证券，同此意义，不再重复。

完全证券与不完全证券之区别，在于其权利与证券占有之结合关系而定。亦即，证券之权利与证券之占有完全结合者，是为完全证券；反之，其尚未完全结合者，则为不完全证券。完全与否，胥视其是否仅以占有即为已足而定，其仅以证券占有作为权利表征者，是为所谓之完全；反之，除证券占有之外，尚须践行其他方式者，即为所谓之不完全。盖以有价证券既为权利证券化之制度，则认定权利之存否及范围，必须亦仅须占有证券，即为已足，此外应无庸要求其他方式，以为表征。成熟之有价证券制度，应合于此项要求，故称之完全证券，无记名证券乃其典型。

完全证券，于促进交易之快速便利，固称有余，惟就授受当事人间权益之维护，则或显有未足，间亦影响交易之稳健及安全。因此，交易需要所及，要求接受有价证券当事人间，除证券占有之外，尚要求其他方式之践行或遵守者，亦所常有。例如，记名证券，其证券之发行须记明领取人（受款人），其移转须经背书后交付，即是著例。依此制度模式，其结果未若仅以交付者之便捷快速，亦与有价证券之极致有违，故称不完全证券。此外，记名证券而兼禁止背书转让者，亦即通称之指名证券，则其依证券而为流通者，形同禁止，堪称重度之不完全证券。[3] 兹为便于参考，爰举其重要事项如下表：

- 有价证券
  - 完全证券：无记名票据、无记名证券（交付即为权利移转）
  - 不完全证券
    - 记名票据、记名证券（背书＋交付，始为权利移转）
    - 指名票据、指名证券（须依一般债权让与方法，权利始得移转）[4]

2. 物权证券、债权证券、社员权证券

有价证券，依其所表彰权利内容之不同，得分为物权证券、债权证券及社员权证券三者。

3　学理上或认为，有价证券如禁止流通，其移转既与占有分离，性质上已是不真正证券，而非仅为不完全证券而已（郑著（下），第七三一页注一三七部分）。

4　完全证券，因证券交付权利随同移转，交易上仅认券而不认人，持券人凭券行使权利，债务人对于持券人并无原因抗辩可言（于抗辩部分，记名证券亦是），于确保交易快速安全，固称美制，但对发券人之保护则较不足。反之，指名证券，无从依证券本身而为转让，必须践行一般债权让与之方法（二九四条），并经通知债务人始生效力，其结果与一般债权无异，于有价证券授受当事人，固仍具有价证券之意义，且足以确保当事人间之原因抗辩，但禁止依证券本身而为流通，于交易快速之促进，尚无实益。

物权证券者，其所表彰权利为一定内容物权者之谓；因其占有证券，即等同占有物之所有权或其他物权，故称物权证券。以前论及之仓单（六一五条～六一八条之一）及提单（六二五条～六三〇条）即是。[5]

债权证券者，其所表彰权利为一定内容之债权之谓；盖其持券人占有证券，对发券人或其他证券债务人[6]，仅有债权上请求权，故谓之债权证券。汇票、本票、支票、礼券及公司债券均是。债权证券，因其给付标的之不同，一般又将其分为金钱证券、物品证券、有价证券之证券[7]及服务证券，日常交易实例上，则以金钱证券为其大宗。

有价证券所表彰者为一定份额之社员权者，是为社员权证券，因其通常兼含一定数量之财产权，故一般均列为有价证券，主要事例为公司股票，其极致则为上市公司股票。[8]社员权证券与一般有价证券之主要差异，在于其同时为社员权之表彰，持券者除财产权之主张（通常为债权性请求权）外，尚有社团会议出席权及表决权。兹为便于参考，亦举其事例如下表：

有价证券	物权证券：表彰一定物权：提单、载货证券
	债权证券：表彰一定债权：票据、公司债券
	社员权证券：表彰一定社员权：公司股票（特别是上市股票）

3. 指名证券、记名证券及无记名证券

有价证券，因其权利人是否记载及如何记载之不同，得分为指名证券、记名证券及无记名证券。

（1）指名证券

指名证券者，意指于有价证券上记载特定权利人姓名，并限定惟该权利人始得行使券载权利之有价证券而言。指名证券之主要特征、亦即其成立要件有二，一为权利人（姓名）之记载（记名），另一为权利人之

5 关于仓单、提单与有价证券上之性质及法律上效力等说明，请参照本书中册第三二二页～第三三一页（仓单），第三五五页～第三六〇页。

6 其他证券债务人，主要有三，一为证券之保证人，二为票据之背书人，三为委托证券（指示证券）之承担人或承兑人即是。

7 有价证券之证券，亦称有价证券之有价证券，意指以给付一定数量之有价证券为给付内容之有价证券。例如，甲发券一纸于乙，券内给付标的载为："凭券付乙台糖公司股票三十张（三万股）"，该有价证券，从给付标的言，即为有价证券之（有价）证券。

8 所谓上市公司股票，系指公开发行公司（股份有限公司）发行之股票，经核准上市后与证券交易所签订上市契约，因而得于证券集中交易市场买卖之股票。上市股票之发行、交易、除民法外，尚须受公司法及证券交易法之规范。

限定（惟一限定）于被记载人。足见，指名证券亦为记名证券，但不以记名即为已足，其更为重要者，在于限定券上权利人为惟一权利人。如何而为限定，通常情形为券上记载“禁止（背书）转让”一类之文句，且经债务人签名或盖章为之[9]；亦唯于权利人记名之余，同时记载限制转让者，始为指名证券[10]。

证券而有禁止转让者，或与有价证券旨在促进交易快速频繁之意旨，不尽契合，致被认为不完全证券之极端，其运用并不值得鼓励。不过，指名证券之发行，于持券人言，如有遗失或被盗时，尚无失权危险，于发券人而言，得以长保原因关系抗辩。因此，于非商人间之有价证券，习惯上，指名证券之使用，仍属甚为普遍。尽管指名证券为重度不完全证券，但确保安全，指名证券特具意义，亦是使用有价证券之重用醒句，值得吾人体认。

指名证券，系制度设计使然，而非制度本质所在。故持券人（权利人、被指名人）如认其指名证券有流通必要者，得请求发券人涂销禁止转让文句，成为得依背书流通之记名证券、甚或一并涂销权利人记载，成为得依交付流通之无记名证券（完全证券），发券人对于持券人之请求，除有背诚实信用原则（显失公平）之情形者外，不得拒绝。换言之，基于有价证券流通性之法律原理，指名证券得因权利人之意愿，而调整为记名证券或无记名证券。

（2）记名证券

记名证券者，意指于有价证券上记载特定权利人之姓名，但未限定惟该权利人始得行使券载权利之有价证券而言。换言之，记名证券虽于证券上亦载明特定之领取人或受款人，惟其并未以禁止转让文句限定权利人之范围。因此，持券人仍得本于有价证券流通之法理，依背书及交

9　参照“最高法院”1979年台上字第三七七九号判例：“在票据上记载禁止背书转让者，必由为此记载之债务人签名或盖章，始生禁止背书转让之效力，此就‘票据法’第三十条第二项及第三项各规定观之甚明（依同法第一百四十四条规定，各该项规定准用于支票），未经签名或盖章者，不知其系何人为禁止背书转让之记载，亦与票据为文义证券之意义不符，本件支票背面虽有‘禁止背书转让’之记载，但却未经为此记载者签名或盖章，尚难谓可生禁止背书转让之效力，支票为文义证券（形式证券），不允债务人以其他立据方法变更或补充其文义。”

10　参照“票据法”第三〇条立法理由后段：“依现行法本条第一项之规定‘汇票依背书而转让，但发票人有禁止转让之记载者，不在此限’，因发票人记载禁止转让，其证券乃成为一指名证券，仅可依普通债权转让之方式及效力而为转让，不得以背书转让，所以发票人有禁止背书转让之权利，故本条增订之。”

付之方法而为转让。[11]实务上或强调背书为转让惟一方式，恐易发生误解，是否有当，或值商榷。[12]

记名证券而得为转让者，不问其记载是否载明“或其指定人”之文句，解释上，其持券人均得依背书方法而为转让，即使发券人于券上，将原载明之“或其指定人”文句涂销者，亦得同为转让。[13]此即个别有价证券相关法律规范，经常凸显“纵为记名式，仍得依背书转让”之规定之所由来。[14]在此角度上，堪认记名证券之特定权利人，法律上即当然有指定他人为受让权利之人，并依背书及交付之方法转让于受让人，故学理上有记名证券为“当然之指定证券”、“法定之指定证券”之说法。

（3）无记名证券

有价证券上未记载权利人姓名者，是为通称之无记名证券。例如，发券内容记载为“凭券支付新台币伍仟元正”，此外无关乎权利人为谁者，即为无记名证券。一般之有价证券，固得以无记名证券为之，汇票、本票、支票亦然（“票据法”三〇条一项后段，一二四条、一四四条）。

无记名证券，依交付即生转让之效力，中间流通之持券人，均无庸暴露于交易过程之上，亦脱免有价证券上之权利义务之拘束，而且发券人对于持券人负有给付义务，且因给付而当然消灭证券上之权利义务

11 以背书作为流通手段，为记名证券转让之特色，惟其移转，仍须配合交付，始生效力，此从“票据法”第三〇条第一项规定，得为佐证。制度上，记名证券之转让，须经背书及交付结合为之，法条上或文献上或称，得以背书转让者，系简略用法，非谓仅须背书而无庸交付；本书相关叙述亦同。

12 参照“最高法院”1971年台上字第八一七号判例：“‘公司法’第一百六十四条规定：‘记名股票由股票持有人以背书转让之’，此所谓股票持有人，应包括股票名义人，及因背书而取得股票之人，又背书为记名股票转让之惟一方式，只须背书转让，受让人即为股票之合法持有人，因此记名股票在未过户以前，可由该股票持有人更背书转让他人，至同法第一百六十五条第一项所谓：‘不得以其转让对抗公司’，系指未过户前，不得向公司主张因背书受让而享受开会及分派股息或红利而言，并不包括股票持有人请求为股东名簿记载变更之权利，此观同法条第二项而自明。”（同旨“最高法院”1997年台上字第二三一八号判决。）

13 参照最高法院1933年上字第一八六号判例：“禁止票据之转让，依票据法第二十七条之规定须记载于票据，其记载方式虽无限制，要必使其禁止转让之意思明了而后可，若仅将票上受款人下之‘或来人’三字涂销，则不能认为禁止转让之记载。此项票据，除未有背书时仅其所载受款人得请求付款外，其受款人依背书而转让者，其转让自不能因此三字之涂销而谓为无效。”

14 主要事例，如提单（六二八条本文）、载货证券（“海商法”六〇条一项）、股票（“公司法”一六四条）等均是，票据法之相关规定亦然（“票据法”三〇条一项前段、一二四条、一四四条）。

（须收回该有价证券），所谓认券不认人，以此最称显著，故为完全证券。

交易之迅速安全，固为有价证券法制之重要目的，惟当事人间权益之兼顾，亦是相当重要。因之，执券人本于自己权利保护之考量，或因受让人之请求或其他交易上需要，记载自己或他人为受款人，使其因而变更为记名证券者，本于权利自由原则，应无不可之理，票据法上之相关规定，堪为佐证（“票据法”二五条二项、一二四条、一四四条）。

4. 委托（指示）证券、自付证券

有价证券，因其应为给付之债务人是否为发券人本身，得区分为委托证券与自付证券。

自付证券者，意指有价证券债务之给付人，系为发券人自身者，亦即发券人兼为给付人之有价证券，亦称约束证券。例如，民法所定之仓单、提单、无记名证券、票据法上所定之本票、海商法上所定之载货证券，公司法上所定之股票、公司债券、政府债券均是。

委托证券者，意指有价证券债务之给付人，系由发券人所委托之人负担者，亦即发券人并不负担有价证券债务之给付义务，而由受托之第三人负担给付义务之有债证券。于此情形，付款人与发券人间存有类似委任之关系，故通称委托证券。委托意旨之完成，通常系以指示文句为之，故亦称之指示证券。民法上所称之指示证券（七一〇条以下）、乃至票据法上之汇票（“票据法”二四条以下）、支票（“票据法”一二五条以下），均其著例。

自付证券为约束证券，发券人因而当然负有给付义务，其苟有未依券载给付内容履行者，即属债务不履行；指示证券，受托人（被指示人）并不因发券人之指示而当然负担给付义务，故制度上另有所谓承担（承兑）之程序，以定被指示人之给付义务（七一一条、“票据法”四二条以下），如被指示人拒绝承担（承兑）者，除法律另有规定（如汇票、支票发票人之担保责任——“票据法”二九条、一二六条）外，发券人尚不当然负担有价证券上之债务责任。

（二）补充说明

有价证券之分类，因其角度不同，得有各种不同之形态，以上所列，仅其较为重大者，其间有待补充说明者尚多。兹举其要者三项以对。

1. 其他分类

除以上所述者外，重要之有价证券分类，尚有如下：

（1）要因证券与不要因证券。

（2）文义证券与实质证券。

（3）设权证券与非设权证券。

（4）流通证券与非流通证券。

一般言之，称有价证券者，多数情形，系为不要因证券、文义证券、设权证券及流通证券。例如，票据，无论其为汇票、本票或支票，即均为不要因证券（“票据法”十三条本文）、文义证券（“票据法”五条一项）、设权证券；而且，除禁止背书转让者外，亦均为流通证券（“票据法”三〇条、一二四条、一四四条）。

2. 法制特色

关于有价证券，基本上台湾为个别立法之地区，有价证券不仅没有一般规定，而且其规定也未及于所有必要类型。就各种之债而言，仅有指示证券与无记名证券二者，亦系基于不同分类而为之选择，其中指示证券为委托证券之类型，无记名证券则为自付证券之类型。前者，基于给付义（债）务人而为分类；后者，偏于权利人而为分类。其结果，不仅制度显得零散，有价证券之一般原则亦无法获得充分表征。因此，何为有价证券一般原则，于台湾法制上，势须归纳相关法律规定寻求之。

法律相关规定中，其最重要者，当推票据法，盖以票据法中，不仅在权利人角度上，兼括指名证券、指定证券及无记名证券；于给付债务人方面，亦包括指示证券（汇票、支票）及自付证券（本票）。因此，票据法总则之规定，多数情形应该同时表征有价证券法之通则。此一法律规范之特殊互涉关系，于法律解释上颇有特色，值得吾人注意。

3. 指示证券与指定证券

指示证券与指定证券，似同而实异，文献上或有无心而混同者，为免无谓混淆，爰另立一段说明，并就其相异之处比较之。

（1）指示证券，系从有价证券债务人之角度而定之概念及类型，意指发券人指示第三人为给付之有价证券；指定证券，系从有价证券债权人角度而定之概念及类型，意指领取人或持券人得指定第三人受领有价证券权利之证券。

（2）指示证券，限于债务人为具体指示者，始得成立；指定证券，不限于有指定文句。记名证券，只要没有禁止转让文句，原则上均得转让于被指定之第三人，无庸有价证券债务人之同意。换言之，有价证券之债权人虽经记名，性质上仍为指定证券（当然的、法定的有价证券）。

（3）指示证券虽因指示文句而成立，但被指示人并不当然负担有价证券债务，经被指示人承担或承兑后，始负担有价证券债务；指定证券，一经权利人让与，即生效力。

（4）指示证券得为指定证券，指定证券亦得为指示证券，以下事例即是。

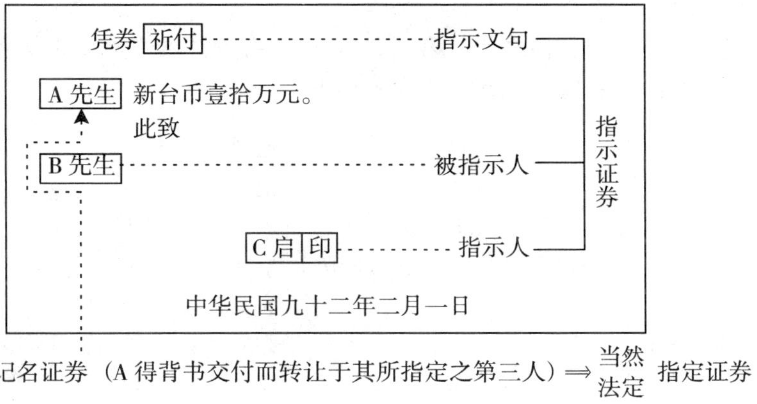

四、法制形式

比较法上，有价证券之法制形式主要有二。一为个别立法模式，一为统一立法模式。二者中，台湾则为个别立法模式之地区。兹为便于参考，爰从比较法之角度，略作归纳说明。

（一）个别立法之模式

个别立法模式之国家，兼德国及日本二国。

1. 德国

德国民法并无有价证券之一般规定，仅于各种之债设有指示证券及无记名证券（德民七八三条～八〇八条）；此外，德国商法另定关于适用于商人间之指定证券，以与民法之适用对象相区隔。至于票据之部分，则有票据法等之单行立法，作为规范依据。[15]

2. 日本民法，不仅未有有价证券之一般规定，甚而避免直接使用有价证券之相关名称，故其民法仅有指定债权、无记名债权之用语（日民四六九条～四七三条），但无指定证券或无记名证券。不过，日本商法则没有指示证券及无记名证券之规定。（日本商法五一七条～五一九条）惟其规定极为简略。至于票据部分，则有票据法等之单行立法，作为规范

15 德国之票据法律，分之为二，一为（狭义）票据法，包括汇票及本票，另一为支票法，非如台湾合一而统括，规定于单一之票据法。

依据[16]。

（二）统一立法之模式

统一立法模式之国家，首推瑞士及意大利二国。

1. 瑞士

瑞士债务法于各种之债（第二编），设有有价证券专章，汇集各类有价证券，予以完整规定，其主要内容如下：

- 有价证券
  - 记名证券及指定证券（33节）
    - 通则（965～973）[17]
    - 记名证券（974～977）
    - 无记名证券（978～989）
    - 票据（990～1099）
    - 支票（1100～1144）
    - 类似票据等（1145～1152）
    - 物品证券（1153～1155）[18]
  - 债券、公司债（34节）（1156～1186）

2. 意大利

意大利民法，于其债编（第四编）设有有价证券专章（第五章），以与契约之债（第三章）及侵权行为（第九章）等并列。关于有价证券一章之主要内容如下：

- 有价证券
  - 通　　则（1992～2002）
  - 无记名证券（2003～2007）
  - 指定证券（2008～2020）
  - 记名证券（2021～2027）[19]

（三）台湾地区法制模式

1. 制度形态

台湾地区民法，亦于各种之债一节，设有指示证券（七一〇条～七

16 日本之票据法律，分之为二，一为（狭义）之票据法，包括汇票及本票，另一为支票法，情形有如德国立法。

17 瑞士债务法上有价证券之通则，包括记名证券、指定证券及无记名证券之通则，比较法上堪称最为完整，亦颇具特色。

18 瑞士债务法所谓之物品证券，包括台湾地区民法上所称之仓单及提单。

19 意大利民法上之记名证券，非为指名证券，但亦非一般之记名证券，亦即该证券并未全面禁止流通（背书转让），但须经登记或公（认）证后，始得以背书转让（意大利民法二〇二二条、二〇二三条），性质上得认为系介于指名证券及指定证券中间，为一种限制流通之记名证券。

一八条）及无记名证券（七一九条～七二八条）；此外，别无其他有价证券类型之一般规定，更无有价证券之通则。至于有关票据之制度，则采特别单行立法之方式，将汇票、本票及支票聚为票据法而一并规定。只见，就有价证券之法制形态而言，台湾系采个别立法，且几乎与德国法制相埒。因此，试图完整描述有价证券之面貌，即须借诸学理归纳作业。兹试就其大要归汇如下：

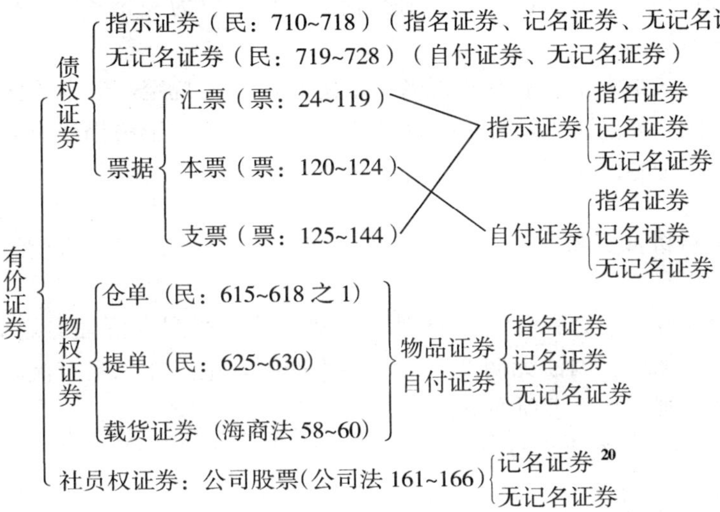

2. 补充说明

从上表所列及配合以上所述，关于台湾有价证券法制之一般了解，除如前所述，有价证券通则尚待学理归纳，指示证券与指定证券概念上应严格区隔者外，其间尚有下列四者，仍待补充叙明。

（1）以权利人角度，作为描述有价证券分类之依据，亦即将有价证券区分为指名证券、记名证券（指定证券）及无记名证券三者之立场，似为比较法上之主流，亦为把握有价证券法制内涵整体之重要指标，台湾法制形式，与此较为理想之思考模式，颇有差距，亟待吾人继以学理为之补充。

（2）台湾法制所规定之有价证券，基本上均得与上述指名证券、记名证券或无记名证券相应，甚而以其作为类型区分之基础。因此，于指示证券及无记名证券以外之有价证券，亦借上表再予区分，以期有助吾

20　公司股票，并无得为禁止背书转让之明文，且公司法明定，公司不得以章程禁止或限制公司股份之转让（“公司法”一六三条一项）。因之，解释上应认为，除法律规定或因特殊情事，于特定期间禁止转让者外，公司股票并无指名证券之适用。

人对有价证券整体构成之较为深入了解。

(3) 有价证券法制之历史发展轨迹，固先由物权（品）证券，走到债权证券，惟随着交易便利、快速安全之需求，债权证券逐渐取得优势，且蔚为现代有价证券法之重心。此为各国（地区）制度皆然，台湾亦未例外。因之，处于当前时代，称有价证券者，其重镇系在于债权证券。至于物权证券，则多为零星条项，且几乎处于聊备一格。因之，物权证券之解释适用，有赖有价证券通则及相关法则，以为补充者，其程度显著债权证券为高。

(4) 民法虽无指名证券及记名（指定）证券之规定，惟本于法律行为自由原则，如当事人发行指名证券或记名证券者，于法仍属有效，并得基于有价证券之法律原则而适用及（或）流通。

五、有价证券之通则

有价证券适用之一般法律原则（通则）是为所谓有价证券之通则，其事项范围如何？因法无明文，或非甚为明晰，论点亦恐多有流动。依愚见所及，则其主要事项如下：

（一）权利之发生方面

1. 单独行为

有价证券之发券（或发票或发单）、承担（承兑）、背书或交付等，均为单独行为。于此意义下，有价证券所生之债权债务关系（证券之债），系本于债务人之单独行为而生，无待授受相对人之同意，亦与所谓意思表示一致无关。[21]因此，有价证券之债，为单独行为之债，民法总则有关单独行为及法律行为之规定，于有价证券之债，自有适用。

2. 严格要式行为

有价证券须以证券方式为之，并应记载一定之方式，此等应记载方式，除法律另有规定而得为拟制，成为所谓相对应记载事项外，欠缺应记载方式者，其有价证券原则上为无效，严格言之，系属不成立——以下相关部分亦同）仅得依一般债权债务关系而为适用。[22]有关于此，虽仅

21 参照“民法”第二十节指示证券立法理由后段：“至关于此制度之性质，则诸家之学说不同，有谓应为契约者，有谓应为一方行为者，本法则不认其为契约，且此制度，本于种种义务之原因，为达种种经济上之目的，甚属有益，故设本节之规定。”

22 参照“最高法院”1960年台上字第五六七号判例：“票券行为系要式行为，如于票据外另立字据而不合于票据法之规定者，纵其内容与票据有关，亦不生票据上之效力。”

于票据法定有明文（十一条）；惟此规定，得认为系有价证券通则之显现，于各种有价证券均有适用。

有价证券，应记载一定方式者，于公司股票、公司债券（公司法一六二条、二四八条）、汇票、本票、支票（“票据法”二四条、一二〇条、一二五条）、民法上之仓单（六一六条）、提单（六二五条），乃至海商法上之载货证券（“海商法”五四条），均分别设有详细规定；反之，民法上之指示证券及无记名证券，并无规定。解释上则应本于有价证券严格要式性之原则，认为于指示证券、无记名证券，亦均应准于上述所举之各项有价证券，记载一定必要事项；否则，其指示证券或无记名证券亦属无效。此外，非属上举各该有价证券，而本于法律行为自由原则发行流通之指名证券或记名证券，亦应作同一解释。

（二）权利之变更、消灭方面

1. 权利移转与流通证券

就权利之移转言，有价证券之主要特色为流通证券。此之流通，于无记名证券，仅以交付即为已足，于记名证券，亦仅须践行背书方式而后交付，即为已足。换言之，有价证券上权利之移转，无须依一般之权利让与方式，其为义务承担者，亦无须以严格意义之契约为其依据，票据背书、票据保证，均为单独行为，足堪佐证。票据外有价证券之保证，似亦可本于一般法律原则而作相类之解释。

2. 权利消灭与缴还证券

就权利之消灭而言，有价证券之权利，须待有价证券缴还于证券债务人（发券人或承担人），始告正式消灭。因此，票据债务人为确保其权利，于履行有价证券上义务时，应请求持券人缴还有价证券，斯二者间并具有同时履行抗辩之关系，亦即有价证券债务人得对执券人行使同时履行抗辩权。[23]如其持券人未索还有价证券者，于直接持券人间固得主张清偿抗辩，但对于善意之第三执券人，则仍应负支付义务。

（三）权利之行使方面

1. 有价证券为文义证券

有价证券上权利义务之有无及内容，悉依证券上所载文句而为决定标准，不问其发券基础为何或有无。换言之，其于有价证券上已有记载

23 实务见解以为，同时履行抗辩权惟于双务契约有其适用（“最高法院”1970年台上字第八五〇号判例），其立场似有适度调整，至少亦应允许部分例外情形，有价证券即是其中一例。

者，虽其原因关系并未存在或无效，有价证券债务人仍应依券载内容负其责任[24]；反之，其于有价证券未记载者，纵当事人本有债权债务关系，并拟据为发券、承担（兑）、背书或保证等票据行为之基础原因，本质上仍为一般债权债务关系，但与有价证券无关，执券人自不得依有价证券主张权利[25]，故有价证券乃有文义证券之称法。票据法上明定，于票据上签名者，依票上所载文义负责（“票据法”五条一项）；代理人未载明代理意旨或无权代理而以代理人名义签名于票据者，应自负票据上责任（“票据法”九条、十条）；关于运送事项，依其提单之记载（六二七条）。揆其规范意义，即均本于文义证券之特性而来，而且，均得视为文义证券之具体命题，应认其相应而成为有价证券之通则，于各种有价证券均有适用。

2. 有价证券为不要因证券

有价证券既为文义证券，其证券上权利之行使或义务之履行，与其基础原因关系分离而各自独立，故票据证券亦为不要因证券，票据债务人尚不得以原因关系不存在或无效，作为履行票据债务之抗辩。“票据法”上明定，票据债务人原则上不得以原因关系不存在或无效，作为履行票据债务之抗辩，亦不得以自己与发票人或执票人之前手间所存抗辩事由对抗执票人（“票据法”十三条本文），其依据即在于文义性及不要因性[26]，亦应认系有价证券之通则，于各种有价证券均得适用。如是，本于有价证券通则之立场，上述条文当可调整其文字为：“有价证券债务人不得以自己与发券人或执券人之前手间所存抗辩之事由对抗执券人，但执券人取得有价证券出于恶意者，不在此限。”

3. 权利行使正当性原则

有价证券为流通证券，有价证券债务人对执券人应依有价证券文义

24 参照“最高法院”1960年台上字三三四号判例：“支票乃文义证券及无因证券，证券上之权利义务悉依证券上所载文句而决定其效力，从而支票上权利，依支票文义而发生，与其基础之原因关系各自独立，支票上权利之行使不以其原因关系存在为前提，故其原因关系不存在或无效时，执票人仍得依支票文义行使其权利。”

25 参照“最高法院”1976台上字第二〇三〇号判例：“票据债务人应依票据文义负责者，以该债务人在票据上签名或盖章为前提，否则，该债务人纵另与票据债权人立约愿负责清偿票款，亦系民法上之另一关系，要不能据以命立约人依票据法规定清偿票款。”

26 参照“最高法院”1960年台上字第六七八号判例：“票据行为为不要因行为，即不以给付之原因为要素而得成立之行为，凡签名于票据之人，不问原因如何，均须依票上所载文义负责，除执票人取得票据系出于恶意或诈欺者外，发票人不得以自己与执票人前手所存抗辩之事，由对抗执票人。”

负其责任，固为确保交易安全所必要，惟执券人关于有价证券之取得，如有违反诚实信用原则者，法律亦无曲意为之保护之必要（一四八条二项）。因之，有价证券权利人之权利行使，亦应本于有价证券角度之正当性原则。前述恶意原因抗辩之特例允许（“票据法”十三条但书），即是著例。

“票据法”第十四条规定：“以恶意或有重大过失取得票据者，不得享有票据上之权利；无对价或以不相当之对价取得票据者，不得享有优于其前手之权利。”即是有价证券权利行使正当性之重镇所在。其间所谓之不得享有优于前手之权利，系指后手应继承前手瑕疵，如其前手无权利时，有价证券债务人得主张前手存在之瑕疵，以为抗辩，使执券人因而不得享有有价证券上之权利。[27]凡此，亦均应认系有价证券通则所在，于各种有价证券均有适用。不过，有价证券之权利行使正当性原则，须综合斟酌文义性，不要因性及流通性等法律原则，而为一并考量；因之，执券人不负证明票据给付原因关系之责任，如有价证券债务人主张执券人行使权利不符合正当性原则者，对于执券人之恶意或重大过失或以不相当对价（包括无对价）取得有价证券者，就其主张应负举证责任。[28]

综上所述，爰将有价证券通则（一般法律原则）之重点，试予归纳如下表，以期有助参考：

- 有价证券通则
  - 权利发生
    - 单独行为
    - 严格要式行为
  - 权利变更消灭
    - 流通证券
    - 缴还证券
  - 权利行使
    - 文义证券
    - 不要因证券
    - 正当性原则

27　参照“最高法院”1979年台上字第三四二七号判例：“原审既认定被上诉人以不相当之对价十七万零九百元，取得系争面额三十万元之支票，则依‘票据法’第十四条第二项之规定，被上诉人自不得享有优于前手之权利，所谓不得享有优于其前手之权利，系指前手之权利如有瑕疵（附有人的抗辩），则取得人即应继受其瑕疵，人的抗辩并不中断，如前手无权利时，则取得人并不能取得权利而言。”

28　参照“最高法院”1975年台上字第一五四〇号判例：“票据行为，为不要因行为，执票人不负证明关于给付之原因之责任，如票据债务人主张执票人取得票据出于恶意或诈欺时，则应由该债务人负举证之责。”

第二节　指示证券总说

指示证券总说，拟分就下列事项说明。即：

指示证券（总说）｛指示证券之意义；指示证券之性质；指示证券之相类概念｝

一、指示证券之意义

“民法”第七一〇条第一项规定：“称指示证券者，谓指示他人将金钱、有价证券或其他代替物给付第三人之证券。”基此，则所谓指示证券之意义，当可分析说明如下：

（一）指示证券为有价证券

指示证券上所称之证券，为有价证券之简称。有价证券者，表彰权利之书据，其权利之发生、移转或行使之全部或一部，与该书据之占有相互结合，亦即须凭证券之占有以为依据之谓。指示证券所表彰之一定数额之金钱或一定种类、品质、数量之其他代替物，系依证券而为表彰，其发行、行使或消灭，原则上均须凭乎该等证券，故指示证券为有价证券重要类型之一，票据法上之汇票、支票，亦均为指示证券之重要类型。

（二）指示证券为委托证券

1. 当事人关系之构成

指示证券，系由发券人指示他人向第三人为给付之有价证券，此即学理上通称之委托证券。于此角度上，指示证券堪称委托证券之重要类型。在当事人之法律关系上，其为指示之发券人，称为指示人；被指示之他人，称为被指示人；其受给付之第三人，称为领取人。例如，甲发行证券，指示乙将一定数额之金钱（如新台币壹拾万元）给付于丙，即为发行指示证券；其间，甲为指示人，乙为被指示人，丙为领取人。[29] 换

29　参照“民法”第七一〇条立法理由前段：“查民律草案第八百八十六条理由谓甲发行证券，指示乙将金钱、有价证券、或其他代替物品付于丙，而将证券交给于丙时，即谓之发行指示证券。甲为指示人，乙为被指示人，丙为证券领取人，简称之为领取人。”

言之，指示证券系由指示人、被指示人与领取人，依乎证券表彰之权利内容，而告形成之法律关系。只是，被指示人尚不因指示人之指示而当然受拘束，亦不当然负担有价证券之债务。因此，纯就指示人之指示（发券）而言，尚非当然、确定生效之法律关系。

指示证券上之当事人，无论指示人、被指示人或领取人，并不因其为自然人或法人、本国人或外国人、单一之人或复数之人，商人或非商人而异其效力；而且，除其指示证券之方式，符合民事特别法所定之其他指示证券外，例如票据法上之汇票、支票等仍属民法本节所定之指示证券，其票据法未规定者，在法律效力上应回归适用指示证券之有关规定。[30]

2. 指示之规范意义

指示者，简言之，委托付款之意义也。于有价证券关系上，指示具有双重授权之意义。即指示人一方面授与权利于被指示人，由被指示人以自己之名义，为指示人之计算，而向领取人给付；另一方面，指示人对授与权利于领取人，由领取人以自己之名义，为指示人之计算，向被指示人领取给付。例如于前例，甲因发行指示证券，授与丙以丙之名义，为甲之计算，向乙领取给付；同理，授与乙为甲之计算，向丙为给付。[31]

一般而言，指示人所以发行指示证券，指示被指示人给付于领取人，如前例之甲所以指示乙给付于丙，甲乙丙间本有一定之法律关系存在，期借指示证券之发行及其债务之履行，实现其原有之法律关系。相对于指示证券之债，原有之法律关系，乃指示证券发行之基础原因，堪称原

30 参照“最高法院”1960年台上字二四二四号判例：“支票之付款人以银钱业者及信用合作社为限，为‘票据法’第一百二十七条所明定。支票上所记载之付款人如非银钱业者或信用合作社，即不能适用票据法关于支票之规定，应认为民法债编所称之指示证券。被上诉人由上诉人处受让之四千九百八十元支票一纸，其付款人为彰化县竹塘乡农会，依上说明，该支票只应纳入民法上指示证券之范围，于被指示人拒绝承担或给付时，领取人仅可向指示人请求清偿其原有债务，受让人如因该指示证券已交付对价于领取人，亦仅可本于不当得利向领取人请求返还对价，不得依票据法规定行使追索权。”（“票据法”六六年修正后，本条适用于农会部分，因“财政部”核准其办理支票，其见解应随之调整。）

31 参照“民法”第七一〇条立法理由后段：“甲因发行指示证券，故授与丙以用自己之名，向被指示人领给付之权利，（即领取人）授与乙以向丙给付而归与甲计算之权利。本条明示发行指示证券，即系授权人以索取给付权，并授与人以为给付之权利，以防止无益之争论也。”（按括弧之领取之，似为赘文，似宜删除，或移于同行首句文字以下，即“授与丙（即领取人）以用……”。）

因关系，所谓为指示人计算者，即其原因关系之法律效果，归属指示人之意。例如，前例之甲积欠丙借款十万元，乙恰亦积欠甲货款十万元。甲之欠款十万元，即为甲乙间指示之原因关系；丙之欠款十万元，即为甲丙间指示关系之原因关系。嗣后如乙依指示证券而为给付，则不仅指示证券之债务清偿，甲丙间之借贷关系（借款之债），亦均同告消灭。换言之，被指示人依指示证券而为给付者，其结果同时影响于指示人与领取人间之原因关系，发生如同指示人自己直接给付于领取人之法律效果；同理，领取人依指示证券受领被指示人之给付者，其结果亦同时影响于指示人与被指示人间之原因关系，发生如同指示人自己受领被指示人给付之法律效果。“民法”第七一二条第一项所定，指示人为清偿其对于领取人之债务而交付指示证券者，其债务于被指示人为给付时归属于消灭；第七一三条后段所定，被指示人虽对于指示人负有债务……，已向领取人为给付者，就其给付之数额，对于被指示人免其债务，其规范意义，即在于此。

3. 指示证券债务之确定

指示证券之发行通常固有一定之原因关系，但原因关系并不影响指示证券之效力。换言之，于交易机制上，指示证券与其原因关系脱离，为文义证券亦为不要因证券，原因关系如何乃至存否，均不影响指示证券权利行使，此固有价证券一般法律原则所在，惟立法理由于此，仍特别强调其为绝对之不要因法律行为[32]，足见其用心与审慎。

指示证券虽因发行而告成立，形式上之证券法律关系亦告发生，但被指示人尚不因而当然负担指示证券债务，即使被指示人负有债务，情形亦然。换言之，指示证券之法律关系具有阶段形成之意义，其证券债务之确定发生，非为指示人所得控制，而须另待被指示人为之承担，至于承担之前，证券债务尚不具体存在，在此角度上，指示证券债务似可解为“以被指示人之承担为停止条件”之法律关系，惟承担非为不确定之客观事实，尚非真正停止条件而为主观之任意条件；即被指示人对于指示人负有债务，亦无承担指示证券债务之义务（七一三条前段）。反

32 参照“民法”第二十节指示证券立法理由前段：“查民律草案债权编第四章原案谓指示证券者，不问为其原因之法律关系如何，指示人以权利授与领取人，使其得以自己之名义向被指示人索取为债权标的之给付，又以权利授与被指示人，使其得向证券受取人为给付，而复与指示人计算之法律行为也。（绝对之法律行为、不要因之法律行为）此制度自古各国，或以明文规定其大要，或以明文承认其习惯。”

之，证券为不要因证券，承担为不要因行为，如被指示人已为承担者，则不问原因关系是否存在，为承担之被指示人均有给付义务，以维有价证券之信用。[33]

（三）指示证券为给付代替物之证券

1. 基本说明

指示证券之制度重心，在于表征其为委托证券，至于给付标的，则法律持相当开放之立场，其给付标的非若票据之仅限于金钱[34]，而得及于金钱以外之代替物。因之，给付标的物非为金钱者，纵然名为汇票或支票，其为支票者且经金融业所签发，在有价证券种类之归属上，仍非为支票，而仅系民法所称之指示证券，除有价证券通则外，仅得适用民法本节规定，而无票据法之适用。

指示证券之给付标的，固得及于金钱以外之物，惟其有关物之范围，应以代替物为限，亦即解释“民法”第七一〇条第一项关于给付标的物者，应基于文义解释，而以法条明定者为限。因之，代替物以外之物，包括不代替物及特定物，均非得为指示证券之标的物。苟指示人以特定物等为给付标的而发行指示证券，虽其符合指示证券之形式，惟于法律评价上仍非为有价证券法上之指示证券，尚无民法本节之适用。[35]

2. 指示证券之种类

指示证券，因其给付标的之不同，尚得区分为下列类型：

（1）金钱证券

指示证券之给付标的，为一定金额之金钱者，归类上属于所谓之金钱证券。此之一定金额，必须具体确定，买卖上关于视为定有价金之规定（三四六条），于指示证券，尚无准用（三四七条）可言。例如，前举之支付新台币壹拾万元之事例即是。

33 参照“民法”第七一一条立法理由：“查民律草案第八百八十九条理由谓被指示人对于领取人，不负承担指示证券或为清偿之义务，盖发行证券，不足令被指示人及领取人之间发生法律关系故也。若被指示人业经向领取人承担所指示之给付，（是即债务之承担）则其效果，对于领取人，即应依指示证券之旨趣，担负给付之义务，否则不足以维持证券之信用也。”

34 票据法上所称之汇票、本票、支票，其给付标的以金钱为限，故法律条文均明定为一定金额（“票据法”二条～四条，二四条一项二款、一二〇条一项二款、一二五条一项二款），以示适用之范围及界限。

35 于此情形，似应基于有价证券法定性（限制性）之立场，认其仅为不真正有价证券，其于当事人间仅生一般债权债务关系，亦即关于其权利义务之变动及内容，仅得依一般债权债务关系处理，解释上似无类推适用指示证券之相关规定。

(2) 有价证券（之有价）证券

指示证券之给付标的，为一定种类数量之有价证券者，归类上即属于所谓之有价证券证券。于此情形，关于应给付之有价证券种类及数量，均应具体确定。例如，甲发行指示证券，指示乙给付丙以A公司发行之该公司股票一百张（十万股），该指示证券即为有价证券证券。

(3) 物品证券

指示证券之给付标的，为一定种类、品质、数量之金钱以外代替物、亦即在给付上得以同种类、品质、数量互相代替之实物者，归类上即属于所谓之物品证券。例如，甲发行指示证券，指示乙给付丙池上蓬来米一百公斤者，该指示证券即为物品证券。由于民法本条明定，为指示证券给付标的之物品，仅以代替物为限，故于此所称物品，其范围自不及于不代替物（亦不及于特定物）。

(4) 集合证券

指示证券之给付标的，同时有金钱、有价证券或其他代替物之二者或其全部者，得否认为仍可成立，解释上或有疑义。为维持法律关系之单纯及权利行使之便捷，解释上或宜贯彻法条之或字，将其文义限于三者取一；况者，交易上指示证券殆以金钱证券为大宗，其兼及三者之指示证券，恐不多见。惟愚见以为，于此情形，肯定其为有价证券，应无违背有价证券法理，对指示证券之解释适用亦无重大窒碍，爰斟酌其实情，称之集合证券，意取其给付标的集合金钱、有价证券及（或）其他代替物于一券也。

二、指示证券之性质

关于指示证券之性质，拟从下列三个角度说明，即法律行为层面之性质、有价证券层面之性质及规范功能之定位三者。惟为避免重复，于其与前节有价证券通则已有叙及者，爰予从略。

（一）法律行为层面之性质

于法律行为之层面，指示证券相关行为，包括发行、承担、背书及给付等之性质，殆可分为下列四者。即：

1. 单独行为

2. 不要因行为

3. 要式行为

4. 债权行为

（二）证券层面之性质

1. 委托证券

2. 流通证券

3. 文义证券

4. 不要因证券

5. 缴还证券

6. 债权证券

关于有价证券于证券层面之性质，其较具争议者在于，指示证券是否限于记名证券（包括指名证券）之问题。有关于此，学理上多持肯定见解[36]，实务则持否定立场，认为指示得以无记名证券行之。[37] 基于有价证券之流通性本质，并斟酌民法并未明定其限于记名证券，而且、汇票、支票亦无禁止无记名证券之发行及流通。因之，本书以为，实务立场应较可采。[38]

（三）规范功能之定位

指示证券一节之规范功能，可分从下列二者说明。

1. 制度原则

指示证券为一般性之制度概念，凡性质上具有委托证券性质者，均属指示证券，票据法上之汇票、支票，均得纳入其概念之内，亦得依指示证券说明之。于此角度，民法本节堪称各种指示证券之综合归纳，在概念体系上具有一般性、原则性之意义。

2. 备位功能

从抽象制度形式言，民法本节之规定，固可认为制度原则所在。惟交易实情上，更为重要之指示证券，于制度构成上，系采特别单行立法之方式；其中，最具突破意义者即为汇票、支票。立法者，因鉴于汇票、支票等特别指示证券，于交易上特别重要，立法定制时亦特别慎重，以致指示证券之重要通则，大致表现于票据法上，其结果以致汇票、支票

36 郑著（下），第七四〇页；史著（下），第七六〇页；戴著（下），第三〇八页；陈著，第三八四页；蔡著（下），第一四〇页。

37 参照“最高法院”1951年台上字第一三七一号判例：“支票之付款人以银钱业为限，为‘票据法’第一百二十三条所明定。支票上所记载之付款人如非银钱业，即不能适用票据法关于支票之规定，只应认为民法债编所称之指示证券。此项指示证券并无须记载领取人之姓名，其未记载者固亦属指示证券之性质，领取人并得将其让与第三人。”

38 同说：薛著，第三四八页。

等，适用票据法几已适足，其仰赖民法指示证券规定以为补充者，堪称甚少。多数指示证券之一般法律原则，反而必须反溯票据法之规定，其情形有甚于合伙团体性之仰赖公司法。因之，称民法本节表现制度原则者，不过仅具概念归纳及制度形式而已，吾人如从规范功能之现实而言，则民法本节规定仅具备位补充意义而已，充其量仅系未列为民事特别法上之指示证券，始有民法本节规定之适用。

不过，票据法上之票据，限于金钱证券，非以支付一定金额之指示证券，纵名为汇票或支票，其性质上仍属民法本节之指示证券。因之，指示证券之为备位补充，现实交易上应仍有相当功能。尤其于支票部分，因其付款人（被指示人）以“财政部”核准之金融业为限（“票据法”四条一项）。[39] 因此，非金融业发行之支票，即属一般之指示证券，应回归适用民法本节之规定，而无票据法之适用。公库支票[40]、或“票据法”1977年修正前由农会签发之支票[41]，即均是著例。

三、指示证券之相类概念

指示证券之相类概念，得分从法律行为层面及有价证券层面观察。兹试予归纳其重点如下表：

- 指示证券（相类概念）
  - 法律行为
    - 指示证券与第三人利益契约
    - 指示证券与第三人负担契约
  - 有价证券
    - 指示证券与汇票
    - 指示证券与支票

（一）法律行为层面之相类概念

1. 指示证券与第三人利益契约

自领取人之角度观之，指示证券，由指示人指示被指示人（债务人），向领取人（第三人）给付，其情形与第三人利益契约，颇有相似之处，惟其二者间，仍有重大不同。兹予比较说明如下表：

39 此之金融业，其范围包括银行、信用合作社、农会及渔会四者（票据法四条二项）。

40 参照“最高法院”1971年台上字第一五四八号判例：“票据法上之支票，其付款人以银钱业者或信用合作社为限，公库支票之付款人为公库，并非一般之银钱业者或信用合作社，是系争公库支票显非票据法上之支票，而仅为指示证券之一种。”

41 同注30。

<table>
<tr><th colspan="2">类型
事项</th><th>指示证券</th><th>第三人利益契约</th></tr>
<tr><td colspan="2">同</td><td colspan="2">1. 均为法律行为之债（指示或利他约款均有一定原因关系）
2. 均为不要因行为
3. 给付行为均具向第三人为给付之态样</td></tr>
<tr><td rowspan="2">异</td><td>法律行为</td><td>1. 由指示人以指示为之（单独行为）
2. 要式行为（须以书面，并记载必要事项）
3. 证券行为</td><td>1. 由契约当事人以契约订之（契约行为）
2. 不要式行为
3. 一般法律行为</td></tr>
<tr><td>法律效果</td><td>4. 被指示人不因指示而当然受拘束（不当然对领取人负担证券债务）
5. 领取人不因指示而有直接请求权
6. 给付之标的以代替物为限（种类之债、金钱之债）</td><td>4. 债务人因利他约款而当然受拘束（对受益人当然负担债务）
5. 受益人因利他约款而有直接请求权
6. 给付标的不受限制，不仅得为代替物及其以外之物，即以劳务充之，亦无不可。</td></tr>
</table>

2. 指示证券与第三人负担契约

自被指示人之给付义务观之，指示证券系由被指示人（债务人）向领取人（第三人）为给付，其情形与第三人负担契约相似，爰亦就二者之异同，比较说明如下表。惟其内容与第三人利益契约之异同神似，仅其权利义务主体之角度易位而已。

<table>
<tr><th colspan="2">类型
事项</th><th>指示证券</th><th>第三人负担契约</th></tr>
<tr><td colspan="2">同</td><td colspan="2">1. 均为法律行为之债（指示或负担约款均有一定原因关系）
2. 均为不要式行为
3. 给付义务均具由第三人负担之态样</td></tr>
<tr><td rowspan="2">异</td><td>法律行为</td><td>1. 由指示人以指示为之（单独行为）
2. 要式行为（须以书面、并记载必要事项）
3. 证券行为</td><td>1. 由契约当事人以契约订之（契约行为）
2. 不要式行为
3. 一般法律行为</td></tr>
<tr><td>法律效果</td><td>4. 被指示人不因指示而当然受拘束（不当然对领取人负担证券债务）
5. 被指示人不为承担者，指示人负缔约过失责任
6. 给付标的以代替物为限（种类之债、金钱之债）</td><td>4. 债务人（诺约人——以下同）因负担约款而当然受约束（对受益人当然负担债务）
5. 债务人不为给付者，要约人负（不履行）损害赔偿责任
6. 给付标的不受限制，不仅得为代替物及其以外之物，即以劳务充之，亦无不可。</td></tr>
</table>

（二）指示证券层面之相类概念

在制度归属上，与指示证券最接近之概念，当属汇票与支票二者。盖此二者，于有价证券分类上，亦均属指示证券之类型，惟法制上因其特性而另有规范而已。不过，由于特别规范之存在，使汇票、支票二者，成为具有异于指示证券之另外独立类型。爰亦予比较说明如下：

1. 指示证券与汇票

指示证券与汇票之同异，殆可归纳如下表：

<table>
<tr><th colspan="2">类型
事项</th><th>指示证券</th><th>汇　票</th></tr>
<tr><td rowspan="4">同</td><td>1. 证券性质</td><td colspan="2">1. 均为委托（指示）证券，且为不要因证券、文义证券及流通证券</td></tr>
<tr><td>2. 权义关系</td><td colspan="2">2. 权利变动，均有发行、承担（兑）、背书（转让）、提示及缴还等制度，而其内容态样均大致相近</td></tr>
<tr><td>3. 付款人责任</td><td colspan="2">3. 被指示人（付款人）并因委托而当然受拘束，但因承担（兑）而负票据债务</td></tr>
<tr><td>4. 消灭时效</td><td colspan="2">4. 票据权利人对承担（兑）人之票据给付请求权，时效均为三年</td></tr>
<tr><td rowspan="5">异</td><td>1. 法律形式</td><td>1. 民法（记载事项无明确规定）</td><td>1. 票据法（记载事项有明确规定）</td></tr>
<tr><td>2. 给付标的</td><td>2. 代替物、有价证券或金钱（不限于金钱证券之形态）</td><td>2. 金钱（限于金钱证券之形态）</td></tr>
<tr><td>3. 发券（票）人责任</td><td>3. 不负担保给付责任（不获承担时仅负类似缔约过失之责任）</td><td>3. 负担保给付责任（不获承兑时，持票人有追索权）</td></tr>
<tr><td>4. 背书人责任</td><td>4. 不负担保给付责任（背书人不因背书而负给付责任）</td><td>4. 负担保给付责任（执票人对背书人有追索权</td></tr>
<tr><td>5. 保证人责任</td><td>5. 无票据保证之规定[42]</td><td>5. 有票据保证之规定</td></tr>
</table>

2. 指示证券与支票

指示证券与支票之同异，殆可归纳如下：

42 指示证券得附有保证契约，固为学理所肯定，实务立场亦然（“最高法院”1957年台上字第二三七号判例），惟得否因如票据保证，得因保证人于指示证券上记载保证意旨而成立，理论上或有争议。愚意以为，本于有价证券之外观理论及交易安全保护之贯彻，解释上，宜采肯定，亦即以票据法之相关规定（“票据法”五九条等）作为一般法律原则之显现，建立有价证券（包括指示证券）之保证制度。

类型／事项		指示证券	支　　票
同	1. 证券性质	1. 均为委托（指示）证券、且为不要因证券、文义证券及流通证券	
同	2. 权义关系	2. 关于证券之发行、背书（转让）、提示、缴还等制度，内容态样均属相近	
异	1. 法律形式	1. 民法(记载事项无明确规定)	1. 票据法(记载事项有明确规定)
异	2. 给付标的	2. 代替物、有价证券或金钱（不限于金钱证券）	2. 金钱（限于金钱证券）
异	3. 付款资格	3. 被指示人不以金融业为限，亦无特定资格限制	3. 付款人以金融业为限
异	4. 付款人责任	4. 依是否承担而定有无付款责任	4. 无担保付款（承担）之制度设计
异	5. 发（票）款人责任	5. 不负担保给付责任（不获承担时，仅负类似缔约过失之责任	5. 负担保给付责任（不获付款时，执票人有追索权）
异	6. 背书人责任	6. 不负担保给付责任（背书人不因背书而负给付责任）	6. 负担保给付责任（执票人对背书人有追索权）
异	7. 付款撤回	7. 指示人（发券人）于被指示人承担前得撤回指示（付款之委托）	7. 发票人于提示期日前不得撤销付款之委托
异	8. 给付过期	8. 无见券即付之规定	8. 限于见票即付（期日前不得提示）
异	9. 消灭时效	9. 对人承担之被指示人，其证券给付请求权之消灭时效期间为三年	9. 对于发票人之追索权，其消灭时效期间为一年。

第三节　指示证券之发行

关于指示证券之发行，拟分为下列四项说明，即：

指示证券（发行）
- 发行之意义
- 发行之方式
- 发行之基础
- 发行之效力

一、发行之意义

（一）发行之定义

有价证券之发行者，指作成有价证券，并交付于领取人之法律行为，作成有价证券并为交付之人，称之发行人，发行证券须符合一定之方式，并记载必要事项，其法律行为之形态为单独行为，并以负担证券上所载内容之义务为效果意思。因此，有价证券之发行云者，亦可定义为：发行人以负担证券义务为内容，依一定方式作成有价证券，并交付于领取人之单独行为。

在指示证券之法律关系上，发行人恒为指示人，负担义务固以被指示人之承担为成立要件。因此，指示证券之所谓发行，当可定义为：指示人（发行人），以指示被指示人负担证券义务为内容，以一定方式作成证券，并交付于领取人之单独行为。其间，关于指示被指示人负担证券义务之部分，于前节关于指示证券之定义，已有叙述，兹不重复；但仅就作成有价证券之角度，再作说明。

（二）指示证券之发行行为

1. 指示证券之发行为单独行为

有价证券之发行，须有负担证券上所载义务内容之效果意思存在，并借证券之形式而为意思表示之表征，亦即证券为表示行为之显现而表示发行人之效果意思。此意思表示之成立，仅以作成有价证券为已足，无须领取人之同意，故有价证券之发行为单独行为[43]；此在指示证券之发行，情形亦然。[44]

显然，“民法”第七一二条第三项规定：“债权人不愿由其债务人受领指示证券者，应即时通知债务人。”但此仅在表示，以指示证券为给付方法，向其债权人清偿债务者，债权人无当然受领指示证券之义务，非谓指示证券之发行，以该通知为成立要件，不过，债权人不愿受领指示证券时须通知债务人而已，与指示证券之成立尚无关系，其债权人以其

43 关于有价证券发行之法律上性质，或采契约说。依其见解认为，有价证券上权利义务之取得负担，系本于发行人与领取人间接受有价证券之交付契约；此之交付契约，且为要物契约，须因证券之交付，始生效力。

44 郑著（下），第七三八页；史著（下），第七五九页；戴著（下），第二〇三页；陈著，第三八三页；李著（下），第一六五页。

他类型之有价证券为给付方法者，情形亦然。[45]

2. 指示证券须以一定方式作成证券

发行有价证券，为严格意义之要式行为，须记载一定条款格式。此之方式，法律上通常定有一定内容，如前述之仓单（六一六条）、提单（六二五条）、载货证券（“海商法”五四条）、票据法上之汇票、本票、支票（“票据法”二四条、一二〇条、一二五条），公司法上之股票、公司债券（“公司法”一六二条、二四八条）均是：惟法律上亦未有规定其条款格式者，如车票、船票是。

民法上之指示证券应否符合一定条款格式，亦即应否记载一定事项，始克成立，法律固无明文，惟既为有价证券，应有一定之形式及给付之范围；否则，不仅债之内容不能确定（特定），有价证券之意思表示亦难形成。因之，有价证券发行之本身，固得本诸法律行为自由以为说明，但于有价证券之形式，则需符合法定条款，其无条款记载之规定者，仍应结合有价证券之要式性及法律行为之成立生效，以定其应记载之条款格式，其间尚难强调法律行为自由之适用。[46]此在指示证券，亦无例外可言；惟此业已涉及琐细，拟另段说明之。

3. 发行须经作成证券并为交付之行为

有价证券之所称发行，具有“发”及“行”之双层意义。前者，意指有价证券书面之作战，通称签发；后者，意指交付有价证券于领取人之谓。对照法律行为之理论观之，作成证券为法律行为之成立，交付证券为法律行为之生效。换言之，有价证券之成立，固以证券作成之时点为准，但证券上权利义务之生效，则以证券之交付而定；因之，有价证券之发行，被认为系有相对人之单独行为。[47]不过，本于证券之流通性、以及确保交易安全之斟酌，非经交付而流通之有价证券（主要为无记名证券），发票人原则上仍负有给付义务（七二〇条）。

有价证券之发行，兼括作成及交付证券，于指示证券，亦无例外，惟如前所述，台湾学理多以为，指示证券不得为无记名式，且发行人（指示人）不负担保支付义务。依其观点，发行人对于如上所述非经交付

45 债权人不愿受领证券为原因债务之清偿手段时，应负通知义务，应认为系有价证券一般法律原则（通则）之一，解释上应认为于各种有价证券（包括汇票、本票及支票），均有适用，且以回归法律原则之解释方法适用之。

46 郑著（下），第七三九页；史著（下），第七四〇页；梅著，第三四九页。

47 学理上或特别称之为要受领之单独行为（史著（下），第七五九页）。

而为流通之指示证券，应否负有担保、给付之义务，即不无另行斟酌余地。

二、发行之方式

（一）一般事项

指示证券之发行方式为何？民法固无明文，惟斟酌有价证券严格要式行为之法律原则，论及指示证券之发行，其观点仍应援用有价证券之一般法律原则（主要法条依据为“票据法”十一条、十二条），作为解释论据。至其构成图式，则有如下：

- 记载事项
  - 应记载事项
    - 绝对应记载事项：未经记载（指示）证券无效（不成立）
    - 相对应记载事项：未经记载，适用法律拟制事项
  - 非应记载事项
    - 得记载事项：依其记载生其效力
    - 不得记载事项
      - 记载无效事项：记载事项无效
      - 记载有害事项：记载结果（指示）证券无效

关于记载事项之一般说明，本书于仓单已有论及（本书中册新订版第三二四页～第三二五页），兹不重复。爰仅就其涉及指示证券是否成立之基本事项、亦即通称之应为记载事项，予以说明。

（二）绝对应记载事项

依指示证券之性质，综合有价证券成立之相关事项，则指示证券成立所须之事项，亦即所谓之绝对应记载事项，有如下五点：

1. 指示之内容

指示之内容，即指示证券债务人（被指示人）应为给付之内容。按指示证券之给付标的，既有金钱、有价证券其他代替物之分，则发行指示证券时，自须确定以何者为标的及其一定范围。例如，以金钱为标的时，须记明其一定之金额；以有价证券为标的，须记明其种类数量（如记明某公司普通股股票若干股）；以其他代替物为标的时，须记明该代替物之种类、品质及数量。

指示之内容，于指示证券之作成上，属于绝对应记载事项，如券面上欠缺指示内容之标的，或虽有标的，而无一定金额、数量或种类者，该指示证券即属无效（严格说，应系不成立）。不过，如其给付标的为金钱以外之代替物者（即于物品证券之情形），关于品质部分，应属相对应记载事项，如其于指示证券上未记载者，适用“民法”第二〇〇条第一

项规定，以给付中等品质之物定之。

2. 指示之意旨

指示证券为委托证券，自须以指示意旨之表示为表征。指示者，相当于票据法上所称之“无条件支付之委托”（“票据法”廿四条一项五款）。[48]因之，此之所称指示意旨，解释上亦不宜以附条件之方式而为指示。[49]

指示意旨之文句为何，法无规定，其常见之方式及文字殆为，于指示证券首句，使用“凭券祈付”或“祈付”等字样。惟解释意思表示，应探求当事人真意，不得拘泥于当事人使用之辞句（九八条），解释指示证券，应以足以表达指示或委托意旨即可，殊不必限于“委请”“祈付”或“委托”等字样。

3. 被指示人之姓名（名称）

被指示人为指示人授权为给付之人，且因其嗣后所为之承担行为，而成为指示证券之债务人（七一一条一项）。指示证券所以成为交易上重要制度，被指示人之指示及其后其多数情形愿为承担，实是主因；因此，被指示人之确定，亦为指示证券上之应记载事项。其确定方法，则至少须为被指示人之姓名，或其为营业主体之法人名称或商号名称。

被指示人必须特定，但不以单一之人为必要，其为多数之人时，不生共同责任或连带责任之可言，嗣后所为承担，亦无须共同为之。此外，被指示人姓名或名称之记明，于指示证券为绝对应记载事项，非若汇票之为相对应记载事项。盖不如是，即为自付证券而非为委托证券，与“民法”第七一〇条规定意旨（须由第三人给付）不符。因此，如汇票所定“付款人”（相当于此之被指示人）未记载者，以发票人（相当于此之指示人）为“付款人”之条项（“票据法”二四条三项），于此尚无适用余地。

4. 指示人之签名

指示人为指示证券之发行人，为作成指示证券之主体，必须签名，以示指示证券发行之源起，并以为厘清指示人、被指示人，乃至指示人与领取人间原因法律关系之依据。故其签名，亦为绝对应记载事项之一。其指示证券，未经指示人签名者，于法亦系无效（不成立）。

5. 发行年月日

指示证券之发行，虽未如自付证券，尚不因其发行而当然创设证券

48 支付，通常系用以说明金钱之支付（二五〇条、三四五条一项），惟法典用语上，有时则采广义，而得包括代替物之交付（四二一条一项）。因之，于此以支付称之，应无不可。

49 郑著（下），第七四〇页。

上之权利义务关系；惟领取人得请求承担，并于承担后确定发生证券关系，证券发行日期之确定，于其权利之确认具有必要意义。因此，发行年月日之记明，亦属绝对必要记载事项；而且，不仅年月日全未记载者，其指示证券不能生效（不成立），即其中有部分漏未记载，例如有年度而无月日，或有月日而无年度，乃至有年月而仅无日期者，结论亦然。民法关于出生月日推定之规定（一二四条二项），于此尚无类推适用可言。

综上所述，则其仅以绝对应记载事项为指示证券之发行者，其样式及相关事项殆可归纳如下表：

（凭券）祈付[2] 新台币伍拾万元整[1] 此致 A公司[3] B商号[4]　启 （签字或盖章） 2003年6月1日[5]

补充说明：

（1）指示之内容：新台币伍拾万元整。

（2）指示之意旨：（凭券）祈付。

（3）被指示人姓名（名称）：A公司。

（4）指示人姓名（名称）：B商号。

（5）发行年月日：2003年6月1日。

（三）相对应记载事项等

1. 相对应记载事项之争议

指示证券有无相对应记载事项，其结论因指示证券有无无记名证券之见解不同而异。其认为指示证券无无记名证券存在空间者，则指示证券并无相对应记载事项，而且领取人姓名（名称）之记明，亦为绝对应记载事项，苟未记载，则其指示证券无效（不成立）。基此立场，则如上所述之样式之指示证券，在法律意义上尚难谓已告成立。本书因认指示证券得为无记名证券，如其领取人未记明者，尚不影响指示证券之成立或生效，解释上则回归有价证券（无记名证券）之一般法律原则，以执券人为领取人（“票据法”二四条四项）。

本于指示证券之委托证券本质，指示证券之领取人应为第三人，以免法律所定给付第三人之制度基本形态流于有名无实，因之，指示证券不得记载以指示人（发行人）为领取人。按指示证券之领取人相当于汇票、支票所称之受款人，汇票、支票得记载发票人为受款人（“票据法”二五条、一二五条），此为票据交易上之特则，解释上于民法上之指示证券，尚无适用。不过，此称不得记载事项，宜解为记载无效事项，而非为记载有害事项。换言之，亦即如有指示人为领取人之记明者，仅其领取人部分之记载无效，指示证券本身之成立或生效，尚不受影响，惟其结果成为无记名式之指示证券而已。

2. 得为记载之事项

非属于上述事项而记载于指示证券者，如其尚不抵触有价证券成立、生效之法律原则、强行规定及公序良俗者，本于法律行为自由原则，亦应认其得发生法律上之效力，是为得为记载事项。其常见者如到期日（给付日、清偿期）、给付地（清偿地）、乃至发券地之记载均是；其间，最具交易上意义者则为到期日。兹即综合以上所述，试就指示证券之一般款式重叙如下表：

（凭券）祈于(2)
二〇〇三年九月一日(7)支付
C先生(6)新台币伍拾万元整(1)
此致
A公司(3)
B商号(4)　启
（签字或盖章）
二〇〇三年六月一日(5)

(1) 指示之内容：新台币伍拾万元 → 绝对应记载事项
(2) 指示之旨意：（凭券）祈付 → 绝对应记载事项
(3) 被指示人姓名（名称）：A公司 → 绝对应记载事项
(4) 指示人姓名（名称）：B商号 → 绝对应记载事项
(5) 发行年月日：二〇〇三年六月一日 → 绝对应记载事项
(6) 领取人姓名（名称）：C先生 → 相对应记载事项（？）（？）→ 绝对应记载事项
(7) 到期日：二〇〇三年九月一日 → 得记载事项

绝对应记载事项、相对应记载事项（？）、得记载事项：发行方式

三、发行之基础

关于指示证券之发行与其基础关系之课题，拟分为1. 基础关系之形态，2. 发行之效力与基础关系二者说明。

（一）基础关系之形态

有价证券之发行，特别是指示证券之发行，恒有一定之原因存在；

此之原因与指示证券发行之互涉上，通常称之基础关系或原因关系。于指示证券之发行上，基础关系存于两个层面，一为指示人与领取人间之关系，或称对价关系或狭义之原因关系；另一为指示人与被指示人间之关系，或称之补偿关系。

1. 对价关系

指示人所以发行指示证券，指示被指示人向领取人为给付，通常情形系出于履行债务，亦即借指示证券之形式，以第三人清偿之方法向领取人清偿债务。此之债务，以与指示证券债务相对，堪称对价债务或原因债务；至其原因事实出于契约、侵权行为、无因管理、不当得利、乃或其他事由，则非所问。不过，如履行之原因债务为有偿者，如履行买卖价金之支付，学理上特称之对价关系。

履行债务以外，取得债权亦为指示证券发行之常见原因事实。例如，指示人对领取人贷与新台币伍拾万元，约定以发行证券方式作为给付手段者即是。惟以消费借贷为要物契约（四七四条一项），以是在法律关系上，当事人同意借贷，而发行指示证券者，仍仅止于消费借贷预约之阶段，须待被指示人为给付时，指示人与领取人间之消费借贷契约始告生效。

2. 补偿关系

被指示人所以依据指示人之指示意旨，承担指示证券债务，乃至进而依指示内容而为给付者，法律机制上，亦恒有一定之补偿，一般爰称之补偿关系（票据上称为资金关系）。例如，被指示人对于指示人负有借款债务，其依指示内容而向领取人为给付者，就其给付之数额，对于指示人即免其借款债务（七一三条）此之借款债务之消灭，即为履行证券债务之补偿关系，至其债之发生原因为何，亦与原因关系雷同，无论其系出于契约、侵权行为、无因管理或其他事由，均无不可。至于其本无债务关系存在、亦即被指示人对指示人原无债务关系存在者，则被指示人于为给付后，得基于委任或无因管理而有求偿权（一七六条或五四六条）[50]，立法理由亦持同一结论，惜未叙明法律依据而已。[51]

---

50 被指示人并不因受领指示证券而负承担或给付义务，其因而为承担或给付者，尚难谓有意思实现之适用。因此，于无债务关系而为承担或给付者，原则上系依无因管理求偿；惟当事人如订有委任契约者，则依委任而为求偿。

51 参照“民法”第七一三条立法理由：“查民律草案第八百九十三条理由谓指示人与被指示人之关系，依二人间所成立之法律关系定之。故被指示人依指示证券支付债务时，对于指示人有无求偿权，又被指示人有无承担证券或为给付之义务，亦须依被指示人与指示人彼此间之法律关系决之。”

(二) 发行之效力与基础关系

补偿关系，因指示人给付而告发生，理论上不生影响指示证券效力之问题；对价关系，虽为指示意旨之所据，亦发行指示证券之原因，惟因指示证券为不要因证券，因之，被指示人于承担后，尚不得以对价关系不存在，对抗领取人或其他执券人（七一一条）。指示人于被指示人承担后，亦不得以对价关系不存在主张撤回指示证券（七一五条一项）。

四、发行之效力

于发行之效力，拟分别叙述 1. 发行效力之内容，2. 指示证券无效之效果二者：

(一) 发行效力之内容

如前所述，指示证券之指示意旨，具有双重授权关系之性质。亦即因指示证券之发行，一方面，于指示人与被指示人间发生关系；另一方面，于指示人与领取人间发生关系。至于，领取人与被指示人间，尚不因指示证券之发行，而当然发生权利义务关系，须待被指示人对指示人为承担时，被指示人始对于领取人负给付之义务。不过，如就法律效力强度而言，由于指示证券债务之生效，主要系于被指示人之为承担与否，于此之前，指示证券于指示人与领取人间，或指示人与被指示人间，其效力强度仍属薄弱。

基上所述，爰就指示证券发行效力之内容，区分为下列四者，即 1. 不受领之通知义务，2. 请求承担适格，3. 受领给付适格，4. 附条件间接给付四者说明之。

1. 不受领之通知义务

指示人发行证券，既非先行经与领取人以契约商定，基于义务不得强制，自不能强迫领取人受领，即使指示人对于领取人负担债务者，情形亦然。换言之，领取人对于是否受领指示证券，有自由选择之权。

不过，为促进有价证券之流通，并免当事人间产生不必要之徒劳，法律于此特别明定，债权人（领取人）不愿由其债务人受领指示证券者，应即通知债务人（七一二条二项）。此之通知义务，为法定特别义务；违反者所生法律效力如何？或认为应对怠于通知所受损害赔偿责任[52]，或认

52 史著（下），第七六五页；梅著，第三三五页；薛著，第三五四页；季著（下），第一六八页。

为应视为默示承诺受领。[53]鉴于默示承诺说，其结果无异强制领取人受领，而且受领人未请求承担者，于当事人间之权利义务关系，仍难确定及处理，其结果恐徒生法律关系之不确定、甚而使领取人遭受不测之重大损害，比较上应以损害赔偿说为较可采。惟此之通知义务，并非法律关系发生后所生，与债之履行无关，性质上应近于缔结法律行为过失（或缔约过失）；因之，其损害赔偿之范围，应以信赖利益为限，亦即于此系指信赖利益之损害赔偿，而非履行利益之损害赔偿。愚意以为，自付证券之发行，于不受领通知义务一节，及其所生法律效果，亦应作同一解释。

2. 请求承担适格

指示证券发行之目的，旨在授权领取人以自己名义，为指示人计算，由被指示人受领给付。惟在法律机制上，被指示人并不因之负担给付义务，而系本于其承担始负给付义务；承担与否，则为被指示人之自由。不过，领取人受领指示证券之法律地位，宜有一定之保障，此之保障，即为领取人得请求被指示人承担之资格，为明晰描述领取人此一法律上地位，爰以请求承担适格称之。

相对于承诺适格而言，此之请求承担适格，其效力强度似亦较弱。盖以要约有拘束力，要约人于要约失效前，原则上无撤回要约之权限（一五四条一项本文）；反之，领取人于受领指示证券后，于被指示人为承担以前，指示人尚有任意撤回指示证券之权利（七一五条一项）。此一规定，于领取人法律地位之保障，甚有未周；领取人为避免被撤回，唯有尽速请求给付或承担，俾弥补法律保护之不足。

3. 受领给付适格

指示证券之被指示人，对于领取人提示指示证券，不经承担程序而直接为给付者，于法亦无不可；于此情形，领取人自亦得依法受领，故以受领给付适格称之。此外，如其给付已届到期日者，领取人径行请求给付者，理论上亦应无不可。

关于受领给付适格之强度及指示人之任意撤回，其情形有如前段请求承担适格所示，兹不重复。

4. 附条件间接给付

因清偿旧债务而成立新债务者，是为间接给付（三二〇条本文）。指

53 郑著（下），第七四四页～第七四五页；戴著（下），第三一三页；陈著，第三八六页。

示人发行指示证券，于原债务上，另外成立指示证券债务，而且指示人为清偿其对于领取人之债务而交付指示证券者，其债务于被指示人为给付时消灭。因之，如其债权人受领指示证券者，不得请求指示人就原有债务为给付，但于指示证券所定期限内，其未定期限者，于相当期限内，不能由被指示人领取给付者，不在此限（七一二条一项、二项），其情形多与间接给付相符，故学理上多数认为，指示人与领取人间系成立“间接给付”或“类似间接给付”[54]。

间接给付系直接成立新债务，以为清偿旧债务，但指示证券之发行，须待被指示人为承担时或表示愿为给付时，新债务始告成立。亦唯于其时点，间接给付始具意义；于此之前，难谓其类似间接给付。鉴于发行指示证券，是否成立间接给付，系于被指示人之是否给付或承担而定，被指示人之此等行为，有似附有条件，爰斟酌其情，以附条件之间接给付称之。此之条件，得认为系以承担等为停止条件，亦得认为系以不承担为解除条件；愚意则偏于停止条件说。不过，称条件者，系以客观上之不确定事实为要件，被指示人之承担行为，乃学理上所称之主观条件，非为真正之条件。因之，从斟酌实情态度言之，称之为“类似附（停止）条件之间接给付”，或更贴切。

（二）指示证券无效之法律效果

据上所述，可知指示证券发行本身之效力相当薄弱。因之，遇有指示证券无效时，领取人或其他执券人究应如何行使权利，以免受领指示证券反而遭受意外损害，民法本节虽无明文，但解释上恐无从逃避，爰亦另段说明之。

1. 指示证券无效之类型

指示人发行指示证券而无效之情形，主要类型略为：

（1）指示证券之绝对应记载事项未经记载，以致指示证券不能成立，指示证券债务因而无效力发生可言。

（2）领取人拒绝受领指示证券，作为原因债权（务）清偿（给付）方法。

（3）被指示人拒绝给付、亦拒绝承担（七一四条）。

（4）指示人于被指示人给付或承担前撤回指示证券（七一五条）。

上述情形，被指示人于证券上无给付义务，指示人（发行）不负担

54　间接给付说：史著（下），第七六五页；戴著（下），第三一三页。类似间接给付说：郑著（下），第七四三页～第七四四页；蔡著（下），第一四二页；季著（下），第一六八页。

保给付及承担义务，领取人对指示人亦无所谓追索权。[55]在此前提下，执券人只能依据原因债权债务关系行使权利，但其受领证券难免损害、特别是信赖利益损害之发生，究应如何填补，法律上不无斟酌必要。

2. 指示证券无效之责任依据

指示证券之执券人，因受领证券而受之损害，特别是于领取人与指示人（发行人）之间，究应如何行使权利，其法律上可能之救济途径，或有如下：

（1）类推票据法上发票人追索权之规定，由指示人负履行责任（“票据法”二九条、一二五条）。

（2）类推适用第三人负担契约规定，由指示人负履行利益之损害赔偿责任（二六八条）。[56]

（3）类推适用缔约过失规定，由指示人负信赖利益之损害赔偿责任（分别类推适用二四五条之一，第二四七条）。

（4）适用缔结法律行为过失规定，由指示人负信赖利益损害赔偿责任（一一三条）。

按指示证券之指示人，法律既未明定应负担保给付之责任，票据法上关于发票人担保给付规定，亦难认系指示证券共通适用之一般法律原则，无论广义类推（回归法律原则）或狭义类推（类推适用），应无运用余地。因之，如采第一说（类推追索权说），不仅理论上依据实甚薄弱，恐亦有背指示人不负担保给付义务之立法意旨。次者，于第三人负担契约，债务人所负履行利益之损害赔偿责任，其本质与履行债务尚无不同；指示人既不负担保给付义务，如采类推适用第三人负担契约之立场，其结果与类推追索权之说法[57]，尚无不同，亦有违“被指示人给付或承担前，指示证券尚未完全发生效力”之立法意旨。[58]是以，类推适用第三人

55 郑著（下），第七四五页；史著（下），第七六六页；戴著（下），第三一〇页～第三一一页；蔡著（下），第一四八页；薛著，第三五八页。

56 郑著（下），第七四五页。

57 在法（律解释）学方法论上，通称之类推，严格言之，尚可区分为二，一为通称之狭义类推适用，另一则为回归法律原则之法（律）类推。关于本题之第三人负担契约，其所涉及者仅为狭义之类推适用，于票据之追索权部分，则同时涉及其间二者，故仅以类推称之，以示其间之区隔。

58 参照“民法”第七一五条立法理由：“仅按被指示人尚未向领取人承担所指示之给付，或未向领取人为给付之前，其证券尚未完全发生效力，应使指示人得自由撤回其指示证券，盖因发行指示证券，为一授权行为故也。故本条第一项明示撤回权，及其撤回之方法。又被指示人于未为承担或未为给付者，指示人已宣告破产者，其所指示之证券，应即视为撤回，盖以此时证券领取人对于指示人之债权，应按破产程序办理也。故设第二项明示其效力。

负担契约，恐令指示人负担过重责任，亦欠缺说服力。

其实，指示证券系依指示人之给付或承担而发生其债之效力，指示人对于领取人不负给付或担保给付义务。而且，于证券无效之法律责任，性质上应归类于所谓之契约前责任，是其问题领域，应属于缔结法律行为过失或缔约过失之范畴。是以，本书以为，于指示证券无效之法律责任，应无上述第一说或第二说之适用。至于究应采第三说或第四说，应视各国法律制度之特色而定。

3. 本书论点

（1）请求救济之事由

按受领指示证券，得否依证券而获给付（清偿），法律上有一定风险，领取人对其风险不得诿为不知。因此，指示证券领取人对于指示证券无效，是否均得主张救济，愚意以为，不能一概而论。以不获承担为例，其肯否之界线，应以领取人是否于发行前即同意受领指示证券而定。换言之，如领取人与指示人约定，或经指示人商议而同意，以受领指示证券之方式行使原因关系之相关权利，则其受领后却因被指示人拒绝给付或承担而无效者，领取人尚难依缔结法律行为过失或缔约过失主张救济。反之，如未经领取人同意而指示人发行指示证券者，则得因被指示人拒绝给付或承担而请求信赖利益之损害赔偿。

其他事由发生之指示证券无效者，领取人原则上得依缔结法律行为过失之例，请求信赖利益之损害赔偿，惟于领取人受领指示证券之例，其所生损害额可能甚小。反之，领取人先行同意指示人发行指示证券者，嗣后不得拒绝受领指示证券；否则，应对指示人负缔结法律行为过失之赔偿责任。

（2）法律适用依据

领取人因指示证券无效，对指示人而得请求信赖利益之损害赔偿时，其法律上依据究为缔约过失或广义之缔结法律行为过失，实堪玩味。台湾民法学界及法实务界，多宗德日民法，强调缔约过失，依其立场，自应认其根据为缔约过失，惟因指示证券之发行为单独行为，理论上尚不能直接适用缔约过失之相关规定，而须诉诸类推适用缔约过失。惟基于下列理由，本书以为，依台湾民法体例，以采适用缔结法律行为过失之见解，为较适当。

①“民法”第一一三条，堪为缔结法律行为过失之注脚，以之作为法律适用之依据，应较诉诸类推适用为当。盖以类推适用，系补充备位性质之法律解释方法，如法律上已有适用依据，类推适用理应尽量避免。

②缔结法律行为过失，得否类推适用缔约过失，在缔约过失体制未臻完熟之台湾，恐易陷于肯否两难之争议。

③缔约过失，因分别出现于“民法”第二四五条之一及第二四七条，其间如何区隔？有无类型区分意义？其未为规定所及之部分，得否、乃至如何类推适用上开规定，本身已是疑义重重[59]，因之，指示证券发行无效之例，如何援缔约过失类型以为类推适用，恐亦极易陷于争议。

综上所述，爰就指示证券发行之重点归纳如下表，以供参考：

- 指示证券（发行）
  - 意义
    - 发行之定义：作成有价证券，并交付于领取人
    - 发行之行为
      - （有相对人）单独行为
      - 记载一定条款格式
      - 作成并交付证券
  - 方式
    - 绝对应记载事项（一项未记载者指示证券无效（不成立））
      - 指示之内容
      - 指示之义旨
      - 指示人
      - 被指示人
      - 发行年月日
    - 相对应记载事项：领取人（未记载者，为无记名证券）
    - 得记载事项：到期日（因记载而生效）
  - 基础
    - 原因关系（指示人与领取人间）：不影响指示证券之效力（无因证券）
    - 补偿关系（指示人与被指示人间）：与证券债务之成立无关（给付后给予补偿）
  - 效力
    - 效力内容
      - 不受领通知义务（712Ⅱ）
      - 请求承担适格
      - 受领给付适格
      - 附条件间接给付
    - 无效之法律效果
      - 类型：未为记载、被指示人拒绝承担，指示人撤回证券等
      - 适用依据：追索权？不履行损害赔偿责任？缔约过失？缔结法律行为过失？
      - 本书见解：缔结法律行为过失（113）

59 关于缔约过失在台湾民法之制度构成上疑义，请参照前揭拙著“新订民法债编通则”（下），第五二六页～第五二八页。

第四节　指示证券之让与

指示证券让与涉及之事项，尚称复杂，爰先归纳其要点如下表，以供参考：

- 指示证券（让与）
  - 意义
    - 定义
      - 有价证券：权利人将证券所有权及其表彰权利让与第三人
      - 指示证券：领取人或受让人，将指示证券所有权或其表彰权利让与第三人
    - 区隔态样
      - 区隔准据：权利人角度
      - 类型区分：指名证券、记名证券、无记名证券
  - 方法
    - 基本形态：有价证券（指示证券）
      - 指名证券：一般债权让与（294以下）+交付证券
      - 记名证券：（证券）背书+交付（证券）：↕ 本节重心（716Ⅰ、Ⅱ）
      - 无记名证券：交付（证券）
    - 背书
      - 意义
        - 定义：于有价证券背面所为让与证券之严格要式单独行为
        - 性质
          - 有相对人单独行为
          - 以移转证券权利为效果意思之处分行为
          - 应记载一定事项之严格要式行为
      - 款式：应记载事项：让与文句、被背书人（受让人）、背书人（让与人）、背书年月日
  - 效力：有价证券（指示证券）
    - 权利移转效力
      - 内容：后手不继承前手瑕疵（抗辩权限制：716Ⅲ）
      - 范围：善意受让之适用
    - 权利证明效力：以背书连续作为权利存在之证明
    - ┄→不生担保给付之效力（受让人无追索权）
  - 周边
    - 委任取款背书 / 设质背书
      - 载明特定背书意旨：仅生委任取款或设定质权之效力
      - 未载明特定背书意旨：对于善意执券人负给付义务

一、让与之意义

（一）有价证券让与之意义

有价证券之让与，意指有价证券权利人（执券人），将证券所有权及其所表彰之权利（以下合称证券）让与第三人之行为。有价证券为权利

之化身，证券上权利之让与，须以有价证券本身之让与为之；反之，有价证券本身让与时，证券上之权利即随同让与。二者之不可分离关系，殆如下表：

证券让与｛证券所有权让与 / 证券上权利让与｝＞ 同时让与（不可分离）
⇓
交易上凸显表彰权利之让与
（如指示证券债权）

基于权利证券化，论及有价证券之让与，吾人应同时兼顾下列三项规范意义：

（1）就让与之权利范围而言，有价证券之让与云者，具有双重意义，其内容包括证券所有权让与及证券表彰权利之让与；此于指示证券之情形亦然。

（2）有价证券本身权利及其表彰权利之让与，均借证券本身之让与而同时完成，传统上物权让与与债权让与俨然区隔之制度模式[60]，于此并不明显，甚至可说混然一体适用。

（3）有价证券之让与，系基于权利让与之角度，作为制度设计之依据。其让与之方式，因权利人经指定与否，亦即与其究为记名证券与否而异，而义务人为谁无关。因此，严格言之，如何区隔厘清有价证券之让与，其于民法上之制度重点，应在于其有价证券究为记名与否，尚与是否为指示证券无关。换言之，就指示证券之让与而言，除非否定指示证券得为无记名式，否则，其答案亦系乎其权利人是否记名，而非诉诸指示证券本身。

（二）指示证券让与之意义

1. 指示证券让与之定义说明

指示证券之让与者，指示证券之领取人或其受让人，将证券（证券所有权连同证券所表彰之权利）让与第三人之行为。其意义内容，殆可析述如下：

（1）让与指示证券之权利主体有二。一为领取人，其所为之让与，为原始让与或初次让与；另一为（领取人）之受让人，其所为之让与为衍生让与或后续让与。

60　民法各种之债之指示证券及无记名证券，均属债权证券，其证券所表彰之权利为债权。因之，就指示证券或无记名证券之让与而言，规范意义上应属特殊形态之债权让与。

（2）指示证券之让与，于让与范围或权利关系等层面，其情形有如前段所述，民法相关之立法理由，特别指明其对象在于基于证券所生权利，但不及于原因债权债务关系。[61]

（3）指示证券之让与，性质上为处分权利之行为，就其所表彰之权利而言，其处分之对象为债权，债之通则于债之移转所称准处分行为，其有关说明，于此亦有适用。[62]

2. 指示证券让与之态样

（1）基本内容

“民法”第七一六条一项规定：“领取人得将指示证券让与第三人；但指示人于指示证券有禁止让与之记载者，不在此限。”基此可知，指示证券除因禁止转让而成为指名证券者外，不问记名与否，均得依证券让与之方式而为让与。

指示证券所表彰之权利为债权，其给付标的为一般交易对象之代替物、有价证券或金钱。此类给付，显然不具不得让与之性质，法律亦无限制让与之规定。足见，纵使于指名证券，当亦无禁止转让之理，解释上宜认为，于指名证券仅不得依证券移转之方式而为让与而已，非谓其债权本身不得让与；因之，指示性之指名证券，仍得依一般债之让与方法而为让与[63]。如是，则指示证券让与之态样，当可归纳如下表：

指示证券（让与）
- 指示证券——一般债权让与方法（二九四条以下）——广义证券让与
- 记名证券、无记名证券——证券让与方法（七一六条）：狭义证券让与——广义证券让与

由上所述，可知指示性指名证券之让与，事实上业已脱离指示证券之让与制度。如从有价证券之法理而言，其让与已非固有的证券让与所可概括。因此，于证券让与采取狭义，认其意义范围并不及于指名证券之让与，在概念作业上应无不可。换言之，指名证券之让与，亦须成立让与契约，并应于通知指示人及被指示人后，始对指示人及被指示人发

61 参照“民法”第七一六条立法理由前段：“查民律草案第八百九十五条理由谓指示证券，除指示人禁止让与之外，应使领取人得将其证据让与他人，庶证券得流通之益，而指示证券之让与，非将指示人与被指示人间之债权让与他人，乃将因交给指示证券而生之权利移转与人而已。本条第一项设此规定，所以保护被指示人之利益也。”

62 有关于此之叙述，请参照拙著“新订民法债编通则”（下），第二七七页～第二七九页。

63 郑著（下），第七四七页；戴著（下），第三三二页；梅著，第三五七页；蔡著（下），第一四七页；季著（下），第一七一页。

生效力[64]。

（2）指示证券让与之时点

指示证券之指示人，不负担保给付之义务，被指示人亦不当然负直接给付或承担之义务，于被指示证券承担之前，严格言之，证券表彰之权利尚未成立；从而，于承担之前，指示证券得否让与，理论上或不无疑义，学理上容有进一步说明之必要。

指示证券经被指示人为给付者，证券上之权利义务关系消灭，指示证券通常因之注销或交还，原则上已无转让之问题。因之，所谓指示证券之让与，通常系指被指示人为承担后，领取人或其受让人所为之证券让与而言。惟严格言之，指示证券之让与时点，并不以此为限。盖以指示证券于承担前，其债权虽未生效，但性质上为成立可能之将来债权，其权利范围尚可包括证券所有权及指示人授权，解释其得为让与标的，于法并无窒碍。因之，通说以为，指示证券之承担与让与，在时点上并无先后关系，承担前后而为之证券让与，不问其为指名证券、记名证券或无记名证券，于法均无不可，仅其权利内容尚有不同而已。

二、让与之方法

（一）基本形态

有价证券之让与方法为何？法律上尚无一般明文，归纳相关规定，其情形殆有如下：

有价证券（让与）
- 指名证券：让与合意＋交付证券＋通知被指示人等
- 记名证券（指定证券）：证券背书＋交付证券
- 无记名证券：交付（证券）

由上表可知，有价证券之让与，交付为其必要之要件，各种证券均属有之。惟无记名证券之让与，仅以交付即为已足，故通称之完全有价证券；记名证券，其让与除交付证券外，更须先行履践背书之程序，法典或法律文献上，常称记名证券以背书让与，殆取其特色而为简化之描述，非谓仅须背书而无须交付，研习上应予注意。否则，所

64 于此情形，其对指示人与被指示人之效力，尚有不同，其情形略为：指名证券债权之让与，因通知被指示人而生让与效力；因通知指示人而免于赔偿指示人损害之义务。

谓有价证券之让与（处分），与有价证券之占有不可分离，其说法即失其依据。

指名证券之让与，虽谓其适用一般债权让与之规定，惟其让与仍须与证券结合；因之，证券之交付仍为其让与要件之一。换言之，指名证券之让与，除债之通则所定之让与要件（让与合意＋通知债务人）外，须待交付证券，其让与始生效力。试予结合债之通则相关规定，其图式如下表：

指名证券让与[65]
- 对内成立：让与合意（与让与人与受让人间成立）
- 对内生效：让与合意＋交付证券（于让与人与受让人间生效）
- 对外生效：通知被指示人等（对债务人及指示人生效）

（二）指示证券之让与方式

1. 基本规定

“民法”第七一六条第二项规定，指示证券之让与，应以背书为之。此一规定，不仅仅为针对记名指示证券而为之规定，而且仅为突出特色所在之规定；吾人尚不能据此以为，指示证券之让与，仅以背书即为已足，更不能谓于各种指示证券均系一体适用。

总而言之，指示证券之让与方法，原则上亦因其领取人为指名式、记名式或无记名式而异，其情形亦有如前段有价证券之让与方法所列附表，兹从指示证券角度，重新叙明如下表：

指示证券（让与）
- 指名证券：让与合意＋交付证券＋通知被指示人等（716Ⅰ但书、294以下）
- 记名证券（指定证券）：证券背书＋交付证券（716Ⅰ、Ⅱ）
- 无记名证券：交付（719、720）

在让与方法上，指名证券之让与，适用债之通则关于一般债之让与之规定；无记名证券之让与，适用无记名证券一节之规定，其法律依据均与民法本节无关。因之，本段所称指示证券让与方法，其叙述对象乃以记名（式之指示）证券为限，俾凸显问题之所在。

65　指示证券，得否因背书人为禁止让与之记载而成为指名证券，不再允许流通，学理或持否定见解（郑著（下），第七四八页），认为背书人尚无此权限；惟此论点，无异剥夺背书人保留原因抗辩权利，恐有背于权利自由意旨，愚意因认以采肯定见解，亦即得为禁止转让之记载为宜；如是，则其结论与汇票等殆无不同（“票据法”三〇条二项）。

2. 背书之意义

背书者，有价证券之权利人，于有价证券背面所为让与证券之严格要式单独行为也。其法律上之性质，殆可分述如下：

（1）背书为意思表示、为法律行为。

（2）背书为单独行为、为有相对人之单独行为。

（3）背书为处分行为并以移转证券之权利于受让人为效果意思。

（4）背书须于有价证券背面记载一定之事项，为严格意义之要式行为。

（5）背书应记载之事项，包括让与文句、受让人、背书人及背书年月日等。

以上说明，于指示证券之背书亦有适用。基此，于指示证券所称背书，殆可从指示证券之角度，重新描述如下。即：背书者谓指示证券之领取人或受让人，于指示证券背面所为让与证券之严格单独要式行为也。至其法律上性质，与前段所示并无不同，爰不重复叙述。

3. 背书之款式

（1）完全背书

依前段所列背书应记载事项，表现于有价证券、乃至其他有价证券者，则其样式殆有如下：

本券让与(1) D公司(2)	C　启(3)（印）	
二〇〇三年六月六日(4)		
本券让与(1) E先生(2)	D公司启(3)（印）	
二〇〇三年六月十日(4)		
本券让与(1) F商号(2)	E　启(3)（签名）	
二〇〇三年六月十五日(4)		

记载事项：

（1）让与文句，（2）被背书人（受让人），（3）背书人（让与人），（4）背书年月日

指示证券之背书亦有连续问题，受让人之行使证券权利，其经背书者，应以背书连续为其前提（“票据法”三七条一项本文、一二四条、一四四条）。因此，第一次背书之背书人，须为领取人；其被背书人（受让人）与次背书之背书人，应属同一之人，借以形成相互接续之形态，必以此作为权利存在之证明，发生所谓权利证明之效力。

背书而有前述文句之记载者，是为通称之完全背书。日常交易上，执券人常从其简便而未全数记载，甚而仅记载背书人（让与人）之名称者，是为所谓之略式背书，于法固属有效。即使仅记载让与人者，即所谓之空白背书，基于流通证券之法律原则，亦应认其为有效。换言之，票据法有关于此之相关规定（“票据法”三一条、一二四条、一四四条）及实务见解[66]，为有价证券一般法律原则规定，于指示证券自亦有其适用。

三、让与之效力

有价证券经依背书而让与者，发生权利移转之效力及权利证明之效力，但不生担保给付之效力。背书与担保给付及权利移转之证明，前已叙及，兹不重复，而仅就权利移转之部分说明之。

1. 权利移转之效力内容

指示证券经背书而交付于受让人者，证券上一切权利，皆移转于受让人，是为权利移转效力。申言之，在承担后经背书让与者，受让人取得对于被指示人之债权；在承担前让与者，则受让人取得指示证券之所有权，并取得指示人对于领取人所授与之领取权及领取人对于被指示人之请求承担适格。

受让人经背书而取得有价证券权利者，性质上属于继受取得。继受取得，一般情形，其后手应继受前手之瑕疵，亦即债务人得以其与让与人间之法律关系之事由，对抗受让人。惟在有价证券之让与，为保障交易安全，维护证券流通，于有价证券之让与不采后手继受前手瑕疵之原则（“票据法”十三条），此一原则之适用，于指示证券亦然，故“民法”第七一六条三项规定：“被指示人对于指示证券之受让人已为承担者，不得以自己与领取人间之法律关系所生之事由，与受让人对抗。”

66 参照“最高法院”1958年台上字第一九二九号判例：“本院四十三年台上字第八二二号判例，系指支票背书人，依‘票据法’第一百三十八条准用同法第二十八条第一项规定所为之背书而言。至同条第二项之空白背书，既仅由背书人签名已足，则关于年、月、日之记载即可从略。”

“最高法院”1974年台上字第七七一号判例：“上诉人于系争本票背面签名背书为其所不争，揆诸‘票据法’第一百二十四条准用同法第三十一条第一、三、四款规定，背书仅记载于本票背面即可，并无一定之位置，亦‘得’不记载年、月、日。则上诉人辩其未按背书顺序签名，未载年、月、日，故不生背书之效力云云，洵无足采。”

2. 证书让与与善意受让

依“民法”第七一六条三项限制抗辩之规定，是否得依扩张解释，认为有价证券之让与，亦有善意受让之适用，学理上容有争议。按“票据法”第十四条一项规定：“以恶意或重大过失取得票据者，不得享有票据上之权利。”基此，则非因恶意或重大过失取得票据者，享有票据上之权利，解释上应无疑义；如是，则票据让与应有善意受让之适用，理论上亦可肯定。足见，有关于此疑义之解答，实系于票据法上开规定之规范性质究属如何而定，亦即其究为有价证券一般法律原则之显现？抑或本于票据所定之票据法上特别条项？如其见解认为一般法律原则规定者，则其答案即为有价证券让与有善意受让之适用；反之，如其见解认系特别条项者，则其答案即属反是。指示证券让与之情形亦然。

如前所述，指名证券之让与，适用一般债权让与之规定，尚不发生其让与适用善意受让与否之问题。无记名证券之让与，“民法”第九五一条规定，盗赃或遗失物，如系金钱或无记名证券，不得向其善意占有人请求回复，足见其有善意受让之适用，此亦比较法上之通例。[67]因之，关于证券让与有无善意受让适用，其问题重心，在于记名证券。

记名证券之让与，有无善意受让之规定，民法固无直接明文，亦未规定其得适用或类推适用于票据法上开规定。惟基于以下理由，愚见以为，票据法上开规定，应属有价证券之一般法律原则，则本于回归法律原则之法律解释方法，其于记名式指示证券，亦应有其适用。

（1）有价证券为动产，证券所表彰之权利，依附于证券，否定记名证券之善意受让，无意否定动产得为善意受让之标的，且又违背有价证券为流通之本质，其立论基础，恐嫌过于薄弱。

（2）同为有价证券，如谓无记名证券得适用善意受让，记名证券不得适用；同为有价证券，如谓票据得适用善意受让，指示证券不得适用？则其割裂之实质理由何在？诚难合理说明。

（3）在比较法之体制上，记名证券得准用于票据法相关规定而适用

67 参照德国民法第九三五条第二项：“金钱、无记名证券及以公开拍卖方式让与之物，不适用前项（限制善意受让之）规定。”

瑞士民法第九三五条：“金钱及无记名债券，纵违反占有人之意思而丧失者，其占有人亦不得对善意受让人请求返还之。”

日本民法第八六条第三项：“无记名债权，视为动产。”

善意受让者，似为通制[68]，台湾法制亦无例外之理由。

(4) 在台湾得依背书转让之让券（即记名证券）及无记名证券之被盗或遗失，均系依公示催告程序而适用宣告无效之程序（七一八条、七二五条），其善意取得之人均得申报行使权利，尚不因其为记名证券或无记名证券而异。[69]

四、让与之周边

关于有价证券让与之周边，主要问题有二，一为委任取款背书及设质背书二者。二者之法律行为方式与让与形式略同，但其效力互异，且根据法律亦不尽相同；惟于方式未明之时，仍将发生权利移转之效力，故以周边问题视之。凡此，于指示证券之适用，亦无例外，爰亦并此叙明之。

1. 委任取款背书

民法于指示证券、或其他记名证券，均无委任取款背书之规定，惟本于法律行为自由，应认其背书有效。因此，票据法关于委任取款背书之规定（“票据法”第四〇条），宜认为系有价证券之一般法律原则，而得适用于民法之指示证券及无记名证券。

背书，原则上为记名证券让与之方法。因之，当事人以委任取款为背书之目的者，应载明委任取款之意旨，并因而生委任取款背书之效果，不生证券让与之效力。如其竟未载明委任取款背书意旨，嗣后，记名证券为之流通者，则除直接授受当事人间得为抗辩（七一六条三项、七二二条）外，证券债务人对于善意执券人仍负给付义务。因其于指示证券

68 参照德国商法第三六五条：“（记名）证券背书转让之方式、执票人之权利证明与审查，以及持券人返还之义务，准用票据法第十一条至第十三条、第三十六条及第七十四条之规定。（记名）证券丧失时，应依公示催告程序为失权之声明。公示催告程序开始后，权利人得于提出失权声明前揭示担保，请求证券债务人依证券给付。”

日本商法第五一九条：“票据法第十二条至第十四条第二项及支票法第五条第二项、第十九条及第二十一条（按即：关于善意受让）之规定，于以金钱其他代替物或有价证券之给付为目的之有价证券准用之。”

意大利民法第一九九四条：“对于符合证券流通规范之规定而善意取得有价证券者，（其物权人）不得请求回复。”

瑞士债务法第九六六条第二项：“债务人非因故意或重大过失，对于到期之证券债务，向执券之债权人为给付者，免其责任。”

69 史著（下），第七四四页～第七四六页；梅著，第三五二页。

及其他记名证券亦均有其适用，故亦并此说明。

2. 设质背书

记名证券之设质，除书面质权契约外，并应经背书为之（九〇八条）；此之背书，亦应载明设质之意旨，以生质权设定之效力。同理，其背书未载明设质意旨，则本于流通证券之本质，亦应认为证券债务人对于善意执券人仍负给付义务。

第五节　指示证券之履行

指示证券之被指示人，对于领取人等之请求，固得直接为给付，现实上亦有因之而直接为给付者，惟无论从交易常态言之，亦或从制度设计而言，指示证券之履行，通常系先经（指示人之为）承担而负给付义务，并据以给付。本诸制度设计原意，并斟酌交易常见情形，本节关于指示证券之履行，拟分为承担及给付二项，并依下列之事项顺序说明之：

- 指示证券（履行）
  - 指示证券之承担
    - 承担之意义及方式
    - 承担之效力
  - 指示证券之给付
    - 给付之意义及程序
    - 给付之抗辩
    - 给付之效力

一、指示证券之承担

（一）*承担之意义及方式*

1. 承担之意义

承担，为指示证券特有之制度，其概念恰与汇票上之承兑（票据法四二条以下）相当。所谓指示证券之承担，意指被指示人，于指示证券上表示愿依指示内容而为给付之单独要式行为。兹即依此定义，说明其相关内容于下：

（1）承担为被指示人之意思表示

承担为指示证券有别于自付证券所特有之制度，须由被指示人以意思表示为之，故上述所称表示，系为意思表示之简称。承担，应以负担指示证券所表彰权利之相对义务、亦即指示人所为之指示内容，为其效果意思所在，故指示人系因意思表示原理而负担指示证券上之给付义务，且其性质上为（负担有价证券上）新生之义务，非为移转既存之债务于被指示人自己承担。[70]

承担虽必须由被指示人为之，惟被指示人承担与否，有其自由，即使被指示人对指示人负有债务，亦无承担义务（七一三条），惟一旦而为承担，则必须负给付义务。[71]不过，被指示人并无为全部承担之义务，其为部分承担者，解释上应无不可，并于其承担部分之范围内，生其效力。

（2）承担为有相对人之单独行为

承担，因被指示人一方之意思表示而成立生效，无须得领取人等之承诺，故性质上为单独行为，惟承担须向请求为承担之领取人或其受让人为之，故为有相对人之单独行为。此之相对人，如指示证券未经让与者，当为领取人，如其已经让与者，则为受让人。理论上，不问指示证券有无让与、亦即承担究系向领取人为之或向其受让人为之，承担之效力，均及于该证券之任何持有人，而非仅为受领承担意思表示之相对人。换言之，承担仅须一次为之，即为已足，一旦承担，其间纵有辗转让与（通常为辗转背书），亦均对其生效，不生再须承担之问题。

指名证券，不得背书转让，承担仅得由领取人请求，亦仅得向领取人为之，事实上亦仅得对领取人生效。惟指名证券如经涂销禁止背书转让，而成为记名证券或无记名证券者，则其承担对涂销禁止转让文句后之受让人，亦属有效。

（3）承担为证券法律行为

承担为证券法律行为，承担之意思表示应记载于证券之上，此所以前述之定义，特别凸显“于证券上表示”之字眼。基此角度，则承担亦系应于证券上记载必要事项之要式行为；至其方式如何，拟另段叙明。

2. 承担之方式

承担，为负担指示证券债务之法律行为，应于证券上为之，且以记

70 民法本条立法理由（前揭注 32），特别注明其“是即债务之承担”，语意上不尽明确，亦易引起争议，解读时允宜注意。

71 参照最高法院 1929 年上字第二七八四号判例：“汇票之付款人对于执票人所负付款义务，系基于承兑行为而生，故一经承兑，苟非合法撤销，即不能拒绝付款，纵使发票人本无存款，亦不得据为抗辩理由。惟承兑之行为系执票人与付款人间之关系，若付款人仅对于发票人预约承兑，于执票人承兑提示时，尚未直接表示承兑之意思，则难谓为已经承兑。”

载指示证券之正面为妥。承担之应记载事项为何？法无明文，本于证券法律行为之意旨，并参照票据法承兑之规定（“票据法”四三条），应认为须足以表示承担指示证券债务之意旨。通常被指示人签名于指示证券者，已足以认定其有愿为给付之意思，即得认为承担行为，其更为完整者，则为于签名之外，同时记载承担意旨之字样；不过，不以使用“负担”一词为限。

承担，通常固系于指示证券发行之后，经向领取人或其受让人为之。惟指示证券发行完成前，先由被指示人于证券上载明承担意旨或（及）签名其上者，其承担得于证券发行完成之时、亦即于指示证券交付于领取人之时，发生承担之效力。[72]

（二）承担之效力

“民法”第七一一条一项规定：“被指示人向领取人承担所指示之给付者，有依证券内容而为给付之义务。”亦即承担为指示证券债务之发生原因，被指示人因承担而发生债务，故承担乃债之发生原因。而且，指示证券为不要因证券，故此债务系独立发生，不因指示人与领取间有无原因关系，亦不因指示人与被指示人间补偿关系之有无而受影响。再者，指示证券为文义证券。因此，其债务之内容如何，悉依证券上所记载者为准，惟被指示人仅为部分承担者，则依其于指示证券上记载之意思表示内容定之。至于被指示人拒绝承担者，指示人依指示证券所为之变重授权失其效力，惟得各依其原有债之关系而为给付之请求，但受让人如已交付对价于领取人者，则得依不当得利请求领取人返还。[73]

二、指示证券之给付

（一）给付之意义及程序

1. 给付之意义

给付者，本为债务人履行债务之行为之统称。指示证券于此援用，殆取狭义，而指被指示人履行指示证券债务之行为。其意义殆如一般债

72 郑著（下），第七五二页；史著（下），第七六七页。

73 参照“最高法院”1951年台上字第一三七一号判决：“惟被指示人拒绝承担或给付时，领取人可向指示人请求清偿其原有债务。受让人如因受让该指示证券已交付对价于领取人，亦可本于不当得利向领取人请求返还对价。领取人及受让人均不得仍持该证券请求指示人给付证券上所载之金额。”

务所称之清偿（三〇九条以下）或票据债务所称之付款（"票据法"六九条以下）。

指示证券之给付概念，或可因其给付在承担之前或承担之后，而作不同观察。承担之前，被指示人本无给付义务，得不为给付，如其竟为给付，似可视为承担与给付同时为之，故其给付所生清偿指示证券债务之效力，尚与承担后之给付无殊。因之，不仅承担前给付非属非债清偿；而且，在指示证券债务之履行乃至消灭上，承担前给付与承担后给付，尚无区别之必要。因此，本书于相关行文，常就给付或承担并列，以示其特殊现象，但于给付本身之说明，则尚不因其发生于承担前后而异其处理。

2. 给付之程序

指示证券之给付，本无所谓应为程序之规定，惟依交易实情及基于保护指示证券债务人（被指示人）利益之角度，特归纳给付相关注意程序，以为被指示人给付之参考。如是，则给付程序有如下表，并予依序说明之。

有价证券（给付程序）
- 证券之提示
- 背书连续之查对
- 证券之交还

（1）证券之提示

有价证券为权利化身，其权利人之行使权利，须提示证券。此在指示证券，亦无例外可言。是以，指示证券之领取人或其受让人，须向被指示人现实提出证券，始得据以向被指示人请求给付；被指示人亦始得依指示证券（及其记载内容）而为给付。因此，证券权利人之证券现实揭示，堪为被指示人履行给付之前置程序。

证券之提示，限于现实提出，其仅以口头提出者，不生提示证券之效力。提示之时期，除见票即付（无到期日）者外，须经票载到期之日或其以后。提示之场所，则须向被指示人之住居所或营业所为之，债编通则所定赴偿债务为清偿地之原则（三一四条二款），尚无适用。

（2）背书连续之查对

被指示人对于证券持有人，并无调查义务，惟于记名证券，持券人应以背书连续证明其权利，亦即只要背书形式上连续，被指示人即得、亦即应为依法给付。因之，对于背书形式上是否连续，被指示人有查对之义务；如其对于未连续背书之持券人为给付者，则被指示人应自负其责。此于民法本节虽无明文，但票据法上有其规定（“票据法”三七条），解释上应认票据法上述规定为一般法律原则，以回归法律原则之方法，作为适用之依据。

(3) 证券之交还

被指示人依据证券内容给付时，得要求持有人记载收讫字样，签名为证，并交还指示证券，其不但不交还者，被指示人得主张同时履行抗辩；其为一部分之给付者，得要求持有人在证券上记载所收数额，并另给收据。于此情形，票据法关于缴还证券之相关规定（“票据法”第七四条），亦得本于一般法律原则之规范地位，适用于指示证券之交还及给付记载事项。

（二）给付之抗辩

1. 有价证券抗辩之意义

有价证券给付之抗辩者，指有价证券之债务人，例如指示证券之被指示人，对于有价证券权利人之请求，得为拒绝给付之权利之谓。此之抗辩，其种类通常有三。即：

(1) 物的抗辩：指基于证券权利不发生或业已消灭之事由而为之抗辩。例如，以有价证券绝对应记载事项欠缺、有价证券系经伪造或业经除权判决或背书不连续所为之抗辩均是。因其对任何证券持有人均得抗辩，故以物之抗辩称之，惟亦有称之客观抗辩或绝对抗辩者；法典用语则称之本于证券内容之抗辩。

(2) 人的抗辩：指基于特定持有人间之事由而为抗辩。例如，授受证券之原因关系无效或有缓期给付或同时履行抗辩之关系均是。因其仅得对该特定人而为抗辩，故以人的抗辩称之，惟亦有称之主观抗辩或相对抗辩者。

(3) 恶意抗辩：指有价证券持有人，知悉让与其证券之人，就该证券无处分权，而仍受让有价证券时，有价证券之债务人得以其恶意取得而对抗现持有人之抗辩。例如，证券持有人，明知其前手取得证券并无原因关系，而仍受让有价证券，则有价证券债务人，亦得以前手之事由对抗现持券人。因其突出恶意之抗辩权力，爰以恶意抗辩称之，性质上为人之抗辩限制之例外也。

2. 有价证券抗辩之原则

有价证券之债务人，对执券人得行使物的抗辩权及恶意抗辩权，关于人的抗辩事由，则仅该特定人间始得行使，乃本于流通证券上之必然结论。换言之，人之抗辩事由，限制于其直接接受当事人之间，始得行使，乃有价证券抗辩之原则，“民法”第七二二条规定：“无记名证券发行人仅得以本于证券之无效，证券之内容或其与持有人间之法律关系所得对抗持有人之事由，对抗持有人，但持有人取得证券出于恶意者，发行人并得以对持有人前手间所存抗辩之事由对抗之。”即系注脚。盖以本条文前段为物之抗辩，本文后段为人之抗辩之限制，而但书则为恶意抗辩之特例也。[74]

3. 指示证券之抗辩

民法本节关于被指示人之抗辩权，系就对抗领取人或对抗受让人而分别规定，于被指示人部分，其法律用语与上述“民法”第七二二条之文字，亦不尽一致，惟就制度内容而言，应无不同。爰依民法规定体例，分别说明如下：

（1）对领取人之抗辩

依“民法”第七一一条二项规定，被指示人就指示证券，对于领取人已为承担者，被指示人，仅得以本于指示证券之内容，或其与领取人间之法律关系所得对抗领取人之事由，对抗领取人。基此规定，并斟酌有价证券抗辩之原则，可知被指示人得为抗辩之事由，亦有下列三者：

①物之抗辩

物之抗辩，即为本段所称本于指示证券内容所生事由之抗辩。本于证券内容所生事由、亦即因证券本身所生之事由，例如，证券系出于伪造、或证券上记载之给付日期尚未届至，或证券权利消灭时效业已完成，或该证券已经法院为除权判决而宣告无效等均属之。此等事由，不问系出于领取人与否，亦不问是否与领取人有关，被指示人均得向领取人抗辩。

②人之抗辩之限制

关于人之抗辩，限于被指示人与领取人个人间法律关系所生之事由，例如，领取人曾对被指示人表示延期清偿而未届期，或业经抵销或表示

74 参照“民法”第七二二条立法理由及修正理由：

①立法理由：“谨按凡行使无记名证券之权利，须由持有人提示于发行人，此当然之理，固不待言。然发行人所得对抗持有人之事由，如本于证券之无效，或证券之内容，或其与持有人间之法律关系所得对抗之事由，要不可不有明文之规定，俾资适用。否则无记名证券效力之薄弱，不易流通也。故设本条以明示其旨。”

②修正理由：“原条文对于发行人以持有人取得证券如出于恶意，得否以对持有人前手间之事由而为抗辩，并未规定，适用上不无疑义。为保护发行人，爰参考‘票据法’第十三条但书，增列但书规定。”

免除债务而给付义务消灭（三三四条、三四三条）等是。有此类事由，被指示人自得以之对抗领取人。但不得以其与指示人间法律关系所生之事由，对抗领取人。[75]

③恶意抗辩

被指示人对于领取人得否恶意抗辩，民法本节未如无记名证券或票据之设有明文（七二二条、“票据法”十三条），惟恶意不受保护，本为一般法律原则，恶意得为抗辩，又为有价证券一般法律原则，解释上应以肯定为妥。例如，指示人系出于诈欺而发行系争指示证券，领取人取得指示证券时知悉其情者，被指示人自得对领取人主张恶意抗辩。

（2）对受让人之抗辩

“民法”第七一六条第三项规定：“被指示人，对于指示证券之受让人已为承担者，不得以自己与领取人间之法律关系所生之事由，与受让人对抗。”虽仅在凸显人之抗辩之限制，惟体系解释民法本条规定，仍应认为，被指示人对指示证券之受让人，得主张物之抗辩及恶意抗辩。换言之，亦即其得为抗辩之事项，仍有下列三者，即：

①本于指示证券内容所生之抗辩，得对受让人主张之（物之抗辩）。

②本于被指示人与受让人间之法律关系所生之抗辩，（仅）得对该受让人主张之（直接原因抗辩）。

③本于受让人恶意取得指示证券之抗辩，得对受让人主张之（恶意抗辩）。

（三）给付之效力

指示证券之给付，其所生效力有二，一为证券上之效力，二为基础关系上之效力，兹叙述之。

1. 证券上之效力

指示证券一经依指示内容为给付者，证券上之权利即归消灭，其仅为一部消灭者，则为部分消灭。给付应依债之本旨为之，被指示人于承担后，未如期而为全部给付者，即为给付迟延，应负债务不履行责任（二三一条以下）。[76]

然则，证券上之权利与证券有不可分离之关系。因此，如被指示人

75 票据法上，亦基于相同法律原则，于第十三条规定：“票据债务人不得以自己与发票人间所有抗辩事由对抗执票人。”

76 指示证券之给付标的为代替物或金钱，债务人原则上担保给付，苟有迟延，自应依法负债务不履行责任。

为给付后，未于指示证券上载明给付情事或收回指示证券者，则对其后之善意受让人（执券人），于法仍负给付义务，为被指示人者，于收回或销毁指示证券一项，似应特别注意。

2. 基础关系上之效力

指示证券之基础关系有二。一为对价关系，另一为补偿关系。于此亦予分别说明。

（1）对价关系上之效力

就对价关系而言，如指示人为清偿其对于领取人之债务而交付指示证券者，其对价关系之债务于被指示人为给付时消灭（七一二条一项），发生类似间接给付之效果。盖以相对于证券债务，原因债务乃旧债务，证券债务为新债务，发行证券有如成立新债务而清偿旧债务，兹因清偿新的证券债务，旧的原因债务亦告消灭，惟因其非本于契约形态为之，故以类似间接给付之效果名之。同理，如指示人系为对于领取人取得债权（例如成立消费借贷），而发行指示证券者，则其债权于被指示人为给付时取得。[77]反之，于指示人与领取人间若无任何对价关系，或虽先有对价关系而其后已不存在者，则被指示人为给付后，指示人对于领取人有不当得利之返还请求权。

（2）补偿关系上之效力

就补偿关系而言，其情形亦恰如上述之对价关系，如被指示人对于指示人负有债务，而已向领取人为给付时，就其给付之数额，对于指示人免其债务（七一三条），亦即被指示人对指示人原有之原因债务，因被指示人履行证券债务而同告消灭。同理，若被指示人未对指示人负有债务，而系以对指示人取得债权（例如成立消费借贷）为目的而为给付者，则就其给付之数额，对指示人取得债权。反之，于指示人与被指示人间，若无任何原因，或先有原因而其后已不存在者，则被指示人为给付后，对指示人有不当得利之返还请求权。

---

77 参照“民法”第七一三条立法理由：“谨按民律草案第八百八十七条理由谓交付指示证券，非使人知指示人及领取人间之法律关系，乃由指示人直接以其财产移转于领取人之一法也。此法律关系，依支付该证券之原因定之，此属当然之理，无须另以明文规定。（因赠与而交付指示证券，或因债务发生如消费借贷关系发生而交付指示证券，或因清偿债务而交付指示证券，其原因无一定。）又交付指示证券，仅可为指示人证其移转某财产于领取人之方法，非竟移转财产，必待被指示人已给付于领取人，始生移转财产之效力。例如甲欲以一定金额，返还于乙，交付指示证券，丙为被指示人，则其清偿，必至丙给付乙后，始生效力，于交付证券承担证券时，不生效力也。”

（3）双面原因欠缺之效力

以上二者间不当得利请求权之适用，系各指他方有补偿或对价关系存在时之情形而言，亦即，①指示人与被指示人间虽无补偿关系，而指示人与领取人间尚有对价关系时，则被指示人对指示人有不当得利之返还请求权；②指示人与领取人间虽无对价关系，而指示人与被指示人间尚有补偿关系时，则指示人对领取人有不当得利之返还请求权。

然则，如以上之双方面均无基础关系，亦即双重原因均属欠缺时，究应如何适用法律？解释上难免争议，或以为宜直接肯定，由被指示人直接对领取人取得不当得利返还请求权，或谓仍应各别发生不当得利返还请求权，且除有请求让与之情形外，被指示人对领取人尚无直接请求权。就逻辑构成而言，个别请求权说始是理论无缺，惟就当事人间利益之保护及争议之厘清解决而言，则以直接请求权说为妥适。因之，学理上多宗直接请求权说之论点[78]，愚见亦认其见解为可取。

综上所述，可知指示证券之承担及给付，涉及事项亦多，爰亦归纳其要点如下表，以供参考：

指示证券（承担、给付）
- 承担
  - 意义
    - 定义：被指示人于证券上表示依指示内容而为给付
    - 类似名词：承兑（汇票）
    - 性质
      - 有相对人单独行为
      - 以给付指示证券债务为效果意思
      - 须经被指示人签名之要式行为
  - 效力：负担依指示内容而为给付之义务（711Ⅰ）
- 给付
  - 意义
    - 定义：被指示人履行证券债务之行为
    - 类似名词：清偿（309以下）、付款（票69以下）
  - 程序
    - 证券之提示
    - 背书连续之查封
    - 证券之交还（同时履行抗辩权）
  - 抗辩
    - 意义：被指示人对于执券人之请求，得为拒绝给付之权利
    - 形态
      - 物的抗辩（711Ⅱ前）
      - 人的抗辩的限制（711Ⅱ后，716Ⅲ）
      - 恶意抗辩（参照722，票13）
  - 效力
    - 证券债务：消灭（309）
    - 基础债务
      - 对价关系债务：消灭（712Ⅰ）
      - 补偿关系债务：消灭（713后）
      - 原因欠缺→不当得利（179）
        - →双重原因欠缺：被指示人对于领取人直接成立不当得利

78 郑著（下），第七五六页；史著（下），第七六九页。

第六节 指示证券之消灭

指示证券之特殊消灭事由有五。即：

指示证券（消灭）
- 证券之交还
- 证券之销毁
- 证券之撤回
- 证券之宣告无效
- 证券权利之消灭时效完成

一、证券之交还

有价证券为权利化身，证券权利之存在及行使，须占有证券。因之，证券交还者，证券之效力即告消灭。不问其交还是否基于给付而为者，于法均生指示证券消灭之效力。不过当事人并无交还意思，例如，为查对背书是否连续或为请求承担交付被指示人执行上述程序者，尚不生消灭有价证券之效力。

债因清偿或其他等同之债之消灭事由（如代物清偿、抵销、更改、混同、免除）发生而消灭，此在有价证券、乃至指示证券之情形亦然。惟其效力仅发生于被指示人与受清偿人等之间，如被指示人未收回证券或未为涂销、销毁之行为者，对于其后之善意执券人，仍负给付责任，故不直接列举指示证券给付等为指示证券之消灭事由，以免债务人疏于收回或或销毁证券，致负担双重履行之风险也。

二、证券之销毁

有价证券为其权利表彰之化身，证券销毁、撕毁、涂销作废或其他形体上之消灭者，证券上之权利自亦随之消灭；此在指示证券，亦无例外。

三、证券之撤回

指示证券于被指示人给付或承担之前，经指示人向被指示人撤回者，证券亦告消灭。撤回，须于给付或承担前为之，否则不生效力。撤回须向被指示人为之，其向领取人或其受让人撤回者，不生撤回之效力。

撤回为意思表示，亦为单独行为，民法总则关于法律行为，特别是意思表示之规定，自有适用。此外，指示人于被指示人未承担或给付前受破产宣告者，其指示证券视为撤回（七一五条二项）。盖以指示人既已受破产之宣告，其信用业已完全丧失，如使被指示人再为承担或给付，既非公司，亦属苛酷，故指示人虽无撤回之意思表示，法律亦视为撤回，是为所谓拟制撤回或法定撤回。换言之，于此情形，指示证券亦告消灭，领取人对于指示人之债权，应依破产程序行使权利，与指示证券即不复发生关系矣。[79]

四、证券之宣告无效

指示证券遗失、被盗或灭失者，法院得因持有人之声请依公示催告之程序，宣告指示证券无效（七一八条）。其经公示催告之程序，为除权判决而确定者，其指示证券无效（“民诉法”五六四条一项），以维原持券人应有之权益。[80]关于公示催告程序，于“民事诉讼法”第八编第五三九条以下，设有相当详细之程序进行及实体权益变动之规定，其间最具特色者在于，依公示催告程序所为之除权判决，不仅消极宣告证券无效，更积极赋与声请人，得依确定之除权判决，对于证券债务人主张证券上之权利（“民诉法”五六五条一项），亦即如其为指示证券者，声请人即得本于除权判决，对于被指示人行使指示证券有关权利。

指示证券之执券人，得声请宣告证券无效者，其原因以证券遗失、被盗或灭失为限。称被盗者，宜认为包括遭窃盗、抢夺、准强盗及强盗等情事之一；关于抢夺或准强盗，或以为尚不适用，不无商榷之处；称灭失者，宜认为包括消灭、破损、撕裂或其他废灭情事。且就灭失而言，旨在借除权判决以行使权利，实具销毁无效后续救济程序之意义。

有价证券因遗失、被盗或灭失而得声请宣告无效者，并不以指示证

79 参照“民法”第七一五条立法理由后段：“被指示人于未为承担或未为给付前，指示人已宣告破产者，其所指示之证券，应即视为撤回，盖以此时证券领取人对于指示人之债权，应按破产程序办理也。故设第二项明示其效力。”

80 参照“民法”第七一八条立法理由：“谨按指示证券如有遗失、被盗或灭失等情事时，不可不明定救济之方法，俾资适用。故本条规定法院得因持有人之声请，依公示催告程序，宣告证券无效，以保护持有人之利益。至公示催告应行如何程序，民事诉讼法第五篇第三章，盖有详细之规定也。”

券为限，盖依民法规定，相同情形于无记名证券亦有适用（七二五条一项）；再者，依民事诉讼法规定，凡得依背书转让之有价证券，即均有其适用（“民诉法”五三九条一项）。依此等规定对照观之，足认举凡得为流通之有价证券，不问其为指示（委托）证券或自付证券，亦不问其为记名证券或无记名证券，应均有其适用。如是，则“民法”第七一八条及第七二五条关于宣告证券无效之规定，实相互呼应并结合而蔚为有价证券丧失时救济程序之一般法律原则。早期实务论点，认为仓单、提单尚无适用[81]，其见解已无足取，应予变更。[82]

五、消灭时效

“民法”第七一七条规定：“指示证券领取人或受让人对于被指示人因承担所生之请求权，自承担之时起，三年间不行使而消灭。”是为指示证券权利之短期消灭时效，对于证券已为承担者适用之。盖以承担之前，被指示人尚无给付义务，而领取人亦无请求权也；三年期间，自承担之时起算，俾以保护被指示人之利益，使免负担过重（长期）之负担。[83]

81　参照司法院1940年院解字第二〇〇五号解释：“申报权利之公示催告，以法律有规定者为限，民事诉讼法第五百三十五条第一项有明文。宣告证券无效之公示催告，为申报权利之公示催告之一种，自应依此规定办理。故证券未经实体法明定具有某种情形时，得依公示催告程序宣告无效者，虽属有价证券，亦不许行公示催告程序。民法第六百十五条之仓单，或民法第六百二十五条之提单，则系填发仓单之仓库营业人，或填发提单之运送人自为给付，而非指示他人为给付之证券，显非民法第七百十八条所称之指示证券，记名式之仓单或提单，在法律上既无与民法第七百十八条，第七百二十五条第一项，票据法第十六条第一项同一之规定，即不得依公示催告程序宣告无效。至民事诉讼法第五百五十四条，不过就实体法上已明定具有某种情形时，得依公示催告程序宣告无效之证券，规定何人有公示催告之声请权，并非因实体法所定许行公示催告程序之证券范围过狭，加以扩张。”

82　参照“最高法院”1962年台上字第三九七号判例：“仓单依‘民法’第六百十八条规定，系得依背书转让之有价证券，其权利之行使与证券之占有有不可分离之关系，证券如有遗失，须依民事诉讼法公示催告程序，经法院为除权判决后，始使持有人生失权之效果。上诉人对于某甲所称仓单遗失，既未依上开公示催告程序经过除权判决，遽以自己在仓单上所订办法，许某甲不凭仓单提取货物，则持有仓单之被上诉人自不因此而丧失其权利，其基于合法受质之关系，请求上诉人就仓单签证及行使质权人之权利，上诉人殊无可为拒绝之正当理由。”

83　参照“民法”第七一七条立法理由：“查民律草案第八百九十二条理由谓被指示人，已承担指示证券，其领取人即有请求权，此请求权为期过长，流弊滋甚，须因短期时效消灭，始足以保护被指示人之利益。”

依民法本条所定，其消灭时效期间自承担时起算，应指见券即付、亦即未定有到期日（给付期）之指示证券，或被指示人之承担已在到期日之后之指示证券，始有适用。若指示证券定有到期日，且其承担在到期日之前者，则权利人于到期日届至前，尚不得请求给付，如谓时效亦自承担时进行，未免不利于权利人，亦有违时效进行之法律原则。因此，于到期日前为承担者，仍应于到期日届至，亦即可以行使请求权时起算（一二八条前段），始称允妥，票据法上之规定，堪为佐证（“票据法”二二条一项前段）。[84]

消灭时效完成，于台湾民法仅采抗辩权发生主义，时效期间届满，义务人仅得为拒绝给付（一四四条一项），而非权利或请求权消灭，此于指示证券（或其他有价证券）之适用亦然。按因此之拒绝给付，性质上属于灭却之抗辩，爰亦依文献通例直接列为指示证券之消灭事项，作为说明之依据，但非谓指示消灭时效之法律效力，与其一般法律原则（拒绝给付）尚有不同。此外，承担人行使消灭时效抗辩权而免于给付，如因此受有利益者，执券人亦得认为“票据法”第二二条第四项之利益偿还请求权规定为有价证券一般法律原则条项，以回归法律原则之法律解释方法，向承担人请求偿还其所受利益。

84 愚意以为，法律解释上，得认“票据法”第二二条第一项前段规定，为有价证券消灭时效上之一般法律原则条项，以回归法律原则之方法，作为适用之依据。

第二十六章

无记名证券

本章拟分为总说、无记名证券发行、无记名证券之让与、履行及无记名证券丧失之救济四节说明之。

无记名证券为有价证券之前进表征，所谓完全有价证券，实即指无记名证券而言。因此，前章有关有价证券一般法律原则之说明，于无记名证券应均有其适用，特别是关于流通证券部分，情形尤为显著。惟为避免重复，本文拟采适时回应衔结之方式书写，至其具体说明，除无记名证券明文规定者外，则予从略。

第一节 总 说

无记名证券总说一节，依序分别说明无记名证券之意义及性质二者。

一、无记名证券之意义

“民法”第七一九条规定：“称无记名证券者，谓持有人对于发行人得请求其依所记载之内容为给付之证券。”基此，关于无记名证券之意义，殆可说明如下：

（一）无记名证券为有价证券

无记名证券为有价证券之一种，民法本条文末所称之证券，意义上即为有价证券之简称，本节其余各条相关用语，情形亦然。无记名证券既为有价证券，则有价证券之特质，如权利之发生只须作成证券、权利之移转只须交付证券、权利之行使只须提示证券，于无记名证券亦均有之。

在有价证券流通上，无记名证券之主要特征，在于无庸背书而仅以交付作为手段，所谓占有等于所有，于无记名证券乃特具意义，交易上亦以占有作为认定依据。因之，有价证券法制上爰有所谓，权利之发生、变更（移转）或消灭，与占有不可分离之说法。为此，民法本节特别凸显持有人之地位，非如指定证券（记名证券）之侧重背书人。民法前节之指示证券，以记名证券之形态为主，相关规定以背书称之；反之，民法本节条文，动辄称之持有人，堪为佐证。民法本节立法理由之说明，其表现角度亦同；盖以促进交易之顺畅流通，本质上诚有不得不尔也。[1]

（二）无记名证券为不记载权利人之有价证券

有价证券记载特定权利人者为记名证券；记载特定权利人并附加指定文句者为指定证券，反之，无记名证券则未记载特定之权利人，惟其不记载特定权利人，乃以持有人为权利人，并借以表征类型特色及制度本质之所在。[2]

无记名证券，因权利人未经记载，权利之认定，仅以证券之占有为标准，凡占有证券者，原则上即得享有并主张权利，不仅可收流通之便，更是权利证券化之典型，所谓完全有价证券殆指无记名证券。不过，利之所在，弊亦随之，完全侧重流通便利，于当事人间之原因抗辩，即难获得维持；因之，基于权利保护原理，如持券人记载自己或他人为权利人，因而变更为记名证券或指名证券者，解释上应认为于法并无不合。此在台湾有价证券法制上，虽仅明定于票据上有适用（“票据法”廿五条、一二四条、一四四条），惟法律解释上，得以其为有价证券一般法律原则而为适用。

（三）无记名证券为发行人自付给付义务之有价证券

从制度整体言，广义之无记名证券，只要该有价证券未记载权利人者，即为无记名证券，不问其属性上为委托证券或自付证券。惟依“民法”第七一九条规定，其所称之无记名证券，不仅须不记载特定权利人，

1 参照“民法”本节立法理由：“查民律草案债权编第五章原案谓无记名证券者，约明依券面之所载，给付于其持券人之证券也。故无记名证券持有人，对于发行人，有请求其依所记载之内容，为给付之权利，发行此种证券，有使债权易于移转之利，实际上甚属重要，故本法特设本节之规定。”

2 参照“民法”第七一九条立法理由：“谨按本条为规定无记名证券之意义及其性质，故明定称无记名证券者，谓持有人对于发行人得请求其依所记载之内容为给付之证券，俾资适用。简言之，即无记名证券之持有人，得向发行人请求给付也。”

而且须限于发行人自为给付，亦即其另一属性为自付证券，始足当之。若其非为发行人自为给付，纵不记载特定权利人，亦非台湾民法上之无记名证券。以与票据法之规定对应观之，可知台湾民法上之无记名证券仅与票据法上之无记名之本票相当。至于无记名汇票或无记名本票，尚不包括在其概念范畴之内。

在有价证券分类上，无记名证券系与记名证券、指名证券对应之有价证券类型。换言之，有价证券分类上所称之无记名证券，无论其属性为自付证券或委托证券，只要不记载特定权利人，即均属无记名证券，例如无记名本票、无记名汇票、无记名支票、乃至前章所述之无记名指示证券等均属之。但台湾民法所称之无记名证券，则采狭义，仅以自付证券为限，故仅与无记名之本票相当，而较上述之无记名证券其范围为小。了解台湾民法上之无记名证券，不能直截了当顾名思义，而必须详究法条所规定之定义始可，否则若以一般有价证券分类上所称之无记名证券视之，则难免误谬矣。

基上所述，爰就广狭间之无记名证券，为之表解于下，以供参考：

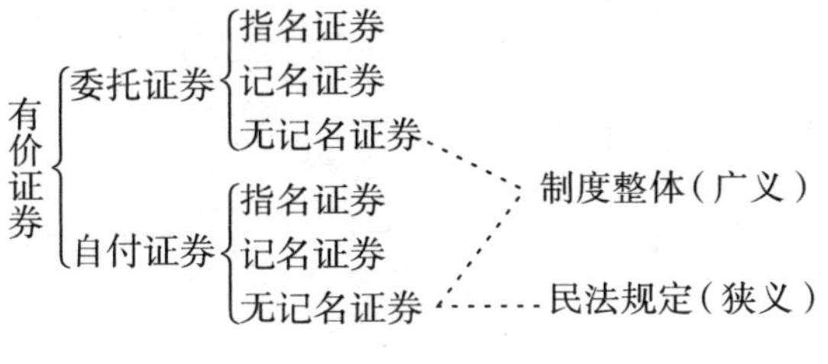

二、无记名证券之性质

在有价证券分类上，无记名证券之性质，殆可归纳如下：

1．债权证券

无记名证券之持有人，对于发券人仅有债权性请求权，故严格言之，提单、仓单等物权证券，纵为无记名式，亦非民法本节之无记名证券。惟得准用民法本节之规定而已。

2．自付证券

在台湾民法上，无记名证券一节所称之无记名证券，仅限于自付证券，业已如上所述。在此角度上，发券人对证券持有人负有担保给付义务。有关于此，民法虽未若本票发票人之有明文规定（“票据法”一二一条），惟依“民法”第七 ·九条规定，应作同一解释。

3. 不要因证券

4. 文义证券

5. 提示证券（七二〇条一项本文）

6. 缴还证券（七二二条一项）

7. 不限于金钱证券

无记名证券之给付标的为何，亦即既未如指示证券之规定得及于金钱以外之代替物及有价证券，亦未如票据之明定限其给付标的为金钱。解释上应基于法律行为自由原则，从宽解释其得及于金钱以外之物品、有价证券、乃至服务提供亦无不可。如是，从给付标的而言，其形态尚可区分如下：

1. 金钱证券：银行兑换券（兑换一定金钱）。

2. 物品证券：商品礼券（兑换一定商品）。

3. 有价证券证券：股票证券（交付一定股数之股票）。[3]

4. 服务证券：车票、船票、入场券、入园券。

综合本节以上所述，则上表关于无记名证券之定位，尚可重新调整如下：

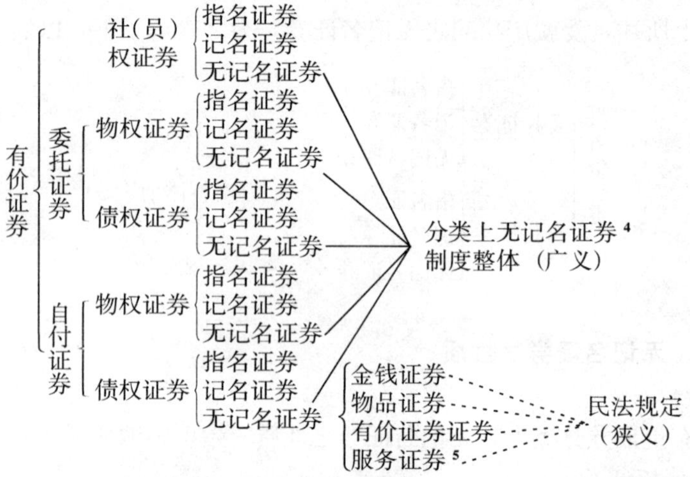

3 （公司）股票，如为无记名式，虽为广义之无记名证券，但非民法本节之无记名证券。又股票系表彰股东权之社员权证券，亦与有价证券之（有价）证券有别，并此叙明。

4 民法上其他有关无记名证券之规定，不问属性是否为债权性自付证券者，仅得类推适用或本于回归法律原则而适用民法本节之规定，如其规定为无记名证券之共通规定者，如“民法”第九〇八条、第九〇九条（设定质权规定）、第九五一条（善意受让规定），则宜视为无记名证券制度整体之一环，于民法本节之规定亦有适用。换言之，于后者，其所称无记名证券，乃广义之无记名证券，非若民法本节之限于狭义之无记名证券。

5 就给付标的而言，指示证券限于金钱证券、物品证券及有价证券，解释上不包括服务证券；而且，指示证券而以物品为给付标的者，仅以代替物为限，无记名证券应不以此为限，是其范围较指示证券为广，似可肯定。

第二节　无记名证券之发行

关于无记名证券之发行，拟分为发行之意义、发行之方式及发行之效力三项说明之。

一、发行之意义

无记名证券之发行者，与指示证券同其意义，意即发行人作成无记名证券，并以之交付于持有人之单独行为。换言之，亦即发者，指签发作成而言；行者，交付以供流通之意也。兹叙其要点如下：

（一）无记名证券之发行为单独行为

无记名证券之发行人为谁，法律固无限制，无论其为自然人或法人，亦不问其为本国人或外国人，均无不可；惟发行须以意思表示为必要，民法有关法律行为，特别是行为能力、意思表示之规定，于无记名证券之发行，均有适用。至其法律行为上之性质，则有如下：

1. 无记名证券之发行为单独行为

无记名证券之发行，无待与受券人缔结契约，故其性质上为单独行为而非为契约。[6]

2. 无记名证券之发行为要式行为

无记名证券之发行，须记载一定事项，性质上为严格要式行为，此于民法本节固无明文，惟本于有价证券一般法律原则，应与指示证券之发行作同一解释。至其一定事项为何？拟另段说明之。

3. 无记名证券之发行，为有相对人之单独行为

无记名证券之发行，原则上须经交付受券人，故性质上为有相对人之单独行为。

（二）无记名证券之发行须于作成证券后交付于受券人

无记名证券发行之程序，亦如指示证券。须经于记载一定应记载

6　参照“民法”第七二一条立法理由前段：“查民律草案第九百零一条理由谓原因于无记名证券之债务关系，非因授受证券人彼此间缔结契约而生，乃因发行人有使债务发生之单独意思表示而生，即因制就无记名证券而发生。”

事项，始告完成制造行为，发行行为于焉而告成立；但于交付于受券人时，其发券人与证券持有人间之权利义务，始告发生，亦即交付无记名证券之行为完成，无记名证券始属生效。故无记名证券之发行，在法律行为上性质之属性，亦有如指示证券之发行，均同为有相对人之单独行为。

在上述基础上，无记名证券之发行，亦如其他有价证券之发行，系以作成证券及交付证券二者结合而构成之，斯即学理上所称之发行说。[7]不过，无记名证券为完全有价证券，其持有人（权利人）未经记载，为助长其流通机能，加强交易安全保护，民法特别规定，于特殊情形，无记名证券发行人对于未经交付而流通之无记名证券，亦负担保给付之责任（七二一条），是为特例，亦其与其他有价证券不同之处。不过，如因此即认为无记名证券之发行，仅因作成证券即为已足（即生效力），恐与有价证券之本质有背，亦与“民法”第七二一条立法意旨相违。因此，于无记名证券之发行，因内学理上创造说（作成证券即生效力）虽甚有力[8]，惟为本书所不敢从采。至其担保责任之构成及范围如何，拟另段说明之。

二、发行之方式

（一）应记载事项

无记名证券之发行方式，亦有如指示证券之得分为绝对应记载事项、相对应记载事项、得记载事项及不得记载事项等。相关部分，不拟重复叙述，而仅就无记名证券之个别部分，叙明于下：

无记名证券之绝对应记载事项有四。即：

1. 担保支付文句
2. 给付之标的
3. 发行人之签名（或盖章）
4. 发行年月日

基此，无记名证券之样式，殆或描述如下表：

7 郑著（下），第七六七页；戴著（下），第三三六页；薛著，第三六二页～第三六三页。
8 史著（下），第七四〇页；梅著，第三五〇页、第三五八页；蔡著（下），第一五八页。

凭券即付(1) 池上蓬莱米五百公斤(2) 信义米谷有限公司[章](3) 二〇〇三年六月一日(4)

说明：(1) 担保支付文句
(2) 给付标的
(3) 发行人签名（盖章）
(4) 发行年月日

（二）其他记载事项

其他记载事项中，最常见者为到期日之记载。有此记载者，发行人之清偿期，即以到期日定之，惟无关乎无记名证券之成立生效，亦与责任免去无关。[9]基此，则无记名证券之样式，殆可调整如下：

凭券即于 二〇〇三年九月一日(5)给付(1) 池上蓬莱米五百公斤(2) 信义米谷有限公司[章](3) 二〇〇三年六月一日(4)

说明：(1) 担保支付文句
(2) 给付标的
(3) 发行人签名（盖章）
(4) 发行年月日
(5) 到期日（清偿期）

三、发行之效力

无记名证券发行之效力核心，即为发行人给付义务（七二〇条一项本文）。有关于此，尚可分为基本事项及发行前特殊给付责任二者说明。

9 参照最高法院1943年上字第一九九四号判例："无记名证券所载付款日期不过为债务之清偿期，并非一经过期，发行人即可免除给付之义务。"

（一）基本事项

“民法”第七二〇条第一项本文规定：“无记名证券发行人，于持有人提示证券时，有为给付之义务。”是为发行人给付义务之规定，亦即无记名证券发行人一旦发行证券，对该证券债务即负应为给付之义务，至其给付义务之内容，则依证券内容之记载而定（七一九条）。[10]

“民法”第七二〇条之用语，虽未如“票据法”第一二一条之直称负给付责任之用语，惟依“民法”第七一九条及第七二〇条规定，无记名证券发行人之给付义务，与本票发票人之给付义务，内涵应无不同，此盖同为自付证券之应有结论，尚不因其分属于民法或票据法而有不同。

（二）发行前之特殊给付责任

无记名证券之发行，须经交付于权利人始告完成，所谓无记名证券发行人负给付义务者，本系指此情形而言，故“民法”第七二〇条一项但书规定，发行人知悉持有人就证券无处分之权利或受有遗失、被盗或灭失之通知者，不得为给付。惟贯彻此一法律原则，于有价证券流通之维护或交易安全之确保，或有未足，故民法针对于此，设有特殊之例外规定，使无记名证券对于发行前之无记名证券流通，亦负给付责任，是为无记名证券发行前之特殊给付责任。论其情事，则有下列二者：

1. 对非因自己意思流通之给付责任

“民法”第七二一条第一项规定：“无记名证券发行人，其证券因遗失、被盗或其他非因自己之意思而流通者，对善意持有人仍应负责。”所称被盗，包括窃盗、抢夺及强盗等行为，非因自己之意思而流通，系指该证券之交付于第三人，并非本于无记名证券发行人之意思者而言；例如，因寄托无记名证券于友人，竟遭侵占而转让于他人是。善意云者，则指不知情而言。换言之，即无记名证券纵未经交付，即因遗失或被盗，并因而流通者，无记名证券之制就者，对其善意持有人仍负给付责任，尚不能以其未经交付而为免负责任之依据。

于兹成为问题者，即其交付源自无记名证券发行人意思之情形。有关于此，解释上虽无本条适用，但仍不能谓发行人不负给付义务。例如，无记名证券发行人遭诈欺或胁迫而交付证券者，对于其后之善意持有人

10 参照“民法”第七二〇条立法理由前段：“谨按无记名证券，系约明因依券面所载向持券人而为给付……故证券之持有人，有依券面记载请求给付之权利，证券发行人，亦即有依券面记载而为给付之义务。”

仍负给付义务；不过，因其业已完成发行（交付），文义解释或体系解释上，仍应认为并无“民法”第七二一条第一项之适用。其交付无记名证券于他人保管（寄托），因受寄人侵占而擅自交付第三人者，无记名证券发行人仍负给付义务，惟其有无“民法”第七二一条之适用，解释上不无争议，愚意以为以肯定说、亦即适用本条项规定为妥。[11]

2. 对于丧失能力前流通之给付责任

“民法”第七二一条二项规定：“无记名证券，不因发行在发行人死亡或丧失行为能力后，失其效力。”所谓不因发行在发行人死亡或丧失行为能力后云者，系指制就（作成）在能力丧失前，但其交付流通则在丧失能力后情形。如死亡或丧失行为能力之时，无记名证券尚未作成者，解释上尚无民法本条项适用，亦即发行人或其继承人对之尚无给付责任可言。

发行人在作成无记名证券，未及交付而死亡（丧失权利能力）或丧失行为能力者，发行人已无法为给付或无法本于自己之意思而为交付，如其竟而交付于第三人或竟而由他人为交付者，本不应发生发行之效力，惟此恐亦有碍交易安全，民法爰设特例使其仍生发行之效力。例如，无记名证券发行人，于作成证券后受禁治产宣告，仍将无记名证券交付于他人者，于法仍应负给付责任即是。不过，解释民法本条项之适用范围，仍非如此狭隘，而应包括下列行为：

（1）发行人作成证券后死亡，其继承人持以交付于他人者，由其继承人负给付责任。

（2）发行人作成证券后丧失行为能力，其法定代理人持以交付于他人者，由该名义上发行人负给付责任。

本条项所称死亡，包括死亡宣告。如其证券于作成后遗失、被盗或其他非因发行人或其继承人意思而流通者，解释上应适用前述，亦即同条第一项规定而无本条适用。所称发行在丧失能力后，只要交付行为在丧失能力后即可，至于丧失能力前是否业已发出交付之行为，则在所不同，故其适用之情况，与民法第九五条二项规定之情形，仍有不同。盖后者，适用对象限于丧失能力前业已发出通知者为限，而本条项则不问交付（通知）是否发出，均有适用也。

11　郑著（下），第七七一页；史著，第七八三页；蔡著，第三六三页；

第三节 无记名证券之让与、履行

本节合并无记名证券之让与及无记名证券之履行，一并说明，以免与前章重复，并省篇幅也。

一、无记名证券之让与

（一）无记名证券之让与方法

无记名证券为完全证券，当然可以让与。惟其让与之方法为何？法无规定，学理及实务均认为依交付而为转让，即让与无记名证券时，仅以证券交付于受让人即生效力，其方法与动产之让与同。但与一般债权之让与须通知债务人者不同，亦与指示证券之让与，须依背书为之者亦有差异，所以便其流通也。

无记名证券既得让与，自亦得以之设定权利质权。设定权利质权本应依关于其权利让与之方法为之（“民法”九〇二条），但无记名证券民法上既未规定其让与方法，为免解释上争议，民法爰于第九〇八条特规定：“质权以无记名证券为标的物者，因交付其证券于质权人而生设定质权之效力。”即明定设质之方法，亦以交付行之，故结果仍与无记名证券之让与同其方式。[12]

（二）无记名证券与善意受让

无记名证券得有善意受让之适用，前章指示证券相关部分，已有提及，惟因其规定，较诸一般之善意受让，仍有特色，爰亦试予综合说明。

1. 制度内容

无记名证券有关善意受让之规定，主要有下列二者：

（1）非因发行人之意思而流通

证券作成后，须待发行人自己交付于持有人始生效力，但其证券因遗失、被盗或其他非因发行人自己之意思而流通者，发行人对于善意人

12 上市之有价证券（通常为股票），纵为记名式，如经交付于证券集中保管事业保管，其移转或设定质权，得以账簿划拨方式为之，无庸经交付，更无须背书，是为特例（“证券交易法”四三条二项、三项）。

持有人，仍负给付责任（七二一条）。有关于此，前已述及，兹不重复，但举事例说明之。

甲作成无记名证券，拟交付于乙，于前赴乙家途中遗失而为丙拾得（或于前赴乙家途中为丙窃取而去），嗣丙转让无记名证券于丁，丁如不知其情（善意），甲对丁仍负给付责任；反之，如丁知其情（恶意）而受让，则甲对丁不负给付责任。

（2）因无权利人之让与

“民法”第九五一条规定：“盗赃或遗失物如系无记名证券，不得向其善意占有人请求回复。”足见，如发行人基于自己之意思将证券交付持有人，而持有人遗失、被盗或其他非因持有人之意思经让与者，因此时该证券业已有效发行，亦即证券已完全生效，只发生无权让与之问题，其情形与前述未及发行而流通者不同，解释上自不能适用“民法”第七二一条一项之规定，而应依“民法”第九五一条规定决之。例如，甲发行人因被诈欺或胁迫而交付无记名证券于乙，乙嗣转让于丙，丙如为善意（不知情）而受让，则甲对丙仍负给付责任即是。

2. 比较说明

由上两点所述，可知民法上对于无记名证券善意持有人之保护，较其他善意占有人更为强化。至其不同，主要有二：

（1）其他善意占有人，所受让之权利须为完全存在权利，只是让与人无让与之权利，善意占有人始受保护而已，若根本不存在之权利（例如动产尚未产生，即让与其所有权），则不适用善意取得之规定（八〇一条、九四八条）；反之，无记名证券，则除无让与权之善意受让，依法而受保护者外，于特例情形，其无记名证券之发行，纵有尚未交付（未完全生效）而流通者，发行人对于善意持有人亦负给付责任。

（2）其他善意占有人，其占有物如系盗赃或遗失物，则被害人或遗失人，自被盗或遗失之时起，二年以内得向占有人请求回复其物（九四九条、九五〇条）。但无记名证券纵属盗赃或遗失物，发行人对其善意占有人仍不得请求回复（“民法”九五一条），“民法”第九四九条及九五〇条之适用完全被排除，结果其善意占有人之地位，显较其他善意占有人为强。

二、无记名证券之履行

无记名证券发行人，依券面所载内容而为给付，亦即履行债务之行为，是为无记名证券之履行，法典用语及一般文献，多通称之给付，其意义亦等同清偿，或票据法上之付款。

无记名证券之履行，亦如一般债权债务消灭上所称之清偿，原则上由发行人为之，但由第三人为之者亦无不可，适用民法关于第三人清偿之规定（三一一条～三一三条）。兹即依给付之程序、给付之效力、给付之抗辩及证券之换新四者说明。

（一）给付之程序

有价证券为提示证券，缴还证券；此在无记名证券为尤然。因此，关于无记名证券之履行程序，殆可归纳其顺次为证券之提示、依记载内容给付及证券之交还三项。

1. 证券之提示

"民法"第七二〇条一项本文规定："无记名证券发行人，于持有人提示证券时，有为给付之义务。"由是可知，无记名证券持有人请求给付，必须提示证券；提示须向发行人为之，故无记名证券债务为往取债务，"民法"第三一四条一、二款关于清偿地原则之规定，尚无适用。证券之提示期间，除证券上已为载明（例如七二六条所述）而应受其约束者外，法律上并无限制。亦即载有到期日者为定有给付期限，自到期日起，始得提示；反之，未定给付期者，自发行之日起，得随时提示。

提示证券须提出无记名证券本身，以供发行人查阅证券形式是否真实，通常情形系以交付发券人之形态为之，惟此之交付，非意在交还，于发行人给付前自得索回。为避免争议，以影本或副本为之，亦无不可，至于对于持有人之资格为何，发行人尚无调查义务。

2. 依记载内容给付

无记名证券发行人，遇有持有人提示无记名证券者，除有下列例行情形外，应即依证券所载内容给付。此之例外情形即：

（1）无记名证券发行人知悉证券持有人就证券无处分之权利（七二〇条一项但书前段）：如发行人知悉证券持有人之取得证券，系出自于对其前手窃取、诈欺或侵占而来即是。

（2）无记名证券发行人受有遗失、被盗或灭失之通知（七二〇条一项但书后段），但其通知失其效力者（七二〇条之一），尚无例外情形之适用，亦即发行人仍负依券载内容给付之义务。

（3）无记名证券无效或持有人取得证券出于恶意者，而无记名证券发行人行使给付抗辩权（七二二条）

于上述例外情形，立法理由以为发行人之不为给付，系为权利规定，而非为发行人义务，故发行人仍对持有人为给付，即使持有人无处分权，发行人之证券债务仍告消灭（七二〇条二项）；至其对于真正权利人之权利（证券债权）受害，则成立侵权行为，对其所受损害应负赔偿责任[13]，惟其法源依据为何？或仍有待厘清之处。[14]学理多以为，无记名证券发行人对证券无处分权人所为给付，仅于善意时，始得免其债务，如为知悉（恶意）而竟给付，则不得免其债务。[15]基于“民法”第七二〇条之体系解释及法律不保护恶意之原则，愚见以为后说为可采。如是，则其间尚不生侵权行为之问题；但于发行人与非真正权利人间，则成立不当得利，发行人对非真正权利人因受领清偿所得利益，有不当得利返还请求权。[16]

3. 证券之交还

无记名证券之为缴还证券，其情形有如其他有价证券，故“民法”第七二三条第一项规定：“无记名证券之持有人请求给付时，应将证券交还发行人。”盖以，证券为权利之表彰，发行人为给付后如不收回证券，则于该记名证券万一落入善意人之手，即不免有再度给付之危险，故证券持有人应将证券交还于发行人，若不交还，发行人得拒绝给付[17]，其情形有如双务契约之同时履行抗辩权，发行人尚不因而负债务不履行（给付迟延）之责任。

无记名证券发行人，因对证券持有人为给付而收回证券者，纵该持

13　参照“民法”第七二〇条立法理由后段：“发行人对于证券持有人，得以其无处分权而拒绝给付，然此拒绝，乃发行人之权利，而非发行人之义务。若发行人已向持有人为给付，即使持有人无处分权，发行人亦当免其债务，故设第二项以保护发行人之利益。惟发行人明知证券持有人无处分权，而故意为给付时，则视为侵权行为，应负损害赔偿之责，此又当然之理，毋待明文规定者也。”（同说，薛著，第三六五页。）

14　无记名证券为债权证券，真正权利人所受侵害之权利，性质上为债权，依国内学理多数见解，债权非为“民法”第一八四条第一项前段所称之权利，故其请求权依据为同条项后段；如是，则真正权利人应以发行人未拒绝给付，系故意为违背善良风俗之方法，作为主张之依据。愚见则以为，债权难谓非为权利，且恶意不受保护，持券人不能以经济自由、市场自由作为降低违法性判断之依据，理论上仍应有第一八四条第一项前段之适用。

15　郑著（下），第七七五页；史著（下），第七八四页；戴著（下），第三四一页；梅著，第三五九页；陈著，第三九二页；蔡著（下），第一六〇页～第一六一页；季著（下），第一七五页。

16　于此情形，有无明知非债清偿不得请求返还所受利益之适用（一八〇条三款），或不无疑义，惟解释上宜以否定见解为宜。

17　参照“民法”第七二三条立法理由前段：“谨按无记名证券持有人，请求给付时，应将所持证券，与所受给付，彼此互易，此乃当然之理。若证券持有人不将证券交还，发行人自无给付之义务。故设第一项以明示其旨。”

有人就该证券无处分之权利者，仍取得其证券之所有权（七二三条二项），以杜免真正权利人出而主张取回证券也。[18]于兹成为争议者，即为其适用范围之问题。有关于此，其尚待说明者有三。即：

（1）无记名证券发行人取得证券所有权者，以因为给付而获交还为适用范围，如仅因查阅证券是否真实，或因其他法律关系而保管或取得证券者，尚无适用。

（2）无记名证券发行人得主张交还证券者，以其已为全部清偿时为限，如其仅为一部清偿，则只能请求记载一部给付相关事项，尚无请求交还证券之可言。

（3）无记名证券发行人，因不知证券持有人无处分权（善意）而为给付者，得依本条项规定免其证券债务而取得证券所有权，固无疑义；惟若无记名证券发行人，对于证券持有人为无处分权人系知悉（恶意）者，是否仍有本条适用而取得证券所有权，学理见解不一。或以为于此情形，发行人既不能免其证券债务，自不得取得证券所有权[19]；或以为，于此情形，发行人虽不能免其（一般）债务，但仍取得证券所有权，真正权利人仅得向发行人请求履行一般债务，但不得请求返还该无记名证券，亦无得再行使证券债权之可言。[20]愚意以为，前说为可采，是以其证券之真正权利人，仍得请求返还该无记名证券，再据以行使证券上权利。

（二）给付之效力

1. 一般原则

无记名证券经发行人为给付者，原则上发生如下之效力：

（1）证券债务之消灭

无记名证券发行人，依券面记载内容为给付后，证券债务即归消灭，发行人免其责任。纵持有人系出于盗取、侵占、诈欺或有其他就证券无处分权之事由，只要发行人系基于善意而为给付者，其证券债务即告消灭。

（2）一般（原因）债务之消灭

18 同上注之立法理由后段："发行人如已向持有人为给付、虽其持有人无处分之权利，仍应使发行人免其债务，既已免其债务，自应取得证券之所有权，即使有真正之持有人出现，亦不能取回该证券。故设第二项以明示其旨。"

19 梅著，第三五九页；我妻著（中），第八三八页。

20 郑著（下），第七七五页、七七六页；史著（下），第七八八页；季著（下），第一七八页。

无记名证券虽为不要因证券，惟发行人之发行无记名证券于持有人，其于原始持有人间通常恒有一定之原因债务，其情形恰似指示证券之指示人与被指示人，或指示人与领取人间恒有一定原因债务者雷同。于此角度上，无记名证券发行人发行证券于原始持有人，如经其受领者，于授受当事人间，除因发行（单独行为）而成立证券债务外，就其原因关系之债权债务，同时成立间接给付（广义契约行为），其持有人依“民法”第三二〇条规定，优先行使证券债权。同时，如证券债务清偿者，其原因债权或债务，亦同告消灭。此不仅于直接接受当事人间，发生是项效力；即无记名证券因流通而辗转交付于第三人者亦同。例如，甲为清偿积欠于乙之货款新台币伍拾万元，发行同额无记名证券于乙，乙亦受领，则乙应先行请求甲给付券款（履行证券债务），是为间接给付。嗣乙将该无记名证券交付（转让）于丙，丙又交付（转让）于丁，丁提示证券请求甲给付，甲如数支付五十万元于丁（并取回该无记名证券），则甲因发行证券所负之证券债务消灭，同时其对于乙之货款债务（乙对甲之五十万元货款债权），亦告消灭。

（3）证券所有权之取得

无记名证券发行人，因给付而得同时收回证券，其基于善意而为给付并收回证券者，取得证券之所有权。如是，则本于该证券所生之权利，均告消灭，发行人得本于权利自由，依“民法”第七六五条规定，为所有权权能之各种行为。因之，发行人将之销毁、制成纪念品，乃至再度交付他人以供流通，均无不可；惟其交付流通者，则仍应依民法本节规定，对其持有人负给付义务。

（三）特殊事例

无记名证券发行人之给付，而得发生上述效力者，原则系指对证券有处分权利人为一般之给付，亦即对有受领权人之清偿（三〇九条一项）者而言，此与一般债之清偿无异，不再赘述。

对于证券无处分权利人之清偿，即为对无受领权人为清偿，于一般债之清偿，原则上不生清偿（给付）之效力（三一〇条）；惟于无记名证券，为维护证券流通，贯彻交易安全，民法一方面基于善意受让之法律原则，扩大证券处分权人之范围（九五二条），另一方面则加强对发行人基于善意而为给付之保护。因此，发行人对于就证券无处分权人所为之善意给付，于法亦生清偿效力，而无“民法”第三一〇条原则不生清偿效力之适用。惟发行人如知悉证券持有人就证券无处分权利，竟基于恶意而为给付者，则尚不生如上所述之效力，惟学理上论点仍有不同，允宜注意。[21]

（四）给付之抗辩

无记名证券发行人，对于证券持有人所为请求给付之抗辩，亦即行使拒绝给付之权利，依民法本节规定，于概念构成上尚可区分为如下表之二群：

给付之抗辩 { 应拒绝给付之抗辩（720 Ⅰ但，725～727）
　　　　　　 得拒绝给付之抗辩（723）

1. 应拒绝给付之事由

所谓应拒绝给付，指发行人于法律上，不但有拒绝之权力，且有拒绝给付之义务者而言，论其情形有三。即：

（1）明知持有人无处分权

发行人对于证券持有人无处分权，如属明知时，则不得为给付（七二〇条一项但书前段），民法本条立法理由，虽认为于此情形，其给付仍属有效，惟对真正权利人成立侵权行为，应负赔偿损害之责任而已。惟本书从学理多数见解，认为此之拒绝给付既为义务，苟发行人未为拒绝，应不生给付之效力。

（2）受有遗失被盗或灭失之通知

发行人受有证券遗失被盗或灭失之通知者，亦不得为给付（七二〇条一项但书），如无记名证券发行人于受通知后仍为给付者，其效果亦如上段所述之不生给付效力。不过，所谓通知，必须于法仍为有效之通知，始足当之，如无记名证券持有人向发行人为遗失、被盗或灭失之通知后，未于五日内提出已为声请公示催告之证明者，致其通知失其效力者；或

21 无记名证券发行人，对无证券处分权之持有人，基于恶意而为给付者，其效力如何？于学理上论点之不同，主要殆可归纳为如下三者：

1. 给付生效，但成立侵权行为说：

（1）理论要旨：证券债务消灭、原因债务消灭、取得证券所有权，但对真正权利人成立侵权行为负赔偿责任。

（2）论者：立法理由（七二〇条）。

2. 证券债务消灭说：

（1）理论要旨：证券债务消灭、取得证券所有权，但原因债务不消灭（无侵权行为问题）。

（2）论者：郑玉波、史尚宽等（注19所引文献）。

3. 债务不消灭说（给付不生效说→回归适用“民法”第三一〇条规定）。

（1）理论要旨：证券债务不消灭、原因债务不消灭，未取得证券所有权（无侵权行为问题）。

（2）论者：梅仲协、我妻荣等（注18所引文献），本书立场亦然。

其持有人于公示催告程序中，经法院通知有第三人申报权利而未于十日内向发行人提出已为起诉之证明者，以致失其效力时（七二〇条之一），为维护交易安全，并尽早确定法律关系，无记名证券发行人仍应向持有人为给付，而无拒绝给付权利之可言。[22]此为民法债编修正所增订，于力求法律适用之明确周延而言，殊值肯定。

此之所谓灭失，学理或以为应仅限于遗失被盗以外之非因权利人自己意思而脱离占有之情形而言，不包括因诈欺或胁迫所致丧失，亦不包括物质灭失在内。就后者而言，盖以“民法”第七二〇条之规定，系以持有人提示证明为前提，若证券已物质的灭失，本无从提示证券，发行人当然应拒绝给付，无庸本条一项但书规定之适用；惟解释包括物质灭失在内，其结论亦无不可，实务上适用亦无窒碍，是否必须从概念上排除，似无实益。

无记名证券受有遗失、被盗或灭失者，其发行人应拒绝给付，其适用对象不以一般之无记名证券为限，即一般之利息、年金及分配利益之无记名证券，亦有适用（七二七条），但于无利息见票即付之无记名证券，则除其为利息、年金或分配利益之无记名证券外，则无适用（七二八条），亦即非为利息、年金或分配利益之无利息见票即付之无记名证券，纵有上述（1）、（2）之情形，发行人仍有给付义务，尚不得主张拒绝给付，惟其进一步说明，业已涉及无记名证券灭失之救济，爰暂予从略。

（3）受有法院禁止支付之命令

无记名证券遗失、被盗或灭失，经持有人声请法院为公示催告（七二五条、“民诉法”五五八条）时，如法院准其声请者，对于发行人应为禁止支付之命令（七二六条、“民诉法”五六六条）。发行人受有此项命令时，应拒绝给付，如有违反，其给付亦不生效力。

2. 得拒绝给付之事由

所谓得拒绝给付者，意指发行人得行使抗辩权，以为拒绝给付者而言，通称之（有价）证券抗辩，即指此而言。其与前述抗辩事由之主要不同，在于此之抗辩，一般以为仅系权利规定，无记名证券发行人尚无拒绝之义务也。

22 参照“民法”债编修正第七二〇条之一修正理由：“一、本条新增。二、为解决无记名证券遗失、被盗或灭失之问题，俾免久延时日致损及他人利益，爰仿‘票据法’第十八条第一项但书及第二项规定，增订本条第一项。三、持有人于声请法院为公示催告中，如有第三人申报权利，实务上法院通常以裁定停止公示催告程序，如当事人未向法院起诉以确定所报权利之归属，则法律关系将久悬不决，损及他人利益，爰于第二项明定。”

“民法”第七二二条规定：“无记名证券发行人仅得以本于证券之无效、证券之内容或其与持有人间之法律关系所得对抗持有人之事由，对抗持有人。但持有人取得证券出于恶意者，发行人并得以对持有人前手间所存之抗辩之事由对抗之。”足见，无记名证券发行人之抗辩权范围，亦受相当限制，其规定恰与指示证券发行人抗辩权之限制（七一一条二项、七一六条三项）及票据抗辩之限制（“票据法”十三条），趣旨相同。此既有价证券抗辩之一般法律原则所在，亦便促进证券之流通也。[23]兹亦分述其内容如下：

（1）物的抗辩

①本于证券无效之抗辩

证券无效之抗辩，如证券（绝对）应记载事项欠缺、证券为伪造，或经法院依公告程序以除权判决宣告无效均是。

②本于证券内容之抗辩

证券内容之抗辩，如证券所载到期日尚未届至是。

以上二项，发行人对任何持有人均得抗辩，故合称之为物之抗辩。下列二项，仅得对特定人为抗辩，并因而合称其为人的抗辩者。

（2）人的抗辩

①本于与持有人间法律关系之抗辩

所谓发行人与持有人间之法律关系所得对抗持有人之事由，系指发行人与现为提示之持有人个人间，其彼此所存法律关系而得抗辩之事由，例如，甲发行无记名证券于乙，经辗转让与（交付）于丙、丁，丁先曾对甲免除债务或行使抵销权，嗣又提示证券请求给付，则甲对丁之请求即得拒绝给付。

人的抗辩，限对于直接接受当事人间之事由，始得据为主张，不得以其前手所存事由，对证券持有人而为主张，故亦称直接抗辩。例如，前例情形，如丙对甲免除债务，嗣后转让与丁，则丁除有后述之恶意抗辩事由外，甲尚不得对丁主张拒绝给付。

②恶意抗辩

证券持有人取得无记名证券系出于恶意者，发对该持有人得拒绝给付，是为恶意抗辩。例如，以窃盗、抢夺、强盗、乃至诈欺、侵占（包

23 参照“民法”第七二二条立法理由：“诺按凡行使无记名证券之权利，须由持有人提示于发行人，此当然之理，固不待言。然发行人所得对抗持有人之事由，如本于证券之无效，或证券之内容，或其与持有人间之法律关系所得对抗之事由，要不可不有明文之规定，俾资适用。否则无记名证券效力之薄弱，不易流通也。故设本条以明示其旨。”

括侵占遗失物）之手段取得无记名证券，或如前例之丁，明知丙已对甲免除（证券）债务而仍受让证券者亦是。恶意抗辩本为票据抗辩上重要法律原则之一，民法本节虽本无明文规定，惟解释上有之。民法债编修正，予以增订，于补充法律漏洞，完成制度周延而言，诚值肯定。[24]

恶意抗辩，虽不以持有人全体均属恶意为要件（例如，证券非因发行人自己意思而流通，其前手及现持有人均属恶意者，发行人得行使恶意抗辩），但须前手为恶意而现持有人亦为恶意时，始得行使。例如，于前例甲发行无记名证券之例，如免除甲之债务者为乙，乙于免除后转让与知情之丙，丙转让于不知情之丁，则甲对丁尚无恶意抗辩之可言；因丁非为恶意，甲不得以其与其前手间之所存之抗辩事由对抗于丁也。相同之情形，如甲作成无记名证券后，为乙盗取而去，乙转让与并不知情之丙，丙再转让与知悉其情之丁，甲对丁亦无恶意抗辩权。

（五）证券之换新

无记名证券常须辗转流通，不断发挥其促进交易之作用，难免因经过多数人之转手，以致毁损或变形，此时不能无救济之道。为此，“民法”第七二四条一项规定：“无记名证券，因毁损或变形不适于流通，而其重要内容及识别记号仍可辨认者，持有人得请求发行人换给新无记名证券。”以便继续流通，是为证券之换新。因其与证券持有人行使给付请求权有密切关系，爰并于本段说明之。

1. 证券换新之要件

证券持有人得请求换发新券者，须符合下列二项要件：

（1）须证券毁损或变形而不适于流通

证券持有人请求换发新券，须其证券因毁损或变形而不适于流通者始可。故虽有毁损或变形，但其情形轻微，于流通无碍者，尚无换发必要，固不得请求换发。例如，券张虽有缺角或券面有剥落或污染，但未损及证券记载事项及内容者，即不得请求换发；反之，其证券业已灭失，或其毁损、变形，以致证券重要内容不可辨识者，亦应视为灭失，均无民法本条项请求换发新券之适用。

（2）须证券内容尚可辨识

证券发行人请求换发新券，须以证券内容可辨识为要件，如其证券之

24　参照“民法”债编修正第七二二条修正理由：“原条文对于发行人以持有人取得证券如出于恶意，得否以对持有人前手间之事由而为抗辩，并未规定，适用上不无疑义。为保护发行人，爰参考‘票据法’第十三条但书，增列但书规定。”

毁损或变形以致内容无法辨识者，等同灭失，亦无民法本条项之适用。能否辨识，应以客观情事判断之，但不以穷尽科技手法而无从回复者为必要。

兹所谓证券内容，包括证券重要内容及辨识符号二者，但该无记名证券未制就辨识符号者，仅以重要内容为已足。所谓重要内容，如给付之种类、品质及数量均是；所谓辨识符号，如银行兑换券之号码是。内容尚可辨识云者，除其无辨识符号者外，须重要内容及辨识符号，均可辨识者，始得请求换发新证。如其中有一若无从辨识者，亦等同灭失处理，尚不能依民法本条项请求换发新券。

2. 证券换新之费用

“民法”第七二四条第二项规定，换给新无记名证券之费用，应由持有人负担，但证券为银行兑换券及或其他金钱兑换券者，其费用应由发行人负担。盖以换给新券，原则上其利益系归属于证券持有人故也；不过，货币或其他银行兑换券或金钱兑换券，考量其于大量发行时，换发费用多已纳入成本考量，故设例外规定其换发费用由发行人负担。[25]

换发新券之费用，通常系指纸料及裁制等工本费、印花税及交付时所生之邮费或其他交通费用等。换发费用由持有人负担者，持有人之支付费用须与受领新券一起为之，同时并应缴还旧券。如持有人不同时支付费用及缴还旧券者，发行人得拒缴交付新券。

3. 周边问题

换发新券之周边问题有二。一为证券灭失等得否请求换发新证，二为无记名证券得否请求变更属性。兹亦附带叙明。

(1) 证券灭失等之请求换发新券

无记名证券因过失、被窃或灭失者，持有人得声请公示催告，宣告证券无效（七二四条一项），但无关于请求换发新券，解释上宜认为证券持有人尚不能因证券之灭失等，直接作为请求换发新券之理由；惟其经声请公示催告者，得经提供担保而请求换发新券。盖以“票据法”第十九条有关于此之规定，得视为有价证券丧失救济之一般法律原则，解释上得本于回归法律原则之方法，以为适用之依据也。

25 参照“民法”第七二四条立法理由：“谨按无记名证券因毁损或变形，至不适于流通时，应使持有人得以自己费用，向发行人请求换给新证券。若毁损或变形过甚，致其重要内容及识别记载不能辨认者，则与灭失同视，应依公示催告程序办理。故设第一项以明示其旨。至于新证券之换给，乃为持有人之利益，非为发行人之利益，故其费应应由持有人负担。但证券为银行兑换券或其他金钱兑换券者，则因换给所生之费用，即不应使持有人负担，而应由发行人负担。故设第二项明为规定，以保护持有人之利益。”

(2) 无记名证券属性之变更

无记名证券得否变为记名证券，台湾民法尚无明文，但比较法上有之。[26]本于法律行为自由及证券流通原则，应无禁止之理。惟为避免动辄变更，学理上多以为，其变更应经持有人与发行人之合意为必要。[27]至其变更所生费用之负担，则类推适用“民法”第七二四条二项本文，由持有人负担之。

综上所述，可知无记名证券之履行，牵涉事项实称复杂，爰归纳其重点如下表，以供参考：

- 无记名证券（履行）
  - 给付之程序
    - 证券之提示（提示证券：720 Ⅰ本文）
    - 依券载内容给付（文义证券、不要因证券：719）
      - 例外：发行人知悉持有人恶意取得者，其给付不得对抗真正权利人
    - 证券交还（缴还证券：723 Ⅰ）
  - 给付之效力
    - 证券债务消灭、原因债务消灭（间接给付）
    - 取得证券所有权（723 Ⅱ）
    - 特例：发行人知悉持有人恶意取得者，其给付不得对抗真正权利人
  - 给付之抗辩
    - 应抗辩事由
      - 明知持有人无处分权（720 Ⅰ但）
      - 受有遗失、被盗或灭失之通知（720 Ⅰ但）
      - 受有法院禁止支付之命令（“民诉法”558）
    - 得抗辩事由（722）
      - 证券无效抗辩、证券内容抗辩：物的抗辩
      - 对持有人之直接抗辩、对持有人之恶意抗辩：人的抗辩
  - 证券之换新
    - 要件（724 Ⅰ）
      - 证券毁损或变形而不适于流通
      - 证券毁损或变更而其内容尚可辨识
      - 证券丧失者无其适用
    - 费用负担：持有人负担原则（724 Ⅱ本文）
    - 周边问题
      - 证券灭失、经公示催告后之换发新券（“票据法”19）
      - 证券属性变更：法律行为自由原则

26 参照瑞士债务法第九七〇条：“记名证券或指定证券，得经所有之权利人及义务人于证券上之同意，变更为无记名证券。无记名证券亦得以同上原则，变更为记名证券或指定证券，但其权利人或义务人之同意有欠缺者，其变更仅于为变更之权利人与直接受让人间发生效力。”

27 郑著（下），第七七三页；史著（下），第七八九页。

第四节　无记名证券丧失之救济

对于无记名证券之丧失，民法设有复杂而周详之救济制度，系无记名证券规定上之特色。又无记名证券丧失之救济，与无记名证券之消灭有关，本节爰亦附带说明之。

一、无记名证券丧失之救济

无记名证券丧失之救济，拟依序分为概说、一般无记名证券丧失之救济、分配利益型无记名证券丧失之救济及无利息即期证券丧失之救济四者说明之。

（一）概说

概说部分，分别说明无记名证券丧失之意义及制度内容之归纳二者。

1. 无记名证券丧失之意义

无记名证券丧失云者，并非无记名证券上之法定名词，而系文献为归纳“民法”第七二五条～第七二八条关于维护证券持有人权利规定而使用之概念，用以兼概说明无记名证券之遗失、被盗或灭失之情形。换言之，所谓无记名证券之丧失云者，系意指无记名证券之遗失、被盗或灭失而言。票据法上所称之票据丧失（“票据法”十八条、十九条），其意义亦同。此之遗失，与民法本节其他条文所称之遗失，意义均同，亦即均指“民法”第八〇三条以下规定所称之遗失；至于被盗或灭失云者，前已叙明，兹不重复。

无记名证券为完全证券，其权利之享有及行使，以占有证券为已足。贯彻无记名证券之法律原则，则无记名证券丧失者，其丧失前之持有人，本即不得再行主张证券上之权利；惟于真正权利人之保护或有不周。有鉴于此，民法本节爰设公示催告程序之途径，以保护其原持有人之利益，故以丧失之救济称之。民法相关立法意旨，本意亦在此。[28]

28　参照“民法”第七二五条立法理由：“谨按无记名证券有遗失、被盗或灭失情事，须依公示催告之程序，宣告证券无效，使持有人得因此请求换给无记名证券，以保护其利益。”

2. 无记名证券丧失救济之制度

有价证券之丧失，其救济途径通常固为公示催告程序（七一八条、“票据法”十九条、“民诉法”五三七条），惟此于无记名证券，尚难一概适用。民法本节针对于此，因无记名证券形态之为利益分配与否、见票即付之与否，而异其规定，其间内容尚称复杂，爰先归纳其要点如下表，以助了解：

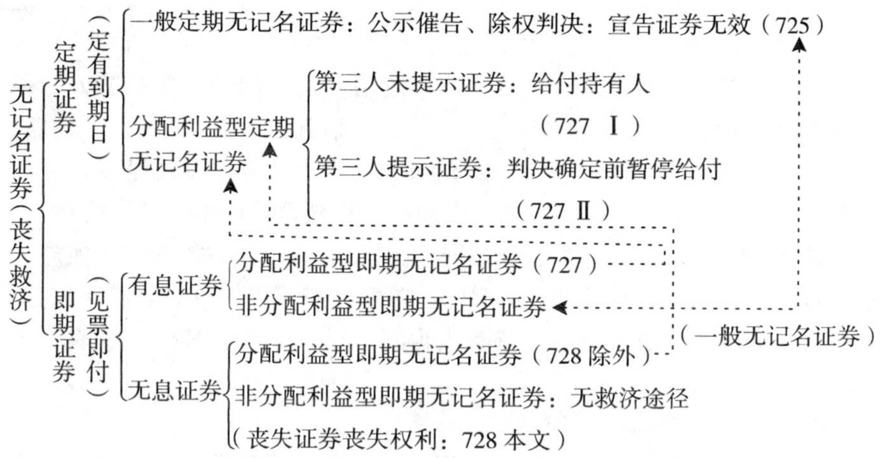

（二）一般无记名证券

此之一般无记名证券，系指非分配利益型、且非为无息即期之无记名证券而言。以与上表对照，其形态包括一般定期无记名证券及有息即期之非分配利益型无记名证券。所以称为一般者，以非分配利益型之无记名证券，乃无记名证券交易上之常态之故。“民法”第七二五条所称之无记名证券，适用范围上不包括上述二者；惟所称一般无记名证券，其范围仍属甚广，凭条给付之借条亦是。[29]

“民法”第七二五条规定：“无记名证券遗失、被盗或灭失者，法院

29 参照司法院 1941 年院字第二二七〇号解释：“称无记名证券者，谓持有人对于发行人得请求依其记载之内容为给付之证券，民法第七百十九条定有明文。是具有此种意义之证券，即为无记名证券，并无其他应备之要件。原呈所谓适于流通，如指持有人得以交付证券之方法，让与他人而言，则具有民法第七百十九条所定意义之证券，当然适于流通，不得谓具有此种意义之证券，尚须另备适于流通之要件，始为无记名证券。凭票给付之借款条据，如其所载内容可视为具有民法第七百十九条所定意义之证券，自属无记名证券，除依民法第七百二十八条，不适用第七二五条之规定者外，当然有民法第七百二十五条之适用。”

得因持有人之声请，依公示催告之程序，宣告无效。前项情形，发行人对于持有人，应告知关于实施公示催告之必要事项，并供给其证明所必要之材料。”按依公示催告程序宣告证券无效，尚须以除权利决之程序定之。爰综合斟酌民法及民事诉讼法规定要旨，说明一般无记名证券丧失之救济程序如下：

1. 公示催告之程序

公示催告之声请，由丧失之持有人为之；此之持有人，民事诉讼法上特称之最后持有人（“民诉法”五五八条一项）。民法本条所称公示催告程序；系以宣告证券无效为目的，应适用“民事诉讼法”第五五六条至第五六七条之特别程序规定（“民诉法”第五五六条）。由于（最后）持有人声请公示催告时，应提出证券缮本或开示证券要旨及足以辨认之事项，并释明证券被盗、遗失或灭失及有声请权之原因事实（“民诉法”五五九条），故本条第二项规定，发行人对于持有人，应告知关于实施公示催告之必要事项，并供给其证明所必要之材料，以便持有人确保权益。发行人如不履行此项义务时，持有人得对之诉请履行，其因而受有损害者，并得请求赔偿。

2. 禁止支付之命令及程序

因宣告无记名证券之无效，声请公示催告，法院准许其声请者，应依声请不经言词辩论，对于发行人为禁止支付之命令（“民诉法”五六六条一项），发行人即不得对声请人以外之人为给付，而且如其无记名证券定有提示期间者，而法院因公示催告声请人之声请，对于发行人为禁止给付之命令时，停止其提示期间之进行；至其停止期间，则自声请发前项命令时起，至公示催告程序终结时止（七二六条）。盖以公示催告程序中，如其提示期间继续进行，于丧失证券占有之权利人，恐受不测损害，爰设本条以保障其利益。[30]否则，法院纵对于发行人为禁止支付之命令时，如不停止提示期间之进行，则可能于公示催告程序进行中，该证券之原持有人，因期间之经过而不得行使权利，则依公示催告宣告证券无效之

30 参照“民法”第七二六条立法理由：“如证券有遗失被盗或灭失情事，自己无从提示，此时若强令证券持有人仍照预定期间提示，逾期即使失效，则待遇证券持有人未免过酷，故不可不有例外之规定。即于法院因公示催告声请人之声请，对于发行人为禁止给付之命令时，停止提示期间之进行，俾请求权不致因时效而消灭，以保护声请人之利益。此第一项所由设也。又提示期间之停止进行，应于何时起止，亦不可不有明文规定，故明示自声请发前项命令时起，至公示催告程序终止为止，为其停止期间，俾资适用。此第二项所由设也。”

制度（救济）意义，将失其重要意义。

虽然民法本条仅就定期无记名证券而为规定，惟其无记名证券未记载揭示期间者，丧失占有之持有人既仍可声请公示催告以为证券无效之宣告，法院亦可发禁止支付之命令，以免公示催告程序进行中，未及为除权判决而消灭时效先已完成之情事发生，致公示催告程序失去制度救济意义。解释上应认为，于未记载提示期间之一般无记名证券，得类推适用民法本条项规定，停止消灭时效之进行[31]；见票即付之一般无记名证券，亦应作同一解释。

公示催告程序之终结，主要情形有二，一为于公示催告所定申报权利期间（“民诉法”五六〇条），持有证券之人申报权利、提出证券、并通知声请人阅览无误后终结（五六三条）[32]；二为因除权判决宣告证券无效。有此情事之一者，提示期间继续进行，盖以民法本条仅称停止进行，停止原因消灭，仅系停止状态涤，非谓可以发生重新起算之效力，故其情形，近于消灭时效之不完成事由而非中断事由。不过，提示期间为除斥期间，并非消灭时效，其停止时间之进行，尚难认其即为或等同消灭时效之不完成或中断也。

3. 除权判决

公示催告所定申报权利期间经过后，无人申报权利者，法院应以除权判决宣告证券无效（“民诉法”五六四条一项）。无记名证券经依除权判决宣告无效者，无论其证券为恶意之人或善意之人占有，因其未申报权利，故均属无效；而且，除权判决后，声请人对于依证券负义务之人得主张证券上之权利（“民诉法”五六五条一项），发行人亦有为给付之义务。此之权利行使，自不必提示证券，惟须提出除权判决书作为证明。

对于除权判决，不得上诉（“民诉法”五五一条一项），但得因法定事由提起撤销除权判决之诉（同上条二项）。为保护发行人之利益，法律爰明定，发行人因除权判决而为清偿者，于除权判决撤销后，仍得以其清偿对抗债权人或第三人；但清偿时已知除权判决撤销者，不在此限（“民诉法”五六五条二项）。

31　郑著（下），第七八二页；史著（下），第七九一页。

32　参照“最高法院”1980台抗字第八六号判例：“宣告证券无效之公示催告，为法院依该证券之原持有人因证券被盗、遗失或灭失，声请以公示方法，催告不明之现在持有该证券之人于一定期间内向法院申报权利。如不申报，使生失权效果之特别程序。现在持有证券之人，欲主张权利，仅须将证券提出于法院，由法院通知声请人阅览无讹后，公示催告程序即告终结。”

凸显善意受让（九五二），为无记名证券上权利转让及取得上之特色；在此角度上，公示催告程序，堪称善意受让制度之例外。换言之，无记名证券持有人遇有公示催告程序，除经申报权利排除除权判决程序，或嗣后撤销除权判决者外，尚难以善意受让而主张权利。

（三）分配利益型无记名证券

1. 共通事项

（1）概念释明

本节所谓分配利益型无记名证券，系指利息、年金及分配利益之无记名证券之简称。其类型包括如下：

①利息之无记名证券：如表彰无记名公债债券或公司债券利息之证券是；俗称之息票。

②年金之无记名证券：表彰按年给付一定金额债权之无记名证券是。

③（狭义）分配利益之无记名证券：如无记名股票之红利分配证券是。

（2）适用范围

依我民法规定，分配利益型之无记名证券，不问其为定期（定有到期日）给付证券或即期（见票即付）证券，亦不问其为有息证券或无息证券，关于其丧失之救济，均得一体适用"民法"第七二七条所定简易救济程序，即使是无利息见票即付之无记名利息证券、年金证券或（狭义）分配利息证券亦然（七二八条除外规定）。换言之，适用"民法"第七二八条除外规定之证券，本诸体系解释，应回归适用"民法"第七二七条。

（3）救济程序之要旨

分配利益型无记名证券之救济，系采取止付通知之方式，亦即以止付通知而后行使证券相关权利。有关于此，"民法"第七二七条虽未直接使用"止付之通知"之字眼，惟通观本条意旨，显可作如此解释。纯就止付通知之形式而言，其意涵虽有如票据法所定之止付通知（"票据法"十八条），属于证券权利人之权利[33]；惟就规范功能而言，则二者仍有不同。此即于票据法所定之止付通知，须经于通知后五日内声请公示催告，

33 参照"票据法"第十八条立法理由："有止付通知之权利者，应为票据权利人而非执票人，又权利人于丧失票据后，如自甘损失，不为止付之通知，法律似无加以强制之必要，因改为'得为止付之通知'。惟既经通知止付，即应为公示催告之声请，以求其根本解决，且亦不宜任其久延，致损及他人利益，因增列第一项但书。同时以第二项规定，未依前项但书规定办理时所生效果，以免争执。"

始生止付之效力；但民法本条所定之止付通知，则为公示催告制度之补充，证券权利人虽未声请公示催告，仍得依民法本条主张行使关于证券上之权利。又此所称止付通知，以已为证券丧失事由之通知即为已足，无庸特别声明止付之字眼或意旨。

2. 救济程序之内容

分配利益型无记名证券之救济程序，民法本节因其消灭时效届满前，第三人是否提示而异其规定。兹分述之。

(1) 时效届满前第三人未提示证券者

"民法"第七二七条第一项规定："利息年金及分配利益之无记名证券，有遗失、被盗或灭失而通知于发行人者，如于法定关于定期给付之时效期间届满前，未有提示，为通知之持有人得向发行人请求给付该证券所记载之利息、年金、或应分配之利益。但自时效期间届满后，经过一年者，其请求权消灭。"盖以原持有人为止付通知后，发行人对原持有人停止支付之效力，须待消灭时效之期间届满，且第三人未提示时，始负给付于原持有人之义务，亦惟于此时之后，原持有人向发行人请求给付，其发行人始应给付；反之，发行人给付后，纵令另有正当持有人提示证券，发行人亦得以消灭时效业已完成为抗辩，而不致遭受双重给付之损失，故民法乃许原持有人于消灭时效期间届满后，得向发行人请求给付。惟其请求权不宜长久存续，故本条项后段规定，自时效期限届满后，经过一年，其请求权消灭。此之一年，解释上应认为系特殊之消灭时效不完成事由；所谓请求权消灭者，其效力内容应与"民法"第一二五条以下之规定，作同一解释，亦即仅生灭却之抗辩权（一四四条一项），而非为请求权本身直接消灭。

(2) 时效届满前第三人提示证券者

丧失证券之持有人，将丧失之事由通知于发行人，发行人亦不得对之为给付，如于时效期间届满前第三人提示该证券者，发行人亦不得对该第三人为给付，而应将不为给付之情事，告知该第三人，并于该第三人与为通知之人合意前或于法院为确定判决前，应不为给付（七二七条二项）。所以如此者，提示证券之第三人未必即为权利之人，但亦未必非即为无权利之人，盖其可能因善意而取得无记名证券也。然此时究竟原持有人与该第三人孰为真正权利人，发行人常无从确定之，而且法律上既未予以确定之权利，亦未予以确定之义务，民法本条项爰规定，只有俟原持有人与该第三人就应给付于何人为合意或俟法院确定判决确定应给付于何人时，发行人始依之而为给付。

（3）周边问题

分配利益型无记名证券丧失之救济，其周边问题有二。一为止付通知救济方法之定位；二为丧失救济制度之维护。兹分述于下

①止付通知救济方法之定位

民法本条所定之止付通知救济方法，于利息、年金或（狭义）分配利益之无记名证券之适用，究为公示催告程序之取代或补充，民法本条文义并未明确，立法理由则持取代见解，认为此等证券之丧失救济，仅得依民法本条所定，并无适用“民法”第七二五条规定之余地。[34]基此，则丧失证券之原持有人自不得声请公示催告，请求宣告证券无效。惟学理上持补充见解，亦即认其仍得适用“民法”第七二五条，原持有人如声请公示催告程序，以宣告证券无效，于法仍无不可，其论点亦甚有力。[35]从权利保护意旨及落实救济程序而言，愚意以为，补充论点应较妥适。

②丧失救济制度之维护

无记名证券，除无利息见票即付之证券，因等同现金而无救济途径者外，应有合理之救济程序，解释“民法”第七二六条、第七二七条应认为系属强制规定。如当事人间约定抛弃者，其约定无效（七一条本文），丧失证券之原持有人仍得声请公示催告或为止付之通知；同理，即使依法律规定剥夺其救济途径者，于法亦非当然有效。“司法院大法官会议”先以释字第八八号解释，指明无记名证券持有人因丧失证券而得声请公示催告之权利，不应被排除[36]；复以释字第三八六号解释认定，剥夺无记名证券丧失之救济途径之法律规定，系属“违宪”而不适用[37]，即可佐证。

34 参照“民法”第七二七条立法理由前段：“谨按无记名证券中，如利息、年金、及分配利益之无记名证券等，其性质与通常无记名证券稍异，不得以公示催告，宣示无效，自不可不别定方法，使遗失、被盗或灭失该证券之持有人，得向发行人主张其本于证券之请求权。”

35 郑著（下），第七八六页；史著（下），第七九三页；蔡著（下），第一六四页；薛著，第三六七页；季著（下），第一八一页。

36 参照“司法院大法官会议”释字第八八号解释：“‘民法’第七百二十五条所定之公示催告程序，乃以保障无记名证券合法持有人之利益。‘中华民国’四十八年短期公债发行条例第三条，仅有‘不得挂失’之规定，自不能据以排除上开民法条文之适用。”

37 参照“司法院大法官会议”释字第三八六号解释：“‘中央政府建设公债发行条例’第八条前段规定：‘本公债债票遗失、被盗或灭失者，不得挂失止付，并不适用民法第七百二十条第一项但书、第七百二十五条及第七百二十七条之规定。’使人民合法持有之无记名公债债票于遗失、被盗或灭失时，无从依民法关于无记名证券之规定请求权利保护，亦未提供其他合理之救济途径，与‘宪法’第十五条、第十六条保障人民权利之意旨不符，应自本解释公布之日起，于其后依该条例发行之无记名公债，停止适用。”

(四) 非分配利益型之无息见票即付证券

非分配利益型之无利息见票即付之无记名证券，乃指不给付利息之见票即付无记名证券（包括记明见票即付，或虽未记名见票即付、但亦未记载给付日期之无记名证券）而言，例如银行兑换券，国库券、商品礼券等是。此类证券为金钱之代用品，多与货币同样置诸流通，而大量发行，在经济效用上与一般之无记名证券有别而等同现金，难有救济途径，故“民法”第七二八条乃特别规定：“无利息见票即付之无记名证券，除利息年金及分配利益之证券外不适用第七百二十条第一项但书及第七百二十五条之规定。”[38] 兹论其内容如下：

1. 所谓不适用第七百二十条第一项但书云者，意即不适用“知持有人就证券无处分之权利，或受有遗失被盗或灭失之通知者，不得给付”之规定。换言之，发行人纵使明知持有人就证券无处分之权利，或受有遗失、被盗或灭失之通知者，发行人不但仍得对持有人给付而免其债务，且亦仍应给付。足见，“民法”第七二七条关于止付通知之救济方法，因本段规定而不适用。

2. 所谓不适用第七百二十五条之规定，意即不适用“公示催告程序之规定”。换言之，此种证券如有遗失被盗或灭失，除得直接向拾得人或窃盗人请求返还或赔偿外，丧失证券之持有人，尚不得声请公示催告，自亦无从依除权判决以获救济也。

由上所述，可知非分配利益型无息见票即付之无记名证券，既无公示催告之救济方法，亦无止付通知之适用，故其结果，恰与现金丧失之无救济途径者相同。不过，就其适用范围而言，尚有下列三者，有待补充说明：

(1) 非为无利息见票即付之无记名证券，并无民法本条适用，应分别情形适用公示催告或止付通知之规定。[39]

38 参照“民法”第七二八条立法理由：“谨按无利息见票即付之无记名证券，与现金无异，既不能拒绝给付，复不能适用公示催告程序。故除其证券系利息、年金及其他分配利益之无记名证券外，不适用第七百二十条第一项但书，及第七百二十五条之规定。故设本条以明示其旨。”

39 参照司法院 1945 年院解字第三〇五七号解释：“政府发行之无记名债票，系民法上之无记名证券。此项债票，非无利息，亦非见票即付，不能依民法第七百二十八条排除民法第七百二十五条之适用，此处法律上又无排除同条适用之特别规定，则遇债票遗失被盗或灭失时，法院自得因持有人之声请，依公示催告程序宣告无效。原呈所举困难情形，仅可供立法上之参考，不足为解释上排除现行法适用之证据。”

（2）利息、年金及（狭义）分配利益之证券，为民法本条规定所排除，解释上仍得适用第七二七条规定，依止付通知之制度作为救济方法。

（3）特别法上之无记名证券，如特别法上订有丧失救济方法者，应即依其规定而无民法本条之适用。例如，无利息见票即付之无记名本票，得依“票据法”第十八条及第十九条规定寻求丧失救济途径。[40]

二、无记名证券之消灭

（一）特殊消灭事由

无记名证券之消灭，除其给付（清偿）等一般消灭事由外，尚得因下列事由而消灭：

1. 因公示催告，经依除权判决宣告证券无效（七二五条、“民诉法”五六四条一项）。

2. 因消灭时效完成，发行人拒绝给付而消灭。

3. 非分配利益型之无利息见票即付无记名证券，因丧失而消灭（七二八条）。

以上三者，于制度内容上，仍有或多或少之特色，爰予分别说明于下。

（二）证券宣告无效

证券经依除权判决宣告无效者，于该无记名证券本身固属失效，惟对于丧失证券之原持有人之证券权利，乃至发行人证券上之给付义务，则不免除。换言之，仅系证券所有权本身之消灭，故声请除权判决之证券丧失人，反得不持有证券而主张权利。

（三）消灭时效完成

无记名证券上之权利，因消灭时效完成者，得适用民法总则关于消灭时效之规定，固无疑问；其效力内容、乃至有关时效中断或不完成之适用，本亦无特殊之处。其间值得探讨者，仅为消灭时效期间如何适用之问题。

关于无记名证券之消灭时效期间如何？民法本节并未规定，学理上

40 参照司法院1941年院字第二七五三号解释：“依票据法第一百二十条、第二十五条第一项、第六十二条第一项第三款及第一百十七条第三项之规定，本票得为无利息见票即付之无记名式，此项本票，既不失为票据法上之票据，执票人丧失票据时，自应适用票据法第十五条、第十六条，不适用民法关于无记名证券之规定。”

多认为应回归适用民法总则之相关规定，即一般之无记名证券，其消灭时效期间为十五年，年金、利息、分配利益或其他定期给付债权之无记名证券，其消灭时效期间为五年。[41]不过，有价证券权利上之不确定状态，不宜长久存续，有关其消灭时效之完成，一般均采短期时效体制；例如指示证券为三年（七一七条）、汇票承兑人、本票发票人为三年，支票发票人为一年（“票据法”二二条一项），其余票据人义务之消灭时效期间，则更短促（“票据法”二二条二项）。换言之，依有价证券消灭时效期间之相关规定，其最长期间系为三年，解释无记名证券消灭时效期间超过三年，是否有当，不无讨论余地。因之，法无明文所生疑义，似有尽早解决之必要。至于有关消灭时效之起算点，应认为见票即付之无记名证券，自发券日起算；定期无记名证券，则自到期日起算。

（四）无息即期无记名证券之丧失

非分配利益型之无记名证券，对于证券丧失之原持有人而言，虽因证券丧失以致证券上之权利即为消灭，惟就发行人而言，其基于证券应为给付之义务，并不受影响。换言之，于此情形，制度上等同证券权利移转而已，持券人不问善意与否，均得请求发券人给付，证券人对持有证券之人亦有给付义务，并因给付而消灭证券债务。

41　郑著（下），第七八一页；史著（下），第七九一页。

第二十七章

终身定期金

关于终身定期金，拟分为三节，即总说、终身定期金之效力及终身定期金之消灭三者说明之。

第一节 总 说

总说部分，拟就终身定期金之意义及终身定期金之性质二者，分别说明。

一、终身定期金之意义

“民法”第七二九条规定：“称终身定期契约者，谓当事人约定，一方于自己或他方或第三人生存期内，定期以金钱给付他方或第三人之契约。”本条于此所称应给付之金钱，谓之定期金；负此给付之义务者，是为定期金债务人[1]；其应给付之期限，为一定之人生存期内，故冠之终身，以示其特性。惟依“民法”第七三〇条规定，终身定期金契约之订立，应以书面为之。二者相互对照观察，可知如当事人未完成书面，纵

1 参照“民法”本节立法理由：“查民律草案债权编第二章第十六节原案谓终身定期金者，当事人约定一方于自己或他方或第三人生存期内，定期以金钱给付他方或第三人之契约也。其应给付之金钱，谓之定期金，负此给付之义务者，谓之定期金债务人。此项契约，与保险契约相似，实际上关系重要，故本法特设本节之规定。”

有上述第七二九条之约定，于法律上仍难谓为终身定期金契约业已成立。如是，综合以上二者条文规定而为整体把握，其较符法律意义之终身定期金契约，当可重新为之定义如下。即：

"称终身定期金契约者，谓定期金债务人与债权人以书面约定，定期金债务人于自己或债权人或第三人生存期内，定期以金钱给付债权人或第三人之契约。"

兹即依上述定义，试就终身定期金契约之意义说明如下：

（一）终身定期金契约为独立有名契约

终身定期金，于早期社会，具有奉养终老之意义，其情形与现代之保险契约功能相近[2]，故各国（地区）民法均列为有名（典型）契约类型之一，予以独立规定[3]，台湾民法亦然。

早期社会，保险制度尚不流行，国家之社会福利体制，未臻成熟，人之奉养，特别是鳏寡而无子嗣之人，经常必须依靠终身定期金契约，以为奉养终老，故终身定期金宝系关系重要之交易类型。19 世纪初之法国民法，于终身定期金契约，设有相当具体详细之规定，可为佐证。惟现代社会，一则由于保险契约之通行，再则由于社会福利体制之完熟，个人依赖终身定期金，以奉养、医病、乃至终老者，日渐势微，其功能亦大幅萎缩，终身定期金契约之重要性，实是今非昔比，逐渐流于聊备一格之状态。

（二）终身定期金契约为终身定期给付之契约

1. 定期给付之契约

终身定期金为定期给付之契约。定期给付者，于一定期间或未定期间内，持续、规则而反复地于每达一固定时期，即为给付之形态。此之固定时期，依约定定之，得为每年、每季、每月、每旬、每周均无不可；由当事人以约定定之。至于给付时点，为每期期初、期中或期末，亦由当事人约定之；如当事人未约定者，于前者推定为每季支付，于后者推定为期初预付。其二者均未约定者，按每季季初预行支付（七三二条一项）。

因终身定期金契约而生之债权，尚得区分为两个并存之概念，其一为基于终身定期金本身而生之概括性债权，另一为每一固定时期届至而

2 同上注。

3 比较法上之成例，请参照法国民法第一九六八条～第一九八三条、德国民法第七五九条至第七六一条、瑞士债务法第五一六条～第五二〇条、日本民法第六八九条至第六九四条。

生之个别具体性债权。前者为后者之基础，性质上为潜在概括之权利，通称之基本权；后者为前者之具体化，依每一期限产生之，通称之支分权。二者之相互关系，有如下图：

终身定期金债权 { 基本权之终身定期金债权：基础权利
支分权之终身定期金债权：从属权利

基本权之终身定期金债权与支分权之终身定期金债权，在概念上虽有其区隔，但二者却常同其命运、其相互影响。例如，终身定期金契约经解除或消灭者，基本权及支分权均同告自始消灭（解除）或不复发生（终止）；支分权不履行者，得终止终身定期金契约，如其经终止者，其结果亦是二者同归消灭。不过，从其异者观之，则基本权及支分权，不仅在概念上有所区别，即权利行使亦有差异。例如，基本权之终身定期金债权，不得让与（七三四条），支分权应无禁止让与之坚强理由；反之，支分权之终身定期金债权，其消灭时效为五年（一二六条），此于基本权尚无适用。民法本节所称终身定期金，或指前者（如七三四条），或指后者（如七三二条一项）[4]，或二者兼而有之（七三五条），适用时亦应随之区隔，以免概念混淆，以致徒生误会。

2. 终身给付之契约

终身定期金契约，与一般之定期给付契约，其最大不同在于其债务人应为终身之给付。终身也者，意指以某一特定人生存期为其期限之谓，亦即继续存续至某人死亡之意；此即名称冠以终身之由来。因之，约定于某人死亡时一次为给付者，固非属终身定期金契约；其约定为定期给付，而非以终身为期者（例如，约定某人一百岁之前，每年给付五十万元），亦非为终身定期契约。至于作为终身计算之特定人为谁？得为债权人，得为债务人、亦得为（特定之）第三人，由契约当事人以约定定之，此即民法本条同时标明“于自己或他方或第三人生存期内”之本意；如其当事人未约定者，推定为债权人之终身（七三一条一项）。

（三）终身定期金契约系于特定人终身为给付之契约

1. 存立之形态

因终身定期金契约之成立，应为定期金给付之一方，系定期金债务

4 严格言之，“民法”第七三二条第二项终身定期金之用语，似兼括基本权与支分权，故于本文部分，仅列同条第一项。如是，则同一条文之同一用语，意义却因项次之不同而异，其现象实值吾人注意。

人；得受领给付之定期金债权人，得为他方或第三人。至于定为终身之特定人，亦即所谓依其生存期间而定终身定期金之人（七三二条二项），则或为定期金债务人自身、或为契约之他方当事人或为契约外之第三人，是为所谓之标准人。其标准人为第三人者，须经契约双方当事人约定为特定人，而不得泛称第三人云云。足见，终身定期金契约，不仅其契约当事人与定终身之特定人或不一致，即其债权人有时亦与契约当事人分离。此之不一致或分离现象，则本诸当事人约定而来。基此，分析终身定期金之成立，则其形态尚称相当复杂。兹以甲乙以每年给付新台币三十万元为例，试举其相关形态于下：

2. 一般契约之形态

（1）甲乙约定，于甲生存期内，由甲按年支付新台币三十万元于乙。

此例，甲为定期金债务人兼为标准人，乙为定期金债权人。

（2）甲乙约定，于乙生存期内，由甲按年支付新台币三十万元于乙。

此例，甲为定期金债务人，乙为标准人兼定期金债权人。

此一形态，与一般契约当事人及其权利义务关系之构成，最为相近，似亦为终身定期金契约中最常见之交易形态。

（3）甲乙约定，于其生存期内，由甲按年支付新台币三十万元于乙。

此例，甲为定期金债务人，乙为定期金债权人，标准人尚不明确，应斟酌契约相关意旨而定，如其意旨可以认定标准人为甲或乙者，则为甲或乙，其无法确定者，则标准人为定期金债权人乙。

（4）甲乙约定，于丙生存期内，由甲按年支付新台币三十万元于乙。

此例，甲为定期金债务人，乙为定期金债权人，第三人丙为标准人。

以上四例，标准人为谁固有不同，但其契约当事人与权利义务主体合致，即本例之甲为契约当事人一方，兼为债务人；乙为契约当事人之另一方，兼为债权人，其情形与一般契约尚无不同。

3. 利他契约之形态

（1）甲乙约定，于丙生存期内，由甲按年支付新台币三十万元于丙。

此例，甲为定期金债务人，乙为契约之他方当事人，丙为债权人兼标准人。

（2）甲乙约定，于甲生存期内，由甲按年支付新台币三十万元于丙。

此例，甲为定期金债务人兼标准人，乙为契约之他方当事人，丙为债权人。

（3）甲乙约定，于乙生存期内，由甲按年支付新台币三十万元于丙。

此例，甲为定期金债务人，乙为契约之他方当事人兼标准人，丙为债权人。

(4) 甲乙约定，于丙生存期内，由甲按年支付新台币三十万元于丁。

此例，甲为定期金债务人，乙为契约之他方当事人，丙为标准人，而丁为债权人。

以上四例，除标准人为谁，尚有不同外，其终身定期金之债权人，亦非契约当事人，契约属性上，应同时归类于民法第二六九条所称之向第三人为给付之契约，亦即通称之第三人利益契约或利他契约。基此，关于终身定期金之存立形态，其可得而言之特色，尚有如下三项其他契约所无之特色：

(1) 终身定期金契约，在法律制度之设计上，同时兼含一般契约及利他契约之形态，非如其他契约，通常仅为一般契约之形态，仅于另有第三人利益约款时，始有第三人利益契约之适用。相关法律制度上，其最为相近者，殆为保险契约。

(2) 以利他契约呈现之终身定期金契约，于第三人受有利益之范围内，亦有第三人利益契约之适用（二六九条、二七〇条）。其中最主要者为：

①第三人因其约定有直接请求权，如前述各事例中之丙或丁得请求甲为每年三十万元之终身定期给付（二六九条一项）是。

②第三人表示不享受终身定期金债权者，而当事人不变更其受益之债权人（解释上得变更为契约当事人他方为债权人）时，终身定期金契约因标的不能而无效。例如前述事例之丙或丁表示不接受为债权人，而甲乙又不同意变更其债权人者，终身定期金契约即为无效（二六九条二、三项）是。于此情形，理论上，甲乙得同意变更其债权人为乙。[5]

(3) 终身定期金之债务人为契约当事人，惟本于契约自由原则，如其附有第三人负担约款者，亦属有效，适用第三人负担契约之规定（二六八条）。

4. 标准人之限制

终身定期金之契约当事人及债权人，与其他条文所称之人，大致雷同，不问其为自然人或法人，本国人或外国人，单一之人或多数之人，均无不可。惟于标准人之解释，是否亦得如此广泛，理论上不无争议，

5 学理多数见解以为，于第三人利益契约，如第三人表示不接受其利益，契约即为无效，尚无变更受益债权人之余地。如是，依其见解，则终身定期金如系约定应向第三人为给付，而其第三人表示不接受者，终身定期金契约即属无效。因其见解与本书不同，爰一并叙明之。

爰列其要点叙明之：

（1）标准人得否为法人

法人并无生存期间，故终身定期金契约上之标准人，应以自然人为限，法人尚不与焉。因之，如以法人存续期间作为给付期间之标准者，本于契约自由原则，虽仍属有效，且性质上亦成立定期给付之债权债务关系，但于契约属性上，仅系无名契约，而非民法本条所称之终身定期金契约。[6]

（2）标准人得否为多数人

终身定期金契约之标准人，通常情形，固多为单一之人，惟当事人间约定为多数人者，本于契约自由原则，亦应予以肯定，且解释上以最后死亡之人为准，惟当事人约明以其中最初死亡之人为准者，依其约定。

（3）标准人得否为即将死亡之人

终身定期金契约，不得以已死亡之人为标准人，盖其已非为人，更无所谓生存期内之问题也。[7]惟当事人若以即将死亡之人，作为标准人者，学理亦多以为，终身定期金于本质上应有相当继续性，如是约定显与终身定期金契约本质违误，故其契约应属无效。[8]愚意以为，于此情形，解释上应采限缩立场，须于符合下列要件者，其终身定期金始告无效：

①定期金债务人明知标准人为即将死亡之人

人生之死，有时颇难定论，如终身定期金契约成立后不久，标准人突然遭逢意外事故死亡，或标准人染有恶疾而定期金债务人并不知悉，于订约后不久死亡者。此等情形，似难认为定期债务人有恶意利用生存期间之意思，解释其为无效，恐与契约成立生效之法律制度有违。

②须标准人于订约后不久死亡

现代社会，医疗科技发达，濒死之人经特殊治疗后痊愈，并因之长命百岁者，事所常有。于此情形，似无庸大费周章，论定终身定期金契约为无效。惟何为即将死亡之人或不久死亡，宜委由法院于具体个案裁量之，至若法国民法规定以契约后二十日死亡，作为认定标准，则为制

6　郑著（下），第七九二页；史著（下），第八〇〇页；陈著，第四〇一页；季著（下），第一八五页。

7　比较法上明文规定，终身定期金契约，不得以已死亡之人为标准人者，主要事例如法国民法第一九七四条是。

8　郑著（下），第七九二页。

度标准，则恐失之过短。[9]

（4）标准人兼为当事人

终身定期金契约之标准人，如同时为契约当事人、定期金债务人或定期金债权人所兼充者，则此等人员之资格，亦须同受如上有关标准人说明之限制。例如，前述所举之“甲与乙约定，于甲（或乙）生存期内，由甲按年支付新台币三十万元于乙”之事例，则其中之甲（或乙）即须为自然人，而且非为濒于死亡之人。

（四）终身定期金契约为给付金钱之契约

“民法典”上，称“××金”之用语，或采狭义，仅以金钱为限，如违约金（二五〇条）、价金（三四五条）是；或采广义，除金钱外并及于其他代替物，如定金（二四八条）、租金（四二一条）是。以此相应，则终身定期金契约之定期金，系采狭义，盖以民法本条，明定其限于金钱给付故也。[10]因此，当事人虽约定，一方于自己或他方或第三人生存期内，定期对乙或第三人为给付，如其给付非为金钱者，仍非终身定期金契约。例如，前述之甲与乙约定，于乙生存期内，每月给付稻米十斤于乙，甲乙间系成立无名契约，而非为终身定期金契约。[11]

本于契约自由原则，上述事例，因其并不违反强行规定，复无违背公序良俗，其契约仍为有效成立，惟其法典未设规定，故归类为无名契约。此之无名契约，其给付标的得为金钱以外之代替物或劳务，因其性质与终身定期金类似，得类推适用终身定期金契约之规定，亦得称之准终身定期金契约。[12]

（五）终身定期金契约为须以书面订立之契约

“民法”第七三〇条规定：“终身定期金契约之订立，应以书面为

9 参照法国民法第一九七四条：“以契约当时已死亡之人为标准而成立之终身定期金契约，无效。”

法国民法第一九七五条：“以契约成立后二十日内死亡之病人为标准而成立终身定期金契约者，亦（与前条）同。”

10 从给付标的观之，终身定期金契约属金钱之债（货币之债）。因此，民法（债编通则）有关金钱之债之规定（主要为二〇一条、二〇二条、二〇三条、二〇五条、二三三条等），于终身定期金债权自有适用。

11 郑著（下），第七九〇页；史著（下），第七九九页，戴著（下），第三五一页；陈著，第四〇〇页；季著（下），第一八五页；蔡著（下），第一六九页；薛著，第三六八页。

12 准终身定期金契约，如其给付标的为金钱以外之代替物者，适用民法关于种类之债之有关规定（主要为二〇〇条、三六四条等），如其给付标的为劳务者，关于其给付之履行，解释上当系适用委任之规定（五二九条）。

之。”盖以终身定期金契约所发生者，系将来不确定期限之长期性、继续性法律关系，理应有明确之证据，以免日后之纠纷，故法律明定应以书面为之。[13]基此，则终身定期金契约为要式契约，如不以书面为之，其契约即属不生效力。

关于书面订立部分，台湾见解大都认为未订书面者契约无效。[14]惟此解释，于终身定期金债权人非属有利，且与权利保护意旨亦不尽相符。[15]愚意以为，终身定期金之约定而仅未订书面者，应认其于当事人之间成立终身定期金预约，俾其预约成立后之债权人，得请求完成本约，以取得终身定期金契约之权利。[16]如是，既不违反“民法”第七三〇条规定意旨，于权利保护更称周延，故本书于此爰以不生效力称之，但不直接认为无效。

二、终身定期金之性质

关于终身定期金之性质，拟分就终身定期金契约之性质及终身定期金契约之周边二者，加以说明。

（一）终身定期金契约之契约上性质

从契约上之性质分类言之，终身定期金契约为有名契约、要式契约，前段已有说明，兹不重复，而仅叙明其余部分如下：

1. 终身定期金契约为射幸契约

一般契约，其给付之数额，于契约成立时即告确定，表现为实定契约之形态。反之，终身定期金契约，从以某一特定人之终身为其存续期间，而各个人寿命长短不一，死亡时期极不确定，故其给付之总额，或多或少，胥视标准人之生存期长短而异动，并不因契约之成立而得确定，当事人亦难以预期。此与买卖、租赁，乃至和解、（一般）保证等之由契约本身确定给付范围，显有不同。因之，在此角度上，终身定期金系为

13 参照“民法”第七三〇条立法理由：“查民律草案第八百四十八条理由谓终身定期金契约，为永续契约，故应订立书据，以免日后之争执。此本条所由设也。”

14 郑著（下），第七五六页；史著（下），第七九六页；梅著，第三六一页；戴著（下），第三四九页；季著（下），第一八六页；蔡著（下），第一六八页；薛著，第三六九页。

15 学理或认为，“民法”第七三〇条规定，与交易需要不合，立法论尚有未当，解释上宜解为，未订立书面之终身定期金约定，系成立无名契约，类推适用民法本节规定，其论点颇值参酌，爰亦列此叙明（陈著，第三九八页～第三九九页）。

16 为落实对预约债权人之保护，于终身定期金契约之原因行为有偿者，宜解释为，本约成立后之定期金债务人，不得主张撤销预约。

射幸契约，而与实定契约殊异。

2. 终身定期金契约为不要因契约

终身定期金债务人所以负终身长期给付义务，通常情形，均有一定之基础法律关系为其原因。此之原因关系，通常为约定扶养义务。原因关系，与终身定期金契约之成立，系个别独立之法律关系，一旦终身定期金契约成立，即与该原因关系脱离，且于生效、消灭等无不受其影响。基此角度言之，终身定期金契约为不要因契约。因此，如依终身定期金契约为给付后，其原因关系有无效或失效等不存在情事者，债权人受领该等给付仍非无效，仅系因而无法律上原因，应依不当得利规定请求返还而已。

3. 终身定期金契约多为单务无偿契约

终身定期金，仅定期金债务人须对定期金债权人为给付，且其给付并无任何报偿，故终身定期金契约为单务契约，亦为无偿契约。于此角度，依终身定期金契约而为之定期给付，具有定期给付之赠与之性质，亦适用关于定期给付赠与之规定（四一五条）。

交易习惯上，终身定期金契约，亦得约有对价而成为有偿契约；例如，甲乙以书面约定，由甲一次给付金钱五百万元于乙，乙于甲有生之年，按月给付三万元于丙即是。如是，则此类形态之终身定期金契约，亦具双务契约之性质。不过，因其给付标的为金钱，尚无危险负担（二二五条、二六六条、二六七条）之适用，如甲已先行给付，其结果亦无同时履行抗辩权（二六四条）之适用可言。

4. 终身定期金契约为继续性契约

终身定期金契约，于标准人生存期内，继续存在，定期金债务人并应定期循环而为给付；对此角度，终身定期金为继续性契约，因此，继续性债之关系之法律原则，于此自有适用，其间最显著者即为情事变更原则（二二七条之二）。例如，终身定期金以奉养终老为目的，于给付期间货币突然大幅贬值，原定金额价值大失，根本不足维持最低生活者，定期金债权当得声请调整给付额。

（二）终身定期金之周边

终身定期金之周边有三，一为未订定书面之终身定期金约定，二为终身定期金之遗赠。其三为终身定期金之判决。前者，本书认系终身定期金预约，前述已有说明，兹不重复。

1. 终身定期金之遗赠

以遗赠而约定定为终身定期金之给付者，是为终身定期金之遗赠。

于其依标准人生存期内为定期给付之层面，其内容并无不同，现实生活上亦不可少，故“民法”第七三五条规定：“本节之规定，于终身定期金之遗赠准用之。”[17]

于定期金债务之履行而言，终身定期金之遗赠虽得适用终身定期金契约之规定，惟就成立、生效层面而言，则二者显有不同，其中最显著者有下列四项：

（1）遗赠为单独行为，与终身定期金契约系基于契约而生，显有不同。

（2）遗赠须依遗嘱为之，为严格要式之行为，须符合遗嘱方式之相关规定，始能成立（一一八九条以下）；终身定期金契约，则只有书面即为已足，尚未若遗嘱之须符合严正方式。

（3）遗赠为死因行为，须于遗嘱人死亡时始生效力，且受遗赠人于遗嘱生效前死亡者，因遗嘱不生效力（一一九九条、一二〇一条），其终身定期金之遗赠亦不生效力；反之，终身定期金契约，原则上于契约成立时生效。

（4）遗赠不得侵害特留分，违反者继承人得行使扣减权（一二二五条）；此一规定，于终身定期金之遗赠，亦有适用，此亦为终身定期金契约所无。

2. 终身定期金之判决

依法院判决，命债务人（加害人），对被害人或被害人之法定扶养权利人为终身之定期金给付者，是为终身定期金之判决，于第一九二条、第一九三条之规定有之。[18] 如是，则关于定期金债务之履行，亦得准用民法本节之相关规定。

第二节 终身定期金之效力

关于终身定期金之效力，拟分为下列三项说明。即一、定期金债权

17 参照“民法”第七三五条立法理由：“查民律草案第八百五十四条理由谓终身定期金债权，以因契约而发生为通例，然亦有因遗嘱而使其发生者，此亦各国法律所公认，实际上亦必不可少。此本条所由设也。”

18 依“民法”第一九二条、第一九三条之定期给付判决，如其非采终身定期金之给付方式，而仅为一定期限之定期给付者，则与终身定期金给付无关，自亦无此所称适用之余地。

之行使准则；二、定期金债务之履行；三、定期金债权之专属性三者是。

一、定期金债权之给付标准

定期金债权之行使准则有二，一为定期金之存续期间；二为定期金之给付数额。兹予分别说明。

（一）定期金之存续期间

终身定期金债权之存续期间，或以债务人之生存期为标准，或以债权人之生存期为标准，悉依当事人契约之所定，惟当事人约定意旨不明或竟未约定者，则推定其系以债权人之生存期为准（七三一条一项）。既称推定，仅系举证责任转换，倘能证明究竟系以何人之生存期为准时，自得推翻此一推定。民法本条立法理由，援引民律修正草案，以视为说明[19]，是否有当，不无商榷。

兹之定期金债权，应属广义，包括基本权及支分权。所谓债权人，则指受定期金给付之人，包括约定向他方给付之他方及约定向第三人给付之第三人。

（二）定期金之给付数额

定期金之给付数额及给付期限如何，亦依契约自由原则，由当事人以约定定之。例如，约明每年给付十万元，或每季给付四万元或每月给付一万元是。金钱之债，应约明一定金额，其未约明给付金额者，终身定期金契约难谓有效。惟若约定金额而未约定期限或约定不明以致给付期限有疑义者，法律并不以之为无效，而推定其为每年应给付之金额（七三一条二项）；盖取其最合于当事人意思故也。[20]

二、定期金债务之履行

关于定期金债务之履行，拟分定期金债务给付期及定期债务之不履行说明之。

19　参照“民法”第七三一条立法理由前段：“查民律草案第八百四十九条理由谓终身定期金契约，得以债务人、债权人或第三人生存之期间为期间，然其期间若无特别约定时，视为约定以债权人生存之期间为其期间。”

20　参照“民法”第七三一条立法理由后段：“契约所定之金额有疑义时，若无特别约定，应推定其为每年应给付之金额，盖以其最协于当事人之意思。”

（一）定期金债务之给付期

定期金债务之给付期如何？本于契约自由原则，亦依当事人契约之约定，得为期初预付，亦得为期末后付；如其契约未订定者，则采预付主义，应按季于每季之初预付该季应付金额（七三二条一项）。如当事人约定每年给付定期金债务六十万元而未约定给付期者，原则上亦作同一解释。盖以未约定给付期者，推定其为每年给付之金额故也（七三一条二项）。此外，其约定每月应给付五万元，而未约定给付期者，基于本条项之规定，亦应按季预付，于每季季初给付十五万元。

按终身定期金，原则上因标准人之死亡而终止（七三三条前段），如其死亡在于该期届满之前，于法律解释上，如采后付方式，势必发生未付者得否请求？其请求数额为多少？等问题，如采预付方式，则将发生已付金额得否按比例返还等问题。台湾民法为杜争议，于第七三二条二项规定："定终身定期金之人，如在定期金预付后，该期届满前死亡者，定期金债权人取得该期金额之全部。"换言之，已预付之金额，即无需按期日比例计算予以返还，此固所以优待定期金之债权人，且免苛细，并寓有斟酌当事人意思之意旨。[21]既然，已预付而未届期日之定期金额不用返还，则基于同一理由，其非为预付者，应认为得为全部之请求。[22]

以上所述，于标准人非为定期金债权之债权人者，固无问题。如其标准人为债权人者，则应解为：其已预付之定期金债权，其继承人不负返还之责；其未受支付（包括未届期日）之该期定期金债权，由其继承人继承及行使。

（二）定期金债务之不履行

终身定期金为金钱之债，金钱之债无给付不能，亦无不完全给付，故所谓定期金债务之不履行，应仅有给付迟延之类型而已，并适用其相关规定，其最具凸显意义者，即为迟延利息之适用（二三三条）

定期金债务人，如因自己生活困难，得否减免其给付义务，亦值讨论。按终身定期金之给付，通常为无偿契约，果属如此，则赠与有关生

21　参照"民法"第七三二条立法理由："依其生存期间而定终身定期金之人，如在定期金预付后届满期前，而一方死亡应使其债权消灭者，债权人能否主张有按照日数请求终身定期金之权，或有请求全期间终身定期金之权，亦不可不规定明确。故斟酌当事人之意思，特设第二项之规定。"

22　郑著（下），第七九八页；史著（下），第八〇五页。

计减免之规定（四一八条），于终身定期金契约，当有适用。惟其与扶养义务无关，故无民法第一一一八条义务减免规定之适用。[23]

三、定期金债权之专属性

终身定期金契约为继续性契约，不仅人格信赖关系极强，而且以维持债权人本身生活之用为多，故终身定期金债权具有专属性，民法为之于“民法”第七三四条规定：“终身定期金之权利，除契约另有订定外，不得移转。”并认此一法律原则，较符当事人意思。[24]

从“民法”第七三四条所表征之终身定期金权利属性，其尚须说明者有如下三项：

（一）定期金债权之具有专属性者，仅限于基本权而言，至于支分权，一经各期现实发生，即脱离基本权，成为与一般债权无异之财产权，得自由移转，不在“民法”第七三四条禁止移转之范围。

（二）定期金债权之专属性，仅为任意补充原则，尚得因下列特例而丧失专属性，亦即如有下列情事之一，其定期金债权仍得移转：

1. 契约约定

当事人于终身定期金契约，约定定期金债权得为移转者，依其约定。此称契约，原则上固指终身定期金契约本身而言，惟于契约成立后另行约定者，如以书面为之，解释上亦应有其适用。

2. 法院判决

终身定期金有专属性者，因债权人死亡而消灭，惟法院于特殊情形，得宣告其为原债权人之继承人存在（七三三条）

于此情形，专属性亦失其意义。

（三）民法本条所称移转，包括不得让与（二九四条以下）及继承（一一四八条）。换言之，从定期金债权专属性之角度言，定期金债权既不得为让与之标的，亦非得为继承之权利。

23　参照“最高法院”1958年台上字第九号判例：“终身定期金契约与民法亲属编关于扶养义务之性质不同，自无民法第一千一百十七条、第一千一百十八条等规定之适用。”

24　参照“民法”第七三四条立法理由：“谨按终身定期金，为债务人与债权人间相互之关系，即终身定期金之权利，为专属之权利。故除契约另有订定外，不得移转，以期合于当事人之意思。此本条所由设也。”

第三节　终身定期金契约之消灭

终身定期金契约消灭之特殊事由有三，即（一）标准人死亡，（二）债权人死亡，（三）债务人死亡。兹分述之：

一、标准人死亡

（一）法律原则

终身定期金债权之所称终身者，系指标准人之终身而言，标准人如果死亡，定期金债权即失所附丽，除有法定特殊情形外，终身定期金当然为之消灭。此之消灭，法律意义上为当然终了，相关法条（如七三三条）及多数文献，以终止称之[25]，恐易引起混淆，如能避免，或更允妥。

死亡，不以自然死亡为限，亦即死亡宣告亦包括在内，惟不包括法人之解散。盖以如前所述，法人为定期金给付之标准人者，尚不成立终身定期金契约故也。

（二）例外情况

“民法”第七三三条规定：“因死亡而终止定期金契约者，如其死亡之事由，应归责于定期金债务人时，法院因债权人或其继承人之声请，得宣告其债权在相当期限内仍为存续。”盖以定期金债务人对于标准人之死亡，如为可归责而竟可免其义务者，恐易引起重大道德上危险，造成重大流弊，民法爰于此定为特例，让定期金债权继续存在，期杜侥幸。[26]就立法意旨言，此与赠与上不德行为之撤销，制度方向虽是迥然不同，但规范目的，应可差相比拟。至其成立要件，则有如下：

25　郑著（下），第八〇〇页；戴著（下），第三五六页；梅著，第三六一页；陈著，第四〇三页；蔡著（下），第一七三页。（学理于此，大都亦持与终止相互区隔之立场，或特别称之当然终止，或仅引条文文字，作为行文依据而已）。

26　参照“民法”第七三三条立法理由：“查民律草案第八百五十三条理由谓终身定期金债权，因以终身为期之人死亡而消灭，此固当然之事，无待明文规定。然其死亡应归责于终身定期金债务人时，若债权亦因此而消灭，则其弊至大，故使债权人或其继承人得声请法院宣告其债权，在相当期限内仍为存续，以保护债权人之利益。此本条所由设也。

1. 标准人死亡

此之标准人，只要系以其生存期为标准者，即为已足；至其是否兼为债权人、债务人，或单纯为第三人，均无不可。

2. 须标准人死亡之事由为可归责于债务人

所谓可归责于债务人之事由，其情形殆有如下：

①债权人或第三人为标准人者：

如债务人故意杀害标准人或因过失致标准人死亡者是。惟标准人之死亡，系出于债务人之正当防卫、紧急避难或其他法律上正当行为，则无适用。

②债务人为标准人者：

如债务人自杀、因犯罪被执行死刑或无故与人枪战或械斗，致遭格毙或击毙者是。但债务人因心神丧失或其他无责任能力而自杀或死亡者，不在此限。

3. 须经债权人或其继承人向法院声请

此称债权人或其继承人向法院声请者，意指下列情形之一，而非债权人或其继承人均得同时或依序而为声请：

①死亡之标准人为债务人或第三人者，由债权人声请；

②死亡之标准人为债权人者，由其继承人声请。

4. 须经法院宣告

终身定期金契约于标准人死亡后存续者，诚属例外，为期慎重公允，法律爰明定其存续应经法院宣告其于相当期限内存续。相当期限者，意指标准人原来可以预期之尚能生存期间而言，应斟酌标准人之年龄、健康及一般国民生存期间（平均寿命）等情形具体客观认定之，但与债务人可归责事由为故意或过失、乃至情节是否重大，尚无关系。

法定存续要件，亦即如上所述三者之具备，法院得否不为宣告存续，学理多数见解以为，法院应为宣告，尚无不为宣告之自由[27]；惟依民法本条用语，系称法院得为宣告，而且于特殊情形，如医学上可以确定标准人来日极为有限，纵准延续，其期间亦必极为短暂，法律上或已乏意义者，于此类临界案件，似亦不宜否认法院之裁量权。此外，债权人或其继承人之声请，应以起诉行之，法院亦须相应以判决为之；而且，法院之判决，性质上为形成判决而非确认判决，并于判决确定时，溯及标准

27 郑著（下），第八〇一页；史著（下），第八〇九页；戴著（下），第三五七页；陈著，第四〇四页，季著（下），第一八九页。

人死亡时继续存续，其间并无一旦消灭，而后再予接续之意义。

二、债权人死亡

（一）法律原则

债权人非为标准人，而于标准人生存期内先行死亡者，因我国民法凸显定期金债权之专属性（七三四条），定期金债权非为继承之标的，于此情形，强调终身定期金契约存续，殊无意义，解释台湾民法，应认为终身定期金契约，原则上因债权人死亡而消灭。

（二）例外情况

终身定期金契约之债权人死亡时，如有下列情形之一者，应认为例外情况，尚不因死亡而消灭：

1. 因可归责于定期金债务人之事由，致债权人死亡

因可归责于定期金债务人之事由，致债权人死亡者，尚难解为终身定期金契约消灭，依"民法"第七三三条后段规定，由债权人之继承人声请法院宣告继续存续。

2. 当事人另有约定

当事人于终身定期金契约约定，终身定期金契约于债权人死亡后，得继续存续一定期间或存续至标准人死亡者，从其约定。[28] 于约定继续存续期间，如发生"民法"第七三三条后段情事者，仍有该条声请法院宣告存续之适用。

三、债务人死亡

（一）法律原则

债务人非为标准人，而于标准人生存期内死亡者，终身定期金契约是否消灭，应视其契约为有偿或无偿而为不同之解释，其情形如下：

1. 终身定期金契约为无偿者，除当事人另有约定外，因债务人死亡而消灭。此从民法关于定期给付金之赠与，因赠与人死亡而失其效力之规定（四一五条本文），亦可佐证。

2. 终身定期金契约为有偿者，应认为于标准人死亡前，债权人之权

28 郑著（下），第八〇二页；陈著，第四〇三页。

利不受影响，亦即终身定期金契约继续存续，由债务人之继承人继受为债务人。[29]

（二）例外情况

于终身定期金因定期金债务人死亡之事例，其有下列情形之一者，仍属例外情况而不消灭：

1. 因可归责于定期金债务人之事由，致债务人自己死亡。

2. 当事人另有约定。

以上二者，其所据理由，均如前段债权人死亡所述者同，爰不重复，敬请参照。不过，从本段叙述可知，终身定期金契约之债务人死亡，而其契约尚不消灭者，实际上之适用，或属较为多见，恐是不宜否认。

29 郑著（下），第八〇二页。

第二十八章
和　解

关于和解，拟分和解之总说、和解之效力及和解之消灭三者说明之。

第一节　总　说

总说一节，拟依序说明和解之意义、性质及相关制度三项。

一、和解之意义

"民法"第七三六条规定："称和解者，谓当事人约定，互相让步，以终止争执或防止争执发生之契约。"基此分析和解之意义，殆可归纳如下：

（一）和解为有名契约

和解为法定有名契约，适用债之通则及民法总则之相关规定。

有关于此，实务曾就心中保留（八五条），尚不影响和解成立乙项，著有判例，值得研习上互为印证及回顾。[1]

（二）和解为以终止争执或防止争执发生之契约

有关息止争执，尚须深入说明者有二。即：

1　参照最高法院 1930 年上字第一九六四号判例："和解契约以当事人缔约当时两造合致之意思表示，为成立要件，虽一造表意人于其表示意思时，本无欲受其所表示意思拘束之意，苟非此意为他一造所明知，其表示之意思究不因之而无效，即于和解契约之成立及效力，不生影响。"

1. 和解之目的，在于息止争执

和解之目的，在于息止当事人间之争执。理论上，当事人间本无争执或无发生争执之虞者，即无和解可言；不过，人际往来，全无争执乃至无其虞虑者，似不多见。因之，所谓本无争执而无所谓和解之称法，现实上恐不多见。

息止争执者，其情形有二，一为终止争执，亦即已有争执发生或持续，因而为之停止消弭之意；次为防止争执之发生，亦即争执虽未发生，但有发生之虞，其未来可能发生争执之预防之谓。争执者，当事人间，对于某种法律关系之效力内容、范围、乃至关系本身之存否等事项之一，其主张不一或相反者即是，不仅射程深远广泛，而且全凭当事人主观认知而定，不因客观上实情究为如何。换言之，主要当事人间关于法律关系立场不一、主张相反，即得以和解作为终止或防止争执继续或发生之法律上手段，无关乎法律关系于客观上确否存在或如何存在。

2. 依和解息止争执之界限

得依和解息止争执之法律关系为何，法无明文，解释上不问其为仅权关系、物权关系（包括准物权关系及无体财产权关系）、亲属关系、乃至继承关系，均无不可。甚至得由当事人处分之公法关系亦然，例如关于告诉乃论之罪案件之和解（类似规定："乡镇市调解条例"一条二项）或税捐稽征之分期付款是。

法律关系之争执，得否依和解息止者，解释上应视该法律关系是否由当事人处分而定。亦即该法律关系之性质，得由当事人自由处分者，其争执即得依和解终止或防止之；反之，则否。基本上，债权关系、物权关系、乃至身份关系中之身份财产关系，原则上均具有自由处分之性质，自均得为和解之标的。反之，纯粹身份关系，则基于人伦秩序考量，多数情形，因其不具自由处分性，亦多非为和解之标的。例如，婚姻关系、养父母子女关系有无之争执，尚不得依和解而为确定；不过，关于离婚与否、终止收养与否，则得为和解之标的（五八七条、"民事诉讼法"五七八条）。盖以此等情形，如因和解而息止争执，于当事人间关系之和谐，为更有利故也。

公法关系之和解，亦应以其得否由当事人自由处分为判断标准。因之，刑事法上，得为和解者，以告诉乃论之罪为范围；行政法上，则以税捐等公法上之金钱给付为限。通常情形，当事人之和解，均系于判决确定之前为之。不过，无论于理论上或现实上，业经法院确定判决之法律关系，仍得作为和解之标的[2]；只是，当事人于判决确定后和解者，该和解虽不当然除去判决之效力，但债务人对于债权人于和解后所为之执行，得提起异议之诉以阻碍执行之进行。[3]

（三）和解为当事人互相让步之契约

1. 和解契约之当事人

息止争执，让步虽非必然前提，但属最为重要，故民法本条明定，和解须以当事人互相让步为要件。此称当事人者，下列三点应予补充说明。

（1）本条项所称当事人，无论为自然人或法人，本国人或外国人，均无不可；限制行为能力或无行为能力人，亦得借由代理规定与他人成立和解。

（2）本条项所称当事人，于一方与他方之间，未如一般契约之有对应区隔之当事人名称，吾人无法采取类如出卖人、买受人，出租人、承租人、委任人、受任人之以对立称谓，作为叙述依据。如确有必要，似只能勉强援用一方和解当事人，他方和解当事人一类之用语，作为说明。

（3）和解之当事人，不限于法律关系之直接当事人，亦不以严格意义之双方为限。例如，甲出售 A 车于乙，乙于买卖成立后，将 A 车出售于丙，嗣甲乙间因 A 车应否重新钣金争议不下，其后甲、乙、丙三人成立和解，合意解除甲乙间及乙丙间买卖，A 车由丙直接取得，丙则按甲乙原买卖所定金额直接支付于甲，同时致送乙酬金五万元，甲乙丙均抛弃其他原有各自之请求即是。于此情形，甲乙丙均为和解契约当事人，均系本于同一和解契约发生法律关系，非若原来之有二个买卖关系存在。

2. 和解契约之让步

和解为互相让步之契约，让步者权利、利益之抛弃，或义务、负担之承受也；其为互相给付、互相抛弃或使法律关系为之发生、变更为消灭者，均无不可，惟必须双方互有抛弃或承受。例如，甲乙二人之农田毗邻，疆界不明，甲居西边主张以沟之东岸为界，乙居东边，主张沟之西边为界，双方因此发生争执，结果互相协议，以沟之中线为准划分疆

2 参照最高法院 1933 年上字第二八一九号判例："已经确定判决确定之法律关系，当事人虽不得于裁判上再行争执，但因在事实上仍有争执，约定互相让步以终止之，自属和解契约，不得谓无民法第七百三十七条所定之效力。"

3 参照"最高法院"1958 年台抗字第一九六号判例："债权人纵已与债务人于强制执行中为和解，亦非不得继续为强制执行，如其和解为消灭或妨碍债权人请求之事由，债务人亦只能依'强制执行法'第十四条之规定提起异议之诉，要不得谓其和解有阻止确定判决执行之效力。"

界，即是互相让步而终止争执，其彼此间之约定（协议），即为和解。如其仅为一方让步者，虽亦息止争执，惟其性质仅为权利抛弃或义务承认，尚与和解无关。[4]

让步，既有权利抛弃或义务承认，难免对当事人发生不利益之结果，惟已经和解，互相让步之不利益，应受拘束，否则和解即失其规范意义。[5]和解之让步，通常固由当事人当面协商而成立，惟不限于当事人本身亲自为之，苟当事人于和解之效果意思，经表示而达成一致，纵其过程有第三人参与磋商斡旋，乃至第三人居中引线，传达意思，亦无碍于和解之成立。[6]相互让步，关于金钱部分，通常固以约定具体金额为常见，惟实务以为，如争点已告明确而合致即为已足，纵其金额为可得确定者，亦无不可（三四七条准用三四六条），实务处理时允宜注意。

二、和解之性质

就契约属性而言，和解之性质殆可说明如下：

（一）和解为诺成契约

和解因约定一致即为成立，无待现实交付，故为诺成（不要物）契约。

（二）和解为不要式契约

1. 制度常态

和解因约定一致而为成立，无庸一定方式，故为不要式契约，实务并为此著有判例。[7]不过，和解涉及财产上、乃至人事上关系之变动，既有让步，更要达到息止争执，关系甚为重大，故比较法上，或明定其为

4 互相让步，双方所为权利抛弃或义务承担，无须客观上相等，只要主观上顾以其为牺牲代价，即为已足，例如，一方为债务承认，他方允为清偿之分期或延期者，亦为互相让步而成立和解。

5 参照最高法院 1930 年上字第一九六四号判例："和解原由两造互相让步而成立，和解之后任何一方所受之不利益均属其让步之结果，不能据为撤销之理由。和解契约合法成立，两造当事人即均应受该契约之拘束，纵使一造因而受不利益之结果，亦不得事后翻异，更就和解前之法律关系再行主张。"

6 参照最高法院 1932 年上字第一八〇七号判例："和解契约非必当事人双方当面协商而后成立，苟由调处人从中接洽，双方意思已归一致，各向调解人表示，经其互相传达于他方者，其和解契约即为成立。"

7 参照最高法院 1944 年上字第三三四三号判例："诉讼外之和解，在法律上并非要式行为，自无适用民法第七十三条之余地。"

要式契约。[8]台湾民法虽未列和解为要式契约，惟就自我权益保障而言，则仍以订立书面为宜，以防争执之再生。

2. 特殊情事

和解为不要式契约，固为常态，惟于下列二种情形，即和解之成立，仍直接或间接与要式契约有关，是为特殊情事：

（1）和解之内容，包含不动产物权之移转、设定或负担者，应作成公证书（一六六条之一第一项）；惟该条项尚未正式施行，谓和解尚与要式契约无关，自无不可。

（2）和解委任受任人订立者，应经特别授权（五三四条四款），如其处理事务所为之法律行为，应以文字为之者，其处理权及代理权之授与，亦应以文字为之（五三一条）。因之，此类事务进行和解之委任，即应以文字为之。

（三）和解为双务契约

和解契约，既经双方相互让步，于法律规范评价上，此之互相让步，等同互负给付义务，且互为对价，故和解为双务契约，债之通则关于同时履行抗辩及危险负担之规定（二六四条～二六七条），于和解亦有适用。

（四）和解为有偿契约

和解之相互让步，既具互为对价之意义，则其彼此之给付，亦互为报偿，故和解亦为有偿契约，得准用关于买卖之规定（三四七条），其最重要者，即为瑕疵担保责任之部分（三四九条～三六六条）。

三、和解之相关制度

和解之相关制度，其课题有二。一为和解之特殊类型，二为和解之相类制度。

（一）和解之特殊类型

和解之特殊类型有二，一为诉讼上和解，次为破产上和解。相对于此而为区分，民法上之和解，或另称之诉讼外和解，实务立场亦然。[9]惟民法上和解，系其他和解类型之基础，亦和解制度之核心；因之，除因制度比较对照而有必要者外，本节以下仍以和解称之，并尽量避免使用

8　参照法国民法第二〇四四条第二项“和解契约之订立，应以书面为之”。

9　同注7。

诉讼外和解之用语。

1. 诉讼上和解

诉讼上和解者，和解双方当事人于法院诉讼程序进行中所为之和解。兹之所谓诉讼程序，不以事实审为限，更不限于第一审法院，如于第三审举行言词辩论者，于其言词辩论终结前，仍得进行诉讼上和解。

于私法角度上，诉讼上和解亦得归类于民法上和解，民法本节规定，于诉讼上和解亦有适用；惟其机制上依附于民事诉讼程序（“民诉法”第三七七条以下），并发生诉讼上效力（三八〇条）。于此部分，与民法上和解迥然有别；爰基此试就二者之异同，予以比较如下：

事项 比较	（民法上）和解	诉讼上和解
同	1. 均为私法意义上之法律行为 2. 均以相互让步息止争执为目的 3. 均有民法和解规定之适用	
异	1. 单纯为私法上法律行为 2. 原则由当事人自行协商 3. 不要式契约 4. 无诉讼上效力之问题 5. 无所谓既判力 6. 无执行名义效力之问题	1. 同时为诉讼上（法律）行为[10] 2. 原则上由法院试行（民诉法 377） 3. 要式行为(作成和解笔录——民诉法 379 Ⅰ) 4. 发生终结诉讼之效力 5. 与确定判决有同一效力（民诉法 380 Ⅰ） 6. 原则具有执行力（强执法 4 Ⅰ③）[11]

2. 破产上和解

破产上和解者，债务人于不能清偿债务时，以预防破产为目的，向

10 参照“最高法院”1954年台上字第一〇七五号判例：“诉讼上之和解，为私法上之法律行为，同时亦为诉讼法上之诉讼行为，即一面以就私法上之法律关系止息争执为目的，而生私法上效果之法律行为，一面又以终结诉讼或诉讼之某争点为目的，而生诉讼法上效果之诉讼行为，两者之间，实有合一不可分离之关系，故其行为如有私法上或诉讼法上无效或得撤销之事由存在，不问何者，均属‘民事诉讼法’第三百八十条第二项所谓和解有无效或得撤销之原因，当事人自得以之为请求继续审判之理由。”

11 参照“最高法院”1967年台抗字第二二四号判例：“和解成立者与确定判决有同一之效力，且得为执行名义，‘民事诉讼法’第三百八十条第一项及强制执行法第四条第三款定有明文，故‘土地登记规则’第二十六条第二项所谓确定判决书，应包括与确定判决有同一效力之和解在内。”

法院或商会声请许可，而与债权人团体间所订立，并经法院或商会认可始告生效之契约。

破产上和解之于民法上和解，与诉讼上和解之于民法上和解，仅其角度由民事诉讼程序转为破产程序而已。兹亦基此角度，比较二者之异同于下：

事项 比较	（民法上）和解	破产上和解
同	1. 均为私法意义上之法律行为 2. 均以相互让步息止争执为目的 3. 均有民法和解规定之适用	
异	1. 单纯为私法上法律行为	1. 同时为程序上（法律）行为
	2. 不以不能清偿债务为要件	2. 以不能清偿债务为要件
	3. 原则上由当事人自行磋商	3. 须向法院或商会声请，并经认可，程序进行中且应经相当监督（“破产法”6、11、18、19；41、43、49）
	4. 不要式契约	4. 须提出和解方案等书类，并经债权人会议讨论、可决，再经法院裁定或商会认可（“破产法”7、25、27、29、32；47、49）
	5. 仅对个案当事人生效	5. 对于一切债权人均属有效（“破产法”36；49）
	6. 对于撤销采限制性规定（738）	6. 对于和解撤销保留相当弹性，且生职权宣告破产之效力（“破产法”50～52，54）

（二）和解之相类制度

与和解相类之制度，主要有四，即调解、调处、调协及仲裁四者是。兹亦依序试予说明及比较：

1. 和解与调解

调解者，因第三人斡旋、劝谕，并介入当事人争执之折冲谋合，进而提出合理解决方案之半自治式纠纷息止制度。相对于诉讼审判，调解非为强制性纠纷息止制度，此固与和解相似，惟调解设有调解委员会，以主导程序进行及息止纷争办法，非如和解之纯为自治式争执息止，是为二者所不同之处，故以半自治式称呼调解，以示区别。

调解，因非单纯为自治纠纷处理机制，民法未如对于和解之设有一般规定。惟于个别法律，事例尚多，而且其形态亦有诉讼上调解或诉讼外调解之区分，其重要事例，殆可归纳如下：

- 调解
  - 诉讼上调解："民事诉讼法"四〇三条～四二六条。
  - 诉讼外调解
    - 乡镇市调解："乡镇市调解条例"。
    - 耕地租佃争议调解："耕租条例"二六条、二七条。
    - 消费争议调解："消费者保护法"四四条～四六条。
    - 劳资争议调解："劳资争议处理法"九条～二三条。

调解之重要共同事项有四：即

（1）调解均应组成委员（会）进行之。

（2）调解得进行必要之调查。

（3）调解得以职权拟定调解方案，劝谕当事人接受。

（4）调解书经法院核定者或法院之调解笔录，与法院确定判决有同一效力。

2. 和解与调处

调处亦为因第三人（通常采委员会方式）斡旋、劝谕，并介入当事人争执之折冲谋合，进而提出合理解决方案之半自治式纠纷息止制度。调处与调解极其相近，惟其行政处置之意义较为浓郁而已。

在相关法律机制上，调处制度主要有二，其重点殆可归纳如下：

- 调处
  - 耕地租佃争议调处
    - 由该管县市地政机关调处："土地法"一二二条
    - 乡镇市公所租佃委员会调解不成立者，由"直辖市"或县市政府租佃委员会调处："耕租条例"二六条、二七条
  - 公害纠纷调处：由"直辖市"或县市公害纠纷调处委员会调处（"公害纠纷处理法"）

调处制度之重点，亦有如调解，得归纳为下列四项重点：

（1）调处均应组成委员会进行之。

（2）调处进行中得为必要之调查。

（3）调处得以职权拟定调处方案，劝谕当事人接受。

（4）调处书经法院核定者，与法院确定判决有同一效力。

3. 和解与调协

调协者，破产人以终结破产程序为目的，于破产财团分配未认可前，由破产人与破产债权人团体间所订立、并经法院认可而生效力之契约

（“破产法”一二九条）。

调协与破产上和解极其相近，所不同者，主要在于调协发生于破产程序之后，并因此异其名称而已。因此，关于如前所述，民法上和解与破产法上和解之比较，于调协亦可适用，惟其名称相应更换为调协而已。兹为凸显调协之制度上意义，特举其要点于下，以供对照。

（1）调协于破产财团分配许可前为之（“破产法”一二九条）。

（2）调协须由债务人提出调协计划，并载明法定事项（“破产法”一二九条、一三〇条）。

（3）调协须经债权人会议可决（“破产法”一三一条）。

（4）调协须经法院认可（“破产法”一三五条）。

（5）经法院认可之调协，对于一切破产债权人均有效力（“破产法”一三六条）。

（6）准用破产上和解程序之规定（一三七条）。

4. 和解与仲裁

仲裁者，由仲裁人依当事人所订立之仲裁契约，以仲裁判断息止当事人争执之程序。仲裁亦属半自治之争执息止程序，惟其司法裁判之意义更见浓郁而已。就终止争执或预防争执发生而言，仲裁程序之重点，殆可归纳如下：

（1）仲裁基于当事人之仲裁协议为之，仲裁协议应以书面为之（“仲裁法”一条一项、三项）。

（2）得为仲裁之事项，以依法得为和解者为准（同上条二项）。

（3）仲裁为准司法程序，仲裁人得准于法院地位而为询问调查（“仲裁法”十八条以下）。

（4）仲裁判断由仲裁人独立超然为之，当事人惟得依法提起撤销仲裁判断之诉（“仲裁法”三十条、三一条、四十条～四十三条）。

（5）仲裁须作成判断书，仲裁判断书于当事人间，与法院之确定判决有同一效力（“仲裁法”三三条、三七条）。

（6）仲裁判断前，当事人仍得于仲裁判断前和解；此项和解，亦应作成和解书，并与仲裁判断有同一效力（“仲裁法”四四条）。

（7）仲裁判断前，当事人仍得声请仲裁人进行调解，其调解成立者，亦应作成调解书，并与仲裁和解有同一效力（“仲裁法”四五条）。

综上所述，足征和解之一般相关事项，涉及尚称复杂，爰归纳其重点如下表，以供参考：

- 和解
  - 意义（739）
    - 独立有名契约
    - 以终止争执或防止争执发生为目的
      - →不以私法关系为限
      - →以得由当事人自由处分之关系为限
    - 须以互相让步为内容
  - 性质
    - 诺成契约
    - 不要式契约
    - 双务契约（适用同时履行抗辩权等：264~267）
    - 有偿契约（准用买卖：347）
  - 相关制度
    - 和解特殊类型
      - 诉讼上和解（民诉法 377 以下）
        - 与法院确定判决有同一效力（“民诉法”380）
      - 破产上和解（“破产法”6 以下）
        - 对全体债权人均生效力（“破产法”36，49）
      - 仲裁上和解
        - 与仲裁判断有同一效力(“仲裁法”44)
    - 相类制度
      - 调解
        - 诉讼上调解（“民诉法”403 以下）
          - 与诉讼上和解有同一效力（“民诉法”416）
        - 诉讼外调解
          - 乡镇市调解
          - 耕地租佃争议调解
          - 消费争议调解
          - 劳资争议调解
          - 仲裁上调解
          - →均准于法院确定判决之效力
      - 调处
        - 耕地租佃调处
        - 公害纠纷调处
        - 准于法院确定判决之效力
      - 协调（“破产法”129 以下）
        - 对全体破产债权人有效（“破产法”136）
      - 仲裁
        - 程序：准司法程序（“仲裁法”18 以下）
        - 判断：仲裁判断书等同法院确定判决（“仲裁法”37）

第二节　和解之效力

和解为双务、有偿契约，债之通则关于债之效力，特别是契约效力之部分，于和解有其适用，尚与一般契约无异，于此自无重复必要。

一、和解效力之种类

和解契约特有之效力有二，一为和解确定力，另一为和解创设力。并依序分别说明之。

（一）和解之确定力

和解之目的，在于依互相让步之方法，以终止争执或防止争执之发生，因而和解契约一旦合法成立，双方当事人之法律关系依和解契约而告确定，其双方应均受该契约之拘束，纵使一方因而受不利益，亦系让步之当然结果，不得事后片面翻异，亦即不得更就和解前之法律关系再行主张或请求，通称为和解之确定力或确定的效力。

关于和解之确定力，民法虽无明文，惟学理通说肯定之[12]，实务见解亦然[13]，盖以其为和解结果之理所当然也。

（二）和解之创设力

所谓和解之创设力者，指依和解创设新的法律关系，使旧的权利消灭，并因之取得新的权利之意，至于和解前之法律关系如何，则概所不问，亦称和解之创设的效力。与此相对者，则为所谓和解之认定力（认定的效力），依此见解，和解契约仅在确认以前之法律关系，并使之存续而已，如和解后发现和解前之法律关系，与和解所认定者不同，其和解即归于无效。关于和解有无创设力，各国立法尚不一致，学理亦曾多有争议，民法第七三七条规定："和解有使当事人所抛弃之权利消灭及使当事人取得和解契约所订明权利之效力。"因其结果发生权利消灭或取得权利，学理爰多认为和解有创设力[14]，早期实务立场亦同。[15] 其中，权利消

12 郑著（下），第八一一页；史著（下），第八一六页；戴著（下），第三六四页；陈著，第四一〇页。

13 参照大理院四年上字第一〇九二号判例："凡诉讼上之争执，如因审判上或审判外之和解而终结者，各当事人均应受该和解之拘束，倘非该契约有无效或撤销之原因，即不得舍置该契约而更主张和解前之法律关系。"
最高法院1929年上字第一一二九号判例："当事人于审判外就诉讼争点和解后，更为诉之撤回，以致诉讼终结者，应受该和解契约之拘束，不得就和解之法律关系再行主张。"（同旨1930年上字第一一二九号判例）。

14 郑著（下），第八一二页；戴著（下），第三六五页；蔡著（下），第一七九页～第一八〇页；陈著，第四一一页；季著（下），第一九四页。

15 参照"最高法院"1959台上字第七三〇号判决："和解有创设效力，两造既经和解，。即应同受拘束，故亦不容上诉人更就和解前之法律关系而为主张。"

灭者，当事人财产减少，是为消极方面之效力；取得权利，当事人财产增加，是为积极层面之意义。[16]

和解契约得发生创设力，固无疑义，但是否所有和解均发生创设力，似难一概而论，即依民法本条规定，和解亦仅于抛弃权利或取得权利之部分，发生创设效力，难谓和解即系全面发生创设力。盖以和解内容之形态，变化万千，是否发生创设效力，须视和解之内容而定，如和解内容，以原来明确之法律关系为基础者，应认仅具认定之效力；如当事人以他种法律关系以代原定法律关系，因其发生债务更新或债务约束者，则应认具创设效力。晚近实务亦经修正而持此一看法[17]，部分学理见解亦同[18]，此类论点应较可采。如是，则和解与原来法律关系之互涉，当可区分如下：

和解（效力）
- 以原来法律关系为基础：和解认定力（如消费借贷，免计利息但分期清偿）
  - 仍依原来法律关系主张
  - 原债权之物保、人保等附属权利，除约定抛弃外，原则上继续存续
- 以债务更新或债务约束为方法：和解创设力（如买卖契约，解除买卖而代以金钱支付）
  - 依更新或约束后之法律关系主张
  - 原来法律关系剋置不同（原来法法律关系消灭）
  - 原债权之物保、人保等附属权利，除同意和解外，均归消灭

二、和解效力之内容

和解效力之内容，主要有三。即（一）和解之债权效力，（二）和解

16 参照“民法”第七三七条立法理由：“谨按和解成立以后，其和解契约，应即发生效力，惟其效力，有消极积极二种，在消极方面，有使当事人所抛弃之权利而为消灭，在积极方面，有使当事人取得和解契约所订明之权利。故设本条以明示其旨。”

17 参照“最高法院”1988 年 11 月 1 日民事庭会议决议：“和解之本质，究为创设，抑为认定，应依和解契约之内容定之。当事人以他种之法律关系或以单纯无因性之债务约束等，替代原有之法律关系时，属于创设；否则，以原来而明确之法律关系为基础而成立和解时，则属认定。本件甲乙两造就十万元借款成立和解，同意由甲偿还七万元，其余部分抛弃，系以原来明确之法律关系为基础而成立之和解，应认仅有认定之效力。乙固非不得依原来消费借贷之法律关系诉请甲为给付，但法院不得为与和解结果相反之认定。”“最高法院”1994 年台上字第六二〇号判例：“和解内容，倘以他种法律关系替代原有法律关系者，则系以和解契约创设新法律关系，故债务人如不履行和解契约，债权人应依和解创设之新法律关系请求履行，不得再依原有法律关系请求给付。”

18 史著（下），第八二〇页；梅著，第三六二页（薛著，第三七四页认为，和解关系为债权者，生创设力，为物权性关系者，生认定效力，其见解较为特殊，亦一并附带叙及）。

之相对效力，（三）和解之合法性三者是。兹依序说明之。

（一）和解之债权效力

和解为负担行为，是以和解之效力，无论为认定力或创设力，均仅具债权之效力，而无物权之效果。[19] 换言之，和解契约上所称之权利，仅为债权上请求权之呈现，于当事人间并不发生物权关系之直接变动，盖以物权之取得，须履行交付、登记等程序，尚不能仅因意思表示合致，即告生效之故。基此，则和解效力上权利之实现，尚可区分如下：

1. 和解之权利范围限于债权

为和解标的之原来法律关系，仅为债权，例如，为消费借贷之返还或买卖契约未经履行而成立和解，原来仅有债权关系，和解后亦为债权关系，其间尚不新生物权变动之新课题。

2. 和解后之标的为无体财产权者

和解之标的，为无体财产权之消灭、取得（包括让与及授与之取得）者，除法律有特别规定者外，因意思表示合致，而生权利转让之效力，此部分亦无明显物权取得之另外程序。

3. 和解后之标的为物权者

和解当事人原所争执者为物权，其和解之最终目的为物权之消灭或取得者，于和解层面仍仅生债权关系，为和解之当事人须请求他方当事人履行物权移转程序，并待其履行完毕，始取得物权。其通常态样，略有如下：

（1）甲乙争执为乙占有中之A车各为自己所有，嗣经和解结果，约明A车归甲方所有，但甲找贴乙三十万元，甲乙间之法律关系为：

①甲得向乙请求交付A车，须A车交付于甲时，甲始取得A车所有权。

②乙得向甲请求甲支付三十万元，乙亦于甲支付三十万元时，取得该三十万元之所有权。

③甲乙对他方之请求给付，均得行使同时履行抗辩权。

④如因不可归责于甲乙之事由，致A车毁损不堪使用，乙免为交付A车，甲亦免予支付三十万元，是为通称之危险负担。

于本例之情形，如其标的物为B屋，则除交付之外，尚有移转所有权登记之问题，即甲得请求乙交付B屋，并移转B屋之所有权登记，且须于B屋所有权登记完毕时，始取得B屋所有权。

（2）甲乙争执为乙占有中，名义亦为乙所有A车各为自己所有，嗣

19 参照最高法院1929年上字第一五二四号判例：“基于和解契约所生之请求权，自系债权而非物权。”

经和解结果，约明 A 车为乙所有，但乙找贴甲三十万元。甲乙间之法律关系为：

①乙确定不丧失 A 车所有权，无请求交付 A 车之问题，但取得甲不得与向乙主张 A 车所有权之权利。

②甲得请求乙支付三十万元，甲亦于乙支付三十万元时，取得该三十万元之所有权。

③甲对乙之请求无同时履行抗辩之权利。

④A 车占有及权利均归属于乙，如有毁损灭失，本于天灾归所有人负担之法律原则处理，尚与危险负担无关。于本例之情形，如其标的物为 B 屋，情形亦同，且无再移转登记为乙之问题。

（二）和解之相对效力

债之关系具有相对性，仅于债权人与债务人间生其效力，和解之情形亦然。因之，和解之创设力云者，于主观上，其效力范围亦仅及于和解当事人间，尚不能依和解之创设力对第三人主张。例如，于前例之 B 屋因和解而归甲所有，如其实际上属于第三人丙所有时，甲尚不能执和解契约对抗丙或向丙主张权利。如丙为僭称之所有人者，甲亦须依其他法律关系或证据，向丙主张权利，非单凭和解契约而得为请求。不过，甲乙既经和解，乙即不得向丙主张权利，且应让与相关权利于甲，而且乙如有其他法律关系或乙有证据者，对于甲之行使权利，乙负有协力义务。

于和解之客观范围方面，和解效力之相对性，亦有适用。换言之，和解效力有其客观范围，应以当事人相互间所欲解决之争点为限，非当事人所欲解决之争点，纵与和解事件有关，如当事人并无一并解决之意思，即非为和解效力所及。例如，甲驾驶大卡车，不慎冲入乙家车库，撞毁乙所有 A 车并撞伤乙，乙为之入院治疗，甲乙就乙受伤部分成立和解，关于 A 车部分，双方并未表明一并处理，但乙亦未声明保留 A 车受损之赔偿请求权。于此情形，吾人仍不能以乙所有 A 车毁损，系本于同一肇事事故发生，而认为 A 车毁损亦为和解效力所及。因之，乙于人身损害之和解后，仍得就 A 车毁损请求赔偿或另行试行和解。[20]

（三）和解之合法性

基本上，凡得为债之标的者，其争执均得以和解行之。而且，本于

20 参照“最高法院”1968 年台上字第二一八〇号判例：“和解之范围，应以当事人相互间欲求解决之争点为限，至于其他争点，或尚未发生争执之法律关系，虽与和解事件有关，如当事人并无欲求一并解决之意思，要不能因其权利人未表示保留其权利，而认该权利已因和解让步，视为抛弃而消灭。”

契约自由原则，只要不违反强行规定或公序良俗者，其和解均属有效，亦即本为无效之法律行为，如不违反强行规定或公序良俗，而当事人意在终止争执或防止争执之发生者，其和解亦为有效。不过，为和解标的之原欲成立之法律关系，仍须符合标的合法妥适之要求。因之，如法律行为因违反强行规定或善良风俗而无效，其当事人竟利用和解而为脱法行为者，其和解仍属无效，因清偿赌博债为和解者，其不能因之有效，即是著例。[21]

第三节　和解之消灭—错误撤销之限制

一、基本规定

一般债之消灭原因，如和解有被诈欺、被胁迫而得为撤销，或和解当事人有债务不履行而为解除等，于和解亦均有其适用。实务为此，且就和解得为合意解除而著有判例。[22] 凡此，与其他之契约，尚无不同，兹不重复。

在和解之消灭上，其表现最称特殊，亦为其他契约所无者，即为错误撤销之大幅限制。亦即，在一般契约，当事人得以错误为理由，主张撤销契约；反之，于和解则反是，原则上不得以错误为理由而主张撤销（七三八条本文）。就错误得为撤销之法律原则而言，和解之原则禁止以错误撤销和解，实属例外设计。[23] 木此盖和解之目的，重在终止争执或防

21　比较法之适例，参照意大利民法第一九七二条第一项："关于不法契约之和解，纵当事人因之治愈无效者，亦属无效。"
台湾实务见解，参照"最高法院"1955 年台上字第四二一号判例："赌博为法令禁止之行为，其因该行为所生债之关系，原无请求权之可言，除有特别情形外，纵使双方同意以清偿此项债务之方法而变更为负担其他新债务时，亦属脱法行为，仍不能因之而取得请求权。"

22　参照最高法院 1929 年上字第三四七号判例："和解契约当事人固应受其拘束，不得无故翻异，惟当事人两造皆不愿维持该契约之效力，即应认为合意解除，自不能更依该契约判断其权义关系。"

23　参照"民法"第七三八条立法理由："谨按和解既属契约之一，则依契约原则，凡有错误被诈欺或被胁迫情事，据本法总则第八十八条、第九十二条之规定，均得为撤销之原因，毫无疑义。惟本条则属例外规定，凡事一经和解，即使有于当事人一方有不利之情形，亦不得以错误为理由而撤销之。"

止争执之发生，而非以究明和解前之法律关系，而且让步结果，或有一方较为不利，或双方均认自己不利，如许以错误为由主张撤销，则和解之后，当事人恐势将滥用错误之名，迭生无谓争执，使和解流于有名无实，甚而徒生争议，有违和解立法定制之美意，故限制依错误撤销和解，乃和解制度使然，尚非立法者之特意创造。

然而，全面禁止以错误为撤销和解之事由，有时难免显然违反真实，不符权利保护意旨，故民法本节于严格限制之余，就例外重大情事，亦许当事人得主张撤销和解，此之情事有三。即：

（一）和解所依据之文件，事后发现为伪造或变造，而和解当事人若知其为伪造或变造，即不为和解者。

（二）和解事件已经法院确定判决，而为当事人双方或一方于和解当时所不知者。

（三）当事人之一方，对于他方当事人之资格或对于重要之争点有错误，而为和解者。（七三八条但书）

二、相关说明

（一）和解撤销之事由

依民法第七三八条规定[24]，和解得以错误为由而撤销之情事，限于下列三者之一。

1. 和解所依据之文件，事后发现为伪造或变造，而和解当事人若知其为伪造或变造，即不为和解者（七三八条但书一款）和解之效力，特别是和解之创设力，不宜建立于诈伪之基础上，故有本款例外许为撤销之规定。论其要件有三。即

（1）须和解后发现为伪造或变造

伪造者，本无文书而冒名捏造之意；变造者，指变更文件内容而言。其系出于何人伪造或变造，虽在所不问，惟若为和解当事人一方所为伪造或变造，他方当事人尚得以受诈欺为由撤销和解。而且，伪造或变造之情事，须于和解后才告发现，始有适用，如和解前已知有此情事而仍

24 参照“最高法院”1967 年台上字第一六四六号判决：“‘民事诉讼法’第三百八十条第二项所谓得撤销之原因，通常系指‘民法’第七百二十八条各款所列原因之一而言。依该条第一款之规定，和解所依据之文件，事后发现为伪造而和解，当事人若知其为伪造即不为和解者，得据为撤销之原因。所谓事后发现，就文义推敲，自系指和解成立以后发现而言。”

为和解，则其间尚无错误可言，不得据为撤销之理由。

（2）须和解系依据伪造或变造之文件而成立。

关于原来法律关系之存否及内容，虽有文件之伪造或变造情事，但于和解前不知其事，且未以之作为和解成立与否之依据者，事后尚不得以其间曾有文件伪（变）造情事而主张撤销和解。

（3）须当事人如知其文件为伪（变）造者，即不为和解。

符合上述情形时，其不知文件系出于伪造或变造之当事人，得撤销和解；如该等文件系出于第三人伪（变）造，其为和解之当事人均不知情者，则各该当事人均有撤销权。

2. 和解事件，经法院确定判决，而为当事人双方或一方于和解当时所不知者（七三八条但书二款）

如前所述，曾经法院为确定判决之确定之事项，当事人固仍得为和解，惟其和解系限于各方明知已经确定判决，而当事人仍有争执之情形而言。若事件已经法院确定判决，其争执业已终止，但为当事人各方或一方所不知而为和解，不问有无过失，法律上应无特别推崇之意义。因此，如其当事人事后知之，自应许其撤销和解为妥，以免当事人反而遭受不测之损害。至于此所称确定判决，解释上宜采广义，包括与确定判决有同一效力事项之和解笔录、调解笔录、调解书或调处书等，均得适用。

符合上述情形时，其不知曾判决经确定之当事人，得撤销和解；如为和解之当事人均不知其情者，则各该当事人均有撤销权。

3. 当事人之一方，对于他方当事人之资格或对于重要之争点有错误，而为和解者（七三八条但书三款）。

所谓当事人之资格有错误，意指为和解之当事人，并非系争法律关系之当事人，竟因误信而与之成立和解而言。例如，甲驾车不慎冲撞停于路旁之A车，A车旁之乙趋前与甲理论，甲误以乙为车主，当即与乙和解，于赔偿乙三千元后离去，嗣后A车车主丙前来查问于甲，甲方知乙为路旁店家店员，甲即得以当事人资格错误，撤销和解。按“民法”第八八条第二项规定，当事人之资格，于交易上认为重要者，其错误始得撤销，解释民法本条款，是否应与“民法”第八八条第二项采同一立场，学理或持肯定见解。[25]愚见以为，此一争议，于理论上仅具相对意义。

25　郑著（下），第八　六页；史著（下），第八二四页。

缘以于和解契约而言，和解之当事人是否为原系争法律关系之当事人（通常为债权人），其交易上自属重要也。[26]

和解系为终止争执或防止争执之发生而为，其成立自应针对重要争点为之。否则，如谓重要争点须另行争执，则其和解于当事人即无意义；反之，如谓重要争点不得争执，则和解沦于以偏概全，责令当事人因小失大，亦非所宜，故本条款明定，对于重要争点有错误者，得为撤销。重要争点有无错误，应以和解前原系争法律关系是否有重大误认或误解为断。例如，因迟延赔偿而为和解，而同意赔偿损害者，尚不得以其并无迟延损害或损害额极为巨大作为撤销理由，盖其重要争点同为给付迟延，其间并无错误可言[27]，于侵权行为成立和解者，亦然。[28] 反之，如车祸后以伤害和解，但不久之后被害人永久残废，则和解基础之原法律关系为轻度侵害身体权、健康权，但实际发生之法律关系为重度侵害身体权、健康权，为和解之当事人（通常为被害人一方）即得撤销和解。[29] 如本例系被害人伤重死亡者，结论亦然（和解标的为轻度侵害身体权、健康权，实则为侵害生命权），其当事人之继承人得主张撤销之。诉讼上和解有得撤销原因而请求继续审判者，亦应作同一解释。[30]

（二）和解撤销之效力

1. 撤销规定之适用

民法本条款之撤销，其权利上性质如何？撤销权如何行使？权利存续期间如何？乃至撤销之效力如何？民法本节均未明定，解释上应回归

26 戴著（下），第三六八页；陈著，第四一四页。

27 参照“最高法院”1959年台上字第七三〇号判例：“被上诉人最初起诉，即谓上诉人应赔偿因迟延移交饲料厂所生之损害，而上诉人于和解时，复同意赔偿此项损害无异，则当事人之一方对于重要之争点并无因错误而为和解，不得依‘民法’第七百三十八条第三款主张撤销。”

28 参照“司法院”（1984）厅民一字第〇六七二号函：“和解乃当事人约定互相让步，以终止争执或防止争执发生之契约，且和解有使当事人所抛弃之权利消灭及使当事人取得和解契约所订明权利之效力（‘民法’第七百三十七条）、本件交通事故发生后，双方已有约定，似已成立诉讼外之和解，乙不能再依一般侵权行为之法律关系索赔。乙因脑震荡入院治疗花费甚巨，乃再续与甲洽商，几经折冲，甲同意酌给医药费，双方对于数目虽未达成协议，惟对于重要争点，似已合致，即在乙所支付医药费之范围内酌给，乙仅得就第二次成立之和解契约请求甲履行。”

29 郑著（下），第八一六页；史著（下），第八二五页。

30 参照“最高法院”1963年台上字第五〇〇号判例：“和解契约成立后，除当事人之一方对于重要之争点有错误而为和解者外，不得以错误为理由声请撤销之，此观‘民法’第七百三十八条之规定至明。从而倘无‘民事诉讼法’第三百八十条第二项之情形，自无继续审判之可言。”

适用民法总则之一般规定。如是，则其要点，略有如下：

（1）本条款之撤销权，性质上亦为形成权，撤销之结果，和解契约溯及既往，自始无效（一一四条一项）。

（2）撤销权之行使，由当事人向和解之他方当事人（或其继承人）以意思表示为之（一一六条）。关于意思表示之成立、生效及解释，适用民法总则关于意思表示之规定（特别是九四条～九八条）。

（3）本条款之撤销权，为错误制度之一环，其权利存续期间（除斥期间）自错误确定时起一年（九〇条），逾一年者不得再主张撤销。实务见解，似认为自和解时起一年。[31]惟民法本条之错误，非仅以意思表示为要件，且同时涉及发现（一款）、知悉（二款）、乃至情事变更（三款），如全面自和解成立起算，于重要争点之错误于一年后始告确定者，即无救济之道，殊非公平。本书爰斟酌实情，认以错误确定时起算为宜。

（4）撤销权之行使，除得请求回复原状（利益返还及物权回复：一一四条二项），对有过失之一方，并得基于缔约过失，请求信赖利益之损害赔偿（九一条）。

2. 相邻邻域之适用

和解撤销之限制，虽仅于和解而为规定，解释上得适用于特殊类型之和解，前段已有叙及。与和解相近之制度，如调解、调处等，虽有第三人（通常为委员会形式）劝谕折中，惟其基础上仍系经由当事人同意让步而成立，本质上仍属广义和解之一环。因此，解释上关于调解、调处上错误之撤销，除法律另有规定（如破产上和解或调协撤销之特别规定）外，亦应有民法本条之适用。[32]换言之，从私法之角度观之，调解、调处等，系先成立民法意义上之和解，再结合其他程序上之制度设计，而成立所谓之调解、调处。如是，则解释、调处尚非仅为和解之相近制度，甚或可以认系另一特殊类型之和解聚落，似可视为广义和解之一环。

31　参照"最高法院"1994年台上字第二三八三号判例："和解不得以错误为理由撤销之，但当事人之一方，对于他方当事人之资格或对于重要之争点有错误而为和解者，不在此限，此观'民法'第七百三十八条第三款之规定自明，此种撤销权之行使，既系以错误为原因，则民法第九十条关于以错误为原因，行使撤销权除斥期间之规定，于此当有其适用。"

32　参照"司法行政部"民事法律问题汇编第三〇六则："和解契约除有'民法'第七百三十八条第一、二、三款之事项，不得撤销，乡镇区公所调解成立之案件，虽未经法院准许，和解契约亦已成立，非合于前述之规定，不得撤销，又其契约之成立如出于诈欺、胁迫、或有民法第七十四条显失公平之情事者自当别论。"（引自刘清景（主编）"大法典系列（4）民法债各"，第四一九页。）

第二十九章

保　证

保证一章，拟分为综合说明、保证之效力、保证之消灭及特殊保证四节，依序析述保证之制度内容。至于首节所以称之综合说明，盖以保证牵涉多层法律关系，其内容堪称丰富而复杂，有待更为深入细致之分析故也。

第一节　综合说明

关于保证之综合说明一节，拟分为四者，详如下表，并依序说明之

总说（保证）
- 意义：定义、成立、性质
- 种类：一般保证、特殊保证
- 类似概念：票据保证、损害担保契约
- 多层法律关系

一、保证之意义

于保证之意义，拟依序分就保证之定义说明，保证之成立及保证之性质叙述之：

（一）保证之定义说明

“民法”第七三九条规定：“称保证者，谓当事人约定，一方于他方之债务人不履行债务时，由其代负履行责任之契约。”在契约当事人之关

系上，此之一方，亦即约定于他方之债务人不履行债务时，由其代负履行责任之一方，谓之保证人；反之，所谓他方，是为债权人；他方之债务人，即负担债务之人，则谓之主债务人。[1]基此，则所谓之保证，当可从权义主体之法律称谓，另行定义为："称保证者，谓债权人与保证人约定，保证人于债权人之主债务人不履行债务时，由保证人代负履行责任之契约。"例如，甲拟向乙银行借款新台币壹千万元，丙出面与乙约定，若甲于借款到期不返还借款（给付迟延→债务不履行）时，由丙代为清偿该一千万元借款（代负履行责任）者，乙丙间之约定，即为成立保证契约。兹即依此规定，说明其契约意义上之相关事项。

1. 保证为保证人与债权人之契约

保证之发生，通常同与主债务人有关，且由主债务人商请保证人为主债务人之利益而为之，例如前述甲向乙借款之例，丙系为甲之利益而出面为保证。不过，在保证之法律关系，例如，丙究竟为何出面而为保证，甲丙间关系如何？与保证之成立生效无关。盖以保证乃债权人与保证人订立，系成立于债权人与保证人之间，保证人所以应负保证责任，系本于其与债权人所成立之保证契约而生；至于保证人与主债务人间之法律关系为何，系另一层面之问题，亦为独立于保证以外之契约或其他债之类型，纵其契约有无效或被撤销事由者，亦仅系保证人与主债务人间法律关系调整之问题，对保证契约之效力，不生任何影响。

关于保证人之资格如何，台湾民法未设限制。因此，除其他法律有特别明文加以限制或禁止规定，而应依其规定者外，保证人究为自然人或法人，单一之人或多数之人，本国人或外国人，于法均无不可[2]，即使是合伙，学理及实务见解，亦多认为得为保证人。[3]惟自然人而为保证人者，通称之为个人保证；法人而为保证人者，通称之为法人保证。法人

1　参照民法本节立法理由："查民律草案债权编第二章第二十节原案谓保证者，谓当事人约定一方于他方之债务人不履行债务时，由其代负履行责任之契约也。负此义务之人，谓之保证人，负担债务之人，谓之主债务人。既约定由保证人履行债务人之债务，遂生担保之效用，此自古各国法律所认者也。本法亦采用之，特设本节之规定。"

2　郑著（下），第八一八页；刘著（一），第一一七页。

3　参照"最高法院"1961年台上字第三四一号判例："上诉人为一合伙组织之商号，为人保证虽不在其营业范围，第其本身既亦以营利为目的，则于开业时当亦难免觅取他商号主体人以商号名义为其纳税保证，而合伙组织之营利事业主体人为他商号之纳税保证人，又为主管财税机关之财政部所采取，则上诉人商号为他商号之纳税保证，纵难认属普通营业范围，而依特殊情事，亦可认为系营业上之行为，其保证亦非当然无效。"（同旨同院1961年台上字第二八五二号判例、1961年第一次民刑庭总会决议）。

保证，一般系由收受一定之信用保证费而以保证为业之机关（构）为之。此等机关（构）为保证人者，通称之为机关（构）保证。例如，中小企业向金融机构贷款，由财团法人中小企业信用保证基金所为之保证即是。

保证，因约定而对债权之实现生担保作用，基本上为一种担保制度，且以保证人之一般财产作为主债务之担保，与担保物权系以特定财产之价值供作担保者，尚有不同，一般爰以人保称之，并与后者所称之物保，恰相对照。个人保证与法人保证或机关（构）保证之间，就保证之本质或效力而言，个无不同；惟于个人保证，保证人通常系基于亲情友情等感情因素为之，对于无限责任上风险之考量，颇为忽视；反之，法人保证或机关（构）保证，保证人于保证之前，则较能为合理的经济判断，尤其是机关（构）保证，通常系在精密的风险计算下始承受保证，故其所受风险较小，至少亦较能估计。因之，在个人保证上，保证人于保证之前，多为风险评估，不仅必要，抑且重要，俗语所示“一不作保，二不作媒”，诚值注意。

2. 保证为保证人代负履行责任之契约

保证契约成立，保证人因基于保证契约而对债权人负有义务，此一债务通称为保证债务。保证债务之成立，并不影响或取代主债务人原应履行之债务，故二者系为独立并存之关系；而保证人于主债务人不履行债务时负履行责任。惟此所称代负履行责任，究系代为履行（债务）？抑系代负（履行）责任？各国（地区）制度不一，其采代为履行立法者，固然有之[4]，其宗代负责任立法者，亦属常见。[5]台湾立法究何所属，立法理由阐释未尽清晰，学理上固有采代为履行债务说法者[6]，惟多数见解则肯定代负履行责任之说。[7]鉴于民法保证一节，并未限定特定行为或给付特定物之债不得保证，且于有关保证债务之范围，明定及于损害赔偿。是以，于保证债务之性质，在解释上应以代负（履行）责任说之立场为

4 参照法国民法第二〇一一条：“为债务之保证者，于债务人不履行债务时，对于债权人负履行其债务之责任。”

日本民法第四四六条：“保证人于主债务人不履行债务时，由其负履行债务之责任。”

5 参照德国民法第七六五条第一项：“保证人因保证契约，对于债权人，就第三人之债务履行，负其责任。”

瑞士债务法第四九二条：“保证人因保证契约，对于债权人，就主债务人之债务履行，负其责任。”

6 薛著，第三七八页；蔡著（下），第一八三页。

7 郑著（下），第八一九页；史著（下），第八二八页；戴著（下），第三八三页～第三八四页；刘著（一），第一一八页。

可采；实务上亦肯定此一见解。[8]

保证人代负履行责任之确定发生，系以主债务人有债务不履行情事为要件，故民法本条用语，特别标明，于……债务人不履行债务时之文句。此所称债务不履行，其意义及范围，依债之通则相关规定定之。因之，无论给付迟延、给付不能、不完全给付，乃至（预示）拒绝给付，均包括在内。换言之，债权人与保证人，如就债务不履行事由之适用范围，有特约限定者，依其约定；如无约定，则上述各种不履行事由之发生，保证人即均应代负履行责任。再者，民法本条所称债务不履行，应采广义，包括附随义务违反及瑕疵担保责任，亦在保证范围之内。因之，如当事人约定，保证人就主债务人之附随义务违反或瑕疵担保责任，亦应代负履行责任者，仍属成立保证契约，并适用民法本节相关规定。

由于保证为一种契约，因此虽名为保证，而实际上并非为契约者，即非此所称之保证。如“票据法”第五十八条或“民事诉讼法”第一〇二条第二项所规定之保证，即非为民法本节之保证，尚不当然适用民法本节之规定。再者，保证系以他人之债务（主债务）为担保对象所定之契约，因而虽名为保证，且亦为契约，但非以他人债务之履行为担保，而系以自己之债务为担保对象（即其意义上，系指对自己债务之履行而为担保者），亦非此所谓之保证，如“民法”第三五四条第二项、第四一一条、第四八五条所规定之保证，即均无民法本节之适用。凡此，概念上本应厘清区隔，爰并此叙明之。

（二）保证之成立

相对于其他契约，保证之成立，于当事人、标的及意思表示之一致，均有特色。惟其有关当事人方面之特色，于前述关于保证之定义时已有说明，兹仅就其余二者叙述之。

1. 标的上之特色

保证契约之标的，亦即其被担保之客体，系主债务人之主债务。在此基础上，保证契约之成立，须有主债务之有效存在为前提，倘债权人与主债务人间并无债权债务关系，则保证尚非有效。[9] 至于主债务之发生

8　参照最高法院 1931 年上字第一一九七号判例：“保证债务，系保证人与债权人约明于主债务人有不履行或不能履行时，代负偿还责任之契约。”

9　参照“最高法院”1970 年台上字第一二一九号判决：“保证，系保证人与债权人订立之契约，即保证人保证债务人对于债权人履行债务（参阅‘民法’第七三九条），故除契约另有订定外，以有债权债务之存在为前提，倘尢既存之债权债务，通常不生保证问题。”

原因如何，则非所问。因此，不仅因契约而发生之债务，得为保证之标的，即其基于无因管理、不当得利、侵权行为或其他法律规定而发生之债务，亦均得作为保证之对象。也因此，主债务之种类如何，对于保证之成立，亦不发生影响。惟下列债务，则尚有特别说明之必要：

（1）专属性债务

专属性债务，如劳务性给付之债或不作为之债，其是否得作为主债务？亦即主债务是否应以具有代替性者为限之问题，其答案与保证人所负之责任，究系代为履行之债务？抑系为主债务人代负履行责任？相互间具有密切关系。关于保证债务之属性，如认为系负代为履行债务者，则主债务须为得由他人代替履行者始可；因之，保证标的之主债务，通常即为种类之债，并以金钱之债为主，故保证债务与主债务之标的为同一。如是，则劳务性给付之债务或不作为债务等专属性债务，即不得作为保证之对象。反之，如认为保证人系就主债务人之履行代负责任，则保证债务之重心，非为主债务履行本身，而在于主债务人不履行债务时应负之赔偿责任，保证人应负责任者为代偿责任。依此见解，主债务不问是否得由他人代替履行，皆得为保证之标的。因之，不但非专属性之债务得为保证标的，即专属性之债务，亦得作为主债务而保证之。

以上两种见解，依实务见解及学理通说，自以肯定立场为当。[10]

（2）自然债务

自然债务，其相对之债权，法律上仍为有效存在，仅其债权人之请求权或强制执行声请权之行使为之减弱而已，故其得为保证之标的，而且因其保证而强化其请求权或强制执行声请权之作用。例如，对消灭时效完成后之债务（一四四条）为保证，或对于超过利息限制之利息债务（二〇五条）为保证即是。

本来，消灭时效后之债务，其债务人对于债权人之请求得拒绝给付（一四四条一项），超过利息限制之利息债务，其债权人无请求权（二〇五条）。如保证人以之作为保证标的债务而为保证，不仅其保证有效，且保证人于前者对债权人不得援用时效抗辩权（即不得拒绝给付），于后者

10 参照“最高法院”1964年台上字第二五〇号判决：“上诉人所保证者，为李×波遵照鱼市场规则及营业规程之规定承销鱼介类，如有违反或欠鱼贷款情事，负连带责任，李×波未依营业规则缴清鱼款，即在上诉人保证责任之内，至被上诉人是否暂停其交易或予除名，乃被上诉人之职权，其行使与否，于上诉人之保证责任无影响。”

则不得主张债权人无请求权。如是，则自然债务之相对债权，于保证人责任部分，显已回复法定债权之地位。如保证人之保证，非经主债务人委任而为之，则主债务人原有之法定权益，尚不因保证人保证而受影响；因之，保证人就其保证所生之不利益，须自己负担，堪称风险极大，身为保证人者，于保证之时应特别审慎注意。反之，如保证人系因主权务人之委任，出而为消灭时效后之债务等为保证，则不仅保证人不得援用时效抗辩权等，即于主债务人，亦因其契约承认该债务而丧失拒绝给付抗辩权（一四四条二项后段）。至于因此所生之不利益，则由主债务人负终局承担责任。

（3）将来之债务

为保证标的之主债务，不必于保证成立时既已现实发生之债务，即其债务尚未发生，惟客观上已有发生之基础，且于将来有发生之可能性者，即为已足。例如已有交互计算契约、租赁契约、买卖契约、银行往来垫款契约等基础法律关系，基于此等法律关系，就将来可发生之债务作为保证之标的，均无不可。事实上，于货款实务上，通常多于正式拨款或付款前，先行成立保证契约，基于消费借贷为要物契约，须经交付始生成立（四七四条一项），于贷款支付前成立保证契约，性质上均属为将来债务而为保证之契约，如谓将来债务非为保证对象，金融秩序势将难以维持。因此，将来之债务得为保证标的，于我国虽未如比较法上之设有明文[11]，但解释上应作肯定，应无疑义，实务立场亦同。[12]

关于以将来债务为保证标的之保证，其尚须注意者有下列二者：

①以将来发生之债务为保证之标的者，除当事人另有特约或最高额保证外，保证人对于保证契约成立前之债务，尚不负保证责任。[13]

②以将来发生之债务为保证标的者，其保证之数额，并不以已现实具体确定者为必要，即保证人与债权人约定，就债权人与主债务人间所生一定债之关系范围内之不特定债务，预定最高限额而由保证人保证者，

11 参照德国民法第七六五条第二项："就将来之债务或附条件之债务，亦得为保证。"（同旨：瑞士债务法第四九二条第二项）。

日本民法第一二九条："于条件成否未定之当事人权利义务，得依一般规定而为……担保。"

12 参照"最高法院"1961年台上字第一八六六号判决："两造所订之保证契约系担保债权人将来可能发生之损害，其在保证契约成立以前已经发生之损害，虽其发现在后，要不属于保证范围。"

13 同上注。

亦无不可，此即通称之为最高限额保证。[14]

将来债务之保证，其数额或范围，固不必具体确定，惟必须可得确定，如其数额或范围完全不能预先确定，由保证人对之负无限度之保证责任者，除人事保证或有反对之特约外，应解为其保证契约系无意识的不合意而不成立。

③最高限额保证之保证对象，非仅为将来发生之债务，即订约时已存在之债务，亦为保证效力所及[15]，是其意义，仍与纯为将来债务而为之保证，尚非完全相等。

（4）附条件之债务

附解除条件之债务，于解除条件成就前，与一般债务并无稍异，其得为保证之标的，应无庸置疑。

附停止条件之债务，固须于条件成就时，为其债之发生原因之法律行为发生效力，其债务始告发生（九十九条一项），于停止条件成就与否未定前，债务是否发生系处于不确定状态，惟因其间已有发生债之基础及可能，而且当事人于条件成就前尚有法所保护之期待权（第一〇〇条、一〇一条），其情形有如将来之债务，故附停止条件之债务，亦得作为被保证之标的，学理亦几乎一致持肯定见解。[16]

2. 意思表示一致上之特色

保证契约，于经当事人，即保证人与债权人，就代负履行责任之意思表示一致时即为成立，既无庸一定方式，亦无待现实交付，更与所谓之立保、对保等行为无关。基此，则其成立上之特色，可举下列数者以对。

（1）于比较法上，固有规定保证为要式契约之立法例[17]，惟于台湾，则保证为不要式契约，非仅于立法理由特别强调[18]，实务上亦多所

14 参照“最高法院”1988 年台上字第九四三号判例：“保证人与债权人约定就债权人与主债务人间所生一定债之关系范围内之不特定债务，预定最高限额，由保证人保证之契约，学说上称为最高限额保证。”（同旨同院 1992 年台上字第一〇一一号判决。）

15 参照“最高法院”1992 年台上字第一〇一一号判决：“最高限额保证。……除订约时已发生之债权外，即将来发生之债权，在约定范围内，亦为保证契约效力所及。”

16 郑著（下），第八三四页；史著（下），第八四六页；戴著（下），第三八六页，蔡著（下），第一八四页；薛著，第三七八页；刘著（一），第一二三页。

17 参照德国民法第七六六条第一项：“保证契约之意思表示应以书面为之，始为有效。”（同旨：瑞士债务法第四九一条。）

18 参照“民法”第七三九条之立法理由：“谨按本条为揭明保证契约之内容，以杜无益之争论。保证契约，各国立法例，如德国民法第七百六十六条，瑞士债权编第四百九十一条，均规定以文书为限，然于实际诸多不便，故本法不采用之。特明示保证契约之成立，不以书面为必要。”

肯定。[19]

（2）保证债务，须待主债务人不履行债务时，始有给付责任，于此之前无须现实履行，通常亦不生现实履行之问题，故保证为诺成契约。[20]

（3）保证契约之成立，只要保证人对债权人表示保证意旨，即为已足，至于责任范围如何？期限若干？则非为契约要素，无待具体表示[21]。

（4）保证人通常系由主债务人商请而出面为保证，此即通称之立保行为，不问其间有无特约，均与保证之成立或效力无涉。

（5）在保证成立之社会事实过程上，债权人为求审慎，对保证人常有查对或确认之程序，此即通称之对保。对保与否，亦与保证之成立生效无关。[22]

（6）保证之成立，通常形态，固由保证人本身与债权人订定，惟法律意义上非仅限于此一情形，盖其承受他人之保证契约，而为保证人者，亦属此所谓之保证。[23]

（三）保证之性质

保证之契约上性质，殆可归纳如下：

1. 保证为有名契约

保证既有特定之名称，并于民法债编各种之债一章中，设有专节规定，其性质上为有名契约，实无疑义。

2. 保证为单务契约、无偿契约

保证成立后，在保证人与债权人间债权债务之相互关系上，仅保证人对于债权人负担保证债务，债权人并未相对负担债务，故保证为单务

19 参照最高法院 1930 年上字第一八三八号判例：“保证契约之成立，本不以作为书据为要件，虽无书据而有其他证明方法，足证其契约成立者，亦应发生效力。”

20 参照“最高法院”1965 年台上字第二六一五号判决：“保证契约为诺成契约，一经保证人与债权人意思合致，契约即为成立，并不以对保为生效要件。”

21 参照“最高法院”1954 年台上字八四五号判决：“保证只须保证人对债权人表示为保证债务之本旨，契约即为成立。至保证责任之范围如何，期限若干，应否履行对保手续，除当事人有以之为契约成立之要素外，均于保证责任之存在不生影响。”

22 参照“最高法院”1957 年台上字第一六三号判例：“对保与否，并非保证契约之成立要件，上诉人不得以对保过迟，为免负保证责任之论据。”（同旨同院 1959 年台上字第二三一号、1960 年台上字第二二〇三号、1965 年台上字第二六一五号判决等。）

23 参照“最高法院”1980 台上字第一六七六号判决：“公司除依其他法律或公司章程规定，以保证为业务者外，不得为任何保证人，为‘公司法’第十六条第一项所明定。本件被上诉人公司系以某报之出版发行等为业务，而非以保证为业务，自有上开禁止规定之适用。且所谓不得为任何保证人，非仅指公司本身与他人订立保证契约为保证人，即承受他人之保证契约，而为保证人之情形，亦包括在内。”

契约。又者，保证人通常并不自债权人取得报酬，并无互为报偿之对价给付，故保证通常为无偿契约，但如约定由债权人给予报酬作为对价者，则为有偿契约。至于，保证人如与主债务人约定，因其出面保证而向主债务人或第三人取得报酬者，乃系保证人与主债务人间原因关系之事项，与保证契约的本身究为有偿或无偿无关。

3. 保证为不要式契约、诺成契约

保证为不要式契约，亦为诺成契约，前段已有说明，兹不重复叙述。

4. 保证为从契约

保证契约，以主债务有效存在为前提，主债务之发生原因，通常系为契约，尤以借贷契约为常见。在此角度上，保证契约通常不能自外于原因契约或其他行为或事实而独立存在，学理上爰以从契约称之，而且为各种之债一章中，最为显眼之从契约类型。盖其命运，随同原因契约之成立生效、债务范围，乃至变动消灭而共其命运，其与原因契约之间，系以后者为主，而保证从属之关系也。不过，从契约乃系重点所在，吾人尚不能认为保证仅从属于契约而存在也。

二、保证之种类

（一）类型存在状态

保证，因制度内容尚不尽一致，故保证概念之下，尚有类型并立之存在状态。各种类型之间，即呈现如下之情形。即："民法"第七三九条以下规定，大体形成保证制度之一般形态；而本法中部分条文或交易习惯上，则出现部分保证制度之特殊形态。前者，通称之一般保证，后者则统称特殊保证。如是，则其情形，当可表解如下：

- 保证
  - 一般保证（739）
  - 特殊保证
    - 连带保证（习惯法）[24]
    - 共同保证（748）
    - 信用委任（756）
    - 人事保证（756之1～9）
    - 再保证（习惯）
    - 求偿保证（750Ⅱ）

24 参照"最高法院"1980年台上字第二四八五号判决："连带债务与连带保证债务并非同一概念，前者各债务人之责任并无主从关系，而后者则否。"

（二）本书立场

以上各种不同之保证类型，本书于此所以仅列其名称，而未连同意义而作说明，盖以特殊保证，拟另段说明，于此省略，旨在避免重复故也。

特殊保证中之人事保证，涉及事项繁多，民法债编修正其为独立债之类型；本书配合其立场，亦列为独立章节说明。因之，本章关于特殊保证之说明，尚不列入人事保证。

三、保证之类似概念

保证之类似概念尚多，本段仅举其较为重要之票据保证、债务承担、损害担保契约三者以对。

（一）票据保证

1. 票据保证之意义

票据保证者，指票据债务人以外之第三人，以担保给付汇票债务或本票债务为目的，而签名于票据上之一种票据行为（“票据法”五八条、五九条）。[25]

2. 票据保证与保证契约之比较

就代负履行责任之意义，票据保证与保证应无不同。于保证行为成立层面之从属性、保证债务之范围，乃至内部关系之性质及求偿，二者亦均同有适用，此亦为二者之所同。惟二者间，仍有颇多本质上或性质上之差异。兹归纳说明于下：

①民法上之保证系契约，其保证债务为契约所生之债（七三九条）；票据保证系单独行为，其票据保证债务为单独行为所生之债务（“票据法”五九条）。

②民法上之保证系不要式行为（七三九条）；票据保证则为要式行为（“票据法”五九条）。

③民法上之保证债务原则上具从属性，仅于保证人明知主债务因行为能力之欠缺而无效却仍为保证之情况下，始例外的独立负其责任（“民法”七四三条）；票据保证债务原则上则具独立性，被保证人之债务，除因方式之欠缺而为无效者外，纵因无行为能力或签名伪造等以致无效，

25　学理通说以为，支票并无得适用票据保证之明文。解释上当无票据保证之适用，惟于支票上为保证，如其得认为成立保证契约者，则得适用民法保证之规定。

不问票据保证人是否明知，保证人仍应依其保证独立负担其义务（“票据法”六一条二项）。

④民法上之保证具补充性，保证人原则上有先索抗辩权（民法七四五条）[26]；票据保证则无补充性，保证人与被保证人负同一责任尚无先索抗辩权之可言（“票据法”六一条第一项）。

⑤民法上之保证，保证人于清偿后取得求偿权及代位权（“民法”七四九条）；票据保证，保证人清偿后则取得追索权（“票据法”六四条）。

⑥保证债务之消灭时效，适用民法总则一般规定，其长期时效之期间为十五年（一二五条）；票据保证债务之消灭时效，适用票据法，其长期时效期间为三年（“票据法”二二条一项）。[27]

⑦因保证衍生之求偿权，其消灭时效之期间，亦如上述为十五年；因票据保证债务衍生之消灭时效期间，亦适用票据法特别规定而为一年（“票据法”二二条二项）。

（二）债务承担

1. 免责之债务承担与保证

债务承担，一般分为免责的债务承担与并存的债务承担二种类型。所谓免责的债务承担，系由第三人（承担人）分担原债务人之债务，其原债务人脱离债之关系，而由该第三人承继为债务人之准处分行为（广义之契约）。免责的债务承担与保证之主要不同有三：

（1）保证为契约，性质上为负担行为，保证人因保证而负担债务；免责承担为准处分行为，债务承担人因承担，使债权人之债权行使对象，由原债务人移转于债务承担人。

（2）于债务承担，系发生债务移转效力，债务由承担人承担后，原债务人即由债之关系脱离，并由承担人接替原债务人之地位负担债务，原债务人债务为之免除；反之，于保证并不发生债务移转之效力，债务由保证人保证后，原债务人仍为主债务人，并不由债之关系脱退，保证

26 此所谓之先索抗辩权，即通称之先诉抗辩权。本书因斟酌制度实情，发现先诉抗辩权之用语，尚有未尽周延，并改称其为先索抗辩权（早期出现文献，请参照戴东雄等“民法概要”，“国立”空中大学用书，1987年初版，第五四七页注3。）

27 票据保证之消灭时效，其期间究为多久，民法并无明文，按保证债务之责任范围，应以主债务为准，且“票据法”第六一条规定，保证人与票据债务人负同一责任。此之同一责任，解释上应包含时效之适用。故愚见以为，票据保证债务之消灭时效，应与其所担保之主债务并同适用票据法关于消灭时效之规定；如是，其期间最长者，为对于发票人给付义务而为保证，自为保证时起三年（“票据法”二二条一项）。

人仅因而成为从债务人，并不接替原债务人之地位负担债务，原债务人债务亦无从因保证而免除。[28]

（3）于债务承担之情形，其由第三人就债权所为之担保，除该第三人对于债务之承担已为承认外，因债务之承担而消灭（三〇四条二项）；反之，于保证之情形，如该债权原已由第三人对之为担保者，其担保并不因嗣后他人对之为保证而消灭，至于保证人之担保顺序究系后于物保，抑或共同对债权人负担保责任，实务立场与学理见解尚有歧异，容后叙明。

2. 并存之债务承担与保证

所谓并存的债务承担，亦称附加的债务承担或重叠的债务承担，指第三人加入债务关系，与原债务人并负同一责任之契约。其与保证不同之处有下列三者：

（1）并存的债务承担，于其成立固以有其他债务之存在为前提，亦即其成立固具有从属性，但于其成立后，关于其债务之存续或消灭等，则与原债务人之债务分离，各自独立而异其命运，尚无所谓从属性；反之，于保证，则无论保证债务之发生、移转、消灭等皆与主债务同其命运，而具有从属性。换言之，保证为从契约，并存债务承担则非为从契约。

（2）并存的债务承担，实务见解以为，其承担人系依原债务之原因而为承担，故承担人之债务与其原债务，仍属原因同一，新加入之债务人与原债务人负连带责任[29]；反之，于保证契约，保证债务之原因，在于担保他人之债务，故保证债务与其主债务，原因各异，保证人除连带保

28　参照最高法院1933年上字第四二六号判例：“债务之承担与保证债务不同，保证债务为于他人不履行债务时代负履行责任之从债务，该他人仍为主债务人，故除有民法第七百四十六条所列各款情形之一者外，保证人于债权人未就主债务人之财产强制执行而无效果前，对于债权人得拒绝清偿。债务之承担则系债务之移转，原债务人已由债之关系脱退，仅由承担人负担债务，故承担人纵令曾与原债务人约明将来清偿债务之资金，仍由原债务人交付承担人向债权人清偿，亦不得以之对抗债权人。”（同旨同院1969年台上字第三四二〇号判例、1980年台上字第三六五二号判决。）

29　参照最高法院1934年上字第一三七七号判例：“第三人与债权人订立契约，承担债务人之债务者，其债务固于契约成立时移转于该第三人，惟第三人与债权人订立之契约，系由该第三人加入为债务人而与原债务人就同一债务，各负全部给付之责任者，学说上称为重叠的债务承担，究与民法第三百条所规定之免责的债务承担不同，原债务人就其债务仍与该第三人连带负其责任。”

证外，不与主债务人负连带责任。[30]

（3）并存的债务承担，新加入之债务人，为独立之债务人而非从债务人，其所负担之债务亦非从债务，其债务并无补充性，对于债权人之请求履行，承担人尚无所谓先索抗辩之问题；保证契约之保证人则为从债务人，其所负担之债务为从债务，其债务具有补充性，对于债权人之请求，保证人得主张先索抗辩之权利（七四五条）。

（三）损害担保契约

1. 损害担保契约之意义

损害担保契约者，谓当事人约定，一方于他方因一定事项受有损害时，由其独立的负填补责任之契约。例如，甲承包修缮乙所有年久失修之危楼（甲乙间成立承揽契约），甲因恐受有意外损害，爰与乙约定，如甲于承修过程中受有人身或财产上损害者，不问甲有无过失，乙均即负所有赔偿责任。甲乙间之约定，即为成立此所称之损害担保契约。本于契约自由原则，甲乙之损害担保契约，自属有效。如甲于承修时因故受有伤害，乙对甲因伤害所生损害（包括增加生活需要、丧减劳动能力及非财产损害），即因损害担保约定而负赔偿责任（一九三条、一九五条）。

2. 损害担保契约与保证

损害担保契约与保证之不同者，主要有如下三者：

（1）损害担保契约为担保人与被担保人、亦即单纯为契约当事人间之契约，担保人为履行后，并无求偿权、代位权之问题；反之，保证契约，固为保证人与债权人之契约，但因同时涉及主债务人之债务履行，保证人代负履行责任后，对主债务人有求偿权及代位权，其法律关系牵涉之层面，较损害担保契约广泛而复杂得多。

（2）损害担保契约非从契约，不以主债务之存在为前提，以债务无所谓从属性及补充性；保证契约为从契约，以主债务之存在为前提，其债务具有从属性及补充性。

（3）损害担保契约，不以担保他人之债务不履行为限，因其他事由致债权人受损害时，亦得为担保之对象；保证契约，原则上系担保他人之债务不履行，并由其代负主债务人之履行责任。

30 并存债务承担所称之连带责任，究为连带债务？抑为不真正连带债务，学理容有讨论空间，愚见则采不真正连带债务说（请参照前揭拙著“新订民法债编通则”（下），第三〇〇页至第三〇一页）。

四、保证之多层法律关系

（一）保证契约与主契约

1. 一般保证形态

保证为从契约，在法律关系上，系依附于主债务之原因关系而存在。此之原因关系，绝大多数情形为契约。因此，保证契约之成立，通常即伴同一个主契约而存在，非如一般之契约成立，仅于当事人间单纯成立单一之法律关系。例如，前例甲向乙借款而丙为保证之事例，其法律关系为：甲乙间成立借贷契约，甲丙间成立保证契约。其相互关系如下表：

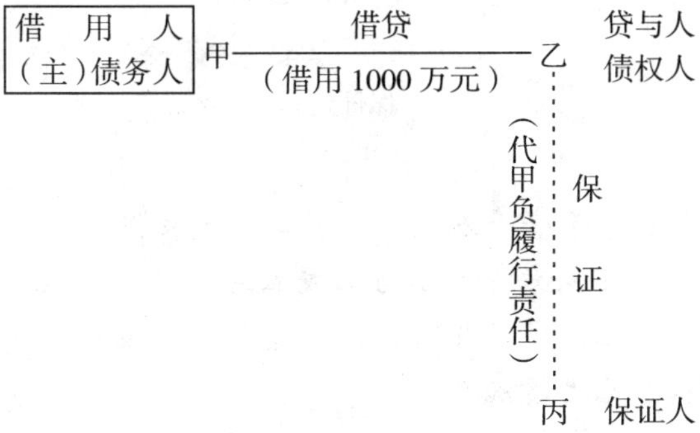

由上所述，基于保证，甲乙丙间之法律关系得为之叙述如下：

（1）甲乙之间成立借贷，贷与人乙为债权人，借用人甲为债务人。

（2）乙丙之间成立保证，贷与人乙为债权人，丙为保证债务之债务人。

（3）借贷、保证二个契约，各自独立而并存，但借贷为主契约，保证为从契约。如借贷无效，保证原则上亦无效，借贷消灭者，保证原则上亦消灭；但反之则否。

（4）乙既为借贷债务之债权人，亦为保证债务之债权人。乙基于借贷关系，得请求甲（主债务人）为给付；乙基于保证关系，得请求丙（保证人）为给付（代负履行责任之给付），惟丙得主张先索抗辩权（七四五条）。

2. 共同保证形态

日常交易上，保证人为单一之人者，固属常见，惟其债权人为确保债权，要求债务人提供复数担保者，亦所在多有，形成所谓共同担保之形态，保证人依法应负连带责任（七四八条）。再加上担保、有人保、物保之分，人保之保证，又有一般保证与连带保证之分；而人保、物保竞合时，物保责任是否优先，理论上亦有争议（详情容后说明）。如是则于当事人间之法律关系，将更趋复杂，爰即延续前例，并以附表说明之。

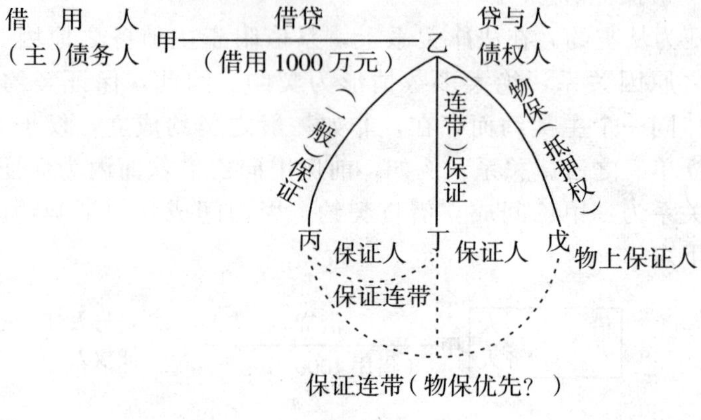

事例：

甲向乙借贷新台币壹千万元，乙于与丙成立保证契约后，乙又要求甲加保，甲爰商经丁同意，由丁与乙成立连带保证。不久之后，乙再度要求加保，甲不得已，商经戊同意，由戊提供净值相等（一千万元）之房地设定抵押权于乙之债权。

由上事例及相关附表，则甲、乙及丙丁戊间之法律关系，得为之叙述如下：

(1) 甲乙间成立借贷，贷与人乙为债权人，借用人甲为债务人。

(2) 乙丙间成立保证、乙丁间成立保证、乙戊间成立物上保证（抵押权），乙为各个广义保证契约之债权人[31]，丙、丁、戊均为其各自担保关系之债务人。

(3) 借贷契约与三个广义之保证契约，均各自独立而并存，但借贷为主契约，三个广义之保证契约，则均为借贷之从契约。

(4) 乙既为借贷债务人之债权人，亦为广义保证债务之债权人。乙

31 物上保证及保证，均属担保责任，且以为他人代负履行责任为其债务成立之要素，理论上应均可纳入广义保证契约，作为相关问题处理之依据，此从“民法”第八十九条关于物上保证人求偿代位之规定，亦可获得印证，本章所称广义保证契约，即基此思考模式而来，其用法亦仅在于此，并予叙明之。

基于借贷关系得请求甲履行债务，乙基于保证关系，得请求丙、丁代负履行责任或拍卖戊提供之抵押物。于此情形，丙有先索抗辩权（七四五条），丁、戊则无先索抗辩权可言。

(5) 丙、丁、戊关于保证纵互相不知其情，彼此间仍构成保证连带（七四八条），对乙而言，在代负责任之角度上，均负连带责任。丙、丁或戊，于代负履行责任后，得依连带债务规定相互求偿（第二八〇条～第二八二条）；惟实务采物保优先原则，如是，则丙丁可对乙主张，应先行拍卖戊提供之抵押物。

（二）保证契约与原因关系

1. 原因关系之形态

保证人系以为主债务人代负履行责任，而与债权人成立保证契约，其与主债务间亦有一定法律关系。此之法律关系，称为保证原因关系，存在于保证人与主债务人间，并不影响保证契约之成立生效，亦不影响保证人对于债权人之责任。

履行债务，本为债务人事务，债务人债务不履行者，应负债务不履行责任，此亦债务人事务。基此角度言之，保证人代负履行责任，实即等于处理债务人事务，法律评价上即系处理他人事务。因此，保证人与债权人订立保证契约，于其与主债务人间，亦同时成立一定之法律关系。通常，保证人系因主债务人情商之后，乃出面而为主债务人为保证，例如，前例之丙、丁、戊即是。兹归纳其具体形态于下：

(1) 保证人以赠与之意思而为主债务人为保证，则保证人与主债务人间成立赠与，保证人代负履行责任后，对主债务人无权利可资主张：

(2) 保证人因主债务人情商，同意为主债务人保证，而与债权人成立保证契约者。于保证人与主债务人之间成立委任契约，即主债务人为委任人、保证人为受任人，而代负履行责任为处理事务之标的。例如，前例之丙、丁、戊均各自与甲成立委任契约。于此情形，保证人丙、丁等代负履行责任后，若于委任而对主债务人甲有求偿权及代位权（五四六条），并因保证一节特别规定而有代位权。[32]

32 就主债务之清偿而言，保证人为清偿者，性质上应可归类为第三人清偿，依“民法”第三一二条规定，保证人亦得行使代位权。换言之，纯就法律上理论体系而言，保证人之代位权，本即无待第七四九条规定，即得适用第三一二条导出。于此角度，堪认第民法七四九条并无规范创设意义，亦不符合立法经济原则（“民法”第八七九关于物上保证人求偿（代位）权之规定，情形亦然）。惟其既已另有明文，则法律适用上有须直接援用“民法”第七四九条，不宜复行强调民法第三一二条规定（“民法”第八七九条之情形亦然）。

(3) 保证人未经主债务人同意，自动与债权人成立保证契约者，则保证人与主债务人之间，系成立无因管理。保证人代负履行责任后，基于无因管理而有求偿权（一七六条）[33]，并因保证一节特别规定而有代位权（七四九条）。

综上所述，可知前段关于保证相关法律关系之叙述，仅及于保证人与债权人暨保证人相互间之关系，尚非把握问题全面之叙述，对于保证上多角法律关系之体察，亦难谓已周详。基此，爰亦以前述二例，借图表再作补充说明。

2. 原因关系之解说

(1) 一般保证之形态

兹以前述甲向乙借款，丙为保证之例，表解说明如下：

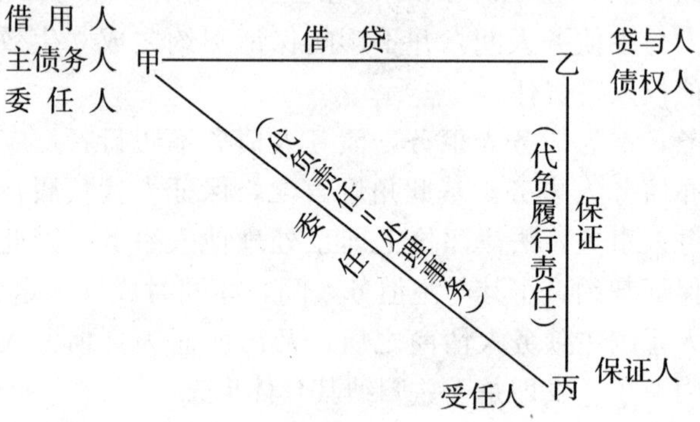

配合前述保证人与债权人关系之叙述，试就甲、乙、丙间之法律关系补充说明之：

①、②、③、④、同本书第五〇六页附表下说明之（1）、（2）、（3）、（4）

⑤甲丙间成立委任契约（理论上多先于乙丙间之保证契约，至少亦系同时成立），甲为委任人、丙为受任人，丙同意处理甲之事务（履行给付、清偿债务）。

33 债务人有清偿之义务及责任，苟有逃债意行，应认其意思违背公序良俗。因之，纵然保证人代负履行责任，有背债务人故意债务不履行之意思，于保证人与主债务人之间，仍系成立适法无因管理，保证人就其清偿债务（代负履行责任）所致损失，仍得依“民法”第一七六条请求全部偿还（一七六条二项）。不过，主债务人消灭时效抗辩之利益不受影响；因之，由保证人于消灭时效进行相当期间后，始基于无因管理而为保证，如其代负履行责任，已在债务人时效消灭之后，主债务人对于保证人之求偿权，应仍得类推适用第一四四条第一项规定。亦即仍得对保证人主张拒绝给付。

⑥丙代负履行责任后，得请求甲偿还或赔偿（五四六条），亦得行使代位权承受乙之权利（七四九条）。

（2）共同保证之形态

兹亦以前述甲向乙借款、丙、丁、戊先后承负担保责任之例，表解说明如下：

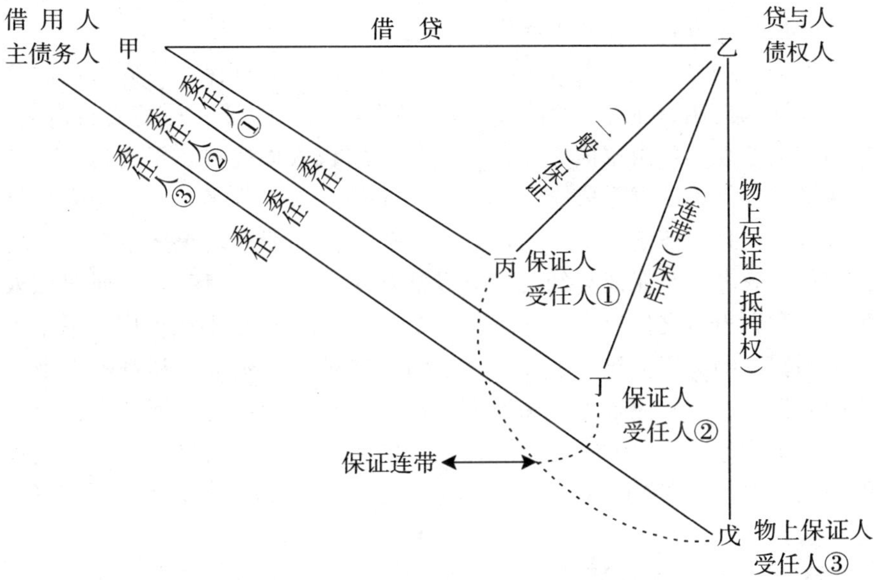

配合前述保证人与债权人关系之叙述，试就甲乙丙丁戊之法律关系补充说明之：

①、②、③、④、⑤同本书第五〇七页附表下说明之（1）、（2）及第五〇八页之（3）、（4）、（5）

⑥甲丙间、甲丁间、甲戊间分别成立委任，各委任契约之间，分别存在，事务执行之本身，亦互不相涉。甲分别为各委任契约之委任人，丙、丁、戊分别为各该委任契约之受任人。

⑦丙或丁或戊代负履行责任后，各得请求甲偿还或赔偿（五四六条），亦承受乙之权利而得行使代位权（七四九条）。

⑧丙或丁或戊，如有上述代负履行责任后，除上述（7）之求偿权外，尚得依连带债务相关规定行使求偿权或代位权（即丙代偿者，向丁戊求偿；丁代偿者，向戊丙求偿；戊代偿者，向丙丁求偿——“民法”二八〇条～二八二条）。惟如采物保优先原则，则戊代偿者，对丙丁尚无

求偿权等）。[34]

⑨保证人等就于主债务人之求偿权与保证人对于他担保人之求偿权，性质上为请求权竞合，依请求权竞合理论处理。

3. 保证书及其授权

保证虽为不要式契约，而且，保证契约与原因契约为个别独立之契约；不过，在现实之契约成立过程上，二者常借保证书之方式而相互连动，并接续完成，故亦并于此说明之。

保证契约之订立，大多系由债权人要求债务人觅保，债务人依此要求向保证人提出保证书或借用证书，经保证人在保证人栏签名盖章后，交给主债务人，再由主债务人将之交付予债权人而完成。于此情形，如该保证书或借用证书系完全书据，即关于债权人之姓名、主债务之种类及金额、利息、清偿期及其他有关主债务与保证债务之重要事项等，均已记载明确者，于保证契约之成立及法律关系上，主债务人应属保证人为保证意思表示之传达机关（使者）。反之，如该保证书或借用证书系不完全书据，即关于债权人之姓名、主债务之种类及金额、利息等事项系空白未记载者，则应解为系保证人就保证契约之缔结对主债务人授与代理权，主债务人系保证人之代理人，主债务人填写空白事项者，系代理保证人成立保证契约，且无违反禁止自己代理或双重代理（一〇六条）之可言。[35]

于上述保证授与代理权之例，如主债务人有超过保证人先前同意保证之范围而缔结保证契约者，例如，保证人原先同意保证之金额为一千万元，而主债务人在该经保证人签名盖章之不完全保证书上填写为一亿元是，于超过一千万元之部分，应解为系构成表见代理，应适用有关表见代理之规定（一六九条），以定保证人之义务及责任。同理，保证人将经其签名盖章之保证书或借用证书交付于主债务人后，于主债务人将之将付予债权人前，纵因不欲担任保证人而向主债务人表示撤回其保证者，惟主债务人仍将该经保证人签名盖章之保证书或借用证书交付予善意之债权人时，亦应解为仍有表见代理规定之适用，如经债权人主张，其保

34 本件如采广义之保证平等说，丙丁戊之间为平均求偿；如采物保优先说，则保证人对他保证人为平均求偿，对物上保证人为全部求偿。

35 参照我妻荣“债权总论”，第四五六页；松坂佐一，“民法提要：债权总论”（四版十五刷），1998年，第一六七页；星野英一“民法概论（Ⅲ）：债权总论”，良书普及会，1978年，第一七六页～第一七七页；奥田昌道“债权总论”，（增补版），悠悠社，1993年，第三八四页，史著（下），第八四〇页～第八四一页；刘著（一），第一二五页。

证契约仍属有效成立。[36]于此类案例，如尚有其他保证人或其他应负表见代理责任之保证人者，仍应认为成立共同保证而负连带责任之适用。

综上所述，足见综合说明一节，相关事项尚称复杂。爰试就其要点归纳如下表，以供参考：

- 综合说明
  - 意义
    - 定义
      - 当事人：保证人、债权人
      - 标的：代负履行责任
    - 成立
      - 标的：专属性债务、自然债务、将来债务
      - 意思表示
        - 诺成、不要式契约
        - 与觅保、对保无关
    - 性质：单务契约、无偿契约、从契约
  - 种类
    - 一般保证（739 以下）
    - 特殊保证
      - 连带保证
      - 共同保证（748）
      - 信用委任（756）
  - 相类概念
    - 票据保证：单独行为、独立性、非补充性
    - 债务承担：准处分行为、独立性、非补充性
    - 损害担保契约：担保自己债务、担保对象不以债务不履行为限
  - 多层关系
    - 保证与主（债务）契约
      - 保证人先索抗辩权（745）
      - 多数保证人连带责任（748）
    - 保证与原因契约
      - 形态：委任（528）、无因管理（172）
      - 效果
        - 保证人求偿数（546、176）
        - 保证人代位权（749）
      - 空白保证书
        - 范围内：保证人依代理负本人责任（103）
        - 范围外：保证人依表见代理负授权责任（169）

第二节 保证之效力

从契约之互涉连动观察，保证既系多角法律关系。因此，在保证效力之设计上，于不同当事人间，其呈现截然迥异。基此，一般所称保证效力，大体分就保证人与债权人间之关系及保证人与主债务人之关系二

36 同上注。

者说明；本书亦然。惟因基于保证人之角度而为分析，爰以保证人对于债权人之权利义务，以及保证人对于主债务人之权利义务称之；并因斟酌相关内容颇为丰富复杂，故亦援例列项说明之。

第一项　保证人对于债权人之权利义务

关于本项，拟分别就保证人之义务及保证人之权利二者说明。

一、保证人之义务

关于保证人之义务，拟分 1. 保证债务之性质，2. 保证债务之形态，3. 保证债务之范围，4. 保证债务与主债务之互涉关系四者叙明之。

（一）保证债务之性质

保证契约一经有效成立，保证人对债权人所应负担之债务，是为保证债务，其具体内容则为：于主债务人不履行债务时，保证人对债权人而为债务人代负履行责任。足见保证债务之顺位，在于主债务之后。且也，保证契约为负担契约，保证债务之成立，并非债务之承担，主债务人之债务尚不因有保证人之故，而失其存在；从而，主债务人亦不因有保证人之故，即可免负履行债务之责任。基此，则保证债务与其他债务不同之性质，主要有二，即保证债务之从属性与保证债务之补充性二者是。

1. 保证债务之从属性

（1）从属性之意义

保证债务成立之目的，在于确保主债务之效力，故而，保证债务具有从属性。换言之，相对于主债务之存在，保证债务与其所担保之主债务，原则上同其命运及效力。其保证债务之发生，须以主债务之有效存在为前提，必须先有主债务之发生，而后始有保证债务之成立可言，是为发生上之从属性[37]；主债务因清偿、提存、抵销、免除或混同等事由而消灭者，保证债务亦随同消灭（三〇七条），是为消灭上之从属性[38]；债

37　参照“民法”第七四一条立法理由前段：“查民律草案第八百六十五条理由谓保证债务，乃担保债权之一种方法，为从债务而非主债务，必须主债务存在，始能成立。”

38　参照最高法院 1933 年上字第四九五号判例：“保证债务之存在以主债务之存在为前提，主债务人所负债务纵有一部未经清偿，而该部分已由债权人免除，因而主债务全部消灭者，保证债务当然随之消灭。”

权人将其债权让与他人时，保证债权亦当然随同移转（二九五条一项本文），是为移转上之从属性。其债务之客观范围变动或性质改变者，亦同。不过，保证契约系基于保证人与主债务人间之信任，因而被保证之债务（主债务），若由他人承担以致主债务人有所变更者，除非保证人对于债务之承担已为承认外，保证债务因主债务之承担而消灭（三〇四条二项），是为特例。[39]

对于主债务，保证债务既具有从属性，则保证债务自不得重于主债务，故“民法”第七四一条规定，保证人之负担，较主债务人为重者，应缩减至主债务之限度。因此，除法律有特别规定外，保证债务之范围、数额或体态，仅得小于或低于主债务之范围数额或体态，但不得大于或重于主债务之数额或体态。[40]例如：保证债务之利率，不得高于主债务之利率；主债务不必支付利息者，不得仅使保证债务支付利息；主债务附有条件者，不得使保证债务为无条件；保证债务之清偿期，不得先于主债务之清偿期；主债务人仅就重大过失负责者，不得使保证人就抽象过失或具体过失负责；主债务之给付标的变动者，保证债务随同变动；主债务变成损害赔偿之债者，保证债务亦成为损害赔偿之债；主债务免除者，保证债务亦随同免除等均是。此外，如主债务人与债权人另订契约，扩张主债务之范围或变更其内容时，如未经保证人之同意，保证债务之范围，自不随同扩张或变更。

（2）从属性之例外

保证债务从属性之例外，计有如下三者：

①约定之例外

保证债务，不得依约定而加重，但得依约定而减轻。例如，债权人与保证人有下列减轻之约定者，其约定均属有效，并依约定而减低其保证责任：

a. 约定仅保证原本而不保证利息；

b. 约定仅保证债务之一部而不保证其全部；

c. 约定仅保证债务不履行之损害赔偿而不得保证主债务之给付本身；

39 参照“最高法院”1960年台上字第一七〇九号判例：“保证契约系基于保证人与主债务人间之信任，若主债务人有所变更，除已得保证人同意外，尚难谓其仍负保证之责。”

40 参照“民法”第七四一条立法理由后段：“保证债务之标的必与主债务之标的同。又保证债务之标的及体样，只能轻于主债务，不能重于主债务，故保证人之负担，较重于主债务人之负担者，应使其缩减至主债务人负担之限度为止。”

d. 约定仅就主债务人之故意或重大过失所生不履行始为保证，而不及于债务不履行之全面。

②民法规定之例外

“民法”第七四三条规定：“保证人对于因行为能力之欠缺而无效之债务，如知其情事而为保证者，其保证仍为有效。”亦即于此情形，虽行为能力欠缺人并未负有债务，保证仍为有效，保证人仍因其保证而应自行负责。惟其主债务既属无效，法律意义上并无主债务存在，自亦无成立具有从属性保证债务之余地。换言之，保证人与债权人所成立者，系一独立债务，由保证人独立就该债务自负履行之责，并非代负履行责任，已无从属性及补充性可言，亦不生依保证而向主债务人求偿之问题。此之所谓行为能力欠缺，意指无行为能力或限制行为能力之情事，亦即主债务人为无行为能力人或限制行为能力人，竟与债权人订立法律行为，但因“民法”第七八条至第八二条规定而无效者而言。保证人为行为能力欠缺人而为保证，须以知悉主债务人为能力有欠缺为前提，如保证人不知其情而为保证者，纵于其不知而有过失，仍无须负其责任，亦即回归保证从属性而无庸负保证责任或本条之独立责任。[41] 至于能力欠缺之法律行为如为有效者，例如，强制有效独立营业等之行为（八三条～八五条），使用电信行为（“电信法”九条）等，则主债务有效，保证债务亦属有效，乃保证从属性之当然适用，尚与民法本条无关。

再者，修正前民法本条，其规定之适用范围，尚及于错误所致无效[42]，因其颇滋疑义，民法债编修正，已予删除，其继续论争已无意义，并此叙明。[43]

---

41 参照“民法”第七四三条立法理由：“谨按保证债务者，保证人为主债务人之债权人担保主债务人必能履行债务之债务也。其所担保之债务，为主债务，而保证债务，则为从债务，故主债务因错误而为无效时，保证债务亦无效，或主债务因行为能力之欠缺而为无效时，保证债务亦无效，此属当然之理，无待明文规定。至保证人明知主债务系属因错误或行为能力之欠缺而为无效之债务，乃犹为之保证，此时应仍视为有效之保证债务，以保护债权人之利益。”

42 参照修正前“民法”第七四三条：“保证人对于因错误或行为能力之欠缺而无效之债务，如知其情事而为保证者，其保证仍为有效。”

43 参照“民法”债务修正第七四三条修正理由：“债务人因错误而负担之债务，依第八十八条规定，得撤销之，并非当然无效，且依第九十二条规定，因被诈欺或被胁迫而负担之债务，亦得撤销之。现行条文称‘因错误而无效’，恐将引起误会，又仅列举“错误”一种情形，而置‘诈欺’及‘胁迫’于不顾，理由亦不易明了，爰删除‘错误或’等字，使本条仅适用于因欠缺行为能力而无效之一种情形。”

③其他法律规定之例外

特别法规定之保证债务从属性例外，主要有如下数例：

a. 公司重整完成后，公司债权人对公司之债权未受清偿者，原则上归于消灭，但公司债权人对公司债务之保证之权利，不因公司重整而受影响（"公司法"三一一条）。

b. 债权人之债权，因破产法上和解之让步而消灭者，债权人对于债务人之保证人所有之权利，亦不因和解而受影响（"破产法"第三八条）；其经调协者亦同（"破产法"一三七条）。

c. 破权人之债权，因破产程序未获清偿而消灭者，债权人对于债务人之保证人所有之权利，亦不因破产而受影响。[44]

以上所称，债权人不受影响，系指债权人对于保证人之权利，不因上述之公司重整或破产而生不利益之结果，亦即债权人对保证人之请求权，仍属完整存在，规范体系构成上，乃为保证从属性之例外规定，实务亦持同一见解。[45]

2. 保证之补充性

保证，系约定于主债务人不履行债务时，始由保证人代负履行责任（七三九条）。因之，在债务履行关系上，即保证债务原则上仅于主债务不履行时，始为补充的履行，民法为此，特别于第七四五条规定："保证人于债权人未就主债务人之财产强制执行而无效果前，对于债权人得拒绝清偿。"是为学理通称之先诉抗辩权或检索抗辩权。

按于保证之法律关系上，主债务人债务不履行者，债权人并非不得对主债务人及保证人同时起诉，而且，苟其起诉表明先对主债务之财产为强制执行，于法当属可行，法院亦应据此而裁判，称之先诉抗辩权，诚有用语不符语文明确之虞，立法理由之说明，似亦有相类

44　参照"最高法院"1962年台上字第二二四三号判例："'破产法'第一百四十九条规定免责之效力仅及于破产人，至破产人之共同债务人及其保证人，并无引用该条之规定主张免除责任之余地。"

45　参照"最高法院"1995年台上字第二四二九号判决："（一）'公司法'第三百十一条第二项规定，公司债权人对公司债务之保证人之权利，不因公司重整而受影响。所谓对保证人之权利不因公司重整而受影响，系指债权人对保证人原可主张之权利，不因公司重整完成而生不利益之谓。换言之，公司重整完成后所生之效力，不影响于公司重整前债权人对保证人原得行使之求偿权利。是以债权人因公司重整完成而消灭之权利，仍得对保证人求偿。此为'民法'第七百四十一条保证债务负担从属性原则之例外规定，自应优先适用。"

流弊。[46]检索抗辩权者，其意义较为深奥，揆其意义，检者似寓指检察官提起公诉、担当自诉，并借以表明起诉之意；索者，当意指强制执行而言。如是，则其一方面既有先诉抗辩权之语意未明，另一方面亦不足以充分表征先行执行之涵意。本书斟之再三，爰以先索抗辩权称之，以期更能确切把握制度原意，并有助制度全面之了解。

保证之补充性，亦有例外，亦即如上所称之先索抗辩权，得依当事人之意思除去之，如成立连带保证或保证人抛弃先诉抗辩权（七四六条一款）是，亦得因其他法定事由而丧失（七四六条二款～四款）。至其构成之进一步分析，拟并于保证人权利节次内说明，于此暂予从略。

（二）保证债务之形态

1. 一般形态

保证债务具有从属性，因而其形态，无论于内容、种类及体态，原则上应与主债务之内容、种类及体态相同。主债务之内容、种类及体态有变更者，保证债务之内容、种类及体态原则上亦随之变更。如主债务为金钱债务者，保证债务亦为金钱债务；主债务为其他代替物之债务者，保证债务，亦为其他代替物之债务；主债务因债务不履行而应负损害赔偿债务、乃至变为损害赔偿（前者，如给付迟延之迟延赔偿——二三一条；后者，如给付不能之替代赔偿——二二六条），保证债务亦包括或甚而变为损害赔偿债务是。

以上所述，于给付迟延固无问题，但于给付不能，是否有例外，或不无讨论余地。例如，给付标的为特定物给付或劳务性给付，如主债务人为给付不能，而其保证人为给付可能者，保证人是否仅代负赔偿责任？或有代为给付义务？学理上难谓毫无争议。基于权利保护原则，愚见以为，所谓代负履行责任，语意范畴应包含于可能给付时之代为给付义务，且代为给付义务应不违反人格自由原则。因之，于上所指特殊情况，如其给付标的为特定物者，例如主债务人应给付 A 车，但 A 车恰为保证人所有者，保证人应负代为给付义务；反之，如其给付标的为劳务性给付者，则本于劳务供给专属性及劳务供给请求专属性（如四八四条），尚难

46　参照“民法”第七四五条立法理由：“查民律草案第八百六十八条理由谓保证债务者因主债务人不履行主债务时而履行之债务也。故债权人应先就主债务人之财产而为强制执行，必须强制执行而无效果，始得请求保证人清偿，否则保证人对于债权人有拒绝清偿之权利。盖保证债务，为从债务，债权人应先向主债务人请求清偿，于未向主债务人请求之先，不得向保证人请求也。”

谓保证人有代为给付义务，以免债权人被迫接受第三人之劳务供给。

2. 最高限额保证之形态

最高限额保证，其形态有如抵押权方面之最高额抵押，于保证而言，得基于契约自由原则而成立。其与一般保证不同之处在：最高额保证契约，如其定有期间，则在该期间内所生约定范围内之债务，只要不逾最高限额者，均为保证契约效力所及；如其未定期间，保证契约在未经保证人依“民法”第七五四条规定终止或有其他消灭原因以前，债权人与主债务人所生之债务，于约定之最高额限度范围内，仍为保证效力所及。因此，在该保证契约有效期间内，债权人与主债务人间所发生约定范围内之债务，纵因清偿或其他事由而减少或消灭，该保证契约依然有效，如债务消灭后，债权人与主债务人间再发生约定范围以内之债务，于不逾最高限额者，债权人仍得请求保证人履行保证责任。[47]

于最高额保证，除订约时已发生之债权外，即将来发生之债权，在约定限额之范围内者，亦为保证契约效力所及。惟保证人死亡后，已不得再为权利义务之主体，因此保证人死亡前已发生之债务，在约定保证限额之范围内者，固应由其继承人承受而负偿还责任，然于保证人死亡后始发生之债务，在约定保证限额之范围内者，是否仍应由其继承人承受而负偿还责任，解释上宜以否定见解为宜。盖以保证人既已死亡，已不再为权利义务主体，而继承人仅继受权利义务，尚不因之继承保证人之契约上地位，亦即保证人并不继承契约而成为保证之当事人，实务亦持相同论点。[48]惟学理上，或基于保证（债务）之非专属性，认为继承人仍应对保证人死亡后陆续发生之主债务，负其代偿责任，其见解亦值注意。[49]

47 参照“最高法院”1988年台上字第九四三号判例：“此种保证契约（按即指最高限额保证）如定有期间，在该期间内所生约定范围内之债务，不逾最高限额者，均为保证契约效力所及；如未定期间，保证契约在未经保证人依‘民法’第七百五十四条规定终止或有其他消灭原因以前，所生约定范围内之债务，亦同。故在该保证契约有效期间内，已发生约定范围内之债务，纵因清偿或其他事由而减少或消灭，该保证契约依然有效，嗣后所生约定范围内之债务，于不逾最高限额者，债权人仍得请求保证人履行保证责任。”（同旨同院1997年台上第二六九一号判决。）

48 参照“最高法院”1992年台上字第一〇一一号判决：“保证人与债权人约定就债权人与债务人间所生一定债之关系范围内之不特定债务，预定最高限额，由保证人保证之契约，学说上称为最高限额保证。此种保证，除订约时已发生之债权外，即将来发生之债务，在约定限额之范围内，亦为保证契约效力所及。而保证人死亡后，已不得再为权利义务之主体。保证人死亡前已发生之债务，在约定限度之范围内，固应由其继承人承受，负连带偿还责任；惟保证人死亡后始发生之债务，则不在其继承人继承之范围。”

49 刘著（一），第一二三页。

（三）保证债务之范围

保证债务之范围，除法律另有规定或契约另有约定外，悉以主债务之全部为准，亦即保证契约成立时，与主债务有关之已发生或可发生之债务，均为保证效力范围所及[50]，学理上通称无限保证。反之，如法律或当事人对保证债务之范围另有规定或另有约定者，其范围即依其规定或约定定之，一般通称之为有限保证。兹分述如下：

1. 无限保证

“民法”第七四〇条规定：“保证债务，除契约另有订定外，包含主债务之利息、违约金、损害赔偿及其他从属于主债务之负担。”足见，关于保证债务之法定范围，除主债务之原本全部外，尚及于主债务之利息、违约金、损害赔偿及其他从属负担等。[51]民法所以而有本条明定，除在陈明保证人之本旨，同时寓有杜免解释疑义之用意。[52]兹叙其相关事项于下：

（1）利息

此所称利息，解释上包括约定利息及法定利息（如迟延利息），亦包括基本权之利息及支分权之利息，惟后者适用短期消灭时效而已。至于保证人于订立保证契约时是否知有此项利息债务，则非所问。不过，保证债务之范围，应以保证契约成立时已发生或可能发生之债务为限；因之，如债权人与主债务人原无利息约定，却于保证契约成立后，始由主债务人与债权人约定负担利息债务，则其后因而所生利息，尚非为保证效力范围所及，保证人于此部分不负保证责任。

（2）违约金

此所称之违约金，意指债权人与主债务人约定，主债务人于不履行债务时应支付之违约金，无论其为赔偿性（损害赔偿总额预定性）违约金或惩罚性违约金（二五〇条），均包括在内；保证人于订立保证契约时

50 参照“最高法院”1966年台上字第二五二六号判例：“营利事业必须觅具纳税保证书，乃基于营利事业登记规则之规定（同规则第四条参照），故纳税保证范围，当以被保商号因营利事业所生或营利事业有关之纳税义务为限。”

51 参照最高法院1929年上字第八二四号判例：“保证范围既未约定，则关于主债务之元本、利息及因主债务人不履行债务所生之损害，与夫附属于主债务之负担，均负有保证偿还之责任。”

52 参照“民法”第七四〇条立法理由：“本民律草案第八百六十四条理由保证债务之范围，虽依保证契约而定，然有时保证契约内不规定及此，应以法律预定其范围，而保证者，担保债务人必能履行债务之债务也。故主债务原本之外，如利息、违约金、损害赔偿及其他从属于主债务之负担，亦应担保其履行，始合于保证之本旨。”

是否知有此项违约金之约定，亦非所问。如上所述，惟保证契约成立后，始由主债务人与债权人约定而应支付之违约金，则不包括在内。[53]

(3) 损害赔偿

此所称之损害赔偿，系指因主债务不履行而生之损害赔偿，无认系由于给付不能而生之替代赔偿，或给付迟延所生之迟延赔偿，抑或不完全给付所肇致之瑕疵赔偿或加害赔偿者，固均为保证债务范围所及。即因瑕疵担保而生之另行交付请求权或损害赔偿请求权（三六四条、三六一条、三五三条），解释上亦以包括为宜。

(4) 其他从属于主债务之负担

此所谓之其他从属于主债务之负担，指基于主债务所发生而应由主债务人负担之一切债务。举凡主债务人所应负担之订约费用、登记费用、催告费用、公证费用、运费、税捐及诉讼费用等均是，均为保证人担保范围之所及。

2. 有限保证

保证债务之范围，因法律规定或当事人约定而缩减其于一定范围者，是为有限保证。此时保证债务之范围，不必与主债务之范围一致，惟只能较主债务为轻。例如，甲向乙银行借贷五千万元，丙仅以五百万为限而负保证责任是。此外，如保证人仅以给付本身为保证而不及于违约金或损害赔偿，或仅约定以损害赔偿或违约金为保证范围者，均为约定有限保证之事例。[54]

3. 契约解除与保证责任

(1) 损害赔偿责任部分

依台湾实务见解及学理通说，认为契约一经解除，即溯及于契约成立时自始消灭，当事人相互间依“民法”第二五九条规定，互相负有回复原状义务，并得依“民法”第二六〇条规定请求损害赔偿，此际如原契约上之债务有保证人予以担保者，其担保之效力是否及于回复原状债务及损害赔偿债务，一般以为，应分别就回复原状义务及损害赔偿责任而定。

53 参照“最高法院”1953年台上字第六二四号判例：“当事人于本契约外为确保其契约之履行起见，同时或事后另以契约订定违约金之给付，依其内容给付只以违约为条件，并非有预定赔偿损害之性质，其本契约之保证人于该契约苟未经签名认可，或未有经其同意之证明，纵该保证人于本契约经已抛弃其先诉抗辩权，亦不负连带给付之责任。”

54 参照日本民法第四四七条第二项规定：“保证人得仅就其保证债务约定违约金或损害赔偿额。”

就“民法”第二六〇条规定之损害赔偿而言，其性质上为不履行责任，而非契约解除所新发生之权利义务，基于契约解除之效果，并不影响解除前已生之不履行责任，故一般以为，第二六〇条所定之损害赔偿责任仍在原保证效力范围之内，原契约主债务人之保证人，对之仍应负保证责任[55]；愚见亦然。[56]

4. 回复原状义务部分

(1) 学理上之争议

契约解除而生之回复原状义务，是否仍在保证债务范围，而仍应由保证人负责？学理见解不一。否定说者以为：契约一经解除，回复为未订约之状态，具有溯及消灭契约债务（主债务）之效力。主债务既因契约解除而消灭，则该契约之保证契约自亦随之而消灭；而且，契约解除后所发生之回复原状义务，为新生债务，性质上属于给付不当得利返还义务，与原契约上之债务并无同一性，并非主债务之本身或其延伸。既然，回复原状义务，乃契约解除后所发生之个别独立的法律上义务，则除保证契约有特别订定外，应不在保证债务范围之内。[57]

持肯定见解者以为，依我“民法”第七四〇条之规定，保证债务应与主债务同其范围，兹于契约解除后，主债务人既负原状回复之义务，则保证人亦应负同一义务也。[58]

(2) 愚见之说明

愚见以为，以上二说，应以肯定说为妥。盖以保证契约，系一种担保债权之制度，旨在确保债权人之债权，以迄于其实现。因之，其为契约当事人而为保证之场合，其目的即在于使债权人尚不致因契约债务之不履行而蒙受损失。换言之，保证人既为保证，即应就该契约当事人所负担之一切与契约履行或不履行有关之债务，均予以保证，如是不仅现实上有其必要，亦较符合吾人之认知及日常生活之经验法则。况者，在契约解除上，其回复原状义务之发生，基本上系肇因于原契约之债务不履行，其情形与原契约债务不履行之损害赔偿债务相同，此不仅均为保证人所得预见者，使保证人对之负担保责任，既不会使保证人负担过重

55 郑著（下），第八三三页～第八三四页；史著（下），第八五三页；刘著（一），第一三四页。

56 参照前揭拙著“新订民法债编通则”（下），第一八五页。

57 郑著（下），第八三三页至第八三四页；史著（下），第八五二页～第八五三页。

58 戴著（下），第三八二页；刘著（一），第一三五页；前揭拙著“新订民法债编通则”（下），第一八五页。

之责任。再者，依肯定说，其与第二六〇条加计之额度总额，恰等于替代赔偿或原定给付加迟延赔偿。从而，谓契约解除后之原状回复义务，除有特别约定外，亦为保证效力所及，其见解始较适当。否则，债权人选择解除契约时，其结果岂非平白丧失对保证人之重要请求权。如是，不仅有违解除权之立法定制上保障债权人之意旨，亦与完全赔偿之平均正义理念颇有扞格。

（四）主债务与保证债务之互涉

保证债务具有从属性，为主债务之从债务，因此，主债务人与债权人间就主债务所生之事项，其效力原则上及于保证债务。反之，保证人与债权人间就保证债务所生之事项，其效力原则上不及于主债务。[59]兹以是否适用从属性原则为准，举其相关重要事项分述如下：

1. 适用从属性原则之事例

（1）债权人之请求或其他中断时效行为

"民法"第七四七条规定："向主债务人请求履行及为其他中断时效之行为，对于保证人亦生效力。"此之请求，包括诉外请求及起诉；其他行为系指与起诉有同一效力之行为（一二九条二项）。换言之，如债权人向主债务人为上述行为，致对于主债务请求权之消灭时效中断者，债权人就保证债务对于保证人之请求权，其时效亦因之而中断；盖非如是，显然有违担保债务之本旨也。[60]反之，债权人向保证人为请求、起诉或与起诉有同一效力之行为而时效中断者，则其效力不及主债务人，即债权人对主债务人之请求权，其时效并不因之而中断。

依民法本条规定，向主债务人请求履行及为其他中断时效之行为，而对于保证人亦生效力者，应仅以债权人向主债务人所为请求、起诉或与起诉有同一效力之事项为限，若其系由于主债务人之行为所致者，例如，"民法"第一二九条第一项第二款规定之承认，性质上乃主债务人向债权人所为之行为，既非民法本条所指债权人向主债务人所为中断时效之行为，故主债务人所为承认以致时效中断者，对于保证人自不生效力。换言之，于此情形，保证债务之消灭时效仍然持续进行，而且主债务因

59 参照民律草案第八七〇条立法理由："向保证人请求履行及时效中断，对于主债务人不生效力。"

60 参照"民法"第七四七条立法理由："查民律草案第八百七十条理由谓向保证人请求履行及时效中断，对于主债务人不生效力，然对于主债务人请求履行及时效中断，则对于保证人不能不生效力。盖保证在担保主债务之履行，若不发生效力，则有反于保证之本旨也。"

而消灭时效之不利益，保证人亦无庸承受。[61]

债权人向主债务人请求履行债务，如主债务人未即为履行者，一般即发生给付迟延责任。此之给付迟延责任，当然在保证范围之内，保证人对之应负责任，自是无待多言。

（2）消灭性时效完成

债权人对主债务之请求权，因消灭时效之完成而发生之法律上效果，其效力亦及于保证债务，保证人得据以对债权人拒绝给付，此从"民法"第七四二条第一项之规定，亦可印证。而且，保证人所得主张之时效利益，为法律所强制保护，纵主债务人抛弃其时效利益，保证人仍得主张之（七四二条二项），以免保证人因债务人事后之任意行为而遭受不测之损害。[62]例如主债务人消灭时效完成后，以契约承认其债务者，主债务人虽因之丧失消灭时效上之利益（即丧失拒绝给付之抗辩权，消灭时效抑且重新起算），但保证人仍得主张主债务人原有之消灭时效抗辩权。反之，债权人对保证债务之请求权，因消灭时效完成而生之法律上效果，其效力不及于主债务。换言之，虽保证人得行使消灭时效所生之灭却抗辩权，但主债务人不得据以对债权人拒绝给付。

（3）清偿等

主债务因主债务人之清偿、代物清偿或提存而消灭者，保证债务亦随之消灭（三〇七条），但保证债务因保证人之清偿、代物清偿或提存而消灭者，主债务人虽同免给付责任，债权人亦不得再向主债务人请求清偿。但主债务并不因之而消灭，债权人对主债务人之债权移转于保证人而已（七四九条）。免除亦仅系应作同一解释，亦即主债务因债权人为免除而消灭者，保证债务亦随之消灭（三〇七条），但保证债务因债权人对保证人单独免除而消灭者，主债务因之而消灭。主债务人与债权人成立债务更新者，其原来为保证标的之旧债务业已消灭。因之，除保证人就新债务之履行同意续为保证者外，保证债务应随之消灭。此外，如主债务人与债权人成立间接给付（三二〇条本文）者，因旧债务不消灭，保

61 参照"最高法院"1979年台上字第一八一三号判例："依'民法'第七百四十七条规定，向主债务人请求履行及为其他中断时效之行为，对于保证人亦生效力者，仅以债权人向主债务人所为请求、起诉或与起诉有同一效力之事项为限，若同法第一百二十九条第一项第二款规定之承认，性质乃主债务人向债权人所为之行为，既非'民法'第七百四十七条所指债权人向主债务人所为中断时效之行为，对于保证人自不生效力。"

62 参照"民法"第七四二条立法理由后段："又主债务人虽抛弃其抗辩权，而不得因此害及保证人之利益，否则保证人将蒙不测之损害也。"

证债务自亦不当然消灭，须待主债务人清偿新债务或旧债务时，与主债务同时消灭。

（4）混同

保证关系所生之混同，其情形有三，即：

①保证人与债权人混同，于此情形，保证债务消灭（三四四条），但主债务并不因之而消灭。

②债权人与主债务人混同，此时主债务消灭，保证债务亦随之消灭，但主债务如因其债权已为他人权利（权利质权）之标的者，则主债务尚不消灭（三四四条但书），从而保证债务亦不消灭。

③保证人与主债务人混同，此时保证债务原则上应归消灭，但如保证债务之存续，于债权人有法律上之利益时，则不消灭。此于台湾民法，虽未若瑞士债务法之设有明文[63]，但解释上应无不同；例如，保证人继承主债务人而为限定继承时，或单就保证债务设有担保物权者，则保证人与主债务人之混同，尚不生保证债务消灭之效果。[64]

（5）给付不能等

主债务因可归责于主债务人之事由致给付不能者，主债务人负损害赔偿责任，亦即主债务之体态变为损害赔偿债务而存续（二二六条），保证债务亦随之变更为损害赔偿债务而继续存在。反之，主债务如因不可归责于主债务人之事由致给付不能时，则主债务人免给付义务（二二五条第一项）。实务见解及学理通说认为主债务消灭，如是，则保证债务亦随之消灭。

主债务因可归责于主债务人之事由，致给付迟延者，主债务人除就原定给付仍负履行责任外，尚有迟延赔偿责任；其因不可归责于主债务人之事由，致给付迟延者，主债务人虽不负迟延责任，但原定给付仍有履行义务（二三〇条～二三三条）。凡此，保证债务均仍继续存在，惟主债务有损害赔偿债务者，保证债务亦随之扩大，亦应一并负责。

主债务因可归责于主债务人之事由，致为不完全给付者，主债务人对于不完全之部分，应负损害赔偿责任；如其因而致债权人之固有利益受有损害者，主债务人对加害部分亦应负损害赔偿责任（二二七条）。于

63 参照瑞士债务法第五〇九条第二项规定：“主债务人与保证人之责任混同，而保证对债权人存有特别利益时，保证债务为债权人继续存在。”

64 郑著（下），第八三五页～第八三六页；史著（下），第八六五页；戴著（下），第四一五页；刘著（一），第一三七页。

此情形，保证债务亦均继续存在，对于所生损害赔偿债务亦应负责。[65]

此外，债权人对于主债务人发生受领迟延之情事者（二三四条～二三六条），其债权人因而所致失权之效果（二三七条～二四一条），对保证人亦应发生受领迟延之效果，亦即保证人亦得主张，依主债务之情况减轻应负之其责任。

2. 不适用从属性原则之事例

（1）判决

基于债权人与主债务人间之诉讼所为之判决，其效力不及于保证人，主债务人虽已受败诉之判决，保证人仍得另行起诉或于另一诉讼中，依自己之证据方法，主张主债务之不存在、已消灭或其他事由，尚无“民法”第二七五条或第二八七条之问题。不过，基于保证债务之从属性及保证人负担不得超过主债务之法律原则（七四一条），如主债务人所受之判决，使主债务减轻或消灭者，其效力应可及于保证人，故保证人得主张同受其利益。至于基于保证人与主债务人间之诉讼所为之判决，则不问其利益或不利益，其效力均不及于主债务人，亦不生主债务人得为主张其效力之问题。

（2）限定继承

“民法”第一一五四条第一项规定：“继承人得限定以自继承所得之遗产，偿还被继承人之债务。”是为所谓之限定继承。一般以为，主债务人死亡，其继承人为限定继承时，其效果仅系限定主债务之责任，而未限定主债务之数额。换言之，在规范意义上，主债务之数额并不变更，只是债务人之责任担保，仅以一定之财产为其范围，而非如一般情形之为无限责任而已。保证既为担保制度，则债权人之利益，自不因主债务人之继承为限定继承而受影响。因此，保证人仍须就主债务之全部负其责任，并对债权人因而未获清偿之部分负保证责任。[66]

其次，保证人死亡，而其继承人为限定继承时，主债务当然不受影响，仅债权人向保证人之继承人为请求清偿时，该继承人得主张限定继承之利益而已。至于主债务人，则仍应负全额清偿之责任。

（3）破产

主债务人破产者，保证债务不但不因之而缩减其保证债务之范围，

65 学理上或以为，债务人对于加害给付所生损害，尚无庸依债务不履行（契约不履行）负其责任，受害之债权人如为请求，应另依侵权行为相关规定而为主张。依此见解，则加害给付所生之损害赔偿，尚非为保证债务之效力范围所及。惟其论点，与现行民法立法政策（二二七条二项）有背，是否仍应坚持，颇费思量。

66 郑著（下），第八三七页；史著（下），第八六六页；刘著（一），第一三九页。

保证人且反而因之丧失先诉抗辩权（七四六条三款）。而且，于此情形，保证从属性不得援用，其债务人因破产而免责之效力（“破产法”一四九条），仅及于该主债务人（破产人），对其保证人则不受影响。盖以保证既为担保制度，于此情形，债权人之权益应受担保之保护。因之，破产之债权人未能自破产财团受分配之部分，保证人仍须负清偿之责任。再得，保证人破产者，主债务人不受影响，自亦当然，无待多言。

主债务人与债权人，就主债务为破产法上之和解者，其债权人对于债务人之保证人及其他共同债务人所有之权利，不因和解而受影响（破产法三八条）。换言之，此时亦无保证从属性之适用，保证人仍须就债权人未获清偿之部分为全部之清偿，而且，其因而所生不利益，保证人应自行承受，其为清偿后对于主债务人因和解而得免除之数额，不得行使求偿权。至于，保证人与债权人就保证债务为破产法上之和解者，则与前述相类情形者同，亦即对于主债务不生任何影响。

前述情形，于破产程序进行后，基于调协而为债权债务之处理者，亦有适用；亦即债权人就主债务未获清偿之部分，保证从属性仍不适用，保证人对之仍应负保证责任（“破产法”一三七条）。

（4）公司重整

主债务人为股份有限公司，而依公司法有关公司重整之规定完成公司重整者，已申报之债权未受清偿部分，除依重整计划处理，移转重整后之公司承受者外，其请求权消灭，未申报之债权亦同（“公司法”三一一条一项一款）。至于主债务人因公司重整完成而其债权人之请求权消灭之效力，仅及于该主债务人而不及于保证人。因之，公司债权人对于公司债务之保证人之权利，不因公司重整而受影响（同上条二项）。此盖以保证既为担保制度，则于此之危险，自应由保证人负担，俾符权利保护原则，并利重整计划之通过及推动。[67]

67　参照“最高法院”1990年台上字第一三〇一号判例：“公司重整乃公开发行股票或公司债之股份有限公司因财务困难、暂停营业或有暂停营业之虞，依公司法所定公司重整程序清理债务，以维持公司之营业为目的，参加公司重整程序之债权应受重整计划之限制，故具有强制和解之性质，债权人对于债务人债务之减免，非必出于任意为之，‘公司法’第三百十一条第二项所以规定公司债权人对于公司债务之保证人之权利，不因公司重整而受影响，其立法意旨在使重整计划于关系人会议中易获可决。保证人原以担保债务人债务之履行为目的，债务人陷于无资力致不能清偿债务时，保证人之担保功能更具作用，在公司重整之情形，公司财务已陷于困难，此项危险，与其由债权人负担，毋宁由保证人负责。故债权人就因重整计划而减免之部分，请求保证人代负履行责任，不因公司重整而受影响。”

基上规定，债权人于公司重整完成后，对其未获清偿部分，即得向保证人请求代负履行责任，保证人尚不得主张保证从属性以为抗辩。基于本段前列各款所述，如公司为保证人而发生公司重整情事时，公司重整完成之效力，对主债务不生影响，自亦无待多言。

综上所述，足见保证人之义务乙项，其内容尚称复杂而丰富，爰亦归纳其要点如下表，以供参考：

- 保证人义务
  - 保证债务性质
    - 从属性
      - 原则：成立、变更、消灭随同主债务
      - 变动（741、307、295Ⅰ本文）
      - 例外：独立存在（另有规定或约定：743、304Ⅱ）
    - 补充性
      - 原则：先索抗辩权（745）
      - 例外：丧失先索抗辩权（746）
  - 保证债务形态
    - 一般形态：随同主债务变动而变动（741）
    - 最高限额保证
      - 主债务期中消灭、保证仍属有效
      - 主债务期中再生、保证债务继续
  - 保证债务范围
    - 原则：无限保证（利息、违约金、损害赔偿等：740）
    - 特例：有限保证（另有规定或约定）
    - 契约解除：保证债务不受影响
  - 互补关系（主债务）
    - 适用法则
      - 主债务所生事项，原则上效力及于保证债务
      - 保证债务所生事项，效力不及于主债务
    - 适用事例：中断时效行为(747)、消灭时效完成(742)、清偿等（307)、混同（抵销）、给付不能等
    - 不适用事例：判决、限定继承、破产、公司重整（从属性例外）

二、保证人之权利

由于保证具有多层法律关系，因之，保证人之权利，较诸一般契约类型之当事人权利，堪称复杂得多。而且，因保证契约为单务无偿契约，保证人对于债务人并无相对为积极请求给付之权利，故于保证人对债权人之角度上，其所称权利均无防卫性或抗辩性之权利。基此，则所谓保证人之权利，计有如下三者：

1. 基于保证为从契约之性质，保证人得主张债务人权利之权利。

2. 基于保证契约之特性，保证人得主张保证补充性所衍生之特殊权利。

3. 基于一般债之关系，保证人基于一般债务人地位所得主张之权利。

由于保证为单务无偿契约，保证人对于债权人所负责任相当沉重，民法基于衡平考虑，于保证人权利设有强化保护之意旨，是为所谓保证人权利之强制性，构成保证人权利之另一显著特色。基上考量，本段除依序说明上述三者之内容外，亦同时另辟保证人权利之强制性一段，以期周延。

（一）主张债务人权利之权利

依民法本节规定，保证人所得主张之债务人权利，计有 1. 主债务人之抗辩权，2. 主债务人抵销权，3. 主债务人撤销权三者兹分述如下：

1. 主债务人抗辩权之援用

（1）基本规定

“民法”第七四二条第一项规定：“主债务人所有之抗辩，保证人得主张之。”所谓主债务人所有之抗辩，系指主债务人所得对抗债权人之事由，举凡主债务人所有，而与主债务自身之发生、消灭或履行有牵连关系之一切抗辩，均包括在内，但不包括主债务发生、变更或消灭以外独立原因事由所生之抗辩。例如，抵销之抗辩，即不在本条适用范围之内。[68]

（2）抗辩之种类

保证人所得援用债务人之抗辩，因其性质之不同，可分为如下三者：

①权利未发生之抗辩

权利未发生之抗辩，指主债务所据以发生之原因契约或其他法律事实，因法律规定而有不成立、未发生或无效之原因，致债权人权利未发生者而言。于此情形，主债务人得主张抗辩，其保证人自亦得主张之。例如，为主债务基础关系之契约，因债权人有违法情事或当事人欠缺行为能力而无效，或为主债务原因事实之侵权行为，因主债务人无过失，其侵权行为不成立以致损害赔偿之债不发生是。其他如主债务所生超过

68 参照“最高法院”1953 年台上字第一〇六〇号判例：“保证人于其保证之债务，除有‘民法’第七百四十四条及第七百四十五条所定事由，对于债权人得为拒绝清偿之抗辩外，就主债务人所有之抗辩，亦得主张之，固为同法第七百四十二条所明定。惟该条所谓保证人得主张主债务人所有之抗辩，系仅指主债务人所有与主债务自身之发生、消灭或履行有牵连关系之抗辩（如主债务有不法事由，或当事人无行为能力等原因而发生，或因清偿及其他原因而消灭，或由契约互负债务，他方未为对待给付前，得拒绝自己给付等抗辩），因其效力当然及于有从属性之保证债务，故亦得由保证人主张之者而言。若主债务人与债权人互负给付种类相同之债务，关于主债务人所有之抵销抗辩，系本于主债务以外之独立原因所生，而与主债务之发生、消灭或履行并无牵连关系，则除保证契约另有订定外，自不在保证人得为主张之列。”

法定最高利率限制之利息而无请求权之债权，或主债务之利息债权因巧取利益而不发生者（二〇五条、二〇六条），亦均属之。此外，为主债务基础关系之法律行为，如经撤销者，因民法另有规定（七四四条），解释上不在本条适用范围之内，并此叙明。

主债务基础关系之法律行为无效者，保证人得援用主债务人之抗辩权，固为原则；但如保证人明知其事而为保证者，应独立免其责任而无本条项之适用，是为例外。不过，有关于此，于保证从属性时已有说明，兹不重复。

②权利消灭之抗辩

主债务相当之债权人权利，虽曾有效发生，但因法定事由发生而消灭者，保证债务亦随同消灭，保证人自得援用其抗辩。例如，主债务因清偿、代物清偿、债务更新、提存、抵销等原因而归消灭者是。主债务因不可归责于主债务人之事由，致主债务人给付不能而主债务消灭者[69]，保证人亦得主张之。但契约解除者，主债务人负回复原状义务及损害赔偿，保证人原则上仍负保证责任，尚无抗辩可言，惟此，于保证从属性相关部分，亦已有说明，兹不重复。

③拒绝给付之抗辩

拒绝给付，即狭义、亦通称之抗辩（权），亦即债务人基于法律规定而得拒绝给付之权利。抗辩权，无论其为灭却性抗辩或延期性抗辩，均包括在内。前者如消灭时效所生之抗辩（一四四条一项）、恶意抗辩（一九八条）；后者，如同时履行抗辩（二六四条）、拒绝支付价金之抗辩（三六八条）、拒绝支付价金之抗辩（三六八条）。他如，违约金声请酌减（二五二条、二五三条）、租金声请酌减（四四二条）、乃至情事变更原则（二二七条之二）、诚实信用原则（一四八条二项）、权利滥用原则（一四八条一项）之援用，亦应从广义而认为有本条之适用。立法意旨，则特别载明，留置权之抗辩，亦得援用，殊值注意。[70]

（3）抗辩权援用之保护

保证人之得援用主债务人抗辩权，其规范目的，在于保护保证人免于不测之不利益，故“民法”第七四二条第二项规定：“主债务人抛弃其

69 关于不可归责于债务人之事由，致给付不能者，发生债之关系消灭之法律上效果，其相关归纳说明，请 参照前揭 拙著“新订民法债编通则”（下），第四五一页～第四五二页。

70 参照“民法”第七四二条立法理由前段：“查民律草案第八百六十六条理由谓保证债务为从债务，故主债务人所有之抗辩，如留置权之抗辩，延期之抗辩等，保证人皆得主张之。”

抗辩者，保证人仍得主张之。”[71] 例如，主债务人于消灭时效完成后，以契约承认履行债务者，其效力不及于保证人，亦即保证人仍得主张债务人原已取得之拒绝给付抗辩权。

2. 主债务人抵销权之援用

民法债编修正以前，如主债务人对于债权人有反对债权而得行使抵销权者，其保证人得否行使主债务人之抵销权或以之为抗辩，民法对之原未设明文规定，学理见解不一，或采否定立场[72]，或采肯定立场[73]，而实务则采否定见解。惟实务见解，于保证人利益之保证诚有未周，民法债编修正，爰采肯定立场，增订“民法”第七四二条之一，规定：“保证人得以主债务人对于债权人之债权，主张抵销。”此一规定，于杜免争议，乃至增进保证人权益，均具意义，值得肯定。[74] 因之，学理原有歧见，已无继续争议，“最高法院”前述判例，亦应随之废止，无复适用余地。

依民法本条规定足认，如主债务人对债权人有抵销权，主债务人自己未主张抵销时，保证人固得行使主债务人之抵销权，惟若主债务人自己已为抵销，则主债务消灭，保证人亦得援用而据以拒绝清偿，只不过，于此情形，已属前述权利已消灭之抗辩，而非本条之抵销权援用而已。此外，从民法本条规定意旨而言，则于以下三者尚有补充说明之必要。

(1) 民法本条之规范意义，系主债务人抵销权之援用，尚非一般所称抗辩权之援用，回避保证人据以抗辩或拒绝给付之用语。

(2) 主债务因保证人援用主债务人之抵销权而主张抵销者，主债务消灭，保证债务亦随同消灭。

(3) 保证人所得援用抵销之标的债权，须该债权符合抵销适状，亦即具备抵销之积极要件及消极要件者，始有适用，尚不能谓主债务人对于债权人有债权或同种类债权者，即有适用。因之，适用民法本条规定，宜采限缩解释立场，以该债权已具抵销要件，亦即主债务人得主张抵销

71 参照同上条立法理由后段：“主债务人虽抛弃其抗辩权，而不得因此害及保证人之利益，否则保证人将蒙不测之损害也。”

72 戴著（下），第三九三页；蔡著（下），第一九〇页；陈著，第四二六页～第四二七页。

73 郑著（下），第八三六页、第八四一页；史著（下），第八五八页；薛著，第三八三页（采拒绝清偿说）。

74 参照“民法”债编修正第七四二条之一修正理由：“主债务人对债权人有债权者，保证人得否以之主张抵销，学者及实务见解不一。为避免保证人于清偿后向主债务人求偿困难，爰参考日本民法第四百五十七条第二项之规定，增列本条，明定保证人得以主债务人对于债权人之债权，主张抵销，以杜争议。”

者，保证人始得据以援用。

3. 主债务人撤销权之援用

“民法”第七四四条规定：“主债务人就其债之发生原因之法律行为有撤销权者，保证人对于债权人，得拒绝清偿。”是为保证人援用主债务人撤销权之规定。盖以撤销权之规定，系为保护当事人之利益而设，于保证关系上，即系为保护主债务人之利益而设，此项撤销权虽不宜由保证人行使之，惟保证人利益亦应有具体周延之保护，故赋其以拒绝清偿之权利，以符保证之本旨。[75]

保证人以主债务人之撤销权而拒绝清偿者，其最常见之事例，为下列情形。即指主债务人对于债权人所负之债务系基于法律行为，而关于该法律行为（如契约）之订立，主债务人曾被诈欺或胁迫或有错误或误传等情事者而言。即于此情形，主债务人对债权人有撤销权（八八条、八九条、九二条），保证人虽不得行使主债务人之撤销权，但如主债务人未行使撤销权者，保证人得以主债务人有撤销权之存在为由，作为对于债权人拒绝履行保证债务之抗辩。反之，如主债务人自己已行使其撤销权者，则主债务溯及既往，视为自始无效，保证人亦得据以拒绝清偿，惟因主债务视为自始并未发生，故性质上应属前述权利未发生之抗辩，尚非民法本条之适用范围。[76]

（二）主张基于保证之权利

保证人基于保证债务补充性，得对债权人主张先索抗辩权，此为保证人基于保证契约所特有之权利，爰予独立说明。惟保证人之于先索抗辩权，于特殊情形，将告丧失，是为先索抗辩权之消灭。兹即基此，于本段分为先索抗辩权之意义、先索抗辩权之行使及先索抗辩权之消灭（含周边问题）三者，并依序予以说明。

1. 先索抗辩权之意义

先索抗辩权者，指保证人于债权人未就主债务人之财产强制执行而无效果前，对于债权人得拒绝清偿之权利，即通称之先诉抗辩权或检索抗辩

75 参照“民法”第七四四条立法理由前段：“查民律草案第八百六十七条理由谓法律行为之撤销权，为保护当事人之利益而设，主债务人撤销发生债务之法律行为之权利，不能使保证人直接行使之，然亦不能不为保证人之利益计，故于主债务人可得撤销之法律行为，应以拒绝清偿保证债务之抗辩权，予保证人。”

76 于此情形，台湾学者多列其为权利消灭抗辩之事例（郑著（下），第八四一页；刘著（一），第一四三页）。惟撤销结果，法律行为视为自始无效，其法律上评价等同无效，亦即自始未曾发生权利义务关系，本书爰斟酌其情，列为权利（未）发生之抗辩。

权（第七四五条）。盖以保证为从债务，债权人理应先向主债务人请求清偿，且须经执行而无效果，始得请求保证人清偿，俾符保证之本旨。[77]

依先索抗辩权，债权人应先对主债务人之财产为强制执行，而保证人得据以对债权人拒绝清偿之抗辩，亦仅于债权实现之阶段，始属有之，非谓债权人对于主债务人之先诉为债权人对保证人请求清偿之要件，故债权人无须证明已就主债务人之财产强制执行而无效果，亦得向保证人请求清偿或并同起诉。惟债权人如无法证明，其对于主债务人已为强制执行而无效果，则保证人得据此而为拒绝清偿抗辩；而且此一抗辩，亦无否认债权人请求权之效力。

先索抗辩权，通称先诉抗辩权，台湾学理实务，几乎耳熟能详，而且源远流长，可以远溯民法制定之前[78]，最高法院早年判例亦然。[79] 惟其容易引起误解，本书爰大敢改称先索抗辩权，俾符语言使用明晰原则。惟有关于此，前述已有说明，兹不重复。此外，民间法律实务上，先诉抗辩权一词之广泛适用，尚不限于保证债务，即于债务人给付义务之不履行，亦经常而被使用，于民间制作之相关书契，动辄出现“债务人抛弃先诉抗辩权”、“对于债权人之请求不得主张先诉抗辩权”等相类用语。惟以债务届期即应约付，对于债权人之请求，债务人本无先诉抗辩权可言，民间此类用法，似无法律意义，亦不值得师法或鼓励。

所谓强制执行而无效果，包括主债务人无资力偿还或偿还不足。[80] 惟无资力或不足之认定须经强制执行程序，而其结果为无财产可供执行，

77　参照“民法”第七四五条立法理由：“查民律草案第八百六十八条理由谓保证债务者，因主债务人不履行主债务时而履行之债务也。故债权人应先就主债务人之财产而为强制执行，必须强制执行而无效果，始得请求保证人清偿，否则保证人对于债权人有拒绝清偿之权利。盖保证债务，为从债务，债权人应先向主债务人请求清偿，于未向债务人请求之先，不得向保证人请求也。”

78　参照大理院三年上字七三二号判例：“保证人于债权人未证明向主债务人强制执行而无效果者，得拒绝履行保证义务。”（同旨同院同年第一一四九号判例、四年上字第七四二号判例）。

79　参照最高法院1929年上字第二五七〇号判例：“保证债务人受债权人履行之请求，如主债务人确有资力，并未经债权人证明已向主债务人强制执行而无效果时，固有先诉及检索之抗辩权。但保证契约内已特别明定主债务人届期不还，由保证人如数垫还者，即认为先诉及检索抗辩权之舍弃，不得再行主张。”

最高法院1931年上字第一二〇〇号判例：“未据债权人证明其已就主债务人财产强制执行而无效果，于法自许保证人提出先诉抗辩。”

80　参照最高法院1929年上字第九三号判例：“保证债务非因主债务人绝无资力偿还或偿还不足时，债权人不得径向保证债务人请求代偿。”

或执行结果无人应买致不能清偿债务，或执行结果不足清偿债务而仅能清偿其一部等情形均是。因之，债权人请求保证人清偿时，如未经债权人证明其已就主债务人之财产强制执行而无效果者，保证人即得提出先索抗辩，以拒绝清偿。[81]

2. 先索抗辩权之行使

（1）行使之方式

抗辩权须经行使（或主张），始生抗辩（拒绝给付）之效果，此于先索抗辩权，情形亦然。因之，虽债权人未就主债务人之财产为强制执行，即径向保证人请求，保证人为之清偿者，其先索抗辩权即行丧失，事后不得再行主张先索抗辩权而请求返还先前所为清偿之返还；同理，债权人未就主债务人之财产为强制执行，而迳向保证人起诉请求清偿时，如保证人不为先索之抗辩，法院亦判决债权人胜诉，亦即应为命保证人为清偿之判决，不得径行依职权援用保证人之先索抗辩权而为债权人败诉之判决。[82]

关于先索抗辩权如何行使之问题，民法未见规定其方法，解释上以意思表示为之即可，既无须特定方式，而且于审判上或审判外行使之，均无不可。其于审判上之请求，只要于事实审言词辩论终结前为之，即为已可。但于事实审言词辩论终结后或于法律审，则尚不得主张先索抗辩权。

（2）行使之效果

先索抗辩权，性质上为类似同时履行抗辩之延期性抗辩，其行使结果仅能暂时使债权人拒绝清偿，并不能否认债权人之权利。一旦债权人就主债务人之财产经强制执行而无效果之情形发生，并加以举证证明后，保证人即不得再主张先索抗辩权而拒绝清偿。例如，债权人已就主债务人之财产强制执行而毫未获偿，或未能受全部之清偿时，保证人就其不足之额即应负清偿之责。其保证人为清偿后，纵令主债务人取得新财产，保证人亦不得再行使先索抗辩权。[83]

81 同注 78。

82 参照“司法院”1984（厅民）一字第〇五〇〇号函：“‘民法’第七四五条系规定保证人“得”行使先诉抗辩权，其行使与否，乃保证人之权利，如保证人不行使此项权利，法院不得迳将法律上之效果，归属于保证人，故丙如不欲行使其先诉抗辩权，于法并无不可，丙于收到法院之支付命令后，如表示拒绝清偿，自可于法定期间提出，以资救济。”

83 史著（下），第八六一页；我妻荣前揭“债权纵论”，第四八〇页；奥田昌道前揭“债权纵论”，第四〇〇页；刘著（一），第一四五页。

债权人未经强制执行主债务人之财产，即迳向保证人为诉讼上请求，而保证人行使先索抗辩权者，亦不生否认债权人请求之效果，法院亦不得对债权人径为驳回之败诉判决，但亦不得为保证人应当然为给付之败诉判决。换言之，于此情形，亦有如同时履行抗辩权之援用，法院应依先索抗辩权行使，对原告为限制胜诉之判决，至其判决主文内容则为“被告（保证人）于原告（债权人）就诉外人（主债务人）之财产执行无效果时，应给付原告……”。[84] 再者，于诉讼程序上，如因保证人未到场或未举行辩论，致无法了解保证人行使先索抗辩权与否，而其当事人有二人以上者，基于诉讼经济考量，法院之裁判应以不真正连带债务之方式而为处理，声请支付命令即是著例。[85]

3. 先索抗辩权之消灭

（1）一般情形

先索抗辩权，为基于保证债务补充性所生之权利，因之，主债务消灭或保证债务消灭者，无论其是否出于主债务人或保证人之清偿与否，先索抗辩权随之消灭，此无宁为当然之理，无待多述。惟于特殊情形，主债务或保证债务虽均未消灭，而保证人丧失先索权者，亦为此所谓之先索抗辩权消灭。

先索抗辩权，得因当事人约定而消灭[86]，亦得因法定事由发生而消灭。按保证人与债权人约定丧失先索抗辩权者，系成立通称之连带保证，其先索抗辩权相关事项之说明，拟并于连带保证部分一并叙明之。因之，本段所述，仅以法定事由为限。

（2）先索抗辩权之消灭事由

依民法第七四六条规定，先索抗辩权之消灭事由，有下列四者：

①保证人抛弃先诉抗辩权

84　如原告对主债务人及保证人同时起诉者，于此情形，其判决主文内容略作调整而为：“被告（保证人）于原告（债权人）就其他被告（债务人）之财产执行无效果时，应给付原告……。”

85　同注82之司法院函：“保证人之履行责任（补充责任）于主债务人不履行债务时即已发生（至是否行使先诉抗辩权乃别一问题），本题甲逾期未清偿借款，乃属债务不履行（给付迟延），丙之履行责任已经发生，此时丙对于乙之请求是否主张先诉抗辩权，法院不得而知，自不宜径予驳回，应以不真正连带债务之形态，对甲、丙二人同时发支付命令。”

86　参照最高法院1929上字第九四一号判例：“保证债务人受债权人履行之请求时，依法虽得为先诉之抗辩，但当事人间如有特别约定，则不在此限。”

最高法院1930年上字第七二二号判例：“保证债务人虽得主张债权人应先向主债务人请求，但当事人间于其偿还责任及方法先已订有特约者，即应依照契约本旨履行义务。”

先诉抗辩权为保证人利益而设，基于权利自由原则，保证人自亦得抛弃；并因抛弃而消灭（七四六条一款），其情形有如所有权之因抛弃而消灭（七六四条）。抛弃为有相对人之单独行为，应向债权人为之，但无庸一定方法或给付行为，故抛弃之方法为何，法无限制，无论明示或默示均可，既得于保证契约中表明，亦得于保证契约成立后另以意思表示为之。惟其于保证契约中表明者，其情形仍与连带保证不同。此盖连带保证为契约，丧失抗辩权之构成须经约定一致，始告成立；反之，先索抗辩权之抛弃为单独行为，只要保证人有抛弃之意思，并为表示者，即告成立生效而生抛弃先索抗辩权之效果，无待债权人同意与否。

保证人是否有抛弃先诉抗辩权之意思，其语意欠明时，应斟酌其他资料，以探求当事人之真意，不得拘泥于所用之文字（九八条）。[87]因之，若于当事人间，已特别约定主债务人届期不履行，由保证人如数偿还者，即应认为先索抗辩权之抛弃，保证人不得更为主张[88]，惟于诸如消费借贷字据上载明借用人届期不返还时，由保证人代为返还者，则不过为负担普通保证债务之约定，不得谓为保证人抛弃先索抗辩权。[89]

②主债务人住居所变更，致请求清偿发生困难

民法本条第二款规定，保证契约成立后主债务人之住所营业所或居所有变更，致向其请求发生困难者，保证人不得主张先索抗辩权。盖以其系保证契约成立后所生不利于债权人之情事，为保护债权人利益计，自应限制保证人行使先索抗辩权。[90]

所谓主债务人之住所、营业所或居所有变更，其最明显者固为迁徙移居外国，但不以此为限，只要因其中三者之一有所变更，致向主债务人请求清偿发生困难者，例如住所虽未迁移，但逃匿或行踪不明者，即

87 参照钱国成前揭“民法判解研究”，第六四页。

88 参照最高法院1949年台上字第三〇七号判例：“保证债务人受债权人履行之请求时，依法虽得为先诉之抗辩。但当事人间如已特别约定主债务人届期不履行，由保证人如数偿还者，即应认为先诉抗辩权之抛弃，不得更为主张。”

89 参照最高法院1942年上字第二二三四号判例：“保证债务本以主债务人不履行债务时，由保证人代负履行责任为其内容，此观‘民法’第七百三十九条之规定自明。故消费借贷字据载明借用人届期不返还时，由保证人代为返还者，不过为负担普通保证债务之约定，不得谓为保证人抛弃‘民法’第七百四十五条权利之意思表示。”

90 参照“民法”第七四六条之立法理由前段：“查民律草案第八百六十九条理由谓前条之拒绝权，为保证人之利益而设，故保证人抛弃其拒绝权之后，不再行主张，及保证契约成立后，主债务人有移居外国等事，执行债务显有困难情形者，因制限其前条之拒绝权，以保护债权人之利益。”

有本款规定之适用，保证人不得主张先索抗辩权。[91] 所谓请求清偿发生困难，不以迁往何处不明致无从请求清偿为限，迁徙远方致不易执行其财产者，亦包括在内[92]；至于主债务人有无清偿资力，则可不问。不过，关于向主债务人请求清偿发生困难之事实，应由债权人负举证责任。

③主债务人受破产宣告

主债务人受破产宣告，即表示其已无清偿能力，故主债务人一经法院为破产宣告时，债权人无须俟破产程序完结，即可径向保证人请求清偿，保证人亦不得主张先索抗辩权（七四六条三款）。[93]

④主债务人之财产不足清偿

主债务人之财产不足清偿其债务时，主债务人显已处于债务不履行之窘境，为保护债权人利益计，自不宜容许保证人主张先索抗辩权，以致徒增权利实现之迟延及不必要劳费之增加，故民法本条亦列为先索抗辩权消灭事由之一（七四六条四款）。

所谓不足清偿其债务，系指不足清偿保证人所担保之主债务而言，不以主债务人毫无财产或无资力，以致全部不能清偿为限，其财产所在不明致无从执行，或其财产仅足供清偿被保证之主债务之一部者，即为不足清偿，保证人亦即不得主张先诉抗辩权。[94] 再者，如主债务人之财产有为他债权人设定担保物权时，应扣除其所担保之债权额，计算其价值，以决定其财产是否足以清偿被保证之主债务。不过，主债务人之财产不足清偿其债务之事实，亦应由债权人负举证责任。[95]

主债务人如为股份有限公司，而有公司重整情事者，应认为于公司重整经法院裁定认可（公司法三〇五条）时，其保证人亦因本条款规定

91　参照最高法院 1929 年上字第二一七号判例：“主债务人逃匿无踪并已无可执行之财产，则保证人自应依契约本旨履行义务，不得拒绝。”

92　参照最高法院 1929 年上字第二七三五号判例：“保证债务，债权人未能证明主债务人无力偿还，或踪迹不明，或其财产不易执行以前，保证人原得拒绝代偿债务。但当事人间订有特约者，则不在此限。”

93　参照最高法院 1929 年上字第二九〇九号判例：“主债务人已受破产之宣告时，保证人就其债务即应负代位履行义务，不得为先诉之抗辩。”

94　参照最高法院 1929 年上字第一八一五号判例：“主债务人财产所在不明，无从执行，保证人自无主张先诉及检索抗辩之余地。”
最高法院 1929 年上字第二一七二号判例：“各主债务人均陷于履行不能之境遇，催告亦属无效，而又无可供执行之财产，则保证人不得主张先诉抗辩。”

95　郑著（下），第八四四页；史著（下），第八六四页；蔡著（下），第一九二页；季著（下），第二一〇页；刘著（一），第一四七页。

而丧失先索抗辩权。盖以公司所以得为声请重整，系以公司财务困难，暂停营业或有停业之虞为要件，于此情形，其债务实已陷于不足清偿之情况也。而且，于此情形，债权人仅以重整裁定认可作为主张即可，就主债务人之财产，业已不足清偿其债务之事实，似无庸再负举证责任。

（3）周边问题

关于先索抗辩权之周边问题有二。一为丧失先索抗辩权之效果；其二为物保与人保竞合之处置，兹亦另段说明。

①先索抗辩权消灭之问题

保证人丧失先索抗辩权时，即与主债务人立于同负给付责任之地位，前述有关附带胜诉之判决，即不复适用，亦再无延期清偿之可言。在形式上，保证人丧失先索抗辩权者，其与主债务人间对债权人之关系，与连带保证或连带债务，均极相似，但尚无其适用。盖以连带债务之成立，以当事人有明示或法律规定为限（二七二条二项），于此部分，如其当事人（即债权人与保证人）间，尚无连带约定，法律亦未明定其为连带债务或负连带责任，自不宜依解释而导出连带保证或连带债务之结论。不过，保证人丧失先索抗辩权者，主债务人对于债权人，系就同一内容之给付，而应各负全部履行之责任，解释上应认为，于其彼此之间，系属于所谓不真正连带债务之关系。

②物保、人保竞合之处置

债权而有保证人以为担保者，其保证通称之为人保；债权设定有担保物权以为担保者，其担保物权通称物保。人保如有竞合，依共同担保之例，以为适用依据，前已叙及，兹不重复。至该债权如有人保、物保相互竞合，亦即除有保证外，尚有物的担保（如设有抵押权或质权）时，保证人得否主张优先行使担保物权，不能谓无探讨余地，故列本段以为补充说明。

有关于此，学理见解尚不一致，或采物保优先说，认为保证债务与担保物权并存时，解为除首就担保物受偿有困难外，应尽先担保物受偿，否则保证人亦得拒绝清偿，如竟舍物而诉人，难认其公平。[96]或认为应依情形而定，如其担保物权系由债务人自己所有财产提供者，保证人固得主张先索抗辩权之权利，主张债权人向主债务人先行行使物保；反之，如该担保物权系由第三人提供者，则物上保证人与保证人间仍有共同保

96 陈著，第四三四页；戴著（下），第四一五页～第四一六页；蔡著（下），第二〇〇页。

证之适用，保证人尚不得就物上保证而对债权人主张先行执行担保物权，是为物保、人保平等原则。[97]鉴于在债务担保责任上，物上保证人之地位与保证人之地位，应无差别，且法律并未明定物上保证人应负较重或先位之担保责任，其物上保证人亦无负较重责任之意思。因之，基于公平之理念，于多数担保之关系上，纵有第三人所提供之物的担保，本于保证人平等之原则，只要主债务人自己已无财务可供执行，保证人既不得主张先索抗辩权，亦不得主张须就物上保证人之担保物先为执行，以免债权人之权利行使反受窒碍；其多数物上保证人并存时，亦应作同一解释。愚见爰认物保、人保平等为较适宜。不过，实务长期偏于物保优先执行之立场[98]，惟其间似有松动现象，亦值注意。[99]

（三）主张基于一般债务人之权利

保证人虽因保证债务人特殊性（从属性及补充性），取得如上所述之特殊性权利。惟保证既为契约类型之一，亦债之发生原因之一。则有关债之发生，变更、消灭等事项，保证人自亦得基于一般债务人之地位，为其法律上主张。例如，保证债务未发生之抗辩、保证债务已单独消灭之抗辩、保证债务清偿期未届至之抗辩等。保证人固得主张。即保证人自己对债权人有债权者，亦得以之向债权人主张抵销；关于保证契约之订立，保证人受有诈欺或胁迫等情事者，亦得加以撤销均是。惟上述各例，除抵销尚有特例之处外，多系契约总论、债之通则，乃至民法总则之共通课题，爰不重复。

就保证人之抵销权而言，保证人对于债权人有债权者，其自己得向债权人主张抵销，此固无疑义。债权人得否对保证人主张抵销，须视保证人有无先索抗辩权而。其保证人有先索抗辩权者（七四五条），如允许

97 郑著（下），第八四四页～第八四五页；史著（下），第八六〇页；刘著（一），第一四八页。

98 参照大理院六年上字第四〇三号判例：“债权关系如于设定担保物权而外，并立有保证人者，该主债务人不清偿其债务时，自应先尽担保物尽先拍卖。”

最高法院 1930 年上字第三三〇号判例：“债务关系如于设定担保物权而外并有保证人者，该主债务人不清偿其债务时，依原则固应先尽担保物拍卖充偿，惟当事人间如有特别约定，仍从其特约。”

“最高法院”1960 年台上字第一九一七号判决：“保证债务与担保物权并存时，依‘民法’第七百五十一条规定之本旨，债权人固应就担保物尽先受偿，不得舍物而诉人。”

99 参照“最高法院”1980 年台上字第一九二四号判例：“被上诉人并未抛弃为债权担保之物权，自无‘民法’第七百五十一条之适用。又上诉人既系连带保证人，应与主债务人负同一清偿责任，而被上诉人对于主债务人就实行担保物权受清偿，或起诉请求保证人清偿，既得择一行使，则对于与主债务人负同一清偿责任之上诉人，自亦得择一请求。”

债权人主张抵销，实际上等于剥夺了保证人之先索抗辩权，故债权人原则上不得主张抵销，惟若保证人已丧失先索抗辩权时（连带保证或七四六条），则保证人地位与连带债务人相等，债权人自得对保证人主张抵销。至于主债务人尚不得以保证人对债权人之债权而主张抵销。盖以主债务人与保证人之关系上，保证人为从债务人并无应分担部分，保证人对主债务人有求偿权及代位权（其详后述），亦即由主债务人负最后之责任，保证债务因抵销而消灭者，主债务并不因之而消灭，而系保证人取得债权人之债权？故主债务人不得主张保证人之抵销权。

（四）保证人权利之强制性原则

1. 强制原则之由来

保证为单务无偿契约，保证人对债权人仅负责任而无利益；而且，在实例上，其债权人不要求保证人真能行使先索抗辩权者，恐甚有限，为免保证人负担过重，民法债编修正，特别增订第七三九条之一，规定："本节所规定保证人之权利，除法律另有规定外，不得预先抛弃。"以免有失公平。[100]

民法本条所称权利，主要为保证人所得享有而拒绝对债权人为给付之抗辩权；在此角度上，其对象以本节所规定者为限，故其范围较以上所述者，恐较狭隘。盖以如上所述之基于一般债务人之地位所得对债权人主张之权利，如民法保证一节，未列为特别规定者，恐即无本条适用之余地也。所谓本节规定所称保证人之权利，有债务人所有抗辩之援用（七四一条）、主债务人抵销权之援用（七四二条）、先索抗辩权（七四五条）、主债务人有撤销权之抗辩（七四四条），乃至保证负担从属原则之适用（七四一条）等。

2. 强制性原则之效力

民法本条为强制规定，因之，违反民法本条规定者，其约定无效（71本文）。换言之，保证人纵有预先抛弃上述权利者，其预先抛弃无效，嗣后仍得主张该等抗辩权。惟保证人权利之强制性，仅系原则，如法律另有规定者，仍从其规定；例如，保证人之先索抗辩权，得依约定或自

100 参照"民法"债编修正第七三九条之一修正理由："本节所规定之保证人权利有一般抗辩权（第七百四十二条）、拒绝清偿权、先诉抗辩权等。保证契约虽为从契约，惟目前社会上，甚多契约均要求保证人预先抛弃一切权利，对保证人构成过重之责任，有失公平。为避免此种不公平之现象，爰仿瑞士债务法第四百九十二条第四项规定，增订除法律另有规定（例如第七百四十六条第一款保证人得抛弃先诉抗辩权）外，本节所规定之保证人之权利，不得预先抛弃。"

行抛弃或因其他法定事由而抛弃（七四六条），则苟有预先抛弃者，即无本条强制性之适用。然则，保证人所取得之固有权利，系以先索抗辩权最具特色、亦最能保护保证人，兹以除外规定得许其预先抛弃，不无逊色不少之感。

3. 保证人权利之范围

民法本节关于保证人权利之规定，并不限于保证人对于债权人之层面，其保证人对于主债务人之层面，民法本节亦多有规定，例如，保证人代位权（七四九条）、保证责任除去请求权（七五〇条）即是。此外，保证人因法定特殊事由，而得免除保证责任之诸规定（七五一条～七五五条），亦应解释其为民法本条所称之保证人权利，而有保证人权利强制性之适用：如保证人事先预定抛弃其免责利益者，亦应认其预先抛弃无效。如是，则民法本条所述权利，其范围反而要较前项所述之保证人权利广泛得多。

综本项所述，足见保证人之权利，制度内容相当丰富复杂，爰亦归纳其重点如附表，以供参考：

- 保证人权利
  - 主张主债务人权利
    - 主债务人抗辩权
      - 未发生之抗辩
        - 例外（保证独立有效：743）
      - 已消灭之抗辩
      - 拒绝给付：不因债务人抛弃而受影响（724）
    - 主债务人抵销权：主张抵销（742 之 1）
    - 主债务人撤销权：拒绝清偿（744）
  - 主张保证上权利
    - 原则：先索抗辩权
      - 得同时请求或起诉
      - 须先执行主债务人财产（745）
      - （通称）先诉抗辩权
    - 例外
      - 约定：连带保证
      - 法定
        - 抛弃（746 Ⅰ）
        - 迁移不明（746 Ⅱ）
        - 破产宣告（746 Ⅲ）
        - 财产不足清偿（746 Ⅳ）
      - 丧失先索抗辩权（746）
  - 主张一般债务人（自己）之权利
    - 法律关系上抗辩
      - 保证债务未发生：不成立、无效
      - 保证债务已消灭：其他保证人已清偿（748）
      - 保证债务得拒绝给付：消灭时效抗辩（140 Ⅰ）
    - 抵销抗辩：行使保证人自己之抵销权（344）
  - 保证人权利强制性
    - 原则：预先抛弃无效（739 之 1 本文）
    - 例外：如约定抛弃先索抗辩权为有效（739 之 1 除外规定、746①）

第二项 保证人对于主债务人之权利义务

一、概说

保证人系为主债务人代负履行责任，其对于主债务人通常只有权利之主张而无义务之负担，故本项内容仅举保证人之权利以对。基此，其保证人对于主债务人之权利原则有三：即保证人之求偿权、保证人之代位权及保证人之保证责任除去请求权三者是。惟因其原因关系之不同，其呈现仍略有参差。

如前所述，保证人与主债务人间之原因关系，常见者有三，即委任、无因管理及赠与三者，惟以委任为主要而已。其保证人所以为主债务人担任保证之原因，其因受主债务人之委任而为保证者，此时保证人与主债务人间之关系，属于委任关系。其未受主债务人之委任自动为主债务人担任保证者，此时保证人与主债务人间之关系，属于无因管理关系。有以赠与之意思而为保证者，此时保证人与主务人间之关系，属于附有以主债务人不履行债务为停止条件之赠与关系。

关于保证人与主债务人间之关系，民法设有保证人之代位权与保证责任除去请求权（免责请求权）之明文（七四九条、七五〇条）；惟后者之适用以委任关系之保证为前提。此外，基于保证人所以担任保证之法律关系，于其为委任或无因管理者，尚可发生保证人之求偿权（一七六条、五四六条）。足见，保证人对主债务人有求偿权、代位权及保证责任除去请求权三项权利者，系指委任而言；如其保证人与主债务人间，系处于赠与关系时，则无上开三种权利：于保证人与主债务人间系处于无因管理关系，则无保证责任除去请求权。其相互呈现之不同，殆如下表

保证人权利
- 委任
  - 求偿权（546）
  - 代位权（749、312）
  - 责任除去请求权（750）
- 无因管理
  - 求偿权（176）
  - 代位权（749、312）
- 赠与：保证人无权利

由于保证之发生，于保证人与主债务人之间，通常系出于委任，以下爰以委任为例，作为说明保证人对主债务人权利义务之依据。

二、保证人之求偿权

（一）保证人求偿权之意义

保证人之求偿权者，指乃保证人履行保证债务而对债权人为清偿等行为后，得向主债务人请求偿还之权利。盖保证人之履行保证债务，形式上固属清偿自己之债务，实质上则系清偿主债务人之债务，因而自得向主债务人请求偿还，是为所谓之求偿权。

关于保证人之求偿权，民法本节虽无明文；惟于保证人与主债务人之法律关系，如系本于委任或无因管理者，依委任或无因管理之规定，保证人即得依委任之规定，以受任人（五四六条）或无因管理人（一七六条）之地位，行使求偿权。此亦民法本节无庸重复规定之原因，并予叙明。

（二）保证人求偿权之成立

保证人对主债务人取得求偿权者，亦即保证人求偿权之发生，须具备下列三项要件：

1. 须保证人为清偿等行为

求偿权之发生，须保证人已向债权人为清偿或其他消灭债务之行为（如代物清偿、提存、抵销、承担债务或更改等）。换言之，保证人之求偿，必须限于自己有所给付，致有偿的消灭主债务人对于债权人之责任，若保证人自己毫无所给付，仅因其尽力致主债务消灭者，如说服债权人，使债权人免除主债务人之债务者，保证人自不得向主债务人求偿；同理，债权人向保证人请求清偿，但未为强制执行者，保证人亦不得遽行向主债务人财产，提请假扣押。[101]

2. 须主债务人因而免责

求偿权之发生，须使主债务人对债权人因此而免责，如主债务人之免

101 参照“司法院”（1988）厅民一字第一一九九号函：“债权人取得执行名义后不向主债务人执行，而径对连带保证人之财产声请法院强制执行，予以查封，尚未拍卖，依‘民法’第七百四十九条规定，保证人须向债权人为清偿后，债权人对于主债务人之债权，于其于清偿限度内，始移转与保证人，依前开说明，难认其清偿前，即得对主债务人为假扣押。”

责，并非由保证人之清偿等行为所致者，则保证人无求偿权之可言。[102] 例如，主债务罹于消灭时效或即将消灭时效，保证人出于无因管理而为保证，并为清偿，以致主债务人不能行使拒绝给付抗辩权者，即是著例。又保证人之给付额较主债务人之免责额为大者（如以价值超过主债务数额之物为代物清偿），保证人仅得就免责额求偿，保证人之给付额较主债务人之免责额为小者，保证人仅得就给付额求偿。

3. 须保证人无赠与之意思

保证人基于对主债务人为赠与之意思而为保证者，保证人无求偿权，惟通常情形，基于赠与而为保证者，殆属少见物例。因此，无赠与意思为消极要件，保证人行使求偿权无庸为无赠与意思为主张或举证；反之，如主债务人有所主张时，应就保证人之赠与意思或行为负举证责任。[103]

（三）保证人求偿权之行使

保证人之求偿权，与一般之请求权同，因经行使而发生消灭时效中断及债权届期之效果：如主债务人未即为给付，对保证人负给付迟延责任。惟严格言之，保证人之求偿权，尚因其原因关系为委任或无因管理而略有不同。兹亦分别说明之。

1. 保证原因关系为委任

（1）求偿权之范围

保证人系受主债务人委任而为保证者，其保证人与主债务人间系成立委任关系，保证人系处于受任人之地位，主债务人系处于委任人之地位，应依委任之有关规定决定其效力，盖以履行债务系主债务人之事务故也。

保证人因履行保证债务，而对债权人为清偿或其他消灭债务之行为，即属处理委任事务，其为此所支出之各种费用，即属因处理委任事务所支出之必要费用，保证人自得以实际代偿之数额为范围[104]，请求主债务

102　参照最高法院1929年上字第一〇八六号判例："保证人受主债务人之委托而为保证时，须其对于债权人所为之清偿或其他出资行为，足使主债务人消灭其债务，始得将其出资额连同出资以后之利息，及不可避之费用，并其他之损害，向主债务人行使求偿权。若保证人于主债务人所负债务之范围以外，向债权人为清偿，或其清偿纵系在债务之范围内，而主债务人若已先向债权人为清偿，则除主债务人不将其事通知保证人，而保证人为清偿时确系不知者外，皆不得向主债务人行使求偿权。"

103　郑著（下），第八五〇页；刘著（一），第一五〇页。

104　参照最高法院1929年上字第一五六一号判例："保证人向债权人代偿后，债权人对于主债务人之债权即移转于保证人，因之保证人得就实际代偿之数额，向主债务人求偿。"

人偿还，并支付自支出时起之利息（五四六条一项）。[105]保证人为清偿或其他消灭债务之行为，因非可归责于自己之事由，致受损害者，并得向主债务人请求赔偿（五四六条三项）。惟保证人不得基于委任关系，依“民法”第五四五条规定请求主债务人预付清偿保证债务所必要之费用，因其与保证之目的不合也。

（2）保证人怠于援用抗辩

保证人受委任而为保证者，基于受任人之地位，关于保证债务之履行自应顾及主债务人之利益，因此于其知悉主债务人有权利不发生、权利已消灭或拒绝给付等各种抗辩权时，自应对债权人行使之（“民法”第七四二条）。如保证人未行使主债务人之抗辩权，而对债权人为清偿或其他消灭债务之行为者，自不得认为此系因处理委任事务所支付之必要费用，故不得向主债务人求偿。保证人如非因过失而不知主债务人有上开抗辩权，以致对债权人为清偿或其他消灭债务之行为者，则仍得认为系因处理委任事务所支付之必要费用，可以向主债务人求偿。[106]保证人如系因过失而不知有此项抗辩权，以致对债权人为清偿或其他消灭债务之行为者，则应对主债务人就因此所遭受之损害负赔偿责任。又保证人对债权人为清偿或其他消灭债务之行为后，怠于通知主债务人，致主债务人因不知其情事而再向债权人为清偿或其他消灭债务之行为者，应依瑞士债务法之例，解为保证人丧失其对于主债务人之求偿权，主债务人得以其清偿或其他消灭债务之事由，对抗保证人之求偿[107]；如其因而致主债务人受有损害者，保证人并应对主债务人负赔偿责任（五四二条）。不过，债权人第二次受领清偿，为无法律上原因而受利益，保证人受有损害（求偿权丧失），债权人对保证人系成立不当得利，保证人得请求债权人返还不当利益（即受领自主债务人清偿所得利益）。主债务人对主债务有撤销权，保证人未拒绝清偿，其后债务人行使撤销权者，亦应作同一解释。

105　参照同上注判例：“保证人受主债务人之委任而为保证者，对于主债务人即有受任人之权利，除依一般委任法则，保证人因受任保证代偿之数额，应由委任之主债务人偿还外，并应偿还自支出时起之利息。”

106　史著（下），第八七〇页～第八七一页；刘著（一），第一五一页。

107　瑞士债务法第五〇八条：“1. 保证人支付主债务之全部或一部者，应通知主债务人。2. 保证人怠于为通知，主债务人因对其清偿并不知情，且非可得而知，以致对该债务为相同支付者，保证人丧失其对于主债务人之求偿权。3. 基于不当得利而对于债权人所发生之债权不受影响。”

2. 保证原因关系为无因管理

（1）求偿权之范围

保证人未受主债务人委任而为保证者，其保证人与主债务人间成立无因管理关系，即保证人系处于管理人之地位，主债务人系处于本人之地位，而依无因管理之规定决定其彼此间之法律关系。保证人因履行保证债务，而对债权人为清偿或其他消灭债务之行为，即属保证人之无因管理行为，因其结果利于主债务人，且不违反主债务人明示或可得推知之意思；纵有违反，主债务人意思亦是有背公序良俗。因此，保证人所清偿之原本、利息及必要费用等，得请求主债务人偿还，并得请求自支出时起之利息，因非可归责于自己之事由致受损害者，并得请求赔偿（一七六条）。至其求偿范围，与因受委任而为保证者无异。

（2）保证人怠于援用抗辩

保证为从债务，并不因保证人为无因管理人而异。因此，保证人基于保证而对债权人得主张之权利，其情形与受委任之保证人并无不同。因此，为无因管理人之保证人，如有怠于前段所述怠于援用主债务人抗辩权之情事，其所生法律效果，当亦如前述，兹不重复。

保证人基于赠与而为保证，如于清偿后怠于通知，致债权人重复清偿者，或主债务人有撤销权，其保证人未拒绝清偿，而主债务人嗣撤销者，因其间无求偿权丧失之问题，应认为不当得利系成立于债权人与主债务人之间，亦即得请求债权人返还不当利益为主债务人而非保证人。

3. 主债务人多数之求偿权行使

主债务人为多数人时，保证人如何行使求偿权，应视保证人究系为全体债务人而为保证，或仅系就其中一人而为保证，其结论略有不同，兹亦分明说明之。

（1）为全体债务人而为保证

一般以为，于此情形，应按其债务之给付标的是否可分而定。换言之，其债务如为可分之债务，求偿权亦为可分，亦即依可分债务之例，保证人应分别对各主债务人，按每人之分担部分，依委任或无因管理之规定求偿。其债务如为不可分债务或连带债务，保证人对各主债务人之求偿，亦应作同一解释。按主债务为可分之债，保证人之求偿权，按各债务人分摊比例而个别存在，此固无问题；纵于主债务为连带债务或不可分债务者，其结论亦应相同。盖以此之连带或不可分云者，系主债务人对于债权人之关系，本与保证人与主债务人间之求偿权无涉。况者，求偿权为新生权利，其发生原因与存在形态，与主债务并无必然关连。

衡以连带债务或不可分债务，其债务人清偿（业）后之求偿权，既与原债务脱离，成为可分债务之形态，解释保证人求偿权，其立场亦以相同为宜。

（2）为主债务人中一人而为保证

保证人为多数主债务人中之一人而为保证者，无论其债务为可分债务、连带债务或不可分债务，均应解释为，按各主债务人分摊比例而个别存在，并个别行使[108]；不过，其法律依据，则较复杂而得分别说明如下：

①基于委任而为保证

不论债之形态为可分债务、连带债务或不可分债务，保证人对其所保证之主债务人，按其分担部分，依委任规定求偿；对其他各债务人，不问该保证人系因须全部清偿或系就超过其保证部分而为清偿或其他消灭债务之行为者，均为分别对于其他各主债务人，按其各自应分担部分，依无因管理之规定求偿。

②基于无因管理而为保证

如保证人仅就其基于无因管理而为保证之主债务人，于其分摊比例之部分而为清偿等，则求偿权仅存于该主债务人；如其为全部清偿等或有超过分摊比例者，则不论债之形态为可分债务、连带债务或不可分债务，亦不问该主债务人为无因管理者是否限于所保证之主债务人，保证人均系分别对于各主债务人，按其各自应分担部分，依无因管理而为求偿。

4. 周边问题

关于保证人之求偿权，其尚须补充说明之周边问题，尚有下列三者：

（1）求偿权之担保

求偿权之发生、行使、乃至程序上之保全，固以保证人为清偿等消灭债务之行为为要件。惟其请求提供担保则不受限制，保证人于为清偿等行为之前，请求主债务人提供求偿权之担保者，不问其为保证（即求偿保证）抑或为担保物权[109]，均无不可。

（2）求偿权之性质

求偿权为保证人对债权人履行保证债务后所新生之权利。因之，不能主张原债权之从属权利，且其消灭时效重新起算，并适用“民法”第

108　比较法上之著例，请参照日本民法第四六四条：“为连带债务人或不可分债务人中之一人为保证者，对于其他债务人，仅就其负担部分有求偿权。”

109　参照“法务部”1981律字第六〇三三号函：“保证人得以主债务之债权数额为其债权最高数额，依船舶登记法第四十四条规定，就债务人所有之船舶设定抵押权，以担保其将来依‘民法’第七百四十九条规定代位取得之债权。”

一二五条长期时效（十五年）之规定。[110]惟关于消灭时效之适用，以上所述应仅系原则，特殊情形，应另有考量：如

①主债务适用短期时效者，保证债务亦适用同样之时效。例如，租金债务之担保，其求偿权之时效，亦应为五年（一二六条）而非十五年。

②主债务人之权利，不能因保证人之求偿权而受不利益之影响。因此，如保证人系基于无因管理而为保证者，其求偿权之消灭时效，如逾主债务原定消灭时效之预定期间者，主债务人仍得对保证拒绝给付。例如，甲对乙之负债，其消灭是效仅剩三年，丙竟以无因管理而为保证，则丙对乙为清偿后，其求偿权之行使时期，如逾该三年期限者，甲对丙得拒绝给付。

③求债权之扩大

保证人求偿权，于主债务人为数人，而保证人为全体主债务人而为保证者，则保证人于为清偿等行为而生之求偿权，得类推适用求偿权扩大（二八二条）之规定。

三、保证人之代位权

（一）保证人代位权之意义

保证人之代位权者，指保证人向债权人为清偿或其他消灭债务之行为后，承受债权人对于主债务人之债权，而对主债务人行使原债权人权利之权利。此之代位系取得债权人对主债务人之权利，其情形与利害关系人清偿而对债务人取得者同（三一二条）；但与债之保全所称之债权人代位权，在作用上仅能代位行使债务人之权利（二四一条），则尚有不同。

保证人代位权，不以保证之原因关系，系出于委任者为限，纵保证人系出于无因管理而为保证者，则其履行保证债务后，仍得主张代位权。盖以纵系基于无因管理而为保证，对于主债务而言，保证人之利益仍应受保证者，仍不亚于为委任之情形也。[111]

（二）保证人代位权之成立

“民法”第七四九条规定：“保证人向债权人为清偿后，于其清偿之

110 郑著（下），第八五一页；刘著（一），第一五三页。

111 参照“民法”第七四九条立法理由：“查民律草案第八百七十二条理由谓保证人既为主债务人清偿债务，则于其清偿之限度内，债权人对于主债务人之债权，及其担保物权，当然移转于保证人，始能保护其利益。故设本条以明示其旨。”

限度内，承受债权人对于主债务人之债权。但不得有害于债权人之利益。”基此规定，足见保证人代位权之要件有三。即：

1. 须保证人已对债权人为清偿

此之所谓清偿，与保证人求偿所称之清偿等意义相同，不仅兼指任意清偿、强制执行及破产分配等；而且，解释上尚包括代物清偿、提存、抵销等其他足以消灭债务之行为。

2. 须保证人对主债务人有求偿权

保证人代位权系为确保其求偿权而设，故必须保证人对主债务人有求偿权，始有代位权；而且，代位权之范围，不得超过求偿权之范围，亦即不得超过保证人为清偿之限度。此于民法虽无明文，但基于代位权之本旨，应与第二八二条关于连带债务人代位权之规定，作同一解释。

3. 须无害于债权人之权利

代位权系承受债权人之权利，系以确保保证人求偿权为其目的，而保证人所以有求偿权，系因本于消灭保证债务（并同时消灭主债务）之行为。因之，如保证人未为全部清偿者，虽就其清偿部分对主债务人取得代位权，惟其于债权人全部受偿完毕前，尚不得主张与债权平均受偿，以免害及债权人之利益。[112]

（三）保证人代位权之行使

1. 代位权与通知

所谓保证人与其清偿之限度，承受债权人对于主债务人之债权，意即债权人对于主债务人之债权，于保证人清偿之限度内，移转于保证人。此种承受或移转，性质上属于法定承受或移转，保证人为全部清偿或其他消灭债务之行为者，则当然的全部承受或移转，为一部清偿或其他消灭债务之行为者，则当然的一部承受或移转，无待当事人之意思表示。

在债权让与，非经通知债务人对于债务人不生效力（二九七条），此一情形，于利害关系人清偿所生之代位权亦有适用，盖以民法第三一三

112 参照“民法”债编修正第七四九条修正理由：“保证人为清偿后，依原条文规定，应按其清偿限度，受让原有债权，此际如保证人为一部清偿，原债权人既仍保留未受清偿部分之债权，则保证人受让之部分债权与债权人其余原有债权并存，如有担保物权，强制执行程序中何者优先受偿？现行法尚无明文规定，易滋疑义，一般解释认原债权人之利益不因保证人之清偿而受影响。为避免发生疑义，爰参考德国民法第七百七十四条第一项第二段及瑞士债务法第五百零七条第二项后段之规定，并审酌条文用语在文法结构上主词与动词之衔接情形，而仿本法第二百八十一条第二项及第三百十二条但书之立法例，修正如上。”

条设有利害关系之第三人所为代位清偿（三一二条），设有准用“民法”第二九七条至第二九九条规定之明文。因之，学理以为保证人对债权人清偿主债务人之债务，其地位等同于“民法”第三一二条所称就债之履行有利害关系之第三人清偿，故其代位权之取得，亦须经通知主债务人始对主债务人生效。[113]惟实务则持否定论点，认为此一般之债权移转不同，无待通知主债务人即对主债务人生效。[114]按保证人之清偿，与一般利害关系人之清偿，尚有不同，此即保证人之代负责任，系以主债务人债务不履行为前提，于此情形，保证人非为清偿不可，非若一般之利害关系人仅于法律上受有利害而已；再者，主债务人既已债务不履行，其保证人须因之代负履行责任，乃其意料所及，如再课保证人以通知义务，似有过重，故愚见偏于实务立场。如是，如主债务人于保证人清偿后，未向保证人查证，而又自行清偿者，保证人之求偿权及代位权不受影响，主债务人惟得基于不当得利请求债权人返还而已。不过，如保证人为期前清偿者，因主债务尚未到期，其结果恐致主债务人以不测之损害，解释上应有通知义务。换言之，亦即保证人为期前清偿者，其保证人为清偿后，须通知主债务人始对主债务人发生效力，若保证人于期前清偿后，未通知主债务人，致主债务人因不知情，而向债权人为清偿者，则其清偿为有效，保证人只能基于不当得利而向债权人请求返还其清偿所为之给付（不当利益），而不得对主债务人主张求偿权及代位权。[115]

2. 代位权之范围

代位权系依法律规定而当然发生之债权移转，故其法律上效力，与依法律行为所为之债权让与（二九四条以下）无异，亦即不独原本债权，即该债权之担保，如抵押权、质权、留置权或保证，以及该债权之其他从属权利及瑕疵，如利息、违约金、主债务人对债权人之抗辩等，亦一同移转于保证人（二九五条、二九九条）。[116]因此，实务曾强调保证人代

113 郑著（下），第八五二页；刘著（一），第一五五页。

114 参照最高法院1929年上字第二〇四六号判例：“保证人代为清偿后已取得代位权，与普通债权移转之性质不同，在债务人不能以未经通知为抗辩之理由。”（从原理上明确说明民法第二九七条通知之规定，于此并无适用者，请参照薛著，第三八七页。）

115 采保证人之代位权须通知主债务人之见解，其结论与本段关于期前清偿之说明者同，亦请一并参照之。

116 参照“民法”第七四九条立法理由：“查民律草案第八百七十二条理由谓保证人既为主债务人清偿债务，则于其清偿之限度内，债权人对于主债务人之债权，及其担保物权，当然移转于保证人，始能保护其利益。故设本条以明示其旨。”

位取得之债权，与原债权全然相同[117]；学理立场亦然。[118]不过，如前所述，保证人代位权之行使，不得有害于债权人之利益。因之，如保证人仅为一部清偿，而债权人仍保有部分主债务之相对债权者，则主债务上之担保物权，仍应全部优先供债权人未受清偿部分之债权之担保。此外，保证人向债权人为清偿时或于清偿后，得否请求债权人将其应对主债务人所为之对待给付交付于自己，解释上似以肯定说为妥。盖以债权人对主债务人之对待给付，可作为其向主债务人主张同时履行抗辩权之依据，而同时履行抗辩权系附属于其对主债务人之债权，具有担保作用，属于从权利之一种，应随债权一并移转于保证人也。[119]惟保证人为求偿之时，主债务人仍得主张同时履行抗辩权。

（四）相关问题

代位权之相关问题有三。一为代位权与求偿权之关系，另一为主债务人多数时之代位权行使，三为担保人多数时之代位权行使。惟以后者，拟等论及共同保证时一并说明，因之，爰仅就前二者加以说明。

1. 代位权与求偿权之关系

由上所述，可知保证人为履行保证债务，而对债权人为清偿或其他消灭债务之行为，致主债务人对债权人免责者，保证人有同时求偿权及代位权。在权利关系上，求偿权系保证人自己对主债务人之权利，为新成立之权利；代位权系保证人承受债权人对于主债务人之债权，其所取得者为债权人原有之权利，并非新成立之权利。此两种权利系同时并存，且代位权为法定当然移转于保证人，惟保证人仍得选择行使求偿权，亦得于受让债权后，行使债权人之权利，二者为请求权竞合，故其中一权利因行使而达目的时，则另一种权利于所达目的之范围内即归消灭。[120]

2. 多数主债务人之代位权关系

由于代位权系为确保求偿权之实现而设，解释上保证人系于求偿权

117 参照最高法院1929年上字第一二三五号判例："保证债务保证人代偿后，其代位所取得之债权，全然与原债权相同。则债务人所有财产于其所负之债务总额如有不敷清偿，自应与各债权人平均分配，殊无主张独享优先权利之余地。"

118 郑著（下），第八五二页；史著（下），第八七七页；戴著（下），第四〇八页～第四〇九页；蔡著（下），第一九六页；刘著（一），第一五四页。

119 郑著（下），第八五三页～第八五四页；史著（下），第八七八页；戴著（下），第四〇九页；蔡著（下），第一九六页；刘著（一），第一五五页。

120 台湾文献，大都描述为求偿权与代位权竞合，惟严格言之，应系求偿权与（基于代位权而取得之）原债权人债权竞合，亦即得就求偿权与原债权人债权竞存而并同行使，本书爰斟酌其情，试予较为明确之说明。

范围内而有代位权。因之，保证人基于代位权取得者，虽为债权人之原有债权，但原债权为不可代替性者，则保证人取得者仅为原有债权变体之不履行损害赔偿债权，其给付已变为可分（二七一条后段）。因之，如主债务为多数人者，保证人应按各主债务之应分担部分而个别取得（损害赔偿）债权，其情形有如主债务人多数之求偿权，爰不重复。

四、保证人之责任除去请求权

关于保证人之保证责任除去请求权，拟分就保证责任除去请求权之意义、保证责任除去请求权之要件及保证责任除去请求权之行使三者，依序说明之。

（一）保证责任除去请求权之意义

所谓保证责任除去请求权者，指保证人基于法定原因之发生，于履行保证债务前，得向主债务人请求除去其保证责任之权利，以期保护保证人之利益也。[121]保证责任除去请求权之当事人为保证人与主债务人，其目的则系请求主债务人设法为消除其保证债务之行为。因之，保证责任除去请求权，尚与保证人向债权人请求退保或解除保证契约者，截然不同，其对于债权人依法应负之代偿责任，并不因行使保证责任除去请求权而受影响。[122]

（二）保证责任除去请求权之成立

"民法"第七五〇条第一项规定："保证人受主债务人之委任，而为保证者，左列各款情形之一时，得向主债务人请求除去其保证责任。"基此，足见关于保证责任除去请求权之成立要件，殆可分述如下：

1. 须为受委任而为保证之保证人

保证人之为保证，其原因法律关系有由于受委任者，有由于无因管理者，亦有由于赠与者，斯三者之中，其得请求主债务人除去保证责任者，以受主债务人委任而为保证之保证人为限，至于其余二者，尚不与焉。此盖于前者，处于委任人地位之主债务人，基于委任关系，负有避免处于受任人地位之保证人遭受不测损害之义务。民法本条所称委任，应从广义解释，不以主债务人与保证人间订有委任契约者为限，其原为

121 参照"民法"第七五〇条立法理由前段："谨按受主债务人委任而为保证人者，法律应指定事项，认其有保证免责之请求权，始能保护其利益。"

122 参照最高法院1933年上字第三六五号判例："保证人向主债务人请求除去其保证责任，仅为其与主债务人之关系，其对于债权人所负代偿责任，并不因此而受影响。"

无因管理，嗣经本人（即主债务人）承认者（一七八条），亦有适用[123]。

2. 须有下列法定事由之一存在

（1）主债务人之财产显形减少（750 Ⅰ①）

于此所称财产显形减少，意指主债务人之财产，较保证人受委任而为保证时，明显减少，而有不足清偿其债务或难为给付之虞者而言。盖以就此情形，将来主债务届期，保证人势将代为清偿，故许其请求除去其保证责任。

以上所述，于主债务为财产性给付者，固无问题，但于其为劳务性给付者，如主债务人有难为给付之虞，而财产尚无明显减少者，保证人得否请求除去其保证责任。基于保证为单务无偿契约及保证人利益之保护，愚见以为，肯定说为可采。

（2）主债务人住居所变更（750 Ⅰ②）

保证契约成立后，主债务人之住所、营业所或居所有变更，致债权人向主债务人之请求清偿发生困难者，如前所述，保证人丧失先索抗辩权（七四六条二款），且面临随时受追偿之可能，故亦许其请求除去其保证责任，以维保证人利益。至于何为营业所、住居所变更，何为请求清偿发生困难，依民法第七四六条规定定之，兹不重复。

（3）主债务人履行债务迟延（750 Ⅰ③）

主债务人履行债务迟延，即通称之（可归责于债务人所致）给付迟延。有此情形，保证人不仅有随时受追偿之虞，而且因迟延利息及迟延赔偿之负担（二三一条～二三三条），保证人之责任范围，亦且为之扩大，爰许保证人请求除去保证责任，以维其利息。

主债务人因可归责之事由，致给付不能或为不完全给付者，保证人亦有随时受追偿之虞；而且，其因而应负之损害赔偿责任，较履行债务迟延，或恐更为重大。为维护保证人利益计，似以赋以保证人以责任除去请求权为宜，解释上应可类推适用本条款之规定。惟主债务人对给付不能或不完全给付应负之责任，如经债权人请求，而未适时履行者，即亦成立给付迟延，而直接适用本条款规定。

（4）确定判决（750 Ⅰ④）

债权人经向法院起诉，请求保证人履行保证责任，而获判决确定者，是为依确定判决得令保证人清偿者，有些情形债权人通常会向法院声请对保证人之财产为强制执行，致保证人面临不得不出面清偿之窘境，故

123 史著（下），第八七九页；刘著（一），第一五七页。（薛著，第三八九页以为，本于举重明轻（体系解释?），应认基础关系为无因管理者，亦有适用。）

亦许其请求除去其保证责任。

所谓确定判决，不以上诉致最后审级者为限，保证人于受败诉判决后，因认显无胜诉机会而放弃上诉，该判决并因之确定者，亦有适用。惟保证人怠于行使援用主债务人或其保证人自己所有之法律上抗辩，以致败诉确定者，基于诚实信用原则，宜认为尚不能请求除去保证责任。又此所称判决，宜采广义，包括支付命令及本票裁定等。不过，于后二者，如保证人有得抗辩、异议或确认债权不存在事由等，而未据以声请救济者，则不得行使保证责任除去请求权。其经成立法院和解或调解者，亦得作同一解释。

（三）保证责任除去之方法

1. 主债务已届清偿期

保证人保证责任之除去，由保证人向主债务人请求之。此之请求，属一般之请求权，由保证人以意思表示为之，无庸一定方式，而且明示、默示，均无不可。

主债务已届清偿期而有上述情事之一者，主债务人对于保证人即负有除去保证责任之义务，亦即主债务人即应设法除去保证人之保证债务。通常，主债务人为保证人除去保证债务之行为，其途径有三：

（1）向债权人清偿债务，使主债务消灭，而保证债务亦随之消灭；

（2）向债权人另行提供担保（物保或人物），而使债权人免除保证人之保证债务。

（3）重觅新保证人，经债权人同意，使该新保证人以债务承担人方式承担该保证人之保证债务。

保证责任除去请求权，性质上为保证人对于主债务人之债权。因之，如主债务人经请求后而不为保证人除去保证责任者，理论上，保证人得诉请法院为之，亦得声请强制执行；惟其是否确有实益，则不无疑义。

2. 主债务未届清偿期

主债务未届清偿期者，保证责任之除去不宜强使主债务人为期前清偿，致丧失期限利益，故“民法”第七五〇条第二项规定：“主债务未届清偿期者，主债务人得提出相当担保于保证人，以代保证责任之除去。”盖以保证人如有相当担保，即不致发生意外之损失，于主债务人与保证人间之权益保护，亦得维持平衡也。[124]

124 参照“民法”第七五〇条之法理由后段：“主债务未届清偿期者，主债务人得提出担保于保证人，以代保证责任之除去，盖以免责请求权之设置，原为防止保证人意外之损失，主债务人既经提出相当之担保，则保证人自可减免保证之责任。”

此称担保，不论其为物保抑或人保，只要系相当者均无不可；相当与否，其为物保者，应视物之价值，其为人保者，应斟酌人之资力而定。此之担保，系由主债务人向保证人提出，目的为将来求偿权之担保，故保证人对债权人之保证责任依然存在（仍未除去），惟其将来为主债务人向债权人履行保证债务，而对主债务人取得求偿权时，其求偿权得因此而获得保障。再者，提出相当担保以代保证责任除去之行为，纵令保证人已获得法院命主债务人为除去保证责任之确定判决，如主债务仍未届期，则主债务人仍得以其代替保证责任之除去。

提供担保或除去保证责任，债务人得选择为之，亦得部分除去保证责任，部分提供担保。至于保证人，并无请求提供担保之权利，亦无诉请法院强制执行之可言。惟因其性质上仅为期前代替措施，主债务人提出相当担保以代保证责任之除去后，事后如主债务清偿期届至者，保证人仍得请求主债务人除去其保证责任。[125]

综本项以上所述，可知保证人与主债务人间之权利义务关系，其内容实称丰富而复杂，爰亦试予归纳其要点如附表，以供参考：

- 保证人权利（对主债务人）
  - 求偿权
    - 基础原因关系：委任（546）或无因管理（176）
    - 成立
      - 保证人为清偿行为等
      - 主债务人免除责任
      - 保证人无赠与意思
    - 范围：清偿之原本＋利息＋必要费用＋损害赔偿等
    - 丧失：怠于援用抗辩
    - 多数主债务人：按分摊比例个别求偿（及于求偿权扩大）
  - 代位权
    - 基础原因关系：委任或无因管理（749）
    - 成立
      - 保证人为清偿行为等
      - 保证人有求偿权
      - 无害于债权人权利
    - 范为：与求偿权同
    - 与求偿权关系：代位取得之权利，与求偿权为请求权竞合
    - 多数主债务人：按分摊比例个别代位取得权利
  - 责任除去请求权
    - 基础原因关系：委任（751Ⅰ本文）
    - 成立
      - 受委任而为保证（751Ⅰ本文）
      - 因法定事由（750Ⅰ）存在
    - 法定事由
      - 主债务人财产显形减少（750Ⅰ①）
      - 主债务人迁移（750Ⅰ②）
      - 主债务人履行迟延（750Ⅰ③）
      - 对保证人取得确定判决（750Ⅰ④）
    - 方法
      - 主债务届清偿期：清偿或使保证债务（由他人）承担（保证人得为请求）
      - 主债务未届清偿期
        - 清偿或使保证债务（由他人）承担（保证人得为请求）
        - 提供相当担保（保证人无请求权：750Ⅱ）

125 史著（下），第八七九页；刘著（一），第一五八页。

第三节　保证之消灭

关于保证之消灭，亦如一般契约之债得分为一般消灭事由及特殊消灭事由说明之。

一、一般消灭事由

严格言之，保证之一般消灭事由，尚与一般之契约略有不同，以其有主债务为其成立、存续及消灭之前提故也。基此，则保证之一般消灭事由有二。即

（一）主债务之消灭

保证债务为从债务，主债务消灭者，保证债务亦随之消灭。此为当然之理，无待法律之明文，并应作当然之解释。

（二）保证债务之一般消灭事由

保证，得因保证契约解除、保证人自己为清偿、提存、抵销、被免除或混同等一般债之消灭原因而消灭，此与一般（契约）之债同，亦无待重复。惟实务于解除，曾有特别表达，亦一并附带提及。[126]

一般以为，保证尚无一身专属性，除法律有特别规定外，保证尚不因保证人死亡而消灭[127]；惟保证人如系就（一定期间或不定期间）继续发生之债务而为保证时，其继承人得为终止，但其终止前已生之保证责任，不因终止而受影响。然此见解，发生契约承担之效果，且于保证人极其不利，是否尽当，不无疑义。

二、保证之特殊消灭事由

保证为单务无偿责任，保证人所负责任甚重，为有助保证人减轻责

126　参照最高法院1930年上字第三四七号判例："保证为债权人与保证人间缔结之契约，依契约一般之原则，非得相对人之同意，不能解除。"

127　参照"最高法院"1959年台上字第五五七号判例："保证契约系保证人与债权人间成立之契约，不因主债务人之死亡而归于消灭。"

任，民法本节爰就保证之消灭，设有多项特殊消灭事由。兹予归纳如下表，并依序说明之。

保证之消灭（特殊事由）
- 债权人抛弃担保物权（751）
- 债权人逾期未对保证人为审判上请求（752）
- 债权人逾期未对主债务人为审判上请求（753）
- 连续保证债务之终止（754）
- 债权人允许主债务延期清偿（755）
- 债权人允许（主）债务人免责承担（340 Ⅱ）

以上六者，于最后一者，亦即债权人允许主债务由第三人（免责）承担者，除保证人已为承认者外，保证债务消灭，系规定于债务承担一节（三〇四条二项），债总一般文献，已有说明，兹不重复。

（一）债权人抛弃担保物权

1. 制度要点

“民法”第七五一条规定：“债权人抛弃为其担保之物权者，保证人就债权人所抛弃权利之限度内，免其责任。”盖以担保物权易于实行而有助债权之实现，且该担保物权如由主债务人提供者，债权人予以抛弃，其法律上评价犹如抛弃债权，其结果势必有损保证人之利益，故民法特设本条，以维保证人利益。[128]

本条之所谓担保物权，包括抵押权、质权、留置权、动产抵押、信托占有及所有权保留[129]，乃至证券信用交易上之融资融券保证金[130] 等均

128 参照“民法”第七五一条立法理由：“谨按债权人将担保其债权之物权抛弃者，无论其物权于保证成立与否，应使保证人就债权人所抛弃权利之限度内，免其责任。即其担保物权系担保主债务之全部者，债权人抛弃其担保物权时，保证人得免全部之保证责任，其担保物权，系担保主债务之一部者，债权人抛弃其担保物权时，保证人得免一部之保证责任。本条设此规定，盖以保护保证人之利益也。”

129 动产抵押、信托占有及所有权保留之适用上依据，请参照“动产担保交易法”第十五条、第三二条及第二六条。其中特别值得者为所有权保留之约定。愚见以为，动产担保交易法上附条件买卖之所有权保留约定、性质上应为担保物权之特殊型态，解释上当亦有民法本条适用。退而言之，纵认其纯为所有权保留，则本于体系解释，其轻度之担保物权行为，既已失权，则更重度之抛弃所有权，亦应有其适用。因之，债权人保留所有权约定之抛弃，保证人免其保证责任。

130 关于融资而提存之保证金及供担保之有价证券，其担保物权性之法律依据，请参照“证券交易法”第六一条，“证券金融事业管理规则”第十条、第十二条、第二三条、第二五条，“证券商办理有价证券买卖融资融券管理办法”第十六条、第十九条。再者，有关于此之台湾体系性介绍文献，请参照拙著“有价证券信用交易担保制度之研究”，收于拙著“民法研究（一）”（增订版），五南图书出版公司，2002 年，第五二一页以下（中心部分第五三五页～第五四一页，第五四八页～第五五五页）。

是。就其性质而言，无论其为设定抑或法定之担保物权，不问其担保物权之成立或发生，系在保证契约成立之前抑或在其成立之后，乃至系由债务人自己提供而设定，抑或由第三人（物上保证人）提供而设定，均非所问；惟必须为有效成立之担保物权，如债权人所抛弃者，非为有效成立之担保物权，则保证债权尚无消灭可言[131]。

所谓抛弃，指民法第七六四条所定之抛弃而言，亦即依债权人（担保物权人）之意思而使其担保物权绝对归于消灭之单独行为[132]，解释上系由债权人以意思表示为之。抛弃之意思表示，无论系明示或默示均可，亦无庸一定方式。惟不动产担保物权，应经办妥涂销登记[133]。此外，抛弃担保物权之所谓抛弃，尚不以故意所为者为限，其因过失致担保物权消灭者，亦包括在内[134]。尤有甚者，如债权人同意变更易担保物，无论其所谓换之担保物价值究为若干，如未经保证人之同意，视同抛弃担保物权[135]，即使债权人使担保物权减少价值之行为、因故意或过失毁损担保物之全部或一部，或就抵押权次序之抛弃或退让是，亦应视其价值减损情况，认系担保物权全部或一部之抛弃。[136]但债权人于债权已届清偿期后，未即行使担保物权，而嗣后担保物价值低落者，则不得认系抛弃担保物权，尚无民法本条适用。[137]

---

131 参照"最高法院"1953年台上字第四一六号判例："'民法'第七百五十一条关于债权人抛弃为其债权担保之物权者，保证人就债权人所抛弃权利之限度内免其责任之规定，所谓为其债权担保之物权，系指已具备物权之生效要件者而言，若欠缺物权之生效要件者，在物权法上既不得称之为其债权担保之物权，纵使债权人有不为主张或怠于行使之情形，亦无抛弃之可言，保证人仍不得因此而于其限度内免除保证责任。"

132 参照最高法院1943年上字第六〇三六号判例："'民法'第七百六十四条所谓抛弃，系指物权人不以其物权移转于他人，而使其物权绝对归于消灭之行为而言。"

133 参照"最高法院"1985年台上字第二三二二号判例："'民法'第七百五十八条规定，不动产物权依法律行为而丧失者，非经登记不生效力。抛弃对于不动产公同共有之权利者，亦属依法律行为丧失不动产物权之一种，如未经依法登记，仍不生消灭其公同共有权利之效果。"

134 参照大理院十一年上字第九号判例："债权人因故意过失，丧失担保权时，保证人于其限度内免责。"

135 参照"最高法院"1955年台上字第六五九号判例："上诉人将担保物电瓶全部返还于主债务人，无论其所谓换之担保物价值究为若干，既系抛弃为其债权担保之物权，依'民法'第七百五十一条之规定，被上诉人即保证人自应就上诉人所抛弃权利之限度内，免其责任。"（同旨"最高法院"1955年6月7日民刑庭总会决议。）

136 郑著（下），第八八四页；刘著（一），第一六〇页。

137 参照最高法院1932年上字第一〇一五号判例："债权人抛弃为其债权担保之物权者，保证人固就债权人所抛弃权利之限度内免其责任。但债权人于其债权已届清偿期后，未即行使担保物权，嗣后该担保价格低落者，不得即谓为抛弃担保物权。"

2. 相关问题

（1）担保物权之适用范围

民法本条所称担保物权，除以上所述者外，应兼及下列二者：

①因参与期货交易而支付之结算保证金、交易保证金及其抵缴证券，性质上亦属担保物权，苟其债权人为抛弃考，理论上亦有本条之适用[138]，惟现实上恐极不易发生耳。

②让与担保，现行“民法”虽无明文，惟交易习惯上颇为普遍，实务亦持肯定立场[139]，性质上应认其为担保物权形态之一，苟债权人为抛弃者，解释上亦应有本条之适用。

（2）保证之抛弃

关于同一债务，有物保与人保并存时，债权人抛弃担保物权者，保证人固得因之而免责，惟若债权人不抛弃担保物权，而抛弃保证债务（亦即免除证人之责任）者，其物上保证人是否免责？乃至其他相关情形，其结论如何？尚不能一概而论。语其要点，殆有如下：

①债权人抛弃保证债务

债权人不抛弃担保物权，而抛弃保证债务者，依实务见解，物保负优先清偿责任，其物上保证人责任不受影响；惟依物保人保平等理论，仍应适用保证连带姑定，比例免除其责任（七四八条、二七六条一项）。

②债权人抛弃部分保证债务

同一债务，有两个以上之保证人为担保者，是为共同保证，如债权人仅抛弃（或免除）其中一保证人之责任时，因共同保证人原则上应负连带责任（保证连带—七四八条），其抛弃应适用连带债务之规定，就该被免除债务之保证人所分担之部分，他保证人亦同免其责任（二七六条一项）。

③债权人抛弃部分物上保证

同一债务有两个以上担保物权并存，债权人抛弃其中一个担保物权时，日本实例务及多数学理认为，此系担保价位低，故他一担保物之责

138 主要适用之法律依据为“期货交易法”第五十条、“期货商管理规则”第四七条、“台湾期货交易所股份有限公司业务规则”第七九条。再者，有关于此之台湾体系性介绍文献，请参照拙著“有价证券抵缴保证金之法制构成”，台湾期货交易所股份有限公司研究报告，2002 年（主要部分为第三四页～第四一页）。

139 参照“最高法院”1981 年台上字第一〇四号判例：“债务人为担保其债务，将担保物所有权移转与债权人，而使债权人在不超过担保之目的范围内，取得担保物所有权者，为信托的让与担保，债务人如不依约清偿债务，债权人得将担保物变卖或估价，而就该价金受清偿。”

任，在抛弃之限度内消灭。[140]台湾多数见解则认为，基于“民法”第八七五条规定之立法意旨，认为他一担保物之责任不能因之而消灭。[141]愚见以为，应依下列标准决定之：

a. 债权人抛弃主债务人所成立之担保物权者，物上保证人之担保责任消灭。

b. 债权人抛弃某一物上保证人所成立之担保物权者，原则上类推适用共同保证之例，他物上保证人于抛弃限度内，比例免除其责任，但当事人另有顺位约定者，依其约定。

c. 于上述另有约定之情形，如债权人抛弃先顺位之担保物权者，后顺位之物上保证人免除担保责任；反之，如债权人所抛弃者为后顺位之担保物权者，则前顺位之物上保证人责任，尚不受影响。

d. 如前所述，因证券交易或期货交易而须支付之保证金等，系最低担保标准，且应先行清偿。因此，如相关当事人另有约定由第三人为物上保证人者，而其后债权人抛弃保证金等之担保物者，物上保证人免除担保责任；反之，如债权人抛弃物上保证人责任者，则其对于保证金等之权利，尚不受影响。

（二）逾期未对保证人为审判上请求

“民法”第七五二条规定“约定保证人仅于一定期间内为保证者，如债权人于其期间内，对于保证人不为审判上之请求，保证人免其责任。”足见，依民法本条所定之保证责任免除，须符合下列二项要件：

1. 须为定期保证

所谓约定保证人仅于一定期间内为保证者，乃指就已确定之债务为保证，而对保证债务本身定有存续期间，约定债务人应于保证债务存续期间内向保证人为请求，期间经过，保证债务当即消灭，通称之为定期保证。例如，保证人与债权人约定，保证人仅于2002年1月1日至2002年12月31日负保证责任者，如债权人未于2002年12月30日以前向保证人起诉者，保证人即免除其保证责任。[142]所以为此规定，盖在避免保证

140 参照我妻荣前揭“债权纵论”，第二六七页；石田喜久夫“法定代位者のための担保保存义务”，收于“注释民法（12）：债权（3）”（矶村哲编集），有斐阁，1970年，第三六三页。

141 郑著（下），第八六二页；刘著（一），第一六〇页。

142 参照“民法”第七五二条立法理由后段：“至保证债务，其自己定有期限者，若使保证人于其期限经过后，即时可以免责，于保护债权人之利益，未免过薄。故特设本条，债权人不于期限内向保证人为审判上之请求者，保证人始能免责。”

人于期限届满，即可借词免责，故民法本条立法意旨，诚具有保护债权人利益之深意也。[143]

定期保证，系保证债务本身定有存续期间，而非主债务之清偿期限。因之，保证定有期限之债务者，亦即就定有清偿期之债务为保证者，与约定保证人仅于一定期间内为保证，其情形不同。换言之，就主债务所定清偿期限，并非保证人负担保责任之存续期间，主债务人如有届期未为清偿，即应负迟延责任，保证人充其量只能请求债务人除去保证责任[144]；至于债权人于其期限内是否请求保证人清偿，对保证人之责任原则上不生影响，保证人亦无得为主张免除保证责任之依据。[145]

2. 须债权人未于期间内对保证人为审判上之请求

定期保证，保证人所以得为免责者，系以债权人在保证债务存续期间内，对于保证人不为审判上之请求者，为其要件，苟债权人已有审判上之请求，则保证人即无免责可言。所谓审判上之请求，不仅指起诉（指起给付之诉）而言，其与起诉有同一效力之行为，如送达支付命令、因和解而传唤、申报破产债权、告知诉讼、开始执行行为或声请强制执行乃至声请法院调解、声请拍卖担保物权等，均包括在内。[146]此等审判上请求之行为必须对保证人为之，如仅对于债务人为之，则尚有未足，保证人责任仍属免除。

（三）未对主债务人为审判上请求

“民法”第七五三条规定：“保证未定期间者，保证人于主债务清偿期届满后，得定一个月以上之相当期限，催告债权人于其期限内，向主债务人为审判上之请求。债权人不于前项期限内向主债务人为审判上之

143 参照“民法”第七五二条立法理由后段：“查民律草案第八百七十六条理由谓保证有期限之债务者，保证人得于期限经过后，向主债务人请求保证之免责，盖债务既已届期，迟延之责，自应由主债务人负担故也。”

144 定期保证，与约定就将来一定期间内所发生之债务而为保证者，情形亦是截然不同。盖于后者，例如约定就 1999 年 6 月 1 日至 12 月 31 日间所发生之债务作为保证之标的是。于此情形，其期间只不过为决定被保证之主债务范围（即保证责任范围），尚与保证责任期间无关也。

145 参照“最高法院”1954 年台上字第二七五号判例：“借用证所谓清偿期限，系债务之清偿期限，而非保证人负保证责任之期间。被上诉人是否于此项期限请求清偿，于上诉人之保证责任不生影响。”

146 参照最高法院 1932 年上字第二八三五号判例：“债权人依民法第八百七十三条第一项之规定，声请法院拍卖抵押物，自亦为同法第七百五十三条第一项所谓审判上之请求。”

请求者，保证人免其责任。”其立法目的，亦在保护保证人之利益。[147]至其成立要件，则有下列四者：

1. 须为非定期保证

所谓保证未定期间者，系指就保证债务本身未定有存续期间者而言，其形态恰与保证债务定有保证存续期间者相对，一般爰称之为非定期保证。

民法本条明定，本条项适用之保证形态，为未定期保证，故定期保证不与焉。惟所称定期与否，仅就保证责任而言，与其主债务是否定有清偿期限无关，其情形有如上述，兹不重复。

2. 须主债务已届清偿期

关于主债务之清偿期定有清偿期者，称之为定期债务；其未定有清偿期者，称之为不定期债务。本条之适用范围，以主债务定有清偿期之定期债务为限，换言之，不定期债务于债权人请求给付而届期，如其后债权人不续为审判上请求者，亦有本条之适用。反之，如其为定期债务，则其期限，究为确定期限抑为不确定期限，均非所问。即保证人系就连续发生之债务为保证者，关于在其保证期间内发生之债务而已届清偿期者，亦包括在内。

3. 须定相当期限催告债权人

定期保证，其保证人须于主债务清偿期届满之后，定一个月以上之相当期限，催告债权人于其所定期限内向主债务人为审判上之请求，否则尚不能执为免除责任之依据。[148]相当与否，依个案具体情况客观酌定；如其所定期间不相当，得否因期限递延则自动补正，实务见解前后尚不一致。[149]愚见以为，宜采否定，亦即所定期间为不相当者，保证责任不能消灭，尚不因期间之经过而自动补正。

147 参照“民法”第七五三条立法理由：“谨按主债务定有期限，而保证未定期限者，保证人得于主债务清偿期届满后，定一个月以上之相当期限，催告债权人于其期限内，向主债务人为审判上之请求。若债权人不于其期限内，向主债务人为审判上之请求，应使保证人得免除保证责任，以保护保证人之利益。故设本条以明示其旨。”

148 参照“最高法院”1960年台上字第一七五六号判例：“就定有期限之债务为保证，与约定保证人于一定期间内为保证之情形不同，此项保证未定期间，而定有清偿期限之债务，在主债务清偿期届满后，除保证人已定期催告债权人向主债务人为审判上之请求者外，保证人不得以债权人迟迟不为审判上之请求，为免其保证责任之论据。”

149 关于催告上相当期间之意义及是否补正，其有关实务见解之归纳，请参照拙著前揭“新订民法债编通则”（下），第五六二页～五六四页及其引注（核心部分为注81，“最高法院”1985年1月8日民庭会议决议）。

催告为意思通知，须向债权人为之，性质上为准法律行为，类推适用民法总则有关意思表示之规定。又本条所称保证人，是否以未丧失先索抗辩权之保证人为限，法律文义及立法意旨，均未明确。学理或以为，保证人而有先索抗辩权者，始能请求债权人先对主债务人起诉并强制执行，故解释本条，应采限缩立场，认为丧失先索抗辩权之保证人，尚无本条之适用。[150]愚见以为，先索抗辩权之丧失与保证责任之免除，系不同层面之问题，而且，审判上请求与强制执行，亦非同一情况，为维护保证人利益计，应以反对见解，亦即不采限缩解释之立场为宜。

4. 须债权人未如期向主债务人为审判上请求

保证人依法为催告后，债权人须于其所定相当期限内向主债务人为请求。如债权人未为审判上请求，或虽对主债务人为审判外之请求，或仅对保证人为审判上之请求，或虽对主债务人为审判上之请求、但已在保证人所定相当期限以外等，均属债权人未如期向主债务人为审判上之请求，保证人之责任免除。反之，债权人如已如期向主债务人为审判上请求者，则不问其程序及结果如何，保证人均无免责可言。

本条所称审判上请求，与前条所称之审判上请求，意义相同，均采广义，兹不重复。

主债务如为不定期债务，而其债权人不请求主债务人履行，而主债务人亦不履行者，其清偿期将无届至之时，其结果无异使保证人陷于长久负责，对保证人未免过于苛刻，解释上宜认为，得类推适用“民法”第七五三条之规定，以维公允。如是，保证人即得定一个月以上之相当期限，催告债权人向主债务人请求履行及接连为审判上之请求，若债权人于此期限内不请求履行及为审判上之请求者，保证人亦免其责任。[151]

（四）连续债务保证之任意终止

1. 任意终止之成立

“民法”第七五四条规定：“就连续发生之债务为保证而未定有期间者，保证人得随时通知债权人终止保证契约。前项情形，保证人对于通知到达债权人后所发生主债务人之债务，不负保证责任。”盖以就连续发生之债务而为保证者，保证人难以估定其保证责任之确定范围，保证人所负责任奇重，民法爰依本条规定，赋以保证人以任意终止权，期以维

150　史著（下），第八八六页；刘著（一），第一六二页。

151　郑著（下），第八六五页；戴著（下），第四一九页；刘著（一），第一六二页。

护保证人利益。[152]至其成立要件，则有如下：

（1）须为连续债务之保证

所谓连续债务，指于一定期间内或不定期间，陆续不断发生或随时增减变动之债务，如租金、工资、实作实付工程款、住医院之费用、随时赊购之货款、继续住宿之食宿费等支付之保证，均是著例。[153]解释上，本条所称连续债务，应采限缩立场，而以不定期间连续发生之债务，且其债务额于保证契约成立时尚未确定发生者为限；若虽为连续发生之债务，而有一定期间者，或保证契约成立时已确定发生之债务，则不在此限。

（2）须保证未定有期间

保证契约之保证人而得随时终止保证者，以保证未定有保证期间者为限。如保证债务定有存续期间，保证人即应遵守其期间之约定，不得随时终止保证契约，即使于最高限额保证情形亦然。[154]以与上段所述对照，可知保证人任意终止权之取得，不仅保证债务本身须未定有存续期限，即其主债务之适用范围，亦须限于未定有期限而连续发生之债务。因之，例如甲银行对企业经营所需支应授与信用（贷款）而定有一定期间（如二年）者，其保证人尚不得主张适用本条之保证任意终止权。

（3）须经保证人为终止之通知

终止为形成权，须经意思表示始生效力，此于本条之终止，亦无例外；因之，民法本条明定，保证之任意终止须经通知债权人。此称通知，性质上为意思表示，应以意思表示为之，不得仅以公告代替[155]，且须于通知到达债权人时，始生终止保证之效力。[156]因此，终止通知发出后到达

152 参照“民法”第七五四条立法理由前段：“谨按保证人就连续发生之债务为保证，而其保证又未定有期间者，其应就连续发生之债务，负其责任，此乃当然之理，然此种情形，保证人之责任未免过重，故使其有随时通知债权人终止保证契约之权。”

153 参照“最高法院”1963年台上字第三七五一号判例：“上诉人保证病人住院治疗，与病人共同签立入院志愿书，载明住院规则所需住院费、特别药费、手续费，于接受通知时即行交纳，如有迟延由保证人负完全责任，除上诉人终止保证契约已办妥手续外，即难谓其不负保证责任。”

154 同注47。

155 参照最高法院1940年上字第四三〇号判例：“就连续发生之债务为保证而未定有期间者，保证人固得随时终止保证契约，惟依民法第七百五十四条之规定，其终止保证契约之通知，应向债权人为之，若仅登报公告，则不能发生效力。”

156 参照“民法”第七五四条立法理由后段：“保证人欲终止保证契约时，须对于债权人发终止保证契约之通知，俾有准备，但此种通知，应以达到于债权人后，始生效力，保证人于通知达到后所发生之债务，即可免除责任，借以保护保证人之利益。”

前之期间内所生之主债务，保证人仍应负保证责任。[157]

保证人为多数，亦即于共同保证之情形，保证人任意终止权之行使，有无主观不可分原则（二六三条准用二五八条二项）之适用，解释上不无疑义。按一般情形，终止权之行使，亦适用主观不可分原则，应经全体终止权人行使终止权，始生终止效力[158]；惟以保证系单务无偿契约，就未定期而连续发生之主债务，为其保证之保证人，几至面对无限制而继续扩大之责任，而且，共同保证尚非保证人所可得而均知，共同行使权利多数情形极为困难。因之，解释民法本条终止权之行使，愚意以为，主观不可分原则为以不适用为宜。如是，则各保证人即得因个别终止，而免除其自己之保证责任。

2. 终止之效力

终止，仅对终止生效后之情事发生效力，此于民法本条亦然。因之，民法第七五四条第二项明定，保证人对于通知到达债权人后所发生之主债务人债务，固不负保证责任，但对于此之前所发生之债务，则尚不得主张免责，实务立场对此亦多所强调。[159]

保证人任意终止权，不仅于最高限额保证有其适用，即于所谓之最高额抵押之案例，亦得类推适用。换言之，其所有人提供抵押物，与债权人订立在一定金额之限度内，担保现在已发生及将来可能发生之债权之抵押权设定契约（即所谓之最高额抵押契约），如所有人为物上保证人，且就担保责任未定存续期间，则其性质与“民法”第七百五十四条第一项所规定就连续发生之债务为保证而未定有期间之保证契约相似，

157　参照“最高法院”1963年台上字第一六六三号判例：“就连续发生之债务为保证而未定有期间者，保证人得随时通知债权人终止保证契约，前项情形，保证人对于通知到达债权人后，所发生主债务人之债务，不负责任，‘民法’第七百五十四条定有明文。寻绎该条立法意旨，系以债权人对于通知以后所发生之债权可以停止给付，无使保证人永负无限责任之必要，本件医药费系每日连续发生，而债权人亦可随时停止给付，与该法条之文义及立法意旨结合，保证人自得随时通知债权人，终止保证契约。”

158　参照“最高法院”1975年台上字二二九四号判例：“终止权之行使，依‘民法’第二百六十三条准用同法第二百五十八条之规定，应向他方当事人以意思表示为之，契约当事人之一方有数人者，该意思表示，应由其全体或向其全体为之，此为终止权行使之不可分性。被上诉人既主张系争房屋，乃上诉人夫妇与沈某夫妇四人以台北烟厂职工身份共同承租居住，则其终止权之行使即应向该四人为之，果仅对上诉人一人为终止租约之意思表示，尚难谓为已生终止租约之效力。”

159　参照最高法院1929年上字第一五二〇号判例：“保证人中途退保者，原则上只能自退保之日起发生效力，除退保时曾特别订明关于被保证人退保前后一切行为，概不负责，已得债权人同意外，其在退保前对于被保证人之行为，仍难免保证责任。”

故抵押人得主张类推适用“民法”第七五四条规定而随时通知债权人（抵押权人）终止抵押契约。如是，为抵押之物上保证人，对于终止契约后发生之债务，不负担保责任。反之，纵为最高额抵押，如其担保责任定有存续期间者，亦如最高限额保证，尚无民法本条任意终止保证之适用。[160]此外，其他最高额担保物权之形态，自亦得作同一解释。

（五）允许主债务人延期清偿

“民法”第七五五条规定：“就定有期限之债务为保证者，如债权人允许主债务人延期清偿时，保证人除对于其延期已为同意外，不负保证责任。”盖以债权人自己抛弃期限利益，增添受偿风险，其不利益不应使保证人承受故也。[161]至其成立要件，则有如下：

1. 须为就定期债务而为保证

被保证之主债务，须为定有一定期限之债务，始有延期之问题，亦始有适用本条免责之可能。至于保证债务本身是否定有一定期限，则非所问；惟若保证债务本身亦定有一定期限，而其期间较主债务之期限为短者，保证人适用“民法”第七五二条之规定免责即为已足。此外，如保证债务所定保证期间较主债务之期限为长者，而债权人所允许主债务人延期清偿之清偿期，超过保证债务之存续期限者，亦有本条规定之适

160 参照“最高法院”1977 年台上字第一〇九七号之判例：“所谓最高限额之抵押契约，系指所有人提供抵押物，与债权人订立在一定金额之限度内，担保现在已发生及将来可能发生之债权之抵押权设定契约而言。此种抵押权所担保之债权，除订约时已发生之债权外，即将来发生之债权，在约定限额之范围内，亦为抵押权效力所及。虽抵押权存续期间内已发生之债权，因清偿或其他事由而减少或消灭，原订立之抵押契约依然有效，嗣后在存续期间内陆续发生之债权，债权人仍得对抵押物行使权利。此种抵押契约如未定存续期间，其性质与‘民法’第七百五十四条第一项所定就连续发生之债务为保证而未定有期间之保证契约相似，类推适用同条项规定，抵押人固得随时通知债权人终止抵押契约，对于终止契约后发生之债务，不负担保责任。反之，此种抵押契约定有存续期间者，订立契约之目的，显在担保存续期间内所发生之债权，凡在存续间所发生之债权，皆为抵押权效力所及，于存续期间届满前所发生之债权，债权人在约定限额范围内，对于抵押物均享有抵押权，除债权人抛弃为其担保之权利外，自无许抵押人于抵押权存续期间届满前，任意终止此种契约。纵令嗣后所担保之债权并未发生，仅债权人不得就未发生之债权实行抵押权而已，而谓抵押人得于存续期间届满前终止契约而享有请求涂销抵押权设定登记之权利。”

161 参照“民法”第七五五条立法理由：“谨按保证人就定有清偿期限之债务而为保证者，若债权人允许债务人延期清偿时，此种延期清偿之允许，对于保证人之效力若何，不可不有明白之规定，俾免无益之争论，故本条明示应以保证人之意思为准。如保证人对于债权人延期清偿之允许，不表同意，则主债务延期，保证债务消灭，保证人即不再负保证责任，盖债权人自己抛弃期限之利益，应不使保证人因此而受不利之影响也。”

用，如债权人允许主债务人延期清偿之清偿期，仍在该保证债务之存续期限内者，则保证人不能依本条规定主张免责。[162]

2. 须债权人允许延期清偿

适用民法本条之主债务延期清偿，须出于债权人之允许。此之允许，系指债权人未经保证人同意前，即先行同意主债务延期清偿者而言。延期清偿须出于债权人之同意，如非出于债权人同意而由法院为之者，则无适用（三一八条、“民事诉讼法”三九六条）。至于债权人之允许，则不论由于被动、抑由于自动，亦不问是清偿期届满前同意延期，亦或届满后同意延期，均非所问；惟保证人就债权人允许延期之事实，应负举证责任。[163]也因此，如有延期清偿情事，而保证人又不能确实证明延期系出于债权人之允许时，自无因而免除保证人责任之理，其保证人仍应负保证责任。[164]

延期清偿，并不以一次展延为限，其同意为分期给付者，亦有适用。[165]称允许者，意义上为债权人同意之意思表示，无庸一定方式，且其究为明示或默示，亦均无不可，惟尚不得仅因主债务届清偿期，债权人未向主债务人请求清偿，遽认为系默示的允许延期。主债务人提出给付，而债权人拒绝受领或不能受领者，债权人虽负受领迟延之责任而已，亦不得谓之为债权人允许延期。此外，主债务人给付迟延后，债权人未请求其履行债务，而收取迟延利息者，亦不得即谓债权人允许主债务人延

162 参照“最高法院”1954年台上字第一九二号判例：“保证契约既载明自某日起至某日止一年期间内负保证责任，即属盖括保证之性质，在此一年期间内所发生之债务，不问次数若干，均应负保证责任。纵使债权人同意主债务人某一次借贷延期清偿，而该一次借贷所延展之期间，既在原约定一年期间之内，自不得借此主张不负保证之责任。”

163 参照“最高法院”1963年台上字第二七九九号判例：“就定有期限之债务为保证，保证人主张债权人允许主债务人延期清偿，援引‘民法’第七百五十五条之规定为抗辩时，对于债权人允许延期之事实固负举证责任，但债权证书之到期日经涂改者，保证人签名究在涂改前抑在其后，如有争执，自应由持有债权证书之债权人负举证责任。”

164 参照“最高法院”1959年台上字第二六〇号判例：“‘民法’第七百五十五条之规定，以债务人延期清偿系出自债权人之允许，并未得保证人之同意者，始有其适用。若债务人任意不履行债务，致有延期，而保证人又不能确实证明延期系出自债权人之允许时，自无许其免除保证责任之理。”

165 参照“司法院”（1983）民厅一字第〇六六六号函：“就定有期限之债务为保证者，如债权人允许债务人延期清偿时，连带保证人除对其延期已为同意外，不负保证责任，亦为‘民法’第七百五十五条所明文规定，兹债权人丙同意主债务人甲分期清偿，应视为已允许甲延期清偿，其允许延期既未经连带保证人乙同意，乙自亦不负保证责任，故乙之抗辩为有理由。”

期清偿[166]。

3. 须保证人对于延期清偿未为同意

主债务之延期清偿，须未经保证人之同意，保证人始得免责，如其已经保证人同意者，则保证人不得再以主债务经债权人允许延期清偿而主张免责。保证人之同意，无论事前同意，或事后同意，均无不可。亦即保证人之同意，系于债权人允许主债务人延期清偿之事先或同时为之，固无本条所定保证免责之适用，即其系于事后承认者，亦不得主张免责；惟保证人同意之事实，则应由债权人负举证责任。[167]

本条为关于人保之规定，学理及实务，多采严谨文义解释之立场，认为于物保之情形，尚无适用。换言之，债权人如有允许主债务人延期清偿者，其物上保证人尚不能主张类推适用民法本条，亦即并无免除物上保证责任之适用。[168]

（六）附带说明

有关保证消灭之相关事项，其须附带说明者，尚有如下二者：

1. 保证责任免责之范围

关于保证责任免责之适用，其可得而言者有二。即：

（1）就物保与人保之相互关系而言，本段关于保证免责，系本于人保制度而作之斟酌，除有特殊情形，如上述之债权人未向主债务人为审判上请求者，于担保物权得为类推适用外，原则上物上保证人尚不得援用。

（2）就保证之种类而言，以上所述各项，是否仅以一般保证为限，或应包括特殊保证，民法本节尚无具体规定。解释上宜认为，除人事保证另有制度特色外，其他特殊保证应均有其适用。有关于此，实务于第七五五条延期清偿之例，先后表明延期清偿之规定，于人事保证（职务

166 参照"最高法院"1961年台上字第一八二号判例："'民法'第七百五十五条固规定就定有期限之债务为保证者，如债权人允许主债务人延期清偿时，保证人除对于其延期已为同意外，不负保证之责任。然同法第二百三十三条第一项又规定，迟延之债务以支付金钱为标的者，债权人得请求依法定利率计算之迟延利息，但约定利率较高者仍从其约定利率，故债务人迟延后，债权人一面得请其履行债务，一面仍有权收取迟延利息，换言之，收取迟延利息者，不得谓其必未请求履行债务，而准许债务人延期履行。"

167 同注163。

168 参照"最高法院"1986年12月27日民事庭会议决议："'民法'第七百五十五条之定期债务保证责任之免除，乃专为人之保证而设，物之保证如抵押权并不包括在内，故甲不得诉请涂销。"（同旨"司法院"（1987）厅民一字第二〇六七号函。）

保证）尚无适用[169]，但于连带保证则有适用之立场。[170]愚意以为，此一见解，于本段所列其他事由，宜均作同一解释，而且其适用之对象，且应及于求偿保证（七五〇条二项）及信用委任（七五六条）等特殊保证。

2. 保证责任消灭之效果

（1）法律用语之歧异

民法本节所定之保证消灭，严格言之，其使用之法律名词，尚不完全相同，或称免其责任者，（七五一条～七五三条），或另称不负保证责任（七五四条、七五五条），而非如（免责）债务承担之直接称之担保（保证）消灭（三〇四条二项）。惟本书以为，以上用法之歧异，仅系行文方便考量下之便宜用法而已，非谓其间尚有本质上之差异。鉴于若有前述所列各条情事之一者，并非仅为保证人责任为之免去，其保证债务、乃至保证契约均属消灭，故本书爰未予以区隔，一并列为保证消灭事由，此亦判例及学理之共通立场，亦附带叙明之。

（2）保证人因清偿等而消灭保证债务者，因其同时消灭主债务，故对主债务人有求偿权及代位权，于保证效力一节已有详细说明，惟因以上所列各条之保证债务消灭，因主债务并不消灭，于法不生求偿权及代位权之问题，此或以上各该条文，不直接使用保证消灭之用语，而另称不负责任或免其责任之考量所在。

（3）保证人于前述各该条文所列情事发生后，仍为主债务为清偿等行为者，因其仍有为主债务人清偿债务之意思（管理他人事务之意思），解释上系成立新的无因管理，仍得于清偿等之后，本于无因管理而主张求偿权及代位权等。至原成立之委任关系或无因管理关系等，则已消灭，尚不因其嗣后清偿而回复。[171]

---

169 参照"最高法院"1962年台上字第一八五四号判例："承销保证契约记载：'兹担保某甲在台湾省某市果菜批发市场经营果菜承销业务……如有亏欠货款……等情事，保证人愿负法律上一切责任'等语，其性质非属一般债务保证，而为人事保证（亦称职务保证或身元保证），与'民法'第七百五十五条所谓就定有期限之债务为保证之情形迥不相同。"

170 参照"最高法院"1955年台上字第一一八二号判例："就定有期限之债务为保证者，如债权人允许主债务人延期清偿时，保证人除于其延期已为同意外，不负保证责任，为'民法'第七百五十五条之所明定。此项规定凡保证债务均适用之，连带保证债务不过保证人丧失先诉及检索抗辩权，仍不失为保证债务之一种，自无排斥上开法条适用之理由。"

171 郑著（下），第八六一页；梅著，第三六六页；陈著，第四三四页；戴著（下），第四一四页；蔡著（下），第一九八页；薛著，第三九〇页；刘著（一），第一五八页。

- 保证之消灭
  - 特别消灭事由
    - 抛弃担保物（751）
      - 担保物权：包括动产担保、法定特殊担保及让与担保
      - 抛弃：包括过失以致丧减价值或更换担保物
      - 抛弃主债务人担保物：物上保证人免责
      - 抛弃部分保证人责任：其他保证人依保证连带之例，分摊部分免责
      - 抛弃部分物上保证人：其他物上保证人，类推适用分担免责
    - 未向保证人为审判上请求（成立要件）（752）
      - 须为定期保证
      - 须未于保证期间未对保证人为请求
      - 须未为审判上请求 →（广义：包括与起诉有同等效力之行为）
    - 未向主债务人为审判上请求（成立要件）（753）
      - 须为非定期保证
      - 须主债务已届清偿期
      - 须定相当期限催告债权人
      - 须未对主债务人为审判上请求 →（广义：包括与起诉有同等效力之行为）
    - 连续债务保证终止（754）
      - 成立要件
        - 须就连续发生之债务为保证
        - 须保证未定有期间
        - 须向债权人为终止之通知 —— 共同保证适用个别终止
      - 效力
        - 通知后保证关系消灭
        - 对通知到达后发生之债务不负保证责任
        - 最高限额保证同有适用
        - 最高额抵押类推适用
    - 对主债务人延期清偿（成立要件）（755）
      - 须就定期债务而为保证
      - 须债权人允许延期清偿 —— 保证人负举证责任
      - 须保证人就延期清偿未为同意
  - 效力内容
    - 适用范围
      - 一般保证
      - 特殊保证（人事保证除外）
    - 法律关系
      - 保证责任免除
      - 保证关系消灭

第四节 特殊保证

关于特殊保证，于此拟以连带保证及民法本节规定所及之特殊保证，

作为说明范围。如是，则于此所称之特殊保证，其内容殆有如下，并依序予以说明

特殊保证
- 连带保证
- 共同保证（748）
- 求偿保证（750 Ⅱ）
- 信用委任（756）

一、连带保证

连带保证，制度内容尚称丰富，涉及事项亦属复杂，爰归纳其要点如下附表，并以之作为叙述之依据。

连带保证
- 连带保证之意义
- 连带保证之成立（约定、法定）
- 连带保证之效力
  - 仍维持从属性
  - 脱除补充性（无先索抗辩权）
- 连带保证之消灭
- 银行授信连带保证之特则（银行法 12 之 1）

（一）连带保证之意义

1. 连带保证之定义说明

连带保证者，指保证人与债权人约定，就主债务负连带履行责任或抛弃先索抗辩权之保证。有此约定者，其保证人与主债务人负同一债务，对于债权人均负全部给付之责任。例如，甲银行贷款于乙公司一千万元，丙出面为保证人，丙与甲约定，已届期如不及时清偿借款，甲得同时诉请乙丙全部给付，丙不得行使先索抗辩权者，则甲丙关系成立连带保证，而非仅为一般保证。关于连带保证，民法虽未对之设有明文，惟为学说及判例所承认，于台湾日常交易之运用，更且可说源远流长。此从大理院时期，实务即著有判例，可得佐证。[172]

2. 连带保证之性质

（1）连带保证之特性

连带保证，本质上仍为保证之一种，因之，民法上有关保证之规定，除其性质不相容者外，于连带保证亦适用之，换言之，连带保证亦同于

172　大理院四年上字第一四〇六号判例："保单内如载明……'缘因债务人负欠太重，无力清偿，……逾期不还，即由保证人清偿'，则……其后既逾期未偿，保证人自应即依契约本旨履行，更无余地得为先诉之抗辩。"

一般保证，其保证债务仍具有从属性，保证人得援用主债务人所有之抗辩；但另一方面，在连带保证，因保证人既与主债务人负连带履行责任，故此项保证债务亦具有连带债务之性质，其债权人亦得先向保证人为全部给付之请求及强制执行（二七三条），纵无“民法”第七四六条所揭之情形，保证人亦不得拒绝清偿，保证人之先索抗辩权，于此尚无适用。由是可知，连带保证债务虽仍保有从属性，但无补充性，故民法本节与保证债务从属性有关之规定，于连带保证债务固仍适用之，但与保证债务补充性有关之规定，于连带保证债务不适用之。

（2）连带保证与连带债务

连带保证，虽为连带责任形态之一，但亦与一般之连带债务不同。盖以就连带保证而言，连带保证人固应与主债务人负连带履行债务之责任，惟因连带保证人为从债务人，其保证债务具有从属性，故与一般连带债务人系处于同一地位，并非为从债务人而其债务不具有从属性者，仍有所不同。兹试就其要点予比较如下表：

<table>
<tr><th colspan="2">类型
比较</th><th>连带保证</th><th>一般连带债务</th></tr>
<tr><td colspan="2">同</td><td colspan="2">1. 债务人均负全部给付责任，并有连带债务之适用
2. 成立方式均或由约定或法定，其为约定者，应以明示为限</td></tr>
<tr><td rowspan="7">异</td><td rowspan="2">存在形态</td><td>1. 主债务人与保证人对债权人负连带责任</td><td>1. 各债务人对债权人负连带责任</td></tr>
<tr><td>2. 连带债务发生原因之一，性质上为下位概念</td><td>2. 各种连带债务之集合，性质上为上位概念</td></tr>
<tr><td rowspan="3">从属性</td><td>3. 有从属性，对主债务人之请求，其效力及于保证人（747）</td><td>3. 无从属性，对债务人一人请求，其效力原则上不及于他债务人（279）</td></tr>
<tr><td>4. 向主债务免除者，保证人责任消灭；向保证人免除者，主债务人仍负全责</td><td>4. 向债务人一人免除者，于分担部分对全体债务人生效（276 Ⅰ）</td></tr>
<tr><td>5. 主债务人所生抗辩，保证人全面援用（742、742 之 1）；反之，保证人所生抗辩，主债务人不能援用</td><td>5. 债务人一人所生抗辩，于分担部分，他债务人得主张援用（280）</td></tr>
<tr><td rowspan="2">内部关系</td><td>6. 保证人无内部分担</td><td>6. 原则上内部平均分担（280）</td></tr>
<tr><td>7. 保证人清偿等，对主债务人为全部求偿，并就债权全面代位（749）</td><td>7. 原则上平均求偿，并为代位（281）</td></tr>
</table>

（3）连带保证之成立

连带保证之成立途径，有如一般之连带债务，或依约定而来，或由法律规定而生。此在连带保证虽未如一般连带保证之有明文（二七二条二项），但归纳法律相关规定，则其结论尚无不同。

3. 依约定而生之连带保证

连带保证，通常系依保证人与债权人之契约约定而成立。关于连带保证之约定，可于保证契约中订明，亦得于保证契约成立后另行约定。此项约定，虽无庸一定方式，但必须当事人对于同负连带履行责任有明示之特约，始克成立（二七二条）；因而此项特约之有无不明时，应解释为系普通保证；也因此，就连带保证之明示，债权人应负有举证责任。

（二）因法律规定成立之连带保证

于一般之保证，因法律规定而生之连带保证，尚属少见，惟票据法上之票据保证有之。盖以“票据法”第六十一条第一项规定：“保证人与被保证人负同一责任。”此之所谓负同一责任，一般以为，系属连带保证，亦即保证人与被保证人（主债务人）在责任上处于同一地位，均负同一给付责任而无先后次序之分。

严格言之，一般所谓票据保证，系采狭义，仅指签名于票据而成立之保证形态（“票据法”五九条），其性质上依单独行为即得成立，其与民法本节所称保证，系因契约而成立者有异。惟票据债务，亦得依民法本节所定之保证契约为之，为示其与上述狭义之票据保证区别，学理上爰就依契约成立之保证，另称之票据债务之保证。基此，所谓票据债务之保证，系于票据之外，由保证人与债权人另行成立保证契约，以担保票据债务，故与一般保证并无不同，保证人不当然负连带责任。换言之，票据债务之保证，为民法上保证契约，适用民法保证之规定；惟于其当事人以明示负连带责任者，始可成立连带保证而适用连带保证之相关法律原则。[173]

（三）连带保证人之效力

关于连带保证之效力，亦得分为 1. 连带保证人与债权人之关系 2. 连带保证人与主债人之关系二者说明之。

1. 连带保证人与债权人之关系

（1）债权人之权利

连带保证债务，因具有连带债务之性质，故债权人得对主债务人或

173　郑著（下），第八七五页；刘著（一），第一八九页。

保证人同时或先后请求全部或一部之给付（二七三条）。至于，债权人向主债务人请求履行及为其他中断时效之行为，对于保证人亦生效力（七四七条）；又因连带保证人应与主债务人负同一清偿责任，债权人对于主债务人就实行担保物权受清偿，或起诉请求保证人清偿，既得择一行使，则对于与主债务人负同一清偿责任之连带保证人，自亦得择一请求。凡此，均与一般保证并无不同，兹不重复。

(2) 连带保证人之抗辩

连带保证人之责任，仍有从属性，故其责任亦不得超过主债务人之责任，连带保证人之负担较主债务人为重者，应缩减至主债务之限度（七四一条）。再者，一般保证人之抗辩权，除先索抗辩权（七四五条）外，凡基于保证债务之从属性而生者，连带保证人亦均得主张之。换言之，本章第二节关于保证人得援用债务人抗辩权之相关说明，除先索抗辩权外，于连带保证亦有适用，兹不重复。

连带保证人亦不失为债务人之一，因此，一般债务人所有之抗辩，如期限未届至之抗辩、保证契约无效之抗辩、保证债务已消灭之抗辩、乃至保证人自己抵销权之援用等是，连带保证人亦均得主张之，惟此于保证效力部分，亦已有说明，不拟重复。

2. 连带保证人与主债务人之关系

连带保证人与主债务人之内部关系，与一般保证并无不同，亦即其相互间之原因关系，仍不外为委任、无因管理或赠与是，并以委任为其大宗。是以，前述于一般保证人所论及之求偿权（五四六条、一七六条）、代位权（七四九条）及保证责任除去请求权（七五〇条），于连带保证亦均有其适用，于此亦不重复。

在对于债权人之外部关系上，连带保证人与主债务人虽系连带债务人，惟就连带保证人与主债务人之内部关系而言，则仍有主从关系，且连带保证人对内无分担部分，基于保证债务之从属性，就主债务人所发生之事项，其效力及于连带保证人，就连带保证人所发生之事项，则其效力尚不及于主债务。例如，主债务因免除消灭者，连带保证债务同归消灭；反之，连带保证债务因免除而消灭者，主债务尚不随同消灭；此外，连带保证人对主债务人有求偿权，主债务人对连带保证人则无求偿权。凡此均与一般保证并无不同，但与一般连带债务之于分担部分消灭（二七六条一项）或平均相互求偿（二八一条），则均有重大差异。正因连带保证，仍不失其为保证形态之一，故连带保证人向债权人为清偿后，保证人原有之代位权，并不因其为连带保证人而丧失，债权人对主债务人之债权，于其清偿之限度内，仍移转于连带保证人（七四九条），连带保证人自亦得于清偿之限度内，向主债务人全部求偿。

（四）连带保证之消灭

连带保证为保证形态之一，本书爰以为，民法本节所定保证消灭事由，于连带债务亦均有其适用，惟此前节已有说明，兹不重复。[174]至于连带保证债务本身消灭或主债务消灭者保证债务随同消灭，则与一般保证并无不同，亦不赘述。

（五）银行授信连带保证之特则

1. 制度要点

银行授信，要求借款人（主债务人）觅妥保证人者，固为银行业之多年之交易习惯，其情形且多为连带保证人。惟此情形，于维护公平交易及保障消费者权益，均有窒碍。为此对于银行特殊性放款授信，爰有限制连带保证之规定，兹亦简单说明之。

“银行法”第十二条之一规定：“银行办理自用住宅放款及消费性放款，已取得前条所定之足额担保时，不得以任何理由要求借款人提供连带保证人。银行办理授信征取保证人时，除前项规定外，应以一定金额为限。未来求偿时，应先就借款人进行求偿，其求偿不足部分得就连带保证人平均求偿之。但为取得执行名义或保全程序者，不在此限。”[175]

爰基上规定，归纳其重点于下：

（1）银行办理自用住宅放款及消费性放款，应先取具足额之法定方式担保，并以授信担保为主（“银行法”十二条）。[176]

（2）银行办理自用住宅放款及消费性放款，已取得足额法定方式之担保者，不得再要求成立连带保证（十二条之一第一项）。此一规定为禁止规定，违反者保证契约无效（非仅连带部分无效：七一条本文）

（3）银行办理自用住宅放款及消费性放款，未取得足额法定方式之担保

174　学理有力学说以为，定期之连带保证，关于债权人未向主债务为审判上请求而保证人免责（七五三条），债权人任意允许主债务延期而保证人免责（七五五条）二者，其规定尚无适用。郑著（下），第八七九页；史著（下），第八八八页。

175　本条为2000年11月1日修正银行法（增订）修正理由“鉴于银行办理自用住宅放款及消费性放款，若已取得足够之担保品时，其授信风险应已降至最低，并无要求借款人提供连带保证人之必要，为导正银行授信风险评估之正确观念，及保障借款人于商定授信契约或授信条件时之公平地位，爰于第一项规定‘不得以任何理由要求借款人提供连带保证人’。”

176　关于银行授信连带保证之体系性介绍，请参照刘著（一），第一七三页-第一七九页。

者，虽得再要求成立一般保证契约，但仍不得成立连带保证契约，其纵以连带保证为名而成立契约者，仍仅生一般保证相同之效力(十二条之一第三项)。

(4) 前述情形，其保证责任应以一定金额为限（十二条之一第二项)，违反者，宜认为保证契约违反强制规定而无效（七一条本文)。[177]

2. 简要评述

诚然，银行法上述规定，于强化银行体质，增进消费者权益保护来说，确有不凡表现，亦称相当进步。惟其于以下二者，则仍是高度袒护银行业者，值得再行省思，改法自强：

(1) 银行受信，不得取具连带保证之适用范围，仅限于信用性贷款及消费性贷款，是否仍嫌狭隘，值得继续商酌。

(2) 银行授信，法定方式之担保，如已足额，是否仅限于禁止征提连带保证，抑或连一般保证亦同予禁止，不无商榷余地。

(3) 法定担保足额与否，以担保授信时为评价基础，如其后因担保物价值低落，即再许其补行成立连带保证契约，无异依法确保银行经营，与银行法本条立法意旨，是否契合？不无讨论余地，主管机关函示持肯定见解，亦不无研酌之处。[178]

二、共同保证

关于共同保证，拟分为 1. 共同保证之意义，2. 共同保证之成立，3. 共同保证之效力，三者，并依序说明之。

(一) 共同保证之意义

共同保证者，指由二人以上之保证人，对同一债权人之同一债务负保证责任之特殊保证形态（七四八条)。共同保证，其保证人须为多数(二人以上)，且保证同一债务，始克成立。如其保证人仅为一人，纵令

177 此之一定金额，得仅约定主债务金额，亦得约定及于利息、违约金等纵属债务（参照“财政部”2001 年台财融一字第九〇七〇〇〇八〇号函示：“本条第二项规定之‘应以一定金额为限’，立法目的应在使保证人知悉其保证责任之范围，即所保证之债权，应限定于由特定法律关系所生债权或基于票据所生之权利，而所指‘一定金额’，除具体约定之特定金额或主债务金额外，另得约定包括‘民法’第七百四十条规定之主债务利息、违约金、损害赔偿及其他从属于主债务之负担。”

178 同上注函示：“足额担保，系指银行对于授信户之授信余额，应不高于授信当时对其提出之担保品经依同法第三十七条规定核实鉴估后所估价值，一旦担保品价值贬落时，银行得要求客户补提担保品，或征提保证人。”

其所保证之债务系多数不同债务，或保证人虽有数人，但其系分别保证各别不同之债务，均非共同保证。

数人如系就同一债务而为保证，纵令各保证人所保证之数额并不相同，仍于其相同数额部分成立共同保证。如A、B、C三人共同保证甲银行融资于乙公司之一千万元债务，A保证其全部一千万元，B保证其中之六百万元，C保证其中之三百万元，则A、B二人就六百万元部分，成立共同保证；此外，A、B、C三人并就三百万元部分，成立共同保证。反之，如数保证人就主债务分别为数部分，各就其一部分分别为保证者，因其已非保证同一债务，并不成立共同保证。如前例之甲银行将其对于乙之一千万元之主债务，分割为五百万元、三百万元及二百万元三部分，分别由A保证其中之五百万元部分，由B保证其中之三百万元部分，由丙保证其余之二百万元部分，则A、B、C间不成立共同保证，而系各自与甲个别成立保证契约，各仅就其所保证之部分负其责任。嗣A、B、C若有代负履行责任，亦各仅对主债务人乙分别而有求偿权、代位权；至于A、B、C之间，彼此则尚无相互关系可言。

（二）共同保证之成立

共同保证，只要遇有数保证人就同一债务而为保证之事实发生，即为已足，其保证契约并不以基于一个契约为限，基于多数之个别契约，亦无不可；其基于多数个别契约时，其契约究系同时同地成立，抑或异时异地而先后成立，亦非所问。而且，数保证人彼此相互间亦不以有意思联络为必要，各保证人不知同一债务已另有保证人，而与债权人成立保证契约，该数保证人仍成立共同保证。

（三）共同保证之效力

1. 法律原则

“民法”第七四八条规定：“数人保证同一债务者，除契约另有订定外，应连带负保证责任。”换言之，共同保证之数保证人，就保证债务（代负履行责任）之履行，对于债权人原则上应连带负保证责任，至其立法意旨所在，则在加强债权人利益之保护。[179]

179　参照“民法”第七四八条立法理由：“查民律草案第八百七十一理由谓保证债务人有数人时，其保证人有分别之利益，即非其担负之部分，不任其责，此多数之立法例也。然本条为巩固保证之效力起见，保证人有数人时，均使其为连带债务人而任其责，排除分别利益之抗辩，只保护债权人之利益。但契约另有订定者，仍应从其所订定，此又不易之理也。故设本条以明示其旨。

民法本条所称连带责任，乃保证人间之连带，并非保证人与主债务人间之连带，一般爰称之为“保证连带”，以与前述“连带保证”区别。换言之，即共同保证乃保证人间之连带，与主债务人不成立连带，从而共同保证人仍有先索抗辩权；反之，连带保证乃保证人与主债务人间之连带，连带保证人无先索抗辩权。不过在共同保证，同时约定与主债务人连带负责者，亦无不可，如是，则不仅为共同保证人之间连带；而且，共同保证人亦同时与主债务人连带负责。

由于共同保证人均对于债权人负保证连带责任，于保证债务之履行上均各负全部清偿义务，故债权人得对保证人中之一人或数人或全体，同时或先后请求一部或全部之给付，保证人不得主张分摊清偿，惟共同保证人除有丧失先索抗辩权之情事（连带保证或有民法第七四六条所定各款情事之一）外，仍得对于债权人主张应先就主债务人为强制执行。至于共同保证人与主债务人之内部关系，尚与一般保证并无不同，故共同保证人对主债务人有求偿权、代位权（七四九条）及保证责任除去请求权（七五〇条）。有关于此，共同保证人与主债务人间固无分担部分，并基此而相互求偿（二八〇条～二八二条）。因此，共同保证人如以赠与之意思而为主债务人保证者，对该主债务人虽无求偿权，惟仍得向他共同保证人请求偿还其各自分担之部分，并自免责时起之利息（二八一条第一项）。同理，共同保证人中之一人，如仅就自己分担部分为清偿或其他消灭债务之行为者，固仅得向主债务人求偿，但如就超过自己分担部分而为清偿或其他消灭债务之行为者，则除得向主债务人全部求偿外，亦得就超过自己分担部分向他共同保证人按其各应分担部分求偿（自己分担部分仅得向主债务人求偿）。[180] 此外，被求偿之他共同保证人于偿还后，则得向主债务人求偿。

2. 约定特例

共同保证是否非采保证连带不可，法律政策容有讨论空间，民法制

180 参照“司法院行政部”1961年台民字第六〇〇七号令：“查数人保证同一债务者，学说上称为共同保证。此项保证，依‘民法’第七四八条之规定，保证人原则上负连带保证责任，亦即成立连带债务。本件虽系连带保证，但其保证人既有数人，故可认为系共同保证之变例，除因保证人与债务人连带负责，致保证人丧失先诉抗辩权（‘民法’第七四五条）外，其他效果与单纯共同保证应无不同，易言之，‘民法’第七四八条共同保证人连带责任之规定，亦应类推适用于此种连带保证，在数连带保证人之间，成立连带债务。从而本件连带保证人之一，已清偿全部债务者，依‘民法’第二八〇、二八一等条之规定，对于其他连带保证人，自得主张求偿权。”

定之前，即采分摊原则，认为除有特约为连带者外，应采平均分担之制。[181] 现行民法制定之时，虽偏于债权人利益改采保证连带原则，惟于民法本条并不贯彻其为强行规定；因之，其以约定采取分担主义者，于法亦属有效。有此情形，各保证人仅就其分摊部分负清偿责任，其债权人对各保证人只能就其分担部分为请求，不得为超过其分担部分之请求，保证人亦仅就自己分担部分为清偿或其他消灭债务之行为即可，是为特例。

三、求偿保证

关于求偿保证，拟分就求偿保证之意义及求偿保证之效力二者加以说明。

（一）求偿保证之意义

求偿保证者，以保证人将来得行使之求偿权为标的所为之保证，因其系对保证人为之，故亦称逆保证。缘以保证人为保证后，将来如代负履行责任，对主债务人得行使求偿权；此类求偿权，法律上固有依据，但其权利之实现，常是机会渺茫，如其再有保证之人，对原保证人而言，其求偿权等于得到相当保障，故交易上有其需要，实是难以否认。

求偿保证，台湾民法尚无一般明文，惟依“民法”第七五〇条规定，如主债务人系以保证方式提供相当担保于保证人者，其新保证人（保证人）与原保证人（债权人）间所成立者，即为求偿保证形态之一，其情形有如下图。而且，本于契约自由原则，求偿保证之形态应属有效，而非仅限于“民法”第七五〇条第二项规定之情形。再者，求偿保证仅于保证标的之主债务为求偿权一节，有其特色而已，至其成立及性质则与一般保证，均属相同，爰不重复。

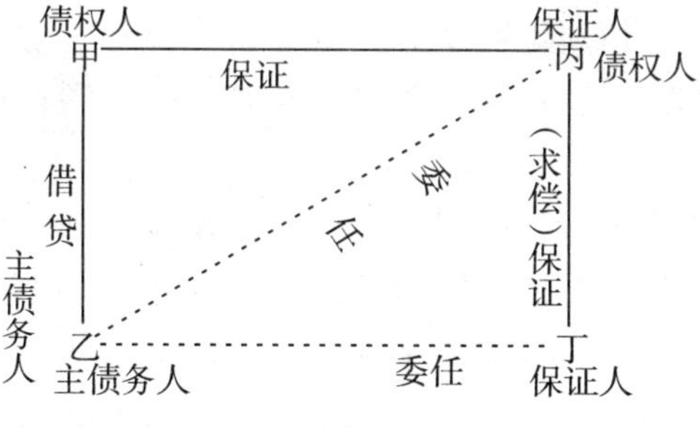

181　参照最高法院1939年上字第一七四二号判例：“民法债编施行前数人保证同一债务者，依该编施行法第一条不适用民法第七百四十八条之规定，除契约另有订定或数人先后各就主债务全额保证者外，其保证债务由数人各自平均分担，并不连带负保证责任。”

（二）求偿保证之效力

求偿保证，于为保证之时，其债权通常尚未确定存在，其标的尚处于不能之状态，惟当事人约定，将来如有求偿权发生（被保证之原保证人为原主债务人负履行责任时），求偿保证之保证人愿负给付责任，其情形有如当事人约定于不能除去后为给付。从法律行为（或契约）生效理论而言，其生效应属标的不能契约无效之例外，其生效依据则为“民法”第二四六条第一项但书。

在效力内容上，求偿保证与一般保证尚无不同。因之，有关求偿保证保证人与债权人（原保证人）间之关系、保证人与主债务人（原主债务人）间之关系，乃至保证之特殊消灭事由等，本章以上叙述，于求偿保证之适用，情形亦均无不同，爰不再重复赘述。

四、信用委任

关于信用委任，拟分就信用委任之意义及信用委任之效力二者，依序说明之。

（一）信用委任之意义

1. 基本规定

信用委任者，指委任他人，以该他人之名义及其计算，供给信用于第三人，其委任人因而负担保证责任之契约（七五六条）。如甲委任乙，由乙以乙之名义及其利益之计算，贷与金钱或赊卖货物于丙，如丙届时不履行，甲即因而代负履行责任即是。

信用委任，委任人通常多无为受任人而为保证意思，委任人与受任人间是否成立保证，原属不明状态，故兹所以负保证责任，系出于法律之拟制，一般爰列其为特殊保证类型；至其目的，则在保护供给信用之债权人也[182]。

信用委任之委任人所以负保证责任，系出于法律规定，性质上有如法定保证。因此，就授与信用层面而言，固为契约，但就保证责任而言，

182 参照“民法”第七五六条立法理由：“谨按本条系采德国新民法特设信用委任之规定，所谓信用委任，如甲委任乙，以乙之名义及其计算，供给信用于第三人丙，即由乙借款若干于丙是，此种情形，实具有担保债务之性质，故甲对于乙应负保证之责任。盖信用委任系以受任人名义供给信用于第三人，所以别于普通委任，复以受任人计算供给信用于第三人，又以别于通常委任也。”

则为法定效果，故信用委任之保证责任，虽源于（信用委任）契约，但其保证责任之成立，则尚非契约可尽为说明，充其量仅能谓其系依附于（信用委任）契约而生而已。

2. 重要事项说明

在信用委任关系上，委任他人授信之人为委任人，并因而成为保证人；受委任之他人，为受任人，并因而成为授与信用之债权人；受领信用之第三人，为受益人，并因而成为主债务人。其相互关系有如下表：

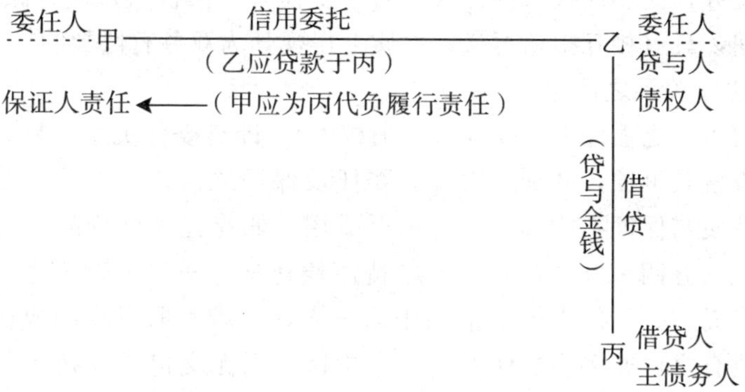

在信用委任关系上，受任人对委任人，虽负有对第三人供给信用之义务；惟第三人（如上表之丙），对受任人尚无直接请求供给信用之权利。因之，信用委任尚难解为民法第二六九条所定之第三人利益契约，亦即充其量，仅能解释为不真正第三人利益契约。

其次，民法本条所谓以该他人之名义，意指受任人供给信用于第三人时，系以受任人自己之名义为之；所谓以其计算，意指受任人以自己之名义供给信用于第三人，系由受任人自己对第三人取得债权，其因供给信用所生之损失或利益，均归由该受任人自己享有或负担，而与委任人无关。所谓供给信用，通常为贷与金钱或赊购货物，适用上不以初始给与信用为限，即就已成立之信用予以更新，亦包括在内，例如，对已届期之金钱借贷同意分期支付或展延清偿期均是。

（二）信用委任之效力

1. 法律关系之内涵

依民法第七五六条规定，可知信用委任之委任人与受任人，既有委任关系，复有保证关系，性质上得认其为同时混合委任与保证人特殊典型契约，同时有委任（五二八条以下）及保证（民法本节）之适用。换言之，亦即就受任人供给信用而言，适用委任之规定；但就委任人代第三人负履行责任而言，则适用民法本节关于保证之规定。惟如上所述，关于保证，无须当事人就之为特别意思表示，系法律所规定之效果，严格言之，应属法定保证。基此，则其与一般保证不同者略为：于一般保证，其保证人与债权人之间仅为保证关系，属于无偿、单务契约，其委任关系则存于保证人与主债务人之间。反之，在信用委任，则保证人（委任人）与债权人（受任人）之间，发生委任关系及保证关系，且因受任人（债权人）对于委任人（保证人）负有供给信用于第三人（主债务人）之义务，而委任人（保证人）对于受任人（债权人）负有保证债务，二者之间，具有相互报偿意义，性质上得视其为双务有偿契约。

2. 法律关系之适用

信用委任之委任人与受任人（债权人），即有委任关系，复有保证关系，自应就其事项，分别适用有关委任及保证之规定。惟关系委任之规定，其性质与保证不相容者，自不得适用，如受任人之物品交付或权利移转义务（五四一条）及委任人之费用偿还义务等（五四六条）是。盖以就前者而言，受任人供给信用于第三人，尚难有取得物品或权利之情事，纵或有之，亦多为受任人债权之担保，当无交付或移权于委任人之理。就后者而言，受任人处理委任事务，即系供给信用于第三人之履行，如其因而尚有劳费付出者，乃供给信用本身之必要支应，应涵盖于以其计算概念之内，自不得再向委任人为求偿，如其嗣后因第三人债务不履行而受有损害者，则委任人基于保证而代负责任，亦与委任无关也。

就供给信用而言，基于委任，受任人供给信用之方法、种类或数量（金额），应依委任人之指示，并尽相当之注意（五三五条），苟受任之人违反，则委任人仅于指示之范围内负保证责任。例如，甲委托乙供给信用一百万元于丙，乙嗣竟授信五百万元于丙，则甲仅就一百万元部分负保证责任。又如甲委请乙对丙购买住宅而供给信用（住宅贷款），乙竟对丙之企业经营而为透支贷款，则甲尚不负保证责任；同时，如丙未获住宅贷款，致甲受有损害者，甲尚得请求乙赔偿。就保证债务而言，甲所应负之代负履行责任，与一般保证尚无不同，民法本节规定原则均可适用，爰不重复。此外，关于委任人（保证人）与第三人（主债务人）之间，系成立保证人与主债务人之关系，其原因关系之情形与一般保证并无不同，即通常情形为委任或无因管理，因而委任人对该第三人亦有求偿权（五四六条或一七六条）、代位权（七四九条）及保证责任除去请求权（七五〇条）。惟其内容与一般保证所论者同，亦不重复。

第三十章

人事保证

人事保证，本为特殊保证类型之一，惟民法债编修正，增列其为独立契约类型，本节与买卖、保证等并列。本书援其立场，列为独立章节，合先说明。

关于人事保证，拟依序分为总说、人事保证之效力及人事保证之消灭三节说明。

第一节 总 说

总说之部分，拟分为如下三项说明之，即：

人事保证（总说）
- 人事保证之由来
- 人事保证之意义
- 人事保证之性质

一、人事保证之由来

（一）早期判例学说

一般所称之人事保证，亦称职务保证或身元保证，乃系就职务关系或其他人事关系中将来可能发生之债务，所为之一种特殊保证。台湾民法对之原未设有规定，但社会上广泛运用，且行之有年，不仅学理有之[1]，而且，自民国初年以来，即为大理院判例所承认。[2]台湾光复后，最高法院更迭著判例在案。[3]

于人事保证，其保证人之责任负担，极为沉重，若其适用仍如一般保证之维持契约自由原则，对于保证人将极其不利，为济其弊，日本民法爰有人事保证特别立法之例[4]，以诸多强行规定条项，修正契约自由原则，以期体现公平正义，并妥适保护人事保证之保证人。[5]台湾判例学理，虽早有承认人事保证之例，但其制度内容如何？尤其于如何力求债权人及保证人利益之均等衡平保护，则未见着力。故人事保证与一般保证，显有不同，固为实务及学理所强调，但近百年来之运作，除强调其概念泾渭不同外，关于其效力部分，则几乎一直处于适用一般保证之情况。凡此，不能不认为系保证契约制度，特别是人事保证类型发展上，一个显然的美中不足之点。

（二）民法债编修正

此次民法债编修正，因考量人事保证不能长久处于有名无实，爰

1 关于人事保证之较早期文献、请参照戴著（下），第四二三页以下。

2 参照大理院五年上字第一〇三二号判例："保证不限于金钱债务，即就雇佣契约言，亦得为之保证，故保证人于缔约之时曾约明被保人任事之后倘有舛错等弊概归保证人承管，则其保证之目的当然包含被保人因违反义务所生损害赔偿责任在内。"

3 较早时期之"最高法院"判例代表为

①"最高法院"1960年台上字第二六三七号判例："本件契约系职务保证性质，与一般之金钱债务保证不同，其保证书所载'保证担任职务期间操行廉洁、恪遵法令暨贵公司各种规章，倘有违背情事或侵蚀公款、财物及其他危害公司行为，保证人愿放弃先诉抗辩权，并负责指交被保人及照数赔偿之责'字样。如系对于被保证人职务行为致损害于被上诉人时，负赔偿责任之意思，即为独立负担之损害赔偿义务，非无'民法'第二百十七条之适用。"

②"最高法院"1962年台上字第一八五四号判例："承销保证契约记载：'兹担保某甲在台湾省某市果菜批发市场经营果菜承销业务……如有亏欠货款……等情事，保证人愿负法律上一切责任'等语，其性质非属一般债务保证，而为人事保证（亦称职务保证或身元保证），与'民法'第七百五十五条所谓就定有期限之债务为保证之情形迥不相同。"

4 日本系于昭和八年（1933年）公布施行人事保证法，其法律名称为"身元保証に関する法律"（以下简称"身元保证法"）。台湾文献，多将人事保证称为身元保证，或亦与此有关。

5 日本之身元保证法，总计六条，其制度要点如下：

1. 保证期间缩限：身元保证未定期间者为三年；商事身元保证则为五年（一条），其约定期间者，不得逾五年，违者缩短为五年（二条）。

2. 雇用人通知义务：受雇人有不适任或不诚实情事，致有发生保证责任之虞，或受雇人职务或任职地点变更致难以监督时，雇用人有通知义务（三条）。

3. 保证人终止权：保证人知悉上述情事或受上述通知者，得终止保证（四条）。

4. 责任范围之斟酌：法院于认定身元保证人责任及其数额时，应斟酌雇用人监督有无过失、身元保证人注意程度及受雇人任务等一切情事定之（五条）。

5. 利益不得抛弃：身元保证有违反本法关于保证人利益之约定者无效（六条）。

参酌民间交易实际，并兼顾当事人间权益保护之公正衡平，特增列人事保证一节，对于人事保证之定义、约定保证期间之限制、终止、保证人赔偿金额之减轻或免除及准用一般保证等，均设有具体规定（七五六条之一～七五六条之九），以期当事人间权利义务臻于明确，俾为适用依据[6]，对于补充法律之隐存漏洞而言，诚具意义。

人事保证，于民法债编修正前，文献上大体将其列为特殊保证类型之一，附于保证一节说明之。[7]惟人事保证是否必须视为保证之一环，仅列为特殊保证形态之一，抑或应视为独立于保证以外之另一独立契约类型，理论上仍有讨论空间。民法债编修正，因考量人事保证债务之独立性质，爰列为独立节次，（第二十四条之一）[8]，惟保留其于保证规定之准用（七五六条之九），立场尚属中庸。对应日本列为单独立法，理论及实务运用，均无干格，则民法债编修正之立场，亦应可支持接受。

二、人事保证之意义

人事保证者，或称身元保证，或称职务保证，间亦称为雇佣保证。民法债编修正，既明定使用人事保证之用语。今后相关文献，宜尽量称之人事保证，以免无谓之混淆。

“民法”第七五六条之一第一项规定：“称人事保证者，谓当事人约定，一方于他方之受雇人将来因职务上之行为而应对他方为损害赔偿时，由其代负赔偿责任之契约。前项契约，应以书面为之。”爰基此规定，试述人事保证之相关意义于下：

（一）人事保证为广义保证契约类型之一

人事保证固因民法本节之增定，成为独立之典型契约（有名契约）

6 参照“民法”债编修正本节（人事保证一节）修正理由：“按人事保证者谓当事人约定，一方于他方之受雇人将来因职务上之行为而应对他方为损害赔偿时，由其代负赔偿责任之契约。人事保证在‘我国’社会上已行之有年，自‘民国五年’大理院上字第一〇三二号判决以来，实务上迭见相关案例，惟现行民法尚无任何规定，为使当事人间权利义务臻于明确，爰增订本节规定。”

7 除较早时期之文献，如注1所引述者外，其主要事例尚有：郑著（下），第八九五页以下；史著（下），第八九五页以下；蔡著（下），第二〇六页以下。

8 参照“民法”债编修正第七五六条之一修正理由第一项前段：“一般所称之人事保证，或称职务保证，乃系就雇佣或其他职务关系将来可能发生之债务所为具有继续性与专属性，而独立负担损害赔偿责任之一种特殊保证，惟仍系就受雇人行为而代负损害赔偿责任。”

类型之一，惟其保证人所以负责，基本上仍具为受雇人之行为而代负损害赔偿责任之性质，故规范属性之异同区分上，仍属广义保证契约类型之一，此不仅由人事保证准用保证条文之规定，可以佐证，民法本节相关条文之立法（修正）理由之重复叙述，亦显然可见。[9]在此角度上，关于一般保证之下列重点，于人事保证亦可援用，而无重复说明必要。

1. 人事保证为保证人与债权人之契约。

2. 人事保证债务具有补充性，保证人原则上仍有先索抗辩权。

3. 人事保证债务仍具有相对意义之从属性，主债务人之抗辩，保证人仍得主张援用之。

4. 人事保证之保证人与主债务人之内部原因关系，原则上亦为委任或无因管理，并依此规定而确定人事保证人之求偿权及代位权等。

事实上，以上四者，即系人事保证为保证特殊形态之依据，亦人事保证准用一般保证规定之主要事项。惟因立法政策上，已将人事保证列为独立有名契约，本书爰以广义保证契约类型描述之。

（二）人事保证为以主债务人之职务行为为标的之保证契约

人事保证之主债务人为债权人之受雇人，保证标的则为该受雇人职务行为所生之债务。二者相应构成人事保证中有别于一般保证之特点所在，爰亦分别说明之。

1. 当事人

（1）一般受雇人

人事保证上所称之当事人之一方，是为保证人；他方（即债权人）为被保证人之雇用人；至于被保证人（即主债务人），则为债权人之受雇人。在此点上，保证契约之当事人具有限制意义，非以雇用人之受雇人行为为保证标的者，尚不成立人事保证。

民法本条项所谓之受雇人，与“民法”第一八八条所称之受雇人同其意义，亦即非仅限于雇佣契约所称之受雇人，凡客观上有为他人服劳务之事实而受其监督者均属之[10]，既无庸一定书面，亦无在乎期间之长短。换

9 参照“民法”债编修正第七五六条之九修正理由：“人事保证之性质与保证相类，以本节无特别规定者为限，得准用关于保证之规定，爰设本条规定。”

10 同上注8修正理由第一项后段：“本条所称受雇人者，与第一百八十八条所称之受雇人同其意义，亦即非仅限于雇佣契约所称之受雇人，凡客观上被他人使用为之服务而受其监督者均属之（“最高法院”1968年台上字第一六六三号民事判例参照）。”

言之，实务上对于“民法”第一八八条雇用人责任中关于受雇人所示之判例[11]，于此均得援用。惟学理或以为，人事保证应着眼其继续性，以相当期间继续雇用为要件[12]；惟此见解，似乎增加法条文义所无之限缩，而且与立法理由所述不符，于保证人权益之保证，亦恐有不周，盖限制其成立人事保证，基结果反而适用一般保证而更不利于保证人也。

人事保证上之雇佣关系，是否以有偿为限，学理上或持肯定见解。盖其以为，受雇人为获得报酬而就职者，始会被迫提供人事保证，保证人亦系基于协助受雇人就职以赚取报酬为目的，而不得不为之作保，且依“民法”第七五六条之二第二项规定，保证人负赔偿责任时，原则上系以受雇人当年可得之报酬总额为其最高限额。[13] 惟强调此一论点，其结果反而使保证人负一般保证人责任，而广受契约自由原则之束缚，是否有当，亦待斟酌。愚意以为，广意无偿雇佣关系之人事保证，仍得成立广义之人事保证，并以当年最低工资作为最高限额，俾保证人得较一般保证获得更为妥适之保护。

（2）公务受雇人

以“公务员”为被保证人所订立之人事保证契约，是否属于“民法”第七五六条所称之人事保证，或不无疑义。惟以“国家机关”之任用“公务员”，系公法上之关系，并非私法上之雇佣关系，公务员亦非基于雇佣契约而服劳务。惟因“公务员”系以“国家”或地方公共团体职员之地位，在一定之选任及监督关系下继续的从事公务，而得有报酬，就私法上法律效果而言，此与一般受雇人难无不同，相关法令并未禁止为公务员作保，且为公务员作保亦难谓系违反公共秩序或善良风俗。因之，以公务员为被保证人所订立之人事保证契构，应解为系与公务员之任用行为不同之私法上人事保证契约，自应适用人事保证之相关规定。[14]

2. 职务上行为

（1）职务上行为之意义

11　参照“最高法院”1956年台上字第一五九九号判例：“‘民法’第一百八十八条所称之受雇人，系以事实上之雇佣关系为标准，雇用人与受雇人间已否成立书面契约，在所不问。”“最高法院”1968年台上字第一六六三号判例：“‘民法’第一百八十八条第一项所谓受雇人，凡客观上被他人使用为之服劳务而受其监督者均系受雇人。”

12　参照西村信雄“身元保证法”，收于“注释民法”（11），有斐阁，1981年，第三〇〇页；境一郎“雇佣よ身元引受”，收于远藤浩等监修“现代契约法大系”（六卷），有斐阁，1984年，第五七页。

13　刘著（一），第一八七页。

14　郑著（下），第八九五页；史著（下），第八九六页；梅著，第三六八页；刘著（一），第一八八页；西村信雄前揭文　第三〇〇页；境一郎前揭文　第五七页。

民法所称职务上行为，解释上应与“民法”第一八八条所称之“执行职务”，作同一解释。亦即不仅执行职务本身之行为属之，而系举凡在客观上，足以认定该行为与执行职务有关者即是，不问雇用人与受雇人之意思如何，亦不问其是否为职务本身之行为[15]。因此，诸如受雇人有违反职务上之行为，或有利用执行职务之机会为窃盗、诈欺、背信、侵占、伪造文书、挪用、私用、隐匿或卷逃公款等不诚实行为而致雇用人遭受损害，受雇人并因而对雇用人负担损害赔偿债务者，如与职务有关，即均为人事保证之担保范围所及。诚然，以上所列，受雇人固均同时对雇用人成立侵权行为，惟解释上不以侵权行为为限，即受雇人仅为债务不履行，而非同时成立侵权行为者，亦有适用。

职务上行为，固采广泛意义，但与职务执行无关者，仍不在人事保证责任范围。例如，受雇人于假日外出效游，因故殴伤他人者，人事保证之保证人对之不负责任，又如银行出纳人员请假，银行临时命工友代管出纳，工友因而起意侵占银行款项，亦应认其与执行职务无关，不能责令其人事保证之保证人负赔偿责任。此种情形，即使于受雇人为不法行为时，亦应作同一解释。例如，受雇人为打扫环境之工友，对于雇用人所属公司财物并无管理监督权限，如其窃取雇用人财物，则除其有利用打扫环境之机会而为窃取者外，仍不应令其人事保证之保证人负赔偿责任。[16]但当事人另有特约，举凡受雇人有债务不履行或不法行为，而致雇用人受有损害时，保证人均负保证责任，其特约仍为有效；不过，于此情形，严格言之，已非狭义之人事保证，而为学理所生之损害担保契约之范畴。[17]

（2）职务上行为之面向

人事保证，系以将来可能发生之损害赔偿债务所为之保证，故解释

15 参照“最高法院”1952年台上字第一二二四号判例：“‘民法’第一百八十八条第一项所谓受雇人因执行职务不法侵害他人之权利，不仅指受雇人因执行其所受命令，或委托之职务自体或执行该职务所必要之行为，而不法侵害他人之权利者而言，即受雇人之行为，在客观上足认为其与执行职务有关，而不法侵害他人之权利者，就令其为自己利益所为亦应包括在内。”（同旨“最高法院”1968年台上字第一六六三号判例。）

16 参照林诚二“论人事保证”，收于前揭“固有法制与当代民事法学”，戴东雄先生六秩华诞祝寿论文集，第二二九页。

17 损害担保契约，不问保证人造成雇用人之损害，是否与执行职务有关，其保证人对雇用人均负保证责任，是其与人事保证不同之处；又损害担保契约，并不以担保第三人之损害赔偿责任为限，故亦非尽为保证契约所能说明。愚意以为，于前者得类推适用人事保证，于后者则为无名契约，本诸契约自由原则而予以承认。

民法本条所称之职务上行为，一般以为，系指人事保证契约成立后之将来职务上行为而言，性质上与附有停止条件极其相似，亦即人事保证契约成立时，其债务尚属未为必然，但以被保证之受雇人对雇用人发生具体确定之损害赔偿责任时，作为保证责任（代负赔偿责任）发生上停止条件之成就。在此角度上，所谓人事保证，尚有下列二点，特别值得注意：

①人事保证，与通称之将来债务之保证，尚有重大差异。盖以通常所谓将来债务之保证，系指债务发生之原因业已存在，惟其范围尚不确定，且将来可能发生变动者而言；反之，于人事保证，则为其代负损害赔偿责任之损害赔偿原因，亦即受雇人之债务不履行或不法行为，则未必发生，如其竟未发生，则保证人尚无保证责任可言。

②人事保证所保证之行为，限于将来之职务上行为所生之损害赔偿责任，如当事人约定，就受雇人过去或现在职务上行为已发生之损害赔偿而为保证者，系就业已存在之债务而为保证，其性质上为一般保证，而非人事保证。

（三）人事保证为对受雇人之损害赔偿债务所作之保证契约

人事保证所保证之对象，为受雇人职务上行为所生之损害赔偿债务，亦即就受雇人之损害赔偿债务代负履行责任。此之损害赔偿，应指广义，范围上且包括财产上损害之赔偿及非财产上损害之赔偿。例如，受雇人于执行职务之行为时，因故意或过失，伤害雇用人者，雇用人对受雇人既得请求慰抚金（一九五条、二一七条之一），其人事保证之保证人，对此部分亦应代负履行责任即是。

反之，人事保证所保证之对象，既为损害赔偿债务，则其性质上非为损害赔偿之债务，即不在保证范围之内。例如，受雇人因执行职务致第三人受损害，雇用人因此对第三人同负连带赔偿责任，雇用人于为赔偿之后，对受雇人得行使求偿权（一八八条），即非为民法本条之保证对象，人事保证人对此部分不负保证责任。同理，受雇人因故逃匿，雇用人代为搜 寻而支出之费用，保证人对之亦不负保证责任。[18]

（四）人事保证为须以书面订立之保证契约

人事保证对保证人极其不利，为示慎重，并期减少纠纷，民法爰于

18 参照“民法”债编修正第七五六条之一修正第一项理由中段：“为免人事保证人负过重之责任，爰明定其责任范围为他方受雇人将来因职务之行为而应负之损害赔偿责任，惟不及于雇用人对于受雇人之求偿权，亦不及于非损害赔偿债务，如受雇人因故逃匿而代为搜寻是。”

第七五六条之一第二项明定，人事保证契约应以书面为之。[19] 换言之，人事保证，除保证人与雇用人，就雇用人之受雇人因将来职务上行为所生损害赔偿，由保证人代负履行责任一节，达成合意外，尚须订立书面，人事保证契约始生成立，在此意义上，人事保证为要式契约，殆无疑义。

民法本条明定人事保证为要式契约，制度上应具特别强制之意义，未能符合书面之要求者，其契约即属不成立，吾人尚不能采取割裂解释之立场，认为于保证人与雇用人间，于代负履行责任已有合意，而成立一般保证。换言之，解释民法本条书面强制规定，法律行为转换理论（一一二条）于此并无适用，其间如因欠缺书面而不成立人事保证者，亦无成立一般保证之可言。否则，因未订立书面反而可以适用一般保证，不仅于人事保证之保证人更为不利，民法本条之规范意义，亦将完全丧失，其绝非本条立法本意，应无疑义。

综上所述，爰归纳其间要点如下表，以供参考：

- 人事保证（意义）
  - 广义保证契约类型
    - 独立有名契约
    - 补充准用保证规定
  - 保证受雇人之职务上行为
    - 以雇用人之受雇人为主债务人
    - 以受雇人职务上行为为保证对象
    - 以受雇人将来之职务上行为为范围
    - → 职务上行为采广义（包括职务上机会行为）
    - → 受雇人采广义
      - 不以雇佣契约为限
      - 客观上有使用监督关系即为已定
      - 就公务员之职务上行为亦得成立
  - 保证受雇人之损害赔偿债务
    - 包括财产上损害赔偿及非财产上损害赔偿
    - 非损害赔偿债务，不列为保证之对象债务
  - 须依书面成立契约
    - 人事保证为要式契约
    - 未备书面者，亦不成立一般保证

三、人事保证之性质

（一）人事保证之特性

从代负履行责任之角度言之，人事保证亦如一般保证之具有从属性，其性质上为单务无偿契约，亦为从契约，惟此于前章之一般保证已有说明，不再重复。不过，论及人事保证之性质，尚可发现其间多有别于一

19 同上条修正理由第二项："为示慎重，并期减少纠纷，爰于第二项明定人事保证契约，应以书面为之。"

般保证之特性存在。此即一般所谓人事保证之特性，主要有继续性、情义性、专属性及不明确性四者，兹予依序说明。

1. 继续性

一般保证，多以一次发生之现存具体债务或可得确定债务为保证对象；反之，人事保证，系以基于继续性之法律关系所发生之将来债务为保证对象。盖以雇佣关系，基本上即系继续性契约类型之一也。

2. 情义性

一般保证，保证人都因斟酌经济上利害关系而出面保证；反之，人事保证，保证人大都因基于情义关系（如亲属关系、师生关系或友谊关系）而出面保证。

3. 专属性

一般保证之保证债务无专属性，保证人死亡者，保证债务由保证人之继承人继承；人事保证之成立，系以保证人对于被保证人之信任关系为基础，故人事保证具有专属性，原则上因保证人之死亡而消灭（七五六条之七第二款）。民法债编修正之前，实务亦持肯定立场；因之，如继承开始时，受雇人尚未对雇用人发生具体而不确定之损害赔偿义务者，其继承人即无保证责任，亦无继承人事保证契约之可言。[20]

4. 不明确性

一般保证，其被保证之主债务，通常有明确或可得确定之范围，保证人之责任得以预先知悉及确定；反之，人事保证，其被保证之主债务，为受雇人将来因职务上之行为致雇用人遭受损害时之赔偿责任，其范围既不明确，而且极为广泛，经常甚至远远超出保证人所得预料之程度，以致保证人之责任难以预先知悉及确定。也因此，人事保证对保证人尤为不利，如何从制度上减缓保证人之不测负担，乃人事保证制度之中心，亦民法本节增订之立法目的所在。

（二）人事保证之周边

1. 问题所在

人事保证、职务保证、雇佣保证，乃至损害担保契约，固极相近，

20 “最高法院”1962年台上字第二七八九号判例谓：“职务保证原有专属性，除有特约或特殊情形外，保证人之责任因其死亡而消灭。盖此种保证于保证契约成立时，被保人尚未有具体的赔偿之债务，必待被保人发生亏损情事后，其赔偿之责任始能具体确定，而遗产继承应以继承开始时被继承人之权利义务状态为准，倘继承开始时，被保人尚未发生具体而确定之赔偿义务，则此种保证契约自不在其继承人继承范围之内。”

甚而经常被混合使用；惟严格言之，其间意义仍有区隔。即使就身元保证而言，其意义有时亦难谓与民法本节所称之人事保证完全相同。为免概念上无谓争议，乃至避免制度之误用，爰另列本段，以期尽量廓清其间之区隔及界线所在。

关于损害担保契约之意义，乃至其与人事保证之区别，前章关于保证意义及本章前述关于人事保证之意义，均已提及，兹不重复。

2. 人事保证与雇佣保证

人事保证与雇佣保证，因均以受雇人职务上之行为而致雇用人受损害之损害赔偿债务为保证对象，二者且经常被混合使用，惟实际上二者仍有重大不同。盖以称人事保证者，自广义言之，并不以受雇人职务行为之保证为限，自此角度观之，人事保证之概念，仍较职务保证为广；反之，就被保证对象之受雇人行为而言，依我民法规定，人事保证仅以将来职务上行为所生损害赔偿债务为保证责任之范围，而雇佣保证则不问过去、现在或将来职务上行为所生者，均得作为保证责任之范围。足见，在职务上行为之角度上，依我民法规定，则通称之雇佣保证，其范围反较人事保证为广。以故，其二者尚有微妙之不同，殊堪肯定。

3. 人事保证之定位

最广义的人事保证，可以兼括职务保证、雇佣保证、其他人事保证及损害担保契约，惟此为台湾立法所不采。盖依“民法”第七五六条之一第一项关于人事保证定义之规定，人事保证仅为雇佣保证范围之一部分；换言之，民法债编修正以后，人事保证于台湾法制，殆采狭义，其意义上应限于一般所称之职务保证，而不及于其他广义之人事保证形态，实务似亦同此立场。[21]

在此法制基础上，职务关系以外其他人事关系之保证，例如，就他人出国、入境、应考、入学、诉讼等人格优质（亦即所谓身元）之保证，似非人事保证所可尽括。愚见以为，依台湾法制现状而言，此等保证为另一类型之广义保证形态，性质上为无名契约，但得类推适用人事保证之相关规定，并得依“民法”第七五六条之九规定而准用

21 参照“最高法院”1990 台上字第二〇一五号判例：“所谓职务保证，乃保证人与雇用人约定，将来被保人之职务行为致生损害于雇用人时，由保证人负赔偿责任之从契约。其效力仅向将来发生。当事人间如无特别约定，对于雇用人于订约时，业已发生之损害，保证人不负赔偿责任。”

保证之规定。[22]

第二节　人事保证之效力

一、概说

人事保证，固因民法立法政策考量，将其列为独立有名契约，成为（一般）保证以外之另一债之类型，惟本质上，人事保证终究仍为广义保证契约类型之一，民法本节增订亦未否认其仍具保证性质之意旨，而且明定，除人事保证一节另有规定外，准用保证之规定（七五六条之九）。因此，保证一节有关保证效力之规定，如主债务人抗辩权之援用、保证人先索抗辩权、保证人之保证责任除去请求权、求偿权及代位权，乃至保证消灭事由之规定，除民法本节另有规定或本质当然不合者外，仍均有保证之适用。有关于此，本书拟尽量不再重复。

基上所述，可知于此所称者，系人事保证有别于（一般）之效力而言；也因此，以下所述，除有必要时附带提及外，仅就特殊效力部分而为说明。爰斟酌民法本节规定，分就保证人责任及雇用人协力义务二者说明之。

二、保证人责任

依“民法”第七五六条之一第一项规定，人事保证之责任，仍具代负责任之意义，仅其所代负者为赔偿责任，而非如一般保证之为代负履行责任而已。因之除下列特殊情形外，人事保证之保证人责任，殆与一般保证并无不同。此所称特殊情形有五，即（一）保证责任之免责要件，（二）责任范围之限制，（三）保证期间之缩限，（四）消灭时效之缩短，（五）保证人之任意终止权。惟后者与人事保证消灭有关，拟并于消灭一节说明，兹依序叙明前四者于后。

22　纯就法律解释方法而言，将此等广义之人事保证，认为成立一般保证而适用保证规定，亦无不可，且此解释方法亦较符制度形式上之意义。惟此立场，恐有失人事保证特别保护人事保证保证人之意旨，本书爰舍直接适用而取类推适用，虽其法学方法较为迂回，但于公平正义之体现，或较具实质，亦附带说明之。

（一）保证责任之免责要件

1. 一般事项

“民法”第七五六条之二第一项规定：“人事保证之保证人，以雇用人不能依他项方法受赔偿者为限，负其责任。”盖以人事保证，于受雇人因职务上之行为而应对雇用人为损害赔偿时，雇用人如能依他项方法获得损害赔偿者，则其雇用人自应先依各该方法求偿，其有不能受偿，或不足受偿者，始能请求保证人代负赔偿责任，俾减轻保证人之责任。例如，就受雇人职务行为已有保险或设有担保物权，乃至受雇人尚有财产而得取偿者均是。[23]

所谓“不能依他项方法受赔偿”，除指受雇人外别无赔偿责任之人；或虽有之，而因其人逃匿无踪，无法向其请求赔偿；或该应负赔偿责任之人无资力，或其强制执行应于外国为之，不能达赔偿之目的等情形外，为符合减轻保证人责任之本条立法意旨，解释上宜认为包括向受雇人请求赔偿。换言之，受雇人原有财产足以赔偿，但因雇用人迟误请求机会，以致不能受赔偿者，亦应有其适用。再者，鉴于民法本条项用语，与公务员责任之“民法”第一八六条第一项后段用语雷同，本书基于同一立场，认为此一规定属于免责要件（尚非成立要件）[24]，本段爰斟酌其情，以保证责任之免除称之。不过，“不能依他项方法受赔偿”云者，就债权人（雇用人）而言，仍系雇用人对保证人行使损害赔偿请求权之一要件，其事实之存在应由雇用人就之负主张及举证责任。雇用人能否“依他项方法受赔偿”，则以应起诉时或请求时之客观法律状态决定之。亦即雇用人“依他项方法受赔偿”之可能性，于得为请求时或起诉时原已存在，而雇用人不知以致迟误该项损害赔偿请求权之行使，或虽然知悉该项损害赔偿请求权，却因怠于行使以致丧失受赔偿之机会者，保证人均得因而免除保证责任。

2. 相关问题

保证人先索抗辩权之规定（七四五条），于人事保证亦有适用，殆无疑

23 参照“民法”债编修正第七五六条之二修正理由：“人事保证为无偿之单务契约，对保证人至为不利，故如雇用人能依他项方法获得赔偿者，诸如雇用人已就受雇人之不诚实行为参加保证保险（‘保险法’第三章第四节之一第九十五条之一至第九十五之三参照），或已由受雇人或第三人提供不动产就受雇人职务上行为所致损害为雇用人设定最高限额抵押权等是，自宜要求雇用人先依各该方法求偿，其有不能受偿，或不足受偿，始令保证人负其责任，俾减轻保证人之责任，爰增订本条。”

24 参照拙著前揭“新订民法债编通则”（上），第二〇二页。

义。惟于一般保证，保证人抛弃先索抗辩权者，于法并无不可，且无“民法”第七三九条之一之适用。惟于人事保证，则因“民法”第七五六条之二第一项明文限制，雇用人不能依他项方法受赔偿者为限，始能请求人事保证人代负赔偿责任。此一规定，应属强制规定，违反者其约定无效，且亦得认为其预先抛弃，同时违反“民法”第七三九条之一而无效。因此，于人事保证，应认为保证人抛弃先索抗辩权者，尚不生失权之效果，人事保证人仍得主张先索抗辩权，“民法”第七四六条第一款尚无适用。

同理，其雇用人与保证人约定为连带保证者，于连带责任之部分无效；换言之，于人事保证应无成立连带保证之余地。[25] 法院实务见解与此部分抵触者，于抵触之部分，应因“民法”第七五六条之二规定而废止。[26]

（二）责任范围之限制

人事保证之保证人，其所面对者为未来不断发生可能、且又广泛无边之责任，如未适度限制，实令保证人负荷过重，而且不近人情，为杜此弊，“民法”第七五六条之二第二项规定：“保证人依前项规定负损害赔偿责任时，除法律另有规定或契约另有订定外，其赔偿金额以赔偿事故发生时，受雇人当年可得报酬之总额为限。”基此，则其得而言之者为：

1. 限额赔偿仅属任意规定，如法律另有规定或契约另有约定者，依其规定或约定；此之规定或约定，固得较年报酬总额为高，甚或以赔偿总额为限，亦得较年报酬总额为低。

2. 此之报酬，不以本薪为限，举凡受雇人因任职或从事工作所可以获得之工资、薪金及按计时、计日、计月、计件以现金或实物等方式给付之奖金、津贴及其他任何名义经常性给与，均包括在内。换言之，所谓报酬，应加计工资、薪金、奖金、津贴等经常性给与，并以其总额为报酬额。[27]

3. 所谓当年可得报酬，于其报酬已发生之部分，依实际所得计算之，尚未发生者，则依通常情事及已定计划估定之，以其二者合计之总额为准。

4. 人事保证仍有从属性，保证人责任之范围，仍不得较主债务人为

25 参照林诚二前揭“论人事保证”，第二三〇页；刘著（一），第一九五页。

26 民法债编修正前，学理或以为人事保证亦得以连带保证之形态为之。此一见解，恐与民法本条项未规定意旨有违，得否继续肯定，似有重新检视必要。

27 参照“劳动基准法”第二条第三款：“工资：谓劳工因工作而获得之报酬；包括工资、薪金及按计时、计日、计月、计件以现金或实物等方式给付之奖金、津贴及其他任何名义之经常性给与均属之。”

重。因之，如当事人依本条项约定之责任范围，较主债务人为重者，仍适用“民法”第七四一条规定缩减之。

（三）保证期间之缩限

人事保证契约，以将来可能继续发生之不确定损害赔偿债务为保证对象，如保证之约定存续期间太长，对于保证人极为不利，故民法设有期间缩限之规定，以期适度维护保证人之利益。[28]此之期间缩限，情形有二，一为约定期间缩限，二为未定期间之定限。

1. 约定期间之缩限

(1) 基本事项

“民法”第七五六条之三第一项规定：“人事保证约定之期间，不得逾三年。逾三年者，缩短为三年。”当事人就保证之期间予以约定者，是为保证期间之约定，其一般情形，大多于人事保证契约中约明，惟当事人仅约定“于受雇人任职中负保证责任”，而其任职关系定有存续期间者，亦属保证约定期间而有本条项之适用，甚或以为只要职务关系定有存续期间者，无论有无约定保证期间，即均有本条项之适用。[29]惟愚意以为，于后者之情形，关于保证期间既未约定，仍以适用保证未定期间之规定为宜。

关于人事保证存续期间之起算点，视当事人对之有无特别约定而定，其有约定者从其约定，其未有约定者，原则上自人事保证契约成立之日起算；惟其人事保证契约所担保者，如系将来始成立之职务关系或成立与否尚未确定之职务关系，则以该被担保之职务关系成立之日为其起算点。

(2) 存续期间之更新

“民法”第七五六条之三第二项规定，人事保证所约定之存续期间，当事人得更新之，以其不致增加保证人不测之负担也。更新云者，必须维持原来人事保证契约之同一性，仅约定延长其期间而已。由于人事保证契约，应以书面为之始克成立（七五六条之一第二项），故此之更新，解释上亦应以书面为之，且其期间亦不得逾三年，逾三年者，仍缩短为

28 参照“民法”债编修正第七五六条之三修正理由前段：“人事保证契约系以将来内容不确定之损害赔偿债务为保证对象，对于保证人极为不利，不可不设期间之限制。爰参考日本‘有关身份保证之法律’第二条，并酌予缩短其期间，于第一项增订人事保证约定之期间，及逾期缩短之规定。”

29 参照西村信雄前揭文，第三一〇页～第三一一页；刘著（一），第一九六页。

三年。不过，当事人得为更新之次数，民法并无限制，故应解为只要原被担保之职务关系继续存续，当事人均得对该经更新之保证契约，再度更新之。

约定保证存续期间之更新，应由当事人于期间届满之际另行约定之，不得以期间届满自动更新之约款为之。因之，如当事人约定，于保证存续期间届满时或届满前一定时间内，当事人未为反对更新之意思表示，即当然发生更新之效力者，其约定应属违反本条期间缩限之强制规定而无效。盖以承认期间届满自动更新约款之效力，势将使“民法”第七六五条之三有关约定存续期间之限制规定形同具文，流于形同法定更新，更使保证人陷于无法在自由意思之情况下重新考虑是否同意更新，甚至失去表示反对更新之机会，结果无异等于对保证人课以应同意更新之义务[30]，殊非民法本条之立法目的所可容许。

2. 未定期间之定限

（1）基本事项

当事人就人事保证未约定有存续期间者，为免保证人负担过重责任，亦应有如约定保证存续期间之缩限，故“民法”第七五六条之三第三项规定：“人事保证未定期间者，自成立之日起有效期间为三年。”三年也者，系由法律明定，故亦称法定拟制期间。而所谓成立之日，原则上应指人事保证契约成立之日，惟人事保证契约所担保者，如为将来始成立之职务关系或成立与否尚未确定之职务关系，亦以解为该被担保之职务关系成立之日为其起算点，其见解为较允妥。

于此所称，保证未定期间，解释上当包括下列情事：

①当事人就保证责任未约定存续期间，而其所担保之职务关系亦未定有存续期间。

②当事人就保证责任未约定存续期间，而其所担保之职务关系定有存续期间。

③当事人约定于受雇人任职期间负保证责任，而其职务关系未定有存续期间。

此外，当事人以特约变更三年期间之起算日者，如其变更，于人事保证之保证人不利者，其约定变更应属无效。例如，约定保证存续期间，自受雇人违法致生损害行为之时起算者，其所为延后计算期间之约定无

30 参照西村信雄前揭文，第三一一页－第三一二页；境一郎前揭文，第六一页；刘著（一），第一九七页。

效。反之，如其起算期日之变更约定，于保证人并无不利者，其约定则为有效。例如，约定变更保证存续期间，溯自保证成立前之受雇日起算者，则其约定即为有效。

（2）存续期间之更新

人事保证如未定期间，当事人得否更新之，民法未设明文规定，或认为允许其更新，对当事人并无不利益，其当事人亦得更新之。[31]愚见以为，“民法”第七五六条之三第三项关于人事保证之法定期间，规范性质上为强制规定，法无明定，仍不宜依解释使保证人处于或有风险之情况；而且，本于明示其一，排除其他之法律解释原则，肯定其得更新，根据恐亦过于牵强；再加上民法本条项修正理由，偏于重新订约之立法政策[32]，解释上应予否定，亦即认当事人不得以更新方式延长未定期间人事保证契约，其论点应较可采。[33]

（四）消灭时效期间之缩短

保证人责任相对之债权人请求权，其消灭时效期间，原则上适用“民法”第一二五条规定而为十五年，惟以人事保证之保证人，其所负保证责任奇重，如回归适用一般保证，对保证人诚实极为不利，为适度调和权衡，民法爰于第七五六条之八规定：“雇用人对保证人之请求权，因二年间不行使而消灭。”以期尚可适度维护保证人之利益。[34]

一般言之，依“民法”第一二八条前段规定，请求权消灭时效之起算点，系自请求权可行使时起算，以此规定内容对照人事保证观之，似可认为应自雇用人受有损害而得请求赔偿时起算。惟依“民法”第七五六条之二第一项规定，如雇用人尚有他项方法可受赔偿时，人事保证人尚可免责。换言之，亦即在人事保证上，既以雇用人不能依他项方法受赔偿者为限，保证人始应对雇用人负其责任，则解释其债权人请求权之消灭时效，应自雇用人不能依他项方法受赔偿时起算，其

31 参照林诚二前揭“论人事保证”，第二三四页；西村信雄前揭文，第三一一页。

32 刘著（一），第一九八页。

33 参照“民法”债编修正第七五六条之三修正理由后段：“为免保证人负担无限期之责任，爰于第三项明定人事保证未定期间者，其有效期间自成立日起算亦为三年。经过三年有效期间后，其人事保证关系消灭，如当事人重新订约，自无不可。”

34 参照“民法”债编修正第七五六条之八修正理由：“雇用人对于人事保证之所得主张之损害赔偿请求权，宜设短期时效，俾免保证人负担之责任持续过长，爰订本条。至请求权消灭时效起算点，依本法第一百二十八条前段之规定，应自请求权可行使时起算，即自雇用人受有损害而得请求赔偿时起算，惟如雇用人尚有他项方法可受赔偿时，依修正条文第七百五十六条之二之规定，应自不能依他项方法受赔偿时起算，并予叙明。”

见解始较适当。

综上所述，可知人事保证上，关于保证人责任，其特点尚多，爰亦归纳其重点如下表，以供参考：

（人事）保证人责任（特则）
- 免责要件：雇用人得依他项方法受赔偿（756之2 Ⅰ）
  - 以请求时为准
  - 预先抛弃无效
- 责任范围
  - 原则：限额赔偿（年所得报酬总额：756之2 Ⅱ本文）
  - 特例：依法律特别规定或当事人另行约定（756之2 Ⅱ但书）
- 期间缩限
  - 约定期间：逾三年者，缩短为三年（756之2 Ⅰ）
    - ---→得为更新（756之3 Ⅱ）
  - 未定期间：自成立起三年（756之3 Ⅲ）
    - ---→不得更新（有反对说））
- 短期消灭时效
  - 二年间不行使而消灭（756之8）
  - 自请求或不能依他项方法受赔偿时起算

三、雇用人之协力义务

于人事保证关系上，就保证人之层面观之，保证人无偿却要面对未来不确定、但可能持续发生不断扩大之沉重广泛保证责任。反之，就雇用人而言，却是使用受雇人而获取一定报偿，甚而享有重大经济利益，而且受雇人又恒处于雇用人身旁而为其所监督，如此有利于雇用人之情形下，若雇用人因而受有损害，雇用人反而得借人事保证受有损害之完全填补，并转嫁由保证人承担一切不利之苦果。客观正视当事人间之天平，显有轻重失衡，系独厚于雇用人而苛待保证人者多而且巨。契约自由原则固应高度尊重，但对其所衍生之制度上重大不公平，法律亦应有以匡正，以维当事人间利益之适度公平。因此，于人事保证上，如何责求雇用人协助保证人，以免损害赔偿义务之发生及防止损害赔偿义务之扩大，自是甚为重要。有鉴于此，民法债编修正爰明定雇用人以协力义务，以期有助损害之防免，并尽可能减缓保证人之过重负担。

依我民法规定，此之雇用人协力义务，在内容上可区分为二，一为危险通知义务，二为损害防免义务。雇用人若有违反，其情形等同与有过失，并依过失相抵之法律原则，减免保证人之责任。兹亦依序为具体之说明。

（一）协力义务之内容

雇用人之协力义务有二，一为危险通知义务，另一为损害防免义务。

1. 危险通知义务

“民法”第七五六条之五第一项规定：“有左列情形之一者，雇用人应即通知保证人：一、雇用人依法得终止雇佣契约，而其终止事由有发发保证人责任之虞者。二、受雇人因职务上之行为而应对雇用人负损害赔偿责任，并经雇用人向受雇人行使权利者。三、雇用人变更受雇人之职务或任职时间、地点，致加重保证人责任或使其难于注意者。”

民法本条项所以为此规定，盖以受雇人有前举各该款情事之一者，雇用人知之最详，由其即速通知保证人，始能让保证人获得及时为妥善处理之机会，俾使得以预防或减少损害之发生，既有助于保证人利益之维护，对雇用人亦属有利，故民法本条项爰有雇用人通知义务之规定。[35]兹就通知义务之事由及其相关事项分述之。

（1）通知义务之事由

依民法本条项规定，雇用人于下列情事发生者，负有通知保证人之义务：

①发生保证人应负责任之雇佣终止事由（756之5Ⅰ①）

广义之雇佣关系，为继续性契约，原则上得终止之（四八八条、四八九条）。此等终止，纵由雇用人为之，受雇人亦不一定负有损害赔偿。因之，于此所谓有发生保证人应负责任之虞者，系指因可归责于受雇人之事由发生，在职务上显现不适任或不诚实等迹象，以致雇用人依法得终止雇佣契约者而言。例如，雇用人依“民法”第四八四条、第四八五条或“劳动基准法”第十二条等所规定之法定事由，或依契约所定其他职务上不适任或不诚实等得终止契约之约定事由，而为雇佣之终止者均是。盖以有此情形，受雇人通常已对或将对雇用人造成损害，并使保证人陷于为受雇人而对雇用人代负赔偿责任之危险境地之故。

通知义务之发生，仅以得为终止之事由发生者，即为已足，并应即为通知。至于雇佣人是否终止雇佣，则在所不问，更不得等待终止时或

35 参照“民法”债编修正第七五六条之五修正理由前段：“保证契约订立后，无论系定有期间或未定期间，如有因可归责于受雇人之事由发生，雇用人依法得终止雇佣契约，而其终止事由有发生保证人责任之虞（例如雇用人依‘民法’第四百八十四条、第四百八十五条、‘劳动基准法’第十二条等规定或依契约所定得终止契约之事由，本得终止契约而不终止之情形）；或受雇人因职务上之行为而应对雇用人负损害赔偿责任，并经雇用人向受雇人行使权利；或雇用人变更受雇人之职务或任职时间、地点，致加重保证人责任或使其难于注意受雇人职务之执行等情形，均有加重保证责任之虞，雇用人应即通知保证人，俾能及时处理，爰仿日本‘关于身份保证之法律’第三条规定增订第一项。”

终止后始为通知。

②雇用人对受雇人行使损害赔偿请求权（756之5Ⅰ②）

本条款所谓受雇人因职务上之行为而应对雇用人负损害赔偿责任，并经雇用人向受雇人行使权利者，其意义系指受雇人方面已有具体的违背职务上行为之事由发生，因而应对雇用人负损害赔偿责任，而且雇用人亦已基此损害赔偿事由向受雇人行使损害赔偿之权利而言。例如，受雇人假借职务机会侵占公款，雇用人向法院诉请受雇人损害赔偿即是；换言之，雇用人于起诉时，应即通知保证人。

于此所称行使权利，只要是一般之权利行使行为即可，并不以上述所举起诉为限，其他诸如与起诉有同一效力之行为、声请假扣押、假处分等保全程序均是。惟其请求受雇人以外之人给付（赔偿损害），即尚无通知义务之发生。

依本款所定之通知义务，系于雇用人行使权利时即告发生，解释上雇用人应于行使权利时或行使后即时通知保证人。因之，为诉外请求或声请保全程序者，不能等待起诉时再为通知；径行起诉时，不能等待声请强制执行再行通知。

③任职情境变动致加重保证人责任等（756之5Ⅰ③）

依本条项第三款规定，雇用人所以负通知义务者，以雇用人变更受雇人之职务或任职时间、地点，并因而致加重保证人责任或使其难于注意者，始有适用。如其任职情境变动，未加重保证人责任或尚无难于注意之情形者，则雇用人尚无通知义务；同理，如受雇人难于注意或保证人责任加重，非因任职情境变更者，亦无本款适用。加重责任之情形者，如因雇用人变更受雇人之职务或任职时间、地点，以致损害赔偿责任发生之危险性增大、或损害赔偿额扩大之危险性增加者均是。例如受雇人原任文书收发专员，不经管金钱财物，而将之调职担任经管金钱财物之财务经理，即是著例。所谓使其难于注意，系指因雇用人变更受雇人之职务或任职时间、地点，以致保证人或雇用人难于注意受雇人职务执行之情形或生活状况即是。例如，将受雇人调往所属转投资之大陆公司或工厂任职。

（2）相关事项之说明

关于雇用人之通知义务，其尚待进一步说明之相关事项，殆有如下：

①专用名词之意义

本条项所称雇用人、受雇人及职务上行为，均取广义，应与“民法”第七五六条之一作同一解释，兹不重复。基此，足认本条项第一款，所称

“雇佣契约”，亦应配合其他专用名词而采广义，以事实上有使用监督关系即为已足，无须以依“民法”第四八二条规定而成立雇佣契约为限。

②通知之性质

本条项所称通知，为事实通知，此与其他条文一般所称之通知，同其性质，相关叙述已多，其进一步说明，爰予从略。

③适用对象

雇用人应负通知义务之人事保证契约，是否不问其有无定有存续期间，均有适用，法无明文，解释上宜采肯定，亦即不问其是否定有存续期间，雇用人均同负通知义务。

④通知效力

通知，不仅于事实上有其意义，使保证人因而得以采取防免损害发生或扩大之措施，法律上且对保证人发生终止权，亦即保证人得因而终止保证契约（同条二项前段）。此外，雇用人怠于为通知者，保证人固仍不免保证责任，但法院得视情形而为减免之裁量（七五六条之六第一款）。惟有关于此，或已涉及保证消灭（终止），或已涉及责任减免，拟待另段叙及时一并说明。

⑤通知义务范围

依民法人事保证一节规定，雇用人负有通知义务者，仅有本条项。因此，解释上难免发生，通知义务之有无是否仅以此四者为限之疑义。鉴于人事保证，系以保证人与受雇人之人格信任关系为基础，而且是以将来发生之债务为担保对象之继续性契约，为公平计，宜认为如有其他足以动摇保证人与受雇人间人格信任关系之事由发生，而有致损害赔偿责任发生之危险性增大，或损害赔偿额扩大之危险性增加者，雇用人即应通知保证人，俾保证人得以采取必要之因应措施或终止契约，以免损害发生之继续扩大[36]；如有怠于通知，亦应有减免责任（本条二项）之适用。例如，受雇人住所迁徙远方，或受雇人资产显著恶化，或人事保证人与受雇人相互间之身份情谊关系变化是。后者，例如保证人与受雇人如原为夫妻而已离异、原有翁婿关系业已丧失者，即是著例。

⑥雇用人注意义务

雇用人对受雇人有选任及监督之权，斯亦为其义务，此项选任、监督上之义务，尚不因保证契约之订定而减轻。因之，受雇人因职务上行

36 参照西村信雄前揭文，第三一五页；刘著（一），第一九九页。

为致生损害于他人，而雇用人应负连带损害赔偿责任者，其赔偿后对受雇人所生之求偿权，尚非人事保证之对象；而且，如雇用人对受雇人之选任或监督有疏懈者，保证人之保证责任亦得减轻或免除之（七五六条之六第二款）。

关于雇用人于此方面之注意义务标准为何？“民法”第七五六条之六并无直接明文。愚见以为，解释上应与“民法”第一八八条之规定采同一立场，亦即以相当注意为其标准，而非仅为一般之善良管理人注意而已。换言之，雇用人须举证证明，纵对受雇人之选任及监督加以相当之注意，仍不免发生损害者，保证人责任始无免责之适用。此即我国民法，未如日本身元保证法之仅以无过失作为用语之缘故；学理或谓，此之规定与日本法制并无差异，有无过失之认定，回归一般责任标准适用[37]，恐有未妥。盖以台湾民法于此既不直接使用过失或无过失之字眼，而使用代负责任之监督疏懈之用语（一八七条二项），解释上应以回归适用代负责任之一般法律原则，始较妥适；如此亦较符公平原则，且又契合民法本条特别保障人事保证人之立法意旨。

（二）协力义务违反之效果

1. 协力义务与与有过失

人事保证人对雇用人所负之债务为损害赔偿债务，因之，关于损害之发生或扩大，如其雇用人与有过失者，如雇用人指示受雇人执行职务不当致生损害于雇用人时，或雇用人怠于防止损害之扩大时，法院得适用过失相抵之规定（二一七条），减轻或免除人事保证人之赔偿金额，实务亦于极早时期即著有判例[38]，晚近见解亦然。[39]

与有过失为不确定法律概念，单恃抽象法律原则而为适用依据，有时或恐发生争议，为使其责任具体化及明确化，民法爰依第七五六条之六，明定违反协力义务者，法院得减轻或免除保证人责任。虽然，民法本条条文本身，并无与有过失之相关字眼，但修正理由则强调，此即与

37 参照林诚二前揭“论人事保证”，第二四一页～第二四二页。

38 参照“最高法院”1960台上字第二六三七号判例（同注3所引）。

39 参照“最高法院”1995年台上字第二五九七号判决：“按损害之发生或扩大，被害人与有过失者，法院对于酌减赔偿金额至何程度抑或完全免除，虽有裁量之自由，但应斟酌双方原因力之强弱与过失之轻重以定之。原审既认定王如玉为冒贷属故意行为，而亚洲公司台中分公司之职员疏于对保及审核，则属过失行为，王如玉之冒贷行为似为造成亚洲公司受有损害之主因，原审未遑详为勾稽，竟认亚洲公司应负较王如玉为多之过失责任，进而凭以减少何惠良、江进德百分之八十及百分之六十之偿还金额，难谓允洽。”

有过失之具体适用[40]，故民法本条堪称与有过失具体化事例之规定，至其具体事由则有二。一为雇用人违反通知义务而未通知保证人（七五六条之六第一款）；其二为雇用人对受雇人之选任或监督有疏懈。

2. 过失相抵之适用

过失相抵之适用，须被害人之与有过失，为损害之共同原因，且于损害之发生或扩大有所助成为要件；此在人事保证，亦无例外。[41]因之，雇用人协力义务之违反，无论系通知义务之违反，抑或对受雇人选任或监督之疏懈，解释上尚不能认为仅有义务违反事实，即有过失相抵之适用。换言之，法院适用第七五六条之六，对保证人为减轻或减免赔偿全部者，仍须以损害之发生或扩大，系因义务违反而导致者为要件，单纯之义务违反，则尚无适用。[42]

法院依民法本条而减免保证人责任者，其情形与过失相抵之适用同，为法院之职权，无待当事人之主张，其减免之斟酌标准，亦与过失相抵相同，应视双方于损害上原因力之强弱及过失之轻重而定。换言之，民法本条之本质，亦属过失相抵法则之具体显现。因之，有关过失相抵之学理及判例，于此均得援用，惟为避免重复，其进一步说明及判例援用，均予省略。

第三节　人事保证之消灭

人事保证，除债之一般消灭事由及一般保证之消灭事由发生而消灭

40 参照“民法”债编修正第七五六条之六修正理由前段：“雇用人于有前条第一项各款足使保证人责任发生或加重之情事之一时，应即有通知义务，又雇用人对于受雇人有监督义务，故若有前条第一项各款之情事而雇用人怠于为前条之通知，或对于受雇人之监督有疏懈，其对损害之发生或扩大既与有过失，自应依其比例自负其责，方称公允，为使其责任明确及具体化，并避免适用之困难，爰参考最高法院四十九年台上字第二六三七号判例意旨而设本条规定。”

41 参照“最高法院”1995年台声字第六一七号判决：“按职务保证之损害赔偿责任，依本院四十九年台上字第二六三七号判例意旨，固有民法第二百十七条规定之适用，惟该条第一项所谓被害人与有过失，必须被害人之行为与加害人之行为，为损害之共同原因，且被害人过失行为并有助成损害之发生或扩大者，始属相当，非谓凡职务保证事件即有过失相抵法则之适用。”

42 参照“民法”债编修正第七五六条之六修正理由后段：“至于本条第一款之适用，自以损害系因雇用人应通知而未通知后所生，或因此而扩大者为限。”

者外，民法本节尚有关于人事保证特别消灭事由之规定。后者，始为于此所称人事保证之消灭，揆其事由，殆可分为当然消灭及终止权行使二者。

人事保证之消灭，对于消灭前已生之损害赔偿，仍应负保证责任，此固为继续性契约之特色，惟于人事保证亦有部分特色，爰亦另立其法律效果，以为独立说明。

一、当然消灭

"民法"第七五六条之七规定："人事保证关系，因下列事由而消灭：一、保证之期间届满，二、保证人死亡、破产或丧失行为能力，三、受雇人死亡、破产或丧失行为能力，四、受雇人之雇佣关系消灭。"依立法意旨所述，此等规定，系在杜免适用上之疑义。[43]兹依序说明之

（一）保证期间届满（七五六条之七第一款）

保证期间届满，包括下列二种情形：

1. 约定保证期间：约定保证期间届满，但约定期间逾三年者，于届满三年时消灭。

2. 未约定保证期间：于三年法定有效期间届满时消灭。[44]

（二）保证人死亡、破产或丧失行为能力（七五六条之七第二款）

人事保证具有专属性，以保证人对于被保证人之人格信任关系及保证人之信用为基础，保证人死亡者，其人格消灭；保证人经宣告破产者，即等于已丧失其社会上、经济上信用，保证人如丧失行为能力，则法律上已不能为意思表示或受意思表示，凡此均足认，为其信任关系之基础，业已丧失，故民法明定，人事保证关系，因保证人之死亡、破产或丧失行为能力而消灭。

本条款所称死亡，包括下列事项：

1. 自然人方面：包括自然死亡及宣告死亡。

2. 法人方面：法人解散，视同自然人死亡。

43 参照债编修正"民法"第七五六条之七修正理由前段："人事保证以保证人之信用为基础，且以受雇人有能力及其与雇用人之雇佣关系存在为前提。因此，保证之期间届满、保证人或受雇人死亡、破产或丧失行为能力、或受雇人与雇用人之雇佣关系消灭时，其人事保证关系均应消灭。为杜疑义，爰增订本条。"

44 同上条修正理由后段："所谓保证期间届满，解释上当包括约定保证期间届满及未定期间之保证契约，其法定有效期间已满三年者而言。"

本条款所称破产，指保证人受破产宣告之时而言。所谓丧失行为能力，指行为能力人因受禁治产宣告而成为无行为能力人之时而言。

（三）受雇人死亡、破产或丧失行为能力（七五六条之七第三款）

基于如上所述保证专属性人格信任关系，其受雇人死亡、破产或丧失行为能力者，人事保证关系亦生消灭。又本条款所称死亡、破产或丧失行为能力，意义与前款相同。兹不重复。

（四）受雇人之雇佣关系消灭（七五六条之七第四款）

人事保证所担保之主债务，系受雇人因职务上之行为而应对雇用人负担之损害赔偿债务，是人事保证以受雇人与雇用人之雇佣关系存在为前提，受雇人之雇佣关系消灭者，本于人事保证之从属性，其人事保证系自亦应归于消灭。

本条款之雇佣关系，应采广义，只要事实上有使用监督关系即为已足，不以正式成立雇佣契约为限。雇佣关系之消灭事由为何，在所不问。受雇人死亡、辞职或被开除或服务期间届满，乃至雇用人结束营业均是。惟前者之受雇人死亡，同时符合前款所定消灭事由之一，适用上同时竞合。至于雇用人将受雇人另行调职者，应属"民法"第七五六条之五第一项第三款之通知或第二项之终止事由，尚不宜径行解释为保证消灭。

二、终止权行使

（一）特殊终止事由

人事保证，因保证人负担沉重，故民法本节设有特殊终止事由，以为调和。[45]此之特殊终止事由有二，一、为任意终止，二、为法定终止。兹分述于下：

1. 任意终止

"民法"第七五六条之四第一项规定："人事保证未定期间者，保证人得随时终止契约。"是为人事保证人之任意终止权，亦即人事保证苟未定有存续期间，则其保证人即得于法定三年有效期间内之任何时点（七

45 参照①"民法"债编修正第七五六条之四修正理由前段："人事保证未定期间者，应许保证人于法定之三年有效期间（修正条文第七百五十六条之三第三项参照）内，得随时通知终止契约，以消灭其人事保证关系，爰为第一项规定。"
②"民法"债编修正第七五六条之五修正理由后段："有第一项之事由时，保证人对于已发生之赔偿责任，固难脱免，惟为免将来继续发生或加重保证人之责任，应许其有终止保证契约之权利，爰仿日本前开法律（按即身元保证法）第四条增订第二项。"

五六条之三第三项），不须具备任何理由，终止人事保证契约。

任意终止权，虽仅于未定存续期间之保证有其规定，惟其适用范围，是否绝对仅限于此，不无讨论余地。盖以人事保证定有存续期间者，其约定有效期间最长亦为三年，逾三年者缩短为三年。因此，如人事保证之约定存续为未满三年者，解释上固无任意终止之适用，但其约定期间逾三年者，愚见以为，本于人事保证期间不得逾三年之同一法律原则，得依回归法律原则之解释方法，认定保证人亦得任意终止之。

2. 法定终止

人事保证，发生雇用人应负通知义务之情事者（七五六条之五第一项），保证人于受通知后有终止权。此外保证人纵使未受通知，但知悉其情事者，亦得终止保证契约（七五六条二项），是为保证人之法定终止权。至于有关此等法定情事，于雇用人通知义务已有胪列及说明，爰不重复。

如前所述，愚见以为，雇用人之通知义务，尚不以法定胪列之三项为限，则如前所述，受雇人财产显形恶化，保证人与受雇人身份情谊关系发生变化等足以动摇保证基础之人格信任关系者，是否得如通知义务之肯定解释，认为保证人亦有终止之权，实不无讨论余地。按人事保证之发生，绝大多数情形，既以人格信任关系之存在为基础，且保证人不宜负担过重之不合理责任，亦为民法本节立法之基本原则，则学理所谓，于此情形得类推适用“民法”第七五六条之二项规定取得终止权[46]，其方法论上固较牵强，但本于公平原则及情事变更原则，仍属可采。

（二）终止权之行使方法

关于终止权之行使方法，民法于此未设特别规定，解释上即应适用“民法”第二六三条。如其雇用人为数人者，当亦准用“民法”第二五八条之规定，即终止权之行使，应向他方以意思表示为之；契约当事人之他方（雇用人）有数人者，此项意思表示，应向其全体为之。不过，人事保证之保证人为多数人者，愚意以为，本于人事保证人不宜负担过重之不合理责任之立法意旨，宜认为不适用解除主观不可分原则，亦即个别保证人得个别终止契约，并个别消灭保证关系。否则，在多数保证人，彼此互不相知之情形者，无异于依终止权行使不可分原则，剥夺其终止

46 参照西村信雄前揭文 第三一九页～第三二〇页；境一郎前揭文，第六五页～第六六页；刘著（一），第二〇三页。

权，法律解释上亦甚不妥当。

于任意终止之情形，鉴于人事保证契约若因保证人行使任意终止权，猝然发生保证消灭之效果，无论对雇用人或受雇人均属过苛，为使雇用人或受雇人得于相当期间内另觅适当之保证人，或为使雇用人适时调动受雇人之职务或另行起用新受雇人，以为因应，则人事保证契约于终止通知到达后经过相当期间，始能发生终止效力，其法律设计即有必要。为此民法爰于第七五六条之四第二项规定："前项终止契约，应于三个月前通知雇用人。但当事人约定较短之期间者，从其约定。"俾符契约自由原则。[47]至所谓三个月前，应包括终止通知后三个月发生终止效力之情事。[48]

此之三个月，性质上为预告期间。当事人约定较三个月为长者，于超过部分其约定无效，仍以三个月为其适用期间。不过，本于平等互惠原则，当事人约定之较短期间，应属相当，如其不相当者，解释上仍应回归适用三个月之期间。例如，雇用人与保证人约定三日前通知，三日内显然无从完成觅保或调动职务者即是。

三、保证消灭之效果

1. 基本说明

终止虽与解除同为消灭契约关系之事由，惟终止仅有嗣后失效之效力，尚无溯及自始消灭之可言；此于人事保证之终止情形亦然。此外，保证因法定事由而当然消灭者，亦应作相同解释。换言之，以上所述各项人事保证关系之消灭事项，无论其为当然消灭或终止权之行使，均无溯及效力，（人事）保证人对于人事保证关系消灭前受雇人已生之损害赔偿债务，仍应对雇用人负保证（代负赔偿）责任，不生随同人事保证消灭之问题。此固为法律解释之当然，惟民法债编修正于相关理由仍颇有表明，足认其用心杜免争议，诚属可贵[49]。

47 参照"民法"债编修正第七五六条之四修正理由后段："保证人于终止契约时，应先期通知雇用人，俾雇用人及受雇人得于通知期限内另觅适当之保证人。惟当事人如约定较短之期间者，自宜从其规定，俾符合契约自由之精神。爰参考瑞士债务法第五百十二条而设第二项规定。"

48 郑著（下），第八九九页；史著（下），第八九八页～第八九九页；戴著（下），第四二六页；蔡著（下），第二〇八页；刘著（一），第二〇四页。

49 参照"民法"债编修正第七五六条之五修正理由后段（同注45之②所引）。

2. 相关事项

人事保证消灭之相关事项，尚待说明者有二。一为终止预先抛弃之效力如何？二为保证更新对保证消灭有何影响。兹亦分别说明之。

（1）终止之预先抛弃

保证人之任意终止权、乃至法定终止权，解释上仍属不得预先抛弃；违反者，亦即当事人预先约定抛弃终止权者，其约定仍属无效，保证人于其事由发生时，仍得依法行使终止权而消灭保证关系（七五六条之九准用七三九条之一）。

（2）保证更新之效力范围

保证人有任意终止权而不行使，或保证人自行知悉或因受雇用人通知而知悉有“民法”第七五六条之五第一项各款所规定之得终止契约事由发生，却未行使其终止权，嗣后反而与雇用人为保证更新之约定者，解释上应认为，保证人之终止权，因保证更新而抛弃、并因而消灭。盖此情形，与预定抛弃之情形不同，保证人于事由发生后抛弃其权利者，本于权利自由原则，诚不宜动辄以法律禁止。兹法律既未有明文禁止，为免契约更新流于无效，反而伤害契约自由原则，自不宜容许保证人事后再行主张更新前之终止事由。因此，除非于保证更新后，再发生得终止契约之事由，否则保证人不得终止保证契约。

四、附带说明

一般保证之准用

（一）概述

人事保证，本为广义保证契约类型，其性质与保证相类，“民法”第七五六条之一，仍揭橥“代负赔偿责任”之字眼，避免过度强调人事保证之独立性，可为佐证。故“民法”第七五六条之九规定：“人事保证，除本节另有规定外，准用关于保证之规定。”无论从民法本条规定文义及立法意旨，均可认为，一般保证（以下简称保证）之规定，除下列特例外，当可广泛准用于人事保证。兹之特例有二，即：

1. 人事保证另有规定，而保证之规定，与人事保证之特别规定互有抵触，基于特别法优先于普通法之法律适用原则，保证之规定不复准用。

2. 人事保证虽无另有规定，但保证之规定与人事保证之本质有背者，保证之规定不宜准用。

不过，学理上或强调人事保证之独立法，以致无形中限制准用保证规定之事项范围。[50]因之，本书爰基于上述立法意旨，亦就保证准用之范围，予以归纳说明。

（二）不得准用之条项

保证之规定，不得准用于人事保证之条项殆可说明如下：

1. 本质不同而不得准用者：

（1）保证意义之规定（七三九条）

（2）无效保证之规定（七四三条）

（3）先索抗辩权丧失之规定（七四六条）

（4）定期保证上保证人责任之免除（七五二条）

（5）信用委任（七五六条）

2. 重复规定而不得准用者

（1）保证未定存续期间之责任免除（七五三条），盖以“民法”第七五六条之四业已规定保证人得随时终止契约，准用“民法”第七五三条规定，已无意义。

（2）连续债务保证之终止（七五四条），盖以“民法”第七五六条之五第一项第二款及第二项，业已规定保证人得随时终止契约，准用“民法”第七五四条规定，亦已无意义。

（三）得为准用之条项

1. 保证人权利不得预先抛弃之规定（七三九条之一）。

2. 保证债务范围之规定（七四〇条、七四一条）。

3. 主债务人抗辩权援用之规定（七四二条）。

4. 保证人先索抗辩权之规定（七四五条）。

5. 中断时效及于保证人之规定（七四七条）。

6. 保证连带之规定（七四八条）。

7. 保证人代位权之规定（七四九条）。

8. 保证责任除去请求权之规定（七五〇条）。

9. 债权人抛弃担保物权而保证人责任免除之规定（七五一条）。

10. 债权人同意主债务人延期清偿而保证人责任免除之规定（七五五条）。

于兹较成为问题者，为“民法”第七四四条关于主债务人有撤销权，

50 参照林诚二前揭文，第二四三页以下。

其保证人得拒绝清偿之规定。论者或谓，此与人事保证全然无关，自无准用余地。[51]诚然，于雇用人与受雇人之雇佣关系上，其受雇人有撤销权者，诚难想像。然则，果有其事由者，是否应绝对禁止人事保证人得拒绝清偿之权利，理论上难谓毫无探讨空间。愚意以为，针对第七四四条规定，似仅为事实上难有准用之例而已，如谓其本质上无准用余地，恐有过甚其词之处。

综上所述，足见关于人事保证之消灭，涉及事项亦多，爰亦归纳其重点如下表，以供参考：

- 人事保证之消灭（特则）
  - 当然消灭
    - 保证期间届满（756之7①）
    - 保证人死亡、破产或丧失行为能力（756之7②）
    - 受雇人死亡、破产或丧失行为能力（756之7③）
    - 雇佣关系消灭（756之7④）
  - 终止权行使
    - 特殊终止事由
      - 任意终止：未定期间保证（756之4Ⅰ）
      - 法定终止：雇用人违反通知义务（756之5）
    - 终止权行使方法
      - 有相对人意思表示（263准用258Ⅰ）
      - 保证人复数者，不适用行使不可分原则（263准用258无适用）
      - 任意终止须预告期间三个月（756之4Ⅱ）
  - 法律效果
    - 对将来生效，终止前已生保证责任不受影响
    - 终止权预先抛弃无效（756之9准用739）
    - 保证更新时，不得再主张更新前之终止权
  - 附带说明：人事保证之准用
    - 准用条文：739之1、740、741、742、744（?）、745、747～751、755
    - 不准用条文：739、743、746、752～754、756

51　同上注文献第二四四页。

关键字

十画

十一画

十二画

十三画

十四画

十五画

十六画

十七画

十八画

十九画

二十画

二十二画

二十四画

主要参考书目

以中文债各教科书及工具书为范围

一、债各相关教科书（以作者姓氏笔划为顺序）

史尚宽　债法各论（上、下）　（自刊、1977年、五版）

李手文　“民法债编分则释义”（上、下）（会文堂新记书局、1948年）

梅仲协　民法要义　（自刊、1963年、修订八版）

蔡章麟　民法债编各论（上、下）（自刊、1959年）

戴修瓒　民法债编各论（上、下）（三民书局、1964年）

陈瑾昆　民法通义债编各论　（北平朝阳学院、1931年）

薛祀光　民法债编各论　（三民书局、1960年）

郑玉波　民法债编各论（上、下）（自刊、1970年）

钱国成　民法判解研究　（司法行政部、1957年）

刘春堂　债法各论（一）　（三民书局、2002年）

我妻荣　中华民国民法：债权各则（上、中、下）（中华民国法制研究会，1935年～1938年）

二、论文集

王泽鉴　“民法学说与判例研究”（一～七），台大法学丛书（1975年～1993年，陆续出刊）

詹森林　“民事法理与判例研究”（一、二），台大法学丛书（1997年、2003年）

刘春堂　“民商法论集”（一、二），辅大法学丛书（1985年、1991年）

郑玉波　“民商法问题研究”（一～四），台大法学丛书（1976年～1986年、陆续出刊）

三、工具书（外国法典）

台大法律学研究所　德国民法（1965年）
台大法律学研究所　瑞士民法（1967年）
“司法行政部”　瑞士债务法（1978年）
“司法通讯社”　日本民商法规汇编（1975年）
风间鹤寿　イタリァ民法（法律文化社，1974年）
神户大学外国法研究会　独逸民法（1955年）
神户大学外国法研究会　佛兰西民法（1956年）
五南图书出版有限公司　德国民法（1992年）
中国政法大学出版社　意大利民法（1997年）
广冈光治　露西亚民法（严松堂，1929年）

四、判释汇编

郭卫（编辑）　大理院解释例全文（台一版）（成文出版社、1972年）
郭卫（编辑）　大理院判决例全书（台一版）（成文出版社、1972年）
“司法院秘书处”　“司法院”解释汇编（第一册～第三册）（1969年）
“最高法院”　“最高法院”判例要旨（上册）（1989年）
“最高法院”　“最高法院”民刑事庭会议决议暨全文汇编（上册）（1989年）
黄宗乐（监修）　“六法全书：民法”修正一版（保成文化出版事业公司、1993年）
钱国成（审定）　六法（判例·解释·决议）全集（1985年）
刘清景（主编）　“大法典系列（4）民法债各”（学知出版社，1995年）
戴森雄（编）　民事法裁判要旨广编（第二册）（自刊、1985年、修订再版）
台大政大判例研究委员会（编）　“中华民国裁判类编：民事法”（第一册～第十二册）（正中书局、1976年）

五、其他（法律修正草案）

“司法行政部”　台湾民事习惯调查报告合会编（1968年）
“司法行政部”　“民法债编”修正意见汇编（1976年）
“法务部”　“民法债编”各种之债修正草案初稿（1990年）

作者其他著作

一、书籍

1. 公害法原理（辅仁法学丛书，1984 年；修订再版，1987 年）
2. 民法研究（一）（辅仁法学丛书，1986 年；增订版，五南图书出版，2000 年）
3. 民法概要（合著）（空中教学大学用书，1987 年）
4. 新订民法债编通则（新订一版）（上、下）（辅仁法学丛书，2001 年）
5. 新订债法各论（上、中）（辅仁法学丛书，2002 年）
6. 民法：财产法篇（合著）（空中大学用书，2003 年）

二、学位论文

1. 公害防治立法之理论基础（台大硕士论文，1973 年）
2. 从侵权行为归责原理之变动论危险责任之构成（台大博士论文，1982 年）

相关链接

法律科学文库

开放性法学学术园地　中青年法学家的摇篮

转型中国的行政信息公开	刘飞宇　著
行政契约论（第二版）	余凌云　著
现代社会中的新合同研究	方新军　著
民事证据开示制度研究	韩　波　著
物权程序的建构与效应	常鹏翱　著
当代中国民事诉讼率变迁研究 ——一个比较法社会学的视角	冉井富　著
产业结构法研究	张雪楳　著
西方宏观调控法与市场规制法研究	叶秋华　著
主体性与私权制度研究 ——以财产、契约的历史考察为基础	彭诚信　著
中国电子证据立法研究	刘品新　著
中国物权法：制度设计和创新	高富平　著
公司治理结构之研究	王文钦　著
中国纺织品贸易的法律环境	孔庆江　著
知识产权私权论	金海军　著

独立董事制度研究
——从法学与管理学的双重角度 李建伟 著
反垄断的经济学分析 王传辉 著
格式合同条款研究 苏号朋 著
法国大革命时期的宪政理论
与实践研究（1789—1814） 史彤彪 著
民事诉讼法理研究 邵 明 著
人力资本出资问题研究 李友根 著
经济立法问题研究
——制度变迁与公共选择的视角 孙同鹏 著
行政行为司法审查强度研究
——行政审判权纵向范围分析 杨伟东 著
裁判请求权研究
——民事诉讼的宪法理念 刘敏 著
民事简易程序研究 章武生 著
民事法律行为 董安生 著
商事人格权论
——人格权的经济利益内涵及其实现与保护 程合红 著
WTO与中国金融监管法律制度研究 马卫华 著
行政行为的效力研究 叶必丰 著
侵权损害赔偿的经济分析 王 成 著
社会保障法的理念、实践与创新 林 嘉 著
国际刑事法院研究 王秀梅 著
德国反不正当竞争法研究 邵建东 著
物权变动论 王 轶 著
比较法社会学的框架和方法 朱景文 著
公司治理与上市公司收购 汤 欣 著
犯罪构成及其关系论 肖中华 著
刑法的价值构造 陈兴良 著
产权与增长：论法律制度的效率 高德步 著
刑事诉讼的前沿问题 陈瑞华 著
民事诉讼程序价值论 肖建国 著
非诉讼纠纷解决机制研究 范 愉 著
证明责任法研究 陈 刚 著
行政契约论 余凌云 著
财产法的经济分析 彭汉英 著

台湾法学研究精要丛书

同宗同源　搭建两岸学术交流桥梁

从侵权行为归责原理之变动论危险责任之构成	邱聪智　著
行政法之理论与实用（增订八版）	吴　庚　著
财产法专题研究（三）	谢哲胜　著
WTO 法律与政策专题研究	洪德钦　著
财产法专题研究（二）	谢哲胜　著
一人公司详论	赵德枢　著
票据法实例解说（修订新版）	梁宇贤　著
新订民法债编通则（下）	邱聪智　著
保险法实例解说	梁宇贤　著
票据法新论（修订新版）	梁宇贤　著
私法自治中的经济理性	苏永钦　著
保险法新论（修订新版）	梁宇贤　著
商事法论（修订新版）	梁宇贤　著
新订民法债编通则（上）	邱聪智　著
民法债编总论——体系化解说	林诚二　著
商标法原理	曾陈明汝　著
民法研究（一）（增订版）	邱聪智　著
票据法论	曾世雄　曾陈明汝　著

图书在版编目（CIP）数据

新订债法各论（上、中、下）/邱聪智著.
北京：中国人民大学出版社，2006
（21世纪法学研究生参考书系列）
ISBN 7-300-07331-X

Ⅰ.新…
Ⅱ.邱…
Ⅲ.债权法-中国-研究生-教学参考资料
Ⅳ.D923.31

中国版本图书馆CIP数据核字（2006）第049727号

21世纪法学研究生参考书系列
新订债法各论（上、中、下）
邱聪智　著
姚志明　校订

出版发行	中国人民大学出版社			
社　址	北京中关村大街31号	**邮政编码**	100080	
电　话	010－62511242（总编室）	010－62511239（出版部）		
	010－82501766（邮购部）	010－62514148（门市部）		
	010－62515195（发行公司）	010－62515275（盗版举报）		
网　址	http://www.crup.com.cn			
	http://www.ttrnet.com(人大教研网)			
经　销	新华书店			
印　刷	河北三河市新世纪印务有限公司			
规　格	155×235mm　16开本	**版　次**	2006年6月第1版	
印　张	82.75 插页6	**印　次**	2007年5月第2次印刷	
字　数	1 336 000	**定　价**	98.00元（上、中、下）	